HAWAII
PRAKTISCH
&
PREISWERT

Über 70 Baxter Info-Karten & Orientierungskarten
688 Seiten stark!

Baxter Reiseführer:

USA (Gesamtband)
Kalifornien
Der Westen der US.A.
Florida
Kanada-Ost
Kanada-West
Atlantik-Kanada
Trans-Kanada Highway
Mexiko
Alaska
Alaska Inside Passage
Arizona
New Mexico
West-Texas
Texas
Hawaii
Der Süden der USA
Die Ostküste der USA

Der Südwesten der USA
Der Nordwesten der USA
Die Westküste der USA
Yukatan & Südflorida
Nationalpark-Reihe:
   USA Nationalparks A-Z
   Grand Canyon bis Yellowstone
   Kalifornien Nationalparks
   Südwest USA Nationalparks
   Nordwest USA Nationalparks
   Rocky Mountains Nationalparks
   Kanada Nationalparks

Inter Rail
Paris
London
Spanien (Städteführer)

alle *Praktisch & Preiswert*

Verfasser: Rosemarie Dzygoluk

GO BAXTER!

Aloha'oe, aloha'oe
E Ke onaona no ho i ka lipo
One fond embrace, a ho'i a'e au

Leb wohl, leb wohl
Du süßer Duft in der blauen Ferne
Eine zärtliche Umarmung noch und ich gehe,
Bis wir uns einst wiedersehen.

Aloha'oe bekanntestes hawaiisches Lied, von Königin Liliuokalani (1838–1917) geschrieben und von Heinrich Berger (1844–1929) vertont; Liliuokalani war Königin von Hawaii (1891–93) und zugleich letzte Monarchin des hawaiischen Königreichs, das nach Sturz der Monarchie 1893 endete.

Seit vielen Jahren hat der Benutzerkreis der Baxter Reiseführer durch Mitteilungen und nützliche Hinweise geholfen, unsere Reiseführer auf dem neuesten Stand zu halten. Auch für Ihre Berichtigungen, Kritik und Vorschläge wären wir sehr dankbar.

Praktisch & Preiswert
Postfach 1143
55272 Oppenheim/Rhein

Dieser Reiseführer ist in ganz besonderem Gedenken Herrn Dr. Robert Baxter gewidmet, der Baxter Reiseführer vor über drei Jahrzehnten ins Leben gerufen und mit seinem fundamentalen und überaus reichen Wissen und seiner Kenntnis von Land und Leuten sowie praktischen Erfahrung aus seinen vielen Reisen geformt hat.

Copyright © 1997 by: Rail-Europe Verlag, Alexandria, VA. Alle Rechte im In- und Ausland beim Verlag. Jegliche – auch auszugsweise – Verwertung, Wiedergabe, Vervielfältigung, Übersetzung, Adaption, Mikroverfilmung, Einspeicherung oder Verarbeitung in EDV-Systemen, Nachdruck ausnahmslos aller Teile dieses Werkes bedarf der ausdrücklichen Genehmigung des Verlags Rail-Europe. Printed in Germany. Library of Congress Catalog Card No. 97-65958 ISBN 0-913384-10-0.
Baxter Reiseführer vom internationalen Reiseführer Verlag.

Inhaltsverzeichnis

KAHOOLAWE	240
KAUAI	242
Lihue	267
Routen: Lihue–Na Pali-Küste	280
Wailua/Kapaa	292
Kilauea Lighthouse	300
Princeville	307
Hanalei	310
Na Pali Coast	314
Routen: Lihue–Poipu–Waimea/Waimea Canyon	321
Poipu/Koloa	330
Waimea/Waimea Canyon/Kokee State Park	341
LANAI	356
MAUI	366
Routen	399
Haleakala Nationalpark (Ost-Maui)	401
Haleakala Krater Area	402
Kipahulu Valley Area	451
Hana Highway (Ost-Maui)	456
Hana (Ost-Maui)	463
Kaanapali (West-Maui)	469
Kahului & Wailuku (Ost-Maui)	473
Kapalua (West-Maui)	478
Kihei (Ost-Maui)	479
Lahaina (West-Maui)	484
Upcountry Maui (Ost-Maui)	496
Wailea (Ost-Maui)	498
Makena (Ost-Maui)	501
Molokini	503
MOLOKAI	504
Kaunakakai	511
East End Road: Kaunakakai–Halawa Valley	514
Zentral Molokai	516
Kalaupapa National Historical Park	517
West-Molokai	521
NIIHAU	523
OAHU	526
Oahu Attraktionen	531
Strände	537
Honolulu	544
Honolulu International Airport	546
Downtown Honolulu	560
Honolulu Chinatown	573
Honolulu Attraktionen	575
Honolulu Exkursion: Waikiki–Polynesian Cultural Center–North Shore	583
Highway 83 entlang Oahu, Windward Coast	591
Polynesian Cultural Center–North Shore–Waikiki	595
Highway 99 von Haleiwa nach Honolulu	602
Waikiki	606
Attraktionen	609
Hotels	614
Restaurants	617
Shopping	624
Nightlife/Nightclubs/Discos	628
Aktivitäten	631
Kapiolani Park	632
U.S.S. Arizona Memorial	635
Polynesian Cultural Center	658
Register	682

EINLEITUNG

Hawaii *Praktisch & Preiswert* – einer der bewährten **Baxter Reiseführer** – ist der praktische Reiseführer für die acht Hauptinseln Hawaiis. Ganz gleich, ob Sie Hawaii auf eigene Faust oder als Teilnehmer einer Gruppenreise erobern und erleben wollen, Hawaii *Praktisch & Preiswert* bietet, treu der Baxter-Tradition, viel Information zum Vorbereiten und zum Gebrauch vor Ort:

Das Handbuch zu den 8 Hauptinseln
Ausführlich – gründlich – übersichtlich – aktuell – praktisch

Wissenswertes
Attraktionen – Unterkunft – Restaurants – Shopping

Orientierungskarten/Baxter Info-Karten
Lage von Attraktionen/Unterkunft/Restaurants

Information
Adressen & Fax-/Telefonnummern in Hülle und Fülle

Routen
Routenbeschreibung als perfekter roter Faden

Veranstaltungen/Touren/Aktivitäten
Wassersport/Helikopterflüge/Wandern/Reiten/Golfplätze/Strände

Geschichte & Kultur
Geschichte und Wissenswertes über Land & Leute

Unterkunft
Von Luxus-Resort-Hotels bis zu Niedrigpreis-Unterkunft

Beschreibungen & Erklärungen
Info über Flora & Fauna, Vulkanismus & Mythologie

Baxter-Tips
Super Insider-Tips, die den Hawaii-Trip untermauern

GO BAXTER!

Baxter Reiseführer – unentbehrlich für Reise und Urlaub!

EINTEILUNG 5

ZUM GEBRAUCH DIESES REISEFÜHRERS

Für viele Hawaii-Besucher ist ein Urlaub in Hawaii die Erfüllung eines Traums. Wer sich den Baxter Hawaii *Praktisch & Preiswert* vorher anliest, kennt seine ausgewählten Reiseziele bereits zu Hause schon sehr gut. Baxter kommt stets gleich zur Sache und ist gründlich.

Ob man nun an einer Pauschalreise teilnimmt, bei der das Reisebüro die Organisation des Aufenthalts abnimmt, oder ob man es vorzieht, auf eigene Faust von Insel zu Insel zu hüpfen, Baxter gibt schon zur Planung viel Information, mit Fax-/Tel.-Nrn. sowie Anschriften entsprechende Arrangements vorzunehmen oder weitere Info einzuholen.

Hawaii *Praktisch & Preiswert* begleitet unterwegs zuverlässig mit interessanter Information. Wer aktiv sein will, sucht sich das Geeignete aus den aufgelisteten Aktivitäten, die auf den Inseln angeboten werden. Strandliebhaber wählen ihre speziellen Plätze aus den angegebenen Stränden aus. Zur Fahrt unterwegs oder Sehenswürdigkeiten, selbst verschiedener Ferien-Resorts, gibt Baxter stets geschichtliche Hintergrundinformation.

Hawaii *Praktisch & Preiswert* will auf der Reise und hinterher als Nachschlagewerk benutzt werden, um die bildhaften Eindrücke durch Wissen zu vertiefen. Baxter verzichtet auf Fotos und Bilder – die machen Sie sich selber, Baxter will informieren und zuverlässig begleiten.

> Wer Baxter vorher liest,
> weiß nachher mehr!

Nach Orientierung über Hawaii als Bundesstaat mit Details zu Geschichte, Kultur, Bevölkerung, interessanten Fakten und Wissenswertem folgen die Abschnitte der acht Hauptinseln Hawaiis in alphabetischer Reihenfolge: Big Island (Insel Hawaii), Kahoolawe, Kauai, Lanai, Maui, Molokai, Niihau und Oahu.

Im Abschnitt **Big Island** folgen die Reiseziele jeweils im Anschluss an die einzelne Route, und zwar in geographischer Reihenfolge. **Kahoolawe** ist bisher touristisch nicht ausgebaut. **Kauai, Lanai, Molokai** und **Niihau** weisen gleichen Aufbau auf. Zu **Maui** sind die Reiseziele nach Gesamtinfo zur Insel in alphabetischer Reihenfolge aufgeführt. Im Abschnitt **Oahu** folgen nach Honolulu die Kapitel Rundreise um Oahu, Waikiki, U.S.S. Arizona Memorial und Polynesian Cultural Center. Unterkunft, Restaurants, Shopping, Aktivitäten und Strände werden im allgemeinen Abschnitt zur Insel vor den Reisezielen und Routen jeweils für die gesamte Insel aufgelistet.

- **Karten.** Die © Baxter Info-Karten und Orientierungskarten dienen zur Planung und zur Orientierung vor Ort.
- **Unterkunft.** Aufgelistete Unterkünfte dienen nur als Anhaltspunkt und unterliegen wegen der starken Bewegung in der Hotelbranche möglichen Änderungen. Komplette Liste bei den jeweiligen Informationsbüros der Inseln anfordern – siehe unter **Information**.
- **Bitte beachten,** dass Angaben über Preise, Öffnungs- oder Abfahrtszeiten sowie Ausstellungen in den Visitors Centers und Museen Gegenstand von Änderungen sind; sie können nur als Anhaltspunkt gelten. Für Schäden, die durch etwaige Irrtümer, Druckfehler oder fehlende Angaben sowie Änderungen entstanden sind, übernimmt der Verlag keine Haftung. Karten sind nicht maßstabgetreu und dienen nur zur Orientierung.

HAWAII

HAWAII, EIN INSELPORTRÄT

Hawaii mit einer Einwohnerzahl von 1 186 815 und einem Gebiet von 28 423 km² – davon 16 706 km² Landmasse – liegt im Zentral-Pazifik. Die Inselkette des 50. US-Bundesstaates besteht aus einer Gruppe von acht Hauptinseln und zahllosen kleineren Inseln, etwa 3 380 km südwestlich von San Francisco. Die Hauptstadt ist **Honolulu** auf der Insel Oahu. Die Insel Hawaii ist die größte und geologisch die jüngste der Inselgruppe.

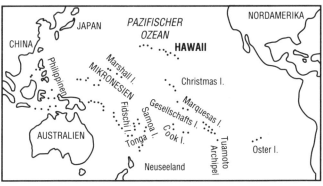

© Baxter Info-Karte

Oahu ist die Insel mit der stärksten Bevölkerungsdichte und besitzt wirtschaftlich große Bedeutung.

Die anderen Inseln sind Maui, Kauai, Lanai, Molokai, Kahoolawe und Niihau. Das Palmyra Atoll und Kingman Reef, die innerhalb der Grenzen Hawaiis lagen, als es noch amerikanisches Territorium war, klammerte man aus, als Hawaii Bundesstaat wurde.

Die hawaiischen Inseln sind vulkanischen Ursprungs und von Korallenriffen umgeben. Da sie im allgemeinen sehr fruchtbar sind und angenehmes Klima herrscht, werden sie gerne als „Paradies des Pazifiks" bezeichnet, insbesondere auch wegen ihrer spektakulären Schönheit, reichen Sonnenscheins, weiten Flächen grüner Pflanzen und herrlich bunten Blumen und Blüten, Korallenstränden mit weißschäumenden Wellenkronen, von Palmen umsäumt und von Wolken verborgenen Vulkangipfeln. Einige der weltgrößten aktiven und ruhenden **Vulkane** findet man auf Hawaii und Maui. Eruptionen der aktiven Vulkane ergaben spektakuläre Schauspiele, doch ihre Lavaströme haben auch gelegentlich gewaltige Verwüstungen verursacht.

Mauna Kea und **Mauna Loa** sind die Vulkane auf der Insel **Hawaii,** letzterer im Hawaii Volcanoes Nationalpark. Der

GO BAXTER!

Baxter-Tips für Hawaii Urlaub

- **Info über Hawaii**

von Deutschland:
AVM
American Venture Marketing GmbH
Siemensstr. 9
63236 Neu-Isenburg
Tel. (06102)72 24 10
Fax (06102)72 24 09

von Hawaii:
Hawaii Visitors Bureau
2270 Kalakaua Ave.
Suite 801
Honolulu, Hawaii 96815
Tel. (808)923-1811
Fax (808)922-8991
geb.-frei. 1-800-GO-HAWAII

- Am besten geht man dem Massentourismus aus dem Weg, wenn man bei **Sonnenaufgang** bereits aufsteht und zum Strand geht, sich auf den Berggipfel begibt oder Attraktionen aufsucht.

- Sich der **Zeit der Einheimischen** anpassen. Die Hawaiianer fangen um 7 Uhr mit der Arbeit an, essen um 11.30 Uhr zu Mittag und um 18 Uhr gibt's Abendessen.

- Auf Hawaii gibt es **keine** leeren Straßen, doch je weiter man fährt, um so leerer werden sie. Ausflugsbusse bevorzugen Rundreisen.

- Die meisten Besucher Hawaiis halten nicht viel vom Laufen. Daher kann man sich bereits bei **kurzen Wanderungen** schon von den Massen absondern. Stets **Laufschuhe** im Kofferraum des Mietautos haben.

- Hawaii bietet sehr viele reizvolle, oft abseits liegende **Picknickplätze.** Sich im Supermarkt zuvor mit Picknickvorrat eindecken.

- Außer auf Oahu mit seinem vorbildlichen öffentlichen Verkehrsnetz gibt es auf den übrigen Inseln **fast keine** öffentlichen Verkehrsmittel. Wer abseits der Route der Touristenbusse Hawaii entdecken will, muß schon ein Auto mieten.

- Sich ganz **auf Hawaii einstellen:** Ein Lei zum Dinner tragen, lokale Musik hören, Tageszeitung kaufen, um sich über Konzerte, Ausstellungen und Festivitäten zu informieren.

- Hawaii verfügt über ausgezeichnete **State** und **County Parks** mit **kostenlosem** Zugang zum Strand (meist mit Toiletten) und natürliche Sehenswürdigkeiten. Außerdem gibt es verschiedene hervorragende Museen und Nationalparks.

- Die Touristenindustrie hat verschiedene Namen für „shops". Diese Läden laufen gerne unter lockenden Begriffen wie „factory" tours, macadamia nut „museums" und orchid „gardens". Diese Einrichtungen **locken den Touristen** meistens zum Kauf.

- Die **Passatwinde** liefern den **nördlichen** und **östlichen** Küsten (Windward Coast) jeder Insel die meisten **Niederschläge.** Dort ist die Vegetation am üppigsten und die Landschaft im allgemeinen am schönsten. Die Resorts und Ferienhotels liegen meistens auf der sonnigeren, öderen und windabgewandten (Leeward) Seite der Insel.

- Man kann **unmöglich** alle 8 Inseln bei einem normalen Urlaubsaufenthalt kennenlernen.

8 ORIENTIERUNG
Heiraten

- **Heiraten.** Viele Hotels bieten romantische Hochzeitszeremonien und Honeymoon Packages (Flitterwochenangebote). Information beim State Department of Health einholen (Broschüre „Getting Married" anfordern: Marriage Licence Office, Honolulu, Hawaii 96813, Tel. (808)586-4545. Hawaii Visitors Bureau gibt eine Liste über Hawaii Hochzeitsveranstalter heraus. Tel. (808)923-1811, Fax (808)922-8991.
  Für die Zeremonie benötigt man eine Marriage Licence. Die Braut benötigt eine ärztliche Bescheinigung über Rötelimpfung, was vor Ankunft erledigt werden kann. Braut und Bräutigam müssen in Person die Heiratslizenz beantragen (Reisepass vorlegen); kostet etwa $30. Licence erhältlich bei **State Department of Health, Marriage Licence Office;** 1250 Punchbowl Street, Honolulu, Hawaii 96813, oder direkt bei einer der Vertretungen auf den Nachbarinseln (im Hotel erkundigen). Keine Wartezeit; und Gültigkeit der Lizenz beträgt 30 Tage. Gebühr.

- Nur dort **schwimmen,** wo es sicher ist. Auf Hinweisschilder am Strand achten. Nie allein schwimmen.

- **Auf Reisedokumente und Wertsachen aufpassen.** Hawaii ist ein populäres Reiseziel. Dort gibt es allerdings dieselben Probleme wie an anderen Orten der Welt. Geld, Schmuck, Flugtickets, Reisepass usw. sicher aufbewahren. Nie im Auto lassen, nicht einmal für eine Minute. Auch nicht im Auto einschließen, selbst der Kofferraum ist nicht sicher. Nichts Wertvolles am Strand lassen, wenn man zum Schwimmen geht; auch nicht die Kamera auf dem Strandlaken zurücklassen.

- Bei **Dunkelheit nicht allein** herumspazieren.

- Sich in Hawaii „**hawaiisch**" einkleiden, muumuu (loses Hängekleid für die Dame) und Hawaiihemd (für den Herrn) aus den luftigen Stoffen mit schönem Hawaii-Design.

- **Lokale Spezialitäten** versuchen, Maui Kartoffelchips, Kauai Kekse, Molokai Brot und natürlich Kona-Kaffee und Macadamia Nüsse und Guavafruchtsaft sowie Ananas.

- Zum Schwimmen, nach Stellen **hellen** blauen Wassers suchen, was auf **sandigen** statt steinigen Korallenuntergrund deutet.

- Inselorientierung erfolgt auf **Oahu** beispielsweise **nicht** nach den vier Richtungen des Kompass, sondern **mauka** = Richtung Berge, **makai** = Richtung Meer, **Diamond Head** = Richtung Diamond Head oder **Ewa** = Gegenrichtung von Diamond Head.

- Besichtigung des **Iolani Palast** in Honolulu mit **vorheriger Anmeldung.**

- **Wale** kann man von **November bis April** am besten in der 3. und 4. Woche im Februar beobachten; am besten vor Maui, wo die Buckelwale ihre Jungen zur Welt bringen.

- Die **Sonne Hawaiis** in kleinen Dosierungen wirken lassen. Hawaiis Sonne ist heißer – Hawaii liegt näher zum Äquator. Hier holt man sich schneller eine ernste Sonnenbrand. Schon gleich zu Beginn Sonnenschutzmittel mit hohem Lichtschutzfaktor verwenden.

- Unterwegs auf **Schilder mit hawaiischen Kriegern** achten; weisen auf Sehenswürdigkeiten.

- **Beim Telefonieren** von Insel zu Insel in Hawaii ist steht eine „**1**" und die Vorwahl „**808**" zu wählen.

ORIENTIERUNG 9
Geschichte

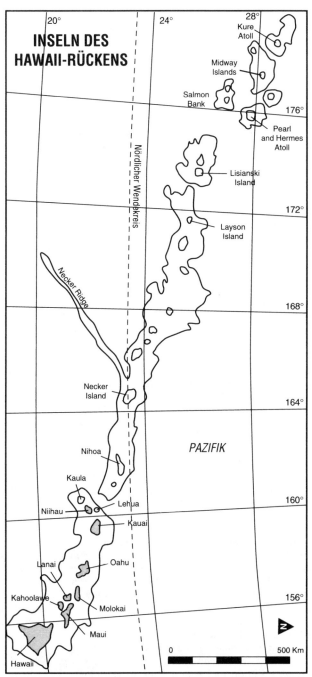

© Baxter Info-Karte

10 ORIENTIERUNG
Geschichte

Haleakala Vulkan ist ein ruhender Vulkan auf der Insel **Maui** im Haleakala Nationalpark.

Die Vegetation ist im allgemeinen auf allen Inseln überquellend üppig mit riesigen Farnwäldern im Hawaii Volcanoes Nationalpark. Doch **Kahoolawe** ist eine fast baumlose, im Regenschatten des Haleakala-Kraters der Insel Maui liegende aride Insel. **Niihau** und **Molokai** haben sehr trockene Jahreszeiten.

Obwohl viele Vogelarten und Haustiere auf den Inseln eingeführt wurden, gibt es außer Wildschweinen und Ziegen kaum wilde Tiere und keine Schlangen auf den Inseln. Die Küstengewässer weisen ungewöhnlichen Fischreichtum auf. Zuckerrohr und Ananas wachsen hauptsächlich auf großen kommerziell angelegten Plantagen und gehören neben Kaffee zu den Hauptanbauprodukten Hawaiis und bilden die Grundlage für Hawaiis Hauptwirtschaftszweig, der Verarbeitung dieser Produkte. Hawaii ist einer der führenden Hersteller von Ananas in Dosen. Andere Produkte umfassen Kaffee, Rind- und Kalbfleisch sowie Molkereiprodukte. Außerdem wird kommerzieller Fischfang betrieben, mit Thunfisch als Hauptfischart.

Militärische Einrichtungen in Pearl Harbor und anderenorts sind für Hawaiis Wirtschaft von großer Bedeutung. Tourismus gehört zu einer weiteren Haupteinnahmequelle Hawaiis.

Die ersten Siedler Hawaiis waren **polynesische Seefahrer** (der genaue Zeitraum ist nicht bekannt, liegt aber vermutlich um 500–750 n.Chr.), die von den über 3 200 km weiter südlich liegenden Inseln, den heutigen Marquesas Inseln, kamen. **1778** wurden die hawaiischen Inseln erstmals von Europäern besucht, als der englische Weltumsegler und Entdecker Captain **James Cook** die nordwestlichen Inseln der Inselkette sichtete, die er nach seinem Auftraggeber, dem Earl of Sandwich, die Sandwich-Inseln nannte. Kurz darauf betrat er mit der Besatzung seiner Schiffe *Resolution* und *Discovery* erstmals in Waimea auf der Insel Kauai den Boden Hawaiis. Zur Zeit von Cooks Entdeckung wurden die Inseln von sich bekriegenden eingeborenen Königen regiert. 1810 vereinigte Kamehameha I. als allein regierender König alle Inseln unter einem Königreich. In den darauffolgenden Friedenszeiten wurden Landwirtschaft und Handel aufgebaut.

Aufgrund Kamehamehas Gastfreundschaft waren amerikanische Kaufleute in der Lage, hawaiisches **Sandelholz** zu vermarkten, das damals in China sehr gefragt war. In dieser Zeit erlebte der Handel mit China seine Blütezeit. Allerdings führte die Kamehameha-Periode auch zum Niedergang der hawaiischen Kultur. Europäer und Amerikaner schleppten verheerende Ansteckungskrankheiten ein, worauf im Laufe der Jahre die einheimische Bevölkerung drastisch reduziert wurde. Mit der Übernahme westlicher Lebensweise – gewinnbringender Handel, Verwendung von Schusswaffen und Genuss von Alkohol – wurden Tradition und Kultur Hawaiis verdrängt. Diese Periode führte auch zum Zusammenbruch der traditionellen hawaiischen

ORIENTIERUNG
Hawaii-Insel Karte

Religion mit Götzenverehrung und Menschenopfern. Danach folgte eine Epoche religiöser Unruhe.

Als die Missionare **1820** an der Kona-Küste der Insel Hawaii eintrafen, stießen sie auf ein weniger idyllisches Hawaii als das, das Captain Cook entdeckt hatte. **Kamehameha III.**, der von 1825 bis zu seinem Tod im Jahre 1854 regierte, suchte den Rat der Missionare und erlaubte ihnen, das Christentum zu verbreiten. Die Missionare gründeten Schulen, entwickelten Hawaiis Alphabet und übersetzten damit die Bibel in die hawaiische Sprache. **1839** erließ Kamehameha III. ein Toleranzedikt gegenüber allen Religionen und schuf im darauffolgenden Jahr eine Verfassung. Von 1842 bis 1854 war der amerikanische Arzt und Missionar Gerrit P. Judd Premierminister. Unter seinem Einfluss wurden viele Reformen durchgeführt.

Obwohl 1842 Hawaiis Unabhängigkeit von den USA anerkannt wurde, machten Engländer und Franzosen ihre Interessen an den Inseln von Hawaii mit Kanonenbooten geltend. In den Folgejahren bauten die Amerikaner ihren Einfluss aus, indem sie den Handel zwischen Hawaii und den USA ausbauten. Es kam 1842 zum Abschluss eines Handelsabkommens, wonach die amerikanische Walfangflotte den schwindenden Sandelholzhandel ablöste.

1848 wurde das bisherige Feudalsystem der Grundstückverteilung abgeschafft, wonach hawaiische Bürger zum ersten Mal Zugang zu Landbesitz hatten, womit Investment von Kapital in Grundstücke angeregt wurde. Um die Zeit, als die Walfangindustrie in den 1860er Jahren einen starken Zusammenbruch erlitt, hatte die in den 1830er Jahren eingeführte Zuckerindustrie Fuß gefasst. Hawaiis Zuckerexport in die USA wird durch den **1875** mit den USA abgeschlossenen Gegenseitigkeitsvertrag wesentlich erleichtert und angekurbelt. **1887** räumte man dann den USA das exklusive Recht ein, einen Marinestützpunkt im Pearl Harbor einzurichten. Als die Zuckerexporte sich gewaltig steigerten, brachte man Tausende chinesische und japanische „Fremdarbeiter" nach Hawaii, um sie in den riesigen Zuckerplantagen zu beschäftigen. Nach dem Zuckerboom investierten amerikanische Geschäftsleute in der hawaiischen Zuckerindustrie. Mit den Hawaiianern in der Industrie erlangten sie mächtigen Einfluss in Wirtschaft und Politik der Inseln, der bis zum Zweiten Weltkrieg andauerte.

Gegen Ende des 19. Jh. wurde der Drang einer Verfassungsreform in Hawaii stärker, der schließlich **1893** zum Umsturz der Monarchie führte. Die Reformer, darunter viele in Hawaii lebende Amerikaner, stürzten Königin Liliuokalani, die seit **1891** regierte, vom Thron. Eine provisorische Regierung wurde gebildet, und der amerikanische Außenminister in Hawaii, John L. Stevens, stellte das Land unter amerikanisches Protektorat unter Entsendung von Truppen in den Hafen von Honolulu. Die provisorische Regierung forcierte eine amerikanische Annexion, doch Präsident Grover Cleveland lehnte dies ab, nachdem Untersuchungen ergeben haben, dass die meisten Hawaiianer die Revolution nicht unterstützt hatten und die

Hawaiianer und Amerikaner der Zuckerindustrie die treibende Kraft beim Umsturz der Monarchie waren. Zwar versuchten die USA die Wiedereinsetzung von Königin Liliuokalani zu bewirken, doch die provisorische Regierung gab nicht nach und rief stattdessen **1894** eine **Republik** mit Sanford B. Dole als Präsident aus.

Unter Clevelands Nachfolger, Präsident William McKinley erfolgte dann **1898** doch die **Annexion** durch die USA. **1900** wurden die Inseln von Hawaii offiziell **Territorium** der USA mit Dole als Gouverneur. Während dieser Periode dehnte sich die Ananasindustrie aus, da Ananas (seit Anfang des 19. Jh. angebaut) zuerst zum Einmachen in Dosen angebaut wurden. 1937 wurde die Aufnahme Hawaiis als Bundesstaat der USA vorgeschlagen, doch vom amerikanischen Kongress wegen der gemischten Bevölkerung und großen Entfernung zum Festland USA nicht zugestimmt.

Am **7. Dez. 1941** erfolgte der Überraschungsangriff japanischer Jagdbomber auf die amerikanische Pazifikflotte im **Pearl Harbor,** worauf die USA in den Zweiten Weltkrieg eintraten. Während des Krieges waren die hawaiischen Inseln der Hauptstützpunkt amerikanischer Streitkräfte im Pazifik und standen unter Kriegsrecht. Die Nachkriegsjahre brachten bedeutende wirtschaftliche und gesellschaftliche Entwicklungen. Eine gewaltige Ausbreitung von Gewerkschafts- organisationen erfolgte, die sich in den wochenlangen Hauptstreiks der Jahre 1946, 1949 und 1958 bemerkbar machte. Die International Longshoremen's und Warehousemen's Union organisierte die Hafen-, Zucker- und Ananasarbeiter.

Die Tourismusindustrie, die in den 1930er Jahren infolge geschickter Werbung und den Bau von Luxushotels angewachsen war, entwickelte sich noch stärker durch beginnenden Flugverkehr, weiterer Investments und Bau von Hotels. Am **21. Aug. 1959** wurde Hawaii offiziell zum **50. Bundesstaat der USA** erklärt.

Nachfolgend nun zu einer geschichtlichen Chronologie Hawaiis.

 ## *GESCHICHTE*

Hawaiis **Geschichte** läßt sich ganz grob in vier Epochen einteilen. Die **erste** und längste ist die urzeitliche und prähistorische Periode **vor Ankunft** von Captain James Cook im Jahre **1778**. Geschichte wurde in dieser Zeit nur durch mündliche Überlieferung weitergegeben.

Die **zweite** Epoche beginnt mit Cooks Entdeckung und zieht sich durch die Zeit der **hawaiischen Monarchie,** die mit Kamehameha, dem Großen, begann. Das hawaiische Königreich endete mit dem Sturz der Königin Liliuokalani im Jahre **1893** und der Geburt der Republik Hawaii.

Die dritte Epoche begann **1894** mit Gründung der **Republik.** Hawaii wurde dann **1900** amerikanisches **Territorium** und **1959** **50. Bundesstaat** der Vereinigten Staaten von Amerika.

Die **vierte** Epoche nimmt ihren Anfang mit Hawaii als **Bundesstaat** und setzt sich fort bis zum modernen Zeitalter der Elektronik. Hier nun zu einer Chronologie bedeutender Daten in Hawaiis Geschichte.

● **Chronologie bedeutender Daten in Hawaiis Geschichte**

Im 4. oder 5. Jahrhundert treffen die ersten Siedler, vermutlich von den Marquesas-Inseln, ein. Der genaue Zeitpunkt ist nicht bekannt.

1778–Der englische Weltumsegler und Weltentdecker **Captain James Cook** sichtet mit der Mannschaft der beiden Schiffe HMS *Resolution* und HMS *Discovery* am 18. Januar Oahu, Kauai und Niihau. Cook nennt seine Entdeckung nach seinem Vorgesetzten dem Earl of Sandwich, die **Sandwich-Inseln**. In Waimea, Kauai betritt er am 20. Januar erstmals den Boden von Hawaii.

1779–Cook trifft am 17. Januar in der **Kealakekua Bay** auf **Big Island** (Insel Hawaii) ein. Am 14. Februar werden Cook und vier seiner Seeleute an Land von Hawaiianern getötet.

1782–Der von der Insel Hawaii stammende Häuptling Paiea, der spätere König **Kamehameha I.** beginnt seinen Eroberungsfeldzug, die Inseln Hawaiis zu vereinigen.

1791–Kamehameha I. wird **Alleinherrscher** auf der Insel Hawaii.

1795–Kamehameha I. erobert Maui, Lanai, Molokai und schließlich Oahu in der Schlacht von **Nuuanu.**

1796–Kamehamehas Versuch, **Kauai** mit Gewalt einzunehmen, scheitert, als seine Flotte im Sturm vernichtet wird.

1810–König **Kaumualii** von **Kauai** erklärt sich unter Druck bereit, seine Inseln Kauai und Niihau an das hawaiische Königreich unter Kamehameha I. abzutreten. Kamehameha vereinigt nun alle Inseln Hawaiis unter seiner Oberhoheit als Königreich Hawaii. Kaumualii behält als Gouverneur die Kontrolle über seine Insel.

1816–**Kaumualii** unterzeichnet am 21. Mai mit dem deutschen Arzt Dr. Georg Anton Scheffer ein Abkommen, wonach Kauai dem Schutz des russischen Zars Alexander unterstellt wird, um sich dem Joch Kamehameha I. zu entziehen. Als am 21. Nov. die unter der Flagge der kaiserlich-russischen Kriegsmarine fahrende Brigg *Rurik* unter dem Kommando von **Otto von Kotzebue** auf der Insel Hawaii eintrifft, erfährt Kamehameha I., dass Scheffer ohne offizielle Instruktion handele und der Zar nicht beabsichtige, die Inseln in sein Reich einzuverleiben.

Kamehameha I. lässt sich von dem an Bord der *Rurik* befindlichen Maler, Lodowik (Louis) Choris, am 24. Nov. malen. Das berühmte Porträt zeigt ihn in einer roten Weste, wie sie damals gewöhnlich Matrosen zu tragen pflegten. Das zwischen Kaumualii und Scheffer getroffene Abkommen wird übrigens bedeutungslos, nachdem es zu keiner russischen Unterstützung kommt.

14 ORIENTIERUNG
Geschichte

1819–Am 8. Mai **stirbt** Kamehameha I. in **Kailua**, Hawaii (Big Island). Am 20. Mai wird sein Sohn **Liholiho** als **Kamehameha II.** zum König aufgerufen. Kamehameha II. ist politisch schwach und regiert mit Hilfe von Kaahumanu, der Lieblingsfrau seines Vaters. **Kaahumanu beginnt gegen die Benachteiligung der Frauen anzugehen.** Es kommt zum ersten Bruch von Tabus, den sogenannten *Kapu*: Gemeinsam mit Männern wird eine Fressorgie veranstaltet; mit diesem Ereignis verliert der alte Glaube mehr und mehr an Kraft.

Kamehameha II. und seine Berater ordnen daraufhin die Zerstörung von Heiaus (Tempeln) und Idolen an und lassen die „Kapu" Regeln außer Kraft setzen, womit die traditionelle Religion Hawaiis abgeschafft wird.

–Louis de Freycinet, Kommandeur der französischen Korvette *Uranie*, besucht am 8. August Hawaii.

–Die ersten **Walfangschiffe**, die *Balena* aus New Bedford und die *Equator* aus Newburyport treffen am 29. Sept. in hawaiischen Gewässern ein.

1820–Am 4. April treffen **amerikanische Missionare** aus Boston an Bord der *Thaddeus* in **Kailua**, Hawaii ein.

1821–Einweihung von Honolulus **erstem** christlichen Gotteshaus am Standort der heutigen **Kawaiahao Kirche.**

1823–**Keopuolani**, die Königsmutter, lässt sich auf dem Sterbebett taufen und stirbt am 16. Sept. (die erste Hawaiianerin, die als Christin getauft wurde).

–**Kamehameha II.** und Königin **Kamamalu** reisen am 27. November an Bord des englischen Walfangschiffs *L'Aigle* nach **England.**

1824–Königin Kamamalu **stirbt** am 8. Juli, gefolgt von Kamehameha II. am 14. Juli.

–Königin **Kapiolani** besucht Kilauea und fordert die Feuergöttin Pele heraus, indem sie am 13. Dez. in den Krater hinabsteigt.

1825–George Anson, Lord Byron, Kommandant der englischen Marinefregatte *Blonde,* bringen die sterblichen Überreste von **Kamehameha II.** und **Kamamalu** nach Hawaii.

–**Kauikeaouli** wird am 6. Juni unter Mitregentschaft von **Kaahumanu** als **Kamehameha III.** zum König ausgerufen.

–Der Handel mit **Sandelholz** wird zum großen Geschäft, gefolgt vom profitablen **Walfang**.

1826–Der US Schoner *Dolphin* trifft im 16. Jan. unter dem Kommando von Lt. John Percival ein. Es ist das **erste amerikanische Kriegsschiff** in Honolulu.

–Am 21. Okt. trifft das amerikanische Kriegsschiff *Peacock* unter Captain Thomas ap Catesby Jones im Hafen von Honolulu ein. Am 21. Dez. tritt Hawaiis erstes allgemeines Steuergesetz in Kraft.

1827–Am 7. Juli treffen **katholische Missionare** an Bord des Schiffs *Comet* in Hawaii ein. Die erste katholische Taufe von Hawaii erfolgt am 30. Nov.

1828–Im Januar wird eine **katholische Kirche** in Honolulu eröffnet.

1830–Mexikanische und kalifornische **Cowboys** treffen auf der **Big Island** (Insel Hawaii) ein, um den Hawaiianern Rinderzucht beizubringen und sie zu „Paniolos" zu machen.

1831–In Lahaina wird das **Lahainaluna Missionary Seminary** gegründet, eine christliche Schule.

1832–Am 5. Juni **stirbt** die Regentin **Kaahamanu** im Manoa Valley auf Oahu (westl. vom Campus der Universität von Hawaii).

1834–Am 13. Febr. kommt die erste Zeitung in **hawaiischer** Sprache „*Ka Lama Hawaii*" aus der Druckerei des Lahainaluna Seminary.

1836–Am 30. Juli erscheint Hawaiis **erste englischsprachige** Zeitung, die *Sandwich Island Gazette,* in Honolulu.

–Am 16. Nov. wird ein Vertrag zwischen Großbritannien und den Sandwich-Inseln zur Anerkennung der Unabhängigkeit der Inseln ausgehandelt.

Geschichte

- **1837**–Die ersten **öffentlichen Straßen** werden in **Honolulu** angelegt.
- **1839**–Am 10. Mai erscheint die erste Ausgabe der **hawaiischen Bibel.**
  - –Am 7. Juni verkündet Kamehamaha III. die Einführung der **Bürgerrechte** für alle Hawaiianer.
- **1840**–Am 23. Sept. trifft die **amerikanische Forschungsexpedition** unter dem Kommando von Commodore Charles Wilkes an Bord des Kriegsschiffs *Vincennes* in Hawaii ein.
  - –Am 8. Okt. verkündet Kamehameha III. die **erste Verfassung** Hawaiis, Hawaii wird konstitutionelle Monarchie.
- **1842**–Am 19. Dez. wird das **Königreich Hawaii von den USA anerkannt.**
- **1843**–Am 10. Febr. trifft Admiral Lord Paulet, Kapitän der englischen Fregatte *Carysfort* ein. Er verlangt die Zession und will Hawaii unter **britisches** Protektorat zwingen.
  - –Am 26. Juli erscheint **Admiral Richard Thomas**, Kommandeur des Kriegsschiffs *Dublin,* läßt den „Union Jack" abnehmen, macht die Zession **rückgängig** und stellt die Unabhängigkeit der Inseln wieder her.
  - –Kamehameha III. zitiert in seiner Rede vom 31. Juli 1843 am Tag der Wiedererlangung der Unabhängigkeit Hawaiis einen Satz, der zu Hawaiis **Staatsmotto** geworden ist: *Ua mau ke ea o ka aina i ka pono* (etwa ... Das Leben des Landes wird für immer in Rechtschaffenheit fortbestehen).
  - –England und Frankreich erkennen am 28. Nov. die Unabhängigkeit der Sandwich-Inseln an.
- **1846**–**Walfangschiffe** erreichen Hawaii mit einer Spitze von 596 Schiffen, davon landen 429 Schiffe in **Lahaina** und der Rest im Hafen von **Honolulu.**
- **1848**–Vom 27. Jan. bis 7. März erfolgt die „Great Mahele", die **Landverteilung,** dabei wird Hawaiis Land unter den Königen und Häuptlingen oder Gouverneuren aufgeteilt.
  - –Eine **Epidemie** von Masern, Keuchhusten und Grippe kostet etwa 10 000 Menschenleben. Die meisten Opfer sind eingeborene Hawaiianer.
  - –Am 26. Febr. trifft die zwölfte (und letzte) Gruppe von **Missionaren** an Bord der *Samoset* ein.
- **1849**–Hawaiische Bürger haben zum ersten Mal Zugang zu Landbesitz.
- **1850**–Am 21. Juni wird ein Gesetz verabschiedet, nach dem dringend für Hawaiis Plantagen benötigte ausländische Kontraktarbeiter verpflichtet werden können.
  - –Am 12. Dez. treffen die ersten permanenten Mormonenmissionare in Hawaii ein.
  - –**Hawaiis Königshof** lässt sich **offiziell in Honolulu** nieder, nachdem man sich de facto bereits seit 1845 dort aufhält.
- **1851**–Kamehameha III. unterzeichnet ein Geheimabkommen, das die Inseln unter das **Protektorat der USA** stellt.
- **1852**–Chinesische Kontraktarbeiter für die Plantagenarbeit kommen an Bord der *Thetis* an.
  - –Kamehameha III. erlässt eine **neue Verfassung.**
- **1853**–Eine **Pockenepidemie** (Blatternepidemie) dauert acht Monate und fordert etwa 2500 Menschenleben.
- **1854**–Kamehameha III. **stirbt** am 15. Dez. Sein Nachfolger wird **Alexander Liholiho** als Kamehameha IV.
- **1856**–Gründung der Zeitung *Pacific Commercial Advertiser,* erst als Wochen-, dann als Tageszeitung.
- **1860**–Grundsteinlegung zum **Queen's Hospital.**
- **1863**–Am 30. Nov. **stirbt Kamehameha IV.** Nachfolger wird sein älterer Bruder Lot Kamehameha als Kamehameha V.
- **1864**–Kamehameha V. verkündet am 20. Aug. eine **neue Verfassung**, die ihm mehr Machtbefugnisse erteilt.
- **1866**–Die ersten **Leprakranken** werden zur Leprastation **Kalawao** auf der Halbinsel **Kalaupapa** der Insel **Molokai** gebracht.
- **1868**–Am 24. Juni treffen die ersten **japanischen** Kontraktarbeiter ein.

16 ORIENTIERUNG
Geschichte

1871–Am 11. Juni kommt **Heinrich Berger** aus Deutschland an und wird Kapellmeister der **Royal Hawaiian Band.**
1872–Grundsteinlegung zur **Aliiolani Hale** am 20. März. Am 11. Dez. **stirbt** Kamehameha V.
1873–Am 1. Januar wird **William Lunalilo** zum König gewählt – erster gewählter König.
–**Pater Damien** wird auf die Kalaupapa Peninsula auf der Insel Molokai geschickt, um sich um die Leprakranken zu kümmern.
1874–Am 3. Februar **stirbt** König **Lunalilo.** Am 12. Februar wählt das Parlament **David Kalakaua** zum König.
–Am 17. Nov. bricht König **Kalakaua** an Bord des Dampfers *Benicia* zu einer „Good will Tour" durch die USA nach San Francisco auf.
1875–Am 30. Januar wird der **Freihandel** zwischen Hawaii und den USA durch einen Gegenseitigkeitsvertrag mit den USA unterzeichnet, der die zollfreie Einfuhr von Zucker und anderen Waren in die USA erlaubt.
1876–Am 15. Aug. wird der Gegenseitigkeitsvertrag vom amerikanischen Senat **ratifiziert.**
1877–Am 19. April stirbt der Thronfolger Prinz Leleiohoku. Prinzessin **Liliuokalani** wird zur Thronfolgerin erklärt.
1878–Am 30. Sept. treffen **portugiesische** Kontraktarbeiter ein.
1879–Am 20. Juli wird die von **Kahului** nach **Paia** verlaufende Eisenbahnstrecke der *Kahului-Wailuku Railroad* auf der Insel Maui eröffnet; die **erste** Eisenbahn Hawaiis.
–Am 31. Dez. wird der **Grundstein** für den **Iolani-Palast** gelegt.
1880–Ein Vulkanausbruch des **Mauna Loa** im November bedroht die Stadt **Hilo.** Prinzessin Ruth Keelikolani fleht die Götter an, die Stadt zu verschonen, und der Lavastrom stoppt.
1882–Im Dez. erfolgt die Fertigstellung des **Iolani-Palasts.**
1883–König **Kalakaua** und seine Königin, Königin **Kapiolani,** lassen sich vor dem Iolani-Palast krönen, anlässlich des neunten Jahrs ihrer Regentschaft.
–Am 14. Feb. wird die Statue von **Kamehameha I.** vor der Aliiolani Hale in **Honolulu** enthüllt.
1887–Am 6. Juli wird König **Kalakaua** gezwungen, die „Bayonet" Verfassung der Hawaiian League zu unterzeichnen, eine Gruppe, die eine liberalere Verfassung anstrebt.
1889–Am 30. Juli führt **Robert Wilcox** eine kurze erfolglose Revolte gegen die Reformregierung an. Sieben Rebellen werden getötet und ein weiteres Dutzend verletzt.
–Am 15. Apr. **stirbt Pater Damien** selbst an Lepra.
1890–Am 25. Nov. bricht König Kalakaua an Bord der U.S.S. *Charleston* nach San Francisco auf.
1891–Am 20. Jan. **stirbt** König **Kalakaua** in San Francisco. Seine sterblichen Überreste werden an Bord der U.S.S. *Charleston* zurück nach Hawaii gebracht.
–Kalakauas Schwester **Liliuokalani** wird am 29. Jan. zur Thronfolgerin ernannt.
1893–Am 17. Januar wird Königin Liliuokalani **gestürzt;** eine provisorische Regierung unter Sanford B. Dole wird gegründet.
1894–Am 3. Juli wird die **Republik Hawaii** gegründet. Der reiche Landbesitzer Sanford B. Dole wird Präsident der Republik.
1895–Eine Gegenrevolution unter Robert Wilcox, die Königin Liliuokalani wieder zur Macht verhelfen soll, schlägt fehl. Am 24. Jan. erklärt sich Königin **Liliuokalani** zur **Abdankung** bereit und erkennt die Republik Hawaii an.
1898–Am 24. April erklärt Spanien den Krieg gegen die USA, worauf der amerikanische Kongress am 25. April antwortet. Mit Ausbruch des **spanisch-amerikanischen Krieges,** während dem die USA die Philippinen, Guam, Puerto Rico und andere Inseln besetzen, werden ame-

Geschichte

rikanische Truppen vorübergehend in der Nähe von Diamond Head auf Oahu stationiert.
- Am 7. Juli unterzeichnet Präsident McKinley einen Kongressbeschluss zu **Annexion** Hawaiis.
- Am 12. Aug. wird Hawaiis Souveränität auf die USA übertragen.

1899–Ein Ausbruch der **Beulenpest** in Honolulu fordert am 12. Dez. die ersten Todesopfer.

1900–Am 20. Jan. gerät ein Brand zur Bekämpfung der von der Beulenpest befallenen Area Honolulus außer Kontrolle und läßt 15 Hektar von **Chinatown** ein Opfer der Flammen werden. Tausende werden obdachlos und verlieren ihre Existenz.
- Am 30. April unterzeichnet Präsident McKinley den Organic Act zur Bildung des Territoriums von Hawaii. Am 14. Juni nimmt das **Territorium** Hawaii mit Sanford B. Dole als erstem Gouverneur seine Amtsgeschäfte auf.

1901–Am 20. Februar tritt das Territorial-Parlament in Honolulu zur **ersten** Sitzung zusammen.
- Das **Moana Hotel** entsteht als erstes Hotel am Strand von **Waikiki**.

1903–Am 23. Nov. wird George R. Carter, bisheriger Territorial-Minister, zum zweiten **Gouverneur** des Territoriums ernannt.

1907–Fort Shafter, Army Headquarters, wird erster permanenter Militärposten des Territoriums.
- James Dole gelingt die Zucht einer anbaufähigen und ertragreichen **Ananassorte.**
- Mit nur fünf Studenten und zwölf Lehrern beginnt das College of Agriculture and Mechanic Arts (heute die **Universität von Hawaii** mit rund 50 000 Studenten).

1908–Bau des Flottenstützpunkts von **Pearl Harbor** beginnt.

1909–Gründung der Stadt- und County Verwaltung von **Honolulu** mit J. J. Fern als erstem Bürgermeister.
- Errichtung der **Schofield Barracks**, später zum größten ständigen Armeestützpunkt der USA ausgebaut, in Wahiawa, auf Oahu.

1912–Duke Kahanamoku gewinnt die Goldmedaille im 100-Meter-Schwimmen bei den Olympischen Spielen in Stockholm, Schweden.

1913–Die **Library of Hawaii**, die erste öffentliche Bücherei in Hawaii, wird in Downtown Honolulu eröffnet.

1917–Ehemalige Königin **Liliuokalani** stirbt am 1. Nov. in Washington Place. Am 18. Nov. findet ein Staatsbegräbnis statt.

1918–Am 1. Juni wird die **Hawaii National Guard** zum Schutz der Inseln mobilisiert, nachdem man die meisten Mitglieder der regulären Army zum Ersten Weltkrieg nach Frankreich entsandt hat.

1919–Am 21. Aug. wird das Trockendock von **Pearl Harbor** offiziell vom amerikanischen Marineminister Josephus Daniels **eingeweiht.**

1921–Entwässerung des **Sumpfgebiets** von Waikiki beginnt.

1922–Am 7. Jan. stirbt Prinz Jonah Kalanianole, der **letzte** Titularprinz der Monarchie und Abgeordneter Hawaiis im amerikanischen Kongress.
- **Washington Place**, ehemalige Residenz von Königin Liliuokalani wird offiziell zur Residenz der Gouverneure.
- Die Hawaiian Pineapple Co. erwirbt die Insel **Lanai** und verschifft die Ananasfrüchte nach Honolulu zu ihren Konservenfabriken.

1923–Hawaii verabschiedet ein „Bürgerrechtsgesetz", das dem amerikanischen Kongress in den USA vorgelegt wird. Hawaii verlangt Zuweisung von Geldmitteln.

1924–Der amerikanische Kongress beschließt Hawaiis Bürgerrechte.
- Pablo Manlapit führt einen achtmonatigen **Streik** der Plantagenarbeiter auf **Kauai** an.
- Am 9. Juni stirbt Sanford B. Dole.

1927–Am 28./29. Juni gelingt zwei amerikanischen Offizieren der erste erfolgreiche **Nonstop-Flug** vom amerikanischen **Festland** (Oakland, Ka-

18 ORIENTIERUNG
Geschichte

lifornien) nach Hawaii (Wheeler Field) in einer dreimotorigen Fokkermaschine mit dem Namen *Bird of Paradise*.
–Errichtung des **Royal Hawaiian Hotel** am Strand von Waikiki.
1928–Errichtung des 61 m hohen **Dole Pineapple Tower** (mit der weithin sichtbaren Ananas als Wasserturm, inzwischen abgerissen) über Dole Cannery Square in Honolulu.
–Geburt des **Lei Day.** Der 1. Mai ist in Hawaii Lei Day mit Feiern und Blumenketten – „May Day is Lei Day in Hawaii".
1935–Am 16./17. April wird der viermotorige *China Clipper* von Pan American Airways (**Pan Am**) im Luftpostdienst von Alameda, Kalifornien nach Honolulu geflogen.
1941–Am 7. Dez. erfolgt der Überraschungsangriff japanischer Jagdbomber auf die amerikanische Pazifikflotte im **Pearl Harbor.** Die USS *Arizona* und andere Kriegsschiffe werden versenkt. Über 2 500 Todesopfer.
–Army Lt. General Walter C. Short löst Gouverneur Joseph B. Poindexter ab und wird Militärgouverneur über Hawaii; er stellt Hawaii unter **Kriegsrecht.**
1942–Admiral Chester Nimitz verkündet am 5. Juni, dass die japanische Flotte in der Schlacht **Battle of Midway** besiegt wurde.
1944–Auf dem Parteitag der Demokraten/Democratic National Convention am 12. Juli sprechen sich die Demokraten für die Aufnahme Hawaiis als **Bundesstaat** aus.
–Am 24. Okt. wird das Kriegsrecht auf Hawaii aufgehoben.
1946–Auf ein starkes Seebeben auf den Aleuten suchen am 1. April drei **Tsunamis** die Windward Küsten (Ostküsten) der Inseln Hawaiis heim. **Hilo** auf der Insel Hawaii und die 48 km weiter nördlich liegende Siedlung **Laupahoehoe** werden am stärksten getroffen und verwüstet. 159 Menschen finden den Tod.
1948–Präsident Harry S. Truman **befürwortet** am 2. Feb. in seiner Rede vor dem Kongress zur Lage der Nation die Aufnahme Hawaiis als **Bundesstaat.**
1949–Jack Hall führt einen sechsmonatigen **Streik** der Gewerkschaft der Hafenarbeiter (International Longshoremen's and Warehousemen's Union) an, der den Hafenbetrieb von **Honolulu** fast zum Erliegen bringt.
1950–Am 4. April wird eine Hawaii Constitutional Convention zur Aufnahme Hawaiis als **Bundesstaat** in die USA einberufen. Das Ergebnis wird später von den Wählern ratifiziert.
–Am 19. April tritt das House Committe on Un-American Activities im Iolani-Palast zu einer Anhörung über kommunistische Unterwanderung der hawaiischen Gewerkschaftsorganisationen zusammen. Von 68 gerufenen Zeugen machen 39 von ihrem Aussageverweigerungsrecht Gebrauch.
1953–Am 17. Juni werden Jack Hall und sechs Mitangeklagte unter dem *Anti-Communist Smith Act* der kommunistischen Aktivitäten **für schuldig** befunden.
1957–Der amerikanische Kongress gibt seine Zustimmung zur Aufnahme Hawaiis als Bundesstaat der USA, die sich aber dieses Mal auf Verlangen Hawaiis noch verzögert.
1959–Am 3. Januar wird **Alaska** offiziell zum neunundvierzigsten Bundesstaat erklärt.
–Am 11. März stimmt der amerikanische Senat mit 76:15 Stimmen und am 12. März das US-Abgeordnetenhaus mit 323:89 Stimmen **für die Aufnahme** Hawaiis als US-Bundesstaat. Eine Volksabstimmung in Hawaii ergibt eine Mehrheit von 17:1 Stimmen, nur die Bewohner der **Insel Niihau** haben sich gegen die Aufnahme Hawaiis als Bundesstaat ausgesprochen. Am 18. März tritt das von Präsident Dwight D. Eisenhower unterzeichnete Gesetz in Kraft, das Hawaii zum **fünfzigsten Bundesstaat** der USA erklärt.
–Am 28. Juli findet in Hawaii die **erste Wahl** nach Erlangung des Bundesstaat-Status statt, in der bei 93 % Wahlbeteiligung der bisherige

republikanische Territorial-Gouverneur William F. Quinn zum ersten Gouverneur des Bundesstaates Hawaii gewählt wird.
 –Am 21. August leistet Gouverneur Quinn seinen Amtseid. Später wird der dritte Freitag im August zum **Admission Day** erklärt (Tag des Beitritts Hawaiis als Bundesstaat).
 –Die **ersten** Boeing 707 **Düsenflugzeuge** treffen ein. Sie bewältigen die Strecke von der Westküste Kaliforniens nach Honolulu in einer neuen Rekordzeit von fünf Stunden.
 –Im ersten Jahr als Bundesstaat besuchen **243 216 Touristen** Hawaii.
1960–Am 18. Februar tritt Hawaiis **erstes Regierungskabinett** seine Sitzungszeit an, die bis zum 2. Mai andauert.
 –Am 23. Mai sucht ein erneuter schwerer **Tsunami** die Insel **Big Island** heim und fordert 61 Menschenleben, größtenteils in **Hilo**.
 –Am 4. Juli wird der **50. Stern** auf der amerikanischen Nationalflagge ergänzt.
1961–Die **niedrigste** Temperatur, die jemals auf den Inseln von Hawaii gemessen wurde, beträgt im Januar –12°C auf dem Gipfel des Haleakala auf der Insel Maui.
1962–John A. Burns wird bei den Novemberwahlen zum **zweiten Gouverneur** Hawaiis gewählt.
1963–Helene Hale wird als **erste Frau** zum Vorsitzenden des County von Hawaii gewählt.
1967–Die Zahl der Hawaii Touristen steigt in diesem Jahr auf **eine Millionen.**
1968–Counties der Nachbarinseln wählen ihre **ersten Bürgermeister.** Frank F. Fasi wird zum Bürgermeister von Honolulu gewählt.
1969–Die amerikanische Luftfahrtbehörde, das Civil Aeronautics Board, erteilt sieben amerikanischen Fluglinien die Genehmigung für **Inlandsflüge** von Hawaii zu **35 Flughäfen** auf dem amerikanischen Festland.
 –Die **ersten Astronauten auf dem Mond** kehren zur Erde zurück und werden in ihrer Apollo 11 Raumkapsel *Columbia 3* vom amerikanischen Kriegsschiff USS *Hornet* aus dem Pazifik gefischt. Das Schiff trifft am 26. Juli in Pearl Harbor ein, wo die Astronauten zum Luftwaffenstützpunkt Hickam Air Force Base gebracht und zum amerikanischen Festland geflogen werden.
1972–Die Zahl der Touristen auf Hawaii steigt auf **zwei Millionen.**
1974–Im November wird George Ariyoshi als erster Gouverneur **japanischer** Abstammung gewählt.
1976–Am 1. Mai sticht die *Hokulea* („Stern der Freude"), ein Doppelrumpfkanu-Segler, von Hawaii in See und kommt am 4. Juni in **Tahiti** an. Diese Reise ist eine kulturelle Renaissance der hawaiischen Inseln und erinnert an die uralten Kanukontakte zwischen den beiden polynesischen Völkern. Die gesamte Reise der *Hokulea* erfolgt **ohne** jegliche Navigationsinstrumente getreu dem Vorbild der ersten polynesischen Seefahrer.
1978–Hawaii begeht die **Zweihundertjahrfeier** der Ankunft von Kapitän **James Cook** auf den hawaiischen Inseln im Jahr **1778.**
 –Gouverneur Ariyoshi gewinnt seine Wiederwahl im November. Jean King ist der **erste weibliche** Vizegouverneur/Lieutenant Governor Hawaiis.
1979–Die Zahl der Touristen steigt in diesem Jahr auf **vier Millionen.**
1982–Eileen R. Anderson wird der **erste weibliche** Bürgermeister Hawaiis und besiegt Honolulus bisherigen Bürgermeister Frank F. Fasi bei den Novemberwahlen.
 –Am 23. Nov. sucht Hurrikan **Iwa** die Insel **Kauai** schwer heim und richtet Schäden in Höhe von $234 Millionen an. Es ist einer der vernichtendsten Stürme in Hawaiis Geschichte.
 –Rückläufige Zuckerproduktion.
1983–Hawaiis Bevölkerungszahl erreicht **über eine Million**; zwei Drittel der Bewohner leben in Honolulu.
 –3. Januar Ausbruch des **Kilauea Vulkans** mit seitdem unaufhörlichem Auslaufen glühender Lavamassen.

20 ORIENTIERUNG
Geschichte

1984–Hawaii feiert seinen 25. **Jahrestag** des Bestehens als Bundesstaat.
1985–Geburt des ersten **Wholphin** in Gefangenschaft im Sea Life Park auf Oahu; Kreuzung zwischen Delphin und falschem Killerwal.
1986–Challenger Unglück mit dem **hawaiischen Astronauten** Ellison S. Onizuka an Bord; alle sieben Astronauten kommen bei der Explosion 73 Sekunden nach dem Start ums Leben.
1989–Wahaula Visitor Center am Südrand des Hawaii Volcanoes Nationalparks wird durch glühende Lavaströme in Brand gesetzt und **zerstört**.
1990–Ende Mai wird der Küstenort **Kalapana** im Süden des Hawaii Volcanoes Nationalparks von den glühenden Lavaströmen des **Kilauea**, der seit 1983 stetig gewaltige Lavaströme ausfließen lässt, völlig vernichtet.
1991–Am 11. Juli kann von den Vulkangipfeln auf den Inseln Maui und Hawaii eine **totale Sonnenfinsternis** beobachtet werden, die zwischen Hawaii und Nordbrasilien ein Himmelsspektakel bewirkt.
–Verschiedene Küchenchefs Hawaiis haben sich zur Gruppe der sogenannten Hawaiian Regional Cuisine Chefs zusammengeschlossen und nennen ihren Stil **Pacific Rim Cuisine,** der Anleihen bei den Küchen aller Länder um den Pazifik macht.
1992–Am 11. September sucht der Hurrikan **Iniki** die Inseln von Hawaii heim. Am stärksten trifft dieser stärkste Sturm des Jahrhunderts die Insel **Kauai**. Das Auge des Hurrikans misst 25 km im Durchmesser und richtet stärkste Schäden an fast allen Hotels und touristischen Einrichtungen der Insel an. Etwa 10 000 der 21 000 Häuser werden zerstört. Iniki kostet 3 Menschenleben und 100 Verletzte.
–**Schließung** der Dole Pineapple Cannery in Honolulu.
–Im Nov. geht der Jumbo-Bus der Lufthansa auf seinen ersten Langstrecken-Testflug nach Honolulu. Beim **Nonstop-Flug** des ersten vierstrahligen **Airbus** A 340 werden mehr als 12 000 km zurückgelegt. Mit über 16 Stunden in der Luft ist dies der **erste zivile** Nonstop-Flug **von Europa nach Hawaii**. Rückgabe von **Kahoolawe** an Hawaii.
1993–Eröffnung des siebenstöckigen **Inter-Island Terminal** am Honolulu International Airport auf Oahu.
1994–Schließung des **Zuckerbetriebs** Hamakua Sugar Co. nördlich von Hilo auf **Big Island**.
1995–Die Zahl der Touristen erreicht in diesem Jahr **6,5 Millionen**.
–Als erster US-Bundesstaat hat Hawaii das **Rauchen** an einem Strand **verboten**.
1996–Die Zahl der Touristen erreicht in diesem Jahr **6,8 Millionen**.
–Japan Airlines beginnt **Nonstop-Service** mit Boeing 747s zwischen Narita Airport und Kona auf der Insel Hawaii (Big Island).
–Die Tage von „King Sugar" sind gezählt. **Zuckeranbau ist rückläufig.** Schließung der letzten Zuckerverarbeitungsbetriebe im März auf **Big Island** und im Oktober auf **Oahu**. Auf Kauai macht sich ebenfalls die rückläufige Entwicklung auf dem Zuckersektor bemerkbar mit Schließung des Betriebs in **Koloa**, wo 1835 der erste kommerzielle Plantagenbetrieb begann.
1997–Ananasplantagen-Tour ab Februar auf Maui, Start in Kapalua in die Ananasfelder der West Maui Mountains.
–Die Zahl der Touristen erreicht 7 Millionen.
1998–Fertigstellung des **Hawaii Convention Center** in Waikiki.

Hawaiis Könige

● Herrscher des Königreichs Hawaii

- **Kamehameha I.** (ca. 1758–1819). Kamehameha der Große; begann 1795 als König der Insel Hawaii zu regieren. Nach Eroberung aller Inseln, außer Kauai, vereinigt er 1810 die Inseln Hawaiis unter einem Königreich und seiner Oberherrschaft. König von 1795 bis 1819. Verheiratet mit Kaahumanu.

- **Kamehameha II.** (1797–1824). Liholiho, ältester Sohn von Kamehameha I. und Keopuolani. Ab 20. Mai 1819 König bis 14. Juli 1824; Kaahumanu regiert mit. Verheiratet mit Kamamahu.

- **Kamehameha III.** (1814–1854). Kauikeaouli, jüngerer Bruder von Kamehameha II. König von 1825 bis 1854. Kaahumanu und Kihau, älteste Halbschwester von Kamehameha III. regieren mit. Verheiratet mit Kalama Kahakaleleponi.

- **Kamehameha IV.** (1834–1863). Alexander Liholiho, Enkel von Kamehameha I. und Adoptivsohn von Kamehameha III. König von 1854–1863. Verheiratet mit „Queen Emma" (Großgroßnichte von Kamehameha I. und Enkelin des Königsberaters John Young).

- **Kamehameha V.** (1830–1872). Lot Kamehameha, älterer Bruder von Kamehameha IV. König von 1863–1872. Ende der Kamehameha Dynastie.

- **Lunalilo** (1835–1874). William Charles Lunalilo, Enkel eines Halbbruders von Kamehameha I. Erster gewählter König von Hawaii, von 1873 bis 1874 (8. 1. 73–3. 2. 74).

- **Kalakaua** (1836–1891). David Laamea Kalakaua, gewählt nachdem Lunalilo keinen Nachfolger benannt hatte. König von 1874 bis 1891. Verheiratet mit Kapiolani (Enkelin von Kaumualii, dem letzten Herrscher der Insel Kauai).

- **Liliuokalani** (1838–1917). Lydia Kamakaeha, Königin Liliuokalani, Schwester von Kalakaua; Königin von 1891 bis 1893, letzte Monarchin Hawaiis.

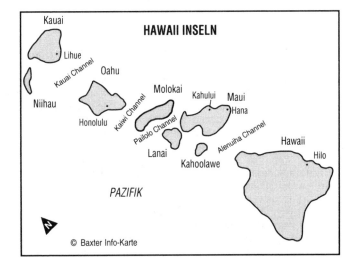

22 ORIENTIERUNG
Klima/Wetter

KLIMA

Hawaii erstreckt sich mit seiner Inselkette über eine Länge von 2 436 km im zentralen Nordpazifik von Südosten nach Nordwesten über den Nördlichen Wendekreis (Wendekreis des Krebses) – zwischen 154° 40' und 178° 75' westlicher Länge und 18° 54' und 28° 15' nördlicher Breite. Die acht Hauptinseln Hawaii, Maui, Kahoolawe, Lanai, Molokai, Oahu, Kauai und Niihau liegen völlig in **tropischen** Breiten.

Die Lage in den **Tropen** sorgt dafür, dass Hawaiis Klima ganzjährig angenehm mild und gleichmäßig ist. Leichte Unterschiede gibt es nur je nachdem, auf welcher Insel man sich befindet. Hawaii unterscheidet eigentlich nur zwei Jahreszeiten, und zwar kau = Mai bis Oktober als **Sommer** und hooilo = November bis April als **Winter.** Die durchschnittlichen Temperaturen betragen im gesamten Inselbereich etwa +26°C. Nachttemperaturen weichen im allgemeinen nicht sehr stark von Tagestemperaturen ab.

Das Wetter wird insbesondere durch die beständig wehenden **Passatwinde** aus dem Nordosten beeinflußt, die das tropische Klima gut verträglich machen. Feuchte und kühle Winde, die im Winter die Passatwinde zeitweilig unterbrechen, lassen die Temperaturen etwas niedriger werden und Wolken und Regen auftreten. Höhenlage spielt ebenfalls eine Rolle bei Temperaturunterschieden. Auf den Berggipfeln des Haleakala auf Maui, Mauna Kea und Mauna Loa auf der Big Island entsteht mit steigender Höhe ein Temperaturabfall. Es ist dort merklich kühler. Es wurden schon Rekordtemperaturen von -12°C auf dem Haleakala gemessen.

Die Passatwinde sind so beständig, dass man die Nordostseiten der Inseln stets als **Windward** bezeichnet, egal wo der Wind gerade weht. Sie wehen den ganzen Tag über, sind aber während der Nachmittaghitze stark und schwächen nachts ab. Die Passatwinde halten auch die Luftfeuchtigkeit niedrig, daher herrscht nie drückend heißes und schwüles Wetter.

Winterstürme bringen ziemlich kühles, feuchtes Wetter, wenn die Passatwinde unterbrochen werden. Dieser Aufbruch erfolgt in Hochdruckgürteln, und die Stürme dringen vom Südosten zur Leeward Seite (*kona* = windabgewandt) ein, man nennt sie daher auch Konawinde. Während dieser Zeit schlagen die Wellen auf den Nordküsten hoch, beeinflusst durch intensive Tiefdruckgebiete über dem Nordpazifik, die riesige Wellenberge erzeugen. Von April bis November ist die Zeit der tropischen Stürme, wenn es nur wenig Störung der Passatwinde gibt. Strände auf der Südseite der Inseln werden dann von Winterstürmen der südlichen Erdhalbkugel beeinflusst und oft schwillt die Surf in diesen Areas dann stark an.

Alle Inseln haben eine **Windward** (Nordost und nass) und eine **Leeward** (Südwest und trocken) Seite. Es gibt viel mehr Niederschläge auf der Windward Seite, außerdem sind die Niederschläge im Winter häufiger als im Sommer. Wenn allerdings Kona Stürme aktiv sind, treffen sie die Leeward Seiten viel häufiger. Ein weiterer Regenfaktor sind die Berge, die wie Wassermagneten wirken. Niederschläge treten meistens bei und unter 1000 m auf; daher sind die oberen Berghälften von größeren Bergen wie der Haleakala (3 055 m ü.M.) im allgemeinen ziemlich trocken. Die durchschnittlichen Niederschläge ins Meer, das Hawaii umgibt, betragen nur 635 mm, während nur wenige Kilometer landeinwärts die Windseiten von Bergen 6 350 mm erhalten können! Ein besonders gutes Beispiel ist der Vergleich von Lahaina und Mt. Puu Kukui, die nur 11 km in West Maui voneinander liegen. Das heiße, trockene Lahaina hat nur 432 mm durchschnittliche Niederschläge; Puu Kukui kann dagegen auf annähernd 11 500 mm pro Jahr blicken und macht fast Mt. Waialeale mit 11 684 mm auf Kauai als „regenreichste Stelle der Erde" Konkurrenz. Honolulus Niederschlagsmengen liegen bei etwa durchschnittlich 600 mm.

Das beste Wetter ist stets auf den **Leeward Seiten**, wo die Strände im Regenschatten von Inlandbergen liegen, wie Waikiki (Oahu), Kailua-Kona (Big Island), Poipu (Kauai) und Kaanapali (Maui). Regen auf Hawaii ist meistens nicht zu schlimm. Meistens geht nur ein leichter Schauer nieder, und selten hält der Regen den ganzen Tag an. Im großen und ganzen gibt es für Hawaii eigentlich kein schlechtes Wetter und auch keine bessere oder schlechtere Jahreszeit. Hawaii ist schlechthin ein ganzjähriges Sonnenparadies und es läßt sich keine feste Regenzeit bestimmen. Einen großen Unterschied zwischen dem **kürzesten** und dem **längsten Tag** gibt es nicht. Im Dezember bleibt es ca 11$\frac{1}{2}$ Stunden und im Juni 13 Stunden hell. Übrigens wechselt Hawaii nicht auf Sommerzeit über. Der **Zeitunterschied** zu Deutschland beträgt also im Winter minus 11 Stunden und im Sommer minus 12 Stunden. Zeitunterschied zum amerikanischen Festland, Westküste (San Francisco/Los Angeles) im Winter minus 2 Stunden, im Sommer minus 3 Stunden; und zur Ostküste (New York/Washington, D.C.) Winter minus 5 Stunden, Sommer minus 6 Stunden.

HAWAIISCHE KULTUR

Religion

Hawaii's Kultur war einst tief mit der **Religion** verbunden. Man lebte nach einer Serie heiliger Regeln oder sogenannten kapus. Und die Religion mit ihren zahlreichen Göttern in Form von Naturereignissen und Gegenständen der Natur bestimmte jeden Aspekt des Alltagslebens.

Die Religion basierte auf Haupt- und Nebengöttern. Die vier hawaiischen Hauptgötter Kane, Kanaloa, Ku und Lono waren ebenfalls Hauptgötter der meisten südlichen Völkergruppen Polynesiens.

● **Kane**, im Süden auch Tane genannt. Kane ist der Begriff für Mann oder Ehemann. Er wurde als Gott des Lebens, der Schöpfung, des Lichts und frischen Wassers verehrt. Er war der Vorfahre von Häuptlingen und dem gemeinen Volk. Als Hauptgott lebensspendender Kraft wurden ihm nie Menschenopfer dargebracht.

● **Kanaloa**, in anderen Teilen Polynesiens als Taaroa, Tangaroa oder Tagaloa bekannt, war der Gott des Meeres und lag ständig im Kampf mit Kane. Angeblich sollen die vielen Süßwasserquellen Hawaiis von ihm geschaffen worden sein.

● **Ku** oder ku, der mit der aufgehenden Sonne zusammenhängt, war der Gott der Manneskraft, bekannter aber als Gott des Krieges. Ku wurden Menschenopfer dargebracht, insbesondere als Vorbereitung eines Krieges.

● **Lono**, auch anderenorts Rongo oder Roo genannt, soll angeblich der letzte der vier Hauptgötter sein, die von Kahiki, einer der hawaiischen Urheimaten nach Hawaii kamen. Er war der Gott der Landwirtschaft, der Wolken, der Winde und Fruchtbarkeit.

● Von gleichem Rang wie diese vier Hauptgötter war **Hina,** vermutlich die bekannteste polynesische Göttin. Sie soll angeblich mit ihrem Gemahl, dem Gott **Ku**, vor Kane oder Kanaloa nach Hawaii gekommen sein. **Hina** brachte man mit dem Sonnenuntergang in Verbindung. Sie besaß alle weiblichen Attribute, die die von Ku ergänzten. Kus männliche Zeugungskraft repäsentierte man mit spitzen Steinen, während Hinas Fraulichkeit durch flache Steine symbolisiert wurde.

● Daneben gab es noch eine Vielzahl anderer Götter, die alle in verschiedener Form vorkamen – Fische, Vögel, Tiere und Menschen. Ferner gab es Halbgötter – halb Gott, halb Mensch, die übernatürliche Kräfte besaßen. Zu den berühmtesten hawaiischen und polynesischen Volkshelden gehörte **Maui,** der auch den Spitznamen „The Trickster" trug. Er ist über den gesamten Pazifik hinweg bekannt durch seine Tricks – ganze Inseln auffischend, die Sonne aufhaltend, indem er ihre Strahlen am Kraterrand des Haleakala Kraters festband, und andere Wunderlichkeiten. Er wurde ebenfalls nicht wie die übrigen Halbgötter verehrt, sondern um Hilfe angefleht.

Von allen Göttern und Halbgöttern der hawaiischen Götterwelt ist **Pele,** die Feuergöttin, die gefürchtetste und meistverehrte Göttin. Pele soll angeblich ein aumakua oder Vorfahre sein, der als Schutzgeist weiterwirkt. Viele der heutigen Hawaiianer spenden ihr immer noch Tribut und glauben an ihre Kraft. Pele wanderte. Sie kam von einem unbekannten Ort in Polynesien. Zusammen mit ihrer jüngeren Schwester **Hiaka** und dem Bruder **Kamohoalii**, der das Kanu steuerte, traf sie zuerst auf der hawaiischen Insel **Niihau** ein. Sie zog zunächst südwestwärts durch die Inselkette, bis sie sich auf der jüngsten Insel des Archipels, der **Big Island** von Hawaii niederließ.

Pele konnte mit dem Fuß aufstampfen und ein Erdbeben hervorrufen. Wenn sie ihren Zauberspaten **Paoa** in den Boden stieß, erfolgte eine Vulkaneruption. Sie war jähzornig, ungestüm, überheblich, undankbar und besaß eine überirdische Schönheit. Peles Rivalin war **Poliahu**, Schneegöttin, die bekannteste von Hawaiis vier Schneegöttinnen. Poliahu lebte ebenfalls auf Big Island. Für alte Hawaiianer war sie unbesiegbar und kehrte stets nach einer Vulkaneruption zurück, um ihren weißen Mantel über die Gipfel von Hawaiis höchsten Bergen **Mauna Kea** und **Mauna Loa** zu breiten. Mit nahezu 4 267 m ü.M. sind dies die höchsten Berge im Pazifik und häufig schneebedeckt.

Kapu

Der alte Verhaltenskodex der Hawaiianer wurde **kapu** genannt, eine Anzahl von Regeln und Verboten, die den gesamten

Lebensbereich betrafen. Zwischen Männern und Frauen herrschte beispielsweise strikte Arbeitstrennung. Nur Männer durften sich mit allem, was mit Taro zu tun hatte, beschäftigen. Männer stampften Tarowurzeln zu Poi und servierten es den Frauen. Männer gingen zum Fischfang, bauten die Hütten, Kanus, Bewässerungskanäle und Mauern. Frauen verrichteten die Gartenarbeit und stellten Tapa (textiles Material) her, sie angelten auch am Ufer.

Die gesamte Familie lebte im **hale noa,** doch bestimmte Dinge wurden zwischen den Geschlechtern getrennt. Das Haupt-**Kapu** war, dass Frauen nicht das **mua** (Männerhaus) betreten oder mit den Männern gemeinsam essen durften. Bestimmte Speisen, wie Schwein und Bananen waren den Frauen untersagt. Männern war der Geschlechtsverkehr verboten, bevor sie zum Fischen gingen, zum Krieg zogen oder an einer religiösen Zeremonie teilnahmen. Knaben lebten bei den Frauen, bis sie beschnitten wurden, danach mußten sie den **Kapu** der Männer halten. Wurde ein **Kapu** gebrochen, drohte die sofortige Todesstrafe.

Heiau & Idole

Die Hawaiianer verehrten ihre Götter in Tempeln, die **Heiau** genannt wurden. Ein **Heiau** bestand aus einer rechteckigen Steinmauer, die in der Größe variierte – von der Größe eines Basketballs bis zur Größe eines Fußballplatzes. Sobald die Außenmauer errichtet war, wurde das Innere mit kleineren Steinen ausgefüllt. Von den vielen Heiaus Hawaiis sind heute lediglich die Steinplattformen übriggeblieben. Die darauf errichteten Hütten aus Holz, Laub und Gras sind längst verrottet.

In manchen Heiaus wurden Menschopfer dargebracht. Angeblich soll dieser barbarische Brauch im 12. Jahrhundert im **Wahaula Heiau** auf Big Island begonnen haben, den ein tahitischer Priester namens Paao inszenierte. Andere Tempel, wie **Puuhona O Honaunau,** ebenfalls auf Big Island, waren Schutztempel, in denen Verwitwete, Flüchtende und Verwaiste Zuflucht fanden.

In den Heiaus wurden die Zeremonien von priesterlichen **kahuna** ausgeübt. Opfergaben, die aus Hühnern, Hunden, Fischen, Früchten und Tapa bestanden, wurden auf einen **lele,** einen riesigen Steinaltar gelegt, in der Hoffnung, dass die Götter ihre Gaben annehmen und zugunsten des Volkes handeln würden. In manchen Tempeln bewahrte man die Knochen von verstorbenen alii (Häuptlingen, Adligen) auf. Andere Bauten beherbergten Idole, während von anderen sogenannten Orakeltürmen Prophezeiungen erfolgten.

Man zeigte den Göttern seine Ehrerbietung durch Idole. **Idole,** die manchmal die Größe von Menschen erreichten, waren meistens aus Holz geschnitzt, konnten aber auch aus Stroh, Federn und Steinen geformt sein. Die Köpfe waren von menschlichem Haar bedeckt. Eine große Anzahl solcher Idole ist im Bishop Museum in Honolulu ausgestellt.

Musik & Hula in Hawaii

Vor Ankunft der ersten Europäer waren **Musik, Gesänge** und **Tanz** ein Ausdruck polynesischen Glaubens sowie eine fröhliche Form des Persönlichkeitsausdrucks. Hawaiische Musik lieferte eine direkte Verbindung zu den Göttern. Daher waren die Gesänge im Text und Bedeutung spirituell. Gesang war eine hochentwickelte Kunst, wobei begleitende Musik im allgemeinen auf Gesänge, die den Hula begleiteten, beschränkt war. Gesänge gab es in verschiedener Art, manche waren genealogische Geschichten, die stundenlang dauerten, andere wiederum waren weit kürzere Gedichte oder Klagen.

Die Natur lieferte die Materialien, aus denen die Instrumente hergestellt wurden. Manche Instrumente, wie die **Ukele** (Hawaiigitarre) erzeugten vielseitige Klänge und Musik während andere, wie die Kastagnetten aus Kieselsteinen, die sogenannten **iliili**, einfache Klänge produzierten. Kürbisse mit fester harter Schale, **ipu** genannt, baute man ganz speziell in verschiedenen Formen und Größen an. Die größten wurden wie eine Trommel mit den Fingern und der Handfläche geschlagen, während man die kleinsten zu Nasenpfeifen herrichtete. Aus Bambus wurden ebenfalls Nasenflöten in verschiedener Länge gefertigt. Aufgeschlitztes Bambusrohr ergab Rasseln und mit Federn verzierte, mit Samenkörnern gefüllte Flaschenkürbisse wurden zu **uliuli** genannten Rasseln.

Die Kokospalme lieferte große und kleine Trommeln, die zur Begleitung des Hula oder Zeremonialgesängen in Heiaus geschlagen wurden. Die größte Trommel war die **pahu heiau**, die man aus einem Abschnitt des hohlen Stamms der Palme geschnitten hatte. Die kleinere **pahu hula** ergab tiefe Töne, die die Hula-Tänzer und Zuhörer inspirierten. Mit Hilfe von Bastfasern befestigte man die Trommelmembran aus Haifischhaut auf beiden Enden der Trommel.

Die Tänzer hatten oft ihre eigenen musikalischen Begleitinstrumente. Ausgehöhlte und polierte Kokosschalen überzog man mit Fischhaut. Diese kleinen Trommeln waren am Oberschenkel des Tänzers befestigt und wurden mit einer Kokosschnur geschlagen. Tänzer trugen Beinkleider aus Hundezähnen und Armbänder aus Eberstosszähnen, was zu einem gewissen Rhythmus beitrug. Bei einem **pai umauma hula** diente die nackte Brust des Tänzers gleichsam als Instrument, indem mit der flachen Hand rhythmische Klatschtöne erzeugt wurden.

Als 1820 die ersten Missionare ankamen, waren sie schockiert und entrüstet, als sie die Hula-Tänze sahen. Während der **hula kahiko** (die Urform des Hula) relativ zurückhaltend war und nur eine visuelle Interpretation der Gesänge auf Bewegung der Arme und Hände beschränkte, war bei anderen Hula-Tänzen der ganze Körper in Bewegung, was mit der engstirnigen Moral der Neuengland-Missionare nicht in Einklang stand. Zudem bestätigte die Kleidung der Männer und Frauen, die von der Taille aufwärts völlig unbekleidet waren und nur einen **pau** (einen Lendenschurz) trugen, die Immoralität der Hawaiianer.

Um die 1830er Jahre, nachdem sie die traditionelle Religion der Hawaiianer durch das Christentum ersetzt hatten, kleideten die Missionare die Hawaiianer neu ein. Frauen begannen die neuen „Missionshemden", die sogenannten **muumuus** zu tragen, die ihren Oberkörper und die Beine verdeckten (lange lose Kleider). Man verbannte den Hula. Doch mit König Kalakaua, dem Merrie Monarch, erfolgte in den 1880er Jahren eine Wiedergeburt des Hula. Kalakaua war ein äußerst guter Komponist; und im Laufe seiner 17jährigen Regentschaft führte er Hula und Gesänge zur Unterhaltung und zu zeremoniellen Zwecken wieder ein. Es wurde mit dem **hula awana** (Wander-Hula) ein neuer Hula-Stil kreiert.

Gegen Ende des 19. Jh. erfolgte eine weitere musikalische Neuerung. Die **Ukulele**, die 1878 von portugiesischen Einwanderern in Form der vierseitigen **braguinha** eingeführt wurde, war ein bedeutender musikalischer Zugang. Die musikalisch talentierten Hawaiianer übernahmen die Ukulele sehr rasch. König Kalakaua sowie seine Schwester Liliuokalani lernten schnell, dieses Instrument zu spielen.

Königin Liliuokalani, die Kalakaua auf den Thron folgte, war äußerst begabt und komponierte ein eindrucksvolles Repertoire, das die hawaiische Musik der 1920er und 1930er Jahre sehr populär machen sollte. Ihr bekanntestes Werk ist Aloha Oe, ein melancholisches Abschiedslied. Heutzutage erleben hawaiische Musik und Tanz eine vielseitige Wiedergeburt. **Kuma hula**, Hula-Lehrer, lehren sowohl die alte Hulaversion als auch die modernere Version.

Hula-Tanz

Der Anfang des **Hula** läßt sich nur in Legenden finden. Einer Legende nach sollen zwei Götter namens Laka – ein männlicher und ein weiblicher Gott – den Hula-Tanz nach Hawaii gebracht haben. Vermutlich setzte der männliche Laka seine Reise allein fort und die weibliche Laka blieb zurück, um den Hula über alle Inseln zu verbreiten. Einer anderen Version nach führte ein männlicher Laka den Hula in Hawaii ein. Einige Zeit lang wurde der Hula nur von Männern getanzt. Mit der Zeit lernte die Feuergöttin Pele den Hula von ihrer jüngeren Schwester Hiiaka, und heute ist es üblich, dass die Frauen Hula tanzen. Lange bevor die Hawaiianer je den Klang einer Gitarre oder Ukulele vernommen hatten, wurde der Hula von Gesängen, den **mele**, begleitet, zu denen auf einer Trommel mit Haifischmembran geschlagen oder mit einer Rassel oder **Gourd** (Flaschenkürbis) gerattert wurde. Die Hawaiianer waren auf mündliche Überlieferung angewiesen, da es bis zur Ankunft der Missionare noch keine Schriftsprache gab. Beim Hula sind der Gesang und

28 ORIENTIERUNG
Luau

die Worte von Bedeutung, nicht die Bewegung der Füße, Hände oder Hüften. Manche glauben, Hula sei aus rein religiösen Zeremonien entstanden. Ein Wort der Poesie beim Hula zu ändern, würde bedeuten, Geschichte zu ändern.

Als die ersten Missionare Anfang des 19. Jh. in Hawaii ankamen, wurde der Hula als heidnisches Überbleibsel angesehen und verbannt. Doch der Hula verschwand nicht, sondern ging nur in den Untergrund und wurde heimlich von den Familien weiter praktiziert.

Heutzutage werden in Hawaii Hulas sowohl von Männern als auch Frauen bei fast jeder hawaiischen Feier getanzt. Im April findet alljährlich das Merrie Monarch Hula Festival in Hilo auf Big Island und im Juli das Prince Lot Hula Festival in den Moanalua Gardens auf Oahu statt.

Das Merrie Monarch Festival zu Ehren König Kalakauas (der den Beinamen Merrie Monarch trug) wurde erstmals 1964 gehalten. 1971 kamen Hula-Wettbewerbe hinzu und waren bald Mittelpunkt des Festivals. Karten zu der dreitägigen „Olympiade hawaiischer Tänze" sind Wochen im voraus ausverkauft.

Außer den traditionellen Tänzen mit dem ursprünglichen Hula, dem **hula kahiko,** wird heute Touristen der etwas abgewandelte modernere **hapa haole hula** geboten. Die populärste kostenlose Hula Show ist die Kodak Hula Show in Waikiki, die täglich um 10 Uhr im Kapiolani Park erfolgt.

Luau

Luau hat eine alte Tradition. Schon die ersten Hawaiianer versammelten ihre engsten Freunde und Verwandte und feierten ein Fest mit allem, was die Natur lieferte. Vom Meer und der Meeresküste kamen Fisch, Seetang und Kokosnüsse. Aus den Bergen und Gärten holte man Farne, Süßkartoffeln und mit Bananenblättern legte man den **imu** aus, der unterirdische Ofen, in dem man das Schwein garen und braten konnte. **Taro** (eine stärkehaltige Wurzel) aus den Feldern wurde gekocht und zu **poi** zerstampft. Die Tische schmückte man mit Farnen und Blättern. Musiker waren zur Hand und man blies die Conch-Muschel (Kamm-Muschel). Es war ein Fest, bei dem alles geteilt wurde und bei dem man auch von allem reichlich anbot.

Moderne **Luaus,** die heute dem Touristen allerorts angeboten werden, besitzen noch den Kern dieser alten Tradition. **Luaus** werden meistens im Freien abgehalten. Besonders romantisch, wenn man ein Luau direkt am Strand unter Palmen miterleben kann. Die meisten **Luaus** beginnen mit einer lebhaften Zeremonie, bei der die Arbeit beschrieben wird, die Erdhöhle für den Erdofen auszuheben, der mit rotglühenden Lavabrocken und Bananenstümpfen (zum Feuchthalten) ausgelegt wurde. In diesem **imu** hat zuvor das mit heißen Steinen gestopfte Schwein stundenlang zum Braten gelegen. Sobald man den imu dann öffnet und das dampfende und rauchende Spanferkel heraushebt, beginnt eigentlich das Luau. Die Fortsetzung des Luau ist von Fall zu Fall verschieden, entweder bedient man sich von einem Buffet oder es wird serviert.

Zu dem **kalua pig** (im imu gegartes Spanferkel) gibt es verschiedenste Beigaben. **Poi** isst man am besten mit etwas salziger Beilage, außer dem

ORIENTIERUNG 29
Hawaische Sprache

kalua mit **lomi salmon** (Lachs), **poke** (gesalzener roher Fisch, der besser schmeckt als er aussieht). **Opihi** (rohe Schnecken) sind eine seltene hawaiische Delikatesse, die nur bei den feinsten Luaus angeboten wird. Sonst ist auch noch bei Luaus beliebt **Teriyaki Chicken** (Hühnerfleisch Teriyaki), **barbecued** Rindfleisch, **mahimahi** und eine Vielfalt an Salaten.

Sobald das Unterhaltungsprogramm beginnt, treten Trommler, Sänger und Hulatänzer in Baströckchen auf und bieten einen musikalischen Streifzug durch die Geschichte der Inseln. Bei vielen Luaus werden auch die Tänze von Hawaiis polynesischen Nachbarn dargeboten – Samoa, Fidschi Inseln, Tonga, Neuseeland, Tahiti und Marquesas Inseln. Die meisten Luaus dauern etwa zwei bis drei Stunden und kosten um $50.

SPRACHE ◀

1978 wurde die hawaiische Sprache neben Englisch zur offiziellen Sprache Hawaiis erklärt. Hawaiisch wird allerdings heute fast nur noch auf der Insel Niihau gesprochen, wo Kinder Hawaiisch als Muttersprache lernen. In den Schulen wird Hawaiisch allerdings noch in ganz Hawaii gelehrt.

Die hawaiische Sprache ist ein Dialekt der polynesischen Sprache, die von Generation zu Generation mündlich weitergegeben wurde. Captain James Cook, der 1778 Hawaii entdeckte, hatte in einem nach seinem Tod 1785 veröffentlichten Buch *A Voyage to the Pacific Ocean* die Existenz einer hawaiischen Sprache mitgeteilt und darin etwa 250 Worte in englischer Rechtschreibung wiedergegeben. Der deutsche Dichter und Naturforscher Adelbert von Chamisso (1781–1838) kam 1816 und 1817 als Teilnehmer der zweiten russischen Weltumseglung an Bord der *Rurik* unter dem Kommando von Otto von Kotzebue (1788–1846) nach Hawaii. Er verfaßte eine erste hawaiische Grammatik in deutscher Sprache, die 1837 kurz vor seinem Tod veröffentlicht wurde.

Die seit 1820 auf den Inseln Hawaiis tätigen Missionare entwickelten 1829 eine einheitliche Schriftform für das Hawaiische und schufen das nur zwölf Buchstaben umfassende Alphabet, das aus **sieben Konsonanten** – **h, k, l, m, n, p** und **w** – sowie **fünf Vokalen** – **a, e, i, o** und **u** – bestand. Das erste hawaiisch-englische Lexikon *A Vocabulary of Words in the Hawaiian Language* erschien 1836 in Lahainaluna. Das erste englisch-hawaiische Wörterbuch folgte 1845. 1957 erfolgte die Herausgabe des *Hawaiian-English Dictionary* von Mary Kawena Pukui und Samuel H. Elbert, der 1964 das *English-Hawaiian Dictionary* folgte. Beide Bände wurden 1971 als Gesamtausgabe unter *Hawaiian Dictionary* herausgegeben, die etwa 26 000 hawaiisch-englische Wörter umfasst.

● **Hawaiis Umgangssprache neben Englisch und Hawaiisch**

Hawaiis offizielle Sprache ist **Englisch**. Manchmal hört oder liest man auch **Hawaiisch** sowie das, was Linguisten eine „Kreolensprache" bzw. das sogenannte **Pidgin-Englisch** nennen.

30 ORIENTIERUNG
Hawaiische Sprache

Aus dieser vereinfachten Umgangssprache hier ein paar Ausdrücke:

Brah ...... kurz für **braddah** = *brother* = Bruder, in anderen Worten Freund. Oft wird man begrüßt mit einem herzlichen **howzit, brah** = *how is it brother* = Guten Tag, wie geht's, mein Freund.

Da kine ...... wörtlich „the kind" wird benutzt, wenn man keinen Namen für etwas oder jemanden findet, so etwa wie **whatchamacallit** oder **whatshisname** = Dingsbum (oder so).

Hier nun zur hawaiischen Sprache.

● **Hawaiische Sprache**

Die **hawaiische Sprache** ist ein Dialekt des Polynesischen, das in verwandten Formen in Samoa, Tahiti, Neuseeland und Fidschi sowie Marquesas Inseln gesprochen wird. Das hawaiische Alphabet besteht aus 12 Buchstaben: den Konsonanten H, K, L, M, N, P und W und den Vokalen A, E, I, O und U. Die **Aussprache** des Hawaiischen: Im allgemeinen werden die Konsonanten wie im Deutschen ausgesprochen; w nach i oder e wie v, nach u oder o wie w. Bei Doppelvokalen bzw. Diphtongs ae, ai, ao, au, ei, eu, oi und ou wird immer der erste betont, es erfolgt keine Verschmelzung der beiden Vokale, z. B. lei und heiau. Dasselbe gilt auch bei Verdoppelung desselben Vokals aa, ee, ii, oo und uu; es sind stets zwei getrennte Silben. Manche Vokale werden diphtongiert und bilden eine Verschmelzung wie bei Waikiki. Jede Silbe und damit jedes Wort endet mit einem Vokal. Es gibt keine Verdoppelung von Konsonanten.

Die Betonung eines Worts wird bei allen Vokalen durch das Längezeichen über einem Vokal angedeutet a, e, i, o, u, sonst erfolgt die Betonung auf der vorletzten Silbe. Ein Apostroph gibt eine Pause zwischen den Silben an. Bei der Schreibweise hawaiischer Wörter und Namen innerhalb dieses Reiseführers wurde auf Betonungs- und Pausenzeichen verzichtet.

Hier eine kleine Zusammenstellung der gebräuchlichsten Wörter oder Begriffe:

aa	dickflüssige Brockenlava
ae	ja
ahi	Thunfisch, Feuer
ahiahi	Abend
ai	essen, Speise
aikane	Freund
akua	Gott, Geist
ala	Straße, Weg
alii	Häuptling, Adlige
aloha	Liebe, Gruß
anuanu	kalt
anuenue	Regenbogen
ao	Wolke, Tageslicht
aole	nein
auau	schwimmen, baden
auinala	Nachmittag
aumakua	Familie

ORIENTIERUNG 31
Hawaiische Sprache

eha	vier (4)
ehiku	sieben (7)
eiwa	neun (9)
ekahi	eins (1)
ekolu	drei (3)
eleele	schwarz
elima	fünf (5)
elua	zwei (2)
eono	sechs (6)
ewa	bei Richtungen benutzt, Ort im Westen Oahus
ewalu	acht (8)
haawi	geben
kalakahiki	Ananas
halau	Hula-Schule, Tanzgruppe
hale	Haus
hana	tun, machen
hana hou	nochmal
hanele	einhundert (100)
haole	Fremder, Weißer
hauoli	fröhlich, glücklich
hei	Papaya
heiau	Tempel, Kultstätte
hele aku	weggehen
hele mai	kommen
helu	zählen
hiamoe	schlafen
hoe	Paddel
hoku	Stern
holoku	ein loses, gesäumtes Kleid mit Schleppe
holoholo	spazierengehen
hou	neu
hula	hawaiischer Tanz, tanzen
ia	Fisch
ihu	Nase
ike	sehen, verstehen
ilio	Hund
imu	unterirdischer Ofen, Erdofen
ino	Sturm
inoa	Name
iwakalua	zwanzig (20)
kahakei	Strand
kahiko	alt
kahuna	Experte, Priester
kai	Meer, Meerwasser
kaikamahine	Mädchen, Tochter
kakahiaka	Morgen, Vormittag
kalo	Taro
kama	Kind
kamaa	Schuh
kamaaina	Einheimischer
kamaiki	Baby
kanaka	Person
kanakolu	dreißig (30)
kane	Mann, Männer
kapu	Tabu, Verbotenes; Betreten verboten
kaukani	eintausend (1000)
kaukau	essen, Speise
kaumaha	traurig

32 ORIENTIERUNG
Hawaiische Sprache

keiki	Kind
keokeo	weiß
kii	Idol, Bild
kino	Körper
ko	Zuckerrohr
koa	größte der einheimischen Baumarten
kokoke	nahe
kokua	Hilfe, Assistenz
kona	Leeseite, windabgewandte Seite
ku	stehen
kua	zurück
kuahiwi	Berg
kukui	Candlenut Baum
kupuna	Großeltern
kupuna kane	Großvater
kupuna wahine	Großmutter
la	Tag, Sonne
laau	Strauch, Baum, Pflanze
lanai	Veranda, Balkon
lao	unter
lau	Blatt
lauoho	Haare
lei	Blumenkette, Girlande
lele	springen, fliegen
lepo	schmutzig
liilii	klein
lilikoi	Passionsfrucht
lima	Arm, Hand
limu	Seetang
loihi	lang
loko	drinnen
lole	Kleidung
lolo	verrückt, dumm
lua	Toilette
luau	Fest, Festessen
luna	oben
mahalo	danke
mahina	Mond, Monat
maia	Banane
maka	Auge
makaainana	Menschen
makai	in Meeresrichtung
makani	Wind
makua	Eltern
makua kane	Vater
makuahine	Mutter
malie	ruhig, still
malihini	Neuling, Zugezogener, Neuankömmling
malo	Leinen
mana	göttliche Macht
manamana lima	Finger
manamana wawae	Zehen
manu	Vogel
mauka	in Bergrichtung
mauna	Berg
mele	Song, Lied, Gesang
melemele	gelb, golden
moana	Meer

ORIENTIERUNG 33
Hawaiische Sprache

moe	hinlegen
moena	Matte, Matratze
momona	fett, fruchtbar, süß
mua	bevor, zuerst
muumuu	loses, langes Kleid
nakii	Bilder
nalu	Wellen, Surf
nana	anschauen
nani	wunderschön
nene	hawaiische Gans
niu	Kokosnuss
noho	Stuhl, Sitz, Sessel
nui	groß
ohana	Familie
ole	Null (0)
olelo	sprechen
omaomao	grün
one	Sand
ono	lecker, gut, süß
opu	Bauch, Magen
pahoehoe	glatte Schnurlava
pakaukau	Tisch
palapala aina	Karten
pali	Klippen
paniolo	Cowboy
papa heenalu	Surfbrett
papale	Hut
pau	Rock
pele	Vulkan, Eruption
pepa	Papier
pepeiao	Ohr
po	Nacht
pohaku	Stein, Fels
poi	breiiges Taro
pokole	kurz
poo	Kopf
pua	Blume
puaa	Schwein
puka	Loch
pukaaniani	Fenster
puke	Buch
pupu	Meermuschel, Hors d'oeuvre
puuwai	Herz
Shaka	hello, hallo
tapa	aus Baumrinde erzeugter Stoff
tutu	Großmutter
ua	Regen
uaki	Uhr
uala	Süßkartoffel
ui	schön
ulaula	rot
uliuli	dunkle Farben/ Rassel, die beim Hula verwendet wird
ulu	Brotfrucht
uluna	Kissen
umauma	Brust

34 ORIENTIERUNG
Hawaiische Sprache

umi	zehn (10)
umikumakahi	elf (11)
umikumalua	zwölf (12)
uuku	winzig
waa	Kanu
waena	zwischen, unter
waha	Mund
wahine	Frau
waho	draußen
wai	Süßwasser, Fluß
wailele	Wasserfall
wawane	Fuß, Bein
wela	heiß
wiwi	dünn, zart

• Populäre Sätze/Redewendungen

aloha	Liebe, Gruß; Hallo, Auf wiedersehen
aloha au ia oe	ich liebe dich
aloha kakou	seid alle gegrüßt!
aloha nuiloa	ganz herzlich
hauoli la hanau	Happy Birthday/Herzlichen Glückwunsch zum Geburtstag
hauoli makahiki hou	Frohes neues Jahr
kipa mai	herzlich willkommen
komo mai	kommen Sie doch herein!
mahalo, mahalo nui	vielen herzlichen Dank
Mele Kalikimaka	Frohe Weihnachten
okolemaluna	Prost/Cheers/Bottoms up!
pau, pau hana	fertig oder ich bin bereit
wikiwiki	schnell, sehr schnell
me ke aloha pumehana	Mit freundlichen Grüßen

Mahalo ... *Thanks* = danke. Da dieser Begriff oft auf Abfallbehältern steht, denken viele, dass dies „Abfall" bedeutet. Eigentlich steht dieses **mahalo** = danke dafür, dass Abfall in das dafür bestimmte Behältnis befördert wird. Müllfahrzeuge tragen deshalb die Aufschrift **opala** = Müll!

Malihini ... Begriff für einen Neuankömmling oder Zugezogenen. Viele Neuankömmlinge sind **haole** = Weiße. Nachdem man mehrere Jahre in Hawaii gelebt hat und sich bereits für einen Oldtimer hält, wird man **kama aina** = Einheimischer genannt.

Pupus ... Dieser Begriff klingt nicht gerade appetitlich, doch **pupus** bedeutet Hors d'oeuvres, Vorspeise oder Snacks. **Pupus** ist eine Lebensart in Hawaii. Oft wird bei **Pupu** Parties **ge-pupu-out,** was bedeutet, dass keine Mahlzeit, sondern nur Snacks serviert werden!

Ono ... bedeutet delikat, lecker, wohlschmeckend. In Fischlokalen gibt man den Begriff oft an für „fangfrischen Fisch".

Shaka ... Hierbei weiß niemand so richtig, wo das Wort herkommt, doch es bedeutet „herrlich", „großartig" oder „super". Das „Shaka" Zeichen ist eine Handgeste, wobei die drei Mittelfinger zurückgebogen bleiben, nur Daumen und kleinen Finger hochzeigen. Manchmal macht man heftig kreisende Bewegung. Wird angewandt bei Begrüßung oder Verabschiedung statt „*hello*" oder „*good bye*".

HAWAIIS ZUCKERWIRTSCHAFT

Die **Zuckerindustrie** Hawaiis erfährt seit Jahrzehnten rückläufige Tendenz. Das Ende von „King Sugar" hat sich schon lange auf Hawaii angekündigt. Hawaii, das einst über 100 Zuckerrohrplantagen hatte, blickte bereits vor einem Jahrzehnt auf nur noch etwa ein Dutzend Plantagen. Heute existieren nur noch vier Zuckerplantagen mit sechs Mühlen – zwei auf **Maui** (das glücklicherweise schon seit über einem Jahrzehnt keine Schließung zu verzeichnen hat) und zwei auf **Kauai**. Der Zuckerrohranbau fiel von 33 440 Hektar im Jahr 1986 auf 17 200 Hektar im Jahr 1996, die Fläche umfasst noch die beiden Plantagen, die 1996 geschlossen wurden.

Es gibt vielerlei Gründe für diesen enormen Rückgang in der Zuckerindustrie, doch alles läuft darauf hinaus, dass Zucker in zunehmendem Maße weniger Gewinn erzielte. Die Rohzuckerpreise stagnierten seit einem Jahrzehnt, und Hawaii hat die höchstbezahltesten Plantagenarbeiter. Die Konkurrenz der Rüben- und Maiszuckeranbauer wuchs, während die staatlichen Subventionen abnahmen. Die hohen Versandkosten spielen ebenfalls eine Rolle. Außerdem besitzt Hawaii keine Zuckerraffinerie. Sein Rohzucker wird in Kalifornien raffiniert.

Die Zuckerunternehmen experimentieren mit neuen Anbauprodukten – von Maissaat und Alfalfa zu Papaya und Macadamia-Nüssen. Verschiedene Holzwirtschaftsunternehmen haben Interesse angemeldet, und Hawaiis Zukunft könnte in der Holzwirtschaft liegen. Der Kaffee- anbau zeigt mittlerweile auch auf anderen Inseln positive Züge. Heutzutage wird auf Kauai allein mehr Kaffee angebaut als in Kona, das berühmt für seine Kaffeebohnen ist. Kaffeeanbau entwickelt sich auch auf Maui und Molokai.

Hawaii hatte schon immer eine Mono-Industriezweig-Wirtschaft. Zuerst war es Sandelholz zu Beginn des 19. Jh., dann kam der Walfang, dann in den 1850er Jahren Zucker und dann Tourismus. Tourismus, der Hawaii jährlich 10 Milliaren US-Dollar bringt, löste Anfang der 1970er Jahre als Top-Verdiensteinbringer, Regierung- und Militär ab. Zucker liegt mittlerweile ganz unten in der Liste der Einnahmequellen.

HAWAIISCHE KÜCHE

Kein Besuch Hawaiis wäre komplett, ohne dass man nicht seine **kulinarischen** Spezialitäten ausprobiert hätte. Das welterfahrene **Honolulu** und **Waikiki** bieten das Beste an traditioneller hawaiischer Gastronomie sowie eine hervorragende Palette der verschiedensten Küchen Asiens, des Pazifiks, Europas, Lateinamerikas und natürlich des Festlands USA. Daneben offerieren mittlerweile die Küchenchefs unter dem Begriff **Hawaii Regional Cuisine** eine Vermählung mediterraner Gerichte mit tropischen Zutaten und asiatischen Gewürzen zu einem leichten west-östlichen Mix. Welche Art einem zusagt, kann man nur durch Selbstprobieren entdecken. Das Angebot an Restaurants ist überquellend. Aber auch die übrigen Inseln Hawaiis haben ein großes kulinarisches Angebot. Nachfolgend einige Schwerpunkte der Gastronomie mit einem kleinen Überblick hawaiischer **Begriffe**, die man auf der Speisekarte finden kann.

36 ORIENTIERUNG
Hawaiische Küche

• Luau

Das traditionelle hawaiische Festessen mit Tanzshow (meist hawaiische Tänze) und Gesängen wird in zahlreichen Hotels und Restaurants geboten. Hauptspeise ist ein **kalua pig**, im Erdofen gegartes, zartes würziges Spanferkel. Als Beilage dazu gibt es **poi**, ein aus Tarowurzeln zubereiteter Brei; **laulau**, eine Kombination aus Fisch und Schweinefleisch in Taroblättern zusammengewickelt und gedünstet; **lomi lomi** Salmon, eine leckere Zusammenstellung aus Lachs, gewürfelten Tomaten und Zwiebeln; **ulu** oder Brotfrucht sowie viele andere Delikatessen. Luaus finden häufig im Freien statt.

• Begriffe aus der hawaiischen Speisekarte

ahi: Gelbflossen-Thunfisch
aku: Bonito-Thunfisch
akule: Großaugenmakrele
au: Schwertfisch
bento: nach japanischer Art verpackte Mahlzeit zum Mitnehmen
dim sum: kleine mit verschiedenen Zutaten gefüllte Klöße
guava: rosa Fruchtfleisch, zu Saft, Marmelade etc. verarbeitet
haupia: puddingartige Kokosnachspeise
huli huli chicken: Hühnerfleisch, *barbecued* auf der Herdplatte
kalua Pig: im Erdofen gegartes zartes, würziges Spanferkel (der Begriff *kalua* alleine bedeutet, in einem im Boden/Erde befindlichen Ofen gegart).
kulolo: Taropudding
kumu: Meerbarbe (**Goatfish**/Ziegenfisch)
laulau: saftiger Fisch oder Fleisch in grüne spinatähnliche Taro-Blätter gewickelt und in Blätterteig gebacken. Dazu Opiki und Papai, gekochte Muscheln und Krebse mit Kräutern gewürzt.
lilikoi: Passionsfrucht
limu: Seetang
lomilomi salmon: Lachs, im allgemeinen roh, zerkleinert und mit feingehackten Tomaten, Zwiebeln und Eiswürfeln gemixt
lychee: traubenähnliche Frucht, die sich in harter, aber leicht zu entfernender roter Schale befindet.
mahimahi: Goldmakrele
manapua: der chinesische Hamburger; ein Brötchen, das wie ein gefüllter Berliner mit Fleisch und Gemüse gefüllt ist.
mango: tropische Frucht
mano: Hai
ohelo: hawaiische Preiselbeeren
ono: Makrelenart (Wahoo)
opakapaka: Fischart (Pink Snapper/Rosa Schnapper)
opihi: kleine Meeresschnecke
papaya: melonenartige gelbe tropische Frucht
pipi kaula: in der Sonne getrocknetes, gepökeltes, dann gebratenes Rindfleisch
poha: Stachelbeeren
poi: grauvioletter, leicht säuerlicher Brei aus gestampften Tarowurzeln, der aussieht wie Tapetenkleister. Über Jahrtausende war Poi das Grundnahrungsmittel der Polynesier. Reich an Kohlenhydraten und leicht verdaulich.
poke: roher Fisch mit Kukui Nuss und Seetang gemixt
pupus: gegrillte Vorspeisen aus Fisch und Fleisch; Hawaiis berühmte Hors d'oeuvres „pupu" Snacks werden oft in Cocktail Lounges mit Drinks serviert.
saimin: „einheimische" Nudelsuppe mit Shrimp-, Huhn-, Rind- oder Fleischbrühe und Gemüseeinlage
sashimi: fein geschnittene rohe Fischscheiben
Shave Ice oder **Shaved Ice:** erfrischendes, mit geschmacklich verschiedenen Fruchtsäften oder Sirup buntgefärbtes Wassereis.

Hawaiische Küche

sushi: mit Wein zubereitete Reisspeisen
sukiyaki: Rindfleisch und Gemüse in der Pfanne gegart
tempura: leicht panierte und in Fett fritierte Gerichte
tonkatsu: paniertes Schweinefleisch, das mit einer Steak-Sauce serviert wird
uku: Hochsee-Schnapper
ulu: Brotfrucht
ulua: Stachelmakrele
yakitori: mariniertes Hühnerfleisch und Gemüse am Spieß, das oft am Tisch gebraten wird.

Außer den vorgenannten Begriffen tauchen auf der Speisekarte vielfach weitere koreanische, japanische, chinesische oder anderssprachige Wörter auf, die soweit nicht bereits genannt, nachstehend erklärt werden:

ajinomoto: japanisch; *Monosodium*-Würzzusatz bei Suppen
arare: japanisch; Reis-Crackers mit Soja-Sauce
azuki: japanisch; süße rote Bohnen
char siu: chinesisch; süßgewürztes Schweinefleisch, oft zu Nudel- und Suppengerichten serviert.
gyoza: japanisch; fritierte Klöße, gefüllt mit Schweinefleisch oder Shrimp und gehacktem Gemüse
hamachi: japanisch; weißes Fleisch des Gelbflossen-Thunfischs, das oft in Sushi verwendet wird
kal bi: koreanisch; in Soja-Sauce, Sesamöl, Ingwer und Zucker marinierte nach koreanischer Art *barbecued* Short Ribs (Schweine- oder Rinderrippe)
kamaboko: japanisch; gedünsteter Fischkuchen
kim chee: koreanisch; Sauerkraut
li hing mui: chinesisch; eingemachte, gesalzene Pflaumen
lumpia: philippinisch; Frühlingsrolle
mah tai siu: chinesisch; gebackene Klöße, gefüllt mit gehacktem Schweinefleisch und Wasserkastanien
malassada: portugiesisch; fritiertes Gebäck mit Zucker
manju: japanisch; gebackene Klöße, mit süßen roten Bohnen gefüllt
miso: japanisch; Sojabohnen-Paste
mochi: japanisch; runde Klöße aus Reismehl, mit süßen roten Bohnen gefüllt; traditionelle Neujahrsspeise als Glückssymbol
musubi: japanische Reisbällchen
namasu: japanisch; Salat aus feingeschnittenen Gurken und Karottenscheiben in Essigsauce
nori: japanisch; getrockneter Seetang
onaga: japanisch; roter Schnapper
pepeiao: chinesisch; mit Fleisch gefüllte Teigtaschen in Ohrenform
ramen: japanisch; fritierte Nudeln
sake: japanisch; Reiswein
senbei: japanisch; Teegebäck
shabu shabu: japanisch; in Suppe gekochte Speise
shiitake: japanisch; getrocknete Pilze
shoyu: Sojasauce
shumai: chinesisch; gekochte Klöße, mit Fleisch und Gemüse gefüllt
tako: Tintenfisch (*octopus* oder *squid*)
teriyaki: japanisch; Marinade aus Sojasauce, Ingwer, Knoblauch und Zucker
udon: japanisch; breite, weiche Nudelart für Suppen
ume: japanisch; gesalzene Pflaumen
wasabi: japanisch; Paste aus grünem Meerrettich; wird zu rohem Fisch und Sushi gegessen
won ton: chinesisch; mit Schweinefleisch, Shrimp und Gemüse gefüllte Klöße, gekocht oder fritiert zubereitet

38 ORIENTIERUNG
Hawaiische Küche

• Hawaii Regional Cuisine

1991 schlossen sich Hawaiis erste Küchenchefs zur Gruppe der **Hawaii Regional Cuisine** zusammen, um ihr kreatives west-östliches Mix an Gerichten mit typisch hawaiischen Zutaten in die Restaurants zu bringen. Meist nennt man diesen Stil **Pacific Rim Cuisine**, weil er Anleihen bei den Küchen aller Länder rund um den Pazifik macht. Die Gruppe hat sogar Anbauer inselweit überzeugt, neue Produkte anzubauen, die sonst eingeführt werden mußten. So werden mittlerweile Kula Zwiebeln, Waimea Tomaten und Puna Ziegenkäse geläufig.

Auf Speisekarten mit **Hawaii Regional Cusine** werden Früchte und Fischarten oft mit althawaiischen Namen angegeben wie ahi für Gelbflossen-Thunfisch. Oft findet man mediterrane oder texanische Gerichte als Grundlage der „hausgewonnenen" Hawaii-Zutaten. Gerichte reichen von Lammrücken mit thailändischer Currysauce zum Kokos-Tapioka Pudding mit Mango und Papaya, Schwertfisch mit Tomaten-Salsa; scharfe Schwarzbohnensauce zu Lammsteak mit Ingwer Couscous; Schweinefleisch, Fisch und Tarospitzen in Ti-Blätter gewickelt und gedünstet ist ein traditionelles **laulau.**

Außer in den erstklassigen Restaurants der cleveren kreativen Küchenchefs, denen diese lukullischen Neuheiten zu verdanken sind, wie der Japaner Roy Yamaguchi, der Hawaiianer Sam Choy, der Franzose George Mavrothalassitis, der Amerikaner Mark Ellman, die Texanerin Amy Ferguson-Ota, Roger Dikon und drei weiteren, macht sich die neue Küche auch in preiswerteren Grills und Lokalen bemerkbar. Hier die Reihe der Restaurants, die federführend auf dem Gebiet der **Hawaii Regional Cuisine** sind:

- **A Pacific Cafe,** Kapaa, Kauai
- **Avalon Restaurant,** 844 Front Street, Lahaina, Maui.
- **Bali-by-the-Sea,** Hilton Hawaiian Village Hotel, Oahu.
- **David Paul's,** Lahaina, Maui
- **Garden at Mauna Beach Hotel,** Big Island
- **The Grill,** Ritz Carlton Mauna Lani, One North Kaniku Dr., Kohala Coast, Big Island
- **Haliimaile General Store,** upcountry auf Maui
- **La Mer,** Halekulani Hotel, 2199 Kalia Rd., Honolulu
- **Lodge at Koele,** Lanai
- **Manele Bay Hotel,** Lanai
- **Merriman's,** Waimea, Big Island
- **Prince Court,** Maui Prince, 5400 Makena Alanui, Makena Resort, Kihei
- **Roy's Restaurant,** 6600 Kalanianole Hwy, Honolulu
- **Sam Choy's Restaurant,** 73-5576 Kauhola Street, Kailua-Kona, Big Island

• Hawaii Drinks

Blue Hawaii: Rum, süss-sauerer Ananassaft, und blauer Curacao gibt die exotische blaue Farbe.
Chi Chi: Wodka, frischer Zitronen- und Ananassaft und Kokossirup mit breiigem Eis vermischt.
Halekulani Sunset: Ananas-, Guavasaft und Rum
Hawaiian Punch: Wodka, Amaretto, Southern Comfort, Grenadine und Gin.
Mai Tai: berühmter Drink aus dunklem und hellem Rum, Zitronen- und Ananassaft, herber Grenadine; leicht und erfrischend.
Green Banana: Banane, Kokosnus, Melonenlikör, Wodka, Crème de Menthe
Ono: Frische Ananas, Galliano, heller Rum, hawaiische Fruchtsäfte
Welakahao Pineapple Punch: Frische Ananas, Puderzucker, Champagner.

Okole maluna! Bottoms up! Prost!

• Inselspezialitäten

Alle Spezialitäten Hawaiis aufzuzählen ist unmöglich, daher sollen hier nur einige aufgeführt werden. Allen voran steht natürlich der berühmte Kona Coffee, Kaffee der auf Hawaiis Big Island angebaut wird. Dieser Kaffee, von dem es verschiedene Sorten gibt, ist auf jeder der Inseln erhältlich und sicher ein interessantes Souvenir. Die meisten Spezialitäten bekommt man auf allen Inseln Hawaiis, auch wenn der Name auf eine bestimmte Insel zurückzuführen ist. In den Spezialitäten macht sich natürlich auch das bunte Völkergemisch Hawaiis bemerkbar, da manche eben ihren Ursprung in den betreffenden Herkunftsländern wie Japan, China oder Portugal haben.

- **Maui Potato Chips,** dicke, knusprige Kartoffelchips
- **Malassadas,** ein eventuell mit der Art Berliner oder Kreppeln vergleichbares Gebäck; in Fett fritierter Teig, der anschließend in Zucker gewälzt wird; von den portugiesischen Einwanderern eingeführte Spezialität.
- **Maui Onions.** Süße Zwiebeln, die auf Maui angebaut werden.
- **Taro Chips,** ähnlich wie Kartoffelchips, aber aus der Tarowurzel hergestellte Chips.
- **Crackseed** oder *Li hing mui;* aus dem Orient stammender Snack aus gehacktem Ingwer, Salzpflaumen, Zitronenschale, gehacktem Tintenfisch, geräucherten Tintenfischscheiben oder -ringen.
- **Shave Ice;** fein zerkleinertes Wassereis in Papier-Eistüte mit farbigem Zuckerrohrsirup abgeschmeckt, z. B. Trauben-, Ananas-, Kirsch-, Vanille oder Root Beer-Geschmack (*root beer* ist kein Bier, sondern ein alkoholfreies Erfrischungsgetränk). Man kann auch *azuki* Bohnen (süße rote Bohnen) und Vanilleeis dazu mischen.
- **Macadamia Nüsse;** aus Australien stammende Nussart (1850 in den Wäldern von Queensland entdeckt); erstmals 1881 nach Hawaii importierte Samen in Honokaa auf der Big Island angepflanzt. Anbaugebiete heute an der Ostküste von Big Isalnd.
- **Kona Coffee;** erstmals 1817 in Hawaii angebaut; beste Voraussetzungen an der Westküste in der Gegend um Kona auf der Big Island. Verhältnismäßig teurer Kaffee.
- **Ananas.** Auf der Insel Lanai befindet sich die größte Ananasplantage der Welt. Die Ananas ist nicht in Hawaii heimisch, wurde um 1820 aus Brasilien eingeführt. Heutige Ananassorten stammen aus Jamaika, erstmals 1886 eingeführt.

MENSCHEN IN HAWAII ◀

Hawaii ist ein buntes Völkergemisch, in dem sich im Laufe der Jahrhunderte eine einzigartige Harmonie herausgebildet hat. Etwa die Hälfte der heutigen Insulaner ist inzwischen asiatischer Abstammung (Japaner, Chinesen, Koreaner), 38 % philippinscher, 12 % weißer Herkunft. Das Rassengemisch kann kaum bunter sein, exotisch ist es allemal. Nachfolgend sollen nur einige dieser Menschen, die sich auf verschiedenen Gebieten in der Öffentlichkeit hervorgetan haben, kurz vorgestellt werden. Zunächst zur Reihe der Hawaiianer.

40 ORIENTIERUNG
Deutsche, Schweizer u. Österreicher in Hawaii

Hawaiianer

Bei den nachstehend genannten Personen handelt es sich nicht bei allen um ganz echte Hawaiianer. Sie wurden aber trotzdem hier erwähnt, weil man sie unbedingt mit Hawaii in Verbindung bringt, wie beispielsweise Tom Selleck, da die Magnum-Serie in Hawaii spielt.

● **Berühmte Hawaiianer: Bernice P. Bishop**, Philantrop. – – **Sanford B. Dole**, Präsident der Republik Hawaii und nach Annexion durch die USA Gouverneur und Befürworter der Aufnahme Hawaiis als 50. Bundesstaat der USA. – – **Don Ho**, Sänger und Unterhaltungskünstler. – – **Daniel J. Inoye**, Senator. – – **Duke Kahanamoku**, viermaliger Olympiasieger im Schwimmen; Vorreiter des internationalen Surfsports. – – **Victoria Kaiulani**, letztes Glied in der Thronfolge der hawaiischen Könige. – – **Kamehameha I.**, König, der die hawaiischen Inseln politisch unter ein Königreich vereinte. – – **Kamehameha III.** König von Hawaii. – – **Liliuokalani**, Königin, letzte Monarchin auf dem hawaiischen Königsthron vor dem Umsturz der Monarchie 1893. – – **Ellison S. Onizuka**, Astronaut, der bei dem Challenger-Unglück 1986 umkam. – – **Bette Midler**, (zwar in Patterson, New Jersey geboren) aber als Hawaiianerin anerkannt. – – **Tom Selleck** aus der Fernsehserie Magnum P.I. als *private investigator* bekannt (aber in Detroit, Michigan geboren!). – – **Charles Lindbergh** (erster Nonstop-Alleinflug über den Atlantik mit „Spirit of Saint Louis" New York-Paris in 33 Stunden, 29 Minuten und 30 Sekunden, 20.–21. 5. 1927) verbrachte seinen Lebensabend auf der Insel Maui, wo er 1974 bei Kipahulu an Krebs starb.

Deutsche, Schweizer und Österreicher in Hawaii

Zwischen dem hawaiischen Königshaus und dem deutschsprachigen Raum existierten vielfältige Verbindungen. Deutsche Unternehmer, wie beispielsweise der „Zuckerbaron" Claus Spreckels, waren sehr erfolgreich in Hawaii und machten auch politischen Einfluss geltend. Nachstehend eine Zusammenstellung verschiedener Personen deutscher, österreichischer oder schweizer Herkunft, die sich in Hawaii einen Namen gemacht haben.

● **Heinrich Wilhelm Berger** (1844–1929); aus Potsdam stammender deutscher Komponist und Dirigent. Kam 1871 auf Ersuchen des Königs Kamehameha V. an Kaiser Wilhelm I. nach Hawaii und wurde in Honolulu Kapellmeister der königlichen Hofkapelle Royal Hawaiian Band, die er 43 Jahre lang dirigierte, bis er sich 1915 zur Ruhe setzte. Unter König Kalakaua komponierte er die Musik zu Hawaiis Nationalhymne „Hawaii Ponoii", deren Text der König selbst geschrieben hatte. Wurde von Königin Liliuokalani „Vater der hawaiischen Musik" genannt.

● **Adelbert von Chamisso** (1781–1838); deutscher Schriftsteller – ursprünglich französischer Adliger, der während der französischen Revolution nach Deutschland gelangte und Preußen zur Wahlheimat machte. Kam 1816 und 1817 als Naturforscher und Teilnehmer der russischen Expedition an Bord der *Rurik* unter Otto von Kotzebue nach Hawaii. Er studierte als einer der ersten Europäer die hawaiische Sprache und erstellte die erste hawaiische Grammatik.

● **Heinrich Hackfeld** (1815–1887); kam als deutscher Kapitän eines deutschen Handelsschiffes *(Wilhelmine)* nach Honolulu und baute sich dort seine

ORIENTIERUNG 41
Menschen in Hawaii

eigene Schiffsflotte auf; gründete die Firma H. Hackfeld & Co., die sich mit dem Import von Maschinen und Zubehör für die Zuckerindustrie beschäftigte. 1874 kaufte er in Honolulu das ehemalige Gerichtsgebäude, neben dem nach seinem Tod 1902 das Hackfeld Building errichtet wurde (musste 1969/70 abgerissen werden, um den Amfac Zwillingstürmen Platz zu machen). Hackfeld war 1863 mit seiner Familie nach Deutschland zurückgekehrt, verkaufte 1886 sämtliche Geschäftsanteile, das Unternehmen blieb aber danach in deutscher Hand. Erst 1918 wurde es nach dem weiteren Verkauf zur American Factors und danach zur Unternehmensgruppe Amfac Inc. umgewandelt, der heute zahlreiche Hotels sowie die Kaufhauskette Liberty House angehören.

- **Conrad Carl von Hamm** (1810–1965); aus Bremen stammend (Neffe von William Maertens, Spross einer alten Bremer Handelsfirma) kam Hamm 1890 nach einer Banklehre nach Hawaii, arbeitete bei der deutschen Firma Ed. Hoffschlaeger & Stapenhorst (Handelsfirma mit Hauptsitz in Bremen und Zweigbetrieb in Honolulu) und spielte eine bedeutende Rolle im damaligen frühen Tourismus. Er leitete die Territorial Hotel Co. und war zusammen mit seinem Schwiegervater Alexander Young Gründer des 1927 fertiggestellten Royal Hawaiian Hotel in Waikiki.

- **Paul Isenberg** (1837–1903); kam nach landwirtschaftlicher Ausbildung in Deutschland 1858 nach Honolulu und arbeitete bei der deutschen Firma Ed. Hoffschlaeger & Stapenhorst dort auf der von William H. Rice verwalteten Lihue Zuckerplantage auf Kauai. 1881 trat er von der aktiven Plantagenarbeit zurück und wurde Partner und schließlich Präsident der Firma H. Hackfeld & Co.

- **Otto von Kotzebue** (1788–1846); russischer Naturforscher deutscher Herkunft (in Estland geboren; Vater war August von Kotzebue, der in Weimar geboren und 1780 in russische Dienste getreten war). Unternahm drei Weltreisen, befehligte das russische Expeditionsschiff *Rurik*, das von 1815 bis 1818 auf der zweiten Weltumsegelung nach Hawaii gelangte, und 1823–1826 eine weitere russische Expedition. Er war bereits bei der ersten russischen Weltumsegelung, der Krusenstern Expedition 1803–1806 dabei.

- **Paul Lemke** (1851–1908); deutscher Schneidermeister, der 1877 nach Hawaii kam. Er fertigte die Uniformen der Soldaten des hawaiischen Königs Kalakaua. Er starb 1908 in Honolulu.

- **Wilhelm Merseburgh**; aus Weimar stammend, übernahm 1848 unter Kamehameha III. die Royal Hawaiian Band, die er von 1848 bis 1870 als Dirigent leitete. Verließ 1870 Honolulu und gründete in Kohala auf der Big Island eine weitere Musikkapelle.

- **Georg Anton Scheffer** oder auch Schaeffer (1779–1836); deutscher Arzt und Abenteurer. Kam 1815 nach Hawaii, nachdem er zuvor als Feldarzt die russische Armee betreut hatte. Kurierte König Kamehameha I. von einer Grippe und erhielt zum Dank Ländereien in Honolulu. Als er von auf seinem Schiff mitgekommenen Russen in Honolulu im Bereich der heutigen Fort Street Mall Festungsanlagen errichtete, konnte deren Vollendung von den Hawaiianern verhindert werden. Scheffer zog sich daraufhin mit den russischen Schiffen nach Kauai zurück.
Auf Kauai ließ er vom dortigen König Kaumualii, der um die blutige Vereinnahmung der Insel Kauai durch den siegreichen Kamehameha I. fürchtete, eine Vereinbarung unterzeichnen, die Kauai unter den Schutz des russischen Zaren Alexander I. stellte. Dort ließ er bei Waimea das russische Fort Elizabeth mit russischer Fahne errichten. Ehe Scheffer ein weiteres Fort im Hanalei-Tal bauen konnte, schritt Kamehameha I. ein und einigte sich mit Kaumualii über eine unblutige Übernahme von Kauai und

42 ORIENTIERUNG
Schriftsteller in Hawaii

überzeugte Kaumualii, das Abkommen mit Scheffer für ungültig zu erklären. Daraufhin forderte Kaumualii die russischen Schiffe und Scheffer zum Verlassen der hawaiischen Gewässer auf. Scheffer reiste an Bord eines amerikanischen Schiffes nach Macao und verbrachte dann den Rest seines Lebens in Brasilien.

● **Claus Spreckels** (1828–1908); aus Deutschland stammender Plantagenbesitzer, der 1846 im Alter von 18 Jahren nach Amerika auswanderte. Hatte sich zunächst in Kalifornien auf dem Gebiet des Rübenzuckers etabliert und war vermögend geworden. Bekämpfte anfangs die Einfuhr von Rohrzucker aus Hawaii, stieg dann aber selbst 1876 in den Rohrzuckeranbau in Hawaii ein. Wurde Großgrundbesitzer und baute ein riesiges Zuckerimperium mit ausgedehnten Zuckerrohrplantagen auf Maui auf. Gründete dort den Ort Spreckelsville, führte verschiedene Neuerungen auf dem Gebiet der Zuckerrohrernte mit Dampfpflug und Schmalspurbahn zum Transport des geschnittenen Zuckerrohrs ein. Erhielt den Namen „Zuckerkönig von Hawaii". Nach zehnjährigem Aufenthalt in Hawaii und finanziell gesichert ging er zurück nach San Francisco, wo er die Oceanic Steamship Company gründete, die den ersten Linienverkehr zwischen dem amerikanischen Festland und Hawaii durchführte.

● **Dr. Hugo Stangenwald** (1829–1899); Österreicher, der 1851 nach dem Zusammenbruch der österreichischen Revolution von 1848 nach Hawaii kam. Jahrzehnte lang war er der Modearzt Honolulus; betätigte sich außerdem als Fotograf. Bestieg den Turm der Kawaiahao Kirche und erstellte die ersten Fotos von Honolulu, auf denen das Iolani Palast mit verschiedenen herrschaftlichen Häusern der Umgebung zu sehen ist. Ließ in der Nähe der heutigen Fort Street Mal ein sechsgeschossiges Hochhaus errichten, das 1901 nach seinem Tod als Stangenwald Building fertiggestellt wurde.

● **Georg F. Straub** (1879–1966); deutscher Mediziner aus dem Schwarzwald, der 1906 nach Hawaii kam. Gründer des bekannten Honoluluer Krankenhauses an King Street, **Straub Clinic and Hospital.**

● **Johann Wäber** oder **John Webber** (1750–1793); als Sohn des Berner Bildhauers Abraham Wäber in London geboren und im schweizerischen Bern großgezogen. Reiste als Zeichner und Maler auf der dritten Entdeckungsfahrt in den Pazifik unter Captain James Cook mit, als 1778 Hawaii entdeckt wurde. Seine Werke dieser Reise umfassen etwa 200 Zeichnungen, Ölgemälde, Aquarellmalereien, Radierungen und Stiche – besonders wahrheitsgetreue Darstellungen mit vielen Details. 1978 wurde anläßlich der Zweihundertjahrfeier der Entdeckung Hawaiis eine Briefmarke in den USA herausgegeben, die als Motiv eine Ansicht Wäbers mit den Schiffen *Resolution* und *Discovery* in der Kealakehua Bucht zeigt.

● **Berühmte Schriftsteller, die Hawaii besuchten:**

● **Earl Derr Biggers** (1884–1933); kam 1919 nach Honolulu und blieb dort im Halekulani Hotel in Waikiki. Dort erfuhr er von dem gefeierten chinesischen Polizeidetektiv namens Chang Apana, der bei der Polizei in Honolulu arbeitete. Von Apana inspiriert, kreierte Biggers den Charlie Chan als Detektiv seiner Krimis, dessen erster als *„The House Without a Key"* 1925 herauskam. Schauplatz der ersten Charlie Chan Story war Honolulu, doch weitere Krimis handelten an anderen Schauplätzen der Welt.

● **Rupert Brooke** (1887–1915); romantischer Dichter aus England. Besuchte 1913 Honolulu und schrieb das oft nachgedruckte Sonett *„Waikiki"*. Von hier reiste er weiter nach Samoa, Fidschi, Neuseeland und Tahiti, wo er die

ORIENTIERUNG 43
Schriftsteller in Hawaii

berühmten Südseesonetts „*Tiare Tahiti*" und „*The Great Lover*" schrieb. Er starb als Marinesoldat auf einem Kriegsschiff der englischen Marine in der Ägäis.

● **James Jones** (1921–1977); trat 1939 in die US-Army und wurde mit 18 zur Schofield Barracks auf Oahu entsandt. Dort war er auch noch während des überraschenden Bombenangriffs der Japaner auf die Pazifikflotte im Pearl Harbor. Nach Kriegsende schrieb er den Roman „*From Here To Eternity*"/Verdammt in alle Ewigkeit (1951), der auf seinen Hawaii-Erfahrungen basiert. Zwei Jahre nach dem Erscheinen des Bestsellers wurde der Roman verfilmt.

● **Jack London** (1876–1916); amerikanischer Schriftsteller, besuchte zweimal Hawaii. Erstmals 1907, als er mit der *Snark* von San Francisco nach Honolulu segelte und fünf Monate die Inseln mit seiner Frau Charmian bereiste. Damals galt er schon als berühmter Schriftsteller, nachdem „*Call of the Wild*"/Der Ruf der Wildnis (1903), „*The Sea Wolf*"/Der Seewolf (1904) und „*White Fang*"/Wolfsblut (1905) herausgekommen waren. Die Londons verbrachten viel Zeit in Waikiki, trafen die gestürzte Königin Liliuokalani, erkundeten Maui und Big Island zu Pferd. 1915 verbrachten sie fast ein Jahr in Hawaii. London schrieb zwei Sammlungen mit Kurzgeschichten „*The House of Pride*" (1912) und „*On the Makaloa Mat*" (1919), die in Hawaii handeln. Kurz nach dem zweiten Hawaiibesuch starb Jack London in Kalifornien. Nach dem Tod ihres Mannes schrieb Charmian London ihr eigenes Buch über die Inseln „*Our Hawaii*" (1917).

● **Herman Melville** (1819–1891); amerikanischer Erzähler; kam im April 1843 als Anfang Zwanziger an Bord eines Walfangschiffs in Lahaina, Maui an. Hier blieb er 16 Tage und reiste dann nach Honolulu, wo er drei Monate verschiedene Jobs hatte. Im August 1843 kehrte er an Bord eines amerikanischen Kriegsschiffs nach Neuengland zurück. Hatte Erfolg mit seinen ersten Büchern über die Südsee und seine Abenteuer, z. B. auf den Marquesas Inseln mit „*Typee*"/Taipi (1846) und „*Omoo*"/Omu (1847), doch schrieb nur wenig über Hawaii. Als freier Schriftsteller schrieb er dann sein berühmtestes Werk, den Roman „*Moby Dick*" (1851)/Der Weiße Wal (1927).

● **James A. Michener** (1907–   ), amerikanischer Autor. 1942 in die amerikanische Marine eingezogen. Seine Erlebnisse bei der Pazifikflotte im Zweiten Weltkrieg bilden den Hintergrund seiner Werke. Während er auf den Solomon Inseln stationiert war, begann er mit seinen Romanen. Für seine Erzählungen „*Tales of the South Pacific*" (1947)/„*Die Südsee*" (1951) erhielt er 1948 den Pulitzerpreis verliehen. Er schrieb weitere Bücher und zog Mitte der 1950er Jahre mit seiner japanisch-amerikanischen Frau Mari nach Honolulu. Nach jahrelangen Recherchen wurde 1959 sein Roman Hawaii veröffentlicht, kurz nachdem Hawaii 50. US-Bundesstaat wurde. Zwei Filme wurden auf der Basis von Micheners „Hawaii" gedreht.

● **W. Somerset Maugham** (1874–1965); englischer Schriftsteller, der in Frankreich aufwuchs, in Canterbury zur Schule ging und in London und Heidelberg Medizin studierte. Durch seinen Roman „*The Moon and Sixpence*" (1919), der auf dem Leben des Malers Paul Gauguin basiert, der in Tahiti berühmt war, wird Maugham für immer mit der Südsee verbunden. Maugham verbrachte 1916 und 1917 einige Monate im Pazifik und besuchte Honolulu. Während seines Aufenthalts hielt er sich in Waikiki auf, besuchte das Bernice P. Bishop Museum und erkundete den Rotlichtbezirk von Iwilei. Dort bekam er seine Idee zu seiner berühmtesten Kurzgeschichte „*Rain*". Die Geschichte einer Prostituierten aus Honolulu, die in Samoa diesem Gewerbe nachging, schlägt sich in der Geschichtensammlung „*The Trembling of a Leaf*" (1921) zusammen mit weiteren Südseeklassikern wie „*Mackintosh*", „*Red*", „*The Pool*" und „*Honolulu*" nieder.

44 ORIENTIERUNG
Wale/Fische

● **Robert Louis Stevenson** (1850–1894); schottischer Dichter. Auf der Suche nach einem heilenden Klima reiste der lungenkranke Robert Stevenson in die Südsee. Er und seine Frau Fanny besuchten die Inseln erstmals an Bord einer gecharterten Yacht *Casco* und blieben 1889 für fünf Monate. Stevenson war bereits durch seine Romane Treasure Island (Die Schatzinsel) 1883 und Kidnapped 1886 bekannt. Während des Hawaiiaufenthalts freundeten sich die Stevensons mit König Kalakaua und der damals 13jährigen Prinzessin Kaiulani an. 1893 kehrte Stevenson nochmals zu einem 5monatigen Aufenthalt zurück. Mehrere seiner Kurzgeschichten spielen in Hawaii, und sein offener Brief zur Verteidigung von Pater Damiens Werk auf Molokai fand weithin Beachtung in aller Welt. Sein Gedicht für die junge Prinzessin Kaiulani ist bei den Hawaiianern sehr beliebt. Stevenson starb in seinem Wohnort auf Samoa und wurde auf dem Gipfel des Vaea Mountain beerdigt.

● **Mark Twain** (1835–1910); Samuel Langhorne Clemens; amerikanischer Schriftsteller; hatte seinen nom de plume Mark Twain erst begonnen, als er 1866 in Honolulu eintraf. Er verbrachte vier Monate als Reporter des *Sacramento Weekly Union* auf den Inseln. Er beschrieb diese Wanderzüge in einer Serie von 25 Reisebriefen, die dann in der kalifornischen Zeitung veröffentlicht wurden. Twain verließ die Inseln, nachdem er auch dem Ausbruch von Vulkanen beigewohnt hatte und kehrte nie mehr zurück. Das letzte Kapitel seines Reisebuchs „*Roughing It*" (1872) beschreibt ebenfalls seine Hawaiierlebnisse. Seine bekanntesten Romane „*Die Abenteuer und Fahrten des Huckleberry Finn*" (1884, deutsch 1890) und „*Die Abenteuer des Tom Sawyers*" (1876) machten ihn international berühmt.

 ## *HAWAIISCHES KALEIDOSKOP*

Hier sollen einige **Besonderheiten** aus dem Gebiet der Kultur und Wirtschaft aber auch der Tier- und Pflanzenwelt Hawaiis hervorgestellt werden.

Fische & Unterwasserwelt Hawaiis

● **Wale**
In den Gewässern rund um Hawaii kommen viele Arten Wale und Delphine vor. Dazu gehören **Pottwal** = *sperm whale*, falscher Killerwal, Pilotwal und **Buckelwal** = *humpback whale*. Buckelwale sind am häufigsten zu beobachten. Die Buckelwale bringen ihre Jungen in den tropischen Gewässern rund um Maui zur Welt; kommen etwa im November und verlassen im Juni die tropischen Gewässer, um in kühleren Gewässern Nahrung zu suchen.
Buckelwale sind gewaltig groß; sie können bis zu 19 m lang werden und 53 Tonnen wiegen. Die besonders langen Seitenflossen messen etwa ein Drittel der Körperlänge. Besonders auffallend ist ihr „Gesang", den die Männchen in den Warmwassergebieten (beispielsweise bei Maui) während der Paarungszeit und der Zeit des Kalbens abgeben. Innerhalb eines Gebiets „singen" alle Buckelwale denselben „Song", der aus zwei bis acht Themen besteht, die in gleicher Reihenfolge wiederholt werden. Die Gesänge reichen über mehrere Oktave, manche liegen unter der vom menschlichen Ohr wahrnehmbaren Frequenz, und dauern bis zu zwanzig Minuten. Vermutlich sollen diese Gesänge die Weibchen locken.
Buckelwale sind Bartenwale. Bartenwale besitzen keine Zähne; sie nehmen riesige Mengen Wasser auf, das sie mit ihren plattenartigen Horngebilden, den Barten, filtern, wobei kleine Tiere zurückgehalten werden, die

dann mit der Zunge abgenommen werden. Meistens ernähren sie sich von Krill, winzigen shrimpähnlichen Krustentieren.

Delphine (artenreiche Zahnwalfamilie) sind bekannt für ihre Intelligenz und Verspieltheit. Unter den in hawaiischen Gewässern vorkommenden Arten gibt es den falschen Killerwal, den 3 000 kg schweren **Pilotwal** – eine der größten Delphinarten – sowie den *Hawaiian pinkbellied spinner dolphin* (eine Delphinart mit rosa Unterseite).

● **Fische**
In den Gewässern der hawaiischen Inseln findet man etwa 680 verschiedene Fischarten, 30 davon kommen nirgendwo anders vor. Beim Schnorcheln kann man so manche wunderbare Fische sehen, die man sonst nur in Aquarien zu Gesicht bekommt. Darunter gibt es Fische in leuchtenden, schillernden, bunten Farben. Hier einige imposante Fischarten:

– **Butterflyfish/Schmetterlingsfische.** In Hawaiis Gewässern gibt es etwa 20 Arten Schmetterlingsfische, die über eine bemerkenswerte Methode der natürlichen Tarnung verfügen. Rund um die Augen zieht sich eine dunkelgefärbte Area, wodurch die Augen verborgen bleiben. Außerdem tragen viele Arten einen großen Flecken in Schwanznähe; auf Distanz wirkt dieser Fleck wie das Auge eines sehr großen Fischs. Zudem können Schmetterlingsfische rückwärts schwimmen und so ihren Feinden ausweichen.

– **Parrotfish/Papageifische.** Besitzen papageiähnlichen „Schnabel", d. h. die Kieferzähne sind zu einem Schnabel verwachsen. Damit beißen sie Korallen ab, um Algen, ihre Hauptnahrung, zu erhalten. Diese Fischart durchläuft drei Lebensstufen, während der sie sowohl Farbe als auch Geschlecht wechselt. Alle Papageifische beginnen als braune Weibchen und enden als leuchtendblaue Männchen.
Während des Schlafs auf dem Riff bilden Papageifische rund um sich selbst einen Kokon aus einem Speichelsekret. Vermutlich hält dieser „Schlafsack" den Duft des Fischs zurück und schützt ihn so vor Nachträubern, wie eine Aalart, die nach Geruch auf Jagd geht.

– **Wrasses.** Dies ist die am häufigsten vorkommende Fischart der Inseln. Die nah mit dem Papageifisch verwandten Fische zeigen ähnliche Gewohnheiten, z. B. bilden manche Fische ebenfalls einen „Schlafkokon" um sich. Wrasses fressen auch Parasiten vom Körper anderer Fische und sind völlig vor Feinden geschützt.
Wrasses paaren sich in Gruppen. Wenn es einer Paarungsgruppe an Männchen fehlt, erfolgt bei manchen der Weibchen eine Geschlechtsumwandlung. Manche Männchen werden „Supermännchen", bekommen lange wehende Schwanzflossen und sogar leuchtendere Färbung. Bei manchen Gruppen bilden die dominierenden „Supermännchen" einen „Harem" und paaren sich mit vier bis zehn Weibchen. Stirbt ein Männchen, verwandelt sich das größte Weibchen des Harems zu einem „Supermännchen" und übernimmt alle Aufgaben des Männchens.

– **Puffer Fish.** Diese hawaiische Fischart besitzt ebenfalls spezielle Verteidigungsmethoden. Sobald sich ein Raubfisch nähert, schluckt der Pufferfisch soviel Wasser, daß er seine dreifache Größe erreicht. Er besitzt außerdem äußere Stachel, die Feinde abwehren. Die Organe des Puffers geben ein sehr starkes tödliches Gift ab.

– **Korallen.** Korallen sind seerosenähnliche Polypen mit kalkigem Skelett. Sie besitzen einen sackartigen Körper mit stacheligen Tentakeln am offenen Ende. Die Korallenriffe, die einen so großen Teil von Hawaiis Landmasse einnehmen, sind nicht die Korallentiere selbst, sondern deren Behausung. Der typische Korallenpolyp sitzt jeweils in einem Kalkbecher, der von ihm ausgeschieden wird. Diese Becher bilden Korallenstöcke, an denen schichtweise Kalk abgelagert wird. Die Färbung der Korallenstöcke in braun, gelb, rosa und blau wird nicht durch die Korallen selbst, sondern von bunten Algenarten gebildet, die in den Korallenstöcken leben. Eine der besten Stellen, wo man Korallen sehen kann, ist der Unterwasserpark von Hanauma Bay auf der Insel Oahu (bei Honolulu, östlich von Waikiki).

Hono, die pazifische Grüne Meeresschildkröte

Die **Grüne Meeresschildkröte** ist überhaupt nicht grün, ihr Panzer ist braun, und Beine und Kopf haben ebenfalls braune Färbung! Diese Schildkrötenart hat ihre Bezeichnung von der grünen Farbe des Fetts auf ihrem Körper. Die **Hono/Pacific green sea turtle** ist ein Reptil, ein luftatmendes, kaltblütiges Tier. Ausgewachsene Schildkröten werden 60 bis 120 Zentimeter lang und wiegen 45 bis 180 kg.

Der harte Panzer der Schildkröte ist eigentlich ihr Skelett. Den oberen Teil des Panzers nennt man *Carapace*, und die Unterseite wird *Plastron* genannt. Diese Schildkröte kann nicht wie manche Landschildkröten Kopf und Beine in den Panzer einziehen. Mit Schwimmfüßen ausgestattet ist sie ein ausgezeichneter Schwimmer (bis zu 40 Stundenkilometer) und kann lange Strecken ohne Pause zurücklegen. Die **Hono** besitzt keine Zähne, aber der unebene, gezackte Kiefer dient ausgezeichnet zum Kauen.

Die Schildkröte ist mit Lungen zum Atmen ausgestattet. Wenn sie Nahrung zu sich nimmt, bleibt diese Schildkröte etwa 5 bis 10 Minuten unter Wasser und kommt dann zum Atmen an die Oberfläche. Wenn sie schlafen oder ausruhen, können diese Schildkröten bis zu 2 1/2 Stunden unter Wasser bleiben. Ausgewachsene Schildkröten schlafen oft zwischen Felsen unter Wasser. Junge Schildkröten schlafen im allgemeinen beim Schwimmen an der Oberfläche.

Pazifische Grüne Meeresschildkröten verbringen fast ihr gesamtes Leben im Wasser. Die Weibchen kommen nur an Land, um ihre Eier am Strand zu legen. Die meisten Hono-Nistplätze Hawaiis liegen auf den **French Frigate Shoals**, etwa 800 km nordwestlich von Honolulu. Diese winzigen Inseln gehören zum **Hawaiian Islands National Wildlife Refuge**. Von Mai bis August ziehen die Schildkröten von Futterplätzen um die Hauptinseln Hawaiis zu den **French Frigate Shoals**. Mit ihren großen Rückenflossen graben sie bei Nacht Gruben in den Sand am Strand, legen etwa 100 Eier, bedecken die Gruben mit Sand und kehren zum Ozean zurück.

Die Schildkröteneier sehen aus wie Tischtennisbälle. Nach etwa 2 Monaten schlüpfen die Schildkrötenbabies aus dem Ei. Dabei arbeiten alle geschlüpften Schildkrötenbabies zusammen, um den Sand wegzukratzen, um an die Oberfläche zu kommen. Wenn der Sand kühl genug ist, im allgemeinen nachts, kriechen sie aus dem Sand und eilen zum Ozean. Viele Hono-Babies werden von Krebsen, Haien und anderen großen Fischen in den flachen Gewässern vor der Küste gefressen.

Wenn die Jungschildkröten den Ozean erreichen, sind sie Fleischfresser und fressen Schwämme und Würmer. Nach etwa 6 Monaten sind sie fast nur noch Pflanzenfresser und ernähren sich von Algen und Seetang. Wenn sie zu den Hauptinseln Hawaiis gelangen, sind sie etwa 2 bis 4 Jahre alt und ihr Rückenpanzer etwa 35 cm lang.

Bäume der Regenwälder Hawaiis

Koa und **Ohia** sind zwei Baumarten, die man noch auf den Hauptinseln Hawaiis antrifft.

ORIENTIERUNG 47
Bäume

Koa

Koa, eine Akazienart, ist Hawaiis schönster einheimischer Baum. Er kann bis zu 21 m Höhe erreichen und besitzt einen starken, geraden Stamm, der 3 m Umfang aufweisen kann. Die Blätter sind sichelförmig und produzieren blaugelbe Blüten. Koas gedeihen am besten auf nassen Böden in tiefen Waldgebieten, vertragen aber auch ärmere Böden.

Koa-Bäume türmten sich einst über allen anderen Baumarten in den einheimischen Wäldern Hawaiis. Die Menschen Hawaiis lernten bald, die vielseitige Verwendbarkeit dieser Holzart zu nutzen, um Kanus, Surfbretter und Einrichtungsgegenstände herzustellen. Hawaiianer pflegten sich früher einander zu sagen: *„E ola koa"*... mögest du so lange leben wie ein Koa. Doch seitdem die ersten Siedler das Land für die Landwirtschaft gerodet haben, sind Hawaiis Wälder am kämpfen. **Koa** gehört heute zur am stärksten vom Aussterben bedrohten Baumart Hawaiis. Während einst 900 000 Hektar die Inseln bedeckten, sind es heute weniger als 8 000 Hektar.

Der Koa-Baum ist zwar als Art nicht gefährdet, denn man kann Koa-Bäume dicht an den Straßenrändern des *Pali Highway* auf der Insel **Oahu** sehen. Doch das Ökosystem der Koa-Wälder, ein empfindliches Netz aus Bäumen, Farnen, Insekten und Vögel ist bedroht. Ein Koa-Baum braucht mindestens ein halbes Jahrhundert, bis er ausgewachsen ist. Im Haleakala Nationalpark auf Maui versucht man, Koa-Wälder wiederzubeleben, nachdem man Wildschweine und -ziegen verbannt hat.

Ohia

Der **Ohia** kommt am häufigsten von allen einheimischen hawaiischen Bäumen vor. Wächst in verschiedenen Größen und Formen, von Zwergbäumchen in Sumpfgebieten bis 30 m hohen Riesenbäumen auf kühleren Hängen höherer Regionen. Der Ohia ist oft das erste Wachstum auf frischen Lavaströmen. Der Baum produziert eine quastenförmige Blüte. Die Blüten werden in Leis verarbeitet und gleichen einer Feder Boa. Das feste Holz benutzte man ebenfalls zum Kanubau, zum Fertigen von Holzschalen für die Poi-Zubereitung und für Idole.

Hala Tree/Pandanus/Screwpine

Pandanus Candelabrum, wie der botanische Name des **Hala Tree** lautet, kam auf natürlichem Wege nach Hawaii, denn die Samen sind schwimmfähig. Hala-Bäume werden bis zu 6 m hoch und kommen von Meereshöhe bis 600 m ü.M. vor, insbesondere im Pazifikbereich und in Teilen Asiens. Alle Teile des Baums, von seinen Luftwurzeln, die über dem Boden wachsen, bis zu seinen langen, gebogenen Blättern, können vielseitig verwendet werden.

Es gibt weibliche oder männliche Hala-Bäume. Sie unterscheiden sich hauptsächlich durch Form und Zweck der Blüte und Härte des Holzes. Blüten des weiblichen Hala-Baums produzieren Fruchttrauben, die wie Ananas aussehen. Jede Traube ist etwa 20 cm lang und besteht aus 50 oder mehr Fruchtabschnitten, den sogenannten Keys. Die Fasern am inneren Rand von trockenen „Keys" werden als Pinsel zum Bemalen von Kapa verwendet. Sie enthalten auch köstliche Samen, die sich aber schwer lösen lassen, da der Key sehr hart ist. Keys fallen von der Fruchttraube ab, wenn sie reif ist. Reife Früchte erfüllen die Luft mit einem angenehmen Aroma wie Blütenduft.

Der enge innere Rand der Hala Keys ist stärkehaltig und wird als Nahrung verwendet. Die Enden von unreifen Hala Früchten werden häufig mit **lauae** Farn umwickelt zu Leis verarbeitet. Diese können Glück oder

Unglück bringen. Der hawaiische Begriff *hala* bedeutet *pandanus*, doch gleichzeitig bedeutet er auch „Fehler oder Irrtum". Ein Hala Lei an Neujahr bringt Glück, das alte Jahr gleitet davon. Doch zu anderen Zeiten bringt er Unglück, besonders bei Hula-Tänzern und bei bedeutenden Geschäftsabschlüssen.

Hawaiianer wußten, dass sie den fetten Papageifisch und Seeigel fangen konnten, wenn die Hala-Frucht am Baum reif war. Es war aber auch klar, dass sie nicht hinaus ins Meer sollten, wenn die Früchte vom Baum fielen, da die Wellen zu hoch und gefährlich sein würden.

Die männliche Hala-Blüte, *Hinano* genannt, hat einen angenehmen Duft. Man benutzte den Blütenstaub zum Bestäuben von Feder Leis und Kahilis (Federsymbole der Könige). Er wurde aber auch von hawaiischen Mädchen als Liebeszauber benutzt. Die weißen Blätter um die Blüte eigneten sich zum Flechten von Matten, die nur von hawaiischen Häuptlingen und Kahunas benutzt werden konnten. Ein aus diesen Blättern gewonnenes Öl diente als Kopfwehmittel. Die Blüten sollten bei Verstopfung helfen.

Das Holz des weiblichen Hala Baums besitzt eine harte Außenrinde, doch das weiche Innere läßt sich ausschaben. Die ausgehöhlten Stengel oder Äste verwendete man als Wasserleitungen. Das Holz des männlichen Hala Baums ist durchgehend hart und wurde für Bretter verwendet.

Die Blätter des Hala-Baums, **lauhala** genannt, wachsen spiralförmig um das Astende wie die Rillen einer Schraube, daher auch der Name Screwpine (Schraubenpinie). Die Blattenden und die Mittelrippen besitzen scharfe Stacheln. Man verwendete das Blattmaterial für Hüte, Taschen, Tischdecken und Fußmatten. Man benutzte es auch zum Abdichten von Dächern, für Kissen, Fächer, Matratzen usw.

Hala-Bäume sind beliebte Nistplätze von Tölpel und anderen Seevögeln am Kilauea Point auf Kauai. Trotz Rodens verschiedener Areas findet man noch ausgezeichnete Hala-Haine bei Kahana und Nuuanu auf Oahu, entlang der Hana Küste auf Maui, im Puna Distrikt auf Hawaii oder Naue auf Kauai, wo die besonders gut duftenden roten Hala-Bäume wachsen.

Banyan Tree

Banyan Bäume gehören zur Familie der Feigenbäume und stammen ursprünglich aus Indien. Die Samen keimen meistens in den Zweigen verschiedener Bäume, wo sie von Vögeln fallengelassen wurden. Die Jungpflanzen bildet Luftwurzeln, die auf den Boden reichen, Wurzel ziehen und einen Nebenstamm bilden, der die riesigen horizontalen Äste stützt. Von diesen Ästen werden weitere Luftwurzeln produziert, bis der Banyan-Baum seinen Mutterbaum ausschaltet und hainartig breit und ausladend wächst. Beliebter Schattenbaum. Angeblich soll Alexander der Große mit seiner ganzen Truppe von 7 000 Mann Platz unter einem einzigen Banyan-Baum gefunden haben.

Pflanzen und Blumen

Hawaiis endemische **Pflanzen und Blumen** sind faszinierend und wunderschön, doch wie alles, was einheimisch ist, schnell verschwindend. Die meisten Pflanzen, die wir exotisch nennen, wurden entweder von den Polynesiern oder später von weißen Siedlern eingeführt. Die Polynesier brachten Nahrungspflanzen wie Kokosnüsse, Bananen, Taro, Brotfrucht, Süßkartoffel, Yamswurzel und Zuckerrohr. Mit ihnen kamen auch Ti-Pflanze, die für Opfergaben oder zum Binden der Hularöcke verwendet wurden.

Nicht-hawaiische Siedler brachten Mangoes, Papaya, Passionsfrucht, Ananas, Guava und andere tropische Früchte und Gemüse Hawaiis. Die meisten Blumen einschließlich Protea, Anthurien, Orchideen, Heleconia, Ingwer und die meisten Hibiskusarten stammen von allen Kontinenten der Erde. In den State Parks, Gärten, Regenwäldern und Gärtnereien Hawaiis findet man eine ausgiebige Variation der botanischen Schönheiten Hawaiis.

Die „Big Five"

Hawaii wurde zwar offiziell von Häuptlingen, Königen, Königinnen, Präsidenten, Gouverneuren und seit Bestehens als Bundesstaat von einem Parlament regiert. Doch pragmatisch hatten Hawaiis **„Big Five"** Unternehmen die Inseln im Besitz und verwalteten die Inseln die meiste Zeit des letzten Jahrhunderts – sie besaßen Macht über das wirtschaftliche wie auch politische Geschehen. Die „Big Five" standen hinter allem – sie stürzten die Monarchie und waren die treibende Kraft für die Annexion durch die USA im Jahre 1897; ihnen gehörte das meiste Land, einschließlich Zuckerrohr- und Ananasplantagen; sie kontrollierten den Hafen, die Fabriken und die meisten Geschäfte; sie boten die meisten Arbeitsplätze und waren maßgebend für den Aufbau des Bundesstaates.

Mit rückläufiger Tendenz auf dem Agrarsektor schwand auch die traditionelle Dominanz der „Big Five" in der Wirtschaft. Doch die „Big Five" sind nicht gänzlich aus dem Wirtschaftsleben Hawaiis verschwunden. Sie haben noch immer ein Standbein in der Wirtschaft Hawaiis, ihre Gebäude stehen noch in Downtown Honolulu, und sie haben noch großen Anteil an Grundbesitz.

- **Amfac.** 1849 gegründet; verlegte den größten Teil seiner Geschäfte nach San Francisco, zu zwei Drittel im Besitz von nicht hawaiischen Aktionären. Tourismus - und Zuckerindustrie.
- **Castle & Cooke.** 1851 gegründet; zu 80 % im Besitz von nicht hawaiischen Aktionären. Hauptverwaltung in San Francisco. Ananasanbau.
- **C. Brewer & Co.** 1826 gegründet. Zucker-, Guava- und Macadamia-Nuss-Anbau sowie im Grundstücksgeschäft.
- **Theo H. Davies & Co.** 1845 gegründet. Zuckerindustrie.
- **Alexander & Baldwin.** 1870 gegründet; stark Hawaii intern orientiert mit überwiegend hawaiischen Aktionären. Transport- und Versandgeschäft, Zucker und Tourismus.

Hurrikane

Hurrikane werden als tropische Zyklone oder Wirbelstürme bezeichnet. Sie treten mit Windgeschwindigkeiten und Böen von 120 bis 240 km pro Stunde auf. Diese Winde werden im allgemeinen von Regen, Gewitter mit Donner und Blitz begleitet. Die meisten entstehen entlang der Küste von Mexiko und folgen den Passatwinden in westliche Richtung. Andere, wie

50 ORIENTIERUNG
Hurrikane/Tsunamis

beispielsweise Hurrikan *Iwa* vom 23. Nov. 1982 oder Hurrikan *Iniki* vom 11. Sept. 1992, die Hawaii heimsuchten, entstanden in der Nähe des Äquators und zogen nordwärts.

Der *National Weather Service* begann 1950 damit, Hurrikane zu verfolgen. Seitdem wurden über hundert Hurrikane in hawaiischen Gewässern registriert. Davon haben über 10 die Inseln bedroht und fünf (*Nina, Dot, Fico, Iwa* und *Iniki*) verheerende Schäden verursacht.

- **Nina** war vom 29. November bis 7. Dezember 1957 aktiv. Bei seinem nahesten Angriff auf Hawaii tobte der Hurrikan im Umkreis von 190 km südwestlich von Kauai. Am 1. Dez. wurden am Kilauea Leuchtturm auf Kauai Windgeschwindigkeiten von 140 km pro Stunde gemessen; über 500 mm Regen fiel innerhalb von 24 Stunden in Wainiha.

- **Dot** war vom 1. bis 8. Aug. 1959 aktiv. Er zog im Umkreis von 140 km südlich von Big Island entlang, wo man am South Point Windgeschwindigkeiten von 210 km pro Stunde registrierte. Der Hurrikan zog nordwärts und das Auge des Sturms lag direkt über Kauai. Es wurden Windgeschwindigkeiten von 130 bis 160 km pro Stunde auf Kauai gemessen. Die Farmer erlitten Schäden von schätzungsweise $5.7 Millionen.

- **Fico** war vom 17. bis 28. Juli 1978 aktiv. Bei seinem dichtesten Angriff auf Hawaii raste er innerhalb von 280 km südsüdwestlich von Big Island entlang. Am South Point wurden Windgeschwindigkeiten von 184 km pro Stunde gemessen, als der Hurrikan nordwärts nach Kauai zog. Er zog innerhalb von 300 km südwestlich von Kauai mit Windgeschwindigkeiten von 160 km pro Stunde entlang. Starke Schäden an Häusern entlang der Südküste von Big Island.

- **Iwa** war vom 19. bis 25. November 1982 aktiv. Das Auge des Sturms zog am 23. November über Niihau und die Westküste von Kauai. Windgeschwindigkeiten von 105 km pro Stunde auf Kauai und Böen von über 160 km pro Stunde sowohl auf Kauai und Oahu. *Iwa*, einer der verheerendsten Stürme Hawaiis, verursachte schätzungsweise $234 Millionen Schäden. An manchen Stellen wurden Niederschläge von 102 mm gemessen.

- **Iniki** schlug am 11. Sept. 1992 zu und traf mit Windgeschwindigkeiten von 200 bis 260 km pro Stunde und Böen von 320 km pro Stunde sowie Wellen von über 9 m Höhe die Insel Kauai am stärksten. Besonders stark betroffen war die landwirtschaftliche Umgebung von Hanapepe, Waimea, Kilauea und Hanalei, wo riesige Verwüstung der Zuckerrohrfelder, Macadamia Nuss und Papaya Obstgärten zurückblieb. Gewaltige Schäden traten in Poipu, Kappa und Princeville auf. 14 470 Häuser wurden beschädigt oder zerstört; die meisten der 70 Hotels auf Kauai wurden schwer beschädigt. Es gab 2 Tote auf Kauai, 1 Toten auf Oahu, das nur leichte Schäden davontrug, und insgesamt 100 Verletzte; Schäden rund $1,6 Milliarden! *Iniki* kam ursprünglich als Sturm der Kategorie 5 an, schwächte dann aber beim Angriff auf Kauai auf Kategorie 4 ab. Der Hurrikan strich direkt quer durch die Insel und fand seinen Ausgang in Nähe der friedlichen Ortschaft Hanalei, an Kauais Nordküste. Das Auge des Hurrikans mit ca. 24–29 km Durchmesser lag über der Südküste Kauais, genau über Waimea und Hanapepe. *Iwa* war im Vergleich zu *Iniki* viel schwächer.

Tsunamis

Tsunami ist eine seismische Flutwelle, eine plötzlich auftretende, durch Bewegungen des Meeresbodens hervorgerufene Meereswelle im Pazifik. Seit 1820 haben mindestens neun Tsunamis mittlere bis verheerende Wirkungen entlang Hawaiis Küsten gehabt. Nur die Tsunamis von 1868 und 1975 entstanden lokal. Von dem Rest hatten fünf ihren Ursprung in Südamerika, einer auf der Halbinsel von Kamtschatka und einer auf den Aleuten.

Während des schweren Erdbebens im Jahre 1868 auf Big Island verursachten die begleitenden Grabenverschiebungen vor der Küste einen Tsunami hoch über die Kokospalmen an der Südküste von Big Island. Der Aleuten Tsunami von 1946 brachte an manchen Stellen Hawaiis über 17 m hohe Wellen. In Hilo gab es 83 Tote, als der Wasserspiegel 10 m Höhe erreichte. Ein in Chile ausgelöster Tsunami traf Hilo im Jahre 1960 mit einer Geschwindigkeit von 100 km pro Stunde. Das Wasser stieg in der Hilo Bay bis zu 11 m, es gab 61 Tote.

Erdbeben

Vulkanausbrüchen auf Big Island gehen meistens Erdbeben voraus oder treten begleitend auf. Nur wenige sind allerdings so stark, dass man sie spürt oder dass sie Schäden verursachen.

Erdbeben treten auf, wenn Segmente des Vulkans sich während seines Anschwellens vor der Eruption verschieben. Dies wird durch Aufschwellen eines flachen Magma-Reservoirs unter dem Berg oder Abblasen dieses sich entleerenden Reservoirs verursacht. In Hawaii resultieren die Haupt-Erdbeben wie andernorts aus Grabenbewegung. Manche dieser Gräben liegen auf dem Meeresboden in Nähe der Inseln. Andere wiederum befinden sich auf den Inseln und hängen direkt mit dem Vulkan zusammen.

Das größte Erdbeben Hawaiis ereignete sich **1868.** Es wurde vermutlich durch Grabenbewegungen an und vor der Küste ausgelöst, und zwar in Nähe des Südendes von Big Island. Berichten zufolge wurden alle Gebäude nach europäischer Bauweise des Kau Distrikts zerstört. Im Wood Valley lösten die Beben eine Schlammlawine aus, die 500 Tiere und ein Dorf mit 51 Menschen unter sich begrub.

Dieses Erdbeben ereignete sich, bevor wissenschaftliche Messungen möglich waren, doch schätzungsweise hatte das Erdbeben die Stärke von 8.0 auf der nach oben hin offenen Richterskala. Am 29. Nov. 1975 wurde ein Erdbeben mit der Stärke von 7.2 südöstlich der Kilauea Caldera, an der Puna-Küste von Big Island gemessen.

Vulkane

Hawaiis Inseln sind vulkanischen Ursprungs. Jede Insel ist der Gipfel eines oder mehrerer Vulkane, die vom Meeresboden emporgewachsen sind. Hawaiis Vulkane haben sich in einer Kette in die Höhe gehoben, und zwar erstreckt sich diese Kette von Nordwest nach Südost. Die Eruptionen begannen vor nahezu 30 Millionen Jahren mit dem Kure Atoll am Nordwestende.

Nur die Vulkane am südöstlichen Ende der Inselkette sind heute noch aktiv. In historischer Zeit war der Kilauea auf Big Island am häufigsten ausgebrochen, wobei der größte Teil der Aktivität sich im inneren Krater des Halemaumau abspielte. In den letzten Jahren erfolgten Eruptionen regelmäßig außerhalb der Caldera.

52 ORIENTIERUNG
Vulkane

● **Plattentektonik.** Wissenschaftler sind der Ansicht, dass der Vulkanismus, der die Inseln Hawaiis entstehen ließ, auf Plattentektonik zurückzuführen ist. Danach ist die Erdoberfläche in große und kleinere Platten aufgeteilt, von denen jede etwa 100 km dick ist. Diese Platten bewegen sich über einem flüssigen Kern geschmolzenen Gesteins oder Magma in verschiedene Richtungen. An den Enden werden enorme Mengen Energie frei, wenn die Platten aneinanderstoßen, sich dicht aneinander vorbeibewegen oder sich voneinander lösen. An diesen Zonen intensiviert sich die vulkanische Aktion, wenn Erdbeben und Bergbildung auftreten.

Nach dieser Plattentektonik-Theorie befinden sich die hawaiischen Inseln nicht am Rand, sondern in der Mitte einer riesigen Pazifischen Platte. Eine Hitzequelle, die allgemein „Hot Spot" genannt wird, erzeugt neues Magma, das die Vulkane „nährt". Dieser „Hot Spot" blieb über Millionen von Jahren ziemlich konstant, während die Pazifische Platte über ihn hinweggeglitten ist, und ließ die hawaiischen Inseln in einer Kette entstehen.

Geologen vermuten, dass der hawaiische „Hot Spot" unter der Pazifischen Platte etwa 300 km breit sein muss. Sein Zentrum soll etwa südöstlich von den Vulkanen Kilauea und Mauna Loa liegen.

● **Vulkanismus und Lavaströme**
Hawaiis Vulkanausbrüche neuerer Zeit ereigneten sich nicht als heftige Explosionen. Flüssige Lava, die manchmal in 500 Meter hohen glühenden Fontänen austritt, wird entleert, aber dabei entweichen geringe Gase. Das Magma lässt Ströme von Lava entstehen, die sich über mehrere Kilometer ausbreiten.

Lavaströme am Kilauea wurden mit Temperaturen von 1 100°C bis 1 200°C gemessen; vergleichsweise 12mal heißer als kochendes Wasser und 3mal heißer als flüssiges Blei. Die Temperatur liegt allerdings unter dem Schmelzpunkt von Eisen mit 1 535°C.

Man unterscheidet zwei Hauptarten von Lavaströmen, die weltweit nach den hawaiischen Begriffen unterschieden werden. Die dünnflüssige Pahoehoe oder Fladenlava besitzt eine glatte Oberfläche. Sobald die Lava eine Kruste bildet, verengt sich der innere Fluss, bis am Ende der Eruption nur eine Röhre bleibt. Die Lavaröhren sind im allgemeinen nicht breiter als 1 m, doch manche sind bedeutend größer. Die **Thurston Tube** im Hawaiian Volcanoes Nationalpark auf Big Island beispielsweise ist an manchen Stellen 6,70 m breit und 6 m hoch und etwa 450 m Länge begehbar.

Die zweite Lavaart ist *AA*, die seilartig gedrehte Stricklava oder Schollenlava mit rauher, zackiger Oberfläche. Manche Lavaströme beginnen als *AA*-Lava, andere als *Pahoehoe* und ändern sich zu *AA* beim Abfließen vom Berg. Die umgekehrte Verwandlung von *AA* zu *Pahoehoe*-Lava tritt eigentlich nie auf. Die chemische Zusammensetzung beider Lavaarten ist identisch.

● **Vulkaneruptionen**
In historischer Zeit brachen vier Vulkane aus. **Haleakala** war zuletzt um 1790 aktiv, und **Hualalai** war von 1800 bis 1801 in Aktion. **Mauna Loa** und **Kilauea** waren in jüngerer Zeit aktiv:
● **Mauna Loa,** 5. Juli 1975
● **Kilauea,** 1969, 1971, 1972, 1973, 1974, 1975, 1977, 1979, 1980, 1982, 1983; seit 1986 erfolgte eine neue Ausbruchserie, bei der 1989 das Wahaula Visitor Center des Hawaii Volcanoes Nationalparks durch ein Feuer der glühenden Lava und 1990 das an der Küste gelegene Dorf Kalapana zerstört wurden. Noch immer fließt ständig Lava aus.

WISSENSWERTE HAWAII FAKTEN

- Der **Buckelwal** ist das Staats-Säugetier.

- **Hawaiis Nationalhymne** „Hawaii Ponoi" mit dem Originaltitel „The Hymn of King Kamehameha I" (Hymne des Königs Kamehameha I.) wurde 1874 von dem deutschen Kapellmeister Heinrich Berger, dem Leiter der Royal Hawaiian Band (1872–1915), komponiert. (Berger komponierte 75 hawaiische Lieder). König Kalakaua schrieb später die Lyrik zu der Komposition Bergers, die dann unter dem Namen „Hawaii Ponoi" bekannter wurde – bedeutet „Hawaiis eigenes Volk". 1876 wählte man dieses Lied zur offiziellen Staatshymne.

- Jede der acht Hauptinseln hat einen **Beinamen:**
Hawaii = The Big Island (die große Insel; ist die größte der Hawaii Inseln)
Kahoolawe = The Lonely Island (die einsame Insel)
Kauai = The Garden Island (die Garteninsel; üppige Vegetation)
Lanai = The Private Island (die Privatinsel; in Privatbesitz)
Maui = The Valley Island (die Talinsel)
Molokai = The Friendly Island (die freundliche Insel)
Niihau = The Forbidden Island (die verbotene Insel)
Oahu = The Gathering Place (der Versammlungsort)

- Der für Hawaiis letzten regierenden König erbaute **Iolani Palast** ist der **einzige Königspalast** in den USA.

- Die **größte in Privatbesitz** befindliche Ranch in den USA ist die **Parker Ranch** auf der Insel Hawaii, die auf 90 000 Hektar jährlich 4,5 Millionen Kilogramm Rindfleisch produziert. Cowboys werden dort „paniolos" genannt.

- Hawaiis **größtes Hotel** ist das **Hilton Hawaiian Village**, Waikiki, auf Oahu.

- Die in **Privatbesitz** befindliche Insel **Niihau**, die den Namen „Forbidden Island" (Verbotene Insel) trägt, ist für jeden außer den etwa 250 reinblütigen Hawaiianern und deren Gäste verboten.

- Auf dem Gipfel des **Mauna Kea** auf der Insel Hawaii gibt es Observatorien von neun verschiedenen Ländern, die **größte Konzentration** von Observatorien der Welt. Hier auf dieser Höhe von 4 205 m ü.M. ist die Luft besonders rein und klar. Von Hawaii kann man den gesamten Nordhimmel und über 90 % des Südhimmels sehen.

- Der **Loihi Seamount**, etwa 48 km südöstlich vor der Küste der Insel Hawaii und etwa 914 m unter der Meeresoberfläche, könnte Hawaiis neueste Insel werden. Der Unterwasservulkan stößt häufig Schichten von Lava aus.

- **Mauna Kea** (4 205 m ü.M.) auf der Insel Hawaii ist die einzige Stelle im tropischen Pazifik, die **vergletschert** war. Der gesamte Gipfel lag unter 150 m dickem Eis.

- **Waimea Canyon** auf Kauai ist 9,6 km lang, 914 m tief und mindestens „siebenfarbig breit"; wird gerne „Grand Canyon of the Pacific" genannt.

- Die **regenreichste** Stelle auf der Erde ist mit durchschnittlich 11 684 mm Niederschlägen jährlich **Waialeale** auf der Insel **Kauai**. Nur wenige Kilometer entfernt an der Südküste erhält die Poipu Resort Area nur 305 mm. Im allgemeinen sind die Nordküsten der Inseln im Winter regenreicher. November, Dezember und Januar sind die regenreichsten Monate.

- Die **Insel Maui** mit über 80 Stränden besitzt **mehr** zum Schwimmen geeignete Strände als jede andere Insel. Infolge der einstigen vulkanischen Aktivität findet man hier Sand in verschiedensten Farben – weiß, gold, schwarz, grün und Granat.

54 ORIENTIERUNG
Hawaii-Fakten

- **Grüner Strand:** Hanauma Bay, Oahu; Papakolea Beach, Big Island. Besteht aus Olivin, ein seltenes Chrysolith (klare grüne Variation von Olivin), isomorphe Mischung aus Forsterit und Fayalit.

- Taro, die Grundlage von Poi (stärkehaltiger, kleisterähnlicher, purpurner Brei), kommt vermutlich aus dem südöstlichen Teil Asiens.

- Von den 680 **Fischarten** in Hawaiis Gewässern **kommen 30 nirgendwo anders vor.** Hawaiis Staatsfisch ist der humuhumunukunukuapuaa (ein wirklicher Zungenbrecher!).

- Hawaii besitzt die höchste Konzentration **gefährdeter Pflanzen-** und **Vogelarten** der USA. 40 % der Vogel- und 31 % der Pflanzenarten, die als gefährdet gelten, sind Einheimische Hawaiis.

- Hawaii ist sowohl der **schnellstwachsendste** als auch **schnellstfortbewegendste** Bundesstaat der USA. Kilauea, der aktivste Vulkan der Welt, hat im Laufe der letzten 50 Jahre die Big Island um über 320 Hektar vergrößert. Und der gesamte Archipel treibt alljährlich 8 bis 13 cm vom Festland ab.

- **Hanalei,** Kauai, ist das authentischste Südseedorf Hawaiis.

- Mit 10 499 Quadratkilometer ist die Insel **Hawaii** (mit dem Beinamen Big Island) **doppelt** so groß wie alle anderen Inseln zusammen.

- Keine Stelle in Hawaii liegt weiter als **46 km vom Pazifik.**

- Die **Skisaison** Hawaiis läuft im allgemeinen von Dezember bis April. Bis zu 7,6 m jährliche Schneefälle auf dem **Mauna Kea.** Keine Skilifte vorhanden, aber fast grenzenlose Abfahrten, „Aufstieg" in Geländefahrzeugen!

- **Fotogenste Strände** Hawaiis: Lumahai, Kee oder Barking Sands auf Kauai; Waikiki, Lanikai, Kailua, Waimanalu, Waimea und Sunset auf Oahu; Hapuna auf Big Island; Papohaku auf Molokai und Manele auf Lanai.

- **Von Hawaiis 18 Hauptattraktionen** (gemessen an der Besucherzahl) befinden sich **14 auf Oahu.**

- **Aiea** ist die einzige Stadt der USA (nordwestlich von Honolulu auf Oahu), deren Name **ausschließlich aus Vokalen** besteht!

- Der **breiteste** Meereskanal zwischen den acht Hauptinseln Hawaiis ist der 116 km breite **Kauai Channel** zwischen Oahu und Kauai.

- Hawaii besitzt den einzigen **Wholphin,** eine Kreuzung zwischen falschem Killerwal und Delphin; im Sea Life Park auf Oahu.

- Das **hawaiische Alphabet,** das in den 1820er Jahren von den amerikanischen Missionaren eingeführt wurde, besteht nur aus **12 Buchstaben,** eine Mischung von sieben Konsonanten (h, k, l, m, n, p, w) und fünf Vokalen (a, e, i, o, u).

- Der durchschnittliche **Temperaturunterschied** zwischen Mittsommer und Mittwinter beträgt nur etwa 2 bis 4 Grad (Wassertemperatur etwa 3 Grad).

- **Mauna Loa** (Long Mountain oder hoher Berg) auf Big Island ist das **größte Bergmassiv** der Erde und reicht über 9 144 m vom Meeresboden bis zum Gipfel; besitzt 100mal mehr Masse als Mount Everest.

- **Honolulu** ist die „größte" Stadt der Welt; die Stadtgrenzen umfassen 1,4 Millionen Quadratkilometer des Pazifiks; das meiste liegt **unter Wasser.**

- Die **kälteste Temperatur,** die je in Hawaii gemessen wurde, war −12° auf dem Gipfel des Haleakala, Maui, im Januar 1961.

- Der **Zeitunterschied** zwischen Deutschland und Hawaii beträgt im Sommer 12 Stunden (in Frankfurt 24 Uhr in Hawaii 12 Uhr mittags) und im Winter 11 Stunden.

ORIENTIERUNG 55
Beste Schnorchelstellen

- Auf **Maui** kann man vom Mt. Haleakala mit dem **Fahrrad** stundenlang endlos bergab fahren; keine Angst man muß nicht wieder bergauf fahren.

- **Molokini,** der südwestlich von Maui liegende, untergetauchte Vulkan, liegt nur etwa 30 Segelminuten von Maui und wird von **3 Millionen Fischen** bevölkert. Das Meeresschutzgebiet, Marine Life Conservation District, ist herrliches Schnorchel- und Tauchrevier.

- Auf **Molokai** kann man im Wildlife Preserve mit Giraffen auf „Afrika Safari" gehen.

- **Kauai** ist mit der Nachbarinsel Niihau die einzige Insel Hawaiis, die man von anderen Hawaii-Inseln **nicht** sehen kann.

- Im allgemeinen gilt Key West am Südzipfel Floridas als der südlichste Punkt der USA (Festland) – etwa 24 Grad vom Äquator, doch da der südlichste Punkt von Hawaiis **Big Island** nur 19 Grad vom Äquator entfernt ist, machen diese 5 Grad Unterschied diesen Punkt eindeutig **zum südlichsten** Punkt der USA!

- Die **Passatwinde** machen Honolulu zur Hauptstadt mit der **niedrigsten** Luftverschmutzung.

DIE BESTEN SCHNORCHELSTELLEN HAWAIIS

Hawaii ist ein Mekka für **Schnorcheler.** Die Gewässer Hawaiis bieten in ihrer Unterwasserwelt eine reiche Vielfalt tropischer Fische und Schildkröten sowie anderer Lebewesen, wie man sie sonst nur in Aquarien oder zoologischen Gärten findet. Eines der schwierigsten Dinge beim Schnorcheln ist allerdings, dass man nicht ein lautes „Ah" und „Oh" ausrufen kann, wenn man solche herrliche Exemplare wie eine Meeresschildkröte, Hawaiis Staatsfisch – den humuhumunukunukuapuaa oder Picassofisch, unzählige Arten von Schmetterlingsfischen, Korallenfischen, Kugel- und Igelfischen, Papageifischen, Kraken und Hummern Seesternen oder Korallen entdeckt. Vorsicht ist immer angesagt, denn einige Meeresbewohner sind Exoten, nicht nur im Aussehen, sondern auch in der Art der Verteidigung. Ganz großer Hit in Hawaii: Die Grau- und Buckelwale! Alljährlich sind diese Giganten der Meere von Dez. bis April vor Hawaiis Küsten zu bewundern. Hier eine Übersicht über einige der besten Schnorchelstellen Hawaiis, ausgewählt auf Grund der Umgebung, Korallenvielfalt sowie Über- und Unterwasserschönheit.

Oahu
- **Hanauma Bay** mit ungewöhnlich großen Papageifischen östlich von Waikiki und Diamond Head. Unterwasserpark (stark besucht) mit Lifeguards, Restauration, Toiletten; Schnorchelausrüstung ist mitzubringen; tägl. 6–18 Uhr, mittwochs 12–18 Uhr. Von Waikiki mit Beach Bus! Gebühr. Einzelheiten siehe **Oahu Attraktionen.**

Kauai
Nordküste; im allgemeinen Juni–August.
- **Tunnels Beach** (auch Makua genannt); genau 1.85 mi/3 km hinter Wainiha General Store oder 0.9 mi/1,4 km hinter Charo's Restaurant auf dem Weg nach Haena. Keinerlei touristische Einrichtungen oder Strandaufsicht/Lifeguard. Schnorchelausrüstung beim Wainiha General Store oder Last Chance Supplies daneben.

56 ORIENTIERUNG
Beste Schnorchelstellen

- **Kee Beach,** am Ende von *Highway 560,* am Beginn der Na Pali-Küste, etwa 1 mi/1,6 km von Tunnels Beach. Lifeguard vorhanden. Bequemste Schnorchelstelle vor dem Lifeguard-Turm.

Südküste:
- **Lawaii Beach,** gegenüber von Prince Kuhio Park, neben Beach House Restaurant auf dem Weg zum Spouting Horn. Keine Lifeguards, aber Toiletten, Duschen und Parkplatz. Schildkröten, Schmetterlingsfische, Tropenfische. Ausrüstung bei Brennecke's Beach Center gegenüber vom Poipu Beach Park.
- **Mahaulepu Region,** am Ende von *Poipu Road,* weiter über Landwirtschaftswege zum Strand; in Poipu Area. Nur bei ruhigem Wasser, sonst hohe Surfs und Unterströmung. Keine Lifeguard oder Einrichtungen. Schnorchelausrüstung von Outfitters Kauai am Poipu Plaza.

Maui
- **Makena,** das Nonplusultra Schnorchelrevier! Leichter Zugang, Korallengarten, klares Wasser, Unmengen von Fischen und Schildkröten. Nähe des **Ahihi Kinau Natural Area Reserve,** unweit vom Molokini Inselchen – Unterwasserschutzgebiet. Parkmöglichkeiten hinter Maui Prince Hotel, dort auch Mieten von Schnorchelausrüstung am Maui Prince Beach Stand. Am besten frühmorgens starten, da am Nachmittag Wind aufkommt. In den Riffs links vom Hotel herrliche leuchtende Farben des Korallengartens. 8 Uhr-Sonnenuntergang (für Schnorchelausrüstung).
- **Molokini;** strandloses Inselchen mit Marine Life Conservation District halbwegs zwischen Maui und Kahoolawe, etwa 46 m ü.M.; nur per Boot zugänglich, etwa 15 Min. vom Maui Prince Hotel. Paradies für Schnorcheler und Taucher.

Am besten eines der ersten Boote benutzen, ehe die Massen sich in Bewegung setzen; Boote von den Häfen **Kihei** und **Maalaea** oder vom nahesten Punkt, dem Maui Prince Hotel (einziges Hotel in Makena), etwa 3 Meilen von Molokini. Erste Abfahrt des Katamarans vom Maui Prince Hotel – *Kai Kanani Catamaran* – um 7.30 Uhr, Di., Do., Sa.; jeweils 3 Stunden Aufenthalt zum Schnorcheln auf Molokini. Alle Boote sind mit Schnorchelgeräten ausgerüstet.

Big Island
- **Kealakekua Bay;** besonders interessant wegen des Yellow Nenue Fisch mit seiner grellgelben Neonfarbe, der an der Kona-Küste weitverbreitet ist. Die meilenweite Bucht ist ein Marine Sanctuary zum Schutz der Meereslebewesen. Mit dem Boot zur Bucht oder vom schwarzen Kiesstrand Napoopoo Beach Park etwa 100 m zu schwimmen bis zur Schnorchelarea in der Mitte der Bucht, wo der *Fair Wind Catamaran* für diejenigen ankert, die mit dem Boot ankommen. *Fair Wind* ist mit allem möglichen zum Schnorcheln gut ausgestattet, z. B. Sichtkästen, bei denen man gar nicht mit dem Kopf unter Wasser braucht, während man auf einem Gummischlauch die Gegend absucht. Bootsabfahrten von Keauhou Bay oder *Captain Zodiac* von Honokohau Harbor, bei dem man die Meereshöhlen an der Kona Küste abklappert. Am Strand keine Lifeguard, aber Toiletten.
- **Puuhonua O Honaunau;** im vorchristlichen Hawaii konnten Gestrauchelte und Gesetzesbrecher hier in diesem Tempel der Zuflucht/*Place of Refuge* Schutz suchen, dessen Anlage heute ein National Historic Park ist. Die Schnorchel-Gewässer von **Honaunau** sind von der Bucht und Bootrampe vor dem Eingang zum Park oder dem Picknickplatz nach dem Eingang zugänglich. Üppige Korallengärten und Unterwasserschluchten mit einer Vielzahl tropischer Fische. Hier muss alles an Schnorchelausrüstung mitgebracht werden. Keine Lifeguard am Strand, aber Picknickplatz und Toiletten. Im Winter Wal- beobachtung von der Küste.

KOSTENLOSE ERLEBNISSE IN HAWAII

Hawaii bietet seinen Besuchern außer der traumhaften Landschaft und Stränden eine Reihe **kostenloser Erlebnisse**. Hier eine Auswahl von Erlebnissen in alphabetischer Reihenfolge auf den Inseln Big Island (Hawaii), Maui, Kauai und Oahu.

Big Island

● **Akatsuka Orchid Gardens**, Orchideengarten; tägl. 8.30–17 Uhr.

● **Hawaiian Macadamia Plantation**, in Haina Village, Nähe Honokaa; Besichtigung der Macadamia Nuss-Fabrik, in der Macadamia Nüsse zu verschiedenen Produkten verarbeitet werden. Kostenlose Proben; tägl. 9–18 Uhr.

● **Lapakahi State Historical Park**, *Highway 270*, Nähe Mahukona Beach Park an der Nord-Kohala-Küste. Reste eines alten Küstendorfs; tägl. 8–16 Uhr.

● **Mauna Kea Observatory Tour.** Besichtigung der Observatorien auf dem Gipfel Mauna Kea. Anmeldung mindestens 45 Minuten vorher beim Ellison S. Onizuka Visitors Center auf 2835 m ü.M., um sich über Wetterlage und Straßenzustand zu erkundigen. Tel. 961-2180 oder 935-3371. Besichtigung Sa., So. 14.30 Uhr.

● **Mauna Loa Macadamia Nut Factory**, 5 mi/8 km südlich von Hilo, abseits von *Highway 11*. Größter Macadamia Nuss-Garten der Welt. Video-Programm, Besichtigung, kostenlose Proben; tägl. 8.30–17 Uhr.

● **Mauna Loa Royal Kona Coffee Visitor Center**, oberhalb von Kealakehua Bay, Nähe Ortschaft Captain Cook. Südlich von Kailua-Kona erfolgt kommerzieller Kaffeeanbau. Info über Kaffeeproduktion, Kostproben; tägl. 9–17 Uhr.

● **Mokuaikana Church**, am *Alii Drive* gegenüber vom Hulihee Palace; erste christliche Kirche der Inseln. Sonntags Gottesdienst in englischer und hawaiischer Sprache. Herrliche Holzarbeiten aus Koa-Holz.

● **Panaewa Rainforest Zoo**, *Mamaki St.*, abseits von *Highway 11*, Nähe Hilo. Üppiger Regenwald mit Tigern, Affen, Wasserbüffeln, Kranichen und tropischen Vögeln; tägl. 9–16 Uhr.

● **Wakefield Botanical Gardens**; tägl. 8.30–17 Uhr.

Kauai

● **Hanalei Bay Resort**, in Princeville; 1stündige Vorträge der University of Hawaii mit Themen von Meeresleben in der Hanalei Bay bis zu bedrohten Vogelarten Hawaiis. Dia-Show.

● **Kilohana**, abseits *Highway 50* etwa 5 mi/8 km von Lihue; ehemalige Zuckerplantage mit Läden, Gärten und Plantagenhäusern; Mo.–Sa., 9.30–21.30 Uhr, So. 9.30–17 Uhr.

● **Kokee Natural History Museum**, im Kokee State Park; tägl. 10–16 Uhr.

Maui

● **Hui No'eau Visual Arts Center**, 2841 Baldwin Ave., Makawao. Kunst aller Art, von Bildhauerei bis Malerei und Batik; tägl. außer Mo. 10–16 Uhr.

58 ORIENTIERUNG
Kostenlose Erlebnisse

- **Hula Shows.** In Lahaina Canery So. 13 Uhr *keiki* Show und am 1. Donnerstag im Monat *hula kahiko* Show um 19 Uhr. Whalers Village in Kaanapali – Hula Shows Mi., So. 13 Uhr. Wailea Shopping Village – Hula Show Di. 13.30 Uhr.

- **Jodi Mission Cultural Park,** abseits *Front Street* an *Ala Moana St.* in Lahaina; vier Tonnen schwere Bronze Buddhastatue, größte außerhalb von Japan.

- **Maui Tropical Plantation,** *Hanoapiilani Highway,* Waikapu. 15 Min. Film über Zuckerindustrie und Vorführungen mit Ananasschneiden und Behandeln von Kokosnüssen (Besichtigung mit Besucherbahn gegen Gebühr); tägl. 9–17 Uhr.

- **Maui Zoological and Botanical Gardens.** Wailuku an *Kanaloa St.,* abseits *Kaahumanu St.;* tägl. 9–16 Uhr.

- **Tedeschi Winery;** Ulupalakua Ranch, 10 mi/16 km hinter Kreuzung von *Highway 377* und *Highway 37* an Auffahrt zum Haleakala Krater. Weinprobe (auch Champagner) tägl. 9–17 Uhr. 1/2stündige Führung tägl. 9.30–14.30 Uhr.

- **Torchlighting Ceremony** und **Cliff Dive.** Sheraton Maui Kaanapali; tägl. bei Anbruch der Dämmerung werden Fackeln auf dem Felsvorsprung Black Rock entzündet, dem der Klippensprung ins Meer folgt. Gute Sicht vom Strand oder von der Pool Bar des Sheraton.

- **Whalers Village Museum;** auf der 3. Ebene des Gebäudes „G" im Whalers Village Shopping Center. Filmvorführung über Walfangperiode; tägl. 9–22 Uhr.

Oahu

- **Aunty Malia's Historical Walking Tour of Waikiki;** kostenloser Stadtrundgang unter Leitung hawaiischer Expertin des Hyatt Regency Hotels Waikiki. 90 Min. Tour mit 12 Stationen historischer Vergangenheit. Mindestens 24 Stunden vorher anmelden, 923-1234 Apparat 51; tägl. 10.30 Uhr.

- **Contemporary Museum Garden Tour,** 2411 Makiki Heights Drive; 45 Min. Führung durch den Park, Anmeldung: 526-1322; Mi., Sa. 11.30 Uhr.

- **Damien Museum,** 130 Oahu St., hinter St. Augustine Kirche, Mo.–Fr. 9–15 Uhr, Sa. 9–12 Uhr.

- **Delphin-Fütterung** im Kahala Mandarin Oriental Hotel in Kahala, hinter Diamond Head; tägl. 11, 14 und 16 Uhr.

- **Dole Pineapple Story,** Dole Cannery Square, 650 Iwilei Rd., Downtown Honolulu. Alles über die Geschichte der Ananasproduktion in Hawaii; tägl. alle 20 Minuten von 9.30 bis 15.15 Uhr. Kostenloser Transport von Waikiki und Ala Moana Shopping Center 8–16 Uhr mit Bussen „Dole Cannery/Hilo Hattie".

- **Hula Show,** Centerstage im Ala Moana Shopping Center, Juni–Aug. 14 Uhr.

- **Japanese Tea Ceremony,** japanische Tee-Zeremonie im Teehaus der Urasenke Foundation, 245 Saratoga Rd., Waikiki. Zuschauen beim *Chado* kostenlos, Teeproben gegen Gebühr; Mi.10–12 Uhr.

- **King's Village** – Wachablösung/*Changing of the Guard Ceremony* in Uniformen der Königszeit; 131 Kaiulani Ave., gegenüber vom Hyatt Regency Hotel Waikiki; tägl. 18.15 Uhr.

- **Kodak Hula Show,** Waikiki Shell, Di., Mi., Do. 10–11.15 Uhr. Die älteste Touristenveranstaltung feierte 1997 ihr 60jähriges Bestehen, begann 1937 an Waikiki Beach. Der Park hat eine Kapazität von etwa 2 500 Menschen.

Jährlich sehen etwa 140 000 bis 150 000 Menschen die Show, die damit begann, als es noch wenig Gelegenheit gab, bei Tageslicht Fotos von Hula-Tänzern zu machen. Während dem Zweiten Weltkrieg ging die Show weiter, als man den auf Hawaii stationierten Militärtruppen mit Hula-Tänzern Unterhaltung bot. Tickets kostenlos 627-3379.

- **Lyon Arboretum,** 3860 Manoa Rd., Teil der University of Hawaii, Manoa Campus; 90 Min. Führung 1. Freitag und 3. Mittwoch jeden Monats 13 Uhr, 3. Samstag im Monat 10 Uhr.

- **Mayor's Aloha Friday Lunch Break Concert,** Tamarind Park, Ecke *Bishop & King Streets* in Downtown Honolulu; hawaiische Musik, Jazz, Soul, Rock'n'Roll.

- **National Memorial Cemetery of the Pacific,** 2177 Puowainu Drive, Nationalfriedhof im Punchbowl Krater mit Grab von Astronaut Ellison S. Onizuka, der 1986 beim Challenger-Unglück ums Leben kam; tägl. 8–17.30 Uhr.

- **Pacific Whaling Museum** im Sea Life Park, tägl. 9–16.30 Uhr.

- **Pineapple Variety Garden,** *Kamehameha Highway (Highway 99),* Nähe Dole Pineapple Pavilion; alles über Ananas, Anbau von über 50 Sorten Ananas; tägl. 9–17.30 Uhr.

- **Polynesian Cultural Center Mini-Show,** Hibiscus Court im Royal Hawaiian Shopping Center in Waikiki; Di., Do. 10 Uhr.

- **Royal Aloha Extravaganza,** obere Ebene der Kuhio Mall, Waikiki; 1/2stündige Show tägl. 19 und 20 Uhr.

- **Royal Hawaiian Band Concert,** 1stündiges Konzert freitags 12.15 Uhr auf Gelände des Iolani Palace in Downtown Honolulu; So. 14 Uhr am Kapiolani Park Bandstand.

- **U.S. Army Museum at Fort DeRussy,** Militärmuseum; 2055 Kalia Rd., Waikiki.

- **USS Arizona Memorial,** Visitor Center, Film, Museum und Bootsfahrt zum Arizona-Denkmal; tägl. 8–15 Uhr.

VERANSTALTUNGSKALENDER

Einzelheiten und genaue Termine der Veranstaltungen über angegebene Telefonnrn. erfragen.

- **Januar**
- Narcisses Festival/Nazissenfest in Chinatown, Honolulu, **Oahu;** bis Ende Februar; 533-3181.
- Cherry Blossom Festival/Kirschblütenfest; bis April; **Oahu;** 949-2255.
- Kodak Hula Bowl – College All-Star Football Classic, im Aloha Stadion, Aiea, **Oahu;** 956-4852
- **Molokai** Makahiki; 553-3688

- **Februar**
- Punahou School Carnival; erstes Wochende im Februar; **Oahu;** 944-5752.
- Buffalo's Big Board Classic auf **Oahu;** Surfen auf den riesigen, traditionellen Holzbrettern.
- Hilo Mardi Gras; **Big Island;** 935-8850.
- Celebration in Waimea (vormals Captain Cook Caper, **Kauai;** 3. Wochenende im Februar; 338-9957.
- Hawaiian Cultural Art Expo, **Maui;** Feb.–März; 661-2777.

60 ORIENTIERUNG
Veranstaltungskalender

● **März**
- Beginn der Polo-Saison (März–Sept.), Mokuleia, Waialua, und Waimanalo, beide auf **Oahu;** 949-1331.
- Prince Kuhio Festival, 26. März; **Kauai;** 245-3971; auch in Honolulu, **Oahu.**
- Na Mele o **Maui,** Gesangsfestival; 661-3271.
- Oahu Kite Festival, Drachenfestival; **Oahu;** 922-5483.
- Merrie Monarch Hula Festival; in der Woche nach Ostern; **Big Island;** 935-9168.

● **April**
- Pearl Harbor Aloha Family Festival; 2. Wochenende im April; **Oahu;** 471-0818.
- Pineapple Jam Festival; **Lanai;** 565-7600
- Merrie Monarch Festival, Hilo; **Big Island;** Hula-Tanzwettbewerbe (in der Woche nach Ostern); 935-9168.

● **Mai**
- Kajak-Regatta, Molokai–Oahu; 263-7686
- May Day; der 1. Mai wird „Lei Day" genannt; größte Maifeier im Kapiolani Park, Waikiki, **Oahu;** 266-7654.
- Fiftieth State Fair (4 Wochen lang von Ende Mai bis Ende Juni) Landwirtschaftsschau; Aloha Stadium, Aiea, **Oahu;** 488-3389.
- **Molokai** Ka Hula Piko; Hula-Tanzwettbewerbe; 553-3876.

● **Juni**
- King Kamehameha Day Celebration; Straßenfest auf **allen Inseln;** 586-0333.
- Trya Papaya Festival; Hilo, **Big Island;** 533-4165
- Hawaii State Horticultural Show, Hilo, **Big Island;** 965-9732.
- Puuhonua o Honaunau Festival; **Big Island;** 328-2288

● **Juli**
- Hawaii State Farm Fair, Honolulu, **Oahu;** Landwirtschaftsschau; 848-2074.
- Fourth of July Celebration/Nationalfeiertag, **alle Inseln;** Oahu 261-2727; Molokai 553-5540; Big Island 961-6651; Kauai 245-7277.
- Koloa Plantation Days, **Kauai;** 332-7645 oder 742-7444.
- Prince Lot Hula Festival, Honolulu, **Oahu;** 839-5334
- International Festival of the Pacific, Hilo, **Big Island;** 959-4248.
- **Maui** Onion Festival, Kochwettbewerbe und Märkte; 661-4567.
- Ukulele Festival, Kapiolani Park Bandstand, Waikiki, **Oahu;** 487-6010.
- Kaneohe Bay-Fest, Kaneohe Marine Corps Air Station, **Oahu;** 245-2562.

● **August**
- Na Hula o Hawaii Festival, Hula-Festival, Kapiolani Park, Bandstand, Waikiki, **Oahu;** 266-7674.
- Queen Liliuokalani Keiki Hula Competition, Blaisdell Center Arena, **Oahu;** 251-6905.
- Puukohola Heiau Cultural Festival; Kawaihae, **Big Island;** 882-7218.
- Hawaiian International Billfish Tournament; Marline-Angelwettbewerb, Kona-Küste; Kailua-Kona, **Big Island;** 836-0974.

● **September**
- Aloha Festivals, von Mitte Sept. bis Okt., **alle** Inseln; 944-8857.
- Portuguese Heritage Festival, **Oahu;** 845-1616.
- Okinawan Festival, am Labor Day Wochenende, **Oahu;** 676-5400.
- Mokihana Festival, **Kauai;** 822-0426 oder 822-2166.
- Hawaiian Ocean Fest; Bootswettbewerbe, **Oahu;** 521-4322.
- Hawaii County Fair, Hilo, **Big Island;** 987-8016.
- Kanu-Regatta für Frauen, Molokai–Oahu (Fort DeRussy); Waikiki, **Oahu;** 262-7567.

ORIENTIERUNG
Veranstaltungskalender

- **Oktober**
- Talking Island Festival; Geschichtenerzähler reisen von Oahu nach **Maui, Kauai** und **Big Island;** 522-7029.
- Waimea Falls Park Makahiki Festival; Waimea, **Oahu;** 638-8511.
- Maui County Fair, Landwirtschaftsschau, **Maui;** 242-2721.
- Kanu-Regatta für Männer, **Molokai–Oahu;** 261-6615.
- Aloha Classic, Windsurfing World Cup; Hookipa Beach Park, Paia, **Maui;** 575-9151-
- Ironman Triathlon World Championship (3 Disziplinen: Schwimmen, Radrennen, Marathonlauf), Kailua-Kona, **Big Island;** 329-0063.
- Kona Coffee Cultural Festival, **Big Island;** 326-7820.

- **November**
- Kapalua International Championship Golf/Internationale Golfmeisterschaften; Plantation Course, Kapalua, **Maui;** 1-800-KAPALUA.
- Hawaiian Pro Surfing Classic, erster Wettbewerb der Triple Crown Surfing Veranstaltungen; Alii Beach Park, Haleiwa, North Shore, **Oahu;** 377-5850.
- World Cup of Surfing, Sunset Beach, **Oahu;** 377-5850.
- Kona Coffee Festival an Kona-Küste, **Big Island;** 324-1509.

- **Dezember**
- Pipeline Masters, ein Banzai Pipeline Wettbewerb, das Finale der Triple Crown Surfing Veranstaltungen; Ehukai Beach Park, North Shore, **Oahu;** 377-5850.
- Honolulu Marathon, **Oahu;** 734-7200.
- Bodhi Day, in **sämtlichen** Buddhatempeln **der Inseln.**

Wichtige Nummern

- **Notfall**
- **Deutsches Honorarkonsulat**
1069 Beretania Street
Honolulu
Tel. (808)536-3271

Österr. Konsulat
1314 S. King St., Suite 1260
Honolulu
Tel. (808)923-8585

Schweizer Konsulat
4231 Papu Circle
Honolulu
Tel. (808)737-5297

- **Ärztlicher Notdienst**
Nummern der Ärzte findet man auf allen Inseln unter „Doctors on Call" im Telefonbuch.

HAWAII HOTELKETTEN

Hotel-/Motelreservierung bei den meisten Hotel-/Motelketten mit gebührenfreier Telefonnummer 1-800 ... (oft mehrere 800-Nrn.) **zum Nulltarif** möglich. Ab 1996 lautet die gebührenfreie Nummer wegen der Erweiterung dieses Service bei einigen Unternehmen 1-888 ... statt 1-800 ... Die **Baxter-Infokarten** geben Lage/Name der Hotels/Motels an.

Bei einzelnen Hotels/Motels, die keiner Kette angehören, sind die lokalen Tel.Nrn. in den meisten Fällen angegeben. Über die gebührenfreie Auskunftsnummer **1-800-555-1212** kann bei Änderungen die neue Nummer erfragt werden. Gebührenfreie Nummer einzelner Hotels/Motels ebenfalls über die v. g. Tel. Nr. erhältlich.

HOTEL-/MOTELRESERVIERUNG ZUM NULLTARIF

Kette	Reservierungs-Tel.-Nr.	
	von Deutschland	von USA
Aston		1-800-922-7866
	von Hawaii	1-800-321-2558
Best Western		1-800-528-1234
Castle Resorts & Hotels		1-800-367-5004
	Fax	1-808-596-0158
Doubletree		1-800-528-0444
	oder Fax	(602)220-6785
Embassy Suites		1-800-362-2779
	oder Fax	(901)680-7230
Four Seasons		1-800-332-3442
Hawaiian Pacific Resorts	(0130)813004	Fax 1-800-477-2329
Hilton	(0130)818146	1-800-445-8667
Holiday Inn	(0130)815131	1-800-465-4329
Howard Johnson		1-800-446-4656
Hyatt		1-800-233-1234
Mark Resorts		1-800-535-0085
Marriott	(0130)854422	1-800-228-9290
	Fax	1-800-633-5085
Ourtrigger		1-800-688-7444
	Fax	1-800-622-4852
Renaissance	(0130)812340	1-800-468-3571
Ritz Carlton	(0130)812334	1-800-241-3333
Rodeway Inn	(0130)855522	1-800-252-7466
Sheraton	(0130)853535	1-800-782-9488
Westin		1-800-228-3000

Hotelketten ohne gebührenfreie Reservierungsnummer mit Niederlassung in Deutschland:

Best Western	Tel. (06196)47240
	Fax (6196)472412
Castle Resorts & Hotels	Tel. (0621)126620
	Fax (0621)1266212
Howard Johnson	Fax (0621)25496
Hyatt	Fax (069)285261
Outrigger	Tel. (069)446002
	Fax (069)439631
Westin	Tel. (069)5970025
	Fax (069)596391

HAWAII, THE BIG ISLAND
Allgemeines

Folgende Kapitel umfassen die Hauptinseln des US-Bundesstaates Hawaii in der Reihenfolge Insel Hawaii (The Big Island), Kahoolawe, Kauai, Lanai, Maui, Molokai, Niihau und Oahu. Zur Insel Hawaii sind die Sehenswürdigkeiten in der Reihenfolge der Routen – Rundreise angeordnet, beginnend mit Hilo.

HAWAII, THE BIG ISLAND

„Die größte Insel Hawaiis, über doppelt so groß wie alle Inseln zusammen"

- **Größe:** 10 488 Quadratkilometer; größte Insel der Hawaii Inselkette; etwa 150 km lang und 122 km breit.
- **Küstenlinie:** 426 km
- **Bevölkerung:** ca. 137 000
- **Hauptstadt:** Hilo
- **Höchste Erhebung:** Mauna Kea 4 205 m, Mauna Loa 4 169 m; vom Meeresboden gemessen ist der Mauna Kea mit 10 203 m der höchste Gipfel der Welt (Mount Everest ist 8 8484 m hoch). Hualalai 2 521 m ü.M.
- **Aktive Vulkane:** Kilauea, Mauna Loa; Vulkaninformation 967-7977.
- **Alter:** Unter 700 000 Jahre, eine der jüngsten Inseln der Hawaii Inselkette.
- **Inselblume:** Lehua
- **Besonderheiten:** Loihi Seamount, die jüngste noch unter dem Meeresspiegel wachsende Hawaiiinsel, liegt 48 km vor der Südostküste von Big Island – noch ca. 915 m unter dem Meeresspiegel.

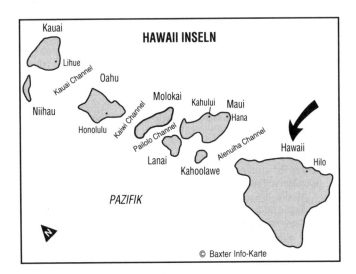

Hawaii ist die größte der hawaiischen Inseln und qualifiziert sich mit 10 488 Quadratkilometer für den Beinamen „The Big Island". Mit den anderen Inseln der Hawaii Inselkette hat die

BIG ISLAND
Allgemeines

Hawaii-Insel gemeinsam, dass sie durch ursprünglich etwa 5 500 m unter dem Meeresspiegel operierende Vulkane aus dem Erdinnern aufgeschüttet wurde. Vor 25 Millionen Jahren durchbrachen die ersten Lavastöße die Fluten des Meeres. Heute hat die Insel dem Meer gut 10 000 Quadratkilometer Oberfläche abgenommen.

Die Insel **Hawaii**, die man wegen ihrer Größe auch die **Big Island** nennt, besteht aus fünf vulkanischen Bergen: die **Kohala Mountains** im Norden mit 1 524 m ü.M., die als erste Landmasse aus dem Meer tauchten und als vulkanisch tot gelten. **Mt. Hualalai**, der mit 2 521 m über der Kona-Küste ragt und 1801 letztmalig aktiv war; der meist schneebedeckte **Mauna Kea** mit 4 205 m, dessen letzte Eruption vor 3 600 Jahren erfolgte; der **Mauna Loa** mit 4 169 m (1984 für 21 Tage aktiv) und der seit 1983 ununterbrochen aktive **Kilauea** mit seinen Grabenzonen.

Die Hawaii-Insel entwickelt wegen ihrer Größe und ihrem eigenwilligen Relief bei gleicher Großwetterlage je nach Gegend eigene Kleinklimata. Sie erinnert bisweilen an die Almwiesen im Allgäu, dann wieder an Landstriche in Irland, und eine Autostunde weiter wachsen Kokospalmen, Bananen, Ananas, Affenbrotbäume, Kaffeepflanzen und Zuckerrohr. **Mauna Loa's** dem Wind ausgesetzten Berghänge erhalten bis zu 760 Zentimeter Regen pro Jahr, während manche Gegenden an der Kona-Küste wüstenhaft trocken sind. Die Gipfel Mauna Kea und Mauna Loa erfahren alljährlich Schneefälle.

Landwirtschaft spielt auf **Big Island** immer noch eine große Rolle, obwohl inzwischen der Zuckerrohranbau drastisch reduziert wurde. Die Insel Hawaii produziert in großem Maße Macadamia-Nüsse und den sehr teuren Kona-Kaffee. Außerdem ist die Viehzucht ein wesentlicher Wirtschaftsfaktor von Big Island. Die **Parker Ranch** ist die größte im Familienbesitz befindliche Ranch der USA. Hier wird etwa zwei Drittel des Rindfleischbedarfs Hawaiis produziert. Zudem hat Big Island die größte Orchideenzuchtindustrie der Welt.

Hilo mit dem Sitz des Hawaii County an der regenreichen Ostküste, ist Big Island's größte Stadt, sowohl in Größe als auch in Einwohnerzahl. Nahezu sämtliche ankommende und abgehende Fracht sowie Flüge von den Nachbarinseln werden in Hilo abgewickelt. Der zweite Zugang zur Insel Hawaii ist **Kailua-Kona** an der Westküste. Es ist eigentlich egal, in welcher der beiden Städte man ankommt, da beide als Ausgangspunkt der Rundreise durch die große Insel gleichwertig sind. **Big Island** ist die einzige der hawaiischen Inseln, die man nicht in einem Tag rundum abfahren kann. Big Island umfasst drei Hauptferienzonen, und zwar **Kohala-** und **Kona-Küste** auf der Westseite sowie **Hilo**, das Tor zum Hawaii Volcanoes Nationalpark auf der Ostseite.

Geschichte

Vermutlich wurde **Big Island** erstmals von Polynesiern besiedelt, und zwar etwa um 600–700 n.Chr. Die Insel Hawaii liegt

Polynesien am nächsten. Die ersten Siedler landeten in **Ka Lae,** bzw. am **South Point,** dem südlichsten Punkt der gesamten USA.

● **Geschichte ab Kamehameha I.**
König Kamehameha der Große wurde vermutlich in den 1750er Jahren im Kohala District in der Nähe vom **Mookini Heiau** geboren, und zwar als Sohn des Häuptlings von Kohala Keoua Kupuapaikalaniui und Kekuiapoiwa, eine Häuptlingsfrau von Kona. Kamehameha wuchs auf Hawaii auf und wurde ein anerkannter Krieger. Kamehamehas Onkel Kalaniopuu war der Herrscher von Hawaii. Bevor der Onkel starb, rief er einen Rat im Waipio Valley zusammen und ernannte seinen schwachen Sohn Kiwalao zum König. Kamehameha wurde zum Halter des gefiederten Familien-Kriegsgotts Ku bestimmt.

Kiwalao und sein Halbbruder Keoua gerieten in einen Krieg über Landrechte. Kamehameha, der von unzufriedenen Häuptlingen von Kona unterstützt wurde, spielte beide aus, wobei Kiwalao bei Mokuohai getötet wurde. Kamehameha zog weiter, um auf Maui zu kämpfen. Zu diesem Zeitpunkt hatte er sich ein kleines Boot besorgt. Mit der *Fair American* und mit Hilfe von Kanonen, die von zwei weißen Seeleuten Isaac Davis und John Young bedient wurden, besiegte er die Krieger von Maui im **Iao Valley.** Wenn er nun noch Keoua zu Hause besiegen würde, könnte er König von ganz Hawaii werden.

Ein großes Orakel von Kauai verkündete, dass der Krieg auf Hawaii nur beendet werden könne, nachdem ein großer Heiau bei **Puukohola** errichtet werden würde. Zur Einweihung des Tempels sollte dann der Leichnam eines großen Häuptlings geopfert werden. Kamehameha begann daraufhin sofort mit dem Bau dieses Heiau und legte das Schicksal Hawaiis in die Hände der Götter.

In der Zwischenzeit griff eine große Flotte von Kriegskanus des Kahekili von Maui Kamehamehas Truppen bei Waimanu, in der Nähe von Waipio, an. Erneut unter Unterstützung der *Fair American* und der Seeleute Davis und Young gewann Kamehameha die Schlacht und besiegte Kahekili.

Keoua nutzte die Gelegenheit, um Kamehamehas Land von Waipio bis Hilo einzunehmen. Er entsandte seine Truppen südwärts durch Kau. Als jedoch die Hälfte seiner Legion den Fuß des Kilauea passierte, gab es eine Eruption, bei der die Truppen durch ausströmende giftige Gase und heftige Ascheablagerungen erstickten. Fußspuren in dem zementartigen Aschebelag sind heute noch sichtbar.

Kamehameha und Keoua hielten dies für direkte Zeichen der Götter. Kamehameha kehrte zurück, um den angefangenen Heiau bei **Puukohola** zu vollenden. Nach Fertigstellung rief er Keoua, der mit einer kleinen Truppe seiner Krieger ankam. Als er an Land ging, wurde er von Keeaumoku getötet. Keoua's Leichnam brachte man dann auf dem Opfertisch des Tempels als Opfer dar. Von da an unterstanden die Inseln Hawaiis Kamehameha als einzigem Herrscher. Er regierte das vereinigte Königreich Hawaii bis zu seinem Tod im Jahre **1819.**

● **Geschichte ab Captain Cook**
Captain James Cook, der 1778 die Inseln von Hawaii entdeckt hatte, wurde am 14. Februar 1779 in der **Kealakekua Bay** getötet. Zu jener Zeit war Kalaniopuu noch am Leben und Kamehameha relativ unbekannt, obwohl Captain James Cook ihn in seinen Aufzeichnungen erwähnt hatte.

Während Kamehamehas Regentschaft entwickelte sich der profitable Sandelholzhandel mit China und der Walfang in den walreichen Gewässern des Pazifiks. Mit Captain George Vancouver, der zum vertrauten Berater Kamehamehas wurde, gelangten Ende des 18. Jh. neue Pflanzen und Tiere, darunter die ersten Rinder, nach Hawaii.

Nach Kamehamehas Tod im Jahre 1819 kam es zu großen Veränderungen, insbesondere zur Beendigung des bisherigen Verhaltenskodex, des

66 BIG ISLAND
Klima/Wetter

Kapu-Systems, unter Kamehameha II., Kamehamehas Sohn Liholiho. 1820 trafen mit dem Schiff *Thaddeus* die ersten Missionare aus Neuengland an der Kona-Küste ein, um das Christentum über Hawaii zu verbreiten. Der Regierungssitz wurde in dem darauffolgenden Jahrzehnt von Big Island nach Lahaina auf der Insel Maui und später nach Honolulu verlegt. 1847 begann die Parker Ranch mit 0,8 Hektar Land, das John Parker von Kamehameha III. verliehen bekommen hatte.

1875 hatte König Kalakaua einen Gegenseitigkeitsvertrag mit den USA zu Abnahme von hawaiischem Rohrzucker abgeschlossen. Die Insel Hawaii galt bis vor wenigen Jahren noch als der größte Zuckerproduzent der hawaiischen Inseln. Infolge des drastischen Rückgangs in der Zuckerindustrie Hawaiis erfolgte Mitte der 1990er Jahre die Schließung vieler Zuckerbetriebe Hawaiis. 1994 wurde Hamakua Sugar Co. in Honokaa an der Hamakua-Küste geschlossen. Mit Schließung des letzten Zuckerbetriebs von Big Island im März 1996 verschwand mit Kau Sugar in Pahala im Kau District nach 125jährigem Betrieb auch der letzte Zuckerproduzent von Big Island. Macadamia-Nussplantagen und Kaffeeanbau haben inzwischen den Platz von Zuckerrohr in der der Wirtschaft von Big Island eingenommen.

 Klima

Das **Klima** der Insel Hawaii ist das gesamte Jahr über angenehm und ändert sich relativ wenig. Die Jahreszeiten fließen ohne große Unterschiede förmlich ineinander über. Die kältesten Monate sind im allgemeinen Februar und März, die wärmsten August und September. Die Ostseite der Insel mit **Hilo** ist die *Windward*-Seite mit den Passatwinden aus dem Nordosten, die die Insel kühl und frisch halten. Dies ist auch die regenreiche Seite von Big Island. Die Westseite mit der **Kona-Küste** ist wärmer und trockener; das Zentrum der Insel hochgelegen und kühl mit recht angenehmen Temperaturen. Nur hoch in den Bergen benötigt man warme Kleidung. Ansonsten ist eine dünne Jacke in allen Teilen der Insel bei kühleren Temperaturen nicht verkehrt.

● **Temperaturen**
Die Durchschnittstemperatur um die Insel variiert zwischen 22 und 26°C. Kailua-Kona und Hilo haben beide fast gleichbleibend durchschnittliche Temperatur um 27°C. In höheren Lagen, wie Waimea liegen die Temperaturen etwa um 16 bis 21°C. Der Hawaii Volcanoes Nationalpark hält eine ziemlich konstante Temperatur von 16°C. Auf dem Gipfel des Mauna Kea klettern die Temperaturen selten über 10°C oder fallen unter den Gefrierpunkt. Der Gipfel des Mauna Loa ist dagegen stets etwa 4–5 Grad wärmer.

● **Niederschläge**
Hilo und Kailua-Kona haben völlig gegensätzliche Niederschlagsverhältnisse. Kona und die Kau Desert liegen im Regenschatten des Mauna Loa. Hilo dagegen auf der Ostseite ist äußerst regenreich mit fast täglichen Nachmittags- und Abendschauern. Dank der hohen Niederschläge bringen die Gärten von Hilo und Umgebung eine einzigartige Blumenpracht hervor.

Da **Hilo** dieser Ruf vorangeht, nass zu sein, hält dies viele Touristen fern, obwohl die Niederschläge ziemlich fest bestimmbar sind und einen nicht überraschen. **Hilo** erhält immerhin ca. 381 Zentimeter Niederschläge pro Jahr. **Waimea**, das im Landesinnern liegt, hat sogar eine trockene und eine nasse Seite. Die **Kona-Küste** wiederum hat fast ganzjährig Sonnengarantie mit geringen Niederschlägen.

BIG ISLAND
Orientierungskarte

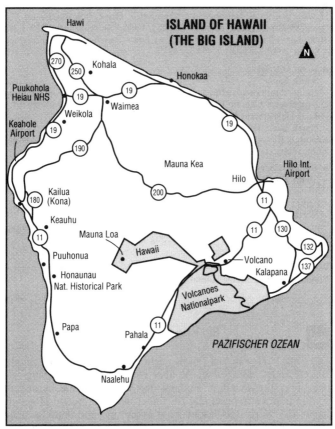

© Baxter Info-Karte

Big Island Gebiete

Die Insel Hawaii ist in sechs Distrikte eingeteilt, die jeweils fast so groß und interessant sind, dass man mindestens einen ganzen Tag pro Distrikt verbringen könnte. Die einzelnen Distrikte verteilen sich mit Attraktionen wie folgt um die ganze Insel Hawaii, von **Hilo,** der Bezirkshauptstadt Hawaiis, beginnend:

● **Hilo District**
– **North Hilo District**
Saddle Road – Hamakua-Küste
– **South Hilo District**
Hilo – Akaka Falls – Hilo International Airport – Hawaii Tropical Botanical Garden – Rainbow Falls – Boiling Pots – Lyman House Museum – Nani Mau Gardens – Mauna Loa Macadamia Nut Mill – Kaumana Cave – Saddle Road

● **Puna District**
Lava Tree Monument – Cape Kumukahi – Kaimu – Chain of Craters Road (Hawaii Volcanoes Nationalpark) – Volcano Village

68 BIG ISLAND
Aktivitäten

- **Kau District**
Hawaii Volcanoes Nationalpark: Crater Rim Drive, Volcano House, Kilauea Visitors Center, Kilauea Caldera, Jaggar Museum, Thurston Lava Tube, Kipuka Puaulu Bird Park, Mauna Loa – Punaluu Black Sand Beach – South Point/Ka Lae

- **Kona District**
– South Kona
Milolii – Puuhonua o Honaunau National Historical Park – Kona-Kaffeeanbaugebiet – Captain Cook – Kealakekua Bay/Capt. Cook Monument – Hikiau Heiau State Historical Monument
– North Kona District
Keauhou Bay – Kailua-Kona – Hulihee Palast – Honokohau – Keahole-Kona International Airport

- **Kohala District**
– South Kohala District
Waikoloa – Puako – Mauna Lani Resort – Mauna Kea Resort – Kawaihae – Parker Ranch – Waimea/Kamuela
– North Kohala District
Lapakahi State Historical Park – Mookini Heiau – Kamehameha Geburtsstätte – Hawi – Kapaau – Original King Kamehameha Statue

- **Hamakua District**
Waipio Valley – Honokaa – Saddle Road – Mauna Kea Observatorien – Mauna Kea Skigebiet – Hamakua-Küste

Big Island Aktivitäten

Die Insel Hawaii ist zwar nicht so berühmt für schöne Badestrände, dafür bietet sie aber eine Reihe abwechslungsreicher Freizeitaktivitäten. Entlang der Westküste, die besonders sonnig und wetterbeständig ist, findet man die großen Hotelanlagen, die touristisch besonders attraktiv sind und teilweise über richtige Erlebnisparks verfügen – siehe **Route 3 Kailua-Kona–Kohala-Küste–Waimea** (South Kohala-Küste–Waimea) sowie **Waikoloa** und **Mauna Lani Resort**. Ansonsten sind außer dem Besuch der zahlreichen Attraktionen verschiedenste Sportarten möglich, vom Skilaufen auf dem Mauna Kea bis zum Hochseeangeln um Kona.

- **Hochseefischerei/Hochseeangeln.**
Von allen Inseln Hawaiis hat sich Big Island einen Namen im Hochseeangeln gemacht. Kailua-Kona ist das Mekka der Hochseeangler. Gegen Sommerende findet das berühmte International Billfish Tournament in Kailua-Kona statt. Verschiedene Unternehmen bieten Charterboote oder Angeltrips vom Honokohau Harbor, Kailua-Kona (Kailua Pier) oder Keauhou Bay an. Auskunft über Hawaii Visitors Bureau – siehe unter **Big Island Information.**
  - Associated Captains; 329-0165
  - Foxy Lady, Kailua-Kona; 325-5552
  - Hanamana Fishing Charter, Kailua-Kona; 329-3493
  - Omega Sportfishing, Kailua-Kona; 325-7859
  - Outdoor Fun Hawaii, Keauhou Shopping Village; 322-9444
  - Sea Wife Charters, Kailua-Kona; 329-1806
  - Summer Rain Sportfishing; 322-3354

BIG ISLAND 69
Aktivitäten

● **Bootsausflüge/Day Cruises**
Ausflugsboote einschließlich Schnorchel-, Tauch- und Dinner-Trips ab Kailua-Kona Pier, von Keauhou Bay an der Kona-Küste und von Resorts an der Kohala-Küste sowie vom Honokohau Harbor. Walbeobachtungstrips von Dez. bis April oder Mai.
- Atlantis Submarines; Kailua Kona; 329-6626
- Captain Beans' Kona Voyagers, Kailua Pier; 329-2955
- Captain Cook Cruises; 329-6411
- Captain Zodiac; Schlauchboottrips vom Honokohau Harbor; 329-3199
- Fairwind Sail and Diving Adventures; Glasbodenboot; 322-2788
- Fantasy Divers; 325-6597
- Gold Coast Divers; 329-1328
- Hawaiian Cruises; 329-6411
- Jack's Diving Locker; 329-7585
- Kamanu Charters; 329-2021
- Kona Water Sports; 329-1593
- Kona Parasail; 329-8755
- Scuba Schools of Kona, Honokohau Harbor; 329-2661
- Sail By Intuition; 329-8171
- Sea Paradise Scuba; 322-2500

● **Wassersportarten – Segeln, Tauchen, Schnorcheln**
Fast alle Wassersportarten konzentrieren sich auf die sonnige Westseite von Big Island, und zwar hauptsächlich auf die Gegend an der Kona- und Kohala-Küste, insbesondere um Kailua-Kona und Keauhou Bay. Veranstalter von Spezialtrips siehe unter **Bootsausflüge.**

● **Surfen und Windsurfen**
Big Island ist im Gegensatz zu den übrigen hawaiischen Inseln kein großes Surferparadies. Die Riffe sind tückisch und es gibt relativ wenig geeignete Stellen zum Surfen.

● **Scuba Diving (Tauchen mit Atemgerät)**
Big Island's Kealakekua Bay ist besonders für Tauchanfänger geeignet, während die Lavaküste im Osten der Insel keine Möglichkeiten bietet. Die unter **Bootsausflüge/Day Cruises** genannten Unternehmen veranstalten verschiedene Tauchtrips.

● **Parasailing**
Paragleiten; hierbei wird man an einer Schnur hinter einem Motorboot durch die Luft gezogen; hauptsächlich um Kailua-Kona.

● **Reiten**
Big Island bietet mit seinem ausgedehnten Ranchland ein Super-Reitgelände. Ausritte werden angeboten von:
- High Mountain Horseback Riding (Ironwood Outfitters), Kohala Ranch; *Kohala Mountain Road, Highway 250;* 885-4941
- King's Trail Rides O'Kona an **MM 111** am *Hwy 11,* Nähe Kealakekua; 323-2388
- Paniolo Riding Adventures, Kohala Ranchland; 889-5354
- Waikoloa Stable Trail Rides, Waikoloa Village; 883-9335
- Waiono Meadows Ranch, an den Flanken des Mt. Hualalai, Kona-Küste; 329-0888
- Waipio Valley Shuttle, Waipio Valley; 775-7121

● **Wandern**
Die meisten Wandermöglichkeiten findet man im **Hawaii Volcanoes Nationalpark.** Dort kann man über den Kraterboden des Halemaumau-Kraters und eine Anzahl von Wanderwegen über der nackten Lavalandschaft bis in die Nähe des aktiven **Puu Oo** wandern – siehe auch unter Hawaii

BIG ISLAND
Aktivitäten

Volcanoes Nationalpark. 3–4tägige Trekking Tour zum **Mauna Loa**, siehe **Route 2: Hawaii Belt Road: Volcanoes–Kailua-Kona**.
- Crater Rim 11 mi/18 km; Tagestour
- Devastation Trail; 15-Minuten-Lehrpfad
- Mauna Iki Trail; 2 Stunden
- Thurston Lava Tube; 15-Minuten-Lehrpfad
- Mauna Ulu Area
- Kipuka Puaulu (Bird Park), etwa 1 Stunde Naturlehrpfad (Zugang von *Hwy 11*)

Ferner bietet sich das **Waipio Valley** oder eine mehrtägige Wanderung zum einsamen **Waimanu Valley** an (Camping Permit bei Hawaii Division of Forestry in Hilo einholen; 933-4221).
- Green Sand Beach, Nähe Ka Lae oder South Point; 6 mi/9 km
- Akaka Falls; 800 m Spazierpfad
- Waipio Valley, anstrengende Tagestour; 360 m Höhenunterschied

● **Golf**

Golfspieler schwärmen von den gepflegten Fairways und Greens Hawaiis.
- Alii Country Club, Kailua-Kona; 322-2595
- Discovery Harbour Golf & Country Club, Naalehu; 929-7353
- Hapuna Golf Course, One Mauna Kea Beach Drive, Kohala-Küste; 882-1035
- Hilo Municipal Golf Course, Hilo; 959-7711
- Kona Country Club, Kailua-Kona; 322-2595
- Makalei Hawaii Country Club, Kailua-Kona; 325-6625
- Mauna Kea Resort Golf Course, One Mauna Kea Beach Drive, Kohala-Küste; 882-7222
- Mauna Lani Resort, Francis H. Ii Brown Golf Courses (South Course und North Course), Kohala-Küste; 885-6655
- Sea Mountain at Punaluu Golf Course, Pahala; 928-6222
- Volcano Golf & Country Club, Hawaii Volcanoes Nationalpark; 967-7331
- Waikoloa Beach Golf Club, Waikoloa; 885-6060
- Waikoloa King's Golf Club, Waikoloa; 885-4647
- Waikoloa Village Golf Club, Waikoloa; 883-9621
- Waimea Country Club, Kamuela (Waimea); 885-8053

● **Tennis**

Von den Tennisplätzen Hawaiis sind viele in öffentlichen Parks (kostenlos) oder in den Hotels und Resorts für die Allgemeinheit gegen geringe Gebühr zugänglich; für Hotelgäste sind die meisten Anlagen kostenlos.

● **Skilaufen.** Der 4 205 m hohe Mauna Kea bietet einige gute Abfahrten. Man muss mit Allradfahrzeugen ins Skigebiet fahren; über *Saddle Road* – siehe **Route 6: Saddle Road: Waimea–Hilo**.

● **Helikopter Touren**

Flüge über das aktive Vulkangebiet beim Puu Oo werden von verschiedenen Unternehmen angeboten.
- Volcano Helio-tours, Volcano Golf Course; 967-7578 oder 967-7772
- Io Aviation Helicopters, Hilo; 935-3031
- Kenai Helicopters-Kona; Kailua-Kona; 622-3144
- Papillon Hawaiian Helicopters; Waikoloa; 367-7095
- Big Island Air; Kona: 392-4868; Hilo: 969-9979
- Ohana Helicopter Tours, Kailua-Kona; 654-2242

Kraterflug zum feuerspeienden Puu Oo lohnt nur, wenn gerade ein Lavafluss zu sehen ist.

● **Touren**

Verschiedene Unternehmen bieten Ausflüge und Rundfahrten auf Hawaii an.
- Paradise Safaris, Kailua-Kona; Ausflug zum Mauna Kea; 322-2366
- Akamai Tours; Rundfahrten; 329-7324
- Grand Circle Island Tours; 325-1088

- **Ecotourism-Veranstalter/Ökotourismus.**
- Adventure Spirit Hawaii; 883-9123
- Captain Dan McSweeney's Whale Watch Adventures; 322-0028
- Hawaii Forest & Trail; 329-1993
- Hawaiian Walkways; 1-800-457-7759
- Paradise Safaris; 322-2366

Big Island Strände

Auf der Insel Hawaii kann man sich den Strand farblich aussuchen: weiß, schwarz, grün (oder verschwindend!).

- **Alii Drive Beaches** – siehe Kailua-Kona/Strände der Kailua-Kona Area.
- Kahaluu Beach Park
- Kamakahonu Beach
- Pahoehoe Beach County Park
- White Sands Beach County Park/Magic Sands/Disappearing Sands

- **Anaehoomalu Bay;** sichelförmiger Strand mit dem Royal Waikoloan Resort; guter Schwimmstrand mit vielen Palmbäumen; auch gut für Windsurfer.

- **City of Refuge** oder **Puuhonua o Honaunau;** Schnorcheln und Schwimmen.

- **Green Sands Beach;** Südostküste, an der äußeren Südspitze im Kau District; Papakolea. Strandmaterial besteht aus vulkanischem Olivingestein, das die Grünfärbung bewirkt. Von South Point fast 2 Stunden Fußmarsch; unbedingt geschlossene Schuhe tragen!

- **Hapuna Beach State Park** am benachbarten Strand des Mauna Kea Beach Hotels, an der Kohala-Küste, etwa 25 Min. von Kailua-Kona; langer weißer Sandstrand; gut zum Bodysurfen, aber Vorsicht, starke Unterströmung.

- **Honokohau Beach,** nördlich vom Honokohau Boat Harbor; bekannt als Nacktbadestrand.

- **Hookena Beach Park;** über steile Seitenstraße von *Hwy 11* in South Kona erreichbar, einsam und abgelegen an breiter Bucht, die von Meeresklippen umrahmt wird. Schwarzweiß gesprenkelter Strand.

- **Kahaluu Beach Park,** am Alii Drive, südlich von Kailua-Kona. Ruhiges, flaches Gewässer. Beste Schnorchelgegend von Big Island.

- **Kalapana Black Sands Beach/Kaimu Black Sands,** der populärste Strand des Puna District wurde 1990 ein Opfer der Lavaströme der Kilauea Vulkans. Inzwischen hat der Kilauea ein paar Meilen weiter westlich von **Kamoamoa** einen brandneuen schwarzen Sandstrand entstehen lassen!

- **Kamakahonu Beach,** neben Kailua Pier und King Kamehameha Hotel in Kailua-Kona. Start des berühmten Ironman Triathlon. Perfekter Strand, für Kinder besonders geeignet.

- **Kaunaoa Beach,** konkurriert in Schönheit und Größe mit Hapuna Beach. Strand um das Mauna Kea Beach Hotel; öffentlicher Zugang zum Strand am Südrand des Hotels mit Parkplätzen, Toiletten und Duschen, südlich von Kawaihae, an *Hwy 19*.

- **Keauhou Bay,** neben Kona Resort; einer der sichersten Häfen der Kona-Küste mit kleinem Bootshafen. Am Nordende befindet sich ein kleiner Strandpark.

- **Keokea Beach Park,** 2 mi/3 km hinter Kapaau in North Kohala; sehr abgelegen und nur bei ruhiger See zum Schwimmen geeignet.

BIG ISLAND
Restaurants

- **Kolekole Beach Park;** Hamakua-Küste; im Flusstal des Kolekole Flusses, ein paar Minuten von Honomu entfernt; der schwarze Sandstrand an der Ozeanseite liegt an extrem gefährlichem Gewässer. Schwimmgelegenheit im Fluss, aber sehr kaltes Wasser.
- **Magic Sands** – siehe Kailua-Kona Strände.
- **Mahukona & Kapaa Beach Parks;** North Kohala. Im Sommer gute Schnorchel- & Schwimmgelegenheit an **Mahukona Beach,** ein paar Minuten nördlich von Lapakahi; im Winter äußerst gefährliche Wasserverhältnisse. **Kapaa Beach** weiter nördlich ist sehr felsig, hauptsächlich wird hier gefischt.
- **Napoopoo Beach Park,** am Ende der berühmten *Napoopoo Road* an der Kealakekua Bay; Body und Brettsurfen, Schwimmen und Schnorcheln. Von hier aus Blick auf Captain Cook Monument.
- **Old Airport State Recreation Area,** siehe Strände der Kailua-Kona Area Abschnitt **Kailua-Kona.**
- **Pine Trees Beach,** eine der besten und populärsten Surfgegenden in Kona. Im allgemeinen mit Geländefahrzeugen von der Kreuzung beim Natural Energy Lab am Keahole Point zugänglich.
- **Punaluu Beach,** an Südostküste im Kau District; Sand aus tiefschwarzem Lavamehl.
- **Spencer Beach Park;** South Kohala, Nähe Kawaihae; weißer Sandstrand, ausgezeichnet zum Schwimmen, Schnorcheln und Tauchen; auch Camping erlaubt.
- **Waialea Beach,** auch Beach 69 genannt, wegen des in der Nähe befindlichen Meilensteins; an Hwy 19 im Kohala District, Nähe von Hapuna Beach. Geschützter weißer Sandstrand.
- **Waipio Black Sands Beach;** der größte schwarze Sandstrand von Big Island. Beschwerlicher Zugang über steile enge Straße ins Tal Waipio Valley. Im allgemeinen nicht überlaufen; beliebt bei Surfern.

 ## Restaurants

- **Black Sands Restaurant,** Punaluu, herrliche Lage am schwarzen Strand.
- **Nihon Cultural Center,** Hilo; japanische Küche; Blick in japanischen Garten.
- **Hale Kea,** Waimea; restauriertes Ranchanwesen. Sunday Brunch.
- **Canoe House** im Mauna Lani Bay Hotel; schönes Ambiente an künstlich angelegter Lagune mit Wasserfällen.
- **Palm Cafe** in Kailua-Kona, elegantes Dinnerlokal im Plantagenstil mit Pacific Rim Cuisine. Im **Under the Palm** im Erdgeschoss isst man preiswerter.
- **Merriman's,** Waimea; Pacific Rim Küche; tägl. fangfrischer Fisch.
- **Edelweiss,** Waimea; beliebt bei Einheimischen; preiswert.
- **Harrington's Kawaihae;** populär; Fischgerichte.
- **Auntie Alice's Restaurant & Bakery,** neben Parker Ranch Visitors Center. Frühstück! Preiswert.
- **Cafe Pesto,** Hilo; Pizza, Pasta & Fisch.
- **Kilauea Lodge,** Volcano; Steaks & Fisch.
- **Huggo's,** Kailua-Kona; auf Terrasse über dem Ozean.
- **Edward's at Kanaloa;** elegantes Dinnerlokal. Kailua-Kona.
- **Don Drysdale's Club 53,** im Kona Inn Shopping Village; hervorragende Hamburger.
- **Volcano House;** rustikal & historisch am Kraterrand.

Baxter Tips für Big Island

- Einmal **rund um die Insel Hawaii** sind ca. 420 km Straße; ist mit Sightseeing nicht an einem Tag zu schaffen.

- **Rundreise** um Big Island kann in **Hilo** (Ostküste) oder **Kailua-Kona**/Keahole-Kona International Airport (Westküste) beginnen.

- **Unterkunft** für unterwegs rechtzeitig buchen.

- Big Island ist **nicht** die Insel mit den endlos langen Stränden. Dafür besitzt die Insel überragende landschaftliche Vielfalt.

- **Vorsicht** bei zu raschem Höhenwechsel von Meereshöhe bis auf 4 000er des Mauna Kea! Nicht morgens in Kailua-Kona tauchen und am Nachmittag hinauf auf den Mauna Kea fahren. Der rasche Wechsel kann sehr gefährliche Wirkung haben.

- Über folgende Rufnummer erhält man Auskunft über bevorstehende **Vulkanausbrüche: 967-7977**

- Die **teuren Luxushotels** liegen auf der Westseite der Insel.

- Zum Besuch des **Hawaii Volcanoes Nationalpark** Unterkunft im Volcano House am Kilauea Kraterrand oder in Volcano Village buchen.

- Zum Nationalparkbesuch mindestens **einen ganzen Tag** einplanen.

- **Grüner Strand:** Papakolea Beach, nur zu Fuß vom südlichsten Punkt der Big Island Ka Lae erreichbar.

- Besuch der Mauna Kea Observatorien und Teleskope **nur am Wochenende;** Zufahrt nur mit Geländefahrzeugen (Allradantrieb). **Vorherige** Anmeldung über Mauna Kea Support Services: 961-2180 oder 935-3371.

- **Ende Oktober** findet der **Ironman Triathlon** in **Kailua-Kona** statt: 2.4 mi/3,8 km Schwimmen; 112 mi/179 km Radrennen; 26.2 mi/42 km Rennen.

- **Saddle Road** ist trotz Warnung von Autovermietern in relativ gutem Zustand; bietet grandiosen Blick auf Mauna Kea und Mauna Loa.

- An der Kona-Küste laden viele **Kaffeeanbauer** zu Führungen durch ihre Plantagen ein.

- **Hamakua-Küste** (Ostküste) ist nur an wenigen Stellen zugänglich.

- **Lavahöhlen** und **althawaiische Felszeichnungen** an der Westküste, Puako oder Mauna Lani Bay Hotel, bzw. Waikoloa.

- **Kailua-Kona** ist das Mekka der **Hochseeangler:** Marline und Thunfische.

- Auf dem anstrengenden **Napau Trail** 14 mi/22 km (8-10 Std.) gelangt man etwa bis 3 km vor den aktiven Puu Oo, den Hauptschlot der jüngsten Eruptionen des Kilauea.

- Korallen und bunte Fische bestaunen, **ohne nass** zu werden, mit Atlantis Submarine: 329-6626.

- Hilo ist die **feuchte Ostseite** von Big Island.

74 BIG ISLAND
Unterkunft

- **Sam Choy's,** *Kauhola St.* in Kailua-Kona; kein besonderes Ambiente, aber feine neuhawaiische Küche; preiswert.
- **Jolly Roger,** Waterfront Row, Kailua-Kona; große Auswahl; preiswert; herrliche Lage.
- **Jamesons's by the Sea,** über Magic Sands Beach, *Alii Dr.,* Kailua-Kona Area; Fischgerichte; 329-3195.
- **Aloha Cafe,** am *Hwy 11* in Kanaliu; rustikales Bistro; Künstlertreff; beliebt bei Einheimischen; preiswert.
- **Quinn's Restaurant,** *Palani Rd.,* gegenüber vom Hotel King Kamehameha, Kailua-Kona; urige Hafenkneipe der Hochseeangler; Fisch und Salate; preiswert.
- **Tex Drive-in** in Honokaa; Malasadas sind die Spezialität (gezuckerte Doughnuts).
- **Manago Restaurant,** Manago Hotel, Captain Cook-Kona; preiswert; einfach.

 ### Big Island Unterkunft/Vorwahl (808)

Big Island's touristischer Schwerpunkt mit Hotels liegt an der Westküste, die ziemliche Sonnengarantie verspricht und beständigeres Urlaubswetter bietet.

Kailua-Kona
siehe unter Abschnitt **Kailua-Kona**

Hilo
siehe unter Abschnitt **Hilo**

Puna District
- Kalani Honua Eco-Resort............................. 965-7828
R.R.2, Box 4500, Kehena Beach, HI 96788...... geb.frei 1-800-800-6886
Gästehaus mit Küche & Bad; Cottages mit priv. Bad; Mahlzeiten extra.

Hawaii Volcanoes Nationalpark
- $$$ Chalet Kilauea, The Inn at Volcano, 25 Zimmer 967-7786
geb.frei 1-800-937-7786
Fax 967-8660
- $$ Volcano Bed & Breakfast; 6 Zimmer ..... geb.frei 1-800-736-7140
- $$ The Lodge at Volcano; 7 Zimmer...................... 967-7244
geb.frei 1-800-736-7140
Fax 967-8660
- $$ Volcano House, am Kraterrand im Park 967-7321
Fax 967-8429

Kau District
- $ Retreat Center at Wood Valley Temple, P.O. Box 250, Pahala,
Hawaii 96777 928-8539
2 Nächte minimum; keine Schlösser an den Türen! Moskitomittel mitbringen!
- $$ Shirakawa Motel, P.O. Box 467, Naalehu, HI 96772........ 929-7462
- $$ Sea Mountain Resort, Punaluu 928-6200
geb.frei 1-800-344-7675
Fax 928-8075

Saddle Road
- **Mauna Kea State Park.** Hütten/Cabins – geheizte Blockhütten; Dept. of Land and Natural Resources, Division of State Parks, 75 Aupuni St., Hilo, Hawaii 96720; Tel. 961-7200.

Waimea/Kamuela

- $ Kamuela Inn 885-4243
  Fax 885-8857
- $$ Waimea Country Lodge, 65-1210 Lindsey Rd. 885-4100
  (Parker Ranch Lodge) geb.frei 1-800-367-5004

Waipio Valley Area/Honokaa

- $ Honokaa Club Hotel; 20 Zimmer 775-0678
  geb.frei 1-800-808-0678
- $ Horne's Waipio Wayside; 5 Zimmer geb.frei 1-800-833-8849
- $ Hamakua Hideaway B&B, Kukuihaele................... 775-7425
- $ Waipio Hotel; 8 Zimmer 775-0368

Kohala-Küste

- $$$ Four Seasons Resort Hualalai; 243 Zimmer 325-8000
  geb. frei 1-800-332-3442
- $$$ Hapuna Beach Prince; 350 Zimmer................... 880-1111
  geb.frei 1-800-882-6060
  Fax 880-3142
- $$$ Hilton Waikoloa Village; 1 240 Zimmer 885-1234
  geb.frei 1-800-932-3322
- $$$ Kona Village Resort; 125 Zimmer.................... 325-5555
  Hawaii geb.frei 1-800-432-5450
  US geb.frei 1-800-367-5290
  Fax 325-5124
- $$$ Mauna Kea Beach Hotel; 310 Zimmer 882-7222
  geb.frei 1-800-WESTIN-1
- $$$ Mauna Lani Bay Hotel; 350 Zimmer.................. 885-6622
  geb.frei 1-800-327-8585
  Fax 885-1483
- $$$ The Orchid at Mauna Lani; 539 Zimmer 885-2000
  geb.frei 1-800-STAY ITT
  Fax 845-9905
- $$$ The Royal Waikoloan; 547 Zimmer................... 885-6789
  geb.frei 1-800-922-5533

Captain Cook/Honalo

- $$ Manago Hotel, Captain Cook........................ 323-2642
- $ Kona Lodge & Hostel, Honalo 322-9056
  P.O. Box 645, Kealakekua, HI 96750

Zahlen von 0 bis 31

0-zero	11-eleven	22-twenty two
1-one	12-twelve	23-twenty three
2-two	13-thirteen	24-twenty four
3-three	14-fourteen	25-twenty five
4-four	15-fifteen	26-twenty six
5-five	16-sixteen	27-twenty seven
6-six	17-seventeen	28-twenty eight
7-seven	18-eighteen	29-twenty nine
8-eight	19-nineteen	30-thirty
9-nine	20-twenty	31-thirty one
10-ten	21-twenty one	

76 BIG ISLAND
Information

 Big Island Information/Vorwahl (808)

- **Hawaii Visitors Bureau**

Kona:
75-5719 West Alii Dr.
Kailua-Kona, HI 96740
Tel. 329-7787   Fax 326-7563

Hilo:
250 Keawe Street
Hilo, HI 96720
Tel. 961-5797

- **Info in Deutschland** (Mo.–Fr. 9–13 Uhr)

Fremdenverkehrsamt von Hawaii
c/o A.V.M. American Venture Marketing
Siemensstr. 9
63236 Neu Isenburg
Tel. (06102)72 24 10   Fax 72 24 09

oder

USA Info Service
Postfach 4101
40654 Meerbusch
Tel. (0180)531 35 31

- Hawaii Volcanoes Nationalpark........................ 967-7184
- Hulihee Palace 329-1877
- Kaloko-Honokohau National Historical Park 329-6881
- Lapakahi State Historical Park........................ 889-5566
- Onizuka Center for International Astronomy and
  Mauna Kea Observatory 961-2180
- Parker Ranch Visitor Center and Museum................. 885-7655
- Puuhonua o Honaunau 328-2326
- Puukohola Heiau National Historic Site................. 882-7218
- Thomas A. Jaggar Museum............................... 967-7311
- Volcano Art Center 967-7511
- Camping/Hüttenunterkunft (State Permit)

Dept. of Land and Natural Resources, Div. of State Parks,
Box 936, Hilo, HI 96720........................ Camping 961-7200
                                                Hütten 775-7114

- **Flughäfen**

Hilo Int. Airport 935-1018   Keahole-Kona 329-3423

Temperaturen. Temperaturen werden in den USA im allgemeinen in Fahrenheit angegeben. Umrechnung von Fahrenheit auf Celsius: Minus 32, dann mal 5 und durch 9! In Kanada werden die Temperaturen in Celsius angegeben.

Temperaturvergleich auf einen Blick
°Fahrenheit (°F) = °Celsius (°C)

°F	°C	°F	°C	°F	°C	°F	°C	°F	°C
32 =	0	49 =	9	66 =	19	83 =	28	100 =	38
33 =	1	50 =	10	67 =	19	84 =	29	101 =	38
34 =	1	51 =	11	68 =	20	85 =	29	102 =	39
35 =	2	52 =	11	69 =	21	86 =	30	103 =	40
36 =	2	53 =	12	70 =	21	87 =	31	104 =	41
37 =	3	54 =	12	71 =	22	88 =	31	106 =	41
38 =	3	55 =	13	72 =	22	89 =	32	107 =	42
39 =	4	56 =	13	73 =	23	90 =	32	108 =	42
40 =	4	57 =	14	74 =	23	91 =	33	109 =	43
41 =	5	58 =	14	75 =	24	92 =	33	110 =	43
42 =	6	59 =	15	76 =	24	93 =	34	111 =	44
43 =	6	60 =	16	77 =	25	94 =	34	112 =	44
44 =	7	61 =	16	78 =	26	95 =	35	113 =	45
45 =	7	62 =	17	79 =	26	96 =	36	114 =	46
46 =	8	63 =	17	80 =	27	97 =	36	115 =	46
47 =	8	64 =	18	81 =	27	98 =	37	116 =	47
48 =	9	65 =	18	82 =	28	99 =	37	117 =	47

Hier nun zum Hauptausgangspunkt auf Big Island, dem Ankunftsflughafen auf der Ostseite der Insel Hawaii – H i l o.

HILO

„Big Island's Hauptstadt"

Hilo liegt an der Ostküste der Insel Hawaii, konzentriert sich um die Bucht **Hilo Bay** und ist der County-Sitz von Big Island. Hilo ist mit rund 35 000 Einwohnern Hawaiis zweitgrößte Stadt nach Honolulu. Die tropische Stadt ist berühmt für ihre Orchideenzuchtanstalten, Anthuriengärten und darüber hinaus eine wichtige Hafenstadt. Zudem ist Hilo Ausgangspunkt zum Hawaii Volcanoes Nationalpark.

Mehrere Naturkatastrophen in Form von Flutwellen und Lavaströmen haben **Hilo** heimgesucht und stets verheerend zugesetzt. 1990 vertilgten neue Lavamassen aus dem Kilauea Krater langsam die gesamte Stadt **Kalapana,** die nur etwa 30 mi/48 km südlich von Hilo lag. Und seit der noch aktive, 4 169 m hohe Mauna Loa **1881** eine glühende Lavazunge direkt nach Hilo entsandte, bildet er eine ständige Gefahr für Hilo. **1946** und **1960** zerstörten zwei verheerende Tsunamis den größten Teil der Innenstadt. Dabei kamen 1946 insgesamt 159 Menschen in Hilo und der 30 mi/48 km weiter nördlich liegenden Ortschaft Laupahoehoe um. Der 1960er Tsunami forderte 61 Menschenleben, die meisten von Hilo.

Hilo ist die tropischste Stadt Hawaiis und ein äußerst regenreicher Ort mit ca. 330 Zentimeter Niederschlägen an 280 Tagen im Jahr. Der warme, tropische Regen kommt und geht während des Tages, hält dafür nachts kräftig an. Die Niederschläge bringen aber andererseits eine herrliche Blumenpracht hervor. Zwar hält der Regen die meisten Besucher ab, sich lange in Hilo aufzuhalten oder dort zu übernachten, aber dafür hat sich **Hilo** noch in seiner Ursprünglichkeit bewahrt und scheint ein bißchen in der Zeit der Plantagentage stehengeblieben zu sein. 1994 verlor Hilo seine traditionelle Plantagenbasis, als die Hamakua Sugar Co. geschlossen wurde.

Die gut erhaltene Altstadt mit Gebäuden, die teilweise noch aus dem Jahr 1870 stammen, läßt sich sehr gut zu Fuß erkunden.

Der **Hawaii Volcanoes Nationalpark,** wo man die Gewalt eines aktiven Vulkans aus nächster Nähe zu Fuß, per Auto oder vom Helikopter miterleben kann, liegt nur etwa 30 mi/48 km von Hilo entfernt. Ferner kann man in **Hilo** die Rundreise um die Insel beginnen oder einen Ausflug auf den schneebedeckten Gipfel des 4 205 m hohen **Mauna Kea** unternehmen, auf dem ein ganzes Dutzend Observatorien mit den weltgrößten Teleskopen etabliert ist.

Hilo ist auch alljährlich Veranstalter des **Merrie Monarch Festival** mit einer Woche „Hula pur". Dieses Fest wird zur Erinnerung an König David Kalakaua (1836–1891) gefeiert, der den Hula nach seiner Verbannung durch die Missionare wiederbelebte und förderte.

Hilo International Airport

Hilo International Airport ist der größte Flughafen der Big Island, der Hilo und die östliche Hälfte der Insel versorgt. Der in den 1970er Jahren

78 BIG ISLAND
Hilo: Flughafen

Schlüssel zur Baxter Info-Karte Hilo Area
mit vielen Baxter-Tips

Orientierung:
1. Post Office/Postamt
2. Kontrollturm
3. Prince Kuhio Plaza
   Shopping Center
   - Supermarkt/Drugstore/Woolworth
4. Hilo Hattie
5. Pizza Hut
6. Jack in the Box
   Sandwiches/Hamburger
7. Kentucky Fried Chicken
8. Waiakea Theaters
   - Ken's Pancake House
   rund um die Uhr geöffnet (24 Std.)
   - McDonald's
9. Hoolulu Civic Auditorium
10. Schwimmstadion
11. John Michael's Restaurant
12. Hilo Shopping Center
    - Keaan Steak House
13. Wailoa State Park
    Picknick
14. Wailoa Visitor Center
15. KK Tei Restaurant
16. Suisan
    Fischauktion
17. Nihon Restaurant
18. Uncle Billy's Restaurant
    Steaks & Fisch
    - Polynesian Marketplace
19. Kaiko's Mall
20. Drugstore
21. Polizei
22. Lyman House Museum
23. Public Library
    Öffentliche Bücherei
24. Post Office/Postamt
    - Roussels Restaurant
25. Hawaii Visitors Bureau
26. McDonald's
27. Tankstelle
28. Dairy Queen
    Eis/Sandwiches/Milkshakes
29. Hamakua Coast
    - Honomu/Waimea
    - Honokaa
    - Akaka Falls
30. zum Hawaii Volcanoes NP
    - Volcano Village
    - Puna
31. zu den Wasserfällen
    Rainbow Falls/Boiling Pots
    - Hilo Hospital
32. zur Saddle Road
    - Kaumana Caves
33. Kreuzfahrt-Anleger
34. University of Hawaii at Hilo
35. Liliuokalani Gardens Park
36. Reflections Restaurant
    *elegant/Fisch & Steaks/
    Unterhaltung*
37. Cafe 100
    preiswert/populär
38. Historic Downtown
    siehe Downtown Hilo Karte

Unterkunft/Vorwahl (808):
A-$$ Hawaii Naniloa Hotel
   969-3333
   gebührenfrei 1-800-367-5360
   Fax 969-6622
B-$$ Hilo Hawaiian Hotel
   935-9361
   gebührenfrei 1-800-367-5004
   Fax gebührenfrei 1-800-477-2329
C-$$ Hilo Bay Hotel
   gebührenfrei 1-800-442-5841
   Fax 935-7903
D-$$ Waiakea Villas Hotel

Straßenschlüssel Hilo Area:
a- Kanoelehua Ave.
b- Kalanikoa St.
c- Laukapu St.
d- Hinano St.
e- Manono St.
f- Lihiwai
g- Haili St.
h- Kuawa St.
k- Silva St.
l- Keaa
m- Kamehameha Ave.
n- Hualalai
o- Wailoa
p- Mililani
r- Mano
s- Kalakaua
t- Pauahi
u- Aupuni

eröffnete moderne Flughafen kann auch mit seinen Rollbahnen Großraumflugzeuge wie Jumbo Jets abwickeln. Man hatte den Flughafen für ein steigendes Passagieraufkommen gebaut, doch der Touristenboom trat nie ein, zumal der auf der Westseite der Insel liegende Flughafen Keahole-Kona International Airport ein gleichwertiges Verkehrsaufkommen aufweist.

Hilo International Airport ist ein „relaxing" Airport. Hier herrscht kaum Hektik. Das zweigeschossige Terminalgebäude beherbergt außer den Schaltern der Fluglinien ein Information Center, Restaurant, verschiedene Verkaufsstände, Lei Shops und Schließfächer.

Schalter der Autovermieter sowie Taxis außerhalb des Terminals. Blumen und Springbrunnen lockern die „Flughafenlandschaft" auf. Die Springbrunnen und Wasserfälle werden übrigens mit Regenwasser gespeist, das auf dem Terminaldach gesammelt wird. Hotels liegen nur etwa 2 mi/ 3 km vom Flughafen. Hilos Attraktionen, wie Wasserfälle, Gärten und Parks mit Orchideen und Anthurien der Big Island Zuchtbetriebe, sind ebenfalls leicht erreichbar. Etwa 34 Minuten Flug von Honolulu nach Hilo.

BIG ISLAND 79
Hilo Area-Karte

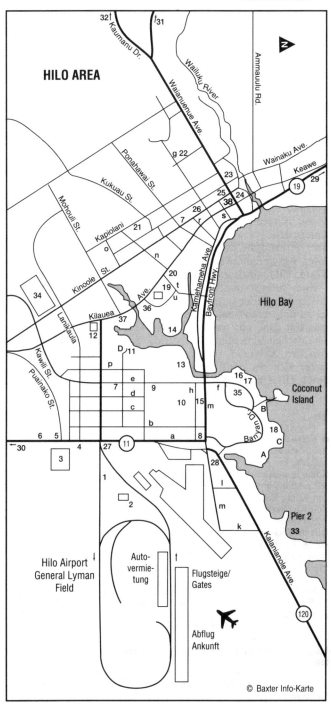

Attraktionen in der Innenstadt

Hilos Innenstadt lässt sich sehr leicht an einem Nachmittag zu Fuß erkunden. **Historic Downtown** hat man etwa in einer Stunde Fußmarsch abgelaufen. Das historische Viertel Hilos liegt zwischen den Straßen *Kinoole Street, Furneaux Lane, Kamehameha Avenue* und *Waianuenue Avenue*.

Hilos Geschichte beginnt etwa mit Ankunft der Polynesier um 1100, die sich eventuell am Ufer der sichelförmigen Bucht **Hilo Bay** niedergelassen hatten. Sie legten kleine Farmen an, betrieben Fischfang und tauschten ihre Produkte am Wailuku River. Mit Ankunft der Missionare änderte sich ihre Lebensweise.

Hilo wurde dann ein Anziehungspunkt für alle, die die aktiven Vulkane sehen wollten. Walfangschiffe und Kaufleute zog es ebenfalls nach Hilo. Um 1900 hatte man mehrere Werften und Anlegestellen sowie einen Wellenbrecher fertiggestellt. Außerdem verband die neue Eisenbahn Hilo mit anderen Teilen der Insel, wie beispielsweise **Honokaa** am Nordende der Hamakua-Küste. Hilo wurde zum Wirtschafts- und Handelszentrum.

Zwei verheerende Tsunamis im Jahre **1946** und **1960** veranlassten die Verlegung von Hilos Regierungs- und Geschäftsviertel zu sichereren Stadtteilen. Den historischen Stadtteil versucht man mit dem, was übriggeblieben ist, zu erhalten. Zentrum des historischen Innenstadt ist der friedlich gelegene **Kalakaua Park** zwischen *Kalakaua Street* und *Waianuenue Avenue*. Der Park bietet sich als günstige Ausgangsposition zu dem Rundgang durch Hilos historisches Viertel an.

Historic Downtown Hilo

● **Kalakaua Park.** Die reizvolle Grünanlage mit einem riesigen Banyan-Baum wurde nach Hawaiis **König Kalakaua** benannt, der sich häufig in Hilo aufhielt. Im Zentrum des Parks befindet sich eine **Bronzestatue,** die den König in militärischer Uniform zeigt. In der einen Hand hält er Taroblätter, während die andere ein *Ipu* festhält – ein wichtiges Instrument beim Hula, den König Kalakaua wiederbelebte, nachdem er von den Missionaren eine Zeit lang verbannt worden war.

Neben dem **Spiegelsee** befindet sich ein Kriegerdenkmal. Auf der ebenfalls im Park befindlichen **Sonnenuhr** ist der Inschrift zu entnehmen, dass sie 1877 von König Kalakaua im vierten Jahr seiner Regentschaft aufgestellt wurde. Kalakaua ließ auch Ende des 19. Jh. den ersten County-Gebäudekomplex hier errichten, zu dem Gerichtsgebäude und Polizeistation gehört hatten.

Am Nordrand des Parks erhebt sich das **Federal Building** aus dem Jahre 1919 – ein anmutiges, sehr offenes Gebäude mit Loggias und Säulenhallen, in dem die Baustile des Neoklassizismus und der spanischen Missionsbauten kombiniert wurden. In Richtung Hilo Hotel, das 1996 geschlossen wurde, stand einst **Niolopa,** das Haus, in dem König Kalakaua und andere Mitglieder des hawaiischen Königshauses beim Aufenthalt in Hilo wohnten.

Die behauenen Lavasteine der Gehwege im Park wurden von Häftlingen des früher ein paar Häuserblocks weiter an *Kinoole Street* befindlichen Gefängnisses gefertigt.

Hilo: Attraktionen

- **Old Police Station**; alte Polizeiwache an *Kalakaua Street*. Vom Kalakaua Park überquert man *Kalakaua Street* und gelangt zum ehemaligen Polizeigebäude, in dem sich heute das **East Hawaii Cultural Center** befindet. Das 1932 erstellte Gebäude erinnert an eine hawaiische Hale der 1800er Jahre. 1975 zog das Hilo County Police Department um in ein anderes Gebäude.

- **Hawaii Telephone Company Building**. Direkt neben der Old Police Station; das Gebäude lässt Einflüsse der Bauweise kalifornischer Missionen und hawaiischer Hale erkennen. Walmdach mit grünen Fließen; auffällig auch die hellbunten Steinfließen aus Terra Cotta.

- **Haili Street**. Die Straße wurde einst Church Street genannt, da es hier allein fünf Kirchen gab, von denen heute noch drei übrig sind. Eine davon ist die **Central Christian Church,** die Anfang der 1900er Jahre für die portugiesischsprachige Gemeinde errichtet wurde. Die beiden auf dem Grundstück befindlichen Gebäude besitzen noch ihr ursprüngliches Aussehen. Im ehemaligen Pfarrhaus befindet sich heute ein Geschäft. Die **Haili Church** wurde 1857 von Missionaren aus Neuengland errichtet.

- **Taishoji Soto Mission**; an *Kilauea Avenue*. 1913 von den Zen Buddhisten gegründete Mission. Von den ehemaligen 800 Mitgliedern sind heute etwa 300 noch vorhanden.

- **Furneaux Lane**. Die schmale Straße biegt von *Kilauea Avenue* Richtung Hilo Bay ab; benannt nach Charles Furneaux, ein prominenter Bürger Hilos aus der Zeit um die Jahrhundertwende. Furneaux war Künstler und Amateurfotograf, der viele romantische Szenen Hilos im Bild festgehalten hat.

- **A.O.F. Building**. Ancient Order of Foresters (A.O.F.) ist eine Art Hilfsorganisation, die ihre Mitglieder in Not unterstützt. König Kalakaua gehörte ebenfalls dieser Vereinigung an. Das Gebäude stammt aus dem Jahre 1925; im *Renaissance Revival Stil* mit bogenförmigen Eingängen, Balkonen und Säulen, die nur zur Dekoration dienen.

- **Bayfront**. Über *Furneaux Lane* gelangt man zur *Kamehameha Avenue*. Gegenüber vom S. Hata Gebäude blickt man auf die Hilo-Bucht. Den **Breakwater** – Wellenbrecher – in der Bucht hatte man als Schutzmauer für die Stadt errichtet; 1908 begonnen und 1929 fertiggestellt. Etwa 951 273 Tonnen Material hatte man aus Steinbrüchen der Insel herbeigeschafft, um einen sicheren Hafen zu schaffen.

  1946 und 1960 jagten zwei Tsunamis über die Hilo Bay und verwüsteten die Gebäude der Stadt zu beiden Seiten der Kamehameha Avenue. Einige der ehemaligen Gebäude, die am weitesten von der Bucht entfernt lagen, sind noch erhalten geblieben. Dort wo sich heute Grünanlagen, Promenaden, Freizeiteinrichtungen und Kokospalmen befinden, standen zuvor Geschäfts- und Wohnhäuser. Regierungsgebäude wurden in sicheren Stadtteilen Hilos neu aufgebaut.

- **S. Hata Building**; an *Kamehameha Avenue*. Das Gebäude im Renaissance Revival Baustil wurde 1912 erbaut. Im Zweiten Weltkrieg von der US-Regierung als Eigentum der Verbündeten beschlagnahmt, kaufte eine Tochter des ursprünglichen Eigentümers den Besitz nach Kriegsende für $100 000 zurück. Heute findet man hier eine Einkaufsarkade, Restaurants sowie Büros.

- **Vana Building**; an *Furneaux Lane*. Gebäude mit südländischem Charakter mit roten Dachziegeln, Bogenfenstern, die den Beton- und Holzbau ergänzen.

- **S. H. Kress Company Building**; an *Kamehameha Avenue*, zwischen *Haili* und *Kalakaua Streets*; 1932 fertiggestelltes Gebäude im Art Deco Stil. Hier ist heute ein modernes Kino untergebracht.

82 BIG ISLAND
Hilo: Attraktionen

- **First Hawaiian Bank Building;** Ecke *Kalakaua St. & Kamehameha Ave.* 1930 nach Plänen des berühmten hawaiischen Architekten C.W. Dickey erbaut. Schmiedeeisernes Muster im Fenster über dem Eingang, gerillte Säulen verleihen dem Betonbau interessante Aspekte. Das Gebäude überstand beide Tsunamis der Jahre 1946 und 1960.

- **Koehnen's Building;** Ecke *Waianuenue Avenue & Kamehameha Avenue.* Das blaue Gebäude im Renaissance Revival Stil fällt sofort auf. Ursprünglich 1910 für die Hackfield Company erbaut und später von einem der Big Five Companies gekauft. 1957 ging es in den Besitz der Koehnen Familie über, die heute dort noch Möbel, Porzellan und Bestecke verkauft.

- **Landing Wharf;** am Fuß der *Waianuenue Avenue* direkt an der Hilo Bay. Von 1863 bis 1890 baute man hier eine Reihe von Anlegestellen. Von hier transportierte man Fahrgäste und Fracht mit Walfangbooten oder Leichterkähnen zu den in der Bucht verankerten Dampfern. Wenn die Bucht zu bewegt war, wurde am Strand entladen. Anfang der 1900er Jahre baute man am Waiakea-Ende der Hilo-Bucht eine Anlegestelle, wo die Gewässer ruhiger waren.

- **Toyama Building** (vormals First Trust Building); Ecke *Keawe St. & Waianuenue Ave.* Die entlang *Kamehameha Avenue* im Bürgersteig verankerten Eisenringe dienten einst zum Festmachen der Pferde. An der Ecke *Kamehameha Ave. & Shipman St.* passiert man das **Shipman Building** aus dem Jahre 1915, in dem früher Fleisch verpackt wurde.
  Das große Gebäude Toyama Building beherbergte von 1908 bis vor wenigen Jahren First Trust und dann Bishop Trust. Heute sind hier Regierungsbüros und ein Restaurant sowie die Kiauea Masonic Lodge 330, F. & A.M. untergebracht.

- **Burns Building & Pacific Building;** an *Keawe St.* zwischen *Kalakaua St.* und *Waianuenue Ave.* Die Holzbauten sind typisch für die Bauten zu Anfang des 20. Jh. in Hilo. In den Räumen des Erdgeschosses sind mehrere Läden untergebracht.

Außer den historischen Gebäuden der Historic Downtown Area gibt es noch einige weitere interessante Attraktionen, die ebenfalls zu Fuß in der Innenstadt erreichbar sind.

Schlüssel zur Baxter Info-Karte Downtown Hilo

Orientierung:
1-Hawaii Visitors Bureau
  Info Touren/Unterkunft/Attraktionen
2-Post Office/Postamt
3-Dairy Queen
  Milkshakes/Eis/Sandwiches
4-Haili Church
  Kirche aus dem Jahr 1824
5-McDonald's
6-Tankstelle
7-Diving Service
  Taucherausrüstung/Touren
8-Parkplatz
9-Kalakaua Park
10-Roussels Restaurant
  New Orleans Küche/kreolisch
11-Bear's Coffee Shop
  -Potters Gallery
  -Cunningham Gallery
12-nach Honokaa
  -Hamakua Küste

Historic Downtown Hilo:
a-Old Police Station
b-Hawaiian Telephone Company Building
c-Central Christian Church
d-Taishoji Soto Mission
e-Furneaux Lane
f-A.O.F. Building
g-Bayfront
h-S. Hata Building
i-Vana Building
j-S.H. Kress Company Building
k-First Hawaiian Bank Building
l-Koehnen's Building
m-Landing Wharf
n-Toyama Building (vormals First Trust Building)
o-Burns Building & Pacific Building

BIG ISLAND 83
Hilo: Downtown-Karte

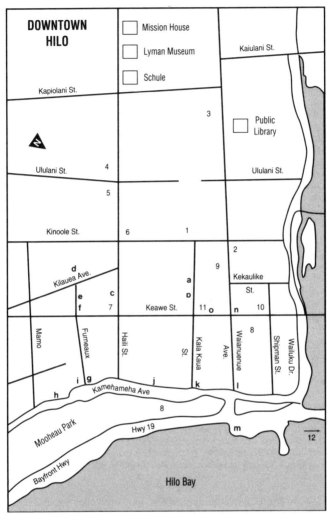

© Baxter Info-Karte

Weitere Attraktionen in Downtown Hilo

Entlang *Haili Street* gelangt man vom historischen Viertel direkt zum **Lyman Mission House** mit angrenzendem Museum, eines der besten Kleinstadtmuseen überhaupt.

- **Lyman Mission House & Lyman Museum;** *Haili & Kapiolani Streets.*
- **Lyman House;** das gut erhaltene und restaurierte Haus im Neuenglandstil stammt aus dem Jahre 1839. Es gilt als das älteste noch bestehende Holzhaus der Big Island und wurde von der ersten christlichen Missionarsfamilie David und Sarah Lyman gebaut und bis in die 1920er Jahre von Mitgliedern der Wilcox und Lyman Familie bewohnt.

1932 wurde das Haus als Museum eröffnet. Fußböden und Türen aus hawaiischem Koa-Holz; das meiste Mobiliar stammt aus der Zeit um 1850

Hilo: Area Attraktionen

und ist überwiegend aus Ohia-Holz gefertigt. Ein Raum diente ursprünglich als Schulzimmer. Das Schlafzimmer umfasst ein großes Bett aus Koa-Holz mit geschnitzten Ananas am Bettpfosten. Neben dem Schlafzimmer befindet sich das Kinderzimmer mit der Wiege, in der alle acht Kinder der Lymans geschlafen hatten.

– **Lyman Museum.** Neben dem Lyman House entstand ein modernes zweigeschossiges Gebäude, das als Museum eingerichtet wurde. Gleich beim Eingang wird man von einer Büste König Kalakauas begrüßt, der von 1874 bis 1891 regierte.

Das Erdgeschoss umfasst die **Island Heritage Gallery.** Hier findet man eine Nachbildung einer hawaiischen Grashütte mit Strohdach und Fußbodenmatten. Ferner gibt es hawaiisches Werkzeug, darunter Steinhammer, Meißel aus Basalt sowie verschiedene „steinzeitliche" Werkzeuge zum Bearbeiten von Schüsseln und Kanus. Desweiteren findet man Arbeiten aus Flechtstoffen, Fischhaken, Steinlampen, Mörser, Lomi-lomi-Stäbe, die zur Massage verwandt wurden sowie anderes Handwerkzeug. Zudem steht hier eine Büste des Mark Twain, die aus einem Teil des Baumstamms jenen Monkeypod-Baums geschnitzt wurde, den Mark Twain 1866 in **Waiohinu** gepflanzt hatte, der aber bei einem Sturm umstürzte.

Das Obergeschoss beherbergt die **Earth Heritage Gallery.** Hier befindet sich eine der besten Mineraliensammlungen der USA. Ferner gibt es hier eine äußerst interessante Abteilung über die endemische Tier- und Pflanzenwelt Hawaiis. Öffnungszeiten von Mission House und Museums; Mo.–Sa. 9–17 Uhr. Mission House Tours/Führungen etwa jede Stunde ab 9.30 Uhr; Tel. (808)935-5021.

Nur wenige Schritte vom Lyman House entfernt gelangt man zur Stadtbücherei von Hilo/Public Library, vor deren Eingang zwei große Steine stehen. Hier befand sich einst der urzeitliche Pinao Tempel.

● **Naha Stone.** Der größere der beiden großen Steine vor der Public Library ist ein etwa 3 200 kg schwerer Monolith, den man mit dem Kanu von Kauai hergebracht hatte. Man hatte ihn in die Nähe des Pinao Tempels plaziert, dort wo heute *Wailuku Drive* und *Keawe Street* verlaufen. König Kamehameha I. erfü!lte eine Prophezeiung, wonach derjenige erster König von Hawaii werden würde, der diesen Steinriesen bewegen könne. Der Legende nach soll dies Kamehameha gelungen sein. Bei dem kleineren der beiden Steine soll es sich angeblich um eine Eingangssäule des Pinao Tempels handeln.

Hilos weitere Attraktionen liegen nun entweder im nordöstlichen Bereich der Innenstadt oder etwas außerhalb der Stadt, wozu man dann am besten ein Fahrzeug benutzt. Diese Attraktionen sind nachstehend in alphabetischer Reihenfolge aufgeführt.

▶ *Hilo Area Attraktionen*

Hilo ist so übersichtlich und gut überschaubar, aber man braucht doch ein Mietauto, um die Attraktionen rund um die Stadt zu besuchen.

● **Banyan Drive;** im östlichen Teil von Hilo auf der in die Hilo-Bucht ragende Waiakea Peninsula. Die Straße streift den Rand dieser winzigen Halbinsel und wird von einer fast ununterbrochenen Serie von Banyan-Bäumen umsäumt. Die riesigen Banyan-Bäume wurden von prominenten

BIG ISLAND 85
Hilo: Area Attraktionen

Hawaii-Besuchern gepflanzt. Franklin Delano Roosevelt und König Georg V. waren 1934 hier. Und der Filmemacher Cecil B. DeMille und Flugpionierin Amelia Earhart zählen zu denjenigen, die Bäume gepflanzt hatten. Am Nordzipfel liegt die Mehrzahl von Hilos Hotels. Vom **Banyan Drive** umschlossen, liegt direkt inmitten der Halbinsel der Golfplatz Banyan Golf Course.

● **Boiling Pots.** Ein paar Kilometer außerhalb der Stadt, westwärts über *Waianuenue Avenue* erreichbar. Von den Rainbow Falls etwa 2 mi/3 km weiter flussaufwärts, am Hilo Hospital vorbei, bis zur Beschilderung bei *Pee Pee Falls Street,* wo man rechts abbiegt. Ein Fußpfad führt zu einer Aussichtsstelle, von der man im Flussbett kreisrunde Teiche erkennt. Diese etwa 7–8 sogenannten **Boiling Pots** sind beliebte Badelöcher. Flussaufwärts erkennt man den Wasserfall **Pee Pee Falls.**

● **Coconut Island;** am Westrand der Waiakea Peninsula, mit den Liliuokalani Gardens durch eine Fußgängerbrücke beim Hilo Hawaiian Hotel verbunden; mit Picknickpavillons. Früher kamen die Hawaiianer zu geheiligten Geburts- und Heilungs-Ritualien auf diese winzige Insel. Schwarze Lavafinger ziehen sich über das mit Kokospalmen bewachsene Inselchen. Bei schönem Wetter guter Blick auf den schneebedeckten Mauna Kea und natürlich auf den Pazifik.

● **Hawaiian Tropical Botanical Garden,** 7 mi/12 km nördlich von Hilo; werktags 8.30–16.30 Uhr. Eintritt. Einzelheiten siehe unter **Route 7: Hamakua–Küste.**

● **Hilo Arboretum;** an *Kilauea Avenue* zwischen *Lanikaula* und *Kawili Streets.* Das Department of Natural Resources, Division of Forestry beschäftigt sich hier mit der Forschung und Erprobung seltener und gefährdeter Pflanzen- und Baumarten. Mo. – Fr. 8–16 Uhr; Eintritt frei.

● **Hilo Tropical Gardens,** 1477 Kalanianaole Ave., etwa 2 mi/3 km vom Hilo International Airport; tägl. 9–17 Uhr. Kostenlose selbstführende Tour durch den Garten; alle Pflanzen sind gekennzeichnet von Plumeria, Anthurien, Orchideen bis Papayas und Kokospalmen. Verkauf von Blumen und Pflanzen sowie handgefertigter hawaiischer Produkte.

● **Hirose Nursery,** 2212 Kanoelehua Ave., gegenüber vom Puainako Town Center; Mo.–Sa. 8 bis 16 Uhr; Gartenbaubetrieb mit tropischen Blumen und Pflanzen. Eintritt frei.

● **Hoolulu County Park;** am *Banyan Drive,* südwärts hinter *Lihiwai Street* links. Hier befindet sich auch das **Civic Center Auditorium** sowie **Culture Center Nihon** mit Kunst und Kulturausstellung über Japan. Auf der gegenüberliegenden Seite liegt rechts **Waiakea Pond,** eine brackische Lagune, die Leute zum Angeln aufsuchen.

● **Kaumana Caves,** Lavahöhlen westlich von Hilo siehe unter **Route: Saddle Road.**

● **Kualoa Farms,** Ecke *Mamaki & Kealakai Streets.* Tägl. 8–16 Uhr. Führung durch ein 25 Hektar großes Gelände mit gepflanzten Anthurien, Ti-Pflanzen, Ingwerblüten, Macadamia-Nuss- und Papayaplantagen.

● **Liliuokalani Gardens Park,** am Westende des *Banyan Drive.* Ein im Stil japanischer Gärten angelegter Park mit Fußwegen und Pagoden, Steinlaternen, halbmondförmige Brücken über Teiche und Bäche. Im japanischen Teehaus finden richtige Teezeremonien statt.

● **Maui's Canoe** – massiver Felsbrocken, der inmitten der Mündung des Wailuku River sitzt.

● **Mauna Loa Macadamia Nut Visitor Center;** am *Highway 11,* etwa 5 mi/8 km südlich von Hilo, an *Macadamia Nut Road* (auf Beschilderung achten).

86 BIG ISLAND
Hilo: Area Attraktionen

Besichtigung der Fabrik und der Macadamia-Nussplantage. Kostenlose Proben.

1948 begann die Mauna Loa Fabrik mit der Anpflanzung von Macadamia-Nussbäumen, deren erste Ernte 1956 eingebracht wurde. Die Firma gilt als der weltgrößte Produzent von Macadamia-Nüssen. Die aus Australien stammenden Nüsse finden hier auf Hawaii und insbesondere um Hilo auf den Lavaböden und unter der tropischen Sonne und reichen Niederschlägen die idealen Wachstumsvoraussetzungen. Tägl. 8.30–17.30 Uhr. Eintritt frei.

● **Nanimau Gardens;** 421 Makalika Street, am Südostrand von Hilo, abseits von *Highway 11.* Alle Pflanzen und Blumen sind beschriftet; verschiedene Abteilungen, unter anderem Orchideengarten, Obstgarten, Ingwer-, Heliconia-, Anthurien-, Bromeliengarten. Tägl. 8–17 Uhr; Besichtigung zu Fuß oder mit Besucherbahn. Eintritt.

● **Pacific Tsunami Museum;** Prince Kuhio Plaza. Mahnmal der Tsunami-Opfer von 1946 und 1960.

● **Panaewa Rainforest Zoo;** am Südostrand von Hilo, am *Stainback Highway,* der einzige Regenwaldzoo der USA mit Tieren aus aller Welt. Der Zoo ist gleichzeitig ein botanischer Garten, in dem viele Bäume und Pflanzen beschildert sind. Der Zoo beherbergt auch viele vom Aussterben bedrohte Tierarten Hawaiis. Mo.–Fr. 9–16, Sa. 11–14 Uhr. Eintritt frei.

● **Paradise Plants,** 575 Hinano Street. Das Gartenbauzentrum ist spezialisiert auf Haus- und Freilandpflanzen sowie tropische Obstbäume; auch Orchideengarten.

● **Rainbow Falls,** Westseite Hilos, über *Waianuenue Avenue,* im Wailuku River State Park. Der etwa 30 m hohe Wasserfall stürzt in ein rundes Wasserbecken von etwa 30 m Durchmesser. Beim Aufprall auf das Wasserbecken erzeugt das Spritzwasser einen Regenbogen, wenn sich die Sonnenstrahlen im Wasser brechen, was dem Wasserfall zu seinem Namen verholfen hat.

● **Suisan Fish Auction,** Ecke *Banyan Drive & Lihiwai Street.* Hier verkaufen die Fischer jeden Morgen ihren frischen Fang. Seit 1907 findet hier außer sonntags ab 7.30 Uhr die lebhafte Fischauktion statt.

● **Tanaka's,** 524 Manono St. Herrliche Orchideen.

● **Tsunami Memorial;** auf der Gegenseite des Waiakea Fish Pond; von *Kamehameha Avenue* links auf *Pauahi Street* abbiegen. Auf der Wiese gegenüber vom Parkplatz zum Wailoa Information Center. Gedenkstätte der Opfer, die bei den verheerenden Tsunamis von 1946 und 1960 ums Leben kamen. Der Vulkanstein mit blauen und grünen Kacheln bildet eine Rundmauer, die in abstrakter Darstellung wie eine Flutwelle aufwallt und sich erhebt.

● **Waiakea Pond,** brackische Lagune am *Banyan Drive;* Angel- und Fischgebiet.

● **Wailoa Information Center;** von *Kamehameha Avenue* links auf *Pauahi Street* abbiegen. Info über Hilo und Umgebung, Aktivitäten.

● **Wailoa River and State Park.** Der Park war einst geschäftiges Business Center, ehe das Viertel von den verheerenden Springfluten zerstört wurde.

▶ *Praktische Information*

Hilo selbst gilt überwiegend als Sprungbrett zur Erkundung von Big Island. Trotz seiner zahlreichen reizvollen Attraktionen ist

BIG ISLAND 87
Hilo: Restaurants/Shopping

die Stadt kein touristischer Ort und wird wegen ihres Regenreichtums oft vermieden. Dennoch kommt man mit der Stadt in Berührung, wenn man von anderen hawaiischen Insel kommend, nicht gerade auf dem Keahole-Kona International Airport an der Westküste landet. Hilo International Airport ist der Hauptflughafen der Insel.

Hilo bietet sich als Start verschiedener Rundreisen um die große Insel Hawaii an. Hierzu nachstehend wichtige Information für den Aufenthalt – **Restaurants & Shopping** sowie **Unterkunft**.

Restaurants & Shopping ◄

Das feuchte Klima hat der Inselhauptstadt Hilo eine touristische Entwicklung verwehrt. Hier findet man keine aufregenden Strände oder erlebnisreiche Hotelanlagen. Auch unter den Restaurants wird keine „haute cuisine" angeboten, dafür gibt es aber eine breite Palette von Restaurants, die das Völkergemisch der Insel reflektieren, und alles relativ preiswert.

Hilo verfügt auch über mehrere ausgezeichnete Shopping Center, die eben dem etwas kleinstädtischen Charakter der Stadt entsprechen, nicht aber mit den modischen Malls von Honolulu konkurrieren können.

Restaurants

● **Fiaskos,** Family Diner beim Waiakea Square Warehouse; auch Sandwiches; preiswert.
● **Harrington's,** 135 Kalanianole Ave., neben *Banyan Drive* an Reeds Bay. Kontinentale Küche und Fischspezialitäten.
● **Hukilau Restaurant;** 136 Banyan Drive; große Auswahl; zivile Preise.
● **Ken's House of Pancakes,** *Banyan Drive & Kamehameha Avenue.* 24 Stunden geöffnet; große Auswahl an Frühstücks-, Mittags- und Dinnergerichten. Bei Einheimischen beliebt, sehr preiswert.
● **KK Tei Restaurant,** 1550 Kamehameha Ave.; mit Aussicht auf japanischen Garten; dienstags Ruhetag; japanische & amerikanische Küche.
● **Nihon Restaurant and Cultural Center,** 123 Lihiwai Street; Nähe *Banyan Drive;* japanische Küche.
● **Nihon Saryo,** im Hawaiian Naniloa Hotel, 93 Banyan Drive; japanische Küche.
● **Queen's Court,** Hilo Hawaiian Hotel, 71 Banyan Drive; kontinentale Küche.
● **Reflections Restaurant,** 101 Aupuni St. im Hilo Lagoon Center; mit Gartenlokal; Fischgerichte & Steaks; zivile Preise.
● **Roussels,** 60 Keawe St., elegante Atmosphäre, französisch-kreolische Küche; Reservierung: 935-5111.
● **Shokoen,** Hawaiian Naniloa Hotel, 93 Banyan Drive; chinesische Küche.
● **Uncle Billy's Fish & Steak Restaurant;** 87 Banyan Drive, Hilo Bay Hotel; Fisch- & Steakrestaurant; abends hawaiische Hula Show; zivile Preise.

Shopping

● **Akaka Falls Flea Market,** in Honomu auf dem Weg zu den Wasserfällen Akaka Falls. Authentische hawaiische Souvenirs, Schmuck, T-Shirts; für Schnäppchenjäger; tägl. 9–17 Uhr.
● **Akaka Falls General Store,** auf dem Weg zu Akaka Falls; im ehemaligen Plantagen-Lagerhaus; Muschel- und Korallenschmuck, Souvenirs, T-Shirts.

88 BIG ISLAND
Hilo: Unterkunft/Enfernungen

- **Hilo Hattie's** Fashion Center, 933 Kanoelehua St. an *Highway 11;* Muumuus, Hawaiihemden zu Preisen ab Fabrik; tägl. 8.30–17 Uhr.
- **Hilo Shopping Center,** *Kilauea Ave. & Kekuanaoa St.;* über 40 klimatisierte Geschäfte und Restaurants.
- **Kaiko'o Mall**
- **Keawe Collection,** in Historic Downtown an *Keawe St.,* mehrere Läden sowie Roussels Restaurant.
- **Prince Kuhio Plaza,** *Highway 11,* über 60 Geschäfte, größtes Shopping Center der Insel Hawaii; am Südostrand von Hilo. Auch mit **Pacific Tsunami Museum.**
- **Waikaea Kai Shopping Plaza,** *Kamehameha Ave. & Highway 11.*

 ### Unterkunft/Vorwahl (808)

Hilos Hotels liegen nur etwa 2 mi/3 km vom Flughafen und konzentrieren sich entlang des schattigen *Banyan Drive* am Südende der Bucht.

- $$ Dolphin Bay Hotel 935-1466
- $$$ Hawaii Naniloa Hotel, 325 Zimmer 969-3334
  gebührenfrei 1-800-367-5360
  Fax 969-6622
- $$ Hilo Bay Hotel (Uncle Billy's)
  143 Zimmer.......................... gebührenfrei 1-800-442-5841
  Fax 935-7903
- $$$ Hilo Hawaiian Hotel................................ 935-9361
  gebührenfrei 1-800-367-5004
- $$ Hilo Seaside Hotel, 140 Zimmer....................... 935-0821
  Fax 922-0052
- $ Hilo Bay AYH Hostel, 311 Kalanianole Ave. 935-1383

Verkehrsmittel

Wer kein Auto mietet, kann den **Hilo Sampan** benutzen, und zwar von den Hotels zur Innenstadt. Downtown liegt etwa 1 mi/1,6 km vom *Banyan Drive* entfernt. Das offene Verkehrsmittel der Hilo Sampan Co. verkehrt Mo.–Sa. und fasst 8 Passagiere. Es gibt Ein-Weg-Tickets oder den günstigeren Tagespass, wenn man mehrmals fahren will (lohnt sich schon bei zwei Hin- und Rückfahrten).

Entfernungen von Hilo in Meilen/Kilometer

Hapuna..................	73/117	Pahoa	20/32
Hawi	76/122	Papaaloa...................	23/37
Honokaa.................	42/67	Punaluu	60/96
Kailua-Kona	99/158	Saddle Jct. Hwy 190/200....	55/88
Kaimu...................	30/48	South Point	73/117
Kawaihae	66/106	Volcano...................	28/45
Keaau	8/13	Waikoloa	65/104
Mauna Kea	44/70	Waimea (Kamuela)	55/88
Naalehu	66/106	Waipio Valley	54/86

Nachfolgende Kapitel befassen sich mit den Routen durch Big Island mit den jeweils entlang der Route liegenden Reisezielen und Attraktionen.

ROUTEN DURCH BIG ISLAND

Hawaii ist größer als man denkt, immerhin ist **Big Island** fast viermal so groß wie Luxemburg. Es hat also schon seine Entfernungen. Beim Besuch der riesigen Insel Hawaii oder **Big Island** kann man es ganz geschickt anstellen und die Routen regelrecht in Etappen zu einer Rundreise zusammenstellen. Dazu muss man allerdings jeweils den Übernachtungsort wechseln, der möglicherweise wegen der Vielfalt der Landschaften auf Big Island dann in einer völlig gegensätzlichen Landschaft liegen kann.

In den meisten Fällen ist **Hilo** mit Hilo International Airport an der Südostküste Ausgangspunkt für von Honolulu oder den Nachbarinseln Ankommende. Den nachfolgend beschriebenen Routen wurde Hilo als Ausgangsbasis zugrunde gelegt. Wer im **Keahole-Kona International Airport** an Big Island's **Kona-Küste** ankommt oder von einem anderen Punkt rund um die Insel beginnt, muss die Routen- und Richtungsangaben entsprechend anpassen.

Auf der ersten Etappe geht es von **Hilo** zum **Hawaii Volcanoes Nationalpark,** wo eventuell die erste Übernachtung eingelegt wird, um diesen Nationalpark eingehend zu erkunden. Daran schließt sich eine längere Fahrstrecke an, die viele landschaftliche Reize bietet, und zwar vom **Hawaii Volcanoes Nationalpark** über den Kau District entlang der Kona-Küste nach **Kailua-Kona** mit Übernachtung in **Kailua** oder entlang des Strandgebiets am *Alii Drive* zwischen **Keauhou** und **Kailua Bay.**

Von **Kailua-Kona** geht es nach **Waikoloa Beach** wahlweise ohne Unterbrechung weiter nach **Kawaihae** und nach **Waimea.** Von **Waimea** bietet sich ein Abstecher über *Highway 250* durch die Berge nordwärts nach **Hawi** und der Geburtsstätte von Kamehameha I. an, wonach über *Highway 270* der Küste entlang über **Kawaihae** und über *Highway 19* nach **Waimea** zurückgekehrt werden kann.

Von **Waimea** steht nun als nächstes Etappe zur Auswahl, die Rundreise zur **Hamakua-Küste** nach **Honokaa** und **Waipio** fortzusetzen und an der Küste entlang zurück nach **Hilo** zu fahren oder die *Saddle Road,* die Kona mit der Hafenstadt Hilo an der Ostküste verbindet und das Landesinnere durchschneidend am **Mauna Kea** vorbeiführt, zu befahren, um nach **Hilo** zu gelangen. Mietwagenunternehmen geben allerdings den Hinweis, der *Saddle Road* fern zu bleiben (obwohl die Bedenken der Mietwagenfirmen eigentlich unbegründet sind). Zum Schluss bleibt nur noch die Fahrt von **Hilo** über *Highway 130* in den südöstlichen Zipfel von Big Island zum **Puna District** mit **Pahoa, Kaimu** und **Kehena,** von wo aus aber auf demselben Weg wieder zurückzukehren ist, da die Fortsetzung von *Highway 130* an der Südostküste von den glühenden Lavaströmen des **Kilauea** seit April 1987 von **Kalapana** an unterbrochen ist (Kalapana selbst

BIG ISLAND
Routenvorschlag

und der berühmte Strand Black Sand Beach wurden ein Opfer der Lavamassen).

Nach vorstehendem Beispiel gibt es relativ wenig Strecken, die doppelt zurückgelegt werden müssen. Es ist allerdings eine Frage der Zeit, ob man alle Routen abfahren will oder kann. Um alles zu bewältigen wäre ein Aufenthalt von einer ganzen Woche nur auf **Big Island** einzuplanen. Bei kürzerem Aufenthalt muss man schon Schwerpunkte setzen und sich auf bestimmte Ziele konzentrieren. Bei den Routenbeschreibungen bedeutet die Abkürzung **MM** (Mileage Marker jeweils die Meilenangabe der Meilensteine unterwegs, z. B. **MM 26** Entfernung 26 Meilen von Hilo nach Volcano via *Highway 11*. Umfangreichere Reiseziele oder Beschreibung von Attraktionen folgen jeweils im Anschluss der jeweiligen Route.

Routenvorschlag

1. Tag:	Hilo–Hawaii Volcanoes Nationalpark; etwa 45 Min. Fahrt;
30 mi/48 km	Übernachtung im Volcano House im Park oder in Volcano
2. Tag:	Crater Rim Drive (11 mi/14 km) & Chain of Craters Road (50 mi/80 km)
57 mi/92 km	Übernachtung im Volcano House oder Wood Valley Retreat an der Ostflanke von Mauna Loa
3. Tag:	Hawaii Volcanoes Nationalpark–*Highway 11*
96 mi/154 km	Puuhonou o Honaunau–Captain Cook/Kealakekua Bay–Kailua-Kona; Übernachtung Kailua-Kona; etwa 2–3 Std.
oder	Weiterfahrt bis Waikoloa Beach
23 mi/37 km	Übernachtung Waikoloa Beach
4. Tag:	Kailua-Kona oder Waikoloa Beach–Kawaihae–Waimea–
104 mi/166 km	Honokaa–Hilo
oder	Kailua-Kona–Waimea mit Waimea Abstecher via *Hwy 250*
83 mi/133 km	nach Hawi/Kapaau/King Kamehameha I Birthplace zurück nach Waimea via *Hwy 270* und *Hwy 19* Übernachtung in Waimea
76 mi/ 122 km	**oder wahlweise Weiterfahrt nach Hilo**
5. Tag:	Waimea–Honokaa–Waipio Valley Abstecher entlang
76 mi/ 122 km	Hamakua-Küste zurück nach Hilo
wahlweise	Hilo–Puna District
48 mi/77 km	

Routenvorschlag für 1 Tag Big Island

Von **Hilo** früh starten, um die rund 200 mi/320 km ohne Abstecher und Umwege bei der Rundfahrt um die Insel zu schaffen.

● Von Hilo zum **Hawaii Volcanoes Nationalpark** und dort mindestens 3 Stunden am Vulkan aufhalten – mindestens Rundfahrt entlang **Crater Rim Drive** unternehmen 11 mi/18 km.
● Weiterfahrt nach **Kailua-Kona** etwa 2½ – 3 Stunden mit Stopp für frische Tasse Kona-Kaffee.
● Von **Kailua-Kona** nach **Waimea** entweder via *Highway 190*, der sich durch die Berge nach Kona kurvt, oder den *Queen Kaahumanu Highway/Highway 19*, der sich durch die Lavafelder an der Kohala-Küste zieht.
● Von **Waimea** via *Highway 19* und *11* entlang der Hamakua-Küste nach **Hilo**.

BIG ISLAND 91
Insel-Orientierungskarte

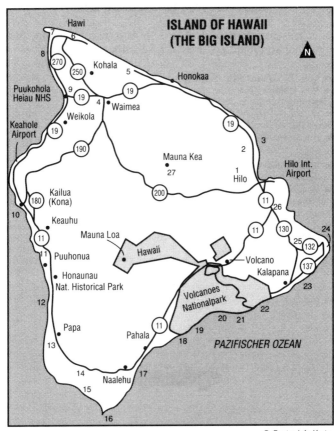

© Baxter Info-Karte

Schlüssel zur Baxter Info-Karte Hawaii

Insel-Orientierung:
1. Wailuku River State Park
   Wasserfälle Rainbow Falls
2. Akaka Falls State Park
   Wanderwege/Wasserfälle
3. Honomu
4. Kamuela Museum
5. Waipio Valley
6. Originale Kamehameha Statue
7. Mookini Luakini Heiau
   - *Geburtsstätte von König Kamehameha*
   - Upolu Airport
8. Lapakahi State Historical Park
9. Kawaihae
10. Kailua-Kona Airport
    - White Sands Beach
11. Hikiau Heiau State Historical Monument Park
    - Captain Cook's Monument
12. Hookena Beach Park
13. Milolii
14. Manuka Botanical Park
15. Green Sand Beach
    Ka Lae Park
16. Ka Lae (South Point)
17. Black Sand Beach
    Punaluu
18. Kapaoo Point
    *Südwest-Endpunkt Hawaii
    Volcanoes Nationalpark*
19. Papalehau Point
    Kuee Ruinen in der Nähe
20. Keauhoo Point
    Schutzhütte
21. Kaena Point
    Sea Arches/Meeressteinbögen
22. Kamoamoa Ruinen/Campground/
    Wahaula Visitors Center
    *zerstört 1992 durch Lavaströme
    (nicht mehr zugänglich)*
23. Kalapana Black Sands Beach
    durch Lava zerstört und nicht mehr zugänglich
24. Cape Kumukahi
25. Lava Tree State Park
26. Macadamia Nut Hill
    & Orchards
    Macadamia Nußfarm/Besichtigung
27. Mauna Kea
    höchster Punkt Hawaiis: 4 205 m

BIG ISLAND
Routenvorschlag

Routenvorschlag für 2 Tage Big Island

Hier teilt man die Insel grob in zwei Abschnitte, Nord und Süd ein. Die Nordroute erstreckt sich von **Hilo** nach **Kona**.

1. Tag
- Von **Hilo** *Hawaii Belt Road/Highway 19* nach Waimea.
- Von **Waimea** (Kamuela) auf *Kohala Mountain Road/Highway 250* nach **Hawi** und zum Ende der Straße beim **Pololu Valley Overlook**.
- Zurück auf *Akoni Pule Highway/Highway 270* bis zur Gabelung an der **Kawaihae** Kreuzung.
- Auf *Queen Kaahumanu Highway/Highway 19* südwärts nach **Kona**.

2. Tag
- Von **Kailua-Kona** via *Hawaii Belt Road/Highway 11* bis zum **Hawaii Volcanoes Nationalpark**.
- Vom Nationalpark via *Volcano Road/Highway 11* bis **Keaau**, dort abbiegen auf *Highway 130* durch die Orte **Pahoa** und **Kapoho** sowie zum **Kaimu Black Sand Beach Park** im Puna-District.
- Zurück denselben Weg bis **Keaau**.
- Dann weiter auf *Highway 11* nach **Hilo**.

Routenvorschlag 3 Tage Big Island

1. Tag
Historic Downtown Hilo, Lyman Museum, Liliuokalani Gardens, Rainbow Falls, Suisan Fish Auktion, Tropische Gärten, Lava Tree State Park, Kilauea Visitor Center.

2. Tag
Crater Rim Drive, Devastation Trail, Thurston Lava Tube, Volcano Art Center, Thomas Jaggar Museum, Punaluu Beach Park, Whittington Beach Park, Ka Lae (South Point), Manuka Nature Trail, Puuhonua o Honaunau National Historical Park, Kealakekua Bay, Keauhou Bay, Kahaluu Beach Park, Kona Coffee Country, Holualoa, Ahuena Heiau, Natural Energy Laboratory, Kona Coast State Park.

3. Tag
Puako Petroglyph Fields, Anaehoomalu Bay, Hapuna Beach State Park, Puukohola Heiau, Lapakahi State Historic Park, Mookini Heiau, King Kamehameha Statue, Pololu Valley Lookout, Parker Ranch Visitor Center & Historic Homes, Waipio Valley Lookout, Laupahoehoe Point Beach Park, Kolekole Beach Park, Akaka Falls, Onomea Bay Scenic Drive.

ROUTE 1:

HILO–HAWAII VOLCANOES NATIONALPARK

Die Fahrt von **Hilo** zum **Hawaii Volcanoes Nationalpark** ist völlig unbeschwerlich und kurz, nur ca. 26 mi/42 km. Von **Hilo** geht es die gesamte Strecke entlang *Highway 11,* auch *Volcano Road* oder *Mamahaloa Highway* genannt. In **Keaau** mit einer Anzahl von kleinen Geschäften und Restaurants biegt links *Highway 130* auf 500 Fuß/152 m ü.M. als *Pahoa Road* zum Puna District ab. Einzelheiten siehe Route **Hilo–Puna District.**

Über **Kurtistown** und **Mountain View** klettert *Highway 11* an wilden Orchideen und Ingwerblüten vorbei auf 1 000 Fuß/305 m. In **Mountain View** spezialisiert man sich auf die Aufzucht von Anthurien. Beim Hirano Store (**MM 20**) in **Glenwood** hat man schon 2 500 Fuß/762 m und nach dem Orchideenparadies des **Akatsuka Orchid Gardens** (bei **MM 22**) bereits 3 000 Fuß/915 m erreicht. Vom Hirano Store hat man übrigens eine der besten Aussichten auf Eruptionen des Kilauea von dieser Seite des Vulkans; Souvenirladen. Danach passiert *Highway 11* auch schon den vor dem Parkeingang liegenden Ort **Volcano Village** mit einigen Unterkünften, Restaurants, Postamt, Tankstelle und Minimarkt. Bei **MM 26** erreicht man die Parkgrenze und kurz darauf die Zufahrt zum **Kilauea Visitors Center;** Einzelheiten siehe Abschnitt **Hawaii Volcanoes Nationalpark.**

● **Aktuelle Fakten zum Hawaii Volcanoes Nationalpark**

● Seit **3. Januar 1983** ist der Kilauea Vulkan **ununterbrochen** aktiv; die längste ununterbrochene Eruption in historischer Zeitrechnung.
● **Aktivität** findet auf der **Ostflanke** des 1 220 m hohen **Kilauea** statt.
● **Seit 1983** pumpt der Vulkan durchschnittlich 200 000 Quadratmeter Material pro Tag aus; Big Island hat bisher dadurch **24 Hektar** Land zugewonnen.
● Lava ist aus Schloten in **600 m Höhe** über Meeresspiegel zum Meer geflossen.
● Abfluss der Lavaströme ins Meer mit **Unterbrechung** der Küstenstraße auf einer Länge von **11 km** Küstenlinie. Beim Eintritt ins Wasser werden giftige Schwefelgase, Wasserstoff und Kohlenmonoxyd produziert.
● Manchmal kommt **glühende Lava** an die Oberfläche, andere fließt durch unterirdische Röhren.
● Seit **1983** haben die Eruptionen über 300 Häuser und über 7 mi/11 km Straße zerstört. Viele Häuser lagen im Gebiet der sogenannten Royal Gardens an den Vulkanflanken.

94 BIG ISLAND
Route 1: Hilo–Hawaii Volcanoes

● **1986** hörten die glühenden Lavafontänen auf.
● Ursprünglich konnte man vom Nationalpark bis **zur Küste** bis zum **Wahaula Visitors Center** an der südöstlichen Parkgrenze fahren, das **1989** zusammen mit Häusern der Park Rangers zerstört wurde. Die hohen Mauern des 800 Jahre alten, 4 500 Quadratmeter umfassenden **Wahaula Tempels**, in denen Menschenopfer dargebracht wurden, blieben hoch über dem Boden erhalten.
● Die **1990er** Aktivitäten erfolgten hauptsächlich am Südende.
● Am Nordrand der Lavaströme stand **Kalapana**, der kleine Küstenort, der **1990** von Lava zerstört wurde.
● seit **1991** ist das Zentrum der Eruption ein 213 m hoher Vulkankegel namens **Puu Oo** – Big Island's Hot Spot, mit benachbarten Schloten, etwa 13 km vom Meer entfernt und etwas weiter vom Zentrum und der Straße des Parks.
● **Puu Oo** ist die Hauptquelle einer Eruption, die durch 3 Zyklen ging:
– **1983 bis Mitte 1986** Aktivität mit glühenden Fontänen aus Puu Oo-Schlot;
– **von Mitte 1986 bis 1990** lange Lavaströme aus dem **Kupaianaha-Schlot**, etwa 1 mi/1,6 km vom Puu Oo entfernt;
– **Seit 1991** Puu Oo wieder als Quelle.
● **1992** stürzte ein Helikopter in den **Puu Oo Krater,** der 46 m vom Kraterboden bis zum Kraterrand misst. Pilot und Fluggäste konnten trotz giftiger Gase nach zwei Tagen lebend geborgen werden.
● **1993** wurde **Kamoamoa** mit Park Campground und archäologischer Stätte zerstört.
● **Lae Apuki** war **bis 1995** das Ende der südlichen Parkstraße, ist inzwischen auch von Lava „verkonsumiert". In der Nähe von **Lae Apuki**, wo die Lava aus Kilaueas Puu Oo-Schlot etwa 11 km über die Flanken des Bergs abfließt, wurde seit 1983 neues Land an Big Island angefügt.
● **Der Kilauea Krater** selbst sah **1982** zwei Eruptionen; beide dauerten weniger als 24 Stunden.
● **Mount Mauna Loa** mit 4 169 m ü.M. und innerhalb der Parkgrenzen hatte 1984 für 21 Tage Eruptionen.
● **Provisorisches Visitors Center** mit Toiletten am Ende der **Chain of Craters Road.**
● Etwa 4 mi/6 km südlich vom Kilauea Visitors Center kommt man in der Nähe der *Chain of Craters Road* zum **Napau Trail.** Der Trail endet 2 mi/3 km vor dem **Puu Oo** mit seinen aktiven Schloten. Etwa 7 mi/11 km Wanderung ohne Einrichtungen unterwegs. Ausgezeichnete Beobachtungsmöglichkeiten der vulkanischen Aktivitäten. Nicht viele unternehmen diesen Trip! 8–10 Stunden für Hin- und Rückweg!

▶ Kurzüberblick über Nationalpark-Attraktionen

● **Riesiger Kilauea Krater**
● **Hiking Trails**/Wanderwege von nackten Lavafeldern zu Regenwald und bedrohten Vögeln und Pflanzen
● 11 mi/18 km **Crater Rim Road** auf 1 220 m ü.M. umkreist den Krater
● Am Kraterrand, etwa 0,4 km vom Parkeingang, befindet sich Visitors Center mit Museum, Exponaten und Vulkanfilmen
● 42-Zimmer-Volcano House als Unterkunft am Kraterrand
● Volcano Art Center/Kunstgalerie nicht weit vom Volcano House
● Wenige Kilometer vom Visitors Center Jaggar Museum mit seismologischen und geologischen Exponaten.
● **370 000** Besucher pro Jahr – 1 000 pro Tag befahren die Chain of Craters Road, 50 mi/80 km Rundtrip bis Ende der von Lava abgeschnittenen Straße.

HAWAII VOLCANOES NATIONALPARK

„Feuer speiende Vulkane, Regenwälder und Kraterlandschaften"

Öffnungszeiten: Park ganzjährig rund um die Uhr geöffnet. 1916 gegründet.
Lage: Auf der Insel Hawaii im Pazifischen Ozean.
Günstigste Besuchszeiten: Ganzjährig.
Wetter: Veränderliches Wetter. Kilauea Summit auf 1200 m ü.M. kann jederzeit regnerisch und kalt sein. Die Küstenregion/Coastal Area ist im allgemeinen warm und trocken. Windjacke oder Regenschutz, lange Hosen und geschlossene Schuhe empfehlenswert. In Nähe frischer Lavaströme heiß.
Ausmaße: Ca. 928 Quadratkilometer.
Eingänge: Vom *Hwy 11* hinter Volcano Village, einziger Zugang; Nähe Kilauea Visitors Center.
Ausgangsorte: Hilo, Pahala, Kailua-Kona, Waimea und Volcano Village.
Unterkunft: Außerhalb vom Park – Volcano Village. Im Park – Volcano House; Tel. (808)967-7321.
Camping: Namakani Paio und Kipuka Nene Campgrounds im Park. Außerdem mehrere Backcountry Plätze, Permit erforderlich.
Restauration: Volcano House; Volcano Village.
Wandern: Ausgedehntes Wegenetz um Krater, über Lavaströme, in Caldera.
Tierwelt: Nene (hawaiische Gans), Mungos, artenreiche Vogelwelt, Wildschweine, Hawksbill Schildkröte.
Attraktionen: Kilauea Visitors Center, Kilauea Iki Krater, Jaggar Museum, Devastation Trail, Halemaumau Overlook, Thurston Lavatunnel, Crater Rim Drive, Chain of Craters Road.
Information: Superintendent, Hawaii Volcanoes National Park, Hawaii, HI 96718. **Eruption,** neuester Stand/Update – (808)967-7977. Notruf im Park: (808)967-7311.

Baxter-Tips für Hawaii Volcanoes Nationalpark

1. In Volcano Village **volltanken.**
2. **Proviant** für unterwegs im General Store in Volcano Village besorgen.
3. Fast an allen Stränden im Küstengebiet des Parks ist Schwimmen wegen der starken Strömung und Brandung **nicht erlaubt.**
4. Fahrt entlang **Crater Rim Drive** (11 mi/18 km) führt zum Jaggar Museum und Devastation Trail.
5. **Chain of Craters Road** (Rundtrip 50 mi/80 km) kreuzt Crater Rim Drive und überwindet Höhenunterschied von 1130 m bis zur Küste; endet wo 1989 Lavaströme die Straße verschluckt haben. Etwa 3–5 Stunden je nachdem wie oft gehalten wird. Keinerlei touristische Einrichtungen unterwegs (außer Toiletten am Ende der Straße).
6. **Vulkandämpfe.** Personen mit Herz- oder Atembeschwerden sollten Stellen meiden, an denen Schwefeldämpfe austreten.
7. Bei Wanderungen stets **Wasservorrat** mitnehmen. Festes Schuhwerk unerläßlich. Über Wanderwege bei Park Rangers erkundigen.
8. Beim Autofahren auf **Nene** (hawaiische Gans) achten.
9. **Öffnungszeiten** des Kilauea Visitors Center (ab 7.45 Uhr) und Jaggar Museums 8.30 bis 17 Uhr.
10. **Eruptionsfilm** im Kilauea Visitors Center ansehen, stündlich von 9 bis 16 Uhr.

96 BIG ISLAND
Hawaii Volcanoes: Orientierung

Schlüssel zur Baxter Info-Karte Hilo-Hawaii Volcanoes Nationalpark

Orientierung:
1-Prince Kuhio Plaza
 -Supermarkt
 -Woolworth/Kinos
 -Hilo Hattie's Fashion Center
 -Kaufhäuser
2-Kaimakanaka Falls
 -Rainbow Falls
 -Boiling Pots
 -Peepee Falls
3-Kulani Panaewa Rain Forest Zoo
 Regenwald Zoo
4-Keaau
5-Kalapana 22 mi/35 km
 Black Sand Beach
 -Pahoa 11 mi/18 km
6-Herbert C. Shipman Park
 -500 Fuß/152 m ü. M.
7-Kurtistown
 -Post Office/Postamt
8-1 000 Fuß/305 m ü. M.
9-Kulani 17 mi/27 km
10-Mountain View Village
11-1 500 Fuß/457 m ü. M.
12-2 000 Fuß/610 m ü. M.
13-2 500 Fuß/762 m ü. M.
14-Akatsuka Orchid Gardens
 Orchideen
15-3 000 Fuß/915 m ü. M.
16-Minimarkt
17-Post Office/Postamt
 -Tankstelle/Telefon/Cafe
18-Visitors Center
 -Park Headquarters
 -Volcano Art Center
19-Golfplatz
20-Mauna Loa
21-Jagger Museum
22-Kilauea Caldera
 Halemaumau Krater
23-Kilauea Iki Krater
24-Thurston Lava Tube
25-Puhimau Krater
26-Keanakakoi Krater
 -Lua Manu Krater
27-Kokoolau Krater
28-Hiiaka Krater
29-Pauahi Krater
30-Namakani Paio Campground
31-3 500 Fuß/1 067 m ü. M.
32-Kau Desert Trailhead
33-Kona 96 mi/154 km
 -Kailua 74 mi/118 km
 -Kapala Ranch
 -Kona Coast
34-Zum Mauna Kea
 13 784 Fuß/4 201 m ü. M.
 -nach Waimea
35-zur Hamakua Coast
 -Honomu
 -Honokaa
 -Akaka Falls
36-zum Mauna Loa
37-General Lyman Field
 Hilo Flughafen/Hilo Airport
38-Rainbow Tropicals Visitor Center
39-Keaau Shopping Center
 Supermarkt/Dairy Queen
40-Hirano Store
 Tankstelle & Minimarkt
41-Town Center
 -Jack in the Box
 -McDonald's
 -Supermarkt
 -Taco Bell

Unterkunft/Vorwahl (808):
A-$$$ Kilauea Lodge
 967-7366
 Fax 967-7367
 -Kilauea Restaurant
 -$$$ Chalet Kilauea
 The Inn at Volcano
 967-7786
 gebührenfrei 1-800-937-7786
 Fax gebührenfrei 1-800-577-1849
 -$$ The Lodge at Volcano
 967-7244
 gebührenfrei 1-800-736-7140
 Fax gebührenfrei 1-800-577-1843
B-$$ Volcano House
 967-7321
 Fax 967-8429

Straßenschlüssel:
a-Mamaki
b-Makalika
c-Old Volcano Road

Orientierung

Der im Südwesten der Insel Hawaii liegende **Hawaii Volcanoes Nationalpark** verkörpert 70 Millionen Jahre Vulkanismus, Migration und Entwicklung. Hier werden die Naturlandschaften der aktiven Vulkane **Kilauea** und **Mauna Loa** geschützt. Faszinierende Vulkane und Regenwälder sind entlang der beiden Parkstraßen Crater Rim Drive und Chain of Craters Road zu erleben.

Die Beschreibung des Parks ist wie folgt eingeteilt: Nach Tips, Unterkunft, Camping und Wandern folgen die Abschnitte **Kilauea Visitors Center, Volcano House, Jaggar Museum.** Daran schließt sich die Fahrt entlang **Crater Rim Drive** an. Den Abschluß bildet die **Chain of Craters Road.**

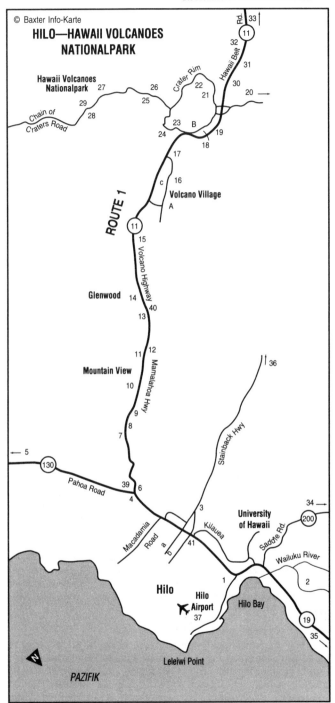

98 BIG ISLAND
Hawaii Volcanoes: Unterkunft

Unterkunft

- **Im Hawaii Volcanoes Nationalpark:**
  Volcano House
  P.O. Box 53
  Hawaii National Park, HI 96718
  Tel. (808)967-7321   Fax (808)967-8429

- **Außerhalb des Nationalparks im Volcano Village:**
  Carson's Volcano Cottage
  P.O. Box 503
  Volcano, HI 96785
  Tel. (808)967-7683
  gebührenfrei 1-800-845-LAVA

  Chalet Kilauea
  P.O. Box 998
  Volcano, HI 96785
  Tel. (808)967-7786
  gebührenfrei 1-800-937-7786

  Lokahi Lodge
  P.O. Box 7
  Volcano, HI 96785
  (Tel. (808)985-8647
  gebührenfrei 1-800-457-6924

  Kilauea Lodge & Restaurant
  ("Romantic Inn")
  P.O. Box 116
  Volcano, HI 96785
  Tel. (808)967-7366
  Fax (808)967-7367

  Volcano Bed & Breakfast
  P.O. Box 22
  Volcano, HI 96785
  Tel. (808)967-7779
  gebührenfrei 1-800-733-7713
  Fax (808)967-7619

  Edie's Victorian Rose
  P.O. Box 234
  Volcano, HI 96785
  Tel. (808)967-8026

Camping

Campingplätze auf den Plätzen innerhalb des Nationalparks werden in der Reihenfolge der Ankommenden *(first-come, first served)* vergeben. Man benötigt keine Erlaubnis = *Permit*. Keine Duschmöglichkeiten.

- **Namakani Paio Campground;** etwa 3 mi/5 km vom Park Headquarters (Nähe Meile 31½ am *Hwy 11*) auf 4000 Fuß = 1219 m. ü.M. Wasser, Grubentoiletten, Feuergruben; Grasboden unter hohen Eukalyptusbäumen. Von Bodenrissen fernhalten.

- **Kipuka Nene Campground;** etwa 11 mi/18 km vom Park Headquarters an *Hilina Pali Road* auf 2900 Fuß = 884 m ü.M. Wasser, Grubentoiletten; offene, grasbewachsene Fläche. Während der Nene Brutzeit wird diese Gegend manchmal für die Saison gesperrt.

- **Backcountry Camping.** Erlaubnis = *Permit* erforderlich; bei Kilauea Visitors Center erhältlich. Permits werden kostenlos in der Reihenfolge der Ankommenden am Tag der Wanderung oder einen Tag vor dem Start vergeben. Wanderkarten *Coastal* und *Mauna Loa Trail Maps* sind erhältlich. Über Einzelheiten beim Visitors Center erkundigen.

Wandern

Der Hawaii Volcanoes Nationalpark bietet Möglichkeiten zu **Tageswanderungen,** aber auch **mehrtägigen Wanderungen** mit Unterwegsübernachtung *(overnight hiking)*. Alle *Overnight Hikers* müssen sich beim Infoschalter im Kilauea Visitors Center registrieren; *Backcountry Permit* erforderlich; Tel. (808)967-7311.

BIG ISLAND 99
Hawaii Volcanoes: Wandern

Tageswanderungen/*Day Hikes*

- **Crater Rim,** 11 mi/18 km, ganzer Tag; anstrengend. Pfad führt durch verschiedene geologische und biologische Landschaften, die den Gipfel des Kilauea umzirkeln. Jaggar Museum wird passiert. Wasser und Proviant für unterwegs mitnehmen; mit Regen rechnen. Schwefeldämpfe sind in der Südwest-Rift-Zone und Halemaumau Area sehr streng.
- **Devastation,** 1 mi/1,6 km; leicht, 30 Minuten; etwa 3 mi/5 km (15 Min.) vom Visitors Center. Boardwalk = Brettersteg führt durch die Schlacken der Kilauea Iki Eruption des Jahres 1959. Sichtbar sind Verwüstung, Nachwachsen der Vegetation. Vom Pu'u Pua'i Overlook Aussicht in den Kilauea Iki Krater.
- **Halemaumau,** 3–7 mi/5–11 km; mittlere bis starke Anstrengung; 3–6 Std. Pfad führt 150 m tief auf den Boden des Kilauea, überquert die Caldera der Eruption des Jahres 1982. Schleife über Byron Ledge möglich. Unterwegs strenger Schwefelgasgeruch verursacht manchmal Atembeschwerden. Nichts für Asthmakranke oder schwefelempfindliche Personen.
- **Iliahi** (Sandalwood), 2 mi/3 km, 1 Std.; leicht bis anstrengend. Pfad beginnt auf der anderen Straßenseite vom Ende des Kilauea Visitors Center Parkplatzes. Führt durch Regenwälder, an Dampfschloten vorbei, spektakuläre Aussicht in die Caldera.
- **Ka'auea** (Waldron Ledge), 1 mi/1,6 km; einfach, ca. 45 Min. Pfad beginnt auf der anderen Straßenseite am Ende des Kilauea Visitors Center Parkplatzes, dem Crater Rim Trail links folgen. Asphaltierter Weg mit Blick in die Kilauea Caldera, einschließlich eines Abschnitts der *Crater Rim Road,* die im November 1983 durch ein Erdbeben zerstört wurde.
- **Kilauea Iki,** 4 mi/6 km; mittlere bis größere Anstrengung, 2–3 Std. Etwa 2 mi/3 km (10 Min.) vom Visitors Center. Pfad führt durch jungen Regenwald, am Crater Rim (Kraterrand) entlang und über den Kraterboden. Etwa 120 m Höhenunterschied für Ab- und Aufstieg; kann regnerisch sein. Man wandert über Lavaströme des Jahres 1959. Sogenannten Cairns oder *ahu* (Steinhäufchen) folgen, um den Kraterboden zu überqueren.
- **Kipuka Pua'ulu** (Bird Park), 1 mi/1,6 km; einfach, 1 Std. Etwa 4 mi/6 km (10 Min.) vom Visitors Center. Man spaziert durch eine Insel des Lebens, 2000 Jahre alt und von jüngerer Lava umgeben. Große alte Bäume. Ökologisches Gebiet.
- **Pu'u Loa Petroglyphs,** 2 mi/3 km; einfach bis anstrengend, 1–2 Std. Etwa 20–40 Minuten vom Visitors Center. Pfad führt in der Küstenregion durch alte Lavaströme, um die Petroglyphen (eine der größten Petroglyphensammlungen Hawaiis) zu erreichen. Petroglyphen (Felszeichnungen) sind wertvoll und empfindlich. Auf dem Pfad und Brettersteg bleiben. Vulkandämpfe können in dieser Gegend unangenehm sein. Mit starker Hitze rechnen.
- **Pu'u huluhulu,** 3 mi/5 km; mittlere Anstrengung, 2 Std. Etwa 7 mi/12 km (20 Min.) vom Visitors Center. Pfad überquert Lavaströme der Jahre 1973–74, führt durch *kipuka* (= Vegetationsinsel), an Baumabgüssen vorbei zum Gipfel des **Pu'u huluhulu.** Von dort Blick in den Krater mit herrlicher Regenwaldvegetation, Aussicht bei klarer Sicht auf East Rift Zone, Pu'u O'o und Mauna ulu. Vorsicht beim Überqueren alter Lava; mit strengem Wind rechnen; Wasser mitnehmen.
- **Waha'ula,** 2–3 mi/3–5 km; anstrengend, ca. 2 Std. Etwa 30 mi/48 km (45 Min. bis 1 Std.) vom Visitors Center. Pfad entlang der Küste auf jungen Lavaströmen. Vorbei am Waha'ula Heiau, das von Lava umgeben ist; Reste des im Juni 1989 zerstörten Waha'ula Visitors Center. Mit extremen Temperaturen rechnen, unebener und zackiger Untergrund. Von Klippen und Surf fernhalten; Wasser, festes Schuhwerk, Sonnenschutz und Kopfbedeckung erforderlich.

100 BIG ISLAND
Hawaii Volcanoes: Kilauea Visitor Center

 ## KILAUEA VISITORS CENTER

Ausgangspunkt für die Fahrt durch den Park entlang der Kraterrandstraße **Crater Rim Drive** ist das **Kilauea Visitors Center,** etwa 1 mi/1,6 km südwestlich der kleinen Ortschaft **Volcano** (am *Hwy 11*) und kurz hinter der Parkeingangsstation/ **Entrance Station.** Kilauea Visitors Center beherbergt ein Museum mit Ausstellungen zur Naturgeschichte des National-parks. Auf der Terrasse des Visitors Centers gibt ein hervorragendes Reliefmodell der Insel Hawaii eine sehr gute Orientierung der Inseltopographie. Verschiedene Infotafeln außerhalb des Gebäudes informieren unter anderem über Wandermöglichkeiten und Wildschweine.

Das Visitors Center umfaßt außer Infotheke und Buchhandlung die Ausstellung, die über die Besonderheiten des Parks informiert. Ein kurzer Film (12 Min.) zum Thema Vulkane wird stündlich gezeigt. An der Infotheke über Wanderungen, Touren, Führungen und Veranstaltungen sowie den neuesten Stand von Lavaausbrüchen erkundigen. Hier auch *Backcountry Permits* erhältlich. Zunächst zu den Exponaten **außerhalb** des Visitors Centers.

 ### Info außerhalb des Visitors Centers

Außerhalb vom Kilauea Visitors Center. Links vom Eingang auf dem Weg zu den Toiletten neben dem Telefon:

● **Kilauea Summit Trails/***Wanderwege auf dem Kilauea Gipfel*

● **Crater Rim Trail.** Ein 11 mi/18 km langer Rundwanderweg rund um die Kilauea Caldera bietet eine Vielfalt landschaftlicher Aussichtspunkte auf seiner Route durch Wüste und Farnwälder. Man sollte etwa 7 Std. einkalkulieren. Kürzere Rundwanderungen möglich, wenn Halemaumau oder Byron Ledge Trails benutzt werden.
● **Sulphur Banks.** Vulkanisches Gestein entlang dieses 0.8 mi/1,3 km langen Rundwanderwegs verändert sich durch aus Magma austretende Gase und vulkanische Dämpfe. Etwa 1 Std. Wanderzeit.
● **Kilauea Iki.** Ein 4 mi/6,4 km Rundwanderweg führt über den bei der Eruption im Jahre 1959 entstandenen, noch abkühlenden Lavasee. Etwa 3 Std. Wanderzeit einkalkulieren, vom Kilauea Iki Overlook.
● **Halemaumau Trail.** Ein 3.3 mi/5,3 km Pfad führt über eine vulkanische Landschaft zum Rand des Kilauea Kraters, der oft Zentrum von Eruptionen war. Etwa 2 Std. bis zum Parkplatz einkalkulieren. Rückweg via Byron Ledge Trail für einen 7 mi/11 km, 4stündigen Rundwanderweg. Es gibt dazu eine Begleitbroschüre – *self-guiding trail leaflet.*
● **Sandalwood Loop.** 1.8 mi/2,9 km Rundwanderweg durch Waldlandschaft mit vielen einheimischen Vogelarten und schönen Aussichtsstellen. Etwa 1½ Std. einkalkulieren.

● **Volcano Country Trail**

Unter der Karte mit den Wanderwegen:

Take half an hour ... Um den Hawaii Volcanoes Nationalpark zu Fuß zu erkunden, kann man sich eine halbe Stunde, einen halben Tag oder eine Woche Zeit nehmen. Über 150 mi/240 km Wanderwege führen zu erstaun-

BIG ISLAND 101
Hawaii Volcanoes: Parkkarte

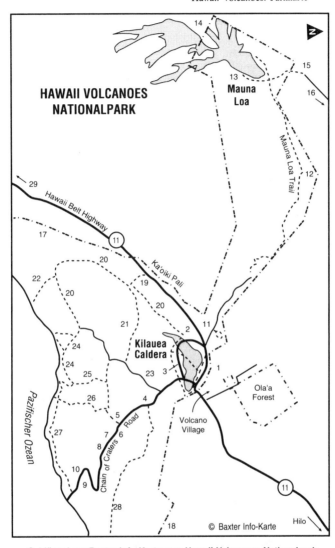

Schlüssel zur Baxter Info-Karte zum Hawaii Volcanoes Nationalpark

Hawaii Volcanoes Nationalpark:
1-Kilauea Visitors Center
  Info/Museum/Toiletten/Telefon
2-Jaggar Museum
3-Crater Rim Drive
4-Kipuka Puaulu
5-Mau Loa o Mauna Ulu
6-Muliwai a Pele
7-Kealakomo
8-Halona Kahakai
9-Alanui Kahiko
10-Holei Pali
11-Kipuka Puaulu
12-Northwest Rift Zone
13-Mauna Loa Cabin
14-Southwest Rift Zone
15-Mauna Loa Observatory
16-zum Highway 200
  Saddle Road
17-Southwest Rift Zone
18-East Rift Zone
19-Ka'u Desert Trailhead
20-Ka'u Desert Trail
21-Mauna Iki Trail
22-Ka'aha Trail
23-Hilina Pali Road
24-Hilina Pali Trail
25-Halapa Trail
26-Keauhou Trail
27-Puna Coast Trail
28-Kalapana Trail
29-nach Kailua-Kona

BIG ISLAND
Hawaii Volcanoes: Visitor Center

lichen Vulkanlandschaften, vielfältigen Naturwelten und Stätten hawaiischer Geschichte.

Mauna Loa gilt als einer der größten Vulkane der Welt. Sein Gipfel ist über einen 18 mi/29 km langen Wanderweg über farbenprächtige Lava erreichbar, die sowohl in ferner als auch in jüngerer Vergangenheit entstanden ist. Hüttenunterkunft/*cabins* auf **Red Hill** (10 035 Fuß/3059 m hoch) und auf dem Gipfel/*Summit* (13 250 Fuß/4 039 m hoch) vorhanden.

Die **Kalapana Wilderness** besteht aus trockenen, offenen Wäldern, Regenwäldern, Kratern und frischen Lavamustern.

Der **Mauna Iki Trail** führt über frische Lavalandschaften auf Kilauea's Southwest Rift und über eine hawaiische Wüste, die nicht sehr überlaufen ist.

Kipuka Puaulu (Bird Park/Vogelpark), eine an einheimischen Pflanzen reiche Vegetationsinsel, gilt als Heimat vieler einheimischer Vogelarten. Eine Begleitbroschüre zu diesem Naturlehrpfad – *nature trail booklet* – informiert entlang eines 1.1 mi/1,8 km langen, geruhsamen Spaziergangs über diese Umgebung.

Mehrtägige Wanderer, die unterwegs übernachten/**Overnight hikers:** Beim Visitors Center registrieren. Dort auch erkundigen über Planung von Wanderungen und Trips.

Neue Information über sogenannten **Feral Pigs**/*Wildschweine:*

● **Feral Pigs – the Problem**/*Wildschweine – das Problem*

The first pigs brought ... Bei den ersten Schweinen, die von polynesischen Siedlern vor nahezu 1200 Jahren auf die hawaiischen Inseln gebracht wurden, handelte es sich um kleine, domestizierte Tiere. Gegen Ende des 18. Jh. importierte man Schweine aus Europa und führte sie in Hawaii ein.

Jene Schweine wurden wild und drangen in Wälder, Strauch- und Graslandschaften ein. Wildschweine stellen eine ernste Gefahr der einheimischen Pflanzen und Schweine Hawaiis dar.

Die Wildschweine fressen gerne das stärkehaltige Pflanzenfleisch von **hapu'u,** einer einheimischen Farnart, die in Regenwäldern vorkommt. Exotische, nicht-einheimische Pflanzen dringen dort ein und wuchern, wo Wildschweine einheimische Pflanzen entwurzelt und den Bodenwuchs zerstört haben.

Die sehr seltenen und wunderschönen einheimischen hawaiischen Vögel leiden infolge einer Kettenaktion unter Aktivitäten von Wildschweinen. Die nicht in Hawaii beheimateten Moskitos vermehren sich in angesammeltem Wasser hohler Baumstämme, Farnen und Wälzmulden der Wildschweine. Einheimische Vögel besitzen geringe Abwehrkräfte gegen von Moskitos übertragene Krankheiten eingeführter Vögel.

● **Feral Pigs – Management And Control**
Wildschweine – Management und Kontrolle

More than half of ... Über die Hälfte aller vom Aussterben bedrohten Pflanzen und Tiere der USA kommen **nur** in Hawaii vor. Diese Vögel sind direkt auf die verbliebenen Portionen ursprünglicher Habitate angewiesen und werden nun durch exotische Pflanzen und wilde Tiere bedroht.

Der National Park Service versucht, die Zahl der Wildschweine durch Einzäunung und Abjagen unter Kontrolle zu halten. Ferner sind auch wissenschaftliche Untersuchungen im Gange, bessere Kontrollmaßnahmen zu entwickeln.

Die Bilder zeigen u. a. einen Einzäunungstrupp des *Youth Conservation Corps.* Einheimische Pflanzen erholen sich bemerkenswert rasch, wo man Wildschweine unter Kontrolle hält.

BIG ISLAND 103
Hawaii Volcanoes: Visitor Center

Nun zur Information innerhalb des Visitors Centers.

Information im Visitors Center

Innerhalb des Visitors Centers findet man gleich im Zentrum des Raums beim Eingang die **Infotheke,** wo es Parkbroschüren, Info über Wanderwege sowie Camping gibt. Park Rangers erteilen gerne Auskunft aller Art über den Park. Hier auch über Straßenzustand, neuesten Stand der Eruptionen des Kilauea Vulkans und Zustand der Wanderwege erkundigen. Außer einer kleinen Buchhandlung, in der es interessante Bildbände, topographische Karten und Postkarten gibt, findet man hier auch entlang der rechten Wand wertvolle Information über den Nationalpark sowie eine große, geographische Karte, auf der die Sehenswürdigkeiten des Nationalparks markiert sind.

Allgemeine Info

Innerhalb des Visitors Centers:

- **General Information**/*Allgemeine Info*

Welcome to Hawaii Volcanoes National Park/Willkommen im Hawaii Volcanoes Nationalpark.

- **Drive ...** Die Kraterstraße **Crater Rim Road** entlangfahren – 11 mi/18 km Rundfahrt.
- **See ...** Sehenswürdigkeiten: Steam Vents/Dampfschlote, Jaggar Museum, Halemaumau, Devastation Trail, Farnwald, Fern-Ohi'a Forest, Thurston Lava Tube/Thurston Lavatunnel, Kilauea Iki Krater.
- Zum Besuch der Küstengegend/**Coastal Area** im Anschluß an Crater Rim Road etwa 1–2 Stunden einkalkulieren.
- **Drive ...** Chain of Craters Road entlangfahren – 50 mi/80 km Hin- und Rückfahrt.
- **See ...** Sehenswürdigkeiten: Pit Craters/Grubenkrater, frischer Lavafluß, Mauna Ulu, Coastal Views/Küstenpanorama, Petroglyphs/Felszeichnungen, Sea Arches/Meeresbögen (Steinbögen im Meer) & Lavaströme jüngster Zeit.
- Entlang der **Chain of Craters Road** weder Tankstellen, Läden, Restaurants noch Telefon; etwa 3 Std. Fahrzeit insgesamt einkalkulieren.

Der Park ist rund um die Uhr geöffnet. Das Kilauea Visitors Center sowie das Jaggar Museum schließen um 17 Uhr.

- **Activities**/*Aktivitäten*

- **Volcano Summit Walk**/Spaziergang über den Vulkangipfel. Was versteht man wohl unter dem Begriff 'o'o? Sind Vulkandämpfe gefährlich? Wo wohnt die Göttin Pele? Und wie spricht man Halemaumau aus? Die Antwort zu diesen und anderen faszinierenden Fragen erhält man entlang dieses etwa 45 Minuten langen, geführten Spaziergangs. Treffpunkt vor dem Kilauea Visitors Center.

- **Kilauea Iki – Ranger-guided Hike**/Kilauea Iki – von Ranger begleitete Wanderung. Etwa 2 Std.; 4 mi/6 km. Abstieg in die Tiefe dieses „kleinen"

BIG ISLAND
Hawaii Volcanoes: Visitor Center

Kraters und die Schönheit und Stille dieses noch Dampf ausstoßenden Satelliten der Kilauea Caldera erleben.

Pflanzen und Tiere kennenlernen. Einige der hawaiischen Sagen, die den Vulkan umgeben, hören. Treffpunkt am Parkplatz der Thurston Lava Tube. Bequeme Schuhe erforderlich. Leichte Jacke und Trinkwasser mitnehmen.

● **Lava Exploration**/Lava-Erkundung. **Explore**... Gebiete, die erst kürzlich mit Lava bedeckt wurden, das „jüngste Fleckchen Land auf der Erde"! Ziel und Länge der Ausflüge werden täglich je nach Lava-Aktivität und Wetter festgelegt.

Es geht über rauhes, unebenes und felsiges Gelände. Bei den Parkbediensteten am *coastal lava flow*/Küsten-Lava-Strom über Einzelheiten dieser 30 Minuten bis 2 Stunden dauernden, von Rangers geführten Exkursionen erkundigen.

Treffpunkt am Ende der Chain of Craters Road (etwa 0.5 mi/0,8 km hinter der Straßensperre). Etwa eine Stunde für die Fahrt vom Kilauea Visitors Center einkalkulieren.

Trinkwasser, Regenjacke, festes Schuhwerk, Kopfbedeckung und Sonnenschutzmittel erforderlich.

Am Eingang (im Bereich der Infotheke):

● **1877 Volcano House**

Built across the road... Das 1877 auf der gegenüberliegenden Straßenseite als Hotel errichtete **Volcano House** steht heute wegen seines ursprünglichen „Western Baustils" unter Denkmalschutz und wurde *im National Register of Historic Places* aufgenommen. Einst kamen seine Hotelgäste zu Fuß, zu Pferd, im Pferdewagen oder in der Pferdekutsche, um die sechs Zimmer zu belegen. Kamen mehr Gäste als Zimmer vorhanden waren, wurden Aufenthaltsraum und Veranda zu „Schlafsälen". **Volcano House** übte seine Hotelfunktion ohne Unterbrechung bis **1941** aus. Heutzutage dient das Haus als Kunstgalerie Volcano Art Gallery, in der Werke von über 200 hawaiischen Künstlern und Kunsthandwerkern ausgestellt werden.

An der rechten Wand, immer noch im Bereich der Infotheke, rund um die große Karte des Hawaii Volcanoes Nationalparks weitere Info zum Park:

● **Welcome To Hawaii Volcanoes National Park**
Willkommen im Hawaii Volcanoes Nationalpark

● **Restrooms/Water/Phone**... Toiletten/Wasser/Telefon: Vom Ausgang an der Fronttür rechts.
● **Volcano House**
Hotel/Restaurant: Auf der anderen Straßenseite, etwa 100 Meter.
● **Volcano Art Center**
Vom Fronteingang des Visitors Centers rechts, am Ende des Parkplatzes.
● **Gasoline/General Stores**... Tankstelle/Lebensmittelgeschäft:
1. *Hwy 11* Richtung Hilo, 1.5 mi/2,4 km im Volcano Village
2. *Hwy 11* Richtung Kona, 23 mi/37 km in Pahala.

● **Backcountry Mauna Loa**/*Hinterland Mauna Loa*

Die **Mauna Loa Road** kreuzt den **Crater Rim Drive** und steigt um 2500 Fuß/762 m auf 13 mi/21 km zum Mauna Loa Trailhead. Etwa 45 Mi-

Hawaii Volcanoes: Visitor Center

nuten Fahrzeit für jede Richtung auf der kurvenreichen, einspurigen, asphaltierten Straße.

Von einer Aussichtsstelle mit Schutzhütte auf 6600 Fuß/2012 m hat man bei gutem Wetter Panoramablick auf den Kilauea.

Wassersammelstelle sowie zwei Hütten befinden sich entlang des 18 mi/29 km langen Pfads zum Gipfel.

Bei allen Backcountry (Hinterland) Unternehmungen ist vorherige Registrierung erforderlich.

● Explore and Discover the Summit of Kilauea via Crater Rim Drive
Den Kilauea-Gipfel via Crater Rim Drive erkunden & entdecken

Vom Parkplatz am Visitors Center rechts abbiegen. Die 11 mi/18 km Straße **Crater Rim Drive** umringt die Gipfel Caldera des **Kilauea Vulkans**.

Scenic Stops/Haltepunkte unterwegs: Sulphur Banks, Steam Vents, Kilauea Overlook, Jaggar Museum, Southwest Rift Zone, Halemaumau Crater, Lavastrom des Jahres 1982/1982 Lava Flow, Keanakako'i Crater, Devastation Trail, Pu'u Pua'i, Thurston Lava Tube, Kilauea Iki Overlook.

Scenic Walks/Wanderungen, Spaziergänge:
- **Halemaumau Overlook** – 10-Minuten-Spaziergang zum Rand des Halemaumau Crater.
- **Devastation Trail** – ein 30-Minuten-Spaziergang entlang eines Brettersteigs durch ein Gelände, das einst durch die Eruption im Jahre 1959 im Kilauea Iki Crater verwüstet wurde.
- **Thurston Lava Tube** – ein 20-Minuten Spaziergang durch eine Baumfarnlandschaft und einen 'Ohi'a-Wald sowie prähistorische, tunnelartige Lavaröhre.

● Backcountry Coastal District
Hinterland Küstendistrikt

Ein Netz von Pfaden führt den Wanderer durch das Küsten Hinterland/ **Coastal Backcountry** des Parks. Je nach verfügbarer Zeit und Kondition können Tages- oder mehrtägige Wanderungen durchgeführt werden. Wassersammelstellen sowie drei ummauerte Schutzhütten befinden sich an der Küste bei Ka'aha, Halape und Keauhou, ferner gibt es eine kleine 3-Betten-Hütte bei Pepeiao.

Bei allen Backcountry-Unternehmungen ist vorherige Registrierung erforderlich.

● Coastal District/*Küstendistrikt*

- **Scenic Stops** ... Haltepunkte: Meeresbögen (Steinbögen im Ozean)Sea Arches, Campingplatz, Recent East Rift Zone Lava Flows (Lavaströme jüngster Zeit in der östlichen Grabenzone), Waha'ula Heiau Visitors Center wurde 1989 durch Lavaströme zerstört.
- **Scenic Walks** ... Spaziergänge: Ke ala kahiko, 1stündiger Spaziergang entlang niedriger Meeresklippen und durch Küstenwälder, wo das Waha'ula Visitors Center 1989 zerstört wurde.

BIG ISLAND
Hawaii Volcanoes: Visitor Center

● Chain of Craters Road

The Chain of Craters road intersects ... Die **Chain of Craters Road** kreuzt den Crater Rim Drive und führt mit einem Höhenunterschied von 3700 Fuß/1128 m ca. 36 km in Küstennähe zum **Coastal District** des Parks.

Die Straße windet sich an urzeitlichen Grubenkratern = „Pit Craters" und spektakulären Lavaströmen vorbei, die von 1969 bis 1974 durch den Mauna Ulu produziert wurden.

An mehreren Haltestellen mit Infotafeln bieten sich Panoramablicke; dort werden vulkanische Vorgänge erklärt.

● Road closed at this point (Lae'apuki)
Straßensperrung von diesem Punkt

Bis zur Straßensperre am Ende der Straße fahren. Wenden und bei erster Gelegenheit parken. Trinkwasser und festes Schuhwerk. Keine Restauration, Wasser und Tankstelle vorhanden. Heiße Tagestemperaturen sind zu erwarten. Bei Dunkelheit Taschenlampe für den Trail benutzen.

Check about conditions ... Über Straßenzustand am Ende der Chain of Craters Road erkundigen:

● Coastal Lava Viewing Update
Neuestes über Besichtigung der Küstenlava

Drive 45 minutes ... 45-Minuten-Fahrt bis zum Ende der Chain of Craters Road. 0.5 mi/0,8 km Lavapfad (über Öffnungszeiten beim Visitors Center erkundigen). Nachstehende Auflistung ist die Art der Information, die für den jeweiligen Tag gegeben wird, wobei dann konkrete Angaben erfolgen, z. B. Besichtigung roter Lava (✔) gut.

● **Red lava viewing**/Besichtigung roter Lava: ( ) None/keine ( ) Poor/wenig ( ) Good/gut
● **Visible activity**/Sichtbare Aktivität: **Steam Plume or ...** Dampfschwade oder ... **Glow at night or ...** Glüht nachts oder ...
● **Toxic fume cloud at ocean blowing**/Gifthaltige Gaswolke bei Meeresbrise: **On shore or ...** am Ufer oder ...
● **Weather**/Wetter: **Clear skies ...** Wolkenlos oder ...
Lavaströme und Witterung ändern sich ständig.

● **Warning**/Warnung: Gefährliche Konzentration von Schwefeldämpfen ist immer vorhanden. Personen mit Herz- oder Atembeschwerden, Kleinkinder und Schwangere sollten Gebiete der Lavaströme meiden.

Die Eruptionsstelle der Kilauea Volcano **East Rift Zone** (Ostspaltenzone) liegt etwa 10 mi/16 km vom Gipfel entfernt.

Noch mehr allgemeine Information:

● The Hawaiian Archipelago/*Der hawaiische Archipel*

The Hawaiian Islands are ... Die Inseln Hawaiis bestehen aus den Gipfeln einer gigantischen Vulkankette, die sich 2400 Kilometer über das Zentrum des Pazifischen Ozeans zieht. Am Nordwestrand sind nur Kuppen von Korallen-Kalkstein sichtbar, der aber auf Vulkanen sitzt. Die Vulkane werden südostwärts zunehmend jünger.

BIG ISLAND 107
Hawaii Volcanoes: Visitor Center

● Lodging/*Unterkunft*

● **Hotel:** Volcano House, etwa 90 m auf der anderen Straßenseite.
● **Cabins**/Bungalows/Hütten: Am Namakani Paio Campground; Anmeldung im Volcano House.
● **Campgrounds**/Campingplätze: Drive in (Autozufahrt), gebührenfrei – **Namakani Paio**, 3 mi/5 km, Richtung Kona am *Hwy 11*; – – **Kipuka Nene**, an *Hilina Pali Road*. – – **Kamoamoa**, an der Küste, an *Chain of Craters Road*, kein Wasser.
● **Kilauea Military Camp** (Erholungslager für Angehörige der US-Armee), 1 mi/1,6 km auf rechter Seite des *Crater Rim Drive*.

● Food/*Restauration etc.*

● **Volcano House Hotel:**
Breakfast/Frühstück	7.00–10.30 Uhr
Lunch/Mittagessen	10.30–14.00 Uhr
Dinner/Abendessen	17.30–20.30 Uhr
Snack Bar	10.30–16.00 Uhr

● **Volcano Golf Course:**
1.4 mi/2,2 km Richtung Kona am
Hwy 11 Lunch/Mittagessen   11.00–15.00
Volcano Village: 1.5 mi/2,4 km
Richtung Hilo. Volcano Cafe;
breakfast & lunch/Frühst. &
Mittagessen   7–15 Uhr
  Kilauea General Store – Snacks
● **Kilauea Lodge & Restaurant:**
Lunch/Mittagessen	10.30–14.30 Uhr
Dinner/Abendessen	17.00–21.30 Uhr

● **Gasoline**/Tankstelle – im Volcano Village bis 19 Uhr.

Nun weitere Info über Besonderheiten des Parks, immer noch im Bereich der Infotheke (an der Wand):

● Eruption Update/*Eruption auf dem neuesten Stand*

Kilauea Volcano has been ... Seit 3. Januar 1983 brach der Kilauea Vulkan ununterbrochen aus Schloten an der Flanke des Berges aus. Da sich der Eruptionskrater 14 mi/22 km östlich von hier befindet und es weder Straßen noch Wege in dieses Gebiet gibt, besteht gegenwärtig die einzige Möglichkeit, aktive Lavaströme aus der Luft zu sehen.

Lava dringt durch ein Netz von Lavatunnels und -röhren ins Meer. Die Röhren sind nur an den Meeresklippen des Ozeans geöffnet. Die ins Meer fließende Lava produziert gewaltige Dampfwolken, die von Aussichtsstellen unterwegs an den Ost- oder Westseiten neuer Lavaströme sichtbar sind. Von diesen **Viewpoints** sieht man die riesigen Dampfwolken etwa eine Meile (1,6 km) von der Küstenlinie aufsteigen.

Frische Lavaströme sind sehr unbeständig. Lava, die ins Meer dringt, fließt oft nur wenige Zentimeter unter einer scheinbar harten Oberfläche. Ein falscher Schritt könnte leicht zu schweren Verletzungen führen oder tödliche Folgen haben. Aus Sicherheitsgründen bitte unbedingt alle aufgestellten Warnschilder lesen und die Hinweise befolgen.

Bei einer der letzten Eruptionen wurden ca. 8000 Hektar Land mit Lava bedeckt, 64 Häuser „verschluckt" und über 27 Hektar Land an der Küste dieser Insel „angebaut". Wenn die 1149°C heiße flüssige Lava ins Meer eintritt, zerschmettert der größte Teil der Lava zu Fragmenten schwarzen Sands und wird von Meeresströmungen die Küste entlanggetrieben. In den

108 BIG ISLAND
Hawaii Volcanoes: Visitor Center

letzten Jahren haben sich viele Meilen neuer schwarzer Sandstrände angesammelt, wobei der größte Strand beim Kamoamoa Campground entstand, etwa 2 mi/3 km westlich vom 1989 zerstörten Waha'ula Visitors Center, am Fuße der *Chain of Craters Road.*

In Hawaiis Geschichte der Neuzeit ist die schon über ein Jahrzehnt andauernde Eruption des Kilauea Vulkans die längstwährende Eruption. Etwa 153 000 Kubikmeter Lava speit dieser Vulkan pro Tag aus. Nahezu 300 Wohnhäuser, zwei Kirchen, mehrere Gebäude des Nationalparks und über 5 mi/8 km Highways wurden zerstört. Außerdem fielen der Strand Kaimu Black Sands Beach sowie die Dörfer Kalapana und Kaimu den Eruptionen des **Kilauea Vulkans** zum Opfer.

- **Coastal Region of Hawaii Volcanoes National Park**
  Küstenregion des Hawaii Volcanoes Nationalparks

The coast is an interesting... Die Küstenregion bildet einen interessanten Kontrast zum Regenwald oder den Berghängen des Mauna Loa. Es ist auch die am stärksten besuchte Gegend des Hinterlandes/Backcountry. Wenn jemand angibt, die Küste aufzusuchen, meint er im allgemeinen **Halape**. Halape besitzt schon eine legendäre Anziehungskraft. Stellt man sich das klassische Bild eines einsamen, weißen Sandstrands mit Kokospalmen, einer lieblichen Lagune und eines vor der Küste liegenden Inselchens vor, hat man ein Bild davon, wie **Halape** einmal aussah. 1975 änderte ein Erdbeben der Stärke 1.2 auf der Richterskala und *Tsunami* (Begriff kommt aus dem Japanischen und bedeutet Flutwelle) alles außer dem Verlangen der Menschen, die 7 mi/11 km dorthin zu wandern. Der Strand ist kleiner geworden und der einst stolze Palmenhain ist heute nur noch ein Zeichen dessen, was passiert, wenn **Kilauea** bebt.

Andere Küstengegenden außer Halape bieten sich als Ausgleich an, dem „Trubel zu entkommen". Über die Wanderwege **Halape, Puna Coast, Ka'aha, Hilina Pali** oder **Keauhou Trails** gelangt man zu verschiedenen Punkten. All diesen Trails ist etwas gemeinsam: Glühende Hitze und keinerlei Schatten. Die Küste ist schonungslos und wird demjenigen, der in der Tageshitze ohne ausreichenden Trinkwasservorrat wandert, zum Verhängnis. Die Schutzhütten **Keauhou** und **Ka'aha** werden weniger stark frequentiert wie Halape und bieten Zugang zu Lagunen, wo man schnorcheln oder baden kann.

Vom **Hilina Pali Trailhead** ist es eine zwar kurze, aber steile 3.8 mi/6 km Wanderung bis **Ka'aha**. Dort gibt es eine dreiwandige Schutzhütte sowie eine Wassersammelstelle. Eine kleine Lagune und ein sogar noch „kleinerer" Strand bieten etwas Schwimmöglichkeit. Außerhalb der Lagune sind die Küstenströmungen stark, und der Küstenstreifen besteht nur aus Meeresklippen. Auf keinen Fall versuchen, außerhalb der Lagune zu schwimmen. Manchmal haut die Brandung gewaltig gegen das Ufer. Wer durchs Gezeitenwasser watet oder entlang der Meeresklippen wandert, muß höllisch aufpassen, daß er nicht von bösartigen Wellen erwischt oder umgehauen wird. Dem Ozean nie den Rücken kehren; der steckt voller Überraschungen. Die Wanderung zurück hinauf nach **Pali** bleibt für immer in Erinnerung. Beim Erklimmen der 427 m hohen Klippe bieten sich herrliche Ausblicke auf die Küste.

Keauhou ist eine weitere, selten-besuchte Lagune, genau östlich von Halape. Der kürzeste Weg nach Keauhou (6.8 mi/11 km) ist der **Keauhou Trail** vom Parkplatz Mau Loa O Mauna Ulu Pullout entlang der *Chain of Craters Road.* **Keauhou** bietet eine dreiwandige Schutzhütte mit Wassersammelstelle. Gelegentlich steuern Bootsausflügler in den Keauhoa „Hafen", um schlechtem Wetter zu entkommen oder nur um die Beine etwas an Land zu bewegen. Es gibt einen kleinen Strand und eine Lagune, wo man schnorcheln und schwimmen kann. Einst kamen Schiffe mit Rinder-

Hawaii Volcanoes: Visitor Center

ladungen und Fahrgästen hier an. Das Erdbeben und Tsunami (Flutwelle) des Jahres 1975 veränderten dieses Gebiet auch hier etwas. **Keauhou** ist ein stilles Fleckchen, an dem man abseits der Massen Erholung und Entspannung findet.

Es gibt aber noch weitere Gegenden entlang der Küste, wo gecampt werden kann: **Apua Point, Kalu'e** oder jede andere Stelle, die einem gefällt. Stets darauf achten, wo man sein Lager aufschlägt, daß man die Stelle nicht verwüstet und verunstaltet. Außerhalb von Feuerstellen der Schutzhütten sind keine Feuer erlaubt.

Entlang dieser Trails kann man verschiedene Rundwandertrips unterschiedlicher Länge unternehmen. Hier sollte man aber sich selbst gegenüber sowie den Mitwandernden gegenüber ehrlich sein und nur solche Touren planen, die der Kondition entsprechen. Sich genug Zeit einräumen den Tourenabschnitt der eigenen Geschwindigkeit entsprechend zu bewältigen. Oft schon ist ein entspannender Trip durch Fehlplanung zu einer echten Tortur geworden.

> Nun zum eigentlichen Ausstellungsteil des Visitors Centers gleich neben der Buchhandlung:

Ausstellung ◀

Links im Raum des Visitors Centers erfährt der Besucher anhand anschaulicher Exponate interessante Details über Vulkane, Lava sowie Flora und Fauna des Parks. In diesem Bereich gelangt man auch zum Auditorium, in dem interessante Filmvorträge stattfinden. Nun zur Ausstellung.

Exponate links der Infotheke, an der Ecke nach der Buchhandlung:

- **Indian Mongoose – from India to Jamaica to Hawaii –**
  Indische Mungos – von Indien über Jamaika nach Hawaii –

In an attempt ... 1883 unternahm man einen Versuch zur Bekämpfung der Rattenplage in den Zuckerrohrfeldern der Insel, indem man 72 **Mongoose** – Mungos, ein marderartiges Geschöpf – aus Jamaika einführte und in den Feldern freiließ. Dieser Versuch schlug völlig fehl, da Mungos tagsüber und Ratten nachts aktiv sind!

Heutzutage nimmt die Mungosbevölkerung überhand. Diese Tiere verschlimmern sogar die Lage und tragen dazu bei, den Lebensraum einheimischer Nistvögel, die auf dem Boden nisten, einzuschränken, da sie sowohl Nester ausrauben und die Eier fressen als auch die Jungen und Vogeleltern erbeuten.

- **Hawaiian Goose – Nene**
  Hawaiische Gans – Nene

Once flourishing ... Der einst so zahlreich vorkommende Nationalvogel Hawaiis, die als **Nene** bezeichnete Gans, ist vom Aussterben bedroht. Die Überlebenschancen dieses auf dem Boden nistenden Vogels werden zunehmend geringer, da sein ursprünglicher Lebensraum durch menschliches Eindringen und Einführen nicht-einheimischer Tiere verlorengeht.

110 BIG ISLAND
Hawaii Volcanoes: Visitor Center

Nun im Zentrum des Ausstellungsraums zur ersten Exponateninsel mit einem Reliefmodell, an dessen Rand von links nach rechts erklärt wird:

- **Hawaii: A Cluster Of Volcanoes Rising From The Ocean Floor**
  Hawaii: Vulkane, die wie eine Traube vom Meeresboden aufsteigen

Of the six overlapping ... Von den sechs überlappenden Vulkanen, die hier am Modell gezeigt werden, sind fünf so weit aus dem Meer herausgewachsen, um die Insel Hawaii zu bilden. **Loihi**, der sechste und jüngste Vulkan, liegt immer noch etwa einen Kilometer unter dem Meeresspiegel. Einige der Vulkane Hawaiis beginnen ihr Wachstum auf dem Meeresboden in einer Tiefe von etwa 6 Kilometer.

Die dunkelgraue Farbe zeigt Lavaströme der jüngsten geologischen Vergangenheit. Auf dem Festland kennt man die Verteilung dieser Ströme seit 1800 aus historischen Aufzeichnungen; unter Wasser ist die Lavastromverteilung nur spekulativ, da Unterwasser-Eruptionen bisher nie beobachtet wurden.

Größenverhältnisse des Modells: 1 cm = 2,3 km (oder 1 inch/2,54 km = 3.6 mi/5,8 km); Konturabstand = 100 m; vertikale Übertreibung = 2:1.

- **Mauna Loa.** Mit 9 300 Meter über dem Meeresboden ist der **Mauna Loa** der größte der Vulkane Hawaiis – größer noch als der Mount Everest. **Mauna Loa** ist ein klassisches Beispiel eines Schildvulkans, so bezeichnet, da sein nach außen gewölbtes Profil einem Kriegsschild gleicht, der flach auf dem Boden liegt.

- **Hualalai.** Der Hualalai nestelt an den Nordwesthängen des Mauna Loa. 1800–1801 strömte bei einer spektakulären Eruption Lava, die sich über die Westhänge des Hualalai ergoß, ins Meer. Eine Serie von Erdbeben unter dem Hualalai im Jahre 1929 deutete an, daß erneut Magma im Innern des Vulkans emporstieg. Wissenschaftler vermuten, daß der **Hualalai** in den nächsten Jahrhunderten erneut ausbrechen könnte.

- **Mauna Kea.** Der Mauna Kea ist der zweitgrößte Vulkan Hawaiis. Seine klassische Schildform veränderte sich bei späteren Eruptionen, bei denen an der Oberfläche kleine Kegel produziert wurden. Die jüngste Eruption des **Mauna Kea** ereignete sich vor etwa 4000 Jahren. Möglicherweise wird der Vulkan irgendwann in der Zukunft wieder ausbrechen.

- **Kilauea.** Der Kilauea ist zur Zeit der aktivste der hawaiischen Vulkane. **Kilauea** wuchs als relativ junger Vulkan auf den Flanken seines weitaus größeren Nachbarn, dem **Mauna Loa** und ließ auf dessen Südosthang ein niedriges, kammartiges Gebilde entstehen. Die östliche Rift Zone (Spaltenzone) des Kilauea erstreckt sich fast 90 Kilometer östlich der Insel Hawaii, wo zahlreiche Unterwasser-Eruptionen einen langen Unterwasserkamm entstehen ließen.

- **Kohala.** Kohala ist der älteste Vulkan auf der Insel Hawaii. Wie sein Nachbarvulkan Mauna Kea ist die Oberfläche des Kohala ebenfalls mit kleinen, von den bei den letzten Eruptionen des Vulkans produzierten Kegeln bedeckt. Der Hauptteil des Vulkans bildete sich vor einigen hunderttausenden Jahren – die letzte Eruption liegt vermutlich etwa 60 000 Jahre zurück. Es ist ziemlich unwahrscheinlich, daß dieser Vulkan wieder ausbricht.

- **Loihi.** Der jüngste hawaiische Vulkan ist der **Loihi,** dessen Gipfel ca. 969 m unter dem Meeresspiegel liegt. Loihi kann nur mit Tiefseekameras oder aus Unterwasser-Forschungskammern fotografiert werden. Auf der Nahaufnahme erkennt man die felsige Oberfläche des Vulkans, die von einer dünnen Schicht des gelben Minerals *Nontronite* überzogen ist, das sich im warmen Bereich um die Austrittsschlote des Loihi bildet.

BIG ISLAND 111
Hawaii Volcanoes: Visitor Center

Nun vom Zentrum des Ausstellungsraums zu den Exponaten an der linken Wand; hier zu drei gläsernen Wandvitrinen:

- **Origin and Ascent of Magma/**
  Ursprung und Aufsteigen von Magma

Lava that has not yet ... Lava, die noch nicht bis zur Erdoberfläche gelangt ist, nennt man **Magma**. Das aus einer Mischung geschmolzenen Gesteins, schwebender Kristalle und verschiedener Gase bestehende Magma entsteht durch teilweises Schmelzen des Erdmantels und der -kruste. Da Magma im allgemeinen nicht so dicht wie das es umgebende Gestein ist, steigt es an die Erdoberfläche. Mindestens die Hälfte allen Magmas bleibt allerdings unterirdisch, wo es zu Intrusivgestein erstarrt. Sobald Magma an die Erdoberfläche gelangt, nennt man es **Lava**.

Uniformity of Magma at Kilauea/Gleichartigkeit des Magma von Kilauea. Das den Vulkanen Hawaiis zur Verfügung stehende Magma besteht aus Basalt, der im Magma der Erde am meisten vorkommenden Gesteinsart. Kilauea's Basaltmagma bildet sich 60–170 Kilometer unterhalb des Gipfels in einer Region im oberen Erdmantel, die man als „heißen Fleck" *(hot spot)* Hawaiis bezeichnet. Magma kann innerhalb von Jahrzehnten – aus geologischer Sicht ein lächerlich kurzer Zeitraum – aus seinem „heißen Fleck" aufsteigen und an der Erdoberfläche ausbrechen.

Nun im unteren Teil der Glasvitrine:

Lava at Kilauea/Lava am Kilauea. Kilauea's Basaltmagma enthält das grüne Mineral *Olivin*, ein verbreitetes gesteinsbildendes Mineral, das reich an Magnesiumoxyd (MgO) ist. Die in bestimmten Stoffen enthaltene Menge *Olivin* wirkt sich sehr stark auf die chemische Zusammensetzung aus.

   Basaltlava mit 26% Olivingehalt brach 1840 aus Kilauea's East Rift Zone (Ostspaltenzone) aus. Gestein ist reich an Magnesiumoxyd (16fache Vergrößerung).

   Basaltlava mit weniger als 4% Olivingehalt trat **1955** aus Kilauea's East Rift Zone aus. Dieses Gestein enthält nur einen geringen Teil Magnesiumoxyd (16fache Vergrößerung).

   Basaltlava mit etwa 13% Olivingehalt brach **1986** aus Kilauea's East Rift Zone aus. Dieses Gestein enthält eine mittlere Menge Magnesiumoxyd (16fache Vergrößerung).

   Basaltlava, die 50% Silicatgehalt hatte, brach **vor etwa 1800 Jahren** aus der Südflanke des Vulkans aus (16fache Vergrößerung).

   Andesitlava mit ca. 58% Silicatgehalt bildet Hunderte von Lavaflüssen auf den steilen Hängen des Vulkans (16fache Vergrößerung).

Nun im oberen rechten Teil der Vitrine:

Variety of Magmas at Mount St. Helens/Verschiedene Magmasorten am Mount St. Helens. Am Mount St. Helens kommen verschiedene Magmasorten vor. Andesit und Dazit herrschen vor, obwohl kleinere Basaltmengen auch vorhanden sind. Die Magmas bilden sich, wenn Gestein innerhalb und über einer niedersteigenden Erdplatte, die Teil der Erdkruste ist, in Tiefen von 60–150 Kilometer geschmolzen wird. Wenn diese Magmas an die Erdoberfläche aufsteigen, kann sich ihre chemische Zusammensetzung verändern.

Im unteren Teil der ersten Vitrine am rechten Rand:

Lava at Mount St. Helens/Lava am Mount St. Helens. Mount St. Helens Magmas enthalten unterschiedliche Mengen Silicat, Aluminium, Eisen und

112 BIG ISLAND
Hawaii Volcanoes: Visitor Center

andere Bestandteile, die die Lavaart bestimmen, die an die Oberfläche ausbrach.

Dazitlava mit 64% Silicatgehalt wurde vor etwa 3000 Jahren durch eine explosive Eruption erzeugt (16fache Vergrößerung).

Nun zur zweiten Wandvitrine an der linken Wand:

- **Two Varieties Of Lava Flows: Aa And Pahoehoe**
  Zwei Variationen von Lavaflüssen: Aa und Pahoehoe

Dem Besucher Hawaiis wird auffallen, daß es dort zwei völlig verschiedene Sorten von Lavaflüssen gibt. **Aa** (sprich: *ah-ah*) Lavaflüsse besitzen extrem rauhe zackige Oberfläche und können über 10 Meter dick sein. Bei **Pahoehoe** (sprich: *pah-hoi-hoi*) Lavaflüssen erkennt man die typisch glatte, dickflüssige Oberfläche der im allgemeinen 1–2 Meter dicken Masse. Die Verschiedenartigkeit der beiden Lavatypen ist größtenteils auf die Temperaturen der fließenden Lavamassen zurückzuführen.

Active Pahoehoe Lava Flows/Aktive Pahoehoe-Lavaflüsse. Wenn Lava aus dem geschmolzenen Kern des Lavaflusses an die Erdoberfläche quillt, zerknittert die Oberfläche der Lava wie ein seitwärts geschobenes Tischtuch. Dabei wird die typisch dickflüssige Oberfläche der Pahoehoe-Lava produziert.

Im unteren Teil der Vitrine an der linken Seite:

Pahoehoe Lava Erupted from Kilauea's East Rift Zone, 1972/1972 aus der East Rift Zone des Kilauea eruptierte Pahoehoe Lava. Pahoehoe setzt sich hauptsächlich aus schwarzem Basaltglas zusammen. Aus der fließenden Lava austretende Gase lassen viele kleine Blasen, sogenannte *vesicles* = Bläschen entstehen, die an dieser Lavaprobe ganz besonders deutlich an den Rändern erkennbar sind.

An der oberen rechten Seite derselben Vitrine:

Pahoehoe and Aa Lava Flows Erupted from Kilauea's East Rift Zone, 1972/1972 aus der East Rift Zone des Kilauea eruptierte Pahoehoe und Aa Lavaflüsse. Beide Lavasorten erstarrten am selben Tag und besitzen fast dieselbe chemische Zusammensetzung. **Pahoehoe-Lava** ist im allgemeinen heißer und flüssiger als Aa-Lava. Wenn Pahoehoe-Lava allerdings erstarrt, wird sie zähflüssiger und kann sich daher in Aa-Lava umwandeln. Da Lava, nachdem sie an die Erdoberfläche gelangt ist, nicht mehr aufheizt und auch nicht dünnflüssiger wird, kann Aa-Lava sich nie zu Pahoehoe-Lava umwandeln.

Aa Flow Crossing a Highway/Aa-Lavastrom überquert eine Straße. Lavaströme beachten keine Stopp-Schilder. Seit 1983 haben Lavaströme des Kilauea 3 Kilometer (bis 1995 5 Kilometer) und über 60 Häuser (bis 1995 fast 300 Häuser) auf der Südseite des Kilauea vernichtet.

Nun in der rechten unteren Ecke derselben Vitrine:

Aa Lava Flow Erupted from Kilauea's East Rift Zone, 1972/1972 aus Kilauea's East Rift Zone eruptierter Aa-Lavastrom. **Aa-Lava** mit der typischen rauhen, schlackenartigen Oberfläche entsteht, wenn dick- und zähflüssige Lavaströme unterwegs beim Abwärtsfließen aufbrechen. Die rötlichbraune Farbe wird durch Oxydation beim Erstarren des Lavastroms bewirkt.

BIG ISLAND 113
Hawaii Volcanoes: Visitor Center

Nun zur dritten Glasvitrine an der linken Wand:
- **Lava Pours Into The Sea, Creating New Land**
  Lava strömt ins Meer und schafft neues Land

About 75 acres of new land ... Seit 1983 sind durch Lavaströme, die sich ins Meer ergossen haben, etwa 300 000 Quadratmeter neues Land zur Insel Hawaii hinzugekommen. Der größte Teil dieser Lava brach aus Schloten auf der East Rift Zone des Vulkans aus und gelangte über ein umfangreiches System von Lavatunnels an den Rand des Ozeans.

- **Fotos:** Lava ergießt sich am frühen Morgen des 12. Mai 1987 aus einem Tunnelsystem still ins Meer. Diese langsame, ständige Aktivität bildete ein Lava-Delta, das entlang Hawaiis Südküste neues Land entstehen ließ.

Black and Green Beaches/Schwarze und grüne Sandstrände. Ein großer Teil der Lava, die ins Meer eintritt, kühlt so rasch ab und zerschmettert in sandkorngroße Partikel. Meeresströmungen transportieren diese Partikel und lagern sie entlang der Küste an, wobei einige der ungewöhnlichsten Strände der Welt entstehen. Sobald der Lavastrom aufhört ins Meer zu fließen und der Nachschub von Sand unterbrochen wird, verwittern die Strände und werden oft in wenigen Jahrzehnten durch Erosion weggewaschen.

Lava Delta. Wenn Lava aus Tunnels ins Meer fließt, kühlt und erstarrt sie und zerbricht zu Fragmenten, fällt in tieferes Wasser und baut ein Lava-Delta auf. Ein Pahoehoe-Lavastrom zieht über die Oberfläche des Deltas und läßt neues Land entstehen.

Nun auf dem Boden der Glasvitrine von links nach rechts:
Green Sand/Grüner Sand. Der grüne Sandstrand an Mauna Loa's Südküste entstand, nachdem ein an grünem Mineral *Olivin* reicher Lavastrom ins Meer floß. Meeresströmungen trennten das schwerere *Olivin* von anderen Partikeln und lagerten das grüne Mineral in konzentrierter Form so an, daß dieser ungewöhnliche Strand entstand.

Olivine-Rich Lava Not Transformed into Sand/Olivin-reiche Lava, die nicht in Sand umgewandelt wurde. Diese Lavaprobe gehörte zu einem Lavastrom, der in den Ozean gelangte, zerschmetterte und *Olivin* freigab, das einen grünen Sandstrand entstehen ließ.

Nun auf der rechten Seite am Boden der Glasvitrine:
Pahoehoe Lava Not Transformed into Sand/Pahoehoe-Lava, die nicht in Sand umgewandelt wurde. Lava, die an Land bleibt, kühlt langsam ab und nimmt eine gänzlich andere Erscheinungsform an als Lava, die schnell in salzigem Meerwasser erstarrt. Wäre der Lavastrom, der diese Lavaprobe entstehen ließ, ins Meer eingedrungen, wäre die Lava in Partikel gläserner schwarzer Sandkörner zerschmettert.

Black Sand/Schwarzer Sand. Dieser schwarze Sandstrand an Kilauea's Südküste wuchs in den Jahren 1987–89 rasch, als sich ein Lavastrom ins Meer ergoß und dabei riesige Mengen schwarzen Sand entstehen ließ. Im Hintergrund des Fotos tritt ein aktiver Lavastrom im Gebiet der sich auftürmenden Wolke von Wasserdampf ins Meer.

Nun von den Vitrinen an der linken Wand weiter zu dem Gemälde, das polynesische Siedler auf einem Boot ohne Segel unter einem Regenbogen zeigt, die Richtung Hawaii unterwegs sind:
Through volcanic activity ... Im Laufe von Jahrmillionen Jahren stiegen die Inseln Hawaii aus der Tiefe des Ozeans, und der Mensch überquerte den Ozean.

114 BIG ISLAND
Hawaii Volcanoes: Visitor Center

Nun entlang der gewölbten Wand von links nach rechts:

- **Establishment**/*Gründung*

Guided by winds ... Von Winden, Meeresströmungen und den Sternen geleitet segelten die Polynesier in großen doppelrumpfigen Kanus nach Hawaii.

Diese auf eine Existenz in einem unbekannten Land vorbereiteten Ozean-Nomaden brachten Pflanzen, Tiere und Werkzeug mit, um ihre künftige Nahrungsversorgung sicherzustellen. Als sie hier angelangt waren und durch die Reichtümer des Meeres und eines fruchtbaren Lands unterstützt wurden, blühte die hawaiische Kultur.

Die Menschen respektierten das Land – und verstanden die Bildung von Vulkanen auf der Inselkette, indem sie ihre Aktivitäten der Migration der Vulkangöttin Pele von Nihoa zu ihrer jetzigen Wohnstatt **Halemaumau** in der Kilauea Caldera widmeten.

Nun weiter rechts:
- **Kilauea Volcano**/*Kilauea Vulkan*

... has always been ... Der Kilauea Vulkan flößte dem hawaiischen Volk schon immer Ehrfurcht ein. Vieles in der Religion der ersten Puna und Ka'u Hawaiianer bewegte sich um die Vulkangöttin **Pele,** die ihre feurigen Launen auslebt, indem sie Lavaströme in die niedrigen Ebenen ihrer Domäne schickt. Um Pele in Stimmung zu halten, begaben sich die Einheimischen an den Rand des **Kilauea** und opferten Obst, Blütenketten, Fische und Schweine. Heutzutage werden diese „Wallfahrten" zum Vulkan in Gesängen festgehalten, die man im Laufe der Jahre von Generation zu Generation weitergegeben hatte.

- **People On The Volcano**/*Menschen auf dem Vulkan*

The roar of ... Das Röhren von herausschießender Lava in einer regnerischen Nacht, aufflammende Bäume, die von einem Lavastrom erfaßt wurden, der Duft von Dampf und Schwefel, Lava, die in Kaskaden über ein Pali läuft, das spektakuläre Zusammentreffen von Lava und Meer – dies sind die Attraktionen des Kilauea, die Menschen zum Vulkan bringen. Früher kamen die Einheimischen von Hawaii in furchtergebener Reverenz, da Pele immer schon unberechenbar war. Andere kamen, um die Kraft der Natur zu sehen, zu hören und zu riechen – vom Reverend William Ellis im Jahre 1823 bis zum heutigen Vulkanbesucher.

Letzter Beitrag an der gewölbten Wand:
- **Science And The Volcano**/*Wissenschaft und der Vulkan*

The scientific study ... Die wissenschaftlichen Untersuchungen über Hawaiis Vulkane begannen vor etwa 150 Jahren. Doch erst als Dr. Thomas A. Jaggar **1912** das Observatorium Hawaiian Volcano Observatory gründete, begann die ständige Kontrolle der **Kilauea** und **Mauna Loa** Vulkane. Dr. Jaggar, der mit primitiven Instrumenten Erdbeben aufzeichnete, vulkanische Gasproben analysierte und Lavatemperaturen feststellte, legte den Grundstein der heutigen Forschung.

Das **Hawaiian Volcano Observatory** steht seit **1924** unter der Leitung des *U.S. Geological Survey,* das auf dem Gebiet der „Vulkanologie" bedeutende Fortschritte erzielt. Das Hawaiian Volcano Observatory beobachtet und untersucht alle Phasen vulkanischer Aktivität, beschäftigt sich mit Eruptionen der Vergangenheit und beobachtet Erdbeben, wodurch wertvolle Informationen gewonnen und zum Verstehen dieser sich immer wieder verändernden Welt weitergegeben wird.

Hawaii Volcanoes: Visitor Center

Nun zu dem modernen Ausstellungsabschnitt mit Info über Flora und Fauna (durch Knopfdruck zu bedienen):

● Flora & Fauna Info

Von links nach rechts (für Antwort Knopf betätigen):

These birds ... Diese Vögel sind aus der Isolation der abgelegenen hawaiischen Inseln getreten. Sie füllen viele Lücken der Umwelt und haben sehr unterschiedliche Schnabelformen entwickelt.
● **Hawaiian Honeycreepers** = Hawaiische „Honigkriecher"; (illustriert durch I'Iwi, 'Apapane, 'Amakihi, O'u usw.)

These plants ... Diese Pflanzen sind erfolgreiche erste „Kolonisten" und siedeln sich als eine der ersten auf jungen, kahlen Lavaströmen an.
● **Ferns** = Farne

Most visitors ... Die meisten Besucher Hawaiis vermuten, daß dieser Baum ein von diesen Inseln stammendes Gewächs ist. Inzwischen wird aber vermutet, daß dieser Baum von ersten polynesischen Siedlern mitgebracht wurde, um Nahrung und Material zu verschiedener Verwendung zu liefern.
● **The Coconut Palm** = Die Kokospalme

Which bird migrates ... Welcher Vogel zieht von Hawaii nach Sibirien und Alaska, um von Mai bis August zu brüten und legt über 2000 mi/3200 km zwischen seiner Winter- und Sommerheimat über offenem Meer zurück?
● **Kolea (Golden Plover)** = Regenpfeifer

Seeds from this plant ... Samen dieser Pflanze haben vermutlich Hawaii erreicht, als sie über den Pazifischen Ozean angeschwemmt wurden.
● **Beach Naupaka** = Strandgewächs

Birds such as ... Diese Vogelart gelangte vermutlich nach Hawaii, nachdem sie vor vielen Jahrhunderten von Hurrikanen vom Kurs abgekommen waren.
● **Pueo**

What animal ... Welches von Menschen eingeführte Tier verursacht riesige Schäden in den feuchten Wäldern des Hawaii Volcanoes Nationalpark?
● **The Pig** = das Schwein

Much of the native forests ... Ein großer Teil der einheimischen Wälder der hawaiischen Inseln wurde von Menschenhand abgeholzt. Zwei weitverbreitete einheimische Bäume stehen in den Wäldern des Hawaii Volcanoes Nationalpark unter Naturschutz, und zwar ...
● **Koa** und **Ohia**

Competition from aggressive introduced birds ... Durch die Konkurrenz aggressiver eingeführter Vögel wie diesem erlitten einheimische hawaiische Vögel schwere Verluste.
● **Common Myna**

This family of flowers ... Diese Blumenart, oft als Symbol Hawaiis angesehen, wird nur durch drei kleine einheimische Arten vertreten. Alle anderen wurden eingeführt.
● **Orchids** = Orchideen

Native ground-nesting birds ... Einheimische, auf dem Boden nistende Vögel wurden zusammen mit ihren Eiern zur Beute dieses zur Ausrottung von Ratten eingeführten Tieres. Niemand war sich dessen bewußt, daß

dieses Tier tagsüber aktiv ist, während Ratten nachts ihr Unwesen treiben. Um welches Tier handelt es sich?
- **Mongoose** = Mungo, marderähnliches Tier

Introduced grasses ... Eingeführte Gräser bringen im Nationalpark große Probleme, da sie besonders anfällig sind für ...
- **Fire** = Feuer

This rare and endangered native bird ... Dieser seltene und vom Aussterben bedrohte einheimische Vogel wird im Gehege aufgezogen und von Biologen des Parks erfolgreich wieder in freier Natur eingeführt.
- **The Nene** (Hawaiian Goose) = Hawaiigans

Vegetation in lower and drier portions ... Die Vegetation erholt sich langsam in den tieferen und trockeneren Regionen des Parks, seit man die Zahl dieser Tiere im Rahmen eines sogenannten *deputy ranger hunting program* (Abschußprogramm) reduziert hat.
- **Goats** = Ziegen

Introduced trees ... Eingeführte Baumarten wie diese werden aus den Wäldern des Parks entfernt, um das Überwuchern einheimischer Bäume zu verhindern.
- **Faya**

The efforts ... Die Anstrengungen des sogenannten *resource management program* im Hawaii Volcanoes Nationalpark haben Wiederherstellung und Schutz des ursprünglichen **Ökosystems** zum Ziel, unter anderem ...
- **The rain forest** = der Regenwald
- **Mountain uplands** = Berghochländer
- **Coastal lowlands** = Küstenebenen

How are rare plants ... Wie werden seltene Pflanzen wieder im Hawaii Volcanoes Nationalpark angesiedelt?
- **Raising nursery stock in greenhouse** = Aufzucht im Gewächshaus
- **Planting program** = Pflanzenprogramm
- **Control of goats and pigs** = Kontrollmaßnahmen bei Ziegen und Schweinen

This plant ... Diese Pflanze tauchte 1970 in einer Ziegenabsperrung auf. Unter Botanikern unbekannt, vor Ziegen geschützt, keimten und wuchsen die ruhenden Samen im Boden.
- **Canavalia bean** = Bohnenpflanze

VOLCANO HOUSE

Jenseits der am Kilauea Visitors Center vorbeiführenden Straße befindet sich das (neue) **Volcano House,** ein rustikales Hotel, das auf den äußersten Rand des weiten Kraters des Kilauea gebaut ist. Zum Hotel gehören auch Ka'ohelo/Souvenirladen/Curio Shop, ein Restaurant sowie Snack Bar. Rechts vom Restaurant hat man Zugang durch den Snack Shop zur Kilauea Aussichtsstelle **Kilauea Overlook** hinter dem Volcano House. Dort verläuft auch ein Teil des **Crater Rim Trail.**

Das **Volcano Art Center** ist in dem 1877 errichteten Gebäude untergebracht, das im 19. Jh. als Unterkunft diente. Im neuen Volcano House wird auch täglich ein Film über Vulkane gezeigt (über Einzelheiten bei Anmeldung erkundigen). Doch nun allgemein Info zum Volcano House und touristische Einrichtungen; *mahalo* = danke.

BIG ISLAND 117
Hawaii Volcanoes: Volcano House

● Concessions/*Konzession*

- **Volcano House Hotel**
  Breakfast Buffet/Frühstücksbuffet . . . . 7.00–10.00 Uhr
  Lunch Buffet/Mittagsbuffet . . . . 11.00–13.30 Uhr
  Dinner Reservations/Abendessen (mit Reservierung) 17.30–20.00 Uhr
  Snack Bar . . . . 9.30–17.30 Uhr
- **Volcano Art Center Gallery**/Kunstgalerie . . . . 9.00–17.00 Uhr

● Services/*Einrichtungen*

- **Volcano Village** – 1 mi/1,6 km Richtung Hilo
  General Stores = Lebensmittelladen; gasoline = Tankstelle; post office = Postamt
- **Campgrounds**/Campingplätze
  Namakani Paio
  Kipuka Nene
- **Backcountry Permits**/Hinterland Erlaubnis . . . . . 7.45–16.30 Uhr

Links vom Eingang interessante Information über Vulkane der Insel Hawaii:

● Big Island Volcanoes/*Vulkane der Insel Hawaii*

Hualalai Volcano. Hualalai's jüngste Eruption fand vor fast 200 Jahren (1800–1801) statt. Eine größere Eruption ereignete sich vor etwa 300 bis 700 Jahren. Geologische Spuren deuten auf Zeiten bekannter Eruptionen, die von längeren Zeiträumen der Untätigkeit gefolgt wurden.

Dann etwas Info über die Eruption des Jahres 1800–1081 gefolgt von Info über den Mauna Loa Vulkan:

● Mauna Loa Volcano/*Mauna Loa Vulkan*

Der **Mauna Loa** ist mit 13 677 Fuß/4169 m über dem Meeresspiegel und über 18 000 Fuß/5486 m unter dem Meeresspiegel der zweithöchste Berg. Er wird nur noch von seinem Nachbarvulkan, dem **Mauna Kea** mit einer Höhe von 13 796 Fuß/4205 m überholt.

Der vollständig auf seinen eigenen Lavaströmen aufgebaute **Mauna Loa** nimmt etwa eine Hälfte der Inselfläche ein. Mit einem Volumen von 10 000 Kubikmeilen ist er hundertmal größer als Mount Rainier im Bundesstaat Washington und gilt als der größte Berg der Erde. Der größte Teil seiner Oberfläche ist weniger als 4000 Jahre alt. Die Gipfel-Caldera, **Mokuaweoweo**, ist 3 mi/5 km lang und 1.5 mi/2,4 km breit.

● Eruptions of Mauna Loa/*Eruptionen des Mauna Loa*

Mauna Loa ... Der Mauna Loa ist in diesem Jahrhundert 15mal und seit **1832** insgesamt 37mal ausgebrochen. Die jüngsten Eruptionen ereigneten sich **1950, 1975** und **1984**. Eruptionen des **Mauna Loa** sind weniger häufig, aber voluminöser als beim Kilauea Vulkan.

● Early History/*Frühgeschichte*

In 1794 ... 1794 gelang es Archibald Menzies von der Vancouver Expedition als erstem Ausländer, den Mauna Loa zu besteigen. **46 Jahre** später campierten die Teilnehmer der Charles Wilkes Expedition mehrere Wochen auf dem Gipfel, um wissenschaftliche Beobachtungen durchzuführen.

1874 gelang Isabela Bird als erster ausländischen Frau der Aufstieg zum Gipfel – auf ihrem treuen Maultier. Heutzutage gelangen viele Bergsteiger

118 BIG ISLAND
Hawaii Volcanoes: Volcano House

vom Ende der *Mauna Loa Strip Road* über einen 18.3 mi/29,3 km langen Trail oder über den kürzeren Trail vom Mauna Loa Weather Observatory zum Gipfel. Für die erste Route braucht man im allgemeinen zwei bis drei Tage; die letztere Route läßt sich in einem Tag bewältigen.

- #### The 1984 Eruption/*Die Eruption des Jahres 1984*

Most eruptions ... Die meisten Eruptionen des Mauna Loa beginnen im **Mokuaweoweo,** der Gipfel-Caldera, wandern aber häufig entweder zur Südwest- oder Nordwest-Rift Zone. Die Eruption des Jahres **1984** nahm so ihren Anfang, doch bald konzentrierten sich die Aktivitäten auf den Nordost-Rift auf 9200 Fuß/2804 m Höhe. Dieser schnell fließende Lavastrom legte am ersten Tag 8 mi/13 km zurück und kam bis auf vier Meilen/6,4 km Entfernung an die Ausläufer der Stadt **Hilo.** Der gesamte Ausstoß jener 22tägigen Eruption betrug rund 220 191 780 Kubikmeter. Die Eruption des Jahres 1950 an der Kona-Küste, die etwa von gleicher Dauer war, produzierte ca. 458 732 880 Kubikmeter.

- #### Kohala Volcano/*Kohala-Vulkan*

The oldest ... Der älteste der Vulkane der Big Island eruptierte etwa vor 60 000 Jahren zum letzten Mal. Die älteste Lava, die sich oberhalb des Meeresspiegels angesammelt hat, deutet auf ein Alter von weniger als 700 000 Jahre – aus geologischer Sicht noch jung.

- #### Erosion

The deeply eroded ... Die tief ausgewaschenen Canyons auf seinen dem Wind zugewandten Hängen bezeugen ihr hohes Alter und die gewaltige Kraft der durch Wasser bewirkten Erosion. Die Wände dieser Canyons werden häufig von bis zu 610 m hohen Wasserfällen bearbeitet.

- #### Mauna Kea Volcano/*Mauna Kea Vulkan*

Mauna Kea ... Der **Mauna Kea** ist mit 13 796 Fuß/4205 m Höhe der höchste Berg, mißt man ihn von seiner Basis auf dem Meeresboden. Er war vor etwa 4000 Jahren zum letzten Mal aktiv. Die vielen Aschekegel sowohl auf seinem Gipfel als auch auf seinen Flanken sind das Produkt explosiver Eruptionen.

- #### Glaciation/*Vergletscherung*

Geologic evidence ... Geologische Spuren lassen vier verschiedene eiszeitliche Perioden während der vergangenen etwa 250 000 Jahre erkennen, wobei die letzte etwa 10 000 Jahre zurückliegt. Die Eiskappe auf dem **Mauna Kea** war klein und bedeckte 72 519 644 Quadratmeter und war im Durchschnitt etwa 61 m dick. Weitere Spuren deuten darauf, daß der **Mauna Kea** während dieser Periode aktiv war.

- #### Erosion

Pohakuloa Gulch ... Die Schlucht **Pohakuloa Gulch,** eine auffällige Erscheinung an der Südflanke des **Mauna Kea,** wurde von Schmelzwasser des zurückweichenden Gletschers geformt, der durch die Endmoräne brach.

- #### Kilauea Volcano/*Kilauea Vulkan*

Kilauea ... Der **Kilauea,** der jüngste der fünf Vulkane der Insel, erhebt sich 4020 Fuß/1225 m über dem Meeresspiegel. Er wird von einer Gipfel-Caldera gekrönt, die zumindest teilweise während der sehr gewaltigen Dampferuption des Jahres 1790 entstand. Obwohl sich 1924 eine weitere,

BIG ISLAND 119
Hawaii Volcanoes: Kilauea Viewpoint

kleinere Dampferuption ereignete, kennt man den **Kilauea** am besten wegen seiner häufigen, aber friedlichen Lavafontänen und Laväströme. Während der Periode von 1832 bis 1924 war innerhalb des Hauptgruben-Kraters, **Halemaumau**, ein Lavasee fast ununterbrochen in Bewegung. Die Eruption des Jahres 1924 setzte jener aufregenden Ära ein Ende. Seit damals eruptierte der Kilauea vierzigmal, sowohl in der Gipfel-Caldera als auch entlang der Rift Zonen (Rißzonen).

- **Eruptions of Kilauea**/*Eruptionen des Kilauea*

During the past ... Im Laufe der letzten 15 Jahre eruptierte der **Kilauea** nur dreimal, zweimal im Jahr 1982 und einmal 1983, wobei die am 3. Januar 1983 begonnene Eruption sich bis heute fortgesetzt hat. Die Eruption gilt im Rahmen historischer Zeitrechnung als die bis jetzt längste und größte Rift-Eruption.

- **Kilauea's Longest And Largest Rift Eruption**/
  Kilauea's längste und größte Riß-Eruption

The latest of ... Die letzte der Eruptionen des **Kilauea** begann am 3. Januar 1983. Im Laufe von drei Jahren ließen häufig auftretende hohe Lavafontänen einen Asche- und Schlackenkegel von über 244 m Höhe namens Pu'u 'O'o entstehen. Lavaströme, die bergab flossen und die 'pali = Klippen formten, erreichten nie das Meer.

- **Kupaianaha**

In 1986 ... 1986 trat eine Änderung ein. Die Eruptionsaktivität verlagerte sich nach unten entlang des Rift, etwa 2 mi/3 km weiter, wo pausenloses Herausquellen von Lava einen kleinen Lavaschild namens **Kupaianaha** = *the mysterious* (das Mysterium oder Rätselhafte) entstehen ließ. Der innerhalb seines Gipfels vorhandene Lavasee versorgte ein Netz von Lavatunnels, die den Ozean etwas später im selben Jahr erreichten.

- **Destruction And Creation**/*Zerstörung und Neuschaffung*

Die über 10jährige Eruption produzierte über einen Kubikkilometer Lava. Dies entspricht etwa der Kapazität von 2000 großen Öltankern. Die Insel wurde zwar auch um 12 760 000 Quadratmeter neue Landmasse erweitert, aber dabei wurden über 181 Häuser (inzwischen fast 300) vernichtet, einige Kilometer Straße verschluckt und über 75 109 654 Quadratmeter Landfläche von Lava „überschwemmt".

Nun hinter dem Volcano House zum Kilauea Viewpoint, wo ein Abschnitt des Crater Rim Trail entlangführt, der den Krater auf etwa 11 mi/18 km umrundet. Hervorragender Blick hinunter in die Kilauea Caldera.

KILAUEA VIEWPOINT

Entlang der Mauer, hinter dem Volcano House:
Crater Rim Trail

Halemaumau Trail	0.1 mi/0,16 km
Volcano Observatory	2.2 mi/3,52 km
Kilauea Iki Trail	1 mi/1,6 km
Thurston Lava Tube	2.2 mi/3,52 km

120 BIG ISLAND
Hawaii Volcanoes: Kilauea Viewpoint

Entlang des Pfads hinter dem Volcano House. Links am Kraterrand hinter dem Restaurant:

- **... From Its Brink, Where We Stood,**
  Von seinem Rand, wo wir standen,

we looked down ... blickten wir über 396 m hinunter über Felsen aus Lava und Schwefelsäulen, zwischen welchen sich in alten Rissen grüne Sträucher und saftige, beerentragende Pflanzen verankert hatten, bis zu einer zerklüfteten Ebene, wo durch die Aktion des im Innern brodelnden Feuers aufgestiegene Kegel Feuersäulen und Rauch und Dampfwolken emporstießen.

Captain the Right Hon. Lord Byron
Commander, H.M.S. Blonde 1825

- **Kilauea – Rising Smoke Cloud**
  Kilauea – Aufsteigende Rauchwolke

A caldera has ... Es gab wohl schon immer seit der Existenz des Vulkans eine **Caldera** auf dem Gipfel des **Kilauea**. Wiederholt kam es zu Zusammenbrüchen, wenn Magma die Gipfelzone anschwellen ließ und dann rasch durch die an den Flanken befindlichen Rißzonen für den Ablauf der Lava sorgte. Hier und am **Uwekahuna Bluff** bildeten sich große Grabenblöcke, wo wiederholter Kollaps die Calderawände steil werden ließ.

Seit dem letzten Hauptkollaps wurde durch wiederholtes Überfließen des **Halemaumau** und Eruption aus dem Calderaboden das Becken teilweise wiedergefüllt. Erste westliche Forscher beschrieben eine völlig abweichende Landschaft mit 274 Meter hohen Klippen. Heutige Klippen erheben sich etwa nur bis zur Hälfte dieser Höhe, was auf die Füllgeschwindigkeit während historischer Zeit schließen läßt.

- **A Visit To The Volcano/**
  Ein Ausflug zum Vulkan

... I forget to say ... Ich vergaß zu erwähnen, daß das Geräusch der brodelnden Lava nicht so laut ist wie wir es von unserem luftigen Aussichtspunkt aus vernommen haben. Man hört drei bestimmte Laute – ein Rauschen, ein Zischen und einen hustenden oder platzenden Laut; und wenn man am Rand steht und die Augen schließt, bedarf es keines Tricks, sich vorzustellen, daß man an Bord eines großen Unterdruck-Dampfers einen Fluß hinabschießt, wobei man das Zischen des aus den Kesseln steigenden Dampfs hört ...

Es riecht stark nach Schwefel, für einen Sünder nicht zu unangenehm.

Mark Twain – Roughing It, 1866

- **Site Of Hawaiian Volcano Observatory, 1912–1942**
  Standort des Hawaiian Volcano Observatoriums, 1912–1942

For nearly 30 years ... Fast 30 Jahre lang stand hier Amerikas erstes „full-time" Vulkanobservatorium. Unter Leitung von Dr. Thomas A. Jaggar, weltbekannter Vulkanologe, wurde das Fachgebiet, Vulkane zu beobachten und zu studieren, entwickelt. **1942** verlegte man das Observatorium nach **Uwekahuna,** der den Halemaumau überschaute, um Platz für das **Volcano House Hotel** zu schaffen.

Dieses Betonpodest diente als Basis für Kameras. Der Hügel bedeckt die alte Whitney Seismograph Vault, wo sich die ersten seismischen Instrumente befanden.

BIG ISLAND 121
Hawaii Volcanoes: Jaggar Museum

> Nun zum Besuch des Jaggar Museums, das man bei der Fahrt entlang des Crater Rim Drive erreicht; etwa 2.3 mi/3,7 km (bei Fahrt entgegen dem Uhrzeigersinn) vom Kilauea Visitors Center.

JAGGAR MUSEUM

Das **Jaggar Museum** ist für jeden Besucher des Hawaii Volcanoes Nationalparks ein Muß. Das 1987 eröffnete Museum sitzt am Rand der Kilauea-Caldera, bequem entlang des **Crater Rim Drive,** etwa 2 mi/3 km vom Kilauea Visitors Center. Das neben dem **Hawaiian Volcano Observatory** (der Öffentlichkeit nicht zugänglich) befindliche Museum wurde nach dem Wissenschaftler Dr. Thomas A. Jaggar benannt, der sein Leben der Erforschung von Vulkanen gewidmet hatte. Auf sein Betreiben wurde auch der **Hawaii Volcanoes Nationalpark** gegründet.

Die Ausstellungen im **Jaggar Museum** veranschaulichen hervorragend, mit welchen Methoden Wissenschaftler heute an der Erforschung von Vulkanen arbeiten. Die Buchabteilung des Museums umfaßt herrliche Bildbände, Poster und Ansichtskarten. Vom **Aussichtspunkt** auf der Terrasse hat man eine der besten Aussichten auf die Vulkane Mauna Kea und Mauna Loa in der Ferne sowie den Mauna Ulu am Kilauea, die Southwest Rift Zone sowie die Kilauea-Caldera und den Halemaumau-Krater. Doch nun zur **Ausstellung** des Museums.

Ausstellung

Zunächst zu dem Teil der Ausstellung links vom Eingang mit einem riesigen Bild, das ein Kanu mit polynesischen Siedlern in ihrer vulkanischen neuen Heimat zeigt:

1–Discovering Hawaii/*Entdeckung Hawaiis*

Hawaii's discoverers ... Der Anblick der riesigen Inseln und feurigen Vulkane muß den Entdeckern Hawaiis gewiß Ehrfurcht eingeflößt haben – für wahr eine Stätte machtvoller Götter.

2–The Earth/*Die Erde*

● **Inside the Earth.** Im Innern der Erde. Das im Innern der Erde befindliche Material ist extrem heiß und steht unter ungeheurem Druck. Der Erdkörper hat von der Oberfläche bis hinein zum Erdkern folgende Tiefengliederung:

Kruste	Meeresboden .	Basaltschicht........	6 mi/ 10 km
	Kontinente ...	Granitschicht	22 mi/ 35 km
Mantel		Peridoritschicht	1802 mi/2883 km
Äußerer Kern		flüssige Eisenschicht .	1243 mi/1989 km
Innerer Kern		feste Eisenschicht ...	851 mi/1362 km

Die Oberfläche der Erde besteht aus einer dünnen, kühlen Kruste über einem sehr heißen Erdinnern. Sie macht etwa 1/400 des gesamten Durchmessers unseres Planeten aus.

122 BIG ISLAND
Hawaii Volcanoes: Jaggar Museum

- **The Cooling Surface Moves.** Die abkühlende Oberfläche bewegt sich. Die Oberflächenkruste der Erde ist dünn und an vielen Stellen rissig. Die Risse umreißen Platten, die an die Oberfläche schwimmen und sich langsam in verschiedene Richtungen bewegen.

  Erdbeben und Vulkane sind das Ergebnis der ungeheuren Kraft von Platten, die aneinander scheuern.

  Innerhalb der Platten vorhandene Schwachstellen lassen auch zu, daß Magma entweicht.

- **U.S. Geological Survey.** Geologiebehörde. Kilauea ist einer der am intensivsten überwachten Vulkane der Erde. Die von Wissenschaftlern des Hawaiian Volcano Observatory erzielten Erkenntnisse werden weltweit verwertet.

  Olympus Mons, Mars. Erkenntnisse aus den hawaiischen Vulkanen werden auch beim Studium ähnlicher Formationen auf anderen Planeten angewandt. Dieser Vulkan befindet sich auf dem Planeten Mars und ist ca. 480 km breit und 26 km hoch. (Farbfoto vom Viking Obiter aufgenommen).

Nun auf der Rückseite derselben Exponateninsel:

3–Pele Goddess Of Fire/*Pele, Feuergöttin*

- **Pele's Sisters**/Peles Schwestern (links):

A-1 Laka/Kapo:
Sie besaß zwei Personalitäten. Laka war die Patronin des Tanzes und Göttin der Vegetation und Fruchtbarkeit.

A-2 Sie war auch **Kapo,** Göttin der Hexerei.

A-3 Hi'iaka:
Peles geliebte hübsche kleine Schwester – Patronin des Tanzes und Wesen mit Heilkräften.

A-4 Poliahu:
Göttin des Schnees, die wegen ihrer Schönheit als Rivalin anderer Göttinnen galt.

- **Pele's Brothers** (Peles Brüder)

B-1 Ka-moho-ali'i:
Ein Haigott, der das Gefäß mit Lebenswasser verwaltete. Peles älterer Bruder, der sie zu diesen Inseln führte.

B-2 Ka-poha-i-kahi-ola:
Gott der Explosionen

B-3 Ke-ua-a-kopo:
Feuerregen

B-4 Lono-Makua:
Feuermacher

B-5 Kane Hekili:
Donnergott

Dann rechts:

C-1 Fire Spears/Feuerspeere

D-1 Kamapua'a konnte in verschiedener Gestalt erscheinen: Gutaussehender Mann, riesiges achtäugiges Schwein, Fisch oder Pflanze.
Er war Peles Geliebter und ihr Gegenspieler – Gegenspieler geben dem Universum Form. Er war Regen und die feuchte Windseite der Insel, er war Trockenheit und Feuer – die windgeschützte Seite.

Nun gegenüber zur nächsten Exponateninsel:

4–Hawaiian Island Chain/*Hawaiische Inselkette*

An Immense Mountain Range/Ein ungeheurer Gebirgszug. Hawaii (Zentrum), Maui, Lanai und Kahoolawe links. Diese Inseln sind Produkte der gewaltigen Energie innerhalb des Planeten Erde.

BIG ISLAND 123

Hawaii Volcanoes: Jaggar Museum

Der Archipel erstreckt sich weitere 1200 mi/1920 km nach Nordwesten.
Die Gipfel **Mauna Loa** und **Mauna Kea** erheben sich über 9144 m über ihrer Basis auf dem Meeresgrund. Sie gehören zu den höchsten Bergen der Welt.

Die gesamte Inselkette Hawaiis ist 2400 km lang, wovon hier nur ein kleiner Abschnitt gezeigt wird. Sogar die kleinste Insel ragt 4572 m über dem Meeresboden.

● **Moving Over a Hot Spot**/Über einen „heißen Fleck *(hot spot)*" ziehen. Wäre die Pazifische Platte unbeweglich, würde der hawaiische Archipel eine große vulkanische Insel bilden. Sie würde allerdings nicht viel höher als Hawaiis Gipfel heute sein.

● **The Islands Show Their Age**/Die Inseln zeigen ihr Alter. Der Ozean hat in den vergangenen 75 Millionen Jahren einen großen Teil der **Nihoa Insel** verschlungen. Die älteste Insel der Inselkette wurde vor über 70 Millionen Jahren gebildet.

Die Pazifische Kontinentalplatte schiebt sich langsam nordwärts über einen „heißen Fleck" im Erdmantel, einem *hot spot*, der sich an dieser Stelle schon seit vielen Jahrmillionen befinden muß. Am *hot spot* drängt immer wieder flüssiges Gestein, sogenanntes Magma, durch eine Schwachstelle in die Erdkruste. Wenn Magma im Meer hervorbricht, entsteht eine Insel.

Die Insel wird allmählich vom Meer eingeebnet und abgetragen. Über der Magmaquelle bildet sich eine neue Insel.

Weit im Norden liegende Inseln entstanden vor Jahrmillionen. Dieser Vorgang vollzieht sich heute immer noch unter Hawaii. Lava fließt ins Meer und es entstehen neue Inseln.

5–Hawaii

Photo of Hawaii ... Fotoaufnahme von Hawaii, aus NASAs Skylab 4 aufgenommen.

● **Pele Searches for a Home**/Pele auf der Suche nach einer Wohnung. Die Feuergöttin Pele zog südostwärts von Insel zu Insel. Auf jeder Insel versuchte sie, eine Wohnung auszugraben, in der sie ihre Familie unterbringen wollte.

... aber immer wenn sie ihre Feuergruben aushob, hörte sie die Stimme ihrer Schwester Na Maka o Kaha'i, der Meeresgöttin. Schließlich kam sie nach Hawaii, wo sie tief graben konnte, ohne auf Wasser zu stoßen.

● **Hawaii and other Mountains**/Hawaii und andere Berge. Hawaii ist die größte Insel der Inselkette und wächst immer noch. Bei der Illustration wurde vertikal übertrieben, um die Hauptmerkmale der Insel hervorzuheben und mit Bergmassiven der Welt zu vergleichen.

Die relativ maßstabgerechte Zeichnung zeigt die Immensität der Insel **Hawaii** – sowohl in Höhe als auch in Masse.

Mauna Loa – 13 677 Fuß/4169 m über dem Meeresspiegel (30 000 Fuß/ 9144 m über dem Meeresboden.

Mount Fuji/Fudschijama (höchster Berg Japans) – 12 389 Fuß/3776 m ü.M.

Mount St. Helens (im US-Bundesstaat Washington, nach seiner Eruption im Jahre 1980) – 8377 Fuß/2553 ü.M.

● **Hawaii Grows**/Hawaii wächst. Die Insel **Hawaii** wird von **fünf** Vulkanen gebildet, die alle relativ jung sind. Drei dieser Vulkane waren zu historischen Zeiten aktiv. **Mauna Keas** letzte Eruption ereignete sich vor etwa 4000 Jahren. Der **Kohala** ist seit ca. 60 000 Jahren untätig. Der **Hualalai** gilt als aktiv, ist aber seit **1801** nicht mehr ausgebrochen. Die Vulkane **Mauna Loa** und **Kilauea** eruptieren noch von Zeit zu Zeit und produzieren weiteres Material zum Ausbau dieser Insel.

124 BIG ISLAND
Hawaii Volcanoes: Jaggar Museum

Schlüssel zur Baxter Info-Karte Jaggar Museum

Rundgang durchs Museum:
1-Discovering Hawaii
 Bild mit im Kanu ankommenden polynesischen Siedlern
2-The Earth
 Bestandteile der Erdmasse
3-Pele Goddess of Fire
 Feuergöttin Pele
4-Hawaiian Island Chain
 Inselkette Hawaii
5-Hawaii
6-Unterwasservulkan Loihi
 40 km von der Insel Hawaii entfernt
7-Eruption History
 Eruptionsgeschichte
8-Information über derzeitigen Eruptionsstatus
9-Vulkanische Auswurfprodukte
10-Vulkanische Landschaftsformen
11-Abbildung der Feuergöttin Pele
12-Eruption Data Gathering
 Zusammentragen von Eruptionsdaten
13-Magma und Gase
14-Island Life
 Lebenszonen der Insel
15-Inflation/Deflation
 Meßmethoden der Geologen
16-Seismic Activity
 Seismische Aktivität/ Seismographen und andere Meßeinrichtungen
17-Seismographen
18-Earthquakes herald an eruption
 Erdbeben künden Eruption an
19-Eruption Forecast
 Eruptionsvoraussage
20-Monitoring Around Tilt
 Arbeit mit Neigungsmeßgeräten
21-Kilauea Summit
 Gipfel des Kilauea
22-Dr. Jaggar und sein Observatorium

Aussichtspunkte auf der Terrasse:
23-Volcano Watch
 Überwachung des Vulkans
24-East Rift Zone
 Ostspaltenzone
25-Kilauea Caldera
26-Fountain of Fire
 Feuerfontäne
27-Halemaumau Krater
28-Southwest Rift Zone
 Südwest Spaltenzone
29-Mauna Loa
30-Hawaiian Volcano Observatory
 Labors/Krisenzentrum/
 U.S. Geological Survey
31-Electronic Lab/Photo Lab
 -Wassertanks
 -Radio Building
32-Parkplatz
 -Crater Rim Drive

Nun an der Fensterseite im Zentrum der rechten Wand Info über den Unterwasservulkan Loihi:

6–Loihi Submarine Volcano: Fire Beneath The Sea
Unterwasservulkan Loihi: Feuer unter dem Ozean

● **Within 40 kilometers of the island ...** Der aktive Unterwasservulkan **Loihi** liegt etwa 40 km von der Insel Hawaii. Obwohl sich sein Gipfel noch 969 m unter dem Meeresspiegel befindet, wächst Loihi rasch. Möglicherweise wird er in den nächsten 10 000 bis 100 000 Jahren – erdhistorisch eine lächerlich geringe Zeitspanne – Meereshöhe erreichen und eine Insel bilden. Genau wie die Mauna Kea, Hualalai und Mauna Loa Vulkane zusammengewachsen sind, um während der geologischen Vergangenheit die Insel Hawaii zu formen, wird der **Loihi** Vulkan, wenn er aktiv bleibt, eines Tages mit der Insel Hawaii zusammenwachsen.

● **Remote-Sensing View of Loihi Submarine Volcano**/Ferngesteuerter Blick auf den Unterwasservulkan Loihi. Obwohl er den Meeresspiegel noch nicht erreicht hat, ist der Loihi Vulkan bereits immens groß und ragt 5 Kilometer vom Meeresboden auf. Loihis Gipfelgebiet ist von Schloten und Kratern übersät, das Resultat jüngster Eruptionstätigkeit. (Unterwasser-Strahlenbild)

● **Future Shape of Hawaii Island**/Form der Insel Hawaii in der Zukunft. Unterwasser-Forschungsinstrumente wie das *Pisces V* des Unterwasserlabors Hawaii Undersea Research Laboratory (HURL) bieten das einzige Mittel, Hawaiis jüngsten Vulkan, den Loihi, direkt zu beobachten. Mit Hilfe der mechanischen Arme des *Pisces V* können Wissenschaftler Proben von Unterwasserlava sammeln, und intensiv untersuchen.

BIG ISLAND 125

Hawaii Volcanoes: Museums-Karte

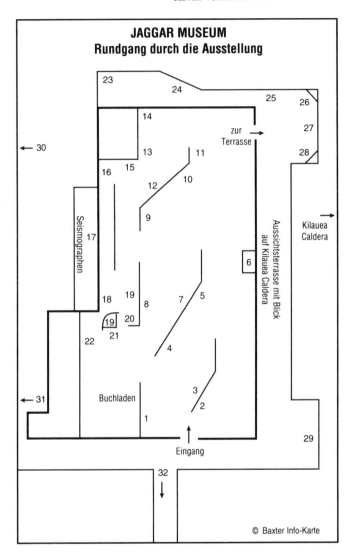

- **Pillow Lava**/Kissenlava. Der größte Teil von **Loihis** Oberfläche ist von sogenannter Pillowlava (oder Kissenlava) überzogen, den rundlichen, kissen- bis sackförmigen Gebilden aus Basaltlava, die sich im allgemeinen bei untermeerischen Ergüssen bilden. Die hier gezeigten Kissen haben einen Durchmesser von 30 bis 80 Zentimeter. Die parallele Riffelung entstand, als Lava durch die zackigen Enden von Lavaröhrchen auf dem Meeresboden quoll.

- **Loihi's Active Vents**/Loihis aktive Austrittsschlote. Das gelbe Mineral Nontronit signalisiert den Standort einiger aktiver Vulkanschlote des **Loihi**. Warmes Meerwasser, das durch diese Schlote zirkuliert, wandelt Basalt zu Nontronit um.

126 BIG ISLAND
Hawaii Volcanoes: Jaggar Museum

Nun unten in der Glasvitrine:

● **Pillow Lava from Loihi Volcano**/Kissenlava vom Loihi Vulkan. Der größte Teil von Loihis Oberfläche ist von rundlichen „Pillows" (Kissen) bedeckt, die Form, die Basaltlava bei untermeerischen Eruptionen im allgemeinen annimmt. Im ausgestellten Exemplar haben sich Teile von drei „Pillows" verbunden. Bei der Eruption in einer Tiefe von 1180 Meter wurde das Freiwerden von Gasen aus der Lava durch hohen Meeresdruck gebremst, daher entwickelten sich die Gasbläschen nur klein oder in geringer Zahl. Die dünne glänzende Haut der „Kissen" bildete sich, als die heiße Lava sich ins kalte Meerwasser ergoß.

Nun zurück zu den Exponateninseln in der Raummitte, und zwar auf der Rückseite von Hawaiian Island Chain/Hawaii:

7–Eruption History/Eruptionsgeschichte

Each visitor to Kilauea ... Jeder Besucher des Kilauea nimmt die Erinnerung eines einzigartigen Erlebnisses bei seinem Besuch mit und behält seinen persönlichen Eindruck dessen, was er oder sie sah. Das Bild zeigt, wie sich ein Lavastrom im **März 1955** über eine 15 Meter hohe Felsklippe ergießt.

● **Pele in a Jealous Rage**/Pele in eifersüchtiger Wut. In einem Traum wanderte **Peles** Geist nach **Kauai**, wo Pele sich in den Häuptling **Lohiau** verliebte. Sie schickte ihre Schwester **Hi'iaka** aus, den Häuptling zu ihr zu bringen.

Hi'iaka kehrte nach einer gefährlichen Reise mit Lohiau zurück. In der Zwischenzeit hatte Pele voller Eifersucht ihr Feuer ausgebreitet. Als Hi'iaka Peles Zerstörung sah, überkam sie der Schmerz und sie suchte Trost bei Lohiau und umarmte ihn. Die wutentbrannte Pele verschlang daraufhin Lohiau mit feuriger Lava.

Hi'iaka erweckte Lohiau wieder zum Leben und kehrte mit ihm zu seiner Insel zurück.

Unten eine Abbildung von Halemaumau, Gemälde aus dem Jahre 1894; außerdem Fotos von Vulkaneruptionen während der letzten 100 Jahre.

"Here and there were ... Hier und da gab es schimmernde Löcher von einigen hundert Metern Durchmesser, die aus der dunklen Kruste gebrochen waren, und darin die geschmolzene Lava – gleißend hell, ein Weiß, in das sich Gelb mischte, die brodelte und wild aufwallte ..."
Mark Twain in „Roughing It"

Daneben ein Foto der Rauchwolke bei Kilaueas Eruption im Mai 1924:

"... jets of lava sprung ... Lavajets fauchten Hunderte Meter in die Luft und zerbarsten zu Raketen-Sprays, die als Feuerregen auf die Erde zurückkehrten, während der Berg bebte und unterirdischen Donner ertönen ließ".
Mark Twain in „Roughing It"

Ganz links ein Video:

Nun gegenüber zur linken Wand mit Information über den neuesten Stand und einer sogenannten Volcano Hazard Rating Karte, auf der die jeweiligen Gefahrenzonen aufgezeigt werden:

8–Current Eruption Status/Neuester Eruptionstatus

Informationsblatt wechselt je nach neuestem Stand der Eruptionen.

Nun zur nächsten Exponateninsel mit Vulkanprodukten:

BIG ISLAND 127
Hawaii Volcanoes: Jaggar Museum

9–Volcanic Products/*Vulkanprodukte*

Lava takes many forms ... Lava nimmt vielerlei Formen an je nach Gasgehalt, Temperatur, Druck und Viskosität.
 Lava trees Lavabäume entstehen, wenn Lava lebende Pflanzen überzieht. Unter den Exponaten Lavaproben wie Pahoehoelava (auch Fladenlava genannt), Aalava (Brockenlava), Volcanic Bomb (Vulkanbombe), Pumice (Tuff), das Ergebnis von Lava mit hohem Gasgehalt, Pele's Hair (Strähnen von Peles Haar), Pele's Tears (Peles Tränentropfen), Cinder (Schlacke).

Dann daneben auf derselben Exponateninsel:

10–Volcanic Landforms/*Vulkanlandschaften*

Layers Kilauea Southwest Rift/Schichten des Kilauea Südwest-Rifts. **Puu Koae** (Cinder and Spatter Cone/Asche- oder Spritzkegel. **Puu Puai** ist ein Asche- und Spritzkegel. **Black Sand Beach** (schwarzer Sandstrand) in der Nähe von Kalapana, Hawaii. Cinder Cones/Aschekegel auf dem **Mauna Kea;** Mauna Kea ist ein Shield Volcano/Schildvulkan. **Halemaumau** Summit Crater Kilauea Caldera; Gipfelplateau des Kilauea enthält den eingelassenen Einbruchskrater Halemaumau.
 Mauna Ulu ist ein Lava Shield/Lavaschild. **Kilauea Iki** ist ein Krater. **Sand Dunes**/Sanddünen in der Ka'u Desert (Ka'u Wüste). **Littoral Cones**/Küstenkegel und grüner Sandstrand in der Nähe von South Point, Hawaii. **Uwealoha-Byron Ledge** ist eine steile Böschung. Auf dem Gipfel des **Mauna Loa** gibt es Krater und die Mokuaweo weo Caldera. **Hilina Pali** ist eine Verwerfungsklippe. **Kamakaia Hills** – Asche- und Spritzkegel.

An der Ecke der Exponateninsel eine Abbildung der Feuergöttin Pele –
11-Pele, Goddess Of Fire. *Dann zur Rückseite der Exponateninsel.*

12–Eruption Data Gathering/*Zusammentragen von Eruptionsdaten*

● **Gas Collecting**/Entnehmen von Gasproben. Hier in Hawaii wurden Methoden entwickelt, innerhalb von Sekunden Gasproben zu entnehmen und innerhalb weniger Stunden bereits die Analyse fertig zu haben. Dadurch lassen sich Eruptionen direkt beobachten; ferner brauchen auch Forscher nur kurze Zeit gefährlichen Eruptionskonditionen ausgesetzt zu sein.

● **Measuring Temperature**/Temperaturmessung. Die heißeste Lava des Kilauea bricht mit Temperaturen bis zu 1200° Celsius aus. Temperaturen lassen sich direkt mit Thermometern messen oder mit Hilfe eines optischen Pyrometers schätzen, der die Temperaturen anhand der Farben vergleicht (Vergleich der Glut mit geeichter Lichtquelle).

● **Thermo Sensor Thermometer.** Das digitale Thermometer wird mit einem langen Stab bedient, um die Temperatur heißer Lava zu messen. Farbunterschiede der gezeigten Lavafontänen geben unterschiedliche Temperaturen an.

Fahrenheit	Celsius	
2192 Grad	1200 Grad	weiß heiß
2012	1100	gelb
1652	900	orange
1292	700	hellrot
932	500	dunkelrot

Nun gegenüber links (in der Ecke):

128 BIG ISLAND
Hawaii Volcanoes: Jaggar Museum

13–Magma And Gas/*Magma und Gas*

Large amounts of sulphur ... Im allgemeinen sind große Mengen Schwefeldioxyd typisch für Vulkangase. Starke Mengen Kohlendioxid, die aus Fumarolen eines Vulkans austreten deuten auf frisches Magma in der Magmakammer.

- **Hawaiian Magma Gases**/Hawaiische Magmagase. Wasserdampf 71 %, Kohlendioxyd 15 %, Schwefeldioxyd 6 %, Stickstoff 5 %, Schwefeltrioxyd 2 %, Kohlenmonoxyd 0,4 %, Wasserstoff 0,3 %, Argon 0,2 %, Schwefel 0,1 %, Chlorgas 0,05 %

- **Magma Oxides**/Magma Oxyde (feste Stoffe). Silizium 48 %, Aluminium 14 %, Kalzium 9 %, Eisen (Ferrous) 8 %, Magnesium 7 %, Eisenoxyd (Ferric) 3 %, Sodium/Natrium 3 %, Titan 3 %, Kaliumkarbonat 1 %, Phosphor 0.5 %, Mangan 0,1 %

- **Air Quality**/Luftqualität. Vulkane gegen Städte. Obwohl Vulkane bei der Eruption spektakuläre Shows zeigen, sind die Varianten und Quantitäten giftiger Gase in den meisten Stadt- und Industriegebieten tatsächlich höher. Im Vergleich: Schwefelgase die aus Vulkanrissen entkommen. Bild San Franciscos an einem „smoggy" Tag.

- **Types of Volcanoes**/Vulkanformen. Feste Materialien sind bei den meisten Vulkanen ähnlich. Das Vorhandensein von Wasser oder abgeschlossener Gase bewirkt heftige Eruptionen. Der Mauna Loa ist ein Schildvulkan *(shield volcano)* mit einer typischen Fließeruption.
  Mount St. Helens im Juli 1980. Der linke Teil des Kegels wurde bei einer früheren Eruption buchstäblich weggesprengt. Ein typischer **Gemischter Vulkan** *(composite volcano)*.
  Aschenkegelvulkane *(cinder cone volcanoes)* bilden eine dritte Vulkankategorie. Gezeigt wird der **Paricutin Vulkan** von Mexiko, der am 20. Febr. 1943 ausbrach. Aus dem Vulkan austretende Lava vernichtete den Ort San Juan Parangaricutiro völlig.

In der linken Ecke an der nächsten Wand:

14–Island Life/*Inselleben*

Island Life Zones. Insel-Lebenszonen. Man könnte auf dem Mauna Loa stehen „und auf einen Blick alle Himmelslinien der Welt erblicken, und dieser Blick würde nur über eine Entfernung von vier bis fünf Meilen (6–8 km) Luftlinie gleiten".   Mark Twain

Over a distance ... Über eine Entfernung von 40 Meilen/64 km sieht man verschiedene Zonen: **Sea Level** = Meereshöhe, **Coastal Lowland** = Uferebene, **Submontane Seasonal** = submontane Stufe, **Montane Rain Forest** = montaner Regenwald, Kilauea Caldera 4078 ft/1243 m, **Montane Seasonal** = montane Stufe, **Sub-Alpine,** subalpine Stufe, **Alpine** = alpine Stufe, Mauna Loa 13 679 ft/4169 m.

When the 8-Eyed ... Als der achtäugige Schweine-Mensch Kamapua'a **Pele** den Hof machte, lachte sie ihn aus. Wegen der Verspottungen kam es zum Kampf. Fast vom Feuer überwältigt, rächte er sich, indem er ihre Feuer in Regen ertränkte. Als nur noch die heiligen Feuerstöcke brannten, schritten die Götter ein, um die Feuer zu retten, und Pele ergab sich Kamapua'a.
    Sie wurden ein Liebespaar. Als sie die Insel teilten, nahm Pele die trockeneren Gebiete von Puna, Ka'u und Kona, die von Lavaströmen überzogen waren. Kamapua'a erhielt die dem Wind zugewandten, regnerischen Inselteile grünen Lands, wo das Great Hog Täler und Schluchten ausgebuddelt hatte.

BIG ISLAND 129
Hawaii Volcanoes: Jaggar Museum

Regeneration. Nackte Lava wird langsam zu Erde für fruchtbares Pflanzenwachstum.
Die erste Phase der Erholung: Pahoehoelava und New Fern = Farn.
Endphase der Erholung: Komplette Regeneration.

Nun zurück um die Ecke auf der linken Seite:

15–Inflation/Deflation

- **Measuring Changing Distances.** Messung veränderlicher Entfernungen. Der Berg schwillt und die Entfernung zwischen zwei Punkten auf seiner Oberfläche nimmt zu. Man benutzt ein Laserstrahl-Instrument, einen sogenannten Geodimeter, um wechselnde Entfernungen zwischen zwei festen Punkten zu messen.

Ein bei dieser Operation verwendeter, ziemlich abgenutzter Retroreflektor ist hier zu sehen. Zwischen Laser und Reflektor: Inflation (Ausdehnung), Deflation (Zusammenziehen).

- **Measuring Tilt.** Neigungsmessung. Frisches Magma produziert Druck, der den Berg anschwellen läßt. Man benutzt einen Flüssigkeitsspiegel, um die Neigung zu messen, die aus der Anschwellung resultiert. Das Grundprinzip wird hier anhand von Wassergläsern demonstriert.

Eine vereinfachte Version des großen Neigungsmeters der am Kilauea verwendet wurde, ist unten am Boden zu sehen. Mit seinen beiden Armen gibt er Information sowohl über Richtung als auch Neigungsgrad.
Neigungsgrundsätze:
  Bodenoberfläche normal; Vulkangipfel; eben
  Inflation-Neigung; Magmadruck entsteht; eben
  Deflation-Neigung; Magmadruck wird frei; eben

- **Measuring Changing Altitude.** Messung veränderlicher Höhen. Wenn ein Berg auf Grund von Magmadruck anschwillt, hebt sich seine Oberfläche. Absolute Höhen werden ständig an zahlreichen Stellen rund um die Insel gemessen, um das Heben und Senken der Grundfläche festzustellen.

Nun entlang der nächsten Wand links:

16–Seismic Activity/*Seismische Aktivität*

Seismographs. Seismographen. Seismischer Verstärker/Recorder. Seismometer sind Geräte, die Bodenerschütterungen und deren relative Stärke wahrnehmen. Diese Signale werden dann auf einem Seismographen aufgezeichnet.

Bei diesem Seismographen handelt es sich um eine mobile Einheit. In dem darunter befindlichen Kasten befindet sich ein Meßfühler oder Sensor, der Schritte in diesem Gebäude registriert.

- **What shows on the Recorder?** Was zeigt sich auf dem Aufzeichnungsgerät? Jede Art von Unruhe der Erde oder Atmosphäre produziert ein bestimmtes seismisches Muster.
- **Finding the Earthquake.** Das Erdbeben finden. Erdbeben treten nicht innerhalb des Magmas auf. Es ist auch ein schlechter Leiter seismischer Wellen. Eine blanke oder ruhige Stelle innerhalb des seismischen Musters zeigt im allgemeinen eine Magmamasse an.

Die Position seismischer Aktivität läßt sich durch Messung der Ankunftszeit von seismischen Wellen von drei oder mehr Seismometern bestimmen.

Die Lage von kurzfristigen (×) und langfristigen (■) Erdbeben unter Hawaii wird in dem Kasten unten gezeigt.

Beben resultieren im allgemeinen aus Magmabewegung und damit verbundenem tektonischen Stress. Hier werden Aufzeichnungen bis zu einer Tiefe von 54 km gezeigt.

130 BIG ISLAND
Hawaii Volcanoes: Jaggar Museum

- **Seismic Recorder on a Smoked Drum.** Seismischer Recorder auf einer sogenannten Smoked Drum = Trommel. Viele Jahre lang war die Smoked Drum (Trommel) das grundlegende seismische Aufzeichnungsinstrument. Es diente sehr gut seinen Zwecken, doch die Kohlepapierblätter ließen sich schlecht präparieren und lagern.

Hinter der Scheibe mehrere Seismographen (17). Dann zum Computerschirm mit Erdbebentiefe. Links der Glasscheiben:

18–Earthquakes Herald An Eruption/*Erdbeben kündigen eine Eruption an*

As magma expands ... Wenn Magma ein unterirdisches Reservoir ausdehnt und sich seinen Weg zur Oberfläche erzwingt, reißt es das umgebende Gestein auf und verursacht Erdbeben. Schwärme von Erdbeben gehen den meisten Eruptionen voraus. Wissenschaftler können mit Hilfe unterschiedlichster Instrumente Erdbeben ausfindigmachen und aufzeichnen.

- **Earthquakes Prelude at Mount St. Helens.** Erdbeben gingen dem Ausbruch des Mount St. Helens voraus. Diese Serie von Seismogrammen zeigt die dramatische Zunahme von Erdbeben, die einer kuppel-bildenden Eruption von Mount St. Helens im Frühjahr 1984 vorausging. Seit der Eruption vom 18. Mai 1980 haben Seismologen gelernt, ähnliche Erdbebenmuster zu erkennen, die der nachfolgenden Eruption vorangig.
- **Reading a Seismic Record.** Eine seismische Aufzeichnung wird gelesen. Im **Hawaiian Volcano Observatory** wird das Seismogramm gelesen.
- **Seismometer.** Der Seismometer überträgt Bodenbewegungen in elektrische Signale, die zum Volcano Observatory übermittelt werden. Ein Netz von Seismometern erlaubt den Wissenschaftlern die Lage und Tiefe von Erdbeben genau festlegen zu können.
- **Seismograph.** Der im Volcano Observatory befindliche Seismograph erhält und zeichnet Daten von einem im Feld installierten Seismometer auf. Die Trommel rotiert einmal alle 15 Minuten und füllt alle 24 Stunden einen kompletten Bericht oder Seismograph.

Gegenüber an der Wand:

19–Eruption Forecast/*Eruptionsvoraussage*

- **Magma Moving.** Magma bewegt sich. Sich unter der Bodenoberfläche bewegendes Magma verursacht bestimmte Erdbeben und hebt die Oberfläche, gleichzeitig steigt der Kohlendioxydgehalt entweichender Gase.

Vorhersage von Eruptionen basiert auf entdeckten Signalen solcher einzigartiger Ereignisse.

- **Pre-eruption indicators.** Voranzeichen von Eruptionen. Ein Aufbäumen oder Neigen der Bodenfläche zeigt **Inflation** oder **Deflation** des Gebiets aufgrund unterirdischer Magmaaktivität. Wenn dies passiert, werden von Neigungs-Sensoren Signale zum Neigungsmesser im Observatorium gesendet, der Aufzeichnungen wie die hier ausgestellten produziert.

Mit Inflation zusammenhängender Schwarm von kurzzeitigen Erdbeben auf dem Gipfel des Kilauea. Der Seismometer war weniger als 5 km von dem Ereignis entfernt.

Durch Magma-Intrusion ausgelöster Schwarm von Erdbeben und harmonischen Beben, die der Eruption vorausgingen. Diese stammen von der oberen Ost Rift Zone = East Rift Zone des Kilauea.

Rift-Zonen-Aktivität ist ein weiteres Anzeichen bevorstehender Eruptionen. Hier sieht man eine frische Öffnung in der Südwest Rift-Zone = Southwest Rift Zone.

BIG ISLAND 131
Hawaii Volcanoes: Jaggar Museum

Nun rechts:

20–Monitoring Around Tilt/*Kontrolle um Neigung*

A change in the... Eine Veränderung in der Neigung der Bodenoberfläche oder sogenannter *tilt* wird mit Hilfe von Wasserröhren Tiltmetern, elektronischen Tiltmetern und Präzisionsinstrumenten gemessen. Diese Instrumente können extrem präzise eine Veränderung in Neigungen schon so gering wie eins zu einer Million erkennen – vergleichbar, wenn man eine Münze unter ein Ende einer 1-Kilometer langen Wasserwaage legen würde.

- **Water-Tube Tiltmeter in the Field.** Wasser-Röhren Neigungsmeter im Einsatz. Der Operateur bestimmt die Wasserhöhe im Neigungsmesser, indem er einen Micrometer dreht, der die Nadel zur Unterseite der Wasseroberfläche hebt. Genau in diesem Augenblick nimmt ein anderer Operateur dieselbe Prozedur an einem etwa 25–50 Meter entfernten und mit diesem verbundenen Neigungsmesser vor. In Intervallen vorgenommene Messungen erlauben Wissenschaftlern, Kilaueas veränderliche Neigung zu verfolgen.

- **Tilt at Kilauea's Summit.** Neigung am Gipfel des Kilauea. Die graduellen Aufwärtskurven von Kilaueas Neigungs Chart der Jahre 1956–88 reflektieren das langsame Neigen des Gipfels als Folge des sich in das Gipfelreservoir bewegenden Magmas (Inflation). Die abrupten Abwärtssegmente zeigen raschen Rückzug des Magmas aus dem Reservoir (Deflation) und Injektion in die Spaltenzonen. Viele dieser Injektionen führten zu Spaltenzonen-Eruptionen.

- **Tilt at Mount St. Helens.** Neigung am Mount St. Helens. Diese graphische Darstellung zeigt eine graduale Anstiegsrate der Neigung, die auf dem Kraterboden des Mount St. Helens vor einer Eruption am 19. März 1982 auftrat. Ein elektronischer Neigungsmesser sendet diese Daten zum Cascades Volcano Observatory. Derart beständige Neigungsmuster sowie andere Methoden ermöglichten es den Wissenschaftlern, von 1981 bis 1986 ziemlich akkurat 14 Eruptionen vorherzusagen.

    Neigung am Mount St. Helens
    12. März. Vulkanalarm – Eruption in 21 Tagen vorhergesagt.
    15. März. Vulkanalarm – Eruption in 5 Tagen vorhergesagt.
    19. März. 9 Uhr. Vulkanalarm – Eruption innerhalb von 24 Stunden vorhergesagt.
    19.27 Uhr. Eruption erfolgt.

- **Water-Tube Tiltmeters: The Classic Method.** Wasser-Rohr Neigungsmeter: Die klassische Methode. Der Wasserspiegel von zwei miteinanderverbundenen Töpfen ist immer gleich. Wenn sich der Boden neigt, wird einer der Wassertöpfe etwas höher als der andere sein, und Wasser wird durch das Rohr in den niedrigeren fließen. Der resultierende Unterschied in Wasserhöhe jeden Topfs wird der Kalkulation von Neigungen zu Grunde gelegt.

    In jüngster Zeit hat man das Wasser-Rohr-Neigungs-System größtenteils durch elektronische Neigungsmesser und eine Methode ersetzt, die präzise Neigungstechniken anwendet.

- **"Swords into Plowshares."** Schwerter zu Pflugscharen. Die Kammern von Wasser-Rohr-Neigungsmessern wurden aus ausgesonderten 105-mm Artillerie-Geschoßhülsen gefertigt. Maschinenbauer des Hawaiian Volcano Observatory stellten Dutzende dieser Neigungsmesser her, von denen einige an Wissenschaftler zur Überwachung von Vulkanen in anderen Ländern weitergegeben wurden.

- **Electronic Tiltmeter.** Elektronischer Neigungsmesser. Funktioniert nach demselben Prinzip wie eine Wasserwaage, allerdings mit unendlich größe-

132 BIG ISLAND
Hawaii Volcanoes: Jaggar Museum

rer Empfindlichkeit. Elektronische Neigungsmesser zeichnen die Bewegung einer kleinen, in einer Flüssigkeit schwebenden Blase auf, um Veränderungen im Neigungswinkel des Bodens zu messen.

Nun zur gegenüberliegenden Wand:

21–Kilauea Summit/*Kilauea Gipfel*

The Kilauea area is ... Das Kilauea Gebiet ist die aktivste Stelle entlang eines „heißen Fleckens" im Erdmantel. Die sich von Kilauea ausdehnende Kraterkette (**Chain of Craters**) markiert die östliche Spaltenzone (**East Rift Zone**), die aktivere der beiden Spaltenzonen des Kilauea.

Die Skizze zeigt Magma innerhalb des Kilauea. Man konnte die betreffenden Stellen kartographieren, indem man die Quelle von Hunderten von seismischen Ereignissen geortet hat.

Weiter links:

22–Dr. Jaggar and his Observatory/*Dr. Jaggar und sein Observatorium*

Thomas Augustus Jaggar, 1871–1953. Dr. Jaggar war darüber besorgt, daß Geologen nur Erdbeben und Eruptionen untersuchten, nachdem sie sich ereignet hatten. Er hielt es für dringend erforderlich, daß sich ausgebildete Beobachter vor und bei Eruptionen am Schauplatz befanden. Das einzige Vulkan-Observatorium befand sich damals am Vesuv in Italien (Mt. Vesuvus).

Dr. Jaggar setzte sich zum Ziel, geologische Überwachung einzurichten und Methoden zu entwickeln, Voraussagen hinsichtlich des Zeitpunkts, des Ortes und des Charakters vulkanischer Ausbrüche zu treffen zum „. . . Schutz von Leben und Besitz auf der Basis gründlicher wissenschaftlicher Methoden und Erkenntnisse."

● **Foto** zeigt folgende Personen bei der Entnahme von Lavaproben auf dem Boden des Halemaumau im Jahre 1912, von links nach rechts: Norton, Twigg, A. Jaggar, L.A. Thurston, Joe Morris und Alexander.

Kilauea was chosen ... Man hatte **Kilauea** als Standort des Observatoriums gewählt, weil
– er der **ungefährlichste** Vulkan der Welt war,
– er und Mauna Loa **keine Komplikationen** durch benachbarte aktive Vulkane zu befürchten hatten,
– er **nur** 30 mi/48 km von Hilo und eine Tagesreise per Schiff von Honolulu entfernt war,
– die **klare saubere Luft** beste Voraussetzungen für Astronomie bot,
– die häufigen, kleinen Erdbeben sich **leicht** untersuchen ließen,
– diese Vulkane in der Geschichte der Wissenschaft für ihre bemerkenswert flüssigen Lavaströme und nahezu **ununterbrochener** Aktivität berühmt waren.
1912 wurde hier das **erste** Observatorium errichtet.

Nun draußen zu den Infotafeln entlang der Terrassenmauer.

Aussichtspunkt außerhalb des Jaggar Museums

Die Sicht von diesem Aussichtspunkt auf der Terrasse vor dem **Jaggar Museum** ist eine der besten, die man im Park genießen kann. Man blickt auf die Kilauea-Caldera und den Halemaumau-Krater. Jenseits der Caldera ragt die Kuppel des Mauna Ulu (etwa wachsender Berg) auf, der seine Entstehung einer langanhaltenden Eruption an der östlichen Spaltenzone des

BIG ISLAND 133
Hawaii Volcanoes: Jaggar Museum

Kilauea in den Jahren 1969 bis 1974 verdankt. Rechts der Caldera erkennt man an einigen Vulkankegeln den Verlauf der südwestlichen Spaltenzone, die sich bis zum Ozean erstreckt.

Nun zu den Infotafeln von links nach rechts:

- **Volcano Watch**/*Überwachung des Vulkans*

HVO scientists keep ... Die Vulkane Hawaiis werden von Wissenschaftlern des HVO (Hawaiian Volcano Observatory) ständig kontrolliert und beobachtet. Das Gebäude, das man links sieht, wurde 1986 errichtet und bildet das Herz des **Hawaiian Volcano Observatory** oder **HOV**. Das ursprüngliche Observatorium wurde 1912 erbaut und befand sich an der Stelle des heutigen Volcano House Hotel, das man auf der gegenüberliegenden Seite der Caldera sieht. Das ehemals zum amerikanischen Wetterdienst, *U.S. Weather Bureau,* gehörende **HVO** wird nun im Einvernehmen mit dem National Park Service vom U.S. Geological Survey (Geologisches Amt der USA) betrieben.

Hier arbeiten Vulkanologen, Seismologen, Geochemiker, Geophysiker und unterstützende Computer- und Elektroniktechniker gemeinschaftlich zusammen. Sie überwachen seismische und vulkanische Aktivität, sammeln und analysieren Daten und führen zahlreiche Experimente durch. Gewonnene Erkenntnisse ermöglichen es ihnen, Eruptionen akkurater vorherzusagen, was dazu dient, Menschen und Besitz zu schützen.

Bei der „Feldarbeit" messen Wissenschafter des HVO Lavaströme und Erdbewegungen, Lavatemperaturen und sammeln Proben. Sie setzen aus an verschiedenen Stellen Sensoren ein, die ihre Daten durch Funk-Telemetrie zurück zum Observatorium senden. Ein Kabel, das von hier hinunter zu einem Seismometer auf dem Calderaboden läuft, ermöglicht es den Wissenschaftlern, den „Puls" des Vulkans zu messen.

Oft werden Hubschrauber eingesetzt, um den **Verlauf** von Lavaströmen zu messen und aufzuzeichnen. Verschiedene **Fotos** zeigen die Wissenschaftler bei der Arbeit.

Proben vulkanischer Gase werden in den modernen geochemischen Labors des Hawaiian Volcano Observatory analysiert. Durch einen Hitzeschild geschützt messen HVO Wissenschaftler im April 1983 die Temperatur eines Lavastroms des Kilauea. Die abgelesene Temperatur betrug etwa 1140°C (2084°F).

Das **Hawaiian Volcano Observatory** ist dem Publikumsverkehr nicht zugänglich. Allerdings vermitteln die Ausstellungen im **Jaggar Museum** in hervorragender Weise einen Überblick über die Vulkane Hawaiis und die Arbeit des Observatoriums. Das Museum wird vom National Park Service betrieben.

Nun von links nach rechts entlang der Terrassenmauer:

- **East Rift Zone**/*Ostspaltenzone*

Volcanic craters and cones ... Der östliche Hang des Kilauea wird von Vulkankratern und Kegeln geprägt.

Heißes, geschmolzenes Gestein oder Magma steigt periodisch vertikal aus einem Reservoir tief unten im Erdinnern und eruptiert hier am Gipfel des Kilauea. Allerdings kann Magma sich auch unterirdisch seitwärts bewegen, wobei Erdbeben und Eruptionen entlang der Flanken des Vulkans in sogenannten **Rift Zones** = Spaltenzonen auftreten.

Kilaueas östliche Spaltenzone = East Rift Zone beginnt hier an der Gipfel-Caldera und erstreckt sich etwa 35 mi/56 km ostwärts bis zur Küste und zieht sich anschließend noch weitere 50 mi/80 km über die Küste hinaus unter dem Ozean entlang. An der Oberseite wird diese Spaltenzone

134 BIG ISLAND
Hawaii Volcanoes: Jaggar Museum

durch eine Kette eingefallener Krater, Vulkankegel, Spaltenrisse und Lavaströme markiert. Unter der Oberfläche liegt ein komplexes und ständig wechselndes Röhrensystem aus Sprüngen, Spalten, Kanälen und Lücken, durch die das Magma in den Fels eindringt. Eine Eruption tritt dann auf, wenn Magma durch die Oberfläche ausbricht.

Mauna Ulu, der Lavaschild am fernen Horizont, liegt an diesem Ende der östlichen Spaltenzone = East Rift Zone. Er verdankt seine Entstehung einer Reihe von Eruptionen in den Jahren 1969 bis 1974. Man hat von Aussichtspunkten entlang der *Chain of Craters Road* einen besseren Blick auf den **Mauna Ulu** und andere jüngere Erscheinungen entlang der Spaltenzone.

Das vereinfachte Diagramm zeigt eine hypothetische Eruption des Kilauea entlang der **East Rift Zone.** Ein hier unten befindliches Reservoir liefert durch ein natürliches „Kanalsystem" im Fels das Magma. Die laterale Bewegung von Magma oder geschmolzenem Gestein versorgt im Untergrund einen Springbrunnen und Lavastrom in Küstennähe.

Manchmal drückt Magma gegen die Oberfläche, ohne zu eruptieren, fließt dann wieder zurück und hinterläßt Hohlräume. Durch Zusammenfallen von überlagernder Lava in einen darunterliegenden Hohlraum oder Kammer entstehen Grubenkrater = **Pit craters.**

Foto zeigt, wie ein hoher Springbrunnen am 30. Juni 1984 am Pu'u 'O'o, einem Schlot in der Nähe des Mittelpunkts der East Rift Zone, ausbricht. Im Vordergrund tritt ein Lavastrom aus der Basis der Fontäne aus. Ein schwarzer Schlackenregen steuert zum Wachstum des Kegels bei.

Nun zu vier Infotafeln an der Aussichtsstelle der Terrasse:

● Kilauea Caldera

Here is one of earth's . . . Hier liegt eine der dynamischste Landformen der Erde vor einem.

Man nennt eine vulkanische Vertiefung oder Öffnung im allgemeinen einen Krater. Einen sehr großen Krater, wie diesen auf dem Gipfel des Kilauea, bezeichnet man als **Caldera**.

Zur Zeit mißt die **Kilauea-Caldera** zwei Meilen (3,2 km) im Durchmesser und ist 122 m tief. Geologen vermuten, daß das Reservoir des heißen, geschmolzenen Gesteins, das den Vulkan versorgt, nur zwei Meilen/3,2 km darunter liegt.

Eine **Caldera** entsteht durch Einsturz von Felsen in das durch die Ausbrüche entleerte Innere des Vulkans, durch Explosion von Gestein aus dem Vulkan und durch Erosion des Gipfels durch Wasser und Wind.

Im Laufe von Jahrzehnten verändert sich die Caldera-Landschaft. Neue Lavaströme begraben alte. Erdbeben lassen Teile der Calderawand einstürzen und bilden Schutt- und Geröllhalden, sogenannten **talus**. Auf dem Calderaboden öffnen sich Krater und Sprünge. Niemand ist sicher, wann und wo die nächste vulkanische Episode eintritt.

Auf der Skizze rechts oben auf der Infotafel wird aufgezeigt, was man von links nach rechts rund um den **Kilauea-Krater** sieht: Steaming Bluff, Volcano House Hotel, Byron Ledge, Kilauea Iki Crater, Pu'u Pua'i (Schlackenkegel), Mauna Ulu.

1866 wanderte der amerikanische Schriftsteller **Mark Twain** bis zum Calderaboden hier unten und wurde Zeuge einer gänzlich anderen Landschaftsszene, er traf dort unten einen See geschmolzener Lava an.

"**It was like . . .** Es war, als starre man zur Mittagszeit gegen die Sonne, außer daß das blendende Licht nicht ganz so weiß war. In verschiedenen Abständen tauchten rund um die Ufer des Sees nahezu glühend-weiße Schornsteine oder hohle Lavatrommeln bis zu vier und fünf Fuß (1,20–1,50 m) hoch auf. Aus ihnen fauchten prächtige Lavaspritzer wie glitzernde Metallflitter, einige weiß, andere rot, wieder andere golden – ein unaufhörliches Bombardement, das das fasziniere Auge mit unerreichtem Glanz füllte."

Hawaii Volcanoes: Jaggar Museum

Nun direkt in der Ecke:
- **Fountains of Fire**/*Feuerfontänen*

Kilauea's eruptions ... Kilaueas Eruptionen können ein unvergeßliches Schauspiel sein.

Bei der ausgedehnten Mulde vor einem handelt es sich um die Gipfel-Caldera des Kilauea. An einem typischen Tag ist der Vulkan ruhig. Die Farben innerhalb der Caldera sind matt. Nichts bewegt sich auf dem Calderaboden außer dem Schatten ziehender Wolken, Fahnen aufsteigender Dämpfe und einem gelegentlichen Wanderer. Alles ist ruhig auf dem Gipfel eines der aktivsten Vulkane der Erde.

Alles ändert sich jedoch, wenn eine bedeutende Eruption beginnt. Schlote machen röhrenden Lärm wie Düsenmotore, wenn unter überaus hohem Druck Lava und Gase herausschleudern. Fontänen geschmolzenen Gesteins schießen hoch in die Luft in unbeschreiblich prächtigen Farben. Schlacken regnen auf die Landschaft. Flüsse aus Lava springen in Kaskaden an den Calderawänden hinab und begraben ältere Lavaströme und verändern das gesamte Bild der Landschaft.

Historisch gesehen haben Eruptionen am Kilauea Gipfel viele Formen angenommen, bei denen spektakuläre Lavaspringbrunnen, Lavaströme, Vorhänge aus Feuer, Spritzkegel, Spritzwälle, Schlackenkegel, Lavaseen, Lavakaskaden, Aschenlawinen und Dampfexplosionen produziert wurden. Spuren all dieser Formen sind dort unten zu sehen.

- **Kilauea Iki,** ein Krater auf der entfernten Seite der Caldera zog **1959** eine spektakuläre Show auf. Seine Lavafontäne schoß etwa 580 m hoch in die Luft – eine Rekordhöhe für Hawaii.
- **Curtains of Fire** (Vorhänge aus Feuer) eruptierte am **17. Juli 1974** an der gegenüberliegenden Seite der Caldera. Die Vorhänge sind eigentlich eine Serie von Fontänen entlang einer Spalte oder Rißstelle im Vulkan.

Highlights of Summit Eruptions at Kilauea/*Höhepunkte der Gipfeleruptionen am Kilauea:*

Jahr	Dauer	Beschreibung
1790	unbekannt	Eine gewaltige **Explosion** bedeckt die Area mit einer 4–5 m dicken Aschedecke. Ein Teil der Caldera entsteht.
1823	100 Jahre	Ein brodelnder **Lavasee** entsteht im Halemaumau Krater und läuft mehrmals über auf den Calderaboden.
1924	17 Tage	Lavasee-Periode **endet** mit einer Reihe gewaltiger Dampfexplosion. Felsbrocken werden über die Caldera zerstreut.
1934	33 Tage	Der Lavapegel **steigt** innerhalb des Halemaumau Kraters. Nach dieser Eruption bleibt der Vulkan 18 Jahre lang ruhig.
1952	136 Tage	**Feurige Fontänen** innerhalb des Halemaumau Kraters produzieren 48 931,456 Kubikmeter neuer Lava mit Tuffregen.
1959	36 Tage	Eine Serie hoher Fontänen am Kilauea Iki Krater bildet einen Schlackenkegel von 45 m Höhe und **begräbt** einen Abschnitt der Straße *Crater Rim Drive* unter sich.
1967	251 Tage	Innerhalb des Halemaumau Kraters bildet sich ein **Lavasee** mit 60 m **hohen** Fontänen. Lava wird in Raten von bis zu 306 Kubikmeter pro Sekunde produziert.
1974	3 Tage	**Vorhänge von Feuer** treten in der Caldera auf. Lava fließt über die Straßen *Crater Rim Drive* und *Chain of Craters Road*.
1982	1 Tag	Mit nur 3 Stunden Vorwarnung öffnen sich Sprünge auf dem Calderaboden. Lava bricht aus **Rissen** entlang der Wand und des Bodens des Halemaumau Kraters aus.

136 BIG ISLAND
Hawaii Volcanoes: Jaggar Museum

Nun zur Infotafel rechts:

● **Halemaumau Crater**/*Halemaumau Krater*

For 100 years lava ... Seit hundert Jahren kochte Lava in diesem Krater innerhalb eines Kraters.

Der dramatische Krater auf dem Calderaboden dort unten heißt „Halemaumau". Der Legende nach ist der Krater die Wohnstatt von Pele, der hawaiischen Göttin des Feuers."

Der **Halemaumau** liegt im Herzen des **Kilauea,** einem aktiven Vulkan, der den Ruf des feuerspuckenden Vulkans genießt. Von **1823** bis **1924** enthielt der Halemaumau einen Lavasee, der Besucher der ganzen Welt in seinen Bann zog. Im Laufe der Jahre hob und senkte sich der Kraterboden je nach Schwankung des Lavavorrats. Den Höhepunkt erreichten diese Aktivitäten **1924,** als der Halemaumau explodierte, wobei der Durchmesser des Kraters von 1/4 (0,4 km) auf 1/2 (0,8 km) Meile anstieg.

Heutzutage vermuten die Wissenschaftler, daß die Spitze des unterirdischen Reservoirs des heißen, geschmolzenen Gesteins, das den Vulkan mit Lava versorgt, etwa 2 mi/3 km unter dem Halemaumau liegt. Bei Druckzunahme im Reservoir kann Lava hier oder aus Schloten oder Sprüngen entlang der Seiten des Vulkans ausbrechen.

Foto zeigt Besucher neben Halemaumaus brodelnd kochendem Lavasee im Jahr 1894. Ein harter Lavaring hielt die flüssige Lava zurück, doch häufig lief Lava über und floß auf den Calderaboden. Heutzutage ist der **Krater** viel tiefer und breiter, und der Boden ist ungewöhnlich fest.

1924 kam es durch das Zusammentreffen von geschmolzenem Gestein und Grundwasser zu einer Serie gewaltiger Dampfexplosionen am **Halemaumau.** Die Explosionen wurden von Blitz und Donner sowie Schlammregen begleitet. Eine Explosion schleuderte einen 8 Tonnen schweren Brocken 300 Meter weit.

Weiter rechts:

● **Southwest Rift Zone**/*Südwestliche Spaltenzone*

A great series of fissures ... Eine große Serie von Bruchspalten zieht sich vom Kilauea Gipfel entlang.

Hier steht man nun auf dem **Kilauea,** einem ruhelosen Vulkan, der sich über 1560 Quadratmeter erstreckt. Regelmäßig wiederkehrend steigt heißes, flüssiges Gestein oder **Magma** aus einem tief unten liegenden Reservoir und bricht hier am Gipfel als **Lava** aus. Allerdings kann das Magma auch unterirdisch seitwärts ziehen und dabei an den Flanken des Vulkans in Gebieten sogenannter Spaltenzonen = **Rift Zones** Erdbeben und Eruptionen auslösen.

In der Ferne liegt Kilaueas **Southwest Rift Zone** (südwestliche Spaltenzone) – Risse, die vom Rand der Kilauea-Caldera südwestwärts verlaufen und eine Serie von Vulkankegeln, die sich am Horizont wie kleine Beulen ausnehmen. Hinter dem Horizont erstrecken sich weitere Spalten, einschließlich einer 10 mi/16 km langen, als **Great Crack** bekannten Spalte. Die Rißstellen setzen sich von der Küste an weiter unter Wasser fort.

Wenn es von hier aus dunstig aussieht, kann der Vulkan daran schuld sein. An einem typischen Tag stoßen Kilaueas Schlote einige hundert Tonnen Schwefeldioxyd aus, das der Wind über die Insel weht.

Dieser Bruchriß kreuzt den *Crater Rim Drive* nur ein paar Minuten Fahrt südlich von hier. Wie zahlreiche **Risse** entlang der Southwest Rift Zone ist er breiter als ein Bus!

Skizze rechts oben in der Ecke der Infotafel zeigt die Landschaften entlang der **Southwest Rift Zone** des Kilauea von links nach rechts:

Fissures = Risse, Kamakai'a Hills (Hügel), Ninole Hills, Südhänge des Mauna Loa.

Die **Southwest Rift Zone** beginnt hier an der Gipfel Caldera des Kilauea und erstreckt sich bis zum Ozean und darüber hinaus. Eine weitere Spaltenzone, die **East Rift Zone,** wird an der Oberfläche durch eine Kette von Kratern markiert.

Nun zur letzten Infotafel auf der Terrasse, rechts vom Eingang zum Jaggar Museum:

● Mauna Loa

In front of you ... Vor einem wird der größte aktive Vulkan der Welt undeutlich sichtbar.

Der Gipfel des **Mauna Loa** liegt etwa 20 mi/36 km entfernt, mit einer Höhe von 4169 m ü.M. und über 9449 m über dem Meeresboden. Mit einem Volumen von 10 000 Kubikmeilen ist der **Mauna Loa** der größte Berg der Welt.

Die gewaltige Masse des Vulkans wurde durch aufeinanderfolgende Ströme heißen, geschmolzenen Gesteins oder **Lava** aufgebaut. Die Stärke eines einzelnen Lavastroms beträgt durchschnittlich 12 Fuß = 3,65 Meter. **Mauna Loa** wird klassifiziert als Schildvulkan = *shield volcano,* ein Vulkan mit sanft geneigten Seiten, die einem umgekippten Kriegsschild gleichen. Kilauea, der Vulkan, auf dem der Besucher sich hier befindet, ist ebenfalls ein Schildvulkan.

Es dauerte Jahrhunderte und unzählige Eruptionen, ehe der **Mauna Loa** seine heutige Größe erreichte. Im Laufe der letzten 100 Jahre brach der Vulkan über 18mal aus. Die nächste Eruption könnte sich jederzeit ereignen.

Der **Mauna Loa** ist der größte von **fünf** Hauptvulkanen auf der Insel **Hawaii,** die über die Hälfte der Landmasse der Insel ausmachen. Der größte Teil des Vulkans liegt unter der Oberfläche des Ozeans verborgen.

Vom Volumen her ist der **Mauna Loa** 100mal größer als Mt. Rainier, ein älterer Vulkangipfel mit etwa derselben Höhe im US-Bundesstaat Washington.

Foto zeigt eine feurige Fontäne an den Flanken des Mauna Loa, die während der Eruption des Jahres **1984** einen Lavastrom (unten links) versorgt. Bei jeder Eruption wächst der Vulkan.

Dampf und andere Gase stoßen kochend aus den Nordwesthängen des **Mauna Loa** am **25. März 1984** aus, und künden den Beginn einer Eruption an, die 21 Tage dauern soll. Das Foto wurde in der Nähe dieser Stelle aufgenommen.

An der Bergseite vorne erkennt man einen Waldstreifen zwischen gerodeten Wiesen. Bäume erholen sich, seit der National Park Service die Zahl der Wildziegen und Wildschweine hier reduziert hat.

Nun zur Beschreibung der Fahrt entlang des Crater Rim Drive gefolgt von der Fahrt entlang der Chain of Craters Road.

CRATER RIM DRIVE

Die Kraterrandstraße **Crater Rim Drive** bietet eine Rundfahrt von ca. 11 mi/18 km rund um den Kraterrand des **Kilauea.** Bester Ausgangspunkt ist das **Kilauea Visitors Center.** Unterwegs gibt es verschiedene Ausgangspunkte zu Wanderwegen, herrliche Aussichtspunkte, an denen die landschaftlichen Besonderheiten erklärt werden, das hervorragende **Jaggar Museum** (siehe Extraabschnitt) sowie einen begehbaren Lavatunnel. Etwa im zweiten Drittel zweigt die zur Küstenregion führende **Chain of Craters Road** ab, die man dem Crater Rim Drive anschließen kann. Die gesamte Strecke von etwa 60 mi/96 km läßt sich in einem Tag bewältigen. Doch nun zunächst zur Fahrt entlang des **Crater Rim Drive.**

Vom Volcano House entlang des **Craters Rim Drive.** Erste Infotafel am Start des **Crater Rim Trail,** in der Nähe des Volcano House, wo sich auch der Ausgangspunkt des 1 mi/1,6 km **Earthquake Trail** befindet:

• Earthquake Trail

The Day The Earth Moved/*Der Tag, an dem die Erde bebte*

On November... Am 16. Nov. 1983 um 6.13 Uhr bebte die Erde fast eine Minute lang, als eines der stärksten Erdbeben in Hawaiis Geschichte die Insel auseinander riß. Das Beben hatte sein Herd Epizentrum in der **Kaoiki Grabenzone,** ein paar Meilen nördlich von hier, wo der **Kilauea Vulkan** an den **Mauna Loa Vulkan** anstößt. Das Ergebnis waren einige Millionen Dollar Sachschaden, aber glücklicherweise gab es keine Menschenopfer.

Hawaii ist vulkanisch aktiv, aber unbeständig. Erdbeben und Eruptionen gehören zum regulären Geschehen in diesem Inselparadies und erinnern uns an die unsichtbaren Kräfte innerhalb der Erde.

Verbogene Geländer hängen an einem ehemals existierenden Wanderpfad herab... die aufgerissene Fahrbahn stürzt in die Tiefe der Caldera ... ein Parkplatz am Straßenrand wurde beschädigt und wird nicht mehr benutzt... dies sind dramatische visuelle Erinnerungen der mächtigen Kräfte aus dem Erdinnern, die man entlang des 1 mi/1,6 km langen **Earthquake Trail** findet.

Vom Visitors Center weiter entlang des **Crater Rim Drive,** etwa 0.3 mi/0,5 km zum **Sulphur Banks Trail.** Schwefelduft; aus den Fumarolen dringt Dampf, der die ganze Gegend überzieht:

• Sulphur Banks Stopp

Sulphur Banks/*Schwefelbänke*

Sulphur and other... Hier werden Schwefel und andere Minerale von aus dem im Erdinnern befindlichen Magma aufsteigenden Gasen abgelagert. Der aus Rissen und Spalten austretende Dampf besteht hauptsächlich aus Wasserdampf mit kleinen Mengen Kohlendioxyd und Schwefelwasserstoff.

Täglich werden einige hundert Tonnen Schwefelgase durch Fumarolen wie hier aus dem **Kilauea Vulkan** in die Atmosphäre gepufft.

Schwefel kommt am **Kilauea** in folgenden Formen vor: Körnige Schwefelkristalle, nadelförmige Schwefelkristalle, massiver Schwefel ohne Kristalle.

Nun auf der linken Straßenseite an den Dampfventilen; etwa 0.1 mi/0,16 km vom Parkplatz gelangt man zum **Steaming Bluff Trail:**

Hawaii Volcanoes: Crater Rim Drive

• Steam Vents Stopp

Steam Vents/*Dampfventile*

Steam vents are scattered ... Über diesen am Graben liegenden Block, der teilweise in die Kilauea Caldera gesunken ist, zerstreuen sich zahlreiche Fumarolen. Regenwasser sickert in den Boden und wird von Gesteinsmassen, die die Hitze von darunterliegendem geschmolzenem Material weiterleiten, aufgeheizt. Das heiße Wasser steigt dann durch Risse auf und kondensiert als heißer Wasserdampf an der gekühlten Luft aus.

Die Graslandschaft der Umgebung läßt vermuten, daß die Bodentemperaturen zum Überleben von Bäumen zu hoch sind.

Die Fahrt führt rechts der Straße bei 1219 m ü.M. am **Kilauea Military Camp** mit der Kilauea Military Camp Chapel und dem Kilauea Theater vorbei, ehe man den nächsten Haltepunkt mit Info über **Steaming Bluff** erreicht:

• Steaming Bluff Stopp

The Steaming Bluff – Akanikolea/*Die dampfende Klippe*

In ancient times ... In Urzeiten nannte man die dampfende Klippe 'Akanikolea (*Cry of the plover* = Schrei des Regenpfeifers).

Kamapua'a, ein Wolkengott und Gott des Regens, des Waldes sowie zahlloser anderer Körperformen soll angeblich auf dieser Felsklippe gestanden haben, als er der Feuergöttin Pele seine Liebe erklärte.

Pele erwiderte Kamapua'as Erklärung nur mit Beleidigungen. Kamapua'a war so wütend, verschmäht zu werden, daß er mit Pele zu kämpfen begann. Die Feuer-, Wald- und Regenschlacht dauerte eine ganze Weile, bis die beiden Gottheiten ermüdeten. Kamapua'a rettete sich nur vor dem letzten Rest von Peles Feuer, indem er einen Farn, *Ama' uma'u* (Sadleria) genannt, nahm und damit **Kilauea** umgab. Aus diesem Zusammenhang wird auch Peles Wohnstatt, der auf dem Boden des Kilauea befindliche Krater, **Halemaumau** = vom Ama' uma'u Farn umgebenes Haus genannt.

Vorbei an der Kreuzung der *Mauna Loa Strip Scenic Road* gelangt der **Crater Rim Drive** zur Zufahrt der Aussichtsstelle **Kilauea Viewpoint** und Picknickplatz. Etwa 120 m vom Parkplatz zeigt eine Infotafel die Veränderungen in der Kilauea Caldera von **1823 bis 1979:**

• Kilauea Viewpoint Stopp

The Changing Face Of Kilauea/
Das sich verändernde Gesicht des Kilauea

Kilauea Caldera has undergone ... Die Kilauea Caldera hat sich seit dem Besuch von William Ellis, dem ersten westlichen Forscher, im Jahre **1823** dramatisch verändert. In jenem Jahr war die Caldera fast 300 m tief, doppelt so tief wie heute. Eine, mehrere Meilen breite, innere Grube enthielt brodelnde Seen geschmolzener Lava. Im Laufe des 19. Jh. flossen diese Seen wiederholt über und peilten die Bodenebene halbwegs bis zum Rand auf. Bei vier Gelegenheiten schlug dieser Aufbauprozeß plötzlich um, wobei fast der gesamte Calderaboden einstürzte.

1905 sah die Kilauea Caldera etwa so aus wie heute. Seit damals hat sich der Halemaumau Krater vergrößert, und sieben neue Lavaströme

140 BIG ISLAND
Hawaii Volcanoes: Crater Rim Drive

haben den Calderaboden vergrößert. Diese Veränderungen formen weiterhin die Landschaft auf dramatische Weise um.

Danach passiert der **Crater Rim Drive** die Abzweigung zum **Namakani Paio Campground** und den Camper Cabins (0.5 mi/ 0,8 km) und erreicht das berühmte **Jaggar Museum** mit dem **Hawaiian Volcano Observatory**. Einzelheiten im Abschnitt **Jaggar** Museum.

Nach dem Jaggar Museum führt der **Crater Rim Drive** bergab. Bald kreuzt der Kraterrand die Straße, die nun dicht am Kraterrand entlangführt. Die Straße passiert die Fotostelle **Southwest Rift Zone Photo Point** mit tiefen Bodenrissen und Ablaufrinnen.

Schlüssel zur Baxter Info-Karte Crater Rim Drive

Wichtiges & Interessantes:
1. Park-Eingangsstation
   Park-Gebühr entrichten
2. Kilauea Visitors Center
   Exponate/Info/Bücher
   Theater/Toiletten/Telefon
   Camping-/Wander-Permits
3. Volcano Art Center
   - Wassertanks
   - Sulphur Banks Trail
   Schwefelbänke
   Ha'akulamanu/Schwefeldämpfe
4. Volcano House Hotel
   Unterkunft/Restaurant
   Tel. (808)967-7321
   grandiose Aussicht
5. Earthquake Trail
   Erdbeben-Wanderweg 1,6 km
   „The Day the Earth moved"
6. Hawaii Field Research Center
   Geologisches Forschungszentrum
7. Post Office/Postamt
   - Tankstelle/Minimarkt
8. Tante Emma Laden
   Minimarkt
9. Kilauea Lodge & Restaurant
   Tel. (808)967-7366
   Fax (808)967-7367
10. Steam Vents/Steaming Bluff
    Dampfventile/dampfende Klippe
11. Kilauea Military Camp
    Chapel/Kirche
    Kilauea Theater
12. Golfplatz & Restaurant
13. Kilauea Aussichtspunkt
    200 m Pfad/Blick auf Lavafelder
14. Kilauea Viewpoint
    Aussichtsstelle & Picknickplatz
    Kraterblick
15. Am Aussichtspunkt:
    „The Changing Face of Kilauea"
    Entwicklung der Caldera 1823–1979
16. Namakani Paio Campground/
    Camper Cabins 0,5 mi/0,8 km
17. Jaggar Museum
    Ausgezeichnete Aussicht
    - Hawaiian Volcano Observatory
18. Southwest Rift Zone
    Südwest-Spaltenzone
    Fotostelle
19. Southwest Rift Zone
20. Sept. 1974 Lavastrom
21. Halemaumau Viewpoint
    riesiger Parkplatz/Brettestege
    Dampfventile/Achtung bei
    Atembeschwerden „Reizdämpfe"!
    - „The Firepit of Halemaumau/
    Die Feuerstelle des Halemaumau"
    - Halemaumau Trailhead
22. Lavastrom vom 19. 7. 1974
23. Solfatras
    Schwefelfumarolen
24. Lavastrom vom Sept. 1982
    - „Nene Crossing" (Hawaii Gans)
    Vorsicht „Wildwechsel"!
25. Folgen der Eruption vom
    30. April/1. Mai 1982
26. Keanakakoi Krater
27. Rißeruptionen des Kilauea
28. Kreuzung mit Chain of Craters Road
    (ca. 50 mi/80 km Hin- und Rückweg)
    unteres Straßenende wegen
    jüngster Lavaströme gesperrt
29. Parkplatz des Devastation Trail
30. Devastation Trail (ca. 1 km)
31. Puu Puai
    Aussichtspunkt/Stichstraße
    zum Devastation Trail
32. Fern-Ohia Forest
    Baumfarne
33. Thurston Lava Tube
    Lavatunnel 0,5 km Rundweg
34. Kilauea Iki Trail
    gegenüber von Thurston Lava Tube
35. Kilauea Iki Krater
36. Lua Manu Krater
    an Chain of Craters Road
37. Puhinau Krater
    Chain of Craters Road
38. Kokoolau Krater
    an Chain of Craters Road
39. Ende der Grabenzone
    Tree Molds/Baumabdrücke
    - Bird Park Kipuka Puaulu
40. Mauna Loa
41. nach Naalehu 31 mi/50 km
    - Pahala 21 mi/34 km
    - Kailua/Kona 96 mi/154 km
42. Hilo 28 mi/45 km
    - Glenwood 8 mi/13 km
43. Kilauea Krater
44. Halemaumau

BIG ISLAND 141
Hawaii Volcanoes: Crater Rim-Karte

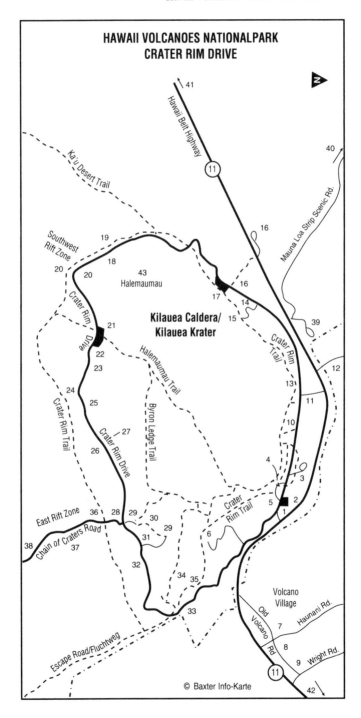

142 BIG ISLAND
Hawaii Volcanoes: Halemaumau

• Rift Zone Stopp

Hintergrundinformation:

Southwest Rift/*Südwest Spaltenzone*

These large cracks ... Diese großen Bodenrisse laufen vom Gipfel des **Kilauea Vulkans** zum Ozean und sind Oberflächenzeichen der großen Südwest Spaltenzone = **Southwest Rift Zone** des Kilauea. Diese Schwachzone mit nahezu parallel verlaufenden Rissen war Schauplatz vieler Eruptionen, bei denen geschmolzenes Gestein sich über die Flanken des Vulkans ergoß. Die Südwest Spaltenzone zieht sich durch die fruchtlose **Ka'u Wüste,** wo mangelnde Niederschläge, Vulkandämpfe und poröser Boden das Pflanzenwachstum aufhalten.

Die Straße überquert den Lavastrom vom September **1974.** Danach erreicht man den großen Parkplatz des **Halemaumau Aussichtspunkts** und Ausgangspunkt für den **Halemaumau Trail.**

• Halemaumau Viewpoint Stopp

Halemaumau Viewpoint

Hintergrundinformation:

The "Firepit" of ... Die Feuerstelle des **Halemaumau.** Der **Halemaumau** ist Schauplatz der meisten Eruptionen am Gipfel des **Kilauea Vulkans.** Über 20 Jahre lang, **von 1905 bis 1924,** brodelte ein See geschmolzenen Gesteins innerhalb seiner Wände. **1924** floß der Lavasee ab und ließ Grundwasser tief ins Innere des Vulkans eindringen. Gewaltige Wasserdampfexplosionen waren die Folge, bei denen Gesteinbrocken ausgeschleudert und über die Landschaft verteilt wurden, was heute noch rund um den Kraterrand sichtbar ist.

Während der Dampfexplosionen des Jahres **1924** stürzte der **Halemaumau** ein und ließ nach dem Kollaps einen offenen Krater von 1600 m Breite und 410 m Tiefe entstehen. Seitdem ereigneten sich 17 Eruptionen und 4 Kollapse im Krater. Im Endeffekt vergrößerte sich der Durchmesser des Kraters und seine Tiefe nahm ab (von damals 410 m auf heutige Tiefe von 85 m).

Am Parkplatz der Aussichtsstelle:

Halemaumau Trail

Entfernungen vom Ausgangspunkt (Trailhead) in Meilen/Kilometer:
Halemaumau............. 0.2/0,3
Byron Ledge Trail 0.6/1,0
Park Headquarters....... 3.4/5,4
Schwefeldämpfe und Gase können Menschen mit Herz- oder Lungenbeschwerden gefährden.

Am Ende des Parkplatzes:

July 19 1974/*19. Juli 1974*

Within minutes of ... Innerhalb von Minuten nach dem Ausbruch in dem nahen Wald ergoß sich Lava aus einem eine halben Meile langen Riß auf dem Calderaboden und Klippenplateau. Als ein Vorhang von Feuer zum Himmel schoß, floß Lava entlang der Basis der Felsklippe voran und

BIG ISLAND 143
Hawaii Volcanoes: Crater Rim Drive

begrub ein Fünftel des Calderabodens, zwei Tage später waren die Lavafontänen versiegt.
E Pele e: Ku ohiwl. Ua na lo Lili. Ko inaina
E Pele e: Deine Eifersucht, deine Wut haben sich beruhigt.

Vom Kilauea Viewpoint dann weiter entlang des **Crater Rim Drive,** am linken Straßenrand:

• 1974 Eruptionsfolgen Stopp

Solfataras

Following an eruption ... Nach einer Eruption bleiben ein paar Schlote (Fumarolen) offen und lassen vulkanische Gase entweichen. Fumarolen, die Schwefeldämpfe abgeben, nennt man **Solfataras.** Einige der Schwefelgase lagern reine Schwefelkristalle ab, die die gelbe Färbung bewirken.

Diese Schlote stammen von der Eruption im Juli **1974.** Eine dünne Kruste läßt diese Area extrem gefährlich werden. Nicht über diesen Punkt hinaus weitergehen.

Kurz danach überquert die Straße den Lavastrom vom September **1982:**

• 1982 Eruption Stopp

September 1982 Eruption

During the afternoon ... Am Nachmittag des **25. Sept. 1982** öffnete sich ein Riß von einer halben Meile (0,8 km) Länge auf der Südseite der Gipfel-Caldera. Neunzehn Stunden lang quoll Lava aus Schloten, stieß gewaltige Lavafontänen in die Luft, ließ einen Lavasee entstehen und blockierte den **Crater Rim Drive.** Dies war die **zweite** Gipfeleruption des Jahres **1982,** doch erst die **dritte** Eruption des Kilauea Vulkans seit **1977.**

Gipfeleruptionen folgten in der Regel im Laufe der Geschichte Flankenausbrüche. Am **3. Januar 1983** brach der **Kilauea** erneut aus, 10 mi/ 16 km östlich vom Gipfel und schickte feurige Lavaströme in Kaskaden über die südlichen Hänge des Vulkans.

Kurz danach erreicht die Straße den nächsten Halt links:

• 1982 Eruption Stopp

Eruption: April 30/May 1, 1982

The spatter ramparts ... Die Spritzwälle und Lavaströme vor einem sind das Ergebnis einer 19stündigen Eruption, die am **30. April 1982** begann. Eruptierende Lava spritzte in Fontänen entlang einer ein Kilometer langen, nordöstlich verlaufenden Rißzone. Diese Reihe von Schloten bildete einen nahezu kontinuierlichen 5–10 m hohen „Vorhang von Feuer", aus dem häufige 25 m hohe Fontänen ausbrachen. Lava floß nach Norden, Osten und Süden und überflutete einen Teil des Halemaumau Trails. Über 500 000 Kubikmeter neuer Lava bedeckten den Calderaboden. Obwohl diese Eruption nur kurzlebig war, wurde sie von über 45 000 Zuschauern beobachtet.

Nächster Halt entlang des **Crater Rim Drive** ist der **Keanakakoi Krater** mit kleinen, niedrigen Bäumen am Kraterrand; der schmale, tiefe Krater rechts:

BIG ISLAND
Hawaii Volcanoes: Devastation Trail

• Keanakakoi Krater Stopp

Keanakako'i/Cave of the Adz/*Höhle der Äxte*

E ki'i a na on ao i ke ko'i	Geh und grab' die Axt
I ka lua ko'i i Hawaii;	aus der Axtgrube in Hawaii;
E naoa ka lawena heihei,	halte sie so, daß sie verhext herausgeholt wird,
I'a mai a ki huna ahi	sie könnte bei der Arbeit leicht
I ka hana oia mea	Funken sprühen.

Until its floor ... Bevor sein Boden **1877** unter einem Lavastrom begraben wurde, galt die Höhle **Keanakako'i** als Quelle hervorragenden Gesteins, aus dem die Menschen früher, die ka po'e kahiko, Steinwerkzeuge herstellten. Der Boden wurde im Juli 1974 erneut bedeckt, als Lava aus dem Krater ausbrach und auch aus benachbarten Lavaströmen einfloß. Der Krater erhielt eine 6 m dicke Felsschicht.

Dieser Kesselkrater liegt auf dem Begrenzungsgraben, der den eingefallenen Kilauea-Gipfel umrandet.

Auf der gegenüberliegenden (linke Seite) Straßenseite:

Fissure Eruption/*Rißeruptionen*

Eruptions of ... Eruptionen des **Kilauea Vulkans** beginnen, wenn sich lange Risse im Boden öffnen, die Lava als „Vorhänge aus Feuer" in Fontänen herausschießen lassen. Auf dieser Seite der **Kilauea Caldera** und entlang der Spaltenzonen haben sich häufig Risse geöffnet. Eruptionen sind im Verhältnis zu den meisten Vulkanen im allgemeinen nicht so explosiv und lassen sich relativ gefahrlos beobachten.

Die Risse vor dem Betrachter öffneten sich bei einer Eruption **vom 19. bis 23. Juli 1974**. Die rötliche Färbung an den Wänden der Bruchstelle stammt aus der Oxydation des Gesteins durch austretende Gase.

Vorbei an Krüppelbäumen erreicht die **Crater Rim Road** die Kreuzung der **Chain of Craters Road,** die hinunter nach **Kalapana** führt. Wer auf der **Crater Rim Road** weiterfahren will, gelangt dann wieder zum Visitors Center und Volcano House Hotel. Die **Crater Rim Road** passiert dann die Abzweigung zum Parkplatz mit dem Ausgangspunkt zum **Devastation Trail:**

• Devastation Trail

Devastation Trail/*Pfad der Zerstörung*

Erste Tafel links:

Devastation Trail. Dies ist ein Wanderweg von einem Kilometer (5/8 Meile) Länge über eine Landschaft, die bei einer Eruption im Jahre **1959** verwüstet wurde. Der Wald der gesamten Gegend wurde von herabstürzenden Bimssteinstücken unter einer etwa 2 m dicken Schlackendecke begraben. Das gesamte Laub der Bäume wurde „abrasiert". Die Vegetation entlang des Pfads hat sich seit 1959 entwickelt.

Der Pfad in der Schlacke hinter diesem Schild ist eine Verlängerung des alten **Crater Rim Drive,** der bei der Eruption begraben wurde.

Rechts:

Survival. Überleben. Einige **Ohia-Bäume,** die von Bimssteinschlacken und Asche bis zu einer Höhe von 3 m teilweise begraben wurden, haben

BIG ISLAND 145
Hawaii Volcanoes: Devastation Trail

überlebt. Obwohl sie sämtliches Laub und sogar einige Äste einbüßten, brachten diese Bäume innerhalb eines Jahres nach der Eruption neue Blätter hervor. An vielen Ohia-Bäumen entwickelte sich dichtes Wachstum von Luftwurzeln, wo sie bis zu 50 cm tief im Bimsgestein steckten. Welche Funktion haben sie? Möglicherweise ersetzen sie die Atmung begrabener Wurzelwerke oder holen Feuchtigkeit aus der Luft.

Manche Sträucher wie der **Ohelo-** und **Kupaoa-Busch** erholten sich ebenfalls, nachdem ihr gesamtes Geäst begraben war.

Links:

Tradewinds. Passatwinde.

Ino-ino mai nei luna
I ka hao a ka makani.
Wild vom Wind gejagte Wolken
werden vom Sturm geschleudert.

Die meisten vom Feuer vernichteten **Ohia-Bäume** wurden von den vorherrschenden Passatwinden umgestürzt und fielen alle in dieselbe Richtung. Dies zeigt die Straße des Windes vom Nordost nach Südwest.

Links:

Volcanic Products. Vulkanische Produkte. In die Luft ausgeschleuderte Lava brach in zähflüssige Klumpen und landete in der Nähe vom **Puu Puai** in noch flüssigem Zustand, um sich mit älterem Auswurfmaterial zu einer festen Masse zu verbinden. Einige zähflüssige Klumpen fingen sich in den Gabelungen von **Ohia-Bäumen,** wo sie abkühlten und noch vorhanden sind.

Lava, die Hunderte Meter in die Luft geschleudert wurde, kühlte in der Luft ab und erstarrte im Flug und bildete die weiten Felder losen **Bimssteins.** Die aus der noch flüssigen Lava entweichenden Gase machten die Lava porös.

Heiße Gase, die durch Puu Puai aufstiegen, wandelten Gestein chemisch um und lagerten farbenprächtige Schwefel und schwefelsaure Salze ab.

Dann links:

Forest Destruction. Waldzerstörung. Der Grad der Zerstörung nimmt ab, je mehr man sich von der Eruptionsstelle entfernt. Am **Puu Puai**-Aussichtspunkt wurden die Ohia-Bäume und Baumfarne durch herabfallende Brocken entblättert und dann begraben. Weiter weg hinterließ vernichtender Regen silbrige Relikte von Ohia-Bäumen, die sich auffällig in die Luft recken. An den Bäumen wurde die Rinde abrasiert und das darunterliegende Holz freigelegt. Etwas Rinde blieb noch an den Seiten, die von glühender Asche verschont wurden.

Es entstanden Baumabgüsse, wo glühendheiße Spritzer rund um Ohia-Bäume abkühlten, bevor das von der Masse umschlossene Holz ausbrannte. Der starke Wassergehalt schützte viele Bäume vor den Flammen.

Dann links:

Onakumu ohia ua mae kona lau,
Ua hele na kuma a ano de –
Mamuli no hoi o ahi –
Oke ahi lua o Pele, ka wahine o ka lua.

Die Lehua-Bäume sind verwelkt, brandgeschwärzt, abgebrannt und vom Feuer verzehrt – vom Feuer der Frau aus der Grube.

Dann links:

The Eruption Begins/Die Eruption beginnt. Kilauea Iki erlebte 17 Phasen der Eruption vom 14. November bis 20. Dez. 1959. Außer Entstehung des

BIG ISLAND
Hawaii Volcanoes: Thurston Lava Tube

Lavasees wurden Bimsstein, Asche und Schlacken im Südwesten aufgehäuft, die auf 500 Hektar alles Leben vernichteten, wo die Schichten mehr als 1 Inch (= 2,54 cm) betrugen.

Puu Puai (Springbrunnenhügel) entstand unverzüglich aus Lavafontänen, wo sich Schlacken eines Vulkanregens 45 m hoch anhäuften. Am Ende des Pfads begruben Bimsstein und Lavaspritzer die ehemalige *Crater Rim Road*.

Letzte Tafel entlang des Devastation Trail, etwas links:

Kilauea Iki Eruption. Der Hauptschlot der 1959 Eruption an der Basis des Asche- und Spritzkegels des **Puu Puai** (Eruption Hill/Eruptionshügel) bleibt dem Blick verborgen. Fontänen erreichten gewaltige Höhen (einmal 580 m!) und ließen diesen Kegel entstehen. Dabei schufen sie aus einem Regenwald die **Devastated Area** (Gebiet der Zerstörung). Ein großer Springbrunnen von Lava übergoß die gegenüberliegende Wand und überzog sie mit einem Mantel aus schwarzer Lava.

Riesige Mengen Lava wurden frei und füllten den Kilauea Iki mit einem 126 m tiefen See. Zwischendurch fiel der Pegelstand des Sees, wenn Lava in den Schlot zurückfloß und hinterließ eine „Pegelmarke" rund um die Kraterwände.

Lava überflutete auch Teile der **Byron's Ledge** (links vom Puu Puai) und bedeckte den Boden des **Kilauea Iki** im Jahre 1868.

Der Pfad erreicht den Rand des Kilauea Iki Kraters mit dem Parkplatz von der Zufahrt des Crater Rim Drive.

Wer nicht den Parkplatz des **Devastation Trail** von der Kreuzung **Crater Rim Drive & Chain of Craters** Road benutzt hat, erreicht kurz nach der Kreuzung die Abzweigung vom **Crater Rim Drive** zum **Puu Puai,** wo der Devastation Trail endet.

Fährt man vom Puu Puai auf dem **Crater Rim Drive** weiter, passiert die Straße Baumfarnwälder, **Fern-Ohia Forest,** mit hohen Farnbäumen. Ein paar Meilen weiter erreicht die Straße den Parkplatz für den Thurston Lavatunnel. Auf der anderen Straßenseite stößt man auf den **Kilauea Iki Trail.** Vom Parkplatz führt der Pfad durch Farnwald hinunter zum Lavatunnel **Thurston Lava Tube.**

• Thurston Lava Tube

Ein etwa 0.5 km langer Rundweg führt in einen dschungelüberwachsenen Krater und durch einen Lavatunnel. Vor dem Zusammenbruch der Kilauea Caldera im Jahr 1970 war dieses Gebiet zeitweilig das Zentrum des Vulkans. Aus diesem Krater strömende Lava ergoß sich bergabwärts zur Bucht von Hilo. Einer der Lavaströme kühlte an der Oberfläche ab und erhielt eine starre Kruste, während in seinem Innern weiterhin flüssige Lava zu Tal floß. Als die Eruption nachließ, floß das flüssige Material und hinterließ einen hohlen Lavatunnel. Entlang des Trails informieren mehrere Infotafeln.

Trail to Thurston Lava Tube/*Pfad zum Thurston Lavatunnel*

Erste Infotafel am Beginn des Trails, rechts:

Thurston Lava Tube/Thurston Lavatunnel. **Formation of a Lava Tube**/ Entstehung eines Lavatunnels.

BIG ISLAND 147
Hawaii Volcanoes: Thurston Lava Tube

- **Most lava tubes** ... Die meisten Lavatunnels entstehen in Pahoehoe-Lavaströmen. Die Oberfläche eines Lavastroms erstarrt oft und isoliert die darunter befindliche flüssige Lava, die unter der harten Kruste weiterfließt.
- **As eruptive activity** ... Sobald die Eruption nachläßt, stoppt auch der Nachschub neuer Lava.
- **The molten lava** ... Die flüssige Lava fließt dann wie Wasser aus einem Schlauch und hinterläßt eine leere, hohle Röhre.

How Thurston Lava Tube got its Name/Wie der Thurston Lavatunnel zu seinem Namen kam. Ursprünglich von frühen Hawaiianern wegen seiner Lavatropfenformationen *Nahuku* genannt. Der Thurston Lava Tunnel gedenkt mit der späteren Namensgebung Thurston Lava Tube Lorrie A. Thurston, einem Nachfahren einer der ersten Missionarsfamilien Hawaiis. Mr. Thurston, ehemaliger Botschafter der Republik Hawaii in den USA und Herausgeber der Zeitung *Honolulu Advertiser*, war ein echter Enthusiast. Er arbeitete unermüdlich daran, einen Nationalpark in Hawaii zu gründen und war maßgeblich daran beteiligt, das Hawaiian Volcano Observatory ins Leben zu rufen.

Lorrie A. Thurston: 1864–1931
Auf der 1869 von der Republik Hawaii herausgegebenen Briefmarke abgebildet.

Trail Facts/Einzelheiten zum Trail. Dieser Rundweg führt durch einen Abschnitt der Thurston Lava Tube und kehrt zum Parkplatz zurück; etwa 20 Minuten. Einige Abschnitte sind etwas steil, aber der Pfad ist relativ kurz.

Verläßt man den Tunnel, spaziert man teilweise durch eine spezielle ökologische Area. Dieser 10 Hektar umfassende Abschnitt eines Regenwaldes der montanen Stufe ist typisch für die Vegetation eines ursprünglichen hawaiischen Waldes, frei von verwüstenden Wildschweinen und den meisten nichteinheimischen Pflanzen.

Rechts:

Birds of the ohia-tree fern forest/Vogelwelt des Ohia-Baum-Farn-Waldes. Die Existenz der Vogelwelt der hawaiischen Wälder, die sich überwiegend von Insekten, Nektar, Beeren und Samen einheimischer Pflanzen ernährt, ist von unberührten Habitaten, in denen sie Nahrung und Schutz findet, abhängig. Hier verschiedene Vogelarten: Elepaio, Amakihi, Iiwi, Oo (ausgestorben), Kioca (ausgestorben), Io (vom Aussterben bedroht), Ou (bedroht).

Per Zufall, und nur ganz zufällig gelangte ein Samenkorn oder Vogel, oder Insekt über die riesige Weite des Pazifiks, um auf den Inseln Hawaiis zu überleben. Erfolgreiche „Einwanderer" paßten sich ihrer neuen Heimat und der Isolierung von kontinentalen genetischen Arten an und entwickelten sich zu neuen Arten. Die Zeitspanne zwischen jedem Eintreffen war so groß, daß das Inselleben sich der begrenzten Störung durch jeden neuen Einwanderer anpassen konnte.

Zu dem Zeitpunkt, als der Mensch eintraf, war 95 % allen Insellebens „ursprünglich" für Hawaii – sonst nirgendwo in der Welt zu finden, aber vor langer, langer Zeit aus den Kontinenten abstammend. Als der **Mensch** kam, traten Veränderungen in größerem Tempo ein. Die Waldhabitate wurden durch Landwirtschaft, Holzfällerei, durch mitgebrachte Ziegen, Schafe und Rinder zerstört. Eingeführte Schweine, Ratten und Mungos erbeuteten Vögel und Vogeleier. Wettbewerbsfähigere kontinentale Vögel ersetzten einheimische Inselvögel; eingeschleppte Krankheiten brachten den Tod für viele Vögel.

Heutzutage sind zehn Vogelarten auf der Insel Hawaii bereits **ausgestorben; fünf weitere sind vom Aussterben bedroht.** Auf allen hawaiischen

Inseln sind es insgesamt 25 ausgestorbene Vogelarten und eine gleich hohe Zahl ist vom Aussterben bedroht – über die Hälfte von ganz Nordamerika. In Hawaii gibt es einen größeren Artenreichtum, doch die ursprünglichen Lebensformen der Insel verschwinden immer mehr.

Wieder zurück auf dem **Crater Rim Drive** gelangt man zum letzten Stopp links am **Kilauea Iki Krater:**

• Kilauea Iki Krater Stopp

Kilauea Iki's Fountain Of Fire/*Kilauea Iki's Feuerfontänen*

On November 14, 1959 lava ... Am 14. November 1959 eruptierte Lava aus Kilauea Iki's Südwand und wuchs zu einer Serie von etwa 800 m hohen Lavafontänen an. Die Aktivitäten konzentrierten sich zu einer 580 m hohen Lavafontäne – ein bisher ungebrochener Rekord! Ströme rotglühenden geschmolzenen Gesteins ergoß sich in die Grube und ließ einen Lavasee entstehen.

Die Lava ließ nach und nach einen etwa 126 m tiefen See entstehen und floß auf dem gleichen Weg, auf dem sie gekommen war, wieder zurück. Dabei hinterließ die zurückgeflossene Lava an den Kraterwänden einen „Badewannenring".

Die Oberfläche erhärtete, doch unter der verdickten Kruste befindet sich immer noch flüssige Lava. Es wird einige Jahrzehnte dauern, bis der Lavasee völlig fest wird, da Lava hervorragend isoliert.

Der **Crater Rim Drive** führt danach weiter durch dschungelartige Vegetation, bis die Rundfahrt am **Kilauea Visitors Center**/Headquarters Area endet.

> Nun folgt die Beschreibung der Fahrt entlang der Chain of Craters Road.

 CHAIN OF CRATERS ROAD

Die **Chain of Craters Road** erstreckt sich ca. 23 mi/37 km vom Crater Rim Drive bis zum Küstengebiet, wo die Straße durch Lavaströme versperrt ist. Die Straße beginnt an der Kreuzung mit dem Crater Rim Drive am Parkplatz für den Devastation Trail. Das Hinweisschild "*No gas or services for next 75 miles; dead end 28 miles. Road leads along the crater*" ernstnehmen – keine Tankstelle oder touristische Einrichtungen auf den nächsten 120 km; Sackgasse in 45 km. Straße führt am Krater entlang.

Nach einem kurzen Abschnitt passiert die Straße den **Lavastrom vom Juli 1974,** danach den **Lua Manu-Krater,** bis sie den **Puhimau-Krater** erreicht:

• Puhimau-Krater Stopp

Puhimau

Pit craters form ... Grubenkrater entstehen, wenn flüssiges Gestein unter der Oberfläche abfließt und dann die nicht mehr gestützte Decke einstürzt. Solche Krater vergrößern sich, wenn Geröllbrocken von den Rändern infolge von Gravitation abbrechen. Dampfausstoßende Risse im Gestein liefern Feuchtigkeit für das üppige Wachstum von Farnen an der gegenüberliegenden Wand.

Weiter der Chain of Craters Road entlang passiert man den **Kokoolau Krater,** etwa 1.5 mi/2,4 km vom Beginn der Straße. Nach weiteren 0.8 mi/1,3 km biegt die *Hilina Pali Road* (Straße endet nach 9 mi/14 km) zu den Campingplätzen Kipuka, Nene (5 mi/8 km) und Hilina Pali (9 mi/14 km) ab. Vorbei an **Devils Throat, Cinder** und **Spatter Cones** passiert man rechts den Lavastrom vom Mai 1973 und links den **Hiiaka-Krater.** Dann geht es am **Pauahi-Krater** und dem direkt am Straßenrand sichtbaren **Lavastrom** vom **November 1979** vorbei.

Etwa 3.8 mi/6 km vom Straßenanfang gelangt man zum Fotopunkt **Mauna Ulu** und ein Stück weiter zum **Lavastrom** des Jahres **1969:**

• 1969 Lavastrom Stopp

May 1969 Lava Flow/*Lavastrom vom Mai 1969*

In May 1969, the earth ... Im Mai 1969 spaltete sich die Erde in der Nähe und eine Flut geschmolzener Lava ergoß sich über das Land. Als der Lavastrom abkühlte und verkrustete, wurde die weiche glatte Pahoehoekruste zu zackigen Platten gezerrt und blieb hier als sichtbare unordentliche Oberfläche zurück.

Nach etwa 4.6 mi/7,4 km erreicht die Straße 3000 Fuß = 914 m. Weiter entlang gelangt man zum **Kipuka kahali** mit **Cinder Fall** und Vegetation in der Umgebung:

• Cinder Fall Stopp

Cinder Fall/*Ascheregen*

Lava fountains shot high ... Lavafontänen schossen in der frühen Phase der Mauna Ulu Eruption des Jahrs 1969 hoch in die Luft. Rasch entweichende Gase schäumten die Lava zu Schaum, der zu Bimsstein und Schlacken sowie Asche abkühlte. Vom Wind wurden diese leichtgewichtigen Produkte weit weg vom Schlot geweht, wo sie sich in weichen Deckschichten über die Landschaft verbreiteten und die lokale Vegetation erstickten. Seit den Eruptionen haben sich viele Pflanzen erholt.

Nächster Stopp nach 6.4 mi/10 km in den Lavaebenen mit glänzend schwarzer Lava fast ohne Vegetation:

150 BIG ISLAND
Hawaii Volcanoes: Mauna Ulu

Schlüssel zur Baxter Info-Karte zur Chain of Craters Road

Chain of Craters Road:
1-Juli 1974 Lavastrom
2-Lua Mano
3-Puhimau Krater
  Grubenkrater/Pit Crater
4-Kokoolau Krater
5-Hilina Pali Road
  -Kipuka Nene Campground
  5 mi/8 km
  -Hilina Pali 9 mi/14 km
6-Mai 1973 Lavastrom
7-Hiiaka Krater
8-Pauahi Krater
9-Nov. 1979 Lavastrom
10-Mauna Ulu Fotopunkt
11-1969 Lavastrom
12-Kipuka Kahalii
  „Cinder Fall"/Ascheregen
13-Mau Loa o Mauna Ulu
14-Muliwai al Pele
  Blick auf Hilo Küste
15-Kalapana Trail
  -Naulu Trail
16-Keala Komo Picknick Area
  2 000 Fuß/610 m ü. M./Foto-
  punkt danach steil bergab
17-Halona Kahakai
18-Alanui Kahiko
  dickflüssige Lavamassen von
  1969-1974

19-Holei Pali
20-Puu Loa Petroglyphs
  Felsbilder
21-Holei Sea Arch
  Lava Felsbögen
22-Lae Apuki Village
  -Kamoamoa Campground
  -Wahaula Visitors Center
  alles von jüngsten Lavaströmen
  vernichtet (1992)
23-Kilauea Visitors Center
24-Jaggar Museum
  -Hawaiian Volcano Observatory
25-Kau Desert Trailhead
26-nach Hilo 28 mi/45 km
27-Napau Trail
28-Kalapana Trail
29-Naulu Trail
30-Kau Desert Trail
31-Ka'aha Trail
32-Hilina Pali Trail
33-Halape Trail
34-Keauhou Trail
35-Puna Coast Trail
36-Crater Rim Trail
37-Volcano Village
38-Mauna Loa Trail
  -Mauna Loa
39-Kailua/Kona
  96 mi/154 km

● Mau Loa o Mauna Ulu Stopp

Mau Loa o Mauna Ulu

An undulating sea ... Ein wellenförmiges Meer von Pahoehoelava hat diese Landschaft bedeckt. Flüssige Lava, die sich noch unter der steifwerdenden äußeren Haut bewegte, verdrehte sich in diese Seilform.

Mauna Ulu, der flache Lavaschild, den man am Horizont sieht und Lavalieferant war, hatte fünf Jahre lang fast ununterbrochene Eruptionen. Im Juli 1974 endete die Eruption, als die letzte geschmolzene Lava im Krater langsam wieder in die Erde zurückfloß.

Der **Mauna Ulu Vulkan** ruht zur Zeit – seine zukünftige Aktivität ist ungewiß.

Bei 7.4 mi/12 km erreicht die **Chain of Craters Road** den nächsten Stopp Muliwai a Pele mit Aussichtspunkt und grandiosem Blick auf die Hilo-Küste:

● Mauna Ulu Stopp

Mauna Ulu

On May 24, 1969 ... Am 24. Mai 1969 brach eine Serie von Lavafontänen aus einem Erdriß aus, der sich so etwa vom **Aloi** zum **Alae Krater** erstreckte. Die feurigen Fontänen konzentrierten sich bald zwischen den beiden Kratern.

Ein neuer Lavaschild, der **Mauna Ulu**, entstand. Bis Mitte des Sommers im Jahre 1970 hatte Lava aus dem **Mauna Ulu** beide Krater gefüllt und die umgebende Landschaft drastisch verändert. **Mauna Ulu's** Eruptionen dauerten etwa die nächsten vier Jahre an.

BIG ISLAND 151
Hawaii Volcanoes: Chain of Craters-Karte

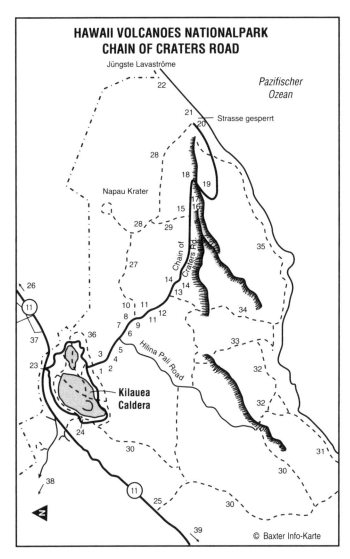

Lava River/*Lava Fluß*

A flow of pahoehoe ... Dieser Lavakanal wurde aus einem Strom von Pahoehoelava des Mauna Ulu gebildet. Als der Lavastrom entlang des äußeren Rands abkühlte, floß heiße flüssige Lava weiter durch den eingeengten Kanal. Die Lava wogte und pulsierte, überspülte und ließ die Ufer anwachsen. In den letzten Phasen der Eruption kühlte die Lava zu Aalava und hinterließ die heute sichtbare in Unordnung geratene Oberfläche.

152 BIG ISLAND
Hawaii Volcanoes: Halona Kahakai

Anschließend führt die **Chain of Craters Road** bergab durch eine Vegetationsinsel, sogenannte *Kipuka*. Unterwegs herrlicher Blick auf das Meer mit Laveströmen im Vordergrund. Bald passiert man 2000 Fuß = 610 m ü.M. bei dem **Ke ala komo Picknickplatz** (bedeutet: *genieße wie ein König*) mit Superblick und dem **Naulu Trail** und auf der anderen Straßenseite **Kalapama Trail** (2 mi/3 km):

- ### Meile 9.7 mi/15,5 km Stopp

Tsunami

Great earthquakes in ... Starke Erdbeben erschütterten diese Insel im Jahr **1868** und verursachten eine **Tsunami** (Flutwelle), die die Küste überrollte. Folgende Beiträge stammen von Passagieren an Bord des Schoners *Oldfellow*, der fast zwei Wochen nach der Katastrophe die Küste entlangfuhr.

... Sunday ... Sonntag, 15. April 1868. Erreichte Kealakoma, Puna bei Tageslicht. Die Häuser in Strandnähe waren verschwunden; dasselbe in Kahue. Bei Apua war alles blank gewaschen. Als wir Keauhu erreichten ... jedes Gebäude, insgesamt elf, war weggespült.

... Apua, the last ... Apua, das letzte Dorf von Puna, war weggeschwemmt und versunken. Sein bezaubernder Strand und die kleine Bucht, die für den Fischer Erholung war, existieren nicht mehr; das Meer ist dort etwa 1,80 m tief, wo einst Häuser standen.

Hele ke ala .../The path goes upland to Ka'u ... Der Pfad führt bergauf nach Ka'u und bergab nach Puna, nach Kama'ama'a, nach Kapualei.
Die Zeit in Apua ist lang. Der Abstieg führt nach Kukala ula. Der Pfad kommt bei Pu'ulena heraus, das Land, wo die Göttin wohnt.

Living in Pele's shadow ... In Pele's Schatten zu leben, war nie leicht. Als die Europäer zum ersten Mal die Küste dort unten erblickten, sahen sie viele kleine Dörfer. Mit versinkenden Küsten, gewaltigen Wellen und dem Wandel der Zeit verwaisten sie. Entlang der Küste kann man noch Ruinen mehrerer Dörfer sehen, andere wurden von jüngeren Laveströmen begraben.

Vorbei an Aussichtsstelle mit Superblick auf den Ozean, wo Lavamassen über die steilen Küstenklippen ins Meer stürzen. Die Straße führt steil bergab und erreicht den nächsten Stopp bei 10.4 mi/16,6 km.

- ### Halona Kahakai Stopp

Halona Kahakai

These great cliffs ... Diese hohen Felsklippen oder *pali* sind ein Zeichen gewaltiger Bewegungen auf der Südflanke des Vulkans Kilauea. Allmähliches Anschwellen des Vulkans von der Akkumulation geschmolzener Lava in den Riftzonen keilt diese Flanke des Vulkans in wenig stabile Positionen. Die Schwerkraft der Erde läßt eventuell die Bergseite entlang der Verwerfungslinie aufbrechen und zum Meer hin abbrechen. Bei wiederholten Brüchen ist die Küste abgerutscht und hat steile Klippen gebildet.

Die massiven Erdbeben von 1868 und 1975 sind Beispiele solcher Bewegungen. Bei jedem Beben rutschte die Küste und sank über 2,50 Meter und verschob sich um mehrere Meter zum Meer hin.

BIG ISLAND 153
Hawaii Volcanoes: Petroglyphen

Die Straße erreicht 1000 Fuß bei 12.7 mi/20,3 km und passiert danach rechts und links dicke Lavaschichten. Links der Infotafel sieht man einen Teil der von Lava überfluteten Straße:

• Meile 14/22 km Stopp

Alanui Kahiko (Road Closed)/*Straße gesperrt*

Between 1969 and 1974 ... Von 1969 bis 1974 begruben Pahoehoelava (glatte oder manchmal wellige und schnur- oder strickartige Lava) und Aalava (rauhe und zerstückelte Brockenlava) vom Mauna Ulu die *Chain of Craters Road*. Die Straße mußte „**gesperrt**" werden, da die Lavaströme 12 Meilen (= 19 km) Fahrbahn stellenweise einhundert Meter dick bedeckt hatten.

Heute ruht der **Maunu Ulu,** aber mit der Zeit wird Madame Pele, die Göttin der Vulkane, die Straße erneut begraben.

Kurz danach erreicht die Straße den nächsten Stopp:

• Meile 14.6/23,4 km Holei Pali Stopp

Holei Pali

Ka uahi a ka mahu ha'alelea iuka ... Wenn Rauch- und Dampfwolken das Hochland verlassen, stürzt die *hala,* die *lehua* zum Meer. Puna liegt weit unten, Kilauea hoch oben; Puna's Wälder gehen oft in Flammen auf, oh Puna, du gesegnetes Land!

This cascade of lava ... Diese Lavakaskaden sind ein Produkt fast ununterbrochener Eruptionen von 1969 bis 1974, die sich entlang der Riftzone des Kilauea Vulkans ereigneten. Der Mauna Ulu, der „wachsende Berg", ist ein Lavaschild, der aus diesen Eruptionen hervorging. Er schleuderte riesige Mengen geschmolzener Lava aus, die weite Teile des Parks unter sich begruben. Viele Lavaströme ergossen sich ins Meer und vergrößerten die Landmasse der Insel um 80 Hektar.

Holei Lava Field/*Holei Lavafeld*

Along distant shores ... An den fernen Küsten dieser Insel verwittern Wind, Regen und Wasser die Flanken langerloschener Vulkane. Doch hier vollzieht sich der Prozeß der Inselformung gegenwärtig und energisch. Hunderttausende von Lavaströmen schieben sich wie hier übereinander und bauen an der Insel Hawaii an.

Die **Chain of Craters Road** gelangt zum nächsten Stopp mit den Felsbildern von Puu Loa – **Puu Loa Petroglyphs:**

• Puu Loa Petroglyphs Stopp

Ka'u–Puna Trail

Once, this path was ... Dieser Pfad (3,2 km langer Rundwanderweg) war einst eine Hauptroute der Puna–Ka'u-Straße, die Steuereintreiber, ali'i und sonstige Personen, die von Ahupa'a nach Alupa'a, oder genauer von Puna zum Distrikt von Ka'u reisen wollten, benutzten. Man konnte nur entlang

BIG ISLAND
Hawaii Volcanoes: Chain of Craters Road

dieses Pfads *kapus* vermeiden oder entgehen. Zu Fuß unterwegs zu sein, bedeutete ein Verstoß gegen die lokalen Gebräuche.

Die Pfade sind wie in der Vergangenheit durch sogenannte *ahus* = Steinhäufchen markiert.

Petroglyphs/*Steinerne Felsbilder*

A two mile walk ... Entlang eines 2 mi/3 km Pfads gelangt man zu einer der größten Ansammlungen von Felsbildern = Petroglyphs von Hawaii – zum **Puu Loa** gehörend. Diese Felsbilder in Form von Tausenden von Figuren und Symbolen sind Gravuren in Stein bzw. Pahoehoelava, die sich zu den tassenförmigen Löchern gesellen, in denen frühe Einwohner Hawaii's ein Stück der Nabelschnur eines neugeborenen Kindes verwahrten und die Öffnung mit einem Stein verschlossen. Man versicherte dem Kind damit ein langes Leben.

Die frühen Einwohner Hawaii's besaßen keine Schriftsprache, daher mögen Felsbilder dazu gedient haben, besondere Ereignisse und Gedanken von einzelnen Personen oder Familiengruppen aufzuzeichnen.

Bei 17.5 mi/28 km verläuft die Straße dicht entlang der Lavaklippen-Küste. Nächster Halt ist der Meeresbogen **Holei Sea Arch** – eine herrliche Stelle mit Blick auf den Lavabogen in den Meeresklippen:

- **Meile 18.6/29 km Holei Sea Arches Stopp**

Holei Sea Arches/*Holei Meeresbögen*

Our gods are kind ... Unsere Götter meinen es gut. Wir gelangen in das gelobte Land. Laßt uns unsere Ereignisse in Liedern verkünden.

Eia Hawaii, he moku, he kanaka ... Hier liegt Hawaii, eine Insel, ein Mensch. Hawaii ist in der Tat ein Mensch. Das Kind ist Tahiti, ein königlicher Nachkomme von Kapaahu, von Moa-ula-nui-akea von Kanaloa, ein Enkel des Kahiko und Kapulanakehau ...

Kanahualele, der Astrologe

Die Straße passiert **Lae Apuki, Ahupuaa** und erreicht die Küste direkt an der Lavaküste; gefährliche Küste. Häufig starker Wind und Wellen, steile Klippen – Vorsicht.

Die Straße erreicht den **Kalapana Trail** und **Lae Apuki** mit einem Palmenhain rechts der Straße, bei 21.2 mi/34 km:

- **Lae'apuki Village Stopp**

Lae'apuki Village/*Lae'apuki Dorf*

Lae'apuki, a village ... Das einst von einer frühen hawaiischen Gemeinde aus Fischern und Farmern bewohnte Dorf, das bis zum 19. Jh. auch von Ziegen- und Rinderfarmern besiedelt war, liegt nur wenige Schritte entfernt. Man hatte das Dorf Anfang der 1920er Jahre verlassen.

Beim Durchgang durch die ehemaligen Wohnhäuser und Hütten des Dorfs wird die Vergangenheit dieses abgelegenen Fleckchens Erde wach.

Man hat die archäologischen Untersuchungen in diesem Gebiet noch nicht abgeschlossen. Keine Artefakten entfernen oder verändern.

Eine Karte zeigt den Fischerpfad zum **Lae'apuki** Village – Fishermen Trail... 0.25 mi/0,4 km; ferner: Historic Horse Trail zum Kamoamoa Village .... 0.7 mi/1,1 km; Lae'apuki Village; Coastal Trail zum Kamoamoa Village ... 0.7 mi/1,1 km.

BIG ISLAND 155
Route 2: Volcanoes–Kona

Die **Chain of Craters Road** erreicht den **Kamoamoa Campground** mit Picknickplatz, Palmenhain und üppiger Vegetation. Schwimmen verboten; hohe Wellen; gefährliche Strömungen. Zu sehen ist kaum noch etwas, da die gesamte Anlage im November 1992 von frischen Lavaströmen aufgefressen wurde.

Als 1989 ein Lavastrom bei Wahaula das Meer erreichte, begrub er ein mehrere Kilometer langes Teilstück der Straße unter sich und zerstörte das dort befindliche Wahaula Visitors Center und einen Naturlehrpfad. Der dortige Tempel des Roten Mundes oder *Wahaula Heiau* aus dem Jahre 1250 n.Chr. blieb verschont, obwohl von Lava umflossen.

Zunächst endet die Strecke der **Chain of Craters Road** hier, wo Lavaströme den Weg versperren.

Nun vom Hawaii Volcanoes Nationalpark zur Rundreise über den südlichsten Punkt der USA zur Westseite von Big Island entlang der Kona-Küste.

ROUTE 2:

HAWAII BELT ROAD: VOLCANOES–KAILUA-KONA

Die Fahrt entlang der *Hawaii Belt Road/Highway 11* vom **Kilauea Visitors Center** oder dem östlichen Parkeingang zum **Hawaii Volcanoes Nationalparks** zieht sich über etwa 96 mi/154 km entlang. Im Nationalpark hat man die *Crater Rim Road,* die rings um den Kilauea Krater, zum Jaggar Museum und zur *Chain of Craters Road* führt, verlassen und folgt dem *Volcano Highway/Highway 11,* der sich als *Hawaii Belt Road* fortsetzt.

Die Meilenangaben unterwegs entlang der Route **MM** (= Mileage Marker/Meilenstein) beziehen sich jeweils auf die Entfernung auf *Highway 11* von **Hilo.** Das Dorf **Volcano Village** hat man bei **MM 26,** die **Parkgrenze** bei **MM 27.5** und Zufahrt zum **Kilauea Visitor Center** und **Parkeingang** bei **MM 28.3** passiert. Vom Kilauea Visitor Center geht es dann westwärts auf *Highway 11.* Zunächst passiert man noch innerhalb des Nationalparks die natürliche Grabenzone, in der auf Risse in der Fahrbahn aufmerksam gemacht wird: „*Caution Fault Zone. Watch for Cracks in Road*". Links der Straße steigt überall Dampf aus dem Boden. Etwa 1.7 mi/2,7 km vom Parkeingang passiert man den Golfplatz **Volcano Country Club** mit Restaurant auf etwa 1 227 m ü.M. Und kurz dahinter zweigt die Straße *Mauna Loa Strip Road* zum **Mauna Loa Vulkan** ab, wo man gleich auf dem ersten Straßenabschnitt auf die Gegend mit dem **Bird Park** und den **Tree Molds** stößt.

156 BIG ISLAND
Hawaii Volcanoes: Kipuka Puaulu

MM 30.7: Bird Park

Etwa 0.6 mi/1 km vom *Highway 11* entlang der *Mauna Loa Strip Road*, die Richtung **Mauna Loa** in den *Mauna Loa Trail* übergeht, erreicht man rechts den noch innerhalb des Nationalparks befindlichen Vogelschutzpark/**Bird Park** mit den Baumabdrücken/**Tree Molds**. Der **Kipuka Puaulu** mit dem Vogelschutzpark entstand, als sich der Lavastrom des Mauna Loa aufteilte und diese Stelle frei ließ. Hier informieren einige Infotafeln über die Vogelwelt sowie Wanderungen zu und um den Vulkan **Mauna Loa**. Der 96 km lange und 48 km breite Vulkan Mauna Loa hatte 1984 21 Tage lang seine letzte Eruption.

Tree Molds/Baumabdrücke

The land shudders ... Die Erde bebt. Oben am Berghang wird die feurige Glut aus dem Herzen der Erde erneut ausgespien. Das ganze Land ist von Lava bedeckt, nur für die Bäume gibt es kein Entrinnen. Die wasserspeichernden Baumstämme, die dem ersten Angriff der Lava standgehalten haben, werden von der Lava wie von einem Schild umhüllt und bilden beim Erkalten eine harte Schale. Wenn die Hitze dann aber zu stark wird, gerät der Stamm in Flammen und lässt nur seine Lavahülle als **Tree Mold** zurück. Der Lavastrom stoppt, doch die von Lava geformten Baumhüllen markieren den Standort, wo einst die Bäume des Waldes standen und lassen die Höhe des Lavastroms erkennen.

Bilder zeigen, wie Lavaströme in von Ohia-Bäumen bewachsene Waldstücke fließen und wie sich eine Baumform aus der den Stamm umschließenden Lava entwickelt.

Kipuka Puaulu

A kipuka is an island ... Ein **Kipuka** ist eine Insel älterer Lava, die von jüngeren AA-Lavaströmen umgeben ist. Hier lag der höhere Boden schon lange Zeit isoliert, und inzwischen hat sich gute Erde für frisches Wachstum darauf entwickelt. Das Oberflächenmaterial dieses **Kipuka** besteht aus der Asche jüngerer Eruptionen. Auf **Kipuka Puaulu** wächst ein gesunder Waldbestand einheimischer Bäume und Pflanzen. Man nennt diese Area auch **Bird Park**/Vogelpark.

Man kann hier einen 1-Meile-(1,6 km)-Spaziergang entlang des Naturlehrpfads durch den **Kipuka** unternehmen. Begleitbroschüre liegt in Kästen am Start des Trails aus.

Eine Schautafel zeigt die Baumarten und die in dem Waldstück vorkommenden Vogelarten.

- **Einheimische tropische Baumarten:** Koa, Maile, Mamani, Kolea
- **Einheimische und nicht einheimische Vogelarten:** Amakihi *(Loxops virens)*, einheimisch. House Finch *(Carpodacus mexicanus)* Finkenart, nicht einheimisch. Hill Robin *(Lesothrix luteis)* nicht einheimisch. Apapane *(Himatione sanguinea)* einheimisch. Japanese White-eye *(Zosterops japonica)*, nicht einheimisch. Elepaio *(Chasiempis sandwichensis)*, einheimisch.

Nene

A fragile product of island evolution ... ein äußerst gefährdetes Produkt der Inselevolution. Diese seltenen Hawaiischen Gänse ernähren sich von in der Nähe wachsenden einheimischen Pflanzenarten, wie alii, ohelo, kukaenene und pukiawe, die ihnen auch Schutz bieten. Einst existierten Zehntausende dieser Trockengebiet-Vogelart auf den Berghängen des **Mauna Loa**. Ihre Population ging drastisch zurück bis zum Rand des Aussterbens, als man Ziegen einführte und in großem Maße Rinderzucht betrieb, was empfindliche Folgen hatte. Nene Habitat wurde vernichtet, Mungos und wilde Schweine zerstörten das Gelege mit den Eiern, und Jäger fingen die nichtsahnenden Vögel ein. Um **1944** war die gesamte Nenepopulation auf weniger als 50 Vögel zusammengeschrumpft, etwa die Hälfte davon lebte in Gefangenschaft.

Heute ist man glücklicherweise wieder in der Lage, durch Aufzucht der **Nene** in Käfigen und anschließendem Aussetzen in die freie Natur einige Hundert **Nene** am Überleben zu halten. Durch Maßnahmen, das Parkgelände durch Umzäunung vor Weidetieren geschützt zu halten, hat das Habitat eine Chance, sich zu erholen und den Nene den geeigneten Lebensraum zur Fortpflanzung zu bieten, um sie vom Aussterben zu bewahren.

Eine Karte zeigt die Area des Mauna Loa und den dorthin führenden Wanderweg. Eine mehrtägige Wandertour, die gut vorbereitet werden sollte.

Der Weg zum Mauna Loa

An eighteen mile ... Eine 18 mi/29 km Route führt über farbenprächtige Asche- und Schlackefelder, AA- und Pahoehoe-Lavaströme zum **Mokuaweoweo**, der Gipfel-Caldera des 4 169 m hohen **Mauna Loa**. Unterwegs gelangt der Wanderer über viele historische Lavaströme.

Der Pfad steigt allmählich, doch die dünne Luft macht die Wanderung ziemlich anstrengend und beschwerlich. Zum Übernachten auf diesem 3–4tägigen Wildniserlebnis gibt es einfache rustikale Hütten am **Red Hill** auf 3 059 m und am **Mokuaweoweo** auf 4 039 m ü.M.

Wanderinformation

● **Entfernungen vom Mauna Loa Trailhead auf 2 031 m: in Meilen/Kilometer und Höhenlage in Meter ü.M.:**
Red Hill Cabin . . . . 7.5/12 . . . . 3 059
North Pit Trail Jct. . . . . 17/27 . . . . 3 968
True Summit . . . . 19.5/31 . . . . 4 169
Mauna Loa Cabin . . . . 19.1/31 . . . . 4 023
Observatory Trailhead . . . . . 21.8/35 . . . . 3 399

● **Pfad:** Der **Mauna Loa Trail** beginnt am Ende von der *Strip Road*. Der Trail ist beschwerlich nicht nur für die Füße, sondern auch für Geist und Gehirn. Auf den nächsten 19 mi/30 km geht es allmählich auf Lavaflächen immer bergauf. Alles möglich an Lava! Man muss sich entlang der gesamten Wegstrecke über Pahoehoe- und AA-Lavaströme kämpfen. Bei 2 438 m ü.M. hört die Vegetation auf. Danach ist man weit und breit völlig ungeschützt und fast ohne Anhaltspunkt, gäbe es nicht die Spuren vorheriger Wanderer und wie an anderen Stellen innerhalb des Parks eine Vielzahl von **Ahu** (wie Menschengestalten aufgehäufte Steine), die einem den Weg zeigen.

Der Berg ist voller Lavatunnels, die manchmal nur eischalendünne Oberfläche besitzen. Hier muss man unbedingt auf dem Weg bleiben und darauf achten, sich keine Hautabschürfungen von dem Lavamaterial zuzuziehen. Es ist eine lange Wanderung. Die meisten Wanderer brauchen 3-4 Tage für die Tour. Doch schließlich ist dies eine solcher Touren, bei denen man hinterher sagen kann, dass es sich gelohnt hat, solche Strapazen wenigstens einmal auf sich zu nehmen.

BIG ISLAND
Hawaii Volcanoes: Mauna Loa

● **Wetter:** Auf **Mauna Loa** kann es schon mal zum Problem werden, die Körpertemperatur aufrecht zu halten. Dieser Berg ist überhaupt nicht sehr tropisch. Jeder Trip kann natürlich anders verlaufen, doch es besteht stets die Gefahr, dass es richtig kalt und windig wird. Man sollte also stets warme Kleidung dabei haben, sogar im Juli. Auf alle Fälle auf schlechtes Wetter einstellen, und hoffentlich tritt es nicht ein.

● **Wasser.** Das poröse Lavagestein hält nicht viel Wasser. Die einzige Wasserquelle bietet sich eventuell bei den beiden Hütten, basta. An keinem der beiden Trailheads/Ausgangspunkte gibt es Wasser. Die auf der Karte eingezeichneten Wasserlöcher existieren nur saisonbedingt und sind schwer zu finden. Auf alle Fälle sollte man bei diesem Trip 1 Gallone/3,785 Liter pro Tag an Wasser zu sich nehmen. Zu dem, was durch den Stoffwechsel verbraucht wird, nimmt die trockene Luft in Höhenlagen beim Wandern Feuchtigkeit aus den Lungen. Häufig trinken! Unbedingt über den derzeitigen Wasserstand bei den Hütten erkundigen, ehe aufgebrochen wird.

● **Cabins/Hütten.** Glücklicherweise gibt es für die meisten Wanderer zwei Hütten entlang des Trail zum Gipfel. Die Hütte **Red Hill Cabin** kommt nach 7.5 mi/12 km entlang des Trail, nicht ganz auf halber Strecke. Die **Mauna Loa Cabin** befindet sich am Caldera-Rand, etwa 19.1 mi/31 km vom Ausgangspunkt. Die Hütten werden in der Reihenfolge der Ankommenden auf der Basis *first-come, first-served* belegt, wobei man die Unterkunft mit anderen Wanderern teilen muss. Beide Hütten sind mit 8–12 Schlafgelegenheiten ausgestattet. Kein Ofen, Herd oder Kücheneinrichtung, aber Toiletten (etwa 20 m von der Hütte) vorhanden. Auf alle Fälle so ausgerüstet sein, dass man auch die Nacht ohne Schaden überlebt, falls die Hütte nicht erreicht wird.

● **Wanderempfehlung.** Am besten startet man die Wanderung an der *Strip Road,* übernachtet in der **Red Hill Cabin** und erreicht für die nächste Nacht **Mauna Loa Cabin**. Auf dem Rückweg erneute Übernachtung in **Red Hill Cabin**. Insgesamt braucht man 4 Tage für diesen Trip; lässt sich eventuell auf die jeweiligen zeitlichen Verhältnisse des einzelnen abändern und reduzieren.

Tips und Ratschläge für die Mauna Loa Wanderung

● Der **Hawaii Volcanoes Nationalpark** ist ein sogenannter vertikaler Park. Die Tatsache, dass der **Mauna Loa** auf 4 169 m ü.M. liegt, gibt Camping im Park eine neue Dimension. Die Ratschläge und Tips für Wanderungen entlang der Küste (Reduzieren der Körperwärme, die kühlere Sommersaison auswählen und Mittagshitze vermeiden) gelten **nicht** für Mauna Loa. Man muss mit einem Temperaturrückgang von etwa 2 Grad pro 300 m Höhenzunahme rechnen.

Sich darauf einstellen, als ob es sich um einen Viertausender der Rockies oder der Sierra Nevada handele und entsprechend darauf vorbereiten. In null Komma nichts entladen sich hier heftige Gebirgsstürme. **Schneefälle** im Winter bis hinunter auf 3 059 m in der **Red Hill Area** und im Sommer sogar noch auf dem Gipfel von **Mauna Loa.** Am Gipfel von Mauna Loa häufig Sturmwarnung mit Windgeschwindigkeit von etwa 72 Stundenkilometer, wobei der Temperaturabfall durch den Windchillfaktor deutlich spürbar wird. Wer würde denken, dass man sich auf Hawaii Frostbeulen holen könnte?

● Außer **Hypothermie** (Verlust der Körperwärme) kann es bei manchen Menschen durch den Höhenunterschied gelegentlich zu **Höhenkrankheit** kommen. Rascher Höhenunterschied (innerhalb weniger Tage von Meereshöhe auf 4 000 m), ohne dass sich der Körper auf niedrigere Sauerstoffverhältnisse im Blut einstellen kann, macht sich oft in mehreren Symptomen bemerkbar: Kopfschmerzen, Schlaflosigkeit und Erbrechen sowie gefährliche

Nebenwirkungen. Wer sich nicht auf dem Gebiet der Hypothermie und Höhenkrankheit auskennt, sollte sich bereits zu Hause informieren oder einen Arzt fragen. Für Information, die man erst beim Start der Wanderung erhält, kann es bereits zu spät sein, sich entsprechend vorzubereiten.

● Der **Mauna Loa** ist immens. Man braucht drei bis vier Tage für die Strecke von 19 mi/30 km (ein Weg) zum Gipfel und zurück. Zu dieser Wanderung gehört viel Selbstdisziplin, man muss sich wirklich zusammenreissen, um durchzuhalten, da dies keine einfache Wanderung ist. Für jede Übernachtung ist eine Genehmigung/Backcountry Permit erforderlich, die **kostenlos** beim **Kilauea Visitor Center** erhältlich ist.

● **Die Oberflächenverhältnisse des Trail** stellen harte Anforderungen an die Füsse, was unbedingt bedeutet: **festes**, zuverlässiges Schuhwerk/**Wanderstiefel**, keine Tennisschuhe. Unterwegs sieht man mehr Lava, als man je dachte würde existieren. Lava in jeder Form, die unbarmherzig ist, sobald man sich vom Hauptweg entfernt und möglicherweise irgendwo durch die oft dünne Bodendecke einbricht. Beim **Kilauea Visitor Center** möglicherweise die informative Begleitbroschüre *Trail Guide* besorgen, um sich intensiver über Mauna Loa zu informieren. Die Schutzhütten/**Shelters** bei Red Hill und Mauna Loa bieten nur Schutz und verfügen nur saisonbedingt über Trinkwasser. Wer Mauna Loa in Angriff nimmt, muss unbedingt **völlig unabhängig für alle Fälle mit allem Notwendigen ausgerüstet sein.**

● Die Kombination von **Höhenlage, Wetter und Terrain** lassen diese Wanderung zu einem gewaltigen Projekt mit äußerst guter Vorbereitung und vor allen Dingen entsprechender Ausrüstung werden. Vorausplanen, sich und die Mitwandernden **nicht überschätzen**.

● **Minimum impact Camping** bedeutet Camping **ohne Spuren** zu hinterlassen. Leicht auftreten, keine Abfälle zurücklassen; sich so verhalten, dass die Natur unberührt bleibt.

Wieder weiter auf *Hawaii Belt Road/Highway 11* verlässt man hinter der Abzweigung zum Mauna Loa Trail die Grabenzone. Etwa 1 km danach passiert man rechts die Abzweigung zum **Namakani Paio Campground** (mit Telefon). Rechts bietet sich ein grandioser Blick auf **Mauna Loa.** Nun passiert der Highway rechts und links erkaltete und bereits von Vegetation überwachsene Lavaströme. Einige Zeit lang geht es mitten durch **Keamoku Lava Flow** etwa bei **MM 34**, dahinter passiert man 3 500 Fuß/1 067 m ü.M. Die Straße ist eng und etwas kurvenreich. Bei **MM 37.8** gelangt man links zum Ausgangspunkt des **Kau Desert Trail**. Ringsum sehr eindrucksvoll aufgehäufte Lavamassen.

MM 37.8: Kau Desert Trailhead

Am Trailhead informiert eine Tafel über die Landschaft. Man befindet sich hier übrigens im **Kau District** und Kau bedeutet leeward = windabgewandt.

Kau Desert Trails

Yearly rainfall is low ... Auf der windabgewandten Seite/*leeward* von Kilauea sind die jährlichen Niederschläge gering. Durch die gleichzeitig hohen Temperaturen ist der Feuchtigkeitsverlust bei Pflanzen so stark, dass

160 BIG ISLAND
Hawaii Volcanoes: Kau Desert

sich hier eine hawaiische Wüste formt. Zudem werden vulkanische Dämpfe vom Kilauea Gipfel über diesen Landstrich getragen, die noch zu den harschen Lebensbedingungen beitragen, denen sich Pflanzen- und Tierwelt anpassen müssen.

● **Kau Desert Footprints.**
1790 kam bei einer starken Explosion des Kilauea eine Gruppe hawaiischer Krieger, die Kamehameha, den auf der Westseite von Big Island regierenden König, angreifen wollte, um, als sie die Wüste **Kau Desert** überquerte. Die Männer wurden durch die aus dem Kilauea ausströmenden giftigen Gase erstickt. Heute kann man nach über 200 Jahren noch die inzwischen gehärteten Fußabdrücke in der Ascheschicht erkennen. Mit etwa 1½ Stunden für die etwa 2,5 km Wanderung rechnen.

Das **Southwest Rift**/Südwestspaltenzone ist eine der größten Spaltenzonen des Kilauea, die quer durch die Kau Desert schneidet. Entlang dieser Spaltenzone ziehen sich tiefe Spalten, Risse, Aschekegel und historische und prähistorische Lavaströme.

Hinter dem **Kau Desert Trailhead** erreicht man bei **MM 39.6** das Ende des **Hawaii Volcanoes Nationalparks** mit dem Nationalparkschild zur Begrüßung der von dieser Seite kommenden Parkbesucher. Dahinter zwar immer noch Lava, aber inzwischen niedriger Baumwuchs und oft wild überwachsene Zuckerrohrfelder. Bei **MM 41.9** geht es schon auf 2 500 Fuß/762 m und bei **MM 45.7** hat man bereits 2 000 Fuß/610 m ü.M. erreicht. Hier passiert man nun Zuckerrohrfelder und **Kapala Ranch.**

Die Straße führt weiter bergab. Bei **MM 48.6** hat man auf 1 500 Fuß/457 m ü.M. einen Superblick auf die Küste mit dem

Schlüssel zur Baxter Info-Karte Hawaii Volcanoes NP zum Südpunkt
mit vielen Baxter-Tips

Orientierung:
1-Kilauea Krater
2-Volcano Village
 -Hilo 29 mi/46 km
3-2 500 Fuß/762 m ü. M.
4-Kapala Ranch
 Zuckerrohrfelder
 -2 000 Fuß/610 m ü. M.
5-1 500 Fuß/457 m ü. M.
 -Superblick auf Küste
6-Macadamia Nußfarm
 1 000 Fuß/305 m ü. M.
7-Kau Hospital
8-Mauna Loa
 Teil des Hawaii Volcanoes NP
9-Black Sands Beach
 -Puualuu
 -Black Sands Beach Restaurant
 nettes Lokal an Lagune u. Strand
 -gepflegte Anfahrt zu Black Beach Golf Course
10-Puualuu Park Center und Museum
11-Mauna Loa Orchards
 Obstfelder
12-Whittington Beach Park
 Camping/Strand
13-Big Island Expression
 Arts & Crafts/Kunstgewerbe
14-Naalehu
 südl. Ort der USA
 "southernmost community in the U.S.A." zip code 96772

15-Supermarkt/Polizei/Feuerwehr/
 Restaurant/Obststand/Tankstelle/
 Minimarkt/Bücherei
16-Mark Twain Tree
 1957 vom Sturm vernichteter Baum;
 Teil des Stamms zur Büste Mark
 Twain verarbeitet
 (im Lyman House Museum in Hilo)
17-Papakolea Green Sand Beach
 grüner Sandstrand
18-Kahuku Ranch
19-Discovery Harbor
20-Campingplatz und altes Dorf
21-Kauaha'ao Church
22-Scenic Point
 Aussichtspunkt
23-South Point Bar & Restaurant
 gute Aussicht
24-Hawaiian Ranches
 Cowboyland
25-Ocean View
 General Store
26-Manuha State Park
 -Miloiii/Kona
 -Puuhonua
 -Kailua 74 mi/118 km
27-Loihi Seamount
 Unterwasservulkan

Unterkunft:
A-Sea Mountain Golf Course & Resort
B-Shiakawa Motel

BIG ISLAND 161
Südlichster Punkt der USA

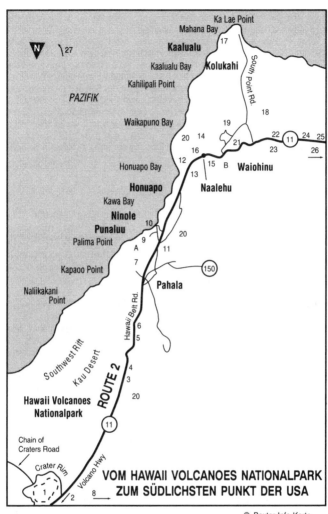

© Baxter Info-Karte

südlichsten Punkt **Ka Lae,** Hawaiis und gleichzeitig **südlichster Punkt der USA** (sogar südlicher als Key West Florida, das 24 Grad vom Äquator liegt). Vorbei an Macadamia-Nussbaumbeständen geht es bei **MM 50.6** schon hinunter auf 1 000 Fuß/305 m. Kurz dahinter passiert man die Abzweigung zu der Ortschaft **Pahala.**

● **Pahala.** Etwa eine halbe Stunde Fahrt nach dem Hawaii Volcanoes Nationalpark findet man hier eines der besterhaltensten Beispiele einer ehemals klassischen „Zuckerstadt" der Inseln Hawaiis. Inzwischen wurde Zuckerrohr mehr und mehr durch den Anbau von Macadamia-Nüssen verdrängt; nach 125jährigem Bestehen wurde Kau Sugar Mill in Pahala Ende

162 BIG ISLAND
Route 2: Volcanoes–Kona

März 1996 geschlossen. In Pahala weist heute nur noch der Schornstein der ehemaligen Zuckerfabrik auf die Zuckerära.

Über **Pahala** gelangt man auch zu dem etwa 5 mi/8 km außerhalb liegenden Exerzitienplatz **Wood Valley Retreat** mit dem leuchtend roten buddhistischen Tempel **Wood Valley Temple**, auch Nechung Drayang Ling (Insel der melodischen Klänge) genannt. In **Pahala** am Stop-Schild rechts abbiegen; nach etwa 5 mi Landwirtschaftsweg an der Straßengabelung links durch Eukalyptusallee bis zum Parkplatz. 1980 wurde der aus der Jahrhundertwende stammende Tempel von dem tibetanischen Dalai Lama eingeweiht. Zum Tempelgelände gehört die Unterkunft im gelbfarbenen Retreat Center unterhalb des Nichiren Tempel, den man **1919** zerlegt und hierher verbracht hatte, um ihn vor Überschwemmung an seinem bisherigen Standort zu schützen. Relativ einfache und billige Unterkunft, siehe **Big Island Unterkunft.**

Wieder auf *Highway 11* erreicht man, an den Mauna Loa Orchards vorbei, bei **MM 52.7** 500 Fuß/152 m ü.M. mit Blick auf den Ozean zur Linken. Weiter geht es bergab durch dichte Vegetation und Macadamia-Nussbaum-Anpflanzungen, bis man bei **MM 55.9** die Abzweigung links zum **Punaluu Beach Park** mit dem schwarzen Sandstrand erreicht.

• **Punaluu Beach Park;** etwa 1 mi/1,6 km von *Highway 11*. Der Strandpark ist ein County Park mit Campingplatz (County Permit erforderlich), Toiletten, Telefon und Pavilion. Tagsüber halten sich ziemlich viele Touristen hier auf, da es hier eine der sichersten Stellen zum Schwimmen an der Südküste gibt. Am besten im nordöstlichen Bereich in Nähe der Bootrampe dicht am Ufer aufhalten, da es draußen in der Bucht tückische Strömungen gibt.

Das Black Sands Restaurant ist ein nettes Lokal bei der Lagune und dem Strand. Die Fahrt zum Strand führt durch gepflegte Anlage mit Golfplatz, die zum **Sea Mountain Golf Course and Resort** gehört.

Kurz hinter der Strandabfahrt biegt bei **MM 56.5** die Zufahrt zum **Sea Mountain at Punaluu Hotel** und der Ortschaft **Ninole** ab.

• **Punaluu** und **Ninole.** Der Ort **Punaluu** war während der Blütezeit der Zuckerindustrie der 1880er Jahre ein bedeutender Hafen und besaß sogar eine Eisenbahn. Die für die sonst karge und wüstenhafte Kau Region ungewöhnlichen Kokospalmen der Umgebung sind bemerkenswert. Punaluu bedeutet etwa „tauchende Quelle", da man auf dem Boden der Bucht Süßwasserquellen findet. Angeblich begaben sich früher die Eingeborenen hinaus aufs Meer, tauchten und füllten dort unten auf dem Meeresboden ihre Kalabasses mit Süßwasser der Unterwasserquellen, die als Hauptquelle der Region für Trinkwasser galt.

• **Ninole.** Das **Sea Mountain Resort** wurde Anfang der 1970er Jahre von einer Tochtergesellschaft der C. Brewer Company erbaut. In der Nähe von Ninole befindet sich die **Hokuloa Kirche** mit dem Denkmal des Henry Opukahaia, der eine maßgebliche Rolle spielte, die ersten Missionare nach Hawaii zu holen. Dieser Henry Opukahaia kam als Schiffsjunge nach Neuengland, ließ sich dort zum Christentum bekehren und taufen, starb aber vor seiner Rückkehr nach Hawaii dort an Typhus. Er gab den Anstoß, Anfang der 1800er Jahre Missionare nach Hawaii zu entsenden, um dort das Christentum zu verbreiten.

BIG ISLAND 163
Route 2: Volcanoes–Südpunkt

Hinter Ninole passiert *Highway 11* erneut Lavaströme, und Schilder warnen vor Überschwemmung der Straße bei starkem Regen – „*road floods during rain*". Vorbei an Rindern und Feldern geht es bei **MM 60.6** an der Zufahrt zum **Whittington Beach Park** bei der Ortschaft **Honuapo** vorbei.

● **Whittington Beach Park.** Der Strandpark ist etwas vernachlässigt und meistens nicht stark besucht. In der Umgebung findet man noch viele alte Ruinen aus der Zeit der Jahrhundertwende, als **Honuapo Bay** ein bedeutender Zuckerhafen war.

Highway 11 steigt nun bergauf und wird kurvenreich. Unterwegs muss man auf Weidevieh achten, das die Straße überquert. Schließlich erreicht man bei **MM 63.5** die Ortschaft **Naalehu**.

● **Naalehu** ist die „südlichste Ortschaft der USA" – Southernmost community in the U.S.A." Es ist die größte Ortschaft der Gegend. Insbesondere in der Ortsmitte findet man äußerst üppige Vegetation mit überhängenden ausladenden Monkeypod-Bäumen, die einen regelrechten Tunnel bilden. **Naalehu** bietet Schule, Supermarkt, Polizei, Feuerwehr, Postamt, Obststände, Bibliothek, Minimarkt und Tankstelle sowie den für sein süßes Brot *Hawaiian Sweetbread* bekannten Punaluu Bake Shop.

Hinter **Naalehu** steigt die Straße, die nun *Mamahaloa Highway* genannt wird, weiter und führt an gepflegten Häusern, Papaya-Bäumen und Bananenstauden vorbei, bis man bei **MM 65** den winzigen Ort **Waiohinu** erreicht.

● **Waiohinu.** Der kleine Ort ist berühmt für den Baum, den Mark Twain **1866** bei seinem Hawaiiaufenthalt pflanzte. Unglücklicherweise wurde jener **Mark Twain Monkeypod Tree** bei einem heftigen Sturm im Jahre **1957** umgeweht. Teile seines ursprünglichen Stamms, aus dem man eine Büste Mark Twains geschnitzt hatte, sind im **Lyman House Museum** in Hilo ausgestellt. Inzwischen haben Ableger des ursprünglichen Stamms auszutreiben begonnen und werden vielleicht eines Tages wieder zu einem stattlichen Monkeypod-Baum heranwachsen.
  Hinter dem **Shirakawa Hotel** biegt links die Straße *Kamoamoa Road* zum Ortsteil **Discovery Harbor** ab. Weiter an der Küste kommt man zu Campingplätzen und urzeitlichen Dörfern bei der **Waikapuna Bay**. Gleich dahinter taucht die hübsche kleine weiße Holzkirche **Kauahaao Kirche** aus dem Jahre 1841 auf, die direkt neben der Straße liegt.

Highway 11 geht in eine scharfe Kurve und steigt erneut sehr kurvenreich durch dichte Vegetation. Bei **MM 69.5** biegt südwärts die *South Point Road* oder *Ka Lae Road* ab; etwa 6 mi/10 km südwestlich von **Naalehu**.

● **Kae Lae** oder **South Point.** Vom *Highway 11* sind es auf schmaler asphaltierter Straße (die Autovermieter warnen vor dem Benutzen dieser Straße, doch eigentlich sind die Befürchtungen unbegründet) etwa 12 mi/ 19 km bis **Ka Lae**, dem südlichsten Punkt. Es ist nicht nur Big Islands südlichster Punkt, sondern die **südlichste Stelle** von ganz USA. Etwa 12 000 km geradeaus in südlicher Richtung liegt der nördliche Rand der Antarktis. Angeblich sollen hier polynesische Siedler von Tahiti und anderen Südseeinseln schon um 750 n.Chr. hier am **South Point** an Land gekommen sein.

164 BIG ISLAND
Route 2: Green Sand Beach

Man hat diese Stelle ernsthaft als permanente Raketenabschussstelle einer *Pacific Missile Range Facility* in Erwägung gezogen.

Es geht zunächst durch flaches, baumloses Gelände, auf dem Herden von Pferden und Rindern weiden. An riesigen mechanischen Windmühlen vorbei, die zur Kamoa Wind Farm gehören, da hier stets genug Wind weht. An der Straßengabelung nach dem Gelände der Hawaiian Homeland Agency hält man sich bis zu der Stelle, wo die Straße endet und man einen Parkplatz erreicht. Von hier zu Fuß etwa 5 Min. zur Klippe, wo man an ein hohes weißes Gebilde mit quadratischem Schild gelangt, das wie ein Diamant seitwärts gedreht ist. Dies markiert den genauen **Südpunkt** der USA.

Wieder zurück zum Hawaiian Homeland Agency Gelände und dort der Straße links folgen, an einer Serie von Gebäuden vorbei, die zu einem Übungscamp aus dem zweiten Weltkrieg gehören. Die Straße führt zum Parkplatz und Bootrampe. Von der Bootrampe führt ein Pfad ostwärts Richtung **Kaalualu Bay,** etwa 3 mi/5 km zu einem grünen Sandstrand.

● **Green Sand Beach** oder **Papakolea.** Unterwegs findet man Reste vorzeitlicher Besiedelung einschließlich Reste vom Fundament eines Opfertempels/Heiau. Die Lava dieser Gegend enthält Olivin, ein seltenes Chrysolith, ein grüner Halbedelstein, der zu Sandpartikeln verwitterte und sich am Strand als grüner Sand ansammelte. Dieses Material wurde ursprünglich als Olivin von einem Vulkankegel in den Ozean entleert.

Der Weg zum Strand an **Mahana Bay** sollte nur mit geschlossenen Schuhen begangen werden. Man muss das unwegsame Stück zum Strand über grobe Lava zu einem ungewöhnlichen Vulkankegel, **Puu o Mahana** genannt, klettern, der sich über diesem grünen Sandstrand auftürmt. Das Grün des Strands ist nicht smaragdgrün, eher Army-Uniform-grün, und am Strand muss man auf die Brandung achten, die hier oft als schwere Brecher den ganzen Strand überspült. Nur bei sehr ruhigem Wasser kann man sich näher wagen, aber Schwimmen ist zu gefährlich.

Nach der Abzweigung zum südlichsten Punkt führt *Highway 11* an Bananenstauden und Eukalyptusbäumen vorbei, passiert das Gelände der **Kahuku Ranch** (auf Büffelherden achten) und schneidet sich regelrecht durch Lavaströme. Bei **MM 72.2** hat man südwärts einen Blick auf den südlichsten Punkt mit Aschekegeln. Hinter der Aussichtsstelle/**Scenic Point** bei **MM 75** geht es an South Point Bar & Restaurant vorbei mit gutem Blick auf die geographische Besonderheit im Süden. Weiter durch Lavalandschaft an Hawaiian Ranchos, blühenden Orchideen und **Ocean View General Store** bei **MM 77** vorbei.

Vereinzelt tauchen Häuser inmitten von Lavaflächen auf. Nach einem Abschnitt mit Lava aus dem Jahre 1907 und Baumbestand erreicht man bei **MM 81** den Manuka State Park. Hier findet man Toiletten, Pavilions und Spazierwege durch gepflegte Gartenlandschaft, die von einem Arboretum umgeben ist. Auf dem Gelände darf in den Schutzhütten übernachtet werden – zelten nicht gestattet. Die Pflanzen im auf der Südseite des Highway liegenden **Manuka Botanical Garden** sind mit erklärenden Schildern versehen.

Bei **MM 82.8** verlässt man den Kau District und erreicht den District of South Kona. Kurz darauf führt *Highway 11* durch „die weltgrößten Macadamia-Nussbaum-Plantagen". Die **Macadamia Nut Orchards** erstrecken sich über fast 3 km Länge, rechts und links nur Nüsse! Bei **MM 86.8** passiert man die **Hoomau Ranch**, hinter der der Lavastrom aus dem Jahre 1926 **Hoopuloa Lava Flow** zu sehen ist. Bei **MM 88.9** biegt links die kurvenreiche Straße zu dem Fischerdorf **Milolii** ab, etwa 5 mi/ 8 km.

● **Milolii**, bedeutet „feines Garn". Das noch sehr ursprüngliche Fischerdorf (ohne Stromanschluss) ist berühmt für sein feines Garn *aha*, das aus Kokosfasern und *olona* aus Fasern der Olona-Pflanze für Fischernetze gefertigt wurde. **Milolii** ist das letzte Fischerdorf Hawaiis, in dem noch mit Netz und Kanu Fischfang betrieben wird. Der Fang wird täglich mit Lastwagen nach **Hilo** transportiert. Die Straße zu dem heute noch aktiven Fischerdorf ist eng und kurvenreich und führt durch schwarze Lava. Die Menschen gehen hier noch der traditionellen hawaiischen Lebensweise nach. Zusätzliche Einnahmequelle der Fischer ist die Zucht von Farnen und Anthurien, die auf hierher transportierte Erde gepflanzt werden. **Milolii** hat einen kleinen Strandpark, den die Einheimische benutzen. Innerhalb der Riffs bieten sich gefahrlose Stellen zum Schwimmen.

Hinter Milolii Abzweigung wird die Straße, die inzwischen als *Kona Belt Road* bezeichnet wird, eng und kurvenreich für etwa 11 mi/18 km – *„caution narrow, winding road next 11 mi"*. Während sich die Straße durch Lava (1919er Alika Lavastrom wird überquert) und dichte Vegetation schlängelt, hat man bei **MM 90.6** links einen schönen Blick auf den Ozean. Inzwischen hat man 1 500 Fuß/457 m ü.M. erreicht. Weiter rechts und links dichte Vegetation und immer wieder Lavafelder und Superblick hinunter auf den Ozean.

Bei **MM 96** geht es mit Blick auf den Ozean kurvenreich bergab. Links Blick auf die Küste, rechts Blick auf den 4 169 m hohen **Mauna Kea**. Bei **MM 98.5** passiert man den Lavastrom aus dem Jahre **1950**. Papaya-Felder und weiterhin dichte Vegetation, während sich die *Kona Belt Road* bergab zieht. Bei **MM 100.8** geht es an dem kleinen Friedhof **Kalahiki Cemetery** vorbei, bevor kurz darauf links die Straße zur **Hookena Beach** abbiegt, etwa 2 mi/3 km zum Strand.

● **Hookena.** Der **Hookena Beach Park** gilt als einer der besten Strände von South Kona zum Schwimmen und Body Surfing; Duschen und Picknicktische, aber kein Trinkwasser und Camping. Breiter, langer grauer Sandstrand (wird oft schwarzer Sandstrand genannt). Zum Schutz vor der Sonne kann man unter die bezaubernden Palmen am Strand flüchten.
Bis zur Fertigstellung der Straße zwischen **Kona** und **Hilo** in den 1930er Jahren, verschiffte **Hookena** die Produkte der Umgebung von seinem lebhaften Hafen. **Hookena** war früher der Haupthafen von South Kona. Hier kamen auch die Fahrgastschiffe an, die beispielsweise 1889 Robert Louis Stevenson bei seinem Besuch der hawaiischen Inseln beförderten. Teile des Hafens sind noch erhalten. Die mit Löchern übersäten Felsenklippen beherbergen unzählige Grabhöhlen.
Etwa 800 m weiter stößt man auf die Trümmer und den Kirchturm der **Maria Lanakila Church**, die 1950 bei einem Erdbeben zerstört wurde. Es war eine weitere „Painted Church" des belgischen Paters John Velghe, etwa in derselben Art wie die **St. Benedict's Church** unweit des **Puuhonua o Honaunau National Historical Park**. Ansonsten findet man in **Hookena** noch ziemlich traditionelle Lebensweise.

166 BIG ISLAND
Route 2: Puuhonua o Honaunau

Die *Kona Belt Road* passiert die Schule Hookena Elementary School und bei **MM 102** den Ort **Kealia** mit General Store, kleinen Häusern, üppig blühenden Bougainvillea, Blumen, Palmen und Bananenstauden. Der Highway windet sich eng bergab, lässt links herrlichen Blick auf die Küste frei. Direkt nachdem man den Higashi Store passiert hat, erreicht man bei **Keokea** hinter **MM 103** die Abzweigung von *Highway 160,* zum **Puuhonua o Honaunau National Historical Park** − Einzelheiten siehe Abschnitt **Puuhonua o Honaunau.**

Dort, wo *Highway 160* von *Kona Belt Road/Highway 11* zum **Puuhonua o Honaunau** abbiegt, geht es auch als Abstecher zur berühmten **Painted Church;** Einzelheiten zur **St. Benedict's Painted Church,** eine der ältesten katholischen Kirchen der Insel, siehe unter Abschnitt **Puuhonua o Honaunau.** Kurz dahinter geht es nach 1 000 Fuß/305 m bei **MM 106** an der Macadamia Nut Factory und Mauna Kea Fisheries vorbei. Inzwischen führt *Highway 11* mitten durch Kaffeeanbaugebiet, links und rechts nur Kaffeesträucher.

Vorbei am Kona Country Fair Restaurant (mit kostenlosem Kona Coffee) und The Coffee Mill (Laden und Restaurant) mit

Schlüssel zur Baxter Info-Karte Südliche Kona-Küste

Orientierung:
1-Kalahiki Beach
2-Kalahiki Cemetéry
   Friedhof
3-Manuka State Park
  -Milolii
  -Volcano Village 79 mi/126 km
  -Hawaii Volcanoes Nationalpark
4-1950er Lavastrom
5-Hookena Beach
6-Hookena Elementary School
7-General Store
8-Higashi Store
9-Wakefield Botanical Gardens
  -Restaurant
  sehr reizvoll
10-Post Office/Postamt
11-Painted Church
  bemalte Kirche
12-Mormonenkirche
13-Mauna Kea Fisheries
  Fischerei
14-Macadamia Nußfabrik
15-Kona Country Fair
  Restaurant mit kostenloser Kona
  Kaffeeprobe
16-The Coffee Mill
  Laden & Restaurant mit schöner
  Aussicht
17-Royal Kona Coffee Mill
  Kaffeerösterei
18-Hikiau Heiau
19-Captain Cook's Monument
20-Leuchtturm
21-Kentucky Fried Chicken
22-Polizei
23-Captain Cook Inn
  Restaurant
24-Post Office/Postamt
25-Old Merchandise State Office Mill Museum
26-Kona Historical Society Museum
27-Kealakhua Bay
28-Ke-ala-Ke Kua
  -Public Library
  öffentliche Bücherei
  -McDonald's
29-Kings Mansion
  -Supermarkt
  -Hongwanji Mission
30-Macadamia Nußfabrik
31-Post Office/Postamt
32-Kainaliu Village
  -Ben Franklin
  Warenhaus
33-Kainaliu Gardens
34-Scenic Point
  Aussichtspunkt
35-1 000 Fuß/305 m ü. M.
36-Keauhou Shopping Village
37-Pottery Terrace Steakhouse
38-White Sands Beach Park
  der einzige Strand
39-Kailua-Kona
40-Keauhou Shopping Village
  -Supermarket
  -Drysdale"s Two
  Mittagessen von 11 bis Mitternacht
  Angus Beef/Steaks/Fisch

Unterkunft/Vorwahl (808):
A-Manago Hotel
  gute Aussicht
B-Kona Lodge & Hostel
C-Mauna Loa Village
  vulkanischer Felsstrand
D-Kona Surf
E-Kona By The Sea-Aston
  kein Strand, nur Felsen
F-Aston Royal Sea Cliff Resort
  -Kona Chuckwagon Restaurant

Straßenschlüssel:
a-Kuakini Hwy
b-Alii Drive
c-Kamehameha III Drive

BIG ISLAND 167
Route 2: Südliche Konaküste-Karte

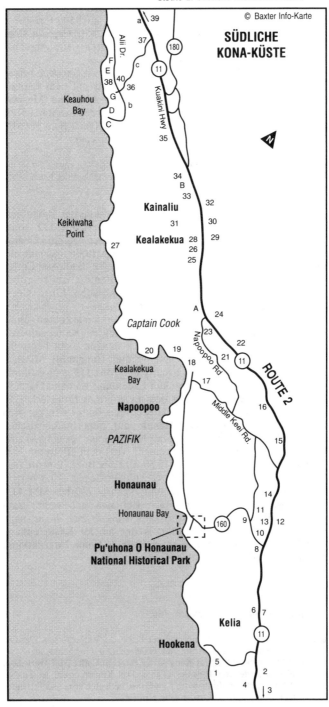

168 BIG ISLAND
Route 2: Konaküste/Kealakekua

guter Aussicht, klettert Highway inzwischen auf 1 500 Fuß/457 m ü.M. Bei **MM 109.**6 erreicht man die Ortschaft **Captain Cook** mit Zugang zur **Kealakekua Bay;** Einzelheiten siehe Abschnitt **Captain Cook/Kealakekua Bay.**

Weiter durch die Ortschaft **Captain Cook,** wo *Napoopoo Road* hinter der Post hinunter zur Kealakekua Bay mit dem **Captain Cook Monument** und **Royal Kona Coffee Mill and Museum** führt, passiert man bei **MM 110.8** Old Merchandise State. Kurz dahinter erreicht man die nächste Ortschaft **Kealakekua** bei **MM 111.5** mit dem **Kona Historical Society Museum.**

● **Kona Historical Society Museum.** Der ehemalige Greenwell Store aus Mitte der 1800er Jahre beherbergt Fotos und Memorabilien der Kona-Küste; werktags 9–15 Uhr; Spende als Eintrittsgebühr.

In **Kealakekua** geht es dann an Kings Mansion, der Bibliothek, Supermarkt und McDonald's vorbei, ehe bei **MM 112** South Kona District endet und North Kona District beginnt. Überall dreht sich immer noch alles um **Kaffee.** Da stößt man auf alle möglichen Kaffeebetriebe, wie beispielsweise Bad Ass Coffee Co., die Kona-Kaffee vermarkten und kostenlose Kaffeeproben anpreisen. Der berühmte kleine Souvenirladen **Little Grass Shack** ist eine interessante Attraktion.

Bei **King's Trail Rides** werden Reittouren angeboten. Bong Brothers Outlet and Mill, einer der größten Kaffeeaufbereitungsbetriebe, gibt Besuchern Einblick in eine nicht hektische Welt. Nach dem buddhistischen Tempel **Hongwanji Mission,** Mrs. Fields Macadamia Nut Factory und **MM 113** geht es durch den Ort **Kainaliu** mit Ben Franklin Laden und Kainaliu Gardens sowie Aloha Theater Cafe, in dem es enormes Frühstück gibt.

Sobald man Kona Lodge & Hostel links hinter sich gelassen hat passiert man den Ort **Honalo** mit dem buddhistischen Tempel **Dai Fukuji Buddhist Temple,** den man besichtigen und fotografieren darf; nicht vergessen, vor dem Betreten des Tempels Schuhe abzulegen. 9–16.30 Uhr geöffnet; Eintritt frei. In **Honalo** kommt man nach Aussichtsstelle/Scenic Point bergab zur Kreuzung von *Highway 11* und *Highway 180* bei **MM 115.** Über *Highway 180* geht es nach **Holualoa** und weiter zum *Highway 190,* der landeinwärts als *Hawaii Belt Road* nach **Waimea** führt. *Highway 11* führt weiter an der Küste entlang nach **Keauhou, Kailua** und zum **Keahole-Kona International Airport,** der die Area Kailua-Kona versorgt.

Attraktionen entlang *Highway 180:*

● **Holualoa,** 427 m ü.M. und nördlichster Punkt des Kaffeegürtels. Der Ort hat sich zu einem Kunstzentrum mit Galerien und Geschenkeläden entwickelt. Mittelpunkt bildet das **Kona Arts Center** im **Coffee Mill Workshop,** nur wenige Schritte von Paradise Coffee. Das Kunstzentrum ist Di.–Sa. 10–16.30 Uhr geöffnet; Eintritt frei. Holualoa bedeutet etwa „schlitternder Kurs". Der kleine adrette Ort ist sehr gepflegt.

BIG ISLAND 169
Puuhonua o Honaunau

Von der Kreuzung *Highway 11/Highway 180* geht es auf *Highway 11* bergab auf 1 000 Fuß/305 m mit Blick auf den Ozean. Bei **MM 117.2** biegt links die *Kamehameha III Road* ab, die zur etwa 2 mi/3 km entfernten **Keauhou Bay** mit den am südlichen Teil der Küste liegenden Ferienhotels am Ende von *Alii Drive* und nordwärts zum **Kahaluu Beach Park** führt; Einzelheiten und Lage von Hotels **Baxter Info-Karte** zu dieser Area sowie Abschnitt **Kailua-Kona** entnehmen.

Weiter entlang *Highway 11* geht es bei **MM 118** bereits hinab auf 500 Fuß/152 m ü.M. Bei **MM 119.5** biegt *Kuakini Highway* links ab, der direkt zum etwa 5 mi/8 km entfernten **Kailua** führt. *Highway 11* läuft als Umgehungsstraße mit Anschluss an *Highway 19* weiter nordwärts zum 9 mi/14 km entfernten Flughafen **Keahole-Kona International Airport**. Am romantisch gelegenen Pottery Steak House biegt *Wailua Road* vom *Kuakini Highway* ab zum *Alii Drive* mit der Serie von Strandhotels von **Magic Sands Beach** bis hinauf nach **Kailua**.

Im Anschluss nun zu den entlang der Route 2 zwischen Hawaii Volcanoes Nationalpark und Kailua-Kona liegenden Attraktionen Puuhonua o Honaunau und Captain Cook/Kealakekua Bay.

PUUHONUA O HONAUNAU
„Place of Refuge of Honaunau – Stätte der Rettung und Zuflucht"

Der **Puuhonua o Honaunau National Historical Park** – etwa 83 mi/132 km vom **Hawaii Volcanoes Nationalpark** und 23 mi/36 km südlich von **Kailua** – ist eine restaurierte Tempelanlage in idyllischer Lage an der Westküste Hawaiis. Der Name **Puuhonua o Honaunau** bedeutet „Stätte der Rettung und Zuflucht von Honaunau", ein altpolynesisches Heiligtum für besiegte Krieger oder Hawaiianer, die „Kapus" gebrochen hatten. **Puuhonua o Honaunau**, war einer der größten und bedeutendsten Zufluchtstempel der hawaiischen Inseln (von denen es auf Big Island allein 6 gab). Dies wird noch dadurch bestätigt, dass sich der **Puuhonua o Honaunau** im *moku* (Distrikt) von Kona befindet, das einst das dichtbesiedelste Gebiet des alten Hawaiis war. Man kann sich kaum vorstellen, dass die heutige ziemlich einsame und karge Landschaft in der Nähe von **Puuhonua** einst von Dutzenden von Dörfern übersät war, in denen Tausende von Menschen wohnten.

BIG ISLAND
Puuhonua o Honaunau

Zufahrt zum Puuhonua o Honaunau

Der **Puuhonua o Honaunau National Historical Park** liegt etwa 16 mi/26 km südlich von **Kailua-Kona**. Vom Süden kommend biegt man bei **Keokea** von der *Kona Belt Road/Highway 11* nach **MM 103** schon etwa bei **MM 104** links ab auf *Highway 160* oder auch *Keala Keawe Road* genannt. Hier folgt man *Highway 160* etwa 3.5 mi/5,6 km bis zur Zufahrt zum **Puuhonua o Honaunau National Historical Park**. Die breite Straße *Highway 160* führt bergab mit Blick auf den Ozean, vorbei an wunderschönen Obstgärten, Bananenstauden, Palmen, Blumen und Oleander. Etwa nach 1 mi/1,6 km biegt rechts eine enge kurvenreiche Straße zur **Painted Church – St. Benedict's Church** – ab, ein lohnender Abstecher. Vom Norden kommend biegt man hinter **MM 104** auf *Highway 160* ab.

● **Painted Church/St. Benedict's Church,** etwa 5-Minuten-Abstecher vom *Highway 160*. Die kleine katholische Holzkirche ist eine der ältesten katholischen Kirchen der Insel. In wunderschöner Lage besitzt sie einen gotischen Glockenturm, zeichnet sich aber insbesondere durch die meisterhafte Ausmalung des Kirchenraums aus. Der belgische Pater Jean (auch John genannt) Berchman Velghe war hier von 1899 bis 1904 als Pfarrer tätig und bemalte die Wände der Kirche für seine Gemeinde, deren Mitglieder weder lesen noch schreiben konnten, mit biblischen Szenen und hawaiischen Motiven. Sein Meisterwerk ist hinter dem Altar zu sehen, das den Eindruck vermittelt, in der berühmten spanischen Kathedrale von Burgos zu sein. Auf den bemalten Kirchensäulen findet man unter den hawaiischen Motiven Blumen und Palmen. Velghe malte auch andere kleine Kirchen überall in Polynesien aus. Auf dem angrenzenden Friedhof kann man sich noch die Petroglyphs (Steinzeichnungen) und Stangenkreuze ansehen.

Kurz hinter der Abzweigung zur **Painted Church** geht es auf *Highway 160* an den reizvollen **Wakefield Botanical Gardens** (Botanischer Garten mit Bonsai Abteilung) mit Restaurant und Picknickplatz vorbei weiter abwärts Richtung Küste. Von einer Aussichtsstelle links, **Scenic Point,** hat man einen schönen Blick aufs Meer. Kurz vor der Abzweigung zum Park teilt sich *Highway 160*. Am Eingang zum **Puuhonua o Honaunau National Historical Park** ist die Eintrittsgebühr zu entrichten, ehe man den Parkplatz erreicht.

Besuch der Tempelstätte

Der Komplex des **Puuhonua o Honaunau National Historical Park** umfasst direkt hinter dem Parkplatz das Visitors Center, die Tempelanlage, einen kleinen Picknickplatz (Camping nicht erlaubt) sowie einen etwa 1½ mi/2,4 km langen Wanderweg. Im Visitors Center über spezielle Veranstaltungen erkundigen. Zu bestimmten Zeiten finden Demonstrationen statt, bei denen beispielsweise Einfärben von Fischnetzen, Fertigen von Tapa-

BIG ISLAND 171
Puuhonua o Honaunau-Karte

Textilien, Schnitzen von Holzmasken, Krabbenfang oder Flechten von Matten vorgeführt wird. Außerdem gibt es im Visitors Center Amphitheater Vorträge. Toiletten vorhanden. Im Visitors Center erhält man eine Broschüre mit Plan für den Rundgang durch die Anlage. Hier nun Hintergrundinformation zur Tempelstätte **Puuhonua o Honaunau.**

Die Angehörigen der Königsfamilien **Alii nui** von Hawaii und **Alii-ai-moku** von Kona lebten viele Generationen über im sogenannten Ahnenhaus in unmittelbarer Nähe von **Puuhonua o Honaunau.** Ein Wohngebiet, das die Familie eines Häuptlings bewohnte, lag zwischen dem heutigen Visitors Center und der großen Mauer von Puuhonua.

Puuhonua o Honaunau war nicht in einem Stück erbaut worden, sondern in verschiedenen Etappen, erstmals vor etwa 500 Jahren beginnend. Drei Tempel/Heiaus wurden in Folge angelegt. Der älteste liegt dicht am Ufer am Westrand von

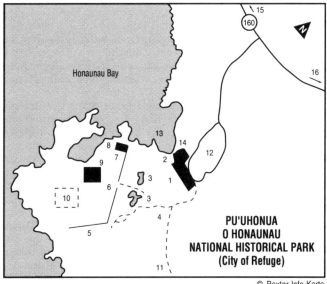

© Baxter Info-Karte

Schlüssel zur Baxter Info-Karte Pu'uhonua O'Honaunau NHP

Orientierung:
1-Visitors Center
2-Tree Mold
  Baumabdrücke in Lava
3-Royal Fishponds
  Fischteiche
4-Palace Grounds
  Palastgelände
5-The Great Wall
  Trennmauer zwischen Palast und Heiligtum
6-Petroglyphen
7-Hale o Keawe Heiau
  rekonstruierter Tempel
8-Pu'uhonua
  Heiligtum
9-Ale Alea Heiau
  Tempelplattform
10-Ancient Heiau
  alte Tempelanlage
11-Picknickplatz
12-Parkplatz
13-Keone ele Cove
14-Hausmodelle
15-Captain Cook Village
  -Kailua/Kona
  -Kealakehua Bay
16-zum Highway 11 etwa 3 mi/5 km

Puuhonua und ist heute fast gänzlich zerstört. **Alealea,** der zweitälteste Heiau, liegt weiter im Zentrum von Puuhonua. Das Mauerwerk wurde von der Nationalparkverwaltung restauriert und entspricht seinem früheren Aussehen. Der jüngste Heiau ist **Hale o Keawe** an der nordöstlichen Ecke des Puuhonua. **Hale o Keawe** wurde fast vollständig neu gebaut und entspricht dem Zustand zur Zeit der Benutzung der Tempelstätte.

Die drei Tempel sind von der großen Mauer/**Great Wall** umgeben, die vor etwa 500 Jahren als Begrenzung angelegt wurde, die aber auch gleichzeitig Verfolger vom Betreten der Tempelanlage abhalten sollte. Alle drei Heiaus waren nicht gleichzeitig, sondern zu verschiedenen Zeiten in Gebrauch. Den ältesten Heiau gab man eventuell auf, als der **Alealea Heiau** gebaut wurde. Nach dem Bau von **Hale o Keawe** wurde auch **Alealea Heiau** aufgegeben; daraus entstand möglicherweise eine Freizeiteinrichtung für Häuptlinge und deren Angehörige. Religiöse Zeremonien fanden im **Hale o Keawe** statt, der als einziger Heiau bis in historische Zeit hinein aktiv blieb.

Anfangs gab es für Untertanen, die gegen ein Kapu verstoßen hatten, keine Rettung vor dem Urteil, das meist tödlich war. Nachdem die Alii dieses Problem erkannt hatten, gründeten sie diese „Stätten der Rettung oder Zuflucht", wo Krieger, Alte, Junge und Kranke Zuflucht fanden und gerettet wurden. Auch Verwundete und besiegte Krieger fanden hier Zuflucht und waren sicher.

Es war übrigens gar nicht so einfach, die Stätte der Rettung zu erreichen. Die Krieger oder Kapu-Brecher konnten nur von der nördlichen Meerseite über die Bucht schwimmend diesen **Puuhonua** erreichen. Der Grund und Boden um die Zufluchtsstätte sowie das Innere der Anlage waren Heiligtum und wurden nur von Alii und Hohenpriestern bewohnt. Wer es zum **Puuhonua** schaffte, dem war das Leben sicher. Weder Scharfrichter noch Soldaten hatten Zugang zu dem Refugium. Nur der Hohepriester, der *kapuna pule,* durfte das Areal betreten und den Gesetzesbrechern, die es bis dorthin geschafft hatten, die Absolution erteilen. Unabhängig von der Schwere der Tat, konnte sich hier jeder direkt neben dem Heiligtum von Scham und Schuld befreien. Nach Buße und Freisprechung war der Gerettete frei. Besiegte Krieger konnten im **Puuhonua** in Sicherheit bleiben, bis die Schlacht zu Ende war.

In vielen **Puuhonua** wurden Heiaus errichtet, um bestimmte Götter zu verehren, deren Einfluss den Schutz des **Puuhonua** verstärkte und ihn zur geheiligten Stätte machte. Die Tempelpriester des Heiau verwalteten den Puuhonua, hielten das Gelände instand und beseitigten durch Stürme, hohe Wellen und Verwitterung verursachte Schäden.

Die Herrscher selbst erfüllten damals die Tempelstätten mit Heiligkeit, da man sie zu Göttern erhoben hatte. Die Zufluchtsstätte **Puuhonua** wurde dem damaligen ebenfalls zum Gott erhobenen Alii nui, dem Herrscher von Kona namens Keawe-i-kekahi-alii-o-ka-moku geweiht, der im 16. Jh. regierte. Nach seinem Tod wurde für ihn ein Tempel **Hale o Keawe** – bedeutet auf hawaiisch Haus von Keawe – errichtet, in dem man seine Gebeine beisetzte. Insgesamt hatte man dann im Laufe der Zeit die Gebeine von weiteren 22 Herrschern Konas im **Hale o Keawe Heiau** beigesetzt. Mit der Vielzahl der bestatteten Herrscher nahm die Heiligkeit der Stätte zu, denn die Gebeine verbreiteten *mana,* die göttliche Ausstrahlung.

Die Hawaiianer glaubten an die göttliche Ausstrahlung ihrer Herrscher oder Häuptlinge, *kahuna.* Dieses *mana* verließ den Herrscher nicht nach seinem Tod, sondern strahlte sogar danach von seinen Gebeinen aus. Somit stand das Puuhonua-Gelände durch die Benutzung von **Hale o Keawe Heiau** als Mausoleum der hawaiischen Herrscher noch Hunderte von Jahren nach deren Tod unter dem Schutz deren *mana* und war eine sichere Zufluchtsstätte für jene, die sich gegen die *Kapus* vergangen hatten. Verfolger durften ihre Opfer innerhalb des Puuhonua nicht weiterverfolgen. Dies galt wiederum als massiver Verstoß gegen die Kapu-Regeln.

Der letzte Alii, dessen Gebeine im **Hale o Keawe Heiau** beigesetzt wurde, war ein 1818 verstorbener Sohn von Kamehameha I. Kurz danach sorgte Kamehameha II. für die Abschaffung des Kapu-Systems und schaffte die uralten Traditionen auf Hawaii ab, woraufhin die Heiaus und Puuhonuas ihre Funktion verloren, die Tempelanlagen aufgegeben und teilweise zerstört wurden. Die Fundamente dieser einst größten Zufluchtsstätte der hawaiischen Inseln blieben erhalten.

1961 eröffnete man den **Puuhonua o Honaunau National Historical Park,** nachdem man anhand von Zeichnungen einige Anlagen wieder völlig nachgebaut oder restauriert hatte. Nun zum Rundgang durch die Anlage des **Puuhonua o Honaunau.** Die Anlage erstreckt sich auf einem alten Lavastrom, der an der Südseite der **Honaunau-Bucht** eine Landspitze gebildet hat. Die Landspitze wird von der windabgewandten Seite von der **Great Wall** umgeben, dem eindrucksvollsten Bauteil der „City of Refuge".

Rundgang

Man beginnt den Rundgang nach dem Visitor Center und folgt den numerierten Stationen. Zunächst zu einer Wand mit Gemälden, die von Tonbanderklärungen begleitet werden. Dabei erfährt man etwas über die Ankunft der ersten Polynesier auf Hawaii, über das Kapu-System und diese Zufluchtsstätte. Dann folgt man rechts dem Pfad entlang.

1 – Palace Grounds/Palastgelände. Hier standen vermutlich mehrere Grashütten. Der Boden war heilig, da der Häuptling hier lebte. Einfachen Untertanen war es nicht erlaubt, den Boden zu betreten; Übertretungen wurden mit dem Tode bestraft.

2 – House Models/Hausmodelle. Anhand dieser verschiedenen Modelle von Häusern wird die Bauweise demonstriert. Das größere Haus diente den Häuptlingen, das kleine wurde von den Untergebenen als Lagerhaus benutzt.

Puuhonua o Honaunau

3 – Konane. Diesen Stein hatte man ganz speziell als „Spieltisch" so gestaltet, damit man daran *konane*, ein altes hawaiisches Schachspiel spielen konnte.

4 – Kanoa. Steinschüsseln, die mit steinernen Werkzeugen bearbeitet worden waren. Möglicherweise dienten sie zum Färben von Netzen oder Textilien; sie könnten auch zum Zubereiten von Speisen verwendet worden sein.

5 – Tree Mold. Baumabdrücke. Nachdem Lava sich über dieses Gelände ergossen hatte, ließ beispielsweise ein umgestürzter Baum seinen Abdruck in der erkalteten Lava zurück.

6 – Keoneele. In dieser Bucht lag der Landeplatz der königlichen Kanus. Diese Stelle war Untertanen verboten. Das im Wasser stehende Idol, *kii* (aus Holz geschnitzte Götzenbilder), bezeichnet möglicherweise die Kapu-Begrenzung. Heute darf man hier schwimmen. Allerdings sollte man an diesem Strand aus Respekt der historischen Anlage nicht Sonnenbaden.

Die in der Nähe liegenden Kanus wurden in der alten Bauweise hergestellt. Wie zu früheren Zeiten benutzte man Koa-Holz und Kokosfasern an Verbindungsstellen; keinerlei Verwendung von Metallteilen.

7 – He-lei-palala. Dieser Fischteich diente nur den königlichen Angehörigen. Man fing bestimmte Fische für den Herrscher aus dem Meer und zog sie in diesem Teich auf.

8 – The Great Wall/Die große Mauer. Die Mauer besteht aus zwei, etwa 100 Meter voneinander getrennten Teilen, die von der Meerseite errichtet wurde. Eine Mauer läuft in nordöstliche und die andere in südöstliche Richtung, bis sich beide in einem Winkel treffen. Die etwa um 1550 errichtete Mauer ist Stein für Stein meisterhaft ohne Mörtel aufeinandergeschichtet, etwa 3 m hoch, 5 m breit und über 300 m lang. Der damalige Herrscher von Kona, Keawe-ku-i-ke-kaii, soll den Auftrag für den Bau der Mauer erteilt haben. Er soll auch den Bau des großen A-lea-lea Heiau innerhalb von Puuhonua aus Steinen eines vorherigen Heiau, dessen Ruinen dicht am Ufer liegen, angeordnet haben.

Diese Mauer trennt das Palastgelände vom dem Puuhonua Tempelgelände ab. Obwohl die Mauer inzwischen mehrmals repariert wurde, besteht sie noch größtenteils aus der ursprünglichen Mauer.

9 – Hale o Keawe Heiau. Der rekonstruierte Tempel Hale o Keawe diente ursprünglich als Mausoleum und hielt die Gebeine von 23 Herrschern. Die Hawaiianer glaubten, dass die von den Gebeinen ausgehende göttliche Ausstrahlung, *mana*, der Zufluchtsstätte besonderen Schutz verlieh. Die kleine Holztür am Boden ist die einzige Öffnung dieser Rekonstruktion. Speiseopfer wurden auf der *lele*, ein Opferstand auf erhöhter Plattform, abgelegt.

10 – Puuhonua. Hier betritt man nun die Stätte der Zuflucht. Zufluchtsuchende mussten über die Bucht hierherschwimmen. Innerhalb des Puuhonua erhielt man dann von einem *kahuna pule*, Priester, die Absolution und wurde innerhalb weniger Stunden befreit entlassen, um seinen normalen Lebenswandel außerhalb der Zufluchtswände nachzugehen. Nahrung erhielten die Menschen des Puuhonua aus den Gezeitenpools an der Bucht.

11 – A-le alea Heiau. Auf dieser Tempelplattform standen vermutlich einst eine oder mehrere Strohhütten. Nach dem Bau des Hale-o-Keawe Heiau benutzte man diese Stelle wohl als Freizeitgelände.

12 – Keoua Stone. Einer Legende nach, die Mark Twain wiedergegeben hatte, soll dieser Stein ein beliebter Ruheplatz von Keoua, einem Herrscher Konas, gewesen sein. Die sechs Löcher im Fels rund um diesen Stein könnten Stangen gehalten haben, um ein Sonnendach zu halten.

BIG ISLAND 175
Puuhonua o Honaunau

13 – Kaahumanu Stone. Der Legende nach soll Königin Kaahumanu, die Lieblingsfrau von Kamehameha I. nach einem Streit kilometerweit geschwommen sein, um sich unter diesem Stein zu verbergen. Man fand sie, als ihr Hund zu bellen begann. Danach sollen König und Königin sich wieder versöhnt haben.

14 – Papamu. Erneut ein „Spieltisch", an dem *konane* (Schachspiel) mit schwarzen und weißen Steinen gespielt wurde.

15 – Old Heiau. Bei diesem Steinhaufen soll es sich um die Stelle handeln, an der der ursprüngliche Heiau stand, den man aufgab, als A-le alea Heiau gebaut wurde.

16 – Petroglyph. Steinzeichnung. Möglicherweise von einem Priester, *kahune pule*, gefertigtes Bild, das einen Kapu-Brecher oder einen aus einer Schlacht Flüchtenden zeigt.

17 – Halau. Eine Konstruktion, die möglicherweise als Lager- oder Arbeitsschuppen diente.

Einheimische Pflanzen Hawaiis

Im Visitors Center werden einige Pflanzen Hawaiis vorgestellt. Darunter folgende:

● **Noni.** Kommt in Asien, Australien und auf den pazifischen Inseln vor. Gehört zu den Pflanzen, die von den ersten Hawaiianern, die sich aus Polynesien in Hawaii ansiedelten, mitgebracht wurden. Jedes Teil der Pflanze lässt sich in der Medizin oder als Farbstoff verwenden. Wurzeln, Rinde, Blätter, Blüten und Früchte werden zur Behandlung von Asthma, Herzbeschwerden, hohem Blutdruck, Schnittwunden und Knochenbrüchen verwendet. Wer eine reife, weiche Noni am Boden findet, sollte kräftig daran riechen, es wirkt bestimmt bei irgendwelchen Beschwerden.

● **Wauke.** Die Rinde dieser Pflanze wird zu Tapa-Tuch geschlagen. Man nennt die Pflanze auch *Paper Mulberry*/Papier-Maulbeerstrauch.

● **Milo.** Aus dem Holz dieser Baumart fertigte man Gefäße in Form von Kalabassen.

● **Niu.** Früher verwendete man sämtliche Teile der Kokospalme. Aus den Fasern um die Kokosnuss fertigte man Schnüre, Matten und Bürsten. Die Blätter lieferten Material für Bedachung, Körbe und eigneten sich als Fächer. Aus dem Stamm arbeitete man Trommeln, Speere und Pfosten. Und die Kokosnuss lieferte Nahrung und Öl.

● **Hala.** Dieser ungewöhnliche Baum wird auch *Pandanus Screwpine* oder „spazierender Baum" genannt. Die dornigen Blätter befreite man von Dornen und beschnitt sie, um sie danach als Webmaterial für Matten, Segel, Kissen, Sandalen und Bälle zu verwenden. Die Früchte des weiblichen Baums lieferten Fasern, die sich zu Bürsten verarbeiten ließen.

Nun zu den Kaffeeplantagen des berühmten Kona-Kaffees und zur Kealakekua Bay bei Captain Cook, wo der Entdecker Hawaiis 1779 den Tod fand.

CAPTAIN COOK/KEALAKEKUA BAY
„In der Bucht fand Captain James Cook, der Entdecker von Hawaii 1779 den Tod"

Die Ortschaft **Captain Cook,** etwa bei **MM 109.6** an *Highway 11,* an der Kona-Küste, ist der Ausgangspunkt der Area um die **Kealakekua-Bucht,** wo Captain James Cook 1779 seinen Tod fand. Der kleine Ort am *Highway 11* wurde nach dem berühmten Entdecker Hawaiis benannt, dem englischen Seefahrer Captain James Cook (1728–1779).

Der Ort, der nordwärts mit den Nachbarorten **Kainaliu** und **Honalo** verschmilzt, bietet nichts sonderlich Interessantes außer Postamt, Captain Cook Inn Restaurant und dem alten Manago Hotel, von dem man eine gute Aussicht hat. Vom **Coffee Shack** in Captain Cook hat man ebenfalls gute Aussicht. Hier gibt es Schokoladen-überzogene Kaffeebohnen. Die farbenprächtige **Kona Coffee Factory** ist beliebter Stopp der Ausflugsbusse. Hier gibt es 100 % Kona Kaffee und alles mögliche für Touristen, von Aloha-Shirts zu Schnorchelausrüstung.

Etwa in der Ortsmitte von **Captain Cook** zweigt hinter Polizei, Feuerwehr und Postamt die *Napoopoo Road* von *Highway 11* ab, die auf etwa 8 mi/13 km fast wie eine „Achterbahn", mit Anschluss an die *Middle Keei Road* hinunter zum Meer führt und an der **Kealakekua Bay** endet. Unterwegs passiert man die gut ausgeschilderte **Royal Kona Coffee Mill.** Unterwegs links und rechts Kaffeesträucher.

● **Royal Kona Coffee Mill and Museum.** Kaffeeaufbereitungsbetrieb und Museum. Das von Mauna Loa, einem der größten Kaffee- und Macadamia-Nuss-Erzeuger von Big Island, betriebene kleine Museum vermittelt anhand von Exponaten, Fotos und Memorabilien die Geschichte des Kona Kaffees. Information über Anbau und Verarbeitung der edlen Kona-Kaffeesorte, die hier in diesem Gebiet angebaut wird. Eintritt frei; kostenlose Kaffeeproben täglich 9–17 Uhr.

Kona-Kaffee

Kona-Kaffee begann ursprünglich mit Kaffeebohnen, die wild auf dem Hochplateau von Äthiopien wuchsen. Die Kaffeebohne gelangte nach einer langen Reihe von Ereignissen nach **Kona.** Kona bedeutet übrigens „windabgewandt".

Der Gouverneur von Oahu, Häuptling Boki, brachte **1825** auf seiner Rückreise von England nach Hawaii junge Kaffeepflanzen aus Rio de Janeiro mit. Die Bäume wurden dann auf dem Grundstück des Gouverneurhauses in **Manoa** angepflanzt. Ableger dieser Bäume kamen **1828** durch Reverend Samuel Ruggles nach **Kona** und wurden dort als Ziersträucher (Kaffeepflanze ist mit der Gardenie verwandt) gepflanzt. Diese ersten Pflanzen gediehen in der **Kealakekua Area** und wurden als Gartensträucher populär, bevor man ihren kommerziellen Wert erkannte.

Die Wachstumsbedingungen waren in **Kona** genau richtig, um mit dem landwirtschaftlichen Anbau von Kaffeepflanzen zu beginnen, ehe Kaffee zum wirtschaftlichen Hauptprodukt wurde. Mark Twain zitierte: *„Kona ist ein Geisteszustand."* In seinen *„Briefen aus Hawaii"* kommentierte er, *„die Fahrt durch den Distrikt von Kona zur Kealakekua Bay führte uns durch den*

BIG ISLAND 177
Kona-Kaffee

berühmten Kaffeegürtel. Für mich hat der Kona-Kaffee ein kräftigeres Aroma als jeder andere Kaffee, egal wo er wächst und wie genannt wird".

Als die Kaffeebäume in **Kona** eintrafen, gediehen sie prächtig in dem einzigartigen Wetter. Vermutlich liegt es größtenteils daran, dass dieses Gebiet, wo Kaffee angebaut wird, windgeschützt ist. Mauna Kea, Mauna Loa und Mt. Hualalai bilden einen riesigen Windschutz, der die Gegend von **Miolilii** bis zum **Keahole Point** von etwa 30 mi/48 km abschirmt.

In diesem so geschaffenen Windschutz spielt sich ein in Hawaii einmaliger Wetterzyklus ab. Im allgemeinen tritt zwischen 8.30 und 9 Uhr morgens aus dem Süden des Ozeans eine leichte Brise auf mit Wind von etwa 5 bis 6 Kilometer pro Stunde. Dies wird durch das Erwärmen der Landmassen durch die Morgensonne bewirkt, was eine Säule warmer Luft aufsteigen lässt, die durch das Abkühlen der Luft über dem Ozean ausgetauscht wird. Im Laufe des Tages wechseln die Winde allmählich vom Süden nach Westen. Wenn die Sonne untergeht, kühlt das Land rasch ab und vorhandener Wind flaut gegen 18 Uhr auf Null ab. Dann steigt warme Luft aus dem Ozean empor, die wärmer als das Land ist. Diese Art von Vakuum bringt leichte, salzfreie kühle Luft von den hohen Bergen und verursacht die kältesten Nächte jeglicher Strandgebiete Hawaiis.

Vormittags kommt es auf etwa 1200 m am Mt. Hualalai zur Wolkenbildung, was natürlichen Schatten für Konas im Schatten angebaute Kaffeesträucher produziert. Im Sommer wirkt sich dies in täglichen Nachmittagsschauern aus, vom Hochland bis hinab auf Lagen von 180 m ü.M. Je höher die Lage, um so mehr Niederschläge. Die Kaffeebäume, die auf diese Weise fast täglich natürlich bewässert werden, gedeihen ausgezeichnet unter diesem Klima. Außerdem gibt es die ausgezeichnete rote Erde zwischen **Kainaliu** und **Kealakekua**. Obwohl der größte Teil der Kona-Landschaft entweder aus Pahoehoe- oder AA-Lava besteht, wachsen die Pflanzen vorzüglich in dieser Gegend.

Gegen Ende des 19. Jh. erlebte der **Kona-Kaffee** seine Blütezeit. Ausländische Kontraktarbeiter, die man zum Bearbeiten der Zuckerrohrfelder nach Hawaii geholt hatte, wurden nach Erfüllen ihrer Arbeitsverträge selbständige Farmer. Um **1898** hatte Kona 2 553 Hektar Anbaufläche von insgesamt 5 560 Hektar des Gesamtanbaugebiets von Big Island, Oahu, Maui und Kaui. Nach der Jahrhundertwende starb die Kaffeeindustrie überall in Hawaii außer in Kona aus.

Um **1947** gab es in Kona etwa 700 Farmen mit etwa 1360 Hektar Anbaufläche. Der wirtschaftliche Aufschwung der Nachkriegsjahre ließ **1959** das Anbaugebiet sogar auf 2 612 Hektar ansteigen. Doch inzwischen waren die Kosten und Löhne, nachdem Hawaii ein Bundesstaat der USA geworden war, gestiegen, was zahlreiche Farmer aus dem wachsenden Kaffeegeschäft verdrängte. Um **1979** gab es in Kona nur noch 600 Farmen mit 610 Hektar Anbaufläche und nur zwei aktive Kaffeeaufbereiter und nur eine Kaffeerösterei, die den Kaffee abnahmen. 1985 erfolgte die Ausweitung des Kona-Anbaugebietes auf 800 Hektar.

Der Kona-Kaffeegürtel, der sich über einige Kilometer erstreckt und Lagen von 240 m bis 670 m ü.M. umfasst, ist etwa 32 km lang; reicht etwa von **Kainaliu** bis **Kealakekua.** Heute produzieren etwa 600 Kaffeeanbauer, deren Farmen etwa je 1,2 bis 2 Hektar umfassen, den berühmten Kona-Kaffee. Die Farmer, viele Nachkommen von Japanern, Filipinos und anderen Einwanderern, sind schon seit Generationen im Besitz ihrer Felder. In Kona wird der Kaffee von Hand geerntet. Die in den 1960er Jahren als Haupttransportmittel eingesetzten Esel wurden mittlerweile durch Jeeps ersetzt. Kona-Kaffee ist einer der teuersten Kaffees der Welt, aber wegen seiner Qualität und des besonderen Aromas weltweit geschätzt.

Alljährlich findet zur Herbsterntesaison das **Kona Coffee Cultural Festival** statt, Ende Oktober bis etwa Mitte November. Info über Einzelheiten: Current Events Public Relations Fax (808)326-5634.

Mittlerweile können Besucher auf einer Tour, **Kona Coffee Country Driving Tour,** die Kaffeefarmen besuchen und sich ausführlich über die

178 BIG ISLAND
Kealakekua Bay

Kaffeeindustrie informieren. Dazu wird von den Kona Kaffeeanbauern eine selbstführende Tour angeboten, bei der 39 Kaffeefarmen, Kaffeeaufbereiter/Mills, Verkaufsbetriebe und Kaffeemuseen an der Westküste von Big Island besucht werden. Wer diese Tour, die einen 15 mi/24 km langen Abschnitt zwischen **Kailua-Kona** und **Honaunau** umfasst, auf eigene Faust unternimmt, sollte aber reichlich Zeit einplanen, da der größte Teil der Fahrt über landwirtschaftliche Wege führt. Prospekt anfordern: Kona Coffee Cultural Festival, P.O. Box 1112, Kailua-Kona, Hawaii 96745; Fax (808)326-5634 oder E-mail at greatpr @ilhawaii.net.

Die **Kona Coffee Living History Farm,** auch bekannt als Uchida Farm, ist eine Anlage aus dem Jahre 1925. Besichtigung mit Führung von Farmhaus, japanischem Badehaus, Mühle und Nebengebäuden; Di. und Do. 9 Uhr oder zu anderen Zeiten mit Anmeldung. Gebühr. Weitere Information über Hawaii Visitors Bureau, (808)961-5797.

Am Ende der Straße unten an der Kealakekua Bay geht es durch das einst lebhafte Fischerdorf **Napoopoo** – bedeutet etwa „Löcher" (vermutlich wegen der von Höhlen durchlöcherten Klippenwand). Am Nordzipfel der Bucht befindet sich der Leuchtturm.

Kealakekua Bay

● **Kealakekua Bay.** Kealakekua bedeutet etwa „Straße des Gottes". Auf der Nordseite der Bucht erhebt sich an der Stelle, an der Captain James Cook seinen Tod fand, ein weißes Denkmal in 8 m hoher Obelisk. Die Stelle kann nur mit dem Glasbodenboot von dem Ort **Kailua** aus erreicht werden. In den Klippen über der Bucht befinden sich viele Grabhöhlen.

Am **20. Januar 1778** hatte Captain James Cook auf seiner dritten Reise **Hawaii** entdeckt und bei **Waimea** auf der Insel **Kauai** hawaiischen Boden betreten. Er nannte die damals entdeckten Inseln Sandwich-Inseln nach seinem Auftraggeber, dem Earl of Sandwich. Bei seiner Ankunft wurde er von den Hawaiianern, die ihn für den Gott Lono hielten, mit allen Ehren begrüßt. Kaum ein Jahr darauf, als er auf der Suche nach der Nordwestpassage von der Reise nach Alaska von den Aleuten nach Hawaii zurückkehrte, fand er in der **Kealakekua-Bucht** auf der Westseite der Big Island einen sicheren Ankerplatz. Bei seiner Ankunft am **17. Januar 1779** feierten die Hawaiianer gerade das Makahiki-Fest, ein Fest zu Ehren des Ernte- und Fruchtbarkeitsgottes Lono. Man hielt Cook für den zurückkehrenden Gott Lono und ehrte ihn als solchen und versorgte seine Schiffe mit Proviant.

Cook, der hier überwintern wollte, verbrachte mit seiner Mannschaft etwa 3 Wochen in der Bucht. Nachdem einer seiner Seeleute an Bord gestorben war, ging Cook an Land und bestattete ihn auf einem Heiau. Am Eingang zum **Hikiau Heiau** weist heute eine Tafel auf dieses Ereignis, da dies die erste christliche Zeremonie auf den Inseln von Hawaii war.

Um den **4. Februar 1779** etwa verließ Cook mit seinen Schiffen die Bucht, nachdem sich die Stimmung zwischen den Hawaiianern und Cooks Seeleuten durch mehrere Zwischenfälle getrübt hatte. Nach einer Woche starken Sturms musste Cook zurückkehren, nachdem der Mast seines Schiffs *Resolution* gebrochen war. Cook segelte wieder in die Kealakekua-Bucht und zog am **13. Februar** seinen gebrochenen Mast an Land. Dieses Mal wurde er allerdings voller Feindseligkeit mit Steinwürfen empfangen. Die Lage spitzte sich zu, als die Hawaiianer eines der Boote stahlen und Cooks Seeleute das fliehende Kanu verfolgten, in dem sich ein Alii namens Palea befand. Als Cooks Männer diesen sogar mit dem ein Paddel auf den

BIG ISLAND 179
Captain Cook Monument

Kopf schlugen, griffen die Hawaiianer die Seeleute an, die daraufhin flüchteten.

Am nächsten Tag (**14. Februar 1779**) beschloß Cook, sich mit neun bewaffneten Leuten seiner Mannschaft an Land zu begeben, und König Kalaniopuu zu überreden mit ihm als Geisel an Bord zu gehen, bis ein inzwischen erneut entwendetes Boot von den Hawaiianern zurückgegeben worden sei. Zunächst willigte der alte König ein. Inzwischen hatten jedoch die Seeleute auf ein aus der Bucht fliehendes Kanu geschossen und dabei einen Häuptling namens Nookemai getötet. Die Menge von etwa 20 000 Hawaiianern um Cook war nun aufgebracht und bewaffnete sich mit Keulen. Einer der Krieger näherte sich Cook und traf ihn mit seiner Keule/*pahoa*. Cook zog daraufhin seine kleine Pistole und schoss auf den Angreifer, aber das Geschoss prallte von dessen Strohschild ab. Die Engländer eröffneten daraufhin das Feuer, bei dem der Anführer von Cooks neun Seeleuten verwundet wurde. Cook selbst soll zwei Hawaiianer getötet haben. Völlig übermannt, flüchteten die restlichen Seeleute und ließen Cook mit dem Verwundeten zurück. Angeblich soll Cook, einer der größten Seefahrer, hilflos in knietiefem Wasser gestanden haben, unfähig zu den Booten zurückzukehren, weil er nicht schwimmen konnte. Cook erhielt erneut einen Keulenschlag und ertrank.

Die Hawaiianer trugen Cooks Leichnam davon und boten ihm die höchste Ehre, indem sie ihn in einem Erdofen verbrannten und sein Fleisch von den Knochen lösten, um diese in einem Heiau zu bestatten. Als die Hawaiianer auf Verlangen der Engländer Cooks sterbliche Überreste als verbrannte Fleischbrocken zurückgaben, waren die Seeleute wutentbrannt und feuerten auf alles, was ihnen in den Weg kam; unter den Getöten und Verwundeten zahllose Hawaiianer. Auch der spätere König Kamehameha I. wurde verwundet. Am 21. Februar 1779 wurden schließlich Cooks Gebeine von den Hawaiianern zurückgegeben und von Cooks Seeleuten auf See bestattet. Am 22. Februar verließen die Engländer dann endgültig die **Kealakekua-Bucht** und kehrten nach England zurück.

● **Hikiau Heiau.** Die Tempelstätte, an der Captain James Cook am 17. Januar 1779 willkommen geheißen wurde, liegt in dem Strandpark an der Kealakekua-Bucht. Eine Tafel am Eingang informiert darüber, dass hier die erste christliche Zeremonie stattgefunden hat. Cook gab seinem an Bord verstorbenen Seemann hier ein christliches Begräbnis.

● **Captain Cook's Monument.** Der draußen in der Bucht auf der Nordseite aus dem Wasser ragende weiße Marmorobelisk wurde 1874 von einigen seiner Landsleute errichtet. Das Gebiet um das Denkmal zu Ehren Captain James Cook steht eigentlich unter englischem Hoheitsrecht, etwa wie das Gelände eines ausländischen Konsulats. Einmal im Jahr taucht ein australisches Schiff auf, das das Denkmal in Ordnung hält. Der Zaun um das Denkmal besteht aus alten Kanonen, von Kanonenkugeln gekrönt. Eine Bronzetafel weist auf die Stelle, an der Cook getötet wurde. Den Obelisk kann man vom **Hikiau Heiau** sehen.

Zum Monument zu schwimmen, ist zu gefährlich, da die Kealakekua-Bucht bekannt für Haie ist, die die Bucht auf ihrem allabendlichen Futtertrip aufsuchen. Eine grobe und schlecht markierte Jeepstraße zweigt ziemlich dicht hinter der Kreuzung von *Highway 11* und *Napoopoo Road* von *Napoopoo Road* ab, wird *Kaawaloa Road* genannt.

● **Kealakekua Marine Life Conservation District.** Die Kealakekua-Bucht ist außer historischer Stätte mit dem tragischen Ende Captain Cooks ein Meeresschutzgebiet, das über einen hervorragenden Strand **Napoopoo Beach Park** und herrliches Schnorchelrevier verfügt. Duschen, Picknicktische und Toiletten am Strand vorhanden.

BIG ISLAND
Kailua-Kona

> Hier nun zu Kailua-Kona, das Hauptzentrum von Big Island an der Westküste.

KAILUA-KONA
„Die Riviera der Kona-Küste"

Kailua-Kona ist das Herz der Kona-Küste. **Kailua-Kona** liegt etwa in der Mitte der North Kona-Küste, etwa 96 mi/154 km westlich von **Hilo,** und ebenfalls etwa 96 mi/154 km vom **Hawaii Volcanoes Nationalpark** entfernt. Der **Kona District** – Kona bedeutet windabgewandt – erstreckt sich über die Westküste und wird in North und South Kona aufgeteilt. **North Kona** umfasst kahle Lavaströme in der Nähe des Flughafens, eine Anzahl von Resorts entlang *Alii Drive,* Randhügel des Mount Hualalai und Mauna Loa sowie die Stadt Kailua-Kona. **South Kona** beginnt bei dem Ort Captain Cook und besteht hauptsächlich aus rollender Hügellandschaft und dem tropischen Klima der Inlandarea. Macadamia-Nüsse und Kaffee bilden dort die Hauptanbauprodukte.

Kailua-Kona präsentiert die baulich am stärksten entwickelte Area des North Kona District. Die Stadt liegt im Wind- und Regenschatten der beiden majestätischen Berge Mauna Kea und Mauna Loa. Da man den Begriff Kona auch auf anderen Inseln Hawaiis anwendet, wählte man auf Big Island den Doppelnamen **Kailua-Kona** zur Unterscheidung. Wegen seiner Sonnengarantie wird Kona gerne die „Goldküste" genannt.

Der Flughafen **Keahole-Kona International Airport** ist neben Hilo Big Island's Hauptflughafen, etwa 9 mi/14 km nördlich von Kailua-Kona. Hier kommen beispielsweise Flüge aus Vancouver, Kanada sowie Nonstop-Flüge von Los Angeles an. Der Flughafen versorgt vor allen Dingen die Resorts der 48 km langen Kohala-Küste zum Norden und die 32 km Kona-Küste nach Süden.

Der gesamte Kona District ist sehr alt und historisch, so auch **Kailua-Kona.** Es war das Gebiet des Gottes Lono, des Fruchtbarkeitsgottes, der auch als Patron des Makahiki Festes galt. Kailua-Kona war einst ein kleines Fischerdorf und hat sich seit dem 19. Jh. zum Zentrum der Resort Area des gesamten Küstenstreifens South Kona, Kona, Kailua und North Kona mit den luxuriösesten Hotelanlagen entwickelt. Die Resorts haben die Natur keineswegs verschandelt, sondern sie eher verwandelt und überbieten sich gegenseitig mit Attraktionen – siehe **Waikoloa** beispielsweise.

Die Attraktionen **Kailua-Konas** lassen sich alle recht gut zu Fuß erreichen. In und um Kailua findet man restaurierte Tempelanlagen – Heiaus, eine Lava-Kirche und den heute zum Museum umgestalteten Palast der königlichen Familie, den die Monarchen Hawaiis zur Erholung aufsuchten.

Der *Alii Drive* ist die belebte Geschäftsstraße und Uferpromenade von Kailua-Kona entlang der bezaubernden Kailua Bay.

Hier reihen sich Hotels, Shopping Centers, Boutiquen, Cafés und Restaurants sowie historische Attraktionen aneinander. Die Fahrt entlang der Küstenstraße südwärts ist bezaubernd. Von dem **Kailua Pier** führt *Alii Drive* an Kamakahonu Beach und Lagune entlang, wo König Kamehameha der Große wohnte, ehe er hier 1819 starb. Von Kailua an südwärts zur Keauhou Bay ist der *Alii Drive* gespickt mit zahlreichen Resort Hotels und Condominiums. Die Landschaft ertrinkt fast in einem Meer von Bougainvilleas und anderen tropischen Blüten und Pflanzen, und die Strände hier sind erstklassig zum Erholen. Hier wird besonders deutlich, weshalb man das Gebiet die Goldküste genannt hat. Am Ende von *Alii Drive* liegt die wunderschöne Bay mit eleganten Resort Hotels.

Wer sich nur die Landschaft entlang *Alii Drive* ansehen, aber nicht selbst fahren möchte, kann den **Kailua Kona Shuttle** benutzen. Der „Freiluft"-Pendelbus verkehrt zwischen **Kailua Pier** und dem **Royal Kona Resort** (ehemaliges Kona Hilton Resort). Kailua ist gut ausgestattet mit vorzüglichen Shopping Centers, Restaurants, Cafes und Hotels. Direkt in Downtown Kailua findet man die schönsten Strände der Area, beispielsweise in der Nähe des Kailua Pier und King Kamehameha Hotels – Kamakahonu Beach. Entlang des *Alii Drive* hängen die Strände wie eine Schnur zusammen – Einzelheiten unter **Strände der Kailua-Kona Area**. In Kailua-Kona findet alljährlich Anfang Oktober der berühmte **Ironman-Triathlon** statt, ein Sportereignis der Extraklasse für Profis und Amateure (Schwimmen, Radrennen, Marathonlauf). Hier nun zu den **Attraktionen der Kailua-Kona Area**.

Attraktionen der Kailua-Kona Area

Die Attraktionen von **Kailua-Kona** konzentrieren sich auf die Downtown Area und sind leicht zu Fuß zu erreichen. Für etwas außerhalb liegende Attraktionen, wie etwa die Resort Area an der Keauhou Bay benötigt man eventuell ein Mietauto.

● **Ahuena Heiau;** vollständig restaurierter Tempel am Nordende von Downtown **Kailua** direkt hinter dem King Kamehameha Hotel. Das um den Strand Kamakahonu Beach (Schildkrötenauge) angelegte Gelände ist eine historisch sehr bedeutende Area. Kamehameha I. verbrachte hier seine letzten Lebensjahre. Kamehameha ließ den Tempel Ahuena Heiau, in dem ‚auch Menschenopfer dargebracht wurden, am Kamakahonu-Strand errichten und weihte ihn dem Gott Lono, dem Gott der Fruchtbarkeit.

Nachdem Kamehameha I. gestorben war, wurden seine Gebeine nach althawaiischem Ritual innerhalb des Tempels auf einer Stein-Plattform vom Fleisch des Leichnams gelöst und dann, um den Leichnam vor Feinden zu schützen, an einen geheimen Ort im Norden der Stadt gebracht, vermutlich in der Nähe des Wawahiwa Point.

Im **Hale Mana**, dem Gebetshaus des Tempels, wuchs Liholiho, Kamehamehas Sohn und Nachfolger auf, der später als Kamehameha II. mit den großen Königinnen Kaahumanu und Keopulani das alte *Kapu* brach, indem er gemeinsam mit den Frauen eine Mahlzeit zu sich nahm. Dies

182 BIG ISLAND
Kailua-Kona

löste die Abschaffung der Tabus und die Zerstörung der Tempel und Idole aus.

Die größte Anlage auf dem Tempelgelände ist der **Anuu,** der Orakelturm, in dem der Hohepriester in tiefer Trance die Botschaften der Götter empfing. Über das Tempelgelände verteilen sich geschnitzte Idole im Kona-Stil, die als feinste polynesische Kunstwerke gelten.

Eine kleine Strohhütte, **Hale Nana Mahina** genannt (bedeutet Haus, von dem die Felder bewacht werden), war Kamehamehas Ort, an dem er sich zur Meditation zurückzog. Von hier konnte man auf die Taroplantagen des Königs an den Hängen des Mt. Hualalai blicken.

Der Wiederaufbau des Tempels, von dem nur etwa ein Drittel der ursprünglichen Anlage wiederhergestellt werden konnte, erfolgte unter Aufsicht des Bishop Museum in Honolulu. Tägl. 9–16 Uhr geöffnet; Eintritt frei.

Schlüssel zur Baxter Info-Karte Kailua-Kona
mit vielen Baxter-Tips

Wichtiges & Interessantes:
1. Pottery Terrace Steakhouse
   Steaks/Tanz & Unterhaltung am Wochenende
2. Huggo's Restaurant
   romantische Lage am Wasser/ Jazz und andere Unterhaltung/teuer
3. Hale Halawai Park
4. Kath. Kirche
5. Kona Inn Shopping Village
   über 40 Läden
6. Kona Marketplace
   verschiedene Shops
   - Kentucky Fried Chicken
   - Prego Deli & Restaurant
7. Bank
   - Chamber of Commerce
8. Kuakini Tower
9. McDonald's
10. Lanihau Center
    Drugstore/Supermarkt
    - Kentucky Fried Chicken
    - Gifu Bento
      Straßencafe
11. Hualai Center
12. Hilo Hattie's Fashion Center
13. Burger King
14. Kona Ranch House
    Plantagenatmosphäre preiswert bis teuer
15. North Kona Shopping Center
16. Kamehameha Square
    Mission Taco
17. Kailua Pier
    - Kona Banyan Court Shopping Plaza
    - Sibu Cafe
      indonesische Küche/Pasta
18. Hulihee Palace
    „Flugpalast"/Sommersitz der hawaiischen Monarchen Baujahr 1838
19. Mokuaikaua Church
    34 m hoher Kirchturm/Baujahr 1838
20. Kona Coast Shopping Center
    Warenhaus/Supermarkt/Wäsche
21. Tankstelle
22. Ahuena Heiau
    der Fruchtbarkeitsgöttin Lono geweihter Tempel/ hinter King Kamehameha Hotel/mit anuu = Orakelturm
23. King Kamehameha Mall
    Liberty House/Bekleidungshäuser
24. Post Office/Postamt
25. Feuerwehr/Fire Department
26. White Sands Beach Park
    Beobachtung der Buckelwale März/April zu anderen Zeiten gut zum Bodysurfing & Schnorcheln, wenn Sandstrand vorhanden
27. Kealakehua 13 mi/21 km
    - Volcano Village 96 mi/154 km
    - Keauhou
28. Keahole Airport 8 mi/13 km
    - Honokohau Harbor 2 mi/3 km
      Kamanu Charters: mit 11 m Katamaran zum Schnorcheltrip
    - Kawaihoe/North Kohala
29. Waimea 39 mi/62 km

Unterkunft:
A. -$$ Mauna Loa Village
   -$$ Royal Kona Resort
B. -$$ Kona Alii
C. -$$ Kona Islander Inn
D. -$$ Kona Bay Hotel
E. -$$ Kona Plantation Hotel
F. -$$ Kona Lani
G. -$$$ Hotel King Kamehameha
H. -$$ Kona Seaside
K. -$$ Kalihi Bay Inn
L. -$$ The Dolphin
M. -$$ Kona By The Sea-Aston
   -$$ The Sea Village
   -$$$ Aston Royal Sea Cliff Resort
   -$$ Kona Reef
   -$$ The Sea Village
   -$$$ Aston Royal
N. -$$ Kona by the Sea
   - Jolly Roger Restaurant
     preiswert/Happy Hour/angenehme Atmosphäre/schöne Lage
   -$$ Kona Bali Kai
O. -$$ Keauhou Beach Hotel
   - Jameson's by the Sea Restaurant
     an Magic Sands Beach/herrlich zum Sonnenuntergang-beobachten/ Fisch
   - Magic Sands Beach
   -$$$ Kona Coast Resort
   -$$$ Kona Surf Hotel
P. -$$ Kona Mansions

BIG ISLAND 183
Kailua-Kona-Karte

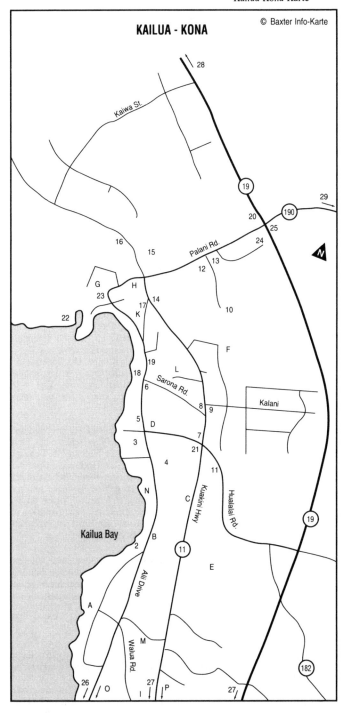

184 BIG ISLAND
Kailua-Kona

● **Alii Drive.** Uferpromenade entlang Kailuas historischer Straße, an der deutlich wird, wie die Area im Laufe der Jahre sich vom verschlafenen Fischerdorf zur Heimat der Marlin-Fischerei entwickelt hat (Marline sind große, tropische Meeresfische, die mit den Speerfischen verwandt sind). Entlang Alii Drive reihen sich Geschäfte und Restaurants mit adretter Fassadenaufmachung aneinander. Alii Drive erstreckt sich vom King Kamehameha Hotel im Norden bis zur Keauhou Bay mit dem Mauna Loa Village Hotel und dem Kona Surf Resort.

● **Hulihee Palace,** heute ein Museum, auf der Strandseite des *Alii Drive,* gegenüber der **Mokuaikaua-Kirche.** Der Begriff Hulihee bedeutet etwa Flug. Das zwei Etagen umfassende Gebäude aus dem Jahre 1838 im viktorianischen Stil wurde von Hawaiis erstem Gouverneur, John Adams Kuakini errichtet. Es wurde bis 1916 benutzt und war ein beliebtes Sommerziel aller hawaiischen Könige, die Kamehameha folgten, insbesondere König Kalakaua.

König Kalakaua ließ den Palast mit wunderschönen Möbeln aus Koa-Holz ausstatten. Prinz Kuhio (war der erste Kongressabgeordnete Hawaiis), der den Palast von seinem Onkel König Kalakaua geerbt hatte, ließ alles Mobilar und Kunstwerke versteigern, um den Erlös der hawaiischen Bevölkerung zukommen zu lassen. In den darauffolgenden Jahren konnten die Daughters of Hawaii, die den Palast als Museum betreiben, viele Gegenstände aufspüren, die teilweise von den Eigentümern dem Museum zur Verfügung gestellt wurden.

Unter den Ausstellungstücken befindet sich unter anderem ein riesiger schwerer Esstisch aus einem ganzen Koa-Stamm. Im Obergeschoss steht ein gewaltiges Bett der Königin Ruth Kapiolani, Gattin des Königs Kalakaua, die besonders schwer und umfangreich gewesen sein soll. Ebenfalls aus dem Besitz von Königin Kapiolani stammt eine Halskette aus Tigerkrallen. Eine Bildergalerie zeigt die hawaiischen Könige. Die Speersammlung, die man auf der Treppe findet, soll Kamehameha I. gehört haben. Innerhalb des Museums herrscht absolutes Fotografierverbot. Tägl. 9–16 Uhr; Führungen. Neben dem Palast gibt es einen kleinen Souvenirladen. Eintritt.

● **Kailua Pier;** (erstmals 1915 gebaut) am Fuß von *Palani Drive* am Nordrand von **Kailua-Kona,** gegenüber vom Ahuena Heiau. Hier schlägt das Herz von Kailua, das nach wie vor den Charakter eines Fischerdorfs behalten hat. Ausgangspunkt der Hochseefischerei und des Hochseeangelns. Am späten Nachmittag werden hier Marline und andere Riesenfische aus den Gewässern vor der Kona-Küste auf die Waagen gehievt, gewogen und mit den erfolgreichen Anglern fotografiert. Im August findet alljährlich an der Kona-Küste das *Hawaiian International Billfish Tournament* statt (mit Kailua als Headquarters). Der Fischreichtum direkt vor der Küste ist sagenhaft. **Kailua Pier** ist ebenfalls Ausgangspunkt von Bootsausflügen.

● **Kaloko-Honokohau National Historic Park,** an *Kanalani Drive* auf dem Weg zum Honokohau Bootshafen. Kostenlose 3-, 4- und 6-stündige Führung; vorherige Anmeldung erforderlich. Archäologische Stätte einer Siedlung der Hawaiianer bis zum 19. Jh. Etwa 520 Hektar großer Geschichtspark mit über 200 archäologischen Stätten, einschließlich Grabstätten, Fischfang-Tempel, Kanu-Landeplätze, Petroglyphen, Heiau und Achialine Ponds. Tel. 329-6881; Park von 7.30 bis 16 Uhr geöffnet.

● **Keauhou Bay.** Am Ende von *Alii Drive.* Hier findet man eine ganze Reihe historischer Stätten und Reste alter Heiaus. Ein Denkmal markiert die Geburtsstätte von Kamehameha III. im Jahre 1814.
– Beim **Keauhou Beach Hotel,** das auf einem historischen Gelände erbaut wurde, findet man Petroglyphen, urzeitliches Hausfundament und Heiau

BIG ISLAND
Kailua-Kona

– **Hapai-Alii**, Überreste des legendären Hauses der Moo Zwillinge, den Pohookapo – geheiligtes Badebecken der Könige sowie eine Nachbildung von König Kalakauas Sommerbungalow.

Das Hotel ist berühmt für die wundervollen Bougainvilleas, die sich in Kaskaden über die Stockwerke des Hotels ziehen. Gleich neben dem Kahaluu Beach Park können Hotelgäste den Bus nach Kailua benutzen. Kostenloser Pendelbus zum Keauhou Shopping Village oder Kona Country Club.

Am Rand der Bucht gibt es eine Stelle mit einer Landzunge, wo John Wayne 1954 seine Frau Pilar heiratete; es war eines der ersten modernen Häuser, die entlang der Bucht gebaut wurden.

– **Kahaluu Beach Park**, direkt neben Keauhou Beach Hotel. Schwimmen und Schnorcheln in geschützter Bucht und hinter Riff, allerdings muss man groben rauhen Sand in Kauf nehmen. Hier ist auch die Abfahrtstelle des Busses nach Kailua.

– **Kona Surf Resort**. Auf der Südseite der Keauhou-Bucht. Besucher können sich hier völlig frei durch die herrliche Garten- und Parkanlage bewegen, die sich über ein Areal von 5,6 Hektar erstreckt. Teiche und über 30 000 blühende Pflanzen und Blumen, Früchte und Sträucher aus ganz Polynesien. Reich mit Kunstwerken aller Art ausgestattet; innerhalb der Hauptgänge der vier Flügel des Hotelkomplexes, der sich auf zerklüfteten Lavafeldern erhebt, kann man wunderbare Wandteppiche und Wandbehänge bestaunen.

– Außerhalb der Kona Gardens wird samstags von 7.30 bis 14.30 Uhr der Flohmarkt **Kona Flea Market** abgehalten.

● **Magic Sands** – siehe unter White Sands Beach, **Strände der Kailua-Kona Area**.

● **Mokuaikaua Church**, in Downtown Kailua gegenüber vom **Hulihee Palast**. 1837 von den ersten Missionaren errichtete Kirche, die als älteste christliche Kirche Hawaiis gilt. Der 38 m hohe helle Kirchturm im Stil der Neuengland Kirchen ragt als höchstes Bauwerk und Wahrzeichen Kailuas hervor.

König Liholiho schenkte den 1820 mit dem Dreimastsegler *Thaddeus* aus Boston angekommenen Missionaren das Grundstück, auf dem heute die Kirche steht. Die Mauern der Kirche erstellte man aus roh behauenen Lavasteinen, die mit Mörtel aus zerriebenem Korallenmaterial und Kukui-Nussöl zusammengefügt wurden. Bei den Ecksteinen soll es sich um Steine eines früheren Heiau handeln. Das Mauerwerk ist zwar grob, hat aber immerhin schon über 160 Jahre standgehalten.

Der Innenraum der Kirche ist einfach und ziemlich nüchtern mit Balken aus einheimischem Ohia-Holz, die in der Art des Gebälks der Scheunen von Neuengland im 19. Jh. zusammengefügt wurden. Für Bänke, Kanzel und Leisten wurde Koa-Holz verwendet. Außer verschiedenen Gemälden von Persönlichkeiten, die eine Rolle in der Christianisierung Hawaiis gespielt haben, ist ein hervorragendes Modell des Schiffes *Thaddeus* ausgestellt, mit dem die Missionare in Hawaii ankamen. Die Kirche ist täglich von Sonnenauf- bis Sonnenuntergang geöffnet. Sonntags 10 Uhr und mittwochabends Gottesdienst.

● **St. Peter's Catholic Church**, am felsigen Nordufer der Kahaluu Bucht unweit des Keauhou Beach Hotels. Die winzige kleine Kirche wird auch wegen ihres blauen Dachs **Little Blue Church by the Sea** genannt. Das 1889 erbaute Kirchlein steht an der Stelle eines alten teilweise überwucherten Heiau. Einfacher und kahler Innenraum mit nackten Holzwänden und Kruzifix und Blumen auf dem Altar. Die Little Blue Church wird als Farbtupfer in der Landschaft gerne fotografiert.

Kailua-Kona

 Strände der Kailua-Kona Area

Konas Strände sind im allgemeinen klein. Hier darf man keine weiten weißen Sandstrände erwarten, die gibt es zwar an Big Island's Westküste, aber die liegen **nördlich** von Kailua-Kona im Kohala District. Kona besitzt allerdings Strände, die ausgezeichnet und sicher zum Schnorcheln und Tidepooling (Gezeitengewässer bergen interessante Lebewesen) sind.

- **Kahaluu Beach Park,** an Kahaluu Bay am *Alii Drive*. Diese Area galt schon immer als produktives Fischfanggebiet. Sogar heute noch werden hier die Netze ausgeworfen. Man hat diese Area wegen der alten Tradition nicht zum Marine Conservation District erklärt. Der Strandpark ist mit Picknicktischen, Duschen und Toiletten ausgestattet. Sehr gute Schwimmmöglichkeiten, aber man kommt hauptsächlich zum Schnorcheln hierher. Allerdings muss man sich innerhalb der Bucht aufhalten, da es weiter draußen starke und gefährliche Strömungen gibt. Herrliche Tropenfische; Kahaluu ist nur oft sehr überlaufen.

- **Kamakahonu Beach,** „das Auge der Schildkröte" (wie der Name des Strands lautet), liegt ganz bequem in Downtown Kailua, nahe des Kailua Pier und King Kamehameha Hotels. Der Strand ist hervorragend für Kinder geeignet. Alljährlich, Anfang Oktober erfolgt hier der Start zum Weltsportereignis – Ironman Triathlon. Am Strand gibt es einen Stand, bei dem Schnorchelgerät, Kajaks und mehr gemietet werden kann. Toiletten am Pier.

- **Old Kona Airport State Recreation Area,** direkt neben der Start- und Landebahn des ehemaligen Flughafens, der 1970 geschlossen wurde. Vom King Kamehameha Hotel sind es etwa ein paar hundert Meter zum Strandpark. Mit dem Auto fährt man auf dem *Alii Drive* bis zur Kreuzung vor dem North Kona Coast Shopping Center und biegt links ab auf die *Kuakini Highway Extension*.
  Ausreichend Parkmöglichkeiten entlang der alten Rollbahn. Duschen, Toiletten und Picknickplatz vorhanden. An manchen flachen Einbuchtungen hat man Zugang zum Wasser, doch oft ist der Grund dort felsig, und bei starken Wellen kann das Wasser tückisch werden. Am sichersten ist man in einer kleinen Bucht am Südende des Strands. Zum Schnorcheln bietet sich das Nordende an. Surfer finden ideale Stellen vor der Küste. Der weiße Sand schmiegt sich zwischen Rollbahn und Wasserrand.

- **Pahoehoe Beach County Park,** etwa 5 km südlich von Kailuas Stadtmitte. Kein eigentlicher Schwimmstrand, nur eine kleine Sandfläche neben einer niedrigen Kaimauer, von wo man einen schönen Blick auf die Küste hat.

- **White Sands Beach County Park** – wird auch **Magic Sands** oder **Disappearing Sands** genannt; direkt neben der **Little Blue Church**. Die Bezeichnung Magic Sands kommt daher, dass alljährlich im März und April die starke Brandung den Sand wegwäscht und die rohen Korallen freilegt. Während dieser Zeit bieten sich schlechte Schwimmbedingungen, aber man kommt dann speziell hierher, um die Buckelwale zu beobachten.
  Der Sand kehrt stets wieder zurück. Sehr beliebtes Revier für Body Surfing und Schnorcheln. Im Winter findet hier der Magic Sands Bodysurfing Wettbewerb statt. Die beste Surfstelle liegt nördlich des Strands und wird von den Einheimischen „Banyans" genannt. Der Strand ist mit Toiletten, Duschen und Picknickpavillons ausgestattet.

Weitere Strandgebiete liegen weiter südlich im South Kona District sowie nördlich im North Kona District.

Keahole-Kona International Airport

Der Flughafen **Keahole-Kona International Airport,** der die Gegend der Kona-Küste im Süden und der Kohala-Küste im Norden versorgt, liegt etwa 9 mi/14 km nördlich von Kailua-Kona. Östlich von Kailua-Kona erhebt sich der gegenwärtig ruhende Vulkan **Hualalai** mit 2 521 m ü.M. Die letzten Eruptionen erfolgten 1800 und 1801. Der Flughafen sitzt auf einem der riesigen Lavaströme, die aus verschiedenen Schloten austraten und bis zum Meer liefen.

Die Hawaiianer glauben, dass die Vulkangöttin Pele den Lavastrom im Jahre 1801 auslöste, weil sie die Brotfrüchte von den Berghängen und Fische aus dem Meer haben wollte und neidisch auf Kamehamehas Reichtum und Ruhm war. Der Lavastrom stoppte, als Kamehameha auf Anraten eines Pele-Weissagers der Göttin Opfer darbrachte. Der **Pui-a-Pele** (von Pele ausgeblasen) genannte Kegel bildete sich 1801 um einen Schlot, auf den man von der Straße nördlich des Flughafens blickt.

Der Flughafen wirkt ziemlich rustikal, doch das gibt ihm gerade den besonderen Reiz. Zwar fehlen hier am Terminal die Ladebrücken zum Ein- und Aussteigen, die sonst bei Flughäfen üblich sind, und man muss vom und zum Flugzeug die Treppe benutzen, doch das hindert nicht daran, dass hier Großraumflugzeuge, wie Boeing 747s, die Jumbojets, oder 757s sowie DC 10s landen und Flüge aus Asien und Kanada ankommen. 1996 landete hier erstmals eine Concorde von British Airways auf einer 24-Tage-um-die-Welt-Tour (alle bisherigen Concorde-Flüge landeten in Honolulu).

Als der Flughafen 1970 eröffnet wurde (sein Vorgänger lag direkt am Nordrand von Kailua-Kona, wo sich heute die Old Kona Airport State Recreation Area mit Strandpark befindet), galt er als der modernste Flughafen der Nachbarinseln. Heute rangiert der Flughafen mit seinem Verkehrsaufkommen an vierter Stelle der Flughäfen Hawaiis und wickelt jährlich über 2 Millionen Fluggäste ab.

Im Terminal gibt es keine klimatisierten Aufenthaltshallen, alles spielt sich förmlich im Freien oder unter hölzernen Pavillons ab. 1991 wurde innerhalb des Flughafens das Astronaut **Ellison S. Onizuka Space Center** eröffnet. Der in Kona geborene Astronaut befand sich unter den sieben Astronauten, die beim tragischen Challengerunglück ums Leben kamen. Unter den Exponaten findet man Mondgestein, ein Modell einer Apollo-Rakete, einen Raumanzug und verschiedenes zum Raumprogramm sowie audiovisuelle Exponate. Zum Museum gehört ein kleines Theater und Souvenirladen; tägl. 8.30–16 Uhr; Eintritt.

Vor dem Terminal befinden sich die Pavillons der Autovermieter. Der gesamte Terminal ist sehr einfach und besteht aus einer Serie nach den Seiten offenen Holzpavillons in polynesischer Hüttenbauweise gestaltet. Darin findet man verschiedene Geschäfte, Besucherinformation, Schließfächer und Restauration; Taxis oder Gray Line Limousine direkt am Terminal.

Entfernungen vom Flughafen in Meilen/Kilometer

Hapuna Beach 25/40	Kealakekua Bay 26/42
Hawaii Volcanoes NP ... 100/160	Keauhou-Kona 14/22
Hilo.................. 90/144	Kohala-Küste.............. 30/48
Kailua-Kona 9/14	Nordzipfel/Hawi 44/70
Kamuela-Waimea 38/61	Puuhonua o Honaunau..... 30/48
Südzipfel/South Point .. 60/96	

BIG ISLAND
Kailua-Kona Hotels

 ## Hotels der Kailua-Kona Area

Die Kailua-Kona Area ist dicht gespickt mit Hotels und vor allen Dingen Condominiums, die sich südlich von Kailua-Kona entlang *Alii Drive* bis zur Keauhou Bay aneinanderreihen. Vorwahl (808).

- $$$ Holualoa Inn 324-1121
Kleine Bed & Breakfast Unterkunft, 4 Zimmer; auf Kaffeeplantage am Berghang über Kailua-Kona.
- $$$ Kanaloa at Kona/Outrigger 322-9625
gebührenfrei 1-800-688-7444
97 Zimmer; Südende von Kailua; 78-261 Manukai St.
- $$ Keauhou Beach Hotel; 318 Zimmer; Alii Dr............. 322-3441
gebührenfrei 1-800-367-6025
Fax 944-2974
- $$$ King Kamehameha Hotel........................... 329-2911
460 Zimmer; 75-5660 Palani Rd.Fax 922-8061
- $$ Kona Bali Kai; 78 Zimmer; Alii Dr..................... 329-9381
gebührenfrei 1-800-388-3800
Fax 826-6056
- $$ Kona Bay; 140 Zimmer; Alii Dr....... gebührenfrei 1-800-442-5841
- $$$ Kona By The Sea-Aston; 86 Zimmer; Alii Dr. ...... Fax 922-8785
Tel. geb.frei 1-800-922-7866
- $$ Kona Islander Inn; 150 Zimmer, 75-5776 Kuakini Hwy.... 329-3181
Fax 326-9339
- $$$ Kona Reef; 39 Zimmer, Alii Dr...................... 329-2959
gebührenfrei 1-800-367-5004
gebührenfrei Fax 1-800-477-2329
- $$ Kona Seaside, 224 Zimmer, 75-5646 Palani Rd.......... 329-2455
Fax 922-0052
- $$$ Kona Surf Resort, 530 Zimmer; Keauhou Bay 322-3411
gebührenfrei 1-800-367-8011
- $$$$ Kona Village Resort, 125 Zimmer 325-5555
Fax 325-5124
- $$$ Mauna Loa Village, 140 Zimmer 322-4359
gebührenfrei 1-800-365-9190
Fax (714)643-7619
- $$$ Royal Kona Resort, 452 Zimmer, Alii Dr.............. 329-3111
gebührenfrei 1-800-774-KONA
Fax 329-7230

 ## Restaurants

Konas fischreichen Gewässer liefern den Restaurants eine breite Palette Fischspezialitäten, einschließlich Mahi Mahi, Roter Schnapper, Schwertfisch, Krabben und Hummer. Die Hotels bieten außerdem in ihren Restaurants „All you can eat Buffets" und internationale Küche. Luaus werden ebenfalls bei den meisten Hotels veranstaltet.

In den Shopping Centers findet man auch eine gute Auswahl an Restaurants verschiedenster Preiskategorien. Hier eine Auswahl verschiedener Restaurants ohne besondere Präferenz.

- **Banana Bay Cafe,** im Kona Bay Hotel an *Alii Drive;* gegenüber von Kona Inn Shopping Village. Dinner Buffet, preiswert.

Kailua-Kona Restaurants

- **Don Drysdale's Club,** im Kona Inn Shopping Village; benannt nach ehemaligem Baseball-Pitcher der Los Angeles Dodgers. Treff für Sportsfans; spektakulärer Blick auf Kailua Bay. Gute Hamburger.

- **Drysdale's Two,** im Keauhou Shopping Village; Freiluftrestaurant; Prime Rib Sandwiches, New York Steaks, Hamburger; zivile Preise.

- **Fisherman's Landing Restaurant,** im Kona Shopping Village; befindet sich auf geheiligtem Boden, wo sich einst althawaiische Könige und Häuptlinge berieten. Kona Inn wurde ursprünglich 1928 als „Flaggschiffhotel" eröffnet, um die Gäste, die als Passagiere der Interisland-Dampfer ankamen, unterzubringen. Freiluftrestaurant, sehr interessante Atmosphäre, Fischgerichte; vernünftige Preise; Reservierung ratsam, 326-2555.

- **Huggo's,** direkt am Wasser an Kailua Bay. BBQ Ribs, Fisch, Steaks; zivile Preise.

- **Hurricane Annie's Garden Terrace,** im Kona Inn Shopping Village. Fisch, Pasta, Ribs, *Daily Specials*/Tagesessen; preiswert.

- **Jameson's By The Sea,** an Magic Sands Beach, *Alii Drive;* herrlicher Sonnenuntergang über Magic Sands Beach. Große Fischaquarien mit Zierfischen; Fischspezialitäten; 329-3195.

- **Jolly Roger Kona Restaurant;** an *Alii Drive,* Waterfront Row; hawaiische Spezialitäten, *Dinner Specials,* große Auswahl; preiswert.

- **Kona Chuckwagon Buffet;** Kaiwi Square; *„all you can eat"* Hausmannskost; preiswert.

- **Kona Ranch House,** oberhalb der Ampel am *Kuakini Hwy;* Restaurant im Plantagenhausstil mit sehr ansprechender Einrichtung und Innenausstattung. Vornehme Atmosphäre; Familienrestaurant. Schwerpunkt Big Island Beef! Zivile Preise.

- **Moby Dick's,** im Hotel Kamehameha über Kamakahonu Bay; Fisch, Pasta; zivile Preise.

- **Ocean Terrace,** im Keauhou Beach Hotel; „All you can eat" Buffet. Reservierung 322-3441.

- **The Pottery Steak House,** romantisches Restaurant; Fisch, Lamm, Prime Rib, Pasta; etwas teuer.

- **Sibu Cafe,** *Alii Drive,* Kona Banyan Court; asiatische Küche, Schwerpunkt indonesisch; Reservierung 329-1112.

Kailua-Kona Shopping

Außer den vielen einzelnen Geschäften entlang *Alii Drive* besitzt Kailua mehrere Shopping Areas. Außerdem gibt es an verschiedenen Standorten Supermärkte und Drugstores.

- **Hilo Hattie Fashion Center,** 75-5597A Palani Rd., hinter Burger King, Kostenlose Factory Besichtigung. Verkauf von Muumuus & Aloha-Hemden.
- **Hotel King Kamehameha Shopping Mall,** neben Kailua Pier; über 30 Boutiquen, Kunstgalerien und Geschäfte. Luftkühlung und Entertainment.
- **Keauhou Shopping Village,** über 40 Läden und Restaurants; kostenloser Pendelbus von Keauhou Hotels und Condos.
- **Kona Banyan Court;** etwa ein Dutzend Läden; hawaiische Holzarbeiten Souvenirs.
- **Kona Coast Shopping Center;** Kaufhaus und verschiedene Läden.

190 BIG ISLAND
Route 3: Kailua-Kona–Waimea

- **Kona Inn Shopping Village,** mit historischem Kona Inn (ehemaliges Hotel) mit über 50 Läden, Restaurants und Einrichtungen, Postamt, General Store; Freiluftanlage. Unterhaltung.
- **Kona Marketplace** mit Hawaii Visitors Bureau. Geschäfte und Info.
- **Lanihau Center,** Palani Road; Supermarkt, Post, Bäckerei, Surfer-Kleidung, Fotoartikel & Filme, Apotheke; kostenlos parken.
- **Waterfront Row,** Künstler, Spezialitätenläden, Modellschiffe, Sportartikel, Souvenirs.

Aktivitäten/Unterhaltung

Die Hotels und Restaurants der Kailua-Kona Area bieten Luaus und größtenteils kostenlose Unterhaltung und Entertainment. Polynesische Revuen mit hawaiischen Gesängen und Tänzen werden ebenfalls angeboten. Kinos findet man im Market Place Shopping Plaza oder Hualalai Theater.

Bootsfahrten erfolgen von dem Kailua Pier sowie vom Honokohau Hafen (nördlich von Kailua). Weitere Wasseraktivitäten starten in der Keauhou Bay. Golfer finden im Kona Country Club an Keauhou Bay Erfüllung. Die meisten Hotels haben Tennisplätze. Hauptaktivität ist allerdings das Hochseeangeln direkt vor der Küste; die meisten Charterboote liegen im Honokohau Hafen; die beste Zeit für die Riesenfische ist von Januar bis März.

Andere Sportarten sind Scuba-Tauchen (mit Atemgerät), Schnorcheln sowie Windsurfen und Segeln. Das große sportliche Ereignis ist der Ironman Triathlon im Herbst. Einzelheiten unter **Big Island Aktivitäten.**

Weiter entlang der Route von Kailua-Kona entlang der Nord-Kona-Küste und Kohala-Küste mit den Ferien-Resorts.

ROUTE 3:

KAILUA-KONA–KOHALA-KÜSTE–WAIMEA
SOUTH KOHALA-KÜSTE–WAIMEA

Die Route von **Kailua-Kona** über *Highway 19* entlang der South Kohala-Küste nach **Waimea** beträgt nur etwa 38 mi/61 km, etwa 45 Minuten Fahrzeit. In **Kailua** endet *Highway 11,* der vom Süden der Kona-Küste entlangführte, und geht an der Kreuzung, wo *Highway 190* landeinwärts abbiegt, in *Highway 19* über. *Highway 19* wird auf ca. 34 mi/55 km bis **Kawaihae** *Queen Kaahumanu Highway* genannt. Die Meilenangabe unterwegs

BIG ISLAND 191
Route 3: Honokohau

entlang *Highway 19* beginnt in Hilo. Die Meilenzahl nimmt also im Laufe der Route ab und wird immer kleiner. In Kailua startet *Highway 19* mit **MM 100**.

Gleich hinter der Kreuzung passiert man rechts Supermarkt und kurz darauf links *Kaiwi Street*. Die Straße führt zum ehemaligen Flughafen Kona Airport, der 1970 geschlossen und in ein Freizeitzentrum mit Strandpark umgestaltet wurde.

● **Old Kona Airport State Recreation Area.** Von Kailua aus folgt man einfach *Kuakini Highway,* die Verlängerung von *Alii Drive.* Der weiße Sandstrand erstreckt sich zwischen der alten Start- und Landebahn (heute Parkplatz) und dem Ozean. Duschen, Toiletten und Picknickplatz vorhanden. Die sicherste Stelle zum Schwimmen ist am südlichen Rand des Strands; gute Schnorchelmöglichkeit am Nordende. Surfer begeben sich weiter hinaus. Am nördlichen Rand von Kailua Bay befindet sich der Leuchtturm.

Bei etwa **MM 97.8** biegt in **Honokohau** links die Straße zum Hafen, Honokohau Small Boat Harbor ab, etwa 1 mi/1,6 km. Dort geht es auch fast am Ende der Straße zur **Honokohau Beach.** Der etwa 800 m lange Strand ist Teil des Kaloko-Honokohau National Historic Park.

● **Kalako-Honokohau National Historic Park,** etwa 3 mi/5 km nördlich von Kailua-Kona. Der Park wurde 1978 gegründet. Der einsame weiße Sandstrand wurde jahrelang von Nudisten benutzt. Nudismus war dort aber schon vor dem Zweiten Weltkrieg üblich – der einzige Nacktstrand auf Big Island, obwohl eingeborene Hawaiianer nie Freikörperkultur betrieben haben.

Die Gegend war während althawaiischer Zeit ziemlich besiedelt, wie archäologische Funde entlang der Küste beweisen. Man kann relativ gefahrlos in dem recht flachen Gewässer am Strand schwimmen. Keinerlei Strandeinrichtungen vorhanden. Vom Nordende des Strands führt ein Pfad landeinwärts durch dichte Vegetation zum **Queen's Bath**, einem brackischen Pool, der von Steinhaufen umsäumt ist. Das Wasser kommt aus einer Süßwasserquelle. Außer ausgedehnten alten Fischteichen stößt man in der Strandgegend auf ein paar Petroglyphen.

● **Honokohau Harbor.** Vom **Honokohau Hafen** starten Bootsfahrten der Captain Zodiac Cruises. Zodiacs sind sehr wendige robuste Motor-Schlauchboote, die entlang der Kona-Küste benutzt werden, um Höhlen, Grotten und Buchten zu erkunden.

Wieder entlang *Highway 19* passiert man rechts üppig blühende Büsche mit Bougainvillea, wogegen der Abschnitt zwischen Küste und Straße eher nackt und pflanzenlos ist und überwiegend Lavaströme aufweist. Bei **MM 94** erreicht man links das Gelände der **Natural Energy Labs.**

● **Natural Energy Labs.** Diese Forschungslabors sind eine ganz erstaunliche Einrichtung. Hier experimentiert man mit ganz unglaublichen Dingen. Man holt beispielsweise kaltes Wasser aus einigen hundert Metern unter der Meeresoberfläche und pumpt es in eine Turbine mit warmem Oberflächenwasser. Dies soll Elektrizität erzeugen und gleichzeitig salzloses Wasser produzieren. Das Wasser wird auch zum Anbau von Riesenerdbeeren, zur Aufzucht von Hummern, Muscheln und Seetang benutzt. Führungen Do. 14 Uhr.

Sobald *Highway 19* den Ort **Kalaoa** erreicht, biegt bei **MM 93** links die Straße zum modernen Flughafen **Keahole-Kona Inter-**

192 BIG ISLAND
Route 3: Kona Village Resort/Four Seasons

national Airport ab – Einzelheiten unter Abschnitt **Kailua-Kona**, etwa 7 mi/11 km von **Kailua** und 27 mi/43 km von **Kawaihae**. Dahinter passiert man einen Lavastrom des Jahres 1801, weiter zahlreiche Lavatunnels. Zur Küste hin wird die Landschaft ziemlich flach. Bei **MM 87** biegt die Straße ab zum **Kona Village Resort**. Kona Village beginnt, wo die Lavaströme des Hualalai Vulkans aufhörten.

● **Kona Village Resort,** sehr einsam gelegene Bungalowsiedlung, etwa 15 Minuten nördlich vom **Keahole-Kona International Airport**, etwa 13 mi/ 21 km von Kailua-Kona; über 30 Jahre altes traditionelles Ferienzentrum – einzige Anlage von Big Island im polynesischen Baustil mit Stroh-gedeckten Hüttenbungalows am einsamen Strand mit weißem Sand und Kokospalmen. Die polynesischen Hale (Häuser) repräsentieren den Baustil der verschiedenen Südseeinseln, z. B. Tahiti, Tonga usw. Die Unterkünfte sind einfach, ohne Radio und Fernseher oder Telefon, aber mit Deckenventilator und sonst ausgezeichnet großzügig ausgestattet. Großes Freizeitangebot mit allen möglichen Wassersportarten, Tennis, Luaus. Ganz intime Südseeatmosphäre, insbesondere für diejenigen, die einmal abseits vom Schuss ausruhen wollen.

Auf dem Gelände befindet sich auch ein etwa 6 Hektar umfassendes Gebiet mit Petroglyphs/Steinzeichnungen, die täglich mit Führung besichtigt werden können. Das Kona Village zählt zu den klassischen Hawaii-Unterkünften.

● **Four Seasons Resort Hualalai at Historic Kaupulehu.** Eines der neuesten Hotels (im Sept. 1996 eröffnet) auf Big Island. Die Hotelanlage ist über dieselbe Zufahrt von *Highway 19* wie **Kona Village Resort** zu erreichen und liegt nördlich davon. An die in niedriger Bauweise gehaltene Hotelanlage mit 243 eleganten Zimmern und Suites schließt sich ein 18-Loch-Golfplatz nach Entwürfen von Jack Nicklaus an.

Die jeweils in zwei Etagen angelegten Bungalows verteilen sich entlang eines etwa 800 Meter langen Strands. Architektur und Aktivitätenprogramm lassen den Schwerpunkt auf hawaiische Geschichte und Kultur erkennen. Hawaiische Kunst ist überall auf der Anlage zu finden, wie beispielsweise Gemälde, Drucke, Textilien, Kanus und Federschmuck. Im **Hawaiian Interpretative Center** stehen Kulturexperten und Historiker zur Verfügung. Ein Museum mit Exponaten über Menschen und Landschaft sowie ein Aquarium mit Fischen der Korallenriffe zählt zu weiteren Attraktionen. Ferner gibt es das Freilichttheater **Hoku Theater** und **King's Pond**, eine aus der Lava ausgeschnittene Lagune mit Tropenfischen. Hier finden kostenlose Einführungskurse im Schnorcheln und Scuba Diving/ Tauchen mit Atemgerät statt.

Der **Hualalai**, nach dem dieses Hotel benannt wurde, ist ein 2521 m hoher, ruhender Vulkan im Landesinnern von Big Island. Seine Lavaströme bedeckten im Laufe der Zeit den größten Teil der **Kaupulehu Area**, einem Gebiet mit einst blühenden hawaiischen Siedlungen. Auf dem Hotelgelände blieben archäologische Stätten erhalten, darunter alte Fischteiche.

Die Bungalows sind in vier sichelförmigen Gruppen angeordnet. Jede Gruppe trägt einen anderen Stil einschließlich der jeweils unterschiedlichen Arten Swimmingpool. Allen haftet jedoch hawaiisches Design und Atmosphäre an. Alle Zimmer haben Meerblick und sind geräumig und großzügig angelegt und ausgestattet. Überall reichlich Mahagoni und Teakholz in Zimmern und Hotelhalle. Eine Hotelanlage der Luxusklasse.

● **Kona Nightingales.** Bei den Kona Nightingales handelt es sich nicht um Nachtigallen, wie die Übersetzung lautet, sondern um eine landläufige Bezeichnung für wilde Esel, die sich insbesondere im Bereich der Golfan-

BIG ISLAND 193
Route 3: Waikoloa Resort

lagen um die Luxushotelanlage des Four Seasons Resort Hualalai aufhalten. Für die Esel ist der Golfplatz „eine große Salatschüssel"! Diese Wildesel fressen gerne *keawe*, Mesquite/Akazien, die reichlich vorhanden sind.

Die Vorfahren der heutigen Wildesel wurden bis in die 1960er Jahre auf den kleinen Kaffeefarmen der Kona Region im Süden als Lasttiere eingesetzt. Den Spitznamen gab man den Tieren übrigens wegen ihrer nächtlichen Liebesschreie.

Nach dem Zweiten Weltkrieg kauften Farmer Jeeps aus Armeebeständen, die allmählich das neue Transportmittel zum Transport der Kaffeebohnen auf und ab der Berghänge wurden. Anstatt die Tiere zu töten, ließen die Farmer die Esel an den Hängen des Mount Hualalai freilaufen. Die Esel vermehrten sich und alles ging gut, bis 1975 die Küstenstraße *Queen Kaahumanu Highway* eröffnet wurde. Die Esel überquerten nachts den Highway und fanden dabei häufig den Tod. Es existieren heute etwa zwei Herden, eine mit etwa 20 hauptsächlich männlichen Eseln auf den Berghängen über dem Highway und eine weitere mit etwa 32 Eseln unten im Bereich der Ferienhotelanlagen. Wenn die Herden sich gegenseitig besuchen, werden jährlich etwa 6–10 Esel auf dem Highway getötet. Auf der Straße machen Schilder Autofahrer auf die Gefahr freilaufender Esel aufmerksam *„Donkey Crossing. Next two miles. Dawn and Twilight Hours"*.

Hinter der Abzweigung zum Kona Village Resort und Four Seasons Resort Hualalai geht es am Aussichtspunkt/Scenic Point und 1859er Lava vorbei. Nun befindet man sich bei **MM 77** im **South Kohala District,** wo man bald darauf bei **MM 76** über *Waikoloa Beach Drive* zum **Waikoloa Beach Resort** gelangt – Einzelheiten siehe Abschnitt **Waikoloa.**

Hinter der Abzweigung an den Mega-Resort-Hotels von **Waikoloa** am wunderschönen Anaehoomalu Strand passiert *Highway 19* bei **MM 75** die Papillon Helicopters und gleich dahinter die Straße *Waikoloa Road,* die zum 6 mi/10 km landeinwärts liegenden **Waikoloa Village** führt und Anschluss an die von Kailua-Kona kommende Inlandsroute *Highway 190* hat – Einzelheiten siehe unter Abschnitt **Waikoloa.**

Weiter entlang *Highway 19* passiert man rechts den prähistorischen Kaniku Lavastrom. Bei **MM 73.4** biegt *Mauna Lani Drive* zur Meerseite hin ab zu einem „der Star der Kohala-Küste" genannten Ferienkomplex – Einzelheiten siehe **Mauna Lani Resort/Puako.** Etwas weiter nördlich nach Feuerwehr und überwachsenen Lavafeldern erreicht man die Abzweigung zu dem etwa 1 mi/1,6 km zum Ozean hin gelegenen **Puako Petroglyph Archaeological Preserve,** etwa bei **MM 70.5.** Auf dem Weg dorthin passiert man die **Holuloa Church** aus dem Jahre 1859.

Weiter nordwärts entlang *Highway 19* biegt die Straße zur **Hapuna Beach State Recreation Area** ab mit einem der größten Strände und bestem weißen Sand; ausgezeichnet zum Schwimmen und Schnorcheln, insbesondere im Sommer. Kurz darauf erreicht man bei **MM 68.2** die Zufahrt via *Mauna Kea Beach Drive* zum **Mauna Kea Beach Hotel** und **Hapuna Beach Prince,** etwa 4 mi/6 km vom Mauna Lani Resort.

● **Mauna Kea Beach Hotel/Hapuna Beach Prince.** 1965 als Traum von Laurence Rockefeller verwirklichtes Hotel am Nordende des herrlichen

194 BIG ISLAND
Route 3: Mauna Kea Beach

Strands von Hapuna Beach. Hapuna bedeutet „Quellen des Lebens". Zu dem 310-Zimmer **Mauna Kea Beach** Hotel gesellte sich 1994 das 350-Zimmer **Hapuna Beach Prince,** das sich an der Stelle von unterirdischen Quellen befindet, und dessen Zimmer alle Meerblick haben.

Zu den Freizeitanlagen gehören ein 18-Loch Golfplatz nach dem Modell von Robert Trent Jones, Jr. und ein weiterer 18-Loch Golfplatz nach Modell von Arnold Palmer und Ed Seay. Ferner 13 Tennisplätze beim Mauna Kea Beach und 4 beim Hapuna Beach Prince.

● **Kaunaoa Beach** oder **Mauna Kea Beach,** etwa 1 km nördlich von Hapuna Beach und gilt als einer der besten Strände von Big Island. Früher war dieser Strand beliebtes Paarungsgebiet der grünen Meeresschildkröten, die aber inzwischen durch zuviel menschliche Aktivität und Bautätigkeit aus ihrem Habitat verdrängt wurden. Das Südende des Strands suchen die Schildkröten noch ab und zu auf. Der Strand ist lang und breit mit sandigem Untergrund zum ausgezeichneten Schwimmen.

Bei **MM 67** gelangt man zur Kreuzung, wo die Küstenroute *Highway 19* in den *Highway 270* übergeht. *Highway 19* biegt ostwärts landeinwärts ab nach Waimea, etwa 8 mi/13 km. Etwa 1 mi/1,6 km südlich von Kawaihae geht es zum **Samuel Spencer Beach Park** mit weißem Sandstrand und guten Schnorchel- und Schwimmbedingungen. An der Straße zum Strand kommt man zu den Tempelstätten **Puukohola** und **Mailekini Heiaus** vorbei – Einzelheiten siehe Abschnitt **Puukohola Heiau.** In der Zeit von Dezember bis April kann man von hier manchmal Wale beobachten.

Die Hafenstadt **Kawaihae** markiert das nördliche Ende der **South Kohala-Küste.** Im Hafen von **Kawaihae** wurde der 1995er Film „*Waterworld*" gedreht. Hier biegt *Highway 19* ostwärts, und nordwärts führt *Highway 270* die Küste entlang nach **North**

Schlüssel zur Baxter Info-Karte Kohala Küste
Kailua/Kona–Waimea

Orientierung:
 1-Pu'uhonua O Honaunau National Historical Park
 2-Captain Cook's Monument
  -Hikiau Heiau State Monument
 3-Hookena
  -Miloli'i
  -Hawaii Volcanoes Nationalpark
  -Volcano Village
 4-White Sands Beach
  Magic Sands Beach
 5-Honokohau Pond & Heiau
 6-Natural Energy Laboratory
 7-Ala Loa Trail/
  Kings Trail
  -Infotafeln
  -Strandtor 8–18 Uhr geöffnet
  -Pae'Waia „Canoe Landings"
 8-Ala Kaua/Warrior's Trail
  -Petroglyphen
 9-Mauna Lani Drive
10-Anaeho'omalu Beach Park
11-Puukohola Heiau State Historic Park
  geöffnet 7.30–16 Uhr
12-Kawaihae Center
  -Cafe Pesto
  -7-Eleven
13-Kohala Ranch

14-Lapakahi State Historic Park
15-Hawi
  -North Kohala
16-500 Fuß/152 m ü. M.
17-1 000 Fuß/305 m ü. M.
18-2 000 Fuß/610 m ü. M.
19-Kamuela Museum
20-Waimea-Kohala Airport
21-Parker Ranch
22-Hawi
  -Kamehameha Statue
23-Honokaa & Hilo
24-Hilo
25-Waikoloa Village Store

Straßenschlüssel:
 a-Alii Drive

Unterkunft:
 A-$$$ Royal Waikoloan
  -$$$ Aston Shores
  -$$$ Waikoloa Beach Resort
  -$$$ Hilton Waikoloa Village
 B-$$ Mauna Lani Bay Resort
 C-$$$ Mauna Kea Beach Hotel
 D-$$ Waimea Country Lodge
 E-$$$ **Royal Kona Resort**
  -$$$ Mauna Loa Village
  -$$$ Kona Surf Hotel

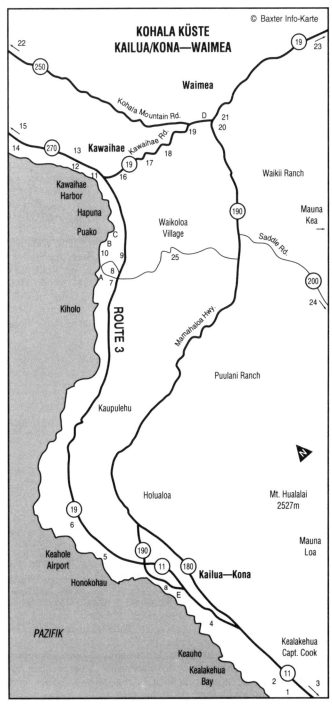

196 BIG ISLAND
Waikoloa

Kohala mit den Orten **Hawi** – etwa 19 mi/30 km entfernt, Kamehamehas Geburtsort sowie **Kapaau** und Niuli am Nordzipfel von Big Island. **Kawaihae** ist im wesentlichen ein Hochseehafen mit Werften und Öltanks.

Kawaihae–Waimea

Von **Kawaihae** geht es bei **MM 67** weiter auf *Highway 19* landeinwärts Richtung **Waimea**, etwa 10 mi/16 km. Die Strecke wird nun kurvenreich und beginnt zu steigen. Bei **MM 65** passiert man auf 1 000 Fuß/305 m ü.M. trockene Graslandschaft. Bei **MM 61** auf 2 000 Fuß/610 m, tauchen Kakteen aus der wie schwarze Seen wirkenden Lava auf. Kurz darauf erreicht man bei **MM 59.3** die Kreuzung, wo *Highway 250*, die *Kohala Mountain Road*, nordwärts nach **Hawi** führt, etwa 19 mi/30 km – siehe Abschnitt **Nord-Kohala**.

Auf der Südseite der Kreuzung liegt das originelle **Kamuela Museum** – siehe unter Abschnitt **Waimea**. Hier oben ist es bedeutend kühler. Vorbei an Viehzuchtgebieten mit weidenden Kühen und Pferden passiert *Highway 19* bei **MM 58** die **Hale Kea**, ein Restaurant auf dem „historic Ranch Estate" aus der Jahrhundertwende – etwa 2 500 Fuß/762 m ü.M. Dahinter hat man auch schon den Westrand von **Waimea** erreicht – siehe Abschnitt **Waimea**.

Nun zu den großen Attraktionen entlang der Kohala-Küste nördlich von Kailua-Kona: Waikoloa, Mauna Lani Resort und Puukohola Heiau.

WAIKOLOA
„Luxushotelanlage in Strandoase mit Geschichte"

Wie eine Oase inmitten schwarzer Lavamassen tauchten die verschwenderisch angelegten Luxusferienhotels an der sonnigen Kohala-Küste auf. Die Zufahrtstraße *Waikoloa Beach Drive* tut sich wie im Bilderbuch auf, wo kunstvoll gepflegte Rasenflächen sich von dem schwarzen Lavagestein abheben. Entlang der Straße wird der Besucher schon zu Anfang überall auf Geschichtliches aufmerksam gemacht.

Zu dem Resort gehört ein Unterhaltungs- und Shopping Komplex, **King's Shops**, in dem interessante Ausstellungen zur Geschichte der Area einschließlich Petroglyphen zu sehen sind. Samstags werden von hier aus Führungen zu den Petroglyphen durchgeführt, die man auch auf eigene Faust besichtigen kann. Kurz hinter dem Parkplatz für die Beschäftigten der Hotelanlagen kommt man links zu einer Tafel, die über den **Ala Loa Trail/King's Trail** informiert, der die Hauptstraße des Resorts in der Nähe der **King's Shops** überquert.

● **Ala Loa Trail/Kings's Trail.** Der für Reisen zu Pferde Mitte des 19. Jh. angelegte gerade Pfad verlief 32 mi/51 km zwischen den Dörfern **Kailua** in Kona (im Süden) und **Puako** im Norden. Dieser Weg wurde von Hawaiianern, die ihre Steuern durch Arbeitsleistung zahlten, und von Gefangenen gebaut. Die steinerne Bordkante zu beiden Seiten hielt Pferde und Packtiere (Maultiere und Esel) auf dem Weg. Ein Reiter konnte dabei im Sattel eingeschlafen sein, während seine Tiere, die den Weg kannten, weitertrotteten.

Innerhalb des Waikoloa Beach Resort hat man den Weg im Original als Fußgängerweg belassen. Der Trail verbindet das Ke Ahu A Lono Heiligtum und die beschädigten Areas im Süden mit dem gut erhaltenen Petroglyph/Steinzeichnung Preserve im Norden. Aufpassen, die Lauffläche auf dem Kopfsteinpflaster ist ziemlich uneben.

Kurz darauf erreicht man den Komplex **King's Shops**. Links geht es zum öffentlichen Zugang des Strands, wo sich der Kanu-Landeplatz Paewaia befindet. Rechts führt ein Fußweg auf dem Ala Kaua Trail/„Warrior's Trail" zum **Petroglyph Preserve** ab, wo man Tausende von Steinzeichnungen auf den Lavafeldern betrachten kann. Hier nun zunächst zur Tafel am Zugang zum Anaehoomalu-Strand:

● **Welcome To Waikoloa!** Hier befindet man sich im früheren Königreich **Kohala**, der Heimat von Kamehameha dem Großen. Nachdem er diese Insel 1792 erobert hatte, verbreitete er in Kriegszügen und durch Diplomatie seine Herrschaft über die anderen Inseln und gründete das Königreich Hawaii unter Herrschaft und Namen dieser Insel.

Waikoloa, ein urzeitlicher Landesteil *(ahupuaa)* von Kohala, wurde Teil der Ranch, die ein Amerikaner namens John Parker, ein Freund und Unterstützer Kamehamehas, gründete.

Das von der Parker Ranch gekaufte **Waikoloa** ist heute ein wachsendes Ferienhotelgebiet und Wohngebiet, das sich über 12 400 Hektar erstreckt, von Bergweiden bis hinunter zur tropischen Strandbasis von Anaehoomalu. **Anaehoomalu**, das einst ein Resort für hawaiische Könige und Angehörige des Königshauses war, die mit ihrer Flotte von Segelkanus entlang der Küste reisten, beherbergt heute das **Waikoloa Resort**. Jeder der hierherkommt, ist eingeladen, die Schönheit der **Anaehoomalu Beach** zu genießen. Entlang eines Pfads um die **Fishponds**/Fischteiche wird anhand von Infotafeln die alte Kultur und Naturgeschichte erklärt.

Eine kurze Fahrt landeinwärts, wo es höher in die Berge geht und kühler ist, führt zum **Waikoloa Village**, einer wachsenden Siedlung mit Wohnhäusern, Condominiums, Ranchland und 4 000 Hektar Freizeitgelände mit Blick auf die majestätische Bergwelt von Big Island. **Waikoloa Village** umfasst einen Weltklasse-Golf-Course mit Clubhaus und Restaurant, Tennisplätze, Reitställe, Rodeo Center, einen General Store, Tankstelle sowie Mietwohnungen.

Das Symbol von Waikoloa ist die *naupaka*, ein Strauch, der sowohl in den Bergen als auch an der Küste wächst. Beide Arten tragen kleine weiße Blüten, die wie halbierte Blüten wirken. Einer Legende nach waren die Blüten einst Liebende, die dann durch den eifersüchtigen Zorn der Vulkangöttin Pele für immer voneinander getrennt wurden. Jede Blüte ist nur mit einer Hälfte vorhanden, ohne dass sie je durch die zweite Hälfte

BIG ISLAND
Waikoloa/Petroglyphen

ergänzt werden könnte. Die Blüten symbolisieren die Berghänge und die Küste der Gegend, die durch die Lavafelder der Göttin Pele voneinander getrennt wurden.

● **The Mamalahoa Trail/King's Trail:** Der Mitte des 19. Jh. für Reisen zu Pferde geradlinig angelegte Pfad verlief einst über 32 mi/51 km zwischen den Dörfern **Kailua** in Kona (im Süden) und **Puako** im Norden. Er wurde von Hawaiianern, die ihre Steuern mit Arbeit ableisteten, und Gefangenen gebaut. Die steinerne Begrenzung oder Bordkante zu beiden Seiten hielt Pferde und Packtiere (Esel und Maultiere) auf dem Pfad. Falls ein Reiter im Sattel einschlief, konnte sein den Trail gewöhntes Tier weitertraben.

Der Begriff *Mamalahoa* war ein Gesetz, das Kamehameha der Große erlassen hatte, das allen Reisenden persönlichen Schutz gewährleistete. Es war auch der Name eines seiner Elite-Regimenter während seiner Eroberung der anderen Inseln.

Ehe man die Anlage des Royal Waikoloan Ferienhotelkomplexes erreicht, führt rechts vom *Waikoloa Beach Drive* (oder auch *Ala Ihi Road*) gegenüber vom Strandzugang der Pfad zu den Steinzeichnungen/Petroglyphen. Rechts vom Pfad informiert eine Tafel:

● **The Waikoloa Petroglyph Field**/Das Waikoloa Petroglyphenfeld. Hier befindet sich eine der größten Ansammlungen urzeitlicher Felsschnitzereien der hawaiischen Inseln. Beeindruckend ist die Vielzahl der Motive, die auf dem schwarzen Lavagestein sehr gut erhalten sind. Im alten Hawaii war das Überschreiten von Grenzen nichts Alltägliches. Und die Tausende von Oberflächenzeichnungen hier, nördlich der Grenze zwischen den alten Königreichen von Kohala und Kona, lassen vermuten, dass viele der Petroglyphen religiöse oder erinnernde Bedeutung des Überschreitens der Grenze hatten.

Menschengruppen, die auf die Erteilung der Genehmigung zum Überschreiten der Grenze warteten, oder Kriegstruppen, die bereit waren, die Grenze zu verteidigen oder anzugreifen, errichteten einfache Lager, indem sie Höhlen und windgeschützte Felswände benutzten. Manche der C-förmigen Windbrecher kann man noch in unrepariertem Zustand sehen.

Die meisten Petroglyphen entstanden mit Hilfe eines scharfen Steins, den man wie einen Meißel hielt und mit einem Hammerstein klopfte. Die Linien wurden dann noch mit einem scharfkantigen Steinbrocken tiefer geritzt. Andere Motive entstanden, indem die Lavaoberfläche mit einem stumpfen Stein bearbeitet oder abgerieben oder behauen wurde, wobei die natürliche Glanzschicht gelöst und das grobkörnige Innenmaterial der Lava zum Vorschein kam. Durch Erosion der Ränder sind viele der ältesten Zeichnungen „verblasst", und manche Schäden wurden durch Abdruckmethoden hervorgerufen. Durch Abdruck der Motive versucht man, diese der Öffentlichkeit plastisch zu präsentieren (nicht ohne spezielle Erlaubnis von Waikoloa erlaubt).

Die Bedeutung der Petroglyphen kann nur vermutet werden. Manche Information, die verbreitet wurde, ist widersprüchlich, manchmal sogar irreführend. Eins ist sicher, dass diese Zeichnungen keine unbedeutende „Kritzeleien" waren. In der polynesischen Welt hatte jede Ausdrucksform Bedeutung und diente einem bestimmten Zweck. Die bildhaften Darstellungen haben eventuell Ereignisse festgehalten oder dienten als Gebetsausdruck oder mögen heraldische Clansymbole gewesen sein. Konzentrationen von Punkten, Linien und Kreisen mag die Anzahl der Mitglieder einer Gruppe oder Reisetage oder Gebete bedeutet haben, oder gar die

Zahl der Trips, die an dieser Stelle vorbeiführten. Reisende fanden hier eventuell die „Schrift" eines ihrer Vorfahren und setzten ihr Zeichen dazu.

Die Hawaiianer lernten mit einer erstaunlichen Geschwindigkeit das Lesen und Schreiben, was die Missionare, die ihnen diese Fähigkeiten beibrachten, völlig erstaunte. Manche lernten das gesamte Alte Testament in wenigen Monaten auswendig. Das Auftauchen hawaiischer Namen und Daten in Schriftform und die Darstellung von Segelschiffen und Pferden weist auf die Zeit bedeutender Änderungen. Die jüngste Felszeichnung ist über ein Jahrhundert alt. Da der Pfad hauptsächlich von Untertanen benutzt wurde, stehen diese Zeichnungen möglicherweise nicht im Zusammenhang mit bedeutenden Ereignissen des alten Hawaiis. Doch die Petroglyphen werden als unschätzbarer Nachweis der alten Kultur anerkannt.

Kapu: Dieses Petroglyphenfeld ist gesetzlich geschützt. Jegliche Beschädigung wird bestraft. Stets auf dem Fußweg bleiben. Fotografen wird ggfs. spezielle Erlaubnis zum Betreten der Petroglyphenfelder erteilt. Die Petroglyphenflächen dürfen keinesfalls mit Schuhen oder Sandalen betreten werden.

Entlang der Küste verläuft ein gut erhaltener Abschnitt des **Ala Kahakai Trail,** ein urzeitlicher Fußpfad, der fast die ganze Insel als Kurierpfad umkreiste. Der King's Highway und dieser Trail sind auch gut erhalten beim benachbarten Mauna Lani Resort, das seine eigenen Anchialine Ponds hat.

Hier nun zunächst auf dem Gelände des **Royal Waikoloan** am Strand der **Anaehoomalu Bay** zu dem Fischteich neben gut ausgeschilderten archäologischen Stätten.

● **Kuualii and Kahapapa Fishponds**/Fischteiche. Hier mischt sich unterirdisch fließendes Süßwasser aus den Bergen mit den Fluten des Ozeans. In derartigen Teichen entwickelten die alten Hawaiianer eine einzigartige Methode der Aquakultur. Junge Fische vom Meer drangen durch ein Gitter *(makaha)* aus Stäben, das man in den Kanal *(auwai)* eingelassen hatte, das den kleineren Kahapapa Pond mit dem Meer verband, in den Teich. Dort futterten sie Algen, Plankton und kleine Shrimps, bis sie zu groß waren, um wieder durch das Gitter zum Meer zu entkommen. Dann konnte man sie bequem mit dem Netz fangen. Der größere Teich **Kuualii** liegt direkt bei der Infotafel und ist mit dem **Kahapapa Pond** im Norden verbunden.

Fischteiche *(loko)* gehörten zu den Kostbarkeiten der Herrscher *(alii).* Der Name dieser urzeitlichen Oase, **Anaehoomalu,** erinnert an die gutschmeckende Meeräsche, *anae* oder *hoomalu,* die geschützt oder aufgehoben wurde, und zwar für die abwesenden Herrscher dieses Landbesitzes *(ili)* von Waikoloa, und für die Hoheiten, die hier Rast machten, wenn sie mit ihren Segelkanus entlang der Küste unterwegs waren.

Die ständigen Bewohner von Anaehoomalu waren Fischer und Verwalter der Fischteiche, die die Teiche von Verunreinigung und starkem Algenbewuchs zu säubern hatten. Außerdem mussten sie die Teiche vor Dieben bewachen.

Kapu. Diese Gewässer respektvoll behandeln. Schwimmen verboten, außerdem gibt es darin Barrakudas. Desweiteren gibt es noch Interessantes zur Nahrungskette. Eine Karte zeigt, wo sich Petroglyphs/Felszeichnungen und Mahlsteine sowie alte Hausumfriedungen befinden. Eine weitere Abbildung stellt die in einem hawaiischen Fischteich vorkommenden Fische vor.

Eine weitere Tafel gibt Information zur Naupaka, der zweigeteilten Blütenart.

● **Naupaka.** Es gibt zwei Sorten von Naupaka, eine wächst in der Nähe des Ozeans, die andere in den Bergen. Jede trägt wie es scheint die Hälfte einer

BIG ISLAND
Waikoloa/Petroglyphen

Blüte. Fügt man beide Hälften zusammen, ergeben sie eine komplette Blume.

Es gibt verschiedene volkstümliche Erklärungen über diese merkwürdigen Blüten. Eine dieser Versionen dreht sich um zwei Liebende, die auf Grund der eifersüchtigen Wut der Vulkangöttin Pele für immer getrennt wurden.

Pele wollte den jungen Mann für sich haben und erschien vor ihm als wunderschöne Fremde, doch die beiden Liebenden blieben unzertrennlich. Voller Wut verfolgte Pele ihn in die Berge und schickte ihm feurige Lava hinterher. Doch Peles jüngere Schwester hatte Mitleid mit dem jungen Mann, und um ihn zu retten verwandelte sie ihn in die Gebirgs-Naupaka. Dann wandte sich Pele der jungen Frau zu und jagte sie zum Meer; und erneut griff die Schwester der Göttin ein und verwandelte das Mädchen in eine Strand-Naupaka.

So existieren die Blüten auch heute noch jeweils als halbe Blüte, um nie wieder vereint zu werden. Die Naupaka-Blüten symbolisieren die Berge und die Meeresküste der Umgebung von Waikoloa, die durch Lava der Göttin Pele voneinander getrennt wurden.

Nachdem man die **King's Shops** an der Abzweigung zum Petroglyphenfeld und dem öffentlichen Strandzugang hinter sich gelassen hat, führt die Straße weiter zu den luxuriösen Ferienhotelanlagen des **The Royal Waikoloan** und des **Hilton Waikoloa Village**. Zunächst passiert man den wunderschön inmitten von Lavaströmen angelegten Golfplatz, dem gegenüber sich das **Royal Waikoloan** erstreckt. Dahinter gelangt man gegenüber vom **Hilton Waikoloa Village** zum Parkplatz für den Zugang zum Strand an der historischen Anaehoomalu Bay. Neben dem Hotel informiert eine Tafel am Pfad zum Strand/**Shoreline Access Walkway:**

● **Anchialine Ponds Preservation Area.** Anchialine Ponds sind Wassertümpel mit brackischem Wasser, das sich in Mulden und Senken angesammelt hat. Diese Spalten oder Lavaröhren reichen bis hinab zum Grundwasser. Man bezeichnete diese Pools mit dem griechischen Begriff *anchialos,* was neben dem Meer bedeutet. Obwohl die Pools vom Land abgeschnitten sind und doch in einiger Entfernung vom Meer liegen, weisen sie wegen ihrer unterirdischen Verbindung zum Meer und der Grundwasserbewegung durch die stark poröse Lava Gezeitenschwankungen auf.

Die **Waikoloa Anchialine Pond Preservation Area** wurde von den Bauunternehmen und Regierungsstellen geschaffen und wird von der University of Hawaii mit Unterstützung der Waikoloa Land Co. zu Forschungs- und Studienzwecken verwaltet. Führungen möglich. Verschiedene Tafeln im Bereich der Preservation Area erklären Einzelheiten der einzigartigen Charakteristik derartiger Teiche.

An der Aussichtsstelle bei den Petroglyphen erklären weitere Tafeln diese Area:

● **Cave Shelter**/Höhlenschutz. Diese natürliche Lavahöhle bot wie weitere derartige Höhlen in der Umgebung Schutz und Unterschlupf derjenigen, die hier lagerten, während sie auf dem alten Fußpfad unterwegs waren.

● **Rock Shelters**/Felsschutz. Auffällig sind die vielen Ruinen von Fels„Wänden", die von denjenigen, die hier ihr Lager aufgeschlagen hatten, als Windbrecher aufgeschichtet wurden. Manche weisen eine C-Form auf, deren Öffnung von den nordöstlichen Passatwinden abgewandt ist.

BIG ISLAND 201
Waikoloa Resort-Hotels

● **Lava.** Man hat zwei hawaiische Wörter zur wissenschaftlichen Bezeichnung der zwei Hauptarten von Lava übernommen.
- **AA Lava** bedeckt den nördlichen Teil von Anaehoomalu in einem Strom, der von 6 bis 12 Meter Dicke variiert. AA hat eine rauhe, kantige Struktur und besteht aus einer Schicht brüchiger Fragmente, die als Klinker oder Schlacke bezeichnet wird und einen Kern von sehr dichtem Basaltgestein umgibt.
- **Pahoehoe Lava** ist relativ glatt mit schnurförmiger gewellter Oberfläche und Rissen, die durch Zusammenschrumpfen beim Erkalten entstanden sind. Pahoehoe entsteht durch extrem heiße, dünnflüssige Lavaströme, glühende Ströme geschmolzenen Gesteins, das zu wogenden Hügeln und Wellen erstarrt. Unter der erkaltenden Kruste entleert sich oft das flüssige Material und hinterlässt Spalten und Höhlen. Gase, die durch die erstarrende Kruste entweichen, lassen kuppelförmige Blasen entstehen. Geschmolzene Lava, die sich durch den Druck des Lavastroms auftürmt, erstarrt zu säulenförmigen Türmen oder Schornstein-ähnlichen Gebilden, von denen man manche weiter landeinwärts vom Royal Waikoloa Hotel sehen kann.

Nun zu den Riesen unter den Luxushotelanlagen, die sich hier in der kontrastreichen Landschaft direkt am goldenen Strand der Anaehoomalu-Bucht ausbreiten.

● **The Royal Waikoloan;** in wunderschöner Palmen-Gartenlandschaft. Hotel gehört zur Spitzenklasse auf Hawaii. Die beiden Golfanlagen nach Modell von Robert Trent Jones, Jr. sowie der Golfplatz von Waikoloa grenzen direkt ans Hotel. Das Meisterstück von Robert Trent Jones Jr. befindet sich beim Mauna Kea Resort! Von **Kailua-Kona** bis zum Hotel sind es etwa 30 mi/48 km. 1981 wurde diese Luxusanlage mit 543 Zimmern für 70 Millionen eröffnet. Die Hotelhalle ist eine großzügige „Freiluftaffaire" und mit viel wunderschönen Holzarbeiten und Kunstwerken ausgestattet.
Alle Zimmer komfortabel und luxuriös und geräumig gestaltet. 6 Tennisplätze, zahlreiche Swimmingpools, Fitness Center, Shopping-Arkade, Reitausflüge und kostenloser Pendelbus nach Kailua-Kona. Es gibt sogar einen Helikopter-Landeplatz. Ausgezeichnete Restaurants mit einer Auswahl verschiedenster Küchen; traumhafter Privatstrand. Ein Hotel der oberen Luxusklasse, das seinen Preis hat!

● **Hilton Waikoloa Village,** nennt sich selbst eines der spektakulärsten Ferienhotels auf Erden. Hier wurden alle nur erdenklichen Ideen für einen paradiesischen Aufenthalt verwirklicht. Das 885 Zimmer Hotel wurde 1988 an der Kohala-Küste eröffnet, die damals als Reiseziel noch wenig bekannt und touristisch ausgebaut war. Die Handschrift des Meisters des architektonischen Showbusiness Chris Hemmeter ist überall erkennbar. Die Anlage ist in sich selbst wie eine kleine selbständige Stadt.
Das Spitzenhotel der Extraklasse bietet jeden Luxus. In tropischer Gartenlandschaft angelegt, mit Lagunen und Pools, in denen sich Delphine und andere Meerestiere tummeln. In einem sogenannten Wading Pool können Hotelgäste die Delphine ganz dicht vorbeischwimmen sehen; ein Schwimmen mit den Delphinen gibt es nicht. *Dolphin Quest*, eine Organisation von Spezialisten für Meeressäugetiere, hat hier ein Habitat für Flaschennasen-Delphine/Bottlenose dolphins geschaffen.
Die Zimmer sind auf drei sechsstöckige Komplexe verteilt, die fast über einen Kilometer auseinander liegen. Als Transport- oder Verkehrsmittel stehen zur Verfügung eine Bahn – Abfahrt der Tram alle 8 Minuten, Kanalboote oder der Museum-Walkway. Bei dem Museums Walkway handelt es sich um eine Promenade, die mit allen möglichen Kunstobjekten im Wert von Millionen versehen ist, angefangen von einer hawaiischen Sammlung Koa-Schüsseln und Feder-Leis bis zu Schnitzereien aus Thai-

land, Gemälden aus Japan und Porzellan aus China. Grotten mit Wasserfällen und Fischteichen schaffen unterwegs Abwechslung, ebenso wie die botanischen Gärten und rosa Flamingos.

Chris Hemmeters Fantasie-Resort besitzt tatsächlich alle Superlative. Über 12 Restaurants und Lounges, drei 18-Loch Golfanlagen stehen direkt am Hotel zur Verfügung; traumhafter Privatstrand. Rauschende Wasserfälle in der Hotelhalle. Gäste können an einer kostenlosen Tour mit „Blick hinter die Kulissen" teilnehmen. Dabei bekommt man die unterirdische Straßenverbindung mit Stoppschildern und Verkehrspolizisten zu sehen. Hier gibt es fast nichts, was es nicht gibt. Vom Preis her sündhaft teuer, aber Luxus hat seinen Preis.

Zwischen den beiden Luxusriesen von Waikoloa liegt das kleinere Hotel-Condominium mit 64 Ferienwohnungen direkt an dem bekannten Golfplatz Beach Course des Waikoloa Golf Club. Wer noch mehr von der Waikoloa Umgebung kennenlernen will, kann einen Abstecher zum im Landesinnern liegenden Waikoloa Village unternehmen.

● **Waikoloa Village.** Vom Highway 19 benutzt man etwa bei **MM 75,** wo sich Papillon Helicopters befindet, die *Waikoloa Road,* die kurvenreich über 13 mi/21 km *Highway 19* und den landeinwärts verlaufenden *Highway 190* (der in Kailua-Kona beim Start von *Highway 19* ostwärts abgebogen ist) verbindet. Nach etwa 6 mi/10 km erreicht man die auf dem Reißbrett geplante und schnellwachsende Siedlung Waikoloa Village mit Tankstelle, Supermarkt sowie einigen Restaurants und Läden.

Hier befindet sich auch Waikoloa Stables, wo man Reitpferde mieten sowie Trail Rides/Geländeritte durch *Paniolo* Country (Cowboyland) unternehmen kann. Das Unternehmen veranstaltet auch Rodeos und Wildwest Shows. Zu der Siedlung gehört ebenfalls der Waikoloa Village Golfplatz. An Übernachtungsmöglichkeiten stehen Zimmer in den Waikoloa Villas zur Verfügung. Wer gleich weiter nach Waimea fahren möchte, ohne die Route entlang der Küste via *Highway 19* fortzusetzen, kann von der *Waikoloa Road* anschließend auf *Highway 190* nordwärts fahren.

Hier nun zum Mauna Lani Resort und den Puako Petroglyphen.

MAUNA LANI RESORT/PUAKO
„Historisches Gelände mit Petroglyphen und Luxushotels"

Der sich über 1 280 Hektar verbreitende Komplex der Mauna Lani Resort Area am wunderschönen Strand **Anaehoomalu Beach** umfasst das 350-Zimmer **Mauna Lani Bay Hotel** & **Bungalows** und das 539-Zimmer-Hotel **Orchid at Mauna Lani** (früheres Ritz Carlton Mauna Lani). Etwa weiter nördlich liegt das archäologische Gebiet der **Puako Petroglyphen.** Das Gebiet liegt etwa 27 mi nördlich von **Kailua-Kona** und etwa 16 mi/26 km südwestlich von Waimea. Hier nun zunächst ein geschichtlicher Überblick über die Area, in der man historische Stätten ausgegraben und erhalten hat, die zeigen, wie die ersten Hawaiianer lebten.

Geschichtlicher Überblick

Das Resort umfasst Lavafelder mit Felszeichnungen/Petroglyphen, freigelegte Wohnstätten und Fischteiche, die seit Jahrhunderten für Aquakultur benutzt wurden. Die Fischteiche enthalten heute noch Meeräschen und Milkfisch, die einst für die Alii (zum Königshaus gehörende Mitglieder) gezüchtet und aufgezogen wurden. Sie waren für die Untertanen, einschließlich der für die Fischteiche verantwortlichen Personen, tabu. Bei Zuwiderhandlungen drohte die Todesstrafe.

Kohala spielte eine wichtige Rolle während der Zeit erster westlicher Kontakte. Kamehameha der Große war hier auf Big Island an der North Kohala-Küste geboren und aufgewachsen. Er hatte seine Streitkräfte an der Kohala-Küste stationiert. Mit Hilfe von britischen Seeleuten und Kanonen vereinte er Anfang des 19. Jh. die Inseln unter seiner Herrschaft und gründete ein Königreich, das bis 1893 währte.

Kamehameha hatte ein kleines Dorf und einen Kanu-Landeplatz an der Keawanui-Bucht – südlich vom Mauna Lani Bay Hotel, wo sich heute das Eva Parker Woods Cottage Museum befindet, an die wertvollen Fischteiche Kalahuipuaa Ponds angrenzend. Kamehameha gab nach seinem Tod im Jahre 1819 die Herrschaft weiter an seine beiden Söhne. Kamehameha III. (Kauikeauli) teilte im Zuge des Great Mahele des Jahres 1848 das Land auf, worauf die einzelnen Bewohner Land für sich erwerben konnten. Etwa 400 000 Hektar wurden als Ländereien des Königshauses zurückbehalten, einschließlich Kalahuipuaa und Fischfangrechte bis auf 1,6 km hinaus aufs Meer.

Kalahuipuaa befand sich unter den Ländereien, die Kalama Kapakuhaili, die Königin und Frau Kamehameha III., nach dessen Tod im Jahre 1854 beanspruchte. Es blieb in königlichem Besitz, bis Samuel Parker, der Enkel des Gründers der Parker Ranch den Besitz von 544 Hektar für 1,5 Millionen US-Dollar erwarb.

Eva K. Kalanikauleleiaiwi Parker war das zweitälteste Kind von Colonel Samuel Parker von Hawaii und Harriet Panana Napela Parker von Maui. Zu ihrem Erbe gehörten weite Ländereien der Parker Ranch. Sie verbrachte ihre Jugend im Hochland von Mana, Hamakua und ging in London, England zur Schule. 1898 heiratete sie ihren Cousin Frank Woods aus Puuhue, Kohala. Zur Hochzeit war auch Prinzessin Kaiulani anwesend. Eva und Frank wohnten in Kahua, Kohala. Während dieser Zeit kam Kalahuipuaa in ihren Besitz.

Um 1936 erwarb Francis Hyde Ii Brown, ein Nachkomme von Papa Ii, einem General unter Kamehameha I., für $6 000 das Gelände um Kalahuipuaa, auf dem sich heute das Mauna Lani Bay Resort mit dem Hotel befindet, von den Erben der Parker Ranch Elizabeth K. Woods und Richard Smart.

„Uncle Francis", wie man Francis Brown nannte, war ein Athlet und international bekannt. Für ihn war Kalahuipuaa eine Erholungsstätte, wo er hawaiisch sein und seine Freunde einladen konnte. Im Laufe seiner 40jährigen Eigentümerschaft ließ er den Besitz nach seinem Geschmack gestalten. Er pflegte insbesondere die althawaiischen Fischteiche, legte Wege und Straßen an und ließ eine eindrucksvolle Stützmauer am Waiakumale Point errichten und rund um die Teiche Palmen pflanzen. Francis Brown verkauft das Grundstück 1972 an das Mauna Lani Resort. Heute kann man noch die vielen historischen und Kulturstätten der Area besichtigen und anschauen, die sich über die gesamte Anlage des Mauna Lani Resorts verteilen.

204 BIG ISLAND
Mauna Lani Resort Area

Historische & archäologische Stätten

In der Nähe des Hotels **The Orchid at Mauna Lani** liegt das **Puako Petroglyph Archaeological Preserve** mit ca. 3 000 Felszeichnungen. Eine Aussichtsstelle sowie ein 2,2 km Pfad sind der Öffentlichkeit zugänglich. Dort können Besucher von Repliken Abreibungen oder „Abdrucke" machen. Im Zentrum des Resorts, in der Nähe des Tennisclubs, befindet sich ein 11 Hektar großes archäologisches Preserve mit Höhlenwohnungen und einer Stätte, an der Basaltwerkzeuge hergestellt wurden. Während der Ausgrabungsarbeiten fand man verschiedene Angelhaken und ein hölzernes Paddel.

Sechs Fischteiche, die sich über 6 Hektar erstrecken, werden beim Mauna Lani Bay Hotel erhalten. Das Hotel bietet dreimal pro Woche Führungen durch das Preserve. Das Eva Parker Woods Cottage Museum grenzt ebenfalls an das Hotel. Es ist an drei Tagen der Woche geöffnet und beherbergt Repliken von hawaiischen Geräten und Werkzeugen sowie Artefakten, die man in der Area fand. Das Museum selbst befindet sich in einer Nachbildung einer Cottage, die sich Eva Parker Woods in den 1920er Jahren an dieser Stelle errichten ließ (Woods, von der Parker Ranch Familie der Big Island, gehörte einst das Land, wo sich das Hotel befindet).

Attraktionen der Mauna Lani Resort Area

● **Mauna Lani Bay Hotel** & Bungalows. 350-Zimmer Luxushotel, terrassenförmig zum Meer hin gebaut. Eindrucksvolle Landschaft mit wunderschönem Ausblick auf den Pazifik, nicht zuletzt wegen des weltberühmten Mauna Lani Golf Course ein Anziehungspunkt der Extraklasse. Privatstrand, Surf- und Segelschule, 10 Tennisplätze, Lagunenlandschaft, verschiedene Swimmingpools. Wasserfälle in der dschungelartigen, 6stöckigen offenen Hotelhalle mit Fischteichen, Orchideen und tropischen Vögeln.

Vom Hotel führt ein Lehrpfad zu Lavahöhlen und althawaiischen Felszeichnungen/Petroglyphen (die man auch über einen Fußpfad vom Royal Waikoloan und Hilton Waikoloa Village erreicht). Rund um die Hotelanlage verteilen sich zahlreiche archäologische und kulturhistorische Stätten. Zum Hotelkomplex gehören 11 Hektar eines historischen Parks und 6 Hektar Fischteiche.

Der 18-Loch Francis H. Ii Brown Golf Course gilt als einer der besten Golfplätze Hawaiis; kunstvoll aus der Lava ausgehauen mit Blick auf den Ozean in jeder Richtung; mit herrlich angelegten gepflegten Fairways und Greens.

● **The Orchid at Mauna Lani** (ehemaliges Ritz Carlton Mauna Lani). Hotelanlage auf 13 Hektar Land mit 539 Zimmern, 1990 eröffnet. Bei der Anfahrt zum Hotel erhält man den Eindruck von Wasser und Parklandschaft. Geheizter Swimmingpool mit Lavagesteininformationen. Hotel der Luxusklasse mit allem erdenklichen Komfort. Verschiedene Restaurants und Freizeiteinrichtungen.

Vom Orchid at Mauna Lani hat man auch Zugang über einen öffentlichen Fußweg zum nördlich liegenden Puako Petroglyph Archaeological Preserve, zu dem auch eine separate Straße von *Highway 19* abbiegt.

Nun zu verschiedenen Attraktionen im Bereich des **Mauna Lani Bay Hotels:**

● **Candelabrum Tree**; auf der Südseite des Mauna Lani Bay Hotels. Diese ungewöhnliche chinesische Fächerpalme sitzt vor dem Bay Terrace Restaurant und ist ein seltenes botanisches Phänomen. Im Allgemeinen nur mit

Mauna Lani Resort Area

einem einzigen Stamm ausgestattet, besitzt diese über 90 Jahre alte Palme acht Stämme, vermutlich durch genetische Mutation herbeigeführt.

● **Kalahuipuaa Fishponds** waren Aufzuchtbecken von Meeresfischen, die für die Alii bestimmt waren. Es gab zwei Arten von Fischteichen, die im Inland liegenden und zum Meer hin natürlich abgeschlossenen und die dichter am Meer liegenden, die man künstlich durch eine Mauer vom Meer abtrennte.

Von den sechs Hauptfischteichen war Kalahuipuaa Pond der größte mit 2 Hektar und mit 5 1/2 Metern auch der tiefste Fischteich.

● **Eva Parker Woods Cottage Museum.** Anfang der 1920er Jahre von der Woods Familie erbaut. Die an diesen Standort versetzte restaurierte Cottage beherbergt Repliken von Funden der Area, die Hinweis auf die Lebensweise der ersten Bewohner von Kalahuipuaa und ihr Fischerdorf geben. Ein Pfad in der Nähe der Cottage führt zum „Sleep House", auf einer winzigen Insel im Kalahuipuaa Pond. Das Museum ist an 3 Tagen der Woche geöffnet.

● **Keawanui Landing.** König Kamehameha I. hatte hier einen Kanu Landungsplatz und ein kleines Dorf. Eine Nachbildung eines Kanuschuppens, in dem ein Modell in voller Größe eines Ausleger-Fischer-Kanus aufbewahrt wird, befindet sich an der Stelle des Landungsplatzes.

Zum Meer hin kann man auf dem Fels am Wasserrand ein *papamu* Petroglyph sehen (man spielte damit ein dem Schachspiel ähnliches Spiel, *konane* genannt). Bei Flut taucht der Stein im Wasser unter. Die muldenförmigen Vertiefungen, die man in der Lava an der Küste entdeckt, wurden vermutlich als Salzpfannen benutzt.

● **Ala Kahakai Shoreline Trail.** Dieser Meeresuferpfad bei Kalahuipuaa ist ein Teil eines ausgedehnten Fußwegs, der urzeitliche Siedlungen und Dörfer entlang der Kona-Kohala-Küste verband. Teile des Pfads hat man mit vom Wasser glattgewaschenen Trittsteinen gepflastert, um den Marsch über kantige AA-Lavaströme bequemer zu machen. Weiße Korallensteine und aufgehäufte Steinhaufen erleichtern die Suche nach dem Pfad, insbesondere nachts. Die Hawaiianer gingen oft barfuß, aber sie fertigten auch Sandalen aus Ti-Blättern oder anderen Pflanzenfasern.

● **Fishermen's House Site.** Dieses Haus, das einst ein Strohdach besaß, war vermutlich in den 1600er Jahren bewohnt. Der Boden ist mit Strandkieseln eingeebnet. Ein „Schrank" und eine Feuergrube sind auch noch erkennbar.

● **Platforms.** Viele der hier vorhandenen Plattformen wurden als Boden von Schutzhütten benutzt. Eine Plattform soll allerdings eine Grabstätte bezeichnen. Am oberen Rand der kreisrunden Plattform befinden sich sonnengebleichte Korallensteine.

● **Ikaika o Ka Lima.** Dieser Fels, der wie ein Wachturm aufragt, wird unter Golfern als „ok-Fels" bezeichnet, die versuchen, die 200 Meter über den Ozean zu schlagen. Den hawaiischen Namen (bedeutet „Stärke der Hand") gab eine zeitgenössische hawaiische Sängerin, die von der Stille, die über der Bucht liegt, wenn der Felsen bei Sonnenuntergang seinen riesigen Schatten wirft, inspiriert wurde.

● **Meditation Rock.** Dieser Felsen ist eine archäologische Stätte. An der Spitze dieses Felsens befindet sich eine Plattform, die als Ausguck benutzt wurde.

● **Iliili Stones.** Dieser Strand besteht aus kleinen rund- und abgewaschenen Lava- und Korallensteinen, die man iliili nennt. Man benutzte diese Steine auch als Kastagnetten bei Hula-Tänzen, auf papamu (beim Schachspiel) und als Bodenbelag von Plattformen.

● **Anchialine Pools.** Brackisches Grundwasser, das durch poröses Gestein meerwärts fließt, hat sich in Mulden und Vertiefungen im Lavagestein

BIG ISLAND
Mauna Lani Resort Area

gesammelt und diese Pools entstehen lassen. Diese einzigartigen Habitate, die man sonst in den USA nirgendwo findet, benannte man mit dem griechischen Begriff *anchialos,* was „nahe dem Meer" bedeutet.

In den Mauna Lani Pools kommen fünf Shrimparten vor. Die seltenen, winzigen *opaeula* (rote Shrimp) leben in dem das Grundwasser verbindenden Umfeld. Da diese Shrimp unterirdisch leben, bringt man ihre Dispersion und Evolution auf den hawaiischen Inseln mit ihrer Wanderung innerhalb der sich bewegenden Erdkruste in Zusammenhang. Die *opaeula* ernähren sich hauptsächlich von mikroskopisch kleinen Algen. Sie werden von größeren Shrimp, die man auch im Wasser erkennen kann, gejagt. *Opaeula* sind keine Nahrungsquelle für Vögel, aber die in den Pools eingesetzten Fischarten fressen sie und zwingen sie in den Untergrund. Die Hawaiianer benutzten *opaeula* als Köder beim Fang von Makrelen.

- **Fisherman's Platform.** Diese Plattformen wurden entweder von einem Fischer als Opfertempel/Heiau benutzt, um die Gnade seines persönlichen Gottes, *aumakua,* zu bewirken, oder waren Ausguckplattformen.

- **Platforms & Enclosures.** Bei den Plattformen und Umzäunungen entlang des **Ala Kahakai Trail** über der Bucht handelt es sich überwiegend um Stellen, an denen sich Häuser befanden. Grobe C-förmige Mauern dienten als zeitweiliger Windschutz.

Auf der Landseite hinter dem Mauna Lani Bay Hotel, auf der Südseite des *Mauna Lani Drive* findet man eine noch größere Vielzahl historischer Bereiche, die über Fußpfade erreichbar sind. Der Ala Loa Trail oder King's Trail ist auch vom benachbarten Waikoloa Resort (separate Zufahrt, siehe Abschnitt **Waikoloa**) zugänglich.

- **Ala Loa Trail/King's Trail.** Obwohl sein traditioneller Name nicht bekannt ist, wird Ala Loa (langer Weg) oft für diesen Pfad benutzt, da er am Weg eines noch älteren Fußwegs liegt, der einst als Kurierpfad um die ganze Insel führte. King's Trail stammt eventuell davon, dass der Pfad auf Anweisung des Königs gebaut wurde.

Ala Loa wurde Ende der 1800er Jahre angelegt, um die Handels- und Farmgebiete zu verbinden. Er wurde von Pferden und Maultieren benutzt, ein Teil diente zum Treiben der Rinder. Er verband einst Kailua, Huehue an den Berghängen des Hualalai mit Honoipu in Nord-Kohala.

Der **Kalahuipuaa Trail** schlängelt sich durch einen historischen Park, der eine Fundgrube archäologischer Stätten ist.

- **Kalahuipuaa Trail.** Von diesem Fußweg durch das Historic Preserve blickt man über die Lavalandschaft zu einer „unterirdischen Stadt", ein Höhlenkomplex, den die urzeitlichen Hawaiianer benutzten.

- **Tool Manufacturing.** Beim Herstellen von Basaltwerkzeugen, wie Feilen und Schabern, gab es zahlreiche glatte, flache Vertiefungen in der Lava. Man nahm Lavablöcke aus Pahoehoe-Lava, die man dann so lange abrieb oder schabte, bis sie die gewünschte Form hatten. Mit diesen Werkzeugen wurden Knochen, Holz und Muscheln bearbeitet, um Werkzeug und Gerätschaften herzustellen.

- **Shelter Cave.** Schutzhöhlen. Lavatunnels boten guten Schutz vor Wind und gegen Hitze. Die Hawaiianer benutzten Höhlen zum Wohnen, zum Arbeiten, Lagern, als Unterschlupf und Schutz in Kriegszeiten, zur Bestattung, zum Gebet und Sammeln und Auffangen von Süßwasser, das bei manchen Höhlen von der Decke tropfte. Sie glaubten auch, dass Geister tief im Innern der Höhlen lebten.

Lavaröhren oder -tunnels entstehen in Pahoehoe-Lava und bilden sich, wenn ein Lavastrom überkrustet und sich dann entleert, wenn der Lavazustrom aufhört.

- **Clues to the past**/Spuren der Vergangenheit. Archäologen haben zahlreiche Höhlen von Kalahuipuaa aufs Genaueste untersucht und freigelegt. An den Stätten fand man seltene hölzerne Artefakte, einschließlich eines Kanupaddels, einen Tragestock sowie eine einzigartige Sammlung von 16 großen Haken, die vermutlich zum Fang von Haien benutzt wurden.

- **Kulia Petroglyphs.** Nach Julia, einer Verwandten von Francis Brown, benannte Stätte mit interessanten Petroglyphen, die auf das Dach einer Schutzhöhle geritzt wurden. Die Höhle wurde freigelegt und bleibt zur Preservation geschlossen.

- **Helmeted Warrior.** Krieger mit Helm, der einen Speer über dem Kopf hält; sehr ungewöhnliche Petroglyphe.

Die benachbarte archäologische Stätte des **Puako Petroglyphs Archaeological Preserve** ist vom Mauna Lani Resort, Nähe des Hotels The Orchid at Mauna Lani, über einen Fußweg oder vom *Highway 19* über die *Puako Road* zugänglich.

- **Puako Petroglyphs Archaeological Preserve.** Der Eingang zum archäologischen Gebiet mit den Petroglyphen wird durch eines der Schilder mit dem hawaiischen Krieger gekennzeichnet. Der Pfad, der zu den Petroglyphen führt, ist etwa 20 Minuten lang. Mit über 3 000 Einheiten stellt das Petroglyphenfeld von Puako die größte Konzentration von Petroglyphen Hawaiis dar. Nirgendwo anders im Bereich des Pazifiks findet man ein so ausgedehntes Petroglyphenfeld.

Obwohl das Alter der hawaiischen Felszeichnungen unbekannt ist, hat man inzwischen festgelegt, dass einfache Strichfiguren zu den ältesten zählen. Danach kamen eventuell die Figuren mit dreieckigem Torso, die man nur in Hawaii fand, gefolgt von komplexeren Formen.

Hier nun zum althawaiischen Opfertempel Puukohola Heiau.

PUUKOHOLA HEIAU
„Tempel des Wals"

Die Anlage der **Puukohola Heiau National Historic Site** liegt etwa 1 mi/1,6 km südlich von **Kawaihae**, ca. 10 mi/16 km westlich von **Waimea** und etwa 34 mi/54 km nördlich von **Kailua-Kona**. Vom *Highway 270* biegt zunächst die Zufahrt zum Visitors Center zu dieser historischen Anlage ab, die außer dem Puukohola Heiau den **Hale o Kapuni Heiau** (untergetaucht), **Mailekini Heiau** und **John Young's House Site** umfasst. Die alle etwas auseinanderliegenden Stätten sind vom Visitors Center über einen Fußweg zu erreichen. Der Pfad ist lang, heiß und

208 BIG ISLAND
Puukohola Heiau

grob und anstrengend; festes Schuhwerk erforderlich. Die Area ist auch von der Straße zur Spencer Beach zu sehen. Im Visitors Center kann man sich eine Broschüre besorgen, die die einzelnen Stätten aufzeigt. Beim Visitors Center gibt eine Bildtafel geschichtliche Information. Das Visitors Center ist täglich von 7.30 bis 16 Uhr geöffnet. Eintritt frei.

● **Geschichtlicher Überblick.** Auf der Suche der Nordwestpassage vom Nordpazifik aus entdeckte Captain James Cook 1778 per Zufall die hawaiischen Inseln. Diese Inseln waren etwa tausend Jahre zuvor von Polynesiern entdeckt worden, die darauf eine blühende Zivilisation entwickelt hatten. Bei seinem erneuten Besuch im Jahre 1779 wurde Cook von den Hawaiianern getötet. Seine Schiffe brachten die Neuigkeit von der Entdeckung der hawaiischen Inselkette in die Welt.

Mit Cooks Offizieren und Mannschaft kamen die ersten Krankheiten, die zu drastischem Rückgang der Population des hawaiischen Volkes führten, und der Beginn ausländischer Flora und Fauna, die wir heute noch auf den Inseln finden.

1790 hatte Kamehameha die Herrschaft nur die über die Hälfte seiner Heimat Insel Hawaii. Seine Aufgabe bestand darin, die Herrschaftsgebiete der verschiedenen Häuptlinge eins nach dem anderen zu erobern, um sein Königreich zu gründen. Seine Rivalen unter den Häuptlingen wollten ebenfalls alles erobern: Häuptling Kaeokulani von Kauai, Kahekili nui a humanu von Oahu, Kalanikupuli von Maui und Keoua Kuahuula, dem die andere Hälfte von Big Island gehörte.

Im Herbst des Jahres 1790 hatte Häuptling Keoua Hilo erobert und marschierte erneut gegen Kamehameha auf. Als er den Kilauea Vulkan passierte, kam etwa ein Drittel seines Heeres bei einer gewaltigen Eruption um. Keoua kam daraufhin zur Erkenntnis, dass die Götter, insbesondere die Vulkangöttin Pele, Kamehameha als Herrscher vorzogen.

Als Kamehamehas Truppen die Schlacht von Mokaohai bei Keei zwischen den Buchten Kealakekua und Honaunau Bays an der Kona-Küste der Big Island gewonnen hatten, errang Kamehameha die Herrschaft. Als man den geheiligten Lei Niho Palaoa, den Kamehamehas Haupt-Kriegshäuptling Keeaumoku trug, stehlen wollte, wurde sein rivalisierender Häuptling Kiwalao mit Steinen erschlagen und bald darauf von Keeaumoku getötet, der die Schlacht gewann.

Um sich die Unterstützung seines Kriegsgottes Kukailimoku zu sichern, baute Kamehameha 1790 einen massiven Tempel/Heiau bei **Kawaihae**. Kamehameha lud seinen Big Island Rivalen, den Cousin **Keoua**, der die Ostküste der Insel regierte, zu sich ein. Doch aus ungeklärten Gründen wurde er von einem von Kamehamehas Häuptlingen getötet. Sein Leichnam wurde das zeremonielle Menschenopfer bei der Einweihungsfeier des Tempels im Jahre 1791. Nachdem er **Puukohola** gebaut hatte, eroberte Kamehameha 1795 Hawaii, Maui, Lanai, Molokai und Oahu. Um 1810 trat Kauai in Kamehamehas Königreich von Hawaii, dem politischen Vorläufer des heutigen US-Bundesstaates Hawaii.

Nun zu den einzelnen Stätten der **Puukohola Heiau National Historic Site.**

● **Puukohola Heiau National Historic Site.** Dieser Heiau oder Tempel liegt hoch über dem Pazifischen Ozean und ist eines der letzten religiösen Bauwerke der alten hawaiischen Kultur auf den Inseln Hawaiis. Der Tempel wurde 1790–91 von Kamehameha I. auf dem Puukohola, dem Hügel des Wals, errichtet und dem Familien-Kriegsgott Kukailimoku geweiht. Die Hawaiianer bauten diese massive Tempelplattform, indem sie sorgfältig

BIG ISLAND 209
Puukohola Heiau

abgewaschene Lavafelsen und -brocken ohne Mörtel zusammenfügten. Der Tempel besitzt die Maße 68 mal 30 Meter mit Mauern an den Rändern und an der Landseite. Drei lange, schmale, terrassenförmige Treppen gehen auf der Seeseite über die Flanke. Die Innenseite der Plattform ist zur Seeseite offen und war für die vor der Küste treibenden Kanus sichtbar.

Im Laufe der Jahre hielt die Tempelplattform bisher zwar großen Erdbeben stand, doch bei jüngsten Beben stürzten die äußeren Steinschichten ein. Als der Tempel von 1791 bis 1819 benutzt wurde, gab es Hütten mit Strohdächern und einen Altar für den Herrscher und seine Priester. Hölzerne Standbilder von hawaiischen Göttern befanden sich auf der Plattform und den Terrassen. Von allem sind heute nur die massiven Steinkonstruktionen erhalten geblieben.

1782 wurde Kamehameha Herrscher der nordwestlichen Hälfte der Insel Hawaii und kämpfte ein Jahrzehnt erfolglos gegen seine Rivalen, die den Rest der Insel beherrschten. Kamehameha eroberte die Inseln Maui, Lanai und Molokai. In der Zwischenzeit bekämpften sich seine Rivalen auf Big Island gegenseitig, wonach nur noch sein Cousin Kuahuula übrig blieb.

Kamehameha erbaute diesen Tempel, da ihm ein berühmter Prophet Kapoukahi geweissagt hatte, dass er alle Inseln Hawaiis besiegen würde, wenn er einen riesigen Tempel erbauen ließe. Der Tempel wurde 1791 fertiggestellt und dem Kriegsgott Kukailimoku geweiht, und als Opfergabe wurde Kamehamehas Hauptrivale auf der Insel Hawaii als Menschenopfer dargebracht. Die Insel stand bald unter Kamehamehas Herrschaft und etwa 4 Jahre darauf wurde das Königreich Hawaii gegründet mit Kamehameha als Herrscher über alle Inseln.

Auf dem Gelände des Tempels führt ein Pfad zu weiteren historischen Stätten wie Mailekini Heiau, Hale o Ka Puni Heiau, der Stone Leaning Post, Pelekane und Site of John Young's House. Im Information Center gibt es Information über Captain Cook.

● **Mailekini Heiau.** Auf der Bergseite zwischen Puukohola Heiau und dem Meer liegen die Ruinen des Mailekini Heiau, ein Tempel, der von Kamehamehas Vorfahren benutzt worden war.

Von einem der ersten Missionare wurde berichtet, dass der Tempel ähnliche Ausmaße hatte wie Puukohola. Während Kamehamehas Zeit wandelte John Young den Tempel zu einem Fort um, um Kawaihae zu schützen.

● **Hale o Kapuni Heiau.** Dieser Heiau soll vor der Küste Puukoholas untergegangen sein. Der Tempel war dem Haifischgott geweiht.

● **The Stone Leaning Post.** Am nahen Strand befindet sich ein Felsen, an den sich der Häuptling Alapai kupalupalu gelehnt und die Haie um Hale o Kapuni Heiau beobachtet haben soll, die den Tempel umkreisten, ehe sie die dargebrachten Opfer verzehrten.

● **Pelekane.** Entlang der Küste befindet sich unterhalb vom Mailekini Heiau die Stelle, an der sich die Wohnstatt des Königs in Kawaihae befand – der königliche Innenhof. König Kamehameha II. kehrte nach dem Tod seines Vaters hierher zurück, um sich auf seine Rolle als König der hawaiischen Inseln vorzubereiten.

● **Site of John Young's House.** John Young war ein junger englischer Seemann, der 1790 auf Hawaii strandete. Young wurde Vertrauensberater von Kamehameha dem Großen und stand ihm näher als jeder andere Ausländer. Zusammen mit einem weiteren Seemann namens Isaac Davis unterstützte er die kriegerischen Unternehmungen Kamehamehas. Kamehameha, der ihn Olohana nannte, machte ihn zu einem hawaiischen Häuptling.

210 BIG ISLAND
Waimea (Kamuela)

Olohana übte das Amt des Gouverneurs von Big Island von 1802 bis 1812 aus und war Handelsagent für den König. Er fuhr häufig nach Honolulu und überwachte den Handel mit Schiffen in **Kawaihae**. Er verwaltete auch die ihm von Kamehameha verliehenen Ländereien – Land, das später von seiner Enkelin, Königin Emma, der Frau von König Kamehameha IV., geerbt wurde.

Von **Olohanas Haus** ist nur wenig erhalten geblieben. Es bestand aus Stein und Mörtel. Seine Frau (Kamehamehas Nichte), Kinder und Dienstboten lebten in anderen Häusern hawaiischen Stils; die Stätte befindet sich nördlich vom **Puukohola Heiau** auf der Ostseite von *Highway 270*.

Wer an der Straße *Spencer Beach Road* beim Puukohola Heiau parkt, muss hier beim Ein- und Ausparken vorsichtig sein – besonders starker Autoverkehr! Der vor Puukohola liegende Strand ist nicht zum Schwimmen geeignet. Zum Schwimmen und Picknick zum Spencer Beach Park begeben.

> Hier nun zu Waimea, dem Ausgangspunkt von Nord-Kohala.

WAIMEA (KAMUELA)
„Heimat der weltberühmten Parker Ranch"

Waimea (bedeutet etwa „rotes Wasser") liegt im Nordwesten von Big Island, etwa 55 mi/88 km nordwestlich von **Hilo** und etwa 47 mi/75 km nordöstlich von **Kailua-Kona** – etwa 38 mi/61 km vom Flughafen **Keahole-Kona International Airport;** etwa auf 800 m ü.M. Rund um Waimea trifft man auf eine Kuriosität – Wildwest auf Hawaii! Die größte Privatranch liegt hier auf Big Island. Die **Parker Ranch** ist etwa um ein Fünftel größer als Hamburg. Cowboys, die hier um das Viehzuchtzentrum **Waimea**, das als Ortschaft etwa 1 500 Einwohner zählt, die Gegend des *Paniolo Country* beherrschen, werden *Paniolo* genannt.

Waimea wird postalisch **Kamuela** genannt, und zwar zur Unterscheidung der auf den Inseln Kauai und Oahu ebenfalls Waimea genannten Städte. Der kleine Ort im Hochtal hinter den Kohala-Bergen täuscht mit seinen breiten Straßen und riesigen Schildern Urbanität im kalifornischen Landhausstil vor. Für die Größe von Waimea gibt es mehrere Einkaufsbereiche, darunter ein ungewöhnlich großes Einkaufszentrum, das Parker Ranch Shopping Center, mit 35 Geschäften und Restaurants. Hier wird alles verkauft, was die *Paniolos* angeblich brauchen – von Hüten und Stiefeln, Schmuck bis zu Kunsthandwerk und luftgetrocknetem Büffelfleisch. Ferner umfasst **Waimea** mehrere Restaurants, darunter die beiden berühmten **Edelweiss** und **Merriman's** sowie das **Parker Ranch Restaurant.**

Waimea verdankt seine Existenz und Entwicklung der Parker Ranch. Hier gibt es eine Schule auf Ranchgelände, ein herrliches Theater – **Kahilu Theater,** das Richard Smart erbauen ließ,

Kirchen und sogar einen Flughafen. Der **Waimea-Kohala Airport** liegt außerhalb von Waimea; ohne touristische Einrichtungen und öffentliche Verkehrsmittel zur Stadt. Einzelheiten zur Geschichte der Parker Ranch erfährt man im Visitor Center, das zwei Museen beherbergt, sowie im **Kamuela Museum** am Westrand der Stadt. Zwei historische Wohnhäuser der Parker Ranch Familie können besichtigt werden – **Mana**, das über 150 Jahre alte Haus, das der Gründer der Ranch, John Palmer Parker erbaute, und das elegante, moderne **Puuopelu**, in dem der 1992 verstorbene letzte Familienerbe Richard Smart wohnte und dort eine große Sammlung klassischer Gemälde und Kunstobjekte ausstellte. Die Parker Ranch bietet Besichtigungstouren der Ranch sowie der beiden historischen Parker Ranch Homes. Hier nun im einzelnen zu den **Attraktionen Waimeas**.

Attraktionen von Waimea ◀

Hauptattraktionen Waimeas ist die **Parker Ranch,** die im Anschluss als separate Attraktion behandelt wird. Alles andere in Waimea dreht sich aber ebenfalls größtenteils um die Parker Ranch und ist irgendwie damit verknüpft.

● **Visitors Center**; tägl. von 9–17 Uhr. Eintrittsgebühr; mit Parker Ranch Museum und Duke Kahanamoku Museum. 15-Minuten-Video über Parker Ranch; Information.
– **John Palmer Parker Ranch Museum:** Geschichte und Genealogie der sechs, inzwischen sieben Generationen der Parker-Familie, die die Ranch besessen haben, mit Fotos des Ranchgründers John Palmer Parker, der 1809 auf einem Handelsschiff aus Newton, Massachusetts, nach Hawaii kam. Als er in Kealakekua auf Big Island an Land ging, befreundete er sich mit Kamehameha dem Großen. Parker kehrte 1814 19jährig nach Hawaii zurück. Kamehameha I. beauftragte ihn, die sich wild verbreitenden Rinder auf Big Island einzufangen und zu zähmen. Kamehameha gab Parker etwa 0,8 Hektar Land, auf dem Parker 1847 die Parker Ranch gründete – Einzelheiten siehe unter **Geschichtliches der Parker Ranch.**
– **Duke Kahanamoku Museum.** Duke Kahanamoku (1890–1969) ist der „Vater des modernen Surfsports". Er war viermaliger Olympiasieger von 1912 bis 1932 im Schwimmen. Zahlreiche Memorabilien, wie Trophäen und Pokale, Spazierstöcke, Duke's Bett und Schrank sowie Surfbrett.
– **Thelma Parker Theater.** Hier wird das 15-Minuten-Video gezeigt, das über Geschichte und Gegenwart der Parker Ranch informiert.

● **Imiola Church.** Waimea besitzt im östlichen Teil an *Highway 19* eine Gruppe von Bauten im Neuenglandstil. Hier steht die Imiola Kirche aus dem Jahre 1857, die Reverend Lorenzo Lyons erbauen ließ, der sich die hawaiische Sprache aneignete und englische christliche Hymnen ins Hawaiische oder umgekehrt, hawaiische Gesänge ins Englische übersetzte. Die gelbgestrichene, weiß eingerahmte Holzkirche fällt mit ihrem spitzen Turm auf. Der Innenraum ist mit braunem Koa-Holz ausgestattet, nur die Bänke sind farbig gestrichen. Außerhalb der Kirche steht ein einfaches Denkmal zu Ehren Reverend Lyons, daneben mehrere Gräber seiner Kinder.

● **Kamuela Museum**; westlich von Waimea an *Highway 19,* kurz hinter der Kreuzung von *Highway 250* nach *Hawi.* Das Kamuela Museum gilt als das größte in Privatbesitz befindliche Museum Hawaiis. Albert und Harriet Solomon begannen 1968 mit dem Museum. Alberts Großmutter war echte

212 BIG ISLAND
Waimea-Attraktionen

Alt-Hawaiianerin aus dem Pololu Valley. Sie prophezeite ihm im Alter von 8 Jahren, dass er in der Nähe von drei Bergen ein Langhaus errichten würde, das Menschen aus aller Welt aufsuchen würden. Alberts Frau Harriet war eine Ur-Ur-Enkelin von John Palmer Parker, die die meiste Zeit ihres Lebens in Honolulu verbrachte, wo Albert als Polizist tätig war.

Über ein halbes Jahrhundert lang sammelten die Solomons hawaiische Artefakte. Harriet selber hatte verschiedene Familienstücke von der Parker Ranch geerbt. Andere Familienmitglieder und Verwandte der Parkers steuerten weitere interessante Artefakte bei. Das Museum ist Mary Ann Parker gewidmet, John Palmer Parkers einziger Tochter. Eintritt. Tägl. 8–17 Uhr.

Waimea oder Kamuela ist der Ausgangspunkt zur Erkundung von **North Kohala,** wo sich die Geburtsstätte von Kamehameha dem Großen befindet – siehe Route **Nord-Kohala: Waimea–Hawi–Kapaau.** Von Waimea führt *Highway 19* in den nordöstlichen Teil der Big Island mit dem berühmten Waipio Valley an der Nordküste, das früher Erholungsort des hawaiischen Adels war – siehe unter **Waipio Valley.** Waimea bietet auch Unterkunftsmöglichkeiten – siehe **Big Island Unterkunft.**

Schlüssel zur Baxter Info-Karte Waimea
mit vielen Baxter-Tips

Orientierung:
1-Waimea Visitors Center
2-Kamuela Museum
3-Hale Kea („White House")
 historischer Ranch-Gutshof
 Restaurant/Garten
 Mittag-/Abendessen
 sonntags Brunch
4-Opelo Plaza
 Läden/Shops
 -Merriman's Restaurant
 zuschauen, wie gekocht wird
 Einrichtung aus Hawaiis
 Dampfschiffepoche
5-Edelweiss Restaurant
 Gourmet Restaurant
6-Great Wall Chop Suey
 Chinalokal
7-Parker Square
 -Waimea General Store
 -Gallery of Great Things
 Koa Hawaii-Möbel/Antiquitäten/
 Gemälde/Keramik/Kunst
8-Waimea Park
9-Paniolo Country Inn
 (neben Parker School)
 Pizza/Pasta/mexik. Spezialitäten
10-Post Office/Postamt
11-Parker Ranch Shopping Center
 Visitors Center/Museum
 -Auntie Alice's Restaurant
 preiswertes Frühstück/Kuchen
 -Ben Franklin
 -Sport- & Freizeitbekleidung bei
 Reyn's
12-Library/Bücherei
13-Schule
14-Parker Ranch Center
 -Supermarkt
 -Parker Ranch Restaurant
 beliebtes Steaklokal/gute „short ribs"

Parker Ranch Historic Homes:
Führungen/Herrenhäuser als lebendiges
Museum mit Originalgemälden/Ranch House
Tours/Anmeldung zur Besichtigung

15-Mana
16-Puuopelo
17-Race Track
 Rennbahn
18-Waimea-Kohala Airport
19-nach Waikoloa/Kona 18 mi/29 km
20-Mauna Kea Heliport
 Hubschrauberflüge
21-Parker Ranch Stables
 Reitstätte
22-Kamuela Deli
 preiswertes Mittagessen/bei Einhei-
 mischen beliebt
23-Cattleman's Steak House
 Steaks von der Parker
 Ranch/abends Musik & Tanz
24-Lebensmittelladen
25-Polizei
26-Feuerwehr/Fire Department
27-Kuhio Village
28-Imola Church (1857)
 Kirche im Neuengland-Stil
29-Dairy Queen
 -Cramped Quarters Cafe
 Pizza/mexikanische Küche
30-Fuku Hima Store
31-Kuhio Hale
 Hawaiian Homes Hall
32-Bree Garden Restaurant
 Nähe Circle K Laden/Reservierung
33-Honokaa
 -Hilo
34-North Kohala
 -Hawi/Kawaihae
35-nach Kailua

Unterkunft/Vorwahl (808):
A-$$ Kamuela Inn
 885-4243
 Fax 885-8857
B-$$ Waimea Country Lodge
 885-4100
 gebührenfrei 1-800-367-5004
 Fax gebührenfrei 1-800-477-2329

BIG ISLAND 213
Waimea-Karte

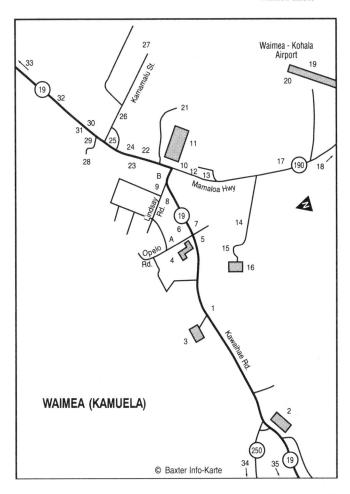

Parker Ranch ◀

Die **Parker Ranch** ist die größte in Privatbesitz befindliche Viehfarm der USA. Die riesigen Ländereien reichen von den Hängen des Mauna Kea Vulkans bis hinunter zum Ozean. Das Zentrum der Ranch mit Hauptverwaltung befindet sich in der Stadt Kamuela, auch Waimea genannt. Die Ländereien umfassen rund 90 000 Hektar, etwa 9 % der Gesamtfläche von Big Island. Über 50 000 Stück Vieh werden auf der Ranch gehalten, die jährlich etwa 5 Millionen Kilogramm Fleisch produzieren – entspricht einem Drittel der gesamten Rindfleischproduktion Hawaiis. Zum Ranchbetrieb gehören etwa 400 Pferde. Die **Parker Ranch** umfasst weiter folgende Besuchereinrichtungen:

● **Parker Ranch Shopping Center** an der Kreuzung von *Highway 19* und *Highway 190* in Waimea/Kamuela, ein etwa 74 000 m² großer Komplex mit über 35 Geschäften und Restaurants.

214 BIG ISLAND
Waimea: Parker Ranch

- **Parker Ranch Visitor Center** am anderen Ende der Stadt auf der Mauna Kea Seite mit Video-Präsentation über die Ranch auf Großbildschirm; tägl. außer So. 9–16.30 Uhr. Eintritt.
- **Historic Homes at Puuopelo.** Wohnhäuser **Mana** und **Puuopelo** der Parker-Familie von der ersten bis zur heutigen 7. Generation der Ranch-Besitzer; tägl. außer So. 9.30–16.30 Uhr; Eintritt.
- **Parker Square.** Ca. 15 560 m² Komplex mit 14 Geschäften und 20 Bürounternehmen.
- **The Lodge.** Modernes Motel mit ca. 20 Zimmer.

▶ Geschichtliches der Parker Ranch

Die Geschichte der **Parker Ranch** ist eine lebendige Chronik, die sich über 150 Jahre erstreckt. Wie viele Unternehmen, die auf den hawaiischen Inseln erblühten, wurde die Parker Ranch von einem Seefahrer gegründet – **John Palmer Parker,** ein aus Massachusetts stammender Seemann, der erstmals **1809** in Hawaii landete und einige Jahre später zurückkehrte und sich sesshaft machte. Parker erhielt von König Kamehameha, mit dem er sich angefreundet hatte, ein kleines Grundstück in Kohala, um sich dort niederzulassen.

Zuvor hatte **1793** Captain George Vancouver, der als Offizier an einer der Reisen von Captain James Cook zur Entdeckung Hawaiis teilgenommen hatte, König Kamehameha fünf Kühe und einen Longhorn-Bullen geschenkt, die er von den spanischen Missionen in Kalifornien mitgebracht hatte. Kamehameha war darüber so erfreut, dass er ein 10jähriges *Kapu* (Verbot) der Tötung oder Verletzung der Rinder erließ. Während dieser Zeit vermehrten sich die wilden Rinderherden auf dem fruchtbaren Hochtal von Waimea.

Um die 1820er Jahre zogen die nun wilden Rinder über die Hänge des Mauna Kea und grasten alles erbarmungslos ab. Kamehameha beauftragte den Neuengländer John Palmer Parker das Vieh einzufangen und zu zähmen und die Rinder unter Kontrolle zu bringen. Inzwischen hatte Parker **1816** eine Enkelin Kamehamehas, namens Keliikipikaneokaolokaha (später zu Rachel Kipikane umbenannt) geheiratet. Für $10 konnten die Parkers noch vor dem Landverteilungsgesetz des Jahres **1848** 0,8 Hektar Weideland am Nordostabhang des Mauna Kea von Kamehameha erwerben, auf dem Parker, der sich durch seine Arbeit die besten Exemplare Vieh auswählen konnte, den Grundstock der heutigen Parker Ranch legte. **1847** wurde die Parker Ranch gegründet.

Parker brachte mexikanische und südamerikanische Cowboys zu Big Island, die den Hawaiianern den Umgang mit Lasso und Pferden beibrachten. Die Hawaiianer nannten die Cowboys *Paniolos,* ihre Version für „Espanol". Mit der Zeit erhielt auch die Gegend die Bezeichnung Paniolo Country. Pferde kamen 1803 nach Hawaii, als man König Kamehameha eine Stute und ein Fohlen als Geschenk brachte. Angeblich soll die Stute bei ihrer Ankunft vor Furcht die Augen verdreht haben. Die Hawaiianer nannten dieses verschreckte Benehmen lio oder wildäugig, was schließlich zu dem hawaiischen Begriff für Pferd wurde. Um die Mitte des 19. Jh. weideten Tausende von wilden Pferden auf den Hochtälern und Hängen des Mauna Kea. Mustangs/Hengste wurden gezähmt und Vollblutpferde aus den USA und Europa eingeführt. Die heutigen Pferde der Parker Ranch sind eine besondere Zucht, die in der Hand von etwa 30 Paniolos liegt. Während inzwischen motorisierte Geländefahrzeuge den Einsatz von Pferden vermindert hat, sind die Pferde die wesentlichen Arbeitstiere der Ranch geblieben.

Die Rinderzucht der Parker Ranch nahm erst richtig ihren Anfang um die Jahrhundertwende, als man reinrassige Rinder aus den USA einführte.

Bei dem heutigen Zuchtprogramm von Hereford, Brangus- und Angusrindern sucht man eine spezielle Mischung für die verschiedenen Terrains der Ranch. Früher trieben übrigens die Paniolos die Rinder schwimmend hinaus zu den Transportschiffen, wo sie dann einzeln in einem Netz an Bord gehievt wurden. Heute werden 200–300 Rinder pro Woche zu Futterstellen in Honolulu transportiert, allerdings nicht mehr nach der legendären Methode der Anfangszeit.

Besichtigungstouren

Die Ranch veranstaltet täglich außer sonntags zwei verschiedene Touren. Die Touren beginnen jeweils mit einem 15-Minuten-Video beim Parker Ranch Visitor Center im Shopping Center in Waimea. Am besten sich etwas früher vor Tourbeginn einfinden, um sich etwas im angrenzenden Ranch Museum und dem Duke Kahanamoku Museum umzusehen.

● **Paniolo Country Tour.** 4stündige Tour in komfortablen Bussen; Abfahrt 9 Uhr und 12 Uhr. Mittagessen/Lunch bei den Puukalani Stables – Sandwich Buffet – ist im Preis inbegriffen. Anmeldung empfehlenswert; Tel. (808)885-7655. Die Touren umfassen:
– Besuch der **Historic Parker Ranch Homes Puuopelu** und **Mana.**
– **Puukalani Stables.** Die Stallungen beherbergen graphische Exponate sowie Texte und Bilder zum Ranch- und Paniolo Lebensstil. Es werden auch die Jungkälber besichtigt. Gelegentlich kann man während der Tour auch die Paniolos in Aktion sehen.
– **Historic Ranch Sites;** etwa 8 mi/13 km abseits der Hauptstraße steht das Originalgebäude der Mana Hale, daneben der Parker Familienfriedhof. Bei der Tour geht es an **Puhi Hale** vorbei, wo sich die ursprüngliche Brandzeichenstation befand.

● **Paniolo Shuttle Tour.** Der Pendelbus verkehrt alle 15 Minuten von 9 bis 15 Uhr. Mindestens 1 Stunde einkalkulieren. Die Tour umfasst alle Stätten der Country Tour außer dem originalen Mana Haus. Im Preis ist kein Mittagessen inbegriffen.

Besucher können auch ohne Tour gegen Eintrittsgebühr besuchen:
● **Visitors Center;** Mo.–Sa. 9–17 Uhr; mit 15-Minuten-Video der Parker Ranch, Ranch Museum mit historischen Artefakten und Information sowie Duke Kahanamoku Museum.

● **Historic Homes,** Mo.–Sa. 9.30–16.30 Uhr.
– **Mana,** ursprüngliches Wohnhaus des Ranchgründers John Palmer Parker (befindet sich neben Puuopelu).
– **Puuopelu,** luxuriöse Villa des 1992 verstorbenen Ranchbesitzers Richard Smart mit umfangreicher Kunstsammlung, die von Laurence Rockefeller, Boise Cascade und Signal Oil zusammengestellt wurde. Richard Smart hatte in den 1960er Jahren Land an Laurence Rockefeller verpachtet, der dort das Mauna Kea Beach Hotel erstellte. Rockefeller war der erste, der die Gegend touristisch ausbaute. Später verkauft Smart 12 400 Hektar Land zum Hotelbau an Boise Cascade, dort wo sich heute an der Kohala-Küste Hilton Waikoloan und Royal Waikoloa befinden.

Historic Homes at Puuopelu

● **Mana.** 1847 gründete John Palmer Parker auf den ersten 0,8 Hektar Land, die er erworben hatte, die Parker Ranch, wo er sein Gutshaus Mana Hale für sich, seine Frau und die beiden Söhne errichtete. Sein erstes Wohnhaus auf Big Island war ursprünglich eine traditionelle Ohia und Pili

Strohhütte mit kleinen, mehrfach unterteilten Fenstern, und steilem, grauen Schieferdach. Alle Räume waren mit festen, hochglänzenden Möbeln ausgestattet. Die ersten Matratzen hatten eine Füllung aus Hapuu-Farnen und waren mit Kapa oder Rindentuch abgedeckt.

Reisende, die an Mana Hale vorbeikamen, waren stets bei den Parkers willkommen. Als John Palmer Parker I. starb, vermachte er den größten Teil seines Besitzes seinen beiden überlebenden Erben, Sohn John Palmer Parker II. und Enkel Samuel Parker. Er machte nur zur Bedingung, die Ranch aufrechtzuerhalten. Samuel Parker überschattete seinen Onkel John Parker II. John war der ernsthafte Rancher, während Sam der Unterhalter einflussreicher Gäste war. Sam behielt die Herrschaft über Mana von 1871 bis 1909. John und Sam konnten nicht lange zusammen auf Mana leben. 1879 kauften John und seine Frau Hanai **Puuopelo** und verlegten ihren Wohnsitz und den Ranchbetrieb nach Zentral-Waimea. Etwa um 1988 ließ Richard Smart, der Parker-Ranch-Erbe in der 6. Generation, eine Nachbildung der originalen Mana Hale in Waimea neben dem luxuriösen Wohnhaus **Puuopelo** aufstellen. Man brachte die Originaleinrichtung aus dem Original der Mana Hale, um ein akkurates Bild des historischen Wohnhauses zu geben; Möbel aus samtartigem Koa-Holz, eine rötliche, in Hawaii heimische Holzart. Am Originalstandort ist nur das ursprüngliche Gebäude von Mana Hale zurückgeblieben.

● **Puuopelu.** Das elegante Rancherwohnhaus ist eine Ausstellung kostbarer Gemäldesammlungen und Kunstobjekte. Im geräumigen Salon findet man Werke von Dufy, Corot, Degas, Picasso, Renoir, Tissot, Vlaminck, Bonnard, Utrillo und Chagall. Ein anderer Raum enthält kostbare chinesische Ming-Vasen. Im Venitian Room verschiedene Werke aus venezianischem Glas. Der Yellow Room enthält eine Sammlung von Gegenständen aus leuchtend gelbem Peiping Glas, in das Vögel und Blumen eingraviert sind.

Schlafräume und die Küche werden bei Touren nicht besichtigt. Das Haus wurde zuletzt von Richard Palmer Smart, dem Ur-Ur-Ur-Enkel von John Palmer Parker bewohnt, der 1992 verstarb. Richard Palmer Parker wurde in Hawaii geboren, aber im Alter von 2 Jahren als Waise von seiner Großmutter mütterlicher Seite in Kalifornien großgezogen. Smart interessierte sich fürs Theater und blickte auf 25 Jahre als Schauspieler und Kabarettist zurück, ehe er 1959 als Vollzeit-Rancher die Parker Ranch übernahm.

Nun zur Route durch Nord-Kohala, von Waimea nach Hawi und Kapaau und der Geburtsstätte von Kamehameha I.

ROUTE 4:

NORD-KOHALA: WAIMEA–HAWI–KAPAAU

Von **Waimea** führt *Highway 250* – die *Kohala Mountain Road* – nordwärts durch das kühle Hochland der **Kohala Mountains** nach **Hawi** und **Kapaau** – etwa 19 mi/30 km. Man kann natürlich auch vom Süden her auf *Highway 19* ankommen bei **Kawaihae** auf *Highway 270* der Küstenstraße entlang nach **North Kohala** mit **Hawi** und **Kapaau** gelangen und für den Rückweg *Highway 250* nach **Waimea** benutzen. Für die gesamte Rundreise muss man eine Strecke von mindestens 45–50 mi/72–80 km zurücklegen.

Highway 250 biegt am Westrand von **Waimea** von *Highway 19* ab, an der Kreuzung mit dem **Kamuela Museum**. Etwa 19 mi/ 30 km zieht sich die Straße auf der Westseite der Kohala-Berge entlang zur nördlichen Spitze von Big Island. Unterwegs Weideland, Eukalyptus- und Ironwoodbäume sowie Kakteenlandschaft. Bei **MM 8** hat man vom Aussichtspunkt **Holt Memorial Park** auf 1 086 m ü.M. einen herrlichen Blick über die bezaubernde, friedliche Landschaft mit der trockenen schwarzen Lavaküste von Kohala; mit Picknickplatz. Kurz darauf passiert man etwa bei **MM 13** die Pferde-Ranch mit High Mountain Horseback Riding (Ironwood Outfitters). Diese „*working cattle ranch*" bietet als echtes Cowboy-Erlebnis **Trail Rides** (Geländeritte) durch die Kohala Berge.

Eine Seitenstraße, die auch Verbindung zur Küstenstraße *Highway 270* hat, führt zur **Kohala Ranch**. Weiter entlang *Highway 250* geht es an einer weiteren bedeutenden Rinderfarm vorbei – **Kahua Ranch**. Hier steht eine Großwindanlage zur Stromerzeugung. Etwa bei **MM 19** verzweigt sich *Highway 250*, rechts geht es über *Kynnersly Road* nach **Kapaau** und links über *Hawi Road* nach **Hawi**. Der Ort **Kapaau** ist das Ziel, um das Original der Kamehameha Statue zu sehen, während man über **Hawi** zum Geburtsort von Kamehameha I. gelangt.

KAPAAU

Kapaau ist ein verschlafenes Nest und die letzte Ortschaft an *Highway 270,* ehe man ostwärts beim Aussichtspunkt **Pololu Overlook** das Ende der Straße erreicht. Die üppige Vegetation markiert hier den Regengürtel der Insel. **Kapaau** bietet gerade noch die notwendigsten Einrichtungen, wie Tankstelle, Lebensmittelgeschäft, Bibliothek, Polizei und Bank. Einige Künstler haben sich inzwischen niedergelassen. Hauptattraktion ist die **Kamehameha Statue**. Hier zu einigen **Attraktionen** von **Kapaau** und der sich östlich bis zum **Pololu Valley Lookout** erstreckenden Gegend.

● **Kamehameha Statue.** Direkt vor dem Gerichtsgebäude, dem Kapaau Courthouse, steht das Original der Kamehameha Statue. Die Statue blickt auf eine sehr interessante Geschichte zurück. 1878 erteilte König Kalakaua dem in Italien arbeitenden amerikanischen Bildhauer Thomas R. Gould den Auftrag zur Fertigung der Statue, die an den 100. Jahrestag von Captain Cooks Ankunft in Hawaii erinnern sollte. Die 1800 fertiggestellte Statue wurde zum Bronzeguss nach Paris gesandt und schließlich von Bremen aus per Schiff nach Hawaii verfrachtet. Doch das Schiff, das die Statue beförderte, sank vor Port Stanley bei den Falkland Inseln mitsamt der 9 Tonnen schweren Statue. Man hatte dem Künstler $10 000 für die Statue bezahlt. Mit dem von der Versicherung ausgezahlten Betrag fertigte der Künstler ein Duplikat der Originalstatue, die für verloren gehalten wurde. Diese Nachbildung der Kamehameha Statue traf 1883 in **Honolulu** ein und wurde vor der **Aliiolani Hale** aufgestellt.

218 BIG ISLAND
Nord-Kohola: Kapaau

Einige Zeit darauf tauchte die Originalstatue auf, die ein englischer Kapitän in Port Stanley bei einem Schrotthändler entdeckt hatte. Die Statue war zuvor irgendwie geborgen worden und auf dem Schrott gelandet. Der englische Kapitän brachte die Originalstatue nach Hawaii und verkaufte sie für $850 an König Kalakaua. Da man keine zwei Statuen in Honolulu gebrauchen konnte, schickte man die Statue in das einst blühende Örtchen **Kapaau**, im Herzen von Kamehamehas Heimat.

Die Bronzestatue, die alljährlich vor dem Kamehameha Day frisch gestrichen wird, stellt König Kamehameha I. als kraftvollen und majestätischen Herrscher dar, der einen langen Umhang aus roten und gelben Federn und einen speziell geformten Helm trägt, wie ihn nur die größten Krieger Hawaiis zu tragen pflegen. Am Kamehameha Day wird die Statue stets mit Dutzenden von langen Leis geschmückt.

- **Kamehameha County Park.** Eine Seitenstraße führt zu einem Park mit Freizeitgelände, das ein öffentliches Schwimmbad, Tennis- und Basketballplätze mit Flutlichtanlage umfasst; Toiletten und Picknickplatz vorhanden, kostenlose Benutzung der Einrichtungen des Parks.

- **Kalahikiola Church.** Etwas östlich von Kapaau über eine Landstraße erreichbar, gesäumt von Palmen, Pinien und Macadamiabäumen. Die auf dem Hügel liegende Kirche wurde von dem Missionar Reverend Elias Bond, der 1841 mit seiner Frau Ellen in Kohala ankam, nach langer Bauzeit im Jahre 1855 fertiggestellt. Kalahikiola bedeutet „lebensspendende Sonne". Das Material für das 26 m lange und ca. 14 m breite Gebäude hatte man aus verschiedensten Gegenden herbeigeschafft – Korallen aus dem Meer, Steine aus den Gräben und Holz aus den Bergen. Nur der Kirchturm passt irgendwie nicht gut zu der äußeren Erscheinung.

- **Bond Estate.** Das Gelände der früheren Missionsstation umfasst Bauten der ersten Missionare, die hier tätig waren.

Schlüssel zur Baxter Info-Karte Waimea-Nordküste
mit vielen Baxter-Tips

Nützliches & Informatives:
- 1-Kamuela Museum
- 2-Parker Ranch Historic Homes
  Puuopelo & Mano Mansions
  -Parker Square
- 3-Hale Kea
- 4-Honokaa/Hilo
- 5-Spencer Beach Park
- 6-Pu'u Kohola Kauli Heiau National Historic Site
- 7-Hapuna Beach State Park
- 8-Puako
  -Kailua/Kona
  -Mauna Lani Bay Resort
  -Waikoloa
  -Hyatt Waikoloa
- 9-Kawaihae Harbor
- 10-Kawaihae Center
  -Cafe Pesto
  Pizzas aller Art
- 11-Malae Point
- 12-Keaweula Bay
- 13-Kohala Ranch
- 14-Lapakahi State Historical Park
  restauriertes Fischerdorf
- 15-Koaie Cove State Underwater Park
- 16-Mahukona Beach Park
  früher Verschiffung von Zucker
- 17-Kapaa Beach Park
  Panoramablick auf Maui/felsig
- 18-Honoipu Landing
- 19-Kamehameha Akahi Aina Heiau
  *Geburtsstätte von Kamehameha I.
  (1752) Kamehameha Birthplace
  State Memorial
  (Eingang auf Rückseite)*
- 20-Mookini Heiau (480 A.D.)
- 21-Limukoko Point
- 22-Upolu Airport
  -Upolu Point
  dichtester Punkt zu Maui
- 23-Kohala Visitors Center
- 24-Kamehameha County Park
  mit Original Kamehameha I. Statue
- 25-Kalahikiola Church 1855
  „Life from the Sun"/Leben aus der Sonne
- 26-Halawa
- 27-Makapala
- 28-Pololu Valley Lookout
  Aussichtspunkt
- 29-Keokea Beach Park
- 30-Waipio
  -Honokaa
- 31-Puu Hue Ranch
- 32-Kahua Ranch
- 33-Von Holt Memorial Park
- 34-Puu Loa 4 120 Fuß/1 256 m ü. M.
- 35-Puu Kawaiwai 3 222 Fuß/982 m ü. M.

BIG ISLAND 219
Nord-Kohala-Karte

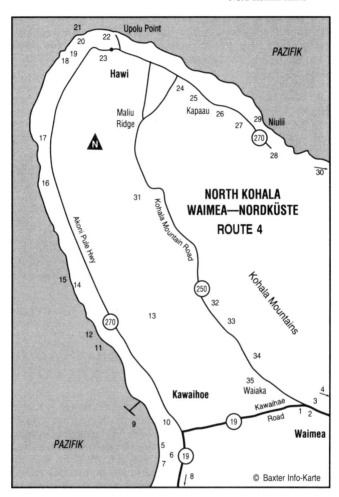

© Baxter Info-Karte

- **Keokea Beach Park.** Etwa 2 mi/3 km östlich von Kapaau biegt eine Zufahrt zum abgelegenen Strand **Keokea Beach** ab. Äußerst beliebt bei Einheimischen an Wochenenden. Im Prinzip kein Schwimmstrand wegen des felsigen Ufers. Toiletten, Duschen und Picknickplatz vorhanden. Zelten mit County Permit möglich.

- **Pololu Valley Lookout.** Ausgezeichnete Aussicht auf eine ganze Reihe unbewohnter, üppig bewachsener Schluchten. Hier beginnt der **Kohala Ditch Trail.** Diesen 30 mi/48 km Pfad für Maultiere benutzte die Kohala Corporation für ihr Bewässerungssystem der Zuckerplantagen. **Pololu Valley** galt einst mit den anderen Tälern als eine der fruchtbarsten Taroplantagen des alten Hawaiis. Heutzutage sind die Täler total überwuchert.

Vom Aussichtspunkt **Pololu Valley Lookout** führt ein 15-Minuten-Pfad hinunter ins **Pololu-Tal.** Von Pololu sind es etwa 12 mi/19 km bis zum **Waipio Valley,** dazwischen liegen etwa fünf U-förmige Täler – darunter die beiden längsten Täler **Honokea** und **Waimanu.** Die von Pololu zu den übrigen Tälern führenden Wege sind nicht in bestem Zustand.

BIG ISLAND
Kamehameha Geburtsstätte

Von **Kapaau** entlang *Highway 270* dann westwärts nach Hawi, der alten Plantagenstadt. Hier nach dem Wegweiser zum Flughafen **Upolu Airport** richten, um zur **Geburtsstätte von Kamehameha I.** und dem **Mookini Heiau** sowie **Upolu Point** zu gelangen.

▶ ## *HAWI*

Das ehemalige blühende Zuckerstädtchen **Hawi** hat unter dem drastischen Rückgang der Zuckerproduktion gelitten. Verlassene Fabrikanlagen mit dem hohen Fabrikschornstein der Kohala Sugar Company erinnern heute nur noch an den früheren Zuckerboom. Heute passiert man im Ort eine Reihe Häuser mit falscher Fassade. *Highway 250* durchschneidet **Hawi,** auf *Highway 270* zusteuernd.

Hawi besaß einst vier Kinos. Heute findet man eine Handvoll kleiner Läden, vielleicht ein paar Künstler und ein Information Center im Ort. Hawi ist im wesentlichen Durchgangsstraße für **Kamehamehas Geburtsstätte** sowie **Mookini Luakini Heiau** und **Upolu Point.**

▶ ## *MOOKINI LUAKINI HEIAU*
& KAMEHAMEHA GEBURTSSTÄTTE

Überall in Hawaii gibt es viele archäologische Stätten – Szenen urzeitlicher Schlachten, Tempelreste, Felszeichnungen und Dorfanlagen – all das macht die polynesische Vergangenheit gegenwärtig. Doch nirgendwo wird Althawaii heute dem Besucher so präsent wie an der **Kohala-Küste** auf der Westseite von Big Island. Dies ist größtenteils dem starken Bemühen der Ferienhotels an der Küste zuzuschreiben, die noch vorhandenen Anlagen und Ruinen zu schützen und zu erhalten.

Dies ist auch die Gegend, in der Kamehameha der Große geboren wurde und aufgewachsen ist. Von hier begann er als erster Krieger mit der Eroberung und Vereinigung der Inseln, um ein Königreich zu schaffen, das bis 1893 dauerte. An der Kohala-Küste kann jeder, der sich für Althawaii und seine anfänglichen Kontakte mit der westlichen Welt interessiert, den Spuren Kamehamehas folgen.

● **Mookini Luakini Heiau.** Von *Highway 270* fährt man bei **MM 20** eine einspurige Straße entlang zum **Upolo Airport,** ein sehr selten benutzter Flughafen. Dort, wo am Ende der Rollbahn die Straße endet, biegt man links ab auf eine grobe, nicht asphaltierte Straße, die nach etwa 2 mi/3 km zum **Mookini Luakini Heiau** am nördlichsten Zipfel von Big Island führt.

Mookini Heiau ist ein traditioneller hawaiischer Gebetstempel, der etwa im Jahr 480 von einem Hohenpriester namens Kuamoo Mookini in der Nähe von **Upolu Point** errichtet wurde. Es ist ein dem Kriegsgott Ku

Kamehameha Geburtsstätte

geweihter Kriegs-Heiau, in dem die Geburtsritualien bei der Geburt von König Kamehameha I. abgehalten wurden, dessen Geburt ca. 1758 nur etwa 900 Meter davon entfernt stattfand.

Der aus verwaschenen Basaltsteinen erbaute Tempel gilt mit 76 x 38 Meter, fast den Ausmaßen eines Football-Feldes, als der größte Heiau Hawaiis. Manche Mauern des majestätisch auf dem Hügel ruhenden Heiau sind teilweise 9 Meter hoch. Der **Mookini Luakini Heiau** ist eine der ältesten historischen Stätten und gleichzeitig eine der heiligsten Stätten überhaupt. Als ein geschlossener Heiau war er ausschließlich Hawaiis Hohenpriestern/*kahuna*, Königen und Häuptlingen zum Fasten, Beten und zur Opferung von Menschen vorbehalten. Passatwinde wehten ständig an dieser Stätte. Von hier hat man eine spektakuläre Sicht auf **Mount Haleakala** auf der Nachbarinsel Maui.

Um 1000 AD wurde der Tempel von einem Priester aus Samoa namens Paoa erweitert. Doch das Erstaunliche an diesem Heiau ist, dass seit 480 AD die Hüter dieses Tempels – *kahuna nui* – aus einer Familie stammen, wie aus der Familiengeschichte hervorgeht. Kahuna bedeutet Priester oder Priesterin. Bis in die 1990er Jahre wurde der Tempel von Leimoni Mookini Lum, einem direkten Nachkömmling des Kuamoo Mookini, betreut.

Im Tempel kann man den tellerförmigen Felsen sehen, auf dem die Menschenopfer vorbereitet wurden. Ferner gibt es Überreste vom Haus des „Mu", der die Aufgabe hatte, die betreffenden Opfer zu finden. Nach den genealogischen „Unterlagen" der Mookini wurde der Heiau in einer einzigen Nacht errichtet. Die Basaltsteine kamen aus dem etwa 13 mi/21 km entfernten Pololu-Tal im Nordosten der Insel und wurden über die gesamte Entfernung von Hand zu Hand gereicht. Schätzungsweise hatte man zu dieser Menschenkette ca. 15 000 bis 18 000 Menschen benötigt.

Es wird auch angenommen, dass Kamehameha als zukünftiger König und Mitglied einer königlichen Familie/alii, diesen Heiau als Kind besucht hatte.

● **Kamehameha's Birthplace.** Kamehameha wurde in Nord-Kohala geboren – niemand weiß genau das Jahr, in dem er geboren wurde, aber vermutlich in den 1750er Jahren (schätzungsweise 1758). Legenden nach sah man zu jener Zeit einen Kometen am Himmel, der die Geburt eines großen Führers ankündigte. Der Komet Halley tauchte so etwa um 1758 auf. Kamehamehas Aufstieg zur Macht ist legendär. Am Hof des Königs Alapai, dessen Hauptquartier bei Kawaihae lag, etwas nördlich der Ferienanlage des heutigen Mauna Kea Beach Hotels, wurde er zum Krieger erzogen.

Als Jugendlicher stemmte er den berühmten **Naha Stone** in Hilo (heute außerhalb der öffentlichen Bibliothek von Hilo ausgestellt), auf der Ostseite der Insel, ein weiteres Zeichen, dass sein Stern aufsteigen würde. Jahre darauf, im Jahr 1779, soll er sich unter den Kriegern befunden haben, die gegenwärtig waren, als Captain James Cook in der Kealakekua Bay getötet wurde.

Um 1790 regierte Kamehameha nach Jahren der Intrigen, Bündnisse und Schlachten über einen großen Teil von Big Island. In jenem Jahr erhielt er Unterstützung durch die westlichen Berater John Young und Issac Davis. Diese beiden Männer brachten erstmals Kanonen in das polynesische Kriegsgeschehen und halfen Kamehameha, seine Ziele zu verfolgen und seine Expansionspläne zu verwirklichen.

Etwa eine Minute vom **Mookini Luakini Heiau** weist ein Wegweiser mit dem hawaiischen Krieger auf die Geburtsstätte Kamehameha – **Kamehameha Akahi Aina Heiau**. Der Eingang zu dieser Stätte liegt auf der Meer abgewandten Seite. Innerhalb der Steinmauern liegen einige große Felsbrocken, die man für die eigentlichen „Gebärsteine" hält, wo die Häuptlingsfrau Kekuiapoiwa, Frau des Kriegs-Alii Keoua, Kamehameha in den 1750er Jahren zur Welt brachte. Es passt sehr gut, dass dieses männliche Kind gerade zur Welt kam, als sein Vater sich auf eine Schlacht vorbereitete, eine Invasion auf Maui zu starten. Der Neugeborene sollte einer der größten und mächtigsten Führer des hawaiischen Volkes werden. Kamehameha bedeutet etwa „der Alleingänger".

▶ NORD-KOHALA-KÜSTE

Von Mookini Heiau und Kamehamehas Geburtsstätte geht es zurück zum *Highway 270* südwärts entlang der Küstenstraße *Kawaihae–Mahukona Road*. Zunächst passiert man **Kapaa Beach Park** – ein nie sehr stark besuchter Strandpark. Der felsige Strand macht allerdings den Zugang zum Wasser schwierig. Hier wird hauptsächlich gefischt, aber es gibt auch Duschen und Toiletten; Camping mit County Permit. Schöner Blick auf benachbarte Insel Maui.

Dahinter fährt man durch **Mahukona**, das einst ein wichtiger Verladehafen für die Kohala Sugar Co. war. Der Pier ist zwar noch vorhanden, wird allerdings heute nur zur Abfahrt von Fischerbooten benutzt. Gute Schnorchelmöglichkeit vor der Küste vor dem Riff. Auch neben dem Pier gute Schwimmmöglichkeiten, allerdings **nur** im Sommer. Im Winter muss man hier mit hohen Surfs rechnen. Toiletten, Duschen am Strandpark Mahukona Beach Park. Südlich davon gelangt man zum **Lapakahi State Historical Park**.

● **Lapakahi State Historical Park.** Etwa 12 mi/19 km nördlich von **Kawaihae** liegt ein altes hawaiisches Fischerdorf, das man restauriert hat. Der Rundgang duch den archäologischen Park folgt entgegen dem Uhrzeigersinn entlang numerierter Stationen. In dem über 600 Jahre alten Dorf findet man Kanuschuppen und einen, dem Gott Kuula geweihten Fischaltar, dem die Fischer stets einen Teil ihres Fangs opferten.

Man sieht Vorführungen der Salzherstellung. Zahlreiche Wohnhütten säumen den Pfad. Verschiedene Spielarten, wie beispielsweise *konane* (eine Schachspielart), oder *ulimika*, was dem Bowling entspricht, werden ebenfalls vorgestellt. Der Pfad ist gleichzeitig ein Naturlehrpfad mit erklärenden Tafeln zu den Bäumen, Blumen und Sträuchern. Tägl. 8–16 Uhr.

Von der Küste lassen sich im Dezember bis April die Wale gut beobachten. Auf *Highway 270* geht es südwärts über **Kawaihae** zum *Highway 19,* der ostwärts nach **Waimea** führt. **Kawaihae** ist einer der beiden Haupthäfen der Insel, wo die ersten Pferde und Rinder für Big Island landeten. Nach **Puukohola Heiau** und **Spencer Beach Park** geht es auf *Highway 19* Richtung Waimea. In **Waimea** hat man dann die Abstecher-Rundreise nach **Nord-Kohala** beendet.

Nun von der Nord-Kohala-Küste und Waimea nach Waipio.

ROUTE 5:

WAIMEA–WAIPIO

Von **Waimea** zum berühmten **Waipio-Tal** ist es etwa 1 Stunde Fahrt. Hinter **Waimea** geht es ostwärts entlang *Highway 19,* hier *Hawaii Belt Road* genannt, weiter durch Paniolo Country mit Cowboys, Pferde- und Rinderherden. Nach der großen Tankstelle am Ortsende passiert man eine reizvolle Eukalyptusallee. Bei **MM 53** wird der South Kohala District verlassen; dahinter beginnt der Hamakua District. Auf der Weiterfahrt, die nun steil bergab erfolgt, ist unterwegs durchaus mit Nebel und Regen zu rechnen, da man sich nun auf der Wetterseite der Insel befindet.

Bei **MM 46** biegt der *Mamalahoa Highway* rechts ab nach **Ahualoa** mit einigen Bed & Breakfast Unterkünften. Kurz darauf hat man wieder einen Blick auf den Ozean. Bei **MM 42** erreicht man **Honokaa** mit der Abzweigung des *Highway 240,* der in das weitgehend von der Außenwelt abgeschlossene Tal **Waipio Valley** führt. Von **Honokaa** sind es etwa noch 39 mi/ 62 km nach Hilo.

● **Honokaa.** Honokaa ist die erste Küstensiedlung, die man nach Waimea erreicht. Die Stadt mit rund 2 200 Einwohnern ist der nördliche Punkt von Big Islands **Hamakua-Küste** (den südlichen Punkt bildet die Verwaltungshauptstadt Hilo). **Honokaa,** an der Kreuzung von *Highway 19* und *Highway 240,* war Anfang des 20. Jh. eine der größten Städte Hawaiis mit Zentrum der Viehzucht und Zuckerindustrie, bevor Mechanisierung die Plantagen erreichte, und Waimea zur „Rinderhauptstadt" wurde.

Zucker gehört der Vergangenheit an, seit 1994 die größte Plantage der Area, Hamakua Sugar Co., dicht machte, und Zuckerrohr nur noch wild wächst. Heute wird die von Emigranten aus Portugal und Madeira besiedelte Gegend um **Honokaa** von Macadamia-Nussbaumplantagen umgeben. Inzwischen gilt **Honokaa** als „*Macadamia Nut Capital of the World*". 1882 brachte ein Australier namens William Purvis Macadamia Nussbaumpflanzen nach Hawaii. Heute sind Macadamia-Nüsse ein Hauptanbauprodukt Hawaiis. Macadamia-Nüsse wurden übrigens von einem Mann namens John MacAdams entdeckt, nach dem man sie später auch benannte.

In **Honokaa** befindet sich die Bad Ass Coffee Co.'s Hawaiian Holiday Macadamia Nut Farm and Factory, der größte private Macadamia-Nussbetrieb. In den 1980er Jahren wurde der Betrieb von Angehörigen derselben Familie, die Ghiradelli Square in San Francisco entwickelte, neu belebt. Visitors Center und Verkauf von Macadamia-Produkten im Laden; Besichtigung der Fabrik möglich, wo Macadamia-Nüsse zu verschiedenen Produkten verarbeitet werden. Rund um Honokaa stößt man noch auf das Hawaii der Zwanziger und Dreißiger Jahre.

Honokaa (bedeutet etwa „wogende Bucht") war bis Ende der 1940er Jahre Endstation der inzwischen stillgelegten Bahnstrecke für Personenzüge von Hilo. Heute ist **Honokaa** entlang des historischen **Hamakua Heritage Trail** (Hilo–Hamakua Heritage Corridor) noch immer der größte Ort der vielen Plantagenstädtchen, wie Paaulio, Kukuihaele, Honomu und Laupahoehoe, die schon fast keine Ortschaft mehr bilden.

Entlang der „verschlafenen" und staubigen *Mamane Street,* Honokaa's Hauptstraße, reihen sich einige Läden, in denen kunsthandwerkliche Arbeiten der Gegend angeboten werden. Tankstelle, einfaches Hotel, Lebensmittelladen sowie eine Bäckerei und ein paar einfache Restaurants vorhanden. Im wesentlichen ist **Honokaa** der Ausgangspunkt der Weiterfahrt entlang *Highway 240* zum Waipio-Tal. Auf dem Weg dorthin passiert man etwas hinter **MM 6** einen Lavatunnel auf der linken Straßenseite.

Nun zum Besuch des Tals der Könige – Waipio Valley.

WAIPIO VALLEY
„Das Tal der Könige"

Das **Waipio-Tal** an der Nordostküste von Big Island war früher eine beliebte Gegend der königlichen Hoheiten Hawaiis, man nannte es sogar das „Tal der Könige". *Highway 240* endet kurz hinter der Ortschaft **Kukuihaele** an einer Aussichtsstelle, **Waipio Valley Lookout**, etwa 390 Meter über dem Tal. Das Waipio-Tal ist außer zu Fuß nur mit einem Allrad-Jeep zu erreichen.

Waipio bedeutet übrigens „sich windendes Wasser". Das **Waipio-Tal** wurde einst durch Flusserosion aus den Kohala-Bergen herausgeschnitten, als der Meeresspiegel etwa 300 m tiefer lag als heute. Das Tal ist zur Ozeanseite etwa 1 1/2 km breit, wo es an eine Serie von hohen Sanddünen stößt. In der Länge dehnt es sich über ca. 9 km und stößt am anderen Ende an die Kohala-Berge. Gegenüber vom **Waipio Valley Lookout** grenzt das Waipio-Tal abrupt an einen steilen Pali, der höher als der Aussichtspunkt liegt. Dort führt ein steiler Pfad in Serpentinen über die Steilklippe hinüber zum **Waimanu Valley**.

Von der Aussichtsstelle blickt man auf das üppig grüne Tal mit überwucherten Gartenterrassen, Tarofeldern (aus Taro stellen die Hawaiianer ihr berühmtes Poi her), Fischteichen und dem aus 300 m herabstürzenden Wasserfall **Hiilawe Falls**. Der Doppelwasserfall speist den sich durch das Tal schlängelnden **Waipio Stream**. Auf dem fruchtbaren Talboden und entlang der Flüsse wachsen Avocados, Bananen, Kokospalmen, Passionsfrüchte, Guaven- und Brotfruchtbäume, Grapefruits, Kürbisse, Limonen, Kaffeesträucher und Tapioka. Das Waipio-Tal gehört übrigens zu 60 % dem Bishop Museum von Honolulu.

▶ **Geschichtliches zum Waipio-Tal**

Waipio ist ein Ort der Mythologie und Sagen. Das seit über 1000 Jahren bewohnte Tal spielt eine große Rolle in der hawaiischen Mythologie.

● **Waipio, Tal der Legenden und Sagen.**
Wakea, der Urvater oder Schöpfer der hawaiischen Inseln, hatte eine Vorliebe für dieses Tal. Auch die Hauptgötter **Kane** und **Kanaloa** hielten

sich in diesem Tal auf und berauschten sich mit Alwa. Hier soll auch der Halbgott **Maui** sein Ende gefunden haben, als er gebratene Bananen von den beiden berauschten Göttern stehlen wollte.

Lono, der Fruchtbarkeitsgott und Gott des Makahiki, kam auf der Suche nach einer Braut nach Waipio. Angeblich fand er Kaikilani, die in der Nähe des Hiilawe Wasserfalls in einem Brotfruchtbaum lebte. **Nenewe**, ein Haifischmensch, lebte am Fuße eines anderen Wasserfalls auf der Westseite des Waipio-Tals in einem Teich, der durch einen unterirdischen Tunnel mit dem Meer verbunden war. Als Nenewes Großvater ihn trotz Warnung mit Fleisch fütterte, begann Nenewe die Bewohner Waipios zu fressen, sobald sie den Teich auf dem Weg zum Meer passierten. Als man unter seinem Cape, das er stets trug, ein Haifischmaul auf seinem Rücken entdeckte, verschwand Nenewe in seinem Teich und verließ Waipio.

Puapualenalena, eine weitere mysteriöse Figur, geistert als Legende durch das Waipio-Tal. Dieses Wesen nahm die Form eines braun-weißen oder gelbfarbenen Hundes an, der je nach Bedarf seine Größe von winzig zu riesig verändern konnte. Er wurde von den Häuptlingen von Waipio entsandt, eine Kammmuschel zu stehlen. Kamehameha erbte diese Muschel, die heute im Bishop-Museum in Honolulu ausgestellt ist.

Viele Könige sollen in Waipio begraben worden sein. Wegen des von ihnen ausstrahlenden Mana sollen die dort lebenden Menschen vor Unheil geschützt sein. Tatsächlich sollen bei dem schrecklichen Tsunami des Jahres 1946 und einer Springflut im Jahre 1979 trotz entsetzlicher Verwüstungen der Häuser und des Tals keine Menschen ums Leben gekommen sein.

● **Das Tal der Könige**
Das Waipio-Tal war einst das kulturelle Zentrum der Insel und wurde von etwa 40 000 Menschen bewohnt. **Waipio** galt als das Tal großer Häuptlinge und Könige. In den 1400er Jahren war das Waipio-Tal Sitz des Königs Umi, dem ersten Häuptling, der die gesamte Insel erobert hatte. Im 15. Jh. pflanzte König Umialiloa hier im Tal noch selbst Taro an und verlegte dann den Königshof an die Kona-Küste. König Kamehameha der Große verbrachte seine Jugend hier. Er zog sich nach großen Schlachten hierher zurück. Vor der Küste lieferte er mit seinem Gegenspieler Kahekili von Maui eine der ersten modernen Seeschlachten Hawaiis. Beide hatten von vorbeifahrenden Seekapitänen Kanonen erworben, die sie erstmals dabei einsetzten. Kamehameha, der von zwei weißen Seeleuten Davis und Young unterstützt wurde, gewann die als *Battle of the Red-Mouthed Gun* bekannte Schlacht.

● **Moderne Geschichte**
Als Captain James Cook nach Hawaii kam, lebten schätzungsweise 4 000 Menschen im Waipio-Tal. Nach dem Eintreffen der Weißen war die Bevölkerungszahl etwa hundert Jahre später rapide schon auf 600 gesunken. Um die Jahrhundertwende setzte eine Besiedlungswelle ein, als viele Chinesen und Japaner sich im Tal niederließen und Reis sowie Taro anbauten. Es gab drei Schulen, fünf Geschäfte, vier Restaurants, zwei Gefängnisse, fünf Kirchen und regen Verkehr mit Pferden und Maultieren in und aus dem Tal.

Mit Beginn des Zweiten Weltkriegs verließen viele Talbewohner das Tal, um modernerer Lebensweise nachzugehen. Der Tsunami des Jahres 1946 riss fast alle Häuser weg, worauf die meisten Menschen das Tal verließen. Ende der sechziger und siebziger Jahre kamen einige Hippies, die aber dann auch von der Springflut des Jahres 1960 vertrieben wurden. 1989 ertrank das Tal in 119 Zentimeter Regen, worauf weitere Bewohner abzogen. Heute leben vielleicht 40 Menschen im Waipio-Tal, völlig abgeschieden und abseits der Zivilisation. Sie leben hauptsächlich vom Fischfang und Anbau von Taro. Etwa 7 Häuser stehen noch in der tropischen Einsamkeit des Waipio-Tals.

Waipio Valley

 Attraktionen & Aktivitäten im Waipio-Tal

Das **Waipio-Tal** ist eine der letzten Oasen der Ruhe und Beschaulichkeit. Hier zunächst zu einigen archäologischen Stätten des Tals.

● **Attraktionen**
– Die Reste des **Pakaalana Heiau** befinden sich auf der rechten Seite des Strands Waipio Beach. Der Tempel stammt etwa aus dem 12. Jh. und war ein Tempel der Zuflucht ähnlich wie Puuhonua o Honaunau an der Kona-Küste. **Pakaalane** war eine große Tempelanlage mit gewaltigen Mauern, die allerdings dem Tsunami des Jahres 1946 nicht standhielten.
– In der Nähe befindet sich ein weiterer Tempel in Ruinen, und zwar **Hanuaaloa**. Dabei soll es sich um einen Tempel der Heilung von Leib und Seele handeln.
– **Hiilawe Waterfall.** Der 397 m hohe Wasserfall ist Hawaiis höchster freifallender Wasserfall. Der Doppelwasserfall stürzt in einem hufeisenförmigen Canyon herab und speist dort den Waipio Stream mit seinen vielen Verzweigungen.
– **Waipio Beach.** Der über 1½ km lange Strand ist der längste schwarze Sandstrand von Big Island.

● **Der Weg ins Waipio Valley.**
Von *Highway 19* fährt man zunächst bis **Honokaa** und folgt dann *Highway 240* über **Kukuihaele** zum **Waipio Valley Lookout**. Die Straße, die hinunter ins **Waipio-Tal** führt, ist äußerst steil und eng, für reguläre Fahrzeuge völlig ungeeignet. Daher erfolgen organisierte Touren mit geländegängigen Fahrzeugen oder mit von Maultieren gezogenen Wagen. Zu Fuß kann man allerdings jederzeit über die Hügel und Wiesen wandern. Außerdem besteht die Möglichkeit, unten durch das Tal zu reiten.

● **Organisierte Touren für Ausflüge ins Waipio-Tal.**
Wegen des 25 %igen Gefälles hinunter ins Waipio-Tal sind nur geländegängige Fahrzeuge erlaubt. Zu den Touren, die von **Kukuihaele** seit 1970 aus organisiert werden, sollte man sich mindestens 24 Stunden vorher anmelden.
– **Waipio Valley Shuttle.** Etwa 1½ Std. Tour. Tickets beim Waipio Woodworks erhältlich. Abfahrt vom Waipio Valley Lookout entweder in Jeeps oder Vans mit Vierradantrieb. Abfahrt stündlich von 8 bis 16 Uhr jeweils zur vollen Stunde. Der Tourenveranstalter bietet auch Touren zum Gipfel des Mauna Kea an mit Besichtigung der Teleskope sowie des Skigebiets an Saddle Road. Tel. (808)775-7121.
– **Waipio Valley Wagon Tour.** Von **Kukuihaele** neben Last Chance Laden; etwa 2 Std. Tour mit Abfahrten um 10, 11.30, 13.30 und 15 Uhr. Mit Geländefahrzeugen geht es hinunter ins Waipio-Tal, wo anschließend die Tour mit von Maultieren gezogenen Wagen weitergeht. Tel. (808)775-9518.

● **Trail Rides/Geländeritte im Waipio Valley.**
Vom Last Chance Store in **Kukuihaele** Abholung mit Geländefahrzeugen ins **Waipio-Tal**; etwa 40 Minuten zur Ranch. Halbtags- und Ganztagstouren. Lange Hosen, geschlossene Schuhe und Badezeug notwendig. Tel. (808)775-0419.

● **Zu Fuß ins Waipio-Tal.**
Vom **Waipio Valley Lookout**, am Ende des *Highway 240* geht es die steile Straße hinab ins Waipio-Tal, etwa 1½ km. Dort wo das Tal an eine Serie hoher Sanddünen ans Meer stößt, hat es etwa eine Breite von etwa 1,6 km.

Hinter den Dünen erstreckt sich Waipio Beach. Für den Trip ins Tal und wieder zurück zum Ausgangspunkt muss man unbedingt mit etwa 3 bis 4 Stunden rechnen – ohne Aufenthalt am Strand. Übrigens nimmt die Temperatur beim Abstieg ins Tal etwa je 100 Meter um 2 Grad zu!

● **Weitere Wanderung vom Waipio-Tal: Waipio–Waimanu Valley**
Wer vom Waipio-Tal weiterwandern will, muss sich völlig auf Camping unterwegs vorbereiten und sich in äußerst guter körperlicher Verfassung befinden. Der Hiking-Trip ist sehr anstrengend und sollte gut vorbereitet sein – am besten beim Hawaii Visitors Bureau erkundigen – siehe unter **Information.**
Der Trek vom Waipio-Tal führt über die Pali zum 12 mi/19 km entfernten Waimanu Valley. Der Serpentinenweg beginnt etwa 100 Meter landeinwärts vom Waipio-Strand. Der beschwerliche Pfad führt auf und ab durch ca. 14 Schluchten, bis Waimanu Valley erreicht wird. Der Legende nach stammte der erste *kahuna lapaau*/Krankenheiler Hawaiis aus diesem Tal. Seine Anhänger überquerten häufig das Waipio-Tal. Manche der Tempel im Waipio-Tal sind dem Heilen von Menschen geweiht und auf den *kahuna* von Waimanu zurückzuführen.

● **Waipio Beach.**
Der Strand **Waipio Beach,** der sich vor den hohen Sanddünen, die das Waipio-Tal zur Ozean-Seite hin abschließen, über fast 2 km erstreckt, ist der längste schwarze Sandstrand auf Big Island. Die Surfs können hier gewaltige Höhe erreichen. 1946 überschwemmte eine 17 Meter hohe Flutwelle das Tal und spülte die meisten Häuser weg. Schwimmen ist daher hier nicht ratsam, obwohl der Strand doch manchmal bei guten Surfbedingungen zu Beginn der Saison von vielen Surfern aufgesucht wird. Aber auch das Surfen birgt noch eine weitere Gefahr, da die Gewässer angeblich ab und zu auch von Haien aufgesucht werden.

● **Touristische Einrichtungen im Waipio-Tal & in Kukuihaele**
– **Kukuihaele,** der „letzte Ort der Zivilisation" vor dem Waipio-Tal besitzt den **Last Chance Laden** mit Tankstelle, ein Tante Emma Laden mit den allernötigsten Artikeln sowie einigen Souvenirs und kunstgewerblichen Gegenständen. Beim **Waipio Woodworks** gibt es eine gute Auswahl an Holzschnitzereien, vor allem Holzschüsseln, ferner Korbmacherarbeiten. Hier sind auch Tickets für den Waipio Valley Shuttle hinunter ins Tal erhältlich.
– **Unterkunft im Waipio-Tal.** Das Waipio Hotel mit 8 Zimmern diente einst Angehörigen des US-Friedenskorps, die Freiwillige zum Einsatz in Südostasien ausbildete. Verpflegung muss allerdings mitgebracht werden. Tel. (808)775-0368.
– **Unterkunft in Kukuihaele:** Hamakua Hideaway, Bed & Breakfast; nur etwa 45 Minuten von Waimea und etwa 15 Minuten zu Fuß vom Waipio Valley Lookout. Box 5104, Kukuihaele, Hawaii 96727; Tel. (808)775-7425.

Von Waimea gibt es eine zweite Route, über die Saddle Road und den Mauna Kea nach Hilo zu gelangen.

228 BIG ISLAND
Route 6: Saddle Road

ROUTE 6:

SADDLE ROAD: WAIMEA–HILO:

Die Entfernung zwischen **Waimea** und **Hilo** über die *Saddle Road* beträgt etwa 60 mi/96 km. Die *Saddle Road* oder *Highway 200* schneidet sich quer durch Big Island und führt über den Sattel, der die beiden majestätischen Berge **Mount Loa** und **Mount Kea** trennt. Unterwegs passiert man die Abzweigung zum **Mount Kea** sowie Pohakuloa Military Camp, Höhlen und Nene Schutzgebiet. Am besten eignet sich für diese Fahrt ein Jeep oder ein ähnliches Allradfahrzeug. Manche Mietwagenfirmen warnen vor der Benutzung der Straße wegen schlechter Straßenverhältnisse. Die Bedenken sind für den größten Teil der Strecke unbegründet, aber dennoch gibt es teilweise schlechte Abschnitte, außerdem sind unterwegs keinerlei touristische Einrichtungen oder Tankstellen vorhanden.

Entfernungsmäßig ist die *Saddle Road* etwa genauso lang wie die Küstenroute über *Highway 19* oder *Mamahaloa Highway*, doch wegen der schlechten Straßenverhältnisse benötigt man mehr Zeit.

● **Waimea–Mauna Kea Abzweigung**
Von **Waimea** geht es zunächst etwa 7 mi/11 km auf *Highway 190* südwärts. Dann zweigt erst die Saddle Road ab, und *Highway 190* führt als Binnenroute ca. 32 mi/51 km südwestwärts nach **Kailua-Kona**.

Auf den ersten 12 mi/19 km steigt die *Saddle Road/Highway 200* allmählich bis auf fast 1 000 m ü.M. und schneidet sich als schmale Straße durch Lavafelder. Unterwegs hat man stets den Blick auf drei Vulkane – **Hualalai**, **Mauna Loa** und **Mauna Kea**. Die Landschaft gleicht sehr stark einer Mondlandschaft. Ab und zu entdeckt man Fasane und Wachteln zwischen den Lavabrocken am Straßenrand. Gelegentlich begegnet man Militärfahrzeugen, die Truppen zu einem Camp bei **Pohakuloa** transportieren, wo häufig Manöver stattfinden.

Der **Mauna Kea State Park** ist das Hauptziel, wird landläufig auch nur einfach Pohakuloa genannt. Pohakuloa bedeutet übrigens etwa „langer Stein".

● **Mauna Kea State Park** liegt etwa 5 mi/8 km westlich der Straße zum Mauna Kea Observatory, ca. 33 mi/53 km von Hilo. Hier auf fast 2 000 m ü.M. (6 500 Fuß) verwandelt sich die Landschaft in rollende Hügellandschaft mit Wiesen und Weiden wie im Paniolo Country um Waimea.

Der Park umfasst als Unterkunft sieben rustikale Hütten, die bei Skifahrern und Wanderern, die den Gipfel des Mauna Loa anstreben, besonders populär sind. Ferner liegt der Park im Bereich der Pohakuloa Game Management Area, was ebenfalls Leute, die während der Jagdsaison (im allgemeinen November bis Januar) hierher kommen, zu den Hütten führt. Reservierung rechtzeitig vornehmen – siehe unter **Big Island Unterkunft**.

In dieser Höhenlage ist warme Kleidung gefragt. Im allgemeinen ist es tagsüber und nachts klar und trocken mit nur geringen Niederschlägen.

Der Park umfasst außerdem Aufzuchtgehege, in denen man die vom Aussterben bedrohten **Nene** – seltene Hawaiische Gänse aufzieht. Einige

BIG ISLAND 229
Route 6: Saddle Road

Hundert Nene wurden bereits in Höhenlagen von 1 500 bis 2 400 m ü.M. an den Berghängen von Mauna Loa und Hualalai in Freiheit gesetzt.

Von der *Saddle Road* kann man etwa 25 mi/40 km südöstlich der Kreuzung *Highway 190 & Saddle Road* an der Humuula-Kreuzung auf die *Mauna Kea Observatory Road* abbiegen; etwa 27 mi/43 km von Hilo entfernt. Die Fahrt hinauf zum 4 205 Meter hohen Gipfel des **Mauna Kea** ist nur mit ausgesprochenen Geländefahrzeugen mit Allradantrieb möglich. Einzelheiten siehe unter Abschnitt **Mauna Kea.**

Auf der Südseite der *Saddle Road* führt eine asphaltierte Straße zum etwa 17 mi/27 km entfernten **Mauna Loa Observatory** auf 3 399 m ü.M. Diese Straße gilt als die höchstgelegene Autostraße im Pazifik. Während der Woche ist die Straße allerdings wegen der empfindlichen Geräte des Observatoriums gesperrt. Wanderer haben allerdings Zugang zu den bizarr geformten bunten Lavaströmen entlang der Straße.

Bei etwa **MM 28** passiert man einen kleinen Hügel **Koa Kipuka**. Ein Kipuka ist eine erhöhte Stelle, die sich über einem Lavastrom heraushebt und noch über ursprüngliches, unverändert erhaltenes Ökosystem verfügt. *Powerline Road* und **Puu Oo Volcano Trail** bieten eventuell Gelegenheit, einige seltene Vögel Hawaiis zu sehen, wie Apapane oder Akiapolaau.

Highway 200/Saddle Road setzt sich weiter fort in Richtung **Hilo**. Unterwegs geht es über alte Lavaströme. Einer dieser Lavaströme bedrohte Hilo bei einer Eruption des Jahres 1935, bis man ihn aus der Luft mit Bomben zersprengte und umleiten konnte. So entstand übrigens auch das Vogelschutzgebiet **Kipuka Puaulu** – siehe **Route 1: Hawaii Belt Road: Volcanoes–Kailua-Kona.**

Etwa 5 mi/8 km vor Hilo passiert die *Saddle Raod* hinter *Akolea Road* die Höhlen **Kaumana Caves**. Die Stelle ist gut ausgeschildert.

● **Kaumana Caves.** 1881 erzeugte eine enorme Eruption einen gewaltigen Lavastrom. Die erkaltete Lava ließ unter ihrer Decke einen Tunnel entstehen, durch den Lava weiterfloß. Als die Eruption stoppte, ließ die abgeflossene Lava den heute als Kaumana Caves bekannten Tunnel zurück.

Über eine Treppe gelangt man in ein graues Loch, das mit Farnen und Wildblumen überwachsen ist. Man kann etwa 50 Meter ohne Taschenlampe in die Höhle laufen. Der Höhlenboden wurde übrigens mit einer Lauffläche aus Beton eingeebnet.

Etwa 2 mi/3 km hinter den Kaumana Caves passiert man Hilos öffentlichen Golfplatz **Hilo Municipal Golf Course**. *Saddle Road* führt dann als *Kaumana Drive* nach **Hilo** und setzt sich in der *Waianuenue Avenue* bis zum Anschluß an *Highway 19* fort.

Nun zur Hauptattraktion entlang der Saddle Road, dem 4 205 m hohen Mount Kea.

MAUNA KEA
„Der Weiße Berg"

Der **Mauna Kea** (bedeutet „Weißer Berg") ist mit 4 205 m ü.M. der höchste Berg der Hawaii-Inseln. Mit seinen weiteren ca. 5 500 Höhenmetern vom Meeresboden bis zum Meeresspiegel gilt der **Mauna Kea** als größtes Bergmassiv der Welt (und stellt sogar den 8 848 m hohen Mount Everest in den Schatten). Der **Mauna Kea** zählt unter den friedlichen Riesen von Hawaiis Vulkanen zu den sogenannten „Drive-in-Vulkanen", weil man ihn mit dem Auto besuchen kann.

Der **Mauna Kea**, auf dem man Skilaufen kann, war zuletzt vor ca. 4 500 Jahren aktiv, wogegen sein Nachbar, der 4 169 m hohe **Mauna Loa** 1984 etwa 21 Tage lang seine letzte Eruption hatte, die jedoch relativ friedlich erfolgte. Mauna Loas Ableger, der **Kilauea** im Hawaii Volcanoes Nationalpark (zu dem auch Mauna Loa gehört), ist allerdings seit 1983 ständig bei der Arbeit und begrub bereits Küstenstraße und ganze Dörfer unter seinem Lavateppich.

Auf dem Gipfel des **Mauna Kea** erstreckt sich ein Komplex verschiedener Observatorien. Hier oben herrschen nahezu perfekte Sichtverhältnisse – dunkler Himmel, gutes Wetter, äquatoriales Blickfeld und nur etwa 10 % normale Luftfeuchtigkeit. Der Gipfel ist kalt und die Luft dünn. Die Atmosphäre hier oben besitzt nur ca. 60 % der Dichte auf Meereshöhe, was zu ernsten Kopfschmerzen und durch Höhenkrankheit ausgelöste Übelkeit führen kann, wenn der Übergang von Meereshöhe zum Gipfel zu schnell oder Aktivitäten zu anstrengend erfolgen. Die dünnere Luft kann auch zu vorübergehendem Gedächtnisschwund oder geistiger Verwirrung führen.

● **Auffahrt und Aufstieg zum Gipfel des Mauna Kea.** Die Auffahrt zum Gipfel des **Mauna Kea** beginnt an der ausgeschilderten Abzweigung an *Saddle Road,* und zwar auf deren Ostseite. Von der **Humuula Junction** genannten Kreuzung geht es zunächst etwa 6 mi/10 km eine asphaltierte Straße hinauf zum **Onizuka Center for International Astronomy and Mauna Kea Observatory** (vormals Hale Pohaku) auf 2 804 m ü.M. Die Straße darf nur nach vorheriger Anmeldung und Erlaubnis/*Permit* sowie nur mit geländegängigen Fahrzeugen befahren werden.

● **Onizuka Center for International Astronomy and Mauna Kea Observatory.** Das nach Hawaiis erstem Astronauten Ellison Onizuka, der 1986 beim Challenger-Unglück ums Leben kam, benannte Zentrum befindet sich im ehemaligen Hale Pohaku (Haus aus Stein). Onizuka stammte aus Keopu Kona und war der erste Amerikaner japanischer Abstammung, der für das Space Shuttle Programm ausgewählt wurde.

Der Komplex umfasst ein Visitor Center, Restaurant und Hütten im Schweizer Chalet-Stil, in denen oben am Mauna Kea in den Observatorien tätige Wissenschaftler untergebracht sind. Die Exponate im Visitor Center umfassen Information zur Geologie und Geschichte des Vulkans. Graphische Darstellungen erklären, weshalb der 4 205 m hohe Gipfel die besten Voraussetzungen zur astronomischen Forschung bietet.

An Wochenenden und Feiertagen führt das University of Hawaii Institute for Astronomy Führungen durch die Observatorien durch; Treffpunkt

BIG ISLAND 231
Mauna Kea

beim Visitors Center. Zugang zum Gipfel nur bei Tageslicht. Die Fahrt vom Visitors Center zum Gipfel (etwa 30 Minuten) muss selbst arrangiert werden. Vorherige Anmeldung in Hilo über Mauna Kea Support Services, (808)961-2180.

● **Weitere Attraktionen am Mauna Kea.** Vom Onizuka Center führt parallel zur Jeepstraße zum Gipfel ein 6 mi/10 km Wanderweg hinauf zum See **Lake Waiau** auf 4 023 m ü.M., dessen Name (bedeutet etwa „Schwimmgewässer") wegen des kalten Wassers nicht ernst zu nehmen ist. Der See gilt als der dritthöchste See der USA. Der sehr kalte See ist relativ klein, nur etwa 100 m breit und ca. 2 1/2 m tief. Seine Wasserzufuhr ist bislang noch ungeklärt. Zuvor hat man etwa auf 3 780 m ü.M. die **Keamakakakoi Cave** mit einer Serie weiterer Höhlen passiert, die die alten Hawaiianer als Basaltsteinbruch für das Material ihrer Steinäxte benutzten.

In der Nähe des Sees erhebt sich ein kleiner Hügel mit dem Namen **Puu Kahinahina**, was etwa „Hügel des Silberschwerts" bedeutet. Hier befindet sich eigentlich die einzige Stelle auf Big Island, wo man diese seltene Pflanze *Silversword* findet.

Der **Mauna Kea** ist die einzige Stelle im tropischen Pazifik, die während der Eiszeit vergletschert war. Der gesamte Gipfel trug eine ca. 150 m dicke Eisdecke. Reste von Endmoränen sind teilweise unterhalb des Gipfels noch erkennbar. **Mauna Kea** ist auch die Heimat von Poliahu, der Göttin von Schnee und Eis, die sich vor den Augen von Eindringlingen verbirgt und in die weiße Pracht hüllt. Sie rivalisierte mit der Vulkangöttin Pele um die Gunst eines Mannes und ging als Sieger hervor. Angeblich beherrscht Pele die südliche Hälfte der Insel, während der Norden immer Poliahu gehört.

● **Mauna Kea Observatorien.** Seit Mitte der 1960er Jahre entdeckte man, dass es nirgendwo sonst auf der Erde bessere Bedingungen für den kosmischen Weitblick gab. Die einsame Lage im Pazifik garantiert hohe Luftruhe, klare Nächte, die Wolkendecke schirmt den Gipfel von der tropischen Wärme und Feuchtigkeit ab, und die um 40 % sauerstoffärmere Atmosphäre gibt den Blick frei. Unter den verschiedenen Observatorien auf dem Gipfel des **Mauna Kea** befinden sich die modernsten Teleskope mit den weltgrößten optischen Teleskopen Kecks I und Kecks II (im Herbst 1996 in Betrieb gegangen). Ende der 70er Jahre entwarfen Astrophysiker Jerry Nelson und der frühere NASA-Manager Gerald Smith den Plan für das ausschließlich vom Ölmilliardär William Myron Keck finanzierte Teleskop Keck I. 36 kleine, wabenartig zusammengefügte und auf vier Nanometer synchronisierte Spiegelsegmente bilden den mit 10 Meter Durchmesser größten Teleskopspiegel der Welt. Wegen des Erfolgs von Keck I folgte bald Keck II.

Es gibt etwa 13 optische und Infrarot-Observatorien, die vom 0,6-m-Teleskop der Universität von Hawaii aus dem Jahre 1970 bis zum 10-m-Mosaikspiegelteleskop Keck II reichen, das 1996 in Betrieb ging. Außer Keck I (1992) und Keck II gibt es zwei der weltgrößten Millimeter/Submillimeter Radioteleskope – das Caltech Submillimeter Observatory mit 10,4 Meter und das James Clerk Maxwell Teleskop mit 15 Meter, beide 1987 für den neuentwickelten Bereich der Submillimeter-Astronomie gebaut. Das letztere Teleskop ist so empfindlich, dass es sogar eine brennende Kerze in der Entfernung des Mondes entdecken könnte. Am 11. Juli 1991 konzentrierten sich alle Teleskope des Mauna Kea auf das größte Naturereignis des Jahrhunderts – die totale Sonnenfinsternis, deren Spektakel 4 Minuten und 8 Sekunden zu beobachten war und Tausende von Besucher auf den Mauna Kea zog. Das nächste Ereignis dieser Art wird erst wieder nach 115 Jahren erfolgen.

Ferner wird das zweite 10-m-Mosaikspiegelteleskop Keck II in etwa 85 m Entfernung von Keck I bei bestimmten Beobachtungen zusammen mit Keck I wie ein einziges Instrument benutzt. Durch optische Interferometrie

232 BIG ISLAND
Route 7: Hamakua-Küste

wird das mit Keck I gesammelte Licht über einen Verbindungstunnel zu Keck II gesandt, wo es mit dem Licht des zweiten Teleskops kombiniert wird. Die beiden weiteren Instrumente sind zwei 8-m-Teleskope, und zwar das Japan National Large Telescope mit der Bezeichnung *„Subaru"* und das Gemini Northern Telescope.

Besucher können den Komplex der Observatorien nach vorheriger Anmeldung besichtigen, siehe **Onizuka Center.** Die Beförderung zum Gipfel muss selbst arrangiert werden; Anmeldung in **Hilo** über Mauna Kea Support Service, Tel. (808)961-2180. Ferner wird auch eine Tour auf den Mauna Kea mit geländegängigem Fahrzeug angeboten, und zwar von demselben Unternehmen, das den Waipio Valley Shuttle betreibt; (808)775-7121.

● **Skilaufen auf dem Mauna Kea.** Der Mauna Kea hat in seiner Gipfelregion ewigen Schnee und ist von Dezember bis März relativ schneesicher. Einen Lift besitzt das abenteuerliche Skigebiet nicht. Mit dem Jeep gelangt man auf der Gipfelstraße bis zu den Skiabfahrten. Zwei ausgedehnte Mulden in Gipfelnähe – **Poi's Bowl** und **Pele's Parlor** – liefern eine perfekte Abfahrtstrecke auf dem Lava-Schneeparkett, weder von Steinen, Sträuchern oder Liftschlangen behindert.

Die gut geneigten Hänge bieten im Durchschnitt 2-3 Kilometer freie Fahrt. Die längste Abfahrt bringt rund 5 Kilometer. Am Pistenende steht ein Pendeljeep für den Rücktransport zum Gipfel bereit.

Der **Mauna Kea** hatte bereits 1930 einen Namen als „Skiberg". Wirklich interessant wurde das Skivergnügen dann, als man 1976 die Straße auf den Gipfel baute, etwa 20 mi/32 km. Weitere Einzelheiten siehe unter **Big Island Aktivitäten.**

Von Waimea entlang der Hamakua-Küste über Honokaa nach Hilo.

HAMAKUA-KÜSTE: WAIMEA–HONOKAA–HILO

Die Strecke Waimea-Honokaa entlang *Highway 19* mit Abstecher ins Waipio-Tal wurde bereits unter **Route 5: Waimea–Waipio** erfasst. Von **Honokaa,** der ersten Küstensiedlung nach dem Paniolo Country der Parker Ranch Area um Waimea, führt *Highway 19* als *Mamahaloa Highway* an der Ostküste von Big Island entlang nach Hilo. Big Island's **Hamakua-Küste** bietet viele faszinierende Stellen – Ausblick aufs Meer, spektakuläre Wasserfälle, die von schroffen Felsklippen herabstürzen und tropische Gärten. Etwa 58 mi/93 km von Waimea nach Hilo.

Die Route entlang *Highway 19* ist Teil der rund 420 km Straße, die die Insel Hawaii umkreist. **Honokaa** ist der nördliche Punkt der landschaftlich reizvollen Küstenstrecke entlang der Hamakua-Küste. Unterwegs entlang des auch als **Hilo-Hamakua**

BIG ISLAND
Hamakua-Küste

Heritage Corridor bekannten Abschnitts liegen die noch aus der vergangenen Zuckerära übriggebliebenen Plantagenstädtchen Paauilo, Kukuihaele, Honomu und Laupahoehoe, von denen die meisten nicht länger richtige Orte sind.

Zucker zählt zur Vergangenheit der Hamakua-Küste. 1994 wurde Hamakua Sugar Co., die größte Zuckerplantage der Area, geschlossen. Auf den rund 14 000 Hektar ehemaliger Zuckerrohrfelder entlang der Hamakua-Küste wächst Zuckerrohr nur noch wild oder wurde durch Weideland oder Bananen- und Papayaplantagen abgelöst. Teilweise liegt die Zukunft dieses Gebiets auch in der Holzwirtschaft. Verschiedentlich erfolgt die Anpflanzung von Eukalyptusbäumen.

Bei **MM 42** passiert man die Abzweigung von *Highway 240* nach Waipio. An ehemaligen Zuckerrohrfeldern vorbei mit wunderschönem Blick auf den Ozean erreicht man kurz darauf hinter einem Canyon auf 300 m ü.M. die Abzweigung zum 3 mi/5 km landeinwärts liegenden **Kalopa State Park.**

● **Kalopa State Park**; ca. 610 m ü.M. Die Zufahrt zum Park ist gut ausgeschildert. Das in üppigem Waldgebiet versteckte Freizeit- und Erholungsgebiet ist beliebtes Wandergebiet mit ausgeschilderten Naturlehrpfaden; einheimische Ohia-Wälder. Zeltplätze (mit State Permit) und Hüttenunterkunft; Reservierung über Dept. of Land and Natural Resources, Div. of State Parks, Box 936, Hilo, Hawaii 96720; Tel. Camping: 961-7200, Hütten: 775-7114.

Highway 19 passiert bei **MM 34** ein altes Plantagenstädtchen aus der Zuckerära, **Paaulio,** in dem noch Althawaii erlebt werden kann.

● **Paaulio,** etwa 8 mi/13 km südlich von Honokaa. Historische Gebäude aus der Zeit der ersten Plantagencamps. Im Gebäude der Hamakua Sugar Co. gibt es ein kleines Museum und Visitor Center.

Bei **MM 32** geht es landeinwärts zur Mauna Kea Ranch. Vorbei an Canyons mit dichter Dschungelvegetation wechselt man bei **MM 28** vom Hamakua District zum North Hilo District über. Bergab passiert man auf 500 Fuß/275 m ü.M. Ookala.

Bei der Kaawelili Gulch geht es in Serpentinen bergab. Wasserfälle und Flüsse haben in der Umgebung zahlreiche Schluchten und Gräben ausgewaschen, zwischen denen sich Laupahoehoe Point erstreckt, etwa bei **MM 25.**

● **Laupahoehoe Point** (bedeutet etwa Lavablatt). Hier erstreckt sich eine Landzunge aus weicher Pahoehoe-Lava wie ein Finger in die Bucht. Die Halbinsel liegt etwa auf halbem Weg zwischen Honokaa und Honomu. Ein Denkmal am Strand Laupahoehoe Beach erinnert hier an eine alte Siedlung und eine Schule, die 1946 bei dem gewaltigen Tsunami weggerissen wurden, wobei 20 Schulkinder und vier Lehrer den Tod fanden.

Später verlegte man das Dorf auf höheren Grund. Auf der flachen Halbinsel erstreckt sich heute der Strandpark mit Picknick Area, Duschen, Toiletten und County Campingplatz. Zum Schwimmen ist das Meer hier zu rauh, aber man kommt zum Angeln und Fischen hierher.

234 BIG ISLAND
Hamakua-Küste

● **Laupahoehoe;** etwa 30 mi/48 km nördlich von Hilo. In einem renovierten Haus in der Nähe der alten Eisenbahnstrecke ist ein Visitors Center untergebracht. Info über das ehemalige Plantagenstädtchen der Zuckerära.

Vom **Laupahoehoe Point** führt eine sehr grobe Jeep-Straße landeinwärts zum 10 mi/16 km entfernten David Douglas Denkmal.

● **David Douglas Historical Monument.** Das Denkmal steht an der Stelle, an der 1881 der Naturalist, nach dem die Douglastanne benannt wurde, unter mysteriösen Umständen ums Leben kann. Man fand seinen Leichnam in einer Grube, die einst zum Einfangen von Wildrindern benutzt worden war. Douglas war von einer Expedition an den Flanken des Mauna Kea nicht zurückgekehrt und hatte die Nacht zuvor in der Hütte eines vorbestraften Australiers verbracht. Dem Australier konnte ein Mord nicht nachgewiesen werden, obwohl man ihn im Verdacht hatte, den Raubmord an Douglas begangen und seine Leiche beseitigt zu haben.

Von der Aussichtsstelle hinter Laupahoehoe Gulch hat man einen Blick auf die schwere Brandung. Nachdem man die Siedlung **Laupahoehoe** und den Strandplatz **Laupahoehoe Park** hinter sich gelassen hat, passiert man dichte tropische Vegetation mit Palmen, Bananenstauden und Orangenhainen, wie man es eigentlich in Hawaii erwartet.

Vor den Ortschaften **Papaaloa** und **Honohina** geht es an der Küste an einigen reizvollen Strandparks vorbei, einschließlich **Waikaumalo Park** bei **MM 17**. In einem alten Zucker-Lagerhaus in Hakalau gibt es ein kleines Info Center. An der Hakalau Bay führt eine riesige Brücke über den Urwald. Bergab geht es etwa bei **MM 12** zum Strandpark **Kolokole Beach Park**.

Schlüssel zur Baxter Info-Karte Waimea-Hilo

Orientierung:
1-Kamuela Museum
2-Polizei
3-2 500 Fuß/762 m ü. M.
4-Waipio Valley Shuttle
 -Waipio 9 mi/14 km
 -Aussichtspunkt
 -Mauna Kea Helicopter
  Hubschrauberrundflüge
5-Macadamia Nußfabrik
6-Golfplatz
7-1 000 Fuß/305 m ü. M.
8-Postamt
 -Zuckerrohrfelder/Kokospalmen
9-Mauna Kea Ranch 3 mi/5 km
10-500 Fuß/275 m ü. M.
11-Kaawelili Gulch
 Schlucht
12-Scenic Point
 Aussichtspunkt
13-Zuckerrohranbau
14-Pohakupuka Congregational Church
 Kirche
15-Waikaumalo Park
 Picknick
16-Kolekole Beach Park
 reizvoll

17-Akaka Falls
 Wasserfälle
18-Honomu Plantation Store
19-riesige Brücke über Dschungel
20-Onomea Falls
 Wasserfälle
21-Hawaii Tropical Botanical Gardens
22-4 mi/6 km Panoramastraße
 Scenic Route
23-Rainbow Falls
 -Boiling Pots
24-Mauna Kea
 4 205 m, höchster Punkt in Hawaii
25-Zum Hawaii Volcanoes NP
 -Volcano Village 30 mi/80 km
26-Kailua/Kona
 -Kona Küste
27-Kawaihae
28-Kapaau/Hawi

Unterkunft:
A-Waimea Country Lodge/
 Parker Ranch Lodge
B-Hotel Honokaa Club

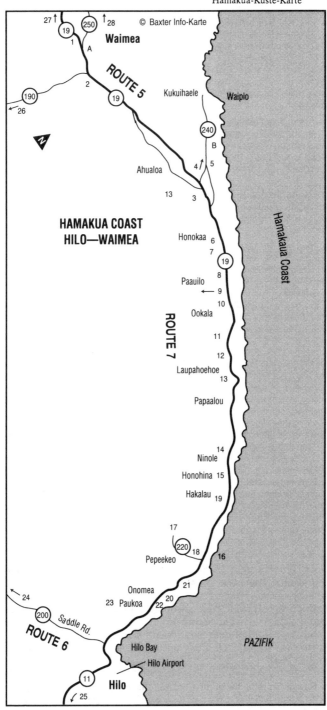

BIG ISLAND
Hamakua-Küste: Akaka Falls

- **Kolokole Beach Park.** Eine Seitenstraße schlängelt sich von *Highway 19* hinab in ein kleines Tal mit Wasserfall, Fluss zum Schwimmen, Picknickplatz, Toiletten und Wanderwegen. Camping mit *County Permit* erlaubt.
  Der Ozean hinter dem schwarzen Sandstrand ist hier extrem gefährlich. Das ganze Tal wurde bei der Springflut des Jahres 1946 etwa 9 m unter Wasser gesetzt. Der Fluss **Kolokole Stream,** der durch das Tal fließt, wird vom Wasser des etwa 6 km landeinwärts liegenden Wasserfalls **Akaka Falls** gespeist.

- **World Botanical Gardens.** Bei MM 16 gelangt man in **Umauma** zu den 1995 eröffneten botanischen Gärten. Hier hat man ca. 100 Hektar ehemaliges Zuckerrohrgelände zu einem tropischen Paradies verwandelt. Höhepunkt bildet ein 91 m hoher, dreigeteilter Wasserfall sowie eine 100 m hohe Lavawand, die mit Orchideen und Farnen bepflanzt wurde.

In **Honomu** (bedeutet etwa „stille Bucht") gelangt man bei **MM 11** schließlich zur Abzweigung des *Highway 220,* der zu dem Wasserfall **Akaka Falls** führt.

- **Honomu.** Zur Blütezeit der Zuckerära war **Honomu** eine lebhafte Plantagenstadt mit Saloons, Kirchen und Hotels. Heute reihen sich in dem nunmehr unbedeutenden Ort einige Häuser mit falscher Fassade aneinander. Am Südende des Orts steht ein sehr gut erhaltener buddhistischer Tempel – **Odaishasan.**
  An der Hauptstraße findet man einen General Store mit Bäckerei und Bed & Breakfast Unterkunft. Dann gibt es noch eine Art Souvenirladen und einen Tante Emma Laden, wo man auch einiges an Snacks findet.

- **Akaka Falls.** Etwa eine halbe Stunde, ca. 10 mi/16 km nördlich von Hilo. Der Wasserfall im **Akaka Falls State Park** stürzt inmitten eines üppigen Regenwaldes mit riesigen Bambusstauden und Vogelparadies 135 m steil herab in den darunter verlaufenden **Kolekole Stream.**
  Von **Honomu** geht es etwa 3 1/2 mi/6 km entlang *Highway 220* bis zum Parkplatz für den Wasserfall. Hier folgt man entgegen dem Uhrzeigersinn einem asphaltierten Rundweg, der in ein richtig üppiges hawaiisches Tal führt. Hier überschlägt sich die tropische Vegetation förmlich mit roten, weißen und gelben Ingwerblüten, Orchideen, Farnen, Heliconias und Bambus. Über Holzbrücken werden kleine Bäche überquert.
  Ehe man den Akaka Wasserfall erreicht, passiert man unterwegs den 122 m hohen **Kahuna Falls,** der ins üppig grüne Tal hinabstürzt. Kurz danach gelangt man zu Hawaiis längstem Wasserfall – **Akaka Falls,** der aus 135 m Höhe über glattgeschliffene Klippen steil herabstürzt. Etwa 40 Minuten für Rundwanderung durch die Tropenlandschaft zu den Wasserfällen einkalkulieren.

Von **Honomu** geht es auf *Highway 19,* der *Hawaii Belt Road,* weiter über **Pepeekeo,** bei **MM 8,** wo eine 4-Meilen-Scenic Route (6 km) einen Abstecher zur **Onomea Bay** mit dem weiter südlich befindlichen **Hawaii Tropical Botanical Garden** erlaubt. Auf das blaue Schild „4 Mile Scenic Route" achten. Die Scenic Route kann vom Norden und vom Süden befahren werden. Wer direkt Hawaiian Tropical Gardens ansteuert, benutzt am besten den Südzugang!

- **Hawaii Tropical Botanical Gardens.** Die von *Highway 19* abzweigende Seitenstraße *Kulaimano Road* ist als *Scenic Route* ausgeschildert. Unterwegs geht es entlang der engen kurvenreichen Straße durch üppige Tropenvegetation mit Bananenstauden, dichten Dschungel mit herabhängenden Lianen. Einspurige Brücken werden überquert, Wasserfälle passiert. Ab und zu Blick auf die schäumende Brandung an den Felsklippen. Macadamia-Nussbaumhaine tauchen zwischendurch entlang der von Kokospalmen gesäumten Straße auf.

Von der Aussichtsstelle **Botanical Gardens Scenic Vista Point** hat man herrlichen Blick, ehe der **Hawaii Tropical Botanical Garden** an der Onomea Bay erreicht wird. Parkplatz und Pendelbus – Abfahrt an der alten historischen Yellow Church; hier Tickets und Souvenirs erhältlich. Etwa 5 Minuten Fahrt mit Pendelbus hinunter zur Onomea Bay, wo sich die tropischen Gärten befinden. Man hat übrigens hier unten im Tal Szenen des 1990er Films „Lord of the Flies" (Herr der Fliegen) gedreht.

Onomea war im alten Hawaii ein beliebter Ort zum Fischen und Campen. Anfang der 1800er Jahre lag hier auch ein Fischerdorf namens Pahalii. Später erfolgte von hier Verschiffung von Zuckerrohr und anderer tropischer Anbauprodukte.

Der **Hawaii Tropical Botanical Garden** umfasst auch ein Marine Life Sanctuary (Schutzgebiet für Meerestiere) sowie Nature Preserve (Naturschutzgebiet). Der Park wurde 1978 gegründet und 1984 der Öffentlichkeit zugänglich gemacht. Über 2 000 verschiedene Bäume – allein über 200 Palmarten – und Pflanzen der Tropen sind hier zu bewundern; etwa 1 1/2 km Fußwege durch Regnwaldvegetation mit Dschungel und Seerosenteichen. Zwischendurch Käfige mit exotischen Vögeln. Eine Broschüre hilft bei der Orientierung entlang der verschieden benannten Pfade, wie Ocean Trail oder Waterfall Trail. Außerdem sind die Pflanzen und Vögel des Parks aufgelistet.

Hawaii Tropical Botanical Garden ist Mo.–Fr. von 8.30 bis 16.30 Uhr geöffnet; letzter Pendelbus eine Stunde vor Schließung des Parks. Der Zubringer zum Park lädt die Besucher beim Rain Shelter ab, wo Regenschirme und Mittel gegen Moskitos verteilt werden. Eintritt.

Die Seitenstraße der Scenic Route vom **Hawaii Tropical Botanical Garden** und **Onomea Bay** mündet etwa bei **MM 7** in den *Highway 19*. Über **Papaikou** und **Paukaa** geht es bergab, am großen Friedhof und Aussichtspunkt bei **Wainaku** und Anschluss an die *Saddle Road/Highway 200* vorbei direkt nach **Hilo**.

> Von Hilo nun zur Route in den Puna District über Pahoa an die Südostküste mit Kehena, Kaimu und Kalapana.

ROUTE 8:

HILO-PUNA DISTRICT: HILO–PAHOA–KAIMU

Die Route durch den südöstlichen Zipfel von Big Island führt von **Hilo** Richtung **Kalapana**, etwa 30 mi/48 km. Von **Hilo** geht es zunächst über *Highway 11* bis **Keaau**, wo *Highway 130* in den

238 BIG ISLAND
Puna District: Lava Tree Monument

Puna District abbiegt. *Highway 11* durchschneidet ebenfalls den Puna District und führt durch die Hochländer zum **Hawaii Volcanoes Nationalpark**.

Highway 130 führt zur Südostküste des Puna-District. Etwa 12 mi/19 km von der Kreuzung *Highway 11 & Highway 130* passiert man das alte Sägewerkstädtchen **Pahoa,** eine der letzten Stellen zum Tanken und Proviantbesorgen, ehe die Küste erreicht wird.

● **Pahoa.** Dieses Straßendorf mit falschen Westernfassaden und Holzplanken als Bürgersteig vermittelt noch die Atmosphäre vergangener Zeit. Es besaß einst eines der größten Sägewerke der USA. 1955 fiel der Ort bei einem Brand den Flammen zum Opfer. Heute dient Pahoa als Knotenpunkt, wo die Straßen *Hwy 132* und *Hwy 130* ausstrahlen.

Von **Pahoa** kann man zunächst *Highway 132* folgen, der zum **Lava Tree Monument** und weiter über *Highway 137* zum **Cape Kumukahi** führt. Über *Highway 132* gelangt man ebenfalls zum **Geothermal Visitor Center** bei *Pohoiki*, am *Highway 137*.

Highway 130 führt schließlich zu Punas wilden schwarzen Sandstränden. Der berühmte schwarze Sandstrand von **Kaimu** wurde von jüngsten Lavaströmen vernichtet.

● **Lava Tree Monument.** Von Pahoa etwa 3 mi/5 km auf *Highway 132* entlang. Auf Beschilderung achten. 1790 strömte rasch fließende Pahoehoe Lava durch diesen ehemaligen Ohia-Wald und hüllte die Baumstämme in bis zu 3,6 m dicke Lavaschichten. Die im Stamm enthaltene Feuchtigkeit ließ die Lava abkühlen und zu einer festen Schale erhärten. Gleichzeitig erfolgten mehrere Erdstöße und Beben, die Risse im Boden verursachten. Als die Eruption stoppte, floss die noch heiße Lava ab, und zurück blieben die in Form gegossenen Baumstämme. An manchen Stellen des Waldbodens ist die Lava so glatt, dass man sie für Asphalt halten könnte. Interessante bizarre Baumgebilde. Beim Eingang des Parks sind Begleitbroschüren erhältlich.

● **Cape Kumukahi.** Von Pahoa etwa 10 mi/16 km über *Highway 132* am Lava Tree Monument vorbei, bis die Straße die Küste erreicht. Unterwegs passiert man etwa auf halber Strecke den Lavastrom des Jahres 1955. Danach geht es an 1960er Lava vorbei.

Bei der Kreuzung von *Highway 132* und *Highway 137* geht es etwa 2 mi/3 km geradeaus zum Leuchtturm **Cape Kumukahi Lighthouse.** Dieser Leuchtturm überstand den Lavastrom des Jahres 1960, als das Nachbardorf **Kapoho** von den Lavamassen verschluckt wurde. Als sich die Lava dem Leuchtturm um wenige Meter näherte, teilte sie sich plötzlich wie durch ein Wunder auf und umkreiste den Leuchtturm vollkommen, ohne dass er dabei zu Schaden kam. In der Nähe des Leuchtturms befindet sich ein althawaiischer Heiau.

● **Isaac Hale Beach Park.** Strandpark an der Pohoiki Bay, an der Kreuzung von *Highway 137* und *Pohoiki Road*. Hier kann man vom Pier, der als einziger Bootsanleger für Sport- und kommerzielle Fischerboote der gesamten Puna-Küste dient, ausgezeichnet die Surfer in der Pohoiki Bay beobachten. Oft sehr überlaufen; Toiletten, Duschen vorhanden. Die **Pohoiki Bay** gilt als eine der besten Scuba-Tauchareas von Big Island. Bei ruhiger See kann man hier auch gut schwimmen. Unweit vom Strand gibt es im Dschungel verborgen heiße Quellen, die wie ein Whirlpool oder Sprudelbad wirken und sehr beliebt sind.

BIG ISLAND 239
Puna District: Kehena

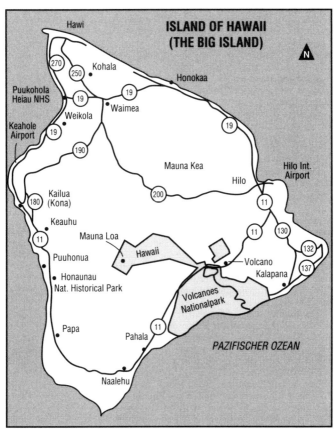

© Baxter Info-Karte

● **Geothermal Visitor Center in Pohoiki.** Eines Tages soll man genügend geothermische Kraft erzielen, um damit Maui und Oahu über ein 240 km Unterseekabel zu versorgen.

● **MacKenzie State Recreation Area;** an *Highway 137.* Sehr populärer Park in kühlem Wald aus Eisenhölzern/Ironwoods, die der 1938 ums Leben gekommene Forest Ranger A.J. MacKenzie pflanzte. Ein Teil des alten „King's Highway", der einst die gesamte Insel umgeben hatte, umgeht die Area.

Schwimmen ist hier sehr gefährlich wegen der zerklüfteten Lavafelsklippen. Vorsicht bei Strandläufen, die überraschend starken Wellen ziehen mit kräftigem Sog ins Meer. Hier wird Punas wilde Küste sogar manchmal zum Feind.

● **Kehena;** etwa 5 mi/8 km südlich von MacKenzie, an *Highway 137;* besteht praktisch aus zwei Taschen schwarzen Sandstrands unter einer niedrigen

240 KAHOOLAWE
Hawaiis unbewohnte Insel

Meeresklippe. 1975 wurde der Strand bei einem Erdbeben fast 1 m vertieft und die einst hinunterführende Steintreppe zerstört. Auch hier ist der Ozean gefährlich. Die meisten Besucher kommen zum Sonnenbaden hierher.

● **Kaimu.** Den berühmten schwarzen Sandstrand **Kaimu Black Sand Beach** gibt es nicht mehr, seitdem jüngste Lavaströme des seit 1983 ständig Lavaströme aussendenden Kilauea den Strand verschluckt haben. Inzwischen gibt es aber eine „brandneue" Area, die den schwarzen Sandstrand von Kaimu ersetzt.

Man parkt beispielsweise am Ende der Straße in Kalapana. Dort geht es etwa 800 m über beim Erstarren wirbelbildend gehärtete Pahoehoe-Lava bis zu einem regelrecht ausgesprengten schwarzen Sandstrand. Von hier kann man beobachten, wie etwa 7 mi/11 km weiter die Küste hinunter frische heiße Lava sich mit großen Dampfwolken ins Meer ergießt.

Die alte **Kaimu Black Sand Beach** entstand bei einer Eruption etwa um 1750. Die früher populäre Surfstelle war eine der meistfotografiertesten Stätten der Insel.

● **Kalapana.** Seit 3. Januar 1983 ist der Kilauea Vulkan ununterbrochen in Betrieb – die bisher längste ununterbrochene Eruption in historischer Zeitrechnung. Die Aktivitäten finden auf den Ostflanken des 1 220 m hohen Kilauea statt. 1990 wurden sämtliche Häuser des nahe an der Küste gelegenen Dorfs Kalapana und der Harry K. Brown Park von den Lavaströmen des Kilauea Vulkans zerstört. Die Lava strömte aus dem bereits seit 1986 aus dem **Kupaianaha Schlot** einige Kilometer weiter am Hang auf 850 m ü.M. aus.

Seit **Kilauea** seine Eruptionsserie **1983** begann, wurden über 300 Häuser zerstört. Täglich pumpt der Vulkan im Durchschnitt etwa 200 000 Quadratmeter Material aus und hat seitdem die Insel um 24 Hektar Land vergrößert. Die Lavaströme sind entlang etwa 11 km Küstenlinie ins Meer geflossen und haben dabei den bisherigen Verlauf der Straße, die von **Kalapana** weiter um den Südstrand des Hawaii Volcanoes National Parks lief, unterbrochen. Früher unternahmen die Ausflugsbusse die 90 mi/144 km Rundtour von **Hilo** in den Nationalpark und in die **Kalapana Area**. Nachdem die Route nun unterbrochen ist, muss man von **Hilo** zwei Routen fahren, um den Nationalpark und die Kalapana Area zu besuchen, beide Anfahrten jeweils 30 mi/48 km ein Weg.

> Nun zur nächsten Insel des hawaiischen Archipels – zur unbewohnten Insel Kahoolawe.

KAHOOLAWE

„Die unbewohnte Insel"

Die Insel **Kahoolawe**, die kleinste der 8 Hauptinseln Hawaiis, ist 117 Quadratkilometer groß und liegt 10 km südwestlich von Maui. Die winzige Hawaii-Insel ist der einzige Ort in der Liste der National Register of Historic Places, der regelmäßig bombardiert wurde. Je nachdem auf welcher Seite man steht, ist

KAHOOLAWE
Ehemaliges Bombenabwurfziel

die 10 km breite Insel entweder heiliger Boden oder wertvolles militärisches Trainingsgelände. Geschichtsmäßig wurde Kahoolawe als Ort der Verbannung, Gefängnis und als Schaf- und Rinderfarm benutzt. Die Insel ist als militärisches Experimentierfeld der US-Marine, die sie seit dem Zweiten Weltkrieg für Schießübungen benutzt, groß genug. 1953 wurde die Insel offiziell unter militärische Kontrolle gestellt. Seitdem wurde die Insel regelmäßig von Schiffen bombardiert, von Flugzeugen beschossen und bei Manövern als Angriffszone behandelt. Der Beschuss ist auf den Nachbarinseln zu hören.

Höchste Erhebung der Insel etwa 450 m ü.M. mit **Puu Moaulami**. Aus einem einzigen Vulkan entstanden; erhält geringe Niederschläge. Passatwinde fegen mit ungeheurer Kraft um Kahoolawe. Wegen der geringen Erhebungen gibt es hier auch keinerlei Windbarrieren, was **Kahoolawe** zur windigsten der Hawaii Inseln macht. Obwohl die Insel arid und trocken erscheint, deuten archäologische Funde darauf hin, dass sie einst von Vegetation bedeckt und vor etwa vierhundert Jahren eine Siedlung von 500 bis 1 000 Menschen beherbergte. Durch Überweidung wurde die Vegetation größtenteils zerstört, und etwa 4 1/2 Meter des Mutterbodens fiel Erosion zum Opfer. Unter den Munitionshülsen und sonstigen militärischen Abfällen, die über die nackte rote Erde verteilt sind, liegt ein archäologischer Schatz mit über 2 300 Funden, die 1 000 Jahre hawaiischer Bewohnung dokumentieren. Diese Entdeckung führte 1982 zur Aufnahme der Insel ins National Register of Historic Places.

Verschiedene Protestaktionen der Gruppe *Protect Kahoolawe Ohana* erfolgten, um ein Ende der militärischen Schieß- und Bombardierungsübungen zu erzwingen. Durch Gerichtsbeschluss wurde Ohana der monatliche Zugang zur Insel sowie archäologische Erhaltungs- und Schutzmaßnahmen durch die Marine garantiert. Beide Seiten trafen sich zweimal jährlich, um Schwierigkeiten zu beseitigen.

Die Ohana sieht **Kahoolawe** als Mittelpunkt der Wiedergeburt althawaiischen Glaubens. Mitglieder der Ohana haben auf der Insel religiöse Rituale ausgeübt und einen Hula-Hügel sowie ein traditionelles Haus errichtet. Ohana-Mitglieder waren auch erfolgreich, bei dem alle zwei Jahre stattfindenden *Rim of the Pacific* Manöver Fremdschiffe von der Bombardierung **Kahoolawes** abzuhalten.

Die Marine behauptet, **Kahoolawe** sei die einzige Stelle zwischen Kalifornien und Korea, wo Marinegeschütze ausprobiert werden können. Andere Stellen seien entweder zu klein, zu weit weg, zu teuer und lägen zu dicht bei Wohngebieten. Das Militär praktizierte nur auf dem mittleren Drittel der Insel und muss bei 75 % der Munition sogenannte „Puff" Munition verwenden, die nur eine Rauchwolke erzeugt. Ziele müssen mindestens 300 m von archäologischen Stätten entfernt sein. Für Touristen ist die Insel Kahoolawe nicht zugänglich. **1994** geben die USA Kahoolawe an den Bundesstaat Hawaii zurück.

242 KAUAI
Die Garteninsel: Allgemeines

> Nach Kahoolawe nun zur Garteninsel Kauai.

KAUAI
„The Garden Isle – die Garteninsel"

- **Größe:** 1 432 Quadratkilometer; viertgrößte Insel hinter Hawaii, Maui und Oahu; etwa 53 km lang und 40 km breit.
- **Küstenlinie:** 144 Kilometer einschließlich vieler Strände.
- **Bevölkerung:** 51 000; etwa 4 % von Hawaiis Gesamtbevölkerung. Oahu ist nur ein bißchen größer (1 581 km^2 und hat 840 000 Einwohner. Die benachbarte Privatinsel **Niihau** hat etwa 250 Einwohner.
- **Hauptstadt:** Lihue (County Sitz).
- **Höchster Punkt:** Mt. Kawaikini 1 598 m ü.M., fast im Zentrum von Kauai.
- **Kauai** sprich Kewai.
- **Alter:** Etwa 5,6 Millionen Jahre alt.
- **Inselblume:** Mokihana.
- **Besondere Attribute:** Mt. Waialeale (1 569 m ü.M.) ist die regenreichste Stelle der Erde mit 11 684 mm durchschnittlichen Niederschlägen pro Jahr! Kauai besitzt auch die einzigen schiffbaren Flüsse Hawaiis! Auf 3 Einwohner kommt 1 Besucher.

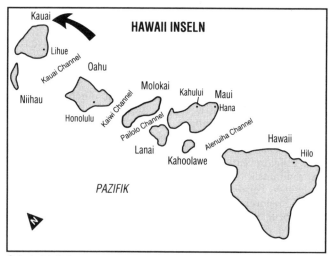

© Baxter Info-Karte

Kauai ist die viertgrößte Insel der hawaiischen Inselkette. Sie erstreckt sich über 1 432 km^2 und hat den Beinamen Garteninsel wegen der reichen Niederschläge und üppigen Vegetation. Für den Namen Kauai gibt es keine Erklärung.

Kauai entstand vor nahezu 10 Millionen Jahren und gilt als die älteste Insel der hawaiischen Inselkette. Die Insel entstand durch einen einzigen Schildvulkan. Im Laufe von Jahrmillionen hat die Erosion dieses Vulkans mit seinen beiden Gipfeln **Kawaikini** (1 598 m ü.M.) und **Waialeale** (1 569 m ü.M.) eine breite Palette dramatischer Landschaften entstehen lassen. Dazu zählen der farbenprächtige **Waimea Canyon** mit nahezu 915 m Tiefe und die 24 km lange **Na Pali-Küste** mit ihren rasierklingenscharf eingeschnittenen, zerklüfteten Felsklippen, die wie ein grüner Faltenwurf steil ins Meer fließen. Entlang dieser Küste liegt das wunderschön in der Isolation verborgene Tal **Kalalau Valley**, das aber nur zu Fuß von entschlossenen und von Ausdauer besessenen Wanderern erreicht wird.

Zu den weiteren landschaftlichen Schönheiten und Attraktionen Kauais gehört **Hanalei** mit dem unbeschreiblich schönen Hanalei-Valley, ein Lieblingsgebiet von Filmemachern und Fotografen. Zahlreiche Südseefilme wurden hier in der Gegend gedreht. Flussaufwärts vom Wailua River liegt die **Fern Grotto**, eine aus einer Lavaröhre entstandene Höhle, die von Farnen dicht überwachsen ist. Eine der beliebtesten Stellen für Hochzeitszeremonien.

Das Sumpfgebiet **Alakai Swamp** mit seinen Hochmooren und Regenwäldern erstreckt sich fast 16 km nordwestlich vom **Mt. Waialeale** und gilt offiziell als die regenreichste Stelle der Erde mit durchschnittlichen Jahresniederschlägen von 11 684 mm! Es ist gleichzeitig Ausgangsquelle der sieben Hauptflüsse der Insel. Kauais südöstliche Region ist ein nahezu flaches Tafelland, auf dem weiträumig Zuckerrohr und inzwischen auch Kaffee angebaut wird.

Kapaa an der Ostküste (auch Coconut Coast genannt) besitzt zwar die größte Einwohnerzahl, doch **Lihue**, das einige Kilometer weiter südlich liegt, ist das Geschäfts- und Wirtschaftszentrum der Insel mit dem Verwaltungssitz des Kauai County. Der County umfaßt ebenso die im Privatbesitz befindliche **Insel Niihau**.

Kauais Hauptflughafen ist **Lihue Airport**, während es noch die kleineren Flughäfen in **Princeville** an der Nordküste und bei **Barking Sands** an der Westküste gibt. Letzterer wird als Militärflughafen von der amerikanischen Marine betrieben – US Navy's Barking Sands Pacific Missile Range Facility.

Tourismus bildet den Hauptwirtschaftszweig der Insel. Die meisten Hotels und touristischen Einrichtungen befinden sich in **Kaapa, Lihue** und **Poipu**. Landwirtschaft, insbesondere Zuckerproduktion und seit wenigen Jahren auch Kaffeeanbau, bilden Kauais zweite Einkommensquelle. In **Koloa**, im südöstlichen Teil der Insel begann **1835** der erste erfolgreiche kommerzielle Zuckerrohranbau Hawaiis, als das Unternehmen Ladd & Co. auf 400 Hektar Pachtland die erste Plantage anlegte.

Kauai ist mit der privaten Nachbarinsel **Niihau** die einzige Insel Hawaiis, die man nicht von einer der anderen Inseln sehen kann. Grundsätzlich erstreckt sich eine Straße ganz um die fast rund geformte Insel mit Ausnahme des Abschnitts an der **Na Pali-Küste**. Das gebirgige Inselinnere bleibt außer der Straße, die zum spektakulären **Kalalau** Aussichtspunkt führt, unzugänglich. Das nordwestliche Ende wird von den bis zu 1000 m hohen, schroffen, steil ins Meer abfallenden Steilklippen der **Na Pali-Küste** beherrscht. Dieser Teil der Insel ist nur per Boot oder zu Fuß erreichbar (und nur vom Helikopter sichtbar). Im allgemeinen läßt sich **Kauai** mit zwei Trips erkunden: Die **Südküste** mit den herrlichen Stränden um **Poipu** und Weiterfahrt zu den kühlen Höhen des **Waimea State Parks** mit dem **Waimea Canyon.** Dann gibt es noch die **Ostküste** oder **Coconut Coast** einschließlich **Lihue, Kalapaki Beach** an der Nawiliwili Bay, das altmodische **Kapaa Town** und dann die wilde **Nordküste** mit dem luxuriösen **Princeville Resort** und dem malerischen Missionsstädtchen **Hanalei,** wo man noch ein Stück Alt Hawaii verspürt. Dahinter öffnen sich Traumbuchten und Hollywoods Traumstrände, bis die Straße dort endet, wo der berühmte Wanderweg **Kalalau Trail** beginnt, der zur **Na Pali-Küste** führt.

Kauais einzige Schattenseite ist, dass die nordwestlichste Hawaii-Insel immer wieder von tropischen Wirbelstürmen heimgesucht wird. Die tropische Vegetation erholt sich relativ schnell, nur die touristischen Einrichtungen erleben jedesmal erneut einen Rückfall. Bei dem letzten Hurrikan *Iniki* am 11. Sept. 1992 blieb kein einziges der 70 Hotels der Insel verschont. Manche wurden so schwer beschädigt, dass sie nur noch der Abrissbirne zum Opfer fielen.

Die schönsten Strände liegen an der Nordküste, wo es im Winter oft regnet und starker Wellengang herrscht. Für die Strände von **Poipu** an der Südküste hat man im Winter eine bessere Sonnen- garantie.

▶ Geschichte

Kauai gilt geologisch als die älteste der Hauptinseln und wurde vermutlich als erste Insel von den Polynesiern besiedelt. Möglicherweise begann dort die Besiedelung bereits um 200 n.Ch. also etwa 300 Jahre vor Besiedelung der übrigen Inseln; ein genauer Zeitpunkt läßt sich allerdings nicht festlegen. Hawaiischen Legenden nach sollen zwergenähnliche Urmenschen bereits vor und nach Ankunft der Polynesier auf Kauai gelebt haben, die sogenannten Mu und Menehune.

Kauais Geschichtsschreibung begann mit der Entdeckung Hawaiis, als Captain James Cook am 20. Januar **1778** mit seiner Mannschaft zum ersten Mal in Waimea hawaiischen Boden betrat und damit Hawaii dem Rest der Welt öffnete. In den Jahren vor Cooks Entdeckung machte Hawaii gerade entscheidende Veränderungen durch. Kamehameha der Große, ein Häuptling der Big Island, war dabei, die Inseln nacheinander zu erobern und sie unter seiner Oberherrschaft zu vereinen. Nur König Kaumualii von Kauai widersetzte sich bislang der Vereinnahmung von Kauai durch Kamehameha und blieb dank seiner diplomatischen Fähigkeit und wegen der großen Entfernung zwischen seiner und den übrigen Inseln unabhängig.

KAUAI 245
Orientierungskarte

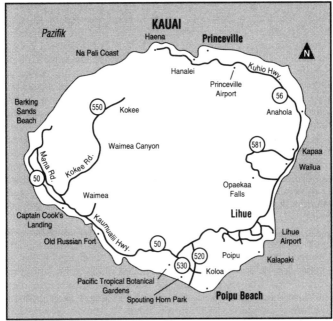

© Baxter Info-Karte

Kaumualii war der Sohn von Kaeo, dem großen Häuptling von Maui und König von Kauai sowie von Kamakahelei, die ihn bei den Geburtssteinen in Wailua gebar, wo alle adligen Mütter nach der Tradition ihre Kinder zur Welt brachten. Kaumualii war erst 16, als er die Nachfolge auf den Königsthron antrat.

Kamehameha I. versuchte bereits zweimal in den Jahren **1796** und **1804**, Kauai mit Gewalt zu erobern. Beim ersten Mal wurde er mit seiner Flotte von 1500 Kriegskanus auf halbem Weg von Oahu über den Kaieie Waho Channel von einem Sturm überrascht und mußte umkehren. 8 Jahre später zog Kamehameha erneut los, doch dieses Mal wurden seine Truppen von 7 000 Mann durch eine plötzlich auftretende Fieberepidemie (vermutlich Typhus) so stark geschwächt, dass er aufgeben musste. Nachdem schließlich alle anderen Inseln von Kamehameha erobert worden waren, einigte sich Kaumualii mit Kamehameha, erkannte ihn als König aller Inseln einschließlich Kauai an, behielt aber als eingesetzter Gouverneur weiterhin die Macht über die Insel Kauai.

Nach dem Tod Kamehamehas im Jahre 1819 entsandte Kamehamehas Witwe, Kaahumanu, die mit dem neuen König Kamehameha II. (Sohn Liholiho) regierte, diesen nach Kauai, um Kaumualii zu entführen und nach Oahu zu bringen. Dort arrangierte man die Hochzeit mit Kaahumanu, um auf diese Weise die Verbindung zwischen Kauai und dem übrigen Königreich zu stärken.

Anfang der **1800er Jahre** tat sich viel in Hawaii. Missionare kamen zusammen mit Abenteurern aus aller Welt an. Einer der

KAUAI
Geschichte

Abenteurer war Dr. Georg Scheffer (auch Schaeffer geschrieben), preußischer Herkunft, der Kaumualii vorgab, im Auftrag des russischen Zaren zu handeln, als er ihn ein Abkommen unterzeichnen ließ, Kauai unter den Schutz des russischen Zaren zu stellen. **1817** ließ er von der Besatzung der ihn begleitenden Schiffe ein russisches Fort in Waimea bauen und die russische Fahne darüber wehen. Nachdem Kaumualii erkennen musste, dass Scheffer völlig auf eigene Faust ohne die Zustimmung des Zars gehandelt hatte, jagte er ihn mitsamt den russischen Schiffen von der Insel.

Kaumualiis Sohn, George Kaumualii, kehrte nach seiner Ausbildung in Boston mit den ersten Missionaren Kauais zurück, darunter Rev. Sam Whitney, den Kaumualii zum Bleiben aufforderte und der das erste Zuckerrohr auf der Insel anbaute. Das nördlich von Hanalei befindliche Waioli Mission House stammt aus jener Zeit, etwa **1836.** Kaumualii war **1824** gestorben.

In der Nähe von Hanalei befand sich der Handelshafen, wo auch die Walfänger vor Anker gingen. Von hier verschiffte man Orangen aus Na Pali Farmen nach Kalifornien. In **Koloa** entstanden **1835** die ersten kommerziellen Zuckerrohrplantagen, worauf sich Koloa zum Handels- und Wirtschaftszentrum der Südseite Kauais entwickelte und Koloa Landing, Kauais größten Seehafen, belieferte. **1837** wurde inmitten von Zuckerrohrfeldern **Lihue** gegründet. Die **1850** angelegte Zuckerrohrplantage **Lihue Plantation** befand sich bis zum Ersten Weltkrieg in deutschem Besitz. Infolge des Arbeitskräftemangels in der Zuckerindustrie holte man Chinesen, Portugiesen, Japaner, Koreaner, Puertoricaner und Deutsche als Plantagenarbeiter nach Kauai. Zucker bildete bislang die Haupteinnahmequelle der Insel, wurde aber inzwischen vom Tourismus abgelöst. Nach der rückläufigen Entwicklung auf dem Zuckersektor hat man in den letzten Jahren mit dem Kaffeeanbau auf Kauai begonnen. Mittlerweile wird über die Hälfte von Hawaiis Kaffee auf Kauai produziert. Kauai Kaffee ist weniger bekannt als der berühmte Kona Kaffee der Insel Hawaii.

Als während der **1870er** und **1880er** Jahre sich die Lepra verbreitete, trennte man die Erkrankten und brachte sie zu der abgelegenen Leprastation Kalaupapa auf der Insel Molokai. Ein berühmter Leprakranker, der **1862** in Kekaha, auf Kauai geborene Koolau, weigerte sich, von seiner Familie getrennt zu werden und zog sich mit der Familie in die Klippenfestung von Na Pali zurück. Er kämpfte jahrelang gegen die Behörden und erschoss jeden, der ihn holen wollte. Koolau wurde populär durch Jack Londons Kurzgeschichte „Koolau, the Leper" (Koolau der Aussätzige).

Im Zweiten Weltkrieg wurde der Hafen Nawiliwili Harbor am **31. Dez. 1941** bombadiert, erlitt aber nur geringe Schäden. Die Insel blieb bis Ende der 1960er Jahre ziemlich ruhig und unberührt, bis das erste Ferienhotel in Wailua gebaut wurde – **Coco Palms.** Danach folgten Hotelanlagen in **Poipu** und **Princeville.** Hollywoods Filmemacher hatten schon längst herausgefunden, dass die Landschaften Kauais sich gut als Kulisse verschiedenster Filme machte. *„Blue Hawaii"* mit Elvis wurde beispielsweise im Coco Palms Hotel gedreht. Ferner waren die bezaubernden Strände an Kauais Nordküste Schauplatz, wie beispielsweise die Lumahai Beach für das Südsee Musical *„South Pacific".* Und *„King Kong"* sieht man an Honapu Beach an Kauais hoher Klippenküste der Na Pali Coast – mehr unter dem Abschnitt **Kauai als Filmkulisse.** Übrigens gab es bis 1973 noch keine Ampel auf Kauai!

Der **11. Sept. 1992** war für Kauai ein schwarzer Tag. An diesem Tag machte der Hurrikan *Iniki* fast alles, was ihm in den Weg kam, dem Erdboden gleich. Das Auge des Sturms, das hauptsächlich über der Südküste lag, hatte etwa 25 km Durchmesser. Mindestens 10 000 von Kauais Häusern und die meisten seiner 70 Hotels wurden zerstört. Manche Hotels haben sich von den schweren Schäden noch immer nicht ganz erholt, obwohl die meisten wieder voll in Betrieb sind.

Wetter

Kauai ist bekannt für die regenreichste Stelle der Erde mit durchschnittlich 11 684 mm pro Jahr am 1 569 m hohen **Mt. Waialeale** fast im Zentrum der Insel. Die Nordseite von Kauai, in der Gegend von Hanalei, wo die Berge dichter an der Küste liegen, erhält die meisten Niederschläge, durchschnittlich etwa 1 778 mm pro Jahr. Manche Abschnitte an der Süd- und Südwestküste – in der Poipu Area und um Barking Sands – erhalten weniger als 508 mm pro Jahr und gelten als die sonnenfreundlichsten Strandgegenden Kauais; Lihue ist mit etwa 762 mm dabei.

Nordöstliche **Passatwinde** halten die Temperaturen ganzjährig angenehm. Entlang der Küste rangieren sie im Frühjahr und Sommer durchschnittlich um +27°C, während des Rests des Jahres etwa 4 Grad niedriger um 23°C. Die wärmsten Gegenden sind entlang der Südküste von Lihue westwärts, wo es im Hochsommer um +32°C wird. Der Hitze entflieht man zu jeder Zeit des Jahres um Kokee am oberen Rand des **Waimea Canyon,** wo das Wetter meistens angenehm mild ist. In den Bergen ist es durchschnittlich etwa 7 Grad kälter als in Lihue. Niedrigsttemperaturen können bei Kokee allerdings –3°C erreichen.

Die sogenannten Kona Stürme im Winter kommen aus dem Süden und bringen leichte bis schwere Niederschläge. Hawaiianer nennen dies die *„dying winds",* die sterbenden Winde, die viele Inselbewohner krankmachen. In Bezug auf Wind und Stürme erlebte Kauai aber auch schon mehrere katastrophale Wetterereignisse: 1982 verwüstete Hurrikan *Iwa* die Insel und am 11. Sept. 1992 kannte Hurrikan *Iniki* kein Pardon, bulldozte alles, was ihm in den Weg kam, nieder und ließ fast keine der zuvor blühenden Touristeneinrichtungen verschont. Inzwischen erfolgte vielerorts der Wiederaufbau, und die Touristenindustrie hat sich weitgehend erholt.

248 KAUAI
Temperaturen/Hotels

Temperaturen in °C

Lihue	Jan/Feb	März/Apr	Mai/Juni	Juli/Aug	Sept/Okt	Nov/Dez
Ømax	26	26	26	28	28	27
Ømin	16	16	18	21	20	18
Hanapepe						
Ømax	26	27	27	29	28	27
Ømin	16	16	16	18	17	16
Kilauea						
Ømax	26	26	27	28	28	26
Ømin	17	18	19	20	21	18

Kauai Hotels/Unterkunft

Kauais Hotels lassen sich grundsätzlich auf die drei großen Feriengebiete der Insel aufteilen, und zwar **Coconut Coast** an der Ostküste mit Wailua, Waipouli und Kapaa Area, dann die **Poipu Beach Area** und die **Princeville Area** an der Nordküste. Daneben gibt es noch die Hotels der Lihue Area und einzelne Unterkünfte in geringer Zahl entlang der Südroute im Westen Kauais sowie entlang der Nordroute. Bei vielen der übrigen Hotels handelt es sich um Condominiums, Ferienwohnungen. Vorwahlnummer (808).

- **Bed- & Breakfast/Pension**

Affordable Paradise B&B 267-1693
  gebührenfrei 1-800-925-9065
All Islands B&B 263-2342
  gebührenfrei 1-800-542-0344
Bed & Breakfast Wailua 822-1177
  gebührenfrei 1-800-822-1176
A B&B Kauai Calls 822-9699
  gebührenfrei 1-800-522-9699
Makai Farms B&B 828-1874
Poipu B&B Inn 742-1146
  gebührenfrei 1-800-552-0095

Lihue Area

- **$$$$ Kauai Marriott Resort & Beach Club** 245-5050
  geb.frei 1-800-220-2925 Fax 245-5049
Luxushotelkomplex am Kalapaki-Strand an Nawiliwili Bay; 847 Zimmer, 3–10 Stockwerke, traumhaft angelegte Seen- und Gartenlandschaft, 16 Restaurants, riesiger Swimmingpool; Einkaufsmöglichkeiten; zwei 18-Loch Golfanlagen, reiches Wassersportangebot; künstliche Wasserkanäle, 6 Lagunen, Kutschfahrten, Zoo; das ultimative komplexe Freizeitangebot – siehe auch unter **Lihue Attraktionen**.

- **$$$ Outrigger Kauai Beach,** 4331 Kauai Beach Dr. 245-1955
  Fax 245-3956
  gebührenfrei 1-800-462-6262
347 Zimmer; Firstclass Hotel direkt am Ozean mit tropischem Garten, einsamem Strand, kaskadenartige Wasserfälle und wundervolle Grotten-Lagunenlandschaft mit felsenförmigem Swimmingpool. 4 mi/6 km nördlich vom Lihue Airport; ideale Ausgangsbasis zur Inselerkundung.

KAUAI 249
Hotels

- **$$ Garden Island Inn,** 3445 Wilcox Rd. 245-7227
gebührenfrei 1-800-648-0154
21 Zimmer, nicht am Strand. Nähe Kalapaki Bay; Supermarkt und über 24 Restaurants in der Nachbarschaft. Etwa 2 mi/3 km vom Lihue Airport.
- **$$ Colony Banyan Harbor Resort,** 3411 Wilcox Rd. 245-7333
Fax 245-5360
gebührenfrei 1-800-777-1700
150 Zimmer; über der Kalapaki Bay und oberhalb vom Jack Nicklaus Kiele Golf Course; 2 mi/3 km vom Lihue Airport.

Coconut Coast – Wailua/Waipouli/Kapaa Area ◀

- **$$$ Kaha Lani-Aston,** 4460 Nehe Rd., Wailua. 822-9331
74 Suites; Lydgate Park, direkt am Strand.   Fax 922-8785
gebührenfrei 1-800-922-7866
- **$$$ Wailua Bay Resort,** 3-5920 Kuhio Hwy, Wailua 245-3931
geb.frei 1-800-357-5004
geb.frei Fax 1-800-477-2329
228 Zimmer; Lydgate Park, ruhige Lage direkt am Strand.
- **$$$ Coco Palms Resort,** 4241 Kuhio Hwy 822-4921
Fax 822-7189
390 Zimmer; nostalgische, romantische polynesische Inselatmosphäre; mit eigenem kleinen Zoo (in den 1950er Jahren von Grace Guslander ins Leben gerufen), im prachtvollen Palmenhain aus Kokospalmen, Strohdächer, abendliche Fackelzeremonie; beliebtes Flitterwochen Hotel; Elvis wurde in *„Blue Hawaii"* hier getraut.
- **$$ Kauai Sands,** 420 Papaloa Rd., Wailua 822-4951
Fax 922-0052
gebührenfrei 1-800-367-7000
200 Zimmer; am Strand; Nähe Coconut Plantation Marketplace.
- **$$$ Kauai Coconut Beach Resort,** Kapaa. 822-3455
gebührenfrei 1-800-22-ALOHA
312 Zimmer am Waipouli Strand; Coconut Plantation.
- **$$$ Kauai Islander on the Beach,** 484 Kuhio Hwy,
Waipouli. 822-7417
Fax 822-1947
gebührenfrei 1-800-847-7417
196 Zimmer; am Strand; einfaches komfortables und sehr schön gelegenes Strandhotel im Plantagenstil.
- **$$ Aston Kauai Beachboy Hotel,** 4-484 Kuhio Hwy,
Waipouli. . . . . Fax 922-8785
gebührenfrei 1-800-922-7866
243 Zimmer; Coconut Plantation; am Strand
- **$$ Hotel Coral Reef,** 1516 Kuhio Hwy, Kapaa 822-4481
gebührenfrei 1-800-843-4659
klein; 26 Zimmer; am Strand

Princeville ◀

- **$$$$ Princeville Hotel,** 5520 Ka Haku Rd. 826-9644
(Sheraton Mirage Princeville). . . . . Fax 826-1166
gebührenfrei 1-800-826-4400
252 Zimmer; bietet jeden erdenklichen Luxus; terrassenförmig an Felsklippe mit atemberaubendem Blick auf Hanalei Bucht und wilde Na Pali-Küste; herrliche Golfanlagen; Nähe Princeville Airport; Ausflüge zur Na Pali-Küste.
- **$$$ Hanalei Bay Resort,** 5380 Honoiki Rd. 826-6522
Fax 596-0158
gebührenfrei 1-800-367-5004
161 Zimmer; in wunderschöner Parklandschaft mit Blick auf Hanalei Bay; Zugang zu drei 18-Loch-Golfanlagen; Ausgangspunkt für Na Pali-Küste.

KAUAI
Hotels

▶ Hanalei – Haena/Na Pali-Küste

- **$$$ Hanalei Plantation Cottages** 826-1454
  Fax 826-6363
  Hanalei Land Company, Ltd., P.O. Box 81, Hanalei, Hawaii 96714
  historisches Plantation Home von A.S. Wilcox mit 6 Zimmer für bis zu 12 Personen; Kauikeolani Homestead; drei Cottages, die früher als Gästehäuser benutzt wurden: **Umetsu** für 4, **Palaka** und **Plumeria** für je 6 Personen.

▶ Poipu Beach

- **$$$$ Hyatt Regency Kauai Resort,** 1571 Poipu Rd. 742-1234
  Fax 742-1557
  gebührenfrei 1-800-233-1234
  600 Zimmer; Haus der Spitzenklasse, das jeden Luxus bietet; ausgedehnter Gebäudekomplex in klassischem Hawaiistil der 1920er und 1930er Jahre mit allem mordernen Komfort am Ostrand von Poipu Beach; 500 m breiter Strand, künstliche Meerwasserlagune, Wasserfälle, Erlebnispool und „Riverpool" gehen ineinander über; Swimmingpool, Wasserrutsche, gepflegte Gartenanlage; Golfen im Poipu Bay Resort Golf Course, Tennis, Segeln und Wassersport; Fitness Studio, Nightclub, Luau am Pool, mehrere Restaurants.

- **$$$ Sheraton Kauai,** 2440 Hoonani Rd. 742-1661
  Fax 742-9777
  450 Zimmer; bilderbuchhafter Strand.

- **$$$ Poipu Kai Beach Resort – Suite Paradise,**
  2827 Poipu Rd. 742-7400
  Fax 742-7400
  gebührenfrei 1-800-367-8020
  300 Zimmer/Suites; an 2 Stränden Shipwreck und Brennecke Beach

- **$$$$ Kiahuna Plantation,** 2253 Poipu Rd. 742-2200
  Fax 742-7233
  gebührenfrei 1-800-367-7052
  333 Ein- und Zwei-Zimmer Ferienwohnungen/Condominium; herrlicher Strand, Lagunenlandschaft, Kakteengarten, Wassersportmöglichkeiten, 18-Loch Kiahuna Golf Course, Restaurants.

- **Kahili Mountain Park,** Box 298, Koloa, Hawaii 96756; Tel. 742-9921 einfache Hüttenunterkunft/Cottages; auf der Landseite abseits von *Hwy 50,* westlich von Abzweigung von *Hwy 520* nach Koloa. Tor aus schwerer eiserner Ankerkette.

▶ Waimea

- **$$$ Waimea Plantation Cottages,** 9400 Kaumualii Hwy 336-1625
  Fax 338-2338
  gebührenfrei 1-800-922-7866
  44 separate Bungalows mit modernem Komfort mit komplett eingerichteter Küche unter Kokospalmen am Strand; nett ausgebaute Cottages der Zuckerplantagen-Ära; Ausgangspunkt für Waimea Canyon; abgelegen für alle, die Ruhe suchen.

- **$ Kokee Lodge,** P.O. Box 819, Waimea, Hawaii 96796 . . . . 335-6061.
  Etwa ein Dutzend komfortable Hütten (aber kein Luxus!) mit Kühlschrank, Herd, Duschen (warm & kalt Wasser), Küche mit Grundausstattung, Bettwäsche, Handtücher, Decken und Kissen. Verkauf von Brennholz für Kamin. Hütten von 1-Zimmer- für bis zu 3 Personen zu 2-Zimmer-Hütten für bis zu 7 Personen. Restaurant der Lodge serviert Frühstück, und Mittag- und gelegentlich Abendessen, aber etwas teuer. Sehr gefragte Unterkunft, manchmal 6 Monate im voraus reservieren!

Baxters Camper-Tips

Baxter Tips für Camper auf Kauai

● Etwas **billiges** auf Hawaii zu finden ist so ziemlich vom Aussterben bedroht. Doch Hawaiis Netz von County State und Nationalparks bietet allein auf Kauai und Maui über **31 Zeltplätze.**

● Campingplätze sind wegen des tropischen Inselwetters **ganzjährig** in Betrieb und im allgemeinen nicht überfüllt, sogar im Sommer.

● **Nylon Poncho** oder Windjacke erweisen sich als sehr nützlich und nehmen nicht viel Platz.

● Separater Nylon „Regenmantel" fürs **Zelt** (zwei aneinander geklebte Ponchos dienen als Ersatz), insbesondere wenn man auf der Regenseite einer Insel zeltet.

● Silica Gel Päckchen für **Kameraausrüstung.**

● Schwarz-weiß Filmvorrat falls damit fotografiert wird; auf den abgelegenen Teilen der Inseln bekommt man meistens **nur** Buntfilme.

● **Schnorchelausrüstung** kaufen oder leihen.

● **Mittel gegen Moskitos,** flüssig oder als Creme.

● Eispickel, um den **Saft** von grünen **Kokosnüssen** zu „melken".

● **Seife an einer Kordel;** wird plausibel, wenn man das erste Mal beim Campingplatz duscht!

● Oft schwierig, Propangas oder dergleichen für Campingkocher zu besorgen (zudem kann derartiges nicht mit ins Flugzeug genommen werden). Kleine **Elektroplatte** wird dann sehr handlich; bei den meisten Campingplätzen gibt es Elektroanschlüsse in den offenen Pavillons, die auch Schutz vor Regen oder Wind bieten.

● Zelten im Paradies ist relativ billig an **County Zeltplätzen;** an Zeltplätzen in State Parks und manchen Federal Campsites ist das Zelten sogar **oft** kostenlos.

● Mit Camper auf Hawaiis Inseln herumzureisen, ist im allgemeinen **nicht** so üblich.

● Beim Zusammenstellen der Camperausrüstung, egal ob per Pedes, Fahrrad oder Auto unterwegs, muss ernsthaft **Gewicht** und Anzahl der mitzunehmenden Artikel überdacht werden.

● **Nanamaulu County Park, Kauai;** perfekte Einführung in Camping nach hawaiischem Stil; etwa 5 mi/8 km vom Lihue Airport am Südrand von Lihue.

● **Haena County Park, Kauai;** der Hippie-Treff. Einrichtungen etwas dürftig und keineswegs luxuriös, aber die Umgebung ist einzigartig schön. Nähe Kee Beach und Ausgangspunkt zum Kalalau Trail und Na Pali-Küste.

● **Polihale State Park, Kauai;** die Trockengarantie an Kauais Westküste mit herrlich weitem Strand. Völlig abgelegen, daher alles an Proviant und Trinkbarem mitbringen. Attraktive Einrichtungen. Beliebt bei Einheimischen zum Schwimmen, aber nur für kräftige Schwimmer, Fischen, Muschelsammeln und Surfen. Polihale ist eine geographische Eroberung. Etwa 42 mi/67 km von Lihue, via *Highway 50.* Dem Wegweiser „Polihale Park" folgen, und zwar etwa 6.2 mi/10 km nach roten Umleitungsschildern entlang Landwirtschaftswegen durch Zuckerrohrlandschaft richten.

● **Anini County Park, Kauai.** Kleiner Zeltplatz am Anini Strand, dem verborgenen Schmuckstück. Auf verschiedenen Karten auch als Kalihikai ausgewiesen. Ideales Schwimm- und Schnorchelrevier. Nur eine Handvoll Zelte haben Platz unter den alten Bäumen. **Kilauea** ist der nächste Ort, etwa 5 mi/8 km entfernt, wo es etwas zu essen gibt. Etwa 28 mi/45 km von Lihue, nordwärts entlang *Highway 56.*

252 KAUAI
Restaurants

● **Kokee State Park, Kauai.** Kühle Waldgegend auf 1 100 m ü.M. mit spektakulärer Aussicht auf Waimea Canyon und vom Kalalau Lookout ins Kalalau Valley zur Na Pali-Küste. Beliebtes Reiter- und Wandergebiet. Eigenen Proviant mitbringen, da Kokee Lodge, das einzige Restaurant innerhalb von 18 mi/29 km, relativ teuer ist. Auf keinen Fall Pullover und Jacke vergessen. Nachts sehr kühl. Etwa 40 mi/64 km von Lihue; südwärts via *Highway 50*. In **Waimea** rechts abbiegen auf *Highway 55* und dann etwa 15 mi/24 km bis ganz hinauf in die Berge.

● **Anahola County Park, Kauai.** Hier arbeitet man mit einer Warteliste, so beliebt wegen der bilderbuchhaften Lage über einem der besten Schwimmstrände Kauais. Ideal zum Schnorcheln und Schwimmen. Einfache Einrichtungen.

● **Hanalei County Park** mit abgeteilten Duschen und Umkleideräumen.

● **Kapaa County Park,** nahe der „Action" und Restaurants.

● **Salt Pond County Park,** an Kauais trockener Westseite, 2 1/2 mi/4 km von Hanapepe.

Kauai Restaurants

Nachfolgend aufgeführte **Restaurants** sollen einen Überblick der vorhandenen Möglichkeiten geben. Diese Aufzählung ist auch keine ausdrückliche Empfehlung oder Bevorzugung spezieller Restaurants. Wie überall muss man bei Restaurants mit möglichen Veränderungen, die durch Besitzwechsel oder andere Einflüsse bewirkt werden, rechnen.

 ### Lihue Area

● **Rosita's,** im Kukui Grove Shopping Center; zivile Preise, mexikanische Küche.

● **Duke's Canoe Club,** neben Kauai Mariott an Kalapaki Beach. Standlokal mit Wasserfall und plätscherndem Bach. Fischgerichte, Salatbar und Cocktails.

● **Eggberts,** im Viertel der Haleko Shops; preiswerte Omeletts.

● **Casa Italiana,** im Viertel der Haleko Shops; preiswertes italienisches Restaurant; Dinner Reservierung 245-9586.

● **Gaylord's.** Plantagenromantik auf der Terrasse des alten Herrenhauses der Kilohana Plantation, westlich von Lihue an *Highway 50;* sehr elegant und reizvoll, aber teuer; 245-9593.

● **Ma's Family Restaurant,** 4277 Halenani St., abseits Rice Street, Lihue; herzhaftes Frühstück ab 5 Uhr.

● **Cafe Portofino,** Pacific Ocean Plaza, romantisches italienisches Lokal Nähe Kalapaki Beach. Täglich *daily specials* für Mittagessen und Dinner; italienische Küche; auch mit Bäckerei; Blick auf Kalapaki Bay.

● **Inn on the Cliffs;** Kauai Marriott, Kauai Lagoons; traumhafte Atmosphäre, teuer. Restaurant war Drehort für „Honeymoon in Vegas" – siehe **Kauai als Filmkulisse.**

● **JJ's Broiler,** 3416 Rice St., Im Anchor Cove Shopping Center an Nawiliwili Bay; Steaks, Fisch; Terrassenlokal mit Blick auf Bucht; zivile Preise.

● **Dani's Restaurant,** 4201 Rice Street, sonntags Ruhetag. Populär bei Einheimischen, preiswert Mo.–Fr. 5–13.30 Uhr, Sa. 5–13 Uhr.

● **Restaurant Kiibo,** 2991 Umi St.; gemütliches japanisches Restaurant mit zivilen Preisen; pure japanische Küche. Mo.–Sa. 11–13.30 Uhr, 17.30–21 Uhr.

Coconut Coast/Wailua, Waipouli, Kapaa

- **Buzz's Steak & Lobster,** Coconut Marketplace; saftige Steaks und Fisch zu zivilen Preisen; Tische im Freien in polynesischer Atmosphäre.
- **Lappert's Ice Cream,** Coconut Marketplace; eine hawaiische Institution.
- **Papaya's Garden Cafe,** unter dem Walturm im Kauai Village, Kapaa; im tropischen Garten speisen.
- **A Pacific Cafe,** Kapaa; dem Küchenchef beim Zubereiten der Speisen zusehen; Ost-West-Küche.
- **The Bull Shed,** Kapaa; beliebt bei Einheimischen; direkt am Ozean; Fisch & Steaks; etwas teuer.
- **Jolly Roger,** Kapaa; zivile Preise mit reicher Auswahl an Gerichten.
- **King and I,** Kapaa; authentische thailändische Küche; etwas teuer.
- **Norberto's El Cafe,** Kapaa; feines mexikanisches Lokal; zivile Preise.
- **Ono Family Restaurant,** Kapaa; preiswert.
- **Restaurant Kintaro,** Kapaa; japanisches Steakhaus und Sushi Bar; teuer.
- **Wailua Marina Restaurant,** Wailua River; Hausmannskost, zivile Preise, schöne Lage am Wasser.
- **Kountry Kitchen,** Kapaa; preiswert, amerikanische Küche.
- **Kapaa Fish & Chowder House,** Nordrand von Kapaa; Fisch und Vegetarisches; zivile Preise.
- **Paradise Hot Dogs,** Kauai Shopping Village, Kapaa, neben Supermarkt; Hamburger, Salat, Lapper's Ice Cream.
- **Al & Don's Oceanfront Restaurant,** neben Coconut Marketplace in Wailua, im Kauai Sands Hotel; preiswerte Fischgerichte und Prime Rib Dinners; sehr gutes Essen und ausgezeichnete Aussicht.
- **Smith's Tropical Luau;** Smith's Tropical Paradise Gardens, am Wailua River; Anmeldung für Luau 821-6895 oder 821-6892.
- **Charlie's Place,** 4-1421 Kuhio Hwy, gegenüber vom Kapaa Beach Park, Sandwiches und mexikanische Küche; abends live Jazz/Blues; zivile Preise.

Nordküste

- **Bistro Hanalei,** Hanalei; vornehm mit weißen Tischdecken, Pasta; freitags und samstags Tanz; zivile Preise.
- **Tahiti Nui,** *Highway 560,* Hanalei; Fischsuppe, herrliche Mai Tais; am Wochenende Luaus; polynesische Atmosphäre. Erlebnis.
- **Charo's,** 5-7132 Kuhio Hwy, Haena; am tropischen Strand, zivile Preise; amerikanische & mexikanische Küche; herrlicher Sonnenuntergang.
- **Chuck's Steakhouse,** Princeville; Steaks, zivile Preise.
- **Banana Joe's Tropical Fruit Farm,** 5-2719 Kuhio Hwy, Kilauea; frischer tropischer Fruchtsalat, getrocknete Bananen und Eisfrüchte.
- **Casa di Amici,** Kilauea; kleines, gutes italienisches Restaurant; zivile Preise.
- **Bali Hai,** Hanalei Bay Resort, Princeville; elegante polynesische Atmosphäre; traumhafte Aussicht; teuer.

Poipu Area

- **Koloa Broiler,** Old Koloa Town; man bereitet sein Steak selbst zu; preiswert.
- **The House of Seafood,** Poipu; tägl. 10 Sorten frischer Fisch; herrliches Esserlebnis am Strand; etwas teuer aber elegant.
- **Courtside Bar & Cafe,** im Kiahuna Tennis Center, Poipu Beach; beliebt bei Einheimischen für Frühstück und Mittagessen; preiswert; in tropischer Umgebung.
- **Flamingo Cantina,** 3. Straße hinter Poipu Beach Park; mexikanische Küche; tropische Veranda; täglich „Flamingo Hour"; zivile Preise.
- **Poipu Bay Grill & Bar,** am Hyatt Regency vorbei beim Golfplatz; essen im hawaiischen Clubhaus; gute Küche, zivile Preise; Happy Hour 16–18 Uhr.

254 KAUAI
Shopping

- **Brennecke's Beach Broiler,** gegenüber vom Poipu Beach Park, 2100 Hoone Road; Steaks, Fisch, Spezialitäten kommen direkt aus dem Meer, & Pasta; 11–22 Uhr, zivile Preise; Strandlokal.
- **Plantation Gardens Restaurant and Tropical Garden Cafe,** in Kiahuna Plantation an Poipu Beach. Fisch, Steaks, Salat, Verandalokal in historischer Plantagenanlage; preiswert bis zivile Preise.
- **A Pacific Cafe,** 5022 Lawaii Rd., Beach House Restaurants, in Poipu; spezialisiert in Pacific Rim Küche, insbesondere Fisch/Seafood; 879-0069.
- **Kuhio's,** Hyatt Regency Kauai; abends Tanz und Unterhaltung; 742-2582.
- **Tidepool's Restaurant,** Hyatt Regency Kauai; elegant, großzügig angelegt; teuer; am Gezeitenpool.

Poipu-Waimea

- **Sinaloa,** *Highway 50* in Hanapepe Town; mexikanische Küche; tägl. 11–14, 17–19 Uhr; mittwochs Ruhetag; zivile Preise; Reservierung 335-0006.
- **Green Garden Restaurant,** *Highway 50,* am Rand von Hanapepe, auf dem Weg zum Waimea Canyon; dienstag abends geschossen; herrliches Gartenlokal; zivile Preise.
- **Lappert's Ice Cream,** Hanapepe; Walter Lappert eröffnete 1983 eine kleine Eisdiele in Hanapepe, die sich zum hawaiischen Ice Cream Imperium ausweitete. Lappert's Ice Cream ist inzwischen über ganz Hawaii verbreitet. Lappert's Coffee entwickelte sich, nachdem Lappert ins Geschäft mit Anbau von Kaffee kam, als sich ein deutlicher Rückgang im Zuckergeschäft anbahnte.
- **Conrad and Wong's,** an *Highway 50,* Richtung Waimea Canyon; chinesische Küche; beliebt bei Einheimischen; preiswert.
- **Hanapepe Bookstore & Espresso Bar,** italienische Küche Fr., Sa. abends; Aloha-Kleidung, Reservierung 335-5011.
- **Kokee Lodge;** Mittagessen auf 305 m ü.M. am Rande des Waimea Canyon.

Kauai Shopping

Kauais Einkaufsbezirke konzentrieren sich auf die Hauptbezirke des Tourismus rund um die Insel. Hier nur ein Überblick über die Shopping Center in alphabetischer Reihenfolge.

- **Ching Young Village Shopping Center,** Hanalei – Nordküste.
- **Eleele Shopping Center,** 4469 Waialo Rd., Eleele – Südküste.
- **Kapaa Shopping Center,** 1105 Kuhio Hwy., Kapaa – Ostküste.
- **Kauai Village,** 4-831 Kuhio Hwy., Kapaa – Ostküste.
- **Kiahuna Shopping Village,** in Poipu, Ecke *Poipu Road & Kiahuna Plantation Drive* – Südküste.
- **Kukui Grove Center,** 3-2600 Kaumualii Hwy., Lihue – Ostküste.
- **Poipu Shopping Village,** 2360 Kiahuna Plantation Dr., Koloa – Südküste.
- **Princeville Shopping Center,** 5-4280 Kuhio Hwy., Princeville – Nordküste.
- **Rice Shopping Center,** 4303 Rice St., Lihue – Ostküste.
- **The Coconut Market Place,** 4-484 Kuhio Hwy., Kapaa – Ostküste.
- **Hilo Hattie,** Ahukini & Kuhio Highway; kostenloses Abholen von Lihue und Coconut Plantation Areas.

Kauai Bestes

Auf Kauai ist eigentlich alles „Bestes", doch seien hier nur einige „Beste" herausgestellt.

- **Kauai hat mehr Regen** als jede andere Insel Hawaiis. Im Winter kann es an der Nordküste manchmal eine ganze Woche kalt und feucht sein. **Poipu** bietet dagegen das zuverlässigste **Sonnenklima** der Insel.

Beste Aussicht/Ausflüge

- **Beste Aussicht**
– Vom **Pihea Trail** blickt man 1219 m tief an den moosigen Vulkanklippen hinunter ins abgeschiedene Kalalau Valley. Jeder kann zu den gut ausgeschilderten Aussichtspunkten Puu o Kila und Kalalau Lookouts im Kokee State Park fahren, doch für einen ganz speziellen Blick vom einsameren Aussichtspunkt lohnt sich der 15 Minuten Marsch entlang des Kamms auf dem **Pihea Trail**. Ausgangspunkt am Puu o Kila Lookout am Ende der *Kokee Road*.
– **Hanalei Beach County Park** ist bei den Einheimischen beliebt. Hier hat man einen der besten Blicke Hawaiis: eine Kette stattlicher Berge, von Wasserfällen verziert, umgibt eine bilderbuchhafte, Palmen-umsäumte Bucht. Von *Highway 56* in Hanalei auf *Aku Road* Richtung Meer abbiegen, rechts auf *Weke Road* bis zum Ende der Straße.

- **Beste Picknickstelle**
– Entlang des Kukui Trail mit fabelhaftem Blick in den Waimea Canyon. Super Aussicht von einer Parkbank, nur 10 Minuten vom Gipfel, aber bester Blick vom Picknicktisch etwa 500 m weiter abwärts, 2.5 mi/4 km bis Canyonboden. Der Kukui Trailhead ist am *Highway 55* zwischen **MM 8** und **9** mit braungelbem Schild ausgewiesen.
– **Kukuiolono Park**; herrlicher Küstenblick über Wiesen und Dörfer von ehemaliger Zuckerrohrplantage, heute Golfplatz und Park. An überwachsenen Springbrunnen und japanischem Garten vorbei zum Pavillon mit bestem Blick. Auf *Highway 50* westlich von **Poipu** an Ampel links abbiegen, in **Kalaheo** weiter auf Papalina Road etwa 1 mi/1,6 km bis zum Tor.
– Die Steilklippe hinter **Shipwreck's Beach** ist eine windige Klippe, von der man einen Blick auf die Küste und Hoary Head Range hat. Von Poipu auf *Poipu Road* fast bis zum Ende fahren, hinter Hyatt Regency rechts parken und den sandigen Steilhang hochklettern.

- **Beste Ausflüge**
– Die Straßen im **Waimea Canyon** und **Kokee State Park** bieten grandiose Ausblicke auf Küste und Canyon, während man 1 200 m von den Zuckerrohrfeldern an der Küste hinauf in die Regenwälder klettert. Von **Waimea Canyon Drive** in eine Richtung und von **Kekaha** *Highway 55* in die andere fahren; etwa 6 mi/10 km ein Weg.
– Route 560 **von Princeville nach Kee Beach** ist eine bezaubernde Strecke mit dem fruchtbaren Hanalei Valley, vorbei an hoch auftürmenden Bergen, dichter tropischer Vegetation und idyllischen, kaum bevölkerten Stränden.

- **Beste Kurzwanderungen**
– **Awaawapuhi Trail**, 3 mi/5 km ein Weg mit Aufstieg beim Rückweg. Ziel ist eine grandiose Aussichtsstelle über den Tälern Awaawapuhi und Nualolo Valleys, wo sich die Rasierklingen-scharfen Felskippen 910 m tief zu einem sich entlangschlängelnden Fluss hinunterziehen. Ausgangspunkt auf der linken Straßenseite vom Kokee Headquarters (Straße zum Kalalau Look-out).
– **Kalalau Trail**; in Joggingschuhen kann man die ersten bis zur kleinen Hanakapiai Beach am Talausgang mit Wasserfällen schaffen. Wer entsprechend ausgerüstet ist, kann die gesamte Strecke des Kalalau Trail mit 11 mi/18 km (ein Weg) zurücklegen – Einzelheiten siehe **Na Pali Coast**.
– **Nonou Mountain Trail** (Ostseite) kaum 2 mi/3 km von einer Ortschaft mit Blick auf Kauais Bergwelt abseits von *Highway 581*.

- **Hubschrauberflug.** Lohnend ist ein Inselrundflug auf **Kauai**, da einen hier wirklich alle landschaftlichen Gegensätze erwarten, mit Höhepunkten Waimea Canyon, Na Pali-Küste und Mt. Waialeale.

Kraterflug zum feuerspeienden Puu Oo auf **Big Island** lohnt nur, wenn gerade ein Lavafluss zu sehen ist.

Kauai Aktivitäten ◀

Die Insel Kauai bietet alle möglichen Aktivitäten von verschiedensten Arten Wassersport bis Wanderungen, Helikopteraus-

256 KAUAI
Aktivitäten

flüge und Reittrips. Bei dem Begriff *zodiac* handelt es sich um robuste Motorschlauchboote, die sehr wendig sind und vor der Na Pali-Küste eingesetzt werden. Hier eine Übersicht der Möglichkeiten; Vorwahl (808).

- **Na Pali Coast Cruises** (Bootsfahrten/Schlauchboottrips)
- Na Pali Explorer ab Kikiaroka Harbor, Nähe **Waimea**. Tages- und Abendfahrten 335-9909
  gebührenfrei 1-800-852-4183
- Napali Adventures, Hanalei 826-6804
  gebührenfrei 1-800-659-6804
- Captain Zodiac, Schlauchboottouren..................... 826-9371
  gebührenfrei 1-800-422-7824
- Hanalei Sea Tours...................................... 826-7254
- Captain Andy's 822-7833
- **Tauchsport & Schnorcheln**
- Sea Sport Divers, Koloa................................ 742-9303
- Aquatic Adventures, 4-1380 Kuhio Hwy, Kapaa 822-1434
- Nitrox Tropical Divers, Kapaa......................... 822-REEF
  gebührenfrei 1-800-NX5-DIVE
- Fathom Five Divers, Old Koloa Town 742-6991
- Dive Kauai Scuba Center, Kapaa 822-0452
  gebührenfrei 1-800-828-3483
- **Segeln**
- Captain Andy's Sailing Adventures, Koloa 822-7833
  Abfahrt Kukuila Harbor, Nähe Spouting Horn
- Blue Water Sailing 822-0525
  Sommer: Hanalei Pier; Winter Hwy 50 Port Allen
- Captain Sundown, Nawiliwili Harbor..................... 245-2183
- **Windsurfing**
- Hanalei Surf Company................................. 826-9000
- Windsurf Kauai 828-6838
- **Surf-Stunden**
Hyatt Regency Kauai .... Recreation Desk
- **Wasserski**
Kauai Water Ski & Sports 822-3574
- **Boots- & Ausrüstung-Vermieter** (Mountain Bikes, Kajaks, Backpacking)
- Kayak Kauai Outfitters, Hanalei......................... 826-9844
- Kayak Kauai Outfitters, Kapaa & Poipu 822-9179
- Pedal'n Paddle
  Hanalei... 826-9069
  Kapaa.. 822-2005
- Outfitters Kauai, Poipu Beach 742-9667
- Paradise River Rentals & Activities..................... 245-9580
- Snorkel Bob's... 245-9433
- **Fischfangtrips**
- True Blue, Kalapaki Beach 246-6333
- Gent-Lee Sport Fishing Charters, Lihue.................. 245-7504
  Fax 245-1853
- Anini Fishing Charters, Anini Beach..................... 828-1285
- Wayne's World Charter Service......................... 338-1312
- **Horseback Riding/Reittrips**
- Pooku Stables, Hanalei 826-6777
- CJM Country Stables, Poipu 742-6096
  oder 742-1392
- **Walbeobachtung/Whale Watching**
Buckelwale sind ab November in Hawaiis Gewässern zu beobachten, von Royal Coconut Coast bei Kealia. Bei Bootunternehmen über Whale Watching Cruises erkundigen.

KAUAI

- **Helikopter Touren**
  - Air Kauai Helicopters, Lihue 246-4666
  - Bali Hai Helicopters, Kalaheo 335-3166
  - Island Helicopters Kauai, Lihue........................ 245-8588
  - Jack Harter Helicopters, Lihue.......................... 245-3774
  - Ohana Helicopter Tours, Lihue 245-3996
  - Pacific Island Helicopters, Eleele...................... 335-3115
  - Papillon Hawaiian Helicopters, Lihue.................... 826-6591
  - Safari Helicopters, Lihue............................... 246-0136
  - Will Squyres Helicopter Tours........................... 245-8881
    oder 248-7541
  - Hawaii Helicopters................................... 877-3900
    geb.frei 1-800-994-9099
- **Sightseeing Tours** gebührenfrei
  - Polynesian Adventure Tours, Lihue .. 1-800-622-3011 246-0122
  - Kauai Mountain Tour, Lihue 1-800-452-1113 245-7224
  - Robert's Hawaii 1-800-767-7551 245-9558
  - Kauai Paradise Tours, Lihue 246-3999
  - Smith's Fern Grotto Cruises, Wailua .... 821-6892 oder 821-6895
  - Kauai Island Tour 1-800-733-4770
  - Grayline Kauai 1-800-367-2420 245-3344
- **Downhill Bike Tour vom Waimea Canyon**
  - 12 Meilen Radtour vom Waimea Canyon hinunter nach Kekaha. Check-in um 6 Uhr in Poipu, Rückkehr etwa gegen 10.30 Uhr nach Poipu. Di.&Fr., ... 742-9667
  - Kauai Downhill, wie vor................................ 245-1774
    gebührenfrei 1-800-234-1774
- **Luaus**
  - Kauai Coconut Beach Resort, Kapaa...................... 822-3455
  - Smith's Fern Grotto Cruises & Tropical Paradise Luau ... Tel. 821-6895
    oder 821-6892.
- **Kostenlose Hula Show**

Mo., Mi., Fr. & Sa. 16.30 Uhr im Coconut Marketplace Wailua/Waipouli.

- **Auf den Spuren der Hollywood Filmer/Movie Tours**

Hawaii Movie Tours .... Fax 246-9034
gebührenfrei 1-800-859-6820
Rundfahrt in Kleinbus zu verschiedensten Stellen Kauais, an denen gefilmt wurde. Teilnehmer werden von den Hotels an Kauais Ostküste und der Poipu Area abgeholt. Ab ca. 9 Uhr bis 14.30 Uhr. Die Route führt in der Regel zuerst in die Poipu Area und dann nach Hanalei im Norden Kauais. Inbegriffen ist ein Picknick-*Lunch* am Strand von Anini Beach, wo der 1992er Streifen *„Honeymoon in Vegas"* gefilmt wurde. Während der Fahrt werden Ausschnitte aus den jeweiligen Filmen, deren Drehorte man besucht oder sieht, gezeigt.

- **Golfplätze** (die Spitzenreiter der Top-Golfanlagen mit Nummern der Rangliste von *Golf Digest* versehen)
- **Kauai Lagoons Golf Club** mit je 18-Loch-Plätzen **Lagoons Course** und **Kiele Course** (3) nach Modell von Jack Nicklaus angelegt. Kalapaki Beach Area, südöstlich von Lihue an Nawiliwili Bay; 241-6000 oder gebührenfrei 1-800-634-6400
- **Kiahuna Golf Club**, 2545 Kiahuna Plantation Dr., Koloa; nach Modell von Robert Trent Jones, Jr. angelegt; 742-9595
- **Kukuiolono Golf Course**, Kukuiolono Park, Kalaheo; hoch in den Hügeln gelegener 9-Loch-Platz mit herrlicher Aussicht; keine Reservierung; 335-9940.
- **Poipu Bay Resort Golf Course** (6), neben Hyatt Regency Kauai, 2250 Ainako Street, Koloa; nach Modell von Robert Trent Jones, Jr. angelegt; 742-8711.

KAUAI
Wanderungen

- **Princeville Resort, Makai Course** (7); nach Modell von Robert Trent Jones, Jr. angelegt; 826-3580 oder gebührenfrei 1-800-826-4400.
- **Princeville Resort, Prince Course** (1), nach Modell von Robert Trent Jones, Jr. angelegt; 826-5000 oder gebührenfrei 1-800-826-4400.
- **Wailua Municipal Golf Course,** 3-5351 Kuhio Highway, Lihue; 241-6666.

Kauai Wanderungen

Kauai bietet eine ganze Anzahl von **Wanderungen** ins gebirgige Landesinnere. Nachstehend eine Übersicht möglicher Wanderungen. Einzelheiten, insbesondere genaue Beschreibung und Camping Permits und Kartenmaterial bei folgenden Stellen erhältlich:

Division of State Parks	Department of Forestry and
3060 Eiwa Street, Room 306	Wildlife at the Division
Lihue, Hawaii	of State Parks
	(Adresse wie nebenstehend)
Tel. 274-3444	Tel. 241-3433

- **Awaawapuhi Trail;** 3.25 mi/5,2 km (ein Weg) anstrengende Wanderung. Beginn am *Highway 550* etwa vor MM 17. Naturlehrpfad bis auf 760 m Höhe mit Aussicht auf Tal und Na Pali-Küste.
- **Halemanu–Kokee Trail;** 1.2 mi/1,9 km ab Halemanu Road im Kokee State Park; selbstführender Naturlehrpfad mit einheimischem Wald, Vogelwelt.
- **Iliau Nature Loop;** 0,4 km Rundwanderng auf Naturlehrpfad am Westrand von Waimea Canyon; Start am Kukui Trail.
- **Kalalau Trail** – siehe Na Pali Coast.
- **Keahua Arboretum Trail;** in Wailua auf *Highway 580/Kuamoo Road* bis University of Hawaii Experimental Station bis zum Straßenende, dann noch etwa 1 mi/1,6 km auf Sandpiste; links vom Picknickplatz mit Schwimmstelle am Keahua Stream beginnt der Pfad zum Keahua Arboretum; etwa 800 m Naturlehrpfad durch Waldgebiet, in dem die Bäume und Pflanzen erklärend beschildert sind.
- **Kokee State Park** – siehe unter Waimea Canyon/Kokee State Park.
- **Kuilau Trail,** beginnt etwa 200 m vor dem Eingang zum Keahua Arboretum rechts; etwa 2 1/2 mi/4 km steigender Wanderweg; herrliche Aussicht auf die Berge. Nach Wasserfällen, Fußgängerbrücke und erneuter Steigung stößt der Pfad auf **Moalepe Trail.** Anstrengende Wanderung, letzter Abschnitt nur bei trockenem Wetter begehen.
- **Moalepe Trail,** beginnt an *Olohena Road/Highway 581* in Kapaa, etwa 1 1/2 mi/2,4 km, bis *Highway 580* abzweigt. Weiter auf *Kuamoo Road* wie Kuilau Trail. Steigung.
- **Nounou Mountain Trail** (Ostseite); Start von *Haleilio Road* in Wailua nördlich von Kreuzung *Highway 56 & 580* im Kinipopo Shopping Village; East Trail führt zum Gesicht des „Schlafenden Riesen"; ca. 2 mi/3 km, etwas anstrengend.
- **Nounou Mountain Trail** (Westseite); bei Coco Palms Resort in Wailua auf *Highway 580* bis zur Einmündung von *Highway 581/Olohena Road*. West Trail schließt nach 1 1/2 Meilen an East Trail an. Nicht so anstrengend wie East Trail und auch kürzer. Aussicht auf Ozean, Wailua River und Mt. Waialeale.
- **Pihea Trail;** 3.75 mi/6 km, anstrengend. Start am Puu O Kila Kokee State Park Lookout, Ende von *Highway 550;* herrliche Aussicht, einheimische Vogelwelt, sumpfiges Gelände, nass.
- **Waimea Canyon** – siehe unter Waimea Canyon/Kokee State Park.

Baxter-Tips für Kauai

- Autofahrten sind auf Kauai auf den **äußeren Rand** der Insel beschränkt, da es kaum Straßen in das von den mächtigen Vulkanmassiven beherrschte Inselinnere gibt.

- **Kurzwanderung** entlang des **Kalalau Trail**, d. h. nur von Kee Beach bis Hanakapiai (4 mi/6,4 km hin und zurück). Feste Turnschuhe oder Jogging-Schuhe erforderlich. Auch Wasservorrat mitnehmen. Den Trail nur begehen, wenn es trocken ist.

- Wer eine **Zodiac Tour** mit Schlauchbooten vor der Na Pali-Küste mitmacht, tut gut daran, den Magen nicht vorher zu überladen. Die Boote klatschen manchmal recht unsanft auf die Wellen. Ausgangspunkt Hanalei.

- **Picknickvorrat** vor Antritt jeder Fahrt im Supermarkt besorgen. Herrliche, oft abgelegene Picknickplätze am Strand.

- Fahrt durch den **Waimea Canyon** zählt zu den Höhepunkten auf Kauai. Bezaubernd bunte Felskulisse und noch dazu angenehme Abkühlung wegen der Höhenlage.

- **Freitagabends Fisch- und Seafood Buffet** im Princeville Sheraton.

- **Kaapa** ist der absolute In-Treff für Surfer fürs Après-Surf.

- Sich in **Hanalei** unter die **Einheimischen** mischen. In der Tahiti-Nui-Bar findet man nur Abenteurer und Aussteiger. Hier gibt es eine herrliche Fischsuppe.

- Besichtigung des **Grove Farm Homestead Museum** außerhalb von Lihue nur Mo., Mi. und Fr. Anmeldung erforderlich.

- **Kilohana**, Nähe Grove Farm, Herrschaftshaus des Zuckerbarons Gaylord Wilcox ist täglich geöffnet. **Eintritt frei.**

- **Camping** in den State und County Parks mit *Permit* von Division of State Parks, 3060 Eiwa St., Lihue, HI 96766; Tel. (808)274-3444.

- Die meisten **Palmenbuchten** liegen an der **Nordküste**. Zum Baden nur im **Sommer,** im Winter kracht hier die Brandung ans Ufer.

- Die Strände von **Poipu** an der Südküste sind Sommer wie Winter ideale **Sonnenplätze.**

- **Golfer** finden das Golfparadies in **Princeville**.

- Bei **Helikopterflügen** sind die besten Sitze auf der **rechten** Seite, da in der Regel im Uhrzeigersinn um die Insel geflogen wird.

- Abseits übernachten in ehemaliger Zuckerplantage: **Waimea Plantation Cottages.** Hier sollte man sich gut mit Verpflegung versorgen, da Restauration Mangelware, aber die Cottages haben Küche und Kühlschrank.

- Kauai hat inselweiten **Busservice**, entlang Highway 50 und Highway 56, den Hauptstraßen der Insel: Iniki Express. Kein Busservice zum Kokee State Park oder Waimea Canyon.

260 KAUAI
Strandgebiete-Ostküste

- Allabendliche **Fackelentzündung** mit Blasen der Conch-Muschel ist eine hawaiische Tradition geworden. Begann im Coco Palms Resort. Zeremonie wird mittlerweile auch von anderen Hotels übernommen. Schönes romantisches Erlebnis. Wer sich die Unterkunft hier nicht leisten kann, kann wenigstens abends die Südseeromantik unter Palmen genießen.
- Die Straßen durch die Zuckerrohrfelder nennt man **Haul Cane Roads** (sind Privatstraßen).
- Beim Waimea Plantation Cottage wird man vom Krähen der **Hähne** geweckt.
- **Kalalau Valley** – wenn man die anstrengenden 18 km hin und auch dann wieder zurück schafft! – ist mit weitem Strand, kleinem Wasserfall und flachen Höhlen ein Mekka für „freeform" Camper.
- Von der Steilklippe hinter **Shipwreck's Beach** in Poipu hat man **herrlichen Blick** auf die Küste und Hoary Head Range. Direkt hinter Hyatt Regency Hotel. Aber windig.
- **Na Pali-Küste** am besten vom **Helikopter** zu sehen, einer der faszinierendsten Küstenabschnitte der Welt.

Kauais Strandgebiete

Kauai besitzt 144 km Küstenlinie mit traumhaften Sandstränden. Auf Kauais Nordseite sind die Winter-Surfs mit bis zu 9 m Höhe sehr gefährlich. Auch an der Ost- und Westküste sind die Wellen im Winter höher. Im Sommer kann es gelegentlich zu saisonbedingten starken Wellen vor der Südküste kommen. Als beste Strände gelten
- für Sonnenaufgänge: Lydgate Beach, Mahaulepu;
- für Kinder: Lydgate Beach Park; Salt Ponds Beach;
- zum Schnorcheln: für Anfänger Poipu Beach; Fortgeschrittene Tunnels Beach;
- zum Schwimmen: Hanalei Bay, Poipu Beach, Salt Ponds, Anini Beach;
- für Gezeitentümpel: Kealia Beach;
- für Sonnenuntergänge: Kee Beach, Pakala Beach;
- wegen der Abgeschiedenheit & Einsamkeit: Polihale State Park, Kauapea Beach, Haena Beach County Park;
- wegen der Berühmtheit: Lumahai Beach (Filmkulisse für „South Pacific").

Hier nun Kauais Strände in geographischer Aufteilung. **Ostküste,** alle Strände, die von Lihue aus nordwärts verlaufen von Hanamaulu bis zur Moloaa Bay. **Nordküste** – hinter Moloaa Bay bis Na Pali. **Südküste,** alle Strände südlich von Lihue, von Kalapaki bis Kekaha. **Westküste** – Barking Sands und Polihale.

Ostküsten-Strände

- **Hanamaulu.** Bei Hanamaulu von *Kuhio Hwy (Highway 56)* auf *Hanamaulu Rd.* abbiegen; weicher Sandstrand zwar zum Schwimmen geeignet, doch der Hanamaulu Stream macht dort an der Mündung das Wasser trüb. Toiletten, Duschen, Picknick-Area; beliebter Campingplatz.

KAUAI 261
Nordküste-Strandgebiete

- **Lydgate State Park;** an der Mündung des Wailua River in Wailua. Ganzjährig zum Schwimmen geeignet, wegen Lavafelsmauer, die die Brecher abhält. Besonders für Kinder geeignet. Auch Schnorchelmöglichkeit. Picknickplatz, Toiletten, Duschen; und interessante Ruinen eines *Heiau* und Zufluchttempels **Hauola Temple of Refuge** unter Kokospalmenhain.

- **Wailua.** Zugang in Wailua direkt von *Highway 56,* gegenüber von Coco Palms Resort. Ganzjährig gefährlich für Schwimmer; im Winter beliebt für Body und Brettsurfen.

- **Waipouli Beach.** Strandgebiet mit den Ferienhotels der Coconut Coast. Palmenstrand.

- **Kapaa.** Direkter Zugang vom *Kuhio Highway.* Kein guter Badestrand; Schnorcheln nur bei ruhigem Wasser.

- **Kealia.** Direkter Zugang von *Highway 56.* Sehr schöner langer breiter Sandstrand. Im Sommer gute Schwimmmöglichkeit in der geschützten Bucht am Nordende. Interessante Gezeitenpools am Südrand. Brettsurfen nur im Sommer.

- **Donkey Beach;** abgelegener Strand, dessen Zugang über Plantagenstraßen durch Privatgelände führt. Zuvor Erlaubnis bei Zuckerrohrplantage einholen, Büro neben dem Postamt. Lohnt eigentlich nicht; nur Brettsurfen im Winter.

- **Anahola Bay.** Am Ostende der Bucht befindet sich Anahola Beach County Park mit Duschen, Toiletten, Picknick-Area, Grilleinrichtung. Im Sommer Schwimmen und Schnorcheln; im Winter stärkste Brecher am zentralen Strandteil für Body und Brettsurfen.

- **Moloaa Bay.** Abgelegener Strand, wo man Einsamkeit findet; Zugang über kurvenreiche Landstraßen. Langer breiter Sandstrand mit ziemlich steilem Sandboden. Schwimmen und Schnorcheln im Sommer, doch bei starken Surfs gibt es gefährliche Unterströmung.

Nordküsten-Strände ◀

- **Kauapea Beach.** Strand liegt so abseits, dass man Mühe hat ihn zu entdecken, daher findet man hier auch Einsamkeit – versteckte Beach als Geheimtip. Westlich vom Kilauea Point, kann nur zu Fuß über steilen Klippenpfad erreicht werden – etwa 10 Minuten steiler Abstieg von der Straße! Kurz vor dem Leuchtturm von *Kilauea Rd.* links auf *Kauapea Rd.* abbiegen. Ein Schild macht auf den Beginn des Strandwegs aufmerksam. Bezaubernder sichelförmiger Strand mit feinem Korallensand und dschungelhaft bewachsener Felsklippe. Im Sommer herrlich zum Schwimmen, im Winter Body und Brettsurfen.

- **Kalihiwai Bay.** Von *Highway 56* auf *Kalihiwai Rd.* abbiegen. Entzückend geformte Bucht mit flachem, sandigen Boden; hervorragend für Body Surfing und Schwimmen im Sommer. Im Winter hervorragend hohe Surfs für Brettsurfen.

- **Anini.** Geheimtip für alle, die für sich sein wollen – meilenweiter Strand, im allgemeinen fast menschenleer. Strandpark mit Duschen, Toiletten und Picknick-Area. Wasser fast etwas zu flach zum Schwimmen, dafür aber hervorragend zum Schnorcheln und Windsurfen im Sommer. Sogar im Winter, wenn der Rest der Nordküste gefährlich ist, bleibt dieser Strand durch eines der größten Riffe Hawaiis geschützt. Von *Highway 56* auf *Kalihiwai Rd.* abbiegen und am Ende links auf *Anini Rd.* weiter; fast gegenüber vom Princeville Airport.

- **Hanalei Bay.** Ganzjährig Schwimmen an den äußersten Enden der Bucht, wie Black Pot Beach. Wunderschöne, perfekt geformte Bucht, im Zentrum der Bucht allerdings gefährliche, starke Strömungen, sogar im Sommer. Brettsurfen nur für wirkliche Experten. Zugang vom *Highway 560/Kuhio Highway* über *Aku Rd.* oder *Anae Rd.* und *Weke Rd.* von beiden Enden Hanaleis.

● **Lumahai.** Legendäre Filmkulisse des Filmmusicals „South Pacific". Wunderschöner, romantischer langer, breiter Sandstrand, meistfotografiertester Strand der Welt. Strand ist allerdings voll den schäumenden Brechern ausgesetzt, da kein schützendes Riff vorhanden. Am Westende, wo der Fluss mündet, gibt es im Sommer dort Bademöglichkeit, wenn sich eine Sandbank gebildet hat, doch am besten nur die „Trauminsel" mit den Augen genießen!

● **Wainiha.** Wunderschöner Strand zum Sonnenbaden oder Picknicken, doch wegen gefährlich starker Strömung keine Bademöglichkeit.

● **Haena Beach** mit langem Strand der drei Strandabschnitte Tunnels Beach, Haena Beach Park und Cannons. Alle ganzjährig populär zum Windsurfen. Im Winter nur für absolute Könner auf dem Surfbrett! Wegen der beschränkten Parkmöglichkeiten nicht überfüllt.
- **Tunnels Beach,** am Ostende; Schwimmen und Schnorcheln im Sommer. Breiter Sandstrand mit sandigem, allmählich abfallendem Boden.
- **Haena Beach Park,** zentraler Abschnitt des Strandgebiets. Beliebter Zeltplatz. Schwimmen nur im Sommer.
- **Cannons;** am Westende. Schwimmen im Sommer. Etwas steiler als bei Tunnels Beach.
Zufahrt zu Tunnels Beach von *Highway 560/Kuhio Highway* westlich von Charo's Restaurant, via Sandpiste. Andere Strandabschnitte direkt von *Highway 560*.

● **Kee Beach.** Am Ende der Straße *Highway 560*. Kleiner, gebogener Strandabschnitt mit sandigem Untergrund und relativ flachem Wasser. Im Sommer: Ruhiges, von Riffstellen geschütztes Schwimmgewässer, auch gut zum Schnorcheln. Neben dem kleinen Parkplatz ist der Ausgangspunkt zum berühmten Kalalau Trail, der in die Täler der Na Pali-Küste führt.

● **Na Pali-Küste.** Die meisten Strände sind winzig und wegen Unterströmungen kaum zum Schwimmen geeignet.
- **Hanakapiai** und **Kalalau,** über Kalalau Trail zugänglich. Im Winter von den gewaltigen Brechern weggerissen und im Frühjahr als Sandstrand wieder aufgehäuft.
- **Nualolo Kai** und **Milolii State Parks** (ein Jahr im voraus kostenloses Permit bei Division of State Parks in Lihue beantragen! siehe unter **Na Pali Coast**). Nur per Boot zugänglich; Kayak Kauai Outfitters in Hanalei vermieten Kajak. Schwimmen und Schnorcheln im Sommer.

▶ Südküsten-Strände

● **Kalapaki,** am Südrand von Lihue. Der Stadtstrand vor dem **Kauai Marriott Hotel** und neben dem Nawiliwili County Beach Park; am Ende von *Waapa Rd.* Sandiger, leicht geneigter Untergrund. Geschützte Bucht bietet ganzjährig gute Schwimm-, Body und Windsurf-Möglichkeit; gelegentlich im Sommer auch Brettsurfen.

● **Kipu Kai;** nur per Boot zugänglich. Schwimmen und Schnorcheln.

● **Mahaulepu.** Etwa 2 mi/3,2 km östlich von Shipwrecks Beach, allerdings durch niedrige Klippen am Ufer getrennt. Nur über Privatstraße von Koloa zugänglich. Am Westende durch Riff geschützter Strand, gut zum Schwimmen und Schnorcheln, im Sommer allerdings hohe Wellen und starke Strömung.

● **Shipwrecks.** Schattenloser Strand; ganzjährig beliebter Windsurfer Strand. Von Poipu über *Poipu Rd.* und daran anschließende Sandpiste, östlich von Hyatt Regency Hotel, zugänglich.

KAUAI 263
Westküsten-Strände

- **Poipu Beach Park.** Im Sommer alles außer Brettsurfen möglich. Auf *Maluhia Rd. (Highway 520)* oder *Koloa Rd (Highway 530)* bis Koloa Town und dort weiter auf *Poipu Rd.* zur Küste. Ziemlich langer breiter Sandstrand mit etwas abfallendem sandigen Untergrund. Ausgezeichneter Schwimmstrand. Ganzjährig Strandaufsicht/*Lifeguards*. Alle Strandabschnitte vor den Hotels können von jedermann benutzt werden. Duschen, Toiletten, Picknick-Area, Spielplatz im Park vorhanden. Am Ostrand gibt es den als Brennecke's Beach bekannten Strandabschnitt, der felsig und zum Wellenreiten zu gefährlich ist.

- **Salt Pond Beach Park.** Einer der beliebtesten Schwimmstrände mit sanft abfallendem Sandstrand und schützendem Riff; auch Windsurfen. Duschen, Toiletten, Picknick-Area und Grilleinrichtung vorhanden. Ganzjährig täglich Strandaufsicht/*Lifeguards*. Alte Salzbecken in der Nähe werden heute noch manchmal von den Einheimischen zur Salzgewinnung genutzt. Auch interessante Gezeitenpools. In Hanapepe auf *Lele Rd.* in Richtung Kauai Veterans Cemetery, dann rechts auf *Lokokai Rd.* abbiegen.

- **Pakala**; östlich von Waimea, neben *Kaumualii Highway (Highway 50)* neben einer niedrigen Betonbrücke bei MM 21 (Meilenstein 21). Der Strand legt abseits der Hauptstraße und ist über einen Pfad durch ein Zuckerrohrfeld zugänglich. Flaches trübes Wasser, vom Ablauf der roten Erde gefärbter Sand; felsiger Untergrund. Nichts zum Schwimmen, aber vor der Küste gilt „Infinities" als eine der besten Surfstellen Hawaiis im Sommer. Body- und Brettsurfen.

- **Waimea.** Sand ist schwarz vom Schmutz, den der Waimea River anschwemmt. Angelsteg ist sehr populär; im Sommer gute Surfbedingungen vor der Küste – Brettsurfen. Westlich der Brücke über den Waimea River.

- **Kekaha**; direkt am *Kaumualii Highway*. Langer breiter Sandstrand entlang der Südwestküste, der eigentlich unter den Klippen bei Polihale beginnt. Gelegentlich sicher zum Schwimmen, Body und Brettsurfen; ansonsten sowohl im Sommer als auch im Winter starke Strömung und Brecher.

Westküsten-Strände

- **Barking Sands.** Da sich hier militärisches Gelände zum Abschuss von Raketen befindet, Barking Sands Missile Range, muss man sich ausweisen und wird bei der Pforte registriert. Zugang allerdings nur, wenn keine Übungen stattfinden. Sandiger, breiter Strand, nur im Winter Brettsurfen für Experten.

- **Polihale State Park.** Vom Ende des *Kaumualii Highway* dem State Park Schild folgen, etwa 5 mi/8 km Korallenstraße zum Strand. Hier liegt die ultimative „end-of-the-road" Beach! Dahinter die schwer zugängliche Na Pali Klippenküste. Etwa 10 mi/16 km Sandstrand, der sich ohne Unterbrechung über Barking Sands bis nach Kekaha erstreckt. Riesige Wellenbrecher und geisterhafter Blick auf Niihau am Horizont. Über dem Strand spektakuläre graue Felsklippen. Hier taucht die Sonne direkt ins Meer. Im Sommer absolut nichts für Schwimmer, und im Winter nur etwas für wirkliche Surf-Experten. Ein natürlicher Pool, den man Queen's Bath nennt, liegt etwa auf halber Strecke, südlich vom Parkplatz; hier kann man im Sommer ungefährdet baden.

Kauai als Filmkulisse

Fast jede Bucht Kauais hinter Hanalei birgt Filmgeschichte. Der Strand **Lumahai Beach** bot die Kulisse des legendären Rodgers und Hammerstein Musical Films *„South Pacific"* mit Mitzi

Kauai als Filmkulisse

Gaynor zur Szene des Songs „Wash That Man Right Out Of My Hair". Haena State Park wählten Hollywoods Filmemacher als Hintergrund für „Bali Hai" in demselben Film. Seitdem heißt die markante grüne Feldnase nur noch Bali Hai wie im Film.

Die 1976er Version von *„King Kong"* mit Jessica Lange und Jeff Bridges wurde an Honapu Beach an der Na Pali-Küste gedreht. Viele Szenen von Steven Spielbergs „Jurassic Park" aus dem Jahre 1993 wurden auf Kauai gedreht, doch die meisten dieser Stellen sind nur bei einer Helikopter Tour zu sehen. Die meisten Touren führen am **Manawaiopuna**, dem grandiosen Wasserfall im Hanapepe Tal vorbei, wo der Helipad aufgestellt wurde. In der Nähe des Orts **Wailua**, in einem Blue Hole genannten State Forest, stand einst der Eingang zum Jurrassic Park, wo die im Auto wartenden Kinder von einem Tyrannosaurus Rex erschreckt werden. Und im **Olokele Valley**, westlich von Hanapepe an Mauis Südwestküste, mußten Sam Neill und die Kinder über einen Elektrozaun klettern! Als der Hurrikan *Iniki* Steven Spielberg von Kauai vertrieb, drehte er die letzten Szenen auf der privaten **Kualoa Ranch** im Kaaawa Valley auf der Insel Oahu. Die Szenen, in denen straußenähnliche Dinosaurier das Land durchziehen, wurden hier gefilmt.

Bei der Helikopter Tour geht es auch über abgelegene Stellen mit dem Drehort anderer Filme. Teile der Eröffnung des Indiana Jones Films *„Raiders of the Lost Ark"* (Jäger des verlorenen Schatzes) aus dem Jahr 1981 wurden am **Huleia River** südwestlich von Lihue mit der Haupu Range im Hintergrund gedreht, wo Harrison Ford von Eingeborenen verfolgt zu einem Wasserflugzeug rennt. Die gleiche Gegend am Wailua River sieht man in dem 1995er Film *„Outbreak"* (Outbreak – Lautlose Killer) mit Dustin Hoffman im Söldnerlager. Das Camp wurde im Film niedergebrannt, um eine Ausbreitung des tödlichen Bazillus über den ganzen Kontinent zu verhindern, und dann anschließend von den Filmleuten wieder aufgebaut.

Die meisten anderen Drehplätze auf Kauai, kann man mit dem Auto erreichen. Der Wasserfall Wailua Falls liegt außerhalb von Lihue (südwestlich von Wailua), über *Highway 56,* dann westwärts entlang *Highway 583,* sogenannte *Maalo Road* (etwa 4 mi/6 km) zugänglich. Den 24 m hohen Wasserfall sieht man im Vorspann von *„Fantasy Island".*

Das Restaurant in **Lihue**, Inn on the Cliffs, an 3610 Rice Street, ist Schauplatz, wo Nicolas Cage versucht, Sarah Jessica Parker in *„Honeymoon in Vegas"* (1992; auch Szenen in Kapaa gefilmt) zurückzugewinnen. Und vor dem Restaurant des heutigen Kauai Marriott Resort im Südosten von Lihue verprügeln sich in demselben Film Cage und James Caan, der Sarah Jessica Parker gewinnen konnte, mit ihm das Wochenende zu verbringen.

Ein weiteres Hotel, das Touristen anlockt, ist das Coco Palms am *Highway 56* in **Wailua**. Hier wurde Elvis Presleys 1961er Musical *„Blue Hawaii"* gedreht. In diesem Traditionshotel aus den fünfziger Jahren logierten schon Rita Hayworth, Bing Crosby und Frank Sinatra. Im Park wurden Palmen für die prominenten Persönlichkeiten gepflanzt. Einige Palmen sind allerdings ziemlich echte Betonpalmen, die die Filmleute zurückließen!

Weitere Filme wurden auf Kauai gedreht, wie der 1990er Streifen *„Lord of the Flies"* (Herr der Fliegen) und *„Throw Mama From The Train"* (1987; Schmeiß' die Mama aus dem Zug) mit Danny De Vito und Billy Crystal, und zwar am Strand **Kee Beach.** Kathlyn Turner sonnt sich hier in der Schlusssszene von *„Body Heat"* (1981; Heißblütig – Kaltblütig) am Strand, während William Hurt, den sie zum Mord an ihrem Ehemann anstiftete, im Gefängnis sitzt. Szenen zu Rob Reiners Film *„North"*, in dem ein 11jähriger Junge sich von seinen Eltern scheiden lässt und auf der Suche nach neuen ist, wurden auch an **Tunnel Beach** gedreht. Und der 1989er Streifen *„Flight of the Intruder"* (Flug durch die Hölle) wurde in der **Blue Hole Area** gefilmt, wo der Eingang zu Jurassic Park konstruiert worden war. In *„Uncommon Valor"* (Die verwegenen Sieben) mit Gene Hackman hat man die Gegend in die Reisfelder Vietnams verwandelt. *„Die Dornenvögel"* wurde in Haena, bzw. in einer Buch bei Kee Beach, gedreht.

Romantische Plätze für Flitterwochen ◀

Kauai ist ein Flitterwochenparadies. Es bietet mehr Sandstrände mit traumhafter Umgebung als andere Inseln Hawaiis und Möglichkeiten, abseits vom Touristenrummel die Zweisamkeit zu genießen. Unterkünfte bieten sich an von Luxussuite in einem der hervorragenden Resorthotels Kauais oder abgelegene, gemütliche und heimelige Cottages unter Palmenhainen, oder wer eine Pension bevorzugt, findet Bed & Breakfast Plätze unter Palmen und inmitten von Orchideen geeignet. Auskunft über entsprechende Unterkunftsmöglichkeiten speziell Bed & Breakfast über Hawaii Visitors Center Bureau – siehe unter **Information.**

● **Romantische Stellen für Trauungszeremonie**
- **Fern Grotto** in Wailua
- **Waimea Canyon Lookout**
- **Lumihai Beach** an Kauais Nordküste, der Strand, wo „South Pacific" gefilmt wurde.
- Hochzeitskapelle/Wedding Chapel beim **Coco Palms Resort** in Wailua
- Gartenanlage beim **Hyatt Regency Kauai** an Poipu Beach
- **Princeville Hotel** an Kauais Nordküste
- **Chapel by the Sea** des Kauai Lagoons Resort beim Kauai Marriott an Kalapaki Beach; mit venezianischen Gondeln fährt man zur Wedding Chapel!
- **Kukui o Lono,** in Kalaheo, im japanischen Garten des privaten Parks
- **Kilohana Plantation,** Nähe Lihue; Gaylord's Restaurant
- mit **Helikopter** kann man sich zu seinem Traumstrand oder der Stelle fliegen lassen, wo man seine eigene Romantik in tropischer Landschaft findet, an einsamen Wasserfall oder in saftigen Regenwald; bei Helikopter Unternehmen erkundigen.
- **Champagner-Abendfahrt** mit Segelboot
- Reitausflug entlang des Canyonrands im Waimea Canyon
- **Outrigger Kauai Beach,** direkt am Strand nördlich Lihue.

Die meisten großen Hotels bieten spezielle Honeymoon Packages mit extra romantischen Annehmlichkeiten, wie Blumen,

266 KAUAI
Information/Attraktionen

Champagner, speziellen Zimmern oder Suites (manchmal mit eigenem Jacuzzi) in romantischer Lage, was zu einem wirklich spektakulärem Erlebnis werden kann. Auskunft über Formalitäten siehe unter Information.

 Information/Vorwahl (808)

- **Kauai Info**

Hawaii Visitors Bureau–Kauai
3016 Umi Street, Suite 207
Lihue, Hawaii 96766
Tel. (808)245-3971
Fax 246-9235
geb.frei 1-800-AH-KAUAI

Kauai Chamber of Commerce
Tel. 245-7363

Kauai Visitors Center (in Kapaa)
neben Supermarkt im Kauai Village
Tel. 822-7727 oder 822-0706

Kauai's Internet http://planet-hawaii.com/kauai.

- **Kauai Visitors Information Hotline** .... geb.frei 1-800-262-1400
- **Kauai County Information** 241-6303
- **Fluglinien** (gebührenfrei)
- Aloha Airlines   1-800-367-5250   Island Air   1-800-652-6541
- Hawaiian Airlines 1-800-367-5320   United Airlines 1-800-241-6522
- **Heiratslizenz/Merritage Licences**

Bei einem Marriage Licence Agent oder beim Kauai-Büro des State Health Department beantragen; weitere Info siehe unter Hawaii oder Tel. erfragen: (808)241-3495. Ärztl. Bescheinigung über Rötelimpfung der Braut muss mit dem Reisepass vorgelegt werden.

- **Kokee Lodge** Hüttenunterkunft 335-6061
- **Camping Permits,** County Parks 241-6660
- **Camping Permits,** State Parks 274-3444
- **Autovermietung** (gebührenfrei)

Alamo	1-800-327-9633	Dollar	1-800-342-7398
Avis	1-800-331-1212	Hertz	1-800-654-3131
Budget	1-800-527-0700	National	1-800-227-7368

 Kauai Attraktionen

Nachstehend ein Schnellüberblick über Kauais größte **Attraktionen,** nach Areas aufgeteilt.

Lihue/Kalapaki/Nawiliwili
- Alekoko (Menehune) Fish Pond
- Grove Farm Homestead
- Kauai Lagoons Resort
- Kauai Museum
- Kilohana Plantation
- Kukui Grove Shopping Center

Poipu Beach/Area
- Mahaulepu Beach
- Old Koloa Town
- National Tropical Botanical Garden
- Poipu Beach Park
- Shipwreck's Beach
- Spouting Horn

Nordküste
- Hanalei Bay
- Hanalei Valley Overlook
- Kee Beach
- Kilauea Point
- Lumahai Beach
- Na Pali-Küste
- Princeville Resort

Coconut Coast
- Coconut Plantation/ Marketplace
- Fern Grotto
- Lydgate Park
- Opaekaa Falls
- Sleeping Giant (Nounou)
- Wailua Falls
- Wailua River State Park

Westseite
- Hanapepe Town
- Kokee Natural Historical Museum
- Kokee State Park
- Polihale State Park
- Russian Fort Elizabeth
- Waimea Canyon

> Hier nun zu Kauais Ausgangspunkt zur Erkundung der Insel – Lihue – mit den nachfolgenden Routen zur Nordküste und Südwestküste sowie den Reisezielen und Attraktionen unterwegs.

LIHUE

ROUTEN DURCH KAUAI & REISEZIELE/ATTRAKTIONEN
Nordostküste/Nordküste bis Na Pali-Küste
Wailua/Kapaa
WAILUA/KAPAA
KILAUEA LIGHTHOUSE
PRINCEVILLE
HANALEI
NA PALI COAST

Süd-/West-Route
POIPU
WAIMEA/WAIMEA CANYON/KOKEE STATE PARK

LIHUE

„Ausgangspunkt zur Erkundung der Insel Kauai"

Lihue ist der Sitz des Kauai County, das auch die benachbarte „verbotene" Insel **Niihau** umfasst. Von der Einwohnerzahl ist Kapaa die größte Stadt Kauais, Lihue hat nur etwa 4 000 Einwohner. Lihue bedeutet etwa „zum Abkühlen". Lihue ist eine der ältesten Plantagenstädte Hawaiis und heute Regierungs-, Verwaltungs-, Geschäfts-, Handels-, Transport- und Kulturzentrum der Insel von Kauai. Die Stadt entwickelte sich um die **Lihue Plantation,** eine der größten Zuckerrohrplantagen, die 1849 von Deutschen gegründet wurde. Aus den 750 Hektar Land, die die drei Männer für $9350 von König Kamehameha III. bzw. einer hawaiischen Prinzessin erworben hatten, entstand ein Anbaugebiet von über 5 600 Hektar. Das in der Lihue Sugar Mill verarbeitete Zuckerrohr wird im südöstlich der Stadt befindlichen Hafen **Nawiliwili Harbor** als Rohzucker zur Verschiffung nach Kalifornien verladen.

Nawiliwili ist auch Kauais Haupthafen für Kreuzfahrtschiffe sowie Abfahrtstelle von Ausflugs- und Charterbooten. Der Flughafen **Lihue Airport** liegt weniger als 3 km vom Stadtzentrum entfernt. **Lihue** ist zwar keine große Stadt, aber im Hinblick auf den Inselverkehr, der im wesentlichen aus den beiden fast um die ganze Insel führenden Straßen *Highway 50* der Südroute und *Highway 56* der Ost- bzw. Nordroute besteht,

KAUAI
Lihue

Verkehrsknotenpunkt. Die Stadt liegt grob etwa auf halbem Weg in beiden Richtungen und ist Ausgangspunkt der Routen durch Kauai.

Die herrlichen Badestrände des populären Ferienzentrums **Poipu** liegen nur etwa 13 mi/21 km und die berühmte **Coconut Coast** mit Wailua, Waipouli und Kapaa auch nur ca. 9 mi/14 km entfernt. **Lihue** besitzt eine gute Auswahl an Restaurants und Kauais größtes Einkaufszentrum. Sehenswürdigkeiten konzentrieren sich in der Stadtmitte und auf die nähere Umgebung Lihues. Zu den größten Attraktionen Lihues gehören das **Kauai Museum** und **Grove Farm Homestead**, eine klassische hawaiische Plantage.

Der **Huleia Stream**, eine beliebte Kajakstrecke, mündet südlich von Lihue in die **Nawiliwili Bay**. An diesem Fluss inmitten dichten Dschungels entstanden Filmaufnahmen zu dem Indiana Jones Film „Jäger des verlorenen Schatzes" mit Harrison Ford, der sich darin an einer Liane über den Fluss schwingt und in ein Wasserflugzeug klettert, um seinen Verfolgern zu entkommen.

Kauais erste Luxusferienanlage, **Kauai Lagoons Resort** mit dem Kauai Marriott erstreckt sich an einem der schönsten Strandgebiete der Gegend – **Kalapaki Beach** in der Bucht der Nawiliwili Bay. **Kalapaki** ist die erste Gegend, die jeder Besucher als ersten Blick von Kauai sowohl aus der Luft als auch vom Wasser erhält.

Schlüssel zur Baxter Info-Karte Lihue
mit vielen Baxter-Tips

Wichtiges & Interessantes:
1-Na Pali Helicopters
2-South Sea Helicopters
3-Vidinha Stadium
  Sportstadion
4-Library/Bücherei
5-Convention Hall
6-Kun Ja's Restaurant
  Hausmannskost/koreanische Küche
7-Don's Camera
8-Dairy Queen
  Milkshakes/Sandwiches/Eis
9-Police/Polizei
10-County Building
11-State Building
12-Kauai Museum
13-Jack in the Box
  -7-Eleven
  -Kauai Visitors Center
  -Hubschrauberflüge
14-Hilo Hattie Fashion Center
  -Snorkel Bob's
  -Casa Italiana
  Pasta/Plantagen-Residenz
15-Kentucky Fried Chicken
  -Zack's
16-Wilcox Memorial Hospital
17-McDonald's
18-Eggbert's Restaurant
  preiswertes Frühstück/Mittagessen/ Sandwiches
19-Post Office/Postamt
20-Hap's Hideaway
21-Rice Shopping Center
22-Ma's Family Restaurant
23-Harbor Village
24-JJ's Broiler
  Steakhouse/Reservierung
25-Kalapaki Beach
26-Nawiliwili Harbor
27-USS Constitution
28-Menehune Fishpond
  Lookout/Aussichtspunkt
29-Burger King
  -Kukui Grove
  -Supermarkt
  -Woolworth
  -Rosita's Mexican Restaurant
  -Roberts
30-Poipu
  -Hanapepe
31-Hanamauu Beach Park
32-Wailua
33-Grove Farm Homestead
  Plantation Museum

Unterkunft/Vorwahl (808):
A-$$$ Kauai Marriott Hotel
  245-5050
  Fax 245-5049
B-$$$ Outrigger Kauai Beach
  245-1955
  gebührenfrei 1-800-688-7444

KAUAI 269
Lihue-Karte

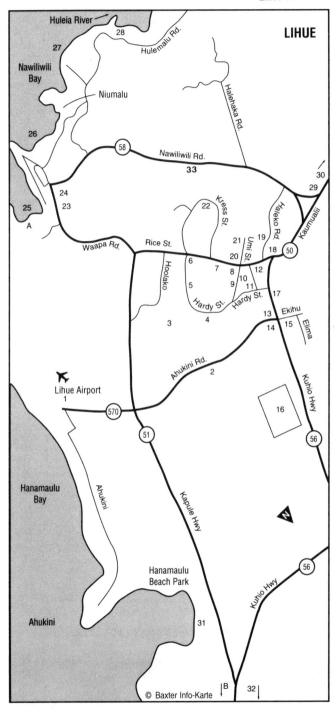

Lihue Geschichte

Die Gegend um die heutige Stadt **Lihue** hatte bis 1837 recht wenig Bedeutung. **1824** wurde die von George Kaumualii, dem Sohn des letzten Königs von Kauai, angeführte Revolte niedergeschlagen. König Kamehameha III. befahl dem daraufhin als Gouverneur von Kauai eingesetzten Häuptling Kaikiowewa, auf etwas Grundbesitz der königlichen Ländereien in der Nähe von **Koloa** Zuckerrohr zu pflanzen. Der Gouverneur wählte jedoch eine Stelle weiter östlich aus, wo es mehr Niederschläge gab. Er verlegte seine Hauptstadt von Waimea an die Stelle, wo sich heute der Lihue Store befindet und nannte sie **Lihue** zur Erinnerung an seine frühere Heimat auf der Insel Oahu. Der Name bedeutet etwa „Gänsefleisch" und bezog sich auf das Wohnhaus des Gouverneurs. Doch nach und nach ersetzte er den alten Namen Huleia in der Gegend von Kipukai bis Wailua.

Die Lihue Plantage wurde 1849 gegründet, als drei Männer 750 Hektar Land für $9 350 von einer hawaiischen Prinzessin kauften. Heute gehört diese Plantage zu den größten Zuckererzeugern der hawaiischen Inseln.

Etwa 1 1/2 mi/2,4 km südlich von Lihue liegt Kauais Hauptseehafen **Nawiliwili**, benannt nach den einst so zahlreich dort vorhandenen Wiliwili-Bäumen, deren scharlachrote Samen gerne für Halsketten verwendet wurden. Nawiliwili war einst ein blühendes hawaiisches Dorf mit vielen Hütten entlang des Flusses, wo man genug Wasser für Tarofelder hatte, und wo der Ozean reiche Fischgründe aufwies. Die links der Bucht liegende Kalapaki Beach ist immer noch beliebtes Schwimm- und Surfrevier.

Entfernungen von Lihue in Meilen/Kilometer

Anahola	13/21	Kilauea Lighthouse	23/37
Barking Sands	30/48	Kokee	43/69
Coconut Plantation Resorts	10/16	Koloa	10/16
Fern Grotto Abfahrt	7/11	Lumahai Beach	33/53
Haena	40/64	McBryde Mill	14/22
Haena Beach	41/66	Na Pali Coast	52/83
Hanalei	33/53	Poipu	12/19
Hanapepe	16/26	Poipu Beach	13/21
Kalaheo	12/19	Port Allen	16/26
Kalalau Trail	41/66	Princeville	30/48
Kapaa	9/14	Wailua	7/11
Kee Beach	41/66	Wailua Falls	4/6
Kekaha	27/43	Waimea	23/37
Kilauea	22/35	Waimea Canyon	35/56

Durchschnittliche Fahrzeiten von Lihue

Haena	1 1/2 Std.	Poipu	40 Min.
Hanalei	1 1/4 Std.	Princeville	1 Std. 10 Min.
Kalalau Lookout	2 Std. 10 Min.	Wailua	20 Min.
Kekaha	1 Std.	Waimea	1 Std.
Lumahai Beach	1 Std. 20 Min.	Waimea Canyon	2 Std.

✈ Lihue Airport

Der Flughafen **Lihue Airport** liegt ca. 3 km vom Stadtzentrum entfernt auf der Ostseite der Stadt. Der Flughafen ist mit allen Inseln Hawaiis durch Direktflüge verbunden. Alle Flüge vom amerikanischen Festland oder internationale Flüge kommen in Honolulu an, von wo die Interisland Fluglinien täglich mehrere Flugverbindungen anbieten. Etwa 35 Minuten Flug von Honolulu.

Zu und vom Flughafen verkehrt der *Iniki Express* als öffentliches Verkehrsmitel, das aber **kein** Gepäck befördert. Das Flughafengebäude ist langgestreckt und niedrig in der offenen Hallenbauweise. Ankunft und Abflug erfolgen auf derselben Ebene. Restaurant, Snack Shop, Blumen und Souvenirladen sowie Toiletten im Zentrum des Terminals; Gepäckausgabe jeweils am Ende des Terminals. Schalter der Fluglinien Aloha und United rechts (vor dem Terminal stehend) Hawaiian links im äußeren Korridor des halb offenen Terminals.

Taxis und *Iniki Express* direkt vor dem Terminal. Schalter der Autovermieter auf der Insel vor dem Terminal. Da es außer dem *Iniki Express* keine öffentlichen Verkehrsmittel gibt, müssen Ankommende mit Gepäck entweder ein Taxi benutzen oder ein Auto mieten. Vom Flughafen benutzt man *Ahukini Road,* die auf *Kuhio Highway* führt. Zur Innenstadt biegt man kurz nach dem Flughafen von *Ahukini Road* links auf *Kapule Highway* ab, der in *Rice Street* mündet.

Verschiedene Vitrinen im Flughafen Terminal enthalten interessante Ausstellungsstücke, die mit Hilfe des Kauai Museum (4428 Rice Street, Lihue) zusammengestellt wurden. Die Exponate im Lihue Airport erlauben einen kleinen Einblick in Hawaiis Kunsthandwerk und die vor Ort vorkommenden Materialien.

- **Hala–Pandanus Odoratissimus – The Screw Pine**/Tropenholz, wächst im allgemeinen auf vernassten Böden. Vermutlich wurde **Hala** von Polynesien auf den Inseln von Hawaii eingeführt. Die in vielen Gegenden von Südasien bis Hawaii verwendeten Pandanus-Blätter **Lau Hala** sind ein dauerhaftes Flechtmaterial. Angeblich kommt das beste **Lau Hala** aus etwas trockeneren Gegenden, wo Schimmel und starke Niederschläge den Blättern nichts anhaben können. **Lau Hala** wächst dicht am Meer und wurde wahlweise als Flechtmaterial verwendet. Das stabile und biegsame Material soll angeblich vom Salzspray günstig beeinflusst worden sein.

- **Flechttechnik.** Heutzutage praktizieren Weber immer noch die sogenannte **Ka Hana O Na Ulanu** Technik. Wie bei anderen traditionellen Kunstformen haben moderne Geräte und Werkzeug sowie Design Ideen das Kunsthandwerk beeinflusst. Während gewisse traditionelle Webtechniken verlorengegangen sind, haben sich neue entwickelt. Ein Beispiel dafür sind die **Papale** (Strohhüte). Obwohl es sich nicht um eine alte Kunstform handelt, sind **Papale** fein gewoben und äußerst wertvoll. Hawaiische Weber beherrschen über zwanzig Webarten (Piko), die sie bei hawaiischen Hüten anwenden.

- **Umeke – Wooden Bowls**/Holzschüsseln. Umeke wurden aus Holz hergestellt, das unter Hawaiianern leicht zu bearbeiten und gleichzeitig haltbar war. **Kou** *(Cordia subcordata)* und **Milo** *(Thespesia populnea)* aus den Niederungen waren wertvolle Holzquellen. Man verwendete ebenfalls **Koa** Holz *(Acacia koa),* eine einzigartige Baumart aus dem Hochland.

Mit einem Steinbeil, dem sogenannten **Koi** (Adze), erhielt das Material zunächst seine Grundform. Danach bearbeitete man **Umeke** mit Korallen-

KAUAI
Kunsthandwerk Hawaiis

Sandstein (wie Schmirgel- oder Sandpapier verwendet) und gab dem Holz mit Blättern und Bracktee des Brotfruchtbaums den letzten Schliff. Mit gerösteten **Kukui** Nüssen *(Aleurites moluccana), die in* **Kapa** (Rindentuch) gewickelt waren, polierte man die geschnitzten Teile. Holzschüsseln/**Umeke** waren beliebte Geschenkartikel und Aufbewahrungsgefäße.

● **Umeke – Wooden Bowls/Holzschüsseln.** Umeke kamen in verschiedenen Formen und Arten vor (manche mit Deckel) und wurden als Aufbewahrungsgefäße für Wertsachen und Nahrungsmittel sowie als Kochgeräte verwendet.

Hakui (Dampfkochen) erfolgte in geschlossenem **Umeke.** Poröse runde Lavasteine wurden im Feuer erhitzt und dann in den mit Fisch, Fleisch oder Gemüse und etwas Wasser zum Dampfen gefüllten **Umeke** gegeben. Ein offener **Umeke** mit Flüssigkeit und heißen Steinen diente gleichzeitig als ausgezeichnetes Kochgefäß.

● **Eke Lau Hala** – Pandanus-Blatt-Korb. Die Hawaiianer fertigten **Eke** Körbe in verschiedenen Größen und Flechtweiten. Manche Körbe, die als Vorratsbehälter und Transportbehältnisse verwendet wurden, besaßen auch Deckel. Obwohl **Eke Lau Hale** haltbar waren, konnte man die Körbe nicht zum Kochen verwenden, da sie nicht wie die Körbe anderer Völkerstämme wasserdicht waren.

Körbe und Matten wurden in verschiedener Dicke hergestellt. Die Begriffe **Kumu Lua** (zwei Lagen) und **Kumu Kolu** (drei Lagen) geben die Flechtstärke an. Je dicker, um so stärker und stabiler das Produkt.

● **Zum Fischfang.** Bei jedem Netzschwimmer mit Tausend Glasschwimmern sind alle außer einem, zylindrisch wie der in der Vitrine ausgestellte Schwimmer.

Von den Netzen japanischer Fischer abgetriebene Glasschwimmer, werden von Strömungen getragen und landen vielfach an Stränden von Hawaii bis Alaska.

● **Quilting**/Quilt-Herstellung (Steppdecken). Bei den Hawaiianern wurde gutes Bettzeug immer schon sehr geschätzt. Als Grundlage sogenannter *Supple* Matratzen benutzte man **lauhala** (die besten fertigte man aus **makaloa**). Die Deckschicht bestand aus vier Lagen weißer **Kapa** (tapa) mit einer fünften Lage **Kapa** in kontrastreichen Farben und großen und/oder geometrischen Designs. Die fünf Lagen wurden nur oben am Rand zusammengenäht. Lauhala wird aus den Blättern der Hala-Pflanze (Pandanus) hergestellt. **Makaloa** stammt von der Faserpflanze, die in Nähe von salzhaltigem Wasser wächst. **Kapa** ist eine Rindentextilie.

Makaloa Matten von Niihau waren berühmt für Weichheit und Designs. **Kapa** stammt von der bearbeiteten Rinde der **Wauke-** und **Hamaki**-Bäume. Kommt rauh und grobkörnig oder weich und glatt vor. Der Kauai-Begriff dieser Decken ist **kuina-kapa-papau.** Hawaiische Quiltmethoden in westlichen Materilien ist ein jüngstes Novum in jenem Prototyp, der eingeführt wurde, als die Missionare ihren Einzug in Hawaii hielten.

Die Hawaiianer waren beeindruckt von der Nähkunst, die sie schnell von den Missionaren erlernten.

● **Koi**/Steinbeil *(adze).* **Koi** wurde im allgemeinen aus dichter Basaltlava hergestellt. Hawaiische Lava entsteht aus flüssigem, gashaltigem Fluss, das Gestein eignet sich nicht besonders für Werkzeug. Adern von langsam abkühlender und entgaster Lava waren gefragte Quellen für Koi-Material.

Koi, die aus dichtem Material hergestellt wurden, waren haltbare Werkzeuge. Einer der berühmtesten Adze-Steinbrüche ist „**Ke-Ana-Ka-Ko I**", die Höhle in der Meißel gewonnen werden. Die Höhle liegt in Nähe des 3 962 m hohen Mauna Kea auf der Insel Hawaii. Bewohner der Nachbarinseln sammelten das Material entweder selbst oder tauschten es.

Koi in verschiedener Größe benutzte man zum Fällen von Bäumen sowie zum Bearbeiten von Holz und weicheren Steinarten. Holzprodukte aus Koi: Kanus, Schüsseln, Masken.

- **Ulu Maika.** Populäres Spiel im alten Hawaii. Die Steine wurden über ein glattes Feld gerollt, wobei man zwischen zwei Stöcken als Begrenzung zielen musste.
- **Stone Mirror/Steinspiegel.** Stark polierte Steine wurden in Calabashes (Kalabasse, aus Flaschenkürbis hergestelltes Gefäß) als Spiegel unter Wasser gehalten.

Downtown Lihue & Kalapaki Beach Area ◀

Lihues Stadtzentrum konzentriert sich um *Rice Street* zwischen *Kapule Highway/Highway 51* und *Kuhio Highway/Highway 56 & Kaumualii Highway/Highway 50.* Hier findet man Banken, Supermärkte, Postamt, Restaurants und das **Kauai Museum.** Kauais größtes Einkaufszentrum, **Kukui Grove Shopping Center** mit über 50 Geschäften, Restaurants, Drugstore und Supermarkt sowie Kinos, liegt nur um die Ecke am *Kaumualii Highway/Highway 50.*

Von *Rice Street* und der Verlängerung als *Wapaa Road* gelangt man bergab zum Hafen **Nawiliwili Harbor** und zum Strand **Kalapaki Beach.** Hier findet man eine Kombination von Lokalatmosphäre, elegantem Ferienkomplex, Strand- und Wasseraktivitäten sowie zwei kleinere Shopping Centers am Hafenrand – auf der Ozeanseite **Anchor Cove Shopping Center** mehr für Touristen und auf der gegenüberliegenden Straßenseite **Pacific Ocean Plaza** mehr kommerzielle Aktivitäten und Restaurants.

Hinter dem Strand Kalapaki Beach erstreckt sich der Komplex des Luxushotels **Kauai Marriott,** eines der erstrangigsten Hotels von Kauai. **Kalapaki Beach** ist bekannt als Wassersport- und Erholungszentrum von Kauai – wegen der relativ zahmen Surfs ideal für verschiedenste Wassersportarten. Hier am Strand oder im angrenzenden Hafengebiet findet man zahlreiche Unternehmen, die Wassersportaktivitäten anbieten sowie Bootsverleih, Veranstalter von Fischfangtrips, Vermieter von allen möglichen Geräten und Ausrüstung für Wassersportarten. Die Gegend um **Nawiliwili Harbor** und **Kalapaki Beach** ist beliebtes Übungs- und Trainingsgebiet der Kanuvereine und Kajakfahrer. Der Kalapaki Strand, der als einer der schönsten der Area gilt, ist besonders bei Einheimischen zum Schwimmen, Body Surfing und Surfen mit „Boogie Boards" (kurzes Surfbrett) beliebt.

Lihue und Area Attraktionen

Die beiden Schornsteine der **Lihue Sugar Company** machen darauf aufmerksam, dass man sich in einer Plantagenstadt befindet, was deutlich wird, sobald man sich mit dem Fahrzeug in Bewegung setzt und die Zuckerrohrfelder passiert. Hier nun zu den **Attraktionen** Lihues in alphabetischer Reihenfolge.

- **Ahukini Recreation Pier;** im State Park am Ende von *Ahukini Road,* nordöstlich vom Lihue Airport, am Südostzipfel der **Hanamaulu Bay.** Angelsteg der Einheimischen mit einem der besten Fischgründe der Gegend. Nur für Angler interessant!

KAUAI
Lihue Attraktionen

● **Alekoko Fish Pond**, von *Nawiliwili Road* auf *Niumalu Road* und dann links auf *Hulemalu Road* abbiegen. Hier passiert man die hawaiische Siedlung **Niumalu**. Entlang *Hulemalu Road* erreicht man eine Aussichtsstelle, unter der **Alekoko Fish Pond** oder allgemein **Menehune Fish Pond** genannt liegt. Die Mauern, die diese große Lagune umgeben, wurden aus sorgfältig behauenen und aufeinandergesetzten Steinblöcken errichtet. Da die Polynesier, die von den Marquesas-Inseln nach Hawaii einwanderten, nicht derartiges Werkzeug besaßen, solche feine Arbeit zu leisten, schreibt man diese Arbeit den Menehune zu. Man benutzte ein raffiniertes Torsystem, um Fische in das Becken einzulassen, wo man sie bequem aufziehen und fangen konnte.

Dieses Beispiel früher Aquakultur ist genial und einfach. Man trennte einfach eine Flussschleife mit einer 274 m langen Mauer ab, die ca. 1,50 m aus dem Wasser ragt und etwa 1,20 m breit ist. Der Legende nach kamen die Steine aus Makaweli, etwa 40 km entfernt, und wurden in einer Nacht von in doppelter Reihe aufgestellter Menschenkette aus Menehune Arbeitern von Hand zu Hand weitergereicht.

Wie die Legende weiter besagt, sollen diese Zwergenmenschen den Fischteich für ein hawaiisches Prinzenpaar angelegt haben. Sie hatten sich aber ausbedungen, dass ihnen niemand bei der Arbeit zusehen dürfe. Heimlich beobachteten der Prinz und die Prinzessin die Arbeiter von

Schlüssel zur Baxter Info-Karte Lihue Area
mit vielen Baxter-Tips

Interessant & wichtig:
1-Golfplatz
2-A. Vidinha Memorial Stadium
3-Drugstore/Pharmacy (Apotheke)
 Bakery (Bäckerei)
4-Portofino Restaurant
 Inselatmosphäre
5-Kauai Lagoons
6-Nawiliwili Beach Park
7-Container Station
8-Niumalu Beach Park
9-Huleia National Wildlife Refuge
10-Lappert's Ice Cream
 -Seafood/Fish & Chips
11-Kauai Community College
12-Kilohana
 alte elegante Plantage
 Geschäfte, Museum, Galerien
 -Gaylord's Restaurant
 historische Umgebung/sonntags Brunch
13-Kukui Grove Shopping Center
 -Liberty House/Supermarkt
 -Woolworth/JC Penney
 The Shopping Center of Kauai
14-Taco Bell
 -Burger King
15-Casa Italiana
 -Eggbert's
16-Burger King
17-Kauai County Building
 -Kauai Museum (seit 1960)
18-Post Office/Postamt
19-Lihue Library
20-Lihue Park
 -Kauai War Memorial
 -Convention Center
 -Dairy Queen
21-Dani's Restaurant
 hawaiische, mexik. & jap. Küche
22-Lihue Plaza
 -Hawaii Visitors Bureau
23-Pizza Hut
 -McDonald's

24-7-Eleven
 -Tankstelle
25-Supermarkt
26-Jack in the Box
 7-Eleven
27-Kentucky Fried Chicken
 -Subway
28-Hilo Hatties
29-Snorkel Bob's
 Vermietung von Tauch- & Schnorchelgerät
30-Hospital
31-Schule
32-Hanamaulu Cafe
33-große Brücke
34-Wailea Golf Course
35-Wailua 5 mi/8 km
 -Kapaa 6 mi/10 km
 Hanalei 30 mi/50 km
 -Princeville 26 mi/42 km
 -Wailua 30 mi/50 km
36-Wailua Falls 4 mi/6 km
 -Wailua 5 mi/8 km
37-Koloa 12 mi/19 km
 -Poipu 14 mi/22 km
 -Hanapepe 19 mi/30 km
 -Waimea 26 mi/42 km
 -Kokee Lodge 45 mi/72 km
38-Nawiliwili Bay
39-Grove Farm Homestead
 Plantation Museum

Unterkunft:
A-$$$ Outrigger Koloa Beach Hotel
 245-1955
 gebührenfrei 1-800-688-7444
B-$$$ Kauai Marriott
 245-5050
 Fax 245-5049
C-$$ Garden Island Inn
 245-7227
 gebührenfrei 1-800-648-0154

KAUAI 275
Lihue Area-Karte

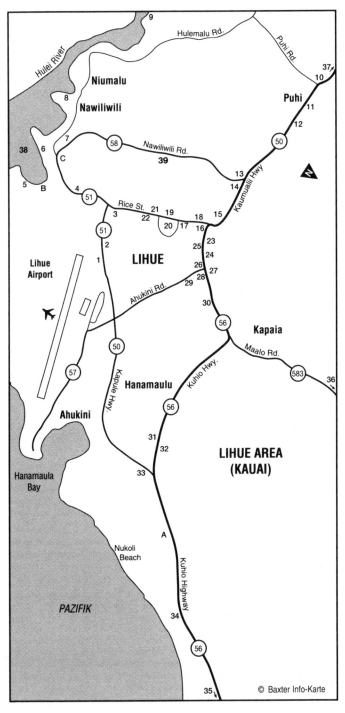

KAUAI
Lihue Area Attraktionen

einem Hügel auf der Bergseite des Teichs. Als die Menehune dies merkten, legten sie die Arbeit nieder und verwandelten die beiden zu den zwei Felssäulen, die man heute noch oberhalb der Südseite des Teichs sehen kann.

Man benutzt den Fischteich heute noch zur Aufzucht von Meeräschen. Von der Aussichtsstelle hat man einen herrlichen Blick auf den Verlauf des in dschungelhafte Landschaft verschwindenden Huleia Stream, den Hafen und die dahinter liegenden Berge der **Hoary Head Mountain** mit dem etwa 700 m hohen **Mount Haupu**.

● **County Building**, zwischen *Eiwa* und *Umia Streets* an *Rice Street* in Downtown Lihue. Das Gebäude hat seine eigene Geschichte und stammt aus der Zeit, als man noch zu Fuß oder zu Pferd in die Stadt kam. Etwa eine Straße vom Kauai Museum entfernt.

● **Grove Farm Homestead**, an *Nawiliwili Road*, am Westrand von Lihue in flachem Talgebiet. In der Nähe liegt ein interessanter Friedhof mit den Gräbern von Menschen, die Kauais Geschichte machten.

Mit über 16 000 Hektar Zuckeranbaugebiet erzeugt Kauai fast genau so viel Zucker wie die bedeutend größere Insel Maui und besitzt eines der besten Plantagenmuseen – **Grove Farm Homestead**. 1864 gründete George N. Wilcox die Grove Farm Plantage, die er von **Grove Farm Homestead** aus leitete. Das ursprüngliche Hauptgebäude der Plantage, das in späteren Jahren erweitert wurde, steht heute noch neben den Büroräumen, Gästehäusern und Unterkünften der Plantagenarbeiter, Werkstätten, Blumen- und Gemüsegärten sowie Obstgarten und mehr. George N. Wilcox stammte aus einer Missionarsfamilie aus Neuengland, die sich in Hanalei niedergelassen und dort die Waioli Mission gegründet hatte – siehe unter Hanalei.

Das Haus **Grove Farm Homestead** wurde von den Wilcox über ein Jahrhundert lang bewohnt, bis zum Tod von Miss Mabel Wilcox, der Nichte des Gründers, die 1978 im Alter von 96 Jahren starb. Noch vor ihrem Tode plante sie die Nutzung des 32 Hektar großen Besitzes als gemeinnützige Einrichtung, um **Grove Farm Homestead** und **Waioli Mission House** in Hanalei (an der Nordküste Kauais) als lebendiges Stück Vergangenheit Kauais zu erhalten. **Grove Farm** ist ein authentisches Beispiel für die Zuckerrohrplantagen auf Kauai.

Miss Wilcox brachte gemeinsam mit ihren Schwestern Ethel Wilcox und Etta Sloggett eine umfangreiche Kollektion von hawaiischen Steppdecken – **hawaiische Quilts** – zusammen, die in hervorragendem Zustand erhalten sind und in Grove Farm aufbewahrt werden. Seit 1980 werden Besichtigungstouren angeboten, bei denen man einen Einblick in das Plantagenleben erhält, als sei die Plantage heute noch in Betrieb (in den 1970er Jahren stillgelegt); ausgezeichnete Führung, etwa 2 1/2 Std., nur in kleinen Gruppen; Mo., Mi., Fr. von 10 bis 13 Uhr geöffnet; Anmeldung erforderlich; 245-3202. Keine Kinder unter 5 Jahre. Gebühr.

● **Hanamaulu County Beach Park**, nördlich von Lihue und Lihue Airport, östlich von *Highway 51/Kapule Highway;* Picknick und Camping beliebt; Hanamaulu Stream bewirkt trübes Wasser.

● **Historic Haleko Shops**, gegenüber vom Lihue Shopping Center, Ecke *Rice Street & Kuhio Highway*, unweit von den beiden Schloten der Zuckerfabrik, liegen die vier Gebäude, die **Haleko Shops** genannt werden. Darin wohnten einst deutsche Verwalter der Zuckerplantage, ehe sie ihren Posten während des Ersten Weltkriegs aufgaben. Heute befinden sich hier Restaurants und Läden, Teil des Shopping Centers von der gegenüberliegenden Straßenseite. Rundum ein botanischer Garten, in dem die Pflanzen jeweils mit erklärenden Täfelchen versehen sind, aus denen Verwendungszweck und Herkunft ersichtlich ist. An der Straßenecke steht noch die Pferdetränke – Lihue Horse Trough – aus italienischem Marmor, die der damalige Pastor Isenberg 1909 aus Italien einführte.

KAUAI 277
Lihue Area Attraktionen

- **Huleia National Wildlife Refuge,** an den berühmten Menehune Fish Pond (oder Alekoko Fish Pond) angrenzendes Vogelschutzgebiet, das sich über 96 Hektar über bewaldete Hänge und Ufer entlang des Huleia River erstreckt. Das Schutzgebiet für Wasservögel umfasst ehemalige Taro- und Reisfelder, die zum Habitat und Brutgebiet endemischer Wasservögel erklärt wurden. Der Öffentlichkeit nicht zugänglich, aber vom Menehune oder Alekoko Aussichtspunkt sichtbar.

- **Huleia Stream** oder **River;** in die Nawiliwili Bay mündender Fluss. Schauplatz von Filmaufnahmen des Indiana Jones Films „Raiders of the Lost Ark" (Jäger des verlorenen Schatzes) mit Harrison Ford, der seine Stunts meistens selbst ausführte, wie an einer Liane ans andere Ufer zu schwingen. Beliebtes Kajakfahrergebiet durch Dschungelwelt.

- **Kalapaki Area** und **Kalapaki Beach.** Ostseite von Lihue, an Nawiliwili Bay. Obwohl die Kalapaki Area mit Lihue geographisch im Zentrum der Routen südwärts und nordwärts um Kauai liegt, ist dies eine ausgesprochen ruhige, wenig hektische Area mit wenig Ampelverkehr, aber ferienmäßigem Freizeitambiente und ruhigem Nachtleben. Hier erstreckt sich das **Kauai Lagoons Resort** mit zwei meisterhaften Golfplätzen und Kauais erster Hoteladresse, dem Kauai Marriott.

- **Kauai Community College,** in Puhi am *Kaumualii Highway/Highway 50,* etwa 1.8 mi/3 km westlich von Lihue. Sehr gepflegter Campus mit ausgezeichneter Bibliothek und Performing Arts Center für Theater- und Musicalaufführungen.

- **Kauai Lagoons Resort,** erstreckt sich vom Hafenrand entlang Kalapaki Beach. 16 Hektar künstliche Süßwasserlagunen und Inseln mit Brücken, Golfplatz Lagoons Course sowie Kiele Golf Course, ein 18-Loch-Platz nach Entwürfen von Jack Nicklaus, mehrere Restaurants, Kurzentrum, Tennisclub, Zoo und Hochzeitskapelle gehören zu dem luxuriösen Freizeitkomplex, auf dem sich Kauais höchstes Gebäude befindet, das Luxushotel Kauai Marriott. Der Zoo mit Affen, Kängurus, Gazellen, Zebras und Pfaus beherbergt bedrohte exotische Tiere und Vögel aus aller Welt.

- **Kauai Marriott,** an Kalapaki Beach; Anlage mit 847 Zimmer, 100 Pferden, 7 der 8 Schwanarten, 90 Gondolieres, 35 Kutschen und mehr. 13 km Wegenetz für Kutschfahrten der von Clydesdale, belgischen und Percheron Pferden gezogenen Gefährte, einer der größten Swimmingpools von Hawaii mit 1,8 Millionen schwarz und blauen Mosaikkacheln und vier Wasserfällen; Aufzug zum Strand. Man kann mit venezianischen Gondolieres oder Outrigger Kanus die Wasserkanäle erkunden und noch mehr Extravaganzen, die der Hotelplaner Chris Hemmeter hier kreieren ließ.

Der Hotelkomplex mit seinen 10 Etagen entstand, bevor die baulichen Höhenbeschränkungen für Kauai erlassen wurden – heute darf nur bis Palmenhöhe gebaut werden! Das Hotel war ein Prototyp zum Konzept eines Ferienziels, das alle Aktivitäten bietet, die ein Gast suchen könnte.

- **Kauai Museum,** 4428 Rice Street im Albert Spencer Wilcox Building, dem ehemaligen Gebäude der Kauai Public Library aus dem Jahre 1924. Ein weiterer Teil des Museums, durch den Innenhof verbunden, ist im William Hyde Rice Building untergebracht. Die Ausstellung „The Story of Kauai" breitet die Geschichte der Insel von ihren vulkanischen Ursprüngen bis zur Annexion durch die USA im Jahre 1898 aus.

Kauais Vergangenheit wird an Hand von Exponaten, Dioramen, Wandbildern und Artefakte zur Ethnologie, Geologie, Flora und Fauna präsent. Die Hauptereignisse werden dem Besucher vor Augen geführt: Vulkanische Entstehungsgeschichte im Ozean vor Millionen von Jahren bis zum heutigen Hawaii; Entdeckung durch Captain James Cook im Jahr 1778; Versuch einer russischen Expansion auf Kauai nach dem Jahr 1815; Ankunft der ersten protestantischen Missionare mit durch sie bewirkten Veränderungen bis zum 19. Jahrhundert, als Plantagen sich ausbreiteten

278 KAUAI
Lihue Area Attraktionen

und Einwanderer aus Europa, Amerika und Asien eintrafen und den Grundstein der heutigen multi-rassischen Kultur und Gesellschaft legten.

Zu den Exponaten gehören authentische Artefakte der urzeitlichen hawaiischen Kultur; Naturgeschichtliche Präsentation; Einrichtungsgegenstände aus den Missionshäusern; Kunsthandwerk; historische Fotos; Hawaiian Heritage Gallery; Oriental Heritage Gallery mit Exponaten zur ethnischen Völkermischung. Filmvorführung mit Landschaften Kauais, die für Besucher oft schwer zugänglich sind.

Im Erdgeschoss ist das Modell eines alten hawaiischen Dorfes aus der Zeit polynesischer Besiedelung zu sehen. Das Obergeschoss beherbergt Fotos der Missionare und eine große Muschelsammlung. Eingang zum Museum hinter *Rice Street* durch das Wilcox-Gebäude. Der Museumsladen ist äußerst gut ausgestattet mit hawaiischen Büchern und Kunsthandwerk. Zweimal wöchentlich Vorführung von Volkskunst. Mo.–Fr. 9–16.30 Uhr; Sa. 9–13 Uhr; Eintritt. Tel. 245-6931.

● **Kauai War Memorial Convention Center und Auditorium,** an *Hardy & Rice Streets* in Downtown Lihue.

● **Kiele Golf Course** – siehe Kauai Lagoons Resort; 18-Loch-Golfplatz nach Modell von Jack Nicklaus.

● **Kilohana** – siehe Süd-/Südwestroute.

● **Kukui Grove Shopping Center,** 3-2600 Kamualii Highway; Südwestrand von Lihue, an *Highway 58 & Highway 50* Richtung Poipu und Waimea; Kauais größtes Einkaufszentrum, über 50 Geschäfte, 13 Restaurants, Bäckerei, 2 Kinos, Drugstore, Supermarkt, 1-Stunde-Filmentwicklung.

● **Lagoon Golf Course** – siehe Kauai Lagoons Resort.

● **Lihue Library** (oder Kauai Library), in Downtown Lihue. Von *Rice Street* entlang *Umi Street* bis *Hardy Street*. Im Eingang hängt eine Wandbatikarbeit des Künstlers Jerome Wallace, eines der größten Exemplare dieser Kunstrichtung der Welt.

● **Lihue Union Church** auf einem Hügel in der Nähe der Old Lutheran Church. Wurde größtenteils von den Arbeitern besucht. Der hawaiische Friedhof beherbergt einfache Grabsteine und Plumeria-Bäume, die ständig in Blüte stehen. Folgt man der Hauptstraße an der Kirche vorbei, endet die Straße in Zuckerrohrfeldern.

● **Menehune Fish Pond** – siehe Alekoko Fish Pond.

● **Menehune Gardens,** Nähe *Nawiliwili Road/Highway 58* hinter der Kreuzung von *Niumalu Road*. Gartenanlage benannt nach den Menehune, den legendären Ureinwohnern Hawaiis, die Tempel erbauten und Fischteiche anlegten, Menschen von zwerghaftem Wuchs wie Kobolde oder Gnome. Zu ihren Eigenarten gehörte, dass sie nur nachts aktiv wurden.

Interessante tropische Blumen, Sträucher und Bäume, darunter ein riesiger Banyan-Baum, der 1896 gepflanzt wurde und über 1 000 Luftwurzeln aufweist. Bevor die Hurrikane *Iwa* (1982) und *Iniki* (1992) Teile des Baums zerfetzten, bedeckte das Baumungetüm 0,4 Hektar! Tel. 245-2660. Eintritt.

● **Nawiliwili County Beach Park,** an Nawiliwili Bay; von *Rice Street* über *Waapa Road* zugänglich. Herrlich zum Schwimmen; geeignete Wellen für Surf-Anfänger. Bei Einheimischen beliebt.

● **Nawiliwili Harbor;** Kauais Haupthafen und Anlegestelle der Kreuzfahrtschiffe. Ausgangspunkt von Fischfangtrips, Walbeobachtungs- und Sightseeing-Booten. Verladung von Rohzucker zur Verschiffung nach San Francisco.

● **Old Lutheran Church,** an der Stelle, wo hinter der Lihue Sugar Mill *Highway 56* zum *Highway 50* wird, weist ein Schild (hawaiischer Krieger) auf die Kirche. Direkt vor der Brücke über den Nawiliwili Stream rechts abbiegen auf *Hoomana Road,* die durch gepflegtes Wohngebiet führt.

Die 1883 erbaute Kirche ist ein Musterexemplar eines Kirchenbaus mit Glockenturm und Kirchturmspitze. Die Kirche zeigt deutlich deutsche Einflüsse aus der Zeit, als Deutsche die Plantagenwirtschaft bis zum Ersten Weltkrieg in der Hand hatten.

Um die Jahrhundertwende war hier Pastor Hans Isenberg tätig, der Bruder des Plantagenbesitzers Heinrich D. F. Isenberg (1837–1903), der die Tochter des Plantagenbegründers Dora Rice geheiratet hatte. Er hatte seinerzeit auch die marmorne Pferdetränke aus Italien einführen lassen, die man bei den Haleko Shops findet. Der Innenraum der Kirche ist mit einem barocken Altar ausgestattet.

- **Vidinha Stadium,** Sportstadion an *Kapule Highway/Highway 51.*

- **Wailua Falls,** (Wailua heißt „zwei Wasser") 4 mi/6 km westlich von Kapaia; von *Kuhio Highway/Highway 56* auf *Maalo Road/Highway 583* abbiegen. Aus 24 m Höhe stürzen zwei Wasserfälle (bei ausreichenden Niederschlägen) über die Steilfelsen herab, von wo hawaiische Häuptlinge in den darunter liegenden Pool tauchten, um ihren Mut zu beweisen.

- **William Hyde Rice Building** – siehe Kauai Museum.

Kauai County Busse

Kauai verfügt seit dem Hurrikan *Iniki* im Sept. 1992 über ein öffentliches Verkehrsmittel. Die Busse des *Kauai County* mit Air-conditioning befahren die zwei Haupthighways, die von **Lihue** ausgehen, und zwar *Highway 56,* der zur Nordküste und *Highway 50,* der zur Südküste führt. Zubringerbusse versorgen Nebenstrecken wie beispielsweise die Poipu Resort Area.

Die Busroute erstreckt sich bis **Hanalei** am Ende von *Highway 56,* der dort als *Highway 560* weiterführt, an der Nordküste und **Kekaha,** einer 4 mi/6 km südlich von Waimea liegenden Plantagensiedlung an der Südküste. Für Gäste der Hotels an der Ostküste Kauais, die oft nahe des Highway liegen, ist das Bussystem sehr bequem. Zubringerbusse verkehren vom Flughafen **Lihue Airport** zur Innenstadt von Lihue, können aber **kein Gepäck** befördern.

Lediglich **Waimea Canyon** und **Kokee State Park** sind nicht dem Liniennetz angeschlossen; Busse befahren nicht den 20-Meilen/36 km *Waimea Canyon Drive,* der in Waimea beginnt. Eine Fahrt von Lihue nach Hanalei dauert etwa 75 Minuten, ein Weg. Info über Busservice: Transportation Department of Kauai County, 4473 Pahee St., Lihue, Hawaii 96766; Tel. 241-6410 oder Fax 241-6417.

Hotels & Restaurants

Lihue ist mit **Kalapaki** und **Nawiliwili** Transportzentrum, wo sich auch Kauais Geschäfts- und Berufswelt konzentriert. Daher passen sich dort entsprechend die Restaurants den Gewohnheiten der Bewohner an. In manchen Lokalen wird bereits um 5 Uhr Frühstück serviert und im Kukui Grove Shopping Center gibt es Tische und Bänke im Freien, wo man sein mitgebrachtes oder dort gekauftes Essen verzehren kann. Übersicht zu **Restaurants** und **Hotels** siehe unter **Kauai.**

KAUAI ROUTEN

Autotouren durch Kauai beschränken sich auf den äußeren Rand der Insel, da das Inselinnere von den mächtigen, längst erloschenen Vulkanen eingenommen wird, und mit Ausnahme des **Waimea Canyon** nicht durch Straßen erschlossen ist. Eine vollständige Umrundung der Insel wird von der Na Pali-Küste, die nur zu Fuß oder vom Wasser her zugänglich ist, unterbrochen. Von Lihue gibt es eigentlich nur zwei Hauptrouten und zwar einmal ca. 64 km entlang Kauais Ostküste/Coconut Coast und North Coast nach **Haena** bis zu der dahinter beginnenden Na Pali-Küste und **südwestwärts** zum **Waimea Canyon** und dem **Kokee State Park,** etwa 56 bzw. 69 km. Auf der südwestwärtigen Route liegen auch die berühmten Strand- und Ferienanlagen der Südküste um **Poipu.**

Bei der jeweiligen Routenbeschreibung werden die Attraktionen unterwegs nur kurz gestreift. Ausführliche Beschreibung erfolgt in alphabetischer Reihenfolge unter **Kauai-Attraktionen** bzw. als eigenes Reiseziel. Lage von Hotels, Restaurants und touristischen Einrichtungen ist jeweils der betreffenden Baxter Info-Karte zu entnehmen. Gelegentlich erfolgt im Text die Entfernungsangabe **MM** (MM = Mileage Marker = Meilenstein) mit der betreffenden Meilenangabe der am Straßenrand befindlichen Meilenposten, z. B. **MM 23.4** bei der Abzweigung zum Kilauea Lighthouse. Die Meilenentfernung bezieht sich auf die Entfernung vom Start des *Highway 56* oder für die Südroute entsprechend in Lihue mit Meile 0 vom Start des *Highway 50.*

NORD-/NORDOST–ROUTE LIHUE–NA PALI-KÜSTE
Lihue–Wailua/Kapaa–Hanalei–Haena/Kee Beach

Die Nordroute von Lihue umfasst etwa 40 mi/64 km auf dem *Kuhio Highway* (*Highway 56* – ein etwa 10 mi/16 km langer Abschnitt von **Princeville** bis zur **Kee Beach,** wo die Straße endet, wird als *Highway 560* weitergeführt) bis hinter **Haena** an Kauais Nordküste, wo die berühmte Klippenküste **Na Pali Coast** beginnt. Die Strecke verläuft fast parallel zum Ozean. Unterwegs werden die Orte **Wailua, Waipouli, Kapaa, Kilauea, Hanalei,** die Reißbrett-Ferienanlage **Princeville, Hanalei, Wainiha** und **Haena** passiert. **Wailua, Kapaa, Princeville** und **Hanalei** sowie **Na Pali Coast** mit Kalalau Trail werden jeweils als Einzelabschnitte behandelt, während die übrigen Orte unter der Routenbeschreibung zu finden sind.

Von **Lihue** geht es zunächst auf *Highway 56* nordwärts Richtung **Wailua.** Vom Flughafen Lihue Airport gelangt man über *Ahukini Road* zum *Highway 51,* der nordwärts am Hanamaulu Beach Park vorbei zum *Highway 56* führt; Hanamaulu

Route: Lihue–Wailua/Kapaa

bedeutet etwa „müde Bucht". Von Downtown Lihue führt *Highway 56* als *Kuhio Highway* an der Abzweigung der *Maalo Road (Highway 583)* vorbei, auf der man zu den 4 mi/6 km entfernten Wasserfällen Wailua Falls gelangt. *Highway 56* steigt etwas an und passiert Hanamaulu Cafe und Schule, ehe die Kreuzung von *Highway 51* erreicht wird, die vom Flughafen und Nawiliwili zustößt; etwa **MM 2.6.**

Highway 56 läuft als *Kuhio Highway* weiter, passiert den Golfplatz Wailua Golf Course, wo man sogar unter der Flutlichtanlage Golfbälle schlagen kann (Nite Driving Range), und den Bergkamm Kalepa Ridge (bedeutet „Signalberg"), der einst mit Sandelholz bedeckt war; dort oben hatte man früher Spähtrupps aufgestellt, die das Nahen feindlicher Boote signalisierten. Dann geht es an Zuckerrohrfeldern sowie dem Lydgate State Park vorbei **(MM 5)**, wo der Wailua River in den Pazifik mündet. Vom Südufer des Wailua River gehen die Boote zur **Fern Grotto** ab (nur per Boot zu erreichen). Auf dem Nordufer biegt westwärts *Highway 580* als *Kuamoo Road* zum **Keahua Arboretum** (bedeutet „Hügel") und den Wasserfällen **Opaekaa Falls** ab.

Der *Kuhio Highway* passiert danach das Zentrum von **Wailua** – Einzelheiten siehe Abschnitt **Wailua/Kapaa** mit Baxter Info-Karte. Nach dem altehrwürdigen **Coco Palms Resort** geht es durch das lebhafte Zentrum mit Geschäften und Restaurants, am auf der Ostseite des *Kuhio Highway* am Strand von **Waipouli Beach** sich ausdehnenden Ferienkomplex der **Coconut Plantation Resorts (MM 6.9)** vorbei. Hinter dem **Waipouli Town Center** mit Supermarkt und großem Walgemälde am Uhrturm **(MM 7.5)** erreicht man die Stelle, wo man auf der Westseite des Highway einen Blick auf das Profil des **Sleeping Giant** hat – am Bergkamm des **Nounou Mountain** ist die Silhouette eines „schlafenden Riesen" zu erkennen **(MM 7.7)**.

Kurz darauf befindet man sich nach den Zuckerrohrfeldern und dem **Kapaa Beach Park (MM 8.4)** in **Kapaa,** einer typischen Kleinstadt Kauais mit einer Reihe guter Restaurants. Dahinter reicht der *Kuhio Highway* bis dicht an die grüne Küste mit Blick auf die schäumende Brandung. Am Friedhof vorbei überquert man hinter *Malihuna Road* den Kapaa Stream **(MM 9)** und gelangt zum schönen Strand **Kealia Beach (MM 10)**. Von hier sind es etwa 20 mi/32 km bis **Hanalei** und 13 mi/21 km bis **Kilauea.**

An dicht mit Zuckerrohr und Bananenpalmen bewachsenem Gelände vorbei, entfernt sich der *Kuhio Highway* vom Ozean und erlaubt nur ab und zu den Blick auf die Küste. Die Berge der Anahola Mountains tauchen frontal auf, sobald man sich dem Fischerdorf **Anahola (MM 13.9)** nähert; Anahola bedeutet etwa „Fischgift-Höhle". Am Straßenrand werden an mehreren Stellen frische Leis verkauft. Westlich des *Kuhio Highway* passiert man **Hole in the Mountain.** Vorbei an Zuckerrohrfeldern und kleinen Häusern unter Kokospalmen geht es durch reizvolle Gegend, in der herrliche Ingwerblüten und Wassermelonen auf den Feldern zu sehen sind. Milchfarm, Pferdeweiden und saftige Graslandschaften begleiten den *Kuhio-Highway,* der

KAUAI
Route Ostküste: Kilauea Leuchtturm

wiederum etwas ansteigt. Die **Moloaa Bay,** die man inzwischen passiert hat (bedeutet etwa „Wurzeldecke"), war Ort der Dreharbeiten für *„Gilligan's Island"* (amerikanische Abenteuerserie). Nach den Kilauea Farms mit Obstanbaugebiet erreicht man nach dem Friedhof die alte Ortschaft **Kilauea** (etwa aus dem Jahre 1860). An der **Guava Plantation,** Post und kleiner Steinkirche vorbei, biegt rechts nach der Tankstelle die Straße *Kolo Road* zum Leuchtturm **Kilauea Lighthouse** mit dem interessanten Vogelschutzgebiet für Meeresvögel ab; etwa bei **MM 23.4;** ein sehr lohnender Abstecher – siehe Abschnitt **Kilauea Lighthouse.**

● **Kilauea** ist eine alte Plantagensiedlung, die etwa um 1860 mit dem Anbau von Zuckerrohr begann. Inzwischen wurde bereits seit Jahren die Zuckerproduktion eingestellt. Heute ist Kilauea das Zentrum eines der größten Aquakultur-Farmgebiete der Welt, ferner Obstanbaugebiet für Guaven – siehe **Guava Kai Plantation.** Kilauea ist der Ausgangspunkt für den Abstecher vom *Highway 56* zum Leuchtturm **Kilauea Lighthouse** mit dem berühmten Vogelschutzgebiet **Kilauea National Wildlife Refuge** am Kilauea Point. **Kilauea Point** ist der nördlichste Zipfel der Hauptinseln Hawaiis. Etwa bei **MM 23** biegt man bei der Tankstelle auf *Kolo Road* ab und folgt der Beschilderung.

Auf *Kolo Road* passiert man die Post und gelangt an der Kreuzung von *Kilauea Road* zur **Christ Memorial Episcopal Church,** der aus Lavasteinen gebauten Kirche aus dem Jahre 1914 mit den aus England importierten bunten Bleiglasfenstern, die das Leben Jesu schildern. Interessant ist auch die achteckige katholische Kirche **St. Sylvester's Catholic Church,** ein kombinierter Lavastein und Holzbau, die mit Wandgemälden des berühm-

Schlüssel zur Baxter Info-Karte Kauai Ostküste
Wailua – Kealia Beach

Orientierung:
1-Lihue
2-Lydgate State Park
3-Wailua Marina Restaurant
 -Wailua River State Park
4-Hauola City of Refuge
 Hikinio Ka La Heiau
 Tempelstätte
5-Keahua
 Forestry Arboretum
6-Poliahu Heiau & Bell Stone
 Tempelstätte
7-Opaekaa Falls
 Wasserfälle
8-Kauai Historical Society Museum
9-Holoholoku Heiau & Birthing Stones
10-Wailua Beach
 -The Bull Shed Restaurant
 direkt am Wasser neben Mokihana of Kauai
14-Waipouli Town Center
 -McDonald's
15-Kauai Village
 -Supermarkt
 -Wyland Whaling Wall
 Walgemälde
 -Waipouli Plaza/Supermarkt
16-Blick auf Sleeping Giant Bergprofil
 -Zippy's
17-Kapaa Beach Park
 -Library/Bücherei
18-Aussichtsstelle/Scenic Lookout
19-Kealia Beach
20-Fern Grotto

21-Kapaa Fish & Chowder House
 Fisch
 -Gilligan's Land of Bargain
22-Kountry Kitchen
23-Kapaa Shopping Center
24-Nounou Mountain Trail
25-Princeville

Unterkunft/Vorwahl (808):
Tel.- & Fax-Nummern siehe Baxter Info-Karte
Wailua-Kaapa
 A-$$$ Wailua Bay Resort
 B-$$ Coco Palms Resort
 C-$$$ Lae Nani
 -$$$ Lanikai
 822-7700
 gebührenfrei 1-800-367-5004
 Fax 596-0158
 D-$$ Islander on the Beach
 -$$$ Aston Kauai Beach Boy
 -$$ Kauai Sands
 E-$$$ Kauai Coconut Beach
 F-$$$ Marc Resorts Pono Kai
 G-$$$ Kaha Lani-Aston
 822-9331
 gebührenfrei 1-800-922-7866
 Fax 922-8785
 H-$$$ Outrigger Kauai Beach
 245-1955
 gebührenfrei 1-800-688-7444

Straßenschlüssel Wailua/Kapaa:
 a-Mailhuna Rd.
 b-Kawaihau Rd.
 c-Kuamoo Rd.

KAUAI 283
Coconut-Küste-Karte

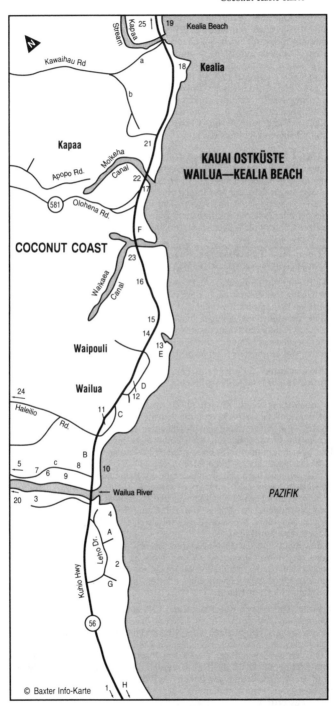

KAUAI
Route: Ostküste/Kilauea

ten Inselkünstlers Jean Charlot geschmückt ist. Entlang *Kilauea Road* passiert man einen sehr alten Laden aus dem Jahre 1892, den **Kong Lung Company Store** mit einem aus einem ehemaligen General Store umgewandelten Komplex mit Blumen- und Schmuckladen sowie einem kleinen italienischen Restaurant, Casa di Amici. *Mihi Road,* die von *Kilauea Road* geradeaus weiterführt, aber als Privatstraße für Publikumsverkehr gesperrt ist, führt zum **Crater Hill** am **Mokolea Point**, wo sich unten in 173 m steiler Tiefe der Pazifik befindet, und wo man im Grunde uneingeschränkten Blick über den Pazifik hat. Vom **Kilauea Lighthouse** werden gelegentlich geführte Wanderungen zum **Crater Hill** durchgeführt (siehe unter Abschnitt **Kilauea Lighthouse**).

● **Guava Kai Plantation**/*Guavenplantage* mit botanischem Garten, Visitor Center, Laden und Snack Shop. Guaven (oder Guajaven oder Guayaven oder Guava) stammen aus dem tropischen Amerika. Der Guajavabaum ist ein Myrtengewächs, der als Strauch oder bis 10 m hoher Baum mit grünlich brauner, schuppiger Rinde wächst. Die Früchte sind birnen- bis apfelförmig, rot oder gelb mit rosafarbenem Fruchtfleisch, reich an Vitamin C. Im Visitors Center und Souvenirladen erhält man eine kurze Information über die Guaven-Plantage:

● **Guava Kai Plantation/The Guava Capital of the World**/*Guava Kai Plantage/Guaven-Hauptstadt der Welt*

– **C. Brewer & Company** ... C. Brewer & Company, die Muttergesellschaft von **Guava Kai Plantation,** hatte seit Anfang der 1850er Jahre um **Kilauea** Land landwirtschaftlich bebaut.

Die Bewohner von **Kilauea** blicken auf eine lange Geschichte zurück. Sie sind Kinder und Kindeskinder chinesischer, japanischer, portugiesischer, okinawaischer und philippinischer Einwanderer, die nach Hawaii kamen, um ein besseres Leben zu führen.

– **Each mature** ... Jedes reife Feld der **Guava Kai Plantage** produziert jährlich 18 120 bis 27 180 kg Früchte.

Vermehrung durch Klonen (1977 von Spaniern begonnen) garantiert den vollsten Geschmack und die leuchtendste rosa Farbe des Fruchtfleischs. Durch Pfropfung und Beschneiden erzielt man die Fortpflanzung der besten Guavenpflanzen. Man nimmt dazu nur kräftiges, saftig grünes Holz. Nachdem man es in eine spezielle Mischung von Erde gesteckt hat, zieht das beschnittene Material Wurzeln.

Fünf Monate nach dem Schneiden ist der Baum zum Einpflanzen bereit. Er wird in einem Jahr seine ersten saftigen Früchte tragen.

Beschneiden bewirkt einen künstlichen Frosteffekt auf den Baum, womit man einen genauen Zyklus von Blüte und Heranreifen von Früchten erzielt. Auf diese Weise wird gewährleistet, dass die Bäume alle neun Monate Früchte tragen.

Bewohner und das Plantagenunternehmen haben gemeinschaftlich **Kilauea** zur *Guava Capital of the World* gemacht. Gebürtige Hawaiianer und Nachkommen aller ethnischen Gruppen, die im Laufe der letzten zweihundert Jahre nach Hawaii einwanderten, bestellen weiterhin das Land und die Felder um **Kilauea.**

● **From The Guava Kai Plantation To Your Table**/*Von der Guava Kai Plantage auf den Tisch.* Ob es sich um Frucht- oder Milcheis, Kuchen, Kekse, Gebäck, Marmelade oder Gelee und Saft handelt, der tropische Geschmack der hawaiischen Guaven ist köstlich.

Guaven werden auf der Guava Kai Plantage zur Zeit des besten Geschmacks gepflückt. In der Fabrik werden die Früchte auf einem Förderband transportiert und gewaschen. Auf dem Weg nach oben zur Verpackung oder Weiterverarbeitung werden die Früchte kontrolliert und von Hand aussortiert.

Route: Hanalei Overlook

Von **Kilauea** sind es etwa 7 mi/11 km bis **Hanalei**. Der *Kuhio Highway* führt durch dichte Baumvegetation des Kalihiwai Tree Tunnel, dessen sich über die Straße spannender Baldachin durch den Hurrikan *Iniki* allerdings sehr stark gelitten hat. Bergab erreicht man bei **MM 25** den Aussichtspunkt *(Scenic Overlook)*, von dem man auf die riesigen Wasserfälle blickt, die den Kalihiwai River speisen. Danach überquert der *Kuhio Highway* die große Brücke über die Kalihiwai Bay, hinter der die *Kalihiwai Road* als Geheimtip zu einem der reizvollsten Badestrände Kauais führt – **Anini Beach** mit weißem Sandstrand und warmem, klaren Wasser (wo die Straße sich am Ende verzweigt, links halten und *Anini Road* folgen). **Anini Beach** ist hervorragend für Windsurfer-Anfänger und super zum Baden und Schnorcheln; Toiletten, Duschen und Picknickgelände vorhanden. Hier wurden übrigens viele Szenen des 1992er Films „Honeymoon in Vegas" gedreht. Kurz darauf passiert man wieder entlang *Kuhio Highway* links den Flughafen **Princeville Airport** bei **MM 26,** von dem die meisten Helikopterflüge zur Na Pali-Küste und zum Waimea Canyon starten.

Hinter dem Flughafen und dem Golfplatz Princeville Golf Course Club wird es hügelig und etwas kurvenreich. Nach den **Pooku Stables,** wo Reittrips angeboten werden, biegt bei **MM 28** die *Kahaku Road* zum am Reißbrett geplanten Ferienkomplex **Princeville** mit legendären Golfanlagen und einigen Luxushotels sowie Condominiums ab – Einzelheiten siehe Abschnitt **Princeville.** Der *Kuhio Highway* endet dahinter mit der Bezeichnung *Highway 56* und führt als *Highway 560* weiter. Kurz hinter der Abzweigung nach Princeville gelangt man bei der scharfen Kurve zu einer Aussichtsstelle, wo man einen herrlichen Blick hinunter auf das saftig grüne Flusstal des **Hanalei River** mit weiten Tarofeldern hat, das zum Gebiet des **Hanalei National Wildlife Refuge** gehört. Einige Infotafeln am **Scenic Overlook** informieren über das dort unten befindliche Vogelschutzgebiet und die landwirtschaftliche Geschichte des Tals. Eine der ersten Tafeln zeigt auf einer Orientierungskarte den Weg zum Kilauea Point National Wildlife Refuge, das man unterwegs bei **Kilauea, MM 23.4,** bereits passiert hat.

Scenic Overlook: Hanalei National Wildlife Refuge ◄

● **Visit Kilauea Point**/*Besuchen Sie Kilauea Point.* Man folgt *Highway 56* ostwärts, bzw. etwa 5 mi/8 km Richtung **Lihue.** Am Wegweiser zur Ortschaft **Kilauea** links abbiegen, dann der Beschilderung zum **Kilauea Point Lighthouse** und **National Wildlife Refuge** folgen.

Nun zu einer Information des U.S. Fish and Wildlife Service über die Vogelwelt des Naturschutzgebiets Hanalei National Wildlife Refuge:

● **Wetlands/Sumpfgebiete.** Das **Hanalei National Wildlife Refuge** auf der Insel Kauai ist eines von fünf Tierschutzgebieten auf den Hauptinseln Hawaiis, die besonders zum Schutz und zur Erhaltung der vom Aussterben

KAUAI
Route: Hanalei Overlook

bedrohten Wasservögel Hawaiis eingerichtet wurden. Dazu gehören insbesondere
- **Hawaiian Coot** – hawaiisches Wasserhuhn
- **Hawaiian Gallinule** oder **Moorhen** – hawaiisches Teichhuhn
- **Hawaiian Stilt** – Hawaiischer Stelzenläufer
- **American Golden Plover** – Regenpfeifer
- **Koloa oder Hawaiian Duck** – Hawaiische Ente. Alle vorgenannten Arten kommen nur auf den Hauptinseln Hawaiis vor, sie ziehen nicht aufs Festland.

- **Forests**/Wälder. Die dichte Vegetation wie im Ohia Regenwald gehört zum Nist- und Futterhabitat einiger der einzigartigsten Vogelarten der Welt. Viele dieser Vögel sind gefährdet und manche sogar ernsthaft vom Aussterben bedroht. Auf einigen Inseln Hawaiis findet man noch Überreste dieser üppigen Wälder.

- **Hawaiian Waterbirds Endangered With Loss Of Wetlands And Taro Ponds**/Hawaiische Wasservögel durch Verlust von Sumpflandschaften und Taro-Teiche gefährdet. **In the valley** ... In dem Tal, auf das man von hier blickt, werden Sumpfgebiete und Tarofelder zum Erhalt der Wasservögel angelegt und gepflegt. Dies ist eins von mehreren Naturschutzgebieten/National Wildlife Refuges in Hawaii, wo man dem Rückgang von Sumpf- und Wasservögeln entgegenwirkt.

Vor 200 Jahren unterstützten die von den Polynesiern kultivierten Tarofelder und natürlichen Sumpfgebiete eine riesige Population hawaiischer Wasservögel. Seitdem ging aber der Anteil an natürlichen Sumpfgebieten sowie Tarofeldern bis auf 5 % ihrer ursprünglichen Fläche zurück, als Zuckerrohr und andere Projekte die meisten Wasservogel-Habitate verdrängten.

Die Nachfrage nach Taro, der Lieferant des hawaiischen Poi, ging zurück. Man baute weniger an und machte Taro teurer. Dank eines kooperativen Programms bauen die Farmer hier in Hanalei ihre Taropflanzen auf dem Land des U.S. Fish and Wildlife Service an. Dabei kommen die Tarofelder wieder der Tierwelt als Habitat zugute.

- **How Do Hanalei Wetland Habitats Serve The Waterbirds**/Wie kommen Hanaleis Feuchtgebiet-Habitate den Wasservögeln zugute?
– **Taro.** Taroteiche bieten im Anfangswachstum und im fahlgelben Stadium der Blätter ausgezeichnete Futterquellen für Wasservögel. Im späteren Stadium bieten die Taroblätter Schutz vor Raubtieren und schlechtem Wetter. Zudem offerieren die Tarotümpel auch einige Niststätten.
– **Wetland Ponds**/Sumpfteiche. Künstlich angelegte Teiche sind ein Hauptnistgebiet für Wasservögel. Zeitlich gut abgestimmte Niedrig- und Hochwasser legen Inseln und Sandbänke als Nistplätze frei. Diese Gewässer bieten auch Pflanzenkost und wirbellose Tiere als Nahrung. Durch Gräben und Zäune hält man Raubtiere von den Nistplätzen fern.
– **Hanalei River.** Wasservögel gehen am Hanalei River auf Futtersuche und vollführen auf dem offenen Wasser ihre Werbeszenen. Der Fluß ist reich an Nahrungsquellen einschließlich wirbelloser Tiere (Insekten und Shrimps) sowie verschiedener eingeführter und einheimischer Fische wie den Oopu oder Goby. Das vom Aussterben bedrohte Hawaiische Wasserhuhn/**Hawaiian Coot** nistet gelegentlich zwischen den Uferpflanzen.

- **Which Waterbirds Use Hanalei National Wildlife Refuge?**/Welche Wasservögel nutzen das Hanalei National Wildlife Refuge?
Endangered Hawaiian Waterbirds/Bedrohte hawaiische Wasservögel:
– **Hawaiian gallinule oder Alae Ula**/Hawaiisches Teichhuhn; verbirgt sein Nest in hohem Gras oder Schilfrohr oder sogar in Tarofeldern. Nistet das ganze Jahr über, aber hauptsächlich März–August. Ernährt sich von Samen, jungem Gras, Wasserinsekten, Süßwasserschnecken und Taroablegern.
– **Hawaiian Coot oder Alae keokeo**/Hawaiisches Wasserhuhn; baut von März bis September aus Pflanzenteilen schwimmende Niststätten in tiefe-

Route: Hanalei/Lumahai Beach

ren Gewässern. Ernährt sich von Samen, Wasserpflanzen, Wasserinsekten, Süßwasserschnecken, Würmern, Kaulquappen und kleinen Fischen.
- **Hawaiian duck oder Koloa maoli**/Hawaii Ente; nistet von Dez. bis Mai in verschiedenen Habitaten von flachem Marschland bis zu höher gelegenen Flüssen; ernährt sich von einer Vielfalt an Nahrung einschließlich Schnecken, Erdwürmern, Libellen, Algen, Blättern und Samen.
- **Hawaiian black-necked stilt oder Aeo**/Hawaiischer Stelzvogel. Der Aeo nistet von März bis Juli auf freiliegenden Schlammebenen, Deichen oder in buschiger Vegetation; ernährt sich von Wasserinsekten, Würmern, Krebsen und kleinen Fischen.

• Migrants/Zugvögel: A variety ... Im Hanalei National Wildlife Refuge gibt es auch eine Reihe von Schwimm- und Küstenvögel zu sehen. Sie verbringen den Winter hier zur Nahrungsuche, Mauser und Paarung. Diese Vögel ziehen aus weitentfernten Nistplätzen in Sibirien und Alaska hierher. Zu den am häufigsten vertretenen Arten gehören **Northern Shoveler**/Löffelente, **Northern Pintail**/Spießente, **Lesser golden plover**/Amerikanischer Goldregenpfeifer oder **Kolea**/Regenpfeifer, **Wandering Tattler** oder Ulili/Strandpiper.
Von Okt. bis Dez. kann man Schwärme von mehreren Hundert Wasservögeln sehen. Manche Arten der Küstenvögel halten sich ganzjährig im Schutzgebiet auf und können im August bis September während der Migration in umfangreicher Konzentration auftreten.

Nachdem man den Aussichtspunkt hinter sich gelassen hat, passiert *Kuhio Highway,* nun *Highway 560* genannt, unterwegs Feuerwehr und Polizei, wo die *Hanalei Plantation Road* abzweigt, und macht eine scharfe Kurve, um in einer Schleife wieder in die Richtung zurückzuführen, aus der man gerade gekommen ist. An den **Hanalei Garden Farms** vorbei geht es bergab, wo etwa nach einer Meile/1,6 km eine einspurige Brücke über den Hanalei River führt. Hinter der *Ohiki Road* passiert man eine Zeit lang das **Hanalei National Wildlife Refuge,** auf das man oben von der Aussichtsstelle geblickt hat, wo es zahlreiche Wasservögel zu sehen gibt. Der *Kuhio Highway* folgt dem Hanalei River, wo man einen Blick auf herrliche Wasserfälle hat, die von den Bergen herunterstürzen (sobald man etwa 17 Wasserfälle gezählt hat, ist man am Ende von Hanalei angelangt!). Die Straße führt nun mitten durch das Örtchen **Hanalei** mit **Hanalei Museum** und **Waioli Mission** – Einzelheiten siehe Abschnitt **Hanalei.**
Sobald man **Hanalei** erreicht, sollte man den lokalen Radiosender einschalten, um sich an Regentagen über mögliche Straßenüberschwemmungen zu informieren, da die Brücken dann nicht mehr passierbar sind (*flash flood warning* = Hochwasserwarnung). In Hanalei biegen Seitenstraßen zu den Strandgebieten an der Hanalei Bay ab, wie **Black Pot Beach, Hanalei Beach** und **Waioli Beach.** Nachdem man hinter Hanalei den Waioli Stream überquert hat, erreicht man etwa bei **MM 4.1** auf *Highway 560* den berühmten Strand **Lumahai Beach.**

• **Lumahai Beach.** Der Begriff *lumahai* bedeutet etwa „verstauchter Finger". Dieser Strand, der sich an die sichelförmige Bucht Hanalei Bay anschließt, ist auch bekannt als „Nurses Beach" (Strand der Krankenschwestern) aus dem amerikanischen Musical „*South Pacific*" mit Rossano Brazzi und Mitzi Gaynor; eine amerikanische Krankenschwester verliebt sich während des

288 KAUAI
Route: Nordküste/Lumahai Beach

Pazifikkrieges auf einer exotischen Insel in einen französischen Plantagenbesitzer. Hier spielt die Szene, in der Mitzi Gaynor den Song *„Wash That Man Right Out Of My Hair"* singt. Der Strand gehört zu den meistfotografiertesten Stränden Kauais – eine traumhafte Kulisse, was auch die Hollywood-Filmer erkannt hatten: Blaues Wasser, weißer Sandstrand am Fuß von dunklen Lavaklippen mit tropischem Dschungel im Hintergrund. Doch der Strand ist hauptsächlich nur zum Anschauen, da hier kein schützendes Riff die gewaltige Brandung zurückhält. Am besten parkt man unter den Ironwood-Bäumen (Eisenhölzer) am Westrand des Strands, in der Nähe der Brücke, die den Lumahai River überquert. Von hier kann man zum Südrand des Strands spazieren.

Fast alle Brücken entlang des *Kuhio Highway* sind einspurig, was jeweils durch Schilder mit der Beschriftung *„yield to uncoming traffic"* (Gegenverkehr hat Vorfahrt) aufmerksam gemacht wird. Hinter dem berühmten Lumahai Strand passiert man erneut eine einspurige Brücke, nach der man wieder dicht am Ozean ist. Während die Straße steigt, bleibt der Blick hinunter auf den Ozean frei. Kurvenreich führt *Kuhio Highway* durch dichte Vegetation, an Pferdefarmen und schönem Strand an der Wainiha Bay vorbei, ehe der Wainiha River überquert wird – bei **MM 6.4**. Hier liegt der kleine Ort **Wainiha**.

● **Wainiha**; bedeutet etwa „böses" oder „erzürntes Wasser". Der winzige Ort wird links von einem reizvollen Tal und rechts von der Wainiha Bay begrenzt. Die Gewässer der Bucht sind angeblich beliebtes Gebiet von allen möglichen Junghaien, daher schwimmt hier niemand in der Bucht! Sehr fotogen ist der jenseits der kleinen Brücke befindliche **Wainiha General Store** und Snack Shop sowie ein kleines Haus am Rande eines Tarofelds in Ufernähe des Flusses. Im General Store kann man sich mit Proviant versorgen.

Wainiha gehört zu den vielen abgelegenen Plätzen, die für sich in Anspruch nehmen, Geburtsstätte des Hula zu sein. Ferner soll Wainiha

Schlüssel zur Baxter Info-Karte Hanalei–Haena

Wichtiges & Interessantes: mit vielen Baxter-Tips

1-Waipa Beach
2-Lumahai Beach
  „South Pacific" wurde hier gefilmt
3-Aussichtspunkt
4-Einspurige Brücke
5-Wainiha Beach
6-Wainiha General Store (seit 1975)
  letzter Laden an der Nordküste
  -Sandwiches
7-Black Pot Restaurant
  authentische hawaiische Speisen
8-schöner Strand
9-Strand zum Stoppen, aber rauh
10-Strand
11-Charo's Restaurant
  Straßenkleidung
  (Schuhe, Hemd usw.),
  keine Strandkleidung
  Bar, Mittagessen, Dinner, Souvenirs
12-Camp Naue
  YMCA Kauai
  mit Telefon
13-Blick auf Wasserfall
14-Haena Point
15-Tunnels Reef
  Tunnels
16-Keine Brücke! Bei Regen müssen
  Fahrzeuge durch Wasser!
17-Maniniholo
  Dry Cave
  Trockenhöhle
18-Haena Beach Park
  Restrooms/Toiletten
  schöner Strand/Camping
19-Blick auf schönen Strand
20-Waikapalae Cave
  Nasshöhle/Wet Cave
21-Waikanaloa Cave
  Nasshöhle/Wet Cave
22-Haena State Park
23-Toiletten
24-Parkplatz
25-Kalalau Trail
  Start des 11 mi/18 km Fußpfads zur
  Na Pali Küste
26-Na Pali Coast State Park
27-Kee Beach
  bietet atemberaubenden Blick auf
  Na Pali Coast
28-Hanalei
  -Princeville
  -Lihue

Unterkunft:
A-Vacation Home
  822-3448
B-Hanalei Colony Resort
  826-6285
  gebührenfrei 1-800-628-3004
  Fax 826-9983

KAUAI 289
Hanalei–Haena-Karte

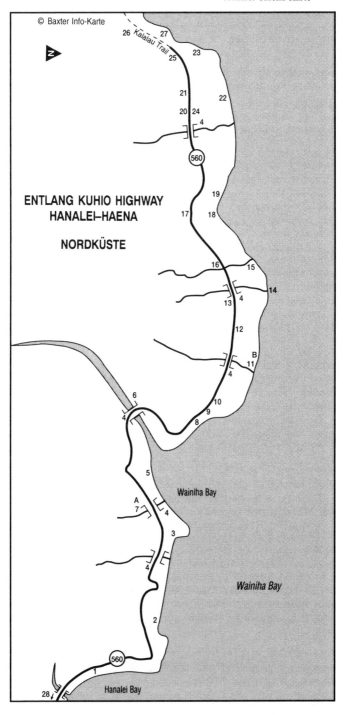

KAUAI
Route: Nordküste/Haena/Kee Beach

Menehune Country sein, Heimat des Zwergenvolkes, das der Legende nach die meiste Arbeit nachts verrichtete. In der Wainiha Gegend sollen sie in Höhlen gelebt und sich von Süßkartoffeln, Squash (Kürbisart) und Taroblättern ernährt haben.

Kuhio Highway passiert anschließend dicht am Ozean entlang reizvolle Strandabschnitte und führt durch **Haena**.

● **Haena.** Dieser Ort wurde bereits im April 1946 und März 1957 Opfer von zwei verheerenden Flutwellen und erlitt im September 1992 schwere Schäden durch den Hurrikan *Iniki*. Die Berge über Haena waren früher Revier der alten Könige Hawaiis. Dort oben hatte man Spähtrupps aufgestellt, die die Menschen im Tal vor herannahenden feindlichen Schiffen der anderen Inseln warnten. Heute besitzen verschiedene Prominente, wie Tennisstar Billie Jean King oder Sylvester Stallone, Landbesitz hier.

Bei **MM 8.2** hat man einen Blick auf weitere Wasserfälle. Hinter der nächsten Brücke erreicht man rechts die Straße, die zur **Tunnels Beach** führt, einem der populärsten Schnorchelstrände (bei ruhigem Wasser) der Insel Kauai. Der Name kommt von den zahlreichen kleinen Löchern und Höhlen im Lavagestein unter Wasser, die im Laufe der Jahrhunderte von der Brandung „gebohrt" wurden.

Hinter Tunnels Beach muss man bei Regen durchs Wasser fahren, da hier keine Brücke vorhanden ist. Dahinter gelangt man zur Höhle **Maninihole Dry Cave**, bei **MM 8.8**. Diese Höhle ist der Rest einer Lavaröhre, die sich fast 70 m in die Basis des Bergs ausdehnt. Im allgemeinen ist die Höhle trocken, obwohl gelegentlich Wasser von der Decke tropft. Auf der gegenüberliegenden Seite passiert man einen wunderschönen Strand – **Haena Beach**, mit Toiletten. Der Strand ist durch das Haena Riff geschützt.

Die Hollywood-Filmer wählten Haena State Park als Hintergrund für „Bali Hai" in dem Film-Musical „South Pacific". Die hohe grüne Felsnase des **Mt. Makana** wurde darin als „Bali Hai Insel" verewigt und wird seitdem nur noch Bali Hai genannt. Kurz vor dem Ende der Straße ergießt sich ein kühler Bach in ein „Badeloch", das an einem schwülen Tag sehr erfrischt.

Dahinter erreicht man den Parkplatz zum **Haena State Park**, bei **MM 9.6**. Fast gegenüber liegt die **Waikapalae Wet Cave**, die mit zwei im Berg liegenden Höhlenkammern ausgestattet ist. Eine dieser Kammern erstreckt sich fast 90 m in den Berg. Die Höhle ist sehr dunkel ebenso wie die in unmittelbarer Nachbarschaft liegende **Waikanaloa Wet Cave**, etwa 130 m hoch an der Flanke eines Hügels. Beide Höhlen entstanden vor über 4 000 Jahren, als der Meeresspiegel höher lag, und sind heute mit Wasser gefüllt. Der *Kuhio Highway* endet am populären Strand **Kee Beach** bei **MM 10**. In Parkplatznähe gibt es Toiletten und Duschen.

● **Kee Beach;** der Begriff *kee* bedeutet übrigens etwa „Fremder". An diesem Strand befand sich eine der heiligsten Stätten hawaiischer *Hula Heiaus*. Hier schulte man junge männliche Tänzer und brachte ihnen die Bedeutung und Technik des Hula bei. Es war nur männlichen Tänzern vorbehalten, diese Kunst nach den alten Regeln zu erlernen. Hier soll

Route: Kee Beach/Na Pali-Küste

angeblich Pele ein Auge auf Lohiau, den gutaussehenden König von Kauai, geworfen haben und wollte seine Frau werden. Pele erklärte dem König, dass sie nicht eher mit ihm zusammen leben könne, bis sie Feuer gefunden hätte. Pele reiste zu vielen Inseln, ehe sie Feuer am Kilauea, auf Big Island entzündet hatte. Doch in der Zwischenzeit war Lohiau verstorben, was Pele jedoch nicht wusste.

Pele entsandte ihre Schwester Hiiaka, den jungen König nach Big Island zu begleiten, warnte sie aber davor, den König zu küssen. Hiiaka erfuhr auf Kauai, dass der König gestorben sei. Als sie den Geist Lohiaus über den Bergen hinter dem Meer sah, fing sie ihn in einer Blume ein und erweckte ihn zum Leben. Hiiaka kehrte nun mit Lohiau zur Big Island zurück. Als Pele kam, um sie zu begrüßen, küsste Hiiaka den König in einem Augenblick der Emotion, eine Geste, die Pele erzürnte. Pele machte von ihrer Macht Gebrauch und begrub Lohiau in einem Meer von Lava.

Peles Bruder allerdings erweckte den König erneut zum Leben und brachte ihn zurück nach Kauai, wo er ihn versteckte. Hiiaka entdeckte Lohiau hier, und beide lebten jahrelang glücklich in Haena. In der Nähe des Heiau stößt man heute auf Ruinen, die der Legende nach zu Lohiaus Haus gehört haben sollen.

Links von Kee Beach, zwischen **Kee Beach** und einer kleinen Bucht namens **Nahiki** (bedeutet etwa „die Gelübde"), gibt es zwei Tempel: Der obere Tempel oder *Heiau* ist der **Ka Ulu A Laka** – die Inspiration von Laka, Göttin des Hula. Diese Stätte war die gefeiertste Hula-Schule Hawaiis. Schüler kamen von allen Inseln, um an dem siebenjährigen Hula-Studium teilzunehmen. Am Tag der Abschlussprüfung liefen die Schüler vom Norden am Strand entlang und schwammen über die Lagune durch den Kanal und kamen bei Nahiki an Land. Sie mussten dabei dem großen Hai ausweichen, den die Leiterin der Hula-Schule von den Felsen fütterte. Der Hai musste herausfinden, welcher Schüler während des 7jährigen Studiums die Regeln gebrochen hatte und ihm nun zum Opfer fiel.

Der untere *Heiau* ist der **Ka Ulu A Paoa** – benannt nach Paoa, einem Freund Lohiaus. Dies war ebenfalls eine Schule, aber eine Schule für Historiker und Genealogen. Unterhalb des **Ka Ulu A Paoa** befindet sich fast in den Wellen ein großer, **Kilioe** genannter Stein. Dieser Stein gilt als Beschützer der Nabelschnur eines Neugeborenen. Die alten Hawaiianer befürchteten, was auch immer mit der Nabelschnur geschehen möge, würde das künftige Leben des Kindes beeinflussen, sie gaben daher die Nabelschnur in die Obhut Kilioes. **Kilioe** lebte etwa um 1350 und war die höchste Leiterin der Hula-Schule und Herrin aller Ländereien von Haena.

Kee Beach ist auch der Ausgangspunkt des berühmten Kalalau Trail, dem einzigen Zugang von Land zur berühmten **Na Pali-Küste.** Der 11 mi/ 18 km Pfad ist anstrengend und sollte nie ohne Begleitung begangen werden; Einzelheiten siehe **Kalalau Trail.**

Einer der Strandabschnitte von **Kee Beach** war Schauplatz der berühmten Liebesszenen in dem Film *Thorn Birds* (Die Dornenvögel). Wie bei allen Stränden der Nordküste Kauais ist Schwimmen nur im Sommer an Kee Beach angebracht, und nur bei ruhiger See! Man kann diesen meist nicht sehr stark bevölkerten Strand ausgiebig genießen.

Nun zu den Reisezielen entlang Kauais berühmter Coconut Coast an der Ostküste, beginnend mit Wailua/Kapaa bis zur Nordküste mit dem nördlichsten Punkt am Kilauea Leuchtturm. Daran schließen sich die Reiseziele Princeville, Hanalei und Kauais berühmte Na Pali-Küste an.

WAILUA/KAPAA

„Kauais Coconut Coast"

Die beiden Orte **Wailua** und **Kapaa** an Kauais Ostküste oder **Coconut Coast**, etwa 7 mi/11 km bzw. 9 mi/14 km nördlich von Lihue, liegen so dicht nebeneinander, dass sie hier gemeinsam behandelt werden. Zunächst zu dem näher zu Lihue befindlichen **Wailua**.

WAILUA

Kauais Ostküste ist bekannt für seine berühmten und dichten Kokospalmhaine – daher nennt man auch den Abschnitt zwischen **Lihue, Wailua** und **Kapaa** die **Coconut Coast**. Ein Streifen mit sandigen Badestränden und Kokospalmen, die noch aus der Zeit stammen, als hawaiische Könige in **Wailua** lebten. Wailua bedeutet etwa „zwei Wasser". Zwei Flussarme des **Wailua River** schlängeln sich durch die Umgebung des 1500-Seelen-Ortes, dessen **Coco Palms Resort, Coconut Marketplace** und unbebaute Küstenabschnitte berühmt für ihre Kokospalmen sind. Die Coconut Coast ist im allgemeinen bekannt für mildes Wetter und warme, sonnige Tage.

Das Gebiet um **Wailua** und der Mündung des Wailua River ist altes Siedlungsgebiet. Noch ehe sich die Polynesier niederließen, wurde die Gegend vermutlich von dem semi-mythischen Volksstamm der Mu besiedelt. Bei diesem untergegangenen Stamm handelte es sich wohl ähnlich wie bei den Menehune um ein Zwergenvolk, das wohl infolge langzeitiger Isolierung merkwürdige physikalische Charakteristiken entwickelt hatte. Im Gegensatz zu den Menehune waren die Mu gefürchtet und brutal; sie lebten in den tiefen Höhlen entlang des Wailua River.

Die landeinwärts entlang des Wailua River führende Straße wurde Kings Highway genannt, der heutige *Highway 580* oder *Kuamoo Road*. Am Ufer des Flusses lagen früher die Wohnstätten der Mitglieder des hawaiischen Königshauses. Heutzutage liegen die meisten Wohnhäuser verstreut in den Hügeln auf der Westseite des *Kuhio Highway*, der sich als Hauptstraße durch das kommerzielle Viertel **Wailuas** zieht.

Wailuas größte Attraktionen sind die berühmte Farnhöhle **Fern Grotto**, die man nur mit dem Boot erreicht, das klassische Hawaii Hotel **Coco Palms Resort** und die Sehenswürdigkeiten entlang *Highway 580*, dem sogenannten *Kings Highway* mit einigen **Heiaus** (Tempel- und Opferstätten) und den Wasserfällen **Opaekaa Falls**. Der Wailua River ist übrigens Hawaiis längster schiffbarer Fluss. Entlang des Wailua River wurde in der Nähe der **Fern Grotto** für den Film „Outbreak" mit Dustin Hoffman ein hawaiisches Dorf niedergebrannt, das die Filmgesellschaft anschließend wieder naturgetreu aufbaute. Hier nun zu den Attraktionen Wailuas.

Wailua Attraktionen

- **Bell Stones** und **Poliahu Heiau**; auf der Südseite der *Kuamoo Road (Highway 580)*, etwa auf halbem Weg zwischen **Opaekaa Falls** und der Mündung des Wailua River; Wohnstätte der Könige mit Park in heiliger Area oben auf dem Berg über dem Wailua River; Wohnstätte der Könige mit Park in heiliger Area oben auf dem Berg über dem Wailua River. Wenn eine königliche Frau ein Kind gebar, schlug man auf diese Steine, und wie von einer Glocke schallte der Klang weit hinaus. Von dieser Stelle hat man einen guten Blick auf den Fluss und die tiefer liegende Küste.

- **Coco Palms Resort.** Nördlich der *Kuamoo Road*, auf der Südseite von Wailua, kurz hinter der Mündung des Wailua Rivers in den Pazifik. Das unter den Palmen einer ehemaligen Kokosnussplantage erbaute, klassische Hawaii-Hotel war eines der ersten Touristenziele auf der Insel; wurde 1953 eröffnet.
  In diesem Traditionshotel mit seinen strohgedeckten Gebäuden logierten schon Frank Sinatra, Bing Crosby, Rita Hayworth und Elvis. John F. Kennedy kam mehrmals als Gast. In dem Film „Blue Hawaii" wurde Elvis in der zum Hotel gehörenden Kapelle **Chapel in the Palms**, die ursprünglich für Rita Hayworth für den Film „Miss Sadie Thompson" von der Filmgesellschaft Columbia Pictures erbaut wurde, getraut. Fast die Hälfte der Bevölkerung Hawaiis verbrachten hier ihre Flitterwochen – nicht nur Zsa Zsa Gabor und Liz Taylor!
  Im Coco Palms Resort begann man mit der abendlichen Fackelentzündung, eine Tradition, die mittlerweile von anderen Inselhotels übernommen wurde. Junge Hawaiianer, nur mit glänzenden roten Lendentüchern bekleidet, laufen barfuß unter den Palmen entlang, um Dutzende von Fackeln zu entzünden. Dabei wird auf einer Kammmuschel geblasen und die Trommel geschlagen, während ein Erzähler Legenden Kauais wiedergibt.

- **Fern Grotto**; etwa 5 km flussaufwärts am Wailua River; Zugang nur per Boot. Die sich aus einer riesigen Lavaröhre herausgebildete Felsenhöhle ist Kauais größte Attraktion und wird alljährlich von über einer halben Million Touristen besucht! Dieses natürliche Fels-Amphitheater bietet perfekte Wachstumsbedingungen für die dicht über und über wuchernden kaskadenartig herabhängenden Farne, die der Höhle auch ihren Namen gegeben haben. Eine 24 m hohe Kaskade tropft von der Decke der Grotte auf die darunter liegenden Felsen. Fern Grotto besitzt eine bemerkenswerte Akustik und ist häufig Schauplatz von romantischen Hochzeiten.
  Bootsfahrten der großen flachen Ausflugskähne von der Wailua Marina an der Flussmündung (Smith's Motor Boat Service, 808-822-4111 oder 808-822-5213). Wer auf eigene Faust die Fern Grotto besuchen will, kann einen Kajak mieten (der zur Abfahrtstelle geliefert wird) und selbst hinpaddeln. Kajakvermieter: Wailua River Kayak Adventures, 310 Kihapai St., Kapaa; (808)822-5795. – Kayak Kauai, 1340 Kuhio Hwy., Kapaa; (808)826-9844 oder gebührenfrei 1-800-437-3507.

- **Hauola O'Honaunau** oder **Hauola Place of Refuge**; entlang *Kuhio Highway* auf der Ostseite der Straße, kurz vor Coco Palms Resort am Südufer des Wailua River, im Lydgate State Park. Ein Tempel der Zuflucht, der allen *Kapu*-Brechern aller Gesellschaftsschichten zugänglich war. Hier konnten die in Ungnade Gefallenen von einem Tempelpriester von ihrer Schuld befreit werden, und ohne mit dem Leben bezahlen zu müssen wieder in die Gesellschaft zurückkehren. Sowohl das Refugium als auch der Tempel **Hikina o Kala Heiau** sind von einer niedrigen Mauer umgeben. Die Umgebung ist äußerst friedlich und malerisch; Picknickgelände in der Nähe.

- **Hikina o Kala Heiau** – siehe **Hauola O'Honaunau**.

- **Holo Ku Heiau**; am *Highway 580* landeinwärts. Einer der restaurierten Opfertempel, in dem Menschenopfer dargebracht wurden, und zwar dieje-

294 KAUAI
Wailua Attraktionen

nigen, die den Tempel der Zuflucht/Place of Refuge nicht mehr erreicht hatten. Dieser Tempel (gleicht einem alten tahitischen Tempel) ist einer der ältesten Kauais. Der Altar besteht aus einem riesigen Felsblock in Nähe der Südwestecke. Hinter dem *Heiau* führt ein Geländer den Hügel hinauf zu einem japanischen Friedhof mit traditionellen Grabsteinen.

- **Kamokila Hawaiian Village;** in einer Flussbiegung des Wailua River auf dem Weg zur Fern Grotto; Kauais einzige Nachbildung eines hawaiischen Dorfs; Demonstration hawaiischen Kunsthandwerks. Kamokila bedeutet etwa „Festung". Man hat dieses Dorf an der Stelle eines alten Siedlungszentrums der Alii (Häuptlinge, Adlige) von sieben Dörfern dieses Tals aus dem Dschungel herausgeschnitten. Der auf der anderen Flussseite aufragende Bergrücken markiert die Linie, die das gemeine Volk nicht überschreiten durfte, ohne mit dem Leben zu bezahlen.

Man hatte das Dorf gerade 1981 erbaut, als es schon 1982 durch den Hurrikan *Iwa* zerstört wurde. 1985 erfolgte dann ein Wiederaufbau. 1992 erlitt das Dorf erneut durch den Hurrikan *Iniki* schwere Schäden. Zugang oberhalb der Opaekaa Falls, wo ein steiler einspuriger Weg von *Highway 580* abbiegt. In Hotels in Wailua und Kapaa über Zubringerdienst dorthin erkundigen.

- **Keahua Arboretum,** an *Highway 580,* etwa 2 mi/3 km hinter dem Hawaii University Experiment Station.

Schlüssel zur Baxter Info-Karte „Entlang Hwy 56: Wailua–Kapaa"
mit vielen Baxter-Tips

Interessant & nützlich:
1- Fern Grotto Tours/
  Wailua Marina
  Bootsfahrt zur Fern Grotto entlang Wailua River
2- Opaekaa Falls
  2 mi/3 km entlang Kuamoo Highway (Hwy 580)
- Keahua Arboretum
3- Lydgate Park
4- Water River State Park
- Smith's Tropical Grotto
5- Naala City of Refuge
  Hikini O Ka La Heiau
6- Lae Nani Cove
7- Waipouli Beach South
- Jolly Roger Restaurant
  bei Einheimischen beliebt
8- Waipouli Beach North
9- Sizzler
  Steaks & Salatbar
10- Kinipopo Shopping Village
- Tankstelle
11- Coconut Marketplace
  Über 70 Geschäfte & Restaurants
- Buzz's Steak & Lobster
- Lappert's Ice Cream
- Kauai Visitor Center
12- Kokospalmen
13- Bull Shed Restaurant
  direkt am Wasser/Prime Rib/„fast teuer"
14- Reitmöglichkeit
  Horseback Riding/Reservierung
- Kayaking
- Tankstelle
15- Supermarkt
- Feuerwehr/Fire Station
16- Pizza Hut
- McDonald's
17- Kauai Village Shopping Center
18- Waipouli Plaza/Waipouli Town Center
- Supermarkt/Drugstore
- Uhrturm/Walwandgemälde
  (von Wyland) neben Supermarkt
19- Shell Factory
  Souvenirs/Muscheln
20- Kentucky Fried Chicken/Taco Bell
21- Aloha Diner
  Hawaiian Food/hawaiische Speisen
22- Dive Hawaii
  Scuba Center
  Tauchtrips/Tauchstunden
23- Hongwanji Mission
24- Tankstelle
- Kapaa Clinic
  Krankenhaus
- Post Office/Postamt
- Burger King
- Market
25- Ono Family Restaurant
  preiswert/Mittag-, Abendessen
26- Lappert's Ice Cream
- Kayak Adventure
- Hee Fat Marketplace
27- ABC Laden
  Snacks/Souvenirs
28- Michelle's Cafe & Bakery
  populär bei Einheimischen
29- Kapaa Public Library
  Bücherei
30- Kountry Kitchen
  alle 3 Mahlzeiten/populär
31- Kapaa Fish & Chowder House
  Fischspezialitäten/„Home of popular garden room"
32- Kapaa Jodo Mission
33- Scenic Overlook
  Aussichtspunkt
34- Friedhof
35- Kealia Beach
  schöner Sandstrand
36- Kapaa Beach Park
37- Anahola
- Kilauea
- Hanalei
- Princeville
- Wainiha
- Haena
  Straße endet dort bei Kee Beach
- Kee Beach
  Blick auf Na Pali Küste
- Kalalau Foot Trail
  11 mi/18 km Wanderweg zur Na Pali Küste
38- Lihue *etwa 3 mi/5 km östlich*

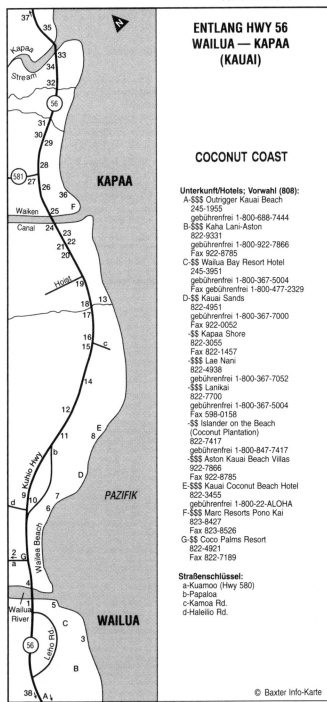

KAUAI 295
Coconut-Küste-Karte

ENTLANG HWY 56
WAILUA — KAPAA
(KAUAI)

COCONUT COAST

Unterkunft/Hotels; Vorwahl (808):
A-$$$ Outrigger Kauai Beach
 245-1955
 gebührenfrei 1-800-688-7444
B-$$$ Kaha Lani-Aston
 822-9331
 gebührenfrei 1-800-922-7866
 Fax 922-8785
C-$$ Wailua Bay Resort Hotel
 245-3951
 gebührenfrei 1-800-367-5004
 Fax gebührenfrei 1-800-477-2329
D-$$ Kauai Sands
 822-4951
 gebührenfrei 1-800-367-7000
 Fax 922-0052
 -$$ Kapaa Shore
 822-3055
 Fax 822-1457
 -$$$ Lae Nani
 822-4938
 gebührenfrei 1-800-367-7052
 -$$$ Lanikai
 822-7700
 gebührenfrei 1-800-367-5004
 Fax 598-0158
 -$$ Islander on the Beach
 (Coconut Plantation)
 822-7417
 gebührenfrei 1-800-847-7417
 -$$$ Aston Kauai Beach Villas
 922-7866
 Fax 922-8785
E-$$$ Kauai Coconut Beach Hotel
 822-3455
 gebührenfrei 1-800-22-ALOHA
F-$$$ Marc Resorts Pono Kai
 823-8427
 Fax 823-8526
G-$$ Coco Palms Resort
 822-4921
 Fax 822-7189

Straßenschlüssel:
a-Kuamoo (Hwy 580)
b-Papaloa
c-Kamoa Rd.
d-Haleilio Rd.

© Baxter Info-Karte

KAUAI
Wailua Attraktionen

● **Lydgate State Park;** an der Küste bei der Mündung des Wailua River am Südufer des Flusses. Strandpark mit Heiau und Zufluchtstempel unter Kokospalmen. Durch Lavawälle werden die schweren Brecher vom Strand abgehalten und erlauben ganzjähriges Schwimmen. Auch Picknickeinrichtungen vorhanden.

● **Opaekaa Falls;** (benannt nach den Shrimps, die ihre Eier in dem turbulenten Wasser am Fuß der Wasserfälle legen) etwa 2 mi/3 km bis zu den 12 m hohen Wasserfällen am *Highway 580*.

● **Pohaku Hoo Hanau;** auf der Südseite von *Highway 580* am Nordufer des Wailua River. Die königlichen Mütter kamen zu diesen „Geburtssteinen", um die künftigen Könige oder Königinnen zur Welt zu bringen.

● **Sleeping Giant;** auf der Westseite des *Kuhio Highway* bilden die hinter Wailua liegenden Berge mit dem **Nounou Mountain** die Silhouette eines Riesen in liegender Pose. Man erkennt den „schlafenden Riesen" weiter nördlich von Kapaa aus, etwa bei **MM 7.7**, etwas deutlicher. Einer Legende nach hatte der Riese Nounou bei einem Luau zuviel gegessen, wurde schläfrig und wachte nie mehr aus dem Schlaf auf.

● **Smith's Tropical Paradise.** Vor der Brücke über den Wailua River biegt links eine Straße vom *Kuhio Highway* ab, die dem südlichen Flussufer folgt; Eingang neben der Wailua Marina. Das 12 Hektar umfassende Gelände

Schlüssel zur Baxter Info-Karte Wailua-Kapaa
mit vielen Baxter-Tips

Orientierung:
1-Lihue
2-Naala City of Refuge
  Hikini O Ka La Heiau
  Tempelanlage
3-zur Fern Grotto
  nur per Boot
4-Pohaku Hoohanao
  -Wailua River State Park
  -Boat Service
  Tickets für Bootsfahrten
5-Wailua Beach
6-Opaekaa Falls
  Wasserfälle
  -Keahua Arboretum
7-Lae Nani Cove
8-Sea Shell Restaurant
  Fisch/Steaks
9-Sizzler
  Salatbar, Steaks
10-Tankstelle
11-Wailua Market
  Supermarkt
12-The Market Place at Coconut Plantation
  über 70 Läden, Restaurants, Galerien
13-Plantation Hale
14-Kokospalmen
15-Sleeping Giant
  Profil eines schlafenden Riesen am Berg
16-Aquatics Kauai
  Wassersport/Touren/Ausrüstung
17-Waipouli Shopping Center
  -Feuerwehr
  -McDonald's
18-Dive Kauai
  Tauchausrüstung/Tauchtrips
19-Waipouli Plaza
20-Stelle mit Blick auf den Sleeping Giant
21-Kapaa Shopping Center
  -Post Office/Postamt
  -Supermarkt

22-Kayak Kauai
  -Hee Fat Marketplace
23-Kapaa Beach Park
24-Kilauea
  -Hanalei
  -Princeville
  -Haena
25-Wailua Marina Restaurant
  Hausmannskost

Unterkunft/Vorwahl (808):
A-$$$ Wailua Bay Resort
  245-3931
  gebührenfrei 1-800-367-5004
  Fax gebührenfrei 1-800-477-2329
  Hawaiian Pacific Resort
  Fax gebührenfrei Deutschland:
  (01 30) 81-30 04
B-$$ Coco Palms Resort
  822-4921
  Fax 822-7189
C-$$$ Aston Kauai Beach Boy Hotel
  822-3441
  Fax 922-8785
D-$$$ Kauai Coconut Beach Resort
  822-3455
  Fax 822-0035
E-$$$ Marc Resorts Pono Kai
  823-8427
  Fax 823-8526
-$$$ Lae Nani
  822-4938
  gebührenfrei 1-800-367-7052
  Fax 822-1022
-$$ Islander on the Beach
  822-7417
  gebührenfrei 1-800-847-7417
  Fax 822-1947
-$$$ Kauai Coconut Beach Resort
  822-3455
  gebührenfrei 1-800-22-ALOHA
-$$ Kauai Sands Hotel
  822-4951
  gebührenfrei 1-800-367-7000
  Fax 922-0052

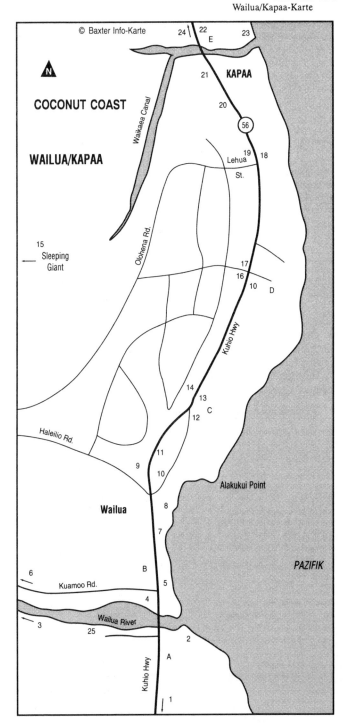

KAUAI
Wailua Falls/Kapaa

umfaßt verschiedene Abteilungen, darunter ein japanischer Garten, Garten mit einheimischen Pflanzen, eingeführte Tropenexemplare und mehr. Auch Gelegenheit, mit einer Besucherbahn zu besichtigen (Extragebühr). Abends Luau mit polynesischer Show im Amphitheater. Eintritt.

● **Wailua Falls**; der Doppelwasserfall stürzt aus ca. 24 m Höhe herab; eigentlich **nur von Lihue** aus zu erreichen. Von *Kuhio Highway* biegt *Maalo Road* als *Highway 583* ab; etwa 4 mi/6 km bis zu den Wasserfällen, die zwar nur fast einen Kilometer von der Fern Grotto entfernt liegen, aber nicht über Straße miteinander verbunden sind.

● **Wailua River State Park.** Der Park umfasst etwa 450 Hektar des Wailua River und seiner Ufer bis hinauf zum Südarm zu den Wasserfällen **Wailua Falls** und am Nordarm hinauf über Opaekaa Falls hinaus zu den Koholalele Falls, einschließlich des Lydgate State Park an der Küste an der Mündung des Wailua River. Innerhalb des State Park liegen die Ruinen mehrerer Tempel oder *Heiaus* sowie verschiedener anderer wichtiger Kultstätten sowie die Fern Grotto.

KAPAA

Kapaa bedeutet etwa „kristallisiert" oder „fixierter Kurs". Der reizvolle Ort wirkt mit seinen falschen Fassaden entlang der Hauptstraße und ungewöhnlichen Kontrasten mehr wie eine Westernstadt als ein Ort im „South Pacific". Am Südrand erstreckt sich **Waipouli**, bedeutet „dunkles Wasser", eigentlich ein Ort für sich. Hier zieht sich eine Kette von Restaurants, Geschäften, Supermärkten, Kajakvermietern und Anbietern verschiedener anderer Wassersportaktivitäten entlang *Highway 56*. Hier in **Waipouli Town** kommt man am berühmten **Royal Coconut Grove**, dem **Waipouli Beach Park** und dem Einkaufs-

---

Schlüssel zur Baxter Info-Karte Entlang Hwy 56: Kaapa-Princeville
mit vielen Baxter-Tips

Interessant & wissenswert:
1-Scenic Lookout
  Aussichtspunkt
2-Kealia Beach
  schöner Sandstrand
3-Ana Palau Point
4-Zuckerrohrfelder
5-Lae O Kailiu Point
6-Kahala Point
7-Whaler General Store
8-Aliomanu Bay
9-Anahola Beach Park
10-Milchfarm
11-Kepuhi Point
12-Kilauea Lighthouse
  Leuchtturm/nördlichste Stelle der Hawaii Inseln
13-Mokuaeae Island
14-Kapinao Heiau
15-Post Office/Postamt
16-Supermarkt
17-Bakery/Restaurant
  Bäckerei
  -Boutiquen
18-Kilauea Falls
19-Kipapa Heiau
20-Hawaii Art Museum
  Buchhandlung
21-Guava Plantations
  -Episcopal Church
  kleine Steinkirche
  -Foodmart
22-Kaupea Beach
  -Secret Beach
  sehr schöner Strand
23-Scenic Lookout
  Aussichtspunkt
24-Kapukaamoi Point
25-Ka Ale O Kowali Point
26-Princeville Airport
  -Papillon Helicopter
27-Anini Beach Park
  -Windsurfing
  -Honono Point
28-Pooku Stables
  Reitstall
29-Hanalei Scenic Lookout
30-Brücke
  bei starkem Regen oder Sturmflut ist die Straße ab hier gesperrt
31-Princeville Shopping Center
32-**Princeville**
33-Wainiha
  -Haena
  -Kee Beach
  -Kalalau Foot Trail
34-Wailua
  -Lihue
  -Lihue Airport

Straßenschlüssel:
a-Hookui Rd.
b-Ka Haku Rd.

KAUAI 299
Kapaa–Princeville-Karte

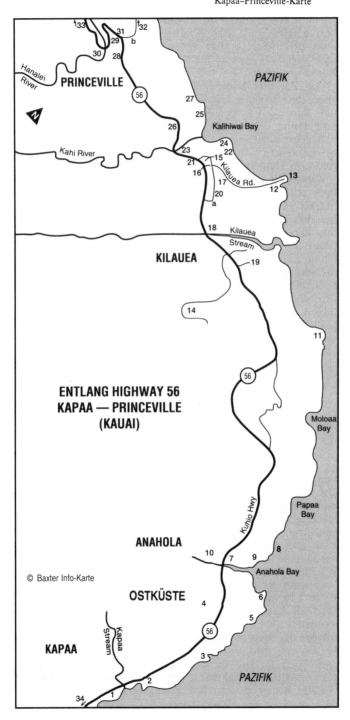

komplex **The Market Place at Coconut Plantation** bzw. **Coconut Marketplace** (mit über 70 Geschäften) vorbei; hier werden übrigens kostenlose Hula Shows veranstaltet. Auf der Strandseite liegen die meisten Ferienhotels, die **Wailua, Waipouli** und **Kapaa** versorgen.

Das Zentrum Kapaas selber ist eine Arbeitersiedlung mit angenehmen Wohnhäusern, verschiedenen Restaurants und Hotels. Kapaa weist eigentlich keine sonstigen Attraktionen außer Strand und Bergen auf. Wenige Minuten außerhalb des Orts befindet man sich schon in weit offener, unbebauter Landschaft, wo Landwirtschaftswege als **Cane Roads** zur Küste und den Zuckerrohrfeldern abbiegen.

Kapaas Haupt-Strandgebiete beginnen beim **Waipouli Beach Park** vor der Ansammlung von Hotels, die sich nördlich des **Market Place Shopping Center** erstrecken, und enden etwa auf der Höhe des **Royal Coconut Grove** bei **MM 7**. Kurz darauf hat man kurz vor *Makaha Road* einen guten Blick auf den **Sleeping Giant** bei **MM 7.7** – siehe unter **Wailua Attraktionen**. Direkt hinter dem Waikea Kanal beginnt dann erneut nördlich Kapaas nächster Strandabschnitt mit **Kapaa Beach Park,** der sich fast 1½ Kilometer bis zum öffentlichen Schwimmbad und der Bibliothek Kapaa Library ausdehnt. Mehrere Seitenstraßen führen zum Strand; Picknickplätze, Duschen, Toiletten und Grillvorrichtung. Allerdings macht die Gegend hier keinen sehr gepflegten Eindruck. Dahinter folgt man weiter der Routenbeschreibung.

Nun zu Kauais malerischer Nordküste mit Abstecher zu Kauais nördlichstem Punkt, dem Kilauea Leuchtturm.

KILAUEA LIGHTHOUSE
„Historischer Leuchtturm mit Vogelschutzgebiet"

Vom *Kuhio Highway (Highway 56)* gelangt man in **Kilauea** über *Kolo Road* und *Kilauea Road* zu dem 1913 errichteten Leuchtturm **Kilauea Lighthouse** am **Kilauea Point** mit dem Vogelschutzgebiet **Kilauea Point National Wildlife Refuge**. Der Leuchtturm beherbergte einst die stärkste Linse der Welt. Als man allerdings 1976 automatische Leuchtsignale einführte, wurde der Leuchtturm überflüssig und vom U.S. Fish and Wildlife Service übernommen, der das 64 Hektar umfassende Vogelschutzgebiet rund um den Leuchtturm betreut. Mo.–Do. 10–16 Uhr (Zeiten können sich möglicherweise ändern) geöffnet. Am Leuchtturm muss man mit ziemlich starkem Wind rechnen.

Über die sonst schöne Zufahrtstraße, die nur auf den letzten 1,6 km eng wird, erreicht man das Gelände des Leuchtturms und Vogelreservats. Nachdem man das Eingangstor zum Komplex des **Kilauea Lighthouse** mit dem **Kilauea Point National Wildlife Refuge** passiert hat, gelangt man zum Parkplatz mit dem Gebäude des Headquarters und Toiletten. Der Parkplatz

KAUAI 301
Kilauea Leuchtturm

vor dem Eingangstor dient als Ausweichmöglichkeit, wenn der innere Parkplatz überfüllt ist.

Ein Fußweg führt durch sehr gepflegte Gartenanlage zum Eingangskiosk, wo die Eintrittsgebühr zu entrichten ist. Hier erhält man auch Broschüren zur Gesamtheit der **Hawaiian and Pacific Islands National Wildlife Refuges**. Von hier gelangt man kurz darauf zum kleinen Besucherzentrum, in dessen Zentrum man ein Diorama mit Vögeln, die innerhalb des National Wildlife Refuge vorkommen, aus der Nähe betrachten kann.

Diorama im Kilauea Visitor Center ◄

Gleich zu einer einleitenden Tafel mit Video:

950 Miles Of Isolated Islands/*1520 km isolierter Inseln* •
The Hawaiian Islands National Wildlife Refuge/*Das Tierschutzgebiet der hawaiischen Inseln*

The remote refuge ... Das abseits liegende Schutzgebiet, aus Inseln und Riffen bestehend, wird im Video und Modell vorgestellt und erstreckt sich 1520 km nordwestlich von Kauai über den Pazifik. Dabei handelt es sich um einige der isoliertesten Inseln der Welt.

Mönchsrobben, Meeresschildkröten und viele Meeresvogelarten, Landvögel, Pflanzen und Insekten, die an keiner anderen Stelle der Erde vorkommen, werden hier geschützt. Diese Inseln sind fürwahr ein „Fenster" zur biologischen Evolution. Einige dieser Tierarten dieser abgelegenen Inseln kann man auch hier am Kilauea Point beobachten.

Wildlife Refuges on Remote Islands •
Tierschutzgebiete auf abgelegenen Inseln

The refuge stretches ... Das Schutzgebiet erstreckt sich über den Pazifischen Ozean, 950 Meilen/1520 Kilometer nordwestlich von Kauai. Das Schutzgebiet umfaßt viele kleine Inseln und Korallenriffe: Midway Atoll, Pearl Reef, Hermes Reef, Lisianski Island, Laysan Island, Maro Reef, Gardner Pinnacles, French Fregate Shoals, Necker Islands, Nihoa Island, dann erst kommen die Inseln Kauai, Niihau, Oahu, Molokai, Maui, Lanai, Kahoolawe und Hawaii.

How Do All These Seabird Fit?/*Wie können nur all diese Seevögel Platz finden?*

Many seabirds can ... Viele Seevögel können auf diesen winzigen abgelegenen Inseln nisten, da ihre Nester und Niststätten an jedem möglichen Platz passen. Abgebildet sind zwölf Vögel mit ihrem jeweiligen Nest. Das Diorama zeigt einige Vögel an ihren Nistplätzen.
– **Red-footed boobies**/Rotfuß Tölpel bauen ein Nest oben auf Sträuchern und Büschen.
– der **Black Noddy** baut sein Nest in Bäumen und Sträuchern.
– **Sooty Terns**/Seeschwalben nisten auf dem nackten Boden.
– **Masked and brown boobies**/Tölpelart baut das Nest in offenem Gelände mit niedrigem Bodenbewuchs.
– **White Tern**/die weiße Seeschwalbe balanciert ihr Ei auf einem nackten Zweig.
– **Red-tailed Tropicbirds**/Tropikvögel mit roter Schwanzfeder nisten auf dem Boden unter Büschen.
– **Wedge-tailed Shearwater**/Sturmtaucher mit Keilschwanz nistet in Erdhöhlen.
– **Bulwer's petrels**/Sturmvogel nistet in Felsspalten.

Nun von links nach rechts rund um das Diorama und zunächst zu Seabirds:

KAUAI
Kilauea Leuchtturm

- **Seabirds & Shorebirds Have Different Seasonal Patterns/**
  Seevögel & Küstenvögel zeigen verschiedene Verhaltensformen

Seabirds roam ... Seevögel ziehen über den Pazifik und kehren dann auf die Insel zurück, auf der sie zuvor genistet haben.

Seevögel können Strecken von Tausenden Kilometern auf der Suche nach Nahrung auf dem Pazifik zurücklegen. Doch wenn es Zeit zum Paaren und Nisten ist, kehren sie zu der Insel zurück, wo sie zuvor genistet haben. In der Tat benutzen sie genau dieselbe Niststätte. Diese Fähigkeit, die kleine, abgelegene Insel, auf der sie genistet haben, wiederzufinden, ist bis heute ein ungelöstes Rätsel geblieben. Abgebildet sind Laysan Albatross, Sturmtaucher mit keilförmigem Schwanz und Seeschwalbe.

- **The smaller shorebirds** ... Die kleineren Küstenvögel, die der Nordsüd-Migrationsroute folgen, können sehr weite Strecken bei hoher Geschwindigkeit zurücklegen. Viele der Küstenvögel, die in Hawaii überwintern, ziehen alljährlich von weitentfernten arktischen Gegenden wie Sibirien und Alaska herbei. Sie nisten im Sommer in den arktischen Regionen, wenn es genügend Nahrung gibt. Man hat festgestellt, dass manche Vögel den 4 000-km-Trip nach Hawaii in 37 Stunden Flug nonstop mit einer Geschwindigkeit von durchschnittlich 104 Stundenkilometer zurückgelegt haben. Abgebildet sind Strandläufer, Regenpfeifer und ein weiterer Strandläufer (Wandering Tattler).

- **Habitat Management On The Remote Islands/**
  Pflege und Erhaltung der Habitate auf den einsamen Inseln

Preservation of the Natural Environment And Wildlife Food Sources/Erhaltung der natürlichen Landschaft und Nahrungsquellen. Die abgelegenen Inseln des Hawaiian Islands National Wildlife Refuge sind der Öffentlichkeit nicht zugänglich. Aber in der Vergangenheit haben Menschen, die Guana sammelten oder hinter bestimmten Vogelfedern her waren, diese Behausungen und Wohnstätten der Tierwelt beeinflusst. Die Umwelt einiger der abgelegenen Inseln wurde verändert durch Einführen von Tieren wie Kaninchen oder Unkrautpflanzen. Plastik ist sogar ein Problem. Gelegentlich wird es angeschwemmt und Tiere verheddern sich darin oder schlucken im Wasser treibendes Plastik.

Auf den nordwestlichen Hawaii-Inseln gibt es keine einheimischen Säugetier-Raubtiere. Ratten und Katzen sind die Hauptraubtiere, die Probleme bereiten. Sie entkommen gelegentlich von gesunkenen Booten oder kommen illegal an Land auf die Inseln. Nur auf dem Midway Atoll gibt es Ratten, und auf keiner der nordwestlichen Hawaii-Inseln sind Katzen heimisch.

Aufgabe des Fish and Wildlife Service ist es, diese Inseln zu erhalten und gelegentlich nicht willkommene Einflüsse zu beseitigen.

Monitoring Wildlife Population/Tier-Population überwachen. Man führt auf den Inseln Zählungen durch, um die Zahl und Art von brütenden Vögeln und Zugvögeln sowie die Zahl von vorhandenen und brütenden/nistenden Mönchsrobben und grünen Meeresschildkröten festzustellen. Solche Zählungen demonstrieren, ob die Vogelpopulation zu- oder abnimmt und ob sie gesund ist.

Landbirds Are the Most Endangered/Landvögel sind am gefährdetsten. Einheimische Vögel sind zum Nisten und Nahrungssuche völlig auf die einheimischen Inselhabitate angewiesen. Anfang der 1900er Jahre wurde das Habitat der Tierwelt durch Aktivitäten von Menschen auf einigen der geschützten Inseln erheblich reduziert. Dadurch sind manche Arten ausgestorben und andere in der Zahl drastisch zurückgegangen. Heute besteht die Hauptaufgabe des Fish & Wildlife Service darin, vorhandene Habitate zu schützen oder zu verbessern.

Abgebildet sind Laysan Duck – gefährdete Entenart, Laysan Finch – gefährdete Finkenart, Akohekohe (Kronen-Baumläufer) – vermutlich ausgestorben.

Kilauea Leuchtturm

Nun an der Wand gegenüber von Wildlife Refuges on Remote Islands mit Fotos von Vögeln der Wetlands/Sumpfgebiete – Wetlands Native Hawaiian Forest.

Außerdem befindet sich neben dem Wasserspender eine Karte, auf der Stellen der Tierwelt und Menschen in den USA, Alaska und Hawaii aufgezeigt sind.

Vom Visitor Center folgt man dem leicht ansteigenden Fußpfad hinauf zum Leuchtturm. Entlang des Pfads sind rechts und links erklärende Tafeln, die über die verschiedenen Vögel, die man hier am Kilauea Point antrifft, informieren.

Fußweg zum Kilauea Leuchtturm ◀

Links kurz hinter dem Visitors Center zur ersten Tafel, die über einheimische Pflanzen informiert:

Native Plants/*Einheimische Pflanzen* ●

Many of what ... Viele Pflanzen, die man im allgemeinen für einheimische Pflanzen Hawaiis hält, sind es gar nicht. Pflanzen wie Orchideen, Plumeria, Hibiskus und Anthurien sind nicht in Hawaii beheimatet. Hier in diesem Naturschutzgebiet werden fünf einheimische Pflanzen am Kilauea Point wieder eingeführt. Es sind dies: Beach naupaka, Ilima, Akoko, Aheahea und Hala oder Pandanus.

Dann rechts mit Blick auf die Vogelkolonien auf den Felsen:
Red-footed boobies or 'A/*Rotfuß-Tölpel* ●

Which ones are they? Wer ist was? Red footed boobies/Rotfuß-Tölpel nisten im allgemeinen am Crater Hill, gegenüber der Bucht. Ausgewachsene Vögel sind weiß mit schwarzen Flügelspitzen, Füße und Beine sind rot und der Schnabel blau. Jungvögel haben eine bräunliche Färbung.

Their nests/ihre Nester. Red-footed boobies bauen auf Sträuchern und Bäumen ein grobes Nest aus Stöcken. Sie brüten ihre Eier, indem sie sie mit ihren dickgepolsterten Schwimmfüßen bedecken.

Their menu/ihre Nahrung. Wie viele andere Seevögel suchen die Rotfuß-Tölpel ihre Nahrung weit draußen auf dem Meer und tauchen aus großen Höhen ins Wasser, um Fische und Tintenfische zu erbeuten. Auf den gegenüberliegenden Felsklippen kann man diese Vogelart beobachten, darunter die schäumenden Wellen der starken Brandung in der Bucht.

Weiter links:
Laysan Albatros oder Moli ●

Which ones are they? Wer ist was? Der ausgewachsene Albatros hat etwa 1,80 bis 2,10 m Flügelspannweite, ist weiß mit stark dunkelbraunem Rücken, Schwanz und oberer Flügeloberfläche und hat einen schwarzen Fleck vor dem Auge. Schnabel, Beine und Füße sind gelb.

Courtship is unique/Interessante Werbezeremonie. Die Laysan Albatrosse vollführen eine der interessantesten Werbezeremonien. Sich gegenüberstehend verneigen sie gegenseitig den Kopf und richten dann gleichzeitig ihren Kopf steil in die Luft.

304 KAUAI
Kilauea Leuchtturm

Their nest and airstrip/ihr Nest und Landebahn. Diese Vögel bevorzugen für ihre Nistplätze offenes flaches Gelände. Am Kilauea Point benutzen sie die geneigten Grasflächen über den Klippen als Zugang guter Lande- und Startbahn. Albatrosse wirken am Boden plump, watscheln wie Enten. Auf flachem Boden benötigen sie eine lange Startbahn zum Abheben.

Not such a gooney bird/der Vogel ist gar nicht so völlig unbeholfen. Albatrosse gelten als furchtbar plump, unbeholfen und schwerfällig. Nachdem sie ein Jahr auf dem Meer verbracht haben, wirken sie beim Gehen an Land etwa zwei Wochen lang ziemlich unbeholfen und schwerfällig, daher gab man ihnen den Spitznamen „gooney bird". Beobachtet man allerdings Albatrosse im Flug, sieht man wie elegant sie sich in der Luft bewegen.

Kurz dahinter rechts:
- **Great Frigatebird oder 'Iwa**/*Fregattvögel*

Which ones are they? Wer ist was? Der große Fregattvogel ist einer der größten der Insel. Ein ausgewachsener Vogel erreicht eine Flügelspannweite von 2,10 m. Der tiefgegabelte Schwanz unterscheidet ihn von anderen Vögeln hier. Ausgewachsene Männchen sind schwarz mit auffallend rotem aufgeblasenem Kehlsack während der Werbung. Weibchen sind schwarz mit weißer Brust.

The pirate of the islands/der Pirat der Inseln. Fregattvögel ernähren sich hauptsächlich von Fischen, indem sie ins Meer eintauchen. Sie stehlen auch von anderen Vögeln. Dieser großartige und gewandte Flugkünstler erschreckt andere Vögel und jagt ihnen die Beute ab. Der Fregattvogel stürzt dann hinab und fängt die Beute, bevor sie ins Wasser fällt.

Their nests/ihre Nistplätze. Ausgewachsene Vögel beginnen mit 5 bis 7 Jahren zu brüten. Sie legen ein einziges Ei in ein flaches Nest aus Zweigen. Die Jungvögel werden bis zu 14 Monate von den Eltern gefüttert. Fregattvögel nisten allerdings nicht am Kilauea Point.

In der Nähe des Leuchtturms rechts:
- **Wedge-tailed Shearwaters/oder Ua'u Kani**/*Sturmtaucher*

Which one are they? Wer ist was? Diese Sturmtaucher-Art ist an der Oberseite dunkelbraun und darunter weiß. Jungvögel sind daunenhaft und grau. Ihr keilförmiger Schwanz unterscheidet diese Vögel von anderen Sturmtauchern. Sie fliegen im allgemeinen bei Abenddämmerung in die Brutkolonie ein und fliegen im Morgengrauen wieder davon. Aufmerksame Beobachter können eventuell diese Vogelart unter einem Strauch außerhalb ihrer Erdhöhle entdecken.

A bird that can get under foot/Ein Vogel, auf den man treten könnte. Sturmvögel nisten in Erdhöhlen, die dicht unter der Erdoberfläche liegen und leicht zertreten werden können, wenn man auf diesen Nistplatz tritt. Der Sturmvogel legt während der Nistzeit ein weißes Ei im Juni, aus dem im November das Küken schlüpft.

Moaning and groaning/Wehklagen und Stöhnen. Sturmtaucher geben nachts und gelegentlich auch tagsüber laute Klage- und Stöhn- sowie Quietschlaute von sich.

Am Leuchtturm rechts:
- **Red-tailed and White-tailed Tropicbirds or Koae**
  Tropikvögel mit roten oder weißen Schwanzfedern

Which ones are they? Wer ist was? Der rotschwänzige Tropikvogel ist weiß mit rotem Schnabel und roten verlängerten Schwanzfedern. Die rote

Verlängerung ist aus der Ferne schwer zu erkennen. Auf dem Weg vom Leuchtturm zurück zum Visitors Center kann man manchmal Tropikvögel sehen.

Die Art mit weißen Schwanzfedern ist schlanker und zierlicher und besitzt schwarze Streifen auf der Oberseite der weißen Flügel. Besitzt einen gelben Schnabel und weiße Schwanzfedern. Im allgemeinen kann man die weißschwänzigen Tropikvögel am Rand der Landspitze beobachten.

Dancing in the air/Tanzen in der Luft. Diese Sturmvögel vollführen während der Balz einen erstaunlichen Werbetanz in der Luft. Beobachtet man sie genauer, erkennt man, dass sie rückwärts Kreise umeinander fliegen.

Their menu/Ihre Nahrung. Beide Arten der Sturmvögel ergreifen ihre Nahrung, die aus Fisch und Tintenfisch besteht, stoßtauchend. Im allgemeinen begeben sie sich zur Nahrungssuche außer Sichtweite von Land.

Their nests/Nestbau. Die rotschwänzigen Sturmtaucher legen ihre Nistplätze auf dem Boden unter Büschen an. Die weißschwänzigen Sturmtaucher nisten in Felsspalten auf Felsklippen oder an Kraterwänden.

Direkt an der Tür zum Leuchtturm:

Kilauea Point Lighthouse, A National Historical Landmark
Kilauea Point Leuchtturm, ein historisches Wahrzeichen

Dieser **1913** errichtete, wichtige Leuchtturm diente den aus dem Orient kommenden Schiffen auf dem Weg nach Honolulu als Wegweiser. Der 16 m hohe Betonturm ragt etwa 66 m über das Wasser empor. Die beweglichen Teile der Linse wiegen etwa 3,6 Tonnen. Der Scheinwerfer macht alle 20 Sekunden eine volle Umdrehung und wirft alle 10 Sekunden ein Licht in der Stärke von 1 Million Normalkerzen. Die Linse wurde in Frankreich gebaut und kostete $12 000. Dieser Leuchtturm spielte 1927 eine Rolle bei dem ersten Flug eines Flugzeugs von der Pazifikküste zu den Inseln von Hawaii. Sein Licht wurde 150 km weit getragen.

Vom Leuchtturm hat man einen grandiosen Blick auf die westlich liegenden Traumstrände und Buchten. Neben dem Leuchtturm findet man in dem alten Visitors Center verschiedene Exponate, Info- und Buchverkaufsstand und Souvenirs. Hier nun zu der kleinen Ausstellung:

Ausstellung im alten Visitors Center/Souvenirladen ◀

History – Kilauea Point/From Lighthouse to Refuge
Geschichte – Kilauea Point/Vom Leuchtturm zum Vogelschutzgebiet

Kilauea Point is ... Kilauea Point ist der nördlichste Punkt der Hauptinselkette Hawaiis. Er hatte lange Zeit große Bedeutung für die Schifffahrt und war ein ideales Habitat für Meeresvögel. Hier nun einige Schwerpunkte zur Geschichte von Kilauea Point.

● **1913. Lighthouse built**/1913 Bau des Leuchtturms. Im Juli 1912 hatte man mit dem Bau des Leuchtturms begonnen. Mit dem Schiff *Kukui,* ein Leuchtturm-Versorgungsboot, kamen 26 Arbeiter, Material und Arbeitsgerät an den felsigen Strand in der westlich dieser Landspitze liegenden, windabgewandten Bucht an. Man errichtete zunächst 27 m über der Küste einen Förderturm, um das Material aus dem Schiff zu transportieren. Die Mannschaft baute ein Lagerhaus für Treibstoff, drei Wohnhäuser aus Beton und legte eine Wasserleitung sowie Straßen an und errichtete den Leuchtturm. Der Leuchtturm trat am 1. Mai 1913 in Aktion.

306 KAUAI
Kilauea Leuchtturm

- **The Light of Distinction**/Ein spezielles Leuchtfeuer. Die vier Linsen, die das Leuchtfeuer des Leuchtturms erzeugten, wurden von einem berühmten französischen Physiker namens Augustin Fresnel entworfen. Man bediente sie mit einer Öldampflampe. Die spezielle Rotierung und das Design der Linse erzeugte alle zehn Sekunden einen Lichtschein als Doppelblitz. Jeder Leuchtturm hat seine eigene Leuchtfolge.

Zu besonderen Aufgabe des Leuchtturmwärters und seiner Helfer gehörte es, ein ca. 20 kg Gewicht anzukurbeln und aufzuziehen. Ein Aufziehen brachte die Linsen nur für $3^1/_2$ Stunden zum Rotieren. Die Gewichte der Uhr in dem Leuchtturm arbeiteten ähnlich wie bei einer Kuckucksuhr.

- **1920. Light Keepers Log Describes Life at Kilauea Point**/1920/Tagebuch des Leuchtturmwärters beschreibt den Alltag am Kilauea Point. Im Tagebuch des Leuchtturmwärters fand man alle Eintragungen über Reparaturarbeiten, Wartung, Einkaufsgänge, Besuch von Baseball und Polospielen und Nachbarschaftsbesuch zur Zuckerplantage Kilauea Sugar Plantation. Sowohl offizielle als auch private Aktivitäten waren aufgezeichnet und gaben Einblick in ein ziemlich von der Arbeit im Leuchtturm dominiertes Dasein.

Die Tagebücher trugen Eintragungen der regelmäßigen Ankunft des Versorgungsboots *Kukui* für 36 Jahre. In der Anfangszeit war dies der Hauptkontakt der Leuchtturmbesatzung mit der Außenwelt von Kilauea Point.

Zu den ersten Unternehmungen der Leuchtturmwärter gehörte der Bau einer Straße zur benachbarten Siedlung von Kilauea. Die Leuchtturmwärter wurden sehr schnell in diese kleine Plantagensiedlung integriert.

- **1930. Life-Saving Guidance Improved**/1930. Technische Verbesserung. 1930 installierte man einen 200-Watt Scheinwerfer. Die Beleuchtung wurde von der Öldampflampe auf Strom umgestellt, was sowohl für den Schiffs- als auch für den Flugverkehr eine wesentliche Verbesserung brachte. Der Leuchtturm spielte eine gravierende Rolle bei dem ersten Flug vom amerikanischen Festland nach Hawaii. Bei einem historischen Flug entgingen zwei Piloten der amerikanischen Luftwaffe dem sicheren Tod, als ihnen der Treibstoff ausging und sie die hawaiischen Inseln um 144 km bereits überflogen hatten. Als sie die blinkenden Lichter des Kilauea Leuchtturms erkannten, drehten sie um und konnten heil in Honolulu landen.

- **1976. Automated Light Replaces Lighthouse.** 1976. Vollautomatisch arbeitende Leuchtsignale ersetzen Leuchtturm. 1976 setzte die Küstenwacht/Coast Guard den Kilauea Leuchtturm außer Betrieb und ersetzte ihn durch einen neuen vollautomatisch arbeitenden elektronischen Scheinwerfer direkt auf der Seeseite des Leuchtturms. Dadurch benötigte man kein Vollzeitbeschäftigtes Personal der Coast Guard zur Wartung des Kilauea Point.

1979 wurde der Kilauea Leuchtturm auf Grund seiner 62-jährigen Funktion in der Navigationsgeschichte Hawaiis in das National Register of Historic Places aufgenommen.

- **1985. Kilauea Point National Wildlife Refuge Established**/1985. Gründung des Tier- und Vogelschutzgebiets Kilauea Point. Der U.S. Fish and Wildlife Service beantragte bei der Coast Guard die Verlegung der Stätte, um eines der besten Gebiete der hawaiischen Inseln unter Naturschutz zu stellen, wo man Seevögel und andere Meeresbewohner beobachten konnte.

Kilauea wurde zu einem der meistbesuchtesten National Wildlife Refuges der USA. Die Kombination des historischen Leuchtturms und der gut zu beobachtenden Seevögel wie Tölpel, Laysan Albatrosse, Fregattvögel, Tropikvögel, Sturmtaucher und andere Tölpel gibt den Besuchern eine einmalige Gelegenheit auf den hawaiischen Inseln.

In den Gewässern vor der Küste bekommt der Besucher die einzigartige Gelegenheit zur Saison die pazifische grüne Meeresschildkröte, Buckelwale, Spinner-Delphine und Hawaiische Mönchsrobben zu beobachten. '

Princeville

● **Volunteers Help the U.S. Fish and Wildlife Service to Serve the Public and Conserve the Wildlife**/Freiwillige Helfer unterstützen den US Fish and Wildlife Service dabei, die Natur und Tiere zu schützen. Die Zukunft der Tierwelt sowohl hier am Kilauea Point als auch in allen anderen National Wildlife Refuges der gesamten USA hängt sehr stark von der Mithilfe der Bürger ab. Begeisterte Freiwilligen-Helfer unterstützen das Parkpersonal bei der Beantwortung von Fragen der Besucher, beim Zusammenstellen von Informationsmaterial, bei der Aufzucht von einheimischen Pflanzen zum Auspflanzen und bei anderen Aufgaben.

Beim Personal im alten Visitor Center neben dem Leuchtturm über spezielle geführte Spaziergänge und Wanderungen erkundigen, wie **Crater Hill Hike;** etwa 1 mi/1,6 km lange Wanderung (ca. 2 – 2½ Std.) mit spektakulärer Szenerie und dem Erleben der Vogelwelt aus nächster Nähe; Tel. (808)828-1520.

Hier nun zum eleganten Golferparadies Princeville.

PRINCEVILLE
„Golfers Paradies an Kauais Nordküste"

Princeville, etwa 30 mi/48 km nordwestlich von Lihue, an Kauais Nordküste, ist eine ehemalige Zuckerrohrplantage und Rinderranch, die nach dem Sohn von König Kamehameha IV. und Königin Emma, Prinz Albert Edward Kauikeaouli, benannt wurde. Die Ranch war im Besitz von Dr. Robert Wyllie, einem schottischen Arzt, der insgesamt drei hawaiischen Königen gedient und den 2½jährigen Prinzen bei einem Besuch auf der Ranch ins Herz geschlossen hatte. Der Prinz starb zwei Jahre später im Alter von 4½ Jahren.

Seit 1969 hat man auf dem ehemaligen Plantagen- und Ranchgelände des Hochplateaus über der Hanalei Bay eine Luxusferienanlage nach Plan entstehen lassen mit Tennisplätzen, Swimmingpools, 36-Loch Trent Jones Golfplatz direkt am Ozean, Shopping Center mit großem Supermarkt, Condos, Einfamilienhäusern und einigen Luxushotels für gehobene Ansprüche. Das Wetter an der Nordküste (ist Kauais Regenseite) ist zwar nicht so beständig wie an Kauais Südküste, doch wer begeisterter Golfspieler ist, wird sich nicht abhalten lassen und von den fantastischen Golfanlagen angelockt werden.

Das mehrstöckige Luxus-Ferienhotel **Sheraton Mirage Princeville** liegt auf einer Klippe am Ostrand der sichelförmigen Bucht Hanalei Bay. Hanalei Bay ist auch als Crescent Beach bekannt, wie durch den anmutigen Hula-Tanz zu dem Lied „Hanalei Moon" beschrieben wird. Im 19. Jh. war die Bucht eine Station der Walfänger- und Handelsschiffe. Die lichtdurchflutete Hotel-

KAUAI
Princeville

halle gibt durch eine breite Glasfront zum Meer hin den Blick ungehindert auf die Kulisse der Hanalei Bay und die wildromantische, oft nebelverhangene Küste im Norden mit Bali Hai frei. Gäste finden hier ein reiches Sportangebot. Weitere Hotelanlagen, wie Hanalei Bay Resort und andere, siehe Baxter Info-Karte.

Direkt nach dem Eingang zu dem Ferienkomplex liegt das Princeville Center mit Tankstelle, Cafe Hanalei, Steak House, Supermarkt und Reisebüro. Kurz dahinter muss man einen Eingangsposten passieren.

Schlüssel zur Baxter Info-Karte Princeville/Hanalei
mit vielen Baxter-Tips

Wichtig & interessant:
- 1-Pooku Stables
  Reitstall
- 2-Princeville Shopping Center
- 3-Hanalei Scenic Lookout
  Aussichtspunkt
- 4-Police/Fire Station
  Polizei/Feuerwehr
- 5-Golf Course
- 6-Hideaways
- 7-Puu Poa Beach
- 8-Black Pot Beach
- 9-Hanalei Beach Park
- 10-Hanalei Pavilion
- 11-Waioli Beach Park
- 12-Captain Zodiac
  Boottrips (Schlauchboot)
- 13-Kuahale Center
- 14-Hanalei Garden Farms
  Gärtnereibetrieb
- 15-Taro Felder
- 16-Old Hanalei School
  -Shopping Center
  -The Hanalei Center
- 17-Waioli Church & Mission House
- 18-Post Office/Postamt
- 19-Hanalei Elementary School
- 20-Ching Young Shopping Center
  -Captain Zodiac
  Zodiac-Schlauchboote
  -Pizzeria
  -Hawaiian Fantasy Adventures
- 21-Waipa Beach
- 22-Lumahai Beach
  hier wurde „South Pacific" mit dem Song „Wash That Man Right Out Of My Hair" gefilimt
- 23-Lookout
  Aussichtspunkt
- 24-Wainiha Beach
- 25-Wainiha
  -Haena
  -Kee Beach
  -Na Pali Coast
- 26-Kapaa
  -Wailua
  -Lihue
- 27-Hanalei National Wildlife Refuge
- 28-Security Gate
  Kontrolltor

Unterkunft/Hotels:
- A-$$$ Princeville Hotel
  826-9644
  gebührenfrei 1-800-826-4400
  Fax 826-1166
- B-$$$ Hanalei Bay Resort
  826-6522
  gebührenfrei 1-800-367-5004
  Fax 596-0158
- C-$$$ The Cliffs at Princeville
  826-6219
  gebührenfrei 1-800-367-7052
  Fax 826-2140
- D-$$$ Alii Kai
  826-7444
  Fax 826-7673
- E-$$ Sandpiper
  826-9613
  Fax 826-1413
- F-$ Sealodge at Princeville
  (703)425-0762
  gebührenfrei 1-800-446-4384

Straßenschlüssel:
- a-Wyllie Rd.
- b-Kamehameha
- c-Pepelani Lane
- d-Kaui Rd.
- e-Edward Rd.
- f-Punahele Rd.
- g-Honoiki Rd.
- h-Liholiho Rd.
- k-Wailea Pl.
- l-Emmalani Dr.
- m-Mahina Emmalani Dr.
- n-Kekaulike Lane
- o-Aku Rd.

Von Princeville weiter zum malerischen Missionsstädtchen Hanalei.

KAUAI 309
Princeville–Hanalei-Karte

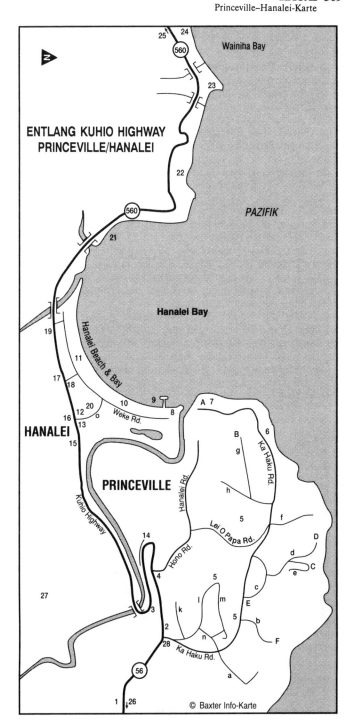

HANALEI

„Malerisches, friedliches Missionsstädtchen"

Das malerische Missionsstädtchen **Hanalei**, etwa 33 mi/53 km nordwestlich von Lihue, liegt nur ein paar Kilometer hinter dem Heliport Princeville und der Abzweigung zu der Ferienhotelanlage **Princeville**; etwa 2 mi/3 km zum Princeville Airport und 800 m zu den Pooku Stables. Hanalei bedeutet etwa „sichelförmige Bucht". Der ehemalige Walfänger- und Handelshafen in der Hanalei Bucht besitzt ein unvergleichliches „Südsee" Ambiente.

Im Gegensatz zu dem benachbarten modernen Luxuskomplex Princeville ist **Hanalei** eher verschlafen und stolz darauf. Manche nennen Hanalei „der Ort, in dem Leis gefertigt werden". Sobald man die Höhe von Princeville verlassen hat, und hinunter ins bezaubernde **Hanalei-Tal** einfährt, beginnt der Zauber Hanaleis. Ringsum weite saftige Tarofelder mit dem Vogelschutzgebiet Hanalei National Wildlife Refuge, im Hintergrund die üppig grünen Hügel, die den fantastischen Kontrast liefern. Jemand hat einmal behauptet: ... wenn du 17 Wasserfälle gezählt hast, bist du am Ende von Hanalei. Tatsächlich blickt man bei der Fahrt durch Hanalei auf viele herrliche Wasserfälle, die von den Bergen herabstürzen, hinter denen sich mit über 11 m Niederschlägen pro Jahr die regenreichste Stelle der Welt mit dem erloschenen Vulkan **Mt. Waialeale** befindet, von dem alle Flüsse Kauais ausgehen.

Das Straßendorf ist ein Mekka für Romantiker, Paddler, Wanderer und Althippies. Im legendären Hanalei kommt man dem Mythos Südsee am nächsten. Das schönste Kinderlied aller

Schlüssel zur Baxter Info-Karte Hanalei
mit vielen Baxter-Tips

Orientierung:

1-Hanalei Traders
 -Hanalei Dolphin Restaurant
2-Hanalei Museum
 -Tarofelder
3-Hanalei Sea Tours
4-Kayak Kauai
 Wanderungen/Camping/Paddeln
 Radfahren
5-Visitor Information Center
6-Hanalei Information & Activities Center
7-Tahiti Nui Restaurant
8-Na Pali Adventures
 -Wake-up Cafe
 Frühstück/Mittag- & Abendessen
9-Captain Zodiac
 Raft Expedition/Na Pali Coast Ausflüge
10-Hanalei Center
 Restaurant/Lebensmittel/
 Waschautomaten/Zimmervermittlung
 -Bubba Burger
11-Native Hawaiian Museum

12-Ching Young Village
 -Chinese Restaurant
 -Minimarkt
 -Kayak Rental
 -Deli/Natural Food
 -Bank
 -Supermarkt
13-Whalers General Store
 -Pedal 'n Paddle
 Hanalei Camping & Backpack
14-Napali Raft Rides
 -Whale Watching/Walbeobachtung
 -Helicopter Tours
15-Post Office/Postamt
16-Hanalei Court House
17-Wai Oli Mission House
 grüne Kirche
18-Hanalei Elementary School
 Schule
19-Brücke
 Gegenverkehr hat Vorfahrt
20-Waioli Beach Park
21-Hanalei Pavilion
 -Hanalei Beach Park
 -Hanalei River Mündung
 -Black Pot Beach

22-Princeville
23-Wainiha
 -Haena
 -Kee Beach
 -Kalalau Foot Trail zur Na Pali Küste

KAUAI 311
Hanalei-Karte

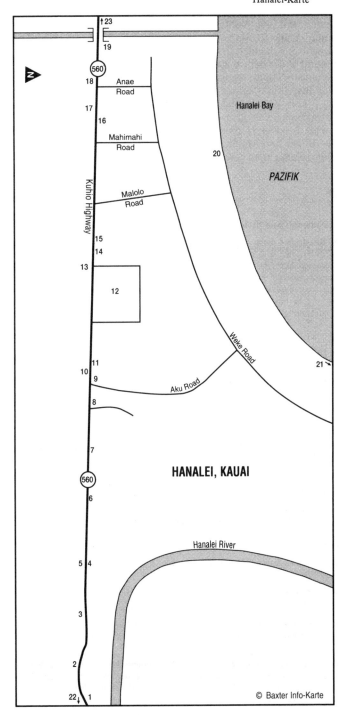

312 KAUAI
Hanalei Attraktionen

Zeiten, das vor mehreren Jahrzehnten das bekannte Volkstrio Peter, Paul & Mary schrieb, wurde als Song ein Hit. Die Geschichte handelt von einem kleinen Jungen und seinem Freund Puff, dem magischen Drachen, der in den Höhlen der Steilküste wohnt, spielt in einem Zauberland, genannt Hanalei. Die Inspiration erhielten die drei für *„Puff the magic Dragon . . ."* von Kauais malerischer Nordküste. In Hanalei ist alles Attraktion, egal ob es Museum, Kirche, Lokal oder Kajakvermieter ist! Zur Hanalei Bay mit dem **Black Pot Beach Park** an der Bucht und Mündung des Hanalei River sowie dem **Hanalei Pier** gelangt man über *Aku Road*.

Hanalei Attraktionen

- **National Wildlife Refuge** – siehe unter Routenbeschreibung.
- **Russisches Fort** aus dem Jahre 1816. Reste einer russischen Festung befinden sich auf einer hohen Steilküste über der Hanalei Bay, die der deutsche Arzt und Abenteurer Dr. Georg Anton Schaeffer von der Besatzung russischer Handelsschiffe errichten ließ, um eine Versorgungsstation für den russischen Handelsverkehr zu schaffen. Als dem König von Kauai Kaumualii bekannt wurde, dass diese Unternehmen im Alleingang ohne Zustimmung des russischen Zaren Alexander I. erfolgt waren, jagte er Schaeffer und die russischen Handelsschiffe von der Insel Kauai. Die Stelle ist allerdings schwer auffindbar.
- **Hanalei Trader;** Souvenirs, Windsurfing – Kurse & Vermietungen von Segel & Brett, Hanalei Shave Ice; Tankstelle.
- **Hanalei Museum.** Zwei originelle Räume in kleinem Haus aus dem 19. Jh. mit Exponaten zur Lokalgeschichte, hawaiischem Kunsthandwerk, Fotos aus der Zeit des anfangenden 20. Jh. Hier ist es einfach die Atmosphäre, die den Besuch des Museums so interessant macht. 3 Tage in der Woche geöffnet.
- **Hanalei Sea Tours;** Boottrips mit Zodiac Schlauchbooten oder Katamaran zur Na Pali-Küste; Schnorchelausrüstung; (808)826-7254.
- **Kayak Kauai;** Kajak-Vermietung.
- **Hanalei Information & Activities Center;** Information.
- **Tahiti Nui Restaurant;** total pazifisches Insel-Interieur im polynesischen Langhaus; frische Fischgerichte; mittags 11–14.30 Uhr; Mo., Mi., Fr. Luaus; herrliche Mai Tais. Treff für Abenteurer, Aussteiger und Althippies. Reservierungen für Luau: (808)826-6277.
- **Na Pali Adventures;** Boottrips mit Katamaran zur Na Pali-Küste; (808)826-6804.
- **Captain Zodiac Rafting Expedition.** Schlauchboottrips zur Na Pali Küste, (808)826-9371.
- **Native Hawaiian Museum,** neben Captain Zodiac, im alten Gebäude des Ching Young Store; außer Kunsthandwerk wird hier auch viel Kram ausgestellt und verkauft.
- **Ching Young Village Shopping Center;** chinesisches Lokal, Bank, Supermarkt, Läden, Souvenirs, Aktivitäten, Delikatessen, Pedal n' Paddle: Vermietung von Kajaks, Schnorchelausrüstung, Surfbrettern, Fahrrädern, Mopeds, Schlauchbooten.

KAUAI 313
Hanalei Attraktionen

- **Na Pali Raft Rides;** Schlauchboottouren zur Na Pali-Küste; Walbeobachtungstrips, Helikopter-Touren.
- **Post Office;** Postamt.
- **Hanalei Court House;** gegenüber von Waioli Kirche. Gerichtsgebäude.
- **Waioli Mission** mit grüngestrichener Waioli Hui'ia Church; sonntags 10 Uhr Gottesdienst in hawaiischer Sprache.
- **Waioli Mission House;** am Ortsende von Hanalei. Komplex vollkommen von Bäumen, Kletterpflanzen, Farnen und Papayas umgeben. Das äußere Gebäude trägt südstaatlichen Charakter, doch die Innenausstattung ist typischer Neuengland-Stil. Der erste Missionar, Rev. William P. Alexander, stammte aus Kentucky. Er traf 1834 mit seiner Frau Mary Ann in einem Doppelrumpf-Kanu aus Waimea an. Das Haus wurde 1837 gebaut und beherbergte verschiedene Missionarsfamilien, bis 1846 Abner und Lucy Wilcox einzogen. Das Haus war noch bis vor wenigen Jahren im Besitz der Familie Wilcox. George, der Sohn von Abner und Lucy Wilcox, ist der Begründer der **Grove Farm Homestead Plantation** bei **Lihue**.

Porträts der Wilcox Familie hängen an den Wänden. Das Haus erhielt im Laufe der Zeit mehrere Anbauten und ist sehr geräumig. Ein Teil der Bibliothek von Abner Wilcox ist noch in seinem Arbeitszimmer zu sehen mit einem Exemplar von Onkel Toms Hütte/Uncle Tom's Cabin. Wilcox betätigte sich neben seiner Arbeit als Missionar auch noch als Doktor, Lehrer und Tierarzt. Die Wilcox gingen 1869 zum Besuch nach Neuengland zurück, erkrankten und starben beide dort.

Mabel Wilcox, eine Nichte, die 1978 verstarb, hatte 1921 ein Bad einbauen lassen. Im Obergeschoss befindet sich ein Gästezimmer für Missionare, die zu Besuch kamen. In dem Haus wurden auch Jungen zu späteren Lehrern ausgebildet. Vom Fenster im oberen Stockwerk hat man noch denselben Blick auf die Hanalei Bay wie zur Zeit der Wilcox Familie.

Der Hanalei River fließt durch das Gelände des Anwesens zwischen den Stränden der Hanalei Bay und Hanalei Town. 3 Cottages werden auf dem Gelände des Wilcox Estate als **Hanalei Plantation Cottages** vermarktet – **Umetsu** am Strand, **Palaka** und **Plumeria**. Außerdem wird das mittlere Haus, das sogenannte **Kauikeolani**, an Gruppen vermietet; umfasst 6 Zimmer mit Bad, 9-Loch Golfplatz und Zugang zum Strand; Tel. 826-1454, Fax 826-6363.

- **Hanalei School.** Schule.
- **Fantasy Island Boat Tours;** Boottrips zur Na Pali-Küste.
- **Hanalei Bay Inn,** (808)828-9333; 4 Gästezimmer mit Küche.
- **Farmers Market,** jeden Dienstag 15–16 Uhr.

- **Black Pot Beach;** Strand unter Bäumen in Nähe des Hanalei River; ganzjährig Badegelegenheit.
- **Waioli Beach Park;** ganzjährig Badegelegenheit.
- **Pine Trees Beach;** ganzjährig Badegelegenheit.

Hier nun zur Na Pali-Küste mit dem berühmten Kalalau-Pfad.

NA PALI COAST
„Wilde, unzugängliche Felsklippenküste"

Das Ende der Straße in **Haena** ist auch der Beginn der herausfordernden Wanderung auf dem 11 mi/18 km langen Wanderweg **Kalalau Trail**. Dies ist der einzige Zugang vom Land zu der schwer zugänglichen Landschaft der **Na Pali-Küste** im Nordwesten der Insel Kauai. Diese grün bewachsenen Klippen, die steil bis zu 1000 Meter aus dem Meer aufsteigen, werden hier und da von winzigen Sandstränden, die sich zwischen die Rasierklingen-scharfen Faltenwürfe der Felsklippen kauern, unterbrochen. Darüber thront wolkenverhangen der **Mount Waialeale** – die regenreichste Stelle der Erde.

Die **Na Pali-Küste** muss man sich mühsam erwandern. Der **Kalalau-Pfad** schlängelt sich wie ein botanischer Lehrpfad durch Bambushaine, vorbei an Mango- und Guaven-Bäumen, Ingwerpflanzen. Unter den **Hanakapiai-Wasserfällen** kann man sich von den Strapazen des Marschs erholen. Aus rund 55 Metern stürzt das Wasser in einen natürlichen Pool. Hikers sollen allerdings mit gutem, festen Schuhwerk und vor allen Dingen genügend Trinkwasser ausgerüstet sein (nicht ratsam, von Wasserquellen unterwegs zu trinken).

Die wilde **Na Pali-Küste** läßt sich allerdings am besten vom Wasser her per Boot oder aus der Luft vom Helikopter beschauen. Hierzu werden von verschiedenen Unternehmen Touren und Ausflüge angeboten. Außerdem gibt es für hartnäckige Wassersportler Kajaks, die man mieten kann; dazu sollte man allerdings bereits genügend Erfahrung mitbringen, vor der wilden Küste die starken Wellen zu bändigen. Verschiedene Veranstalter siehe unter **Nordküste Aktivitäten/Touren**.

Die Täler hinter der Na Pali-Küste waren einst bewohnt. Vor Hunderten von Jahren wanderten Hawaiianer dort entlang, wo sich heute der **Kalalau Trail** entlangzieht. In den engen hängenden Tälern wurde auf Terrassenfeldern Taro angebaut, da man reichlich Wasser zur Verfügung hatte. Ab 1914 blieb Kalalau allerdings verwaist. Eine Zeit lang wurde auf gepachtetem Land Viehzucht betrieben (die Rinder brachte man zum Weiden per Boot heran), was inzwischen auch aufgegeben wurde. Allerdings hatten die Rinder mit ihren Hufen starke Schäden an Steinterrassen und *Heiaus* zurückgelassen.

Hollywood wählte die **Na Pali-Küste** auch als Kulisse verschiedenster Filme. „King Kong" sprang beispielsweise dort von den Felsklippen. Und in einer verschwiegenen Bucht um die Ecke von Kee Beach bei Haena sah man in dem TV-Epos „Dornenvögel" wie der Kardinal de Bricassart die schöne Meggie verführte. Außerdem drehte man einen berühmten Stunt für einen James-Bond-Film, bei dem der Stuntman für Roger Moore mit dem Helikopter durch ein Felsloch fliegen mußte. Doch hier nun zum Selbsterleben der **Na Pali-Küste**.

KAUAI 315
Na Pali-Küste: Kalalau Trail-Karte

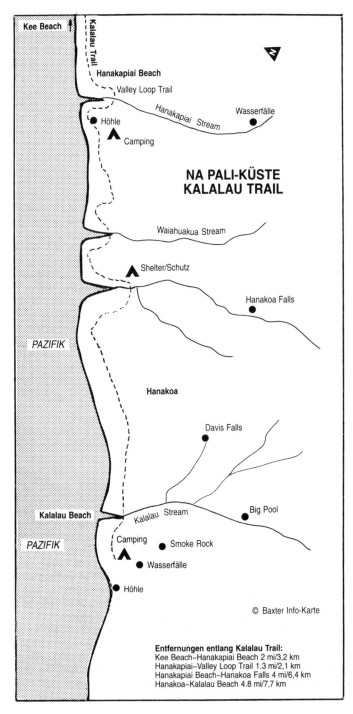

Baxter-Tips für Kalalau Trail

- Für **Tageswanderung** bis **Hanakapiai Beach** wandern; 2.5 mi/4 km ein Weg; anstrengend!
- **Gesamtstrecke Kee Beach–Kalalau Beach 11 mi/18 km,** mindestens 2–3 Tage einplanen, Hiking & Camping **Permit erforderlich,** erhältlich bei Division of State Parks, Department of Land and Natural Resources, 3060 Eiwa St., Room 306, P.O. Box 1671, Lihue, Hawaii 96766; werktags 8–16.15 Uhr; Tel. (808)241-3444.
- Kalalau Trail **nur bei trockenem Wetter** marschieren.
- **Festes Schuhwerk** – Wanderstiefel mit Greifsohle am besten. Manche schwören auf Reef-Walkers!
- Pfad windet sich im Anfangsabschnitt steil bergauf und über der urzeitlichen Hula-Plattform und dem *Heiau* **Ka Ulu A Paoa** hinweg.
- **Panoramablick** vom „Windy Corner", wo stets ein starker kühler Wind bläst, auf Na Pali-Küste.
- Die breiten weißen Sandstrände des Sommers werden jedes Jahr **im Winter** weggewaschen; Schwimmen dann sehr **gefährlich** im Winter! Aber auch im Sommer wegen starker Unterströmung nicht ungefährlich (selbst beim Waten im Wasser).
- Kühle **Bäche** und **Flüsse** bieten eine **Alternative** zum Baden im Ozean. Allerdings auch hier Vorsicht geboten, da Flüsse schnell anschwellen. Trübes Wasser kündet gefährliche Flash Floods/Sturzfluten an.
- Spektakulärer **Hanakapiai-Wasserfall** bietet an seiner Basis erfrischende Bademöglichkeit im natürlichen Pool.
- Nur **bestens ausgerüstet** starten. Trail selbst für geübte Wanderer sehr anstrengend.
- **Nie allein wandern!**

Kalalau Trail

An dieser Stelle beginnt ein 11 mi/18 km langer Wanderweg, als einziger Zugang auf dem Landweg durch einen Abschnitt des **Na Pali Coast State Park** an der schwer zugänglichen Na Pali-Küste. Der Pfad führt über die hohen, steil ins Meer abfallenden Klippen und durch fünf Täler, ehe man den Kalalau-Strand erreicht. Ob man den Kalalau-Pfad entlangwandert oder mit dem Boot oder Helikopter die Küste erreicht, bieten die hohen Steilklippen ein faszinierendes Naturerlebnis, wo tief eingeschnittene Täler abrupt am Meer enden.

Der anstrengende und schwierige Kalalau-Pfad ist zwar ausgehauen, aber nie eben. Selbst geübte Wanderer oder Backpackers in guter Form benötigen für die gesamte Wegstrecke einen ganzen Tag. Für Hin- und Rückweg zwei bis drei Tage einplanen, Zelt sowie Verpflegung und Trinkwasser mitnehmen.

KAUAI 317
Na Pali-Küste: Kalalau Trail

- Wer über **Hanakapiai Valley** hinaus wandert, benötigt ein sogenanntes *Day use hiking permit*/Tageserlaubnis.
- **Camping mit Permit** erlaubt an als Zeltplatz ausgewiesenen Stellen in den Tälern **Hanakapiai, Hanakoa** und **Kalalau Valley.**
- **Permits** beim State Park Büro in **Lihue**; Division of State Parks, 3060 Eiwa Street, Room 306, P.O. Box 1671, Lihue, HI 96766; werktags 8–16.15 Uhr; Tel. 241-3444.
- **Kee Beach–Hanakapiai (2 mi/3,2 km).**

Nach den ersten 800 m entlang dieses populären Abschnitts des Trails wird der Wanderer von ausgezeichneter Aussicht auf die Küste belohnt. **Hanakapiai-Strand** kann bei strammem Marsch in einer Stunde erreicht werden. Der Sandstrand (im Sommer) ist zwar sehr einladend, aber Schwimmen oder Waten kann gefährlich sein und wird nicht empfohlen. Surf und Unterwasserströmungen wechseln und werden im Winter gemeingefährlich, wenn die Wellen zu riesigen, gewaltigen Wellenbergen anwachsen. Trinkwasser mitnehmen, da Bachwasser als Trinkwasser nicht rein ist.

Ein nicht gewarteter Pfad von 3 km Länge ins **Hanakapiai Valley** führt zu einem Wasserfall. Der erste Abschnitt ist leicht zu bewältigen. Unterwegs Spuren früherer Siedlungen mit terrassenförmigen Tarofeldern, Mango Bäumen und Resten einer kleinen Coffee Mill. Bambushain wurde ursprünglich gepflanzt, um Rohre für die künstliche Bewässerung der Terrassenfeldern zu gewinnen. Nachdem man den Hauptfluss überquert hat, wird der Pfad schwieriger, da es über Felsen und Baumstämme geht. Nur bei gutem Wetter dieses Stück erwandern, um Überflutung und Steinschlag zu vermeiden.

- **Hanakapiai – Hanakoa (4 mi/6,4 km).**

Der Pfad wird schwieriger, sobald der steile Weg in Haarnadelkurven von 244 m aus dem Hanakapiai Valley steigt. Der Pfad führt durch das **Hono O Na Pali Natural Area Reserve** in den Tälern Hoolulu und Waiahuakua Valleys. Das Reserve schützt eine reiche Vielfalt einheimischer Pflanzen der Wälder niederer Lagen.

In der Nähe der **Hanakoa Stream** Furt gelangt man zu einem Zeltplatz an alten Terrassenfeldern, wo immer noch in den 1800er Jahren eingeführte Kaffeepflanzen wachsen. Der nicht ausgeschilderte Pfad (etwa 500 m) entlang der Ostgabel des Tals zum **Hanakea-Wasserfall** ist tückisch, bietet aber reizvollen Blick auf den Wasserfall.

- **Hanakoa Valley – Kalalau Beach (5 mi/8 km)**

Hinter dem **Hanakoa Valley** tritt der Pfad in trockene, offene Landschaft, wo man keinerlei Schutz vor der Mittagssonne findet. Erschöpfte Wanderer werden allerdings mit einfach fantastischem Panoramablick auf die steil abfallenden Steilklippen und Küste belohnt. Nachdem man den **Kalalau Stream** überquert hat, endet der Pfad am Strand in Nähe des kleinen Wasserfalls. Zelten nur in diesem Bereich erlaubt.

Ein leichter 2 mi/3 km Pfad ins Kalalau-Tal passiert weite Terrassenfelder, ehe er an einem Teich endet.

Hier einige wichtige Punkte zur **Beachtung:**
- **Bach- & Flußwasser.** Nie ungekocht als Trinkwasser genießen.
- **Überqueren von Flüssen.** Nie einen angeschwollenen Hochwasserbach überqueren, wenn das Wasser über die Knie reicht. Warten bis Wasser zurückgegangen.
- **Schwimmen im Ozean.** Schwimmen, Waten oder Bodysurfing nicht ratsam, wenn man nicht unbedingt ein besonders kräftiger und erfahrener Schwimmer und mit den örtlichen Verhältnissen vertraut ist. Extrem gefährliche Unterströmung während mittlerer und schwerer Wellen. Keinerlei Lebensretter oder Strandaufsicht vorhanden.

KAUAI
Na Pali-Küste: Kalalau Trail

- **Keine Erste-Hilfe-Stelle.** Jemand muß Hilfe holen, d. h. zu Fuß zu bewohnter Gegend oder vorbeifliegenden Helikoptern Zeichen geben und bemerkbar machen.
- **Felsrutsch und Steinschlag.** Nach Möglichkeit stets Distanz zur Basis von Steilklippen und Wasserfällen halten.
- **Tsunami** (durch Seebeben ausgelöste Meereswellen). Ein zwar nicht häufig, aber äußerst gefährliches Naturereignis in flachen Küsten-Strandgebieten. Sofort höhergelegene Areas aufsuchen. Tsunamis geht oft ein ungewöhnlicher Fall des Meeresspiegels voraus.
- **Hunting/Jagd.** Im August und September ist an Wochenenden oft Jagd auf Ziegen erlaubt, und zwar zwischen Hanakoa und Kalalau, hauptsächlich im Kalalau Valley. Auf dem Hauptpfad bleiben.

A Landscape Carved By Natur
Eine von der Natur geschaffene Landschaft

- **While a patient sculptor ...** Während ein geduldiger Bildhauer Jahre braucht, um ein Meisterwerk zu schaffen, dauerte es Mutter Natur mehrere Jahrmillionen die spektakuläre Landschaft der **Na Pali-Küste** zu kreieren. Regen, Wind und Wellen schließen sich zusammen, um dieses Panorama von Klippen, Tälern, Höhlen, Felsbögen und Stränden zu bearbeiten und zu formen. Was kann man aus der Szenerie über die äußeren Kräfte der Natur lernen?
- **The Power of the Sea**/Die Kraft des Meeres. Die spektakulären Meeresklippen der Na Pali-Küste wurden größtenteils durch Wellenangriff gestaltet. Aufdonnernde Wellen wirken wie kämpfende Böcke, und bearbeiten mit Tonnen von Wasser und Steinen eine Schwachstelle direkt über dem Meeresspiegel. Der Aufprall der Wellen bricht das lose Gesteinsmaterial ab, während von Wellen aufgewirbelte Steine die Felsoberfläche aushöhlen und ausschmirgeln. Von ständigem Wellenangriff bearbeitet wird die Felsoberfläche eventuell ausbrechen und eine Höhle zurücklassen.
- **The Power of Running Water**/Die Kraft von fließendem Wasser. Fließendes Wasser ist ein Hauptelement der Erosion. Ständig fließende Ströme schneiden schnell V-förmige Rinnen in die Landoberfläche. Dies geschieht während Gewitterregen, wobei die Flüsse anschwellen und ihre Erosionsfähigkeit um ein Vielfaches erhöhen. Es erfolgt allerdings mehr Erosion während eines großen Regensturms als in vielen Jahren normaler Regenschauer. Wenn die Flüsse zu reißenden Strömen werden, bewegen sie Tonnen von Sedimenten und Steinen. Rollende Steine und Felsbrocken schneiden das Flussbett tiefer und tiefer, indem sie aushöhlen und ausmahlen. Erd- und Felsrutsche an den Talwänden weiten die Täler und geben ihnen V-Form. Gelegentlich erfolgt das Vertiefen des Flussbetts viel schneller als das Ausweiten, wobei steilwandige, mehrere Hundert Meter tiefe Canyons entstehen wie im Nualolo Valley.
- **How did Kalalau Valley get its "amphitheater" shape?**/Wie erhielt das Kalalau Tal seine Amphitheater-Form? Kalalau Valley ist ein gutes Beispiel für ein Amphitheater-förmiges Tal. Herabstürzende Wasserfälle und massive Erdrutsche formen die Rückseiten eines solchen Tals allmählich in steilwandige Amphitheater. Wenn zwei oder mehrere solcher Täler nebeneinander entstehen, kann sich eine Serie von scharfkantigen Klippenwänden bilden.
- **Hanging Valleys**/Hängetäler. Während die Talsohle der Haupttäler oft auf Meereshöhe liegt, „hängen" die kleineren Täler, wie beispielsweise **Kolea** hinter Kalalau Beach, hoch über dem Meer. Diese kleinen Täler umfassen im Gegensatz zu den Haupttälern von **Hanakapiai** und **Kalalau** kleine Bäche mit geringer einschneidender Kraft. Der ständige Wellenangriff auf die Meeresklippen ist viel wirkungsvoller, das Land zurückzuschneiden als das

Na Pali-Küste: Kalalau Trail

Einschneiden von kleinen Bächen. Wenn die Küste schneller abgetragen wird, sind die kleinen Flüsse nicht in der Lage, ihre Täler auf Meereshöhe einzuschneiden. Die kleinen Täler bleiben dann hängen, wobei ihre Bäche wie Wasserfälle über die Meeresklippen tropfen.

Am Start des Pfads macht ein Schild auf die Beschaffenheit des Pfads aufmerksam.

Kalalau Trail

A Wildland Trail. Ein Wildnis-Pfad. **Vorsicht:** Bodenunebenheit durch Wurzeln und Steine; loser Boden und Steine; Schlamm und rutschige Oberfläche. Pfad ist stellenweise eng und/oder steil. Entsprechendes Schuhwerk tragen. Benutzen des Pfads auf eigene Gefahr.

The Early Planters/*Die ersten Pflanzer*

As you hike along... Entlang der Pfade zum Na Pali, passiert man Stätten früherer Siedlungen, wo die Hawaiianer entlang dieser Küste lebten. Sie ließen sich erstmals hier bei Kee vor etwa 1000 Jahren nieder. Als die Bevölkerung wuchs, verteilten sich die Menschen auf die Täler entlang der Na Pali-Küste.

● **Skilled Hawaiian Planters**/geschickte hawaiische Pflanzer. Die Täler von Hanakapiai bis Milolii eigneten sich sehr zur Besiedelung, da es dort fruchtbares Land gab, zuverlässige Flüsse sowie Fische und Meeresfrüchte in Hülle und Fülle. Die Hawaiianer rodeten den Wald und legten Terrassenfelder an, auf denen sie Taro, das Grundnahrungsmittel Hawaiis, anbauten. Die Terrassen wurden mit von den Flüssen abgeleitetem Wasser künstlich bewässert. Um 1600 erreichte der landwirtschaftliche Anbau seinen Höhepunkt. Im Kalalau-Tal hatte man bis zu 80 Hektar in Terrassenfeldern angelegt und bebaut; das größte der landwirtschaftlichen Anbaugebiete.

Poi stellte man aus der gekochten Tarowurzel oder *Corm* her, die zu Brei gestampft und zu einer cremeartigen Masse verarbeitet wurde.

Zu dem Grundgericht aus Fisch und Poi aß man Schalentiere, Bananen, Brotfrucht, Süßkartoffel, Kokosnuss und Schweinefleisch. Außerdem kultivierte man *wauke* zum Herstellen von Tuch, *olona* für Seile und Angelschnur und Zuckerrohr als Süßstoff.

● **Valley Settlements**/Talsiedlungen. Schätzungsweise lebten in jedem großen Tal mehrere Hundert Menschen. Sie errichteten am Rande ihre Felder und an der Küste Hütten. Diese Hütten besaßen ein Gerüst aus Stöcken, das mit Strohmatten aus Pili Gras verkleidet wurde.

● **Passing of an Era**/Eine Ära zieht vorbei. Die Hawaiianer lebten etwa bis 1914 in den Tälern von Na Pali, bauten Taro an, fingen Fische aus dem Meer und trieben Handel. Andere versuchten Ende der 1800er Jahre in Hanakapiai und Hanakoa Kaffee anzubauen, doch dies waren kurzlebige Unternehmungen. Um 1900 war es für viele Familien zu mühsam, entlang dieser einsamen Küste zu existieren, woraufhin viele in die Städte Hanalei und Waimea zogen. Die Felder blieben verwaist und überwucherten. Nach 1930 war die Rinderzucht im Kalalau Valley die einzige wirtschaftliche Aktivität entlang dieser Küste.

Die Hawaiianer reisten mit Kanus oder zu Fuß entlang der Na Pali-Küste. Der heutige Kalalau Trail wurde in den 1800er Jahren und später ausgebaut und zum Transport von Kaffee und Rindern zum Markt in Hanalei benutzt.

KAUAI
Nordküste Aktivitäten/Touren

Nun zum Abschluss Info über sonstige **Nordküste Aktivitäten/Touren**.

▶ ## Nordküste Aktivitäten/Touren

Hikers können die makellose Schönheit der Na Pali-Küste entlang des Kalalau Trail entweder 2 mi/3,2 km bis Hanakapiai oder 11 mi/18 km bis zum Kalalau Valley erkunden. Außerdem kann man diese bezaubernde Küste auch mit dem Motorboot oder selbst mit dem Kajak erleben. Ferner sind Helikopter-Flüge sehr beliebt. Hier zu den verschiedenen Veranstaltern (Vorwahl 808).

Flightseeing

- **Papillon Hawaiian Helicopters**; täglich Abflug von Princeville und Lihue; Tel. 826-6591, Fax 246-0528, gebührenfrei 1-800-367-7095.
- **Pacific Island Helicopters**; Abflug von Port Allen; Tel. 335-3115, Fax 335-5610, gebührenfrei 1-800-359-3057.
- **Island Helicopters**; Tel. 245-8588, gebührenfrei 1-800-829-5999.
- **Bali Hai Helicopters**; Tel. 335-3166, Fax 335-5615, gebührenfrei 1-800-325-TOUR.
- **Will Squyres Helicopter Tours**; 245-8881 oder 245-7541.

Wassersport-Aktivitäten

- **Captain Zodiac Raft Expeditions**; Schlauchboot-Trips von Hanalei; Tel. 826-9371, Fax 826-7704, gebührenfrei 1-800-422-7824.
- **Hanalei Sea Tours**; Katamaran- oder Schlauchboot-Trips von Hanalei; Tel. 826-7254, Fax 826-7747, gebührenfrei 1-800-733-7997.
- **Na Pali Adventures**; Katamaran-Trips von Hanalei; Tel. 826-6804. Fax 826-7073, gebührenfrei 1-800-659-6804.
- **Pedal N' Paddle**; Vermietung von Kajaks, Kanus, auch Schnorchelgerät, Windsurfing, Surfbretter, Schlauchboote (ebenso Mopeds und Fahrräder); Hanalei, 826-9069.
- **Kayak Kauai Outfitters**; Hanalei, 826-9844, Fax 822-0577.
- **Bluewater Sailing**; Wainiha, Segeln 335-6440.
- **Kauai Divers**; Hanalei, Tauchsport, 742-1580.
- **Na Pali Kauai**; Schnorcheln, Segeln, 826-PALI.

Von der wilden Na Pali-Küste nun zur sonnigen Südküste mit der Ferienzone Poipu und zu Kauais Bergwelt im Waimea Cayon.

KAUAI ROUTEN

SÜD-/WEST-ROUTE – LIHUE–POIPU–WAIMEA
Lihue–Poipu/Koloa–Hanapepe–Waimea–Kokee

Die Süd-/Südwestroute von Lihue entlang des *Kaumualii Highway (Highway 50)* nach **Waimea** und **Kekaha** sowie bis zum **Waimea Canyon** bzw. zum **Kokee State Park** beträgt etwa 70 km. Vom Flughafen Lihue Airport geht es auf *Ahukini Road/Highway 570* westwärts, wobei *Highway 51* überquert wird, an Zuckerrohrfeldern vorbei, bis man nach etwa 1.5 mi/2,4 km die Kreuzung *Highway 570 & Highway 56* erreicht. Hier wird die Fahrt links abbiegend ein kurzes Stück auf dem *Kuhio Highway/Highway 56* fortgesetzt, der kurz hinter der Einmündung von *Rice Street/Highway 51* etwa auf der Höhe der Zuckerrohrfabrik/**Lihue Plantation Mill** als *Kaumualii Highway/Highway 50* weiterführt. Vorbei am Kukui Grove Shopping Center mit Supermarkt und Liberty House Kaufhaus passiert *Highway 50* zwischen **MM 1** und **2** Kilohana Plantation mit Gaylord's Restaurant.

● **Kilohana Plantation,** etwa 3 km südwestlich von Lihue, in der Nähe der Ortschaft **Puhi;** ein authentisches Anwesen einer Zuckerplantage aus der Zeit um die Jahrhundertwende. Elegantes Herrenhaus, das sich Gaylord Park Wilcox (Neffe des Gründers der Grove Farm Homestead Plantation George N. Wilcox) und Ethel Wilcox 1937 errichten ließen, Angehörige einer der prominentesten Plantagen-Familien aus Hawaiis Zuckerära. Das Haus galt damals als kultureller und gesellschaftlicher Mittelpunkt. **Kilohana** bedeutet auf hawaiisch etwa „durch nichts übertroffen" oder „das Beste", was sich in Stil und reicher Ausstattung des gepflegten, 14 Hektar großen Anwesens wiederspiegelt.

Der **Kilohana-Komplex** umfasst das elegante Herrschaftshaus, in dessen ehemaligen Schlafräumen relativ teure Läden mit anspruchsvollem Warenangebot des hawaiischen Kunsthandwerks, Schmuck und Gemälden untergebracht sind. Hinter dem Hauptgebäude, dem **Wilcox Mansion,** befinden sich Gästehaus/**Guest Cottage,** Gärtnerei/**Greenhouse** sowie die ehemaligen Unterkünfte der Plantagenarbeiter und Farm hinter dem gepflegten Polofeld. Das berühmte und recht teure **Gaylord's Restaurant** befindet sich auf offener Terrasse im wunderschönen *Courtyard* des Herrenhauses – herrliche Atmosphäre.

Man kann sich das ganze Gelände zu Fuß ansehen oder an einer Kutschfahrt teilnehmen. Zur Besichtigung der Zuckerrohrfelder fährt man auf mit Clydesdale-Pferden bespannten Pferdewagen. Im **Guest Cottage** kann man alle möglichen Aktivitäten auf Kauai buchen, Boote, Kajaks, Surfbretter und andere Ausrüstung für den Wassersport mieten. Auf den Gemüsebeeten der Farm werden Gemüse und Kräuter für das Restaurant gezogen. **Kilohana** reflektiert die Zeit der 30er Jahre. Es war die Zeit, a! Kauai über ein Dutzend aktive Zuckerfabriken besaß. Damals begann PanAm Passagierflüge in viermotorigen Flugzeugen, die als *China Clipper* bekannt wurden. **Kilohana** ist täglich ab 9 Uhr geöffnet. Eintritt frei; Gebühr für Kutschfahrten. Reservierung für **Gaylord's** (Mo.-Fr. 11–15 Uhr; Sa., So. Brunch 8–14 Uhr, Dinner ab 17 Uhr) 245-9593.

322 KAUAI
Route: Lihue–Poipu

Fast direkt neben **Kilohana** erstreckt sich am Rande der Ortschaft **Puhi** der attraktive Campus des **Kauai Community College** mit Metallskulptur am Eingang. **Puhi** (heißt auf hawaiisch etwa „blasen") ist ein altes Plantagenörtchen. Der Sage nach soll der Haifischgott Kaholikane hier in einer Höhle zu Hause gewesen sein. Über die *Puhi Road* gelangt man übrigens zum **Huleia National Wildlife Refuge** und zum **Alekoko** (Menehune) **Fishpond** – Einzelheiten siehe unter **Lihue**.

Der *Kaumualii Highway/Highway 50* durchquert nun ein üppig grünes Gebiet mit Zuckerrohranbau. Der Bergkamm der **Hoary Head Ridge** taucht vor einem auf mit der Silhouette des markanten Profils der englischen Königin Viktoria – **Queen Victoria's Profile**, etwa bei **MM 3**. Westlich davon erhebt sich der 700 m hohe **Mount Haupu** (bedeutet „Erinnerung"), die höchste Erhebung der **Hoary Head Ridge**. In seinen einheimischen und exotischen Wäldern wachsen die nur hier vorkommenden Beeren Mokihana Berries. Zwischen **MM 6** und **7**, also etwa 7 mi/11 km von **Lihue**, gelangt man zur Kreuzung, wo *Highway 520/Maluhia Road* vom *Kaumualii Highway/Highway 50* nach **Koloa/Old Town Koloa**, **Poipu** und **Spouting Horn** abbiegt.

Highway 520 passiert auf dem Weg nach **Koloa**, etwa 3.3 mi/ 5 km den berühmten **Tree Tunnel**. Dieser schattige „Baumtunnel" aus Eukalyptusbäumen hatte allerdings unter dem massiven Angriff des Hurrikan *Iniki* sehr stark gelitten, doch die Natur erholt sich in Hawaii in der Regel dank des üppigen Wachstums relativ rasch, wie auch bei dem **Tree Tunnel**. In **Koloa** wurde 1935 erstmals Zuckerrohr kommerziell angebaut. Von **Koloa** bis zu dem sonnigen und warmen **Poipu** mit den schönsten Badestränden Kauais sind es nur etwa 2–3 mi/3–5 km. Einzelheiten zu **Koloa** und **Poipu** siehe unter **Poipu**.

Von der Stelle, wo *Highway 520* von *Highway 50* abzweigt, sind es etwa 16 mi/26 km bis **Waimea**. Der *Kaumualii Highway*

Schlüssel zur Baxter Info-Karte Lihue–Hanapepe

mit vielen Baxter-Tips

Interessant & wichtig:
- 1-Downtown Lihue
- 2-Kuki Grove Shopping Center
- 3-Kilohana
  - -Gaylord's Restaurant
- 4-Kauai Community College
- 5-Halfway Bridge
- 6-Tunnel of Trees
  Eukalyptustunnel
- 7-Old Sugar Mill (1836)
- 8-Old Town Koloa Zentrum
- 9-Poipu Beach Park
- 10-Shipwreck Beach
- 11-Keoneloa Bay
- 12-CJM Stables
  Reitpferde/Ausritte
- 13-Prince Kuhio Park
- 14-Kukuiula Harbor
- 15-Spouting Horn Blow Hole
- 16-Pacific Tropical Botanical Gardens
- 17-Post Office/Postamt
- 18-Kiahuna Shopping Village
- 19-Kukuiolono Park & Golf Course
- 20-Olu Pua Gardens
- 21-Tankstelle
- 22-McBryde Sugar Mill
- 23-Scenic Overlook
  Aussichtspunkt
- 24-Hanapepe 4 mi/6 km
  - -Port Allen 4 mi/6 km
  - -Waimea 11 mi/18 km
  - -Kekaha 12 mi/19 km
  - -Waimea Canyon 23 mi/37 km
  - -Kokee 31 mi/50 km
  - -Barking Sands 18 mi/29 km
- 25-Zuckerrohrfelder
- 26-Kukui Point
- 27-Kukui Canoe Club
- 28-Menehune Fishpond
- 29-Kawai Point
- 30-Kipu Kai Beach
- 31-Wailua 5 mi/8 km
  - -Kapaa 7 mi/11 km
  - -Princeville 27 mi/43 km
  - -Hanalei 30 mi/50 km
  - -Haena 37 mi/59 km

Unterkunft:
A-$$$ Hyatt Regency Kauai
742-1234
Fax 742-1557
weitere Hotels siehe Poipu-Karte

KAUAI 323
Lihue–Poipu–Hanapepe-Karte

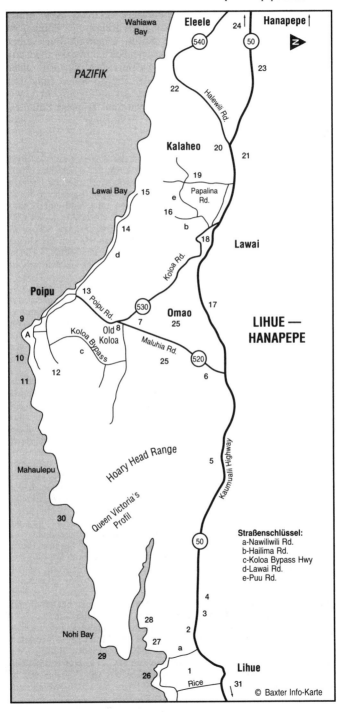

© Baxter Info-Karte

ist hier in beiden Richtungen stets stark befahren. Kurz hinter der Abzweigung von *Highway 520* nach **Koloa** und **Poipu** geht rechts eine Straße ab, die zum **Kahili Mountain Park** führt. Herrliche Umgebung, abseits gelegene Hüttenunterkunft, ziemlich einfach und billig. Unterwegs passiert man die Orte **Omao** und **Lawai**. Von **Lawai** führt *Highway 530* als *Koloa Road* eng bergab nach **Old Koloa Town** – etwa 3.4 mi/5,4 km. In Lawai gelangt man auf *Hailima Road* zum **National Tropical Botanical Garden**, etwa bei **MM 10.4**.

● **National Tropical Botanical Garden.** Es ist der einzige nationale, privat unterstützte tropische Botanische Garten der USA, der durch eine Charta des Kongresses ins Leben gerufen wurde, mit Forschungsstation für tropische Pflanzen. Man findet hier eine der größten Sammlungen tropischer Gewächse der Welt. Der Botanische Garten wurde 1964 auf Grund einer Charta des amerikanischen Kongresses als einziger Garten dieser Art in den USA als gemeinnütziges, wissenschaftliches Forschungszentrum zum Schutz bedrohter Tropenpflanzen anerkannt. Der Garten erstreckt sich im saftigen Lawai Kai Tal als schmales, langgestrecktes Gelände über etwa 74 Hektar entlang des Lawai Stream bis hinunter zum Pazifik. Das Gelände gehörte früher zum Park der hawaiischen Königin Emma.

Zu den Aufgaben der Wissenschaftler gehört neben dem Schutz bedrohter Pflanzen aus tropischen Gebieten die Aufzucht von Nutzpflanzen. Man findet eine gewaltige Zahl verschiedenster Pflanzenarten vor, darunter üppig blühende Bougainvillea, Gewürzkräuter aus Südindien, Seerosen, Anthurien, verschiedenste Ingwerblüten, heimische Taropflanzen und Brotfruchtbäume, über 800 Palmenarten, darunter Kokospalmen, 60 verschiedene Bananenstauden, Bambus und Orchideen sowie 20 Arten Hau-Bäume.

Zweimal täglich finden Besichtigungstouren statt, wobei jedoch die Teilnehmerzahl auf maximal 15 Personen beschränkt ist; **vorherige Anmeldung unbedingt erforderlich.** Führungen an Werktagen umfassen auch den angrenzenden **Allerton Garden**, der ursprüngliche Besitz aus dem Jahre 1870 von Königin Emma, der Frau von Kamehameha IV., deren exquisites Sommerhaus bis heute erhalten geblieben ist (hatte allerdings 1992 durch Hurrikan *Iniki* starke Schäden erlitten). Der 40 Hektar große Park wurde von dem Chicagoer Bankier Robert Allerton angelegt, der zur damaligen Rinderzucht Familie auf dem amerikanischen Festland gehörte. Gemeinsam mit seinem Adoptivsohn John Gregg Allerton und einer Horde von Gärtnern hatte Robert Allerton ursprünglich den Dschungel gerodet und anlegen lassen.

Von Lihue kommend, biegt man in **Lawai** von *Highway 50* links auf *Highway 530* ab, dort geht es auf *Hailima Road* (3. Straße rechts von *Hwy 50* kommend) und dem anschließenden Schotterweg bis zum Visitor Center. Von **Koloa** folgt man *Highway 530/Koloa Road* etwa 2.8 mi/5 km, bis man links auf *Hailima Road* stößt. Weitere Information und Anmeldung: P.O. Box 340, Lawai, Kauai, Hawaii 96765; Tel. 332-7361. Tour dauert etwa 2½ Std., umfasst Rundfahrt im Kleinbus sowie 2 mi/3,2 km Fußmarsch. Bei der Rundfahrt durch den Botanischen Garten bekommt man unter anderem den Baum zu sehen, wo man in dem Film „*Jurassic Park*" Dinosauriereier fand! Gebühr etwa $20. Festes Schuhwerk, Regenschirm bereit halten, wenn es nach Regen aussieht und Mittel gegen Moskitos! Visitors Center umfasst kleines Museum und Souvenirladen. Rund um die Grünanlage vor dem Gebäude kann man sich etwa zwei Dutzend beschilderte Pflanzen ansehen. Visitors Center Mo.–Fr. von 7.30 bis 16 Uhr geöffnet; Touren werktags 9 und 13 Uhr, Sa. 9 Uhr, So. 13 Uhr. Mindestens 15 Minuten vor Tourbeginn einfinden.

Wieder weiter entlang *Kaumualii Highway/Highway 50* passiert man hinter der Abzweigung von *Highway 530* ein Pizza Lokal (Brick Oven Pizza), hinter dem die Straße bergauf führt nach **Kalaheo** bei **MM 11**. Kalaheo bedeutet auf hawaiisch „der stolze Tag". In der Ortschaft kommt man nach der Tankstelle bei der Post zur *Papalina Road,* die links abbiegt und auf der Südseite zum **Kukui O Lono Park** führt, bei **MM 11.8**

● **Kukui O Lono Park** (bedeutet „Lonos Licht"), ein weiterer Privatbesitz, der der Öffentlichkeit zugänglich gemacht wurde. Walter D. McBryde, der bekannte Plantagenbesitzer, vermachte 1919 seinen Besitz der Bevölkerung von Kauai. Das Anwesen umfasst einen herrlich angelegten japanischen Garten mit Torii-Tor und orientalischen Gartenfiguren. McBryde hatte etwa 50 000 Schatten- und blühende Bäume einführen und anpflanzen lassen. Er sammelte von allen Inseln Steine, die von legendärer und mythologischer Bedeutung für die Hawaiianer waren, und ließ sie zu seinem Besitz bringen. Angeblich sollen einige Steine von den Menehune hierher verbracht worden sein. Darunter beispielsweise Kauai Iki („Klein Kauai"), ein großer, flacher Stein in der Form der Insel Kauai, Baumabdrücke, die durch Lavaströme erzeugt wurden, Steinschüsseln. McBrydes Grabmal **McBryde Memorial** wird von zwei steinernen Löwen flankiert.

Der Park ist sehr beliebt für Hochzeitszeremonien. An den Park angrenzend erstreckt sich einen Golfplatz. Eingangstor von 6.30 bis 18.30 Uhr geöffnet. Vom Menehune Food Mart (Lebensmittelladen) in Kalaheo biegt man links ab und fährt etwa 1 mi/1,6 km bergauf, bis man zur zweiten *Puu Road* kommt (die erste *Puu Road* umkreist den Hügel unterhalb des Parks). Eine scharfe Rechtskurve bringt einen durch das große Eingangstor des Parks. Die Zufahrtstraße führt durch einen Eukalyptus-Tunnel zur Gedenktafel McBrydes. Geradeaus geht es dann zum Parkplatz für den Park. Zum Golfplatz folgt man der Straße rechts etwa 800 m weiter. Grandioser Blick über Zuckerrohrfelder und den Pazifik.

Weiter auf *Kaumualii Highway* geht es am Camp House Grill und der Abzweigung südwärts von *Highway 540* vorbei, die als *Halewili Road* zur 2 mi/3 km entfernten Zuckerfabrik McBryde Sugar Mill führt. Kurz darauf gelangt man bei **MM 12.3** zur Zufahrt zu einem weiteren Botanischen Garten, den **Olu Pua Botanical Gardens.**

● **Old McBryde Sugar Mill;** vom *Kaumualii Highway* in **Kalaheo** auf *Halewili Road/Highway 540* etwa 2.3 mi/3,7 km nach **Numila**. In der alten Zuckerfabrik befindet sich heute das Coffee Headquarters der A&B Coffee Co. mit einem **Visitors Center.**

● **Olu Pua Botanical Gardens,** gepflegtes Plantagenanwesen etwa 1/2 mi/ 800 m westlich von Kalaheo auf der Bergseite des *Kaumualii Highway* über der Ortschaft. Olu Pua bedeutet „florale Stille". Ursprünglich in den 1900er Jahren als Park eines Ananasplantagenbesitzers angelegt. Der 5 Hektar große Park wurde zu einem privaten Botanischen Garten umgewandelt, in dem man eine reiche Vielfalt tropischer Pflanzen, Früchte und Bäume aus aller Welt vorfindet.

Der Park ist in verschiedene Abteilungen eingeteilt: **Kau Kau Garden** (Obstbäume und andere essbare Pflanzen); **Hibiscus Garden; Front Lawn** – Rasen vor dem Herrenhaus mit blühenden Schattenbäumen; **Jungle** – schattige Pfade unter exotischen Blätterwerk und Blüten mit Mahagoniebäumen, Orchideen und Heleconia, und **Palm Garden** – Palmengarten.

Nur Mo., Mi. und Fr. mit Führungen, 9.30, 11.30 und 13.30 Uhr bei vorheriger Anmeldung. Gebühr. Begrenzte Besucherzahl. Anmeldung: 332-8182.

326 KAUAI
Route: Lihue–Hanapepe

Von **Kalaheo** geht es auf dem *Kaumualii Highway* bergab. Gelegentlich auf Steinschlag oder lose Steine am Straßenrand gefasst sein. Bei **MM 14.1** passiert man die Aussichtsstelle **Hanapepe Canyon Lookout** mit Blick auf Tarofelder am Eingang zum saftigen, tiefen Tal des Hanapepe Valley zur Rechten und dem Pazifik zur Linken. Hier vermischt sich auch das saftige Grün mit der markanten roten Erde dieser Gegend. Direkt gegenüber der Aussichtsstelle fand 1824 die letzte Kauai Revolte gegen Kamehameha I. statt, und zwar angeführt von Kaumualiis Sohn George, die aber vom Gouverneur von Maui niedergeschlagen wurde.

Vorbei an den Wassertanks und der auf der gegenüberliegenden Straßenseite abzweigenden *Awawa Road,* die den Hanapepe River überquert und auch hinunter nach **Hanapepe** führt, passiert man kurz hinter der Eleele School die Einmündung des *Highway 540* in der Ortschaft **Eleele,** bei **MM 15.8.**

Bei **MM 16.2** gelangt man hinter *Highway 541,* der nach **Port Allen** führt (Kauais zweitem Hafen), zum kleinen Eleele Shopping Center mit Postamt, Dairy Queen, Supermarkt, Tankstelle, Bank, Münzwäscherei und Pacific Island Helicopters (für Rundflüge zum Waimea Canyon und zur Na Pali-Küste). Kurz darauf befindet man sich auch schon in **Hanapepe** – „Kauai's biggest little Town", bei **MM 16.4.**

Schlüssel zur Baxter Info-Karte Lihue–Waimea Canyon
mit vielen Baxter-Tips

Orientierung & Info:
1-Waialeale 1569 m ü. M.
  mit durchschnittlich 11 684 mm Niederschläge „die feuchteste Stelle auf Erden"/regenreichster Punkt der Erde
  -Kawaikini Peak 1576 m ü. M.
2-Hanapepe Canyon Aussichtspunkt
3-Queen Victoria's Profil
4-Kukui O Lono State Park
5-Hanapepe
  -Bali Hai Helicopters
  -Sinaloa Mexican Restaurant
6-Eleele Shopping Center
  -Pacific Island Helicopters
  -Tankstelle
7-Port Allen Small Boat Harbor
  -Lighthouse/Leuchtturm
8-Sugar Mill
9-Zuckerrohrfelder
10-Post Office/Postamt
  Olokele
11-Russian Fort Elizabeth
  State Historical Park
12-Captain Cook Monument
13-Police/Polizei
  -Tankstelle
  -Supermarkt
  -Souvenirladen
   mit englischer Fahne
  -Dairy Queen
14-Fishmarket
  -Royal Coconut Grove
   Kokospalmen
15-Chinese Cemetery
   chinesischer Friedhof
16-Kekaha Sugar Mill
  -St. Theresa Convent
   mit großem Friedhof
17-Waimea Canyon Plaza
   Supermarkt/Toiletten
18-Barking Sands Airfield
19-Kee Beach
  -Haena State Park
  -Hanalei
  -Princeville
  -Highway 56
   Kee Beach – Lihue
20-Spouting Horn Blow Hole
21-Wailua
  -Kapaa
  -Kilauea
  -Princeville
  -Hanalei
  -Haena
  -Kee Beach
22-Kukui Trail
  -Iliau Nature Trail
23-Puu Lua Reservoir
24-Kokee Lodge
   Cabins/Hütten
   Restaurant/Picknick
  -Park Headquarters
25-Puu Hinahina
  -Niihau Viewpoint
   Superblick auf Pazifik
26-Halemanu Valley
   Cliff Trail/Canyon Trail/
   Waipoo Falls/Black Pipe Trail
  -NASA Tracking Station
  -Spacefleet Tracking and Data Network Station
   von Goddard Space Flight Center Greenbelt, Maryland verwaltet
27-Iliahi Cabins

Unterkunft/Hotels:
A-Waimea Plantation Cottages
  333-1625
  gebührenfrei 1-800-992-4632
  Fax 338-2338

KAUAI 327
Lihue–Waimea Canyon-Karte

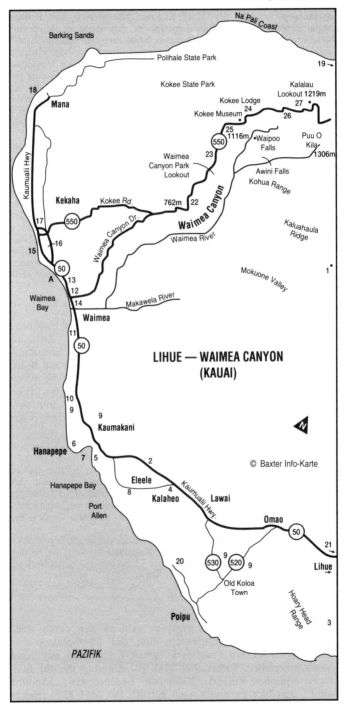

KAUAI
Hanapepe

● **Hanapepe** am Ufer des Hanapepe River. Mit Schwung führt **Historic Main Street**, rechts vom *Kaumualii Highway* abzweigend im Bogen zum Kern von **Hanapepe Town**. Der Name bedeutet etwa „zerbrochene Bucht", und zwar als Folge von Erdrutschen. Hanapepes Einwohner sind größtenteils Farmer, die Landwirtschaft betreiben. Heutzutage reihen sich Hanapepes Häuser mit falscher Western-Fassade und Balkonen, die den Eindruck der Pionierzeit vermitteln, entlang der Hauptstraße aneinander. Der alte Teil **Hanapepes** gleicht mit seinen „müde gewordenen" Holzbauten, die etwas vernachlässigt wirken, der Kulisse eines Western Films, wobei die Rückseite mancher Häuser über dem Hanapepe River hängt. Der hölzerne Bürgersteig verstärkt den Eindruck noch mehr.

Teilweise haben sich hier Künstler niedergelassen, und manche Häuser beherbergen Boutiquen. **Hanapepe** weist auch einige interessante Lokale auf, beispielsweise ein Chinalokal an der Straße Richtung Waimea Canyon, in dem sich die Einheimischen gerne einfinden, **Conrad and Wong's**. Natürlich ist **Lappert's** Eisdiele auch hier vertreten. Und am Ende von *Main Street* liegt etwas versteckt **Green Garden**, sowohl bei Einheimischen als auch Touristen beliebt. Und **Susie's Cafe** liegt direkt am Flussufer. Äußerst reizvoll sind die Hibiskusblüten entlang des Highway um Hanapepe.

Und für Orchideenliebhaber gibt es **Shimonishi Orchids** mit über 1 600 Orchideenarten, die zum Verkauf angeboten werden; von einem Japaner angelegter Orchideengarten. Vom **Burns Field** in Hanapepe starten Helikopter Touren.

Bei **MM 16.7** führt der *Kaumualii Highway* über den Hanapepe River, der hier in die Hanapepe Bay mündet. Zwischen Hanapepe Stadium und Hanapepe Park biegt links *Lele Road/Highway 543* am Westrand von Hanapepe zum **Salt Pond Beach Park** ab, bei **MM 16.8**; von *Lele Road* die erste Straße rechts nach dem Friedhof Veteran's Cemetery auf *Lokohai Road* abbiegen. An *Highway 50* nach dem Wegweiser mit dem hawaiischen Krieger richten, der auf Attraktionen aufmerksam macht.

● **Salt Ponds**/Salzteiche. Unterwegs zum Strandpark passiert man die von Meerwasser überfluteten Ebenen, die Salzteiche, in denen auch heute noch auf traditionelle Weise von den Hawaiianern Salz gewonnen wird. Wie ihre Vorfahren leiten die Hanapeper Meerwasser in künstlich angelegte „Pfannen", in denen das Wasser langsam verdunstet und das Meersalz als salzige Kruste am Boden zurückbleibt.

Der Strandpark **Salt Pond Beach Park** am Ende der Straße liegt idyllisch an der sichelförmigen Bucht, die von Kokospalmen umsäumt ist, herrlich zum Schwimmen und Sonnenbaden. Vom Strand hat man einen Blick auf Kauais zweitgrößten Bootshafen, **Port Allen**.

Weiter entlang *Kaumualii Highway* geht es nun durch weite Gebiete mit Zuckerrohrfeldern und der im Schatten von Bäumen versteckten Plantagenortschaft **Kaumakani** mit Sugar Mill/Zuckerfabrik vorbei, bei **MM 19**. Ringsum die für Süd-Kauai typische rote Erde. Kaumakani bedeutet etwa „windumweht", was hier eventuell auch zutrifft. Bei **MM 22.3** erreicht man kurz vor Waimea den **Russian Fort Elizabeth State Historical Park** – Einzelheiten siehe Abschnitt **Waimea/Waimea Canyon/Kokee State Park.**

Dann überquert der *Kaumualii Highway* bei **MM 22.5** den Waimea River und führt durch **Waimea**, wo Captain James Cook, der Entdecker Hawaiis, am 20. Januar 1778 erstmals den Boden Hawaiis betrat – Einzelheiten siehe Abschnitt **Waimea.** Am direkt hinter dem Fluss befindlichen **Captain Cook Monument** und Supermarkt vorbei passiert man *Menehune Road,* die zum **Menehune Ditch** führt – siehe **Waimea.** Dahinter geht es hinter der Polizeistation am *Waimea Canyon Drive* vorbei, der zum berühmten **Waimea Canyon** und weiter zum **Kokee State Park** sowie zur **Kalalau Valley** Aussichtsstelle führt.

Westlich von **Waimea** passiert man erneut Zuckerrohrfelder und gelangt in der Ortschaft **Kekaha** dicht an den Ozean. Kekaha bedeutet „der Ort" oder „die Stelle" und ist eine ruhige Ortschaft entlang der trockenen Südwestecke Kauais. **Kekaha** nennt sich aber „das Tor zum Waimea Canyon" *(gateway to Waimea Canyon).* An Zuckerfabrik und großem Friedhof mit St. Theresa Convent vorbei gelangt man bei **MM 26.3** zur Abzweigung des *Highway 550,* der zum **Waimea Canyon** (11 mi/ 18 km) und nach **Kokee** (19 mi/30 km) führt – siehe Abschnitt **Waimea/Waimea Canyon/Kokee State Park.**

Fährt man von **Kekaha** weiter entlang des *Kaumualii Highway,* hat man unterwegs einen Blick auf die in der Ferne auftauchende Insel **Niihau**, die „verbotene Insel", die in Privatbesitz ist und keine Touristen erlaubt. *Highway 50* führt weiter nach **Barking Sands** mit der Raketenkontrollstation. Man hat die großen Sanddünen nach dem Geräusch, den der Sand am Strand macht, wenn man drauf tritt, benannt – Lava- und Korallenpartikel kreieren einen Ton, der wie Bellen klingt, daher *„barking sands".*

Von **Barking Sands** bzw. der Siedlung **Mana**, etwa 8 mi/13 km von Kekaha, wo *Highway 50* endet (etwa bei **MM 34.3**), führt die Straße zum **Polihale State Park,** dem absoluten Ende der Straße, denn hier beginnen die berühmten, unzugänglichen Felsklippen der **Na Pali-Küste.** Polihale bedeutet etwa „Haus der Tiefe". Hier findet man breiten Sandstrand, der sich eigentlich durchgehend bis nach **Kekaha** entlangzieht. Die etwa 7 mi/11 km entfernte Insel **Niihau** ragt wie ein Schiff im Südwesten auf. Pahapaha Seetang, den man hier findet, wird gerne für Leis verwendet.

Nun zu den Hauptstationen entlang der Südroute, beginnend mit der berühmten Ferienzone Poipu.

POIPU
„Kauais sonniger Badestrand"

Poipu, die berühmte Feriengegend an der Südküste von Kauai, ist besonders warm und sonnig. Die Gegend um **Poipu Beach** mit dem herrlich weißen Sandstrand wird gerne als die Gold Coast Kauais bezeichnet. **Poipu** ist zentral gelegen, nicht mehr als etwa 25 Minuten vom Flughafen Lihue Airport. Für eine Rundfahrt von einem Ende der Insel zum anderen sind es etwa 70 mi/112 km, für die man ca. 2½ bis 3 Stunden braucht. **Poipu** liegt etwa auf halber Strecke. **Poipu** ist bequemer **Ausgangspunkt** für **Old Koloa Town** und populärer Attraktionen, wie **Waimea Canyon, Kokee State Park,** die **Pacific Tropical Botanical Gardens** und das **Kauai Museum.**

Poipu bedeutet auf hawaiisch etwa „zerbrechende Wellen". **Poipu** liegt etwa 12 mi/19 km westlich von Lihue. Von *Kaumualii Highway/Highway 50* biegt man etwa 7 mi/11 km hinter Lihue auf *Highway 520/Mahulia Road* ab, auf der man zunächst den berühmten Baumtunnel aus Eukalyptusbäumen passiert, der angenehm Schatten spendet. Danach führt die Straße durch die alte Plantagensiedlung **Old Koloa Town,** wo 1835 Kauais erster kommerzieller Zuckerrohranbau begann. Man kann Poipu auch über eine Umgehungsstraße erreichen, den *Koloa Bypass Highway,* bei dem man aber einiges versäumt!

Die Palmen-gesäumte Küste der Poipu Beach Area war „Spielplatz" der hawaiischen Könige noch vor der Zeit der Ankunft von Captain James Cook im Jahre 1778. Heute findet man hier die größte Konzentration luxuriöser Hotels und Ferienwohnungen Kauais, bedingt durch das beständige sonnige Wetter. Die Gegend mit den sichelförmigen weißen Sandstränden bietet mit ihren paradiesischen Wasserbedingungen eine unglaubliche Vielfalt an Aktivitäten, einschließlich Segeln, Hochseefischen, Scuba Diving/Tauchen mit Atemgerät, Schnorcheln, Surfen, Kajaken, Tennis, Golf, Reiten und Radfahren sowie Walbeobachtungstrips. **Poipu** ist Golfer- und Surferparadies.

Zu den größten **Ferienhotels** zählen Hyatt Regency Kauai, Kiahuna Plantation, Poipu Shores, Embassy Vacation Resort-Poipu Point und Sheraton Kauai. Bei vielen Ferienhotels handelt es sich allerdings um Condominiums/Ferien- oder Eigentumswohnungen. **Poipu** besitzt 3 mi/5 km Küste und erlitt 1992 durch Hurrikan *Iniki* größte Schäden. Von 5 Hotels, die 5 Jahre nach *Iniki* immer noch geschlossen waren, befanden sich 4 allein in **Poipu!** Doch seit *Iniki* hat sich insgesamt die Zahl der Unterkünfte von **Poipu** verdoppelt. **Poipu Beach Park,** einer der größten Strandparks und einer der beliebtesten, konnte sogar in seiner Größe verdoppelt werden. Die Gegend um **Poipu** bietet auch eine ganze Reihe interessanter Restaurants, Einkaufsmöglichkeiten und Attraktionen. Hier nun zunächst zu der bedeutendsten Attraktion der Gegend, zu **Koloa.**

KOLOA

Old Koloa Town wurde **1834** gegründet und ist Hawaiis älteste Plantagensiedlung. Koloa, das zunächst als Missionsstation begann, liegt am *Highway 520* auf halbem Weg zwischen Kauais berühmten **Tree Tunnel**, dem Baumtunnel aus Eukalyptusbäumen, und dem sonnigen **Poipu**. Das historische Viertel erstreckt sich auf etwas über 1,2 Hektar sorgfältig restaurierter Gebäude und Anwesen, die etwa 30 Läden, Restaurants und Einrichtungen umfassen. Koloa, bedeutet „hohes Zuckerrohr", war Hawaiis erste Zuckerrohrplantage, die **1835** gegründet wurde, als drei Neuengländer Land von Kamehameha III. pachteten, um Zuckerrohr anzupflanzen und zu ernten. Reste der alten Zuckerfabrik befinden sich heute auf der gegenüberliegenden Straßenseite der Ortschaft beim **Sugar Monument.**

Die Stadt war Handels- und Wirtschaftszentrum für diese Seite Kauais und versorgte Kauais größten Seehafen **Koloa Landing.** Die lebhafte Siedlung unterhielt die Offiziere und Seeleute der Schiffe, die in Koloa Landing festgemacht waren, fertigte Neuankömmlinge in ihrer Einwanderungsstation ab, eröffnete Kauais erste öffentliche Schule und beherbergte Kauais ersten Doktor.

Heutzutage hat man die Häuser von **Old Koloa Town** mit dem reizvollen Ambiente des stillen Waikomo Stream, Jahrhunderte alten Monkeypod-Bäumen und hübschen Innenhöfen restauriert und darin zahlreiche Läden, Restaurants und Serviceeinrichtungen untergebracht. An der Stelle, an der einst die Zuckerfabrik stand, befindet sich noch der steinerne Schonstein als Zeuge der Zuckerära. Das Denkmal **Sugar Monument** mit interessanten Erklärungstafeln gibt Hintergrundinformation zur Geschichte der Zuckerwirtschaft.

Die ersten polynesischen Siedler aus Tahiti brachten Zuckerrohr auf ihren Doppelrumpfkanus mit, als sie im **6. Jh.** nach Hawaii kamen. Erste Siedler pflanzten es zunächst als Windschutz für ihre Hütten. Wenn sich die Polynesier auf Reisen begaben, brachen sie Zuckerrohr in Stücke und kauten es. Später gründeten drei Neuengländer **1835** die erfolgreiche Zuckerplantage Ladd & Co. in Koloa. Auf dem von König Kamehameha III. gepachteten Land pflanzten sie Zuckerrohr und ernteten damals ihre ersten zwei Tonnen Rohzucker.

Nachdem die Koloa Plantage jahrelang in deutscher Hand war, ging sie an Amfac über, die 1948 von Grove Farm Plantation übernommen wurde. Grove Farm stieg 1974 aus und verpachtete an McBryde Sugar. Nachdem McBryde Sugar, inzwischen unter Leitung von A&B, innerhalb von 20 Jahren keinerlei Gewinn erzielt hatte, wurde im **September 1996** McBryde Sugar Co. Koloas Plantage geschlossen. Nun zum **Sugar Monument.**

332 KAUAI
Koloa: Sugar Monument

Schlüssel zur Baxter Info-Karte Poipu
mit vielen Baxter-Tips

Nützliches & Interessantes:
1-Old Koloa Town
 -zum Kaumuali Hwy/Hwy 50
 -Lihue via Hwy 50 East
 -Hanapepe/Waimea via Hwy 530/
  Hwy 50 West
2-Koloa Public School
 -Library/Bücherei
3-Pharmacy/Apotheke
 -Medical Center
4-Poipu Plaza
 -Supermarkt
 -Outfitters Kauai
5-Kiahuna Golf Course
6-Prince Kuhio Park
7-Spouting Horn Beach Park
 -Kukuila Harbor & Park
 -Beach House Restaurant
 -Lawai Beach
8-Koloa Landing
9-Poipu Shopping Village
 Pizza/General Store/
 Autovermietung/Boutiquen
10-Poipu Beach Park
11-Brennecke's Beach
12-nach Old Koloa Town/zur Hapa
 Rd./Weliweli Rd.
 (Umgehungsstraße)
13-The House of Seafood
 Fischspezialitäten
14-Country Stables
 Reitställe/Reitausflüge
15-Shipwreck's Beach Park
16-Poipu Beach
17-Flamingo Cantina
 Gartenatmosphäre/mex. Küche

18-Poipu Bay Grill & Bar
 -Poipu Bay Golf Clubhouse
19-Brennecke's Beach Broiler
 Steaks, Salate, Fisch

Unterkunft/Vorwahl (808):
A-$$$ Hyatt Regency Kauai
 742-1234
 Fax 742-1557
B-$$$ Poipu Kai Resort
 742-6464 oder 742-7400
 Fax 742-7865
C-$$$ Poipu Kai Resort-Colony
 742-6464
 Fax 742-7865
D-$$$ Embassy Vacation Resort
 Poipu Point
 742-1888
 Fax 922-8785
E-$$$ Sheraton Kauai Resort
 742-1661
 Fax 742-9777
F-$$ Koloa Landing Cottages
 742-1470
 -$$$ Poipu Bed & Breakfast Inn
 742-1146
 gebührenfrei 1-800-552-0095
G-$$ Gloria's Spouting Horn B & B
 742-6995

Straßenschlüssel Poipu:
a-Puulo Rd.
b-Kiahuna Plantation Dr.

Schlüssel zur Old Koloa Town Karte

Orientierung:
1-Old Sugar Mill (1836)
 -Park
 -Sugar Monument
2-Sport, Baseballfeld
3-Feuerwehr
4-Post Office/Postamt
5-Minimarkt
 -Information
6-Tankstelle
 -Helicopter Tours
 -Trading Post
 Souvenirs
 -Kirche
7-Koala Broiler
 Mittagessen/bei Einheimischen
 beliebt/berühmt/"broil your own!"
8-Lappert's Ice Cream
 Hawaiis berühmte Eisdielen-Kette

9-Supermarkt
 -Münzwäscherei/Laundromat
10-Bank
11-Kauai Divers
 Tauchausrüstung/Tauchtrips
12-Pharmacy/Apotheke
 -Medical Center
13-St. Raphael's Church
 Kirche; Baujahr 1841
14-National Tropical Botanical Gardens
 -Na Pali Coast Cruises
 -Lawai/Kalaheo/Eleele
 -Waimea 16 mi/32 km
15-Tree Tunnel
 Baumallee
 -Lihue

▶ *Sugar Monument*

Koloa, Birthplace of the Hawaiian Sugar Industry
Koloa, Geburtsstätte der hawaiischen Zuckerindustrie

● **The Beginning**/*Der Anfang*

Near this site ... In der Nähe dieser Stelle begann **William Hooper** am **12. September 1835** etwa 4,8 Hektar Land zu roden und pflanzte Zuckerrohr. Das Land war Teil der 392 Hektar, die Hoopers Arbeitgeber, das Honoluluer Unternehmen Ladd & Co. gepachtet hatte. Das Land wurde

KAUAI 333
Poipu/Koloa-Karte

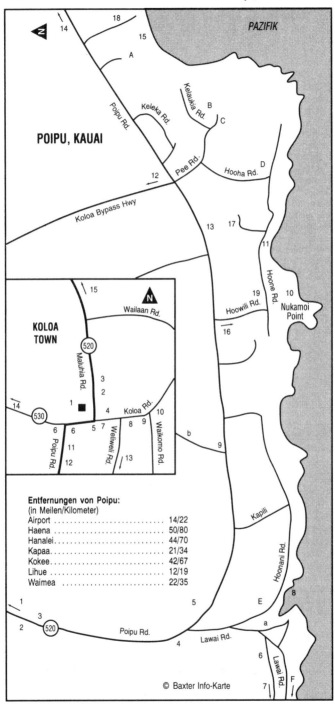

Koloa: Sugar Monument

von König Kamehameha III. für $300 pro Jahr für 50 Jahre verpachtet, beginnend mit dem **29. Juli 1835.**

Zuckerrohr wuchs bereits in Hawaii, vor Captain James Cooks Entdeckung von Hawaii im Jahre 1778, vermutlich von den Polynesiern aus Tahiti mitgebracht, die diese Inseln etwa im 6. Jh. zuerst besiedelten. Doch das Unternehmen Ladd & Co. war der erste große Versuch, kommerziell Zuckerrohr anzubauen und Zucker zum Verkauf überall in Hawaii und in Übersee herzustellen.

Die **Koloa Plantage** ist somit die Geburtsstätte der hawaiischen Zuckerindustrie, die über ein Jahrhundert lang die Hauptwirtschaftsmacht Hawaiis darstellte und noch darüber hinaus die multi-ethnische Gesellschaft dieses Inselstaates geformt hat.

Der aus Boston stammende William Hooper kam **1833** im Alter von 24 Jahren nach Hawaii. Er besaß praktisch keinerlei Erfahrung auf dem Gebiet der Landwirtschaft und Zuckerherstellung; zudem wusste er überhaupt nichts über hawaiische Kultur, Sitten und Gebräuche. So ist es nicht verwunderlich, dass er eine schwere Zeit hatte, eine Zuckerplantage aufzubauen. Die hiesigen Häuptlinge fühlten sich durch seine Anwesenheit bedroht und waren zurückhaltend. Einheimische Arbeiter mussten erst mit dem Umgang westlicher Werkzeuge und Geräte vertraut gemacht werden; außerdem waren sie es nicht gewöhnt, regelmäßige Stunden gegen Bezahlung zu arbeiten. Steinige Felder zu kultivieren, ein Wasserkraftsystem und eine Mühle in dieser abgelegenen Gegend zu bauen, waren hohe Anforderungen an einen unerfahrenen Manager und seine ebenfalls unerfahrenen Arbeiter. Doch sie meisterten diese Aufgabe und die Plantage wuchs. Am 16. November **1836** begann die erste Mühle Zucker zu produzieren.

Etwa 150 Jahre später wurde auf vielen dieser Felder der ursprünglichen Koloa Plantage immer noch Zuckerrohr für die McBryde Company, Limited, angebaut.

● **The People**/*Die Menschen*

For more than ... Über ein Jahrhundert lang war die Zuckerproduktion eine arbeitsintensive Industrie. In neuerer Zeit haben Maschinen die meiste Handarbeit eliminiert. **1984** produzierte Hawaii 1 061 591 Tonnen Rohzucker mit einer Zahl von etwa 7 500 Beschäftigten. Im Vergleich dazu produzierten 1928 etwa 56 630 Arbeiter 904 040 Tonnen.

Die ersten Zuckerarbeiter waren einheimische Hawaiianer, deren Population nach Ankunft von Weißen, die zuvor in Hawaii unbekannte Krankheiten einschleppten, drastisch gesunken war. Als Folge erlebte die wachsende Zuckerindustrie rasch einen starken Arbeitskräftemangel.

1852 begannen die Pflanzer Arbeiter aus China anzuwerben. Und nahezu ein Jahrhundert darauf suchten sie den Globus ab nach zäharbeitenden Männern und Frauen, die in der harten Arbeit auf den Plantagen eine Gelegenheit sahen.

Nach den Chinesen kamen als nächste Haupteinwanderungsgruppe die Japaner. Die Gannen-Mono oder Erstjahres-Einwanderer trafen **1868** ein und das Kanyaka Imin oder die Regierung bewilligte Arbeiter im Jahr **1885**. Als nächstes kamen **1878** die Portugiesen aus Madeira und von den Azoren. Die Puertoricaner trafen **1900**, die Koreaner **1903** und die Filipinos **1906, 1920, 1930** und **1946** ein.

Kleinere Einwanderergruppen umfassten die Engländer und Schotten, die in den **1830er** Jahren eintrafen. Deutsche und Skandinavier aus Norwegen, Schweden und Dänemark kamen **1881**, Polen **1897**, Spanier **1898**, schwarze Amerikaner **1900** und Russen **1909**.

Alles in allem kamen etwa 350 000 Männer und Frauen als Emmigranten nach Hawaii, um in der Zuckerindustrie zu arbeiten. Manche blieben in der Industrie, während andere ihren Arbeitsvertrag erfüllten und eine

Beschäftigung in Hawaii fanden, andere wiederum kehrten im Ruhestand in ihre Heimat zurück.

Sie bauten alle eine Industrie auf und schufen Gelegenheiten für ihre Kinder, indem sie ihre Kulturen mit der der einheimischen Bevölkerung Hawaiis mischten und eine einmalige, artenreiche und vielfältige Gesellschaft schufen.

● The Mill Site/*Standort der Mühle*

Ladd & Co. built ... Das Unternehmen Ladd & Co. baute seine erste Zuckermühle etwa eine halbe Meile (800 m) von dieser Stelle an einer **Maulili** genannten Stelle, wo man einen Damm gebaut hatte, um Wasserkraft zu erzeugen. Man benutzte Koa Balken, die vertikal aufgestellt wurden, als „Mahlsteine". Diese nutzten sich sehr schnell ab. **1837** wurde eine neue Mühle in der Nähe gebaut, bei der man drei horizontale Eisenrollen verwendete – der erste Mechanismus dieser Art in Hawaii.

Die Maulili Mühle erwies sich als nicht ausreichend für die sich ausdehnende Plantage. Daraufhin erstellte man **1841** eine neue Mühle, und zwar an der Stelle, die **Waihohonu** genannt wurde. Man baute einen Damm, um Wasserkraft zu erzeugen, eine Mühle, ein Kesselhaus, Zuckerhaus, Wagenschuppen und Stall sowie Unterkunft für die Arbeiter. Um die gesamte Anlage von 2 Hektar errichtete man eine Steinmauer. Diese Mühle verarbeitete etwa 40 Wagenladungen Zuckerrohr pro Tag aus eigenen Feldern und von benachbarten Privatpflanzern.

Während der **1850er** Jahre installierte man Zentrifugen, die die Melasse vom Zucker trennten. **1869** wurde eine Dampfmaschine installiert, die das Zuckerrohr mahlte, wenn keine Wasserkraft vorhanden war. Bis **1897** erfolgten periodisch weitere Verbesserungen, als die Fabrik völlig umgebaut und zum letzten Mal modernisiert wurde.

1913 baute die Koloa Plantage eine neue Mühle in **Paa**, etwa eine Meile (1,6 km) östlich von diesem Denkmal, wo man genug Platz zum Ausbau hatte. Manche Maschinen wurden zur neuen Fabrik transportiert und die Stelle, wo sich heute das Denkmal befindet, wurde nach 72 Jahren aufgegeben.

Heute sind noch die Reste des ehemaligen, **1841** errichteten Boiling House/Kesselhauses zu sehen. Der steinerne Schornstein gehörte zur Heizung, die mit *Bagasse* gefüllt wurde, dem Rückstand, der nach dem Mahlen der Zuckerrohrpflanze anfiel. Die heißen Dämpfe wurden in die Heizkessel geleitet, in denen der Zuckerrohrsaft kochte, bis sich Zuckerkristalle bildeten. Nach dem Abkühlen trennte man die Masse durch Zentrifugen von den Kristallen und produzierte Roh- oder nicht-raffinierten Zucker.

● The Industry/*die Industrie*

Before Captain ... Bevor Captain James Cook **1778** Hawaii entdeckt hatte, waren die Inseln von dem meisten anderen Teilen der Welt isoliert. Danach entdeckten Händler die riesigen Wälder mit Sandelholz und begannen den Exporthandel mit dem Orient. Walfangschiffe machten bald darauf Hawaii zu einem beliebten Versorgungszentrum.

Zucker ersetzte Mitte des 19. Jh. allmählich Sandelholzhandel und Walfangindustrie und wurde zum Hauptindustriezweig der Inseln, bis er **1960** vom Tourismus abgelöst wurde. Zuckerrohr gedeiht ausgezeichnet in Hawaiis tropischem Klima, das viel Sonne und auf den windabgewandten Küsten und in den Bergen heftigen Regen liefert. Die Besiedelung Kaliforniens nach dem Goldrausch des Jahres 1849 öffnete einen wachsenden Absatzmarkt für hawaiischen Zucker.

Andere Plantagen folgten **Koloa**. Um 1883 produzierten über 50 Plantagen Zucker auf fünf Inseln. Die Zahl der Beschäftigten in der Zuckerindustrie stieg **1928** auf 56 630. Der Zuckerrohranbau erreichte in den **1930er** Jahren seinen Höhepunkt mit 102 000 Hektar Anbaufläche. **1966** erreichte man bei der Jahresproduktion an Rohzucker die Rekordziffer von 1 234 121 Tonnen.

Als **1985** der Zuckeranbau pro Hektar weiter stieg, produzierte kein Teil der Welt mehr Zucker pro Hektar und Arbeitszeit als Hawaii.

Fünf Hauptunternehmen stiegen allmählich auf, die sich mit dem Marketing, Versorgung mit Geräten und Maschinen und anderem für die Plantagen beschäftigten und schließlich die meisten Plantagen selbst in Besitz nahmen und managten. Sie wurden als die „großen Fünf" – **The Big Five** bekannt. In der Reihenfolge ihrer Gründung waren dies: C. Brewer and Company, Limited; Theo H. Davies & Company, Limited; Amfac, Inc.; Castle & Cooke, Inc. und Alexander & Baldwyn, Inc. (A&B).

1945 wählte man die Gewerkschaft International Longshoremen's and Warehousemen's Union, um die meisten der hawaiischen Zuckerarbeiter zu repräsentieren. Viele Jahre lang waren dies die produktivsten und höchstbezahltesten in der Landwirtschaft beschäftigten Arbeiter der Welt.

- **Koloa Plantation**

Koloa Plantation was ... Die Koloa Plantage war bis zum 13. Januar **1848** 13 Jahre lang im Besitz des Unternehmens Ladd & Co., bis Dr. Robert W. Wood der neue Besitzer wurde. **1851** beauftragte Dr. Wood das Unternehmen H. Hackfeld & Co. von Honolulu mit der Betreuung der Plantage. **1871** erwarb Paul Isenberg, Direktor der Lihue Plantage, Hauptanteile an der Plantage und trat diese sechs Jahre später an Judge Alfred S. Hartwell ab, der die Firma als Koloa Sugar Company eintragen ließ. Um **1888** hatte H. Hackfeld & Co. die größten Kapitalanteile an dem Unternehmen und führte das Unternehmen bis **1918**, als die Hackfeld und Koloa Anteile von American Factors, Ltd. gekauft wurden.

Während der ersten Jahre erfolgten viele Neuerungen im Plantagenbetrieb, einschließlich Entwicklung und Aufbau von Koloa Landing als Versandhafen; **1882** Beginn eines Eisenbahnnetzes; **1893** Erwerb eines Dampfpflugs; **1910** Bau eines Krankenhauses; Verbesserung des Bewässerungssystems, einschließlich kilometerlangen Gräben, artesischen Brunnen und eines Damms, der das **Waita Reservoir** entstehen ließ, das größte von Hawaii.

Der Zweite Weltkrieg brachte ernsten Arbeitskräftemangel und Probleme der Instandhaltung der alternden Plantagenfabrik und der Eisenbahn. Die Nachkriegsschulden Koloas konnten nicht überwunden werden: Im Januar **1948** verschmolz die Plantage mit der Grove Farm Company, die **1846** von George N. Wilcox gegründet worden war.

Um Zuckerrohr in der **Paa Mill** zu verarbeiten, trieb die Grove Farm einen Tunnel durch die Haupu Range, baute Kilometer von Allwetter-Straßen und verdoppelte die Kapazität ihrer Fabrik.

Im Januar **1974** pachtete das benachbarte Unternehmen McBryde Sugar Company, Limited, ein Filialunternehmen von Alexander & Baldwin, Inc., die Fabrik und Ländereien in Koloa und verlegte alle Verarbeitungsoperationen an diese Stelle. Um **1985** baute McBryde immer noch in den Feldern Zuckerrohr an, die William Hooper 1835 erstmals angelegt hatte. Im Sept. **1996** wurde McBryde Sugar at Koloa im Besitz von A&B mit 195 Beschäftigten geschlossen.

Hier Info zu dem Denkmal:

- **The Sculpture**/*Die Skulptur*

The concrete sculpture ... Die Betonskulptur ist kreisrund und demonstriert einen Mühlstein, der offen gelassen wurde, um die Bronzefiguren im Innenkreis freizugeben. Das Werk reflektiert die Reste der Zuckerfabrik des Jahres **1841**. Die Figuren repräsentieren die acht ethnischen

Hauptgruppen, die die Zuckerindustrie und Hawaiis einzigartiges Völkergemisch gestaltet haben.

Der Künstler, Jan Fisher zitiert: „Ich hoffte in den Gesichtern und Gebärden die Würde und Stärke dieser Menschen ausgedrückt zu haben. Die Arbeiter tragen die Kleidung wie während der Anfangszeit in Hawaii. Die Menschengruppe drückt die Zusammenarbeit zwischen Menschen verschiedener Nationen aus, die die Entwicklung der Zuckerindustrie ermöglichte und den Aloha Spirit der einheimischen Hawaiianer durchdrungen hat.

Die erste Figur links ist ein **Hawaiianer**, der die ersten Zuckerarbeiter repräsentiert, er trägt ein **malo**, hält ein **OO** und sitzt neben seinem **poi dog**. Im Hintergrund sieht man einen **Weißen** auf einem Pferd reitend, die nordamerikanischen und europäischen Unternehmer und Manager repräsentierend, die die Industrie begannen und entwickelten. Daneben ein Puertoricaner, Zuckerrohr tragend, daneben ein **Chinese**, der niederkauert und seine Hacke in der Hand hält – bekleidet mit Kleidern, die damals Arbeiter der Ming Dynastie trugen. Eine Koreanerin trägt ein großes Bündel Zuckerrohr. Eine Japanerin trägt Chikatabis, um ihre Füße zu schützen; und mit einem traditionellen Hut wird ihr Gesicht von der Sonne abgeschirmt. Links von ihr steht eine portugiesische Frau barfuß und mit Kopfgurt, bereit, alles mögliche zu transportieren. Schließlich ein Filipino, der ein Zuckerrohrmesser hält; er repräsentiert die letzten Haupteinwanderer, die in die hawaiische Zuckerindustrie eintraten.

Entwurf und Ausführung des Denkmals und der Skulptur von Jan Gordon Fisher von der Brigham Young University in Laie, Oahu.

Koloa Attraktionen ◀

Koloa, das man als Wiege der Zuckerindustrie Hawaiis bezeichnen kann, weist immerhin 1500 Einwohner auf. Spaziert man entlang der Hauptstraße Koloas, wird man in die Welt der alten Plantagenzeit zurückgeführt. Die Gebäude, die heute alle in einer (geschäftüchtigen) Hand liegen, wurden vor über einem Jahrzehnt restauriert, um die Touristen der 3 mi/4 km entfernten, schnellwachsenden Ferienzone der **Poipu Beach Area** anzulocken. Gegenüber der Straße erhebt sich hinter Grünanlagen der gemauerte Schornstein der Zuckerfabrik aus dem Jahre **1941**, der noch von der ersten Zuckerrohrplantage **Koloas** erhalten geblieben ist. Gleich daneben kann man die hervorragende Bildhauerarbeit des **Sugar Monument** bewundern, dessen Skulpturen und Bronzeplatten die Geschichte Koloas Zuckerrohrplantage verdeutlichen.

Seitdem allerdings im September **1996** die im Besitz von A&B befindliche Plantage McBryde Sugar at Koloa aus Rentabilitätsgründen geschlossen wurde, ist alles, was man ringsum noch an Zuckerrohr sieht, größtenteils wildwachsend. Inzwischen ist man wegen der rückläufigen Tendenz der Zuckerindustrie auf andere Anbauprodukte umgestiegen. So experimentiert man beispielsweise mit Mais, Alfalfa, Papaya, Eukalyptus, Macadamia Nüssen und sogar Kaffeebohnen. Es wird heute schon mehr Kaffee auf Kauai angebaut als um Kona auf der Big Island, das bislang als einziges Kaffeeanbaugebiet Hawaiis galt. Kauai Kaffee ist nur noch nicht so berühmt und teuer wie der weltberühmte Kona Kaffee.

KAUAI
Koloa Attraktionen

● **Historical Old Koloa Town.** Hinter der falschen Holzfassade der Häuser entlang der Hauptstraße verbergen sich Restaurants, Kunst- und Souvenirladen sowie Boutiquen. Jedes der historischen Gebäude ist mit einer Tafel versehen, die die Geschichte des Hauses erklärt – die meisten Häuser stammen aus den 1920er und 1930er Jahren.

Die ältesten Gebäude sind das **Yamamoto Building**, das 1900 als General Store errichtet wurde, und heute einen T-Shirt Laden beherbergt, und das ehemalige fünf-Zimmer **Koloa Hotel**, Kauais erstes Hotel aus dem Jahre 1898, in dem heute Souvenirs verkauft werden. Im **History Center** gibt es eine Plantagenausstellung mit historischen Exponaten; kostenlos. Darin kann man beispielsweise die Einrichtung eines Barber Shops (Friseur und Rasiersalon) sehen oder Fotos aus der Zuckerrohrära bewundern.

Im seit vielen Jahren hier etablierten Restaurant **Koloa Broiler** in der ehemaligen „Soda Bottling Plant" bereitet man sich beispielsweise auf ganz originelle Weise sein Steak selbst zu – *„broil-it-yourself plantation-style steak house"*. **Pizzetta** für Pizzas und **Lappert's Ice Cream** sowie Bäckerei sind ebenfalls vertreten. Einen Supermarkt findet man auf der Ostseite an *Waikomo Road*. Dort in der Nähe gibt es Bank, Postamt sowie das **Koloa Ice House**, in dem man Sandwiches und andere Snacks bekommt. An der Stelle, wo die Bank ist, befand sich einst der **Koloa Plantation Store**.

Touristische Unternehmen für Wassersportarten, wie Fathom Five Divers für den Tauchsport oder Helikopterunternehmen sowie Tankstelle, findet man ebenfalls in diesem winzigen Ort. Schule und Bibliothek liegen auf dem Weg nach **Poipu** an *Poipu Road*.

● **Koloa Sugar Mill.** Wenn man über den *Koloa Bypass Highway* von oder nach Poipu fährt, sieht man auf der Ostseite die 1996 stillgelegte Zuckerfabrik in der Ferne. Als McBryde Sugar dichtmachte, verfügte das Unternehmen noch über 195 Beschäftigte und etwa 2 225 Hektar Anbaufläche für Zuckerrohr. Man hatte die Sugar Mill 1913 an diesen Standort verlegt. Die erste Zuckermühle entstand 1836 an der Stelle, die heute als **Green Pond** bezeichnet wird; eine zweite Mühle folgte an derselben Stelle. 1841 baute Ladd & Co. eine dritte Mühle, wo sich Omao Stream und Waikomo Stream treffen, die bis **1913** benutzt wurde, ehe eine neue Mühle südöstlich der Stadt gebaut wurde.

In der Umgebung des *Koloa Bypass Highway* sieht man auch Koloas landwirtschaftliche Zukunft – weite Anbauflächen mit Kaffeesträuchern. A&B (das 1869 McBryde Sugar Co. aufgekauft hatte) begann etwa **1987** auf ehemaligen Zuckerrohrfeldern mit dem Anbau von **Kaffee**. Die meisten Kaffeesträucher wurden 1990 und 1991 gepflanzt. Heute umfasst das sich westlich von **Koloa** ausdehnende Kaffeeanbaugebiet über 1600 Hektar. 1996 produzierte A&B's Island Coffee Co. über die Hälfte von Hawaiis Kaffee. Inzwischen gibt es beim Coffee Headquarters bei der alten McBryde Sugar Mill in **Numila** ein Visitors Center, im Westen Kauais – siehe unter Südroute. Der Kaffee, der nicht so bekannt wie der berühmte Kona Kaffee der Insel Hawaii ist, wird als Kauai Coffee vermarktet.

Der Unterschied zwischen Kona Coffee und Kauai Coffee liegt im Anbau und in der Erntemethode des Kaffees. Kauai Coffee wird durch Tropfbewässerung im Flachland angebaut und mechanisch geerntet, und zwar von einer Firma, Island Coffee, einer Tochtergesellschaft von McBryde Sugar Co. (diese wiederum eine Tochtergesellschaft von A&B Hawaii Inc., einer von Hawaiis ursprünglichen Pflanzern). Konas Coffee wird von einer sogenannten Cottage Industrie aus 600 Anbauern, die die Kaffeebohnen von Hand ernten, produziert.

● **Saint Raphael's Church**; etwa 1/2 mi/800 m via *Weliweli Road* rechts auf *Hapa Road* abbiegen. Steinkirche aus dem Jahre 1856, von den ersten römisch-katholischen Missionaren Hawaiis erbaut, die 1841 auf Kauai ankamen; gilt als Kauais älteste katholische Kirche. Die Kirche war einst von Häusern, Steinmauern und Terrassen umgeben, deren Ruinen noch sichtbar sind.

Poipu Area Attraktionen

- **Koloa Jodo Mission;** restaurierter buddhistischer Tempel am Ostrand von **Old Koloa Town;** 1910 für japanische Siedler errichtet. Vom Eingang kann man den schmuckvollen Altar sehen.

- **Koloa Church;** Kirche aus dem Jahre 1837, als White Church (weiße Kirche) bekannt an *Poipu Road* (neben Trading Post mit Souvenirs); wurde von protestantischen Missionaren errichtet.

Nun zu weiteren Attraktionen der Poipu Area.

WEITERE ATTRAKTIONEN DER POIPU AREA

Außer Koloa bietet die **Poipu Area** eine Anzahl weiterer Attraktionen, die den Aufenthalt im populären Poipu sehr abwechslungsreich machen. Poipu bietet viel, was Urlauber sich wünschen, viel Sonne, einen lebhaften Strand, feine Restaurants.

- **Brennecke Beach,** Body Surfing; schöner Strand.

- **Hoai Heiau,** Tempelstätte neben **Prince Kuhio Birthplace** an *Lawai Road.*

- **Kahili Mountain Park,** westlich von Abzweigung des *Highway 520* biegt auf der Nordseite von *Highway 50* die Zufahrt zu einer privaten Unterkunft ab. Ganz abseits; etwa 15 Min. von Poipu Beach. Einfache Hütten.

- **Kaneiolouma Heiau,** westlich vom Poipu Beach County Park, am Strand; alte Tempelstätte.

- **Kiahuna Golf Course;** Golfplatz nach dem Modell von Robert Trent Jones Jr., zwischen Old Koloa Town und Poipu Beach; 18-Loch Kurs, fast 6 km lang; Par 70; Blick auf Haupu Mountain und Pazifik.

- **Kiahuna Heiau;** Tempelstätte beim Kiahuna Plantation Golf Course, Nähe Kaneiolouma Heiau, direkt an Poipu Beach; vom Westen über Poipu Beach Park zugänglich.

- **Kiahuna Plantation Gardens,** gegenüber vom Kiahuna Shopping Village an *Poipu Road.* Parkanlage ist Teil des Kiahuna Plantation Resort; kann tagsüber kostenlos besichtigt werden. Tausende verschiedener tropischer Blüten, Bäume und Pflanzen sowie reizvolle Lagune. 1938 vom Plantagenverwalter als Kakteengarten angelegt.

- **Koloa Landing;** einst in den 1800er Jahren Hawaiis drittwichtigster Walfanghafen. Während der Walfangära lagen hier Dutzende von Schiffen vor Anker, um bei den Eingeborenen Proviant einzutauschen. Am westlichen Rand von Poipu Beach an der Mündung des Waikomo Stream in die Hanakaape Bay, entlang *Hoonani Road.* Heute ist dies eine beliebte Stelle für Sporttaucher – *Scuba Diving* (mit Atemgerät).

- **Koloa Sugar Mill;** 1996 stillgelegte Zuckerfabrik östlich von Old Koloa Town begann 1835 als erste Zuckerplantage Hawaiis.

- **Kukuila,** Geburtsort von Prince Jonah Kuhio, siehe Kuhio Park; westlich von Poipu.

- **Kukuila Harbor;** von *Poipu Road* westwärts entlang **Lawai Road** am Kuhio Park vorbei. Von den Hurrikanen *Iwa* und *Iniki* stark mitgenommene Strandgegend. Im Winter Ausgangspunkt von Segeltörns; Tauchrevier in den vor der Küste liegenden Korallenriffen. Schwimmen im Hafen verboten.

340 KAUAI
Poipu: Spouting Horn

● **National Tropical Botanical Garden;** westlich von Koloa via *Highway 530/ Koloa Road* zu erreichen – siehe **Süd-/Südwestroute.**

● **Niukapu Heiau;** südlich vom National Tropical Botanical Garden, westlich von Koloa. Tempelanlage.

● **Prince Kuhio Park.** Park am Rand von mehreren Condominiums; von *Poipu Road* auf *Lawai Road* abbiegen. **Kuhio Park** ist die Geburtsstätte von Prinz Kuhio; 1871 als Sohn königlicher Eltern geboren. Er war ein Cousin von König Kalakaua und Königin Liliuokalani.

Der sehr beliebte und respektierte Prinz (Hawaiis Kongressabgeordneter, als Hawaii Territorium der USA wurde) wurde im Volksmund Prince Cupid genannt. Er kehrte so oft wie möglich an seinen Geburtsort hier an der Küste zurück. Sein Denkmal hinter einer niedrigen Lavamauer steht unter den Palmen der gepflegten Parkanlage mit folgender Inschrift:
In Memory of ... Zur Erinnerung an Ke Alii A Na Makaainana Jonah Kuhio Kalanianalole, Kongressabgeordneter 1902–1922. 26. März 1871–7. Januar 1922 Makua Aina Hoopulapula

● **Poipu Bay Resort Golf Course,** am Ostrand von Poipu, nach dem Modell von Robert Trent Jones Jr. angelegte Golfanlage; Par 72 und etwa 6 km Länge, läuft an dem abgelegenen Strand Mahaulepu Beach zu, umgibt den **Waiopili Heiau,** alte Tempelstätte.

● **Poipu Beach Park;** an *Hoone Road* in Poipu; ausgezeichneter Strand zum Schwimmen, Schnorcheln und Sonnenbaden.

● **Puuhi Hunihuni;** hinter Poipu, landeinwärts etwa nördlich vom Hyatt Regency Kauai Resort. Hier soll angeblich die letzte Vulkaneruption auf Kauai erfolgt sein.

● **Shipwreck Beach;** östlich und vor Hyatt Regency Kauai Resort. Reizvolles, schattenloses Strandstück, ganzjährig bei Windsurfern beliebt; wegen starker Strömungen zum Schwimmen nicht geeignet, aber im Sommer von einigen Surfern aufgesucht.

● **Spouting Horn,** westlich von Poipu über *Lawai Road* erreichbar. Geysirartige Wasserfontäne. Spouting Horn ist eine Lavaröhre, die sich bis ins Meer erstreckt und ihre Öffnung an der felsigen Küste hat. Durch den Druck der auflaufenden Wellen wird das Wasser durch die Lavaröhren gepresst und entweicht dann mit ungeheurer Kraft durch die Öffnung des Spouting Horn. Dieses Schauspiel wird von einem lauten Röcheln begleitet, wenn die Luft in die Austrittsöffnung gesaugt wird. Links vom Spouting Horn gab es früher ein viel größeres Spritzloch, das jedoch die Plantagenbesitzer 1910 sprengten, da das Spritzwasser dem Zuckerrohr schadete.

● **Waita Reservoir.** Künstlicher Stausee nördlich von Koloa, größtes Süßwassergewässer Hawaiis; etwa 170 Hektar Wasserfläche mit 5 km Uferlinie.

Vom Sonnenstrand Poipu nun zur historischen Stelle, an der Captain Cook 1778 erstmals hawaiischen Boden betrat und zum Waimea Canyon.

WAIMEA/WAIMEA CANYON/ KOKEE STATE PARK

„Ausflug in Kauais Bergwelt"

Waimea an der Südküste Kauais, etwa 22 mi/35 km von Poipu entfernt, ist der Ort, an dem der berühmte englische Entdecker Captain James Cook am 20. **Januar 1778** an Land ging und erstmals den Boden Hawaiis betrat. Dort beginnt Hawaiis moderne Geschichte. In der Bucht von Waimea war Cook mit seinen beiden Expeditionsschiffen *Resolution* und *Discovery* vor Anker gegangen. An der Stelle, an der Cook an Land ging, steht heute ein Lava-Denkmal, auf der Westseite des Waimea River und Südseite des *Highway 50*, der durch den Ort führt.

Cook war der erste Europäer, der die Inseln von Hawaii zu sehen bekam, die er nach seinem Auftraggeber Earl of Sandwich Sandwich-Inseln nannte. Er segelte später nordwärts auf der Suche nach der Nordwestpassage nach Europa. Bei seinem zweiten Besuch wurde er auf der Big Island von Hawaii getötet.

Der Name Waimea bedeutet „gerötetes Wasser", vermutlich von der durch die rote Erde verursachten Rotfärbung des Wassers. Waimea war einst ein Hauptzentrum für den Handel mit Sandelholz und der Walfängerschiffe. 1820 kamen die ersten Missionare auf die Insel. Etwa ein Jahrhundert nach Cook traf ein Norweger namens Peter Faye hier ein, um die inzwischen angelegten Zuckerrohrplantagen zu beaufsichtigen. Er begann eventuell mit der Waimea Sugar Mill und ließ etwa um 1885 die Hütten/Cottages der Waimea Plantage bauen, in denen die Plantagenarbeiter untergebracht waren. Mike Faye, ein Großenkel des Plantagengründers, ließ die Hütten rund um den von Kokospalmen geschützten Strand, der an die alte Mühle angrenzte, renovieren. Heute werden die 44 modern mit größtem Komfort und Küche ausgestatteten Cottages als Ferienwohnungen Waimea Plantation Cottages vermietet – siehe unter Kauai Unterkunft. Der Komplex, der speziell etwas für Leute ist, die Ruhe suchen, umfasst das zweistöckige 5-Zimmer-Haus, das der Plantagenverwalter bewohnte, bis zu 1-Zimmer-Cottages, in denen die Pflücker wohnten. Manche der Cottages hat man von anderen Plantagencamps hierhergebracht und komfortabel ausgestattet.

Historisches ◀

Die Rolle Waimeas in der Geschichte wurde vom Schicksal bestimmt, nachdem Captain Cook 1778 erstmals hier in Waimea hawaiischen Boden betreten hatte. Man hatte ihn für den vermeintlichen hawaiischen Gott Lono gehalten und ihn voller Respekt empfangen. Cooks Entdeckung sollte im Laufe der darauffolgenden hundert Jahre dazu führen, dass zahlreiche Schiffe hier vor Anker gingen. Mit dem profitablen Sandelholzhandel mit China Anfang der 1800er Jahre entwickelte sich Waimea zu einem wichtigen Handelshafen. Für die Russian-American Company wurde Waimea Bay zum geschützten Ankerplatz. Mit dem Bau des Forts Elizabeth im Jahre 1816 erkannte man Kauais strategischen Punkt.

Bald folgten die Walfängerschiffe, 1840 wurde Waimea zum wichtigen Walfängerhafen. Missionare trafen schon sehr früh auf Kauai ein. 1821 gründete der mit König Kaumualiis Sohn George aus Neuengland angekommene Reverend Whitney eine Mission in Waimea. Mit der Entwicklung der Zuckerindustrie begann in den 1800er Jahren eine neue Ära für Waimea.

Nun zu Attraktionen Waimeas.

 Waimea Attraktionen

Einige der Gebäude entlang *Kaumualii Highway* reflektieren die Entwicklung eines Plantagenstädtchens nach 1880. Viele dieser Gebäude entstanden in den 1920er Jahren, einschließlich des Gebäudes der First Hawaiian Bank, Ako Store und Masuda and Yamase Buildings.

● **Cook's Landing.** Das Ereignis der Landung Cooks an der Mündung des Waimea River im Jahr 1778 ist auf mehreren Gedenktafeln festgehalten. Eine dieser Tafeln befindet sich auf der anderen Uferseite an der Mündung des Waimea River und eine weitere im Hofgaard Park im Zentrum von Waimea.

● **Captain Cook Monument;** gleich am Ostrand von Waimea neben *Highway 50*. Man parkt direkt an der Straße neben dem Denkmal. Eine Bronzetafel zeigt die Landung Captain James Cooks, der mit seiner Mannschaft den Boden der Insel **Kauai** betritt. Hinter ihm eines der großen Segelschiffe *Resolution* und *Discovery*. An Land sieht man die Gesichter der Eingeborenen, die ihn empfangen. Darunter eine weitere Tafel mit der Jahreszahl 1778–1928 und dem Text:

To commemorate ... Zur Erinnerung an die Entdeckung der hawaiischen Inseln durch Captain James Cook RN (= Royal Navy), der am 20. Januar 1778 zum ersten Mal bei Waimea, auf der Insel Kauai, landete.

Schlüssel zur Baxter Info-Karte Waimea
mit vielen Baxter-Tips

Waimea Orientierung:
1-Captain Cook Monument
2-Russian Fort Elizabeth State Historic Park
3-Fishmarket
4-Supermarkt
 -Souvenirs
5-Post Office/Postamt
6-Bank
7-Waimea Canyon Visitors Center
8-Captain Cook Monument
9-Restaurant
10-Dairy Queen
11-Waimea Branch Library
 Bibliothek
12-Police/Fire Station
 Polizei/Feuerwehr
13-Menehune Ditch
14-Swinging Bridge
15-Waimea Foreign Church
16-Kauai Veteran's Memorial Hospital
17-Gulick-Rowell House (privat)
18-Waimea Canyon School
19-Waimea Field
 Baseball/Sportplatz
20-Captain Cook Statue
21-Kekaha Beach Park
22-St. Theresa Convent
 Kloster & Friedhof
23-Kekaha Sugar Mill
 Zuckerfabrik
24-Zuckerrohrfelder
25-Salt Pond Park
26-Lucy Wright Park
27-zur Kokee Lodge
 -Waimea Canyon Lookout
 -Kalalau Lookout
 -Kokee State Park
28-Food Mart/Snacks
29-Barking Sands
30-Hanapepe
 -Poipu
 -Lihue

A-Waimea Plantation Cottages
 9400 Kaumualii Hwy
 Tel. (808)338-1625
 Fax (808)338-2338

Straßenschlüssel:
a-Huakai Rd.
b-Keolewa Rd.
c-Tsychiya Rd.

KAUAI 343
Waimea-Karte

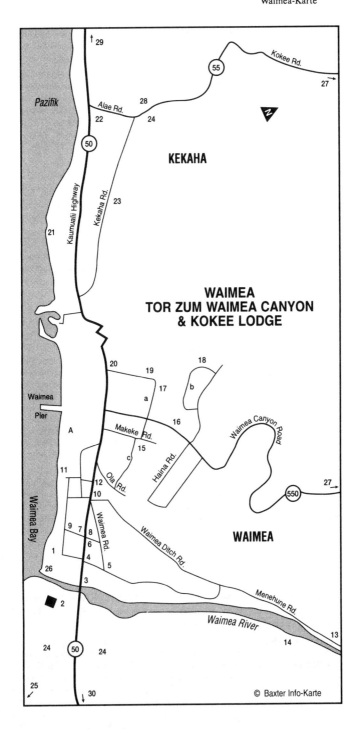

344 KAUAI
Waimea: Menehune Ditch

- Die Ankunft der **Missionare** im Jahr **1820** führte zum Bau mehrerer Kirchen. Die **Waimea Foreign Mission Church** begann **1826** als Strohgebäude, während die heutige, aus Stein und Korallenmaterial bestehende Kirche **1838** erstellt wurde. Die Kirche ist von der *Makiki Road* aus sichtbar.

- **Waimea Christian Hawaiian Church. 1865** kam es zur Spaltung der Foreign Mission Church, wonach **1870** die Holzkirche **Waimea Hawaiian Church** gebaut wurde. Diese Kirche liegt am *Kaumualii Highway*. Das zum Bau der Kirche verwendete Holzmaterial wurde aus 13 km Entfernung herbeigeschafft. Die Kirche wird von ehemaligen Bewohnern der „verbotenen" Insel **Niihau**, die noch das alte Hawaiisch sprechen und sich in Waimea angesiedelt haben, besucht. An Sonntagen wird daher der Gottesdienst in hawaiischer Sprache abgehalten.

- **Kikialoa oder Menehune Ditch.** Dieser Graben ist der Rest eines ehemaligen Wassergrabens aus behauenen und geschliffenen Steinen, mit dem man Wasser aus dem Waimea River zu den Tarofeldern auf der Überschwemmungsebene oberhalb des Flusses abgeleitet hatte. Den heute noch benutzten Graben hatte man bereits vor Ankunft der Weißen gebaut.

  Angeblich sollen die legendären Menehune, das in den dichten tropischen Wäldern lebende Zwergenvolk, den Graben angelegt haben, da hier eine Bauweise angewandt wurde, die auf ganz Hawaii unbekannt war. Nachdem die Menehune den Graben fertiggestellt hatten, wurden sie von den Bewohnern Waimeas mit einem Festessen aus Shrimp, ihrem Lieblingsgericht, belohnt. Den Graben hatte man früher Kikiaoloa („von Ola in Auftrag gegeben") genannt. Ola war der Kauai-Häuptling, der die Menehune mit dem Bau des Wassergrabens beauftragt hatte. An der Aussichtsstelle, wo man noch die Reste des Wasserkanals neben der *Menehune Road* sehen kann, führt eine reizvolle hölzerne Hängebrücke über den Wassergraben und den Waimea River.

  Heute sind nur noch etwa 20 m vom oberen Teil des Wasserkanals zu sehen, da man das übrige Steinmaterial im Laufe der Zeit für den Bau von Häusern herausgeschlagen hatte. George Vancouver beschrieb die Mauer des Grabens mit einem fast 8 m aus dem Fluss herausragend. Seiner Beschreibung nach diente dieser Graben einem Zufluss des Waimea Flusses, wovon aber heute nichts mehr zu sehen ist. Ihm zufolge kamen die verwendeten Steine aus einem 12 km entfernten Steinbruch. Der Transport erfolgte wie bei dem Menehune Fish Pond von Lihue über eine Menschenkette, in der die Menehune die Steine jeweils von Hand zu Hand weiterreichten.

- **Waimea Pier** oder **Wharf.** Ursprünglich **1865** errichtet, um Zucker und Reis aus Waimea zu verschiffen. In den 1930er Jahren stellte man den Betrieb auf dem Pier ein. Inzwischen erfolgte die Errichtung eines neuen Piers für Freizeiteinrichtungen der State Parks. Der Pier ist vom Fort sichtbar und über die *Pokole Road* zugänglich.

Östlich von Waimea am Ostufer des Waimea River liegt auf einer Anhöhe das **Fort Elizabeth** innerhalb des **Russian Fort Elizabeth State Historical Park.**

- **Fort Elizabeth** war eins von **drei** russischen Forts, die teilweise zwischen 1815 und 1817 auf den Inseln Kauai errichtet wurden. **Fort Alexander** und **Fort Barclay** hatte man in der Nähe der Flussmündung des Hanalei River an der Nordküste von Kauai errichtet, während **Fort Elizabeth** etwa 56 km davon entfernt, am anderen Ende der Insel an der Mündung des Waimea River entstand. Man wählte diese Stellen wegen ihrer geschützten Lage in den Buchten und wegen der hervorragenden Beobachtungspunkte auf den Steilküsten entlang der Flussmündungen.

Diese Forts entstanden unter Anleitung des deutschen Georg Anton Schaeffer, der für die Russian-American Company tätig war. **Fort Elizabeth** wurde 1816 nach der während der Bauzeit des Forts regierenden russischen Zarin und Gemahlin von Zar Alexander I. benannt. Die Russen schlossen ein Abkommen mit dem König von Kauai, König Kaumualii, ab, die Forts zu bauen, um für die Handelsschiffe der Russian-American Company auf dem Weg zwischen dem amerikanischen Nordwesten und Asien über den Pazifik eine Versorgungsstation einzurichten. 1817 wurden die Russen gezwungen, Kauai zu verlassen und die Forts aufzugeben, nachdem zum Vorschein kam, dass Schaeffer ohne Wissen und Zustimmung des Zars gehandelt hatte. Von 1817 bis 1864 vollendeten hawaiische Truppen den Bau und besetzten das **Fort Elizabeth.**

1864 wurde das Fort auf Anordnung der Regierung aufgelöst. Seitdem zerfiel die Anlage. Als Reste des russischen **Forts Elizabeth** findet man heute lediglich die Festungsmauer, die aus Basaltbrocken besteht, die man auf einem Erdwall aufgehäuft hatte, und die Fundamente der Gebäude, die sich einst innerhalb der Festungsmauer befanden. Von 1816 bis 1817 wehte die russische Fahne der Russian-American Company über dem **Fort Elizabeth.**

Nun zum Rundgang durch das Fort, das in grober Sternform angelegt wurde.

Rundgang durch das Fort Elizabeth ◀

Folgt man dem Fußpfad, kann man den Außenbau der Festungsmauer und die Reste der Fundamente der innerhalb der Festungsmauern befindlichen Gebäude sehen. Die Bezeichnung der Gebäude oder deren Zweck entnahm man einer Karte, die George Jackson 1885 anfertigte, nachdem das Fort aufgelöst worden war. Es haben keine archäologischen Studien stattgefunden, um die historischen Erklärungen, die man auf diese Fundamente plaziert hat, zu bestätigen.

Die Festungsmauer ist äußerst empfindlich, daher nicht betreten oder darüber klettern. Sicherheitshalber auch nicht die innerhalb des Forts vorhandenen Treppen benutzen.

● **Fort Wall**/Festungsmauer. Die Mauer besteht aus einem Erdwall mit aufeinandergestapelten Basaltbrocken und Schuttauffüllung. Beim Bau dieser Mauer wurde kein Zement verwendet. Die Mauer ist durchschnittlich 3,65 m hoch, und das Fort misst etwa 91 m im Durchmesser.

● **Site of Trading House**/Hier befand sich das Handelshaus. Das Handelshaus oder „Factory" war das erste auf dem Gelände des Forts errichtete Gebäude. Es diente dem Zweck, das Sandelholz, das zwischen den Russen und Hawaiianern gehandelt wurde, einzulagern.

● **Fort Entry**/Festungstor. Der Eingang zum Fort ist eng und trennt den anfangs von den Russen entworfenen Festungsteil auf der Meerseite von dem später von den Hawaiianern auf der Bergseite vervollständigten Teil der Festung.

● **Guardroom**/Wachstube. Bei den an dieser Stelle vorhandenen Steinen soll es sich um Fundamentsreste der am Festungseingang errichteten Wachstube handeln.

KAUAI
Waimea Canyon

- **Magazine and Armory**/Munitions- und Waffenkammer. Zum Lagern von Munition hatte man eine 3 m breite Erdgrube ausgehoben, die mit Lehm ausgekleidet war. Die Waffenkammer war ein größeres Gebäude, das diese Grube umschloss.

- **Officer's Quarters**/Offiziersräume. Hier soll es sich um die Fundamente der Offiziersräume handeln, die entlang der Nordwand des Forts lagen. Das Fundament misst 4,57 x 2,13 Meter.

- **Barracks**/Kaserne. Diese Anlage mit den Unterkünften war die größte des Forts mit den Maßen 24 x 9 Meter. Das Gebäude saß oben auf einer steinumkränzten Plattform.

- **Housesite**/hier stand einst ein Wohnhaus. Diese Mauerreste entlang der Festungsmauer scheinen aus der Zeit nach Auflösung des Forts (1864) zu stammen und gehören vermutlich zu einem hawaiischen Wohnhaus.

- **Quarters**/Unterkünfte. Fundamente von zwei Gebäuden, etwa mit den Maßen 6 x 4,50 Meter, beide am Fuß der Treppe.

- **Flagstaff**/Fahnenmast. Der Fahnenmast war die erste fertiggestellte Konstruktion des Forts. Den Mast errichtete man in einer Vertiefung im Zentrum der Felsplattform.

- **Stairs**/Treppen; in jede der sternförmigen Vorsprünge hatte man Treppen als Zugang zu den oben auf der Festungsmauer befindlichen Kanonen eingelassen.

- **Cannon Emplacements**/Geschützstände. Kanonen hatte man oben auf der Festungsmauer an jeder Festungsspitze aufgestellt. Es gab auch noch weitere Geschütze auf der seewärtigen Seite des Forts.

- **Russian Fort Design**/Grundriss nach russischem Vorbild. Diese sternförmigen Auswüchse auf der Seeseite des Forts reflektieren das europäische Design von Forts während des 17. Jh. Der seewärtige Abschnitt war vermutlich der erste Abschnitt der Fortmauer.

- **Mouth of the Waimea River**/Mündung des Waimea River. Captain Cook warf am 20. Januar 1778 vor der Mündung des Waimea River Anker, die erste Landung von Weißen. Die Hawaiianer hielten Cook für den Gott Lono und warfen sich vor ihm nieder.

- **Whitney's House.** Hier wurde 1820 das Haus für den Reverend Whitney gebaut, als die Missionare in Waimea ankamen. Whitneys House diente auch als Schule und Kapelle.

- **Kaumualii's Residence**/Kaumualiis Wohnung. Jackson berichtete von mehreren aufgeschichteten Felsmauern und der Wohnstatt auf dem seewärtigen Teil des Forts. Das Gelände wurde vor 1900 für den Zuckerrohranbau gerodet.

Nun zum Besuch des **Waimea Canyon** und **Kokee State Park**.

 ## *WAIMEA CANYON*

Den **Waimea Canyon** hatte Mark Twain, als er die Inseln Hawaiis besuchte, als den „Grand Canyon of the Pacific" bezeichnet. Dieser spektakuläre Canyon ist fast 853 Meter tief, schätzungsweise 1 km breit und etwa 22 km lang. Der Waimea – Poomau River, der durch die Schlucht fließt, bewältigt eine Strecke von nahezu 32 km und gilt als Kauais längster Fluss. Der gigantische Canyon wird von kaskadenartigen Wasserfällen dominiert – eine der meistfotografiertesten Aussichten der Insel Kauai.

Weiter landeinwärts liegt der **Waimea Canyon State Park**, der sich über eine Fläche von 746 Hektar ausdehnt, mit Naturlehrpfaden, Aussichtsstellen und Blick auf den Mt. Waialeale. Der 1569 m hohe Gipfel gilt als die regenreichste Stelle der Erde. Mit 1598 m ist Mount Kawaikini daneben die höchste Erhebung Kauais.

Zum **Waimea Canyon** gelangt man entweder von **Waimea** über den westlich der *Menehune Road* vom *Kaumualii Highway/Highway 50* abzweigenden *Waimea Canyon Drive* oder von **Kekaha** über die *Kokee Road/Highway 550*. Beide Straßen vereinen sich nach etwa 6.8 mi/11 km und laufen als *State Park Highway* bzw. *Highway 550* weiter zum **Kokee State Park** bis zu den Aussichtspunkten **Kalalau Lookout** und **Puu O Kila Lookout,** wo die Straße endet. Die malerischen Straßenabschnitte des **Waimea Canyon** und der waldreichen Gegend des **Kokee State Park** voller einheimischer Flora sind beliebte Radfahrstrecken. Mountain Bikes werden an verschiedensten Stellen auf Kauai vermietet – siehe unter **Kauai Aktivitäten.** Hier nun zur Beschreibung entlang des **Waimea Canyon.**

Waimea Canyon Fahrt

Sich Zeit lassen für die Fahrt durch den **Waimea Canyon** und anschließenden **Kokee State Park.** Wenn man es geschickt angeht, kann man unterwegs unzählige **Koaekea,** die weißschwänzigen Tropenvögel auffliegen sehen, die regelrecht choreographische Tänze in der Luft vollführen. Gelegentlich ist im Morgengrauen der Gipfel des Mt. Waialeale gegen wolkenlosen Himmel sichtbar, doch man kann von Glück sagen, wenn man diese paar Minuten erlebt.

Bis zum Ende der Straße entlang des Waimea Canyon sind es etwa 32 bzw. 35 km. Zu dieser Fahrt sollte man genügend Zeit einplanen, möglichst einen ganzen Tag, um an den vielen Aussichtsstellen halten und die fantastischen Bilder genießen zu können, die der Canyon in seiner Buntheit bietet. Am besten wählt man eine der Straßengabelungen (vielleicht Kokee Road von Kekaha) für den Hin- und die andere (Waimea Canyon Drive) für den Rückweg.

Hinter dem Nonnenkloster St. Theresa Convent in **Kekaha,** etwa 4 mi/6 km vom Captain Cook Monument in Waimea, biegt *Kokee Road* vom *Kaumualii Highway/Highway 50* landeinwärts ab. Nachdem man *Alae Road* überquert und Waimea Canyon Plaza mit kleinem Supermarkt passiert hat, wird die Straße eng und beginnt kurvenreich zu steigen. An nackten Lavaströmen und daraufhin roter Erde mit Zuckerrohrfeldern vorbei erreicht man nach etwa 6.4 mi/10 km eine erste Aussichtsstelle mit wunderschönem Blick hinunter auf den Ozean. Noch immer windet sich *Kokee Road* in engen Kurven bergauf, bis man kurz darauf die Grenze des **Waimea Canyon State Park** erreicht, etwa 7 mi/11 km von **Kekaha.** Hier macht sich Erosion und niedriger Baumwuchs bemerkbar und hier stößt auch der von Waimea startende *Waimea Canyon Drive* zu.

Nun laufen beide Straßen als *State Park Highway* zusammen. Immer noch rote Erde, aber nun werden die Bäume, insbesondere hier Eukalyptusbäume, höher. Bei 2500 Fuß/762 m ü.M. wird auch die Temperatur etwas kühler. Etwa 1.5 mi/2,4 km innerhalb des Waimea Canyon State Park erreicht man den Ausgangspunkt des **Kukui Trail.** Auf dem ebenfalls hier beginnenden populären und leichten **Iliau Loop Trail** kann man während

KAUAI
Kokee State Park

der 400-m-Rundwanderung 20 einheimische Pflanzen kennenlernen. Unterwegs bietet sich die herrliche Aussicht auf den **Waimea Canyon** sowie die entfernten Wasserfälle **Waialeale Falls**. Ein steiler Wanderweg führt 610 m tief an der Westwand des Canyons hinunter in die Schlucht, etwa 4 km zum Waimea River.

Weiter die Parkstraße entlang gelangt man am rauschenden Bach und hohen dicht wachsenden Bäumen vorbei zur Aussichtsstelle **Waimea Canyon Lookout** auf etwa 1036 m ü.M. Von der Aussichtsstelle mit Picknicktisch hat man einen schönen Blick auf das Farbenspektrum der freiliegenden Erd- und Sedimentsschichten des Canyon. Die hier oben lebenden Bantam-Hühner und -Hähne wurden vermutlich 1992 durch den Hurrikan *Iniki* gestört und verzogen sich hinunter zu den Waimea Plantation Cottages, wo sie munter die Gäste wecken. Ansonsten richtete *Iniki* keine bemerkenswerten Schäden im **Waimea Canyon** und **Kokee State Park** an.

Hinter dem Aussichtspunkt führt die Straße dann kurz darauf direkt am Canyon entlang. Der **Puu Ka Pele Gipfel**, 1124 m hoher „Berg von Pele", ist oft hinter einem Dunstschleier verborgen. Man sagt, dass man die Menehune Menschen von hier aus bis nach Oahu hören konnte (160 km weit entfernt). Dahinter geht es am **Puu Lua Reservoir** vorbei zur Aussichtsstelle mit dem eindrucksvollen Bild der Wasserfälle **Waipoo Falls**. Auf der gegenüberliegenden Straßenseite passiert man ein Camp. Die kurvenreiche Straße steigt weiter bergauf und erreicht auf 1067 m ü.M. die Aussichtsstelle **Puu Hinahina Viewpoint**. Von hier blickt man sowohl auf die Pazifikküste als auch auf die „verbotene" Insel Niihau; auch erneut schöner Blick hinunter in den Canyon.

Direkt oberhalb der Aussichtsstelle biegt eine 5 mi/8 km Straße zur Kokee Park Station ab, wo NASA eine Tracking Station (Kontrollstation) für Satelliten und Raumflüge unterhält. NASA Tracking Station und Spacefleet Tracking and Data Network Station werden vom Goddard Space Flight Center in Greenbelt, Maryland betrieben.

Kurz dahinter passiert man den Ausgangspunkt zu verschiedenen Wanderungen; die Zufahrtstraße ist nur mit Geländefahrzeugen mit Vierradantrieb befahrbar: Halemanu Valley, Cliff Trail, Canyon Trail, Waipu Falls und Black Pipe Trail. Unweit davon biegt auf der anderen Straßenseite erneut eine Straße zu einer weiteren NASA Tracking Station ab. Die Parkstraße führt nun bergab in den **Kokee State Park**.

KOKEE STATE PARK

Der stille und friedliche **Kokee State Park** umfasst etwa 1872 Hektar mit Park Headquarters, einer Lodge, einem Restaurant, Picknickplätzen und einem Museum. Der Park enthält über 45 mi/72 km Wanderwege, die durch das umgebende Waldgebiet des **Forest Reserve** und um die Bergkämme in der Nähe der Täler **Na Pali Valleys** und der Sumpflandschaft des **Alakai Swamp** streifen. Zu den Attraktionen des **Kokee State Park** gehören das **Kokee Natural History Museum** sowie Aussichtsstellen von den 1 219 m hohen **Kalalau Lookout Areas** und dem gewundenen **Puu O Kila Lookout**. Kokee bedeutet etwa „biegen". Das Kokee Plateau hat etwa 914 bis 1 219 m Höhe. Wildziegen und -schweine durchstreifen das dicht bewachsene Hochplateau. Zu den einheimischen Waldvögeln gehören Iiwi, Apapane, Elepio und Amikihi.

Fahrt durch den Kokee State Park

Nachdem man die Abzweigung zur NASA Tracking Station hinter sich gelassen hat, geht es auf der Parkstraße abwärts zum **Kokee State Park**, vorbei an **Faye Road** zur Abzweigung zu den Hütten **Iliahi Cabins**. Kurz dahinter erreicht man auf derselben Straßenseite den Ausgangspunkt des **Nualolo Trail**.

- **Nualolo Trail** (in Meilen/Kilometer)
- Kuia Natural Area Reserve 0.2/0,3
- N.P.K Forest Reserve 2.8/4,5
- Anaki Hunters Route 3.2/5,1
- Nualolo Cliff Trail 3.4/5,4
- Lolo Vista Point 3.8/6,1

Nur etwa 300 m weiter biegt man links zum Komplex der **Kokee Lodge** mit Kokee Park Headquarters, Kokee Natural History Museum und Picknickplätzen auf schöner Wiese ab – etwa 5 mi/8 km vom zurückliegenden **Waimea Canyon Lookout** und etwa 3 mi/5 km vor dem **Kalalau Viewpoint**. Unterkunft in den Hütten der **Kokee Lodge** siehe unter **Kauai Hotels/ Unterkunft**. Hier nun zum Besuch des Kokee Natural History Museum.

Kokee Natural History Museum

Das 1953 eröffnete Museum, das sich auf nur einen Raum beschränkt, umfasst Exponate zur Geologie, Pflanzen- und Tierwelt sowie Bilder von auf Kauai gefundenen Steinzeichnungen – Petroglyphen. Hier ein kleiner Streifzug durch die Ausstellung des „kleinsten meistbesuchtesten Museums Hawaiis"!

Zunächst etwas zur Entstehung der Inseln von Hawaii:

- **In the beginning**/*Die Entstehung*

An Island Chain is born/Eine Inselkette wird geboren. Die Erdoberfläche oder Erdkruste ist in zwölf große „Platten" aus festem über 80 km dickem Felsmaterial aufgebrochen. Diese Platten bewegen sich weniger als 2,5 cm pro Jahr. Dort wo sie aneinanderstoßen, treten häufig Vulkane und Erdbeben auf. Die hawaiische Inselkette liegt auf der pazifischen Platte und entstand, als sich diese Platte im Laufe von über 80 Millionen Jahren über einen stationären „heißen Punkt" bewegte. Ein heißer Punkt ist eine Stelle, wo Magma (flüssige Lava) aus dem Erdinnern hochquillt.

- **Kauai's Vital Statistics**/*Kauais Statistik*

Kauai: Viertgrößte Insel Hawaiis
Landfläche: 1 438 km²
Größte Breite: 40 km
Höchste Erhebung: Mt. Kawaikini 1 598 m ü.M.
Höchster Wasserfall: Olokele Canyon, schätzungsweise 914 m.
Länge der Strände: 65 km
Küstenlänge: 180 km
Größter See: Waita Reservoir, 169 Hektar
Längster Fluss: Waimea Poomau 31 km
Max. Wasserdurchfluss: Hanalei River 568 Millionen Liter pro Tag

- **Volcano in the Sea**/Vulkan im Meer. Die Insel Kauai ist wie eine Spitze eines Eisbergs. Es ist die Spitze eines riesigen Schildvulkans, der sich 4,5 km über den Meeresboden erhoben hat. Von den 1 000 Kubikmeilen Lava,

350 KAUAI
Kokee State Park

die diesen Vulkan gestalten, liegen über 95 % unter dem Meeresspiegel! Zwei Berggipfel – **Kawaikini** und **Waialeale** – liegen in der Nähe des ursprünglichen Gipfels des Schildvulkans, der langsam ins Meer erodiert.

Die acht Hauptinseln bilden nur einen kleinen Abschnitt einer langen Kette von Vulkanen – meistens erloschen, die sich bis hinauf nach Sibirien erstrecken! Der nördliche Teil ist eine Serie versunkener Vulkangipfel, bekannt als die *Emperor Sea Mounts*. Der zentrale Abschnitt der Kette – die Nordwestlichen Hawaii-Inseln – ist ein National Wildlife Refuge (Naturschutzgebiet für Meeresvögel).

Nun etwas Information über Queen Emma (1836–1885). Ein Foto zeigt sie im Kleid mit Hut und Lei.

- **Queen Emma**

„E ola o Kaleleonalani, I ka huakai pii kuahiwi"/Lang lebe Kaleleonalani, der Reisende der Berge. Emma Naea Rooke, Urgroßnichte von Kamehameha dem Großen, wurde Königin des hawaiischen Königreichs, als sie Kamehameha IV., Alexander Liholiho 1852 heiratete.

1862, als ihr einziges Kind, der vierjährige Prinz Albert Eduard (nach dem Princeville auf Kauai benannt ist) starb, war ganz Hawaii erschüttert und trauerte mit den königlichen Eltern. Emma nahm den Namen Kaleleonalani („die Flucht der Häuptlinge") an, um ihre Trauer zu bekunden. Nur 15 Monate später starb Liholiho und ließ Emma als 27jährige Witwe zurück.

Emma wurde von ihrem Volk geliebt und bewundert. Sie setzte sich sehr für das Wohlergehen ihres Volkes ein (sie gründete 1860 das Queens Hospital) und liebte die Natur – in einem Brief bekannte sie einmal, eine Manie zu besitzen, Dinge zu bepflanzen. Als sie 1871 Lawai besuchte, beschloss Emma, den anstrengenden Treck in die Wildnis des **Alakai** Sumpfgebiets zu unternehmen. Valdemar Knutsen aus Waimea empfahl der Königin einen alten Hawaiianer namens Kaluahi als Führer.

Emma brach am 27. Januar zu Pferde von **Waimea** in Begleitung eines Gefolges von 100 auf. Sie verbrachte die Nacht im **Waineki Swamp**. Die stets um ihre Gefolgsleute um sie herum äußerst besorgte Königin sang, um die Stimmung ihrer nassen Freunde während der nebligen Nacht aufrecht zu halten. Am nächsten Tag erreichten sie **Kilohana**, das die Täler **Wainiha** und **Hanalei Valleys** überschaute, nachdem man extra für die Königin einen groben Pfad durch den Sumpf aus Farnbaumstämmen angelegt hatte. Beim Abstieg bestand die Königin auf einer Pause, während der sie ihre Truppe über zwei Stunden tanzen ließ. Diese Stelle wird heute zur Erinnerung an jene Vorstellung **Pohaku Hula** genannt.

Einmal im Jahr gedenkt das Kokee Museum im **Kanaloahuluhulu** des Aufstiegs von Königin Emma zu den Hochländern von Waimea und Alakai mit Gesang, Hula und hawaiischer Musik. Heutzutage halten die Hawaiianer die Erinnerung an Königin Emma in Ehren, die Königin, die ihr Volk und diese Inseln so sehr liebte.

Nun in der Ecke zu Info über Kauais einheimische Vögel:

- **Kauai's Native Birds**/*Kauais einheimische Vögel*

● **Forest Birds**/Waldvögel. **Most native ...** Die meisten aus Hawaii stammenden Waldvögel findet man in Höhenlagen über 900 m; der feuchte Ohia-Wald ist eines der Haupthabitate. Die meisten dieser Vogelarten lassen sich schlecht beobachten, da sie ständig auf der Suche nach Nahrung herumfliegen und sich in den Baumkronen befinden. **Apapane** und **Elepaio** gehören zu den Waldvögeln.

KAUAI 351
Kokee State Park

- **Cliff-nesting seabirds**/auf Klippen nistende Meeresvögel. Zwei Meeresvogelarten (Shearwater = Sturmvögel) sind dafür bekannt, in den Klippen des Waimea Canyon und an der Na Pali-Küste zu nisten. Zwei andere sehr seltene Arten (der **Hawaiian Petrel** und **Hartcourt's Storm Petrel** – beides Sturmvögel) sollen in den Klippen im Westen Kauais nisten. Gelegentlich findet man ihre Jungen, doch die eigentlichen Niststätten konnte man bisher noch nicht entdecken. Alle vier Arten fliegen zur Nahrungssuche hinaus aufs Meer.

- **Waterbirds**/Wasservögel. Fünf einheimische Wasservogelarten sind in West-Kauai zu finden. Sie kommen meistens in den Niederungen vor, wo ihr Habitat sumpfige Areas, Tarofelder, Reservoirs und Wassergräben umfasst. Das **Hawaiian Coot** = Wasserhuhn und die **Koloa Duck** oder **Koloa Maoli** = Ente sind gelegentlich auf den Flüssen von Kokee und Waimea Canyon zu sehen. Den **Aukuu** trifft man gelegentlich auch bei der Nahrungssuche in den Flüssen des Canyon an.

Danach zu einem Diorama mit Vögeln Iliwi und Aapapane, einheimischen Honigfressern – Hawaiian Honeycreepers. Der Iiwi besitzt rosafarbenen gebogenen Schnabel und rosa Füße zur Unterscheidung von dem Apapane. Das Diorama zeigt auch Jungpflanzen und Jagdtiere wie Ziege und Schwein sowie Seevögel und Blacktail Deer, eine Rehwildart. Dann an der Wand gegenüber vom Parkplatz zu Info über Wild Cattle.

- **Wild Cattle**/Wildrinder

Long Horn Cattle ... 1793 brachte Captain George Vancouver Long Horn Cattle = Langhornrinder nach Hawaii. Nachdem man die Rinder sowie Ziegen auf Kauai und anderen Inseln freigelassen hatte, hoffte man, dass sie künftig eine Fleischquelle für die ankommenden Schiffe werden könnten.

Da es keine natürlichen Feinde gab, vermehrten sich die Herden schnell, doch während 100 Jahren erfolgte ein dermaßen starkes Abweiden, das den Verlust von Bodenbewuchs und sich anschließende Erosion zur Folge hatte. Nach 1900 stellte man Jäger ein, und bis 1916 waren Kauais wilde Rinder verschwunden. Heutzutage stößt man noch in trockeneren Hochländern gelegentlich auf Knochen und viele Erosionszeichen.

Gleich daneben eine große Karte über den Kauai Forest Reserve Trail, auf der die vorhandenen Wanderwege eingezeichnet sind. Der 1982 wütende Hurrikan Iwa und der 1992 folgende Hurrikan Iniki haben die Insel total verwüstet und die Trails teilweise zerstört. Nun neben dem Buchverkaufsstand zur Info über die Landschaft und Geologie.

- **Geology**/Geologisches

Zunächst etwas über Erd- und Bergrutsch in den Gebirgstälern. Danach zu den verschiedenen Gesichtern der Landschaft der Na Pali-Küste und der Canyons.

- **Landslide**/Erdrutsch. **Erosion of lava** ... Im allgemeinen vollzieht sich die Erosion von Lava langsam, doch gelegentlich können sintflutähnliche Ereignisse die Landschaft verändern. Ende Okt. 1981 stürzten Millionen Tonnen Gestein und Felsmaterial über 900 m von der Westseite des Waialeale Komplexes in den Olokele Canyon. Eine verheerende Sintflut, die von Wind und Geröllawinen begleitet wurde, wusch den Canyon etwa 5 km flussabwärts aus. Da dieser Canyon so abgelegen ist und sich in Privatbesitz befindet, sind genaue Zeit und Daten des Erdrutsches nicht bekannt.

352 KAUAI
Kokee State Park

Nun zu den verschiedenen Landschaften der Umgebung:

● **Now you see it ... now you don't?** Einmal sieht man es ... und dann ist es wieder verschwunden! An der Aussichtsstelle **Kalalau Lookout** befindet man sich mehr als 1 200 m über und etwa 4 km vom Ozean entfernt. Obwohl das Tal **Kalalau Valley** viel kleiner als andere Täler der Nordküste ist, wie beispielsweise das Waimea Valley oder Hanalei Valley, wird es von keinem an Schönheit übertroffen. Frühmorgens ist die Sicht meistens klar, während später um am Nachmittag Wolken die Sicht trüben. Doch während des Tages bricht dann manchmal die Wolkendecke auf und gibt die Sicht wieder frei ... ein Blick, auf den es sich zu warten lohnt.

Kalalau ist ein klassisches Beispiel eines „Amphitheater-Tals". Flüsse und gelegentliche Erdrutsche haben dem Tal seine Form gegeben und eine dicke Erdschicht auf der Talsohle abgelagert. Der doppelte Wasserfall auf der Ostseite von Kalalau wird ganzjährig von den Bergquellen gespeist.

● **A swamp made by lava**/ein aus Lava gebildeter Sumpf. Vor Millionen von Jahren stürzte der Gipfel von Kauais Schildvulkan ein und ließ einen 16 km weiten Krater oder Caldera entstehen. Diese Caldera, die größte auf den hawaiischen Inseln, füllte sich nach und nach mit Pahoehoe Lava, die beim Erkalten in der Lavagrube harte feste Schichten bildete. Diese Kessellava ist eben und nicht sehr porös. Regenwasser bleibt darauf stehen, statt schnell abzulaufen oder in den Boden zu versickern und läßt die Hochmoore und Regenwaldsümpfe des Alakai Sumpfs entstehen.

● **The swamp that's not really a swamp**/der Sumpf, der eigentlich kein Sumpf ist. Man stößt gelegentlich innerhalb der 36 km^2 Wildnis auf Hochmoore mit stehendem Wasser, doch die überwiegende Landschaft des Alakai bildet ein dichter Regenwald. An manchen Stellen sind die Stämme von Bäumen gar nicht mehr zu erkennen, da sie dicht mit Moosen und Farnen überwuchert sind. 1964 wurde mit dem in staatlichem Besitz befindlichen 4 000 Hektar großen Gelände das Alakai Wilderness Preserve geschaffen zum Schutz der verschiedensten einheimischen Pflanzen, Vögel und Insekten, die im Alakai beheimatet sind.

● **Wave-cut cliffs**/Von Wellen eingeschnittene Felsklippen. Die Na Pali-Küste – steile Klippen von 800 und mehr Meter Höhe weisen im Osten und Westen des **Kalalau Valley** auf den Ozean – umfasst eine der spektakulärsten Meeresklippen der Welt. Mit 820 m über dem Meeresspiegel an ihrer höchsten Stelle dehnen sie sich über 21 km entlang Kauais Nord- und Westküste.

Diese Meeresklippen sind das Ergebnis der zerschmetternden Kraft, mit der die starke Brandung ständig den Küstenstreifen bearbeitet und zurückschneidet. Kauais ursprüngliche Küstenlinie erstreckte sich nahezu 3 km weiter vor der Na Pali-Küste. Mit einer Geschwindigkeitsrate von durchschnittlich 5 cm pro Jahrhundert hat Erosion die Küstenlinie bis dahin, wo wir sie heute sehen, zurückgeschnitten.

● **Sculpture in rock**/Bildhauerarbeit im Fels. Die enorme Kraft von Wasser und Zeit, der „Bildhauer der Inseln Hawaii", ist hier auf Kauai deutlich sichtbar. Der 22 km lange und nahezu 1 3/4 km tiefe Waimea Canyon zeugt von dem relativ hohen Alter der Insel Kauai von 6 Millionen Jahren. Im Vergleich dazu ist Maui nur 1 1/2 Millionen Jahre alt, und die noch immer weiter wachsende Insel Hawaii weist von einem Alter von weniger als 1 Million Jahre auf.

Drei Flüsse, der Poomau, Koale und Waialae, flossen einst in westlicher Richtung bis hin zur Westküste von Kauai. Ein urzeitlicher Graben fing diese Flüsse ab, die sich nun in den südwärts fließenden **Waimea River** entleeren. Mit gemeinsamer Kraft haben diese Gewässer diese gewaltige Schlucht in die rötlichen Schichten erodierender Lava geschnitten und den „Grand Canyon of the Pacific" geschaffen.

Wanderungen im Kokee State Park

Hier einige Wanderwege der **South West Mountain Area** mit Zugang vom *Kokee State Park Highway 55* (Asphaltstraße):

- **Awaawapuhi Trail**
Beginnt am Telefonmast #1-4/2P/152. Dieser Pfad führt 5,6 km durch einheimischen Trockenwald zu einer spektakulären Aussichtsstelle mit Blick von einem 762 m hohen Bergkamm, die Täler Awaawapuhi und Nualolo aina Valleys und den Pazifischen Ozean überschauend.

- **Nualolo Trail** (eventuell gesperrt)
Beginnt etwa südlich vom Kokee State Park Headquarters. Dieser 6 km Pfad führt durch das Kuia Natural Area Reserve. Der Pfad endet in der Nähe des 2 3/4 Mile Marker des Awaawapuhi Trail. Vom Awaawapuhi Trail geht es auf der Straße weiter, um nicht in der anderen Richtung zurückzulaufen.

- **Pihea Trail**
Beginnt am Ende der asphaltierten Straße an der Aussichtsstelle **Puu O Kila State Parks Lookout**. Der Pfad bietet Zugang zu guter Aussicht auf das Tal Kalalau Valley; eine Alternativroute zum Alakai Swamp Trail (kreuzt kurz nach dem 1 3/4 Marker) sowie zum Kawaikoi Stream Trail bei einer Furt, die nur bei gutem Wetter passiert werden soll, kreuzt bei 3 1/2 Mile Marker. Die Gesamtlänge beträgt 3 3/4 mi/6 km bis zur Mohihi-Camp 10 Jeep Road an der Kawaikoi Stream Furt.

Wanderwege mit Zugang von der Mohihi-Camp 10 Road; unbefestigte Straße, nur mit Geländefahrzeugen (mit Allradantrieb) bei trockenem Wetter passierbar. Straße beginnt in Nähe des Kokee State Parks Headquarters am Telefonmast #320. Sehr gefährlich bei Hochwasser oder Regen; auf keinen Fall Furt benutzen!

- **Alakai Swamp Trail**
Beginnt am Parkplatz und Wendeschleife, etwa 400 m nördlich des Eingangsschilds zum Na Pali-Kona Forest Reserve. Dieser Pfad führt 5,6 km über den Alakai Swamp durch strauchartigen einheimischen Regenwald und flache Hochmoore. Er endet an einer Aussichtsstelle, **Kilohana** genannt, am Rand der Wainiha Pali. Bei klarem Wetter bieten Blick ins Wainiha Valley und Hanalei Valley ein unvergessliches Erlebnis. Für diese Wanderstrecke unbedingt Kleidung tragen, der es nichts ausmacht, vom Schlamm verdreckt zu werden.

- **Kawaikoi Stream Trail**
Beginnt 1,2 km hinter dem Forest Reserve Eingangsschild am „Sugi Grove". Dies ist wohl die reizvollste Gebirgsbachwanderung in Hawaii. Gesamtlänge hin und zurück sind 4 km. Die erste Hälfte folgt dem Südufer des Bachs. Der obere Teil macht eine Schleife, erst landeinwärts und kommt dann auf dem Nordufer des Bachs heraus und schließt an den ersten Abschnitt an. Bestimmte Zeiten im August und September für den Fang von Forellen.
Wenn der Kawaikoi Stream Hochwasser führt, nicht überqueren. Als Alternative kann man am Nordufer des Bachs den Pihea Trail entlangwandern.

- **Poomau Canyon Lookout Trail**
Dieser kurze Pfad (500 m) beginnt 2,4 km nach dem Forest Reserve Eingangsschild; führt zu einem großartigen Blick durch den Poomau Canyon zum Waimea Canyon.

354 KAUAI
Kokee State Park

● **Mohihi Waialae Trail**
Beginnt am Ende der *Mohihi-Camp 10 Road*. Überquert den Mohihi Stream und folgt Kohua Ridge ins „Alakai Wilderness Preserve". Der nur gelegentlich gewartete Pfad endet 6,4 km am Koaie Stream. Bei Regenwetter führen die Flüsse zu starkes Hochwasser und können nicht überquert werden.

Bei nachstehend genannten Pfaden ist zuvor eine Camping Genehmigung/Camping Permit einzuholen (d. h. man trägt sich beim Kukui Trailhead ein – *self-sign in permit*); Höchstdauer 4 Tage (von den 4 Tagen bzw. Nächten darf man jeweils bis zu 2 Tage an einem Zeltplatz bleiben). Alles, was mitgebracht wurde, einschließlich Behältnisse von Esswaren und Abfälle, ist wieder zurückzunehmen. Zugang vom **Kukui Trail**.

● **Iliau Nature Loop**
Kurzer 400 m Rundwanderweg entlang der Straße am Westrand des Waimea Canyon, am Start des Kukui Trail. Einheimische Strauchvegetation, Erklärungsschilder zu den Pflanzen. Herrliche Aussicht auf Waimea und Waialea Canyons.

● **Kukui Trail**
Beginnt entlang *Highway 55* neben Telefonmast #1–4/2 P. Reizvolle Wanderung entlang der Westseite des Waimea Canyon. Etwa 610 m Abstieg zur Canyonsohle im Bereich des Wiliwili Camps. Registrierung beim *self check station* am Ausgangspunkt.

● **Koaie Canyon Trail**
Kein Zugang zu diesem Wanderweg bei Sturm und Gewitter wegen Überschwemmung und sintflutähnlichen Verhältnissen an der Waimea River Überquerung. Dieser Pfad beginnt etwa 800 m vom Ende des Kukui Trail den Waimea River aufwärts. Der Pfad führt etwa 4,8 km entlang der Südseite des Koaie Canyon (der vom Kokee State Parks Puu Pele Lookout am besten zu sehende Canyon). Ein reizvoller Canyon mit natürlichen Wasserbecken zum Schwimmen; unterwegs Zeltmöglichkeit. Bis zum Hipalau Camp etwa 1,6 km.

● **Waimea Canyon Trail**
Am Südufer des Waialae Stream darf nicht gezeltet werden, da dies Privatgelände ist. Etwa 13 km Strecke, die zum Ort **Waimea** führt. Unterwegs überquert man den Waimea River mehrmals. Da dieser Pfad über Privatbesitz führt, ist besonderes Permit erforderlich, und zwar in zwei Abschnitten: Für den ersten Teil trägt man sich am Trailhead ein und für den zweiten Abschnitt in Waimea oder links am Kukui Trailhead, wenn man den Kukui Trail für den Rückweg benutzt.

Von der Kokee Lodge werden im Sommer begleitete Wanderungen entlang der Kokee-Trails angeboten. Wer Waimea Canyon in der Mittagszeit besucht sollte in der Kokee Lodge zu Mittag essen. Vom Kokee Natural History Museum führt die Parkstraße etwa 3 mi/5 km zum Kalalau Viewpoint mit atemberaubendem Blick von dem nebelverhangenen Plateau, dem nassesten Flecken der Erde, hinunter ins 1220 m tiefer liegende dichte Kalalau Valley mit seiner üppigen Vegetation und die Na Pali-Küste in der Nähe von Princeville.

Baxter-Tips für Waimea Canyon/Kokee State Park

- **Volltanken** in Waimea oder Kekaha.
- **Jacke oder Pullover** für die kühleren Temperaturen der Hochlagen über dem Canyon und im Kokee State Park.
- **Mittagessen in Kokee Lodge** einplanen oder Picknickproviant im Supermarkt in Waimea besorgen. Schöne **Picknickplätze** im Kokee State Park.
- **Zwei Zufahrten von** *Highway 50* für Waimea Canyon: In Waimea hinter Polizeistation via **Waimea Canyon Road** oder von Kekaha via **Kokee Road,** die etwa nach 7 Meilen sich mit Waimea Canyon Road zum Park State Highway verbindet.
- **Fernglas** zur Vogelbeachtung wird sehr nützlich.
- **Viel Filmmaterial** zum Knipsen mitnehmen.
- **Festes Schuhwerk,** das auch Nässe vertragen kann, falls Wanderung in Feuchtgegend der Alakai-Sümpfe geplant.
- **Herrliche Wandermöglichkeiten** im Kokee State Park, auch kurze Naturlehrpfade. **Kokee State Park** ist **Wanderparadies.**
- **Viel Zeit lassen,** die grandiosen Ausblicke von den zahlreichen Aussichtsstellen zu genießen.
- **Waimea** hat wie sein viel größerer Canyon Bruder Grand Canyon in Arizona die markanten **Rot- und Organetöne** der Südwestwüsten, die das im Gestein vorhandene Eisen hervorruft. Doch **Waimea Canyon** bietet wegen seiner Lage im regenreichen Kauai Grün- und Gelbtöne der Dürre-beständigen Hawaiivegetation.
- Beim **Kokee Park Headquarters** bzw. im Kokee Natural History Museum hinter **MM 15** über mögliche Wanderungen erkundigen.
- **Herrliche Aussicht** etwa 1 mi/1,6 km **hinter Awaawapuhi Trail Abzweigung** auf Kalalau Valley mit Wasserfällen, Dschungel und Wiesen bis zu einem Strand am Ozean vor den Klippen der Na Pali-Küste.
- **Unterkunft** in einer der 12 Hütten der **Kokee Lodge** möglich – siehe **Kauai Hotels/Unterkunft.** Spartanisch, aber mit dem Nötigsten eingerichtet. Sehr gefragt, oft muss man 6 Monate im voraus buchen!
- **Januar ist die kälteste Zeit** des Jahres für Kauai. Bei längeren Wanderungen entsprechende Kleidung mitbringen.
- Bei längern Wanderungen unbedingt zuverlässiger **Regenschutz/** Kleidung erforderlich. Man kann richtig Nässe-durchtränkt werden!
- Es gibt in den Alakai Sümpfen **keine** Schlangen oder Alligatoren und in der Regel keine Moskitos, **aber Vögel** aller Art. Alakai ist Heimat einiger der letzten noch **einheimischen** Vogelarten Hawaiis.
- **Kokee Natural History Museum** ist ein winziges, in einem Raum untergebrachtes Museum.
- Im **Kokee State Park** sind verschiedene Raketen-Kontrollstationen der **NASA** etabliert, die eine große Rolle bei den Raumfahrtprogrammen spielen.
- An manchen Nebenstraßen weisen Schilder darauf, dass dort **Geländefahrzeuge** mit Vierradantrieb erforderlich sind; **nicht** mit normalem Mietauto befahren!

LANAI
Dei Ananasinsel/Allgemeines

> Hier nun zur Ananasinsel Lanai, deren Ananasindustrie von exklusivem Tourismus abgelöst wurde.

LANAI
„Die Ananasinsel – The Pineapple Island"

- **Größe:** Ca. 364 Quadratkilometer. Länge 29 km, Breite 21 km.
- **Name/Aussprache:** La-nah-hie. Lanai bedeutet auf althawaiisch „Buckel".
- **Küstenlinie:** 75 km
- **Bevölkerung:** 2 800
- **Höchste Erhebung:** Lanaihale 1 026 m ü.M.
- **Größte Stadt:** Lanai City
- **Verwaltungshauptstadt/County-Sitz:** Wailuku, Maui (Lanai gehört zum Maui County)
- **Inselblume:** Kaunaoa

Lanai ist die sechstgrößte Insel der erschlossenen Inseln des hawaiischen Archipels und nur etwa halb so groß wie Molokai, von dessen Südküste es nur durch den ca. 11 km breiten **Kalohi Channel** getrennt ist. Die Insel Kahoolawe liegt nur etwa 24 km südöstlich von Lanai. Die Insel **Lanai** wurde von einem einzigen Schildvulkan gebildet, der seine Rundform behalten hat. Von Maui, dessen Westküste nur 12 km entfernt ist, blickt man über den Auau Channel auf einen sanft geschwungenen Buckel, der sich von der Südküste bis zum höchsten Punkt der

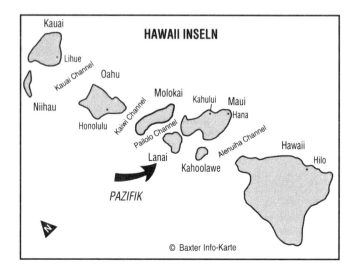

Geschichte

Insel, dem 1 026 m hohen **Lanaihale** erhebt. Von dort fließt der Bergrücken dann nach Norden hin ab.

Lanai liegt im Windschatten der West Maui Mountains und erhält nur geringe Niederschläge. Die landwirtschaftlichen Anbauflächen werden künstlich bewässert.

Die kleine Insel **Lanai** hat eine relativ unbedeutende Rolle in der Geschichte Hawaiis gespielt. Um Lanai rankt sich die Legende der Polynesier, dass auf der Insel böse Geister hausten. Obwohl König Kamehameha hier auf Lanai seinen Sommerpalast hatte – bei Kaunolu, am Südwestzipfel von Lanai, weigerten sich die Polynesier, die Insel zu besiedeln. Man hatte etwa im 14. Jh. beispielsweise Kaululaau, den Neffen des Königs von Maui auf die Insel Lanai verbannt, wo man hoffte, dass ihn dort das Schicksal des Todes ereilen würde. Angeblich jagte dieser jedoch die Geister davon und machte den Weg frei zur Besiedelung der Insel. Erste Siedlungen erfolgten entlang der Maui gegenüberliegenden Ostküste von Lanai, wo hauptsächlich Fischfang betrieben und Taro gepflanzt wurde. Spuren sind in zerstreut liegenden Heiaus und Petroglyphen sowie Ruinen ehemaliger Dörfer vorhanden. Bis zum 18. Jh. hatten sich etwa 3 000 friedliebende Menschen auf der Insel sesshaft gemacht. Doch 1776 überrannte Big Island's machthungriger König Kalaniopuu mit seinen Marodeuren die Insel und dezimierte die Bevölkerung. Der **Hookio Battleground** am Munro Trail macht heute auf diese Tragödie aufmerksam.

Die frühesten Besitzer der Insel neuerer Zeit waren Mormonenmitglieder. Sie begannen Mitte der 1800er Jahre eine landwirtschaftliche Siedlung und starteten später eine Zuckerplantage, die eine Zuckermühle und Eisenbahn umfasste. Als das Unternehmen **1901** Bankrott ging, wurde die Insel an ein Rinderzuchtunternehmen verkauft.

1922 kaufte die Dole Company, eine Tochtergesellschaft von Castle & Cooke, Inc., die Insel auf und bebaute seitdem rund 6 400 Hektar der Insel mit Ananas. Die meisten Beschäftigten leben in der Stadt **Lanai City,** die von Dole-Planern auf 488 m ü.M. angelegt wurde. Bis 1990 galt Lanai noch als die größte Ananasplantage der Welt, doch mittlerweile sind Ananas „out"; stattdessen setzt man nun auf exklusiven Tourismus. Seit **1985** hat sich David Murdock mit 98 % in die Dole Company eingekauft. 400 Millionen Dollar investierte er in seine exklusiven Ferienanlagen The Lodge at Koele und Manele Bay Hotel. 1 200 Menschen arbeiten inzwischen statt auf den Ananasfeldern für das Wohl der Hotelgäste – Tourismus statt Ananas!

Villen und Eigentumswohnungen sollen entstehen, in denen begüterte Amerikaner auf Lanai Zweitwohnsitze einrichten. **Lanai** ist wie Niihau in Privatbesitz, doch im Gegensatz zu Niihau ist die Insel touristenfreundlich und lockt sogar Prominenz. 1995 feierte Computermogul Bill Gates auf Lanai seine Hochzeit (und hatte die ganze Insel gemietet). Stars wie Kevin Costner und Oliver Stone tauchen auf Lanai als Urlauber unter. Doch auch für „Otto Normalverbraucher" ist Platz auf der Insel Lanai.

LANAI
Orientierung & Information

 Lanai Orientierung & Information/Vorwahl (808)

- **Inselinfo**

Lanai, Hawaii's Private Island
P.O. Box 774
Lanai City, HI 96763
geb.frei 1-800-321-4666

Destination Lanai
P.O. Box 700
Lanai City, HI 96763
Tel. 565-7600
Fax 565-9316
geb.frei 1-800-947-4774

- **Klima/Wetter**

Lanai genießt die meiste Zeit des Jahres mildes tropisches Klima mit nordöstlichen Passatwinden. Tageshöchsttemperaturen 24–28°C im Sommer und 20–24°C im Winter. Die Insel ist im allgemeinen trocken, Okt.–April Niederschläge möglich.

- **Zugang zur Insel**
- **Per Flugzeug:** Von Honolulu, Maui und Molokai zum Lanai Airport. Aloha Islandair . . . 1-800-828-0806   Hawaiian Airlines . . .1-800-367-5320
- **Per Fähre:** Fährverbindung fünfmal täglich von Maui; 45 Min. – 1 Std. 661-3756
geb.frei 1-800-695-2624

- **Fortbewegungsmittel auf Lanai**

Die Insel hat nur ca. 30 mi/48 km befestigte Straßen. Für unbefestigte Straßen und rauhes Terrain benötigt man Geländefahrzeuge mit Vierradantrieb/Jeeps.
- **Autovermietung** über **Lanai City Service:** Compact Cars/ Pkws oder Jeeps (doppelt so teuer); auch begrenzten Taxi Service; (Dollar Rent A Car). 565-7227
- Es gibt **keine öffentlichen Verkehrsmittel.** Zwischen Lodge at Koele und Manele Bay Hotel verkehrt ein Pendelbus für Hotelgäste; auch Transport zum Hafen/Boat Harbor, Hulopoe Beach, Lanai City und Lanai Airport.

- **Aktivitäten/Sehenswertes**
- **Strände/Beaches: Hulopoe** gilt als der beste Strand der Insel; ausgezeichnet zum Schwimmen und Schnorcheln. Vom **Lopa**-Strand hat man schöne Aussicht auf Maui. **Polihua Beach** und **Shipwreck Beach** sind romantisch, zum Träumen und gut für Strandwanderungen.
- **Wasseraktivitäten:** Kaunolu Bay, Three Stone Bay und das Manele-Hulopoe Marine Preserve (mit Unterwasserhöhlen der „Cathedrals") sind gute Schnorchel- und Tauchstellen für Scuba Divers. **Trilogy Expeditions** bietet Schnorchel- und Tauchexkursionen oder Walbeobachtungstrips (Dez.–April): gebührenfrei 1-800-874-2666. Fischfangtrips arrangiert Spinning Dolphin Charters: 565-6613.
- **Sehenswürdigkeiten** auf dem „Festland": **Garden of the Gods** mit Felsformationen und **Luahiwa Petroglyphs** – für beide benötigt man Geländefahrzeug/4WD (= Four-Wheel-Drive). Der **Munro Trail** beginnt hinter Lodge at Koele und verläuft via *Hoike Road* (von *Hwy 440* abbiegen) und läuft entlang des Bergkamms.

- **Unterkunft**
- Lodge at Koele P.O. Box 310. Lanai City, HI 96763. 565-7300
geb.frei 1-800-321-4666
Fax 565-4561

102 Zimmer im Plantagenstil wie ein englischer Herrensitz in den Tropen; etwas außerhalb von Lanai City; ruhige und exklusive Lage. Croquet, Rasen-Bowling, Reiten, Radfahren; kostenloses Benutzen von Fahrrädern, Schnorchel- und Tauchausrüstung.

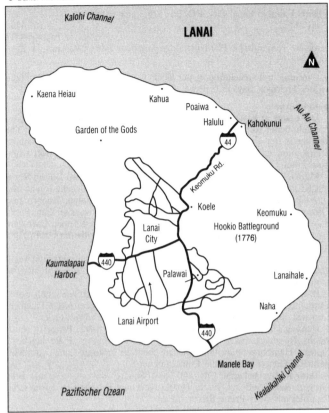

18-Loch-Golfplatz „Experience of Koele" in traumhafter Landschaft wie im schottischen Hochland gilt unter Golf-Reportern als einer der besten Golfplätze. An der spektakulären achten Bahn hat man vom Abschlag zum Fairway rund 76 Meter Höhenunterschied! Nach Design von Greg Norman–Ted Robinson angelegter Golfplatz.

- **Manele Bay Hotel**; Adresse wie Lodge at Koele. 565-7700
geb.frei 1-800-321-4666
Fax 565-2483

Firstclass Haus mit 250 Zimmern an der sonnigen Südküste über der Hulopoe Bay, am weißen Sandstrand; im geschmackvollen mediterranen Stil mit hawaiischem Design in prächtiger tropischer Garten-Parklandschaft, inmitten von Wasserfällen und Lagunen. Asiatische Gärten und Kunstwerke. Yoga- und Fitnesskurse, Schwimmen, Tennis, Fischfangtrips, Tauchen und Schnorchelstrand. Aus den Lavaklippen herausgehauener 18-Loch-Golfplatz „Challenge at Manele" nach Design von Jack Nicklaus bietet grandiosen Meeresblick. Hier bietet die 12. Bahn eine einzigartige Herausforderung.

Gäste beider Hotels können die Einrichtungen sowohl von Manele Bay als auch Lodge at Koele benutzen. Für Flitterwochen gibt es bei beiden Hotels spezielle Packages „Lanai for Lovers".

Von Deutschland sind **beide Hotels** auch über folgende deutsche Vertretung Lanais zu buchen: Island of Lanai, c/o Wiechmann Tourism Services, Scheidwaldstr. 73, 60385 Frankfurt. Tel.(069) 44 60 02 Fax 43 96 31

360 LANAI
Restaurants/Routen

- **Hotel Lanai** in Lanai City; P.O. Box 520, Lanai City, HI 96763 565-4700
Fax 565-4713
Einfache romantische Plantagenlodge aus dem Jahre 1923 mit 11 Zimmern.

- **Camping**; mit **Genehmigung** der Koele Company auf dem kleinen Platzan der Hulopoe Bay; P.O. Box L, Lanai City, HI 96763; Tel. 565-6661.

● **Restaurants**
- Die **Lodge at Koele** hat drei Restaurants: **Formal Dining Room**, elegant mit gehobener Küche, insbesondere neuhawaiische Küche, sehr teuer; **The Terrace** in der eindrucksvollen Hotelhalle mit Verandas und 10 m hohem Steinkamin, etwas preiswerter, hawaiische Spezialitäten; **The Golf Clubhouse** bietet Salate und Sandwiches (nur *lunch*).
- **Manele Bay Hotel** hat vier Restaurants: Eleganter **Ihilani Dining Room** mit Kronleuchtern und Wandgemälden, klassische französische Küche und „*novelle cuisine*", wie Mahi Mahi mit Avocado, Tomaten, Kapern und Oliven, teuer; etwas einfacher **Hulopoe Court** mit Grillspezialitäten, Fisch, Steaks und Geflügel; **The Clubhouse Terrace** auf den Klippen über dem Pazifik, Salate und Sandwiches, nicht zu teuer; **Pool Grille** mit Grillspeisen und Pasta.
- **Hotel Lanai**, preiswerter als die vorgenannten Restaurants und recht gemütlich; gute Portionen; Prime Rib oder Pasta sehr zu empfehlen; in Henry Clay's Rotisserie.
- **Blue Ginger**, Lanai City; gemütliches Café am „Marktplatz"; beliebt bei Einheimischen; Saimin, Chou fun und Lumpia; ausgezeichnete Picknick-Lunches zum Mitnehmen; auch Bäckerei. Preiswertes Frühstück.
- **Dahang's Pastry Shop** (sonntags Ruhetag) und **S.&T. Property** (mittwochs Ruhetag), beide in Lanai City, ausgezeichnete „Plate lunches", Saimin, Hamburgers und Sandwiches; ebenfalls Picknick-Lunch zum Mitnehmen. Hier trifft man die Einheimischen.
- **Tanigawa's**, in Lanai City am Town Square; etwas größer als Blue Ginger. Reis, Geflügel, Fisch, Hamburgers und gelegentlich hawaiisches „Spanferkel" oder Prime Rib.

● **Entfernungen vom Lanai Airport in Meilen/Kilometer und Zeit**
Garden of the Gods .... .45 Min. Munro Trail .... 15 Min.
Hulopoe & Manele Bays . . 11/18 . . . 25 Min. Puupehe (Sweetheart Rock) 25 Min.
Lanai City .... 3/5 ..... 5 Min. Shipwreck Beach . . 17/27. . 35 Min.

ROUTEN DURCH LANAI

Mit nur 30 mi/48 km befestigter Straßen ist es nicht schwer, sich auf der Insel Lanai zurechtzufinden. Lanais drei asphaltierte Straßen verbinden den Flughafen, Hafen, Strand, Hotels und die Stadt Lanai City. Komplizierter wird es erst, wenn man Ausflüge zu den Stränden, alten historischen Stätten und verlassenen Dörfern auf den übrigen Staubstraßen unternimmt auf denen man unbedingt ein Geländefahrzeug/Jeep mit Vierradantrieb benutzen soll. Hier nur eine kleine Routenbeschreibung entlang der befestigten Straßen Lanais.

Lanai Airport–Kamalapau Barge Harbor

Vom Flughafen gelangt man an der Kreuzung auf *Highway 440,* der westwärts als *Kamalapau Highway* zum Hafen **Kamalapau Barge Harbor** und in der anderen Richtung von **Lanai City** südwärts als *Manele Road* zum **Manele Bay Hotel, Manele Boat Harbor** und zur **Hulopoe Bay** führt.

Von der Flughafenstraße bei MM 3 führt *Highway 440* bergab. Hier hat man einen Blick rechts auf die Klippen und die nackte Grasdecke oben auf der Spitze der Klippen. Die Straße zieht sich durch dürre Landschaft und direkt durch die Klippen, an denen Vulkangestein freiliegt. Ehe man den Hafen erreicht, in dem früher hauptsächlich Ananas verladen wurden, werden einige Öltanks passiert. Hier im Barge Harbor gibt es nichts Idyllisches.

Lanai Airport–Manele Bay Hotel

Von der Flughafenstraße vom **Lanai Airport** setzt man bei **MM 3** am *Kamalapau Highway* die Fahrt Richtung Lanai City fort. Bei der Kreuzung bei **MM 6** biegt *Highway 440* als *Manele Road* südwärts ab, während es in der anderen Richtung direkt durch **Lanai City** geht.

Die Straße führt langsam bergab, durch das Palawai Basin, in dem teilweise auch heute noch Ananas angebaut wird. Vorbei an der Abzweigung via *Hoike Road* zu den **Luahiwa Petroglyphs** zwischen **MM 7** und **MM 8** passiert *Manele Road* bei **MM 10** den Kaunolu Trail, der zum **Shark Fin Rock** und zur Organic Farm in Kaunolu führt.

Nach **MM 10** hat man einen Blick auf den Ozean, während die Straße eng und kurvenreich bergab führt. Etwa nach 11 mi/18 km vom Flughafen erreicht man den Komplex des etwas über dem Strand liegenden **Manele Bay Hotels**. Daran vorbei läuft die Straße weiter bergab und verzweigt sich. Eine Gabelung führt westwärts zum Strandpark **Hulopoe Beach Park** und endet dort, während die andere Gabelung ostwärts links zu dem kleinen geschützten Bootshafen **Manele Boat Harbor** sowie dem **Manele–Hulopoe Marine Life Conservation District** führt.

Von Lodge at Koele entlang Keomuku Road

Vom Flughafen zur **Shipwreck Beach** sind es ca. 17 mi/27 km, von der etwa 1 mi/1,6 km außerhalb von Lanai City liegenden **Lodge at Koele** also etwa 13 mi/21 km. Die Tennisplätze und Reitställe der Lodge liegen etwas abseits. Unterwegs gibt es entlang der *Keomuku Road* Mileage Markers (**MM**), die die Entfernung von **Lanai City** angeben. Hinter der Lodge wird die Straße eng und kurvenreich, unterwegs niedrige Vegetation, kaum Bäume und viel rote Erde. Kurz hinter der Lodge at Koele biegt die Straße ab zum Lanaihale und Munro Trail.

Keomuku Road führt dahinter bergab, vorbei an freiliegenden Lavaflächen. Von **MM 3** hat man schon einen Blick auf **Shipwreck Beach**. Die Landschaft ist rauh, windig, die Sträucher zerzaust. Nach etwa 8 mi/13 km kommt man zum Ende der asphaltierten Straße beim Federation Camp. Ab hier geht es auf unbefestigter Sandpiste zum Strand **Shipwreck Beach**. Gegenüber vom Auau Channel liegt Maui.

Attraktionen auf Lanai ◀

Lanai hat sich noch immer seine paradiesische Einfachheit bewahrt, obwohl die einstige Ananasinsel nun zwei exklusive Ferienanlagen umfasst. In Guam, Thailand und auf den Philippinen, wo es genügend Wasser gibt, und wo die Lohnkosten viel niedriger liegen, ist der Anbau der Ananas längst billiger, wodurch die Ananas auf Lanai keine Zukunft mehr hat. Die beiden Hotels werden von Kennern zu den schönsten von ganz Hawaii gezählt. Hier nun zu den Sehenswürdigkeiten der Insel Lanai.

LANAI
Garden of the Gods/Hulopoe Beach

● **Garden of the Gods** (Garten der Götter); im Nordwesten entlang *Awalua Highway,* etwa 7 mi/11 km von Lanai City; ca. 45 Min. vom Flughafen. Der Garden of the Gods ist eine Landschaft wundersamer, bizarrer Felsformationen, die aussehen, als habe man sie aus großer Höhe fallengelassen. Die rote Erde sieht versengt aus und bildet eine Landschaft aus Felsspitzen und Schluchten. Jahrtausendelange Erosion der feinen roten Erde, in die diese Felsbrocken eingebettet waren, ließ diese Steine zurück, die bei Sonnenauf- und untergang in ein prächtig buntes Licht getaucht werden.

Vom **Garden of the Gods** führen mehrere Pfade durch wüstenhafte Gegend zur Küste, wie **Polihua Trail** zum **Polihua Beach** mit einem schönen, weißen Sandstrand, wo einst Meeresschildkröten ihre Eier im Sand ablegten. Ein andere Pfad, **Kaena Trail**, führt zum **Kaena Point** mit steil ins Meer abfallenden Felsen. 1837 hat man hier vorübergehend Ehebrecherinnen ins Exil geschickt. Südlich davon liegen die Reste des **Kaena Heiau**, der als größter Heiau Lanais gilt (allerdings schwer zugänglich).

● **Hulopoe Bay und Hulopoe Beach.** An der reizvollen Zwillingsbucht **Hulopoe Bay** und **Manele Bay** liegt der schönste Strand von Lanai, über den *Highway 440* von Lanai City zu erreichen, etwa 11 mi/18 km vom Lanai Airport. Oft kann man hier ganze Schulen von hawaiischen Spinnerdelphinen beobachten. Seesterne und Seeanemonen findet man in den Gezeitentümpeln der Hulopoe Bay. Es ist Lanais einziger, über eine asphaltierte Straße zugänglicher Strand. **Hulopoe Beach** mit weißem Sandstrand und Palmen ist perfekt zum Schwimmen und Picknicken; gefahrloses Baden im natürlichen Lavaschwimmbecken. Dies ist auch der einzige offizielle Campingplatz Lanais – siehe **unter Orientierung & Information**. Hulopoe Beach ist manchmal am Wochenende den Bewohnern Lanais vorbehalten!

● **Kahikili's Leap.** Am Südwestzipfel von Lanai gelangt man von *Kaupili Road* über die 3.3 mi/5,3 km Jeepstraße *Kaunolu Trail* zu dem ehemaligen Fischerdorf **Kaunolu Village** an der **Kaunolu Bay**. In der Nähe befindet sich **Kahikili's Leap**, wo angeblich König Kamehamehas Krieger ihren Mut probten, indem sie einen schmalen Pfad hinuntersprinteten und über 18 m tief ins Meer sprangen und dabei einen etwa 4 1/2 m aus der Klippenbasis herausragenden Felsvorsprung überwunden hatten.

● **Kaunolu Village.** Das einstige Fischerdorf auf halber Strecke zwischen Kaumalapau Harbor und Manele Beach liegt am Ende einer langen, trockenen Schlucht, die am felsigen Strand endet. Früher diente diese Stelle als Kanu-Landeplatz. Kamehameha I., der Napoleon der Südsee, hatte sich dieses ehemalige Fischerdorf als Sommersitz ausgewählt. Heute findet man hier vor grandioser Felskulisse nur noch Ruinen des althawaiischen Dorfes.

Ein Lehrpfad führt durch das archäologische Gebiet mit archäologischen Ausgrabungen von über 80 Hausresten zur ehemaligen Tempelanlage **Halulu Heiau** und alten Angelplätzen. Von dem freigelegten Tempel ist nicht mehr viel vorhanden.

● **Keomuku.** Östlich von Lanai City liegt die Geisterstadt **Keomuku**, ein seit 1901 unbewohntes Dorf, nachdem die Zuckerfabrik um die Jahrhundertwende geschlossen wurde. Heute gibt es hier nur noch eine kleine verfallene Kirche und einige Kokospalmen. Von der ehemaligen Zuckerfabrik sind nur noch Ruinen zu sehen.

● **Lanai City;** auf 488 m ü.M. im kühlen Hochland von Lanai. Von den etwa 2 800 Einwohnern Lanais leben etwa 98 % in Lanai City. Lanai City's kühles Klima und dichten Baumbestände aus hohen Cook- und Norfolk-

LANAI
Lodge at Koele

Pinien lassen die Stadt eher wie ein nordkalifornisches Bergdorf als eine hawaiische Plantagenstadt wirken.

Eine Grünanlage bildet das Zentrum von Lanai City, das in den Zwanziger Jahren von der Dole Pineapple als Siedlung für die Plantagenarbeiter angelegt wurde. Die hohen Cook- und Norfolk-Pinien wurden zu dieser Zeit ebenfalls gepflanzt, und zwar von dem Neuseeländer George Munro, der hier auf Lanai als Ranch-Manager tätig war. Mit dem Anpflanzen der Bäume trug er dazu bei, das große Wasserproblem der Insel zu beseitigen, da die dichten Nadeln in höheren Lagen die Feuchtigkeit speicherten und so einen Nebelniederschlag bewirkten.

Am Nordrand von Lanai City befindet sich die wie ein englischer Herrensitz wirkende Nobelherberge Lodge at Koele mit Meisterschafts-Golfanlage, Tennisplätzen und Reitställen. Die Insel Lanai hat neun Kirchen, eine davon ist eine winzige Holzkirche außerhalb von Lanai City – Hawaiian Congregational Church mit gepflegtem Blumengarten ringsum. Gottesdienste werden auf hawaiisch und englisch gehalten. Im übrigen bietet Lanai City alles Wichtige, was man braucht, wie Tankstelle, Post, Autovermietung, eine Handvoll einfache Restaurants, kleiner Supermarkt, Polizei, Feuerwehr und Krankenhaus sowie das einfache 11-Zimmer Hotel Lanai aus den Zwanziger Jahren, das 70 Jahre lang das einzige Hotel Lanais war.

● **Lanaihale** ist mit 1 026 m Lanais höchste Erhebung und einziger Gipfel. Entweder fährt man mit einem Geländefahrzeug hinauf oder unternimmt einen Fußmarsch. Die Fahrt über die Jeepstraße, den **Munro Trail**, beginnt von der *Keomuku Road/Highway 430* in Richtung Shipwreck Beach, kurz hinter der Lodge at Koele, oder von *Highway 440* über *Hoike Road*. Bei klarem Wetter kann man oben vom Gipfel fast alle Inseln Hawaiis außer Kauai sehen. **Munro Trail** ist vom oberen zum unteren Ende eine 9 mi/ 14 km Strecke.

● **Lodge at Koele**; außerhalb von Lanai City mit kleiner grüner Holzkirche vor dem Hotel. Über dem Eingang prangt eine überdimensionale Ananasmalerei. Selbst wer hier nicht übernachtet, sollte wenigstens einen Blick in die großzügige Hotelhalle werfen. Imposant ist der aus Natursteinen gestaltete, bis zur etwa 11 m hohen Decke reichende offene Kamin. Oberlichter erhellen die herrschaftliche Halle. Im Tearoom wird nachmittags „High Tea" serviert – echt englisch, mit *scones* und *clotted cream!*

102 Zimmer umfasst die Hotelanlage unter Kupferdächern und Holzbauten im viktorianischen Stil mit langen Veranden. Bei einer Lage auf 520 m ü.M. und Temperaturen in den 20ern braucht man hier keine Klimaanlage in den Räumen. Hinter der Lodge liegt ein Teich, prachtvolle Parkanlagen, die in Waldlandschaft übergehen. Golfer finden hier im 18-Loch-Golfplatz **Experience at Koele** Erfüllung, die Meisterschafts-Golfanlage nach dem Design von Greg Norman und Ted Robinson.

● **Luahiwa Petroglyphs.** Von Lanai City südwärts auf *Manele Road/Highway 440* bis zur Abzweigung von *Hoike Road*, eine Schotterstraße. Auf *Hoike Road* in Richtung der beiden Wassertanks am Berg, vorbei an zwei Wassergräben. Nach dem zweiten Wassergraben links abbiegen und dem Wassererraben auf der rechten Seite bis zu einer Wasserleitung entlangfahren. Der Wasserleitung bis zum dritten Elektrizitätsmast folgen. Am „No Trespassing" Schild links hinauf.

Auf dem überwucherten Pfad weiter bergauf zu den braunschwarzen Felsen, auf denen die Petroglyphen zu sehen sind. Man findet alle möglichen Formen und Zeichen, bellende Hunde, Reiter hoch zu Ross (was beweist, dass diese Zeichnungen nach Ankunft der Weißen erfolgten), Kanus. Die meisten Petroglyphen sind auf der Südseite der Felsen zu finden.

364 LANAI
Manele Bay/Munro Trail

● **Manele Bay.** Reizvolle Bucht am Fuß von *Manele Road/Highway 440* mit kleinem geschütztem Bootshafen und der **Manele-Hulopoe Marine Life Conservation Area,** mit Korallengarten, ein Mekka für Schnorchler und Taucher; ausgezeichnete Gegend zum Beobachten von Meeresschildkröten. Berühmt sind die Unterwasserhöhlen „The Cathedrals" zum Tauchen.
Hier im Hafen machen die Boote der Tagesausflügler von Lahaina (Maui) fest. Man hat auch einen guten Blick auf die Insel **Kahoolawe,** die vom Zweiten Weltkrieg an bis 1990 als militärisches Bombenabwurfziel benutzt wurde.

● **Manele Bay Hotel.** Am Hügel über der Hulopoe Bay an Lanais Südküste, über *Manele Road/Highway 440* erreichbar; etwa 11 mi/18 km vom Lanai Airport. Die große Hotelhalle, die den Ozean überschaut, ist mit chinesischen Wandmalereien, Wandteppichen und diversen Kunstwerken versehen. Die 250 Zimmer und Suites sind im chinesischen Kolonialstil gestaltet, während die Außenarchitektur mediterranen Baustil mit hawaiischem Design aufweist. Fünf zweigeschossige Pavillons sind durch mit Fackeln erleuchtete luftige Gänge über tropische, terrassenförmige Gartenanlagen und Fischteiche verbunden.
Manele Bay Hotel besitzt die meisten Freizeiteinrichtungen der beiden Hotels – Gäste von The Lodge at Koele können Einrichtungen beider Hotels benutzen (gilt auch umgekehrt für Gäste von Manele Bay). Ein kurzer, von Kiawe-Bäumen begrenzter Fußpfad führt zu dem 800 m langen Sandstrand Hulopoe Beach. Die Herausforderung für Golfer – der 18-Loch-Golfplatz **The Challenge at Manele,** führt an den Klippen entlang. Minibusse verbinden Manele Bay Hotel mit The Lodge at Koele und Lanai City.

● **Munro Trail.** Wander- und Fahrradroute. Kurvenreiche 9 mi/14 km Sandpiste, die durch den Nebelwald hinauf auf den 1 026 m hohen Lanaihale Mountain führt, der sich hinter Lanai City erhebt. Der **Munro Trail** erstreckt sich auf der gesamten Länge des Bergrückens des Lanaihale Mountain. Der Neuseeländer George C. Munro pflanzte Anfang der 1900er Jahre Samen und Pflanzen aus seiner Heimat entlang des Bergrückens. Seine Cook- und Norfolk Island-Pinien gingen so gut an, dass noch mehr davon in Lanai City gepflanzt wurden, die zu den kühleren Temperaturen verhalfen. Junge Norfolk-Pinien werden von den Inselbewohnern gerne als Christbäume genommen.
Munro Trail gilt als einer der beliebtesten Trails der Backpackers. Die meisten Besucher ziehen einen Besuch mit dem Jeep vor. Entweder von *Keomuku Road* (Richtung Shipwreck Beach) oder *Manele Road* über *Hoike Road* starten. Bei einem 2½stündigen Trip hat man ein herrliches Panorama und einen Blick auf Hookio Ridge, ein althawaiisches Schlachtfeld und die einzige Festung der Insel. Hier schlug 1776 Kalaniopuu von Big Island die Krieger von Lanai.
Am besten nimmt man bei **MM 9** an der *Manele Road/Highway 440* Richtung Manele Bay die Hoike Abzweigung zum Gipfel des Lanaihale und folgt dem Munro Trail durch die Schlucht **Hookio Gulch** nach Koele und Lanai City, rund 9 mi/14 km.

● **Palaiwa Basin.** Lanai entstand durch einen Schildvulkan, der sich vom Meeresboden nach oben schob. Eventuell fiel der Gipfel des inzwischen erloschenen Vulkans in sich ein und ließ das **Palaiwa Basin** entstehen. Der Geschäftsmann aus Boston James Dole sah in der roten Erde von Lanais Palaiwa Basin eine Goldquelle. Er kaufte die Insel und gründete darauf sein Ananasimperium, das seinen Namen trägt. Noch bis vo kurzem füllten Tausende Hektar Ananasfelder dieses Basin. 70 Jahre lang war Lanai eine Ananasplantage. Wer in Lanai arbeitete, war bei der Dole Company tätig.

LANAI
Shipwreck Beach

Doch um 1985 brachten Ananas keinen Profit mehr. Seit 1985 gehört dem Baumogul David Murdock 98 % von Lanai. Als größter Anteilseigner bei Dole ließ er auf Lanai die beiden Hotels bauen – The Lodge at Koele im Jahre 1990 und Manele Bay Hotel 1991. Inzwischen ist der Ananasanbau in Guam, Thailand und den Philippinen längst billiger, und über kurz oder lang wird die Ananas dasselbe Schicksal wie Zuckerrohr ereilen und der Ananasanbau wegen Unrentabilität verschwinden.

● **Puu Pehe (Sweetheart Rock);** Felsformation, die am Südzipfel, am Fuß von *Manele Road* aus dem Meer ragt.

● **Shipwreck Beach;** etwa 4 mi/6 km Sandstrand mit schattigen Kiawe-Bäumen, die von belgischen Missionaren Mitte des 19. Jh. gepflanzt wurden. An der windigen Nordküste, über *Highway 430/Keomuku Road* zugänglich; etwa 17 mi/27 km vom Lanai Airport. Strand verdankt seinen Namen den an den Riffs der Area zerschellten Schiffen. Als größtes Schiffswrack ragt der Rumpf eines Liberty Frachters aus dem Zweiten Weltkrieg hervor. Vom Strand führt ein kurzer ausgeschilderter Pfad zu althawaiischen Petroglyphen. Strand weniger zum Schwimmen, dafür zum Sammeln von Strandgut und Muscheln, ideal für Muscheln, ideal für *Beachcombers!*

Von Nov. bis April kann man von hier die Buckelwale beobachten, die in den Gewässern um Lanai ihre Jungen zur Welt bringen. Ostwärts von Shipwreck Beach schlängelt sich eine Staubstraße an der Küste entlang zu abgelegenen Buchten und Stränden, bis zur ehemaligen Zuckerfabrik Maunalei Sugar Company. Alles was noch von dem kleinen Plantagendorf **Keomoku** übriggeblieben ist, ist eine alte hawaiische Kirche.

In der anderen Richtung führt ein 13 km Weg über den Garden of the Gods zum Polihua Strand. Zum Schwimmen eignet sich das Meer hier überhaupt nicht. Interessant ist es für Strandwanderungen und zum Muschelsammeln.

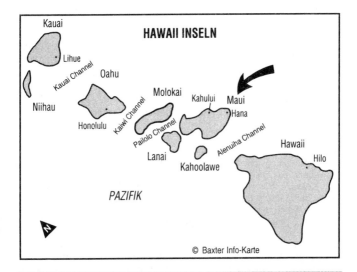

Nun zur Valley Island – Maui, eines der beliebtesten Hawaii-Reiseziele.

MAUI

Landschaften/Allgemeines

MAUI
„Valley Island – Talinsel"

- **Größe:** 1 895 Quadratkilometer; zweitgrößte Insel der hawaiischen Inselkette; Länge 77 km, Breite 42 km.
- **Küstenlinie:** 240 km
- **Bevölkerung:** 116 000
- **Höchste Erhebung:** Puu Ulaula (Red Hill) mit 3 055 m ü.M., höchster Punkt des Haleakala-Kraters. Puu Kukui in West Maui 1 764 m ü.M.
- **Alter:** Etwa eine Million Jahre älter als Hawaii (Big Island).
- **Größte Stadt:** Kahului, Wailuku (County-Sitz des Maui County, das Maui, Lanai, Molokai und Kahoolawe umfasst).
- **Flughäfen:** Kahului Airport (Hauptflughafen), Kapalua-West Maui Airport, Hana Airport.
- **Inselblume:** Lokelani
- **Topattraktionen:** Haleakala Nationalpark, Beobachtung der Buckelwale von Nov. bis April, Straße nach Hana, alte Walfängerstadt Lahaina, Windsurferstrand Hookipa, Badeortlandschaft Kaanapali, Schnorcheltrip zur Insel Molokini.
- **Besonderheiten:** Maui besteht aus zwei getrennten Bergregionen mit dem **Puu Kukui** Vulkan und Eke-Krater im Westen und **Haleakala** im Osten. Haleakala ist mit seinem Umfang von ca. 34 km der größte ruhende Krater der Welt; man könnte ganz Manhattan in ihn hineinstecken! Die seltene Pflanze **Silversword** kommt außer auf Big Island nur in der Lavawüste von Maui vor. Maui besitzt den einzigen kommerziellen Weinbaubetrieb Hawaiis. Auf Maui verkehrt die einzige noch in Betrieb befindliche Eisenbahn – **Sugar Cane Train** zwischen Lahaina und Kaanapali.

Maui liegt nordwestlich von der Insel Hawaii und wird durch den Alenuihala Channel von ihr getrennt. Die zweitgrößte Insel des hawaiischen Archipels besitzt eine Fläche von 1895 Quadratkilometer. Wie die Insel Oahu, die etwa 110 km Luftlinie entfernt liegt, wurde Maui von zwei Schildvulkanen und einem Verbindungsplateau geformt.

Maui ist ähnlich wie Tahiti geformt – etwa in der Form einer verzerrten Acht. Der enge Hals, der die beiden Hälften mit den erloschenen Vulkanen **Puu Kukui** im Westen und **Haleakala** im Osten zusammenhält ist eine fruchtbare Ebene, die landwirtschaftlich zum Zuckerrohranbau genutzt wird. Dieses Tal hat vermutlich Maui zu seinem Beinamen *Valley Island* – Talinsel verholfen.

- **Entstehung der Landschaften.**

Die Berge der West Maui Mountains, die durch Flusserosion in zahllose zerklüftete Täler und Gipfel eingeschnitten wurden, entstanden durch Eruptionen des ältesten Vulkans der Insel. Sein Gipfel, der 1764 m hohe **Puu Kukui,** bleibt die höchste Erhebung von West-Maui. Das Tal **Iao Valley,** die Caldera dieses ehemaligen westlichen Vulkans, bildet ein natürliches Amphitheater. Sein prominentestes Wahrzeichen ist die **Iao Needle,** eine Felsnadel, die sich 686 m über dem Meeresboden erhebt und hier etwa 366 m über der Talsohle aufragt.

Der **Haleakala** ist Mauis zweiter Vulkan. Sein etwa 49 Quadratkilometer umfassender Krater ist am besten vom **House of the Sun Visitors Center** im **Haleakala Nationalpark** zu sehen. Innerhalb des Haleakala Kraters gibt es zahlreiche Vulkankegel, von denen sich als höchster der **Puu Ulaula** oder Red Hill mit 3 055 m ü.M. erhebt. Der Haleakala brach nur einmal 1790 während der Zeit der Geschichtsschreibung aus.

Die Lavaströme der beiden Vulkane flossen aufeinander zu und ließen die heutige Landenge der Insel zwischen West-Maui und Ost-Maui ent-

MAUI 367
Inselkarte

stehen. Das Gebiet von West-Maui ist nur schwer zugänglich und nur durch die Küstenstraße erschlossen. Das flächenmäßig doppelt so große Gebiet von Ost-Maui wird von der Kraterlandschaft des mächtigen Haleakala Vulkans dominiert.

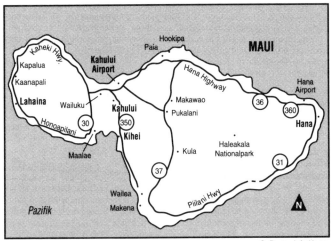

© Baxter Info-Karte

● **Maui Landschaften & Attraktionen**
Die besondere Vielfalt der Landschaften auf Maui, das früher als Geheimtip galt, hat sich inzwischen herumgesprochen und zieht zunehmend Besucher an. Wie alle Hawaii-Inseln weist Maui aufgrund der vorherrschenden Passatwinde eine regenreiche Ost- und eine sonnenreiche Westseite auf. Somit konzentrieren sich die Hotelkomplexe auf Mauis Westseite mit den bezauberndsten Sandstränden

● **Haleakala.** Landschaftlich dominierend ist Mauis **Südosthälfte** mit dem ruhenden **Haleakala-Vulkan**, dessen Gipfel 3 055 m ü.M. liegt. Bei der Autofahrt zu seinem Kraterrand und Gipfel erreicht man die Vegetationsgrenze und gerät auch oft über die Wolken. Der Blick oder gar eine Wanderung hinab in den riesig breiten Krater mit seinen vielen kleinen und großen Schlackenkegeln zählt zu den unvergesslichen Höhepunkten auf Maui.

● **Hana.** Ein Dorado für Naturliebhaber und daher ein sehr beliebtes Ausflugsziel ist auch die regenfeuchte Küste an der Südostflanke des Haleakala. Dort verläuft über 52 mi/83 km mit 617 Kurven und 56 Brücken die **Hana Road** von Kahului nach **Hana**, die durch tropische Urwaldlandschaft mit Wasserfällen und idyllischen Buchten führt. **Hana** ist der verträumte Ort, in dem man noch Althawaii erlebt.

● **Südwestküste von Ost-Maui.** Unter den westlichen Flanken des Haleakala mit Mauis Upcountry, wo Viehzucht und Weinbau dominieren, erstrecken sich entlang der Südwestküste die Ferienzonen von **Kihei**, **Wailea** und **Makena** mit dem als Schnorchel- und Taucherparadies bekannten Inselchen **Molokini**, das dem Südwestzipfel vorgelagert ist. Die karge Graslandschaft an der Südwestküste erinnert etwas an eine afrikanische Trockensavanne.

● **Die Landenge** zwischen Kahului/Wailuku und Kihei sowie dem Hafenstädtchen **Maalaea** ist fruchtbares Landwirtschaftsgebiet, in dem überwiegend Zuckerrohr angebaut wird. **Wailuku** ist die Verwaltungshauptstadt des Maui County, zu dem außer Maui die Inseln Lanai, Molokai und Kahoolawe gehören. Als Besuchermagnet lockt hier die im Iao-Tal liegende, eindrucksvolle, grün überwucherte Felsnadel **Iao Needle**. In **Maalaea** kann man das hervorragend gestaltete Aquarium im modernen **Maui Ocean Center** besuchen.

● **Westküste Highlights.** Mauis Goldküste. Die Westküste von West-Maui dominieren außer dem alten Walfängerstädtchen **Lahaina** die als Ferienzonen auf dem Reissbrett vorzüglich geplanten Resortareas von **Kaanapali**, über Kahana und Napili bis **Kapalua** mit bezaubernden Badestränden und Buchten sowie allen touristischen Möglichkeiten. Hervorragende Golfanlagen und Tennisplätze, Reiten und Wassersport begleiten das Ambiente der Hotelanlagen, unter denen sich eine Reihe berühmter Luxushotels befinden.

● **Nachbarinseln.** Von Maui sind Ausflüge zu den benachbarten Inseln Molokai und Lanai, die von Maui aus verwaltet werden, per Boot oder Flugzeug möglich.

● **Touristische Entwicklung.**
Maui ist einer der größten Anziehungspunkte der hawaiischen Inseln. Hier beschwatzte der hawaiische Halbgott Maui die Sonne, länger zu scheinen – siehe unter dem Abschnitt **House of the Sun Visitors Center** Kapitel Haleakala Nationalpark. Kapitän Cook äußerte sich als erster Nichthawaiianer 1778 über Maui. Hawaiische Könige wählten Maui als Herrschaftssitz ihres Königreichs. Missionare gründeten Schulen. Walfänger fanden walreiche Gewässer um Maui und einen geschützten Hafen bei **Lahaina**, das zur Walfanghauptstadt des Pazifiks wurde. Herman Melville schrieb hier seinen Roman *Moby Dick*, und Mark Twain besuchte Maui.

Die landschaftlich so abwechslungsreiche Insel geriet Ende der 1960er Jahre ins Blickfeld des Tourismus. Heute trifft sich hier die Szene. **Lahaina** lockt vor allen Dingen junge Urlauber, und die Gegend um **Kihei** bietet erschwinglichen Familienurlaub, während die Luxushotels von **Kaanapali** und **Kapalua** sowie **Wailea** und **Makena** alle nur erdenklichen Annehmlichkeiten offerieren.

Ökotourismus ist auf Maui populär mit Walbeobachtungstouren, Wanderungen, Ozean-Kajaktouren und anderen Aktivitäten. Fischfangtrips, Glasbodenbootsausflüge, Segeltörns und Tauchertrips gehören zum Aktivprogramm der Freizeitunternehmen Mauis.

Geschichte

Maui blickt auf eine bewegte Geschichte zurück. Bereits vor Ankunft des weißen Mannes war Maui ein mächtiges Königreich. Es gab Kriege und die Könige beherrschten nicht nur Maui, sondern auch die benachbarten Inseln Lanai und Kahoolawe. Um das 16. Jh. lief eine königliche Straße, *Alaloa* genannt, rings um die Insel. Heute ist außer winzigen Abschnitten in Ost-Maui nichts mehr davon zu sehen.

Als Ende der **1700er** Jahre die Weißen ankamen, wurde Maui der zentrale Punkt. Missionare, Walfänger und die neue Generation der Kamehameha Könige machten **Lahaina** zu ihrem Sitz. Maui erlebte etwa 50 Jahre lang eine Blütezeit. Die Missionare bauten die ersten Steinhäuser und gründeten die Lahainaluna Schule, die heute noch als älteste High School

Geschichte

westlich der Rocky Mountains existiert. Auf der Druckpresse der Missionare entstand die erste Zeitung Hawaiis.

Im abgelegenen Gebiet von Hana begann die Zuckerindustrie und damit der Beginn der Plantagenära. Danach kam die Zeit der Walfänger, doch nach deren Ende geriet Maui fast in Vergessenheit. In den 1960er Jahren erfolgt Mauis Wiederbelebung durch den Beginn des Tourismus.

● Die Zeit der Könige

Bevor Kapitän James Cook **1778** Hawaii entdeckte, war ganz Hawaii in Aufruhr. Kurz danach sollte Kamehameha der Große als großer Herrscher aufsteigen und die hawaiischen Inseln unter einer Herrschaft vereinigen.

In den **1770er** Jahren regierte König Kahekili Maui; angeblich soll er Kamehamehas Vater sein. Mauis Hana District wurde allerdings von Kalaniopuu von Big Island regiert. Es war derselbe König, der zugegen war, als Kapitän Cook in der Kealakekua Bay getötet wurde.

Hana ist die Geburtsstätte von Königin Kaahumanu, Kamehamehas Lieblingsfrau. Sie war eine treibende Kraft, Hawaii zu verändern und Neuerungen durchzusetzen. **1776** erfolgte eine Invasion Kalaniopuus auf Maui, wurde aber durch Kahekilis Krieger bei Sand Hill in der Nähe von Wailuku verhindert, wo Kalaniopuus Truppen eine vernichtende Niederlage erlitten.

Kapitän James Cook hatte Maui zwar im November **1778** gesichtet, ging aber nicht an Land, da er keinen geeigneten Ankerplatz finden konnte. Am 28. Mai **1786** ging eine französische Expedition unter dem Kommando von La Perouse in der Nähe von Lahaina an Land, nachdem man bei La Perouse Bay einen sicheren Ankerplatz gefunden hatte. Maui wurde bald zum regulären Anlaufhafen.

1790 schlug Kamehameha Kahekilis Truppen bei **Iao Needle** und nahm Maui unter seine Herrschaft. Kahekili war nicht an der Schlacht beteiligt, bei der Kamehameha eine Kanone von dem Schiff *Fair American* benutzte, das er ein Jahr zuvor beschlagnahmt hatte. Die Seeleute Davis und Young, mit denen Kamehameha sich angefreundet hatte, brachten ihm übrigens bei, diese gefährliche Waffe zu benutzen.

● Das 19. Jahrhundert.

Mit Beginn des 19. Jh. gab es bedeutende Veränderungen für Hawaii, viele dieser Veränderungen kamen über Maui, und speziell über Lahaina. **1793** besuchte Captain Vancouver Lahaina und bestätigte die Berichte von La Perouse über den guten Ankerplatz. **1802** machte Kamehameha mit seiner enormen Kriegsflotte *Pelelu Fleet* auf dem Weg zur Eroberung Oahus auf Maui Halt. Er hielt sich ein Jahr auf der Insel auf, kassierte Steuern und ließ in Lahaina seinen „Brick Palace" erstellen. Die Backsteine waren zwar von schlechter Qualität, aber dies war das erste Bauwerk der Inseln im sogenannten Western-Stil.

Kamehameha ließ auch ein herrliches Strohhaus für seine Tochter Prinzessin Nahienaena erstellen. Dieses war so stabil gebaut, dass es später dem amerikanischen Konsul als Wohnhaus diente. **1819** ging der erste Walfänger, die *Bellina*, bei Lahaina vor Anker. Damit begann Lahainas Aufstieg zur Walfanghauptstadt des Pazifiks. In der Blütezeit des Walfangs kamen über 400 Schiffe nach Lahaina.

1819, in dem Jahr, als Kamehameha I. starb, ließ dieser noch einen Beobachtungsturm errichten, von dem aus man die zurückkehrenden Schiffe, die das kostbare Gut des Walfangs beförderten, beobachten konnte.

● Hawaii wird christianisiert.

1823 wurde die erste christliche Missionsstation unter Reverend Richards in Lahaina errichtet. In jenem Jahr starb Königin Keopulani, die erste bedeutende Konvertitin, die zum Christentum übergewechselt war. Man

370 MAUI
Geschichte

bestattete sie in Lahaina als Christin. Reverend Richards und Königin Kaahumanu erstellten gemeinsam den ersten Zivilkodex, der auf den zehn Geboten basierte.

Die Walfänger bekämpften die Einmischung der Missionare in ihre Interessen soweit, dass sie sogar das Haus des Missionars bombadierten. Im Laufe des darauffolgenden Jahrzehnts kam es zur Versöhnung mit den Seeleuten. Eine Kirche wurde direkt neben dem Baldwin Home erstellt, das heute noch an Front Street steht.

● **Mauis Auf und Ab.**
Es erfolge eine Volkszählung und man erstellte ein Gefängnis. Kamehameha III. verlegte die Hauptstadt des hawaiischen Königreichs nach Honolulu. In den 1850er Jahren brach eine Pockenepidemie aus. Ende der 1860er Jahre kam die Walfangindustrie zum Erliegen, doch der Zucker trat an ihre Stelle. 1849 begann die erste erfolgreiche Zuckerrohrplantage entlang der Hana Küste. 1861 eröffnete James Campbell die erste Zuckermühle. In den 1870er Jahren wurde Lahainas berühmter Banyan-Baum gepflanzt.

● **Maui im 20. Jahrhundert.**
1901 erfolgt der Bau des Pioneer Hotels. Der Zuckerbaron Claus Spreckels besaß viel Land auf Maui und ließ 1878 den Wassergraben **Haiku Ditch** sowie seine eigene Zuckerstadt **Spreckelsville** erstellen. Der 50-km-Graben beförderte täglich 189 Millionen Liter Wasser von **Haiku** nach Puunene zur Bewässerung der Zuckerrohrfelder.

In den 1930er Jahren verlor Lahaina seine Bedeutung, während **Paia** die führende Plantagenstadt wurde, wo Tausende von Plantagenarbeiter nach Nationen getrennt in Camps untergebracht wurden. In den 1960er Jahren entwickelte sich der Tourismus, als man an der Westküste große Ferienkomplexe plante und bis heute ausbaute und weiterentwickelte.

Maui Überblick

Maui bietet Besuchern, die gerne abseits der ausgetretenen Pfade wandeln möchten, zahlreiche Gelegenheiten zur Erkundung:

● **Hana,** an Mauis üppig grüner Ostküste, ist ein „Old Hawaii" Städtchen, das wohl per Flugzeug erreicht werden kann (teuer), aber am besten über den abenteuerlichen *Hana Highway* angesteuert werden sollte, der durch bezaubernde Dschungel- und Tropenwälder und an herrlichen Wasserfällen vorbeiführt – siehe **Hana Highway.**

● **Wailuku,** eine historische Stadt, die Mauis Vergangenheit bewahrt hat. Hier findet man die **Maui Tropical Plantation** sowie das **Bailey House Museum.** Außerdem liegt die Stadt in der Nähe des Iao Valley, bekannt durch die berühmte Iao Needle Felsformation.

● **Lahaina,** einst im 19. Jh. die Walfang-Hauptstadt des Pazifiks, heute ein *National Historic Landmark,* die Geschichte mit Shops und Kunstgalerien verknüpft. Artefakte aus Mauis Walfanggeschichte zu sehen.

● **Upcounty** ist „Heimat" von Mauis Haleakala Krater, auch „House of the Sun" genannt. Upcountry's Landschaft zeichnet sich durch Weideland, Ananasfelder, Wildblumen und seine süßen Kula-Zwiebeln sowie Ranchland mit Pferden und Rindern aus. Upcountry umfasst auch Kunstgalerien, Proteazüchter sowie Hawaiis einzigen kommerziellen Weinbaubetrieb.

- **Kahului** ist das Geschäfts- und Wirtschaftszentrum Mauis. Mit mehreren Shopping Malls gilt es als die „Shopping Capital" von Maui.
- **Mauis Goldküste** besteht aus über 10 Golfanlagen, die sich über vier Ferienhotelanlagen erstrecken: Kapalua, Kaanapali, Wailea und Makena.
- **Kapalua** ist ein abgelegenes Resort neben einer riesigen Ananasplantage; bietet Schnorcheln in Honolua Bay, besitzt einen Marine Life Conservation District und den Strand an Kapalua Bay. Das Resort umfasst 20 Tennisplätze und drei 18-Loch Golfplätze.
- **Kaanapali** liegt nur wenige Minuten von Lahaina entfernt und umfasst fünf Kilometer herrlichster Sandstrand sowie Golf- und Tennisplätze. Zum Resort gehören verschiedene Shopping Komplexe sowie Restaurants und Night Life Lokalitäten.
- **Wailea** besitzt fünf sichelförmige Strände, die alle über einen Strandweg verbunden sind. Ferner gehören drei Golfplätze entlang der Ozeanküste zum Ferienkomplex. Außerdem verfügt Wailea über die einzigen Rasen-Tennisplätze der Insel.
- **Makena.** Auf der einen Seite der über 3 000 Meter hohe Haleakala, auf der anderen der Ozean mit den benachbarten Inseln **Lanai** und **Molokai**. Zu dem Resort gehören Golfplatz und Tennisclub.

Entfernungen vom Kahului Airport in Meilen/Kilometer

Haleakala	37/59	Lahaina	25/40
Hana	52/83	Maalaea	13/21
Iao Valley	7.5/12	Makena	19/30
Kaanapali	29/46	Napili	35/56
Kapalua	35/56	Ulupalakua	24/38
Kihei	9/14	Wailea	17/27
	Wailuku	6/10	

Entfernung von Lahaina in Meilen/Kilometer

Haleakala	50/80	Kapalua	14/22
Hana	76/122	Kihei	20/32
Kaanapali	4/6	Maalaea	14/22
Kahului	25/40	Wailea	27/43
	Wailuku	21/34	

Klima & Wetter

Maui hat etwa das gleiche Wetter wie die übrigen Inseln Hawaiis, obwohl im allgemeinen behauptet wird, dass Maui mehr Sonne als die übrigen Inseln erhält. Die Durchschnittstemperaturen liegen etwa bei 27°C und werden durch die Passatwinde angenehm gehalten. Nachts kühlen die Temperaturen etwas ab. Der Haleakala hat sein eigenes Wetter – siehe unter **Haleakala Nationalpark.**

Von **November bis März** gibt es hohe Surfs und starke Strömungen entlang Mauis **Nord-** und **Westküsten.** Genau umgekehrte Bedingungen herrschen, wo sich Mauis Küstenlinie um die Pali kurvt. Hohe Surfs und starke Winde von **April bis Oktober** an Mauis **Süd-** und **Oststränden** vorherrschend. An **Sommernachmittagen** kommt im allgemeinen an der **Südküste** starker Wind auf.

Niederschläge sind je nach geographischer Lage unterschiedlich. Während **Lahaina** 43 Zentimeter jährlich erhält, kann der nur 7 mi/11 km entfernte **Puu Kukui** nahezu 12 Meter Niederschläge jährlich erhalten! Er macht damit dem Mt. Waialeale auf Kauai Konkurrenz.

Auf der nassen Seite Mauis erstreckt sich die Hana Road, die durch üppige Regenwälder mit Wasserfällen und tropischer Blütenpracht führt. Auf Mauis trockener Leeward-Seite gibt es Mauis schönste Strände mit Kaanapali, Kapalua sowie Kihei, Wailea und Makena, die alle in Haleakalas Regenschatten liegen.

● **Auskunft über Wetter, Tonbandauskunft: (808)245-3564.**

 Maui Hotels

Maui ist einer der größten touristischen Anziehungspunkte Hawaiis und verfügt über eine große Anzahl Hotels mit Konzentration an Mauis Westseite, und zwar um **Kaanapali** und **Kapalua** in West-Maui und **Kihei, Wailea** und **Makena** in Ost-Maui. Die Gegend um **Kihei** erweist sich als eines der schnellstwachsendsten Gebiete Hawaiis und bietet einige der preisgünstigeren Hotels.

Kaanapali ist eine Superstrandzone mit einer eindrucksvollen Reihe von Hotels, die von riesigen Anlagen umgeben sind. Manche Hotels sind reinste Erlebniskomplexe im Stil von Themenparks. Eine starke bauliche Verdichtung wie beispielsweise in Waikiki auf Oahu findet man glücklicherweise nicht auf Maui. Dafür haben strenge Bauvorschriften gesorgt. Für einen Aufenthalt auf Maui muss man allerdings wegen der Beliebtheit der Insel rechtzeitig im voraus Zimmerreservierungen vornehmen. Vorwahl (808).

● Hana (an der Ostspitze Mauis)

● $$ Aloha Hana Cottages. 248-8420
● $$$ Hana-Maui Hotel. 248-8211
Fax 248-7202
1-800-321-4262 oder geb.frei 1-800-325-3535
Luxuriöse Hotelanlage besteht aus Einzelbungalows an der Ostspitze Mauis; eines der romantischsten (und teuersten) Hotels der Insel.
Weiter Unterkunft siehe unter **Hana Highway.**

● Kaanapali

● $$$ Embassy Suites Resort Maui, 413 Zimmer. 661-2000
geb.frei 1-800-GO-2-MAUI
am Kaanapali Beach in tropischer Gartenanlage; 3 Gebäude mit je 12 Etagen

● $$$ Hyatt Regency Maui Resort, 815 Zimmer 661-1234
Fax 667-4498
geb.frei 1-800-233-1234
Luxushotel direkt am Strand Kaanapali Beach, neben zwei 18-Loch Golfplätzen; Poollandschaft mit Lagunen und Wasserfällen. Herrliche Gartenlandschaft und eine Vielzahl an Restaurants, Clubs und Shops. Wassersportmöglichkeiten, 6 Tennisplätze. 3 miteinander verbundene Gebäude bis zu 9 Etagen.

MAUI 373
Hotels

- $$$ Kaanapali Alii, Condo-Hotel, 264 Zimmer 667-1666
Fax 661-1025
geb.frei 1-800-642-6284
- $$$ Kaanapali Beach Hotel, 430 Zimmer 661-0011
Fax 667-5978
geb.frei 1-800-262-8450

direkt am Strand Kaanapali Beach, in vier Gebäude aufgeteilt 3–6 Etagen in schöner Gartenlage.

- $$$ Marriott Maui, 720 Zimmer 667-1200
Fax 667-8300

am Strand Kaanapali Beach; drei Gebäude mit 9 Etagen in tropischer Gartenlandschaft; neben Royal Kaanapali Golfplatz.

- $$$ Royal Lahaina Resort, 592 Zimmer.................... 661-3611
Fax 661-6150
geb.frei 1-800-44-ROYAL

Firstclass-Hotel am Strand Kaanapali Beach neben zwei 18-Loch Golfplätzen; bis 12 Etagen; 11 Tennisplätze, Sport-Activity-Center, mehrere Restaurants, Shops.

- $$$ Sheraton Maui, 733 Zimmer......................... 661-0031
geb.frei 1-800-334-8484

Hotelanlage in Hale Nalu (House of the Surf, ehemals Cliff Tower) auf dem Black Rock und in Hale Avenue (House of the Rainbow, vormals Garden Tower). Das über 30 Jahre alte, inzwischen um- und ausgebaute Hotel war das erste Hotel des Kaanapali Beach Resort. 43 m langer Lagunenpool, mehrstöckige Parkhäuser, 3 Tennisplätze. Abends Fackelzeremonie vor Black Rock. Strandpfad verbindet mit anderen Kaanapali Resort Hotels. Beim Black Rock ausgezeichnetes Schnorchel- und Tauchrevier. Zahlreiche Wassersportmöglichkeiten, mehrere Restaurants & Shops.

- $$$ Westin Maui, 761 Zimmer.......................... 667-2525
geb.frei 1-800-228-3000

am Strand Kaanapali Beach in wunderschöner Parkanlage mit mehreren Pools, Lagunen und verschiedenen Restaurants. Golf- und Tennisanlagen in unmittelbarer Nähe.

- $$$ Whaler on Kaanapali Beach Village Resort............. 661-4861
Fax 669-8409
geb.frei 1-800-367-7052

360 Suites in Condominium-Hotel am Strand des Kaanapali Beach Resort

● Kahului
- $$ Maui Beach Hotel, 154 Zimmer....................... 877-0051
geb.frei Fax 1-800-477-2329
geb.frei Tel. 1-800-367-5004
- $$ Maui Island Hotel 542-6827
- $ Maui Palms Hotel, 103 Zimmer 877-0071
Fax & Tel. geb.frei wie Maui Beach
- $$ Maui Seaside Hotel, 188 Zimmer..................... 877-3311
Fax 922-0052

● Kapalua
- $$$ Kapalua Bay Hotel & Villas, 488 Zimmer 669-5656
Fax 669-4694
geb.frei 1-800-367-8000

Hotel der Extraklasse mit eigenem Privatstrand, umgeben von drei Meisterschafts 18-Loch-Golfanlagen, 12 Tennisplätze, Tauchschule, mehrere Restaurants.

374 MAUI
Hotels

- $$$ Ritz Carlton, 550 Zimmer 669-6200
  Fax 669-1566
  geb.frei 1-800-262-8440

absolutes Spitzenhotel der Luxusklasse in stilvoller Eleganz an den schönsten Stränden, umgeben von drei weltberühmten Golfplätzen. Sport- und Unterhaltungsmöglichkeiten fast ohne Ende; Top-Restaurants. Wundervoller Ausblick über die Kapalua Bay und die Nachbarinsel Molokai. Bei den Bauarbeiten stieß man auf eine alte Grabstätte, woraufhin die gesamte Hotelanlage an ihren heutigen Standort verlegt wurde. Die **Honokahua Burial Site** ist ein Grashügel zwischen dem Hotel und dem Ozean, durch Steintafeln abgegrenzt.

● Kihei

Kihei ist förmlich überflutet von Hotelbauten, die überwiegend Ferienwohnungen in Form von Condominiums enthalten. Nur wenige der Komplexe sind reine Hotels. Die Preise der Hotels liegen wesentlich unter denen der Hotels der Kaanapali Beach Resort oder Wailea Resort Area, sind dafür aber auch weniger aufwendig oder luxuriös, jedoch durchaus empfehlenswert.

- $$ Maui Lu Resort-Aston, 120 Zimmer .... Fax 922-8785
  Tel. geb.frei 1-800-321-2558 oder 1-800-922-7866
- $$ Maui Oceanfront, 88 Zimmer 879-7744
  Fax geb.frei 1-800-477-2329
  Tel. geb.frei 1-800-367-5004

kleine Anlage direkt am Strand; ein Hawaiian Pacific Resort

Apartmentanlagen/Condominium Resorts um Kihei und Maalaea Area:
(Die Anlagen liegen oft nicht direkt am Strand)

- $$$ Maui Coast Hotel, 260 Zimmer 874-6284
  Fax 875-4731
  geb.frei 1-800-895-6284
- $$$ Kamaole Sands 874-8700
  Fax 596-0158
  geb.frei 1-800-367-5004
- $$ Kealia Resort 879-0952
  Fax 875-1540
- $$ Luana Kai 879-1268
  Fax 879-1455
- $$ Maalaea Banyans, direkt am Ozean 244-7491
  Fax 242-1845
  geb.frei 1-800-367-5234
- $$ Maui Sunset 879-5445
  Fax 874-6144
  geb.frei 1-800-822-4409

● Lahaina

- $$ Lahaina Inn, 12 Einheiten 661-0577
  127 Lahainaluna Rd., im Herzen vom Lahaina   Fax 667-9480

- $$$ Lahaina Shores-Beach Resort, 199 Zimmer 667-1666
  Fax 661-1025
  475 Front St., Ferienwohnungen/Condos   geb.frei 1-800-628-6699

- $$$ Maui Eldorado Resort, 90 Einheiten-Condo 661-0021
  Fax 667-7093
  geb.frei 1-800-777-1700

2661 Kekaa Drive, am Kaanapali South Golf Course, umgeben von Kaanapali North Golf Course, über Kaanapali Beach; wenige Gehminuten von Whalers Village.

- $$ Maui Islander, 372 Einheiten-Condo 667-9766
  Fax 661-3733
  geb.frei 1-800-367-5226

MAUI 375
Hotels

- $ Pioneer Inn, 50 Zimmer 661-3636
Fax 667-5708
Liebevoll restauriertes altes Hotel, in dem noch die Regeln aus dem Jahr 1901 aushängen, wie „Women is not allowed in you room" (keine Frauen mit aufs Zimmer nehmen) oder „If you burn your bed you is going out" (wer im Bett raucht, fliegt raus) oder „Only on Sunday you can sleep all day!" (nur sonntags darf man den ganzen Tag im Bett bleiben). Sehr einfache, aber billige Unterkunft. Restaurant und Bar sind mit vielen Memorabilien der Walfangära ausgestattet. Herrlicher Sonnenuntergang von der offenen Terrasse. Mitten in Lahaina! 658 Wharf Street.

- $$$ Plantation Inn, 18 Einheiten........................ 667-9225
Fax 667-9293
geb.frei 1-800-433-6815
174 Lahainaluna Road; stille, elegante Country Inn mit dem Ambiente der „Alten Welt"; eine Luxus Bed & Breakfast-Unterkunft voller Antiquitäten in der Altstadt von Lahaina; mit erstklassigem Restaurant.

- $$$ Valley Isle Resort, 120 Zimmer/Condo 665-0053
geb.frei 1-800-669-6284
Sandstrand, alle Zimmer mit Meerblick. 4327 Lower Honopiilani Highway.

● Makena

- $$$ Maui Prince Hotel, 310 Zimmer...................... 874-1111
Fax 879-8763
Hotel der Spitzenklasse am traumhaften Strand von Makena Beach mit eigenem Privatstrand, ganz im Süden von Ost-Maui. Herrliche Blumenanlagen und unvergleichbarer Ausblick auf die Nachbarinseln. Eigene Golfanlage mit 18-Loch Golfplatz direkt am Hotel. Eigene Segel- und Tauchschule; hoteleigener Catamaran pendelt zum Taucher- und Schnorchelparadies der Insel Molokini, nur 3 mi/5 km entfernt. Herrlicher Korallengarten zum Schnorcheln ganz in der Nähe.

● Napili

Die meisten Hotelanlagen sind Ferienwohnanlagen/Condiminiums.
- $$ Mauian on Napili Bay, 44 Suites 669-6205
Fax 669-0129
geb.frei 1-800-367-5034
- $$$ Napili Kai Beach Club Resort, 162 Zimmer............. 669-6271
Fax 669-0086
geb.frei 1-800-367-5030
Das 1960 eröffnete Hotel (West-Mauis ältestes Hotel) liegt etwa 5 mi/8 km nördlich von Kaanapali; gilt als Mauis hawaiischstes Hotel; flache Gebäude entlang der von Riffen geschützten Bucht, 4 Pools; Sea House Restaurant serviert täglich 3 Mahlzeiten. Tennis- und Golfanlagen nahe bei.
- $$$ Napili Point Resort, 110 Einheiten 669-9222
Fax 669-7984
geb.frei 1-800-669-6252
- $$$ Napili Shores Outrigger, 111 Einheiten 669-8061
geb.frei-1-800-688-7444
- $$ Napili Sunset, 42 Einheiten........................... 669-8083
Fax 669-2730
geb.frei 1-800-447-9229
- $$ Napili Surf Beach Resort, 53 Einheiten 669-8002
Fax 669-8004
geb.frei 1-800-541-0638

● Paia/Hookipa Beach

Gegend des Windsurfer-Mekkas. Hier ist der Treff der Weltelite bei den Windsurf-Weltmeisterschaften der Aloha Classic Wave Championship im Oktober. **Paia** feierte 1996 sein 100jähriges Bestehen als Plantagenstadt.

Die Küsten-Zuckerrohrplantagenstadt liegt 7 mi/11 km östlich von Kahului am Hana Highway.
- $$ Mama's Vacation Rentals 579-9764
799 Poho Place, Paia HI 96779 geb.frei 1-800-908-9329

● Upcountry

- $ Hale Kokomo B&B, 4 Zimmer. . . . . Tel. & Fax 572-5270
2719 Kokomo Road, Haiku, HI 96708
Frühstückspension in günstiger Lage für Hookipa Beach und Haleakala.
- Kula Lodge, 5 Bungalows. 878-2517
R.R.1, Box 475, Kula, HI 96790 Fax 878-2518
Auf dem Weg zum Haleakala-Krater. geb.frei 1-800-233-1535
- $$ Silver Cloud Upcountry Guest Ranch 878-6101
R.R.2, Box 201, Kula, HI 96790 Fax 878-2132
Lanai Cottage besonders bei Honeymooners beliebt, außerdem 4 Zimmer und 2 Suites im Hauptgebäude der Ranch sowie 5 Suites im Paniolo Bunkhouse mit Küche.

● Wailea

- $$$ Aston Wailea Resort, 516 Zimmer. 978-1922
Fax 922-8785
geb.frei 1-800-922-7866

Firstclass-Hotel direkt am Strand Wailea Beach; wunderschöner Ausblick über Gartenanlagen und zu den Inseln Molokini und Lanai. Zwei Golflagen der Meisterklasse zu je 18-Loch direkt am Hotel, mehrere Tennisanlagen, davon zwei Rasenplätze; eigene Tauchschule, zwei Swimmingpools, Restaurants, Shops, Boutiquen & Activity Center.
- $$$ Four Seasons Resort-Maui, 380 Zimmer 874-8000
Fax 874-2222
geb.frei 1-800-332-3442

Sehr exklusives Wohnen im Sechs-Sterne-Hotel, das durch seine gediegene Atmosphäre und seinen sportlich-eleganten Stil besticht; direkt am weißen Sandstrand von Wailea Beach mit Blick auf Molokini und Lanai. Erlebnispools, 14 Tennisplätze & Tenniscamp, Golfanlagen angrenzend, Windsurfen, Tauchen & Schnorcheln, erstklassige Restaurants.
- $$$ Grand Wailea Resort, 787 Zimmer 875-1234
Fax 879-4077
geb.frei 1-800-888-6100

8stöckiges Luxushotel, an dem der japanische Milliardär Takeshi Sekiguchi auf 16 Hektar gezeigt hat, dass Geld keine Rolle spielt. Hier wurde ein perfektes Ferienparadies geschaffen. Kostbare Kunstsammlungen und Skulpturen in zweistelligem Millionenwert; luxuriöseste Bäderausstattung und Schönheitsfarm; prachtvollste Gärten (um die sich ein Heer von Gärtnern kümmert), hohe Palmen, herrliche Erlebnis-Poolanlage und Riesenrutschen, exklusive Restaurants, Bars; Kindercamps. Für das authentische Ambiente im japanischen Restaurant wurden 800 Tonnen Felsmaterial eigens vom Mount Fuji nach Hawaii geschifft. Stille Plätzchen sind reichlich vorhanden. Riesiges Angebot an Aktivitäten, Segeln, Surfen, Schnorcheln, Tauchen, Fischen, Golf und Tennis mit 14 Tennisplätzen nahebei; Pendelbus zu Tennis- und Golfanlagen. Eine Hochzeitskapelle liegt mitten in der Anlage.
- $$$ Kea Lani Hotel, 413 Suites & 37 Bungalows 875-4100
Fax 875-1200
geb.frei 1-800-882-4100

Kea Lani (himmlisch weiß) wegen seiner schneeweißen Architektur; auf 8,8 Hektar am Strand Polo-Beach, einer der fünf Strände an Südwest Mauis 600-Hektar Wailea Resort. Zentralstück bildet eine riesige Erlebnispoolanlage, die über zwei Ebenen durch Wasserrutsche verbunden ist und zu der eine Swim-up Bar gehört; ferner gibt es auch einen palmenumsäumten Normalpool. Elegante Marmorausstattung der Bäder. Catamaran, Segeln, Schnorcheln, Windsurfen und Tauchen gehören zum Aktivprogramm.

- $$$ Renaissance Wailea Beach Resort, 345 Zimmer 879-4900
geb.frei 1-800-HOTELS 1
Gebäude in subtropischer, gepflegter Gartenanlage; sportlich-elegante Atmosphäre; 4 Restaurants; Wasserfälle, Teiche und Bäche, mehrere Swimmingpools. 3 Championship Golfplätze und 11 Tennisplätze; Kindercamp. Großes sportliches Angebot.

Wailuku

- $ Northshore Inn – *rock bottom!* 242-8999
2080 Vineyard Street, Wailuku, HI 96793; für alle, die nur über kleinen Geldbeutel verfügen; Backpacker-Unterkunft; das Einfachste vom Einfachen!

Camping

Direkt an einigen der besten Strände befinden sich sehr gute Campgrounds zum Zelten. Manche sind kostenlos oder kosten nur ein paar Dollar Gebühr pro Nacht. Zuvor allerdings entsprechende Genehmigung/Permit besorgen. **Hüttenunterkunft/Cabins** in State Parks und im Haleakala Nationalpark möglich. Vorherige Anmeldung erforderlich. Vorwahl (808)

- **Haleakala Nationalpark Permits,** erhältlich bei Haleakala National Park Headquarters. Vergabe kostenloser Crater Tent Camping Permits in der Reihenfolge der Ankommenden *first-come, first-served;* tägl. 7.30–16 Uhr. Haleakala Cabins Vergabe der Permits im Lotterieverfahren; Anmeldung mit gewünschten und alternativen Daten: Haleakala National Park, P.O. Box 369, Makawao, HI 96768; Tel. (808)572-9306.

- **County Permit:** Nur für Camping im Baldwin Beach Park erforderlich; erhältlich beim Maui War Memorial, Nähe Baldwin High School. Dept. of Parks and Recreation, Recreation Division, 1580 Kaahumanu Ave., Wailuku, HI 96763; Gebühr; Mo.–Fr. 8–16 Uhr; Tel. 244-9018.

- **State Park Permit:** Division of State Parks, P.O. Box 1049, 54 High St., Wailuku, HI 96793; Vergabe kostenloser Permits Mo.–Fr. 8–11, 12–16.15 Uhr. Tel. 244-4354.

Camping an folgenden Plätze möglich:

- **Baldwin Beach Park,** kurz vor Lower Paia am *Hana Hwy,* Zelten; County Permit..
- **Haleakala Krater** im Haleakala Nationalpark – Zelten und 2 Hütten; Einzelheiten unter Kapitel **Haleakala Nationalpark.**
- **Honomanu Bay,** *Hana Hwy;* Zelten.
- **Hookipa Beach Park,** *Hana Hwy;* Zelten.
- **Hosmer Grove,** im Haleakala Nationalpark; Zelten; **kein** Permit erforderlich.
- **Kaumahina State Wayside,** *Hana Hwy;* Zelten; State Park Permit erforderlich.
- **Oheo Gulch,** Haleakala Nationalpark (Kipahulu Area), *Hana Hwy;* Zelten; **kein** Permit erforderlich.
- **Poli Poli Springs Recreation Area.** Upcounty Maui; Zelten, 1 Hütte; State Park Permit.
- **Wainapanapa State Park;** *Hana Hwy;* Zelten, 12 Hütten; State Park Permit.

Restaurants

Mauis Angebot an **Restaurants** ist so vielseitig und breit, dass hier nur einige ohne bestimmte Präferenz herausgestellt werden sollen. Die meisten Hotels verfügen oft über mehrere Restaurants verschiedener Preiskategorien, wobei die der Luxushotels in der Regel in der oberen Preisklasse liegen. Lokale der bekannten Fast-food Ketten sind in Kahului, Kihei und Lahaina vertreten. Vorwahl (808).

● Hana

- **Hotel Hana Maui Main Dining Room**.................... 248-8211
Internationale Küche; vornehm
- **Ranch House,** Hotel Hana Maui 248-8211
Amerikanische Küche, Mittagsbuffet; auch Straßenverkauf.
- **Tutu's;** Picknick Lunch-Pakete, Sandwiches; Frühstück 248-8224
- **Hasegawa General Store,** Reiseproviant

● Kaanapali

- **Whalers Village:**
  - **Chico's Cantina;** mexikanische Küche, Super-Margaritas
  - **Leilani's On The Beach;** Fisch, Ribs oder Barbecued Ribs; Ozeanblick.
  - **El Crab Catcher;** frischer Fisch, Prime Rib, Steaks; herrlicher Meerblick.
  - **H.S. Bounty;** herrliche Hors d'oeuvres und Desserts; attraktives nautisches Dekor.
  - **Rusty Harpoon;** Fisch, Geflügel, Beef, Pasta – teuer
  - **Ricco's Old World Deli;** Pizza, Pasta & Deli-Sandwiches
  - **Yami Frozen Yogurt;** Salate, Sandwiches und Gefrorenes.
  - **Hula Grill;** neuhawaiische Gerichte; junge Szene
- **Lahaina Provision Company,** Hyatt Regency; solides Fisch- & Steaklokal; rustikale Aufmachung.
- **Moby Dick's,** im Royal Lahaina Resort, ausgezeichnete Fischgerichte; teuer.
- **Sheraton Maui:**
  - **Coral Reef;** Steaks & Seafood; Restaurant für Dinner, elegant.
  - **Teppan-Yaki Dan;** japanisches Restaurant
  - **Kekaa Terrace;** serviert 3 Mahlzeiten auf Terrasse; vernünftige Preise.
- **Swan Court** im **Hyatt Regency Maui:** kontinentale Küche; romantische Atmosphäre, Schwäne gleiten auf dem Wasser am Restaurant vorbei.
- **Sound of the Falls** im **Westin Maui;** Tische am Wasser, wo man Flamingos beobachten kann.
- **Spats** im **Hyatt Regency;** norditalienische Spezialitäten; mit Tanz und Nightlife
- **Kaanapali Beach Hotel,** Restaurant mit authentischer hawaiischer Küche.

● Kahana

- **Roy's Kahana Grill,** im Shopping Center Melrose Mall; neuhawaiische Küche; teuer.

● Kahului

- **Pizza Factory,** Maui Mall; zivile Preise
- **Ma Chan;** hawaiische Küche

● Kapalua

- **The Garden,** Kapalua Bay Hotel; Tanz bei Trio Musik

● Kihei

- **IHOP,** im Azeka Place; preiswert
- **Lappert's Ice Cream,** Kamaole Center
- **Lone Star Cookhouse,** Steaks
- **Shipwreck;** Rainbow Mall; Fischgerichte, Steaks
- **Ukulele Grill** im Maui-Lu Hotel
- **Island Deli;** Salatbar, Picknick-Lunch; Deli-Sandwiches.
- **Chuck's Steak House,** Kihei Town Center

● Lahaina

- **Old Lahaina Cafe & Luau.** 667-1998
eines der authentischsten Luaus; traditionelles Festessen mit Musik und Tänzen
- **La Bretagne,** Front St.; französische Küche
- **Pioneer Inn,** in Altstadt; rustikales Fischlokal; bei einem Drink Hafenszene beobachten
- **Avalon,** 505 Front St., teuer; Pacific Rim-Küche 667-5559
- **Sam's Beachside Grill,** 505 Front St., Cheeseburgers, frische Fischgerichte. 667-4341
- **Whaler's Pub,** 505 Front St., gute Drinks, Sandwiches; relativ preiswert; guter Blick auf Lanai
- **Alex's Hole in the Wall;** italienische Küche; zivile Preise
- **David Paul's Lahaina Grill,** elegantes Bistro, teuer; Trendlokal mit Südwest-Küche 667-5117
- **Lappert's Ice Cream,** Front Street
- **Sunrise Cafe;** winzig; gutes Frühstück; 693 Front St.
- **Pacific'O,** 5095 Front St., Terrassenlokal; asiat.-hawaiische Küche. 667-4341

● Makena

- **Prince Court,** Maui Prince Hotel 874-1111

● Paia Area

- **Mama's Fish House,** Kuau, Hana Highway 579-8488
Fischgerichte. Windsurfer beobachten
- **Wunderbar,** 89 Hana Highway, Paia 579-8808
beliebt bei Windsurfern; kleine Terrasse und Bar

● Upcountry

- **Casanova Restaurant;** italienische Küche; auch sehr gutes
Deli 8–18.30 Uhr; 572-0220
- **Ching Store,** südlich von Keokea
- **Grandma's Coffee House;** frischer Kaffee aus eigener Ernte!
- **Haliimaile General Store** – ausgezeichnete japanische und
Regionalküche. 572-2666
- **Komoda Store** berühmt für Windbeutel oder Eclairs, herzförmige Macadamia-Nussplätzchen und andere Leckereien.
- **Kula Lodge;** rustikales Lokal; herrliches Frühstück.
- **Makawao Steak House** saftige, zarte Steaks.
- **Tedeschi Vineyards.** Weinproben.
- **Poli's Mexican Cantina,** Makawao; mexikanische Küche

● Wailea

- **Kea Lani Hotel & Village** mit Meisterköchen in den Restaurants
  - Kea Lani
  - Caffe Ciao
  - Polo Beach Grill
- **Seasons** im Four Seasons Resort 874-8000
hawaiische Regionalküche; teuer

380 MAUI
Unterhaltung/Touren

- **Cabana Cafe,** Four Seasons Resort; zivile Preise
- **Maui Onion,** Renaissance Wailea Beach Resort 879-4900
- **Palm Court,** Renaissance Wailea Beach Resort
- **La Perouse;** Aston Wailea, europäische Küche
- **Raffles Restaurant,** Renaissance Wailea Beach, asiatische Küche
- **Kiawe Broiler;** Aston Wailea; internationale Küche
- **Pacific Grill,** Four Seasons; Steak & Seafood

▶ *Entertainment/Unterhaltung*

- **Hard Rock Cafe,** im Lahaina Center, zwischen Baker & Papalaua Sts.; Rock-Memorabilien und beliebter Treff; auch Souvenir T-Shirts

- **Maui's Tropical Plantation;** Mo. & Mi. abends Country Barbecue & Revue mit Country Music, Songs, Tanz sowie Steaks, portugiesische Bohnensuppe und Paniolo Chili.

- **Old Lahaina Luau,** 505 Front St., abends Luau vor Front Street 667-1998

- **Royal Lahaina Luau,** abends am Strand beim Royal Lahaina Resort, Kaanapali, polynesisches Buffet, Gesang, Tänze von Hula bis zum Feuertanz.

- **Tour of the Stars;** Sternguckertreffen beim Hyatt Regency Maui. Computergesteuerte Fernrohre zielen bestimmte Punkte am Sternenhimmel an; auch für Nichthotelgäste 661-1234

- **Maui Art & Cultural Center** 242-SHOW
Veranstaltungen von Hula Shows; Ballett- und Theateraufführungen, Rock-Konzerte im Amphitheater.

- **Nightsail,** romantische Abendsegeltrips werden von verschiedenen Hotels veranstaltet, entweder mit hoteleigenem Catamaran oder auch von anderen Veranstaltern vom Lahaina Harbor.

- **The Wharf Cinema Theater;** Triplex Theater mit neuesten Kino-Filmen, gegenüber von Lahainas Banyan-Baum.

- **Kiele V,** Hyatt Regency, Kaanapalis längster Beach Catamaran; 4 Stunden Schnorcheln mit Kurs und Lunch.

- **Drums of the Pacific,** im Hyatt Regency; Luau mit polynesischer Revue mit Samoa-Feuertanz, tahitischer Otea und herrlichem hawaiischem Hula.

- **Heiraten im Hale Hoaloha.** Maui Marriott's hawaiische Hochzeitskapelle mit Bleiglasfenstern, Wasserfall, Park und Veranda mit Meerblick.

Hier nun einige beliebte **Nightlife-Treffs** mit Tanz:

- **Tsunami,** Grand Wailea Resort 874-2355
Neon-Lasereffekt, Tanz & Unterhaltung
- **Wet Noodle,** Kaanapali – Tanz, Musik & Drinks
- **Foxy Lady,** Kaanapali – Tanz, Musik & Drinks
- **Bluemax** und **Whale's Tale** an Front Street, Lahaina; belebt und laut; beliebter Treff der jungen Szene
- **Spats,** Hyatt Regency, Kaanapali; Tanz
- **Longhi's,** 888 Front St., Lahaina; live Music & Tanz

▶ *Touren*

- **Plantation Tours.** Plantagenbesichtigung; Start beim Kapalua Bay Resort. Ausflug zu Plantagen der Maui Pineapple Co. auf den Hängen der West Maui Mountains. Man fährt in 12sitzigen Vans durch Ananasfelder, beob-

achtet die Ernte, erfährt Interessantes über die Geschichte des Ananasanbaus. Man darf seine eigene Ananas zum Mitnehmen pflücken.
Tour umfasst Besuch von Honolua, ehemaliges Plantagendorf mit General Store. Die Maui Pineapple Co. bepflanzt 3 200 Hektar Plantagengebiet in West- und Zentral-Maui mit Ananas. Die Firma ist Produzent von frischen und Dosen-Ananas, als einzige Ananas-Dosenfabrik Hawaiis. Die Tour dauert ca. 2 1/2 Stunden und wird von Mo. bis Fr. zweimal täglich um 9 und 13 Uhr durchgeführt. Tel. 669-8088 und geb.frei 1-800-KAPALUA.

- **Eco Tours** 871-7947
geb.frei 1-800-398-9698
Veranstalter von Walbeobachtungstrips, Wanderungen
- **Whalewatching/Walbeobachtung** mit **Pacific Whale Foundation** 879-8811
geb.frei 1-800-WHALE-1
- **Pony Express Tours** 667-2200
Reittrips als Tagestrek in den Haleakala-Krater
- **Lahaina Kaanapali and Pacific Railroad** 661-0089
Als hervorragende Rekonstruktion der 1890er hawaiischen Eisenbahnen verkehrt der Sugar Cane Train zwischen Lahaina und Kaanapali entlang der Ausläufer der Berge und West-Maui-Küste. Anstelle der sonst üblichen Begleiterklärung lernt man etwas von dem singenden Zugführer über die Plantagen.

Shopping ◀

Maui bedient die Einkaufswünsche der Touristen und Urlauber gezielt. So findet man beispielsweise überall dort, wo sich mehrere Hotels konzentrieren, ein reichhaltiges Shoppingangebot, in der **Kaanapali Beach Resort Area** mit Whalers Village und in **Kihei** und **Wailea** mit gleich mehreren Shopping- und Einkaufskomplexen. **Kahului** und **Wailuku** sind mit mehreren Malls und Shopping Centers bestens ausgerüstet. Ferner findet man in den einzelnen Resort Hotels eine Reihe von Spezialitäten-Shops. ABC-Läden, in denen man relativ preiswert alle Kleinigkeiten von Sonnenschutzmittel, Strandmatten, Schnorchelausrüstung bis Souvenirs und Snacks erhält, verteilen sich über alle Zentren und liegen meistens recht auffällig. Hier nun ein Überblick einiger der Einkaufsmöglichkeiten. Im übrigen auch anhand der **Baxter Info-Karten** der einzelnen Areas orientieren.

● Kaanapali Area

- **Whalers Village** im Kaanapali Beach Resort, zwischen Kaanapali Beach Hotel und Westin Maui Hotel; erstreckt sich zur Strandseite des *Kaanapali Parkway*. Strand Shopping-Komplex mit über 70 Spezialitätengeschäften, Modeboutiquen und Restaurants. Auf 1 240 Hektar werden Duty-free-Produkte angeboten. Internationale Namen der Mode- und Designerbranche wie Gucci, Ferragamo, Salvatore, Chanel, Tiffany oder Louis Vuitton sind hier vertreten.

Ferner umfasst das in Whalers Village enthaltene **Whale Center of the Pacific** zwei Museen, die täglich geöffnet und kostenlos sind – **Hale Kohola** (House of the Whale) und **Whalers Village Museum** in der 3. Etage des Komplexes. Di. und Do. wird um 19 Uhr eine kostenlose Dia-Show im **Whale Center of the Pacific** gezeigt. In der zentralen Area ist ein 12 m langes Skelett eines Buckelwals ausgestellt.

Künstler zeigen täglich im Rahmen von Hawaiian Arts & Crafts ihre Arbeiten. Ferner werden Mo., Mi. & Fr. Unterhaltungsshows und Hula-Vorführungen auf der *Central Stage* geboten, 19–20 Uhr. Der **Food Court**

MAUI
Shopping

bietet eine große Auswahl verschiedenster Restaurants, die mit einer breiten Palette von Gerichten vertreten sind. Whalers Village tägl. 9.30 – 22 Uhr geöffnet. Kostenloser Buspendelverkehr mit 9 Stops im Resort.
- **Melrose Mall,** zwischen Kahana und Kaanapali, an *Lower Honoapiilani Highway.*
- **Gateway Shopping Center,** *Lower Honoapiilani Hwy.*

● Kapalua
- **Kapalua Shops,** neben Kapalua Bay Hotel.
- **Whaler's General Store,** an Napili Bay; bekannte Institution. Picknickproviant und Sandwiches sowie kleinere Strandartikel. **Snorkel Bob's** gleich daneben, wo Schnorchelausrüstung sowie Boogie Boards und Surfbretter gemietet werden können.

● Kahului & Area
- **Kaahumanu Center,** an *Hwy 32;* größter Einkaufskomplex Mauis mit über 100 Geschäften, 6 Kinos und Food Court, Liberty House, Sears, Spezialitätengeschäften, Bank, Fotoladen, McDonald's und anderen Restaurants sowie Supermarkt.
- **Maui Mall,** an *Hwy 32* mit Supermarkt, Postamt, Drugstore, Buchhandlung, Restaurants, Woolworth und Muumuu-Geschäft.
- **K-Mart** Kaufhaus außerhalb vom Kahului Flughafen.
- **Kahului Shopping Center,** *Kaahumanu Ave.*
- **Maui Marketplace,** außerhalb vom Kahului Airport, *Dairy Road & Hana Hwy,* auf 8 Hektar mit Liberty House, Borders Buchhandlung, Bank, Restaurants.
- **Pukalani Terrace Center,** *Haleakala Hwy;* Upcountry. Supermarkt, Drugstore, Restaurants.

● Kihei/Wailea Area
- **Azeka Place,** 1280 S. Kihei Rd., etwa 40 Geschäfte aller Art und Restaurants, Liberty House sowie internationale Modeboutiquen wie Versace und Prada; Schuhe, Bekleidung, Sportbekleidung sowie Schnorchelausrüstung und andere Sportgeräte, Souvenirs, IHOP-Restaurant sowie Ben Franklin Geschäft und Postamt.
- **Azeka Market,** im Azeka Place; alles von Tankstelle bis zu berühmten marinierten Short Ribs und Lebensmittel.
- **Kihei Town Center,** südlich von Azeka Place, Supermarkt. Drugstore, McDonald's sowie einige Bekleidungsgeschäfte und Restaurants.
- **Kamaole Shopping Center,** zwischen Kamaole Beach Park I und II, am Ostrand von Kihei; Lappert's Ice Cream, Spezialgeschäfte und Restaurants sowie Ocean Activity Center.
- **Whalers General Store** im Kamaole Shopping Center; alles für den Strand, Souvenirs und Snacks.
- **Dolphin Shopping Plaza,** an S. Kihei Rd., Spezialläden, Restaurants, Fotoladen, Eisdiele, Drugstore und Bäckerei.
- **Rainbow Mall,** 2439 S. Kihei Rd.; Maui Dive Shop mit Schnorchel- und Tauchausrüstung-Vermietung sowie Angebot an Exkursionen, Freizeitkleidung.
- **Kukui Mall,** S. Kihei Road; Buchhandlung, Tante Emma Laden, Münzwäscherei, Badekleidung und Restaurant.
- **Wailea Shopping Village,** 3750 Wailea Alanui Dr., hinter Aston Wailea Hotel; Ocean Activity Center zur Buchung von Bootsausflügen und Wassersport, Freizeitkleidung, Herren- und Damenmode, Bank, Fotoladen, Snack Shop.

● Lahaina
Lahaina bietet entlang der historischen Front Street eine Anzahl Spezialgeschäfte, die sich mit reizenden Restaurants abwechseln. Darüber hinaus

ist Lahaina ein wahres Shopping-Paradies. Die Resort Hotels sorgen außerdem für kostenlosen Transport zu den Einkaufszentren. Zudem kann man bei allen Shopping Centers kostenlos parken.

● **Lahaina Cannery Shopping Center,** zwischen dem historischen Lahaina und Kaanapali mit kostenlosem Pendelbus zu und von den Resort Hotels. Die frühere Ananas-Einmachfabrik der legendären Honolua Ranch war von 1918 bis 1963 in Betrieb. 1960 erlitt das Gebäude bei einem Tsunami starke Schäden. Aus dem Cannery-Komplex der Baldwin Packers entwickelte man dann 1986 nach Stillegung der Einmachfabrik den heutigen Shopping-Komplex, bei dem man die typische Fabrikarchitektur verfeinert beibehalten hat. Über 50 Spezialitäten-Shops, Boutiquen und Restaurants sowie Supermarkt und Drugstore sind in dem klimatisierten Komplex untergebracht.

Der erste kommerzielle Ananasanbau erfolgte auf Oahu, als 1882 der englische Gartenbauspezialist Capt. John Kidwell die saftige Cayenne-Ananas aus Florida einführte, die seitdem fast ausschließlich auf Hawaii angebaut wurde. Die Ananas ist eine echte Frucht, die sich auf einer niedrigwachsenden Pflanze entwickelt. Es dauert etwa 18–22 Monate vom Pflanzen bis zur Ernte! Zu ihrer Blütezeit verarbeitete Hawaiis größte Ananas Cannery über 3 Millionen Ananas pro Tag. Lahaina Cannery tägl. 9.30 –21.30 Uhr.

● **Lahaina Square Shopping Center,** 840 Wainee St.; zahlreiche Geschäfte, Restaurants, Supermarkt und Vermietung von Schnorchelausrüstung.

● **Lahaina Market Place,** Ecke *Front & Lahainaluna Sts.* halboffene Verkaufsläden mit Souvenirs, T-Shirts und mehr.

● **Lahaina Center,** an *Papalaua & Front Sts.* mit Liberty House und **Hard Rock Cafe** an Ecke *Front St.*

● **Lahaina Shopping Center,** zwischen *Front & Wainee Sts.* und *Papalaua & Lahainaluna Sts.;* Supermarkt, McDonald's, Postamt.

● **Hilo Hattie's Fashion Center,** hinter Lahaina Center, siehe **Baxter Info-Karte** zu Lahaina. Muumuus und Hawaiihemden/Aloha-Hemden, Bade- und Freizeitkleidung mit dem berühmten hawaiischen Design. Kostenloser Transport zu/von Resort Hotels. Tägl. 8.30–17 Uhr.

● **Dickenson Square,** *Wainee & Dickenson Sts.;* Muumuus und andere Bekleidung.

● **Scrimshaw,** 505 Front Street, herrliche, kunstvoll geschnitzte und gravierte Walzähne – Kunst, mit der sich die Walfänger die Zeit an Bord vertrieben.

● **505 Front Street,** Spezialitätenläden, Restaurants und Antiquitäten; von Designern, die seeluftverwittertes Walfängerdekor studiert haben, entworfener Komplex.

● **Old Jail Gallery;** ehemaliges Courthouse mit Gefängnis zur Galerie umfunktioniert, die echte Ölgemälde und mehr verkauft. Früher steckte man betrunkene Matrosen in die Zellen, deren Türen heute offenstehen.

● **The Wharf Cinema Center;** tägl. 9–21.30 Uhr; Front Street, gegenüber vom Banyan-Baum; ein der Walfängerarchitektur nachempfundenes Einkaufszentrum auf 3 Ebenen, T-Shirts und kleine Läden sowie Mauis einziges Triplex-Kino. Haltestelle für Pendelbus zum Sugar Cane Train.

● **Eelskin Warehouse,** 505 Front St., exotische Lederwaren.

● **ABC Laden,** neben Postamt gegenüber von Lahaina Shopping Center – alles, was man braucht für Strand, Snacks und Souvenirs; preiswerte T-Shirts.

● **Lahaina Historic Pioneer Inn,** Läden, Galerien, Foto- und Filmmaterial, Tourveranstalter, Sport- und Freizeitkleidung.

MAUI
Baxter-Tips

Paia

- **Paia General Store,** 149 Hana Highway; Snacks, Lebensmittel, Getränke, Sandwiches, Strandartikel.

Baxter-Tips für Maui

- **Maui ist der ideale Standort für junge Urlauber.** Hier findet man noch preisgünstige Hotels sowie alle Arten von Aktivitäten.

- **Mauis Niedrigsaison** erstreckt sich wie in ganz Hawaii auf die Zeit **nach** Ostern bis **vor** Weihnachten.

- **Wale** (Buckelwale) kann man **von November bis April** beobachten. Vor Lahaina liegen die Futtergründe der Buckelwale.

- Camping im Haleakala Nationalpark ist **kostenlos,** aber man muss die Park-Eintrittsgebühr entrichten.

- Der **sonnige,** wüstenhaft trockene **Südwesten** ist gut erschlossen.

- **Lahaina** ist das touristische Zentrum Mauis.

- **Hana Road** ist eine Tagesreise; mindestens 3 Std. für eine Strecke; Hin- und Rückreise ca. 140 km. Am besten rechtzeitig Unterkunft in Hana buchen.

- **Im Winter** mit **kräftigem Wellengang** an den Stränden der **Nordküste** rechnen.

- **Kostenlose** Permits für die beiden Zeltplätze **im Haleakala Krater** beim **Park Headquarters** abholen; Tel. 572-9306.

- Maui gilt als Revier für **Windsurfer.** Beste Bedingungen Okt. bis Dez. sowie März bis April für Nordküste bei **Hookipa** und **Spreckelsville Beach.**

- **Maui Downhill** ist die **Nonstop-Radtour,** die auf dem 3 055 m hohen Haleakala-Gipfel beginnt und nach ca. 60 km Talfahrt am Meer endet.

- Die schönsten **Unterwasserziele** Mauis sind Molokini Island und La Perouse Bay.

- Ausgezeichnete Information über **Wale** erhält man im Visitors Center des National Marine Sanctuary in **Kihei;** 726 S. Kihei Rd.

- Die **Luxusstrandhotels** liegen vorwiegend an Kaanapali Beach, in Kapalua und Wailea.

- **Kostenloser** Busservice zwischen Kaanapali Beach Resorts und Kaanapali Station des Sugar Cane Train; auch kostenloser Bus nach Lahaina Town.

- **Mietwagen-Vorbestellung** unbedingt rechtzeitig im voraus vornehmen.

- **Sonnenaufgang** vom Kraterrand des Haleakala erleben, bedeutet mindestens um 3.30 Uhr aufstehen. **Warme** Kleidung und Decken mitbringen; auf 3 048 m ü.M. wird es ungemütlich kalt. Vorher bei National Park Service über Wetterverhältnisse erkundigen: (808)572-7749).

- Hawaiis **Sternenhimmel** beobachten von den **Teleskopen** des Hyatt Regency Maui in **Kaanapali:** (808)661-1234.

Maui Information/Vorwahl (808)

- **Maui & Lanai**
Hawaii Tourist Board
250 Alamaha St.
Kahului, HI 96732
Tel. 871-8691

Maui Visitors Bureau
Box 580
Wailuku, HI 96793
Tel. 244-3530
geb.frei 1-800-525-MAUI
Fax 244-1337

- **Web site des Hawaii Visitors & Convention Bureau**
http://www.visit.hawaii.org.

- **Haleakala National Park**
P.O. Box 369
Makawao, HI 96768
Tel.
Krater   572-9306
Kipahulu 248-8251

- **Wailea Destination Assoc.**
3750 Wailea Alaniu Drive
Wailea, HI 96753
Tel. 879-4258
geb.frei 1-800-78-ALOHA

- **Kihei Destination Assoc.**
116 Mehani Place
Kihei, HI 96753
Tel. 875-0457
Fax 879-1283

- **Kaanapali Beach Resort Assoc.**
45 Kai Ala Drive
Kaanapali, HI 96761
Tel. 245-9229
Fax 661-9431
Tel. geb.frei 1-800-245-9229

- **Lahaina Action Committee**
Tel. 667-9175
Fax 661-4779

- **Fähren**
Expeditions Ferry (Lahaina Harbor–Manele Harbor, Lanai) ... 661-3756
  geb.frei 1-800-695-2524
Maui Princess (Maui–Molokai) 667-6165

- **Eco Tour**... 871-7947
  geb.frei 1-800-398-9698

- **Charterboote**
Lucky Strike Charters.... geb.frei 1-800-474-4606........... 661-4606
Pride Charters... 875-0955
Reef Dancer .... 1-888-667-2133........... 667-2133
Windjammer Cruises .... 1-800-732-4852........... 661-8600
Zip-Purr-Charters .... 1-800-700-9496........... 667-2299

- **Pacific Whale Foundation** 1-800-942-5311 879-8811

- **Visitor Center des National Marine Sanctuary** 879-2818
726 S. Kihei Rd., Kihei HI 96753

- **Sugar Cane Train** 661-0089

- **Autovermietung**
Hertz Kahului Airport (30 mi/48 km von Kaanapali) 877-5167
Hertz West Maui Airport.................................... 669-9042
  geb.frei 1-800-654-3131
Alamo...1-800-327-9633
Avis..1-800-331-1212
Budget 1-800-527-0700
Dollar 1-800-421-6878
National 1-800-328-4567

MAUI
Naturerlebnisse

● **Flughäfen**

Kahului 872-3803
Hana 248-8208
Kalaupapa 567-6331
Molokai 567-6140
Lanai 565-6757

● **Krankenhäuser**

Maui Memorial Hospital 244-9056
Hana Medical Center 248-8294
Kula Hospital 878-1221
Molokai General Hospital 553-5331
Lanai Community Hospital 565-6411

 Maui Natur-Erlebnisse

● **Silversword** an den Flanken des Haleakala, kommt außer auf Big Island sonst nirgendwo auf der Welt vor.

● **Nene,** die vom Aussterben bedrohte hawaiische Gans im Haleakala Nationalpark erleben.

● **Banyan-Baum** mitten im Zentrum von Lahaina, auf dem abends Mynah Vögel ihr Konzert veranstalten, bedeckt 0,4 Hektar.

● **Oheo Schlucht** über Hana Highway erleben und in einem der 24 Naturteiche baden.

● **Waimoku Wasserfälle;** 6-km-Wanderung durch Bambuswald von Oheo Gulch aus.

● **Iao-Tal** berauschend schöne grüne Stätte mit Wandermöglichkeit und spektakulärer 366 m hohe **Iao Needle.**

● **Mountainbike-Abenteuer,** hinauf zum Haleakala bergauf im Bus und per Schussfahrt auf dem Bike zurück ins Tal.

● **Schnorcheln** am Inselchen Molokini.

● **Windsurfer** der Welt am Hookipa-Strand beobachten.

● **Kraterwanderung** im Haleakala.

● **Dig Me Beach** in Kaanapali, wo junge Leute sich treffen zum Surfen, Windsurfen und anderem Wassersport.

● **Morgens** um 3 Uhr aufstehen und zum **Sonnenaufgang** zum Haleakala hinauffahren.

● **Wale beobachten.**

● **Junior Ranger werden;** Kinder 5–12 Jahre nehmen an Aktivitäten teil, wobei über bedrohte Arten und das empfindliche Ökosystem der Natur informiert wird. Nach 2-Std.-Kurs wird ein „Eid" abgelegt und man erhält Abzeichen, wird als Junior Ranger eingeschworen. Kostenlose Broschüre beim Haleakala Nationalpark anfordern.

● **Surfen.**
Wer Anfänger ist, sollte beachten: Beim Bodysurfen stets darauf achten, dass die Küste sandigen Untergrund hat. Bis Brusthöhe ins Wasser waten und auf eine große, aber nicht zu große Welle warten. Wenn der Wellenkamm etwa 3 Meter entfernt ist, anfangen, so schnell wie möglich zum Ufer zu schwimmen. In dem Augenblick, in dem die Welle zu tragen beginnt, Arme zu Seite nehmen und Körper steif halten, Kopf nach unten drücken. Sobald man mit dem Kopf durch die Front des weiß schäumenden Wassers der Welle stößt, Kopf wieder hochnehmen und die aufregende Fahrt auf der Welle genießen.

Aktivitäten

Maui hat sich sein Image als lebhaftes Ferien- und Urlaubsziel verdient, wo der Besucher aus den vielen angebotenen Erlebnisprogrammen und Aktivitäten wählen kann oder sich einfach dem süßen Nichtstun hingibt. Seine Schwesterninseln Molokai und Lanai sind stille Flecken, wo die Zeit stillgestanden hat, ohne Touristenrummel und emsige Geschäftigkeit. Von Maui lassen diese Inseln sich leicht bei einem Tagesausflug mit dem Boot aufsuchen, sind allerdings auch einen längeren Aufenthalt wert, wenn man etwas Abwechslung vom hektischen Alltag sucht. Hier nun ein kleiner Überblick über das, was man im Maui County (Maui, Molokai und Lanai sind im Maui County zusammengefasst) unternehmen und tun kann. Molokai- und Lanai-Aktivitäten werden auch jeweils unter Molokai und Lanai abgehandelt. Vorwahl (808).

Bootsausflüge Sunset/Dinner Cruises

- **Ocean Aktivities Center** im Maalaea Harbor 879-4485
1325 Kihei Rd., Suite 212, Kihei HI 96753   geb.frei 1-800-869-6911
Abendfahrt mit Catamaran vom Maalaea Harbor mit Dinner; tägl. außer montags.
- **Windjammer Maui**. 661-8600
505 Front St., Lahaina, HI 96761   geb.frei 1-800-732-4852
Abendfahrt mit Dinner auf Dreimastsegler mit Hula Show und Tanz; auch Walbeobachtungs- und Schnorcheltrips.
- **Zip Purr Charters,** Schnorchelausflug nach Lanai oder
Molokai 667-2299
geb.frei 1-800-700-9496

- **Fähre**
Interisland Ferry Service via Island Marine
Molokai Express Maui–Molokai. geb.frei1-800-833-5800
via Maui Princess (149 Passagiere); Lahaina Harbor ab 7.30, Molokai an 9.15, Molokai ab 3.30, Lahaina Harbor an 17.00 Uhr

Fischfangtrips/Angeltrips

Je nach Saison werden Pazifische Blaumarline, Mahimahi (Delphinfisch), Ahi (Gelbflossen-Thunfisch), Aku (Skipjack-Thunfisch), Ono (Wahoo) und Kawakawa (Bonito) gefangen. Die meisten Boote sind in Lahaina stationiert.

- **Aerial Sportfishing,** P.O. Box 831, Lahaina, HI 96761 667-9089
Boote von Lahaina mit Übernachtfischen.
- **Finest Kind,** P.O. Box 10481, Lahaina, HI 96761. 661-0338
- **Lahaina Charter Boats,** P.O. Box 12, Lahaina,
HI 96761. 667-6672
- **Lucky Strike Charters,** P.O. Box 1502, Lahaina, HI 96761 . . . 661-4606
- **Rascal Sportfishing Charters,** P.O. Box 1047, Kihei,
HI 96753. 874-8633
Boote in Maalaea Harbor stationiert.
- **Alyce C,** Box 825, Kaunakakai, HI 96748 558-8377
Vom Kaunakakai Harbor auf **Molokai.**
- **Rainbow Trout Fishing,** Maui. 667-7639
Regenbogenforellen angeln   geb.frei 1-800-470-6232

MAUI
Golfplätze

Flugexkursionen

Manche Helicopter-Unternehmen bieten Frühstück und Mittagessen mit Gelegenheit zu landen und Erkundung der Gegend. Flüge dauern im allgemeinen 30–90 Minuten.

Alexair Box 330626, Kahului, HI 96732 871-0792
geb.frei 1-800-462-2281
Flug nach Hana sowie andere Flugexkursionen. Verbindung über Headsets mit Pilot und Passagieren.
- **Blue Hawaiian Helicopter** 871-8844
geb.frei 1-800-745-2583
- **Hawaiian Helicopters** 877-3900
Kahului Heliport Hanger 106, Kahului, HI 96732   geb.frei 1-800-346-2403
Flug nach Hana mit Spaziergang durch Hana Regenwald und Champagner-Picknick sowie andere Flugexkursionen.
- **Maui Soaring Supplies**, RR 2, Box 780, Kula, HI 96790 878-1271
Drachenfliegen; Unternehmen arrangiert *Tandem Glides,* bei denen Passagiere mit Fluglehrer im Huckepack fliegen. Auch Vermietung von Ausrüstung.
- **Papillon Hawaiian Helicopters**......................... 669-4884
Box 1478, Kahului, HI 96732   geb.frei 1-800-367-7095
Kombination Flightseeing und Wandern sowie Ausflug im U-Boot Atlantis Submarine. Flightseeing Haleakala Krater sowie Maui/Molokai Trip.
- **Sunshine Helicopters**................................. 871-0722
Kahului Heliport No. 107, Kahului, HI 96732   geb.frei 1-800-544-2520

18 Golf

Mauis wunderschön angelegte Golfplätze, viele davon von den Golfgurus Robert Trent Jones Jr. und Sr., Arnold Palmer und Ben Crenshaw entworfen, kombinieren Herausforderung mit dramatisch schöner Landschaft. Die Traumplätze mit höchsten Ansprüchen liegen an der Nordwestküste.

- **Experience at Koele, Lanai** 552-2739
Dramatischer Par-72 Kurs im schottisch anmutenden Hochland. Die vier Abschlagsets, von 6 414 m bis 4 961 m, beginnen auf einem Bergrücken oben auf der Insel und der Kurs endet an den rollenden Ausläufern. Die dramatische 8. Bahn hat etwa 76 m Höhenunterschied.
- **Kaluakai Golf Course, Molokai** 552-2739
Spektakuläre Landschaft, reizvolle Küstenarea entlang Sandstrand und felsiger Gezeitenpools.
- **Kapalua Golf Course** 668-8044
Insgesamt 54 Löcher bietet das größte und abwechslungsreichste Golfresort Kapalua, unweit von Kapalua Bay Hotel & Villas. Golfer, die über die drei Par-73 Plantation, Par-72 Bay und Par-71 Village gegangen sind, wissen: „Das allein war schon die weite Reise wert".
- **Makena Resort** 879-3344
18-Loch North und 18-Loch South Course an Mauis Südwestzipfel.
- **Royal Kaanapali Golf Course**......................... 661-3691
Der 18-Loch Par-71 North Course war Mauis erster Resort Golf Course. Par 72, 36-Loch inmitten des Kaanapali Beach Resorts, entworfen von Robert Trent Jones Jr., eine Herausforderung für jeden Golfer.
- **Sandalwood** (öffentlicher Golfplatz!) 242-7090
Zwischen Kahului Airport und der Resort-Küste in Waikapu; Spektakulärer Blick auf Maui im Süden.
- **Waiehu Municipal at Wailuku,** öffentlicher Golfplatz; preiswerter Golfplatz, sehr beliebt bei Einheimischen
- **Wailea Golf Club** 879-2966
im Wailea Resort in Süd-Maui; Gold Course, Blue Course mit 72 Bunkern und 4 Wasserhindernissen und Orange Course nach Robert Trent Jones,

Jr., mit 40 Bunkern und einem Wasserhindernis, Par-72 – alle 18-Loch Golfanlagen. Wailea Resort gehört zu den beiden einzigen Resorts in Hawaii, die 54-Loch-Championship Golf anbieten.

Privattouren/Personalized Tours

● **Hike Maui,** Box 330969, Kahului, HI 96733 879-5270
Verschiedene organisierte Wander-/Hiking-Trips vom Haleakala Krater bis zu Wasserfall-Tälern entlang Hana Road. Gruppen von 2 bis zu 6 Personen; 5–12 Stunden; Proviant, Wasser und Ausrüstung wird gestellt.
● **Local Guides of Maui,** 333 Dairy Rd., Kahului, HI 96732 877-4042
Ortskundige Führer fahren Mietwagen der Tourteilnehmer zum Ausgangspunkt von Wanderungen, Shopping-Trips Schnorchel-Trips oder sonstwo.
● **Temptation Tours,** RR 1, Box 454, Kula, HI 96790 877-8888
spezialisiert in *personalized luxury tours.* Ganztagstrips nach Hana zum Picknick, Lunch im Hana-Maui oder Helikopter Tour über Haleakala nach Hana oder sonstwo hin.

Radfahr-Erlebnisse

Der 3 048 m hohe Gipfel des ruhenden Haleakala ist sehr populär als Ausgangspunkt der atemberaubenden Abfahrt mit dem Bike. Seit 1983 strömen Radfahrer in langen Schlangen die 38 mi/61 km Bergstrecke auf speziell ausgerüsteten Fahrrädern bergab – ein alltägliches Bild. Verschiedene Unternehmen offerieren Begleitung, Fahrräder, Helme, Regenschutz, Mahlzeiten in Restaurants unterwegs und Transport zu und von Hotels.

● **Cruiser Bob's Original Haleakala Downhill** 579-8444
99 Hana Hwy, Box B, Paia, HI 96779   geb.frei 1-800-654-7717
● **Maui Downhill Bicycle Safaris** 871-2155
199 Dairy Rd., Kihei, HI 96732   geb.frei 1-800-535-BIKE
● **Maui Mountain Cruisers** 572-0195
Box 1356, Makawao, HI 96768   geb.frei 1-800-232-MAUI

Reittrips

Maui ist Pferdegebiet, insbesondere um die Upcountry Rinder-Ranches. Makawao ist berühmt für sein Fourth of July Rodeo, aber Paniolo Rodeos (*paniolo* ist der hawaiische Cowboy) werden in Abständen das ganze Jahr über veranstaltet.

● **l Adventures on Horseback;** Box 1771, Makawao, HI 96768 .. 242-7445
5-stündige Ausritte zu Meeresklippen, zu den Berghängen des Haleakala, einem Regenwald und abgeschiedenem Wasserfall; Gruppen bis zu 6 Reitern.
● **Hana-Maui Stables,** Hana, HI 96713 248-8211
● **Makena Stables,** 7299 S. Makena Rd., Kihei, HI 96753 879-0244
Von Makena am Meer hinauf zur Ulupalakua Ranch, eine 8 000 Hektar Arbeitsranch, Höhenunterschied 1 219 m! Auch Reitausflüge zum Weingut Tedeschi Vineyards, Abendritte und mehr.
● **Molokai Horse and Wagon Ride** 567-6773
Box 56, Hoolekua, HI 96729; Fahrt durch Mango-Wald zu althawaiischer Tempelstätte mit Lunch am Meeresufer.
● **Pony Express Tours,** Box 535, Kula, HI 96790 667-2200
Halbtags- und Ganztags- begleitete Reittrips in den Haleakala Krater. Auch ein- und zweistündige Ausritte zur Haleakala Ranch.
● **Rainbow Ranch,** Box 10066, Lahaina, HI 96761 669-4991
Führung durch Ananasplantage und die Berge von West Maui. Auch Picknick-, Abendritte sowie Ausflüge in die Berge und Wälder; auch Trail-Rides.

390 MAUI
Schnorcheln/Tauchen/Tennis

Schnorchel-/Tauchtrips
Die Gewässer um Maui sind ideal, um Hawaiis Unterwasserwelt und Meereslebewesen zu erkunden und zu bestaunen.

● **Atlantis Submarines,** 665 Front St., Lahaina, Hi 96761 667-2224
geb.frei 1-800-548-6262
Angeboten werden Unterwassertrips im U-Boot für Nichttaucher, um die bunte Korallenwelt und Fischreichtum zu bewundern.
● **Ed Robinson's Diving Adventures** 879-3584
Box 616, Kihei, HI 96753   geb.frei 1-800-635-1273
Tauchtrips, auch Lanai-Tauchexkursionen und Nachtrips. Unterwasser-Fotoexperten zur Hand.
● **Extended Horizons,** Box 10785, Lahaina, HI 96761 667-0611
Tauchkurse, Tauchtrips, Unterwasser-Fotoerlebnisse.
● **Kapalua's Kayak Scuba Adventure** 669-4664
One Bay Dr., Lahaina, HI 96761   geb.frei 1-800-367-8000
Mit Kajak zu Gewässern des Resorts zum Schnorcheln und Tauchen. Auch Tauchen mit Batterie-betriebenen Sea Scooters.
● **Lahaina Divers,** 710 Front St., Lahaina, HI 96761 667-7496
geb.frei 1-800-657-7885
Tauchkurse; Tauchtrips für Anfänger und Fortgeschrittene.
● **Molokai Charters,** Box 1207, Kaunakakai, HI 96748 553-5852
Segeltörns von Kaunakakai 2-4 Std., Tagessegeltour nach Lanai zum Schnorcheln.
● **Ocean Activities Center** 879-4485
1325 Kihei Rd., Kihei, HI 96753   geb.frei 1-800-869-6911
Tauchtrips nach Molokini mit Einführungskurs und Tauchkurs, Schnorcheltrips – Molokini Tour, Halbtags-Schnorchel Tour vor Lanai und begleitete Rifftour.
● **Ocean Riders** 661-3586
geb.frei 1-800-221-3586
● **Reef Dancer,** Unterwasserwelt vom Boot 667-2133
geb.frei 1-888-667-2133
● **Sail Hawaii,** Box 1864, Kiehi, HI 96753 879-2201
5stündige Segeltour auf Luxusyacht nach Molokini zum Schnorcheln.
● **Trilogy Excursion** 661-4743
Box 1121, Lahaina, HI 96767   geb.frei 1-800-874-2666
Vormittagssegeltrip nach Molokini und Ganztagssegeltrip nach Lanai mit Grillen und Schnorcheln in Lanais Hulopoe Bay Marine Preserve.
● **Glasbodenboot-Touren** mit **Lin Wa. Motorsegler** .... geb.frei 1-800-833-5800
● **Silent Lady Charters** .... geb.frei 1-800-450-2033
Segeltrip zum Schnorcheln nach Molokini sowie zu Coral Gardens vor der Küste, halbwegs zwischen Maalaea und Lahaina. Coral Gardens ist berühmt für Schildkröten. Abfahrt vom Maalaea Harbor; Halbtagstrip.

Tennis
Über drei Dutzend Hotels und Condominiums besitzen Tennisplätze, oft zur kostenlosen Benutzung für Gäste. Tennisclubs und Tenniszentren direkt bei den Hotels bieten ausgedehnte Einrichtungen und Kurse.

● **Hyatt Regency Maui;** 6 Plätze, Kurse............ 661-1234 App. 3174
200 Nohea Dr., Lahaina, HI 96761
● **Kapalua's Tennis Club,** 500 Bay Dr., Kapalua, ... 669-5677
Hawaiis größte private Tennisanlage; 20 Kunststoffboden-Plätze in zwei Einrichtungen
– Village Tennis Center bei Ritz-Carlton; 10 Plätze, davon 5 mit Flutlichtanlage
– Kapalua Tennis Gardens, 10 Plätze, davon 4 mit Flutlichtanlage. Tennis Camps werden angeboten. Ballmaschine, Pro Shop.

MAUI 391
Walbeobachtung

- **Makena Tennis Club,** bei Maui Prince Hotel 879-8777
5415 Makena Alanui, Makena, HI 96753; 6 Plätze, davon 2 mit Flutlichtanlage; Kurse, Platzmiete, Ballmaschine.
- **Maui Marriott Resort,** 100 Nohea Kai Dr., Lahaina, HI 667-1200
5 Plätze, davon 3 mit Flutlichtanlage; Kurse, Platzmiete, Pro Shop, Ballmaschine.
- **Royal Lahaina Tennis Ranch** 661-3611
2780 Kekaa Dr., Lahaina, HI 96761
11 Plätze, davon 6 mit Flutlichtanlage, Kurse, Platzmiete, Pro Shop, Ballmaschine; auch Benutzung von Jacuzzi und Pool.
- **Sheraton Maui,** 2605 Kaanapali Pkwy, Lahaina,
HI 96761... 661-0031 App. 5197
3 Plätze, alle mit Flutlichtanlage; Kurse; Platzmiete.
- **Wailea Tennis Club,** 3750 Wailea Alanui, Wailea, HI 96753... 879-1958
3 Rasenplätze, 11 Hartplätze, davon 3 mit Flutlichtanlage. Kurse, Platzmiete, Pro Shop, Vermietung von Ausrüstung.

Walbeobachtungstrips

Zu den heißersehntesten Winter/Frühjahr-Besuchern Mauis gehören die riesigen Buckelwale, die alljährlich zur Paarung und der Geburt ihrer Jungen zurückkehren. Im allgemeinen beginnen sie im Dezember anzukommen und ziehen wieder im April oder Mai ab. Nachstehend nur einige der vielen Unternehmen, die Walbeobachtungstouren *Whale-watch Cruises* sowie auch andere Wasserexkursionen anbieten.
- **Kai Kanani Catamaran,** 5400 Makena Alanui, Makena,
HI 96753... 879-7218
Abfahrt in Süd-Maui vom Strand bei Makena, dem nahesten Start für Molokini Schnorcheltrips. Walbeobachtungstouren.
- **Pacific Whale Foundation** 879-8811
101 N. Kihei Rd., Suite 25, Kihei, HI 96753   geb.frei 1-800-942-5311
2½stündige Walbeobachtungstouren von Lahaina; auch 4-Stunden-Walbeobachtungs- und Schnorcheltrips. Jeder Trip wird von einem Wissenschaftler begleitet. Der Erlös der Touren fließt in die Forschungsarbeit der Stiftung.
- **Sentinel Yachts,** Box 1022, Lahaina, HI 96761............. 661-8110
Schnorchel- und Segeltrips.

Wasserski/Windsurfen

Der Wind vor dem Kanaha Beach River an Mauis North Shore bietet die besten Voraussetzungen für weltbestes Brettsurfen.

- **Hawaiian Island Windsurfing** 572-5601
460 Dairy Rd., Kahului, HI 96732   geb.frei 1-800-782-6105
Kurse und Vermietung von Ausrüstung.
- **Kaanapali Waterski,** Kaanapali Beach 661-3324
Wasserskikurse, Vermietung von Ausrüstung.
- **Kaanapali Windsurfing School** 667-1964
104 Wahikuli Rd., Lahaina, HI 96761
- **Lahaina Water Ski,** Kaanapali Beach 661-5988
Wasserskikurse, Vermietung von Ausrüstung.
- **Maui Windsurf** mit **Maui Magic Windsurfing Schools**....... 877-4816
520 Keolani Pl., Kahului, HI 96732   geb.frei 1-800-872-0999
Kursteilnehmer sind mit wasserdichtem Funkgerät ausgestattet, über das sie Anweisungen vom Surflehrer am Strand erhalten. Auch Kurse für Windsurfer, Vermietung und Verkauf von Ausrüstung.
- **Maui Windsurfari** 871-7766
Box 330254, Kahului, HI 96732   geb.frei 1-800-736-MAUI
Einzel- oder Gruppenkurse im Windsurfen; auch Unterkunft von billig bis Deluxe an Mauis North Shore.

392 MAUI
Nordost-/Nordküste-Strände

● **Secon Wind Surf & Sail,** 111 Hana Hwy, Kahului,
HI 96732 877-7467
Kurse im Surfen, Vermietung von Schnorchelausrüstung, Boogie Boards, Surfbretter und Windsurfausrüstung.

Weitere relativ billige Aktivitäten & Attraktionen

● **Haleakala Nationalpark** ist die Heimat des einmaligen **Silberschwerts/Silverword** und der vom Aussterben bedrohten Nene Gänse, Hawaiis Staatsvogel.
Box 369, Makawao, HI 96768 572-9306
● **Kula Botanical Gardens,** RR 2, Box 288, Kula HI 96790 878-1715
Spaziergang durch kühle Gartenanlage auf 1 000 m ü.M.; tägl. 9–16 Uhr.
● **Lahaina, Kaanapali & Pacific Railroad** 661-0089
Box 816, Lahaina, HI 96761   geb.frei 1-800-367-4753
Mauis „Zuckerexpress" gibt Besuchern einen Blick auf West Maui von Zuckerrohrfeldern am Hang; verkehrt zwischen Lahaina und Kaanapali; nachgebaute Eisenbahnwagen im Stil Ende des 19. Jh.
● **Maui Tropical Plantation** 244-7643
RR1, Box 600, Waluku, HI 96793   geb.frei 1-800-451-6805
Begleitete Tramtour mit Unterwegs-Erklärungen durch Felder mit Mauis Anbauprodukten – Ananas, Zuckerrohr, Papaya, Bananen und andere Früchte. Eintritt.
Zugang zu Restaurant, Laden und Gewächshaus kostenlos. Mo.–Fr. 9–17 Uhr, Wochenende 9–16 Uhr.

 Mauis Strände

Maui besitzt etwa 192 Kilometer Küstenlänge, entlang der sich insgesamt etwa 32 Strände ziehen. Manche dieser zu den besten Stränden der Welt gehörenden Strände sind sehr gut zugänglich, während andere dafür recht schwierig aufzusuchen sind. Die besten Strände liegen im sonnigen Nordwesten Mauis. Hier nun zu den Stränden in geographischer Aufteilung, und zwar zunächst von Kahului ausgehend mit der Nordostküste beginnend.

● Nordostküste: Wailuku/Kahului–Waihee

● **Waiehu Beach Park;** Schnorcheln und Brettsurfen; schlechte Schwimmmöglichkeiten. An klaren Tagen hat man von diesem Strand hervorragenden Blick auf den Haleakala. Der direkt neben dem öffentlichen Golfplatz **Waiehu Municipal Golf Course** liegende Park umfasst schöne Picknickarea, Toiletten, Duschen, Grillstellen und Picknicktische. Strand wird stark von lokalen Fischern aufgesucht.

● **Waihee Beach Park.** Zugang via *Halewaiu Road* von *Highway 340*. Geheimtip zum Schwimmen, Schnorcheln und Brettsurfen! Eindrucksvolles Korallenriff (eines der längsten Riffs auf Maui!) schafft gute Schwimmmöglichkeiten, allerdings muss man dort, wo das Riff endet, auf starke Strömungen achten. Parkplatz, Toiletten, Picknickarea. Die Einheimischen sammeln hier Seetang/*limu*.

● Nordküste: Kahului–Hookipa

● **Kanaha Beach Park,** zwischen Kahului und Flughafen – nördlich vom Kahului Airport via *Alahao Street* zugänglich; nicht gerade die Schönheit, aber nicht allzu schlecht.

- **H.A. Baldwin Park** in Paia; benannt nach dem Kongressabgeordneten und Gemeindevorsteher Harry A. Baldwin; meistbesuchtester Strand in dieser Area Mauis; alles außer Schnorcheln möglich. Vor der Küste Möglichkeiten für Windsurfer. Ausgezeichnete Freizeit- und Strandeinrichtungen, viel Parkmöglichkeiten; Picknickarea mit Picknicktischen, Pavillons, Grillplätze, Toiletten, Duschen sowie Fußball- und Baseballplatz. Unbedingt auf Fußbekleidung achten, scharfe Kiawe-Dornen! Auch Camping möglich – County Permit erforderlich, siehe unter **Camping**.

- **Lower Paia Park**; beliebte Area für Windsurfer. Auch Möglichkeiten für Experten unter Surfern zum Body und Brettsurfen. Bei ruhigem Wasser ist auch Schwimmen möglich, aber selten. Toiletten, Picknickarea sowie Möglichkeiten für Softball und Basketball.

- **Hookipa Beach.** Feiner Sandstrand bei **Paia**; nur 10 Min. vom Kahului Airport und 5 Min. von Paia. Hier wurde Mauis Surfing in den 1930er Jahren aus der Taufe gehoben. Wellenreiter finden hier die besten Bedingungen – aber nur Experten! Bequemer Zugang zum Strandpark vom *Hana Highway* Hier am weltberühmten Strand trifft sich die Weltelite zum Windsurfen. Großartig zum Zuschauen (auch wenn keine Windsurfing-Meisterschaften ausgetragen werden), wie manche weltberühmte Cracks zehn Meter über dem Wasser atemberaubende Loops drehen – nichts zum Nachmachen! Hookipa ist für Windsurfer dasselbe wie Wimbledon für Tennisspieler. Der Strandpark umfasst Parkplatz, Pavillons, Duschen, Picknicktische, Toiletten und Grillplätze.

● Strände entlang Hana Highway

- **Lower Nahiku bis Maliko Bay.** Hier gibt es entlang des faszinierenden, aber schwer zugänglichen (oft kommt man mit dem Auto nicht nah genug an den Strand) Küstenstreifens kleine Buchten mit winzigen Stränden, die aber in den seltensten Fällen gute Schwimmvoraussetzungen bieten. Oft beschränken sich die Möglichkeiten nur auf Strandwanderung und Fischen.

- **Waianapanapa State Park**; etwa $4^1/2$ mi/7 km vor Hana; großer schöner Park mit ausgezeichneten Voraussetzungen zum Schwimmen, wenn das Wasser ruhig ist. Auf alle Fälle nur etwas für starke Schwimmer, da es starke *Rip*-Strömungen gibt und der Strand keinen Schutz durch ein vorgelagertes Riff aufweist.

  Etwas weiter entfernt gibt es bei Pailoa einen der seltenen schwarzen Sandstrände; wunderschöne Bucht, von Palmen gerahmt; gut zum Sonnenbaden. Im Gegensatz zu den weißen Sandstränden entstehen schwarze Sandstrände auf dem Festland und enden im Meer. Lavaströme werden durch Erosion der Wellenaktion am Ufer aufgebrochen. Im Laufe der Zeit verschwinden diese Strände. Und wenn sie einmal verschwunden sind, kehren sie nicht mehr zurück. Ausgezeichnete Einrichtungen im State Park, Parkplatz; schöner Campingplatz & Picknickarea, Toiletten, Duschen.

- **Hana Beach Park**; großer, reizvoll angelegter Strandpark, sehr beliebt bei Einheimischen und Touristen; ausgezeichnet zum Schwimmen und Schnorcheln; allerdings gefährliche Strömungen **außerhalb** der geschützten Bucht. Brauner Sand, Pavillon, Picknicktische, Toiletten und Duschen sowie Bootrampe.

● Südostküste: Hana Area

- **Hamoa Beach,** im östlichen Teil der Insel, Nähe Hana Town, mit hohen Klippen, die aus dem idyllischen tropischen Paradies herausragen. Diesen Strand erklärte Mark Twain zu seinem Lieblingsstrand. Manchmal von

MAUI
Südwestküste Strände

Strandaufsicht des Hotels Hana-Maui bewacht, dessen Gäste den Strand aufsuchen.

Ruhige und friedliche Lage, sehr abgelegen und durch die hohen Klippen geschützt. Surf und Strömung oft recht stark, beliebt zum Brett und Bodysurfen. Bei ruhigerem Wasser auch Schwimmen möglich. Öffentlicher Zugang über den Fußpfad, doch keine öffentlichen Einrichtungen (nur für Hotelgäste!) vorhanden.

● **Oheo Gulch** oder **Oheo Pools** oder **Seven Pools Park.** Der Strand ist gefährlich, aber die Serie von reizvollen Pools unter dem Highway ist herrlich – insgesamt 24 Pools unterhalb und oberhalb einer Brücke, über die *Hana Highway* bzw. *Highway 31* führt.

Die in Terrassen hintereinanderfolgenden Pools, die der Oheo Stream hier entstehen ließ, sind beliebte Schwimmbecken, allerdings ist Vorsicht geboten bei starkem Regen und Sturzfluten. Die Brücke über der Oheo Schlucht bietet einen guten Blick über das **Kipahulu Valley**. Gute Wandergegend – siehe unter **Hana Area Attraktionen/Oheo Gulch** im Kapitel **Hana Highway**. Auf **keinen** Fall im Ozean schwimmen – Gefahr durch strengen **Sog** und **Haie**!

● **Südwestküste. Maalaea–Kihei–Wailea**

● **Maalaea Bay,** links vom Vogelschutzgebiet, recht vom Bootshafen eingerahmt. Ruhiges Wasser zum Windsurfen (Vermietung von Ausrüstung in Kihei). Keine sonderlich guten Schwimmmöglichkeiten. Sehr guter Strand zum Joggen, wegen hart gepacktem Sand, allerdings muss man oft hier mit starkem Wind rechnen. Keine öffentlichen Strandeinrichtungen vorhanden.

● **Maipoinaoeiau Beach Park,** bedeutet „Vergissmeinnicht". Park wird auch Memorial Park oder Veterans Park genannt; gegenüber vom Maui Lu Resort. Der Strand zieht sich als Fortsetzung des langen Sandstreifens fort, der sich wie ein schmaler Gürtel entlang der Südwestküste zieht. Vor der Küste gibt es sandigen Untergrund mit nur gelegentlich herausragenden Steinen. Hervorragend zum Schwimmen, Schnorcheln sowie Brett- und Windsurfen. Die Strandparkeinrichtungen umfassen Parkplatz, Duschen, Toiletten und Picknickarea.

● **Kalama Beach Park.** Außer Bodysurfing kann man hier alles, von Brett-, Windsurfen bis Schnorcheln und Schwimmen. Langer Streifen Sandstrand, Pavillons mit Toiletten, Picknicktische, Tennisplätze, Fußballplatz und Grillstellen.

● **Kamaole Beach Parks I, II und III.** Drei separate Strandparks mit weißem Sandstrand; ausgezeichnete Schwimmmöglichkeiten (außer wenn die Konastürme aufziehen). Herrliche Strandgegend für Kinder – gilt als eine der besten Hawaiis. Hervorragende Einrichtungen mit Parkplatz, Duschen, Grillplätzen, Picknicktischen und Toiletten.

● **Wailea.** Eine ganze Serie weißer Sandstrände, wie **Keawakapu, Mokapu, Ulua** (zwischen Renaissance Wailea Beach Resort und Aston Wailea Resort) und **Wailea.** Alle hervorragend zum Sonnenbaden, Schwimmen, Schnorcheln und Bodysurfen. Keine öffentlichen Einrichtungen vorhanden. Felsige Stellen an beiden Rändern von **Wailea Beach.**

● **Polo.** Langer, breiter Strand, der zur Wailea Strandgegend gehört. Schnorcheln, Schwimmen und Bodysurfen. Nur bei Sturm und hohen Surfs treten starke Strömungen auf. Keine öffentlichen Einrichtungen vorhanden.

● **Makena.** Sehr schöner Strand und schöner Blick auf die Inseln **Molokini** und **Kahoolawe,** die ziemlich dicht beieinander liegen. Hier setzt sich der Strand erneut aus einer Serie separater Strände zusammen: Brettsurfen ist

Südost-/Nordwestküste Strände

sehr populär am **Puuolai** und **Oneloa Strand**, während Bodysurfen bei **Onouli** begehrt ist. Zum Schwimmen und Schnorcheln gute Voraussetzungen an den **Poolenalena, Maluaka, Onouli, Puuolai** und **Oneloa Stränden**. Keine öffentlichen Einrichtungen vorhanden.

- **La Perouse Bay.** Little Beach und Big Beach. Eigentlich zieht es überwiegend Fischer an diesen öffentlichen Strand, wo der erste nichthawaiische Besucher Maui erstmals betrat. Der französische Kapitän Jean François de Galaup, Comte de La Perouse, kam hier am 30. Mai 1786 an Land. Er gilt als auf See verschollen, da sein Schiff mitsamt der Mannschaft nach dieser Reise nirgendwo mehr auftauchte.

An dieser nach der Perouse genannten Bucht liegen mehrere kleine Strände zwischen felsigem Ufer. Keine öffentlichen Einrichtungen vorhanden. Schnorcheln und Schwimmen möglich.

Über **La Perouse Bay** hinaus wird die Küste zerklüftet und dramatisch. Die Straße ist ebenfalls nur etwas für geländegängige Fahrzeuge. Alle möglichen Strände sind winzig, abgelegen und schwerst zugänglich. Weiterfahrt ist für die meisten Mietautos nicht erlaubt. Am besten sollte man sich allerdings diesen Stränden fern halten und sie nur mit den Augen genießen.

● Südosten

- **Nuu Beach,** westlich von Kipahulu und nur bei gutem Wetter mit Geländefahrzeug über *Highway 31,* der hier eine nicht in bestem Zustand befindliche Sand- und Lehmpiste ist.

Nun zu den Stränden an Mauis Nordwestseite, nachdem man den Isthmus von Kahului überquert hat.

● Nordwesten: Maalaea–Lahaina

- **Papalaua State Wayside Park.** Langer, schmaler Strand neben *Highway 30* mit herrlichem Blick auf die Insel Kahoolawe. Vor dem Strand felsiger Untergrund, flaches Gewässer zum Schwimmen und Schnorcheln. Toiletten, Picknicktische, Grillstellen vorhanden.

- **Ukumehame Beach Park.** Neben *Highway 30* zum Schwimmen, Schnorcheln und Brettsurfen, aber flaches Gewässer; populär bei lokalen Fischern.

- **Olowalu;** bei ruhiger See ausgezeichnet zum Schnorcheln und Schwimmen. Hier fand **1790** eines der schrecklichsten Massaker statt. Wegen eines Handelsdisputs richtete der Kapitän der *Elenanora* seine Schiffskanonen auf die in den Kanus an der Seite seines Schiffes befindlichen Hawaiianer. Über einhundert Hawaiianer wurden getötet, über 200 verletzt, von denen etliche in den nachfolgenden Tagen starben.

Als Folge dieses Ereignisses wurden die Seeleute Issac Davis und John Young gefangengenommen, die jedoch später Berater von Kamehameha I. wurden. Petroglyphen und Reste eines Heiau sind in der Nähe zu finden. **Olowalu** ist die einzige Stelle Hawaiis, von der vier andere Inseln zu sehen sind.

- **Kulanaokalai** und **Awalua.** Eine flache, Cut Mountain genannte Sandbank, teilt die beiden Strände, von denen man einen herrlichen Blick auf die Nachbarinseln hat. Keinerlei Einrichtungen. Schwimmen möglich.

MAUI
Nordwestküste Strände

● **Puamana Park/Launiupoko State Wayside Park.** Schwimmen möglich. Parkplatz, Grillplatz, Toiletten und Picknicktische. Angenehme Strandgegend mit großen Bäumen; mit schönem Blick auf die Nachbarinseln Molokai, Lanai und Kahoolawe. Auch für Kinder geeignet.

● **Lahaina;** Strand beginnt am Ende vom Boat Harbor und setzt sich an *Front Street* fort. Sehr flacher und felsiger Untergrund zwischen Riff und Strand. Schnorcheln und Schwimmen möglich.

● Nordwestküste: Lahaina–Kaanapali–Kapalua

● **Wahikuli State Wayside Park.** Ausgezeichnet zum Schwimmen und Schnorcheln, eine der attraktivsten Strandgegenden West Mauis. Wunderschöner Sandstrand und bequem zugänglich; grandioser Blick. Toiletten, Duschen, Pavillons, Grillstellen und Picknicktische vorhanden.

● **Kaanapali** und **Hanakaoo.** Die breiten, gepflegten Sandstrände von **Kaanapali** zählen zu den meistfotografiertesten Stränden der Welt. **Hanakaoo** wird von den Einheimischen „Sandkisten-Strand" genannt; am Südende schmal, wird aber um den attraktiven Bereich um **Hanakaoo Point** breit. Beide Strände bieten herrliche Voraussetzungen – zum Schwimmen, Schnorcheln und Surfen **Hanakaoo** und zum Schwimmen und für Windsurfer-Anfänger **Kaanapali.** Weißer Sandstrand und rege Strandaktivitäten um Kaanapali, das droht, ein Klein-Waikiki zu werden. Der Strand ist nicht durch Lavariffe geschützt. Bei Sturm entwickeln sich sehr hohe Wellen, sonst hat man hier aber relativ ruhiges Wasser.
In der Gegend um **Kaanapali** dominierte einst Zuckerrohranbau. In der Nähe der Black Rock Area, wo sich die Hotelanlage des Sheraton Maui befindet, befand sich einst die Schiffsanlegestelle, wo Zuckerrohr verladen wurde. Um **Black Rock** ausgezeichnete Schnorchelmöglichkeiten mit herrlichen Fischen. Öffentlicher Strandzugang zum **Kaanapali Strand,** der vor Royal Lahaina Resort und Maui Eldorado liegt; vom Nordende des Strands zugänglich. Zum **Hanakaoo Strand** geht es durch Privatgelände oder vom Kaanapali Strand weiter.

● **Honokowai Beach Park.** Schmaler, weißer Sandstrand, vor allem sehr kinderfreundlich. Hinter den Felsen liegt ein gutes Schnorchelgebiet, Schwimmen möglich. Parkplatz, Toiletten, Picknicktische und Duschen vorhanden.

● **Napili Beach.** Langer, gebogener Strand begrenzt die bezaubernde Bucht, die durch felsige Vorstöße geschützt ist. Herrlicher Ausblick auf Molokai, das greifbar nahe scheint. Im Winter stärkere Surfs, die gute Voraussetzungen zum Brettsurfen schaffen. Im allgemeinen gute Schwimmmöglichkeiten. Mehrere öffentliche Zugänge zum Strand.

● **Kapalua Beach.** Auf Mauis Westseite in der Kapalua Resort Area, Mauis spektakulärster Strand. Ruhiges Wasser, durch Lavaausläufer zu beiden Seiten geschützt. Der stille, sichelförmige Strand wird hauptsächlich von Sonnenanbetern aufgesucht, bietet aber hervorragende Schwimm- und Schnorchelmöglichkeiten. Der Strand, der auch Fleming's Beach genannt wird, bietet herrlichen Blick auf Molokai. Zugang zum Strand vom Südende. Parkplatz und Toiletten vorhanden; im allgemeinen nicht so sehr überlaufen.

● **D.T. Fleming Beach Park,** nach dem aus Schottland stammenden Gemeindevorsteher D.T. Fleming (1881–1955) benannt. Strand für fast alle Wassersportarten geeignet, aber Vorsicht bei ankommenden Wellen. Toiletten, Parkplatz und öffentlicher Strandzugang.

● **Mokuleia,** auch „Slaughterhouse Beach" genannt (die Honolulu Ranch hatte hier ein Schlachthaus, das in den 1960er Jahren abgerissen wurde). Großartig zum Bodysurfen, aber im Winter gefährliche Strömung. Dem

Fußweg links zum Strand folgen. Der geradeaus führende Pfad führt zu einem felsigen Lavastrom. Das gesamte Gebiet ist Meeresschutzgebiet Marine Life Conservation District mit herrlicher Unterwasserwelt.

- **Kahakuloa Bay bis Honolua Bay.** Direkt an Mokuleia Bay vorbei fährt man nordwärts bis zum Beginn einer Sandpiste, auf der sich sehr schlecht weiterfahren lässt. Am besten parken und den Strand zu Fuß aufsuchen. In der Bucht **Honolua Bay** kann man gut schwimmen, schnorcheln und surfen.

Der reizvolle Küstenstreifen am Nordwestende von Maui hat besondere Bedeutung. Hier stach das polynesische Reisekanu *Hokulea* zu seiner epischen Reise über den Pazifik in See. Dramatische Felsklippen bestimmen hier die Landschaft. Der Ozean ist im allgemeinen schwer zugänglich und bietet selbst starken Schwimmern enormen Widerstand. Besucher sollten allerdings leichter zugängliche und weniger gefahrvolle Strandgegenden aufsuchen.

Die *Hokulea,* ein nachgebautes seegängiges polynesisches Doppelrumpf-Kanu, verließ am 1. Mai 1976 Honolua Bay, um dem Weg der vorzeitlichen polynesischen Reisenden zu folgen. Zweck dieser Reise war es, zu beweisen, dass polynesische Reisen gezielt und nicht zufällig unternommen worden waren. Die Reise erfolgte ohne Navigationsgeräte. Einen Monat später erreichte die *Hokulea* die Inseln Mataiwa, etwa 269 km nördlich von Tahiti, um daraufhin unter stürmischem Empfang in Papeete einzulaufen.

Maui für Kinder ◀

Außer den *keikis* Camps, die von vielen Ferienhotels angeboten werden, eigenen sich folgende Attraktionen & Aktivitäten für Kinder:

- **Atlantis Submarine.** U-Boot Ausflug. Das U-Boot taucht bis zu 30 m Tiefe, gleitet über Rifformationen. Gelegenheit, Meereslebewesen in ihrem natürlichen Habitat zu beobachten. 665 Front St., Lahaina; 667-2224.

- **Brig Carthaginian.** Authentische Nachbildung eines Walfangboots des 19. Jh. Das kleine Boot besitzt die perfekte Größe für Kinder. Im Museum an Bord gibt es Exponate zur Walfangära. Lahaina Wharf; 661-8527.

- **Hale Kohola.** In diesem Museum erfährt man alles über Wale. Whaler's Village, Kaanapali Resort; 661-5992.

- **Hawaii Experience Domed Theater.** Auf 18 m langer, 180 Grad gewölbter Leinwand wird ein 45-Minuten-Film als Blitztour durch die hawaiischen Inseln gezeigt. 824 Front St., Lahaina; 661-8314.

- **Lahaina-Kaanapali & Pacific Railroad.** 19 km Fahrt mit dem „Zuckerexpress" mit singendem und Geschichten erzählendem Zugführer. Der Zug transportierte früher Zuckerrohr von den Plantagen zu den wartenden Schiffen im Hafen von Lahaina. Tel. 661-0089. Beim Depot Snack Shop kann süßes, saftiges Zuckerrohr verkostet werden.

- **Schnorcheltrip.** Organisierte Schnorcheltrips umfassen Ausrüstung, Verpflegung und Benutzung von Unterwasserkameras. Gute Gelegenheit, Kinder inmitten der bunten Fische zu fotografieren.

- **Strand.** Mauis sandige Küste ist kinderfreundlich. Schaufel und Eimer halten Kinder oft stundenlang beschäftigt.

- **Junior Ranger.** Kostenlose Broschüre beim National Park Service des Haleakala Nationalparks (Anschrift unter **Information**) über Bedingungen und Voraussetzungen erkundigen, um ein **Junior Ranger** zu werden. Kinder von 5–12 Jahre.

398 MAUI
Romantischer Urlaub

- Etwas ältere Kinder möglichst noch vor Morgengrauen aus dem Bett locken zur Fahrt hinauf auf den **Haleakala Krater,** um den grandiosen **Sonnenaufgang** zu erleben. Im Anschluss Start zur Rad-Safari vom Gipfel hinunter zum Meer.
- **Tour of the Stars.** Astronomischer Ausflug mit Experten vom Teleskop auf dem Hoteldach des Hyatt Regency Maui in Kaanopali; etwa 1 Stunde.
- Fahrt mit dem **Zuckerexpress/Sugar Cane Train** durch Zuckerrohrfelder und Besuch von Lahaina.
- Familien Aktivitäten auf Maui. Auf der Insel Maui gibt es viele **kostenlose** oder nicht allzu teure Aktivitäten. Dazu gehört der Strandaufenthalt, da alle Strände Mauis öffentlich sind. Die staatlichen oder vom County unterhaltenen Strände sind mit Toiletten, Umkleideräumen, Duschen, Grilleinrichtungen und Picknicktischen ausgestattet. Man kann hier Sandburgen bauen oder die Unterwasserwelt erkunden. Tauch- und Schnorchelausrüstung kann gemietet werden.

Viele Hotels bieten Kinder- und Jugendprogramme an, bei denen beispielsweise Leis gefertigt werden oder Einführung in die Welt der Meereslebewesen erfolgt. Traditionelle **Luaus** finden regelmäßig bei den meisten Hotels oder anderen Einrichtungen statt.

Mauis Rad- und Wanderwege sind gleichzeitig eine Exkursion in die Natur. Die Wege sind in gutem Zustand und reichen im Schwierigkeitsgrad von Anfängern bis zu Experten.

Romantische Packages/Flitterwochen/Hochzeiten Honeymooners & Verliebte/Vorwahl (808)

- **Aloha Wedding Planner** 1-800-288-8309
- **American Hawaii Cruises** 1-800-765-7000
- **Grand Wailea** Resort .... Fax 879-4077
  gebührenfrei 1-800-888-6100
  Wailea Seaside Chapel und Park, Pfarrer, Leis, Musik, Torte & Champagner; sowie 3-Nächte-Unterkunft; traditionelle hawaiische Hochzeitszeremonie.
- **Kapalua Bay Hotel & Villas**
  geb.frei 1-800-367-8000
  3-Nächte-Hochzeits-Package mit Zimmer mit Ozeanblick, Hochzeitszeremonie.
- **Hyatt Regency Maui** 661-1234
  geb.frei 1-800-233-1234
  Hochzeitszeremonie mit Pfarrer, Leis, Musikern, Torte, Champagner; 3-Nächte-Arrangement.
- **Romance in Bloom** 1-800-982-5200
  Hochzeiten, Honeymoons und romantische Maui-Erlebnisse. Arrangements mit Helikopter-Flügen für bis zu 6 Personen zu privatem abgelegenem „Wedding Spot".
- **Westin Maui** 667-2525
  Hochzeits-Packages mit Pfarrer, Leis, Blumen, Champagner, Fotograf.

Verschiedene andere Hotels bieten spezielle Romance Packages mit Mietwagen (Cabriolet), Lei-Begrüßung, Champagner, Dinner für zwei, Frühstück im Bett, Dinner bei Kerzenschein und viele exklusive Aktivitäten, Bootsausflüge, Helikopterflüge, Schnorchel- oder Segeltrips. Nach Honeymoon Packages oder Romantic Hideaway Packages, Lovers Packages oder Romance Packages erkundigen. Einzelheiten über Formalitäten zum Heiraten in Hawaii siehe unter **Baxter-Tips für Hawaii Urlaub** unter Hawaii.

ROUTEN DURCH MAUI

Die Routen durch Maui führen von **Kahului** als Ausgangspunkt zu den touristischen Hauptzielen an Mauis Westküste, wie Kihei, Wailea und Makena in Ost-Maui und Lahaina, Kaanapali und Kapalua in West-Maui. Die Route nach Hana wird als eigenes Kapitel unter **Hana Highway** behandelt. Reiseziele auf der Insel Maui sind alphabetisch eingeordnet.

KAHULUI–KIHEI

Vom **Kahului Airport** folgt man *Keolani Place*, überquert *Haleakala Highway = Highway 37*, folgt *Dairy Road* über *Hana Highway = Highway 36* und folgt nun weiter *Dairy Road* bzw. *Kuihelani Highway = Highway 380*, bis man auf *South Puunene Avenue = Highway 350* stößt.

In **Puunene** Beschilderung Richtung **Kihei** folgen und auf *Highway 350*, der nun als *Mokulele Highway* weiterläuft, weiter südwärts fahren. Von Kreuzung *Hwy 380 & Hwy 350* etwa 8 mi/13 km bis **Kihei**. Unterwegs überall Zuckerrohrfelder. In **Kihei** geht es von *Highway 350* auf *Highway 31* als *Piilani Highway* südwärts durch Kihei, Kamaole, **Wailea**. Von **Kahului** bis **Wailea** sind es 31 mi/50 km. Weiter südlich liegt **Makena**.

WAILEA–MAALAEA–LAHAINA

Von **Wailea** geht es wieder über *Piilani Highway = Highway 31* nordwärts, dabei überquert man *Highway 350*, auf dem man von Kahului kam, und folgt weiter *Highway 31*, der hier *North Kihei Road* heißt. Richtung **Lahaina** geht es durch ein Vogelschutzgebiet und Zuckerrohrfelder, bis man auf *Highway 30* stößt. Hier nun von *Highway 31* links abbiegen und *Highway 30* nach Lahaina folgen – etwa 17 mi/27 km. An dieser Stelle passiert man auch von Kahului kommend *Highway 30*.

In **Maalaea** passiert man den kleinen Bootshafen mit dem **Maui Ocean Center Aquarium** und **Maalaea Harbor Village,** einem Shopping und Restaurant Komplex. *Highway 30* heißt hier *Honoapiilani Highway* und führt kurvenreich an felsiger Küste entlang. Bei **MM 9** passiert man links den Aussichtspunkt **Papawai Point** mit Blick auf **Lanai**. Zwischen **MM 10** und **11** geht es zwischen Klippen und dem Ozean an der **Manawaipueo Gulch** vorbei.

Dahinter führt *Highway 30* weiter kurvenreich hoch über dem Wasser entlang. Man passiert den 1951 gebauten, kurzen Tunnel und gelangt beim Sandstrand wieder auf Meereshöhe. Bei **MM 12** kommt man am schönen **Papalaua State Park** mit reizvollem Strand vorbei. Rechts dann grün überwachsene Bergrücken gefolgt von Zuckerrohr. Unterwegs mehrere kleine Strände, die gerne von Einheimischen zum Picknick aufgesucht werden.

Bei **MM 15** hat *Highway 30* **Olowalu** erreicht. Dies ist angeblich die einzige Stelle Hawaiis, von der vier Inseln zu sehen sind. Hier gibt es die Olowalu Petroglyphen und Ruinen einer Zuckerfabrik zu sehen. Ein kleines gemütliches Restaurant, links und rechts wieder Zuckerrohrfelder. Sanfte Wellen schlagen ans Ufer. Weiter dicht am Wasser entlang, wo ab und zu Kokospalmen den Strand begrenzen. Bei **MM 18** passiert der *Highway 30* den schattigen **Launiupoko Beach Park** mit schönem Strand.

Weiter am **Puamana Beach Park** vorbei mit schönem schattigen Strand passiert man bei **MM 20** den Friedhof Hawaii Cemetery und hat bereits den südlichen Rand von **Lahaina** erreicht. Über *Shaw Street* gelangt man direkt auf Front Street mit erster Parkmöglichkeit gegenüber von **505 Front Street**.

▶ *LAHAINA–KAANAPALI–KAPALUA*

Von **Lahaina** geht es auf *Highway 30* immer noch als *Honoapiilani Highway* nordwärts zu den Ferienhotelgebieten **Kaanapali, Kahana, Napili** und **Kapalua**. Hinter Lahaina passiert man, nachdem man bei **MM 21** die südliche Endstation des **Sugar Cane Train** (offiziell Lahaina–Kaanapali and Pacific Railroad LK&P RR) hinter sich gelassen hat, bei **MM 23** die **Wahikuli State Wayside**, schöner Park mit Strand und idyllischem Picknickplatz.

Hinter dem Lahaina Civic Center geht es am Strandpark **Hanakaoo Beach Park** vorbei, ehe man **Kaanapali** erreicht. Bei **MM 24** biegt links der *Kaanapali Parkway* ab, der zu der ganzen Serie von Ferienhotels und **Whalers** Village sowie den Strandanlagen **Kaanapali Beach** und dem Schnorchelgebiet am **Black Rock** führen – siehe **Baxter Info-Karte**.

Bei **MM 25** geht es auf *Highway 30* an der Kaanapali-Station des **Sugar Cane Train** vorbei. Dahinter gelangt man bei **MM 27** über *Akahele Street* zum **Kapalua-West Maui Airport**. Der *Highway 30* passiert **Kahana** und **Napili**, wo man nicht mehr dicht an der Küste entlangfährt. Mit **Kapalua** hat man Mauis ausgebautes Westende erreicht; siehe auch **Baxter-Info-Karte.** Dahinter wird die Gegend noch einsamer und die Straße nach kurzer Zeit nur noch für Geländefahrzeuge passierbar.

▶ *LAHAINA–KAHULUI/WAILUKU*

Von Lahaina bis Kahului sind es 22 mi/35 km. Man folgt *Honoapiilani Highway* = *Highway 30* bis **MM 5,** wo *Highway 31* rechts abbiegt zur Maalaea Beach und nach **Kihei**. Hier gelangt man nun kurz darauf zur Kreuzung, wo rechts *Highway 380* als *Kuihelani Highway* nach **Kahului** führt, etwa 5.3 mi/8,5 km. *Highway 30* setzt sich über die Landenge, vorbei an der **Maui Tropical Plantation**, nach **Wailuku** fort, wo man westwärts über *West Main Street/Iao Valley Road* als *Highway 320* Anschluss an das **Iao Valley** mit der **Iao Needle** hat – siehe unter **Wailuku**; etwa 3.6 mi/6 km.

Nachfolgend zu Mauis Reisezielen in alphabetischer Reihenfolge von Haleakala Nationalpark bis Wailea.

HALEAKALA NATIONALPARK
„Ruhender Vulkan mit Riesenkrater – Mondlandschaft aus Vulkankegeln"

Öffnungszeiten: Park ganzjährig rund um die Uhr geöffnet. 1916 als Teil des Hawaii Nationalparks gegründet; 1961 zum unabhängigen Haleakala Nationalpark erklärt; Erweiterungen 1969 oberes Tal Kipahulu Valley, 1976 Oheo-Abschnitt im Kipahulu Küstenbereich.
Lage: Auf der Insel Maui im Pazifischen Ozean. Der Park besteht aus zwei Abschnitten, ca. 37 mi/59 km von Kahului via *Highway 37, 377* und *378* (1½ - 2 Std.) bis zum Krater-Distrikt mit dem Haleakala-Gipfel im Westteil des Parks. Der Oheo-Abschnitt im Kipahulu-Distrikt des Parks am Südostende von Maui ist von Kahului über *Highway 36* und *Highway 31 (Hana Highway)* erreichbar; ca. 63 mi/100 km (3 – 4½ Std.).
Günstigste Besuchszeiten: Ganzjährig muß stets mit plötzlichem Wetterumschwung gerechnet werden, obwohl Januar bis Ende Mai oder Anfang Juni in der Regel als die feuchte Jahreszeit, Juli bis Oktober als trockene Jahreszeit gelten.
Wetter: In Gipfelnähe sehr schneller und häufiger Wetterumschwung. Im Sommer im allgemeinen trocken und angenehm warm, aber mit Kälte, Wind und Regen muß stets gerechnet werden, oft mit Temperaturen unter dem Gefrierpunkt. Entsprechend warme und regengeschützte Kleidung mitführen. Im Winter im allgemeinen kalt, naß, windig und neblig; selten Schnee. Im Frühjahr und Herbst herrscht eine Mischung jeder Art von Wetter.
Ausmaße: Etwa 110 Quadratkilometer Gesamtfläche des Parks. Die Area des Kraters mit einem Umfang von ca. 34 km mißt etwa 49 km^2, in der fast ganz Manhattan Platz hätte. Der Krater, in Form eines Ovals, hat ca. 12 km Länge und 4 km Breite und ist ca. 800 m tief. Der Haleakala-Gipfel ragt 3 055 m ü.M., und etwa 9 100 m über dem Meeresboden hervor.
Eingänge: Vom Nordwesten über *Highway 378*, etwa 27 mi/43 km von Kahului auf 6 740 Fuß/2 054 m ü.M., Zugang zum Haleakala-Kratergebiet mit Haleakala-Gipfel. Vom Südosten über *Highway 31* zur Kipahulu Area mit dem Oheo-Abschnitt, ca. 63 mi/100 km von Kahului.
Ausgangsorte: Kahului, Wailea Kihei, Lahaina, Kaanapali und Hana.
Unterkunft: Keine Unterkunft innerhalb des Parks, außer drei Hütten im Krater (nur mit vorheriger Reservierung und Permit des Park Headquarters). Außerhalb des Parks in den Ausgangsorten.
Camping: Zwei einfache Campingplätze, die mit dem Fahrzeug zugänglich sind – Hosmer Grove Campground auf 2 073 m ü.M. im Krater-Distrikt und Kipahulu Campground auf Meereshöhe im Kipahulu-Distrikt. Ferner Campingmöglichkeit im Haleakala-Krater Backcountry; nur erlaubt bei den Hütten im Krater, und zwar Nähe Holua Cabin und Paliku Cabin; Camping Permit erforderlich.
Restauration & Läden, Tankstellen: Keinerlei Läden, Restaurants oder Tankstellen innerhalb des Parks. Nächstes Restaurant & Lodge 12 mi/19 km vom Parkeingang auf *Highway 377* – Kula Sandalwoods Restaurant & Lodge; nächste Tankstelle ca. 18 mi/29 km vom Parkeingang auf *Highway 37* in Pukalani. Restaurant & Tankstelle in Hana und ca. 10 mi/16 km auf Highway 31 von Kipahulu.
Wandern: Ca. 36 mi/58 km Wanderwegenetz im Krater für Kurzwanderungen oder mehrtägige Touren in der Haleakala-Krater Area. Auch Wanderungen in Kipahulu Area und steiler Kaupo Gap.

MAUI
Haleakala-Anfahrt

Aktivitäten: Wandern, Picknick, Fotografieren von den Aussichtsstellen; Tagesritte oder mehrtägige Reittouren mit Übernachtung im Krater werden von Konzessionären angeboten; Pony Express Tour vom Visitors Center. Schwimmgelegenheit in den Becken der Seven Pools der Oheo-Schlucht an der Küste südwestlich von Hana; Kommerzielle Unternehmen bieten Radtouren vom Visitors Center bergab Haleakala Highway an – Maui Downhill.
Tierwelt: Nene/Hawaii Gans, verwandt mit der Kanadagans, Uau/Sturmvogel und zahlreiche Vogelarten, die zu den einheimischen Vögeln Hawaiis zählen. Mungos, wilde Schweine und Bergziegen sind eingeführte Tierarten, die die einheimische Tier- und Pflanzenwelt stark beeinträchtigen.
Pflanzenwelt: Seltene Sonnenblumenart – Silversword/Silberschwert – kommt nur im Haleakala Nationalpark und auf den Berghöhen der Insel Hawaii vor. Über 90 % der einheimischen Pflanzenarten kommen nur auf den Inseln von Hawaii vor.
Attraktionen: House of the Sun Visitors Center, Haleakala-Krater, Hosmer Grove, Wasserbecken der Oheo Pools im Kipahulu-Distrikt an der Pazifikküste und Wasserfälle Waimoku Falls und Makahiku Falls, seltene Pflanzen wie Silberschwert und Tiere wie Nene (hawaiische Gans). Aussichtsstellen Leleiwi Overlook, Kalahaku Overlook und Puu Ulaula Overlook am Red Hill mit Haleakala-Summit Pavillon, Haleakala Highway.
Information: Superintendent Haleakala National Park, P.O. Box 369, Makawao, Maui, Hawaii 96768; Tel. Krater-Distrikt (808)572-9306, Kipahulu Distrikt (808)248-8251.
Vorwahlnummer/*area code:* (808).

Nun zur Anfahrt zum Park. Da viele der Parkbesucher sich bei ihrem Aufenthalt auf der Insel Maui in verschiedenen Areas der Inseln etabliert haben, erfolgt die Beschreibung der Anfahrt zum Nationalpark **von Kahului** als zentralster Ausgangspunkt für den Kraterbereich des Parks. Einzelheiten zum Oheo/Kipahulu Bereich des Parks unter dem Abschnitt **Kipahulu Valley** (Anfahrt siehe auch Kapitel **Hana Highway**).

 ANFAHRT ZUM PARK

Die Strecke vom Flughafen **Kahului Airport** auf der Insel Maui zum Gipfel des **Haleakala Volcano** im **Haleakala Nationalpark** beträgt 37 mi/59 km – eine Fahrt von Meereshöhe hinauf auf 3 055 m ü.M. Vom Flughafen Terminal fährt man auf der *Keolani Place Road* entlang bis zum *Haleakala Highway* – immer der Beschilderung zum *Haleakala Highway* folgen. An der Ampel-Kreuzung von *Highway 36 (Hana Highway)* und *Highway 37 (Haleakala Highway)* beginnt der *Haleakala Highway* bei Meile Null.

Entfernungen von Kreuzung Hwy 36/Hwy 37 in Meilen/Kilometer

Haleakala	36/58	Kahului	3/5
Hana	52/83	Paia	4/6
	Pukalani	7/11	

An der Kreuzung von *Hwy 36/Hwy 37* hat man bereits 3 mi/5 km vom Flughafen hinter sich. Nun folgt man *Highway 37* entlang Zuckerrohrfeldern, die dahinter von grün bedeckten Bergen begrenzt werden. Nach 3 mi/5 km hat der *Haleakala Highway* sich auf **500 Fuß**/152 m ü.M. hinaufgearbeitet. Zwei Meilen weiter, wo links die *Haliimaile Road* abbiegt,

MAUI 403
Haleakala-Anfahrt

befindet man sich bereits auf **1 000 Fuß**/305 m ü.M. Blühende Oleanderbäume und Kakteen begrenzen den Straßenrand.

Bei Meile 7/11 km passiert der *Haleakala Highway* das **Pukalani Shopping Center** auf **1 500 Fuß**/457 m ü.M. Nach McDonald's steigt der *Highway 37*, bis man links auf *Highway 377* abbiegt, der als *Haleakala Highway* weiterführt. Der *Haleakala Highway* führt durch saftige Hügellandschaft mit Rinder- und Pferdeweiden wie im Allgäu. Nachdem man **2 000 Fuß**/610 m ü.M. erreicht hat, führt der Highway eng durch eine kurvenreiche Eukalyptusallee. Zwischen Meile 2 und 3/3,2 km und 4,8 km passiert man **2 500 Fuß**/762 m ü.M. mit Weidelandschaft und Kakteen. Bei Meile 4/6,4 km wird *Haleakala Highway* sehr kurvenreich und steil, dafür hat man aber auch einen schönen Blick auf den Pazifik. Erneut Superblick von der **Kula Lodge** mit Restaurant bei Meile 5/8 km; Anbau und Verkauf von Proteas. Nach 6 Meilen/10 km auf *Highway 377* biegt der *Haleakala Highway* erneut ab und führt links auf dem sehr kurvenreichen *Highway 378* weiter.

Von der Kreuzung *Hwy 377/Hwy 378* sind es 22 mi/35 km zum Haleakala-Krater-Gipfel. Nach einer Meile/1,6 km passiert *Hwy 378* **3 500 Fuß**/1067 m ü.M. und führt an schönen Villen, herrlichen Blumen in Serpentinen weiter bergauf. Alle Häuser liegen am Hang, umgeben von Trompetenblütenbäumen und Pampasgras. Immer wieder grandioser Ausblick. Nachdem **4 000 Fuß**/1 219 m ü.M. passiert wurde, kommt man an Reitställen und der **Haleakala Ranch Horseback Route**, dem Reiterpfad, vorbei. Bei **Meile 4**/6,4 km hat man bereits **4 500 Fuß**/1 372 m ü.M. mit blühenden Jacarandabäumen erreicht.

Der *Haleakala Highway* klettert weiter in Serpentinen und Haarnadelkurven bergauf, vorbei an Weideland, das auf **5 000 Fuß**/1 524 m ü.M. von grasüberwachsenen Vulkangesteinflächen abgelöst wird. Unterwegs auf Radfahrer aufpassen – nicht unbedingt bergauf, aber in großen Kolonnen bergab rasend – *Watch for Bikers!* Der *Highway 378 East/Haleakala Highway* klettert bei Meile 6/10 km auf **5 500 Fuß**/1 676 m ü.M. vorbei an heidekrautähnlichem Bewuchs auf altem Lavagestein. Nach **6 000 Fuß**/1 829 m ü.M. und noch mehr Lavagestein klettert der Haleakala Highway zwischen **Meile 9** und 10/14 km und 16 km auf **6 500 Fuß**/1 981 m ü.M. mit Kieferbestand und erreicht bei **Meile 10**/16 km den Eingangsposten zum **Haleakala Nationalpark**. Etwa bei **Meile 9**/14 km passiert man eine Stelle mit einer Infotafel über Buckelwale/Humpback Whales, die man im Winter von dieser Stelle beobachten kann. Die Wale legen alljährlich rund 4 480 km auf dem Weg von Alaska nach Hawaii zurück, wenn sie die wärmeren Gewässer zum Paaren und überwintern aufsuchen.

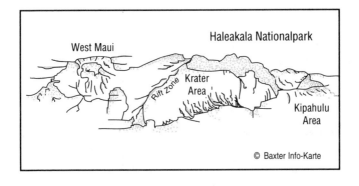

MAUI
Haleakala Orientierung

▶ Orientierung

Der **Halekala Nationalpark** im Südosten der Insel Maui wurde gegründet, um die Landschaft des an fremdartiger Schönheit einzigartigen **Haleakala-Kraters**, den Vulkanismus und Erosion geschaffen haben, zu schützen. Spätere Erweiterungen des Parks umfassen den Schutz des einmaligen, empfindlichen Ökosystems und der seltenen lebenden Dinge im Tal **Kipahulu Valley**, die reizvollen Wasserbecken entlang der Oheo-Schlucht und die Küste. Der sich vom Gipfel des **Mt. Haleakala** ostwärts zur Südostküste erstreckende Nationalpark verknüpft diese beiden Spezialgebiete – **Haleakala-Krater** in Nähe des Haleakala-Gipfels und den **Kipahulu Küstenbereich** entlang der Oheo-Schlucht. Beide Parkabschnitte sind nicht durch Straßen miteinander verbunden, und jeder Teil läßt sich nur völlig separat von **Kahului** aus über Straßen erreichen. Um diesen Park so weit wie möglich naturbelassen zu halten, führen Straßen nur bis zur Schwelle dieser einzigartigen Wildnis.

Die Beschreibung des Parks ist wie folgt eingeteilt: Nach **Wichtige Information zum Park** mit Tips, Entfernungen, Information & Adressen, Klima & Wetterverhältnissen, Unterkunft, Camping & Hüttenunterkunft, Wanderungen, Aktivitäten, Wichtiges zur Sicherheit, folgen die Abschnitte **Anfahrt zum Park, Vom Parkeingang zum Park Headquarters, Hosmer Grove Area, Park Headquarters, Vom Park Headquarters zum Visitors Center, Haleakala Summit, House of the Sun Visitors Center** und **Kipahulu Valley.**

Schlüssel zur Baxter Info-Karte Anfahrt zum Haleakala Nationalpark

Anfahrt zum Haleakala Nationalpark
Krater Area:

1-nach Hana 52 mi/83 km
 -Kipahulu Valley/Oheo Gulch
  62 mi/99 km
 -Kaupo 72 mi/115 km
2-Kahului
3-Wailea 17 mi/27 km
 -Kihei 10 mi/16 km
4-Lahaina 22 mi/35 km
5-500 Fuß/152 m ü. M.
6-Zuckerrohrfelder
7-1 500 Fuß/475 m ü. M.
8-McDonald's
9-Pukalani Terrace Shopping Center
10-Orchideen
 -Up Country Cafe
 Frühstück/Mittag-/Abendessen
11-2 000 Fuß/610 m ü. M.
12-2 500 Fuß/762 m ü. M.
 Ende der Eukalyptusallee
13-Maui Enchanting Gardens
14-Kula Sandalwoods Restaurant
15-Sunrise Protea Farm
 3 500 Fuß/1 067 m ü. M.
16-Upcountry Protea Farm
 4 000 Fuß/1 219 m ü. M.
17-von hier 22 mi/35 km zum Krater
 keine Tankstelle/Restaurant
18-Kula Botanical Gardens
 tropische Pflanzen in natürlicher Umgebung
19-Pony Express Corral
 gegenüber von Haleakala Corral Ranch
 (drop ins welcome/für jedermann) Reittouren, Ausritte
 -4 500 Fuß/1 372 m ü. M.
 Jacarandabäume
20-5 500 Fuß/1 676 m ü. M.
21-6 000 Fuß/1 829 m ü. M.
 herrliche Aussicht
22-6 500 Fuß/1981 m ü. M.
23-Parkeingang/Park-Gebühr
24-Hosmer Grove
 6 800 Fuß/2 073 m ü. M.
25-Park Headquarters
 Info/7 030 Fuß/2 143 m ü. M.
26-Halemauu Trailhead
27-Leleiwi Overlook
28-Kalahaku Overlook
29-House of the Sun Visitors Center
 9 745 Fuß/2 970 m ü. M.
 -White Hill
 -Sliding Sands Trailhead
 -Beginn der Dauerabfahrt mit
  Fahrrädern
30-Summit 10 023 Fuß/3 055 m ü. M.
 -Red Hill
31-Paliku Cabin
 -Kaupo Trail
 -Kaupo
32-Ulupalakua Ranch
 -Keokea
 -Makena

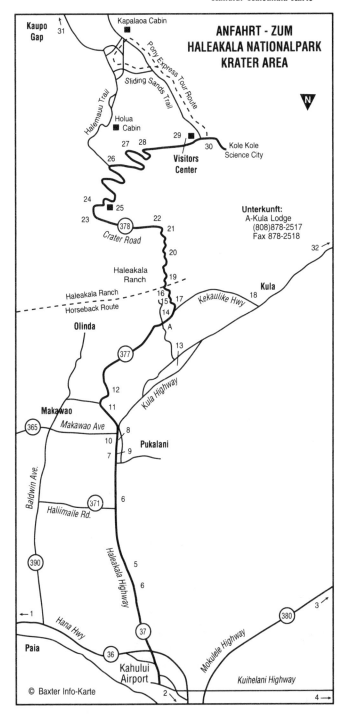

MAUI
Haleakala Landschaft

> Hier nun zur Nr. 1 von Mauis Attraktionen – Haleakala Nationalpark.

WICHTIGE INFORMATION ZUM PARK
Landschaftsform

Die Landschaft des **Haleakala Nationalparks** entstand vor über 100 000 Jahren durch Flüsse, die entstanden, als die Insel Maui mehr Niederschläge erlebte als heute. Zwei dieser Ströme erodierten durch tiefe Täler, und zwar **Keanae Valley** im Norden und **Kaupo Valley** im Süden. Beide Wasserläufe stießen eventuell in einer riesigen, kraterähnlichen Depression zusammen. Im Laufe der Zeit trugen Wasser, Wind und Erosion ca. 1219 Meter von der Spitze des Haleakala Vulkans ab.

Als erneut vulkanische Aktivität eintrat, begruben Lava, Asche und Schlacke dieses Tal in einer Tiefe von 914 m. Vielfarbig bunte Vulkankegel wuchsen aus dem Boden, wovon der höchste etwa 183 m hoch ist.

Haleakala, der heute als ruhender Vulkan gilt, ist außer dem Vulkan auf der Big Island von Hawaii der einzige Vulkan, der in den letzten paar Hundert Jahren ausgebrochen ist. Möglicherweise kommt er eines Tages erneut zur Eruption, doch sind heute keine Anzeichen vulkanischer Tätigkeit sichtbar.

Der ursprünglich als Teil des Hawaii Volcanoes Nationalparks 1916 geschützte Park wurde **1961** zum eigenständigen **Haleakala Nationalpark** erklärt. Spätere Parkerweiterungen erfolgten 1969 mit dem oberen Tal des Kipahulu Valley und 1976 mit dem Oheo-Abschnitt im Kipahulu Küstenbereich. 1981 wurde Haleakala zum International Biosphere Reserve erklärt. Haleakala gilt als die einzige Stelle in der Welt, wo eine asphaltierte Straße von Meereshöhe über 38 Meilen (= 60 Kilometer) auf 3 055 Meter über dem Meeresspiegel steigt.

▶ *Nützliche & praktische Information*

Der anschließende Abschnitt umfaßt nützliche und wichtige Information zur Vorbereitung und Planung des Nationalparkbesuchs. Der Park läßt sich auf verschiedenste Weise erkunden – per Auto, per Fahrrad oder zu Fuß.

Entfernungen von Kahului in Meilen/Kilometer

Haleakala	37/59	Lahaina	27/43
Hana	52/83	Maalaea	13/21
Honokowai	37/59	Makena	19/30
Iao Valley	8/13	Napili Beach	35/56
Kaanapali	35/56	Oheo Schlucht	61/98
Kahana	35/56	Seven Pools	61/98
Kapalua	37/59	Wailea	22/35
Kihei	10/16	Wailua Falls	60/96
Kipahulu	62/99	Wailuku	6/10

Baxter-Tips für Haleakala Nationalpark
Haleakala-Krater Area

- **Vorausplanen,** ob Haleakala per Auto oder zu Fuß durch Backcountry erkundet wird.

- **1½ – 2 Stunden für Fahrt von Kahului zum Haleakala-Gipfel** einkalkulieren (ca. 60 km).

- **Wetterbericht** des Parks hören, bevor man die lange Fahrt beginnt: 572-7749.

- Innerhalb des Parks **keine Unterkunft.**

- Großartiger **Rundblick** vom House of the Sun Visitors Center und Red Hill Pavillon am Haleakala Summit.

- Wer **Sonnenaufgang** vom Haleakala-Kraterrand erleben will, muß möglichst **frühmorgens** losfahren. Sonnenaufgang je nach Jahreszeit zwischen 5.45 und 7.05 Uhr. Auf kaltes Wetter und größere Gesellschaft von Sonnenaufgang-Beobachtern gefaßt sein. Warme Jacke dabei haben.

- Wer **Massen vermeiden** will, vormittags oder zum Sonnenuntergang am Kraterrand sein.

- **Hosmer Grove** und links der Straße liegende Aussichtspunkte wie **Leleiwi** und **Kalahaku Overlook** für Rückfahrt aufheben, da auf Kraterseite und in Fahrtrichtung.

- Haleakala Highway **enge, schmale** und **kurvenreiche** Straße. Auf **Radfahrer-Kolonnen,** die den *Haleakala Highway* vom Gipfel bergab fahren, gefaßt sein.

- Bestes Licht für **Fotos** im allgemeinen nachmittags.

- Mit **vollem Tank** starten. Nächste Tankstelle ca. 29 km vom Parkeingang bei Pukalani.

- Tagesverpflegung vor Start des Trips im Supermarkt besorgen. **Picknickgelegenheit** im Hosmer Grove Campground.

- Straße steigt von Meereshöhe über 60 km relativ rasch bis auf 3 055 m am Gipfel des Haleakala, wo die **Luft dünner** ist. Bei dem schnellen Aufstieg kann es als Ergebnis des Druckunterschieds zu Ohrenproblemen kommen. Manchmal hilft Kauen von Kaugummi. Wanderer sollten Tempo verlangsamen, ehe es zu Kurzatmigkeit kommt, und häufig Pausen einlegen.

- Im House of the Sun Visitors Center **Zertifikat** über 37-Meilen-Fahrt zum Gipfel des Haleakala Volcano ausstellen lassen (freiwillige Spende erbeten/*$1 donation welcome*).

Information & Adressen – Vorwahlnummer/area code (808)

- **Park**
Superintendent
Haleakala National Park
P.O. Box 369
Makawao, Maui, HI 96768
Tel. Krater Distrikt 572-9306
Tel. Kipahulu Distrikt. 248-8251

MAUI
Information Haleakala

- Möglichst **Toiletten** bei **Park Headquarters** aufsuchen, da mit Wasser beim House of the Sun Visitors Center sparsam umgegangen werden muß.

- Bei Wanderung in den **Krater** mit **Zelt oder Hüttenübernachtung Camping Permit** bei **Park Headquarters** besorgen. Bei Hüttenunterkunft erfolgt „Bettvergabe" im Lotterieverfahren; rechtzeitige schriftliche Anmeldung erforderlich (Einzelheiten unter Camping & Hüttenunterkunft).

- Beobachtung **einheimischer Vögel** Hawaiis entlang Naturlehrpfad im **Hosmer Grove.**

- Halbtagstouren in den Krater vom **Halemauu Trailhead** oder vom **House of the Sun Visitors Center** entlang des **Sliding Sands Trail** (Einzelheiten siehe Wanderungen und House of the Sun Visitors Center Area).

- Für Wanderungen **gut vorbereitet sein:** Schuhwerk, Kleidung, Wasser (siehe Wanderungen).

- **Notfall: 911 oder**
Park Headquarters 572-9306
– außerhalb der Geschäftszeiten..................... 572-9221

- **Allgemeine Information über Maui**
Hawaii Visitors Bureau, P.O. Box 1738, Kahului, HI 96732 871-8691

- **Camping außerhalb der Parks**
State Parks Office, 54 South High Street, Wailuku, Maui,
HI 96703.. 243-5354

- **Wetter-Service**
Parkwetter 572-7749
National Weather Service 871-5054
Straßenzustand (Maui Police Department)............ 244-6400
Wetter und Trailzustand.............................. 877-5124

- **Öffnungszeiten**
Park Headquarters .... 7.30 – 16 Uhr
House of the Sun Visitors Center .... 7.00 – 15 Uhr
Kipahulu Ranger Station .... 9.00 – 17 Uhr

- **Reitausflüge/Horseback Tours**
Pony Express Tours, P.O. Box 535, 3557-B Baldwin Ave.,
Makawao, Maui, HI 96768 667-2202
Charley's Trail Rides & Pack Trips c/o Kaupo Store, Kaupo,
Maui, HI 96713..................................... 248-8209
Paniolo Trail Rides, P.O. Box 8, Kula, Maui, HI 96790 878-6855
Greg Lind, P.O. Box 254, Hana, Maui, HI 96713 248-8974

- **Radtour Haleakala bergab/Maui Downhill**
Maui Downhill, 199 Dairy Rd., Kahului, Maui, HI 96732....... 871-2155
                              gebührenfrei   1-800-532-2453
Maui Mountain Cruisers 871-6014
                              gebührenfrei   1-800-232-6284
Cruiser Bob's Original Haleakala Downhill 667-7717
                              gebührenfrei   1-800-654-7717

- **Organisierte Campingtrips**
Crater Bound, P.O. Box 265, Kula, Maui, HI 96790............ 878-1743
Polynesian Hospitality, 150 Paahana St., Kahului,
Maui, HI 96732 871-2176

Klima & Wetterverhältnisse

Da der Haleakala ein vertikaler Park ist, trifft man hier mit den Höhenunterschieden auf dramatische Klimawechsel. Die auf Meereshöhe liegende **Kipahulu Area** hat subtropisches Klima, während **Haleakalas Gipfel** in subalpiner Zone liegt, wo Frost vorkommt. Mit Temperaturabfall von etwa 3 Grad pro 300 Meter Höhenunterschied rechnen; kann 30 Grad Unterschied zwischen Strand und Gipfel bedeuten. Gipfelbesucher benötigen warme Jacke, besonders zum Beobachten von Sonnenauf- und -untergang.

Das Gipfelwetter ist unberechenbar. Im **Sommer** ist es im allgemeinen trocken und angenehm warm, +2 bis +25°C, doch kaltes, feuchtes, windiges Wetter kann zu jeder Zeit auftreten. Der **Winter** ist im allgemeinen kalt, neblig und windig mit Temperaturen zwischen −3 und 24°C. Frühjahr und Herbst bringen gemischtes Wetter. Im November bis Mai herrschen die stärksten Niederschläge. Strenges Winterwetter bricht ein, wenn die nordöstlichen Passatwinde abschwächen und subtropische Stürme vom Süden einbrechen. Der Gipfel erhält gelegentlich Schnee.

Die Kratersohle liegt hoch genug, um Nachttemperaturen um 0 bis 10°C zu erhalten. Im **Krater** kann es an einem einzigen Tag sehr heiß und sonnig, aber auch sehr kalt und regnerisch sein; die Temperaturen schwanken um etwa 17 Grad. Die Passatwinde (nordost-ziehende Luftströmung) bringen die meisten Niederschläge Hawaiis; der östliche Kraterbereich um **Paliku** erhält mehr Niederschläge. Im allgemeinen herrscht am späten Nachmittag in den **Holua** und **Paliku Areas** dichter Nebel. Regenzeug und Schlafsack sowie Zelt mit Regenschutz erforderlich.

Das subtropische **Kipahulu** ist warm und feucht; täglich leichte Schauer. Im Winter kommt es zu starken Stürmen, die aber auch sonst jederzeit auftreten können. Auch hier gehören Regenzeug, Schlafsack sowie Zelt mit Regenschutz zur Ausrüstung.

Unterkunft

Innerhalb des Parks selbst gibt es **keine** Unterkunftsmöglichkeiten. Unterkunft findet man außer in Kahului und Hana in großer Auswahl in den Ausgangsorten Kaanapali, Kahana, Kapalua, Kihei, Lahaina & Maalaea Bay, Makena, Napili Beach und Wailea. Alle Zimmerreservierungen sollten bereits lange vor Ankunft auf Maui vorgenommen werden. Vorwahlnummer/*area code* (808). Die gebührenfreien Tel.-Nrn. können nur von den USA und Hawaii gewählt werden. Einige Unterkünfte haben 2 Nächte Minimum.

Kahului
- Maui Beach Hotel-Hawaiian Pacific Resorts 877-0051
  Tel./Fax gebührenfrei 1-800-477-2329
- Maui Palms Hotel.................................... 877-0071
  Tel./Fax gebührenfrei wie oben
- Maui Seaside Hotel 877-3311
  gebührenfrei 1-800-560-5552 oder 1-800-367-7000
  Fax 922-0052

Hana
- Hana Kai-Maui Resort on Hana Bay 248-8426
  gebührenfrei 1-800-346-2772
  Fax 248-7482
- Hotel Hana-Maui 248-8211
  Fax 248-7202
- Heavenly Hana Inn........................... Tel. & Fax 248-8442
- Hana Bay Vacation Rentals 248-7727

Haleakala Camping/Cabins

Kula

- Kula Lodge, RR1, Box 475, Kula, Maui, HI 96790 878-2517
gebührenfrei 1-800-233-1535
Fax 878-2518
- Silvercloud Upcountry Guest Ranch, RR2, Box 201, Kula,
Maui, HI 96790 878-6101
Fax 878-2132

 ## Camping & Hüttenunterkunft

- **Camping**

Außer dem **Hosmer Grove Campground** (Kapazität: 25 Personen; max. 3 Nächte Aufenthalt), für den man keine Erlaubnis/*Camping Permit* benötigt, ist Camping im Kraterbereich im **Haleakala Crater Backcountry** möglich. Für die **beiden** Zeltplätze im Krater **in Nähe** der Hütten **Holua Cabin** und **Paliku Cabin** benötigt man eine Erlaubnis. Dieses *Camping Permit* wird vom Park Headquarters ausgestellt. Die Zeltplätze sind primitiv und nur mit Plumpsklos und Trinkwasser ausgestattet. Maximum von 2 Nächten pro Zeltplatz erlaubt. Kapazität je Zeltplatz: 25 Personen. In der Nähe der **Kapalaoa Cabins** ist Zelten **nicht** erlaubt, da nicht genügend Wasser vorhanden ist. Außerdem besteht die Gefahr von Steinschlag und Überschwemmung bei Gewitter und Regen.

Camper sollten hinsichtlich Kleidung und Zelt & Schlafsack entsprechend für mögliches kaltes und nasses Wetter ausgerüstet sein, da das Wetter im Krater schnell und unerwartet umschlagen kann. Campingkocher wegen Verbots offenen Feuers mitbringen; Gaskartusche und Kochgeschirr gehört ebenfalls zur Ausrüstung.

Für den Campingplatz **Oheo Campground** in der **Kipahulu Area** ist kein Permit erforderlich. Aufenthalt auf Maximum von 3 Nächten pro Monat beschränkt. Der Zeltplatz liegt dicht am Meer und ist noch primitiver als die Krater-Zeltplätze. Es sind ein paar Picknicktische, Grills und chemische Toiletten vorhanden, aber es gibt kein Trinkwasser (ist mitzubringen oder vorhandenes Wasser aufzubereiten). Kapazität: 50 Personen.

Zeltplätze können **nicht im voraus reserviert** werden. Belegung der Plätze erfolgt in der Reihenfolge der Ankommenden auf *first-come, first-served* Basis. Die Krater-Zeltplätze sind sehr beliebt und werden häufig bis zur Kapazität ausgenutzt. Keine Abfälle zurücklassen. Alles, was in den Park reingebracht wurde, ist wieder mit rauszunehmen, nach dem Prinzip *pack-in, pack-out*. Das Gelände so hinterlassen, wie man es selbst gerne vorfinden würde. Auf allen Campingplätzen herrscht von 22 bis 6 Uhr Nachtruhe. Alle Campingplätze sind kostenlos. Permit an dem Tag, an dem man im Krater übernachten will, beim Park Headquarters besorgen; täglich 7.30 bis 16 Uhr. Nur zu Hosmer Grove Campground und Oheo Campground ist Zugang mit Fahrzeugen möglich. Alle Krater Zeltplätze nur zu Fuß zu erreichen.

- **Hüttenunterkunft/Cabins**

Der National Park Service unterhält im Krater drei Hütten/Crater Cabins, die nur bei vorheriger Reservierung vergeben werden. Jede der drei Hütten, **Holua Cabin, Paliku Cabin** und **Kapalaoa Cabin,** hat die Kapazität von bis zu 12 Personen pro Nacht. Bei Gruppen muß mindestens ein Mitglied der Gruppe mindestens 18 Jahre alt sein.

Jede Hütte ist mit Schlafgelegenheit (Etagenbetten mit Matratzen), Kochherd, Koch- und Eßgeschirr, Brennholz sowie Wasser ausgestattet. Wasser und chemische Toiletten außerhalb der Hütten. Kissen und Bettzeug nicht vorhanden, Schlafsack oder dergleichen muß mitgebracht werden. Hüttenbenutzer benötigen ferner: Verpflegung, Feldflasche, Streichhölzer und Feueranzünder, Taschenlampe, Erste-Hilfe-Ausrüstung, Toilettenpapier, persönliche Toilettenartikel.

Reservierung. Einen Hüttenplatz zu reservieren ist etwas verzwickter als ein Camping Permit zu erhalten. Da die Nachfrage derart stark ist, erfolgt

MAUI 411
Haleakala Cabins

die Vergabe der Plätze in einem monatlichen Lotterieverfahren, um jedem gerecht zu werden.

Der schriftliche Reservierungsantrag mußt jeweils vor dem 1. Kalendertag eines Monats, drei Monate vor den gewünschten Aufenthaltsdaten bei der Parkverwaltung (Anschrift siehe nachstehend) eingegangen sein, beispielsweise vor dem 1. Sept., wenn Übernachtung im November geplant ist. Dabei bevorzugte Cabin und genaue Daten sowie alternative Daten angeben. Reservierung auf jede der Hütten auf maximal 2 aufeinanderfolgende Übernachtungen begrenzt. Es erfolgt nur dann eine schriftliche Mitteilung, wenn man für eine Hütte ausgelost wurde. Gebühr wird pro Nacht/pro Person berechnet; Kinder unter 12 Jahren halber Preis. Eine weitere Gebühr pro Nacht wird für Brennholz erhoben.

Sobald man die schriftliche Bestätigung der Reservierung in der Hand hat, ist eine Anzahlung zu leisten (bei Beantragen der Reservierung über Einzelheiten der Bezahlung und Möglichkeit der Bezahlung mit Kreditkarte erkundigen). Die Anzahlung sollte mindestens 30 Tage vor beabsichtigtem Hüttenaufenthalt bei Parkverwaltung eingehen. Die restliche Gebühr ist nicht später als 13 Uhr zu entrichten, wenn Hüttenschlüssel und Permit beim Park Headquarters abgeholt werden. Hüttenschlüssel und Permit werden nur an die Person ausgehändigt, die die Reservierung beantragt hat. Außer der Hüttengebühr ist eine weitere Gebühr als Sicherheitsleistung für Schlüssel und Reinigung zu hinterlegen, die erstattet wird, nachdem Schlüssel zurückgegeben und Inspektion der Hütte erfolgt ist. Hinterlegte Beträge werden nicht für beabsichtigte spätere Reservierungen einbehalten. Erstattung von Anzahlungen nur, wenn Stornierung 48 Stunden vor dem Tag der Reservierung eingegangen, oder wenn eine Stornierung von Seiten der Parkverwaltung erfolgt. Reservierungen sind nicht übertragbar.

Hütten sind **nur zu Fuß** erreichbar. Die beiden zu ihnen führenden Wanderwege führen vom *Haleakala Highway* in den Krater. Der **Halemauu Trail** beginnt auf 8 000 Fuß/2 438 m ü.M. und der **Sliding Sands Trail** auf 9 800 Fuß/2 987 m ü.M. Die durchschnittliche Höhenlage der Kratersohle liegt bei etwa 7 000 Fuß/2 134 m ü.M. **Entfernung** von Trailheads/Ausgangspunkt zu den Hütten in Meilen/Kilometer:

• **Sliding Sands**	–	Kapalaoa	5.8/ 9,3	2 210 m ü.M.
		Paliku	9.8/15,7	1 945 m ü.M.
		Holua	7.4/11,8	2 121 m ü.M.
• **Halemauu**	–	Holua	3.9/6,2	2 121 m ü.M.
		Kapalaoa	7.7/12,3	2 210 m ü.M.
		Paliku	10.2/16,3	1 945 m ü.M.

Reservierungsantrag für Hüttenunterkunft unbedingt **per Luftpost** versenden; Zusatz „per Luftpost" und Germany bei Absenderangabe nicht vergessen. Nachfolgend ein Muster des Reservierungsantrags (deutlich lesbar ausfüllen).

CABIN LOTTERY ENTRY FORM ◀

Send to: Haleakala National Park, P.O. Box 369, Makawao, HI 96768, USA
Attention: Cabins

Name..
Address..Number in Party ....
City............Country................Telephone/Fax ....

FIRST CHOICE: ALTERNATE CHOICE:

	Cabin	Date		Cabin	Date
1.	_____	_____	1.	_____	_____
2.	_____	_____	2.	_____	_____
3.	_____	_____	3.	_____	_____

Will you accept reservation for: 1 night yes ____   2 nights yes ____
                                            no ____   no ____

MAUI
Haleakala Wanderungen

Wanderungen

Innerhalb des **Haleakala Nationalparks** gibt es rund 36 mi/58 km Wanderwege. Der Zustand der Wege variiert je nach Jahreszeit und Wetter. Man hat die Auswahl kurzer Spaziergänge, Halbtagstouren oder längerer Wandertouren mit Zelt- oder Hüttenunterkunft im Krater.

Der Krater ist ein Gebiet, in dem Naturkräfte vorherrschen. Auf plötzlichen, nicht voraussehbaren Wetterumschwung gefaßt sein. Der Krater kann oft am gleichen Tag sehr heiß und sonnig, oder sehr kalt und regnerisch sein. Komfortable, feste Wanderschuhe, Feldflasche, Regenzeug, Sonnenhut und Sonnenschutzmittel mit hohem Lichtschutzfaktor gehören zur Grundausstattung aller Kraterbesucher. Genügend Wasservorrat für einen ganzen Tag mitführen – ca. 2 Liter, pro Person. Nicht allein wandern. Wanderkarte mitführen.

Bei Trips ins Hinterland/**Backpacking Trips** sollte die Ausrüstung eines erwachsenen Wanderers 1/5 des Körpergewichts nicht überschreiten; möglichst leicht packen. Ein Backpack wiegt im allgemeinen 1,8 kg, 1-Mann- bis 2-Mann-Zelt etwa 1,4 kg, Schlafsack ca. 2,3 kg, Kamera usw. ca. 1,4 kg, Kochgeschirr 1 kg, Campingkocher 1 kg, 2-Tage-Verpflegung ca. 1,8 kg insgesamt ca. 10,7 kg plus Kleidung.

Bei Touren mit Übernachtung im Krater ist ein *Camper Permit* erforderlich – bei Park Headquarters und Kaupo Ranger Station erhältlich. Alle Tageswanderer füllen beim Trailhead eine *One-Day Registration* aus, die außer Datum, Autokennzeichen des geparkten Fahrzeugs, Name und Anschrift, Ziel und beabsichtigten Zeitpunkt der Rückkehr enthält. Der ausgefüllte Registrationsabschnitt wird in den dafür vorgesehenen Kasten geworfen, der von Park Rangers kontrolliert wird, um eventuell vermißte Wanderer, die nicht zu ihrem Fahrzeug zurückgekehrt sind, auffinden zu können.

In den Sommermonaten werden begleitete Wanderungen am Kraterrand/*Crater Rim Walks* von Park Rangers angeboten; etwa 30 Minuten bis zu 2 Stunden oder bis zu etwa 3 km langen Wanderungen; Einzelheiten beim Park Headquarters. Park-Konzessionäre veranstalten eigene Reittouren und Wandertrips durch den Krater; Tagestouren oder mehrtägige Trips mit Übernachtung im Kater; Auskunft über Parkverwaltung – siehe Information.

● Kurzwanderungen

Krater Area

● **Halemauu Trail** vom Trailhead am Haleakala Highway für etwa 1,6 km zum Kraterrand. Blick auf das Tal Keanae Valley und die Schlucht Koolau Gap.

● **Leleiwi Overlook Trail** auf etwa 2 682 m ü.M. mit Blick auf den Krater. Felsiger Untergrund, etwa 200 m.

● **Hosmer Grove Nature Trail** – 0.25 mi/400 m Naturlehrpfad, der am kleinen Hosmer Grove Campground, etwa 800 m vom Parkeingang am Haleakala Highway, beginnt. Begleitbroschüre am Trailhead und im Park Headquarters erhältlich.

● **Sliding Sands Trail** – vom Parkplatz des House of the Sun Visitors Center ein Stück den Wanderpfad hinabwandern. Nicht zu weit hinabwagen, da der Rückweg bergauf wegen dünner Luft in dieser Höhenlage sehr anstrengend sein kann.

● **White Hill** – vom Visitors Center auf den Gipfel des White Hill steigen, etwa 300 m.

Kipahulu Area

- **Pipiwai Trail** zu den 56 m hohen Wasserfällen Makahiku Falls, etwa 0.5mi/ 0,8 km vom zentralen Parkplatz entlang des linken Ufers des Oheo Stream in der Oheo Gulch bis zum Aussichtspunkt.

- **Waimoku Falls Trail.** Vom Makahiku Falls Aussichtspunkt weitere 1.5 mi/ 2,4 km bergauf durch Bambuswald zur Basis des Wasserfalls; Gesamtlänge 2 mi/3,2 km. Bei Hochwasser auf keinen Fall diesen Wandertrip unternehmen!

- **Hawaiian Planting Area**, 0.5 mi/0,8 km von der Highway Brücke auf der rechten Seite der Oheo Gulch bergauf. Rekonstruierte historische Hawaii-Farm.

- **Kuloa Loop Trail**, (Rundwanderweg) 0.5 mi/0,8 km leichter Spaziergang hinab zum Ozean, entlang des Oheo Stream, an Aussichtsstellen und mehreren Wasserfällen vorbei zurück zum Ausgangspunkt, wo man Anschluß an den Pipiwai Trail hat.

- **Im Sommer werden verschiedene Spaziergänge** und Wanderungen **von Park Rangers** angeboten. Einzelheiten bei Hana-Geschäftsstelle oder bei den Kipahulu Park Rangers erkunden.

- **Tagestouren**

- **Halemauu Trail** bis **Holua Cabin** und zurück; 8 mi/13 km Halbtagstrip. Start auf 2 438 m ü.M. etwa 3.6 mi/5,8 km oberhalb des Park Headquarters. Die ersten 1.5 mi/2,4 km führen über rollendes Hügelland bis zum Kraterrand. Danach fällt der Pfad etwa 2 mi/3,2 km steil ab bis zum Kraterboden auf 6 000 Fuß/1 829 m ü.M. und führt über welliges Terrain zur zentralen Krater-Area, bis er bei **Paliku** endet. Gesamtlänge 10 mi/16 km. Der Pfad besteht hauptsächlich aus felsigem Untergrund und ist in gutem Zustand.

- **Der Sliding Sands Trail** beginnt in der Nähe des Gipfels des Haleakala auf etwa 10 000 Fuß/3 048 m ü.M., etwa 9,7 mi/16 km oberhalb des Park Headquarters. Der Pfad startet als steiler, 4 mi/6,4 km langer Abstieg vom Kraterrand zum Kraterboden. Bei **Oili Puu** kreuzt er den **Halemauu Trail**. Gesamtlänge etwa 8 mi/13 km; überwiegend loser Aschebelag in gutem Zustand. Rückweg über Halemauu Trail; die 12 mi/19 km Strecke ist eine 8 Stunden Tour, die nur geübten Wanderern empfohlen wird.

- **Der steile Kaupo Trail** beginnt in der Nähe des östlichen Endes des Haleakala-Kraters auf 6 400 Fuß/1 951 m ü.M. in der Nähe des Paliku Campground, und durchquert **Kaupo Gap** bis zur Parkgrenze auf 3 800 Fuß/ 1 158 m ü.M. Von dort müssen Wanderer privates Weideland überqueren, um zur *Kaupo Road* zu gelangen. Der Pfad verläuft auf felsigem Boden in gutem Zustand. Gesamtlänge von **Paliku** bis zum *Highway 31* etwa 9 mi/ 14 km. Nur ersten 4 mi/6 km werden von der Parkverwaltung instandgehalten.

Von der **Kaupo Ranch** (6,8 mi/10, 9 km vom Ausgangspunkt) auf 317 m ü.M. sind es etwa 1.6 mi/2,6 km entlang der County *Jeepstraße* zur Küstenstraße und dem Dorf **Kaupo** auf 85 m ü.M. Auf Privatgelände ist Camping nicht erlaubt. Wasservorräte auf Ranchgelände sind fürs Vieh bestimmt und kein Trinkwasser. *Kaupo* bedeutet „nächtlicher Landeplatz", was vermutlich auf die Zeit der hawaiischen Ureinwohner zurückzuführen ist, die mit Kanus unterwegs waren und hier an Land gingen.

Der **Kaupo Trail** endet am *Highway 31* in dem winzigen Dorf **Kaupo**. Die ost- und westwärts von **Kaupo** verlaufende Straße ist eine unbefestigte Sand- und Steinpiste. Häufig nach heftigem Regen wegen Erdrutsch und Überschwemmung gesperrt. Sogar mittlere Niederschläge in höheren Lagen machen eine Durchfahrt der überfluteten Straße unmöglich. Westlich der

MAUI
Haleakala Wanderungen

Kreuzung der *Jeep Road* und *Highway 31* befindet sich der **Kaupo Store**, Mo.–Sa. geöffnet; Erfrischungsgetränke und Snacks sowie einige Lebensmittel erhältlich. Etwa 1 mi/1,6 km östlich von Kaupo darf auf dem Kirchengelände **außerhalb** der **Huialoha Church** aus dem Jahre 1859 gezeltet werden. Keine Toiletten oder Wasser vorhanden.

Von **Kaupo** bis zum **Oheo Campground** in der Kipahulu Area des Haleakala Nationalparks sind es 10 mi/16 km; kein Wasser entlang der Straße zum Campingplatz. Von **Oheo** bis **Hana** sind es weitere 10 mi/16 km.

● **Regeln für No Trace Hiking**

Haleakalas Backcountry ist außer direkt um die 3 Hütten im Krater absolute unberührte Wildnis. Um diese naturbelassene Naturlandschaft zu erhalten, sind folgende Verhaltensregeln beim Wandern durch Haleakalas Backcountry zu beachten (*No trace Hiking* = Wandern, ohne Spuren zu hinterlassen):

● **Stets auf angelegten Wegen bleiben** und möglichst in Kolonnen hintereinander wandern, um die Pfade nicht zu verbreitern. Keine Abkürzungen machen, da dies meist weitere Erosion des Bodens bewirkt und die Gefahr besteht, die Wurzeln des seltenen Silberschwerts, dessen winzige Ableger oder andere Pflanzen zu zertreten und zu beschädigen.

● Reitkolonnen „Vorfahrt" lassen, zur Seite treten und ruhig stehenbleiben, bis alle Reiter passiert haben.

● Außer auf dem außerhalb des Parks befindlichen Skyline Trail, der von Fahrrädern benutzt wird, sind beräderte Fahrzeuge auf keinem der Trails erlaubt.

● Zerstören, Vernichten oder Entfernen von Naturgegenständen oder Parkeigentum sowie Pflücken von Wildblumen verboten.

● Gewehr verboten.

● Leuchtende Farben erhöhen Sichteffekt; entsprechende Kleidung hilft bei Suchaktionen.

● **Wasserqualität und sanitäre Situation**

Im Gipfelbereich des Haleakala ist Oberflächenwasser nur in geringen Mengen vorhanden. Bei Wanderungen stets genügend Wasservorrat mitführen. Wassertanks in der Nähe den Hütten **Kapalaoa**, **Holua** und **Paliku Cabins**. Ein großer Teil des Wassers wird von außerhalb zugeführt – ein teurer Vorgang, daher sollten Wanderer nicht verschwenderisch mit Wasser (außer der erforderlichen Tagesration von mindestens 2 Liter pro Person) umgehen. Gesammeltes Wasser stets abgekocht verwenden.

Kipahulu ist im Gegensatz zum Kraterbereich wegen seiner Flüsse in feuchtem, bewaldeten Gebiet wasserreich. Da die Flüsse und Bäche relativ warmes Wasser liefern, wird die Vermehrung von Bakterien beschleunigt. Wasser stets abgekocht verwenden oder mit Chlor behandeln.

Leptospirosis = Leptospirosen (akute Infektionskrankheiten) ist eine bakterielle Krankheit mit grippeähnlichen Effekten, die auf allen Inseln Hawaiis vorkommt, und bei Nichtbehandlung ernste Folgen haben kann. Menschen infizieren sich beim Schwimmen oder Waten in Süßwasserquellen, die durch tierischen Urin verunreinigt wurden. Bakterien dringen durch Nase, Mund, Augen, rauhe und rissige Haut oder Wunden. Symptome tauchen etwa 2–20 Tage nach Kontakt mit verseuchtem Wasser auf. Vorbeugen ist die beste Abwehr! Bei offenen Wunden und Schnittverletzungen nicht in Süßwasser schwimmen oder waten. Auf keinen Fall unbehandeltes Wasser trinken!

Wasserfilter schützen nicht ausreichend gegen **Leptospirosis**. Fühlt man sich infiziert, sofort Arzt aufsuchen. Antibiotika sind bei früher Diagnose wirksam. Sich mindestens 30 m von Wasserquellen waschen. Jegliche Seifen, selbst biologisch selbstabbauende Arten, verschmutzen die Umwelt und töten seltene Wasserlebewesen ab. Möglichst seifenfrei sauberhalten.

Menschliche Abfälle. Die bei den Hütten vorhandenen chemischen Toiletten benutzen. An anderen Stellen mindestens 30 m von offenen

Wassereinrichtungen oder Wasserläufen Notdurft verrichten. 15–20 cm tiefes Loch graben und anschließend mit Erde bedecken. Kein Toilettenpapier zurücklassen, sondern zusammen mit sämtlichen anderen Abfällen zurückbringen. Wegen der Gefahr von Flächenbränden nichts verbrennen. Keinerlei Abfälle vergraben, da Erosion dies wieder zu Tage bringt. Essenreste und Fettrückstände vermehren Insekten- und Nagetierpopulation. Keinerlei Abfälle in Toiletten werfen, füllen rasch und machen teure Beseitigung notwendig. *Pack-in, pack-out* Prinzip ernst nehmen – „alles was reinkam, geht auch wieder 'raus."

● **Holzfeuer** sind außer in den Hüttenöfen verboten. Stets Campingkocher zum Kochen verwenden. Wildbrände stellen potentielle Gefahr dar, insbesondere in Areas mit trockener Vegetation und Sträuchern.

● **Kulturgut.** Der Park umfaßt zahlreiche archäologische Stätten. Jeder Wanderer wird um Mithilfe gebeten, diese nicht ersetzbaren kulturellen Kostbarkeiten zu erhalten und zu schützen. Diese Stätten sind meistens sehr empfindlich und anfällig, nicht betreten oder darauf herumklettern. Gebührenden Respekt zeigen.

● **Keine Tiere füttern.** Der Nationalpark ist von einem 51 km langen Zaun umgeben, um wilde Bergziegen und Schweine außerhalb der empfindlichen Gebiete einheimischer Vegetation zu halten. Stets Tore hinter sich schließen. Zeltplatz sauber halten, um die Mungopopulation nicht zu fördern, die sich an allem Eßbaren laben. Nach jedem Trip an Socken und anderen Kleidungsstücken haftende Samen entfernen und Stiefel reinigen, um zu vermeiden, daß Fremdpflanzen in neue Areas des Parkgeländes transportiert werden.

● **Mitbringen von Haustieren verboten.**

● **Angeln.** An der Küste Fischfanggelegenheit, aber kein kommerzielles Fischen im Park.

Entfernungen entlang der Wanderwege in Meilen/Kilometer (mit Höhenunterschied in Meter)

Strecke	Meilen/km	Höhe
Kalua o Ka O'o (Rundtrip 3,5 – 4 Std.)	2.5/4	(482 m)
Sliding Sands Trailhead–Silversword Loop	6.5/10	(799 m)
Silversword Loop	0.9/1,4	(0 m)
Silversword Loop–Holua Cabin	0.9/1,4	(61 m)
Holua Cabin–Halemauu Pali (Fuß der Klippe)	1/1,6	(98 m)
Halemauu Pali (Klippenfuß) bei Spitze der Klippe	1.9/3	(293 m)
Halemauu Pali (Klippenspitze) bis Halemauu Trailhead	1/1,6	(119 m)
Holua Cabin–Kapalaoa Cabin	3.8/7	(88 m)
Sliding Sands Trailhead–Kapalaoa Cabin	5.8/9	(711 m)
Kapalaoa Cabin–Paliku Cabin	3.7/6	(265 m)
Halemauu Trailhead bis hinauf auf Klippenspitze	1/1,6	(119 m)
Halemauu Klippenspitze bis Fuß der Klippe	1.9/3	(293 m)
Halemauu Klippenspitze–Holua Cabin	1/1,6	(98 m)
Holua Cabin–Silversword Loop (2 182 m ü.M.)	0.9/1,4	(61 m)
Silversword Loop–Bottomless Pit (2 231 m ü.M.)	1.4/2,2	(18 m)
Bottomless Pit–Paliku Cabin	4/6,4	(287 m)
Paliku Cabin–Kaupo Trail bis Parkgrenze	3.5/5,6	(772 m)
Kaupo Trail: Parkgrenze–Ende an Highway 31	5.5/8,8	(1 093 m)

416 MAUI
Haleakala Aktivitäten

Aktivitäten

Die Aktivitäten innerhalb des Parks umfassen außer der Fahrt entlang des Haleakala Highway, um den Haleakala-Gipfel via asphaltierter Straße zu erreichen, zahlreiche Wandermöglichkeiten unterschiedlicher Länge und Dauer – Einzelheiten unter **Wanderungen**. Ferner besteht Campinggelegenheit im Krater – siehe **Camping- & Hüttenunterkunft**.

Park Ranger führen begleitete Wanderungen und Spaziergänge am Kraterrand sowie im Oheo Abschnitt der Kipahulu Area durch – Einzelheiten beim Park Headquarters sowie den Park Rangers der Kipahulu Area erkunden. Kommerzielle Tourunternehmen bieten organisierte **Radtouren** bergab des *Haleakala Highway* als Dauerabfahrt mit dem Fahrrad an – Anschriften siehe unter Information oder weitere Auskunft über die Parkverwaltung. Mit Kleinbussen geht es zunächst bergauf zum House of the Sun Visitors Center. Von dort erfolgt die gefährlich steile Bergabfahrt über 37 Meilen des *Haleakala Highway* mit ca. 29 Haarnadelkurven. Eine derartige Tour dauert etwa 4 Stunden. **Reittouren** mit möglicher Übernachtung im Krater gehören zum Programm von Park-Konzessionären – siehe unter Information.

Die Maalaea Bucht vor Maui, westlich des Haleakala Nationalparks, gehört zu den bevorzugten Winterquartieren der bis zu dreißig Tonnen schweren **Buckelwale**/Humpback Whales, die es im Winter von Alaska in wärmere Gewässer zieht, wo sie ihren Nachwuchs zur Welt bringen. Die Wale legen eine Strecke von rund 4 480 km zurück. Vom Haleakala Highway hat man kurz vor Erreichen des Parkeingangs von einer Stelle, an der eine Infotafel mit Info über die Buckelwale vorhanden ist, Gelegenheit Wale zu beobachten (etwa 1 mi/1,6 km vor dem Parkeingang).

Wichtiges zur Sicherheit

Bevor man den **Haleakala Nationalpark** aufsucht, sollte man einige Punkte zur eigenen Sicherheit beachten. Grundsätzlich sollte lange im voraus entschieden werden, ob der Park per Auto oder zu Fuß durch das Backcountry erkundet werden soll, da man sich entsprechend vorbereiten und die geeignete Ausrüstung zusammengestellt werden muß. Hier einige Hinweise für Camper und Wanderer:

● **Auf klimatische** und **Höhenunterschiede** vorbereitet sein. Der Park umfaßt unterschiedliches Terrain: Berge, trockene Sträucher, Regenwald und Küste. Sich über Wetteraussichten, Wegezustand und Wasserverhältnisse bei Parkpersonal/Park Headquarters erkundigen – Anschrift und Telefonnummern siehe unter Information. Wanderer sollten unbedingt mit Wanderkarte ausgerüstet sein.

● Geeignetes Schuhwerk erforderlich; gut eingelaufene Wanderstiefel mit Knöchelhalt empfehlenswert. Lava ist scharf und bietet unebenen Untergrund. Asche und Schlacke bilden losen Bodenbelag und sind oft rutschig.

● **Egal wieviel Sonne** der Morgen oder der Wetterbericht verspricht, Regenzeug und warme Jacke mitführen. Oft kommt es ganz plötzlich zum **Wetterumschwung**. Regengüsse und Wind sind sowohl am Gipfel als auch an der Küste üblich. Kleidungsstücke in mehreren Schichten übereinander getragen erlaubt, sich den wechselnden Wetterverhältnissen anzupassen.

● **Ultraviolette Strahlung** in höheren Lagen intensiver. Wind- und Sonnenbrand vermeiden: Breitrandigen Hut, entsprechende Kleidung, die die Haut bedeckt und schützt; Lippenschutz und Sonnschutzmittel mit hohem Lichtschutzfaktor benutzen.

● **Benötigte Medikamente** und **Erste-Hilfe-Ausrüstung** bereithalten. Extraverpflegung und Signalspiegel mitführen. Steiler Abstieg verursacht oft

Haleakala Wanderungen

Blasen. Füße bei ersten Anzeichen gut behandeln. Durch geeignetes Schuhwerk und saubere, trockene Socken vorbeugen.

● **Haleakalas Gipfel** steigt bis zu 3 055 m ü.M. Sogar die Erosions-Talsohle des Kraters liegt schon auf 2 042 m ü.M. Es kommt oft zu Kurzatmigkeit, wenn man von Meereshöhe derart schnell diese Höhenlagen erreicht. Wanderer sollten ihr Tempo verlangsamen und häufig pausieren.

Menschen mit Herzbeschwerden, Bluthochdruck oder Atemnot sollten anstrengende **Aktivitäten in hohen Lagen vermeiden**. Höhenkrankheit macht sich bemerkbar durch Kopfschmerzen, Übelkeit, Herzklopfen, Lethargie und/oder Appetitlosigkeit. Abhilfe kann durch tiefes Durchatmen oder flache Lage mit Hochlegen der Beine (Kopf tiefer als Beine) geschaffen werden; aspirinhaltige Produkte sind ebenfalls wirksam. Bei ernsten Symptomen oder länger anhaltendem Zustand sofort Arzt aufsuchen.

● **Dehydration**. Intensive Sonnenbestrahlung und warme Temperaturen können zu Hitzeerschöpfung und Sonnenstich führen. Viel Wasser mitführen – mindestens 2 Liter pro Person/Tag – und trinken, auch wenn man keinen Durst verspürt! Symptome: Hitzeerschöpfung – Starkes Schwitzen, Schweißausbruch und Kälteschauer, feuchte Haut; Sonnenstich – heiße Haut, die sich trocken anfühlt, Aufhören von Schwitzen. In beiden Fällen Opfer sofort mit feuchten Tüchern kühlen und in Schatten lagern. Flüssigkeit einflössen, wenn Opfer bei Bewußtsein. Bei Sonnenstich außerdem gegen Schock behandeln. Im Gegensatz zu Hitzeerschöpfung, die im allgemeinen nach kurzer Zeit abklingt, hat Sonnenstich anhaltenden Effekt und kann sich wiederholen. Arzt aufsuchen.

Vorbeugen ist bestes Mittel diese Erscheinungen zu vermeiden. Viel Flüssigkeit zu sich nehmen, oft im Schatten pausieren und Sonnenhut tragen. Vermeiden, zur heißesten Zeit des Tages zu wandern.

● **Hypothermie**; gefährlicher Vorgang, bei dem Abwehrkräfte des Körpers zusammenbrechen, während wichtige Organe abkühlen, ein Zustand, den man im allgemeinen nicht mit den Tropen in Zusammenhang bringt. Doch ein kalter, heftiger Regensturm, der über den Haleakala jagt, kann bei leichtsinnig gekleideten, schlecht vorbereiteten Wanderern Hypothermie verursachen. Kommt nicht sofort Hilfe, kann Hypothermie zum Tod führen.

Warnzeichen von Hypothermie erkennen und über Abhilfe informiert sein. Bester Schutz gegen Hypothermie ist Vorbeugen. Nicht abkühlen und frieren, naß oder erschöpft werden. Gesunden Menschenverstand benutzen und entsprechend warme, regenfeste Kleidung tragen.

● **Klippen**. Von Klippenrändern fernhalten; der Untergrund ist oft von losem Material bedeckt, dahinter beginnt gleich der abrupte Abgrund. Eltern sollten Kinder stets sicher in der Nähe halten.

● **Flüsse und Ozean**. Am Strand und in den Flüssen gibt es keine Badeaufsicht; Schwimmen auf eigene Gefahr. Der Palikea und Pipiwai Stream der Oheo-Schlucht in der Kipahulu Area kann sich in Minuten zur reißendem Hochwasser entwickeln. Bemerkt man steigenden Wasserstand, sofort in Sicherheit bringen. Bei starker Strömung kann man leicht über einen Wasserfall getrieben oder ins Meer hinaus gewaschen werden. Tauchen ist wegen der Unterwasserfelsen und Wasserstrudel gefährlich. Menschen sind hier schon ertrunken. Starke Strömung in Küstennähe und Haie machen das Schwimmen im Ozean äußerst gefährlich. Dem Ozean nie den Rücken kehren; unerwartete Wellen können einen in den Ozean ziehen oder ernsthafte Verletzungen zufügen.

Vorsicht bei Wanderungen an Flüssen und Wasserfällen. Steine und Felsen sind oft von sehr glitschigen Mikroorganismen und Moosen überzogen. Auf keinen Fall versuchen, bei Hochwasser den Pipiwai Stream zu begehen oder jegliche Wasserläufe zu durchwaten. Es muß übrigens nicht unbedingt dort, wo gewandert wird, regnen, um einen Hochwasser führenden Fluß anzutreffen. Die Gefahr von Hochwasser besteht auch bei Regen, der flußaufwärts niedergeht.

418 MAUI
Haleakala: Hosmer Grove

- **Moskitos** sind an der Küste üble Plagegeister. Mittel gegen Moskitos *(repellent)* mitführen und benutzen.
- **Straßen.** Straße zum Gipfel eng, kurvenreich und steil; oft können dichte Wolken und Nebel die Sicht beeinträchtigen. Straße über Hana nach Kipahulu ist eng, kurvenreich und uneben; Überschwemmung durch Hochwasser und Erdrutsch möglich. Beide Straßen sind für langsamen Verkehr angelegt. Defensive Fahrweise an den Tag legen. Zum Sightseeing die sogenannten Pullouts/Straßenbuchten benutzen und fließenden Verkehr vorbeilassen.
- **Notfall.** Gut vorbereitet sein. Nie allein wandern, da keine Hilfe zur Stelle, wenn nötig. Opfer soweit wie möglich behandeln, warm und komfortabel halten. Position auf Karte markieren und Hilfe holen. Nach Möglichkeit jemandem beim Opfer lassen. Unfälle Park Rangers melden. Park Rangers patrouillieren die Backcountry Trails und können in Paliku stationiert sein.

▶ *VOM PARKEINGANG ZUM PARK HEADQUARTERS*

Vom Parkeingang des **Haleakala Nationalparks** führt der *Haleakala Highway* auf einmal durch üppige Vegetation. Kurz darauf gelangt man links zur Abzweigung zum **Hosmer Grove** mit Campingplatz für Zelter und Naturlehrpfad – Einzelheiten siehe unter **Hosmer Grove**. Ein Schild warnt „*Nene crossing next 2 miles*" – Vorsicht Nene (hawaiische Gans) überquert den Highway auf den nächsten 2 mi/3,2 km. Bei **Meile 11**/18 km erreicht der Haleakala Highway **7 000 Fuß**/2 134 m ü.M. und das Parkhauptquartier/**Park Headquarters,** etwa 1 mi/1,6 km vom Parkeingang. Außerhalb des Park Headquarters informieren einige Infotafeln über Flora und Fauna. Einzelheiten siehe **Park Headquarters.**

  HOSMER GROVE AREA

Die **Hosmer Grove Area** liegt etwa 800 m vom Parkeingang entfernt auf 6 800 Fuß/2 073 m ü.M. Eine kurze Stichstraße führt vom *Haleakala Highway* zu dem kleinen Campingplatz mit

Schlüssel zur Baxter Info-Karte Haleakala Highway/Krater Area

Haleakala Highway/Krater Area
1-6 500 Fuß/1981 m ü. M.
2-Parkeingangsschild
3-Parkeingang
 Parkgebühr entrichten/
 Parkbroschüre
4-Hosmer Grove 6 800 Fuß/
 2 073 m ü. M.
 Hosmer Grove Campground/
 Picknick/Hosmer Grove Nature Trail
5-Park Headquarters
 7030 Fuß/2 143 m ü. M.
 Info/Ausstellung/Toiletten
 Krater Camping Permit/
 Telefon/Wasser
6-Halemauu Trailhead
 8 000 Fuß/2 438 m ü. M.
7-Leleiwi Overlook
8-9 000 Fuß/2 743 m ü. M.

9-Kalahaku Overlook
 & Silversword Area
10-Lavafelder, Lava-Felsenmeer
11-House of the Sun Visitors Center
 9 745 Fuß/2 970 m ü. M.
 Ausstellung/Krateraussicht
12-Pa Ka'oao (White Hill)
 -Sliding Sands Trail
13-Summit/Rundblick/Red Hill
 10 023 Fuß/3 055 m ü. M.
14-Kole Kole
 10 021 Fuß/3 052 m
15-Kole Kole Science City
 Observatorien
 (nicht öffentlich)
16-Kapaloa Cabin
17-Holua Cabin
 -Silversword Loop
 -Bottomless Pit

MAUI 419
Haleakala NP-Karte

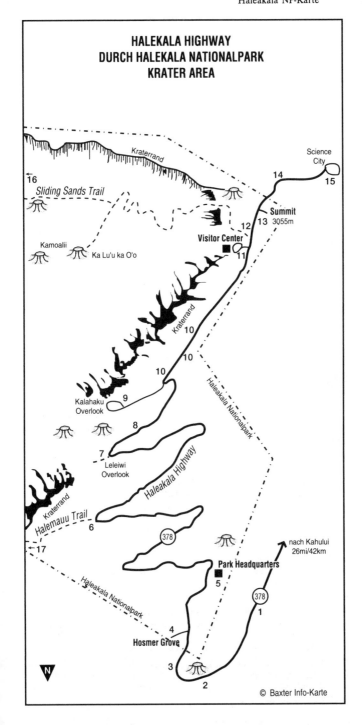

MAUI
Haleakala: Hosmer Grove

Picknickarea **Hosmer Grove Campground.** Hosmer Grove wurde 1909 bis 1911 im Rahmen eines Experiments angelegt, als der damalige Territorial Superintendent of Forestry, Ralph S. Hosmer, Samen und Ableger der verschiedensten Baumarten aus aller Welt anpflanzte. Das Experiment diente dazu, Mauis Wasserscheide zu verbessern, die unter dem rigorosen Abholzen einheimischer Wälder, um Nutz- und Brennholz für die Zuckerrohrfabriken zu gewinnen, stark gelitten hatte, als daraufhin Erosion und Trockenheit einsetzten.

Ein ausgezeichneter Naturlehrpfad, **Hosmer Grove Nature Trail,** mit numerierten Stationen (Begleitbroschüre „Hosmer Grove Nature Trail" beim Park Headquarters erhältlich) führt als *self-guiding nature trail* etwa 400 m durch das Waldstück mit eingeführten Fremdbäumen, unter denen sich unter anderem Eukalyptus, Kiefern, Fichten und Zedern befinden. Der Pfad bietet außerdem gute Gelegenheit, einige der seltenen, nur auf Hawaii vorkommenden Vogelarten zu beobachten. Für den Campingplatz benötigt man **kein** Camping Permit. Picknicktische, Grillvorrichtung, Wasser und chemische Toiletten vorhanden. Wer es eilig hat, zuerst den Haleakala Gipfel zu erreichen, hebt sich den Aufenthalt am Hosmer Grove für die Rückfahrt auf. Etwa 1/2 Stunde für Naturlehrpfad einkalkulieren. Hier nun zu den Infotafeln an der Schutzhütte und am Beginn des Hosmer Grove Nature Trail.

An der Schutzhütte des Campingplatzes **Hosmer Grove:**

Camping Information

Hosmer Grove – ein kleiner, aus 3 Einheiten bestehender Campingplatz auf 6 000 Fuß/1 829 Meter Höhe; etwa 1.3 mi/2 km unterhalb des Park Headquarters. Trinkwasser, Grubentoilette, Holzkohlengrill, Brennholz und ein kleiner, offener Unterstellplatz. Benutzung genehmigungsfrei. Höchstdauer 3 Nächte pro Monat. Kapazität 25 Personen. Gruppen auf 15 Personen begrenzt.

● **Holua and Paliku Campsites** – innerhalb des Haleakala Kraters; nur zu Fuß entlang des Trails zugänglich. *Permit*/Erlaubnis erforderlich; erhältlich beim Park Headquarters; maximal 2 Nächte auf jeweils einem der beiden Campingplätze und maximal 3 Nächte pro Monat. Keine Haustiere oder offenes Feuer erlaubt. Kapazität 23 Personen. Gruppen auf 15 Personen begrenzt.

● **Oheo Campground** an den Oheo Pools – nicht bewirtschafteter Campingplatz auf Meereshöhe auf offenem Wiesengelände. Weder Brennholz noch Trinkwasser vorhanden. Kein Permit erforderlich. Maximal 3 Übernachtungen pro Monat.

Wegen der Empfindlichkeit der Natur des **Haleakala-Kraters** muß jeder völlig selbständig ausgerüstet sein, das heißt alles an Verpflegung und Campingausrüstung selbst mitbringen. Zudem muß alles an Abfällen von jedem Wanderer und Camper zurückgebracht werden.

Das Wetter innerhalb des Parks ist unterschiedlich, wobei es das ganze Jahr über sehr häufig naß und kalt ist. Es ist ratsam, eine Feldflasche, feste Wanderstiefel, breitrandigen Hut, Regenzeug und eventuell eine leichte Jacke mitzubringen.

Haleakala: Hosmer Grove

Weitere Information über andere **Campingmöglichkeiten** auf der Insel Maui über State Department of Land and Natural Resources in Wailuku. Die Plätze auf den vier, innerhalb des Haleakala Nationalparks liegenden Campingplätzen werden in der Reihenfolge der Ankommenden, *first-come, first-served,* vergeben. Keine vorherige Reservierung.

Weitere Information an der Schutzhütte:

What Trees Are Suitable For Timber Here?/
Welche Baumart wird hier als Nutzholz verwendet?

To find out ... Um dies herauszufinden, sammelte Ralph S. Hosmer, der damalige Territorial Superintendent of Forestry, nach dem dieser Waldbestand benannt wurde, Samen und Baumableger aus aller Welt. **1909 bis 1911** bepflanzte er damit vier Stellen am **Haleakala** – hier auf 6 500 feet/1981 m und weiter oben am Berg auf 8 000 feet/2 438 m und 9 000 feet/2 743 m. Von den 86 gepflanzten Baumarten haben nur 20 überlebt, und unter den überlebenden Arten hat sich keine Baumart als Nutzholz erwiesen.

Doch die Bäume bieten einer Vielzahl von Vögeln Nahrung und Schutz. Außerdem verbreiten sie einen besonderen Duft und Aroma. Entlang des hier beginnenden Pfads von etwa 400 m Länge sind die einheimischen Bäume und Sträucher beschildert. Etwa 20 Minuten für den Rundweg einplanen.

Weitere Information über andere Wandermöglichkeiten innerhalb des Parks:

Hiking Trails/*Wanderpfade*

There are ... Es gibt etwa 32 mi/51 km Wanderwege innerhalb des Haleakala Nationalparks. Beschaffenheit der Wege reicht von gut bis dürftig. Drei Hauptwege führen von verschiedenen Ausgangspunkten in den Haleakala-Krater.

1. Der Halemauu Trail beginnt 3.6 mi/5,8 km oberhalb des Park Headquarters auf 8 000 Fuß/2 438 m ü.M. Die ersten 1.5 mi/2,4 km führen über rollendes Hügelland bis zum Kraterrand. Danach fällt der Pfad etwa 2 mi/3,2 km steil ab bis zum Kraterboden auf 6 000 Fuß/1 829 m ü.M. und führt über welliges Terrain zur zentralen Krater-Area, bis er bei **Paliku** endet. Gesamtlänge 10 mi/16 km. Der Pfad besteht hauptsächlich aus felsigem Untergrund und ist in gutem Zustand.

2. Der Sliding Sands Trail beginnt in der Nähe des Gipfels des Haleakala auf 10 000 Fuß/3 048 m ü.M., etwa 9.7 mi/16 km oberhalb des Park Headquarters. Der Pfad startet als steiler, 4 mi/6,4 km langer Abstieg vom Kraterrand zum Kraterboden. Bei **Oili Puu** kreuzt er den **Halemauu Trail.** Gesamtlänge etwa 8 mi/13 km; überwiegend loser Aschebelag in gutem Zustand.

3. Der Kaupo Trail beginnt in der Nähe des östlichen Endes des Haleakala-Kraters auf 6 400 Fuß/1 951 m ü.M. und durchquert **Kaupo Gap** bis zur Parkgrenze auf 3 800 Fuß/1 158 m ü.M. Von dort müssen Wanderer privates Weideland überqueren, um zur *Kaupo Road* zu gelangen. Der Pfad verläuft auf felsigem Boden in gutem Zustand. Gesamtlänge von **Paliku** bis zum *Highway 31* etwa 9 mi/14 km. Nur die ersten 3 mi/5 km werden von der Parkverwaltung instandgehalten.

422 MAUI
Haleakala: Hosmer Grove

Weitere Wanderwege innerhalb des Parks:

● **Hosmer Grove** – im Waldstück des **Hosmer Grove** auf 6 800 Fuß/2 073 m ü.M., etwa 1.3 mi/2,1 km unterhalb des Park Headquarters. Kurzer Naturlehrpfad durch Hosmer Grove; erdige Oberfläche; guter Zustand; 0,25 mi/400 m.

● **Leleiwi Overlook Trail** – auf etwa 8 800 Fuß/2 682 m ü.M.; erlaubt Ausblick auf den Krater. Felsiger Untergrund; guter Zustand; 0.1 mi/200 m.

● **White Hill Trail** – auf 9 745 Fuß/2 970 m ü.M. in der Nähe des **House of the Sun Visitor Center**. Kurzer Spaziergang von 0.2 mi/300 m Länge zum Gipfel des White Hill. Felsiger Untergrund; guter Zustand.

Nun zu interessanten Infotafeln am **Hosmer Grove Trail**.

Hosmer Grove Trail

Entlang des Hosmer Grove Trail, am Ausgangspunkt:

Hosmer's Experimental Forest/*Hosmer's Experimentierwald*

Most of the trees ... Die meisten Bäume hier wurden **1910** von Hawaii's Father of Forestry (Hawaiis Waldvater), Ralph Hosmer, gepflanzt. Hosmer brachte ein großes Sortiment verschiedenster Baumarten gemäßigter Zonen aus Nordamerika, Europa, Asien und Japan sowie Australien mit, um auszuprobieren, ob sie sich als Nutzhölzer eigneten.

Obwohl viele dieser exotischen Arten heute hier weiter gedeihen, erwies sich keine der Baumarten als Nutzholz der Holzindustrie geeignet. In dieser Umwelt entwickeln sich und wachsen Wurzeln nicht immer rasch genug, um das rapide Wachstum von Stamm und Ästen zu unterstützen, was dazu führt, daß Bäume bei starkem Wind leicht entwurzelt werden und umstürzen.

Beim Gang entlang des kurzen Naturlehrpfads, der hier als Rundweg beginnt, kann man diesen ungewöhnlichen Waldbestand und die angrenzenden einheimischen Sträucher genauer unter die Lupe nehmen. Eine Karte zeigt die Verteilung der angepflanzten Baumarten, die Hosmer in bestimmten Gruppen angelegt hatte. Heute halten sich die vorhandenen Baumarten nicht mehr so streng an diese Anordnung. Entlang der Straße zum Haleakala-Krater stößt man auf weitere Stellen exotischer Bäume.

Verschiedene **Baumarten:** Jeffrey Pine = Jeffrey-Kiefer, Coulter Pine = Coulter-Kiefer, Ponderosa Pine = Ponderosa-Kiefer, Incense Cedar = Weihrauchzeder, White Pine = Weißkiefer, Lodgepole Pine = Lodgepole-Kiefer, Eucalyptus = Eukalyptus, Eastern Red Cedar = Ost-Rotzeder, Norway Spruce = Norwegische Fichte, Scotch Pine = Schottische Kiefer, Douglas Fir = Douglastanne.

The Plight Of Native Plants/*Das Schicksal der einheimischen Pflanzen*

Only one ... Vor nur einhundert Jahren waren die unterhalb dieser Area liegenden Weideflächen mit einheimischen Kona- und Ohia-Wäldern bedeckt, die vielen einzigartigen einheimischen Vögeln und Pflanzen Lebensraum und Schutz boten. Heutzutage werden die einheimischen Wälder von diesem Punkt bis zur Küste durch eindringende Exoten – importierte Bäume und Pflanzen – verdrängt.

Die Vernichtung einheimischer hawaiischer Wälder begann im 4. Jh. mit Ankunft der Polynesier, die die Küstengebiete kultivierten. Innerhalb der

MAUI 423
Haleakala: Headquarters

vergangenen 200 Jahre wurde dieses Problem durch Einführung von Weidetieren und überaus stark Fuß fassender exotischer Pflanzen vom Festland wesentlich erschwert. Noch verbliebene Flecken einheimischer Wälder sind heute bedroht durch vernichtende Futtergewohnheiten von wilden Schweinen und Ziegen.

Viele herrliche und nicht zu ersetzende einheimische Pflanzen gedeihen immer noch in abgelegenen Gebieten des Haleakala Nationalparks. Ihre Überlebenschance hängt davon ab, wieviel getan werden kann, um den Übergriff aggressiver exotischer Pflanzen und Tiere zu verhindern und abzuwehren. Eine Abbildung zeigt Beispiele einheimischer Pflanzen, die heutzutage im Haleakala Nationalpark noch überleben. Ein einheimischer Strauch wächst beispielsweise nur auf primitivem Boden auf den Inseln Maui und Molokai. Die **Lobelia** findet man nur auf den dem Wind ausgesetzten Hängen des Haleakala. **Greenswords**, das tief im Regenwald wächst, ist gefährdet, da Wildschweine die Wurzeln aufwühlen. Die seltene Geranienart **Notwanu** wuchs einst in der Nähe des Hosmer Grove. Heutzutage findet man sie nur an abgelegenen Stellen des Parks.

Nun zum Besuch des **Park Headquarters.**

PARK HEADQUARTERS

Das Büro der Parkverwaltung/**Park Headquarters** liegt auf **7 030 Fuß/2 143 m ü.M.** etwa 10 mi/16 km vom **Crater House of the Sun Visitors Center** (9 745 Fuß/2 975 m ü.M.) und etwa 1 mi/1,6 km vom Parkeingang entfernt. Hier besorgt man sich übrigens die Erlaubnis/Permit für Camping innerhalb des Haleakala-Kraters – Platzvergabe in der Reihenfolge der Ankommenden, *first-come, first-served.* Hier auch über Wanderungen, Touren in den Haleakala-Krater erkundigen. Innerhalb des Park Headquarters informiert eine kleine Ausstellung über den Park. Hier zunächst zu den Infotafeln außerhalb des Gebäudes:

Infotafeln außerhalb vom Park Headquarters

Entlang des Naturlehrpfads am Park Headquarters, und zwar vom Parkplatz gleich links auf dem Weg zum Gebäude:

- **Puklawe** *(Stypheila tameiameiae)* **Epacris Family**

Native to the ... Die auf den Inseln von Hawaii einheimische **Puklawe** gehört zu den innerhalb und außerhalb des Kraters am häufigsten vorkommenden Straucharten. Ganzjährig trägt die Pflanze Beeren, die in weiß bis dunkelrot vorkommen. Größe und Form der Pflanze hängt jeweils von Niederschlagsmenge und Bodenbeschaffenheit ab. Alte Hawaiianer schätzten diese Pflanze sehr und verwendeten die getrockneten Früchte wegen ihrer herrlichen Farben als Ergänzung der Leis. Mit dem Rauch von brennendem Puklawe-Holz rieb man einen Häuptling ein, um ihn von einem *kapu* (Tabu) zu befreien, damit er sich unter das gemeine Volk mischen konnte, gleichzeitig sollte es ihn vor Schäden schützen.

Nun rechts des Gebäudes:

- **A'Alii** *(Dodonaea eriocarpa)* **Soapberry Familie**/*Seifenbeere*

A'ali'i means ... *A'ali'i* bedeutet „vom Königreich"; die Pflanze gilt als Laka, der Göttin des Hula, geweiht. Das harte, haltbare Holz verwendete

424 MAUI
Haleakala: Headquarters

man zu Speeren und anderen Waffen, und die vierflügeligen Samenkapseln ergänzte man in Leis. Hawaiianer kochten aus dem roten Pflanzensaft einen Farbstoff, mit dem sie Tapatücher färbten. Die große strauchartige Pflanze ist an ihren schmalen, länglichen Blättern gut am Straßenrand erkennbar.

Nun direkt links daneben:

- **Pilo *(Coprosma montana)* Coffee Family**/*Kaffeefamilie*

Showy ... Auffallend hellorange Früchte auf steifen, ausstrahlenden Zweigen machen dieses Gewächs zu einer der attraktivsten Pflanzen des Parks. Sie wird insbesondere im Herbst, wenn sie Früchte trägt, zum begehrten Fotomotiv von Fotofans.

Links des Pfads zum Gebäude (gegenüber vom Telefon):

- **Mamane *(Sophora chrysophylla)* Bean Family**/*Bohnenfamilie*

The large Mamane tree ... Der große Mamanebaum neben dem Schild vor dem Park Headquarters gehört zu den Baumarten, die man überall im Park bis zu Höhenlagen von 9 000 Fuß/2 743 m ü.M. findet. Während er in höheren Lagen als Strauch vorkommt, wächst er in tieferen Lagen als bis zu 12 m hoher Baum je nach Niederschlagsmenge.

Im Frühjahr wird der Baum mit zahllosen gelben Blüten bedeckt, die sich als wertvolle Nektarquelle für Vögel erweisen. Rinder und Wildziegen laben sich an dieser Pflanze und haben sie größtenteils aus ihrem ursprünglichen Wachstumsbereich verdrängt. Aus dem festen Holz stellte man Schlittenkufen und Werkzeug her.

Links vom Flaggenmast vor dem Gebäude:

- **Ahinahina *(Argyroxiphium sandwicense)* Sunflower Family/** *Sonnenblumenfamilie*

The Hawaiian word ... Der hawaiische Begriff 'ahinahina' bedeutet „graugrau" und war die beste Beschreibung dieser attraktiven Pflanze, die man in einer Gesellschaft, in der Metall unbekannt war, finden konnte. Die silbrigen Haare des „Silberschwerts", die die Blätter bedecken, dienen als Sonnenschutz. Gleichzeitig sind diese Härchen auch sehr effektiv, Feuchtigkeit aus den Wolken, die oft den Gipfel bedecken, zu sammeln.

Hinter dem Gebäude links vom Eingang:

- **Maui Wormwood *(Artemisia mauiensis)* Sunflower Familiy/** *Sonnenblumenfamilie*

Borne across ... Von Übersee stammend und entweder vom Wind oder von Vögeln herbeigetragen, trafen Vorgänger des Maui Wormwood lange vor Landung der ersten Polynesier ein. Heutzutage findet man diese Pflanze in den trockeneren Gebieten von Haleakala und an den Klippen des Kraters. Die mit dem im westlichen Nordamerika vorkommenden Common Sagebrush/Salbei verwandte Pflanze gibt einen Salbeiduft ab. Hawaiianer verwendeten zerstoßene Blätter als Asthmamittel.

Weiter entlang dieser Seite des Gebäudes von links nach rechts:

- **Hinahina, Silver Geranium *(Geranium tridens)* Geranium Family/** *Geranienfamilie*

This small shrub ... Man findet diesen kleinen Strauch mit Blättern, die wie Schmetterlingsflügel aussehen, im allgemeinen in Lagen oberhalb von

Haleakala: Headquarters

5 000 Fuß/1 524 m ü.M., insbesondere entlang der Parkstraße. Die Blätter sind dicht mit weißen Härchen bedeckt, die der Pflanze ein silbriges Aussehen verleihen. Die Blätter reflektieren nachts das Licht von Autoscheinwerfern genauso wie metallene Reflektoren am Straßenrand. Die Pflanze bringt bei der Blüte im Frühjahr sternförmige weiße Blüten mit lila Äderchen hervor.

● Kukae-Nene *(Coprosma ernodeoides)* Coffee Family/*Kaffeepflanze*

Bearing glossy ... Diese kriechende, efeuartige Pflanze, die glänzend schwarze Früchte trägt, verteilt sich über den ganzen Park. Die Früchte sind bevorzugtes Futter der Nene (hawaiische Gans) und wurden gelegentlich von den Hawaiianern als Abführmittel verzehrt.

● Kupaoa *(Dubantia menziesii)* Sunflower Family/*Sonnenblumenfamilie*

Native to the ... Der auf den Inseln von Hawaii heimische Kupaoa ist ein auf nackten Lavaströmen innerhalb des Haleakala-Kraters und an freiliegenden Rändern entlang des Kraterrands häufig vorkommender Strauch. Es gibt mehrere Arten einschließlich der Art mit einer Duftwurzel, die die Hawaiianer zum Parfümieren ihrer Tapatücher und der kostbaren Federn benutzten, die sie beim Fertigen von Leis und Umhängen verwendeten.

Nun zu der letzten Tafel entlang der Mauer:

● Hawaiian Goose or Nene (Nay-Nay)/*Hawaiische Gans*

The Nene ... Die Nene ist eine einheimische hawaiische Gans, die auf den Inseln Hawaii und Maui wild lebt. Man nimmt an, daß dieser seltene Staatsvogel von der kanadischen Gans abstammt und sich infolge von tausendjähriger Isolation zu einer bestimmten Art entwickelt hat. Charakteristisch für diesen Vogel ist das Fehlen der Schwimmfüße und die Federkrause um den Hals. Nene leben auf von Lava umgebenen Wiesenflecken; ihre Hauptnahrung besteht aus Beeren und Gräsern.

Um die Mitte der 1940er Jahre, als Hawaiis Nene-Population auf unter 50 zurückgegangen war, wurde eine Bewegung, die ihr Zentrum in England hatte, ins Leben gerufen, diese Vogelart vor dem Aussterben zu retten. Bis 1975 wurden über 1400 Vögel auf Maui und Hawaii ausgesetzt, von denen man 391 im Haleakala Nationalpark freiließ. Weitere Jungvögel werden heutzutage hier beim Park Headquarters in zwei Hühnerställen aufgezogen; ein kritischer Faktor ist, die Vögel auf diese Höhenlage und das Klima einzustellen.

Dank des unermüdlichen Einsatzes einzelner Personen konnte die Nene erst einmal gerettet werden. Man darf nur hoffen, daß diese einmalige hawaiische Vogelart der Welt erhalten bleibt.

Nun zu den Exponaten drinnen im Park Headquarters.

Exponate im Park Headquarters ◀

Im Ausstellungsraum links vom Info-Raum an der Wand zu den Toiletten:

● Wind and Temperature/*Wind und Temperatur*

Die vorhandenen Instrumente zeichnen Windgeschwindigkeiten und Temperaturen außerhalb dieses Gebäudes auf einer Höhenlage von 7 000 Fuß/

426 MAUI
Haleakala: Headquarters

2 134 m ü.M. auf. Oft sind Temperatur und Wind Chill Factor (Windkühleffekt) eine Überraschung für Besucher.

Während es auf Meereshöhe 24°C (75°F) mit 8 km/h (5 mph) Windgeschwindigkeit ist, kann hier oben die Temperatur 1,7°C (35°F) betragen und zusammen mit einer Windgeschwindigkeit von 40 km/h (25 mph) einen Wind Chill Factor von −13°C (8°F) erzeugen. Oben ist es immer kühler.

Anemometer mißt die Windgeschwindigkeit; Thermometer mißt die Temperatur.

• Windchill-Temperaturtabelle

		Temperatur °F/°C					
		45/7	40/4	35/2	30/−1	25/−4	20/−7
Windge-	04/6	45/7	40/4	35/2	30/−1	25/−4	20/−7
schwin-	05/8	43/6	37/1	32/0	27/−3	22/−6	16/−9
digkeit	10/16	34/1	28/−2	22/−6	16/−9	10/−12	03/−16
mph/km/h	15/24	29/−2	23/−5	16/−9	09/−13	02/−17	05/−21
	20/32	26/−3	19/−7	12/−11	04/−16	03/−19	10/−23
	25/40	23/−5	16/−9	08/−13	01/−17	07/−22	15/−26
	30/48	21/−6	13/−11	06/−14	02/−19	10/−23	18/−28
	35/56	20/−7	12/−11	04/−16	04/−20	12/−24	20/−29
	40/64	19/−7	11/−12	03/−16	05/−21	13/−25	21/−29
	45/72	18/−8	10/−12	02/−17	06/−21	14/−26	22/−30

Die Equivalent Wind Chill Temperatur/Windchill-Temperatur ist ein geschätzter Wert des Kühlungseffekts von Temperatur und Wind auf der Haut einer Person, die schnell läuft. Man benutzt die 4 mph/6 km/h Begrenzung, um jemanden zu repräsentieren, der bei relativer Windstille flott läuft.

Windchill ist eine ruhige Lufttemperatur, die denselben Kühlungseffekt auf menschlicher Haut hat wie die Kombination von Temperatur und Windgeschwindigkeit.

Nun rechts von Wind und Temperatur:

• Extinct Species/*Ausgestorbene Arten*

Recently discovered ... Kürzlich entdeckte Fossilien geben Hinweise darauf, daß die urzeitlichen Hawaiianer in ihrem Kampf ums Überleben die Hälfte ihrer Vogelwelt der Inseln ausgerottet und einen Großteil der Vegetation der Niederungen beeinträchtigt haben. In den 200 Jahren seit Ankunft von Captain Cook hat sich die Vernichtung einheimischer Arten stark beschleunigt. Die dargestellten Pflanzen und Vögel wurden in jüngster Zeit nicht registriert, und manche sind vermutlich ausgestorben.

Heutzutage stellen wild lebende Ziegen und Schweine die größte Gefahr der einheimischen Pflanzen und Tiere dar. Viele der über 5 000 eingeführten Pflanzenarten wurden naturalisiert. Manche Arten bilden zusammen mit Wildschweinen eine ernste Bedrohung der einheimischen Wälder und verändern die natürlichen Habitate nicht adaptierfähiger einheimischer Vogelarten. Von 67 einheimischen Arten (nur auf den Inseln vorkommend) sind etwa 23 ausgestorben und 29 vom Aussterben bedroht.

Einige der seltenen, bedrohten Arten sind abgebildet. Hawaiis einheimische Gans, die **Nene** *(Branta sandvicensis),* vermutlich einst überall auf den Inseln vorkommend, überlebt zur Zeit nur im Haleakala und an einigen wenigen anderen Stellen, dank jahrzehntelanger Aufzucht und Wiedereinführung im Jahr 1962. Neuerdings erzielt man auch einige Erfolge natürlicher Reproduktion auf freier Wildbahn, doch die Überlebenschancen der Nene sind noch auf keinen Fall gesichert.

Haleakala: Headquarters/Nene

Nun auf der gegenüberliegenden Wand neben dem Videobildschirm (neben den Toiletten):

- **Nene of Haleakala National Park**

If you have seen ... Wer bei seinem Besuch hier entweder beim Park Headquarters oder innerhalb des Haleakala-Kraters eine Nene zu Gesicht bekommen hat, kann von Glück reden! Hier auf Maui gibt es schätzungsweise 165–200 Vögel und etwa 350 weitere auf Hawaii, insgesamt 550 Vögel. Obwohl diese Vögel auf der Insel Hawaii zwar zahlreicher sind, verhalten sie sich dort außerdem noch zurückhaltender. Daher bietet der Haleakala Nationalpark den besten Platz in der Welt, die letzten dieser seltenen und bedrohten Arten und die seltenste Gans der Welt in freier Natur zu sehen.

Die Hawaiian Goose oder **Nene** *(Branta sandvicensis)* ist Hawaiis Staatsvogel und war früher viel stärker verbreitet als heute. Funde jüngster Zeit von Knochenfossilien haben bewiesen, daß die Nene früher auch auf Kauai, Oahu und Molokai vorkam. Die Nene war um die 1890er Jahre am Haleakala und auch sonst auf Maui ausgestorben. Der anerkannte Naturforscher P.H. Baldwin schätzte, daß es in den 1790er Jahren allein auf der Insel Hawaii 25 000 Nene gab.

Diese Population fiel so drastisch, daß um 1949 die Tierbiologen C.W. und E.R. Schwartz im Laufe von 18monatiger Arbeit vor Ort auf Hawaii keine einzige Nene zu Gesicht bekommen hatten. Sie schrieben: „Dieser Wildvogel ist die nächste hawaiische Vogelart, die vom endgültigen Aussterben bedroht ist. Es wäre unverzeihlich, wenn man diese Tragödie zulassen würde, ohne mehr Anstrengung zu zeigen". Der Bericht Anfang der 1950er Jahre, daß nur 30 Nene übrig seien, ließ internationale Bedenken über das Schicksal der Nene wach werden.

Der naheste Verwandte der Nene ist die Canada Goose, *Branta canadensis*/kanadische Gans. Doch es gab andere Gansverwandte auf den Inseln von Hawaii, die auch ausgestorben sind. Auf Maui gab es außer der Nene vier andere Gänsearten. Zwei waren der Nene ähnlich, während die beiden anderen schwerer gebaute, flugunfähige Arten waren. Schätzungsweise gab es auf den Inseln von Hawaii etwa ein Dutzend Gänsearten. Von all diesen Arten hat nur die Nene bis in die heutige Zeit überlebt.

Aufgrund jüngster Arbeiten der Smithsonian Institution an Knochenfossilien nimmt man an, daß es vor Eintreffen der Polynesier mindestens 82 hawaiische Landvögel gab. Von diesen haben Europäer mindestens über die Hälfte (44 Vogelarten) ausgestorbener Vögel nie gesehen.

3 fluglose Ibisarten	1 Adlerart
8 fluglose Rallenarten	1 Habichtart
3 Arten langbeiniger Eulen	2 große Krähenarten
1 Sturmvogelart	1 große Art Honigfresser
sowie 15 weitere Honigfresserarten	

Obwohl die Nene nicht ein so guter Flieger wie die kanadische Gans ist, gilt sie doch als starker Flieger; Nuku-pu'u; geschätzte Population auf Maui: 30.

- **What Caused The Loss Of So Many Hawaiian Birds?**
  Was war die Ursache des Verlusts so vieler hawaiischer Vögel?

Strong evidence ... Es gibt starke Hinweise, daß die Hawaiianer sich stark an Nene und anderen Vogelarten, insbesondere nistende Meeresvögel und fluglose Arten hielten. Außer, daß sie die Vögel als Nahrung und Quelle für Federn und andere kulturelle Materialien benutzten, richteten die Hawaiianer durch Feuer und landwirtschaftliche Fehlplanung starke Schäden in Niederungen und Habitaten an. Der Verlust von Habitat hat

MAUI
Haleakala: Headquarters

insbesondere den Verlust vieler Pflanzen- und Tierarten, einschließlich Nene zur Folge.

Nach Ankunft der Europäer kam es durch Einführung von Rindern, Ziegen und Schweinen zu weiteren Einbußen einheimischer Habitats. Das Einführen von Feinden, wie schwarzen Ratten, Katzen, Hunde und Mungos verlangte seine Opfer. Die Kombination drastisch reduzierter Habitate und feindseliges Verhalten der eingeführten Arten markierte den Anfang des Endes vieler einheimischer Arten.

Abgebildete Arten: **'Va'u** oder Dark-Rumped Petrel/Sturmvogel; geschätzte Population: 1 800. **I'iwi**; geschätzte Population: 19 000. **'Akobekobe** oder Crested Honeycreeper/Honigfresser; geschätzte Population: 3 800. **Pueo** oder Short-Eared Owl/Kurzohr-Eule; keine Zahlen zur Population verfügbar. **Maui Parrotbill**/Papageienschnabel; geschätzte Population: 500.

Nun zu einer nächsten Tafel mit weiterer Info über Nene:

- **Propagation and Release**/*Fortpflanzung und Freilassung*

The Report in ... Der Anfang der 1950er Jahre bekanntgewordene Bericht, daß nur 30 Nene übriggeblieben seien, löste international Bestürzung aus, diese Vogelart aussterben zu lassen. Ein Aufzuchtprogramm der Nene in Gefangenschaft wurde ins Leben gerufen. 1949 begann ein derartiges Programm in Pohakuloa auf Hawaii, während fast gleichzeitig ein weiteres Programm in Slimbridge, England aufgenommen wurde. Obwohl hawaiische Behörden sich bereits seit 1927 mit der Aufzucht von Nene beschäftigt hatten, begann das Programm erst richtig mit dem Pahakuloa Programm.

Seit Beginn mit langsamem Start von zwei Vögeln produzierte Pohakuloa von 1949 bis 1978 nahezu 1 700 Nene – eine Riesenleistung. Insgesamt wurden davon 260 Nene im Haleakala-Krater freigesetzt. Die Treuhand des Slimbridge Wildfowl Trust zog im Laufe von 28 Jahren 782 Vögel auf und setzt diese Bemühungen auch heute noch weiter fort. Von diesen in England aufgezogenen Vögeln wurden 205 Nene nach Hawaii verbracht und dort in wildem Habitat freigesetzt, und zwar alle bei Paliku im Haleakala Nationalpark. Von 1962 bis 1978 wurden insgesamt 489 Nene im Haleakala Nationalpark freigelassen.

Die **Abbildungen** zeigen
– Boy Scouts (Pfadfinder) aus Maui entladen unter Aufsicht von Park Ranger Robert Rosecrans Nene auf der Insel Maui, als Vorbereitung des 10 mi/16 km Marschs nach Paliku; Juli 1962.
– Boy Scouts aus Maui auf dem Sliding Sands Trail beschäftigen sich mit Verfrachten von Nene nach Paliku; Juli 1962.
– Freigesetzte Nene in Paliku.

- **Management & Prognosis For The Future**
  Management & Prognose für die Zukunft

In spite of remarkable ... Trotz des bemerkenswerten Erfolgs in den 1950er bis 1970er Jahren, Nene in Gefangenschaft aufzuziehen, bleibt die Zukunft dieses Vogels ungewiß, da die Fortpflanzung auf freier Wildbahn bisher wenig erfolgreich geblieben ist. Zu den besten Strategien für die Zukunft gehören weitere Forschung und Kontrolle über Feinde der Nene. Mit dem Entfernen von Wildziegen aus dem Haleakala Nationalpark hat man wohl wesentlich Nene Habitat in tieferen Lagen verbessert, insbesondere im Bereich der Kaupo Gap Area auf 4 000 – 6 000 Fuß/1 219 – 1 829 m ü.M. Es ist unbedingt erforderlich, die künstliche Fortpflanzung von Vögeln in Gefangenschaft und Überwachung der Nene auf freier Wildbahn und die Zusammenarbeit von staatlichen und Bundesbehörden zum Schutz der Nene fortzusetzen, damit Hawaiis Staatsvogel auch bis ins 21. Jahrhundert überleben kann.

Haleakala: Headquarters

Zu den **Abbildungen:**
- Ein paar Nene überschauen das Tal Kipahulu Valley. Da das Tal selbst für Nene zu stark bewaldet ist, halten sie sich in Strauchlandschaft und auf Wiesen oberhalb dieser Regenwälder auf.
- Eine Nene Familie ist selten zu sehen. Die hohe Sterblichkeitsrate von sowohl Jungvögeln als auch ausgewachsenen Nene läßt vermuten, daß die Nene wohl ohne wissenschaftliche Unterstützung und künstliche Aufzucht kaum fähig wären, eine sich selbsterhaltende Population zu produzieren.

Nun zur nächsten Infotafel:

- **Modern Nene Problems**/*Nene-Probleme heutiger Zeit*

● **Loss of Habitat.** Verlust von Habitat. Beobachtungen, die vor den 1900er Jahren erfolgten, ergaben, daß Nene hauptsächlich in den Niederungen brüteten und dann mit ihren Jungen in höhere Lagen zogen. Der Verlust von derartigem Nene Habitat in tieferen Lagen von Hawaii, insbesondere auf Maui, hat die Nene gezwungen, in höheren Lagen zu brüten.

Zu den **Abbildungen:**
- Einem großen Teil der Niederungen von Hawaii fehlt die ursprüngliche Flora und Fauna. Diese Gebiete werden heutzutage zum landwirtschaftlichen Anbau, als Weide- und Wohngebiete genutzt. Die ursprünglichen Strauch- und Graslandschaften von Haleakala bilden heute das Habitat, das von den Nene bevorzugt ist.

● **Unsuccessful Reproduktion.** Erfolglose Reproduktion. Die Brutzeit der Nene (November bis März) ist die feuchteste Zeit des Jahres in Hawaii. Auf den vom Wind geschützten Niederungen löst der Regen ein enormes Pflanzenwachstum aus, was den Nene genug Futter verschafft. In den höheren Lagen erfolgt die Zunahme an pflanzlichem Futter allerdings an der unteren Grenze. Außerdem erschweren lange Perioden kalter Niederschläge und strenge Winde die Aufzucht der Nene-Jungen.

Zu den **Abbildungen:**
- Nene Gans auf einem wilden Nest auf der Insel Hawaii. Normalerweise legt die Nene drei Eier, aber es kommt auch vor, daß es 6 oder nur ein Ei gibt. Im Vergleich mit der kontinentalen Gans legt die Nene sehr große Eier im Verhältnis zu ihrer Körpergröße, aber durchschnittlich weniger Eier pro Nest.
- Frisch geschlüpfte Nene-Junge und Ei in einer Weide. Man fand 4 bis 5 Nene-Eier im Haleakala.

● **Predation.** Feinde. Die Nene-Gans entwickelte sich in einer Welt ohne Raubtiere, außer anderen Vögeln wie Eulen, Habichten und Adlern. In kontinentalen Gebieten vermeiden Enten und Gänse räuberische Überfälle, indem sie in großen Wassergebieten brüten; indem alle Vögel einer Population zur selben Zeit brüten, um Verluste durch Raubtiere zu vermeiden; indem sie Paarungs-, Nist- und Aufzuchtzeit der Jungen so kurz wie möglich halten. Ohne starken Druck durch Raubtiere erwies sich das Brüten in Gebieten ohne Wasser als völlig problemlos für die Nene. Nene entwickelten einen langen Brutzeitraum, bei dem die einzelnen Vögel über einen 3- bis 6monatigen Zeitraum brüten. Diese Gänseart hat den längsten Inkubations- (30 Tage) und Aufzuchtzeitraum für ihre Jungen (10–12 Wochen bis zum Flüggewerden), den man unter Gänsen kennt. Unter diesem Gesichtspunkt ist die Nene der heutigen Zeit äußerst schlecht angepaßt, die voller eingeführter Raubtiere ist.

Zu den **Abbildungen:**
- Lesser Indian Mongoose *(Herpestes surepunctatus)*/Mungos, Unterfamilie der Schleichkatzen. Mungos leben in den verschiedensten Lebensräu-

430 MAUI
Haleakala: Headquarters

men. Sie stellen Giftschlangen nach, ernähren sich aber auch von anderen Wirbeltieren und Eiern.
– Gerade auf freier Wildbahn von einem Raubtier getötete Nene auf der Insel Haiwaii; vermutlich von einem Mungo getötet, obwohl es sich auch um eine Wildkatze gehandelt haben könnte. Möglicherweise halten Mißerfolge während der Nistzeit infolge von räuberischen Übergriffen durch Mungos oder Wildkatzen die Nene von erfolgreichem Brüten in vielen Areas von Hawaii ab.

Neben der Nene-Information:

- **Vegetation Recovery Following Alien Goat Removal**
  Die Vegetation erholt sich nach Entfernen der eingedrungenen Ziegen

Introduction/Einführung. Feral goats *(capra hircus)* Wildziegen haben die einheimische Vegetation im Haleakala Nationalpark nahezu zwei Jahrhunderte lang reduziert. Trotzdem sind möglicherweise einheimische Strauchlandschaften, Wiesen und Regenwälder an vielen Stellen des oberen Haleakala Vulkans vergleichbar mit den unberührten ehemaligen Landschaften. Doch in Gebieten, in denen während der letzten 200 Jahre eine starke Ziegenpopulation vorhanden war (wie im Forschungsgebiet an der Kaupo Gap), wurden einheimische Sträucher und Gräser nahezu ausgemerzt und durch eingeführte Gräser ersetzt. Die Forschungsarea ist bedeckt mit Stümpfen abgestorbener Styphelia (Epacridacea), die letzte verbliebene einheimische Strauchart.

1978 legten die Bediensteten des National Park Service auf 1 200 m ü.M. am westlichen Kaupo Gap ein kleines umzäuntes (0,1 Hektar) Gehege an, um die Reaktion der Vegetation festzustellen, nachdem man an dieser Stelle Wildziegen ausgesperrt hatte. Innerhalb des Nationalparks ist dieses Testgehege repräsentativ für 50 Hektar ähnlich abgenutzter Strauchvegetation. Außerhalb des Geheges war die Zahl der Ziegen noch bis 1983 sehr hoch, ehe man die Parkgrenze umzäunte, um innerhalb des Parks die Kontrolle über Ziegen und ein Erholen der Vegetation zu ermöglichen.

Zu den **Abbildungen:**
– 1983 errichtete Umzäunung zum Schutz gegen Eindringen von Ziegen über einheimisches Strauchgebiet der Kaupo Gap im Haleakala Nationalpark, auf 1150 m ü.M. Das intaktere Parkgebiet liegt links vom Zaun; Kaupo Ranchland rechts vom Zaun.
– Unterschied zwischen abgeweideten und unberührten Areas an Umzäunung im Mai 1986. Innerhalb der Umzäunung die Pflanzen *Dodonaea viscosa* und *Styphelia tameiameiae*.
– Ein Foto aus dem Jahr 1984 zeigt kurz geschnittenes Gras am Hauptpfad, Main Ridge Trail, der Western Kaupo Gap. „Die Gräser sind stark abgefressen. Nur wenige Pflanzen stehen etwa 5 cm hoch ... die Blätter jeder Pflanze sind abgefressen und nur ganz selten kann man ein Wachstum von Gräsern sehen ... Die Vegetation ... gleicht einem überweideten Weidegebiet."

> – aus den Beobachtungsberichten des Versuchsgebiets der westlichen Kaupo Gap, als man 1978 ein umzäuntes Gehege konstruierte.

- **Conclusion.** Schlußfolgerung. Aufgrund der Ergebnisse der berichteten Erholung der Vegetation im umzäunten Gehege, besitzen einheimische Sträucher das Potential, sich wieder zu erholen und eventuell die gesamte Area zu dominieren. Fremdgräser haben sich ebenfalls vermehrt, was zu potentiellen Problemen mit Flächenbränden führte.
Brände, die während der Trockenzeiten entstehen und durch die erhöhte Masse eingeführter Gräser intensiviert werden, können die Fortpflanzung

Haleakala: Silberschwert

einheimischer Pflanzen zurückhalten und ein von eingeführten Pflanzenarten dominiertes Wachstum aufrecht erhalten. Möglicherweise erweist sich der Erfolg bei Verhütung und Bekämpfung von Bränden als entscheidend, die eventuelle Fortpflanzung einheimischer Arten festzustellen.

Zu den **Abbildungen:**
- Relativ intakte subalpine Strauchlandschaft einer anderen Stelle am Westhang von Haleakala. Das Foto zeigt etwas deutlicher die unterschiedliche Zusammensetzung der Vegetation, die es einst ums westliche Kaupo gab. Zu den einheimischen Straucharten gehören *Vaccinium, Styphelia, Sophora, Dodonaea, Coprosma* und *Geranium.*
- Stark strapazierte Strauchlandschaft der Versuchsarea westliches Kaupo Ende der 1970er Jahre. Bei den abgestorbenen Sträuchern handelt es sich größtenteils um Styphelia; das „Unterholz" wird von Fremdgräsern eingenommen.
- In den letzten Jahren überwiegt im Versuchsbereich dichtes Wachstum der Fremdgräser *Rhynchelytrum* und *Sporobolus.*
- Einheimische Strauchableger und Pflanzen kommen hin und wieder in der Area vor. Wenn sich die Natur nach der Umzäunung erholen kann, könnte dieses Gebiet sich wieder zu einheimischem Strauchgebiet entwickeln, in dem in 10 bis 20 Jahren *Dodonaea* überwiegt, Foto aus dem Jahre 1988.
- Absperrung, um Wildziegen abzuhalten; an der westlichen Kaupo Gap, im Haleakala Nationalpark, Januar 1988. Nach 10jährigem Schutz vor Ziegen bedecken die einheimischen Sträucher *Dodonaea viscosa, Styphelia tameiameiae* und *Oateoseles anthyllidifolis* etwa 30 % der geschützten Area. Außerhalb des Zauns sind über ein weites Gebiet keine Sträucher zu sehen, aber dafür üppiges Wachstum von Fremdgräsern. Nur einzelne Ableger und Nachwuchs einheimischer Sträucher lassen erkennen, daß es nun wenig Ziegen in der Gegend gibt.

Nun innerhalb des Inforaums mit Buchverkauf. Links vom Eingang bei der Glasvitrine mit dem „Silberschwert":

● **Silversword, Argyroxiphium Sandwicense 'Ahinahina**
Silberschwert

One of the crown jewels ... Eine der Kronjuwelen der hawaiischen Inseln ist das spektakuläre Silberschwert. Im allgemeinen kommt es oberhalb von 7 000 Fuß/2 133 m ü.M. an den äußeren Hängen oder im Haleakala-Krater vor. In der zweiten Hälfte des 19. Jh. waren die Pflanzen so zahlreich, daß die Berghänge oft wie in silbriges Mondlicht getaucht erschienen. Es galt damals als Touristensport, die Pflanze bergab zu rollen, und Ende 1915 sammelte man die Pflanze, ließ sie trocknen und verschickte sie zur Dekoration in den Orient. Wo einst Silberschwert 4 Hektar in den 1890er Jahren bedeckte, konnte man 1927 keine einzige Pflanze mehr finden. Heutzutage steht die Pflanze unter Naturschutz.

Silversword/Silberschwert gehört zur Compositae-Familie, der auch Sonnenblumen, Astern und Chrysanthemen angehören. Die Pflanze hat sich hoch entwickelt, der intensiven Sonnenbestrahlung in hohen Lagen und der Trockenheit ihres Lebensraums zu widerstehen. Die schimmernden silbrigen Härchen, die ihre Blätter bedecken, sammeln Feuchtigkeit und reflektieren sehr viel Licht.

Blütesaison reicht von Juni bis Oktober. Ein Silberschwert wächst in seiner Kugelform etwa 7 bis 20 Jahre, um dann ein einziges Mal einen bis zu zweieinhalb Meter hohen Blütenstengel mit über hundert Blüten hervorzubringen. Nach dieser Anstrengung stirbt die Pflanze ab.

432 MAUI
Haleakala: Headquarters

Hier nun Info zu dem Kunstwerk „Blühendes Silberschwert":

- **Blooming Silversword**/*Blühendes Silberschwert*

Künstler: Gwen Brush
Medium: Die Arbeit besteht aus 100 handgeschmiedeten, bronzierten Stahlschwertblättern. Die 150 handgearbeiteten Blüten sind aus oxydiertem Kupfer gefertigt. Blätter und Stengel der Pflanze sind aus chemisch behandeltem Kupfer. Insgesamt gehören 800 zusammengeschweißte Teile zu der Arbeit, die auf einem aus den Schlackegruben von Kula stammenden Vulkangestein ruht.

Über die Künstlerin: Gwen Brush gewann 1973 den ersten und zweiten Preis als Bildhauerin auf der San Francisco Arts Fair. Zwei ihrer Werke gewannen 1972 den zweiten Preis auf der Cloverdale Citrus Fair. Ms. Brush verfügt über vierjährige Erfahrung im Schweißen und besitzt zwei Schweiß-Zertifikate. Ihre letzte Ausbildung erhielt sie im Maui Community College.

Weiter entlang der linken Wand in der Glasvitrine mit der Nene:

- **The Nene And You: Preserving The Balance/**
  Nene und Du: Das Gleichgewicht erhalten

- **Do Not Feed the Nene?** Nene nicht füttern? Im Haleakala werden die Besucher wie in allen Nationalparks gebeten, Tiere nicht zu füttern. Dafür gibt es wichtige Gründe. Bei den meisten „Gaben" handelt es sich um ungesunde Alternativen zum natürlichen Speiseplan der Nene, die fremde Raubtiere wie Mungos und Katzen anlocken.
Auch Vögel, die gefüttert werden, sehen Menschen als Futterquelle an und gefährden sich selbst, wenn sie sich Autos oder Highways nähern. Außerdem gibt es etwas mehr komplexe Gründe, Nene nicht zu füttern.

- **Lokahi.** Das hawaiische Ökosystem setzt sich aus Pflanzen und Tieren zusammen, die im Laufe von Jahrmillionen infolge von isolierter Evolution ein komplexes System der Beziehungen und Interaktion entwickelt haben. Wird ein Teil des Systems von einem Ereignis betroffen, wirkt sich dies auf das gesamte System aus. Solange es sich um ein gesundes Ökosystem handelt, kann es sich Änderungen anpassen und sein Gleichgewicht halten. In der traditionellen hawaiischen Kultur wird dieses Gleichgewicht *„lokahi"* genannt.

- **The Nene's Niche.** Der Platz, den die Nene im Ökosystem einnimmt. Die Nene entwickelte sich im Rahmen des hawaiischen Ökosystems und spielte eine wichtige Rolle, das Gleichgewicht – sprich „lokahi" – in ihrer Umgebung aufrecht zu halten. Im Haleakala Nationalpark wurden 31 einheimische Pflanzen festgestellt, von denen manche selten und vom Aussterben bedroht sind, die aber zur Futternahrung der Nene gehören. Samen mancher dieser Pflanzen kommen nicht zum Keimen, bevor sie nicht die Verdauungsorgane eines Vogels, wie beispielsweise der Nene, passiert haben. Folglich sorgt die Nene durch Fressen einheimischer Pflanzen wie Pukiawe, Pilo und Ohelo als Futterpflanze für die Verbreitung und Fortpflanzung und somit das Überleben dieser Pflanzen.

- **You Are Part Of The Whole.** Der Mensch ist Teil des gesamten Systems. Die ersten Hawaiianer waren sich dessen bewußt, daß auch sie eine große Rolle in der Umwelt ihrer Insel spielten. Sie versuchten, durch vorsichtiges und respektvolles Verhalten das zart konstruierte „lokahi" zu erhalten.
Heutzutage richtet sich der Appell an alle Inselbewohner und Besucher Hawaiis, sich anzustrengen, dieses Gleichgewicht zu halten, damit wir nicht

durch unser Handeln entgegengesetzten Effekt auf diese einzigartige Umwelt bewirken. Wir alle können dazu beitragen, das gesunde Ökosystem Hawaiis beizubehalten, indem wir den Nene ermöglichen, nur ihre einheimischen Futterpflanzen zu fressen.

Lokahi = Harmonie, Ausgeglichenheit, Gleichgewicht. Wenn Mensch und Natur gesund sind, befinden sie sich im Zustand von *lokahi*.
Ola = Leben, Gesundheit. Früher betrachtete man im alten Hawaii Leben und Gesundheit als dasselbe. Urzeitliche Hawaiianer waren sich dessen bewußt, daß Körper, Geist und Einstellung in ausgewogenem Gleichgewicht sein mußten, um in *lokahi* zu sein. Dieser ausgeglichene Zustand von *lokahi* ist wesentlich für Gesundheit oder Leben, *ola*.

● Haleakala Nationalpark Wetter

Durchschnittliche monatliche **Temperaturen** in °C auf 7 000 Fuß/2 134 m ü.M. auf der Höhe des Park Headquarters:

Jan	Feb	März	Apr	Mai	Jun	Jul	Aug	Sept	Okt	Nov	Dez
10	10	10	10	12	13	14	14	13	13	12	11

Extreme Temperaturen um Park Headquarters: Max. +27°C im Oktober 1973; min. –1°C im Januar 1969, Februar 1990. Frost kann sogar bei +3°C auftreten infolge geringer Feuchtigkeit, niedrigen Luftdrucks und geringer Sonnenstrahlung. Niedrigtemperatur am Haleakala Gipfel –10°C.

Im Vergleich dazu extreme Temperaturen am Kahului Airport: Max. +36°C im Oktober 1973, min. +9°C im Januar 1969.

Durchschnittliche monatliche **Niederschläge,** gemessen beim Headquarters in cm:

Jan	Feb	März	Apr	Mai	Jun	Jul	Aug	Sept	Okt	Nov	Dez
26	19	16	11	5	2	5	7	3	6	14	18

Durchschnittliche Niederschläge im Jahr etwa 135 cm. Als extreme Niederschlagsmenge wurden im Januar 1980 für einen 24-Stunden-Zeitraum 47 cm gemessen.

VOM PARK HEADQUARTERS ZUM VISITORS CENTER

Das Besucherzentrum/**Visitors Center** in der Nähe des Gipfels des Berges Haleakala liegt etwa 11 mi/17,5 km vom Parkeingang entfernt. Der *Haleakala Highway* klettert weiter bergauf und passiert dichte buschige Vegetation und Lavagestein. Auf **8 000 Fuß/2 438 m** ü.M. erreicht man zwischen **Meile 14** und **15/22** und 24 km links den **Halemauu Trail** – etwa 150 m vom Highway zum Ausgangspunkt des Wanderwegs. Der Trail wird sowohl von Wanderern als auch Reitern *(horseback riding trail)* benutzt. Von hier hat man einen herrlichen Blick auf den Pazifischen Ozean.

Vom **Halemauu Trailhead** sind es 6,2 km zur **Holua Cabin,** 12,3 km zur **Kapalaoa Cabin** und 16,3 km zur **Paliku Cabin.** Zum Übernachten auf den Zeltplätzen im Krater und den Hütten benötigt man eine Erlaubnis/*Permit* – Einzelheiten siehe unter **Unterkunft/Camping.**

● Halemauu Trailhead

Einige Infotafeln informieren am Halemauu Trailhead über die Wanderung in den Haleakala-Krater.

MAUI
Haleakala: Halemauu Trail

Halemauu Trail

Halemauu Trail climbs... Der Wanderpfad **Halemauu Trail** klettert 426 m vom zentralen Kraterboden bis hinauf zum Kraterrand. Bei den großen Farnen entlang des Trails, die teilweise rötliche Blattwedel tragen, handelt es sich um **maumaus** *(Sadleria cratheoides)*. Hawaiianer verwendeten die Blattwedel als Material zur Bedachung und aßen die jungen zarten Stengel. Gelegentlich stößt man auch auf eine silbrige, etwas spitzenartige Pflanze, die zwischen den Steinen wächst – wird Maui Wormwood (Artemisia maulensis) genannt, ein Verwandter des westlichen Sage/Salbeistrauchs.

Bei klarer Sicht kann man Koolau Gap und das Tal Keanae Valley sehen. Aus dem Haleakala fließende Lava strömte durch die Gap hinunter ins Tal und zum Meer. Dieser Lavastrom ist über 914 m dick.

● **Vorgeschlagene Tagestouren:**
– Zum **Crater Rim/Kraterrand**; 2 mi/3,2 km Hin- und Rückweg; etwa 4–5 Std. mit etwa 305 m Höhenunterschied.

– Zur **Silversword Lodge**; 10 mi/16 km Hin- und Rückweg; etwa 5–6 Std. mit etwa 305 m Höhenunterschied.

● **Ausrüstung für Tagestouren:**
– Verpflegung und Trinkwasser; Wasser und Toiletten nur bei den Hütten/ *cabins* vorhanden;
– warme Jacke/Anorack, vor Wind schützend;
– Regenschutz; Wolken bringen häufig starke Niederschläge;
– Sonnenschutzmittel.

● **Mehrtägige Wanderungen/Overnight Hikes:**
Campgrounds/Campingplätze. Für Camping ist keine Gebühr zu entrichten, aber für die Zeltplätze im Krater benötigt man eine Erlaubnis/Permit, die man beim Park Headquarters erhält, und zwar täglich von 7.30 bis 16 Uhr. Permits werden **nicht** im Krater ausgestellt.

● **Ausrüstung** für Overnight Hikes:
– Camping Permit;
– warmer Schlafsack für mindestens 4°C;
– Zelt mit Zeltboden und Regenschutz;
– kleiner Campingkocher, da offenes Feuer verboten;
– Anorack, Kopfbedeckung und Regenjacke. Das Wetter im Krater kann sich sehr schnell und unvorhersehbar ändern; es ist stets mit Regen und Wind zu rechnen.
– Verpflegung und Trinkwasser. Wasser und Toiletten (Plumpsklos) nur bei den Hütten vorhanden.

● **Folgende Regeln sollten im Parkgebiet beachtet werden:**
– Permit besorgen;
– offene Feuer jeder Art sind verboten;
– nur an den ausgewiesenen Stellen zelten;
– keine Abfälle zurücklassen; alles, was mitgebracht wurde, ist auch wieder rauszubringen, einschließlich Zigarettenkippen, Orangenschalen und überflüssige Kleidungsstücke. Wegen des kühlen Klimas dauert es Jahre, bis derartige Stoffe sich zersetzen.

Daran denken, daß man sich auf einem Berg befindet! In Schichten kleiden. Die Tagestemperaturen wechseln oft um 30 Grad, wobei der Windchill die effektive Temperatur oft unter den Gefrierpunkt bringt.
– In höheren Lagen sind die ultravioletten Strahlen intensiver. Sonnenschutzmittel mit hohem Lichtschutzfaktor auf Gesicht, Ohren, Lippen und sonstige der Sonne ausgesetzte Körperteile auftragen.

Haleakala: Leleiwi Overlook

Entfernungen in mi/km auf dem Halemauu Trail

Bottomless Pit............ 6.3/10   Kapalaoa Cabin 7/11
Holua Cabin .... 4/6   Kaupo Village........... 18.1/29
                Paliku Cabin .. 10.3/1

Nun zur **Weiterfahrt entlang des Haleakala Highway,** wobei man sich überlegen sollte, die in Talrichtung liegenden Aussichtsstellen eventuell für die Fahrt bergab aufzusuchen.

Weiterfahrt auf dem Haleakala Highway

Nach dem Halemauu Trailhead klettert der *Haleakala Highway* weiter bergauf, begleitet von Sträuchern und Lavabrocken. Zwischen **Meile 17** und **18**/27 und 29 km gelangt man zum **Leleiwi Overlook** – rechts geht es zum Parkplatz, links zur Aussichtsstelle.

● Leleiwi Overlook

Der Pfad zur Aussichtsstelle führt etwas bergab. Sobald man das Geländer erreicht hat, ist man sicher, daß man das rauhe Stück des Pfads überwunden hat. Von der Aussichtsstelle hat man einen Superblick auf den Krater, den man sich auf keinen Fall entgehen lassen sollte. Einige Infotafeln informieren am Aussichtpunkt.

The Haleakala Glory

Looking into the Crater ... Wenn man in den Krater blickt, wird man unter bestimmten Umständen Zeuge einer ans Mystische grenzenden Vision – man sieht eine menschliche Silhouette auf den tiefer liegenden Wolken, die von einem hellen halo und einem oder mehreren Regenbögen, die den Kopf umkreisen, begleitet wird. Dieses optische Phänomen, das als „glory" oder „Specter of the Brocken" bezeichnet wird, erscheint nur unter bestimmten Bedingungen am Nachmittag.

Wolken bestehen aus sphärischen Wassertropfen, die wie winzige Reflektoren reagieren, um Sonnenlicht auf den Beobachter zurückzulenken. Ein Lichtstrahl, der zu diesem „glory" beiträgt, berührt den Rand eines Wassertropfens und wird drinnen im Tropfen ein- oder mehrmals in einem Winkel von 82,8 Grad reflektiert. Das Licht wird vom anderen Ende des Tropfens auf den Beobachter zurückgeworfen. Die bunten Ringe werden durch Wellenunterbrechung unter den unzähligen zurückgeworfenen Strahlen erzeugt.

Man bekommt das „Glory" nur zu sehen, wenn
● die wolkenlose Sonne im richtigen Winkel steht,
● man nahe der Kante des Kraterrands steht (aber stets hinter dem Sicherheitsgeländer bleiben) und
● unten im Krater Wolken oder Nebel sind. Wenn man sich in Gesellschaft einer weiteren Person befindet, sieht man nur das den Schatten des eigenen Kopfes umgebende Glory.

Crater Climate/*Krater Klima*

Although ... Obwohl der Haleakala Krater in Sicht der warmen subtropischen Küste liegt, gleicht das Wetter hier einer anderen Welt. Die

436 MAUI
Haleakala: Kalahaku Overlook

Temperaturen am Kraterrand sind durchschnittlich etwa 17°C kälter als an der Küste. Die Winde sind strenger mit Windgeschwindigkeiten von bis zu 160 km/h.

Am dramatischsten sind vermutlich die Wolken, die Haleakala einhüllen. Oft liegen sie unterhalb des Kraters und erlauben Sonnenschein hier oben, während die unteren Hänge in den Wolken liegen. Zu anderen Zeiten dringen Wolken in den Krater, indem sie durch die Bergeinschnitte hereinrollen oder über den Kraterrand fließen.

Gelegentlich überziehen Winterstürme die Kraterhänge mit einer Schneedecke. Im Januar 1971 mußte die Summit Road zum Gipfel des Haleakala mehrere Tage gesperrt werden, da ein Schneesturm 1,80 m hohe Schneewehen aufgehäuft hatte. Temperaturen unter Null sind nicht außergewöhnlich, und nadelartige Eiskristalle kann man oft auf 7 000 Fuß/ 2 134 m ü.M. zwischen den Lavabrocken sehen.

Yearly Rainfall Pattern/Jährliches Niederschlagsmuster. Von nordöstlichen Passatwinden herbeigeführte Regenwolken entladen den größten Teil ihrer Niederschlagsmengen beim Aufstieg über den Hängen von Haleakala. Im Winter werden die Passatwinde von nördlichen Pazifikstürmen unterbrochen, die heftige Niederschläge und „Kona"Winde produzieren. Paliku am anderen Ende des Kraters, erhält die dreifache Menge Regen im Vergleich zu hier – genug, um einen kleinen Regenwald aufrecht zu halten.

Weiterfahrt auf dem Haleakala Highway

Nach dem Leleiwi Overlook klettert der Haleakala Highway auf **9 000 Fuß/2 743 m** ü.M. Die Landschaft weist nun weniger Sträucher, aber dafür mehr Lavabrocken auf. Kurz vor Meile 19/30 km passiert man erneut eine Aussichtsstelle, zu der eine kurze Stichstraße führt. Am besten nimmt man sich diese Aussichtsstelle für den Rückweg vor, da sie dann bei der Rückfahrt verkehrsmäßig günstiger von der Fahrtrichtung erreichbar ist. Doch hier wegen der Reihenfolge zum **Kalahaku Overlook**.

• Kalahaku Overlook & Silversword Area

Unterwegs und am Aussichtspunkt informieren mehrere Infotafeln. Hier zunächst auf dem Weg hinauf zum Kalahaku Overlook:

The Threat Of Exotic Animals/*Die Bedrohung durch exotische Tiere*

Haleakala is ... Haleakala ist international bekannt für seine seltenen einheimischen Vögel, Insekten und Pflanzen. Allerdings sind viele Arten

Schlüssel zur Baxter Info-Karte Haleakala Krater Area

Haleakala Krater Area
1-Pu'u Nianiau
2-Pa Ka'oao (White Hill)
3-Pu'u Ula'ula Overlook
 Haleakala Gipfel/Red Hill
 3 055 m ü. M.
4-Pu'u o Pele
5-Kamoalii
6-Halalii
7-Ka Moa o Pele
8-Pu'u Naue
9-Pu'u Nole
10-Pu'u Mamane
11-Pu'u Kumu
12-Mauna Hina
13-Namana o ke Akua
14-Pu'u Maile
15-O'ilipu'u
16-Pohaku Palaha

MAUI 437
Haleakala Krater Area-Karte

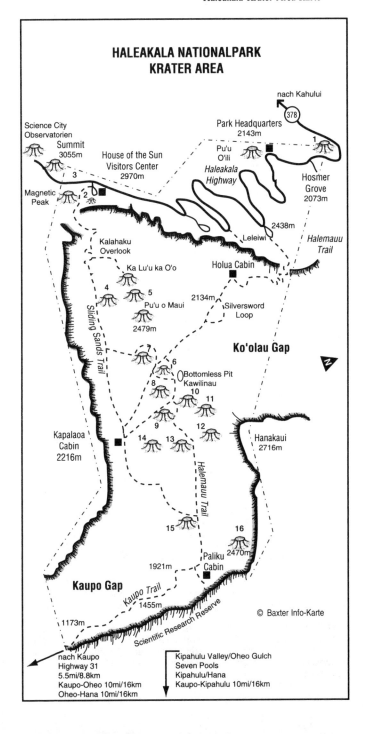

MAUI
Haleakala: Kalahaku Overlook

im Laufe der letzten 200 Jahre ausgestorben und über die Hälfte von Haleakalas einheimischen Vögeln stehen auf der Liste der bedrohten Arten. Eine der größten Bedrohungen des empfindlichen einheimischen Ökosystems sind importierte Tiere, sogenannte „Exotics".

Wilde Ziegen, Schweine, Mungos und andere exotische Tiere richten erheblichen Schaden an den biologischen Ressourcen des Parks an. Sie rufen komplexe, kostenträchtige und oft kontroverse Umweltprobleme hervor. Der National Park Service und damit zusammenarbeitende Stellen versuchen Mauis unersetzliche Pflanzen und Tiere vor den überhand nehmenden Exoten zu schützen durch Maßnahmen, wie Abzäunen, reguliertes Abjagen und andere Methoden.

Manchmal wird man entlang der westlichen Klippen des Kraters Ziegen sehen. Hält man ihre Zahl nicht unter Kontrolle, werden diese wilden Tiere das gesamte Gebiet abgrasen und empfindliche Schäden an Silberschwert und anderen Pflanzen zurücklassen. Ziegen beschädigen die Vegetation, die sie abgrasen und zertrampeln; außerdem beschleunigen sie die Bodenerosion. Ein großer Teil des gelösten Bodens wird in den Ozean geschwemmt, wo das Material Mauis Korallenriffe beschädigt.

Zuckerrohr-Anbauer brachten in den 1880er Jahren Mungos hierher, um die Rattenplage zu bekämpfen. Obwohl es sich um eine kleine Tierart handelt, stellt dieser Räuber eine ernste Bedrohung für zwei der vom Aussterben bedrohten auf dem Boden nistenden Vögel dar – **Dark-rumped Petrel**/Sturmvogel und **Nene**/hawaiische Gans.

Erste Hawaiianer brachten vor Hunderten von Jahren kleine Hausschweine auf die Inseln, doch die größeren europäischen Schweine, die man im Laufe der letzten 150 Jahre eingeführt hatte, richteten starke Umweltschäden an. Diese aggressiven Aasfresser streunen durch abgelegene Gebiete des Parks, wühlen Wurzeln auf und entwurzeln einheimische Pflanzen und schaffen die Grundlage der Verbreitung exotischer Pflanzen. Aktivitäten der wilden Schweine im Regenwald bedrohen Mauis Wasserversorgung.

Bei der Ausfahrt aus dem Parkplatz:
The Remarkable Silversword/*Das bemerkenswerte Silberschwert*

On the desolate lava ... An den öden Lavahängen von Haleakala, wo die harschen klimatischen Bedingungen das Wachstum der meisten Pflanzen begrenzen, hat gerade das seltene Silversword/Silberschwert es fertig gebracht, sich anzupassen.

Silberschwert wächst nur in Hochlagen auf den Inseln Hawaii und Maui. Diese Pflanzen waren Ende der 1800er Jahre so zahlreich, daß angeblich die Berghänge wie in Mondlicht getaucht leuchteten. Seitdem haben wilde Ziegen und gedankenlose Besucher starke Verluste zugefügt – bei einer Zählung im Jahre 1927 konnte man „kaum einhundert Pflanzen" im Krater feststellen. Heutzutage erlebt das Silberschwert ein Comeback.

Im Haleakala Nationalpark beschäftigt man sich damit, das Silberschwert und andere bedrohte Arten unter den Pflanzen und Tieren zu schützen.

Trotz der Ähnlichkeit ist das Silberschwert nicht mit der Jahrhundertpflanze oder Yucca verwandt, gehört aber zur Sonnenblumen-Familie. Blühende Silberschwerte tragen 100 bis 500 Blüten mit purpurfarbenen Blütchen.

Das zarte Wurzelwerk des Silberschwert dient dazu, begrenzte Feuchtigkeit aus loser Lavaasche zu absorbieren. Wenn Menschen in der Nähe der Pflanze laufen, werden Wurzeln zerstört, und die Pflanze stirbt möglicherweise ab. Gleichzeitig verhindert zertrampelte und festgetretene Erde das Wachstum von Ablegern.

Schmale, mit seidigen Härchen bedeckte Blätter reduzieren Hitze und Austrocknen durch Sonne und Wind und absorbieren Feuchtigkeit aus

Nebel. Die ersten Hawaiianer nannten diese Pflanze 'ahinahina, was etwa „grau" oder „weißhaarig" bedeutet.

Es dauert etwa 3 bis 10 Jahre, von einem Ableger zur ausgewachsenen Pflanze heranzuwachsen. Danach kommt sie zur Blüte, produziert Samen und stirbt ab.

An der Aussichtsstelle:

Life Of A Volcano/*Leben eines Vulkans*

Haleakala is dying ... Der Haleakala stirbt. Seit 1790 hat der Berg keine flüssige Lava mehr hervorgebracht. Obwohl er eines Tages wieder ausbrechen könnte, nähert sich der Vulkan dem Ende einer feurigen Geschichte, die vor etwa 800 000 Jahren begann. Erosion ist heute dominierend und trägt allmählich den alternden Vulkan ab.

Überraschenderweise ist der „Krater", den man heute sieht, nicht vulkanischen Ursprungs. Im Laufe der Jahre hat über die Berghänge und durch die Bergeinschnitte strömendes Regenwasser Millionen Tonnen vulkanischen Gesteins weggeschwemmt und eine weite, steilwandige ausgewaschene „Mulde" zurückgelassen. Während einer Periode erneuter vulkanischer Aktivität eruptierten Lavaströme und kleine Aschekegel aus dem Boden. Diese beginnen ebenfalls, weggewaschen zu werden, wenn jährliche Niederschläge ihre Opfer fordern.

Hier nun eine interessante illustrierte Lebensbeschreibung des Vulkans:

1– Emergence/Auftauchen. Haleakala und benachbarte Vulkane begannen, als heißes flüssiges Gestein unter der Erdkruste durch den Meeresboden brach. Schichten flüssiger Lava häuften sich auf, bis die Spitze der Vulkane über dem Meeresspiegel auftauchte.

2– Growth/Wachstum. Als die erste große Periode der Eruption endete, erhob sich Haleakala 2 600 m über dem Ozean und hatte begonnen, mit benachbarten Vulkanen zu verschmelzen. Um diese Zeit hatte sich vermutlich eine große Krater-Caldera gebildet.

3– Second Growth/Zweites Wachstum. Während einer zweiten Serie von Eruptionen wuchs der Vulkan bis auf 4 000 m, 900 m höher als er heute ist. Die angrenzenden Inseln schlossen sich an und füllten die Zwischenräume und schufen die urzeitliche Insel Maui Nui oder „Big Maui".

4– Dormancy/ Ruheperiode. Als die starken bergbildenden Eruptionen zu Ende gingen, überragten die breiten Hänge des Haleakala die Inselkette wie etwa der heutige Mauna Kea auf der Insel Hawaii. Der Gipfel begann dann, durch Erosion abgetragen zu werden.

5– Erosion. Regenwasser schnitt Schluchten und Täler ein. Die Ausgänge von zwei tiefen Tälern schnitten sich bergauf ein und trafen sich am Gipfel und bildeten Haleakalas „Krater". Steigender Meeresspiegel, durch schmelzendes Polareis verursacht, trennte Maui von den angrenzenden Inseln.

6– Later Eruptions/Spätere Eruptionen. Innerhalb der letzten tausend Jahre füllte eine dritte Serie von Eruptionen die Schluchten und ließ eine Reihe von Aschekegeln entstehen, die sich der Länge des Kraters aneinander reihen, und die Spaltenzonen bis hinunter zum Meer verlaufen.

440 MAUI
Haleakala Summit

Volcanic Features/*Vulkanische Erscheinungsformen*

Von links nach rechts:

Koolau Gap – durch Erosion entstanden.
Puu Mamane – Schlackekegel. Derartige Cinder Cones sind kleine Vulkane, die aus während der Eruption herausgeschleuderten Schlacken und Aschen gebildet wurden. Man erkennt, daß es sich hier um einen älteren Schlackekegel handelt, da die Umrisse schon verwittert und die Hülle mit Vegetation überzogen ist.
Kaupo Gap – durch Erosion entstanden.
Halalii – Schlackekegel. Mehrere explosive Eruptionen rissen die Spitze dieses Schlackekegels ab. Sein Kraterrand ist noch nicht von den Elementen abgerundet, ein Zeichen, daß der Kegel jünger ist als seine Nachbarn.
Ka Moa o Pele – Schlackekegel.
Lava Flow – dieser Lavastrom trug langsam eine riesige Menge Schlacke von der südlichen Flanke des Puu o Maui, des höchsten Schlackekegels des Kraters, wie ein Förderband davon. Steile Felsrücken markieren den Rand des Lavastroms.
Puu o Maui – Schlackekegel.
Kipuka – ein „kipuka" ist eine ältere Landfläche, die von Lavaströmen umgeben ist. Diese trockene, baumlose kipuka kann die verwitterte Spitze eines älteren Schlackekegels sein.
Puu o Pele – Schlackekegel.
Kamaolii – Schlackekegel.
Lava Flow – Dieser relativ junge Lavastrom aus der Basis von Kalua o ka Oo erstreckt sich über 3,2 km. Grobe, klinkerhafte Lava wie diese nennt man 'a 'a (sprich „ah ah"). Bemerkenswert, daß der Lavastrom einen Teil von Kamaolii davongetragen hat.
Dike – Als der große Vulkan noch weiter wuchs, drückte sich Lava durch Risse in den älteren Felsschichten durch und erstarrte. Anschließende Erosion hat diese relativ haltbaren Formationen freigelegt, die man dikes nennt. Die alten Hawaiianer verwendeten das aus dem aus Dikes gebrochenen Felsmaterial bei der Herstellung von Werkzeugen.

 Weiterfahrt auf dem Haleakala Highway

Nach dem **Kalahaku Overlook** führt der *Haleakala Highway* durch ein Lava-Felsenmeer. Während die Straße weiter zum eigentlichen Gipfel, dem Crater Rim Summit führt, erreicht man zuvor das Besucherzentrum/Visitors Center – etwa 17,5 km vom Parkeingang entfernt. Hier hat man vom **House of the Sun Visitor Center** auf 9 800 Fuß/2 970 m ü.M. einen guten Blick über den Krater (wenn dieser nicht gerade in Wolken gehüllt ist).

Die Straße führt weiter als *Summit Boulevard* zum **Haleakala Summit,** dem Gipfel auf 10 023 Fuß/3 055 m ü.M. mit dem Summit Building und Observatorium. Wegen der Höhe sollte man etwas aufpassen und langsam marschieren, wenn man vom Parkplatz am Summit noch einige Stufen bis zum Observatorium erklimmt. Hier nun zunächst zum **Haleakala Summit** (damit man sich daraufhin im House of the Sun Visitors Center sein Zertifikat ausstellen lassen kann, daß man die 37 Meilen Fahrt von Meereshöhe bis zum Gipfel des Haleakala Vulkans auf 10 023 Fuß/3 055 m überlebt hat!).

HALEAKALA SUMMIT

Von der Kreuzung beim House of the Sun Visitors Center folgt man dem *Summit Boulevard* zum Haleakala-Gipfel/**Haleakala Summit** mit Aussichtspavillon auf 10 023 Fuß/3 055 m ü.M. etwa 5 Minuten Fahrt bergauf. In dieser Höhenlage den Schritt etwas verlangsamen. Vom Parkplatz unterhalb des Aussichtspavillons führen mehrere Stufen hinauf zu dem achteckigen Pavillon, in dem zu bestimmten Zeiten kurze Vorträge und Erklärungen zur Geologie gegeben werden (Einzelheiten beim Visitors Center). Die einzelnen Tafeln, die sich entlang der Panoramafenster im Pavillon befinden, erklären die Sicht von Nordwest nach Südwest. Rechts vom Eingang dient eine Karte zur Orientierung. Dann folgt man vom Eingang nach links (Nordwest-Richtung) und begibt sich von links nach rechts. (Infotafeln sind häufig Gegenstand von Vandalismus und verschwinden manchmal; dies bitte berücksichtigen, falls Tafeln fehlen.)

1– Lanai, "The Pineapple Island"/*die Ananasinsel*

Straight ahead ... Direkt geradeaus, etwa 35 mi/56 km von hier, liegt Lanai im Schutz von Molokai und Maui. Die Insel ist zu flach, daß sich große Wolken bilden könnten, daher ist die Landschaft relativ arid. Sie gehört einem Unternehmen, daß insbesondere ein bestimmtes Produkt anbaut – Ananas; außer einer Stadt gibt es hier vermutlich die isolierteste Plantagensiedlung der hawaiischen Inseln.

2– Red Hill, This Cinder Cone/*dieser Schlackenkegel*

You are standing ... Man steht hier auf 10 023 Fuß/3 055 m ü.M. auf dem Gipfel eines Schlackenkegels, der **Red Hill** genannt wird. Diese Stelle liegt 28 000 Fuß/8 534 m über dem Meeresboden. Es ist der Gipfel des Haleakala Vulkans und die höchste Erhebung auf der Insel Maui. Vom tieferliegenden Tal bis hier herauf hat man diesen Aufstieg in nur 38 Meilen/61 km zurückgelegt, eine Leistung, die auf keiner anderen Straße der Welt möglich ist.

3– Other Island To The Northwest/*andere Inseln im Nordwesten*

Use the peak ... Hier nun den Gipfel von West Maui zur Orientierung benutzen, vorausgesetzt er liegt nicht hinter Wolken verborgen. Dahinter liegen die Gipfel von Molokai. Und bei sehr guter Sicht kann man in der Ferne sogar Oahu erkennen, 130 mi/208 km nordwestlich.

4– White Hill

The small cone ... Der kleine Kegel neben dem House of the Sun Visitors Center ist der **White Hill**, benannt wegen seiner hellfarbenen Andesit-Lava. Auf seinem Gipfel findet man überall Spuren urzeitlicher Hawaiianer. Und dort, wo man nun steht, wo er einst stand ... und die mächtige Weite in sich aufsog ... dieselben Gedanken habend ...?

MAUI
Haleakala Summit

5– Haleakala Makes Its Own Weather/
Haleakala macht sein eigenes Wetter

From the vantage ... Von der vorteilhaften Stellung kann man zuschauen, wie Wetter gemacht wird. Vorherrschende nordöstliche Passatwinde tragen feuchtigkeitgeladene Luft die Hänge des Haleakala hinauf. Beim Aufsteigen kühlt diese Luft ab, kondensiert in eine ausgedehnte Wolkenschicht, die den Krater so oft umgibt. Sobald die Wolken höher steigen, fließen sie durch die beiden großen Schluchten oder Bergeinschnitte und füllen den Krater mit einem watteartigen Meer von Weiß.

Niederschläge variieren sehr stark über der Insel: 1 016 cm pro Jahr auf dem Kamm von West Maui bis zu 38 cm über einem Teil des Isthmus, nur 6 mi/10 km voneinander entfernt!

6– Haleakala – "House Of The Sun"/*Haus der Sonne*

Here at the edge ... Hier am Rand dieses spektakulären Kraters soll der Legende nach der polynesische Halbgott Maui die Sonne festgebunden und gezwungen haben, zu versprechen, länger am Himmel über den Inseln zu verweilen, denn es tat ihm leid, daß die Tage so kurz und die Menschen nicht imstande waren, ihre Arbeit zu verrichten.

Der enorm große Krater ist 900 m tief, 12 km lang und 4 km breit. Der höchste Schlackenkegel im Krater ist der Puu o Maui mit 300 m über dem Kraterboden.

7– Magnetic Peak/*Magnetgipfel*

The iron-rich rock ... Das eisenhaltige Gestein dieses kleinen Schlackenkegels hat Einfluß auf eine Kompaßnadel, daher der Name. Die Färbung wird durch Eisenoxyd bewirkt.

Die geröllhafte Oberfläche des Kegels wurde von flüssiger Lava, die, heftig aus dem Schlot in die Luft geschleudert, während des Flugs erstarrte. Derartige Vulkanbomben variieren von faustgroßen Brocken bis zu riesigen Blöcken von hunderten Pfund Gewicht. Manche nehmen merkwürdige Formen an wie die vogelartige Vulkanbombe auf der Spitze des Magnetic Peak. Ein Foto zeigt eine vulkanische Erscheinungsform, die durch Erosion zerstört wurde.

8– Island of Hawaii

The „Big Island" ... Die Big Island ist zu Recht berühmt für ihre aktiven Vulkane, beide im Hawaii Volcanoes Nationalpark. Sogar wenn schwere Wolken hängen, tauchen Mauna Kea und Mauna Loa durch die Wolkendecke auf, dominieren die Insel mit fast 4 267 m. Sie liegen 80 und 100 Meilen/128 und 160 km voneinander.

Beim Südwest-Fenster blickt man auf die Kolekole Science City, etwa 12.2 mi/ 19,5 km vom Parkeingang auf 3 052 m ü.M. mit wissenschaftlichen Observatorien, Forschungs- und Kommunikationszentrum; nicht öffentlich.

9– Scientific Agencies/*Wissenschaftliche Einrichtungen*

The University of ... Das Geophysical Laboratory/Geophysikalische Labor der Universität von Hawaii, die Federal Aviation Agency Station, NASA und USAF Satellite Tracking Station/Satellitenkontrollstation der Luftwaffe, Television Relay Stations usw. teilen sich die beiden benachbarten Schlackenkegel außerhalb der Parkgrenzen.

MAUI 443
Haleakala: House of the Sun

Nun vom Haleakala Summit zurück zum House of the Sun Visitors Center.

HOUSE OF THE SUN VISITORS CENTER AREA

Das Besucherzentrum des Haleakala Nationalparks, **House of the Sun Visitors Center,** liegt auf 9 800 Fuß/2 987 m ü.M. Der Komplex umfaßt einen riesigen Parkplatz, der auf 9 745 Fuß/ 2 970 m ü.M. liegt, das Visitors Center mit Ausstellung und Infostand sowie Aussichtsstelle und Toiletten, ferner den Ausgangspunkt des **Sliding Sands Trail** und **White Hill Trail.** Hier nun zunächst zur Umgebung außerhalb des Visitors Center.

Info am Parkplatz

Am Rand des Parkplatzes informiert ein Informationsbrett über den **Sliding Sands Trail.**

Info über Sliding Sands Trail: Entfernungen in mi/km

```
Halemauu Trailhead ........................ 11.2/18
Kapalaoa .................................. 5.8/9
Paliku .................................... 9.8/16
```

● Sliding Sands Trailhead
Haleakala Crater Trails

The Sliding Sands ... Der Sliding Sands Trail ist eine der Hauptwanderrouten in den Haleakala-Krater. Eine kurze Wanderung verleiht einem einen Eindruck der enormen Weite des Kraters, seiner wüstenhaften Schönheit und seiner intensiven Farben.

Eine vorgeschlagene Tageswanderung führt hier in den Krater und kommt auf dem Halemauu Trail heraus, eine Gesamtentfernung von 11.3 mi/18,2 km; günstig, wenn man jemanden hat, der einen am Halemauu Trailhead, 6 mi/10 km weiter entlang der Straße aufnimmt. Wer im Krater übernachtet, benötigt ein Camping-Permit.

Der Abstieg entlang des Sliding Sands Trail ist einfach, doch der Rückweg kann recht anstrengend werden! Lange Steilstrecken, loses Geröll und die dünne Luft der Höhe machen einem zu schaffen. Für den Rückweg unbedingt Extrazeit einkalkulieren.

Wanderung in den Krater
● **Ist man vorbereitet?** Steile Abhänge, unebenes Terrain, wechselhaftes Wetter und dünne Luft in dieser Höhenlage lassen die Wanderung in den Krater zur Herausforderung werden. Gute körperliche Verfassung unbedingt Voraussetzung, ehe man die Wanderung unternimmt.

● **Zeit.** Doppelt soviel Zeit für den Aufstieg als Abstieg einkalkulieren. Auf die Uhr schauen, ehe man aufbricht.

● **Wasser.** Feldflasche mit Trinkwasser mitführen. Der größte Teil des Kraters ist wüstenhaft; Wasser, außer bei Trockenheit nur bei den drei Hütten/Cabins vorhanden.

444 MAUI
Haleakala: House of the Sun

● **Camping.** Beim Park Headquarters nach Einzelheiten erkundigen. Man benötigt eine Erlaubnis/Permit, im Krater zu zelten oder die Krater-Hütten zu benutzen.

● **Temperaturen.** Am Kraterrand sind die Temperaturen im allgemeinen 17°C kälter als an der Küste. Von November bis April sind Temperaturen unter dem Gefrierpunkt normal. Strenge Winde können die Gefahr kalter Temperaturen und Hypothermie verstärken.

● **Regen.** Die „nasse" Saison herrscht im allgemeinen von Dezember bis April. Juli bis Oktober ist die Trockenperiode. Allerdings muß man zu jeder Zeit mit Regen, Nebel, Kälte und starkem Wind rechnen. Das Kraterwetter ist unbeständig.

● **Sonnenbrand.** Ultraviolette Strahlen von der Sonne sind in hohen Lagen intensiver, da hier die Atmosphäre geringere Filtereigenschaft besitzt. Hier kann man sich innerhalb weniger Stunden einen schmerzhaften und gefährlichen Sonnenbrand holen. Gutes Sonnenschutzmittel mit hohem Lichtschutzfaktor verwenden und Gesicht, Ohren und Lippen schützen; Kopfbedeckung nicht vergessen.

● **Schuhe.** Wunde Füße verderben mehr Wandertouren als alle anderen Mißgeschicke zusammengenommen. Gute Wanderstiefel oder stabile Tennisschuhe mit sauberen, dicken Socken sind empfehlenswert.

Weitere Information auf der Rückseite des Infobretts:

When the Park was established ... Als man den Park gründete, fanden die ersten Park Rangers die Wanderwege in schlechtem Zustand. Manche der Wege, die hawaiische Wanderer und später Rancher und Wanderclubs angelegt hatten, waren bereits einige Hundert Jahre alt. Manche Abschnitte besaßen 30 % Gefälle.

Den ursprünglichen Halemauu Trail hatte man mehrmals Anfang der 1930er Jahre neu angelegt, doch jedes Mal wurde er wieder ausgewaschen. Als man im Frühjahr 1934 ein *CCC spur Camp* (CCC = Civilian Conservation Corps) am Haleakala errichtete, beschäftigte man sich verstärkt mit der Befestigung und dem Neuanlegen von Wegen. Man baute Wege zum White Hill und verband die neue Parkstraße mit dem Halemauu Trail. Die Wanderwege Sliding Sands und Kaupo Trails wurden neu angelegt und begradigt. 1935 begann man mit der Verlegung des Halemauu Trail, dessen Arbeiten im August 1936 abgeschlossen waren. Der Pfad bedarf immer noch regelmäßig starker Reparaturarbeit, doch die Basisarbeit des CCC hat die Grundlage des heutigen Wegesystems des Parks geschaffen.

● **Walks You Can Do In An Hour/**
Wanderungen, die nur eine Stunde dauern

● **Hosmer Grove.** 1/4 bis 1/2 Meile/400 bis 800 m Rundweg durch eingeführten Wald und einheimische Strauchlandschaft. Picknickplatz in der Nähe. Gute Vogelbeobachtung; ideal für Kinder. *Self-guiding*/selbstführende Broschüre erhältlich.

● **White Hill Trail** in der Nähe des Visitors Center 2/10 Meile/300 m Aufstieg auf Schlackenkegel mit Ausblick auf tiefer liegende Schlackenkegel.

● **Walks You Can Do In 4 Hours**
Wanderungen von 4 Stunden Dauer

● **Halemauu Trail.** 8 mi/13 km (Hin- und Rückweg) Tour bis Holua, 305 m Höhenunterschied. Einheimische Pflanzen, Vögel, Aussicht auf Haleakala Wildnis Area und die Küste.

Haleakala: House of the Sun

- **Sliding Sands Trail** bis Kalua o ka Oo. 5 mi/8 km (Hin- und Rückweg) Tour zum Schlackenkegel, 457 m Höhenunterschied. Aussicht auf Schlackenwüste.

● All Day Hikes/*Tagestouren*

Sliding Sands Trail zum Halemauu, 12 mi/19 km Rundwanderung, 6–8 Stunden; 762 m Höhenunterschied. Erlebnis unterschiedlicher Wildnis-Ökosysteme. Rascher Wetterumschwung. Verpflegung, Wasser, Regenzeug, Sonnenschutzmittel mitführen. Anstrengende Wanderung!

Am Ausgangspunkt der Wanderungen/Trailhead am Ende des Parkplatzes Infotafel über Wanderung zum Schlackenkegel **Kalua o ka Oo Cinder Cone**. In der hawaiischen Sprache bedeutet der Name des Schlackenkegels „der Spaten (oder Grabstock) taucht ein". Höhenlage am Trailhead 9 780 Fuß/ 2 981 m ü.M., Höhe auf dem Kalua o ka Oo 8 200 Fuß/2 499 m ü.M.

● Wanderung zum Kalua o ka Oo

Rundtrip 3½ bis 4 Stunden. Beachten: In dieser Höhenlage braucht man für den Aufstieg zweimal so lange wie für den Abstieg.

Auf der Wanderung zum Kalua o ka Oo hat man einen Höhenunterschied von 457 m zu überwinden. Beim Abstieg werden die Farben lebhafter, die Stille eindrucksvoller. Man stößt auf viele Silberschwerte mit ihrem glitzernden Blattwerk. Sobald der Kalua o ka Oo erreicht ist, kann man auf den Schlackenkegel steigen und hineinschauen.

Nachdem Mark Twain Haleakala 1866 besucht hatte, schrieb er: „Wir kletterten einen Nachmittag etwa 1 000 Fuß/305 m die Seite dieses isoliert liegenden Koloss hinauf, schlugen unser Lager auf und bewältigten den Rest der 9 000 Fuß/2 743 m am nächsten Morgen. Ich denke es war das größte Schauspiel, das ich je beobachtet habe und das mir wohl für immer in Erinnerung bleiben wird".

Nun außerhalb des House of the Sun Visitors Center, links vom Visitors Center, wo der Wanderweg zum **White Hill** (0.2 mi/ 300 m) beginnt.

● Visitors From The Past/*Besucher in der Vergangenheit*

Haleakala Crater has ... Der Haleakala-Krater hat die Menschen seit Jahrhunderten fasziniert. Die ersten Hawaiianer und ihre Nachkommen haben den Krater aufgesucht, um ihre religiösen Zeremonien zu vollziehen und ihre Toten zu beerdigen. Wenn sie über die Insel reisten, wählten sie manchmal den kürzesten Weg – den Berg hinauf und durch den großen Krater. Jäger, Krieger, Werkzeugmacher, Räuber, Forscher, Rancher, Touristen und Wissenschaftler nahmen alle denselben Weg.

Bevor der Bau der *Haleakala Road* 1935 beendet war, mußten Besucher, die den steilen Aufstieg hinter sich hatten, oft hier die Nacht verbringen. Die kreisrunden Felsgebilde hier in der Nähe sind die Reste der Unterkünfte, die Besucher vor dem peitschenden Wind und der Kälte schützten. Die Ureinwohner Hawaiis errichteten und benutzten derartige Schutzhütten seit 1 000 Jahren.

Diese Schutzhütten sowie andere Reste menschlicher Existenz im Park repräsentierten kulturelles Erbgut nicht nur der hawaiischen Bevölkerung,

MAUI
Haleakala: House of the Sun VC

sondern der gesamten Menschheit. Sie stehen unter Denkmalschutz. Nicht beschädigen.

Hawaiische Reisende häuften Steinhaufen entlang der Wanderwege auf, sogenannte „ahu", um ihre Route zu markieren, ihren Durchzug zu verewigen und den lokalen Göttern zu huldigen. In dieser Area sind Ahu immer noch zu sehen. Sie gehören zu den kulturellen Ressourcen, die nicht zerstört oder nachgemacht werden sollten.

Die urzeitlichen Hawaiianer brachen festes Gestein von vulkanischen Dikes (Lavadämme) in der Kraterwand, um daraus ihre kostbaren Krummäxte oder Breitbeile herzustellen. Diese benutzten sie, um Bäume zu fällen, ihre großen, seegängigen Kanus zu bauen und herrliche Holzschnitzereien zu fertigen.

Nun zum Besuch des **House of the Sun Visitors Center**.

❓ House Of The Sun Visitors Center

Das Besucherzentrum **House of the Sun Visitors Center** auf 9 800 Fuß/2 970 m ü.M. ist für die meisten Besucher nach dem Besuch des Haleakala Summit Endstation des Besuchs des **Haleakala Nationalparks**. Doch für diejenigen, die weitere Unternehmungen wie Wanderungen in den Krater vorhaben, dient diese Station als Ausgangspunkt.

Hier über Veranstaltungen, Vorträge, begleitete Wanderungen, auch Programme am Haleakala Summit Pavillon erkundigen. Und vor allen Dingen hier unbedingt das Zertifikat (gegen eine Spende für den Park) verlangen, in dem bescheinigt wird, daß man den 37-Meilen-Trip von Meereshöhe bis zum Summit (Gipfel) des Haleakala Volcano auf 10 023 Fuß/3 055 m überlebt hat! Die Bescheinigung trägt den Text: *„I survived the 37-mile drive up from sea level to the summit of Haleakala Volcano (10,023 ft/3 055 m). The greatest elevation gain in the shortest distance in the world!"* Dieses Zertifikat ist bestimmt ein interessantes Souvenir, das man sich nicht entgehen lassen sollte (zeigt eine stolz aufgerichtete Nene als Park Ranger!).

Am Eingang des House of the Sun informiert eine Tafel über Öffnungszeiten, Sonnenauf- und -untergang sowie Veranstaltungen wie Naturvorträge im Summit Building, 5 Minuten Fahrt bergauf auf 10 023 Fuß/3 055 m ü.M. am Summit Boulevard, Crater Walk/Kraterwanderungen, Rainforest Walk/Spaziergang durch den Regenwald von Hosmer Grove.

Folgendes sollte man beherzigen: *Taking rocks is a Crime...* Steine oder Felsbrocken mitnehmen ist eine Straftat. Man beraubt damit jedermann. Jeder ist gehalten, den Park zu erhalten. Bitte nur Bilder nehmen.

Das **Visitor Center** beherbergt außer Infotheke, Buchverkaufsstand und Toiletten (links von Visitors Center) eine kleine Ausstellung, die über den Park und seine Eigenheiten informiert. Park Rangers stehen zur Beantwortung von Fragen zur Verfügung. Von hier oben hat man durch die Panoramafenster einen herrlichen Blick auf den Krater, soweit Wolken nicht die

Sicht blockieren. Vom Eingang des Visitors Center gelangt man gleich links zur Infotheke, die links von zum Verkauf angebotenen Büchern und rechts von einer Reliefkarte eingerahmt wird. Nun zu den Exponaten innerhalb des Visitors Center.

Ausstellung

Im Raum mit dem Panoramafenster rechts der Infotheke und der Reliefkarte neben Bild, das den Schneefall im Jahre 1985 zeigt, zu einer großen Tafel mit verschiedenen Fotos aus dem Park:

- **". . . there have been . . ./Auf den Inseln von Hawaii . . .**

... more plant und animals ... Auf den Inseln von Hawaii sind mehr Pflanzen und Tiere ausgestorben als im gesamten Nordamerika." Die Tragik dieses Zitats liegt darin, daß 95 % von Hawaiis Flora und Fauna nirgendwo anders auf der Welt vorkommt. Die Menschen und eingeführte Arten haben dieses rapide Aussterben einheimischer Arten bewirkt.

Schweine, Hunde, Dschungelvögel, polynesische Ratten und eßbare Pflanzen kamen mit den ersten Polynesiern. Ziegen, Schafe, Rehwild und Rinder trafen nach 1790 mit den Europäern ein. Mensch und Tier haben gemeinsam einen großen Teil des dichten einheimischen Walds zu nackten Ebenen reduziert.

Über 5 000 Pflanzenarten wurden auf den Inseln von Hawaii eingeführt. Viele wurden zur pestalischen Bedrohung einheimischer Pflanzengemeinschaften. Die meisten hawaiischen Arten verloren ihre aggressive Tendenz, was sie äußerst anfällig machte. Wenn wilde Säugetiere die Erde aufwühlen und das Wurzelwerk lockern oder Arten aus einem Gebiet herausbrachten, fanden Exoten permanenten Halt.

Zu den **Abbildungen:**
(Oben links) Silverswords/Silberschwerte, eines von Hawaiis Kronjuwelen, kamen einst auf den Inseln von Hawaii zu Hunderttausenden vor. „Ihr kalter, frostiger Silberglanz ließ die Halbseite wie Winter oder Mondlicht wirken" – Aussage von Isabela Bird, 1873.
(Oben rechts) Ein durch wilde Säugetiere schlimm zugerichtetes Silberschwert.
(Links) Wilde Ziegen im Nationalpark.
(Rechts) Einheimische Bäume infolge von Tierfraß beschädigt.
(Unten links) Weiße Baumstümpfe, alles was von einem einheimischen Trockenwald übrig ist, nachdem er durch Tierfraß vernichtet wurde.
(Unten rechts) Erosion zersetzt die Erde und wächst sie bis zum Untergestein ab, nachdem der Pflanzenbewuchs, der die Erde zusammenhält, zerstört ist. Einer Schätzung nach gingen seit 1790 etwa 4,50 m Bodenschicht und Nährboden auf vielen der Inseln verloren.
(Darunter) Ein hawaiisches Moor im Jahr 1980.
(Unten) Dasselbe empfindliche und seltene Moor im Jahr 1981, zerstört und vernichtet durch wühlende wilde Schweine. Daneben ein Bild vom Schnee im Jahr 1985.

Gegenüber vom Eingang auf dem Weg nach draußen zu den Toiletten zu einer Vitrine mit einigen Fotos und Ausstellungsstücken vulkanischer Erscheinungsformen und Gebilde sowie einer Darstellung der Feuergöttin Pele:

448 MAUI
Haleakala: Visitors Center

- ### An angry goddess, Pele flings liquid rock into the sky
  Die zornige Göttin Pele schleudert flüssiges Gestein in die Luft

Pele, goddess of fire. Pele die Feuergöttin. Sie ist die legendäre Tochter von Papa, der Erdmutter und Wakea, dem Himmelsvater. Der Schöpfer der Berge, Schmelzofen der Steine, Vertilger von Wäldern und Verbrenner von Land – sie ist sowohl Schöpfer als auch Vernichter.

Eine sanftere Pele schickte einen Strom flüssigen Gesteins aus einem Schlot. Oft füllt dieser alte Flußtäler und schafft neues Land, wenn er sich ins Meer ergießt. Chemisch gesehen kommt es vulkanischem Auswurf gleich, doch der sich daraus bildende Basalt ist feinkörniger.

Dieses Schauspiel tritt auf, wenn Lava sich mit Gas auflädt. Wenn das geschmolzene Material durch die Luft schleudert, kühlt es ab und erstarrt zu vielen Formen und Arten von Vulkanbomben, die in der Vitrine ausgestellt sind.

Wenn Magma unter der Oberfläche aufgehalten wird und abkühlt, werden manche Minerale gesättigt und kristallisieren.

(Unten links) **Olivin** ist ein derartiges Mineral, das man am Haleakala findet; es handelt sich um ein komplexes Silikat aus Mangan und Eisen.

(Darunter rechts) **Augite** ist ein Mineral, das aus einem alaunhaltigen Pyroxen besteht. Am Haleakala findet man auch kleine, schlecht geformte Kristalle.

(Darunter) **Pahoehoe**, eine glatte Fladenlava mit schnurförmiger Oberfläche. Eruptionen auf Hawaii produzieren zwei Arten von Lavaströmen. Ganz rechts ist **AA-Lava** ausgestellt.

Pele's hair – vulkanisches Glas in haarartiger Form. – – **Pele's tears** – Peles Tränen. Schlacken kommen in vielen Farben vor. – – **Lapilli** – hawaiischer Begriff für „kleinen Stein" von 1,27 bis 3,81 cm Größe. – – Außerdem sind vulkanische Bomben und Lavaspritzer ausgestellt.

Neben den Pele-Exponaten in einer weiteren Vitrine:

- ### The Survivors?/Überlebende

Almost 99 % ... Fast 99 % aller einheimischen Vögel Hawaiis sind endemisch (kommen nur hier vor). Von 67 endemischen Arten sind etwa 23 bereits ausgestorben. Von den restlichen sind etwa 15 nicht stark vom Aussterben bedroht.

Kauai hat mehr seiner endemischen Vögel behalten als die anderen Inseln Hawaiis. Erst kürzlich hat der Mungo seinen Weg dorthin gefunden. Man nimmt stark an, daß dieses Tier einen verheerenden Effekt auf die einheimische Vogelwelt hat.

"**... action ...** Man kann nicht früh genug etwas unternehmen, um zu verhindern, daß die gesamten Waldbestände des hawaiischen Archipels verschwinden. Es wäre nur zu schade, wenn ein derartiger Garten von Eden seiner Vögel beraubt würde ..."   Scott Wilson, 1890

Man ist zwar bei Wilsons Aufschrei hellhörig geworden, doch unvermindert verstümmelt der Bulldozer, und ein mit keinem sonst auf Erden vergleichbarer Garten von Eden ist in Gefahr, in Vergessenheit zu geraten.

- **Uau** *(Pterodroma phaeopygia)*, Dark-rumped Petrel/Sturmvogel. Dieser einheimische Meeresvogel nistet in Erdmulden im Boden oder in Lavaasche in der Nähe des Gipfels. Es dauert sechs Monate, bis von einem einzigen Ei das Junge flügge ist. Mungos und Ratten gelten als seine Hauptfeinde am Haleakala. Die Nistmulden des Uau sind im allgemeinen 1,20 bis 4,50 m lang.

- **Amakihi** *(Loxops virens, wilsoni)* ist der zweithäufigste Honeycreeper/Honigfresser. Zu seiner Nahrung gehören große Mengen Insekten, meistens

Haleakala: Visitors Center

Raupen. Oft kann man dem Gesang des Amakihi hoch oben in der Luft lauschen.

Die hawaiischen Honigfresser, eine große und vielfältige Vogelfamilie, sind einzigartig für diese Inseln. Man nimmt an, daß sie sich von einem einzigen urzeitlichen Prototyp entwickelt haben.

● **Apapane** (*Himatione sanguinea sanguinea*) ist der geläufigste Honigfresser. Er ist eine hervorragender Sänger mit vielen Sangarten. Am häufigsten findet man ihn in den Baumspitzen in Höhen um 2 000 Fuß/610 m ü.M.

● **Nene** (*branta sandvicensis*), Hawaiian goose/Hawaiische Gans, Hawaiis Staatsvogel. Im Gegensatz zu ihren Verwandten hat die Nene Wassergebiete aufgegeben und zieht ihre Brut von zwei bis fünf Gänslingen auf den kahlen Hängen von Haleakala und Mauna Loa auf. Sie verschwand vollkommen von Maui, wurde aber in den 1960er Jahren wieder eingeführt.

Daneben:

● **From The Crater Floor**/*Vom Kraterboden*

On the crater floor ... Auf dem Kraterboden fühlt man sich zwergenklein zwischen den hohen, aneinandergereihten Schlackenkegeln und Kraterwänden.

(Darunter) Aa kommt mit seiner klinkerhaften Oberfläche im allgemeinen bergab von einem Pahoehoe Lavastrom vor. Das unterschiedliche Aussehen ist auf in der Lava gefangengehaltene Gase und die Geschwindigkeit, mit der sie entweichen, zurückzuführen.

Nun wieder zurück zum Hauptraum rechts der Tür entlang der Seite mit dem Panoramafenster, von links nach rechts (gegenüber von der Infotheke):

● **How Maui snared the sun ...**/*Wie Maui die Sonne festband ...*

"**Early one day ...** Eines frühen Morgens, lange vor Sonnenaufgang, kroch Maui, der überall auf den pazifischen Inseln bekannte, schelmische und listige Halbgott, auf den Gipfel des Haleakala, wo er sich auf die Lauer legte, um auf die ersten Spinnenbeine der Sonnenstrahlen zu warten. Als die Sonne mit ihren Strahlen, einer nach dem anderen, über den Rand des Kraters kam, fing er jeden auftauchenden Strahl mit dem Lasso und band ihn an einen *wiliwili* Baum fest. Die Sonne war nun nicht in der Lage, sich zu bewegen und bat um Gnade sie wieder freizulassen. Doch Maui wollte die Sonne nicht eher freilassen, bis sie ihm versprochen hatte, während des Tages länger am Himmel zu verweilen, damit Mauis Mutter ihre täglichen Hausarbeiten wie Trocknen von Tapatuch und Essenkochen beenden konnte, solange es hell blieb."

"**Maui left ...** Maui gab der Sonne zwar ihre Freiheit, ließ aber manche der Seile an ihr befestigt – um sie an ihr Versprechen zu erinnern, sich langsamer am Himmel zu bewegen. Jeden Abend kann man kurz vor Sonnenuntergang, wenn das Tageslicht schwächer wird, die in den Nachthimmel davontreibenden Seile sehen."

"**And to this ...** Und bis zu diesem Tag ist die Sonne vorsichtiger, langsam über das Firmament zu ziehen, und der große Berg wird Haleakala = House of the Sun/Haus der Sonne genannt." Und anscheinend scheint die Sonne über Maui länger als anderswo.

Dann zu den verschiedenen Skizzen, die den Werdegang einer Insel demonstrieren:

450 MAUI
Haleakala: Visitors Center

- **Life History of typical mid-Pacific island**
  Werdegang einer typischen Insel des Mitte-Pazifiks

Unter der Karte des Pazifiks:

Two thousand miles ... Zweitausend Meilen/3 200 km vom nahesten Kontinent ... 500 mi/800 km von irgendeinem anderen Land ... das ist die Inselkette des Archipels von Hawaii.

Diese Kette von Inseln wurde als „Pazifische Platte" geschaffen, die sich langsam mehrere Zentimeter (10–15 cm) nordwestwärts und dabei über einen sogenannten „heißen" Punkt bewegt. Die daraus resultierende vulkanische Aktivität ließ nach und nach die Inseln entstehen, als Magma tief aus dem Erdinnern aufquoll. Zur Zeit liegt der „heiße Punkt" unter der südöstlichen Area der Insel Hawaii.

Kure Moll, die älteste Insel des Archipels von Hawaii, wirkt unscheinbar, doch dieser Berg erhebt sich etwa 18 000 Fuß/5 486 m über dem Meeresboden.

Nun zu den Stufen der Entwicklung und des Werdegangs einer Insel:

1– Entwicklung tief unter Wasser; Unterwasserberge wachsen Schicht um Schicht.
2– Flaches Unterwasserstadium
3– Stufe, in der der Schildvulkan sich formt und aus dem Meer auftaucht.
4– Bildung einer Caldera
5– Aschekegel nach Entstehen der Caldera
6– Erosion trägt Material des Aschekegels ab
7– Riffbildung
8– Nach Erosion erfolgende Eruption
9– Atoll-Stufe mit Sandbänken, Riff und Lagune

Gegenüber der Infotheke bei den Panoramafenstern mit Inselkarte und Karte, die den Parkbereich mit Wanderwegen zeigt, sowie Fotos des Haleakala:

- **Haleakala, „House Of The Sun"**
  Haleakala, Haus der Sonne

Links Abbildung von Pele, Göttin der Vulkane, darunter Karte von Maui und benachbarten Inseln:

(Links) Der durch Erosion geschaffene „Kraterboden" des Vulkans liegt 914 m tiefer; er ist 12 km lang und 4 km breit.

Während der Eiszeit, als der Meeresspiegel niedriger lag, war Maui dreimal größer als heute und umfaßte sieben Vulkane.
(Links) Zwei Vulkane, Puu Kukui (West-Maui) und Haleakala, bilden die heutige Insel Maui.
(Links darunter) Puu Kukui ist viel älter. Erosion hat mit der Zeit tiefe Einschnitte in seine Seiten geschnitten.

Danach folgt eine Karte des Kraters, die von Fotos der Trails begleitet wird.

(Links) **Das Wegenetz des Parks.** Der **Sliding Sands Trail** senkt sich sanft über die Höhe von 914 m zum Krater hinab. Verschiedene Wege führen dort zu Bubble Cave, Silversword Loop, Bottomless Pit, Pele's Paint Pot (abgebildet) und drei primitiven Hütten/*cabins*, die zur Übernachtung zur Verfügung stehen (bei Park Ranger und Park Headquarters über Reservierung und Permit erkundigen). Diese Wanderungen werden belohnt durch das „außerirdische" Erlebnis dieser „Mondlandschaft aus Himmel, Wolken und vulkanischen Bomben".

Skizze zeigt Zone, aus der Magma entspringt und das Reservoir, in dem sich Magma für die Vulkane Mauna Loa und Kilauea sammelt. Fotos zeigen Mauna Kea und Mauna Loa 80 und 100 Meilen/128 und 160 Kilometer entfernt.

Darunter Foto von Lava: Lava schießt in Fontänen hoch und fließt in Kaskaden in den Halemaumau Krater auf der Big Island von Hawaii; im September 1974.

Dann links vom Eingang, bevor man sich zurück zum Parkplatz begibt:

- **A Place revered.../Eine Stätte der Verehrung**

To early Hawaiians ... Für die Ureinwohner von Hawaii war der Haleakala-Krater im wesentlichen eine heilige Stätte. Da es die langsamste, aber kürzeste Route über die Insel bedeutete, gab es zwar viel Durchgangsverkehr, aber der Krater wurde nie lange bewohnt. Es gibt viele Zeugnisse dieser einst den Krater durchquerenden Menschen: Steinerne Schutzhütten, Plattformen, Pfade, Höhlen, die zum Schutz aufgesucht wurden und Grabstätten.

Gelegentlich findet man in Til-Blätter gewickelte **Opfergaben,** mit denen Menschen ihre Ehrfurcht vor dem großen Berg bezeugen. Am Südrand des Kraters und auf dem Kraterboden errichtete man große **heiaus** (Tempel oder Gebetsstätten).

Im Krater gingen die Menschen auf die Jagd nach **uau** *(Dark-rumped petrel*/Sturmvogel) und die **Nene** (hawaiische Gans), die zu ihrer Nahrung gehörten. Beide Vogelarten nisten im Krater. Die öde Kraterlandschaft hatte für die Ureinwohner vor allem zeremoniellen Charakter. Die Nabelschnüre (na piko) Neugeborener der Angehörigen der Kaupo-Religion wurden hier in eine tiefe Höhle, heute Keana-wilinau = „Bodenlose Grube" genannt, geworfen, auf daß die Kinder nicht zu Dieben würden.

Zu den **Abbildungen:**
(Oben) Abbau von feinkörnigem Basalt vom Pali (Kraterklippe). Aus diesem Material formten die Ureinwohner in mühevoller Arbeit ihre steinernen Äxte. (Links) Basaltrohlinge aus dem Steinbruch. Darunter ist eine fertiggestellte Axt zu sehen.

Nun abschließend zum Besuch des **Kipahulu Valley** im Südosten des Haleakala Nationalparks.

KIPAHULU VALLEY

Das grüne **Kipahulu-Tal** des **Haleakala Nationalparks** liegt an Mauis abgelegener Ostküste entlang der Wasserläufe der reizvollen Oheo Schlucht. **Kipahulu** bietet Wanderungen, Gelegenheit zum Schwimmen und Camping in primitiver Umgebung. Wasserfälle und über 24 Wasserbecken, üppige Vegetation und weite Aussicht auf die Küste mit Blick auf die am Horizont auftauchende Insel Hawaii bieten dem Besucher hier ein „tropisches Paradies". Doch da dies Mauis Regenseite ist, können die schneeweißen Wasserfälle und kristallklaren Wasserbecken schlammig und das Wasser reißend werden, wenn der Horizont hinter einem grauen Schleier von strömendem Regen verschwindet.

Zwischen dem Bereich des **Kipahulu Valley** und dem Kraterbereich des **Haleakala Nationalparks** gibt es keine Verbindung.

MAUI
Haleakala: Kipahulu Valley

Der **Kipahulu** Bereich mit dem **Oheo-Abschnitt** ist von Kahului über die Nordostseite Mauis über *Highway 36* und *31* erreichbar – ca. 62 mi/99 km, eine Strecke, für die man wegen des schlechten Straßenzustands und vielen Kurven etwa 3 1/2 bis 4 Stunden benötigt. Der enge *Hana Highway* zählt bis **Hana** 52 mi/83 km mit ca. 617 Kurven und 56 einspurigen Brücken. Zwischen **Paia** und **Hana** gibt es keine Tankstelle, daher vor Beginn der Fahrt unbedingt volltanken. In **Hana** später nachtanken. Die restlichen ca. 10 mi/16 km von **Hana** bis zur **Oheo Gulch** auf dem *Highway 31* sind mit zahlreichen Schlaglöchern gesegnet. Für die Fahrt braucht man mindestens 1 Stunde. Unterkunftsmöglichkeiten in Hana sowie Camping an Oheo Gulch oder entlang *Hana Highway* in einem der State Parks.

▶ Kulturgeschichtliches & Naturgeschichte

● **Kulturgeschichtliches**

Archäologische Funde geben Zeugnis, daß die geschwungenen Weideflächen und bewaldeten Täler von Hana, Kipahulu und Kaupo einst dicht besiedelt waren, als die ersten Europäer eintrafen. Fruchtbare Böden und ausreichende Wasservorräte ließen den Anbau von *kalo* (Taro) und Süßkartoffeln neben dem fischreichen Ozean zu. Hawaiis Nobelklasse, die *alii*, hatte sich an dieser angenehmen Küste niedergelassen. Überall stößt man auf Reste typischer Hawaii-Kultur in Form von Schutzhütten, Fischfangcamps, *heiaus* (Tempel), Kanurampen, Felsmauern und alten *kalo*-Feldern. Viele Artefakte besaßen religiösen Charakter.

● **Naturgeschichte**

Das Tal Kipahulu Valley erstreckt sich vom Gipfel des Haleakala hinab über die südöstliche Flanke des Bergs zur Küste mit einem Gefälle von über 12,2 km, von subalpiner Area mit häufigem Frost bis zum subtropischen Regenwald. Vier Wasserläufe durchziehen das Tal, die von steilen Hochländern in einer Serie von Kaskaden und Wasserfällen entspringen und von einheimischem *koa*- und *ohia*-Regenwald umrahmt werden. Dieser Regenwald erhält jährlich durchschnittlich 635 cm Niederschläge.

Das obere Kipahulu Valley umfaßt ein wissenschaftliches Schutzgebiet für Flora und Fauna, zu dem kein öffentlicher Zugang besteht. Durch Überwachungsmaßnahmen versucht man, bedrohte einheimische Vogelarten Hawaiis wie Maui nukupu und Maui parrotbill zu erhalten. Manche dieser Arten kommen nur auf Hawaii vor. Das Scientific Research Reserve dient dem Schutz von Pflanzen, die nur auf den Inseln von Hawaii wachsen. Seit 1967 beschäftigten sich Wissenschaftler mit der Forschung der Gegend und stießen auf 200 Arten, die nur auf Hawaii vorkommen. 15 Arten waren zuvor völlig unbekannt.

Im Gegensatz dazu bilden eingeführte Pflanzenarten die Wälder der tieferen Lagen. Darunter *kukui* (Candlenut/Kerzennuß), Mango, Guava, tropischer Mandelbaum, Java Plum/Java Pflaume und Christmas Berry/Weihnachtsbeere. Kukui und Bambus wurden vermutlich von ersten polynesischen Siedlern mitgebracht. Kukuis ölhaltigen Nüsse fanden aufgereiht als Kerzen Verwendung. Bambus diente zahlreichen Zwecken, unter anderem stellte man daraus Behälter, Werkzeug, Angelruten sowie Musikinstrumente her. Mango stammt aus Indien, Guava aus dem tropischen Amerika, der tropische Mandelbaum sowie Java Pflaume aus Ostindien und Christmas Berry aus Brasilien.

An der Küste gedeihen einheimische Pflanzen, wie *puhala*, eine palmenartige Pflanze mit Luftwurzeln. Und *haupaka kahakai*, ein sich stark

MAUI 453
Haleakala: Kipahulu/Oheo Pools

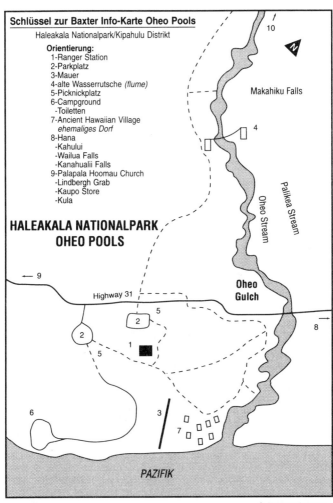

© Baxter Info-Karte

verbreitender saftiger Bodenflächenbewuchs, kommt entlang des **Kuloa Trail** vor, an dem einheimische Pflanzen und eingeführte Fremdpflanzen beschildert sind. Puhala-Blätter wurden wegen ihrer Biegsamkeit zum Fertigen von Hüten, Segeln, Körben verwendet, während man die keilförmigen Früchte *(keys* genannt) in Leis benutzte. *Puhala* und *naupaka* erzeugen schwimmfähige Früchte, die für die Verbreitung in ganz Polynesien gesorgt haben. Die Samen von *puhala* gehörten unter den polynesischen Siedlern zum Überlebenspaket, da sich die reifen ausgewachsenen Pflanzen als Lieferant von Materialien für den Hausbau, Nahrung, Medizin, Ornamente, Fischfanggeräten erwiesen und religiöse und volkstümliche Gegenstände ergaben.

● **Wasserläufe**
Der Palikea ist der zugänglichste der vier Wasserläufe. Auf seinem unteren Abschnitt in der Oheo Schlucht/**Oheo Gulch** von etwa 1½ km umfaßt er

454 MAUI
Haleakala: Kipahulu Valley

über 24 Wasserbecken, viele kleine Auffangbecken und zahlreiche Wasserfälle, wie den 56 m hohen Makahiku Wasserfall, den man über einen 0.5 mi/800 m langen Wanderweg erreicht.

Das Kipahulu Valley wurde durch die Erosion des Wassers geschaffen, als sich Flüsse durch erstarrte Lavaströme schnitten. Die freiliegende Oberfläche dieser Lavaströme erkaltete rasch und ließ lose, leicht verwitterungsanfällige Schlacke zurück, deren Inneres langsam abkühlte und zu festem Gestein erstarrte. Wasser erodiert Schlacke, untergräbt darunterliegendes Gestein, das eventuell unter seinem eigenen Gewicht bricht. Parallel zum Fluß entwickeln sich schroffe Wände, sich formende Terrassen lassen Wasserfälle entstehen, die an ihrer Basis Wasserbecken bilden.

Zu den Bewohnern der Wasserläufe gehören Fische, Krabben und Schnecken, die sich aus Meerwasser-Vorfahren entwickelt haben. Viele dieser Arten verbrachten ihre Lebenszyklen bereits im Ozean.

● **Ozean**
Der 48 km lange, ca. 1 884 m tiefe **Alenuihaha Channel** trennt Maui von der Big Island von Hawaii. Bei klarer Sicht sind Mauna Loa und Mauna Kea auf der Insel Hawaii sichtbar. Wegen der starken Küstenströmung und dem Vorkommen von Haien ist Schwimmen im Ozean gefährlich.

 Einrichtungen

Kipahulu ist abgelegen und naturbelassen. Wanderer sollten mit Matsch, Regen, hoher Luftfeuchtigkeit und Moskitos rechnen. Einzelheiten über Wandermöglichkeiten siehe unter **Wanderungen**.

● **Ranger Station**
Die Ranger Station am Parkplatz der Oheo Gulch ist täglich von 9 bis 17 Uhr geöffnet. Eine kleine Ausstellung umfaßt verschiedene Artefakte. Zum Programm der Park Rangers gehören im allgemeinen Vorträge über die Kultur Hawaiis, begleitete Wanderungen, die bei der Ranger Station beginnen. Programm der Anschlagtafel am Parkplatz entnehmen.

● **Campground**
Der Oheo Campground ist ein primitiver Zeltplatz auf abgelegenem Feld über dem Ozean in Küstennähe. Hierzu ist kein Permit erforderlich, aber der Aufenthalt auf dem Campground ist auf 3 Tage pro Monat begrenzt. Zu den Einrichtungen des primitiven Zeltplatzes gehören Picknicktische, chemische Toiletten und Plumpsklos. Kein Trinkwasser vorhanden.

Der Platz liegt in Nähe archäologischer Stätten. Dort keinerlei Veränderungen vornehmen oder zelten. Keine Steinringe für Lagerfeuer anlegen, sondern vorhandene Grilleinrichtung (eigene Holzkohle mitbringen) oder Campingkocher benutzen. Keinerlei Seife, Spül- oder Waschmittel in den Wasserläufen benutzen oder dort entleeren, da dadurch seltene aquatische Lebewesen vernichtet werden.

Der naheste etwas besser ausgestattete Campingplatz befindet sich im **Waianapanapa State Park,** etwa 12 mi/19 km von Oheo Gulch. Das dazu erforderliche kostenlose Camping Permit über nachfolgend genannte Stellen erhältlich. Permits werden **nicht** im Park ausgestellt. Es besteht auch die Möglichkeit in Hütten zu übernachten, die sehr populär sind und mindestens 6 Monate im voraus reserviert werden sollten. Zu den Attraktionen des State Parks gehören schwarzer Sandstrand, Blow Holes/Spritzlöcher, Felshöhlen, archäologische Stätten, Küstenpfade und Picknickplatz. Weitere Auskunft und Camping Permit/Hüttenreservierung:

State Office Building
54 S. High Street
Wailuku, Maui, HI 96793
Tel. (808)243-5354

Dept. of Land & Natural Resources
Division of State Parks
Maui District
P.O. Box 1049
Wailuku, Maui, HI 96793
Tel. (808)244-4354

Da Kipahulu weder über Tankstelle, Restaurant, Läden, Unterkunft oder Trinkwasser verfügt, bietet das 10 mi/16 km entfernte Hana derartige Einrichtungen; die Läden sind dort im allgemeinen von 7 bis 17 Uhr geöffnet. Einzelheiten siehe unter dem selbständigen Kapitel **Hana**.

Hier nun zu **Tips** zum Besuch des **Kipahulu Valley**.

Baxter-Tips für Haleakala Nationalpark
Kipahulu Valley/Oheo-Abschnitt

- Mit **vollem Tank** zum Kipahulu Valley Trip starten. Keine Tankstelle zwischen Paia (10 Minuten von Kahului Airport) und Hana. In Hana nachtanken.

- Trip zum Kipahulu Valley läßt sich **nicht** mit Haleakala-Krater Trip kombinieren, zwei separate Abschnitte.

- Auf dem *Hana Highway (Highway 36)* – auch „Highway to Heaven" genannt – von Kahului bis Oheo Schlucht mindestens **3 – 4 Stunden Fahrt** einkalkulieren; ca. 100 km. Kein Schnelltrip!

- *Hana Highway:* Enge, langsame, **kurvenreiche,** unebene und grobe Straße. Mit Steinschlag, Felsrutsch, überfluteter Straße und Baustellen unterwegs rechnen. Zum Sightseeing an den vorgesehenen Haltepunkten anhalten und den fließenden Verkehr vorbeilassen.

- Primitiv Camping auf **Oheo Campground;** kein Permit erforderlich.

- **Kein Trinkwasser** vorhanden! Eigenen Wasservorrat mitbringen.

- Achtung! Der **westlich von Kipahulu** an der Küste entlang verlaufende Straßenabschnitt ist nicht asphaltiert, oft stark ausgewaschen und nur für robuste Fahrzeuge mit Vierradantrieb geeignet. Bei manchen Autovermietern muß man sich schriftlich verpflichten, die Straße nicht weiter als zum Oheo Abschnitt zu fahren!

- Entlang der *Hana Road* **Picknickgelegenheit** in zwei **State Parks.** Verpflegung in Kahului besorgen.

- Vor Start Wetterbericht abwarten. **Wettervorhersage** des Parks: 572-7749; National Weather Service: 877-5054.

- **Schwimmen** in den Wasserbecken der Oheo Schlucht **auf eigene Gefahr,** keine Badeaufsicht. Oheo Stream kann bei Niederschlägen anschwellen und reißend werden. Vom Schwimmen im Ozean wird dringend abgeraten – starke Strömungen in Küstennähe und Gefahr durch Haie.

- Mittel gegen **Moskitos** erforderlich. Treten an der Küste als üble Plagegeister auf.

- Vor Sonne schützen; **Sonnenschutzmittel** mit hohem Lichtschutzfaktor verwenden.

- Am **Wochenende** herrscht Hochbetrieb in den Wasserbecken der **Seven Pools** der Oheo Schlucht.

- Wandermöglichkeiten zu den Wasserfällen **Waimoku Falls;** ca. 2 Std.

- **Unterkunft in Hana** rechtzeitig im voraus reservieren. Kommerzielle Einrichtungen sind in Hana im allgemeinen von 7 bis 17 Uhr geöffnet.

> Nun zur abenteuerlichen Fahrt entlang Hana Highway nach Hana.

HANA HIGHWAY
„83 km abenteuerliche Fahrt auf der kurvigen Straße nach Hana"

Hana, der verträumt in der Isolation der Ostküste von Maui liegende 700-Seelenort, ist über den **Hana Highway,** der gerne *„The Road to Hana"* oder auch *„Highway to Heaven"* genannt wird, erreichbar. Die Fahrt dorthin ist nicht nur ein Erlebnis, sondern auch eine Herausforderung und massiver Angriff auf die fünf Sinne, aber das Ziel lohnt sich: In Hana erlebt man Alt-Hawaii auf Maui. Hier scheint die Zeit fast stehengeblieben zu sein. Hier zunächst **Tips** für die Fahrt entlang des abenteuerlichen Highway:

 Von Kahului nach Hana

Hana Highway präsentiert ein Panorama von Alt-Hawaii mit Ananasfeldern, Windsurfern, schwarzen Sandstränden, in Kaskaden herabstürzenden Wasserfällen, Schwimmen in grottenartigen Meereshöhlen und üppiger Vegetation. Diese Aufzählung gibt einen kleinen Überblick, was einen außer den Kurven und Brücken entlang dieses schwierigen Abschnitts nach Hana erwartet.

Die „Road to Hana" beginnt in der Nähe des Flughafens **Kahului Airport.** Obwohl es 52 mi/83 km bis **Hana** sind, fühlt man sich erst richtig auf diesem berühmten Hana Highway, wenn das ominöse Schild auftaucht *„Curvy Road next 30 miles*/kurvenreiche Strecke nächste 30 Meilen". Das ist ziemlich untertrieben. Die **Hana Road** hat nicht nur Kurven, sondern außer den engen Haarnadelkurven (insgesamt ca. 617 Kurven) ist es eine Berg- und Talfahrt mit ca. 56 Brücken, die meistens nur einspurig befahrbar sind. Oft ist die Straße so eng, daß kaum zwei Autos aneinander vorbeikommen, ohne daß einer ausweicht.

Vom **Kahului Airport** geht es zunächst über *Aalele Street* zum *Highway 36,* der via Spreckelsville nach **Paia** führt. Einfach der Beschilderung zum *Highway 36* folgen. Paia ist die letzte Gelegenheit, vollzutanken und Proviant für unterwegs zu besorgen. Hinter Paia läuft der **Hana Highway** als *Highway 360* weiter.

Wer den **Hana Highway** in einem Tag hin und zurück schaffen will, muß über stahlharte Nerven verfügen. Reisende, die bereits eine Anfahrt von Mauis Resort Areas, wie West Maui, Wailea oder Kihei hinter sich haben, sind bis Kahului schon eine Weile extra unterwegs, ehe die abenteuerliche **Hana Road** beginnt. Daher ist es ratsam, sich für diesen Trip zwei Tage einzuräumen und in Hana zu übernachten.

BAXTER-TIPS FÜR HANA HIGHWAY

- Strecke von **Kahului Airport** bis Hana etwa **52 mi/83 km**. Mindestens 3 Stunden Fahrzeit (eine Strecke) einplanen.

- Hana Highway hat **viele enge Kurven** – etwa 617 entlang der gesamten Strecke! Viele der etwa 56 Brücken sind nur **einspurig** befahrbar.

- Am besten **2 Tage** für Hana-Trip einplanen **mit Übernachtung** in Hana oder Camping, State Park Cabins/Hütten unterwegs; rechtzeitig **im voraus reservieren** und buchen (geringe Kapazität, große Nachfrage!).

- **Viel Zeit** einkalkulieren. Unterwegs **häufig Pausen** einlegen. Bei Tagesausflug mindestens um 7 Uhr morgens in Kahului aufbrechen, um genug Zeit für kurzen Strandaufenthalt unterwegs zu haben, und noch bei Tageslicht zurückzukehren.

- Hana Highway **auf keinen Fall bei Dunkelheit** oder nachts fahren; sehr gefährlich!

- **Kein Wasser** von Bächen trinken. Nicht in Wasserbecken springen. Bei Kipahulu nicht im Ozean schwimmen.

- **Mit vollem Tank starten,** unterwegs hinter Paia **keine** Tankstelle bis Hana.

- Bei Ankunft **in Hana** erneut **für Rückfahrt volltanken.** Tankstelle macht bereits vor 17 oder 18 Uhr dicht!

- **Verpflegung** und Proviant sowohl für Picknick als auch für die üblichen Mahlzeiten für unterwegs in Kahului oder Paia besorgen, da es bis Hana keinerlei Restaurants und Gasthäuser gibt. In Hana selbst ist das Angebot auch nicht riesig.

- Gelegenheit, in Hana im **Hasegawa General Store** alles an **Verpflegung** etwas **aufzufrischen.** Der Kolonialwarenladen selbst ist ein Erlebnis.

- Wer kurvenreiche Autofahrten schlecht verträgt, aber dennoch nicht auf dieses Erlebnis verzichten will, sollte vorbeugend etwas gegen **Reisekrankheit** einnehmen. Auf alle Fälle häufig Pausen einlegen. Es gibt genug Gelegenheiten, an geeigneten Stellen anzuhalten, um die Landschaft und bezaubernde Vegetation zu genießen.

- Genügend **Filmmaterial** mitnehmen. Kamera bereithalten.

- **Reitausflüge** von **Hana Ranch** – Horseback at Hana Ranch. Ausritte zu einsamem Strand. Vorherige Reservierung erforderlich: (808)248-8211 Ext 3.

- Hana Beach gute **Schnorchelgelegenheit.**

- Wer beabsichtigt, von Hana einen **Abstecher zum Südzipfel** des **Haleakala Nationalparks** zu unternehmen, um dort in den natürlichen Felsbecken der **Oheo Pools** zu baden, sollte von vorneherein **2 Tage** für den Trip einplanen und entweder auf dem primitiven Campingplatz des Nationalparks **Oheo Campground** übernachten, oder **Unterkunft** in Hana **arrangieren.**

- Sobald man sich vom Auto entfernt, **Regenschutz und Plastiktüte** zum Schutz der Kamera usw. mitnehmen.

MAUI
Hana Highway: Spreckelsville

- **Von Hana** zu den **Oheo Pools** im Kipahulu Valley sind es zwar nur 10 weitere Meilen (16 km), aber dafür ist die Straße, die sich hier *Highway 31* nennt, noch schmaler und schlechter und mit unzähligen **Schlaglöchern** gesegnet. Man benötigt gut und gerne 1 Stunde für eine Strecke.

- Etwa 2stündige Wanderung vom Oheo Campingplatz zu den idyllischen Wasserfällen **Waimoku Falls** im Haleakala Nationalpark. Bei Hochwasser den Fluß **nicht** durchqueren.

- **Kein Trinkwasser** im Oheo Pools Bereich des Haleakala Nationalparks vorhanden. **Eigenen Vorrat mitbringen.**

- **Badesachen** bereits anhaben. Unterwegs entlang Hana Highway Badegelegenheit unter Wasserfällen im **Puu Kaa State Park** oder Schwimmen durch Unterwasserhöhlen im **Waianapanapa State Park.**

- Die Strände auf Mauis Windseite **eignen sich meistens nicht** zum Schwimmen, dafür ist diese Seite aber eine Herausforderung für **Windsurfer.**

- **Weiterfahrt für Mietautos** auf der Schotterpiste des *Piilani Highway Route 31* (westlich von Kipahulu) **verboten.** Die schmale Piste, die gerne Auto und Menschen „verschlingt", ist voller Schlaglöcher und bei Regen und Nässe nicht passierbar (häufig durch Erdrutsch blockiert oder ausgespült).

- Wer es sich leisten kann und die kurvenreiche Strecke vermeiden will, kann auch nach Hana **fliegen;** Flugverbindung von Kahului und Honolulu nach Hana Airport. Dort Mietwagen-Geschäftsstelle.

Die ersten 20 mi/36 km des **Hana Highway** verläuft die Straße breit und gerade. Dann wird der aus den Felsenklippen gehauene Highway eng und windet sich durch die bezaubernde Landschaft tropischer Vegetation. Riesige Philodendrons umschlingen hohe Bäume, und hängendes Blattwerk überspannt die Straße streckenweise wie ein Baldachin. Die Luft ist erfüllt von dem betörenden Duft von Hibiskus, Orchideen und Oleander. Mangowälder, Guava- und Papayabäume, wilde Eukalyptusbäume, dichtes Bambusdickicht, afrikanische Tulpenbäume, Bananenpalmen, verschiedenste Farne und Ingwerblüten säumen den Straßenrand und ziehen sich bis zum Meer. Zwischendurch hat man ausschweifenden Blick auf die Küste, Klippen und Wolken – keine Hotels, Reklameplakate oder gewaltige Condos, die andernorts die Feriengegenden als Ferienhotels die Landschaft übersäen. Die Straße überrascht nach jeder Kurve. Hier nun zu den **Attraktionen** unterwegs in der Reihenfolge, in der sie auftauchen:

 ### Hana Highway Attraktionen

- **Spreckelsville,** benannt nach Claus Spreckels aus Hannover, der als Zuckerkönig von Hawaii bekannt wurde, nachdem er zu einem der größten Landbesitzer avancierte und Anfang des 19. Jh. in Zuckerrohr investiert hatte.

Hana Highway: Paia/Hookipa Beach

● **Paia.** Das Windsurferstädtchen **Paia** liegt am Beginn der Straße nach **Hana;** 10 Minuten vom **Kahului Airport** und 5 Minuten von **Hookipa Beach,** dem Windsurfparadies. Die Stadt (nennt sich auch *Maui's historical plantation town*) gleicht einer Pionierstadt im Westen der USA unweit der herrlichen Strände und eines der berühmtesten Windsurf-Reviere der Welt. Beste Gelegenheit, fürs Picknick unterwegs einzukaufen, Sonnenschutzmittel zu besorgen und aufzutanken, da bis Hana keine Tankstelle!

Die **Kahului-Paia Area** wird beherrscht von Zuckerrohrfeldern, Mauis Hauptanbauprodukt – etwa 20 000 Hektar Anbaugebiet. Maui produziert etwa 300 000 Tonnen Zucker pro Jahr. Samuel Alexander und Henry Baldwin legten in den 1870er Jahren ihre ersten Zuckerrohrplantagen außerhalb von **Paia** an. Der Highway nach Hana verdankt seine Existenz größtenteils der Plantage. Während viele der alten Holzgebäude im Plantagenstil noch existieren, verlor **Paia** durch die Verbreitung der Zuckerrohrindustrie über ganz Maui seine ehemals zentrale Bedeutung im Zuckergeschäft der „Talinsel".

In den 1930er Jahren begann mit Gründung des Hookipa Surf Club der Wechsel zur Freizeitindustrie. Strand und Surf waren schon seit Jahrzehnten bei den Einheimischen beliebt. Das Windsurfing unserer Tage hat **Paia** eine neue Identität als *„Windsurfing Capital of the World"* verschafft und Paia einen Platz auf der Landkarte gebracht.

Paia bietet einige gute Restaurants, vor allem mit Fischspezialitäten. Doch vor der kurvenreichen Fahrt nach Hana sollte man den Magen möglichst unbelastet lassen!

● **H.A. Baldwin Beach Park.** Palmen, Campingplatz und Badestrand; County Camping Permit erforderlich.

● **Hookipa Beach.** Bis zu 10 Meter hohe Wellen, Strandpark mit Picknick- und Campingplatz. Camping kostenlos, aber windig. Hier findet die Weltcup Serie der Profi Surfer statt, zu der sich die Elite der „Wellenreiter" oder „*wave sailors*" versammelt. Hier wird Surfen zu einem Extremsport zwischen Faszination und Angst!

Als man **Hookipa Beach** entdeckte, strömten Windsurfer aus aller Welt an die Nordküste von Maui auf der Suche nach den ultimativen Pazifikbrechern. **Hookipa** ist das „Aspen" des Pazifiks. Die idealen Bedingungen (hohe Wellen und starker Wind) locken die Profis aus aller Welt. Alljährlich finden hier im Herbst (Ende Oktober/Anfang November) und im Frühjahr (April) internationale Windsurf-Meisterschaften statt – die *Aloha Classic World Wavesailing Competition*. Hinter Hookipa Beach führt der Hana Highway etwas landeinwärts.

● **Haiku.** Haiku erhält jährlich im Gegensatz zu etwa 76 cm von Paia über 127 cm Niederschläge. Ananasplantagen haben hier inzwischen die Zuckerrohrfelder abgelöst. Nicht weit hinter Haiku beginnt der schwierige Abschnitt des **Hana Highway.**

● **Kailua.** Hübsche Gärten mit prächtigen bunten Blumen schmücken den Ort, dessen Einwohner mit dem weiten Grabensystem beschäftigt sind, das Zentral-Maui und Up-Country Maui mit dem auf der Nordseite des Haleakala gesammelten Wasser versorgt. Bei Meilenstein 8 *(mile marker 8)* kann man sich beispielsweise die Wasserdämme ansehen.

Kailua ist ein Ort, in dem es noch nicht mal einen Laden gibt. Anfang der 1900er Jahre wurden Kriminelle in das damalige Strafgefangenenlager Kailua's Prison Camp verbannt, das das Ende der Straße markierte, und von dem nur ein Pfad weiter ostwärts führte.

● **O'Opuola Gulch.** Von dieser Schlucht bietet sich ein Blick auf den entfernten Ozean. Kukui-Bäume wachsen entlang der Abhänge der Schlucht.

● **Waikamoi;** hier windet sich der Hana Highway durch feuchte Tieflandwälder mit wilder, gemischter Vegetation, die aus anderen Teilen der Welt

460 MAUI
Hana Highway: Twin Falls

eingebracht wurde. Hohe Bambushaine mischen sich mit Eukalyptus, Ingwer, Heliconias (die wie Hummerscheren aussehen) und tropischen Schlingpflanzen.

Hinter Meilenstein 9 gelangt man zur Waikamoi Ridge mit einem Naturlehrpfad **Waikamoi Ridge Trail Nature Walk,** der in einen dichten Bambuswald führt, etwa 15 mi/24 km von **Paia.** Hier gibt es auch einige reizvolle Wasserfälle inmitten tropischer Pflanzenpracht. Perfekt für Picknick im Tropenwald!

● **Twin Falls,** bei Meilenstein 2, kurz hinter der Kreuzung von Hwy 400 und Hana Highway, inmitten dichter Baumbushaine. Keine Beschilderung, nur ein rotes Tor auf der rechten Straßenseite.

Schlüssel zur Baxter Info-Karte „The Road To Hana"
mit vielen Baxter-Tips

Hana Highway:
1-Kahului Airport
  früh starten
2-Spreckelsville
  -Baldwin Museum
3-H. A. Baldwin Beach Park
4-Hookipa Beach Park
  berühmt für internationale Windsurf-Meisterschaften
  1 mi/1,6 km von Paia
5-Haiku
6-Ulumalu
7-ab hier 30 mi/48 km enge, kurvenreiche Strecke!
8-Waikomoi Ridge Trail
  Naturlehrpfad/Bambuswald
  -Twin Falls
  bei Meilenstein 2 rechts
  -Kaulanapueo Church, 1857
9-Puohokamoa Falls
10-Kaumahina State Park
  Camping (Permit erforderlich)
11-Keanae Arboretum
12-Keanae Valley Lookout
13-Tarofplanzungen
14-Wailua Lookout
15-St. Gabriel's Mission
  erste kath. Kirche der Area
16-Wailua Bay
17-Puaakaa State Park
18-Hanawi Falls
  61 m hoher Wasserfall
19-Piilanihale Heiau
  größter Tempelbau Hawaiis
  einer der ältesten Kriegstempel
20-Waianapanapa State Park
  Hüttenunterkunft/Reservierung
  Felsgrotten im Meer/Schwimmen
21-Black Sand Beach
22-Kauiki Head
23-Koki Beach Park
24-Wananalua Church
  Hale o Lono Heiau
  -Petroglyphen
25-Oheo Gulch/Oheo Pools
  Sieben Teiche
  -Oheo Campground
  kein Permit
  -Malahiku Falls
  -Hawaiian Plantation Area
  -Waimoku Falls Trail
26-Waimoku Falls
  -Haleakala Nationalpark
  -Kipahulu Valley
27-Kipahulu
  -Palapala Hoomau Congregational Church
  Kirche/Friedhof mit Grab des Flugpioniers Charles A. Lindbergh
28-ab hier keine Weiterfahrt für Mietautos!
  Sandpiste/schlechte Straße
29-Mokulau Huialoha Church
30-Kaupo
  -Kaupo Store
  -Kaupo Trail
  5.5 mi/8,8 km bis Parkgrenze
  weitere 3.5 mi/5,6 km bis Paliku Cabin
  -Haleakala Krater
31-Kula Highway
  -Highway 37
32-zum Haleakala Nationalpark/Krater Area 37 mi/59 km
  -Haleakala Highway
  -Haleakala Kraterrand
  -Haleakala Gipfel 3 055 m ü. M.
  -House of the Sun Visitors Center
33-Kahului
  -Wailuku

Hana Kartenschlüssel:
1-Helani Gardens
2-Hana Airport
  Flüge Kahului-Hana/Honolulu-Hana
3-Hana Medical Clinic
4-Police/Polizei
5-Hana Wharf
6-Puuku Island
7-Tutu's Restaurant
  Picknickverpflegung
8-Hana Bay State Park
  Badestrand
9-Kauiki Head
  Geburtsstätte von Queen Kaahumanu (1768)
10-Kaihalua Bay
11-Wananalua Church
  -Hana Catholic St. Mary's Church
12-Hasegawa General Store
  hier gibt es fast alles!
13-Fagan Memorial Cross
  Gedenkkreuz
14-Hana Ranch Stables
  Reitställe
15-Hana Waiwai o Hana Museum
  im Hana Cultural Center
16-Oheo Pools
  Haleakala Nationalpark
  -Kipahulu Valley
  10 mi/16 km
17-Hana Ranch

MAUI 461
Hana Highway: Routen-/Hana-Karte

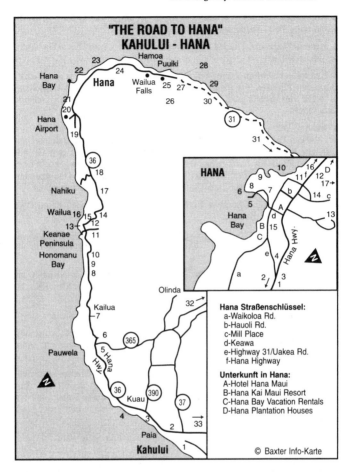

● **Kaulanapueo Church,** eine Stichstraße führt zu der an der Küste liegenden Kirche aus dem Jahr 1857.

● **Puohokamoa.** Bei Meilenstein 11, wo der Highway den Puohokamoa Stream überquert, ist gerade Platz für ein paar Autos. Von der Brücke hat man einen wunderschönen Blick auf einen kleinen, in zwei Strömen ablaufenden Wasserfall. Ein kurzer Schotterpfad führt zu einem natürlichen Wasserbecken am Fuß des Wasserfalls, das zum Baden einlädt. Rundum üppige Regenwaldvegetation.
  Puohokamoa liegt etwa 167 m ü.M. und etwa 800 m vom Ozean entfernt. Vor der Küste ragt der doppelhöckrige Felsen **Keopuka Rock** ca. 43 m aus dem Meer.

● **Kaumahina State Park.** Kaumahina bedeutet „Mondaufgang", was sich bestätigt, wenn man den Mond hinter den schwarzen Klippen heraufziehen sieht. Spektakulärer Küstenblick, wo die Keanae Halbinsel in den Ozean hineinragt, auf die tief unten liegende Küste und reizvolle, stark eingeschnittene **Honomanu Bay.** Ideal für Picknick und Camping; State Camping Permit erforderlich. Etwa 25 mi/40 km von Kahului; erster Frischwasser Stopp mit Trinkwasser seit Paia!

MAUI
Hana Highway: Waianapanapa SP

- **Honomanu Bay.** 90 m hohe Steilklippen begrenzen die U-förmige Bucht Honomanu Bay – bedeutet „Haifischbucht".

- **Keanae Peninsula.** Die Halbinsel entstand, als Lava vom Haleakala Krater ins Meer abfloß.

- **Keanae Arboretum** bietet reizvolle Spaziergänge durch die Landschaft tropischer Pflanzen, Obstbäume und Tarofelder. Kostenlose Parkmöglichkeit in Nähe des Eingangs. Bademöglichkeit in dem Bach der das Gelände durchquert.

- **Keanae Valley Lookout.** Hier hat man einen guten Ausblick auf die von der starken Brandung gepeitschten Küstenränder der Keanae Halbinsel mit Aussicht auf Tarofelder und Bananenstauden. Taro gehört zu den Grundnahrungsmitteln der hawaiischen Bevölkerung; wird meistens ungekocht oder zu Brei gepreßt zu „Poi" verarbeitet. Taro ist auch eine der Hauptzutaten bei der Zubereitung von Taro Chips und hausgemachtem Hawaii-Brot.

- **Moku Mana** und **Manahoa Rock** (Nadelfelsen) bei Pauwalu Point, etwa 800 m östlich von Keanae.

- **St. Gabriel's Church.** Hinter Kenae gelangt man beim Meilenstein 18 an der *Wailua Road* zur ersten katholischen Kirche der Gegend; 1870 aus Korallen gebaut.

- **Wailua Village.** Zusammen mit seinem „Schwesterdorf" **Keanae** zählt das alte Fischer- und Bauerndorf **Wailua** etwa 250 Einwohner. Die kleine Kirche **Our Lady of Fatima Shrine** stammt aus dem Jahr 1860.

- **Wailua Bay.** Meereshöhlen und Meeresfelsen säumen die Küste.

- **Puaa Kaa State Park** (bedeutet etwa Park der rollenden Schweine). Wasserfälle stürzen in Wasserbecken, in denen man schwimmen kann. Bilderbuchhaft wie man auf vielen Posters Hawaiis sieht.

- **Hanawi Falls.** Der 61 m hohe Wasserfall des Hanawi Stream stürzt bei Nahiku herab und fließt in den Ozean ab. **Nahiku** liegt unweit von dem Puaa Kaa State Park in dicht überwachsener Gegend. Diese Stelle war einst ein sehr beschäftigter Ort, der die erste und einzige Gummifabrik der USA versorgte.

- **Piilanihale Heiau.** Etwa 5 mi/8 km vom Puaa Kaa State Park führt die bucklige, matschige *Ulaino Road*, die allerdings gesperrt ist, zu Mauis größter antiker Tempelstätte, die völlig aus Lavagestein der Umgebung errichtet und als historische Stätte ins National Register of Historic Sites aufgenommen wurde. Tempel ist nur aus der Ferne zu erkennen.

- **Waianapanapa State Park,** kurz vor dem Hana Airport. Der Park umfaßt ca. 12 Hütten und Camping- sowie Picknickplatz. Camper Cabins sind **im voraus zu reservieren.** Wanderweg am Ozean entlang, Unterwasserhöhlen und öffentlicher Badestrand sowie berühmter schwarzer Sandstrand. Spektakuläre Aussicht auf natürliche Felsbögen und Spritzloch/Blowhole mit Meerwasserfontäne. Ein kurzer, manchmal etwas glitschiger Pfad führt vom oberen Parkplatz zu den Süßwasser-Höhlen Waianapana – ursprünglich eine eingestürzte Lavaröhre, die zwei Wasserbecken enthält.
  Reservierung der sehr beliebten und rasch ausgebuchten Hütten: Division of State Parks, Box 1049, Wailuku, Maui, HI 96793.

- **Hana Airport.** Hana Airport wird von Honolulu, aber auch von Kahului angeflogen. Mietwagen im Flughafen.

Nächster Stop ist das verträumte Örtchen Hana.

Hana

Nach 83 km auf dem Hana Highway hat man **Hana,** diesen winzigen Ort an Mauis Ostküste, erreicht. Mit etwa 600 ganzjährig hier lebenden Einwohnern scheint Hana fast „Lichtjahre" von touristischen Zentren entfernt. Außer einem Strandpark, ein paar Geschäften und Unterkünften ist hier nicht viel los. Das ist auch der Hauptgrund, weshalb Berühmtheiten wie Ex-Beatle George Harrison oder Country Sänger Kris Kristofferson und andere Stars der Film- und Fernsehwelt von Zeit zu Zeit mit Privatmaschinen einfliegen, um sich hier in ihre Ferienhäuser zurückzuziehen. Im übrigen setzt sich die Bevölkerung Hanas aus einer bunten Mischung echter Hawaiianer und aus übriggebliebenen „Blumenkindern" der Hippi-Ära zusammen.

Hana ist eine Ranchersiedlung, die sich auf „Abgeschiedenheit" spezialisiert hat. Die **Hana Ranch,** die sich durch weite Weideflächen ankündigt, ist der Hauptversorger von Hana. Die ehemaligen Zuckerrohrfabriken der Gegend, die in den 1940er Jahren stillgelegt wurden, sind heute ebenso wie viele *haiaus* (Tempel) nur noch Ruinen. Zu jener Zeit wurden etwa 35 000 Hektar Stoppelfelder an einen Unternehmer aus San Franzisko namens Paul I. Fagan verkauft, der sogenanntes Pangola Range Gras anpflanzte, um Herden von Hereford Rinder zu füttern, die er von der Insel Molokai herüberbringen und mit dem fünfzackigen Brandzeichen Hana Ranch Stern brandmarken ließ. Auch heute noch weiden Rinder auf den Weiden oberhalb des luxuriösen **Hotels Hana Maui,** das Fagan 1946 errichten ließ (das inzwischen aber bereits mehrmals den Besitzer gewechselt hat).

Der Atlantik-Flieger und Flugpionier Charles A. Lindbergh verbrachte die letzten Jahre seines Lebens in der Hana Area, wo er auch 1974 starb und bestattet wurde. Hier nun zu den Attraktionen der Hana Area.

Hana Area Attraktionen

In **Hana** selbst gibt es nicht unbedingt viel zu sehen. Was den Ort attraktiv macht, ist seine Atmosphäre und die Abgeschiedenheit. Es gibt nur ein paar Straßen mit Wohnhäusern, die sich rund um die Bucht Hana Bay gruppieren. Die touristischen Einrichtungen beschränken sich auf ein paar Restaurants und eine Handvoll Unterkünfte sowie Tankstelle und den Hasegawa General Store, der für sich schon Attraktion ist.

● **Hana Airport,** einige Kilometer westlich von Hana. Flugverbindungen von Kahului und Honolulu. Autovermietung am Flughafen (doch keine Garantie, daß stets ein Auto vorhanden ist).

● **Helani Gardens,** westlich von Hana. Dschungel mit tropischer Vegetation, u. a. Heleconias, Ingwer, Palmen. Der tropische Gartenkomplex umfaßt Spazierwege, Toiletten und Picknickplatz. Eintritt.

● **Hana Museum/Hana Cultural Center** oder **Hale Weiwa O'Hana,** in Nähe der Hana Bay, an *Uakea Road;* umfaßt Fotosammlung großformatiger Aufnahmen alter Hawaiianer sowie kulturelle Artefakten der Area, Fischernetz, Körbe, Muscheln und Flaschensammlung.

MAUI
Hana Attraktionen

● **Hasegawa General Store.** In dem 1910 gegründeten Laden (1990 nach einem Brand wieder aufgebaut) kann man fast alles finden. Hier wird die Verpflegung für Weiter- oder Rückfahrt aufgefrischt. Der Laden ist durch den gleichnamigen Song von Paul Weston's Band, der einst zum nationalen Hit wurde, berühmt geworden.

● **Wananalua Church.** Die 1838 aus Lavagestein errichtete Kirche steht im Zentrum von Hana (Hana und seine Umgebung zählen nicht weniger als 10 Kirchen). Der mit Holz ausgestattete geräumige Kirchenraum verfügt über eine außerordentlich gute Akustik. Rund um die Kirche gepflegte Gartenanlage.

● **Fagan Kreuz.** Das **Fagan Memorial Cross**, von dessen Standort man einen grandiosen Blick auf Hana und die Hana Bucht hat, ragt über die Spitze eines alten Vulkankegels, westlich von Hana, im Weidegebiet der Hana Ranch empor. Es wurde zu Ehren des ehemaligen Grundbesitzers der Ranch und Gründers des Hotels Hana Maui errichtet. Der Zugang ist im allgemeinen durch Zaun und Gatter abgesperrt. Zu Fuß kommt man an weidenden Rindern vorbei zum Kreuz. Im Hotel Hana Maui über Zugang erkundigen.

● **Hana Ranch.** Wo sich einst Zuckerrohrfelder ausbreiteten, erstreckt sich heute Weideland der Hana Ranch. Auf der Hana Ranch trainieren die Cowboys nach der Tagesarbeit für das wichtigste Rodeo des Jahres, das am 4. Juli in Makawao im Up-Country von Maui stattfindet. Die Ranch bietet Trail Rides und Jeep Ranch Touren an. Bei den Ausritten gelangt man auch zu einsamen Stränden von Hana. Vorherige Reservierung erforderlich: Tel. (808)248-8211 Ext. 3. Das Hana Ranch Restaurant liegt auf dem Hügel über dem Hana Maui Hotel; täglich Mittagsbüfett, Fr. & Sa. auch Dinner. Tel. (808)248-8255.

● **Kaihalulu Beach** hinter Kauiki Head liegt ganz versteckt. Mauis einziger roter Strand.

● **Kauiki Head.** Die Erhebung des **Kauiki Head** ragt aus der Landschaft Hanas heraus und bildet den Südarm der Hana Bay. Dies ist die Geburtsstätte von Königin Hana-Kaahumanu, der Lieblingsfrau des Königs Kamehameha I., die 1768 geboren wurde und in Hanas Geschichte eine große Rolle spielte. Ein nicht sehr bequemer Pfad führt von der Pier der Hana Bay hinauf auf Kauiki Head, wo eine Tafel auf die Geburtsstätte aufmerksam macht.

Hanas Countryside war Schauplatz vieler Kämpfe um den Besitz Mauis zwischen Häuptling Kahekili von Maui und Kalanoipuu von Big Island (Hawaii). Während der Streitereien befand sich Hana mehrmals in der Hand des Herrschers von Big Island. **Kauiki Hill** diente als Ausschauplatz. Viele Kämpfe sollen auf seiner Spitze ausgetragen worden sein. In jüngster Zeit hatte man einen sogenannten *kilo ia* = Fischbeobachter auf dem Berg postiert, der von dort oben signalisierte, wenn eine Schule von Fischen in die Bucht zog. Das ganze Dorf setzte sich dann in Bewegung, um die *hukilau* = Fische mit Netzen einzufangen.

● **Hana Bay State Park.** Picknick und Bademöglichkeit. Gut zum Schnorcheln und sicherste Schwimmgelegenheit in Hana.

● **Highway 31 nach Kipahulu,** Teil des **Haleakala Nationalparks.** Von Hana zum **Kipahulu Valley** mit den berühmten **Pools von Oheo** sind es zwar nur ca. 10 mi/16 km, aber da die Straße hier noch schlechter und mit unzähligen Schlaglöchern gesegnet ist, braucht man gut und gerne 1 Stunde für eine Strecke! Die Straße ist ein Beispiel, wie der gesamte Hana Highway bis 1984 ausgesehen hat. Besonders am Nachmittag muß mit starkem Gegenverkehr der zurückkehrenden Besucher der Oheo Schlucht gerechnet werden. Die Fahrt erfordert volle Konzentration und ist ermüdend, aber dafür landschaftlich äußerst reizvoll.

MAUI 465
Hana Attraktionen

- **Hamoa Bay Beach.** Der Strand **Hamoa Bay Beach** liegt südwestlich von Hana an der halbrunden Bucht **Mokae Cove**. Die gepflegte Badeoase wird vom Hotel Hana Maui instandgehalten, besitzt aber einen öffentlichen Zugang. Lediglich die Strandeinrichtungen, wie Duschen und Toiletten, sind den Hotelgästen vorbehalten. Gute Bademöglichkeit. Viele Tourunternehmen, die den Trip nach Hana anbieten, machen an der **Hamoa Bay Beach** Station.

- **Wailua Falls.** Die Wasserfälle **Wailua** und **Kanahualii Falls** liegen etwa 7 mi/11 km außerhalb von Hana. Ein Pfad führt hinunter zu einem felsigen Strand, wo 1946 eine Siedlung von einem *Tsunami* (einer durch ein Erdbeben ausgelösten seismischen Meereswoge) ausgelöscht wurde. Nur Ruinen erinnern heute noch an den Ort. Oberhalb der Straße erinnert ein Betonkreuz an Helio, einen hawaiischen Missionar, der hier in den 1840er Jahren Hunderte von Bewohnern zum Katholizismus bekehrte. Nicht weit davon steht ein Kapellchen mit einer Marmorstatue.

Der ca. 30 m hohe Wasserfall **Wailua Falls** (bedeutet „zwei Wasser") gehört zu den attraktivsten (der zugänglichen) Wasserfälle Mauis. Im allgemeinen hat man einen ausgezeichneten Blick von der Betonbrücke, man kann aber auch über einen kurzen, sehr schlüpfrigen Pfad zur Basis des Wasserfalls gelangen, wo man eine erfrischende Dusche erhält. Bei den **Wailua Falls** wurde übrigens der Film *„Meuterei auf der Bounty"* gefilmt.

- **Oheo Gulch** und **Oheo Pools** im **Kipahulu Bereich** des **Haleakala Nationalparks**. Das **Kipahulu Valley** ist eine isolierte Welt für sich und erstreckt sich von einem breiten Lavafächer in Küstennähe auf Meereshöhe zwischen steilen Felswänden bis zu einer hohen Felsklippe (*pali*), die es vom **Haleakala Krater** trennt. Die etwa 10 mi/16 km südwestlich von Hana liegenden „Seven Pools" oder „Seven Sacred Pools" (die nichts Heiliges an sich haben) heißen offiziell **Pools of Oheo**. *Oheo* bedeutet auf hawaiisch etwa „Zusammentreffen von Teichen", benannt nach der gleichnamigen Schlucht **Oheo Gulch**. Die Teiche oder Wasserbecken sind populäres Ziel vieler Besucher, die die Gegend zu einem Tagesausflug aufsuchen, oder hier auf dem Oheo Campground übernachten.

Der von den Abhängen des Haleakala herunterströmende **Pipiwai Stream** kommt in vielen Wasserfällen und Teichen, die er im Laufe der Zeit in den vulkanischen Untergrund geformt hat, herab und mündet bei der **Oheo Gulch** in den Ozean. Die über 24 natürlichen Pools sind durch in Kaskaden herabstürzende Wasserfälle miteinander verbunden. Mit jährlichen 61 cm Niederschlägen führt der **Pipiwai Stream** im allgemeinen genügend Wasser, das die in die Lavaoberfläche geschnittenen Flußrinnen durchläuft.

Highway 31 passiert die hohe Brücke über der **Oheo Gulch** mit den **Oheo Pools**. Zur Rechten blickt man auf den in der Ferne liegenden Wasserfall **Waimoku Falls**, zu dem ein 2stündiger Wanderweg flußaufwärts führt. Vom Parkplatz gelangt man auf einem rund 1 km langen Rundwanderweg an alten Hausruinen vorbei zur Küste, dann auf der Seite von fünf Wasserbecken und Wasserfällen (die restlichen Teiche liegen oberhalb der Brücke) hinauf zurück zum Parkplatz.

Oberhalb der **Oheo Gulch** liegt die Furt, die zu den spektakulären 117 m hohen Wasserfällen der **Waimoko Falls** führt. Sobald der Fluß allerdings anschwillt und Hochwasser führt, ist es zu gefährlich den Fluß zu überqueren! Die ca. 56 m hohen **Makahiku Falls** erreicht man entlang eines vom Parkplatz ausgehenden kurzen Fußwegs, etwa 800 m vom Parkplatz.

Wer die **Oheo Pools** auf einem Tagesausflug von Kahului besucht, sollte stets einen Blick auf die Uhr werfen. Die Rückfahrt sollte nicht später als Mitte Nachmittag angetreten werden, damit die schwierige Strecke des Hana Highway nicht im Dunkeln zurückgelegt werden muß. **Schwimmen** in den Becken der Oheo Pools erfolgt auf **eigene Gefahr**; keine Badeaufsicht vorhanden! Für den Ausflug zu den **Oheo Pools** eigenen **Trinkwasser-Vorrat** mitbringen, da **kein** Trinkwasser vorhanden! Primitiver Campingplatz **Oheo Campground** zum Zelten innerhalb des Nationalparks, kostenlos.

● **Lindbergh Grabstätte.** Etwas weiter westlich der Oheo Gulch liegt die Siedlung **Kipahulu** mit der **Palapala Hoomau Congregational Church,** auf deren Friedhof der Atlantik Flieger und Flugpionier Charles A. Lindbergh begraben liegt. Das Kirchlein steht an einer isolierten Stelle nahe der Meeresklippen. Lindbergh, der seine letzten Lebensjahre an der Hana Küste verbrachte, machte **1927** Schlagzeilen, als er mit dem Flugzeug „Spirit of Saint Louis" die 5 760 km von New York nach Paris in 33 1/2 Stunden zurücklegte.

Lindbergh, hatte schon immer eine Vorliebe für Hawaii und war, nachdem sein Sohn 1932 gekidnappt und ermordet worden war, der Publicity aus dem Weg gegangen. Er half bei der Restaurierung der Kirche, neben der er begraben wurde, und baute sich etwa 1,5 km davon entfernt ein Haus im Dschungel. Zu seinen engsten Freunden hier in der Hana Area zählten der Arzt Dr. Milton M. Howel, der ihn in seinen letzten Tagen pflegte, und Samuel F. Pryor, Vizepräsident der ehemaligen Fluggesellschaft Pan Am. Mr. Pryors Onkel hatte seinerzeit ein Darlehen der St. Louis Bank über 15 000 Dollar befürwortet, das Lindbergh den Kauf des „Spirit of St. Louis" ermöglichte.

Samuel F. Pryor verschaffte Lindbergh, der hier am 26. 8. 1974 an Krebs im Alter von 72 Jahren starb, die Grabstätte neben dem Kirchlein. Zu den Abmessungen des Grabs und der Beerdigung hatte Lindbergh zuvor genaue Anweisungen gegeben. Barfuß und in Khakikleidung wurde er in einem Eukalyptussarg bestattet. Lindbergh hatte gerade diese Stelle gewählt, da er bei den täglichen Besuchen seines Freundes Pryor von einem Sprichwort von einem indischen Hindutempel, das auf einem Schild am Tor zu Pryors Anwesen angebracht, inspiriert war: *„If there is a heaven on earth, it is here, it is here, it is here* (wenn es einen Himmel auf Erden gibt, dann hier, dann hier, dann hier)". Kein Schild weist zu dem Grab, aber wer es finden will, findet es.

 ## Unterkunft & Restaurants in Hana

Die Unterkunftsmöglichkeiten in Hana und Umgebung sind sehr beschränkt. Auch die Preise variieren stark. Kostenlos kann man beispielsweise 10 mi/16 km von Hana entfernt auf dem primitiven Campingplatz an den **Oheo Pools** im Haleakala Nationalpark zelten, muß aber sein eigenes Trinkwasser mitbringen. Wählt man aber etwas mehr Luxus und Bequemlichkeit direkt in **Hana,** kann man für eine der Sea Ranch Cottages mit privatem Sprudelbad des luxuriösen Hotels Hana Maui über $500 loswerden! Fast alle Unterkünfte verlangen *Deposit*/Anzahlung. Wichtig, so früh wie möglich Zimmer reservieren.

● **$$$ Hotel Hana Maui;** nicht an der Hana Bay, sondern im Zentrum Hanas; luxuriös und teuer; etwa 90 Zimmer. Hotelzimmer und Bungalows – Cottages; die Cottages liegen direkt an der Felsküste. Preise umfassen im allgemeinen 3 Mahlzeiten. Zwei Nächte Minimum-Aufenthalt. Anzahlung/Deposit gefordert. Hotel Hana Maui, P.O. Box 9, Hana, HI 96713; Tel. (808)248-8211, gebührenfrei 1-800-321-4262, Fax (808)248-7202.

● **$$ Hana Kai Maui Resort on Hana Bay;** klein, direkt an Hana Bay. P.O. Box 38, Hana, HI 96713; Tel. (808)248-8426, gebührenfrei 1-800-346-2772, Fax (808)248-7482.

MAUI 467
Hana: Unterkunft/Restaurants

- **$$ Hana Bay Vacation Rentals,** P.O. Box 318, Hana, HI 96713, Tel. (808)248-7727, gebührenfrei 1-800-959-7727.

- **$$ Heavenly Hana Inn,** 4155 Hana Highway/Route 360, Hana, HI 96713; Tel./Fax (808)248-8442.

- **Blair's Original Hana Plantation Houses,** Ferienwohnungen oder Studio Apartments; Tel. (808)248-7868, gebührenfrei 1-800-228-4262, Fax (808)927-6068.

- **Hana Alii Holiday,** Ferienwohnungen; P.O. Box 610, Hana, Maui, HI 96713; Tel. (808)248-7742, gebührenfrei 1-800-548-0478, Fax (808)248-8595.

- **Hamoa Bay Bungalow;** rustikal-komfortabel in Strandnähe. P.O. Box 773, Hana, Maui HI 96713; Tel. (808)248-7884, Fax (808)248-8642.

- **Aman-Resort Hana-Maui;** etwa 95 Suite-Zimmer Luxusanlage; kein Fernseher; Hana, Maui, HI 96713; Tel. (808)248-8211, Fax (808)248-7202.

- **Oheo Campground** in der Kipahula Area des Haleakala Nationalparks; 10 mi/16 km, 1 Std. Fahrzeit von Hana. Kapazität ca. 50 Personen; Picknicktische, Grills und chemische Toiletten. Kein Trinkwasser vorhanden. Max. Aufenthalt 3 Tage; kein Permit erforderlich.

- **Cabins im Waianapanapa State Park;** Hütten für bis zu 6 Personen; Preise pro Hütte für 1–4 oder 5 oder 6 Personen; Bettwäsche inbegriffen. Department of Land and Natural Resources, Division of State Parks, 54 South High Street, Room 101, Wailuku, Maui, HI 96793, Tel. (808)984-8109.

- **Kaia Ranch Bed & Breakfast,** P.O. Box 404, Hana, Maui, HI 96713; Tel. (808)248-7725.

- **Hana Plantation Houses,** P.O. Box 489, Hana, Maui, HI 96713; Tel. (808)248-7248, gebührenfrei 1-800-657-7723, Fax (808)248-8240.

Hana Restaurants oder dergleichen

Die Auswahl an Restaurants in **Hana** ist nicht groß. Das Hotel Hana Maui verfügt über ein eigenes Restaurant, aber sonst gibt es nicht viel mehr an Restauration.

- **Restaurant des Hotels Hana Maui;** vornehmer Speisesaal des Hotels; abends Hawaii-Show; (808)248-8211. Wer sich den Luxus, hier zu übernachten oder zu speisen nicht leisten kann, aber dennoch die Atmosphäre etwas schnuppern möchte, kann vielleicht einen *Mai Tai* in der **Paniolo Bar** des Hotels genießen.

- **Hana Ranch Restaurant,** auf dem Hügel oberhalb des Hotel Hana Maui. Täglich wird ein Mittagsbüfett geboten; Fr. & Sa. Dinner; auch Straßenverkauf „*take-out window*"; (808)248-8255.

- **Tutu's,** gegenüber der Straße vom Strand an der Hana Bay. Frühstück, Mittagessen; auch Picknick Lunch Pakete erhältlich. Verschiedene Sandwiches, Obst, Gemüsesalate; außerdem Eiscreme verschiedenster Sorten und „frozen bananas" im Schokoladenmantel. (808)248-8224.

- **Hasegawa General Store.** Der klassische Country Store – Kolonialwarenladen der alten Zeit, in dem es fast alles Erdenkliche gibt von Hufeisen, Videokasetten, Jeans, Spielzeug, Süßigkeiten bis zu Lebensmitteln. Hier füllt man seinen Proviant für die Rückfahrt auf.

468 MAUI
Route: Kipahulu–Kula

Von Kipahulu westwärts

Westlich von **Kipahulu** führt der *Piilani Highway (Route 31)* als schmale, unbefestigte Piste weiter um die Südküste Mauis. Dieser Abschnitt ist jedoch **für Mietwagen verboten** (im Mietvertrag vermerkt) und recht gefährlich. Robuste Fahrzeuge mit Vierradantrieb können diese Strecke wohl bewältigen, die bei Sturm oder Regen überhaupt nicht passierbar ist und häufig durch Erdrutsch blockiert teilweise überflutet oder ausgewaschen wird. Die Gefahr, hier hoffnungslos im Schlamm stecken zu bleiben, ist ziemlich groß. Die Straße führt weiter zu Ranches und stößt am Ende auf den *Kula Highway*. Bei **Kaupo**, wo der **Kaupo Gap Trail** die einzige Verbindung zum **Haleakala Krater** bildet – 9 mi/14 km bis zur **Paliku Cabin** innerhalb des **Haleakala Nationalparks,** steht isoliert die **Huialoha Congregational Church** aus dem Jahr 1859, die als Schönste der Kirchen der Hana Area gilt; etwa 10 mi/16 km von **Kipahulu** entfernt auf der kleinen Halbinsel, die von der Brandung umspült wird. In **Kaupo** gibt es den **Kaupo Store,** wo man noch etwas Proviant besorgen kann.

Die Strecke von **Kaupo** zur **Ulupalakua Ranch** ist sogar für Fahrzeuge mit Vierradantrieb schwierig. Unterwegs herrliche Aussicht auf die Küste. Am alten **Nuu Landing** vorbei, gelangt man zu Felshöhlen und Petroglyphen mit hawaiischen Felszeichnungen. In der Ferne taucht die Insel **Molokini** auf und dahinter **Kahoolawe** (nicht öffentlich, da Militäreinrichtungen vorhanden).

Bei **Ulupalakua** gelangt man in Mauis Up-Country, eine Welt von **Hana** entfernt. Von der Ulupalakua Ranch windet sich die Straße durch **Kula** hinunter. Der gesamte Trip von **Hana** bis zur „Zivilisation" **West Maui** nimmt einen ganzen Tag mit 5 bis 6 Stunden Fahrt in Anspruch. Vor Antritt dieser Strecke unbedingt in Hana oder bei den Park Rangers vom Kipahulu Valley an der Oheo Gulch über die Strecke **erkundigen.**

Von Mauis Ostseite nun zur sonnigen Westküste mit der Ferienzone Kaanapali.

KAANAPALI

„Geplante Ferienhotelsiedlung an Mauis Westseite"

Kaanapali an Mauis Westseite gilt als eine der bestgeplantesten Feriensiedlungen – einer der größten und ältesten Badeorte Hawaiis. In **Kaanapali** reiht sich an den zugegeben wunderschönen Stränden eine Hotelanlage großzügig an die andere. Hier hat man einen schönen Blick auf die Nachbarinseln **Lanai** und **Molokai**. An Kaanapali Beach, nur 3 km nördlich von Lahaina, kommen Taucher auf ihre Kosten. Dort gibt es ein Korallenriff, das einen grandiosen Einblick in die Unterwasserwelt erlaubt. Wegen der vielen vor der Küste lebenden Delphine ist Maui einer der wenigen Plätze, wo Wassersportler keine Hai-Attacken befürchten müssen.

● **Kaanapali** begann in den 1950er Jahren, als man unproduktive Zuckerrohrfelder bebaute. Im Laufe der Jahre entwickelte man hier eine Infrastruktur mit Straßen, Eisenbahn und Flughafen sowie Hotels. Über 60 Wasserfälle verteilen sich über die verschiedenen Hotelgrundstücke, zwei davon allein zwei Stockwerke hoch. Die Hotelanlagen sind mit Kostbarkeiten an Kunstschätzen im Wert mehrere Millionen US-Dollar ausgestattet. **Kaanapali** bietet alles an Wassersport sowie Trips nach Lanai und Molokai, Tennis und Golf.

● **Geschichte.** Kaanapali, das einem hawaiischen Unternehmen, später Amfac Factors (kurz Amfac) genannt, gehörte, bestand mit ca. 480 Hektar überwiegend aus stacheligem Kiawe-Gestrüpp, das von dem sagenhaften Strandgürtel begrenzt wurde. Das Unternehmen war sehr stark im Zuckerrohranbau engagiert, doch dieses Gebiet um Kaanapali erwies sich als völlig ungeeignet für den Zuckerrohranbau.

Heinrich Hackfeld, ein aus Bremen stammender Einwanderer, war als Plantagenverwalter der Zuckerrohrplantagen auf Mauis sonnenreichen Hügeln tätig. Mit der Zeit wurde er Besitzer von zwei Geschäften und verwaltete 14 Plantagen. Außerdem gehörten ihm Frachtschiffe, die in alle Welt fuhren.

1849 hatte Hackfeld in dem Gebiet um Kaanapali einen General Store eröffnet. Vor Ende des 19. Jh. kehrte Hackfeld nach Deutschland zurück. Bei Kriegsausbruch wurde die Hackfeld Company 1918 ohne Heinrich Hackfeld von American Factors übernommen, aus der heute die Kaufhauskette Liberty House hervorgegangen ist.

In den 1950er Jahren erlebte die Zuckerindustrie Hawaiis eine ähnliche Krise wie gegenwärtig. Man beschäftigte sich mit der Idee, auf den ehemaligen Zuckerrohrfeldern, die sich ohnehin als nicht ergiebig erwiesen hatten, einen Ferienhotelkomplex mit Strand (der schon vorhanden war) sowie Robert Jones Golfplatzanlagen und Tennisplätzen entstehen zu lassen. Amfac brachte mit den Sheraton, Marriott, Hyatt und anderen Hotelketten die größten Namen der Hotelbranche. Ferner entstand als Shopping und Museumskomplex das **Whalers Village** mit über 70 Geschäften und Restaurants.

● **Kaanapali Resort.** Das Kaanapali Resort, die Feriengegend mit 3 mi/5 km Strand, umfasst ein Sortiment von sechs Strandhotels mit einigen Tausend Hotelzimmern, mehrere Spitzengolfplätze und Tennisanlagen, das Whalers Village – ein Walfangmuseum- und Shopping/Restaurant-Komplex und den Sugar Cane Train, der von Kaanapali nach Lahaina verkehrt.

Hotelbauten mischen sich mit denen der Ferienwohnanlagen, den sogenannten Condominiums. Strandwege verbinden die verschiedenen Hotel-

470 MAUI
Kaanapali: Whalers Village

komplexe und schaffen Zugang zum **Strand,** der auch, wenn er den Luxushotels vorgelagert ist, stets **öffentlich** ist. Restaurants und Nightlife findet man in großer Auswahl. Über Wale und die Walfangära kann man sich in den beiden Museen im Whalers Village eingehend informieren. Shoppingmöglichkeiten gibt es genug.

Am einen Ende der Kaanapali Strandmeile erstreckt sich der Komplex des 815-Zimmer Hyatt Regency Maui mit eleganter Park- und Poolanlage. Das andere Ende schließen die Hotels Royal Lahaina und Sheraton Maui ab. Dazwischen liegen Kaanapali Beach Hotel, Maui Marriott, Westin Maui und Whaler on Kaanapali Beach. Tägl. 9.30–22 Uhr; kostenloser Pendelbus mit 9 Stops innerhalb des Resorts.

● **Whalers Village;** im Kaanapali Beach Resort in West-Maui umfasst ca. 6 000 Hektar Bodenfläche, über 70 Geschäfte und Restaurants mit Food Court, Entertainment und Services. Der Strand-Shopping-Komplex mit Restaurants und Museum bietet internationale Markenartikel mit Boutiquen der europäischen Modebranche wie Louis Vuitton, Tiffany, Chanel, Hunting World, Coach, Salvatore, Ferragamo, Gucci.

Auf 1 240 Hektar werden Duty Free-Produkte angeboten. Hawaiian Arts & Crafts Künstler zeigen täglich ihre Arbeiten im Zentralteil des Kom-

Schlüssel zur Baxter Info-Karte Kaanapali

Orientierung:
1-Whalers Village
 -Tägl. 9.30–22.00 Uhr geöffnet
  kostenlos parken im Parkhaus
  an Kaanapali Beach
  über 50 Läden & Restaurants/
  Autovermietung
 -Whalers Village Museum
  Walfängermuseum/Eintritt frei
 -Hale Kohola
  House of the Whale
2-Sugar Cane Train Station
  Ein- & Ausstieg „Zuckerexpress"
3-Royal Kaanapali Golf Course
  Golfplatz
4-Beach Walk
  Strandweg
5-Autovermietung/Rental Car
6-Kaanapali Plantation
7-Luigi's
  Pizza, Pasta, Fisch/
  Reservierung
8-Nanatomi
  Steak & Seafood/Fisch
 -Royal Kaanapali Club House
9-Peacock Restaurant
10-Lahaina
  25 Minuten von Kaanapali
11-Napili/Kapalua
 -West Maui Airport
12-Beach Activities
  Strandaktivitäten:
  Segeltrips/Parasailing/Drachenfliegen
13-Wahine Pe'e Beach

Unterkunft:
A-Hyatt Regency Maui
 -Drums of the Pacific
  Unterhaltungsshow
B-Maui Marriott
C-Kaanapali Alii
D-Westin Maui
E-The Whaler
F-Kaanapali Beach Hotel
G-Sheraton Maui
  Klippenspringer/Luau
H-Kaanapali Royal – Outrigger
K-Maui Eldorado
L-Maui Kaanapali Villas
M-Royal Lahaina Resort
  Royal Lahaina Luau
 -Moby Dick Restaurant

Historische Stätten Kaanapalis:
a-Pohaku Kaanapali
  merkwürdiges Felsgebilde,
  das nur von Menschen besonders
  starker spiritueller Kraft bestiegen
  werden durfte
b-Standort des ehemaligen Dorfs
  Kekaa
c-Standort eines ehemaligen Tempels
  (heiau)
d-Puu Kekaa
  Feuergöttin Pele soll hier den Black
  Rock, das Wahrzeichen Kaanapalis,
  geschaffen haben
e-Mango Tree
  Mango Baum; seine Früchte wurden
  früher von Beschäftigten der Matson
  Shipping Line, die bis zu den 1930er
  Jahren hier wohnten, geerntet
f-Wahine Pee und Moemoe
  angeblich sollen die Geister von
  zwei legendären Bewohnern Kaanapalis in den in den Sträuchern verborgenen Steinen wohnen
g-Kakoonamoku Race Track
  von der Jahrhundertwende bis 1918
  kamen hier die Einheimischen zu
  Pferdewetten zusammen
h-Kahui's Last Stand
  zwei Halbbrüder kämpften hier im
  18 Jh. um die Herrschaft Mauis
k-Taro Patch
  Farmer aus Kekaa bauten hier
  Taropflanzen an
l-Owl Cave
  Eulenhöhle; vor 1960 bewohnten
  weiße Eulen diese Höhle
m-Makaiwa Beach
  wegen neugepflanzten Brotfruchtbäumen wurde Kauluaau an diesem
  Strand ausgesetzt

MAUI 471
Kaanapali-Karte

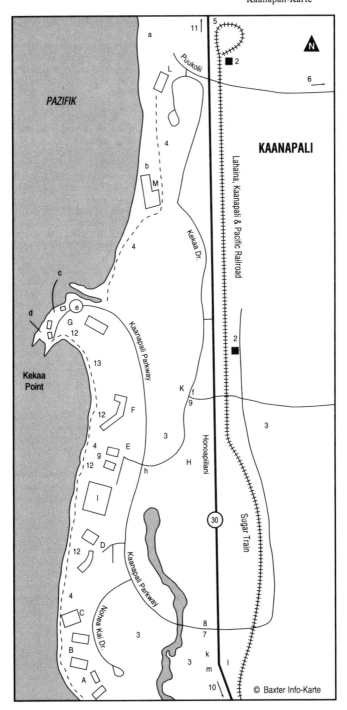

plexes. Mo., Mi. und Fr. 19–20 Uhr Entertainment mit Hula-Vorführung auf Central Stage.

Herrliche Restaurants bieten Meer- und Strandblick. Im Zentrum von Whalers Village ist ein ca. 12 m langes Skelett eines enormen Pottwals ausgestellt, das zum Besuch des hervorragenden Walmuseums in der dritten Etage des Komplexes einlädt. In den Fließen des Bodenbelags ist die Geschichte des Amfac Unternehmens verewigt.

• **Whale Center of the Pacific;** im Whalers Village. Das Whale Center umfasst zwei Museen, die täglich geöffnet und **kostenlos** sind, und zwar **Hale Kohola** (Haus des Wals) und **Whalers Village Museum.**

Whalers Village Museum enthält Exponate über Mauis Walfanggeschichte. Die goldene Ära des Walfangs reichte von 1821 bis 1865. Unter den Exponaten findet man eine Rekonstruktion einer Schiffskajüte, in der bis zu 25 Mann in engen Kojen hausten, wenn sie auf den oft jahrelangen Fahrten unterwegs waren.

In dieser Zeit entwickelten die Walfänger eine außerordentliche Kunst, das sogenannte Scrimshaw. Mit rasierklingenscharfen Messern schnitzten sie Walzähne und produzierten feinste Kunstwerke, die heute unter Sammlern höchste Preise erzielen. Das Museum zeigt in einer Ausstellung ganz exquisite Stücke Scrimshaw-Kunst.

Computer bieten Zugang zu faszinierender Information über Wale. Das **Whalers Village Museum** mit über 400 000 Besuchern pro Jahr zählt zu Mauis Topattraktionen und steht nach dem Nationalpark an zweiter Stelle! Di. u. Do. wird um 19 Uhr eine Diashow über Wale und Meeresleben gezeigt. Weitere Auskunft: 661-5992.

Verkehrsmittel

Für Besucher von West Maui, die kein Auto mieten möchten, gibt es als Ersatz eines öffentlichen Verkehrsmittels ein privates Busunternehmen, das folgenden Service anbietet:

• **Maui Shopping Express** zwischen West Mauis Whalers Village Center bei **Kaanapali** und den Resort Areas von Süd-Maui bis **Makena.** Die Fahrt einer Strecke dauert etwa 1 Std. und 45 Min. mit 10 Haltestellen in Süd-Maui. Von 11.30 bis 22 Uhr fünf Abfahrten täglich (etwa alle 3 Stunden) von **Whalers Village** im Zentrum des Kaanapali Beach Resort.

Von Süd-Maui täglich drei Abfahrten mit Halt beim Maui Prince Hotel in **Makena,** fünf Hotels in Wailea sowie bei den Hotels Kamaole Sands, Maui Banyan, Maui Coast und Maui Lu in Kihei. Letzte Abfahrt vom Maui Prince Hotel um 16.45 Uhr. Relativ günstiger Fahrpreis.

• **West Maui Express** verkehrt entlang des 16-Kilometer-Küstenabschnitts vom Kapalua Resort bis Lahaina. Sechs Abfahrten täglich mit Doppeldeckerbussen von 8.15 bis 22 Uhr mit halt an 19 Hotels, Condominiums sowie Einkaufseinrichtungen, wie Kapalua Shops, Napili Plaza, Whalers Village sowie in Lahaina Hilo Hattie und Wharf. Einwegstrecke etwa 50–60 Minuten. Sehr preisgünstig wird ein All-Day-Pass für mehrmalige Fahrten angeboten; einfache Fahrt ebenfalls preiswert. Weitere Information via Transhawaiian (808)877-0380.

Nun zu Mauis Kahului & Wailuku Stadtkonzentration.

KAHULUI & WAILUKU
„Mauis Verwaltungs- und Geschäftszentrum"

Mauis Geschäfts- und Handelszentrum liegt in den Zentral-Maui Städten **Kahului** und **Wailuku**. Zentral-Maui trennt die West Maui Mountains vom Haleakala Krater und besitzt die größte Bevölkerungsdichte Mauis. Besucher kommen auf der „Insel der Täler" auf dem **Kahului Airport** an, der am Ostrand der Stadt liegt. In geringer Entfernung vom Flughafen (gegenüber vom Terminal-Eingang) liegt der **Kanaha Beach Park** mit schattigen Picknick-Areas, Grillplätzen und Schwimmstrand am Ostende des Parks.

Nähert man sich der Stadt Kahului, passiert man das Naturschutzgebiet **Kanaha Pond Wildlife Sanctuary,** in dem die bedrohten hawaiischen Wasservögel Stilt/Stelzenläufer und Coot/Wasserhuhn zu Hause sind.

Die Städte **Kahului** und **Wailuku** sind fast zusammengewachsen; werden allerdings nur durch ein Gebiet großer Shopping Centers sowie dem Zoo und dem Botanischen Garten voneinander getrennt. Die beiden Städte verdienen allerdings nicht nur als Ausgangspunkt zur Erkundung Mauis und Transportzentrum Beachtung. Obwohl man hier kein Strandleben findet, kann man sich doch wenigstens etwas in Mauis Geschichte vertiefen.

KAHULUI

Kahului ist der Start der Maui-Erkundung, da man im allgemeinen entweder im Hafen oder am Kahului Flughafen ankommt. Zur Maui-Entdeckung benötigt man unbedingt ein Mietauto. Autovermietung am Flughafen vorhanden. Der Flughafen liegt nur wenige Minuten von Kahuluis Innenstadt entfernt.

● Von **Kahului** führen die Straßen zu allen möglichen touristischen Gebieten Mauis: Ostwärts via *Hwy 36/360* nach Hana; südostwärts via *Hwy 37* zum Haleakala-Krater und Upcountry Maui; südwärts via *Hwy 350/Hwy 31* nach Kihei, Wailea und Makena, westwärts via *Hwy 380/Hwy 30* nach Lahaina, Kaanapali, Napili und Kapalua.

● **Kahuluis Geschichte und Entwicklung.** Kamehameha I. landete hier 1790 mit seinen Kriegskanus zur Vorbereitung seines Angriffs zur Eroberung von Maui. Im nahegelegenen Iao-Tal besiegte er die Truppen des Königs von Maui. Im 19. Jh. diente Kahului als Hafenstadt hauptsächlich zum Verschiffen von Zucker der Zuckerplantagen der Umgebung. 1900 brannte man Teile der Stadt zur Bekämpfung einer Pestepidemie nieder. Beim Wiederaufbau erweiterte man den Hafen.

In den 1960er Jahren begann die Hawaiian Commercial and Sugar Co. billige Unterkünfte für ihre Beschäftigten zu bauen, was zum Vorbild der gesamten USA wurde. Kahului besitzt die besten Shopping Centers der Insel. Ferner weist die Stadt einen Zoo, den Tiefwasserhafen, Maui Community College, einen Park, einige Heiaus (Tempel) das Alexander & Baldwin Sugar Museum und das Maui Arts and Cultural Center auf. Hier nun zu den Attraktionen Kahuluis:

474 MAUI
Kahului: Zuckermuseum

Attraktionen Kahuluis

● **Alexander & Baldwin Sugar Museum**, an *Puunene Ave. & Hansen Rd., Highway 350* in Puunene, nur wenige Kilometer vom Kahului Airport und gegenüber Hawaiis größter Zuckerfabrik A&B's Puunene Mill; von der Alexander & Baldwin Co. (einer der „Big Five" – 5 mächtigen Unternehmen Hawaiis, die einst das Geschehen Hawaiis bestimmten) gegründet. Das Museum befindet sich in dem Gebäude, das seit 1902 als Wohnhaus des Plantagenverwalters diente. In den einzelnen Räumen sind Exponate untergebracht, die etwas mit dem Puunene Zuckerbetrieb zu tun haben. Unter den Exponaten außer Fotos der Gründer und Memorabilien, Stücke, die über Wassergräben informieren, über die man Wasser aus Feuchtgebieten im Osten Mauis zur künstlichen Bewässerung herleitete. Ferner erhält man Einblick in den Betrieb einer Sugar Mill und das Leben der Plantagenarbeiter.

Gründer der auf 4,8 Hektar beginnenden Plantage waren **1869** Samuel Thomas (1836–1904) und Henry Perrine Baldwin (1842–1911), später unter dem Namen A&B geführt. Mo.–Sa. 9.30–16.30 Uhr; Eintritt. Tel. 871-8058.

Schlüssel zur Baxter Info-Karte Kahului/Wailuku
mit vielen Baxter-Tips

Wichtiges & Interessantes:
1-Heliport
   Hubschrauberplatz
2-T-Shirt Factory/Coral Factory
   T-Shirts & Korallen
3-Windsurfing School
4-K-Mart
   Kaufhaus/Filme
5-Marco's Grill & Deli
   bei Einheimischen beliebt
6-Maui Visitors Information
   Hotel-/Restaurant-Info
7-Maui Mall
   Drugstore/Supermarkt/
   Woolworth/Restaurant
8-Maui Chamber of Commerce
   Tourist Information
9-Kentucky Fried Chicken
   Hähnchenlokal/Straßenverkauf
10-Burger King
11-Supermarkt
12-Island Fish House
   Fischspezialitäten
13-Kaahumanu Center
   Sears/Liberty House/
   Einkaufszentrum
14-Maui Community College
   (University of Hawaii)
15-Zoo
16-Baseball Stadion
17-Police/Polizei
18-Hospital
19-Dairy Queen
   Eiserfrischungen/Sandwiches
20-Maui Historical Society Museum
   -Kepaniwai Gardens
21-Kaahumanu Church
22-Pizza Hut
   auch Straßenverkauf
23-Katholische Kirche
24-Tankstelle
25-McDonald's
26-Hazel's Cafe
   bei Einheimischen beliebt
   sonntags Ruhetag
27-Sugar Museum
   Zuckerrohr-Museum
   tägl. 9.30–16.30 Uhr
   -Post Office/Postamt

28-Lahaina/Kaanapali
   20 mi/32 km
29-Kihei/Wailea
   8 mi/13 km
30-Kanaha Beach Park
   Picknick/Schwimmen
31-Hana 53 mi/85 km
   -Hana Highway
   -Paia/Hookipa Beach
   Windsurfing
32-Kanaha Bird Sanctuary
   Vogelschutzgebiet
33-Zur Iao Needle
34-Maui Tropical Plantation
   -Waikupu Village
35-Zum Haleakala Nationalpark
   -Haleakala Krater
   -House of the Sun Visitors Center/
   -Haleakala Summit
   37 mi/59 km

Unterkunft/Vorwahl (808):
A-$$ Maui Seaside Hotel
   877-3311
   gebührenfrei 1-800-367-7000
   Fax 922-0052
B-$$$ Maui Beach Hotel
   877-0051
   gebührenfrei 1-800-367-5004
   Fax gebührenfrei 1-800-477-2329
-$$ Maui Palms
   877-0071
   gebührenfrei (Fax/Tel.) wie Maui
   Beach

Straßenschlüssel:
a-Hemaloa Street/
   Aalei Street
b-Kamehameha Ave./
c-Haleakala Highway
d-Keolani Place
e-S. High Street
f-Main Street/Iao Valley Rd.
g-Mahalani St.
h-Hana Highway
k-Kahului Beach Rd
l-Waiehu Beach Rd

MAUI 475
Kahului/Wailuku-Karte

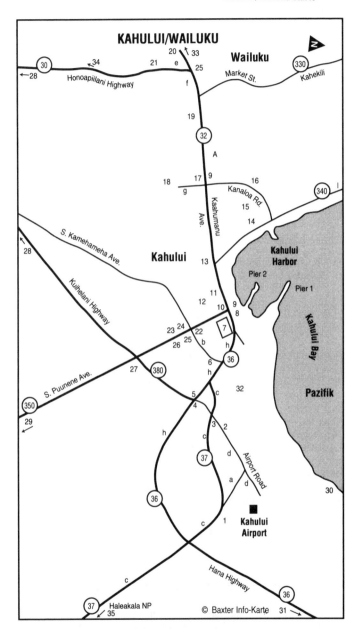

● **Maui Arts and Cultural Center,** hinter *Kahului Beach Road,* auf der dem Kahului Harbor gegenüberliegenden Seite der Kahului Bay. Das Kunst- und Kulturzentrum beherbergt das Maui Community Theater, Maui Academy

476 MAUI
Wailuku: Bailey House Museum

of Performing Arts, Maui Philharmonic Society sowie Maui Symphony Orchestra.

Veranstaltungen umfassen Auftritte bedeutender Künstler des Showbusiness und Gesangskünstler, Stars internationaler Ballettgruppen, Rock Konzerte und vieles mehr. Das Center besitzt ein Theater für Shows und Konzerte mit 1 200 Sitzplätzen, eine riesige Kunstgalerie, eine Freilichtbühne für Hula-Tanzveranstaltungen sowie ein Freilichttheater mit einer Kapazität von 4 000 Zuschauern. Info über Veranstaltungen: Box 338, Kahului, HI 96732; Tel. (808)242-ARTS.

> Unterkunft, Restaurants & Shopping siehe unter **Maui**.

WAILUKU

Wailuku liegt im windreichen Norden von Maui und ist Regierungssitz des Maui County, der außer Maui die Inseln Lanai, Molokai und Kahoolawe umfasst. Die mit Kahului inzwischen zusammengewachsene Stadt bildet den größten städtischen Komplex der Insel.

Wailuku bedeutet etwa „blutiges Wasser", was aus der blutigen Schlacht entstanden ist, in der Kamehameha I. **1790** die Krieger Mauis im Iao-Tal besiegte. Im vergangenen Jahrhundert ließen sich die Missionare in Wailuku nieder. Die noch aus dieser Zeit herrührende Bauweise verleiht Wailuku Neuengland-Charakter.

Um die Ecke von *South High Street* besitzt Wailuku einen historischen Stadtkern, den **Wailuku Historic District,** in dem die wenigen Attraktionen zu finden sind. Beim Wailuku Main Street Association, 68 Market Street, gibt es eine kostenlose Broschüre für Stadtrundgang – *Rediscover Wailuku Town.* 23 historische Stätten werden vorgestellt, darunter Iao Valley Theater. Das 1927 erbaute alte Kinogebäude wird heute nach Renovierung von Theatergruppen genutzt. Zwischen Wailuku und Kahului findet man noch den Zoo und Botanischen Garten mit einer Sammlung endemischer Pflanzen. Außerhalb Wailukus gibt es dann noch den Iao Valley State Park mit der Iao Needle und den Kepaniwai Park and Heritage Center sowie John F. Kennedy Profil und Maui Tropical Plantation.

> Unterkunft, Restaurants & Shopping siehe unter **Maui**.

Attraktionen von Wailuku und Wailuku Area

● **Bailey House Museum;** Hale Hoikeike auf dem Weg zum **Iao Valley State Monument,** nur wenige Kilometer von der berühmten **Iao Needle** entfernt. Das historische Gebäude beherbergt den Geschichtsverein Maui Historical Society, der das Haus 1957 als Museum eröffnete.

Das auf der anderen Seite der Berge liegende Lahaina weist deutlich mehr Geschichte auf als diese Seite der Insel. Hawaiis alte Walfang-Hauptstadt besitzt das Baldwin Missionary Home, die Brigg *Carthaginian,* das alte Gefängnis, das Printing House (Druckerei) und den Wo Hing Temple.

MAUI

Iao Valley SP

Der Tourismus hat dort von der dramatischen Geschichte protitiert – dem Zusammenprall zwischen Walfang-Crews und den Neuengland-Missionaren.

Bei der Führung durch das Bailey House erfährt man, dass die ersten Missionare aus Neuengland wussten, wie sie Jungen und Mädchen voneinander getrennt halten konnten – durch eine Bergkette. Das Jungenseminar befand sich in Lahaina (Lahainaluna über der Stadt, die älteste High School westlich der Rockies). Das Mädchen-Seminar war das Bailey House, das in verschiedenen Phasen von 1833 bis 1855 erbaut wurde.

Edward Bailey und seine Frau Caroline kamen 1837 als Lehrer an, als die Missionare in dem Haus das Wailuku Female Seminary eröffneten. Bailey wurde später Rektor an der Schule. Als das Seminar 1849 geschlossen wurde, nachdem die in Boston beheimatete Mission keine Geldmittel mehr zur Verfügung stellte, kaufte er das Haus und unterrichtete weiter.

Bailey wurde später durch Grundstücksgeschäfte und Zucker vermögend. Er bewohnte das Haus bis in die 1880er Jahre mit seiner Familie. Bailey war auch Naturkundler und Maler. Viele seiner Landschaftsmalereien sind ausgestellt. Die verschiedenen Räume enthalten Memorabilien und Einrichtungsgegenstände sowie Exponate zu Mauis Geschichte jener Zeit.

Im **Hawaiian Room** sind Artefakte ausgestellt, darunter Stein- und Knochenwerkzeug sowie Federarbeiten und Ausgrabungsfunde von der unbewohnten Insel Kahoolawe. Im Schuppen im Garten sind Kanus zu sehen. Ferner gibt es ein Surfbrett, das dem Olympiaschwimmer Duke Kahanamoku gehörte. Das Museum beherbergt ein Archiv und Souvenirladen. Eintritt. Mo.–Sa. 10–16 Uhr; Tel. 244-3326.

● **Iao Valley State Park.** Westlich von Wailuku, am *Highway 32/320,* der Verlängerung von *Main Street* liegt das Iao-Tal, einst geheiligtes Tal der Könige, wo man diese bis 1736 bestattete. Die alten Hawaiianer pilgerten hierher, um ihre Götter zu ehren. Vom Parkplatz führen mehrere gut angelegte Wege ins Tal.

In der Mitte des feucht-tropischen Tals erhebt sich die Iao-Nadel, 686 m über dem Meeresboden (366 m aktuelle Höhe ü.M.). Der spitz zulaufende Monolith blieb in dem sonst vom Iao Stream ausgewaschenen Tal zurück. Das Tal bildet eigentlich den Rest der vulkanischen Caldera der West Maui Mountains. Mark Twain bezeichnete das **Iao Valley** als das „Yosemite des Pazifiks"!

Der Legende nach wurde das Tal nach Iao benannt, der Tochter des hawaiischen Halbgotts Maui und dessen Frau Hina, die keinen Mann an ihre Tochter herankommen ließen. Nachdem Maui den ungebetenen Freier Puuokamoa, den Wassermann-Gott des Pools, an dem Iao ihn getroffen hatte, gefangengenommen hatte und verbrennen wollte, mischte sich die Feuer- und Vulkangöttin Pele ein und befahl Maui, Puuokamoa in einen Stein zu verwandeln. Daraufhin verwandelte sich Puuokamoa in die heutige als Felsnadel aus dem Tal ragende **Iao Needle!**

● **John F. Kennedy Profil.** Auf der Straße zum Iao Valley kommt man zu einer landschaftlichen Stelle, die **Pali Eleele** oder Black Gorge genannt wird. In diesem einst von einem Fluss ausgeschnittenen Canyon erkennt man in einer Serie großer Felsen ein Profil, von dem man zuvor nie etwas gehört hatte. Nach der Ermordung von Präsident Kennedy glaubte man, in dem Felsen das Profil von Kennedy (Profil mit geschlossenen Augen) zu erkennen.

● **Kaahumanu Church;** an *High Street/Highway 30.* Mauis älteste Steinkirche wurde nach der resoluten, aber liebenswürdigen Königin Kaahumanu benannt. Sie war die erste bedeutende Konvertitin, die oft an den Gottesdiensten in Kahuluis einfacher Strohhüttenkapelle teilnahm. 1832 erstellte

MAUI
Kapalua/West-Maui

man an derselben Stelle eine Lehmkirche, die man nach der Königin benannte.

Nachdem die Lehmkirche durch Regen und Verwitterung weggewaschen wurde, ersetzte man sie 1837 durch eine Steinkirche. 1876 verkleinerte man die Kirche bis auf die Hälfte der ursprünglichen Größe. Zurück blieb das in Weiß und Grün gehaltene Gebäude. 1984 wurde der Kirchturm von den Skyline Engineers aus Massachusetts repariert, wo 150 Jahre zuvor die Missionare hergekommen waren. Sonntags Gottesdienst.

Auf dem Weg zum Iao Valley mit Iao Needle:

● **Kepaniwai Park and Heritage Gardens;** herrliche Park- und Picknick Area. Etwa 2 mi/3 km außerhalb von Wailuku, Nähe Iao Valley State Park, wo die Iao Needle aus dem Talboden ragt. Wenn man es zu eilig hat, verpasst man Kepaniwai völlig. Der Park mit seinen Nachbildungen von verschiedensten Häusern und Hütten erster Einwandergruppen ist ein Spiegelbild von Mauis unterschiedlichen Völkergruppen aus Chinesen, Japanern und Portugiesen sowie Missionarsfamilien. Darunter eine hawaiische Strohhütte mit Tarofeld dazu sowie eine chinesische Pagode, japanisches Teehaus mit Garten und portugiesische Hütten im Stil wie sie die Missionare bauten.

Kepaniwai bedeutet übrigens „Eindämmen des Wassers". An diesem stillen Ort waren 1790 die Gewässer mit den Leichen der gefallenen Krieger von Kalanikupules Armee gefüllt. Kamehameha I. hatte hier die Armee des Kalanikupule, Sohn und Erbnachfolger von Mauis König Kahekili, den viele für Kamehamehas Vater halten, bis auf den letzten Mann besiegt. Nach der Eroberung von Maui begab er sich auf seinen weiteren Eroberungsfeldzug, um die hawaiischen Inseln unter einem Königreich zu vereinen. Der Park wird vom Maui County verwaltet und ist beliebter Ort für Hochzeiten. Täglich geöffnet; Eintritt frei.

● **Maui Tropical Plantation.** An *Highway 30* im Waikapu-Tal bei Waikapu. Besucher fahren mit einer Besucherbahn durch die Plantage mit einer Fülle hawaiischer Pflanzen und Blumen. Es geht durch Felder mit Zuckerrohr, Bananen, Mangos, Papayas, Ananas und Macadamia-Nüssen sowie Kaffeesträuchern und Guaven. Eintritt frei. Tägl. 10.30 – 17 Uhr; Tram Tour alle 45 Min. 10–16 Uhr. Gebühr. Tel. 244-7643. Restaurant und Souvenirs; auch Di., Mi. & Do. Hawaiian Country BBQ und Shows 16.45–19.30 Uhr; im Preis ist Tramfahrt inbegriffen.

> Hier nun zu Mauis exklusivem Ferienziel an Mauis Nordwestküste – Kapalua.

KAPALUA
„Ziel für Urlauber mit Geschmack und Geld"

Kapalua liegt an Mauis Nordwestküste, an der *Highway 30* entlangführt. Die Kapalua und Napili Bay Region ist wegen ihrer schönen Strände berühmt. **Kapalua** ist im Gegensatz zu dem südlicher liegenden Badeort Kaanapali touristisch nicht so stark ausgebaut. Hier findet man exklusive Luxushotels mit spektakulären 54-Loch Championship Golfanlagen nach Arnold Palmer Design direkt vor der Haustür. **Kapalua** ist Ziel von Besuchern mit gehobenen Ansprüchen und dicken Geldbeuteln!

Am Rande der Hotelanlagen erstreckt sich **Fleming's Beach,** der Strand, den man über ein dichtes Waldstück erreicht. Der

Strand selbst hat mehr Steine als Sand, aber das klare Wasser und die Vielfalt der Meereslebewesen bieten hier fantastische Schnorchel- und Taucherlebnisse. Über Kapalua hinaus wird die Straße eng und kurvenreich und windet sich entlang der Felsklippen Richtung Honolua und Mokuleia Beach.

● **Ferienhotelanlagen.** Von den Hotelanlagen der Kapalua Area bietet das 550-Zimmer **Ritz Carlton Kapalua** hier Luxus der Megaklasse. Golfer finden hier ein Paradies. Drei spektakuläre 18-Loch-Plätze nach Arnold Palmer Design umgeben das Resort an der ruhigen Westküste. Weißer Sandstrand, ein Traum von Swimmingpool-Anlage über drei Terrassen erwarten den Besucher sowie ein vielfältiges Angebot an Segel- und Wassersportmöglichkeiten. 4 Restaurants und 2 Bars sorgen für lukullische Genüsse.

Das kleinere **Kapalua Bay Hotel** mit nur 294 Zimmern sorgt eventuell nur mit weniger Fläche und Aufwand ebenfalls für luxiurösen Aufenthalt. Die weltberühmten Golfanlagen der 54-Loch Bay-, Village- und Plantation Golfplätze liegen dicht bei der Hotelanlage. Ein Ferienparadies der Luxusklasse erwartet Besucher, die es sich leisten können.

● **Honokahua Burial Site.** Bei den Bauarbeiten des Ritz-Carlton Hotels stieß man auf die Begräbnisstätte von mehreren Hundert Bestatteten. Aus diesem Grund wurde das Hotel schließlich an einem entfernteren Standort errichtet, um die Ausgrabungsstätte unversehrt zu halten. Die Grabstätte erstreckt sich über 3 200 Quadratmeter und ist heute nur durch einen grünen Hügel erkennbar. Man fand die Reste von etwa rund 900 Bestatteten.

● **Fahrt** von Kapalua nordwärts über die Küstenstraße, die sich von *Highway 30*, etwa am Nordwestzipfel bei **Kanounou Point**, als *Highway 340* um Mauis Nordwestküste windet, sollte nur mit einem geländegängigen Fahrzeug (mit vollem Tank und Proviant sowie Trinkwasser!) unternommen werden! Für den 18 mi/29 km Abschnitt braucht man sehr viel Zeit. Oft schafft man nur weniger als 6–7 Kilometer in der Stunde.

Unterwegs stößt man auf verschiedene althawaiische Heiaus, passiert Seevogelkolonien und ab und zu winzige, einsame Wohnhäuser. Eventuell trifft man auf einen ursprünglichen Abschnitt der einstigen königlichen Straße *Aaloa*, die im 16. Jh. die Insel Maui umrundete. Die Straße entlang der Küste mündet schließlich als *Kaheliki Highway/Highway 340* in die *Waiehu Beach Road*, die schließlich am Kahului Harbor vorbei nach **Kahului** führt.

Abschließend sei nur davor gewarnt, dass diese Strecke oft nur Sandpiste ist, häufig Felsrutsch vorkommt, trocken, windig und unbewohnt ist. Bei einer Autopanne ist oft stunden- oder tagelang keine Hilfe in Sicht. Wer sich auf dieses Abenteuer einlässt, sollte es sich vorher gut überlegen und bestens ausgerüstet sein (ein Handy wird dann sehr praktisch, um Hilfe zu holen). Ansonsten empfiehlt es sich, von Kapalua nicht über *Highway 30* hinaus zu fahren und lieber die schönen Strände an der Westküste zu genießen.

Kihei ist das nächste Reiseziel an der sonnigen Westküste von Ost-Maui.

KIHEI
„Mauis schnellstwachsender Ferienort"

Kihei in Ost-Maui beginnt am Hafen von **Maalaea**, wo Mauis Zentralebene an die Südküste stösst, und endet am Eingang

480 MAUI
Maalaea–Kihei–Wailea–Makena

zum **Wailea Resort**, etwa 16 Kilometer weiter südlich. Kiheis Einwohnerzahl hat sich im letzten Jahrzehnt auf über 17 000 verdoppelt – etwa genau soviel Touristen erhält Kihei täglich.

Schlüssel zur Baxter Info-Karte Maalaea–Kihei–Wailea–Makena

Orientierung & Info: mit vielen Baxter-Tips
1-Kealia Beach Plaza
 -Pacific Whale Foundation
 -Kihei Canoe Club
 -Kihei Wharf
2-Tankstelle
3-Azeka Place Shopping Center
 -Supermarket
 -Ocean Activities
 -Post Office/Postamt
4-Tankstelle
5-Kihei School
6-St. Theresa's Church
 -Waiohuli Beach Hale
7-Kihei Town Center
 -McDonald's
 -Chuck's Steakhouse
 -Snorkel Bob's
 Schnorchelausrüstung
8-Kukui Mall
 -Perry's Smorgy
 preiswertes Lokal
 -Kentucky Fried Chicken
9-McDonald's
 -Snorkel Bob's
10-Rainbow Mall
 -Shipwreck Restaurant
 -Dolphin Shopping Plaza
 -Canton Chef Restaurant
 -Erik's Seafood Broiler
 -Lappert's Ice Cream
11-Kai Nani Village
12-Maui Meadows
13-Wailea Shopping Village
 Minimarkt/Restaurants
14-Golfplatz
15-Keawalanii Church (1832)
 historische Kirche
16-Big Beach
17-Lavaströme
18-Maalaea Small Boat Harbor
 -Ocean Center Aquarium
 -Buzz's Wharf Restaurant
 -Pacific Whale Foundation
 -Walbeobachtungstouren
19-Papawai Point
 -Scenic Lookout
 Aussichtspunkt mit Infotafel
20-Tunnel (1951)
 etwa 4,5 m Höhe
21-Papalaua St. Wayside
 -Manawaipueo Gulch
 -Ukumehame Beach Park
22-Olowalu Petroglyphs
 -Kailiili Beach
 -Sugar Mill Ruins
 Zuckerfabrik-Ruinen
 -Chez Paul Restaurant
 -Hekili Point
23-Launiupokoo State Park
24-Hanakooo Beach Park
 -Lahaina
 -Kaanapali
 -Kahana
 -Napili
 -Kapalua
25-Wailuku
 -Maui Plantation Garden
26-Kahului Airport
27-Kahului

Unterkunft/Hotels:
A-$$ Maui Isana Resort
 879-7800
 gebührenfrei 1-800-633-3833
 Fax 874-5321
B-$$ Maui Lu Resort-Aston
 gebührenfrei 1-800-922-7866
 Fax 922-8785
 -Ukulele Grill
C-$$$ Kihei Bay Vista-Outrigger
 879-8866
 gebührenfrei 1-800-688-7444
D-$$ Koa Lagoon
 879-3002
 gebührenfrei 1-800-367-8030
 Fax 874-0429
E-$$$ Royal Mauian Resort
 879-1263
 gebührenfrei 1-800-367-8009
 Fax 874-7639
F-$$ Maui Coast Hotel
 874-6284
 gebührenfrei 1-800-895-6284
 Fax 875-4731
G-$$$ Aston at the Maui Banyan
 875-0004
 gebührenfrei 1-800-922-7866
 Fax 922-8785
 -$$$ Kamaole Sands-Maui
 879-5445
 gebührenfrei 1-800-822-4409
 Fax 874-6144
 -$$$ Maui Hill-Aston
 gebührenfrei 1-800-922-7866
 Fax 922-8785
H-$$$ Mana Kai Maui
 591-2235
 gebührenfrei 1-800-367-5004
 Fax 596-0158
K-$$$ The Palms at Wailea-Outrigger
 879-5800
 gebührenfrei 1-800-688-7444
L-$$ Maui Oceanfront
 879-7744
 gebührenfrei 1-800-367-5004
 Fax (gebührenfrei) 1-800-477-2329
M-$$$ Aston Wailea Resort
 879-1922
 gebührenfrei 1-800-922-7866
 Fax 922-8785
 -$$$ Renaissance Wailea Beach Resort
 879-4900
 gebührenfrei 1-800-HOTELS 1
N-$$$ Four Seasons Resort-Maui
 874-8000
 gebührenfrei 1-800-334-MAUI
 -$$$ Grand Wailea Resort Hotel
 875-1234
 Fax 879-4077
O-$$$ Kea Lani Hotel
 875-4100
 gebührenfrei 1-800-882-4100
 Fax 875-1200
P-$$$ Maui Prince Hotel
 874-1111
 Fax 879-8763

MAUI 481
Kihei–Wailea-Karte

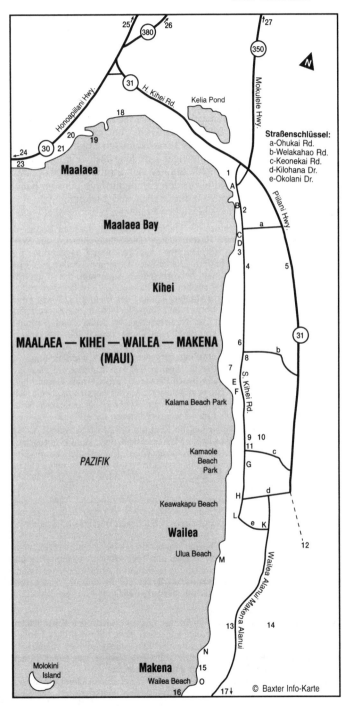

MAUI
Maalaea–Kihei/Ocean Center

Hawaiis *„Silicon Valley"* im Bereich von Kihei umfasst einen 132-Hektar Forschungs- und Technologiepark mit Supercomputers im Wert von 40 Millionen Dollar. Ferner besitzt die Stadt eine 3,5-Millionen-Dollar öffentliche Bücherei – die größte der Nachbarinseln, zwei Grundschulen und eine neue Polizeiwache.

Über 50 Hotels mit über 3 700 Hotelzimmern und Ferienwohnungen erstrecken sich entlang der heißen und sonnigen Küste, die weniger als 12 Zentimeter Regen pro Jahr erhält. **Kihei,** mit seinen zehn Meilen von Mauis südlicher Küste, gehört zu Amerikas 50 *„Hottest Little Boom Towns"* und rangiert an dritter Stelle in der Reihe der schnellstwachsendsten Städte Amerikas! **Kihei** ist wegen der günstigen Bodenpreise ein gefragter Standort – hier findet man Sonne, viel Strand und Shopping. Vor allen Dingen ist Kihei für den Familienurlaub günstig. **Kihei** ist das Versorgungszentrum für Wailea und Makena.

● **Maalaea–Kihei.**
Maalaea ist für die Südküste der Hafen, von dem die meisten Bootsausflüge starten. Im **Maalaea Harbor** gehen viele Schnorcheltrips und Walbeobachtungstouren ab. Ein Dutzend Ausflugs- und Charterboote für Tiefseeangeln sind hier basiert. Die größte Attraktion ist das moderne **Maui Ocean Center** mit einem hervorragenden **Aquarium,** das in natürlichen Habitaten die Meeresbewohner der hawaiischen Gewässer zeigt.

Die ersten 6 mi/10 km von **Maalaea** entlang des *Highway 31/North Kihei Road* passiert man offenes Strand- und Marschgebiet, bis an das Zuckerrohrfelder stoßen. Hier grenzt das Naturschutzgebiet **Kelia Pond National Wildlife Refuge** mit 300 Hektar und einem Teich, der sich über 100 Hektar erstreckt, an den Highway. Am Rand des 1993 gegründeten Schutzgebiets erheben sich die ersten Bauten mit Ferienwohnungen/Condominiums.

Kurz hinter **Keulia Pond** stößt *Highway 350* von **Kahului** auf *Highway 31.* Hier findet man am **Kealia Beach Plaza** die **Pacific Whale Foundation,** die auch Walbeobachtungstrips organisiert. An der Kreuzung gabelt sich der Highway. *Highway 31* nimmt als *Pülani Highway* die Haleakala-Seite der Küste, während *South Kihei Road* als Küstenstraße verläuft.

● **Maui Ocean Center Aquarium,** im Zentrum des Maalaea Harbor Valley Shopping Center, den Bootshafen Maalaea Small Boat Harbor überschauend. Das inzwischen sechste von Coral World International entwickelte Aquarium beherbergt einen 2,8 Millionen Liter Tank mit Haien und anderen Meereslebewesen. Besucher bewegen sich durch einen „gläsernen" Tunnel in der Mitte des Tanks.

Ferner enthalten die Räume des Aquariums verschiedene Aquarien, die die Lebewesen der hawaiischen Unterwasserwelt der Korallenriffe repräsentieren. In außerhalb des Gebäudes befindlichen Becken sind Schildkröten und Rochen zu sehen.

Der **Whale Discovery Court** umfasst interaktive Ausstellungen zum Thema Buckelwale, die im Nov./Dez. aus ihrer arktischen Heimat in die warmen Gewässer Hawaiis ziehen, die sie dann im April wieder verlassen. Der Ocean Center Komplex umfasst ferner ein Restaurant, Snack Bar sowie Buch- & Souvenirladen. Tel. (808)875-1962.

● **Entlang South Kihei Road.**
Von der Kreuzung *Highway 350/Highway 31* passiert man den **Kihei Wharf** mit dem Kihei Canoe Club. Kihei war schon immer ein wichtiger Landeplatz auf Maui gewesen. Im Laufe der Jahre machten hier wiederholt hawaiische Kriegskanus fest. Später hielt Capt. George Vancouver diesen Strandstreifen ebenfalls für einen guten Ankerplatz.

Ein Totempfahl gegenüber vom Maui Lu Hotel kennzeichnet die Stelle, an der Vancouver landete. Während des Zweiten Weltkriegs, als man eine

Kihei

japanische Invasion befürchtete, galt Kihei als Ziel eines amphibischen Angriffs, der aber nicht stattfand. Entlang des Strands findet man dagegen heute noch teilweise verrostete Panzerfallen und Bunker, die aus jener Maßnahme herrühren.

Kihei ist eine Naturlandschaft mit Berg- und Meerblick. Der Haleakala, dessen Flanken mit dem Upcountry Kihei auf der Ostseite begrenzen, fängt die Regenwolken ab, bevor sie sich über Kihei entladen können. Daher garantiert hier die Sonne das beständigste Wetter mit überwiegend Sonnenschein und Wärme.

Kihei besitzt 8 Strandparks, manche lang und von weiten Rasenflächen und schattenspendenden Bäumen begrenzt, andere wiederum sind kleine isolierte Strandzipfel. Die einen sind durch vorgelagerte Riffs geschützt und bieten ideale Bedingungen zum Schwimmen und Schnorcheln, die anderen wiederum sind ideal für Surfer.

Trotz der vielen Condominium- und Hotelbauten, die sich kettenhaft aneinanderreihen, bleibt das Strandgebiet unberührt. Auch hier sind die Strände **öffentlich.** Über ein Dutzend Einkaufs-Centers qualifizieren als Malls oder Minimalls. **Kihei** besitzt keine traditionelle Ortsmitte oder etwa *Town Center,* obwohl es einen **Kihei Town Center** Einkaufskomplex gibt – zwischen *E. Welakahao* und *Auhana Roads.* Die bekannten Fast-food Lokale betreiben überall Filialen in Kihei. Kiheis beide großen Supermärkte sind rund um die Uhr geöffnet. Ferner gibt es vier Kinos.

Dazwischen mischen sich Zahnarzt- und Arztpraxen, Chiropraktiker und Grundstücksmakler sowie Läden und Unternehmen, die eine breite Palette an Wasseraktivitäten und alles mögliche an sportlicher Ausrüstung zur Vermietung anbieten. Surfen, Windsurfen, Kajaktrips, Segeln, Tauchen mit Tauchgerät *(scuba diving),* Sportangeln, Hochseeangeln und Bootsausflüge sind einige der angebotenen Aktivitäten. Es gibt über 50 Restaurants und Fast-Food Filialen. **Kihei** genießt inzwischen den Ruf, dass man hier eine Vielfalt guter, aber auch preiswerter Restaurants findet.,

● **Entlang Piilani Highway.**
Der 7 mi/11 km *Piilani Highway* läuft von der Kreuzung *North & South Kihei Roads* parallel zur *South Kihei Road* zum **Wailea Resort.** Von den Flanken des Haleakala blickt man auf die sich über 6 Blocks erstreckenden Dächer der Gebäude Kiheis. Zur Linken wird die aride Landschaft unterbrochen von dem 18-Loch Golfplatz **Silversword Golf Course** und dem Eingang zum **Maui Research & Technology Park,** weshalb man Kihei auch als *Silicon Valley* (Silicon Valley in Kalifornien, wo die High-Tech und Computerfirmen stationiert sind) bezeichnet.

Mittelpunkt bildet das **Maui High Performance Computing Center,** das 14 Super-Computer der Welt beherbergt. Das Zentrum wird von der amerikanischen Luftwaffe/Air Force in Partnerschaft mit Universitäten und großen Unternehmen einschließlich Rockwell und der Telefongesellschaft GTE Hawaiian Tel verwaltet. Über ein Dutzend High-Tech Firmen und Organisationen sind hier zu Hause.

● **Kihei und seine Strandgebiete.**
Obwohl Kihei wegen seiner Überbauung kein schmeichelhaftes Bild bietet, zeigt der fast ununterbrochene 10 km Strand seinen Reiz. Wassersportler und Sonnenanbeter finden hier Erfüllung. Zudem sind die Hotels, überwiegend allerdings Condominiums, durchweg preiswerter als in anderen Teilen Mauis, halt nur nicht so luxuriös wie in Kaanapali und Kapalua. Einzelheiten siehe unter **Mauis Strände.** Südlich von Kihei schließen sich die Orte **Wailea** und **Makena** mit einer Reihe von Luxushotels an.

Unterkunft, Restaurants & Shopping sowie Aktivitäten siehe unter Kapitel **Maui.**

484 MAUI
Lahaina Geschichte

> Nun zu Lahaina, Mauis historische Walfängerstadt.

LAHAINA
„Alte Hauptstadt Hawaiis und historische Walfängerstadt des Pazifiks"

Lahaina an der Westküste Mauis, etwa 25 mi/40 km vom Flughafen Kahului entfernt und nur 6 mi/10 km vom Kapalua-West Maui Airport. Das malerische Hafenstädtchen mit seiner bunten Vergangenheit gilt als beliebtestes Ziel der Insel Maui. Trotz Kommerz und Trubel hat sich der einstige Walfängerhafen seinen Charme bewahrt. Lahaina bietet Besuchern außer interessanter Geschichte, der man in der Stadt auf Schritt und Tritt begegnet, quirliges Stadtleben, eine riesige Auswahl an Restaurants und Läden sowie Kunstgalerien neben einem umfangreichen Angebot verschiedenster Aktivitäten.

Lahaina hieß früher *Lele*. Angeblich soll ein Häuptling, der von einem schattigen Ort in der Nähe nach Lahaina gekommen war, über die Hitze geflucht haben: „... He keu hoi keia o ka lahaina" was etwa soviel heißt wie „was für eine unbarmherzige Hitze". Daraus kam dann schließlich der Name **Lahaina**.

● **Lahainas geschichtliche Anfänge.**
Lahainas Auf und Ab in der Geschichte wird in der Stadt sehr lebendig gehalten. Die alten historischen Bauten hat man fein und geschmackvoll herausgeputzt, und die Stadt bietet darüber hinaus dem Touristen das ganze Jahr über ein lebhaftes Ambiente.

Lahaina war bereits vor Zusammenschluss der Hawaii-Inseln unter Kamehameha dem Großen zu einem vereinigten Königreich von Hawaii Sitz des Königs Kahekili von Maui. **1790** besiegte Kamehameha I. Kahekili in der Schlacht bei der **Iao Needle** und brachte Maui unter seine Herrschaft. Nachdem Kamehameha Oahu, Maui, Molokai, Lanai und seine Heimatinsel Big Island erobert hatte, wählte er Lahaina 1802 als Headquarters und Regierungssitz. Lahaina war von 1833 bis 1844 offizielle Hauptstadt des Königreichs Hawaii unter **Kamehameha III**.

● **Lahaina, die Walfängerstadt des Pazifiks.**
Mitte des 19. Jh. war Lahaina zum bedeutenden Walfanghafen der Welt angestiegen, in dem zeitweilig über 400 Walfangschiffe gleichzeitig vor Anker lagen. Heute liegt hier nur noch das historische Segelschiff *Carthaginian II* als Museumsschiff neben Dutzenden von Yachten und Ausflugsbooten am Pier.

Die im allgemeinen ruhigen Gewässer zwischen Maui und Lanai ließen **Lahaina** zu Beginn des 19. Jh. zum Zentrum der Walfangflotte des Pazifiks werden. Die ersten Walfangschiffe kamen **1819** nach **Lahaina**, in demselben Jahr, in dem König Kamehameha I. starb und ein Jahr, bevor die Missionare aus Neuengland in Honolulu eintrafen.

Wegen seines raschen Wachstums wurde Lahaina **1837** bis **1845** zur Hauptstadt des hawaiischen Königreichs erklärt, als König Kamehameha III. seinen Königshof hierhin verlegte.

Die Walfangindustrie wuchs von 40 Schiffen, die **1842** hier ankerten auf 395 Schiffe im Jahre **1846**, als die erste Volkszählung in Lahaina 3 445 Einheimische, 112 Ausländer und 600 Seeleute ergab. Das letzte große

Lahaina Geschichte

Jahr des Walfangs war **1860,** als über 300 Schiffe in **Lahaina** vor Anker lagen. Danach ging es mit dem Walfang langsam bergab.

Die Walfanggründe für Pottwale (Spermwale) waren ausgebeutet und erschöpft, die Walbestände hatten stark abgenommen. Außerdem war die Verwertung der Wale, die das Ausmaß einer Großindustrie angenommen hatte, rückläufig. Der Amerikanische Bürgerkrieg (1861–65) forderte eine Reduzierung der Walfangflotte, da man die Schiffe für den Krieg benötigte. San Francisco entwickelte sich zu einem Haupthafen des Pazifiks. Doch Hauptgrund des Rückgangs der Walfangindustrie war das Kerosin, das in den 1860er Jahren auf den Markt kam, und das aus dem „Blubber" gewonnene Walöl verdrängte.

1875 drohte **Lahaina** der Verfall, nachdem der Walfang nahezu zum Erliegen gekommen war. Die engen Straßen, die einst voller lebhafter Geschäfte und lauter Pensionen für Seeleute waren, ein amerikanisches Konsulat sowie ein amerikanisches Krankenhaus beherbergten, waren leer und tot. Es gab nichts, was Touristen gelockt haben könnte. Heute ist die Zahl der Buckelwale, die alljährliche die Gewässer Mauis aufsuchen und die zur Hauptattraktion der Besucher Lahainas gehören, ansteigend.

Interessanterweise bestand bei den Walfängern geringeres Interesse an Buckelwalen als an den lukrativen Pottwalen. Daher gibt es auch kaum historische Referenzen auf die Buckelwale/**Humpback Whales.**

● **Lahaina als Ausgangspunkt der Missionierung.**
Historische Missionsgebäude und Kirchen in Lahaina zeugen von der Tätigkeit, der seit 1823 auf Maui eingetroffenen Missionare aus Neuengland. Sie gründeten Schulen, führten den Brauch des Kleidertragens ein und kämpften gegen den drohenden Sittenverfall, der sich durch haltlosen Lebenswandel der Seeleute anbahnte.

● **Lahaina heute.**
Lahaina ist ein quirliges Touristenstädtchen mit Kunstgalerien, Restaurants und Shopping Centers. Ausflugsbusse kämpfen gegen Massen von Fußgängern in den engen Straßen der Stadt, wo neue Bauten im viktorianischen Stil entstehen, um zu den älteren Gebäuden des historischen Viertels zu passen.

Abseits der geschäftigen **Front Street** und dem Hafen beherbergen Lahainas schmale Straßen einfache Holzhäuser, die während einer früheren Ära für Arbeiter der Zuckerrohrplantagen errichtet wurden.

Außer voller historischer Stätten zu sein, ist **Lahaina** bestimmt eines der kleinsten Städtchen, das sowohl über ein **Hard Rock Cafe** als auch ein **Planet Hollywood** verfügt. Zu dieser Mischung von Action und Historie passt auch , dass es in **Lahaina** die **älteste** High School westlich der Rocky Mountains gibt.

Was Unterkunft anbetrifft, ist **Lahaina** der ideale Standort für junge Urlauber. Hier gibt es neben preisgünstigen Hotels auch eine Tauchschule, die die Ausrüstung zur Verfügung stellt und relativ günstige Kurse anbietet. Lahaina besitzt außer dem populären und billigen **Pioneer Inn**, das mitten im Zentrum der *Action* liegt, drei weitere Hotels – das 48-Zimmer **Plantation Inn** und das 12-Zimmer **Lahaina Hotel,** beide abseits von *Front Street* an *Lahainaluna Road,* sowie das 372-Zimmer **Maui Islander.**

Attraktionen Lahainas ◀

Lahaina ist das touristische Epizentrum Mauis. Hier konzentriert sich alles an historischen Stätten und Gebäuden, die man liebevoll restauriert hat. Eine kostenlose Broschüre, **Lahaina Historical Guide,** die beim Rundgang durch Lahaina begleitet,

486 MAUI
Lahaina Attraktionen/Orientierung

Schlüssel zur Baxter Info-Karte Lahaina
mit vielen Baxter-Tips

Nützliches & Interessantes:
- 1-Information
  - Touren/Aktivitäten
- 2-Missionary Homes
  - Missionarshäuser
  - -Baldwin Home
  - -Richards House
- 3-The Wharf
  - -The Wharf Cinema Center
  - über 50 Geschäfte, Restaurants auf 3 Ebenen/gegenüber vom Banyan Tree/Kino/Benihana Restaurant
- 4-Skippers
- 5-Burger King
- 6-Banyan Tree
  - -Old Fort
- 7-Brick Palace
  - -Library/Bücherei
  - -Taro Patch
  - -Hauloa Stone
  - -Pioneer Inn
  - Steaks & Fisch/preiswert/ Shops/Galerien
- 8-The Carthaginian
  - Nachbildung eines Boots aus dem 19. Jh.
  - -Lahaina Harbor Lighthouse
  - Leuchtturm aus dem Jahr 1840
- 9-Lahaina Parasail
  - Fallschirmsegeln
- 10-Lahaina Small Boat Harbor
  - Sportboothafen
  - Bootsausflüge zum Schnorcheln nach Molokai vom Lahaina Harbor
- 11-Kamehameha III. Schule
- 12-Old Court House
  - altes Gerichtsgebäude
- 13-Wainee Church
  - Kirche
- 14-Tennisplätze
- 15-Maui Ulo O Lele Park
- 16-Honwanji Mission
- 17-Malo House
- 18-Hale Pa'a Hao Prison
  - altes Gefängnis
- 19-Hale Aloha
- 20-Kobe Steak House
  - Steaks/japanische Steakhauskette
- 21-Island Muumuu Works
  - hawaiische Bekleidung/Souvenirs
- 22-Maria Lanakila Church
  - Kirche
- 23-Seamen's Cemetery
  - Friedhof
- 24-Dickenson Square
  - Läden
- 25-Lahaina Marketplace
  - Läden
- 26-Wo Hing Temple
  - -Lei Cafe
  - -Lahaina Scrimshaw
  - Elfenbeinschnitzereien/Handwerkskunst
- 27-Lahaina Whaling Museum
  - Walmuseum
  - -Kimo's Restaurant
  - Fisch/Steaks/Walfängerzeitatmosphäre
- 28-Lahaina Broiler
  - Blick auf Molokai, Lanai & Kahoolawe/tropische Drinks/ vernünftige Preise
- 29-Longhi's Restaurant
  - Pasta & andere ital. Gerichte
- 30-The Hawaii Experience Omni Theater
- 31-Post Office/Postamt
- 32-Lahaina Shopping Center
  - Pharmacy/Apotheke
  - Supermarkt & Shops
  - -Alex's Hole in the Wall
  - ital. Küche/zivile Preise
- 33-McDonald's
- 34-Chris Smokehouse
  - Ribs, Steaks, Fisch/Happy Hour
- 35-Tankstelle
- 36-Lahaina Square
  - Shops/Food Court/Denny's/Kountry Kitchen
- 37-Sugar Cane Train
  - Bahnhof/Train Depot
- 38-Arby's
  - Roastbeef-Sandwiches
- 39-Hilo Hattie Factory
- 40-US Seaman's Hospital
- 41-Pioneer Sugar Mill
  - Zuckerfabrik
- 42-Pizza Hut
- 43-Jodi Mission
- 44-Captain Zodiac
- 45-Lahaina Cannery
  - Supermarkt/Drugstore
  - Boutiquen/Shops
  - vollkommen überdacht/Shuttle (Pendelverkehr) von Kaanapali kostenlos
- 46-Yuk Yuk's
  - Steaks/Fisch
- 47-Kaanapali
  - -Wahikuli Beach Park
- 48-Maalaea
  - -Kihei/Kahului
- 49-Mala Wharf
- 50-Old Lahaina Cafe
  - 505 Front Street Shops/Boutiquen
- 51-Lahaina Center
  - Liberty House
- 52-American Express
  - Sightseeing Touren
- 53-ABC Discount Store
  - alles mögliche für Strand/ Snacks/Souvenirs/zu vernünftigen Preisen
- 54-Cheeseburger in Paradise
  - mit Superblick auf Hafen
  - -Lahaina Fish Co.
  - Fischspezialitäten, super!
- 55-Hard Rock Cafe
- 56-Jack in the Box
  - -Snorkel Set
  - Schnorchelausrüstung und mehr
  - -Supermarkt
- 57-Hilo Hattie
- 58-Lahaina Recreation Area
  - Sportgelände

Unterkunft:
- A-$$$ Maui Islander
- B-$$$ Lahaina Shores Beach Resort Hotel
- C-$$ Plantation Inn
- D-$$ Pioneer Inn
- E-in Kaanapali:
  - Hyatt Regency Maui
  - Marriott
  - Kaanapali Alii
  - Westin Maui
  - The Whaler
  - -Kaanapali Beach Hotel
  - -Sheraton Maui
  - -Maui Eldorado
  - -Royal Lahaina Resort
  - -Maui Kaanapali Villas

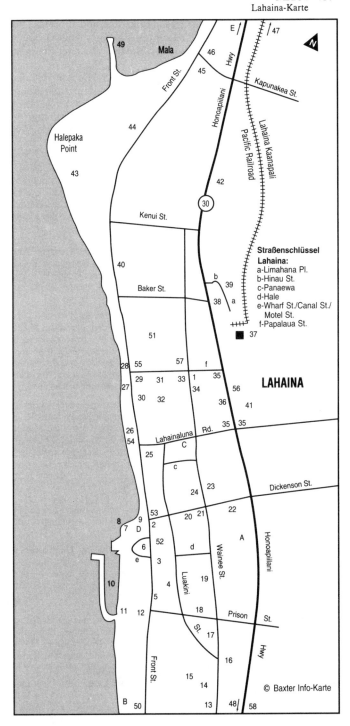

MAUI
Lahaina Attraktionen

liegt in vielen Galerien und Restaurants aus und führt zu den historischen Attraktionen. Der Rundgang beginnt beim Gebäude der **Lahaina Restoration Foundation/Masters' Reading Room** an *Front & Dickenson Sts.*

Ein kurzer Rundgang dauert ca. 30 bis 45 Minuten mit den Gebieten um den Hafen/Wharf, Pioneer Inn und Courthouse Area. Etwa 1½ Stunden braucht man für den weiteren Spaziergang, der in viele Seitenstraßen führt. Hier nun in alphabetischer Reihenfolge Lahainas Sehenswürdigkeiten. Vorwahl/*area code* (808).

● **Baldwin Home.** Ecke *Front & Dickenson*. Restauriertes Wohnhaus, in dem Mitte der 1830er bis 1870er Jahre der protestantische Missionar und Arzt Reverend Dwight Baldwin aus Durham Connecticut mit seiner Familie lebte. Baldwin kam 1830 mit seiner jungen Frau aus Neuengland nach Hawaii, zunächst zog es ihn nach Waimea auf Kauai, später bekam er die Pfarrei von Lahainas alter Waimee Church.

1838 zogen die Baldwins in das Haus, in dem sie mit ihren 8 Kindern bis 1871 lebten. Das 1834 erbaute Haus diente dem auch als Arzt praktizierenden Baldwin gleichzeitig als Arztpraxis. Das aus dicken Korallenwänden und handbehauenen Holzbalken bestehende Gebäude wurde 1840 durch einen Schlafraum und 1849 durch ein zweites Stockwerk erweitert. Tel. 661-3262.

● **Banyan Tree.** *Front Street* zwischen *Canal & Hotel Sts*. Der berühmte Banyan-Baum war nur 2,40 m hoch, als er **1873** von dem damaligen Sheriff von Maui anlässlich des 50. Jahrestages der Ankunft der Missionare in Lahaina gepflanzt wurde. Der aus Indien stammende Baum *(Ficus benghalensis)* besitzt heute 12 Hauptstämme, ist etwa 15 m hoch und breitet sich über 61 m aus. Etwa zwei Drittel des Courthouse Square vor dem Gerichtsgebäude liegen im Schatten seines dichten Blätter-Baldachins.

● **Brick Palace.** Am Ende von *Market St*. Ruinen des ersten Steinhauses in Hawaii, das Kamehameha 1802 während seines einjährigen Aufenthalts in Lahaina errichten ließ. Das Haus mit den Maßen 12 x 6 m diente dazu, die Kapitäne der in den Hafen einlaufenden Schiffe zu empfangen. Es besaß zwei Stockwerke und war in vier Zimmer aufgeteilt. Ringsum hatte man eine Steinmauer errichtet, um das Meerwasser zurückzuhalten, und das Gebäude mit Erde aufgefüllt. Zu der Anlage gehörte ein Ausschauturm sowie ein Langhaus mit Strohdach, das später von Kamehamehas Söhnen benutzt wurde.

Der **Brick Palace** stand hier über 70 Jahre lang und wurde als Lagerhaus und für Versammlungen benutzt. Leider sind keinerlei Zeichnungen und Pläne des Hauses vorhanden.

● **Buddhist Temple.** *Luakini St.* gegenüber von *Hale St.* Die Shingnon Buddha-Sekte verbreitete sich mit Ankunft japanischer Arbeiter, die man als Arbeiter in die Zuckerrohrfelder nach Maui geholt hatte. In den zahlreichen Plantagencamps schossen kleine buddhistische Tempel aus dem Boden. Manchmal verlieh man den kleinen Bauten eine falsche Fassade, um sie als große Tempel wirken zu lassen.

Die hölzerne Architektur und der grüne Anstrich dieses Gebäudes ist charakteristisch für die Bauten der Plantagenära. Im Sommer führen die Sektenmitglieder dieses und anderer buddhistischer Tempel während der Bon Memorial Celebration traditionelle Volkstänze auf; meistens Samstagabend. Besucher sind willkommen.

● **The Canal.** Einst floss mitten durchs Zentrum von Lahaina ein Bach zum Hafengebiet. Die Walfänger mussten in ihren kleinen „Jagdbooten" das Riff überqueren, am Strand landen und ihre Boote in tieferes, klareres Wasser

Lahaina Attraktionen

des Flusses ziehen, um ihre Behälter zu füllen. Man hob daraufhin einen Kanal aus, den Wasserweg für leichteren Zugang zu öffnen. Reste des Kanals waren noch um die Jahrhundertwende zu sehen, dann aber 1913 zugeschüttet worden.

● **Carthaginian II;** am Fuß von *Papelekane St.,* am Hafen Lahaina Harbor. Rekonstruktion eines Segelschiffs des 19. Jh. Das Original des Schiffs, die *Carthaginian I,* ging 1972 auf dem Weg zur Werft in Honolulu unter. Als Ersatz fand man in Dänemark ein ursprünglich 1920 in Deutschland (Kieler Werft) gebautes Schiff, das man nach Lahaina brachte, wo es zu dem heutigen Museumsschiff umgebaut wurde.

Der 28 m lange Segler, der die Walfangschiffe des 19. Jh. repräsentiert, beherbergt eine Ausstellung über Walfang und Wale; Film informiert insbesondere über die Buckelwale, die alljährlich von November bis April die Gewässer um Maui zur Paarung und zum Gebären ihrer Jungen aufsuchen. Tägl. 9.30–16.30 Uhr; Eintritt; Tel. 661-3262.

● **Courthouse** – Gerichtsgebäude; nahe dem Hafen, *Hotel St.* 1858 wurden durch einen starken Sturm aus dem Kauauala Valley über 20 Gebäude in Lahaina zerstört, darunter Hale Piula, das Gerichtsgebäude des Königs Kamehameha III.

Im darauffolgenden Jahr erfolgte der Wiederaufbau mit Material der zerstörten Hale Piula. Das neue Gerichtsgebäude wurde zum Zentrum des Maui County. Es enthielt ein Postamt, die Zollstelle, einen Gerichtsvollzieher, ein Büro des Gouverneurs der Insel, eine Polizeistation, einen Gerichtssaal und den Raum der Geschworenen.

● **David Malo's Home.** Dieses Haus befand sich in der Nähe der Kreuzung *Prison Road & Wainee Street.* Malo, der als Erwachsener das Lahainaluna Seminary besucht hatte, war der erste anerkannte hawaiische Philosoph. Er beschäftigte sich mit dem hawaiischen Altertum; sein Werk *Hawaiian Antiquities* gilt als eines der bedeutendsten ersten Werke in hawaiischer Sprache. Seine Grabstätte befindet sich oben am Gipfel des Mount Ball (Paupau) über der Lahainaluna High School, in der alljährlich der David Malo Day gefeiert wird.

● **Episcopal Cemetery.** *Wainee Street* zwischen *Prison* und *Hale Sts.* Während der Regentschaft von König Kamehameha IV. nahm das hawaiische Königreich ein viktorianisches Flair an. Kamehamehas Gemahlin, Königin Emma Naea Rooke, hatte enge Beziehung zum englischen Königshaus. Viele Familien traten der anglikanischen Kirche bei, nachdem Königin Emma den Erzbischof von Canterbury gebeten hatte, eine Kirche in Hawaii zu gründen. Der Friedhof enthält viele Gräber der ersten anglikanischen Familien Mauis.

● **Episcopal Church.** Lahainas erste Episcopal-Kirche aus dem Jahre 1862 befand sich gegenüber der heutigen Kirche **Holy Innocents**. 1909 hatte man die Kirche an ihren heutigen Standort verlegt, wo einst eine Strohhütte stand, die Kamehameha I. für seine Tochter errichten ließ. 1929 erfolgte ein Wiederaufbau der Kirche. Die Kirche **Holy Innocents** ist bekannt für ihre großartigen Gemälde, darunter eine hawaiische Madonna und Szenen mit einheimischen Vögeln und Blumen als Symbole christlichen Glaubens. Werke des Künstlers DeLos Blackmar aus dem Jahre 1940.

● **Fort on the Canal.** Als ein Gesetz in Kraft trat, das den einheimischen Frauen verbot, zur Begrüßung der ankommenden Schiffe hinauszuschwimmen, feuerten erzürnte Walfänger mit Kanonen auf das Gelände der Missionsstation und das Haus des Reverend Richards.

Nach diesem Zwischenfall errichtete man in den Jahren 1831/32 in der Hafengegend ein Fort. Zum Bau verwendete man Korallenblöcke, die von

MAUI
Lahaina Attraktionen

Hand zurechtgeschnitten wurden. Das Fort erstreckte sich über etwa 0,4 Hektar und war von 6 m hohen Mauern umgeben. Aus einem Kriegsschiff im Hafen von Honolulu hatte man Geschütze geborgen, die nach Lahaina gebracht und dort, wo sie heute im Hafen etwa sitzen, aufgestellt. Das Fort, das hauptsächlich als Gefängnis diente, wurde in den 1850er Jahren abgerissen und der größte Teil des Materials zum Bau des Gefängnisses Hale Paahao verwendet.

● **Front Street.** Hier sind die hübsch renovierten Holzfassaden der ehemaligen Hafenkneipen und Freudenhäuser noch dieselben wie zur Zeit, als Herman Melville die Helden seines Moby Dick entlang wandeln ließ. Inzwischen sind hier nur Nobelgalerien und Souvenirsupermärkte eingezogen.

● **Government Market.** Als der Bau des Lahaina Kanals fertiggestellt war, entstand ein von der Regierung überwachter Markt in der Mitte der Wasserstraße, wo alle Handelsgeschäfte zwischen Hawaiianern und ausländischen Schiffen abgewickelt wurden. Einige von Lahainas sogenannte *Grog Shops* befanden sich in dieser Gegend, die oft von Besuchern als „verdorbenes Pflaster" beschrieben wurden.

● **Hale Aloha** – Das Haus der Liebe wurde von hawaiischen Protestanten zum Dank errichtet, dass Gott Lahaina vor der Pockenepidemie verschont hatte, die 1853 auf Oahu 5 000 bis 6 000 Menschen das Leben gekostet hatte. Das 1858 errichtete Gebäude diente als Kirche und Schule, verfiel aber Anfang der 1900er Jahre zu Trümmern. 1974 erfolgte ein Wiederaufbau des Gebäudes. Inzwischen hat man einen 15 m hohen Glockenturm wiederaufgebaut, der 1951 einem starken Sturm zum Opfer gefallen war. *Hale & Wainee Sts.*

● **Hale Paahao** – das alte Gefängnis/Old Prison. *Ecke Wainee & Prison Sts.* Ehe das Gefängnis errichtet wurde, hielt man Seeleute, die nicht bei Sonnenuntergang zu ihren Schiffen zurückgekehrt waren, über Nacht im Fort gefangen. 1852 begann man mit dem Bau eines neuen Gefängnisses und verwendete dazu die Steine des Forts, die man von den Häftlingen abtragen ließ.

Das Gefängnis besaß für Frauen und Männer getrennte Abteilungen. Die meisten Gefangenen befanden sich dort wegen Trunkenheit oder weil sie unerlaubt ihr Schiff verlassen hatten, Sonntagsarbeit verrichtet hatten oder wegen rücksichtsloser, rasender Reiterei. Haftstrafen von über einem Jahr mussten auf Ohau abgesessen werden.

Heute beherbergt das Gefängnis, das inzwischen umfunktioniert wurde, Kunst- und Gemäldegalerien. Hinter den geöffneten Zellentüren kann man verschiedene Kunstwerke ansehen. Die Korallenwände sind original, bei der Holzkonstruktion handelt es sich um Repliken.

● **Hale Pai;** Druckerei, einige Meilen in den westlichen Bergen Mauis, an *Lahainaluna Road*. Auf dem Gelände der Lahainaluna High School, die als älteste Schule westlich der Rocky Mountains gilt, befindet sich die restaurierte Hale Pai, die als erste Druckerei westlich der Rocky Mountains in den 1830er Jahren entstanden war, in der die Missionare Bibeltexte und Schulbücher in hawaiischer Sprache druckten. Die 1980 bis 1982 restaurierte Druckerei ist heute ein Museum, das mit Fotos, Drucken und anderen Exponaten über die Anfänge der Druckkunst in Hawaii informiert. Mo.–Sa. geöffnet.

● **Hale Piula.** Das sogenannte „Iron Roof House" (Haus mit dem eisernen Dach) wurde in den 1830er Jahren als Palast für Kamehameha III. errichtet. Dieser zog es allerdings vor, in einer in der Nähe befindlichen Hütte zu

schlafen. Das Gebäude wurde daher nie ganz fertiggestellt und zerfiel allmählich.
Man benutzte es als Gerichtsgebäude, bis es 1858 bei einem starken Sturm stark beschädigt wurde. Das heutige Gerichtsgebäude erstellte man mit Material, das aus den Trümmern der Hale Piula gerettet werden konnte.

- **Hauloa Stone.** Vor den Ruinen des Brick-Palastes. Steine wie der Hauola-Stein spielten im Leben der Hawaiianer eine große Rolle. Derartige Steine, von denen heilende Kraft ausging, wurden von den Kahunas (Priestern) benutzt, um den Patienten die Gesundheit wiederzugeben. Dieser Stein diente auch als Gebärstuhl, indem sich die Gebärende darauf setzte. Nabelschnüre der Neugeborenen fand man oft unter dem Stein begraben.

- **Hawaii Experience;** 824 Front St. Auf 18 m hoher gewölbter Leinwand wird ein Film über Hawaiis Landschaft, Tierwelt und Meeresleben gezeigt *„Hawaii: Islands of the Gods"*. (Hawaii: Insel der Götter). Man fliegt dabei über Lava speiende Vulkane und schwimmt neben Buckelwalen. Tägl. 10–22 Uhr; 661-8314.

- **Hongwanji Mission,** *Wainee St.,* zwischen *Prison & Shaw Sts.* Seit 1910 versammeln sich hier Anhänger der größten buddhistischen Gemeinde Lahainas, wie sie einen Tempel und eine Sprachenschule errichteten. Das heutige Gebäude stammt aus dem Jahre 1927.
Die Mission hält hier ihre Feiern am Vorabend des neuen Jahres, im April zum Gedenken der Geburt Buddhas und in der letzten Augustwoche zur Bon Memorial Celebration ab. Besucher sind willkommen.

- **Jodo Mission;** an *Front St.,* auf einem **Puunoa Point** genannten Landvorsprung. Der Lahaina Jodo Mission Cultural Park befindet sich auf dem Gelände eines ehemaligen kleinen Dorfs vor dem königlichen Kokospalmen-Hain. Man nannte die Gegend Mala (Garten) und der angrenzende Bootssteg trägt noch den Namen Mala Wharf. Der Park war ein beliebter Ort der japanische Arbeiter, die ihn mit ihrem eigenen Kulturgut prägten. Die Mission ist heute die bekannteste Sehenswürdigkeit der Area und wird wegen der größten Buddha-Figur außerhalb Japans gerne besucht. Die riesige Figur wurde 1868 zur Erinnerung an die ersten japanischen Einwanderer, die als Zuckerrohr-Arbeiter nach Hawaii kamen, aufgestellt. Zu der Anlage gehört eine Pagode, die der größte buddhistische Tempel Lahainas ist.

- **Lahaina, Kaanapali & Pacific Railroad,** *Highway 30* – auch als Zuckerrohrzug/*Sugar Cane Train* bekannt (LK&P). Der „Zuckerexpress" macht 11 Rundfahrten pro Tag zwischen der Ferienanlage der Kaanapali Resort Area und Lahaina; etwa 30 Minuten eine Strecke. Der Zug folgt der Route der früheren Güterzüge, die Zuckerrohr der Lahaina Pioneer Mill, eine der vier noch in Betrieb befindlichen Zuckerplantagen, beförderte.
Die den in den 1880er Jahren in Hawaii verwendeten Eisenbahnwagen nachgebauten Wagen für die Fahrgäste werden von den umgebauten Lokomotiven *Anaka* und *Myrtle* gezogen. Passagiere werden von singenden Zugführern unterhalten. Gebühr.
Kostenloser Pendelverkehr von Kaanapali Hotels zur Kaanapali Bahnstation und innerhalb von Lahaina Town, Front Street. Tel. für LK&P: 667-6851.

- **Lahaina Whaling Museum.** 865 Front St. Privatmuseum informiert mit Exponaten, Fotos und Artefakten über Lahainas Geschichte der Walfangzeit.

492 MAUI
Lahaina: Lahainaluna School

● **Lahainaluna High School.** *Lahainaluna Road,* etwa 2 mi/3 km von Lahainas Zentrum. Unterwegs kommt man an der seit 1860 in Betrieb befindlichen **Sugar Mill** vorbei. Die Lahainaluna High School wurde ursprünglich 1831 von den Missionaren als Priesterseminar gegründet. 40 Jahre lang lehrte man an dieser Schule ausschließlich auf Hawaiisch. Lahainaluna (bedeutet „oberhalb von Lahaina") ist die älteste Schule westlich der Rocky Mountains. Heute ist es eine öffentliche Schule, der aber auch ein Internat angehört. Seite 1980 sind auch Mädchen zugelassen.

● **Luakini Street.** Der Begriff *luakini* bezieht sich auf einen Heiau oder Tempel, wo Herrscher sich zum Gebet einfanden und Menschenopfer dargebracht wurden. Luakini Street erhielt ihre Bezeichnung nach der Begräbnisprozession der beliebten Prinzessin Harriet Nahienaena. Man hatte durch die Brotfruchtbäume einen Pfad geschlagen, auf dem man den Leichnam der Prinzessin entlangtrug. Die trauernden Hawaiianer gaben diesem Pfad den Namen „Luakini" und stellten den Tod der Prinzessin als Opfer für die urzeitlichen Götter gleich.

Schlüssel zur Baxter Info-Karte Lahaina–Napili/Kapalua
mit vielen Baxter-Tips

Wichtig & nützlich:
1-Kapalua Golf Course
2-Napili Plaza
3-Kahana Gateway
4-Car Rentals Return
 Mietwagen Rückgabe
5-Sugar Cane Train Pick-up
 Bahnstation des Zuckerexpress
6-Honolua Store
 -Tankstelle
7-Makaluapuna Point
8-Honokahua Bay
 -Fleming Beach Park
9-Mokuleia Bay
 Honolua Bay
10-Snorkel Bob's
11-Doktors
 Maui Physicians
12-Melrose Mall
13-Tankstelle
14-Rainbow Ranch
 Reitausflüge
15-Mokuleia Beach
 -Honolua Bay
16-Lahaina
 -Kreuzung Hwy 30/380
 -Maalaea
 -Kihei/Wailea

Unterkunft/Hotels:
A-$$$ The Ritz Carlton
 669-6200
 gebührenfrei 1-800-241-3333
 Fax 669-1566
B-$$$ Kapalua Bay Hotel
 669-5656
C-$$$ Napili Kai Beach Club Resort
 669-6271
 gebührenfrei 1-800-367-5030
 Fax 669-0086
D-$$$ Napili Village
 669-6228
 gebührenfrei 1-800-336-2185
 Fax 669-6229
E-$$ Kahili Maui
 669-5635
-$$$ Napili Sunset
 669-8083
 gebührenfrei 1-800-477-9229
 Fax 669-2730

F-$$$ Napili Surf Beach
 669-8002
 gebührenfrei 1-800-541-0638
 Fax 669-8004
G-$$$ Napili Shores Outrigger
 669-8061
 gebührenfrei 1-800-688-7444
H-$$$ Napili Point Resort
 669-9222
 gebührenfrei 1-800-669-6252
 Fax 669-7984
K-$$$ Kahana Sunset
 669-8011
 gebührenfrei 1-800-669-1488
 Fax 669-8409
L-$$$ Kahana Village
 669-5111
 gebührenfrei 1-800-824-3065
 Fax 669-0974
M-$$ Kahana Reef Resort
 669-6491
 Fax 669-2192
N-$$$ Royal Kahana Resort
 669-5911
 gebührenfrei 1-800-535-0085
O-$$ Valley Isle Resort
 665-0053
 gebührenfrei 1-800-669-6284
P-$$$ Sands of Kahana
 669-0423
 gebührenfrei 1-800-326-9874
 Fax 669-8409
R-$$ Makani Sands
 669-8223
 Fax 665-0756
S-$$ Kuleana Resort
 669-8080
 Fax 669-1307
F-$$$ Maui Kai
 667-3500
 Fax 667-3660
-$$$ Aston Kaanapali Shores
 gebührenfrei 1-800-922-7866
 Fax 922-8785
-$$$ Papakea-Maui Resort
 669-1902
 Fax 669-8790
U-$$$ Embassy Suites Resort
 661-2000
 gebührenfrei 1-800-GO-2-MAUI

MAUI 493
Lahaina–Kapalua-Karte

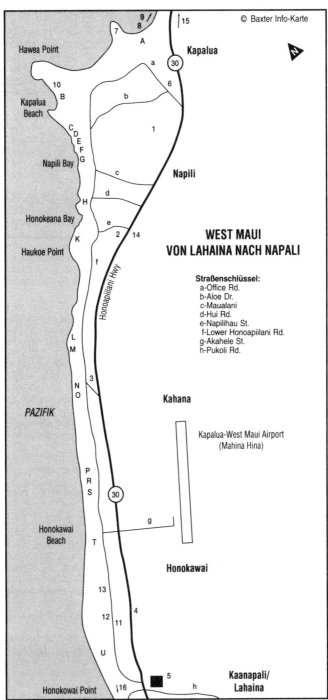

MAUI
Lahaina Attraktionen

● **Maluuluolele Park.** *Front Street* zwischen *Prison* und *Shaw Sts.* Im Bereich des Parks befand sich einst ein Teich mit einer winzigen Insel in der Mitte am Ende des Mokuhinia genannten Dorfs. Es war die Heimat von Kihawahine, des größten *moo* (Drachen oder Eidechse) von Maui, der von der königlichen Familie als spezieller Beschützer verehrt wurde. Als Kamehameha I. Maui erobert hatte, erhob er Anspruch auf diesen geheiligten Ort.

Die winzige Insel **Mokuula** war die Heimat der Häuptlinge Mauis, und verschiedene königliche Mitglieder der 1800er Jahre wurden hier bestattet. Später war Mokuula Residenz von drei Kamehameha-Königen. Man berichtete von dem Pfad, der hinaus zum Zentrum der Insel führte, wo die jungen Könige Kamehameha II. und III. aufwuchsen. 1918 schüttete man den Teich zu und ebnete die Insel ein.

● **Maria Lanakila Church.** *Wainee & Dickenson Sts.* Als 1846 römisch-katholische Priester in Lahaina eintrafen, fand dies nicht unbedingt großen Anklang bei den Anhängern anderer Religionen. Es gab ständig Konflikt zwischen Protestanten und Katholiken. 1856 konnte dann schließlich hier dank der Unterstützung einflussreicher Amerikaner und Franzosen die erste katholische Kirche errichtet werden, der 1858 ein größeres Gebäude folgte. Mit Ankunft von portugiesischen Arbeitern und den Filipinos wurde die katholische Kirche zur stärksten Religionsgemeinschaft. Die heutige Kirche ist eine Nachbildung des Gebäudes aus dem Jahre 1858.

● **Masters' Reading Room.** Ecke *Front & Dickenson Sts.* Hier beginnt der Stadtrundgang durch Lahaina. Das schattige und friedliche Gelände, das man so bepflanzte wie zur Zeit der Baldwins im Jahre 1847, beherbergt die Stiftung Lahaina Restoration Foundation.

1834 hatten die Missionare dieses Gelände ursprünglich als Lesezimmer und Aufenthaltsraum für Schiffskapitäne, die Lahaina besuchten, eingerichtet, damit diese sich zurückziehen und erholen konnten. Die meisten Kapitäne und Seeoffizieren hatten ihre Familien mit an Bord und pflegten den Kontakt zu den Missionaren.

Die untere Etage diente der Mission, während sich im Obergeschoss die Leseräume befanden. Man konnte das ursprüngliche Mauerwerk aus Korallenblöcken und Feldsteinen unverändert erhalten. Lahainas Walfangjahre dauerten bis in die 1860er Jahre, und bis dahin diente **Masters' Reading Room** weiterhin den Offizieren, die sich an Land aufhalten wollten, als Unterkunft. Sie konnten von hier die Schiffe, die vor Anker lagen, im Auge behalten und vorbeifahrende Boote und die Aktivität im Dorf beobachten.

● **Pioneer Inn.** Das 1901 von dem Kanadier George Freeland erbaute Hotel blieb bis Ende der 1950er Jahre die einzige Unterkunft von West-Maui. Mitte der 1960er Jahre erfolgten Erweiterungen und darüber hinaus auch Ende der 1990er Jahre eine gründliche Renovierung. Von der Veranda mit den trägen Ventilatoren über den Köpfen der Gäste hat man einen schönen Blick auf die untergehende Sonne. Entsprechende Ausstattung der Räumlichkeiten mit Fotos und Memorabilien lassen die Walfängerzeit lebendig werden.

Am Kai vor dem Pioneer Inn sind etwa ein Dutzend Boote festgemacht, die Ausflugsfahrten einschließlich Walbeobachtungs-Exkursionen (zur Walsaison), Schnorchel- und Picknicktrips anbieten. Die Pioneer Inn symbolisiert die Anfänge von Lahainas Wiederbelebung zu Beginn dieses Jahrhunderts. Einfache und billige Unterkunft, besonders für junge Urlauber mit kleinem Geldbeutel geeignet. Sehr lebhaft.

MAUI 495
Lahaina Attraktionen

● **Richards House.** *Front St.* William Richards war der erste protestantische Missionar in Lahaina. Sein Haus, das sich dort befand, wo sich heute der Campbell Park erstreckt, war das erste aus Korallensteinblöcken erbaut Haus auf Hawaii. Richards verließ die Mission Mitte der 1830er Jahre und diente dem Königshaus von Hawaii als Kaplan, Lehrer und war für Kamehameha III. als Übersetzer tätig. Richards beteiligte sich am Entwurf der Verfassung und reiste als Abgeordneter des Königs in die USA und nach England, um die Anerkennung des unabhängigen Königreichs von Hawaii zu erwirken. Er war auch der erste Kultusminister. Richards starb 1847 in Honolulu.

● **Seamen's Cemetery.** *Wainee St.* Der ursprüngliche Seemannsfriedhof befand sich neben dem heutigen Standort und war viel größer als das, was heute noch übrig ist. Viele der Toten starben in jungen Jahren, ein Zeichen, dass die primitiven medizinischen Hilfsmittel auf den Schiffen unzureichend waren, wenn jemand auf See erkrankte. Manche Seeleute wurden aus den Booten, mit denen sie versuchten, in Lahaina die starke Brandung zu überwinden, um an Land zu kommen, gespült und ertranken.

● **Taro Patch.** *Market St.* Der Rasen, auf dem sich heute die Lahaina Public Library befindet, war einst ein Tarofeld. Taro, das Grundnahrungsmittel Hawaiis, wird heute immer noch zur Herstellung von Poi verwendet.
Alte Berichte über Lahaina beschrieben Lahaina als das „Venedig des Pazifiks" wegen der zahlreichen Kanäle, Flüsse, Teiche und Tarofelder, die wie Reisfelder mit Wasser überflutet wurden. Die Tarofelder wurden sowohl von den Richards als auch von den Baldwins in Briefen an ihre Freunde erwähnt.

● **U.S. Seamen's Hospital.** *Front St.* zwischen *Kenui & Baker Sts.* Während der Regentschaft von Kamehameha I. begannen skrupellose Kapitäne amerikanischer und englischer Walfangschiffe, Matrosen auf den Inseln auszusetzen, um ihre Ladung zu leichtern, ehe sie ihre Reise nach China fortsetzten.
Man berichtete in den 1850er Jahren von 2 000 bis 3 000 Seeleuten, die im Oktober auf den Inseln zurückgelassen wurden. Die ausgehungerten und nach Alkohol und Frauen verlangenden Seeleute waren für die amerikanische Regierung ein Stein des Anstoßes. Man ersuchte König Kamehameha III., diese Gebäude des heutigen U.S. Seamen's Hospital als Zentrum zur Aufnahme kranker und arbeitsunfähiger Seeleute Lahainas anzumieten.
1974 konnte die Lahaina Restoration Foundation das aus dem Jahre 1833 stammende Gebäude des **U.S. Seamen's Hospital** erwerben und inzwischen 1982 einer gründlichen Renovierung unterziehen.

● **Wainee Church** bzw. **Waiola Church.** *Wainee St., nahe Shaw St.* Die Kirche, die James Michener in seinem Roman *Hawaii* mehrfach erwähnt, war die erste Steinkirche Hawaiis. Die 1828 bis 1832 von Hawaiianern unter Leitung ihrer Herrscher für die protestantische Mission erbaute Kirche, bot 3 000 Gläubigen Platz.
1858 wurde die Kirche bei einem Sturm stark beschädigt, das Dach abgedeckt, und der Glockenturm stürzte ein. Die Glocke, die zwar aus 30 m Höhe auf dem Boden landete, blieb unversehrt.
1894 steckten Royalisten, die gegen die Annexion Hawaiis durch die USA protestierten, die Kirche in Brand. Nach dem Wiederaufbau wurde sie 1947 erneut ein Opfer der Flammen. Erneut wiederaufgebaut, zerstörte 1951 dieses Mal ein Kauaula-Sturm die Kirche.
Nach dem Wiederaufbau drehte man den Kirchenbau in eine Richtung mit dem Eingang zum Kauaula Valley, aus dem die gefährlichen Stürme

zu kommen pflegen. Bei der Wiedereinweihung taufte man die Kirche in Waiola um – bedeutet „Wasser des Lebens". Der Palmenrücken zur Ozeanseite ist einer der ältesten Palmenbestände Lahainas.

- **Waiola Cemetery** (Wainee Cemetery). *Wainee Street,* nahe *Shaw St.* Der 1823 gegründete Friedhof war der erste christliche Friedhof Hawaiis. Hier liegen namhafte Persönlichkeiten begraben:
  - **König Kaumualii,** der letzte König von Kauai
  - **Königin Keopuolani;** 1780 in Wailuku geboren; sie war die erste Hawaiianerin, die sich protestantisch taufen ließ.
  - **Häuptling Hoapili,** General und engster Freund Kamehamehas des Großen; Hoapili heiratete zwei Königinnen Kamehamehas, Keopuolani und Kalakua.
  - **Hoapili Wahine** (Kalakua); 1840–42 Gouverneur von Maui, der 400 Hektar Land zum Bau der Lahainaluna Schule stiftete.
  - **Kekauonohi,** eine der fünf Königinnen Kamehameha II., 1805 in Lahaina geboren, die 1842–44 als Gouverneurin von Kauai diente.
  - **Häuptlingsfrau Liliha,** Enkelin von König Kahekili; Liliha besuchte mit ihrem Mann Boki König Georg IV., Kamehameha II. und Königin Kamamalu. 1830 startete Liliha als Gouverneur von Oahu dort einen Aufstand mit 1 000 Soldaten. Ihr Vater zwang sie zum Rücktritt und zur Rückkehr nach Maui.
  - **Prinzessin Nahienaena,** Liebling der Herrscher und des hawaiischen Volkes, Schwester der Könige Kamehameha II. und III.

Viele Missionarskinder sind hier ebenfalls wie Reverend Richards begraben. Der älteste Grabstein ist der eines Mauianers, der 1829 an „Fieber" starb. Ein hawaiischer Mann, der 1908 im Alter von 104 Jahren starb, ist hier ebenfalls begraben. Er lebte durch königliche Regentschaft, Bruch der Kapus, konstitutionelle Regierung und Gründung eines amerikanischen Territoriums. Für Hawaiianer ist der Friedhof geheiligter Boden.

- **Wo Hing Temple Museum,** 5 Front Street; restaurierter chinesischer Tempel mit Buddha-Schrein und Museum, in dem Fotos und Exponate über die chinesischen Siedler und Arbeiter informieren, die dieses Gebäude ursprünglich als Wohnheim benutzten. Tel. 661-3262.

Nächstes Maui Reiseziel ist Upcountry – Mauis Ranch- & Cowboyland.

UPCOUNTRY MAUI
„Haleakala Krater und Cowboy Gegend"

Upcountry zwischen **Haiku** im Norden und der **Ulupalakua Ranch** im Süden ist eigentlich mehr als nur die geographische Area. Man sieht diese Gegend eigentlich von überall, wenn kein Dunstschleier darüber hängt. Upcountry erstreckt sich im allgemeinen von **Makawao** im Norden rund um die Flanken des Haleakala bis zur **Ulupalakua Ranch** und **Tedeschi Vineyards** im Süden und bis hinauf zur Wolkendecke des **Haleakala** auf 900 m ü.M.

Upcountry Attraktionen

● **Fahrt zum Upcountry.** Schon bald nachdem man auf dem Weg hinauf ins **Upcountry** den Kahului Airport hinter sich gelassen hat, erreicht *Highway 37* bei **MM 7** den Ort **Pukalani** mit Shopping Center, Supermarkt und Tankstelle. Eine gute Gelegenheit aufzutanken und Proviant zu besorgen. Etwas abseits davon liegt **Makawao**, eine Stadt, die das Zentrum des Upcountry Viehzuchtgebiets bildet. **Makawao** strahlt mit seinen Holzfassaden etwas Wildwestatmosphäre aus. Hier findet man Spezialgeschäfte für die Reiterei, aber auch interessante Restaurants. In **Makawao** findet alljährlich eine der größten Attraktionen der Insel Maui statt, das **Fourth of July Rodeo**, auf das sich die *Paniolos* (wie man Hawaiis Cowboys nennt) das ganze Jahr vorbereiten.

Upcountry Attraktionen

● **Upcountry Maui**, das man als Abstecher des Besuchs des Haleakala-Kraters aufsuchen kann, ist die Gegend, wo die bemerkenswerten landwirtschaftlichen Produkte Mauis herkommen. Das sind beispielsweise **Proteas**, die aus Südafrika stammenden großen Blüten, die exportiert werden und als getrocknete Blumenarrangements verwendet werden. Die **Kula Onions** sind zweifellos die süßesten Zwiebeln des Landes. Und hier angebaute Kartoffeln werden zu den gefragten Kartoffelchips, **Maui Potato Chips**, verarbeitet.

Upcountry Maui ist auch die Heimat von Mauis Ranchindustrie. Im Herzen des **Cowboy Country** liegt **Makawao**, wo die bekannten Rodeos stattfinden. Außer als Viehzuchtgebiet rühmt sich Upcountry auch als Weinbaugebiet. Auf dem Gelände der im Süden des Upcountry liegenden **Ulupalakua Ranch** befindet sich die **Tedeschi Winery**. Die Ranch begann in den 1850er Jahren zunächst als Zuckerrohrplantage des Captain James Makee, der für seine außerordentlich gute Betreuung seiner Gäste bekannt war. Auf dem Gelände der Ranch befand sich auch das Gästehaus, in dem König Kalakaua häufig zu Gast war. Seit den 1970er Jahren wird hier erfolgreich Wein angebaut, und zwar mit einer speziellen Rebsorte, der Carnelian-Traube, die sich am besten auf den Böden eignete.

Die **Tedeschi Vineyards** sind Hawaiis einziger kommerzieller Weinbaubetrieb. Hier entstehen überraschend gute einheimische Weine, wobei Ananas- und Passionsfruchtwein gewiss Geschmacksache sind. Durchaus zu empfehlen sind aber beispielsweise der Rotwein *Ulupalakua Red* oder *Maui Brut*, ein hawaiischer Champagner. Die Weinprobierstube befindet sich übrigens in einem ehemaligen *Jailhouse* der Ranch! Die Tedeschi Winery erreicht man über *Highway 37/Kula Highway*. Tägl. 9–17 Uhr; Führungen alle halbe Stunde 9.30–14.30 Uhr. Tel. 878-6058.

Ein Highway, der parallel zum *Kula Highway/Highway 37* verläuft, und an beiden Enden in *Highway 37* mündet, ist *Highway 377* mit einigen bemerkenswerten Attraktionen.

● **Kula Lodge.** Kleine reizvolle Unterkunft mit Restaurant und Souvenirladen – Einzelheiten unter **Haleakala Nationalpark** Abschnitt **Unterkunft**.

● **Protea-Farmen.** Verschiedene Gartenbaubetriebe (z. B. Sunrise Protea Farm), die Proteas züchten, können besichtigt werden. Auch Verkauf und Versand.

● **Kula Botanical Gardens**, *Kekaulike Avenue*. Über 1700 tropische Pflanzen und Blüten, einschließlich Protea. Möglichst vor 15 Uhr ankommen, um genügend Zeit für den Spaziergang durch die Gärten zu haben. Tägl. 9–16 Uhr. Eintritt. 878-1715.

498 MAUI
Ost-Maui: Wailea

- **University of Hawaii College of Tropical Agriculture.** Vom *Highway 37* auf *Copp Road* abbiegen, südlich der Kula Elementary School. Experimentierstation mit bezauberndem Rosengarten.

> Unterkunft, Restaurants & Shopping siehe unter **Maui**.

Weitere Attraktionen des Upcountry.

- **The Enchanting Floral Garden.** *Kula Highway/Highway 37* in Kula, etwa 20 Minuten vom Kahului Airport. Der Park enthält über 500 verschiedene Pflanzen und Blumen aus aller Welt, einschließlich exotischer Tropenpflanzen und -früchte. Tägl. 9–17 Uhr. Eintritt; 878-2531.

- **Kula.** Der Hauptort in Upcountry ist **Kula**, Mauis „Blumenkorb", das sich über mehrere Meilen entlang *Highway 37* streckt, der sich etwa auf 600 bis 900 m ü.M. auf den Flanken des Haleakala entlangzieht. Hier werden Protea, Zwiebeln, Kartoffeln und anderes Gemüse angebaut. Von den Berghängen hat man einen herrlichen Blick auf den Ozean und die unten an der Küste von Ost-Maui liegenden Feriengebiet von Wailea, Kihei und Makena. In Kula steht die berühmte im Oktagon gebaute Heilig-Geist-Kirche aus dem Jahre 1897 – **Church of the Holy Ghost.**

> Nun zu Mauis Ferienresorts an Ost-Mauis sonniger Westküste – Wailea und Makena.

WAILEA
„Meisterhaft geplante Ferienoase"

Wailea erstreckt sich südlich von Kihei an Mauis Südküste. Wailea heißt etwa „Gewässer der Lea" und ist eine meisterhaft geplante Ferienoase, die rund dreimal so viel Fläche bedeckt wie Honolulus Waikiki District, nur mit dem Unterschied, dass sich das Resort auf fünf Luxushotels und drei in Niedrigbauweise gehaltene Condominium Villages, einige Privathäuser sowie ein vornehmes Shopping Center **Wailea Shopping Village** beschränkt.

Anfang der 1970er Jahre hatte man Waileas unglaubliches Potential entdeckt. 580 Hektar Küstengelände wurde von aridem, nur mit Keawe-Sträuchern wildbewachsener Landschaft in manikürte Rasenflächen von drei Championship Golfanlagen mit blühenden Büschen und Bäumen zu einem edlen, eleganten Ferienparadies verwandelt. Wailea besitzt das beste Tenniszentrum mit 14 Tennisplätzen und gilt wegen der Rasenplätze als das „Wimbledon des Pazifiks".

- **Wailea Entwicklung.**

Zunächst baute das Unternehmen Alexander and Baldwin, eines der „Big Five Companies" von Hawaii einen Championship Golfplatz. Dann folgte **1976** das Maui Inter Continental – heute **Aston Wailea Resort** mit 516

MAUI 499
Wailea Resort Hotels

Zimmern, zwei Jahre darauf gefolgt von dem 347-Zimmer Stouffer Wailea Beach – heute **Renaissance Wailea Beach Resort.**

Heute ergänzen den ersten von Jack Snyder entworfenen 18-Loch Golfplatz zwei weitere Championship Anlagen – eine weitere von Jack Snyder und ein von Robert Trent Jones Jr. entworfene Golfanlage des Wailua Golf Course (Orange, Blue und Gold Course). Dazu gesellen sich die geschmackvoll und mit allem erdenklichen Luxus ausgestatteten Resorthotels, die großzügig und elegant in die Landschaft geplant sind.

● **Anfahrt mit dem Auto.**
Außer mit dem Auto kann man auch mit Helikopter Wailea erreichen. Helikopter landen auf dem Helipad hinter dem Wailea Shopping Village. Mit dem Auto nähert man sich Wailea hinter *Okolani Drive* bzw. vom *Pülani Highway/Highway 31* via *Wailea Alanui Drive,* der Straße, die parallel zum Pazifik verläuft und direkt in die Resort Area führt.

Das erste, was hier auffällt, ist die perfekt angelegte und gepflegte Vegetation, das zweite ist das Dickicht der roten Stuck-Condominium-Dörfer Ekahi, Elua und Ekolu (hawaiisch für eins, zwei, drei). Viele der Ferienwohnungen von 1-Zimmer-Studios bis 3-Schlafzimmer-Reihenhäuser werden vermietet. Wailea-Elua, die exklusivste Condo-Adresse in Wailea, liegt direkt am weißen, sichelförmigen Sandstrand der **Ulua Beach.** Der Strand ist einer der besten Strände für Bodysurfer auf dieser Seite Mauis, insbesondere, wenn der Ozean vom Südwesten anschwillt. Eine gute Stelle für Anfänger.

● **Wailea Resort Hotels.**

● Das erste Hotel entlang Waileas sich um die Buchten biegender, von Oleanderbüschen begrenzter Straße, ist das **Renaissance Wailea Beach Resort;** 347 Zimmer. Hier erfahren Gäste auf der Suche nach einem klassischen Maui Erlebnis eine Verzückung im **Mokapu Wing** genannten Flügel des Hotels. Hier sind die Räume im Südsee-Plantagenstil dekoriert und man hört von der Zimmerterrasse das Rauschen der nur 50 Meter entfernten Wellen des Pazifiks. Nach dem Schwimmen kann man zum Zimmer laufen, sich duschen und gleich wieder ein abgelegenes Plätzchen zum Sonnenbaden am Strand aufsuchen.

● Weiter entlang der Straße kommt man als nächstes hinter dem Wailea-Elua Condominium zum **Aston Wailea Resort.** Obwohl es fast doppelt so groß wie das Renaissance ist, bewahrt dieses Hotel mit seinen 516 Zimmern eine relaxende und intime Atmosphäre, da es sich in sechs niedrige Bauten und einen siebenstöckigen Hotelturm entlang eines langen Strandabschnitts aufteilt, der möglichst viele Zimmer mit Meerblick gewährt.

In den Junior Suites des Hotels liegt die Zimmerterrasse nur einen Steinwurf vom Wasser entfernt. Bei Vollmond kann man hier die Reflektion über Meilen hinaus beobachten. Tagsüber bietet das Hotel kostenlose Schnorchel-, Tauch- und Windsurf-Kurse.

● Hinter dem **Wailea Shopping Village** kommt der Riese unter den Wailea Resorts, das **Grand Wailea Resort Hotel** mit 761 Zimmern. Hier in dem Traumhotel der Weltklasse findet der Gast Badelandschaften und Sportcenter. Mit rund 600 Millionen Dollar Baukosten ist dies eines der teuersten Hotels Hawaiis. Hier gibt es Wasser überall auf dem 17 Hektar großen Gelände, von dem entzückenden 1 400 Quadratmeter Erlebnispool bis zum 600 Meter langen Flusspool.

Mit allem erdenklichen Aufwand wurde hier ein Luxusschlaraffenland der Erholung geschaffen. Im Wellness- und Fitness-Zentrum des Hotels erleben Gäste im **Terme Wailea Hydrotherapy Water Circuit** die Anwendung von Meerwasser nach den Methoden verschiedener Kulturen. Da

500 MAUI
Wailea: Walbeobachtungstrips

gibt es beispielsweise die japanische *goshi-goshi*-Dusche und *furo*-Einweichbäder, das römische heiße Bad und Kaltwassertauchbecken, einen amerikanischen Kaskadenwasserfall, Bäder mit ungarischen Mineralsalzen sowie die hawaiische Körperpolierung mit Meersalz, *loofah*-Bürstung, und *lomi-lomi* Massage. Danach ist man entweder schlank und schön oder zumindest vitaler!

- **Four Seasons Resort Maui at Wailea.** Der nächste Luxuskomplex ist das sich als winzig daneben ausmachende 380 Zimmer Hotel. Das sportlich-elegante Hotel in der Nähe des Wailea Tennis Club mit seinen 14 Tennisplätzen hat Erlebnispools und bietet umfassendes Sportprogramm. Großzügig angelegte Räume mit geschmackvoller Einrichtung. Veranstaltung von Luaus am Strand.

- **Das letzte in der Reihe der Hotels ist das 450-Suite Kea Lani Hotel** an Waileas Polo Beach. Erlebnispool-Lagunenlandschaft auf zwei Ebenen, die durch Wasserrutsche verbunden sind. Fitness Center und Wailea Tennis Club stehen Gästen zur Verfügung. Kostenloser Pendelverkehr zu Golf- und Tenniseinrichtungen.

> Alle Hotels sind untereinander über den Strandpfad Beach Walk verbunden, der am Strand entlangführt. Weitere Einzelheiten zu den Hotels siehe **Maui Hotels.**

- **Aktivitäten um Wailea.**

Für ein ausführliches Aktivprogramm sorgen sämtliche Resort Hotels der Wailea Area, dazu gehören verschiedenste Wassersportarten und Bootsausflüge. Tennisspieler und Golfer finden hier das Nonplusultra in den drei Championship Golfplätzen des Wailea Golf Course mit Blue, Gold und Orange Course, von den Golfmeistern der Weltklasse entworfen. Waileas Orange Course bietet Herausforderungen in Lavafelsformationen und Steinmauern, die noch Reste eines althawaiischen Fischerdorfs sind.

Ferner liegt die Insel Molokini ganz in der Nähe, die beliebtes Ziel von Schnorchelern und Tauchern ist. Vom Strand vor dem Maui Prince Hotel in Makena werden beispielsweise Trips zur Insel Molokini angeboten, wobei Schnorchelgerät zur Verfügung gestellt wird. Über weitere Aktivitäten im Hotel erkundigen – siehe auch unter Maui **Aktivitäten.** Eine der größten Attraktionen der Gewässer um Maui sind die Buckelwale. Verschiedene Veranstalter bieten sogenannte Whale Watching Tours an.

- **Whale Watching – Walbeobachtung, eine Hauptattraktion der Südküste Mauis.**

Von November bis Mai etwa ziehen Hunderte von mächtigen **Buckelwalen/Humpback whales** vor der Küste Mauis entlang, tauchen auf und schlagen mit ihren Flippern auf die Wasseroberfläche oder sprühen ihre Blaswolken hoch als Fontäne in die Luft. Manchmal ist sogar zu beobachten, wie sie ihre oft 35 bis 40-Tonnen Körper in die Luft torpedieren, um dann mit einem nachhallenden Schlag wieder aufzuklatschen. Wale lieben große Sprünge.

Man nimmt an, dass die Buckelwale in Hawaii gezeugt und nach 10 bis 12 Monaten auch wieder hier geboren werden. Gegen Ende Januar kann

Ost-Maui: Makena

man sehr häufig Jungwale sehen. Walkälber nehmen etwa sechs bis acht Monate die fettreiche Muttermilch zu sich und nehmen mit alarmierender Geschwindigkeit etwa 90 kg pro Tag zu.

Alljährlich im November wandern die Wale von den rund 5 500 km entfernten Gewässern Alaskas in die flachen warmen Gewässer. Etwa zwei Drittel überwintern in Hawaii, der Rest zieht in die Küstengewässer Mexikos. Im April/Mai kehren sie nach ihrer Paarung oder Gebären ihrer Jungen in die nahrungsreichen Gewässer des Nordens zurück.

1992 hat man das seichte Meer zwischen Maui, Molokai und Lanai, wo sich die Buckelwale besonders gerne aufhalten, zum Walschutzgebiet erklärt. Hier darf sich kein Schiff einem Wal auf weniger als 90 Meter nähern. Das reicht jedoch den Walbooten aus, die die *Whale Watchers* hinaus aufs Meer begleiten, um sie an dem Naturschauspiel der Wale teilhaben zu lassen. Beim **Visitors Center** des **National Marine Sanctuary** in Kihei erfährt man Einzelheiten über Wale und Walbeobachtungstrips: 726 S. Kihei Road, Kihei, HI 96753; Tel. (808)879-2818.

An Wochenenden veranstaltet die **Pacific Whale Foundation** Walbeobachtungstrips, die von Meeresbiologen begleitet werden. Über Einzelheiten erkundigen: 101 N. Kihei Road, Kihei, HI 96753; Tel. (808)879-8811 oder geb.frei 1-800-942-5311.

Südlich von Wailea schließt sich nur noch das Makena Resort am Ende von Mauis südlicher Küstenlinie an. Vor der Südwestspitze ist die kleine Insel Molokai vorgelagert. Beide Ziele werden hier im Anschluss unter Wailea als Ausflugsziele abgehandelt.

MAKENA

Südlich von Wailea liegt **Makena**. *Wailea Alanui Road* führt vom Wailea Resort weiter südwärts. Die Makena Resort Area gilt als eine der trockensten Gegenden der Insel. Hinter dem Orange Course des Wailea Golfplatz am Makena Surf Condominium vorbei nähert man sich dem V-förmigen **Hotel Maui Prince**. Das Hotel sitzt am Rand eines hübschen und abgelegenen, etwa 400 m langen, weißen Sandstrands. Von hier hat man entweder einen Blick aufs Meer oder auf den gewaltigen Vulkan Haleakala.

● **Hotel Maui Prince.** Das Maui Prince Hotel ist von der Golfanlage des Makena Golf Course, nach Entwurf von Robert Trent Jones Jr., umgeben, der als einer der besten der Insel gilt. Das Hotel umfasst mehrere elegante Restaurants, darunter Hakone, ein authentisches japanisches Restaurant. Zu dem sportlichen Angebot des Hotels gehört eine eigene Segel- und Tauchschule.

Reizvoller japanischer Wassergarten mit Wasserfall, Fischteichen, Steingarten, Brücken, Miniaturpagoden beleben die Hotelanlage. Herrlicher Blick auf die Inseln Molokini, Kahoolawe und Lanai. Der Strand liegt allerdings nicht dicht am Hotel.

● **Makena,** auf der Südwestseite von Maui ist das Nonplusultra des Schnorchelns. Alles spricht dafür: Leichter Zugang, herrlicher Korallengar-

MAUI
Makena Attraktionen

ten, im allgemeinen klares Wasser und reicher Fisch- und Schildkrötenbestand. Die Stelle liegt auch dicht beim **Ahihi Kinau Natural Area Reserve**, ein Meeresschutzgebiet, nur einen Steinwurf von dem sichelförmigen Krater der Molokini-Insel entfernt.

Parkmöglichkeiten außerhalb des Maui Prince Hotels, wo man sich am weißen Sandstrand vergnügen, Schnorchelausrüstung mieten und ins kristallklare Wasser springen kann. Möglichst früh am Morgen beginnen, da nachmittags oft stärkerer Wind aufkommt.

Die links vom Hotel liegenden Riffe beherbergen leuchtende Korallengärten; die teichartigen Gewässer sind, vor den herrschenden Passatwinden geschützt liegend, harmlos. Der Leuchteffekt der Sonne, die die Korallen bestrahlt, erreicht seinen Höhepunkt, wenn eine Meeresschildkröte auftaucht, um dann scheu in eine Felsenspalte zu versinken. Man kann alle möglichen Arten Fische und Meerestiere beobachten. Schnorchelausrüstung beim Maui Prince Beach Stand ab 8 Uhr bis Sonnenuntergang.

- **Makena Landing.** In der Nähe des Maui Prince Hotels liegt die historische **Makena Landing**. Bis in die 1920er Jahre war dies Mauis beschäftigtster und verkehrsreichster Hafen, der hauptsächlich zur Verschiffung von Zuckerrohr und Rindern der Viehzuchtbetriebe auf den nahen Berghängen des Mount Haleakala im Upcountry diente.

- **Keawalai Church.** Auch Makena Church genannte Kirche stammt aus dem Jahr 1855. Bemerkenswerte 90 Zentimeter starke Mauern aus Korallenblöcken.

- **Attraktionen der Area landeinwärts.** In der Nähe der **Makena Landing** beginnt die nun nicht mehr asphaltierte Straße *Highway 31* den **Mount Haleakala** emporzuklettern. Gelegentlich ist die Straße gesperrt. Auch wenn sie freigegeben ist, lässt sie sich nur mit geländegängigen Fahrzeugen mit Vierradantrieb befahren. Sie kurvt sich bergan, erreicht etwa 600 m ü.M., ehe sie auf den *Kula Highway/Highway 37* im Upcountry Maui stößt.

Hier weiden Rinder und Schafe, und Farmer züchten exotische Proteas. Wildblumen und lila blühenden Jacarandas säumen die Straßenränder. Von hier oben genießt man einen unwahrscheinlich schönen Blick hinunter auf das Gebiet von Wailea und den schimmernden Pazifik.

Direkt hinter der weit ausgebreiteten **Ulupalakua Ranch** im Upcountry liegt der Winzerbetrieb der **Tedeschi Vineyards**. Der Betrieb der kalifornischen Winzerfamilie produziert tatsächlich hervorragende Weine. Es gibt darunter sogar einen dezenten Weißwein, der aus Ananas hergestellt wird.

- **Attraktionen entlang der Küste.** Die asphaltierte Straße endet nicht weit hinter Makena Landing. Fährt man vorsichtig auf der Sandpiste weiter, gelangt man zu einem der schönsten und reizvollsten Strände der Insel, verschiedentlich **Big Beach**, **Oneola Beach** oder **Makena Beach** genannt.

Über ein Jahrzehnt lang galt dies als ein Hippie Hideaway. Die Rolling Stones, Janis Joplin und Elton John hielten hier Parties ab. Heute kommen Familien und mehr aus den Hippies ausgewachsene Yuppies hier an den langen Korridor von Sandstrand, wo man ausgezeichnet angeln und hervorragend Bodysurfen kann. Außerdem zählt diese Stelle zum besten Muschelsammelgebiet Mauis.

Nördlich des Vulkankegels, der **Red Hill** genannt wird (siehe **Haleakala Nationalpark**), liegt versteckt der Strand, der als **Little Makena** bezeichnet wird, immer noch Mauis berühmtester Nacktbadestrand, obwohl Nacktbaden auf Hawaii verboten ist.

Hinter dieser Stelle wird die einspurige Straße noch holpriger, bis sie völlig ohne Asphalt als Sandpiste weiterführt. Ab hier ist Allradantrieb angesagt! Ziel ist das **Ahihi-Kinau Natural Reserve**. Die **La Perouse Bucht** ist Teil des 800 Hektar Tier- und Fischschutzgebiets, das ein unwahrscheinlich schönes Gefüge von Korallenriffen, mit Seeanemonen angefüllte Gezeitentümpel und Lavaformationen aufweist. Dies ist ein märchenhaftes Schnorchelparadies, wo man die exotischsten Fischexemplare beobachten kann. Sich am besten frühmorgens, ehe die Passatwinde sich regen, zum Schnorcheln hier einfinden.

Wenn man **Cape Kinau** erreicht, befindet man sich in der Nähe der Stelle, an der der französische Forscher und Entdecker La Perouse 1786 landete. Das Kap selbst entstand bei der letzten Eruption des **Mount Haleakala** etwa 4 Jahre danach. Hier hat man das Ende von Wailea erreicht.

Nun zum Schnorchelparadies **Molokini.**

MOLOKINI

Das strandlose Inselchen namens **Molokini,** auf halbem Weg zwischen **Maui** und der Insel **Kahoolawe,** die Jahrzehnte lang bis 1990 als Bombenabwurfziel diente, ragt ca. 45 m hufeisenförmig aus dem Meer. Die Insel besteht aus den Resten eines Kraters, dessen größter Teil unter der Meeresoberfläche versunken ist. Sie birgt in ihrer geschützten Unterwasserwelt einen unwahrscheinlichen Fischreichtum und alle möglichen Kostbarkeiten des Meeres. Die ersten Hawaiianer glaubten, dass hier urzeitliche Geister lebten.

Molokini, das nur per Boot zugänglich ist, gilt als Mekka für Taucher und Schnorcheler. Fischfang ist hier in dem als **Shoal Marine Life Conservation District** bezeichneten Bereich verboten. Die Insel ist populäres Ziel der kommerziellen Bootsbetriebe, die alle Schnorchelausrüstung zur Verfügung stellen. Am besten eines der **ersten** Boote wählen, das zum Schnorcheln zur Insel fährt, ehe sich die Massen in Bewegung setzen.

Sobald man vom Boot ins Wasser springt, wird die Vielfalt dieser Unterwasserwelt deutlich. Hier scheint jede nur erdenkliche Form aquatischen Lebens vorhanden zu sein. Die verschiedenen Meeresbewohner gleiten zwischen den Unterwasserschluchten und Korallenriffen in so üppiger Zahl umher, dass das Wasser selbst ganz bunt wirkt. Bei ruhigem Wasser können starke Schwimmer sich zum äußersten Rand des westlichsten Punkt der Insel wagen, wo die Insel in unendliche Tiefe untertaucht.

In Maui gibt es in den Häfen von Kihei und Maalaea zahlreiche Bootsunternehmen, die Fahrten nach Molokini anbieten. Doch der nächste Ausgangspunkt ist von der Bucht vor dem Maui Prince Hotel, dem einzigen Hotel in **Makena,** nur 3 mi/5 km von Molokini. Di., Do. und Sa. nimmt der *Kai Kanani* Catamaran des Maui Prince Hotels Schnorcheler zum 15-Min.-Trip zur Insel auf. Die 7.30-Uhr-Abfahrt erlaubt Schnorchelern, unter den ersten Ankömmlingen bei Molokini zu sein, wo man 3 Stunden Aufenthalt hat. Im Preis ist Frühstück, Mittagessen und Getränkebar enthalten.

MOLOKAI
Allgemeines

> Nun zu Hawaiis Insel Molokai.

MOLOKAI
„The Friendly Island – die freundliche Insel"

- **Größe:** 679 Quadratkilometer. Länge 62 km, Breite 16 km.
- **Küstenlinie:** 141 km
- **Bevölkerung:** 6 900
- **Höchste Erhebung:** Kamakou Peak 1 512 m ü.M.
- **Größte Stadt:** Kaunakakai
- **Flughäfen:** Hoolehua Airport; Kalaupapa Airport
- **Verwaltungshauptstadt/County-Sitz:** Wailuku (zentraler Maui County für die Inseln Maui, Molokai, Lanai sowie Kahoolawe)
- **Inselblume:** Weiße Kukui-Blüten
- **Besonderheit:** Die welthöchsten Meeresklippen ragen beim **Umilehi Point** an Molokais Nordküste mit über 1 000 Meter aus dem Meer. Hawaiis erster Interisland-Flug erfolgte von Oahu nach Molokai am 15. März 1918 durch Major Harold M. Clark.

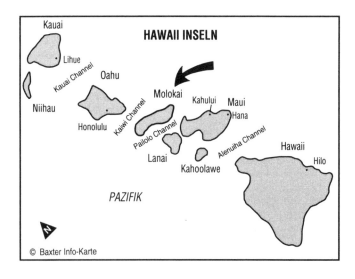

Molokai ist Hawaiis fünftgrößte Insel mit etwa 679 Quadratkilometer. Man bezeichnet sie oft als die hawaiischste Insel, da von den rund 7 000 Einwohnern fast die Hälfte rein- oder halbblütige Hawaiianer sind. Wie ihre Vorfahren pflegen sie Molokais ländliche Lebensart und alte Traditionen. Die kleine

Orientierung

Insel liegt knapp 20 Flugminuten von Honolulu entfernt. Die Inseln Molokai, Lanai und Maui sind Teil des Maui County. Molokai hat **Maui** im Südosten, **Lanai** im Süden und **Oahu** im Westen als Inselnachbarn. Obwohl die Insel vom großstädtischen Honolulu über den Kaiwi Channel sichtbar ist, liegt sie weit genug weg von Wolkenkratzern und hektischem Touristenrummel. Stattdessen findet man hügeliges Weideland und weite Sandstrände im Westen, saftiggrüne Täler und zerklüftete Steilküsten im Norden und Osten. **Molokai** ist die Insel für Outdoor-Fans.

Wirtschaftlich entwickelt ist nur der Westen, der zur gut 20 000 Hektar großen Molokai Ranch gehört. Im zentralen Südteil liegt **Molokais** Hauptort, wenn man den 2 000-Seelen-Ort **Kaunakakai** als solchen bezeichnen will. Die Insel besitzt etwa ein halbes Dutzend Hotels, darunter das am Strand von Kepuhi an der Westküste liegende 288-Zimmer Kaluakoi Hotel, die für die wenigen Touristen, die die Insel besuchen, ausreichen. Der kleine Flughafen **Hoolehua** liegt im Zentrum der Insel. Die Insel scheint sehr gut ohne Aufzüge, Fast-food Lokale, Kinos oder Verkehrsampeln auszukommen. Irgendwie scheint die Zeit hier überall stillgestanden zu haben.

Molokai wurde von drei separaten Schildvulkanen gebildet. Der westliche Vulkan eruptierte zuerst und ließ die Plateau-Area von Mauna Loa entstehen, deren Gipfel Puu Nana etwa 436 m hoch ist. Als nächstes wurde der größere Vulkan im Osten aktiv, der das Ostende der Insel schuf, wo die Erhebungen viel höher sind – **Kamakou** misst 1 512 m ü.M. – und das Land viel mehr Niederschläge erhält. Dort findet man auch eine völlig andere Topographie, wo Flüsse und Wasserfälle die Landschaft in steile Klippen und Täler ausgenagt haben. Die Pali-Küste von **Halawa** am Ostzipfel bis zur **Kalaupapa-Halbinsel** ist einer der spektakulärsten Küstenstreifen Hawaiis.

Kalaupapa wurde von Molokais drittem Vulkan geschaffen, der gegen die steilen, fast senkrechten Nordklippen von Ost-Molokai eruptierte und mit der Kalaupapa-Halbinsel eine fruchtbare Ebene entstehen ließ. Zurück blieb nur der **Kauhako-Krater** hinter den rund 600 m hohen Steilfelsen.

International bekannt wurde Molokai Mitte des 19. Jh. durch die hermetisch abgeschlossene Leprakolonie auf der **Kalaupa-pa**-Halbinsel und Pater Damien, der dort die in die Isolation verbannten Kranken pflegte. Heute ist diese Krankheit besiegt, und nur etwa 80 ehemalige Patienten leben freiwillig weiter dort. Erreichen kann man Kalaupapa mit dem Boot, mit dem Flugzeug, zu Fuß oder mit dem Maultier über einen schmalen Pfad, der die steilen Lavaklippen zur Kolonie hinunterführt.

Seit die Dole Pineapple Company 1975 und Del Monte Co. 1982 ihre Ananasplantagen auf Molokai aufgegeben haben, beschränkt sich Molokais Wirtschaftsleben auf die Rinderzucht der riesigen Molokai-Ranch und Puu o Hoku Ranch sowie Schweinezucht der kleinen hawaiischen Farmer. Der Tourismus entwickelt sich äußerst zurückhaltend. Außer der **Kalaupapa-**

506 MOLOKAI
Klima/Geschichte

Siedlung, die nur wenige Touristen aufsuchen, birgt die „freundliche Insel" einige der wohlgehütetsten Geheimnisse:
- **Halawa Valley**, das abgeschiedene, dschungelhafte, liebliche Tal an Molokais Ostende, in dem die ersten Siedlungen Hawaiis entstanden, mit den **Moaula-Wasserfällen.**
- **Molokai Ranch Wildlife Park;** auf den einstigen Ananasfeldern kann man im Safaripark der Molokai Ranch Giraffen und Gazellen sowie Strauße erleben.
- **Kaluakoi Resort;** ein schönes, in die Landschaft eingepasstes Luxushotel im Bungalowstil an der Westküste mit den kilometerlangen weißen Sandstränden.

Es gibt eigentlich nur eine Hauptstraße auf Molokai. Sie läuft von **Maunaloa** im Westen bis zum **Halawa Valley** im Osten. In Zentral-Molokai strahlt nur ein Straßenableger nach Norden ab, und zwar bis zur Klippengrenze der **Kalaupapa-Halbinsel.**

Molokai Klima

Die Durchschnittstemperaturen der Insel liegen bei etwa 24°C; Nachmittagstemperaturen etwa um 27°C. Niederschläge im Jahresdurchschnitt etwa 76 cm; Ost-Molokai ist ein regenreiches Gebiet, mit 89 % Chance eines regenlosen Tages, während West-Molokai mit durchschnittlich 8 1/2 Stunden Sonnenschein in der Regel sehr trockenes Klima hat. Im Westen erstreckt sich hauptsächlich Weideland, während der Ostteil dschungelhafte Vegetation aufweist.

Geschichte

- **Molokais Anfang bis zur Molokai Ranch**

Das Halawa-Tal im Osten Molokais gilt als eine der ersten Siedlungen der Polynesier, vermutlich um das 7. Jh. Der britische Kapitän James Cook sichtete Molokai am 26. Nov. **1778**, unternahm jedoch keinen Landungsversuch, da ihm die Insel unbewohnt schien. Als acht Jahre später Kapitän George Dixon die Insel ebenfalls sichtete, machte er die erste Landung auf Molokai, doch wenig wurde bekannt über die Insel. Erst als **1832** die ersten protestantischen Missionare in Kaluaaha an Land gingen, hörte man wieder etwas von Molokai.

In der Zwischenzeit war **1790** Kamehameha I. von der Insel Hawaii nach Molokai gekommen, um von dort Keopuolani als seine Frau zu holen. Fünf Jahre später kehrte er auf seinem Eroberungszug nach Molokai zurück und schlug auf dem östlich von Kaunakakai liegenden Pakuhiwa-Schlachtfeld Molokais Krieger bis auf den letzten Mann, ehe er Oahu besiegte.

Molokai blieb bis in die 1850er Jahre unverändert. Mit dem *Great Mahele* des Jahres **1848** unter Kamehameha IV. hatten hawaiische Bürger durch In-Kraft-Treten der Landverteilung erstmals Zugang zu Landbesitz. Riesige Landflächen führten zur Gründung der **Molokai Ranch.**

- **Molokai Ranch**

Um **1850** kam der deutsche Einwanderer Rudolph Meyer nach Molokai und heiratete eine Häuptlingstochter namens Dorcas Kalama Waha. Sie hatten zusammen 11 Kinder, mit deren Hilfe sie die **Molokai Ranch** zu einem produktiven Weidegebiet ausbauten. Meyer war bis zu seinem Tod im Jahre 1898 Verwalter der Molokai Ranch, die zunächst Kamehameha V. gehört hatte. Inzwischen hatte bereits **1875** Charles Bishop die Hälfte der Molokai Ranch gekauft, und seine Frau Bernice, eine Verwandte

Kamehamehas, erbte den Rest. **1898** wurde die Molokai Ranch an Geschäftsleute in Honolulu verkauft, die die American Sugar Co. gründeten. 1908 kam es zum erneuten Verkauf der Molokai Ranch, und zwar an Charles Cooke, dessen Familie heute noch im Besitz der Ranch ist.

● **Neuzeit**
1923 pachtete die Libby Corporation Land von der Molokai Ranch und begann mit dem Ananasanbau. In den folgenden 50 Jahren bestimmte der Ananasanbau **Molokais** Wirtschaft. Am Ostrand von Molokai entstand eine weitere große Ranch – **Puu O Hoku**. Sie gehörte ursprünglich Paul Fagan, dem Unternehmer aus San Francisco, der auch Hana auf Maui entwickelt hatte. **1955** verkaufte Fagan die Ranch an einen kanadischen Unternehmer namens George Murphy, der Puu O Hoku mit seinen in Frankreich gezüchteten Charolais-Rindern berühmt machte.

Ende der 1960er Jahre verkaufte die Molokai Ranch 2 800 Hektar Land zum Bau des **Molokai Reservoirs** in Kualapuu, um den Westen Molokais mit Wasser zu versorgen. Die Dole Corp. kaufte **1972** Libby auf und stellte **1975** ihre Ananasproduktion bei Maunaloa ein. **1977** wurden weitere 2 800 Hektar Land an die Kaluakoi Corp. verkauft, die die heutige Luxushotelanlage **Kaluakoi Resort** an der Westseite Molokais erstellte. **1982** stellte auch Del Monte die Ananasproduktion ein, und mittlerweile sind alle Ananasfelder verschwunden. Auf ehemaligen Ananasfeldern entstand der **Molokai Ranch Wildlife Park.**

Information/Vorwahl (808)

● **Molokai Visitors Association**
P.O. Box 960
Kaunakakai, HI 96748
Tel. 553-3876
geb.frei 1-800-800-6367
Fax 553-5288

● **Destination Molokai Association**
Tel. 567-6255
Info über Boottrips

● **Molokai Charters,** P.O. Box 1207, Kaunakakai, HI 96748 553-5832
Segeltörns von Kaunakakai

● **Molokai Horse and Wagon Ride,** P. Box 56, Hoolehua,
HI 96729. 567-6773

● **Fluglinien**
Aloha Airlines. . . . . geb.frei 1-800-367-5250
Aloha Islandair 1-800-328-0806
Hawaiian Airlines 1-800-367-5320

● **Mietautos**
Avis. 1-800-831-8000
Budget 1-800-527-7000
Dollar Rent A Car 1-800-800-4000
Tropical Rent-A-Car. 1-800-872-2277

● **Friendly Isle Tours** 533-1233

● **Fähre**
Maui Princess 667-6165

Ankunft & Transport

● **Flughafen**
Auf dem Luftweg kommt man auf Molokais **Hoolehua Airport** an. Mietwagenfirmen vorhanden, aber oft mangelt es an Fahrzeugen. Unbedingt vorher reservieren, und stets vollgetankt zurückgeben. Ein Mietwagen ist unerlässlich, da es kein öffentliches Verkehrsmittel gibt. Bei manchen Hotel-Packages ist Mietwagen inbegriffen.

Es werden vom Hoolehua Flughafen auch Flüge zur Leprastation Kalaupapa angeboten.

508 MOLOKAI
Unterkunft: Camping/Hotels

● **Fähre**
Von Maui kann man auf Molokai auch mit der Fähre Maui Princess im **Kaunakakai Harbor** ankommen.

 Unterkunft/Hotels/Camping – Vorwahl (808)

Wer nicht gerade eine Tagestour zum Kalaupapa National Historical Park oder einen Strandaufenthalt an der Westküste Molokais einplant, kommt vielleicht ohne Übernachtung auf der Insel aus. Ansonsten ist es schon ratsam, rechtzeitig vorher Zimmer zu reservieren.

● **Kepuhi Beach**
● $$$ Hotel Kaluakoi Resort, 288 Zimmer 552-2555
P.O. 1977, Maunaloa, HI 96770   Fax 552-2821
Anlage im polynesischen Stil, mit Bungalows in 2 Etagen; Sandstrand; am 18-Loch Golfplatz gelegen.
● $$$ Kaluakoi Villas, 84 Einheiten (Condominium).......... 552-2721
geb.frei 1-800-367-5004
Fax 596-0158
● $$$ Ke Nani Kai Resort Condominium, 120 Suites.......... 552-2761
geb.frei 1-800-535-0085
geb.frei Fax 1-800-633-5085
● $$$ Paniolo Hale Resort Condominium, 30 Einheiten 552-2731
geb.frei 1-800-367-2984
Fax 552-2288

● **Kaunakakai**
● $$ Hotel Molokai, 51 Zimmer 553-5347
Fax 553-5047
● $$$ Molokai Shores Suites, 100 Suites..................... 553-5954
geb.frei 1-800-535-0085
● $ Pau Hana Inn, 39 Zimmer 553-5342
Fax 553-5047

● **Manawai**
● $$$ Wavecrest Resort Condominium, 126 Einheiten 558-8103
Tel geb.frei 1-800-535-0085
Fax geb.frei 1-800-633-5085
Am Ozean, 13 mi/21 km östlich von Kaunakakai.

● **Molokai Ranch**
● Paniolo Camp mit 40 Einheiten mit 1-Zelt und 2-Zelt-Unterkünften auf Holzplattform; 0,4 km vom Ranchbüro in Maunaloa
● Kolo Camp mit 20 Zelten; auf Steilküste über dem Ozean, etwa 20 Min. Fahrt von Maunaloa.
Jede Zelteinheit mit einem Queen-size Bett, chem. Toilette, Solarenergie-Licht und Warmwasser-Dusche ausgestattet.
Transfer vom Molokai Airport und Transport innerhalb der Ranch ist im Preis inbegriffen. Restaurant im Freien, Swimmingpool.
Information & Reservierung.................. geb.frei 1-800-245-8871
Fax 552-2330

Camping
Sehr schön zum Zelten sind die folgenden Strandparks:
● **Papohaku Beach Park,** westlich von Kaunakakai
● **Palaau State Park,** über Highway 470
● **Waikolu Lookout,** im Molokai Forest Reserve; kostenlos
● **One Alii Park,** östlich von Kaunakakai
● **Kioea Park,** 1 mi/1,6 km westlich von Kaunakakai
● **Moomomi Beach,** Nordwestküste

Restaurants & Unterhaltung

In Molokai fühlt man sich in die 50er Jahre versetzt – keine Shopping Malls oder Discos und Bars. Eine riesige Auswahl von Restaurants gibt es auch nicht.

- **Pau Hana Inn,** Kaunakakai; Treff der Einheimischen; um 100jährigen Banyan-Baum gebaut; gute Hamburger oder Mahi Mahi Fischfilets; freitags & samstags sorgen einheimische Bands für Unterhaltung.
- **Jojo's Café,** Maunaloa; rustikales Lokal; fangfrische Fischgerichte und indische Chilis.
- **Hotel Molokai,** außerhalb von Kaunakakai; Sandwiches, Fischgerichte und Hamburger.
- **Mid-Nite Inn,** Kaunakakai; gut und preiswertes Essen.
- **Kualapuu Cookhouse,** Farrington Ave.; hawaiische Gerichte; selbstgebackene Kuchen, legendäre Kuchen mit Schokoladen-Macadamia-Nüssen; Roast Beef *„honey-dipped"* Hühnchen.
- **Outpost Natural Foods,** Kaunakakai; Supersandwiches und herrliche Salate.
- **Ohia Lodge,** Kaluakoi Hotel; herrliche Lage über dem Meer; alles mögliche von frischem Fisch, Pasta bis zu Grillgerichten. Abends ausgezeichnete Live Music.
- **Kanemitsu's Bakery,** Kaunakakai; Molokai-Brot gilt als besondere Spezialität; auch Gebäck und frischer Fisch.

Aktivitäten/Vorwahl (808) ◀

Viele Aktivitäten sind eine *„familiy-style affair"*

- **Fun Hogs Hawaii,** im Kaluakoi Resort 552-2555
begleitete Kajaktrips und Mountain Biking
- **Molokai Horse & Wagon Ride** 558-8380
Fahrt im Pferdewagen zu althawaiischem Tempel mit anschließendem Barbecue am Strand.
- **Molokai Action Adventures.** 558-8184
Schnorchelexpeditionen, Wanderungen und Trekking zu historischen Stätten und althawaiischen Heiaus. Begleitete Trecks zu abgelegenen Inselgebieten.
- Tiefseeangeln und Segeltörns werden von lokalen Unternehmen am **Kaunakakai Wharf** angeboten.
- Besuch der Nature Conservancy's Preserves 553-5236
- **Molokai Mule Ride.** 567-6088
Maultierritt zum Kalaupapa National Historical Park entlang 3 mi/5 km steilem Bergpfad über 488 m hohe Steilklippe. Mindestalter 16.
- **Father Damien Tours** 567-6171
Besichtigung der Siedlung Kalaupapa.
- **Molokai Ranch** .... geb.frei 1-800-254-8871
Mit Outfitters Center, wo man sein Reitpferd auswählt, Ausrüstung mietet und Proviant kauft. Ausritte; Teilnahme am Paniolo Round-Up; 2-Stunden Safari im Wildlife Conservation Park.
- **Big Wind Kite Factory** 552-2364
Drachenbau und Kurse fürs Drachenfliegen.
- **Kaluakoi Golf Course,** beim Kaluakoi Resort
18-Loch Championship Course im Westen der Insel Molokai
- **Molokai Ranch Wildlife Safari.** 552-2767
- **Molokai Charters.** 553-5852
am Kaunakakai Wharf; Segeltrips, Segeltörns & Schnorcheln, Tiefseeangeltrips.
- **Mapulehu Glass House;** Zuckerplantage aus dem 19.Jh. 558-8160

Baxter-Tips für Molokai

- Hervorragender **Blick** auf Kalaupapa Halbinsel vom **Aussichtspunkt** im bequem erreichbaren Palaau State Park für diejenigen, die **keine** Zeit für den Besuch von Kalaupapa haben.

- Besichtigung von Kalaupapa **nicht** auf eigene Faust. Teilnahme an **Besichtigungstour obligatorisch.**

- **Vorherige Anmeldung** erforderlich, egal, ob Anreise nach Kalaupapa zu Fuß oder per Maultiertreck oder per Flugzeug erfolgt.

- Zum Besuch von Kalaupapa ist **Permit** erforderlich; Auskunft über Damien Tours (808)567-6171 oder Molokai Visitors Association 1-800-800-6367.

- **Mindestalter** für Besucher von Kalaupapa **16 Jahre.**

- Besichtigungstour von Kalaupapa dauert bis zu **4 Stunden.**

- Der Maultierritt nach **Kalaupapa** ist für Personen mit Rückenbeschwerden **nicht** geeignet.

- Für den Maultierritt nach Kalaupapa darf das Gewicht des Einzelnen **100 kg nicht** überschreiten.

- Für Fahrt zum **Halawa Valley** benötigt man mindestens einen **halben Tag.** Vor Start volltanken und Proviant mitnehmen, da man die Zivilisation hinter sich lässt; rund 64 mi/102 km Hin- und Rückfahrt.

- **Fahrzeiten & Entfernungen** mi/km vom Molokai Airport in Hoolehua:
  - Kaunakakai . . . . 8/13 . . . . 10 Min.
  - Palaau State Park/
    Kalaupapa Lookout . . . . . . 9/14 . . . . 15 Min.
  - Halawa Valley . . . . 36/58. . . . . 2 Std.
  - Kamalo . . . . 14/22. . . . . 30 Min.
  - Kapuhi Beach . . . . 15/24. . . . . 25 Min.

- Als Drink in der Bar des **Kaluakoi Hotels** den berühmten Insel-Drink **Molokai Mules** probieren: Rum, Brandy, Orangensaft, Bitters und Limone.

- **Für Maultierritt** nach Kalaupapa lange Hosen, festes Schuhwerk, Sonnenhut und leichte Windjacke.

- Im **Kapuaiwa Coconut Grove** bei Kaunakakai nicht unter den Kokospalmen parken. Vorsicht, **herabfallende Kokosnüsse!**

- Im Bäckerladen **Kanemitsu's Bakery** in Kaunakakai gibt es leckeres **Brot.**

- **Ala Manama Street** in Kaunakakai ist das Hauptgeschäftszentrum von Molokai.

- Einen **Supermarkt** findet man in Maunaloa und Kaunakakai.

- Die **schönsten Sandstrände** findet man an der Westküste mit Papohaku und Kepuhi Beaches.

- **Wailau Trail.** Der Wanderweg beginnt in der Nähe von **Pukoo** und dem Iliiliopae Heiau am *Kamehameha V Highway,* etwa 16 mi/26 km östlich von Kaunakakai. Es ist die einzige Verbindung zwischen Süd- und Nord-

Zentral-Molokai–Kaunakakai

rand von Molokai; eine schwierige Ganztagswanderung über 8 mi/13 km (eine Strecke!).
Der Pfad führt in das **Wailau-Tal**, das in der östlichen Pali-Küste an Molokais Nordrand mündet. Der Weg steigt steil an und kommt über **Wailau** zum Halt. Von hier oben muss man dann selbst seinen Weg über einen nicht ausgeschilderten, schlüpfrigen und unheimlich schwierigen 914 m hohen Pali hinunter ins Tal zum Fluss suchen. Am besten an einem vom Sierra Club organisierten Hiking Trip teilnehmen, dessen Sondererlaubnis man ohnehin vorher einholen muss. Auskunft über Molokai Visitors Association, P.O. Box 960, Kaunakakai, HI 96748; Tel. 553-3876, Fax 553-5288.
Auf der Nordseite sollte man einen Abholdienst per Boot arrangieren, da es keine Übernachtungsmöglichkeit gibt. Auskunft über Destination Molokai Association, 567-6255. Der Trip ist allerdings nur etwas für **geübte** Wanderer!

> Molokais Sehenswürdigkeiten verteilen sich auf praktisch drei Areas: Fahrt entlang East End Road von Kaunakakai zum Halawa Valley, Kalaupapa National Historical Park und West End Area mit Maunaloa und dem Kaluakoi Resort.

Vom Flughafen in Zentral-Molokai nach Kaunakakai ◄

Vom *Airport Loop* und *Highway 460* am **Hoolehua** Airport sind es etwa 5 mi/8 km bis zur Inselhauptstadt **Kaunakakai**. Das Zentrum der Ortschaft **Hoolehua** liegt etwa 1 mi/1,6 km nördlich vom Flughafen, via *Highway 480* erreichbar. Nach **Kualapuu** mit dem Kualapuu Wasserreservoir und Molokai Museum & Cultural Center und Cook House sind es 2 mi/3 km via *Highway 470*. Dieselbe Straße führt nordwärts auch weiter zum **Kalaupapa Lookout** im **Palaau State Park.**
Vom Flughafen führt *Highway 460* hinter der Kreuzung von *Highway 470* südwärts vorbei an Pferdefarmen. Kurz vor Kaunakakai passiert man das berühmte „Kokospalmenwäldchen" Royal Coconut Grove und die zahlreichen Kirchen der „Church Row". Etwa 1 mi/1,6 km von der Ortsmitte kommt man am Queen Liliuokalani Children's Center vorbei. Dort wo der Causeway zum Wharf und der Kaunakakai Landing beginnt, endet *Highway 460* und setzt sich als *Kamehameha V Highway/Highway 450* fort. Ehe man sich's versieht, hat man auch schon leicht Kaunakakai durchfahren.

Kaunakakai ◄

Kaunakakai ist Molokais Hauptstadt, sofern man den 2 000-Seelen-Ort als Stadt bezeichnen will. Der ehemalige Kanu-Landeplatz hat sich im Laufe von 50 Jahren nicht viel geändert. Früher hatte Kaunakakai Bedeutung als Verladestation von Ananas. Heute wird der Hafen nur noch als kleiner Fischerhafen und als Anlegestation der Maui Princess-Fähre benutzt, die Besucher

MOLOKAI
Kaunakakai Attraktionen

aus Lahaina bringt. Die Hauptstraße *Ala Malama* Avenue hat man mit den paar Blocks in fünf Minuten abgelaufen. Alles wirkt so schläfrig wie eine Szene aus „High Noon" mit falschen Wildwest-Fassaden der Holzhäuser. Das Geschäftszentrum beschränkt sich auf ein paar bescheidene Läden, wenige Restaurants, Tankstelle und einen Drugstore, in dem alles zu haben ist, was man auf der Insel braucht. Der Ort hat zu dem Song inspiriert „The Cockeyed Mayor of Kaunakakai", obwohl der Ort gar keinen Bürgermeister *(mayor)* hat, da Molokai zum Maui County gehört, dessen Sitz in Wailuku auf Maui ist.

▶ Attraktionen

● **Pineapple Wharf.** Der Bootssteg dehnt sich über 800 m in den flachen Hafen hinaus. Am besten kommt man zu Fuß, obwohl die Einheimischen gern mit dem Auto auf den Pier fahren, der von Fischerbooten und der Maui Princess Fähre als Anlegestelle benutzt wird. In der Nähe der Kanusschuppen am Ufer sieht man die Reste des Sommerhauses von Kamehameha V.

● **Kapuaiwa Coconut Grove**/Kokosnusshain. Etwa 10 Minuten zu Fuß westlich von Kaunakakai gelangt man zu dem königlichen Kokospalmenhain, der in den 1860er Jahren für Kamehameha V. (Lot Kamehameha) oder von Kapuaiwa für seine Freunde gepflanzt wurde. Man hatte den Palmenhain ursprünglich angelegt, da es dort sieben Pools gab, in denen die Alii zu baden pflegten und die Palmen Schatten und Abgeschlossenheit geben sollten. Der Palmenhain lieferte dem König auch symbolisch Nahrung für den Rest seines Lebens.

Von den ursprünglichen 1 000 Palmen ist der größte Teil nicht mehr vorhanden, aber immerhin noch genug, um einen Eindruck der ehemaligen Pracht dieser Stätte zu vermitteln.

Die Royal Coconut Palme gehört zu den höchsten Palmenarten. In diesem Palmengarten muss man allerdings auf herabfallende Kokosnüsse aufpassen. Auch das Auto nicht unbedingt unter diesem Palmenhain parken (daher vielleicht lieber den Ausflug zu Fuß hierhin unternehmen).

● **Church Row/Die Kirchenmeile.** Gegenüber vom Kapuaiwa Coconut Grove reiht sich eine Kirche an die andere. Am Sonntagmorgen muss man hier allerdings mit Staus rechnen, wenn alle Kirchen zur selben Zeit ihre Pforten öffnen!

● **Kalokoeli Fischteich;** etwa 2 mi/3 km östlich von Kaunakakai, gut von der Straße aus zu sehen; ein klassisches Beispiel der Aquakultur althawaiischer Zeit etwa um das 13. Jh. Man wählte die Stelle dicht am Ufer, so dass die Gezeiten das Wasser jeweils zirkulieren ließen. Rund um die Fischbecken errichtete man einen Steinwall, der zum Meer hin mit einer schleusenartigen Öffnung versehen war, durch die die kleinen Fische eindrangen. Sobald die Fische ausgewachsen waren, passten sie nicht mehr durch die Öffnungen und konnten nicht mehr entkommen, aber dafür leicht gefangen werden.

● **Fahrt über Main Forest Road und Sandalwood Measuring Pit zum Waikolo Lookout.** In der Nähe von Kaunakakai gelangt man nach der „Kirchenmeile" auf Highway 460 zur Abbiegung der *Maunahui Road* oder auch *Main Forest Road* genannt, die in die Berge führt. Diese Route sollte man allerdings nur mit einem geländegängigen Fahrzeug unternehmen, insbesondere, wenn es regnet.

Die grobe, unbefestigte Straße führt in dichte Ohia-, Pinien-, Eukalyptuswälder und Farmlandschaft. Ehe man 6 mi/10 km zurückgelegt hat,

MOLOKAI 513
Inselkarte

passiert man ein Schild mit der Aufschrift „Main Forest Road" oder „Boy Scout Camp". Nach 10 mi/16 km kommt ein Schild „Kamiloloa", nach dem man etwa 100 m weiter parkt und ca. 5 Min. Fußweg zur Sandelholzgrube, **Sandalwood Measuring Pit** (Lua Na Moku Iliahi), zurückgelegt.

Die Sandelholzgrube ist nichts besonderes, nur ein flaches Loch im Boden. Die Grube diente während der Blütezeit des Sandelholzhandels dazu, die Menge Sandelholz für eine Schiffsladung auszukalkulieren. Eine gefüllte Grube ergab etwa eine Schiffsladung. Die hawaiischen Häuptlinge tauschten die aromatischen Hölzer mit amerikanischen Seekapitänen gegen Whiskey, Gewehre, Fertigware und Werkzeug. Die Händler brachten das Holz nach China, wo sie gute Geschäfte damit machten. Doch innerhalb weniger Jahre hatte man die Berge völlig kahlgeschlagen, und der Handel kam zum Erliegen.

Etwa 1 mi/1,6 km hinter der Sandelholzgrube kommt man zur **Waikolu Aussichtsstelle**. Von hier blickt man in das unzugängliche, tief eingeschnittene Waikolu-Tal, hinter dem sich die 1 220 m hohen Meeresklippen von **Pelekunu** als höchste Klippen der Welt erheben.

Östlich der Aussichtsstelle liegt das **Kamakou Preserve**, in dem fünf vom Aussterben bedrohte Vogelarten zu Hause sind, zwei davon kommen nur auf Molokai vor. Das Gelände wurde von der Molokai Ranch gestiftet.

© Baxter Info-Karte

Schlüssel zur Baxter Info-Karte Molokai

Molokai Orientierung:
1-Moaula Falls
   längster Wasserfall Hawaiis
2-Moanui Sugar Mill
   Zuckerrohrfabrik
3-Mapulehu
4-Pakui Heiau
5-Pukuhiwa Battleground
6-City of Refuge
7-O Ne Alii Park
  -Kapuaiwa Grove
8-Palaau State Park
  -Molokai Mule Ride
9-Father Damien Statue
10-Molokai Lighthouse
11-Hoolehua
  -Kahiu Point
12-Phallic Rock
13-Maunaloa
  -Molokai Ranch Wildlife Park
14-Laau Point
15-Kaluakoi
   Papohaku Beach
16-Kepuh Beach
17-Kaluaah Church
   (1832) angeblich älteste Kirche Hawaiis
18-Halawa Valley
19-Hoolehua
20-Kualapuu Reservoir
21-Kamakou 1515 m ü. M.
22-Halena
   Outrigger Race
23-Smith & Bronte Landing
   Landung des ersten Trans-Pazifik-Flugs
24-Home of Kamehameha V

Unterkunft/Vorwahl (808):
A-$$$ Kaluakoi Hotel
   552-2721
   gebührenfrei 1-800-367-5004
   Fax 596-0158
B-$$$ Paniolo Hale Resort
   552-2731
   gebührenfrei 1-800-367-2984
   Fax 552-2288
C-$$ Pau Hana Inn
   553-5342
   Fax 553-5047

514 MOLOKAI
Kaunakakai–Halawa Valley

> Nun zur Fahrt von Kaunakakai zum Halawa Valley.

 ### *East End Road: Kaunakakai–Halawa Valley*

Von **Kaunakakai** fährt man die 32 mi/51 km auf der Panoramastraße, dem *Highway 450/Kamehameha Highway,* zum östlichsten Zipfel der Insel. Für die kurvenreiche, sich windende und kletternde Strecke nach **Halawa** und zurück benötigt man ganzen Tag. Unbedingt volltanken und Proviant mitnehmen.

Entlang der Route wird man in die Zeit des alten Hawaii versetzt. Unterwegs passiert man eine Reihe interessanter Stellen, die nachfolgend in der Reihenfolge von West nach Ost beschrieben werden.

- **Königliche Fischteiche.** Zahlreiche alte Fischteiche säumen die Küste; fast 60 derartige Teiche soll es hier gegeben haben. Die Mauern der Fischteiche bestanden aus Lavasteinen. Durch eine spezielle Konstruktion von Schleusentoren gelangten die kleinen Fische vom Meer in diese Teiche und wurden dort gefüttert. Nach Erreichen ihrer vollen Größe passten sie nicht mehr durch die „Schleusengitter" und waren leicht zu fangen.

  Diese Aquakultur in den Fischteichen geht etwa auf das 13. Jh. zurück. Die in den aquatischen Farmen gehaltenen Fischbestände waren ausschließlich für die Herrscher und Oberschicht der damaligen Gesellschaft bestimmt. **Ualapue Fishpond** in der Nähe des Wavecrest Resort gilt als einer der historischen Fischteiche.

- **One Alii Beach Park.** Etwa 5 Minuten östlich vom Hotel Molokai passiert man eine größere Ansammlung von Kokospalmen mit kleinem Strand und kurz dahinter einen guten Strand zum Schwimmen – One Alii Beach Park.

- **Kawela Place of Refuge.** Westlich von Kawela passiert man eine Tempelstätte, an der Gestrauchelte und bekämpfte Krieger Zuflucht und Rettung fanden.

- **Pakuhiwa Battleground.** Nachdem man beim Kakahaia Fishpond und Kakahaia National Wildlife Refuge den Kakahaia Beach County Park passiert hat, gelangt man zum Schlachtfeld, auf dem 1795 die **Pakuhiwa Schlacht** stattfand, in der Kamehameha der Große die Krieger von Molokai auf seinem Weg zur Eroberung von Oahu bis auf den letzten Mann vernichtete.

- **St. Joseph Church.** Etwa 11 mi/18 km östlich von Kaunakakai steht die kleine katholische Kirche, die Pater Damien 1876 errichten ließ. In der im Neuengland-Stil gehaltenen Holzkirche wird sonntags noch Gottesdienst gehalten. Im allgemeinen ist die Kirche tagsüber geöffnet.

- **Smith-Bronte Landing.** Etwa 1½ km östlich der St. Joseph-Kirche passiert man die Stelle, an der am 14. Juli 1927 die beiden Flieger Ernest Smith und Emory Bronte den ersten zivilen Transpazifikflug nach 25 Stunden mit einer Bruchlandung beendeten.

- **Wavecrest Resort** bei **MM 13.** Condominium Unterkunft und eine der letzten Möglichkeiten, Snacks oder Getränke im Wavecrest Condo Store zu kaufen. Reizvolle Lage, aber hier ist absolut nichts los. Einheimische Fischer verkaufen am Wavecrest Strand (nicht besonders gut zum Schwimmen) ihren frischen Fisch sehr preiswert.

Halawa Valley

- **Kaluaaha Church.** Wie eine Festung mit Schießscharten wirkende Kirche; war die erste christliche Kirche auf Molokai, 1844 von dem ersten protestantischen Missionar Reverend H.R. Hitchcock und seiner Frau erbaut. Bis 1940er Jahre noch für Gottesdienste benutzt.

- **Our Lady of Sorrows Church.** Eine weitere Kirche, die Pater Damien 1874 erbaut hatte, und die 1966 von den Gemeindemitgliedern neu aufgebaut wurde. Im Pavillon neben der Kirche eine Statue in Lebensgröße von Pater Damien. Kurz hinter der Kirche passiert man die **Bell Stones,** deren genaue Stelle aber fast unmöglich zu lokalisieren ist.

- **Pukoo Neighborhood Store.** Bei **MM 16,** kurz vor Pukoo. Hier ist wirklich die allerletzte Gelegenheit, etwas Essbares zu kaufen, da man dahinter endgültig die Zivilisation verlässt.

- **Octopus Stone.** Kurz hinter Pukoo passiert man einen großen, weiß gestrichenen Stein am Straßenrand. Es soll sich um die Reste einer von einem sagenhaften Oktopus bewohnten Höhle handeln. Angeblich besitzt der Stein Zauberkraft.

- **Weiterfahrt zum Halawa Valley.** Hinter Pukoo wird die Straße besonders reizvoll, aber auch sehr eng und kurvenreich. Unterwegs kleine Buchten mit lieblichen Stränden, die man oft ganz für sich alleine hat. Es geht an den Ruinen mit dem Schornstein einer ehemaligen Zuckerfabrik, Moanui Sugar Mill, vorbei, die 1870 bis 1900 von dem Norweger Tollifson betrieben wurde.

Vor der Küste liegt die Insel Moku Hooniki Island mit Vogelschutzgebiet und dem Kahana Rock. Die Straße biegt dann landeinwärts und beginnt hinauf zur **Puu O Hoku Ranch** („Berg der Sterne") zu steigen. In dem Druckladen am Straßenrand erhält man die Beschreibung, wie man zu der Aussichtsstelle gelangt, von der man auf das berühmte und heilige Kukui-Wäldchen **Kukui Grove** blickt, wo Kalanikaula, einer der mächtigsten Propheten, Zauberer und Wunderheiler Molokais begraben liegt.

Am Ranchgelände mit Rinderweiden vorbei erreicht man in der Haarnadelkurve einen Bergkamm, zu dessen Füßen das dschungelhafte grüne und tief eingeschnittene **Halawa Valley** mit seinen berühmten Wasserfällen liegt. Einst war das fruchtbare Tal dicht besiedelt, aber Tsunamis haben die meisten Bewohner vertrieben. Die Straße endet im Tal bei einer kleinen Kirche.

- **Halawa Valley.** Das Halawa Valley ist das einzige Tal an Molokais Nordküste, das per Auto zugänglich ist. Hier parkt man das Auto und wandert zu den versteckt liegenden Wasserfällen. **Halawa Valley** bildet den Ostrand der gewaltigen Klippenkette, die sich bis zur Halbinsel Kalaupapa zieht. Mit bis zu fast 1 300 m Höhe sind diese gigantischen Felsklippen fast noch dramatischer als die der Na Pali-Küste von Kauai. Es war eines der ersten Täler, das von polynesischen Siedlern besiedelt wurde. Im Dschungel verstreut liegen versteckte Spuren ihrer Zivilisation.

Jahrhunderte lang haben Halawas Farmer hier auf geometrisch angelegten Terrassen Taro angebaut, bis 1946 eine Springflut mit gigantischen Ausmaßen das ganze Tal überschwemmte und pflanzentötendes Meersalz ablagerte. Die meisten Bewohner zogen weg und ließen ihre Häuser und Felder vom Dschungel überwuchern.

Die berühmten 76 m hohen Wasserfälle **Moaula Falls** („Rote Hühner"), sind gar nicht so leicht zu finden. Nachdem man am Fuß der Straße geparkt hat, folgt man der unbefestigten Straße an der kleinen Kirche und einigen Häusern vorbei etwa für 10 Minuten, bis es auf einem Fußweg weitergeht. An einigen Häusern vorbei Richtung Halawa Stream mit der Steinmauer zur Linken. Man muss nun den Fluss zu seinem rechten Ufer überqueren!

Je nach Regenverhältnissen läuft der Halawa Stream als dünnes Rinnsal oder reißender Bach. Kurz nach der Flussüberquerung führt der Pfad unter

MOLOKAI
Halawa Valley

einem dichten Baldachin riesiger Mangobäume hindurch. Der Pfad steigt etwas an, bis man zu einer Gabelung kommt. Links halten und der Wasserleitung folgen, bis sie den Fluss überquert.

Überall viele Reste von Tarofeldern und Wohnhäusern. Jetzt folgt man dem Rauschen der Wasserfälle. Nachdem man den **Moaula Stream** überquert hat und den letzten 100 m zu den Fällen folgt, biegt ein Seitenpfad rechts ab hinauf auf die Klippe, wo sich der Pfad erneut nach 150 m teilt. Auf dem linken Pfad gelangt man zu einem anderen Teich am Fuß der **Upper Moaula Falls.** Dazu muss man allerdings eine steile Wand überwinden, wo man nur an einem Stahlkabel Halt hat. Die rechte Gabelung führt durch dichtes Buschwerk, durch das man nach 500 m zu dem 152 m hohen Wasserfall **Hipuapua Falls** gelangt. Hier stößt man ebenfalls auf ein erfrischendes Badeloch.

Ein sehr schönes Bad verheißt doch der Teich zu Füßen des Moaula-Wasserfalls – vorausgesetzt der Drache ist nicht da! In dem Teich lebt nämlich seit alters her ein Untier, das Badende nur zu gern verschluckt. Glücklicherweise gibt es ein probates hawaiisches Hausmittel: Man werfe ein Blatt der Ti-Pflanze in den Teich. Schwimmt es auf dem Wasser, ist der Drache „außer Haus", versinkt es jedoch, sollte man besser nicht in dem Teich baden!

Die Meeresbucht **Halawa Bay** an der Mündung des Halawa Stream ist ein Strandpark. Hier kann man im kühlen Süßwasser des Halawa Stream oder im Meerwasser der geschützten Bucht baden. Ausgezeichnet zum Schnorcheln und Schwimmen. Außerhalb der Bucht muss man allerdings mit gefährlichen Unterströmungen rechnen.

Nach dem Besuch des Halawa Valley tritt man die Rückfahrt auf derselben Straße, die man gekommen ist, an – *Kamehameha V Highway* zurück nach **Kaunakakai**.

> Von Kaunakakai fährt man auf dem *Highway 460* mit Anschluss an *Highway 470* durch Zentral-Molokai.

 Zentral-Molokai

Zentral-Molokai ist der Korridor zum **Kalaupapa National Historical Park.** Man nennt diese Area auch Upper Molokai.

- Die erste Attraktion, der man nach Kaunakakai begegnet via *Highway 470*, ist das **Kualapuu Wasserreservoir** (größtes gummiisoliertes Wasserreservoir der Welt), westlich der „full-service" Ortschaft **Kualapuu** mit Supermarkt, Tankstelle und dem Kualapuu Cook House, wo man preiswert isst.

- **The Molokai Museum & Cultural Center,** in den Hügeln von Kalae, auf dem Weg zum **Kalaupapa Lookout** an der North Shore; Ausstellungen zur Inselgeschichte und Veranstaltung von Kulturprogrammen; Mo.–Sa. 10–14 Uhr. Eintritt frei. Gegen geringe Gebühr wird eine Führung angeboten. Mo.–Sa. 10–14 Uhr.

- **R.W. Meyer Sugar Mill (Molokai Sugar Mill Museum);** an *Highway 470* in der Ortschaft Kalae. Authentisch restaurierte Zuckerrohrmühle. 1878 vom damaligen Verwalter der Molokai-Ranch, Rudolph W. Meyer, errichtete Zuckermühle, die einzige dieser Art, die noch in den USA vorhanden ist.

Besichtigungen möglich. Information über Herstellung von Zucker mit Exponaten, wie Zuckerrohrpressen, kupferne Klärkessel, Verdampfungspfannen. Ferner Info über den deutschen Einwanderer Rudolph W. Meyer. 15 Min. Video; Souvenirladen. Weitere Information: 567-6436.

- **Palaau State Park.**
Von Kalae weiter, bis die Straße aufhört, etwa 9 mi/14 km vom Flughafen, erreicht man bequem den Palaau State Park. Dort gibt es ca. 500 Meter hoch über dem Meer einen Aussichtspunkt – **Kalaupapa Overlook.** Der Blick über den Klippenrand hinunter auf die Kalaupapa-Halbinsel mit dem Kalaupapa National Historical Park ist überwältigend. Rechts kann man den Maultierpfad sehen, der im Zickzack die Klippe hinabführt.

Unterwegs hat man die Stallungen für die **Molokai Mule Rides** passiert. Mit diesen Maultieren geht es über den Maultierpfad die steile Klippenwand hinunter nach **Kalaupapa.** Die Landschaft um die Stallungen ist äußerst reizvoll. Der Kalaupapa Overlook ist übrigens nicht der Start für den steilen Pfad hinunter zur Halbinsel.

Palaau State Park bietet eine herrliche Umgebung für Picknick, Spaziergänge und Camping.

- **Phallic Rock.** Der Palaau State Park birgt auch die zweite „große Sehenswürdigkeit" der Insel Molokai, den Kaulaomamahoa, einen Felsen in eindeutiger Phallusform. Einheimische Frauen suchten diesen Stein einst nachts mit Opfergaben auf, um Fruchtbarkeit zu erlangen. Es gibt zwar derartige Steine auch auf anderen hawaiischen und polynesischen Inseln, aber dieser (von kundiger Hand etwas nachgebesserte) Fels ist besonders fotogen und beliebte Kulisse entsprechend neckischer Aufnahmen.

Der Legende nach starrte Nanahoa, der Gott der männlichen Fruchtbarkeit, eines Tages auf ein schönes junges Mädchen, das sein Spiegelbild in einem Teich bewunderte. Kawahuna, Nanahoas Frau, wurde so eifersüchtig, dass sie das Mädchen an den Haaren zerrte. Das machte Nanahoa so zornig, dass er seine Frau zu schlagen begann, die daraufhin über eine Klippe stürzte und zu Stein wurde. Nanahoa erstarrte ebenfalls zu Stein in Form eines aufrechten versteinerten Phallus.

> Hinter den Maultierställen/Mule Stables beginnt der Kukuiohapuu Maultierpfad hinunter zum Kalaupapa National Historical Park.

Kalaupapa National Historical Park ◄

Die Halbinsel **Kalaupapa** ist ein isolierter Landstreifen an der Nordküste von Molokai. **Kalaupapa** (bedeutet „flaches Blatt) ist durch 610 m hohe felsige Klippen und einen tobenden Ozean vom Rest der Welt fast hermetisch abgeschnitten. Vier Kilometer weit ragt die Halbinsel hinaus ins Meer, vier Kilometer breit ist sie am Fuß der schroffen, senkrechten Felswand. Die Klippen waren zu hoch, um überwunden zu werden, und das Wasser zu wild, um darin zu schwimmen.

Rechtlich ist **Kalaupapa** ein separater County, und zwar Kalawao County (die anderen Counties von Hawaii sind **City** und **County** von **Honolulu** einschl. Oahu und die unbewohnten nordwestlichen Hawaii-Inseln, die sich 1 500 Meilen von den Hauptinseln erstrecken; **Maui County,** einschließlich Maui, Molokai und Lanai sowie die unbewohnte Insel Kahoolawe;

518 MOLOKAI
Kalaupapa National Historical Park

Kauai County, einschließlich Kauai und die Privatinsel Niihau; **Hawaii County**/Big Island). Kalaupapa umfasst Molokais historische Leprakolonie, **Kalaupapa,** das vom Department of Health und vom National Park Service verwaltet wird, da Kalaupapa auch ein National Historical Park ist; hat eine Einwohnerzahl von unter 100, alles ehemalige Patienten.

● **Die Halbinsel Kalaupapa** war die einst berühmt berüchtigte Leprastation, auf die man Mitte des 19. Jh. alle von dem schrecklichen Aussatz befallenen verbannt hatte – insgesamt etwa 8 000 Menschen. Im Jahr **1866** entschied König Kamehameha V., alle Leprakranken auf die isolierte Halbinsel an Molokais Nordküste zu verbannen, um ein weiteres Ausbreiten der ansteckenden und tödlichen Krankheit zu verhindern.

Man entriss die Kranken ihren Familien und brachte sie in Käfigen per Schiff bis zum Fuß des östlich von **Kalawao** mündenden Waikolu Valley. Dort überließ man sie ihrem Schicksal, den Weg nach Kalawao zu finden und sich dort in der fruchtbaren Gegend um die Siedlung selbst zu versorgen. Doch die meisten waren zu krank und schwach, irgendwelche körperliche Arbeiten zu verrichten. Außerdem war den meisten Kranken nicht bewusst, dass sie hier für immer verbannt waren. Es bestand von daher keine Initiative, eine Gemeinde zu bilden. So vegetierten die meisten in schmutzigen Laubhütten dahin und hatten die Hölle auf Erden. Unter den Kranken fehlte jegliche soziale Ordnung, mit Gewalt nahm sich jeder, was er wollte, bis ihn die Kräfte verließen und er seinem Ende dahindämmerte. Erst die Ankunft von Pater Damien setzte dem Terror ein Ende.

● **Pater Damien.** 1873 ließ sich ein junger belgischer Priester namens Joseph Damien de Veuster, genannt Pater Damien, nach Kalaupapa versetzen, um sich dort um das körperliche und seelische Heil der Ausgestoßenen zu sorgen. Mit Hilfe der Kranken baute er eine Kirche und Häuser auf Kalaupapa, eine Wasserstelle, eine Krankenstation, in der die Wunden der Kranken behandelte.

Pater Damien informierte die Welt über das Elend und zog bettelnd durch Hawaiis Städte, durch Lahaina und Honolulu. Aus Angst, dass Pater Damien vielleicht doch verseucht sei, verbannte man Damien endgültig auf die Halbinsel. Über den 1886 angelegten Maulesellpfad besorgte Damien Nahrung, wenn diese unten knapp wurde. Bis dahin gelangte man nur per Schiff nach Kalaupapa. Im 19. Jh. verlegte man die Leprasiedlung von Kalawao zu dem Ort Kalaupapa auf der Leewardseite der Halbinsel.

Pater Damien sollte allerdings der Lepra nicht entkommen. **1889** starb er im Alter von 49 Jahren an dieser nun Hansen's Krankheit genannt (benannt nach dem norwegischen Arzt, der den Erreger der Krankheit entdeckte) nach 16jähriger Arbeit in der Leprakolonie. Am **15. Mai 1994** wurde Pater Damien von Papst Johannes Paul II. in Belgien selig gesprochen.

● **Lepra.** Es ist nicht bekannt, auf welche Weise die Krankheit auf die Hawaii-Inseln kam. Sie trat erstmals in den dreißiger Jahren des 19. Jh. auf und breitete sich offenbar rasch aus. Es ist eine chronische bakterielle Infektionskrankheit, die hauptsächlich Haut oder das periphere Nervensystem befällt und zu Verunstaltungen des Körpers, besonders den Weichteile, führt. Die Übertragung des Erregers *Mycobacterium leprae* erfolgt nur bei langandauerndem, unmittelbarem Kontakt mit Leprakranken. Die Inkubationszeit beträgt 9 Monate bis 15 Jahre.

● **Kalaupapa heute.** 1870 gelang dem norwegischen Arzt G. H. A. Hansen der Nachweis des Lepraerregers. Pater Damiens Werk der Pflege der Leprakranken auf Kalaupapa wurde von seinen Glaubensbrüdern und -schwestern fortgesetzt. Mit Entdeckung von Sulfone zur Behandlung der

MOLOKAI 519
Kalaupapa

Lepra in den 40er Jahren konnte diese schlimme Krankheit danach bekämpft werden. In der Folgezeit besuchten zahlreiche Personen und Gruppen des internationalen Showgeschäfts die Siedlung, darunter Shirley Temple, John Wayne und die singende Trapp Familie. Zwar bestand nunmehr keine Notwendigkeit mehr, die Kranken von ihren Familien zu trennen und zu isolieren, aber es dauerte noch bis **1969**, ehe die Zwangsisolation offiziell aufgehoben wurde.

Nicht alle Patienten der Kalaupapa Leprastation kehrten zu ihren Familien zurück. Einige zogen es vor, freiwillig an dem Ort zu bleiben, der mittlerweile ihre Heimat geworden war. Heute leben noch etwa 80 Menschen der ehemaligen Kalaupapa-Kolonie auf der Halbinsel. Kalaupapa ist seit 1980 ein National Historical Park.

● **Besuch des Kalaupapa National Historical Park.** Kalaupapa kann man nur als Teilnehmer einer offiziellen Tour besuchen, entweder zu Fuß oder im Mulitreck über den extrem steilen Maultierpfad, etwa 488 m Steilklippe. Mindestalter 16 Jahre. Eine weitere Möglichkeit besteht durch Anreise im Kleinflugzeug, das auf dem Kalaupapa Airstrip landet.

– **Zu Fuß.** Der grobe Maultierpfad windet sich auf 2 1/2 mi/4 km im Zickzack über 26 Spitzkehren von der Klippenspitze bis hinunter zum Fuß der Steilklippe. Maultiere haben „Vorfahrt", und es gibt kaum Ausweichmöglichkeiten. Man braucht etwa 1 1/2 Stunden und sollte allerdings vor Beginn der Maultiertrecks unterwegs sein, die etwa gegen 8 oder 9 Uhr beginnen. Unten am Fuß des Saumpfads muss man sich einer Führung anschließen, die von Damien Tours oder Ike Scenic Tours angeboten wird.

– **Maultierritt.** Den strapaziösen und abenteuerlichen Maultierritt muss man bei Molokai Mule Rides vorbestellen. Der Weg ist sehr uneben. Gewicht des Einzelnen darf 100 kg nicht überschreiten. Bei Rückenbeschwerden sollte die Tour nicht unternommen werden. Für den Maultierritt muss man schon einen ganzen Tag ansetzen.

– **Anflug im Kleinflugzeug oder Hubschrauber.** Relativ teure Flüge von Honolulu nach Kalaupapa. Polynesian Air fliegt von Molokais Hoolehua Airport nach Kalaupapa; etwa 5 Min. Flug.

– **Besichtigung.** Am Fuß des Maultierpfads wird man begrüßt und über die Halbinsel geführt, zunächst in **Kalawao** zur ersten Kirche, die Damien errichtete, sowie einer zweiten Kirche, zur Lavaküste und zu den Häusern, in denen die Kranken lebten. Ferner sieht man die Friedhöfe und die zweite Siedlung **Kalaupapa,** die Damien statt der ungünstig gelegenen ersten in **Kalawao** errichten ließ. Dann gelangt man zu dem kleinen **Kauhako Krater,** dem Kalaupapa seine Existenz verdankt und in dessen Mitte heute in 244 m Tiefe ein See existiert.

Veranstalter/Vorwahl (808)
● Molokai Mule Ride .... Tel. gebührenfrei 1-800-567-7550
　　　　　　　　　　　　　　　　　　　　　　　　　Fax 567-6244
– Tagestrip von Waikiki umfasst Flug mit Island Air oder Mahalo Air von Honolulu, einschließlich aller Transfers; Maultierritt hinunter zum Kalaupapa National Historical Park; Führung durch den Park; Mittagessen (Führung erfolgt durch Damien Tours, Kalaupapas einzigem Sightseeing-Unternehmen).

– Ganztagstour startet oben auf der Spitze der Klippe um 8 Uhr mit Unterweisung, gefolgt von 8.30 Uhr Ritt hinunter nach Kalaupapa. Tourbeginn und -ende an Kalae Stables.

● Damien Tours..................................... 567-6171
● Ike's Scenic Tours.................................. 567-6437
Keinerlei touristische Einrichtungen (Camping, Restaurants oder Geschäfte).

● **Kalaupapa Lookout;** am nördlichen Ende von *Highway 470.* Wer keine Zeit hat, die Siedlung zu besuchen, hat vom Aussichtspunkt im **Palaau State**

520 MOLOKAI
Kalaupapa

Park einen ausgezeichneten Blick über den Klippenrand hinunter auf die Halbinsel. Schautafeln informieren über die wichtigsten Fakten zu Kalaupapa und seiner Geschichte.

- **Attraktionen von Kalaupapa.** Vom Fuß des Maultierpfads oder Pali Trail passiert man die noch vorhandenen Gebäude und Stätten der **Kalaupapa-Siedlung** mit **Bishop's Home, Protestant Church,** Apotheke und Krankenstation, Laden, Hafen, Roman Catholic Church und YMCA. Weiter nördlich der katholische Friedhof, Mormonenkirche. Dann entlang der Straße nach Kalawao Metzgerei, Post, Superintendent's Büro, Lesesaal. Die Straße führt südlich des Kauhako Kraters am Wasserreservoir vorbei nach **Kalawao.**

Hier sind die Gebäude der Ärzte, für Besucher, Krankenhaus, Apotheke und Old Store/alter Laden. Weiter östlich dann das Denkmal **Father Damien Monument, St. Philomena Kirche** aus dem Jahre 1872, neben der sich das Grab von Pater Damien befindet (seine sterblichen Überreste wurden 1936 nach Belgien überführt). Ferner Siloama Church aus dem Jahre 1871 (auch Father Damien Church genannt) sowie **Baldwin Home,** das ehemalige Heim für Jungen.

- **Kalaupapa-Chronologie**

1835– erster Leprafall in Hawaii; Koloa, Kauai
1838– Barbara Koob (spätere Mutter Marianne Cope) wird am 23. Jan. im deutschen Heppenheim geboren; wandert mit den Eltern 1840 in die USA aus.
1840– Joseph De Veuster (Pater Damien) wird am 3. Jan. in Tremeloo, Belgien geboren.
1843– Ira B. Dutton (Bruder Joseph Dutton) wird am 27. Apr. in Stowe, Vermont geboren.
1850– Gründung von Hawaiis erstem Gesundheitsamt zur Bekämpfung der Cholera; muss sich bald mit Lepra beschäftigen.
1864– Joseph De Veuster kommt am 19. März in Honolulu an; wird am 31. Mai in Honolulu zum Priester geweiht. Wird kurz darauf nach Puna, auf der Insel Hawaii, entsandt; 1865 für 8 Jahre in die Distrikte Kohala und Hamakua versetzt.
1865– König Kamehameha V. erlässt Gesetz zur Verhütung der Ausbreitung von Lepra. Am 13. Nov. wird das Kalihi Hospital in der Nähe von Honolulu zur Behandlung leichter Fälle von Lepra eröffnet. Von hier werden die Leprakranken auf die isolierte Halbinsel Kalaupapa auf Molokai verbracht.
1866– Die erste „Ladung" Patienten kommt am 6. Jan. in der Leprastation Kalawoo auf Molokai an; 9 Männer und 3 Frauen. Am 23. Dez. organisieren 35 Personen die Gemeinde **Siloama** und gründen die erste Kirche von **Kalawao.**
1871– wird Siloama, „die Kirche der heilenden Quelle" in Kalawao eingeweiht.
1872– Bruder Victorin Bertram baut eine Holzkapelle und lässt sie nach Kalawao bringen; wird am 30. Mai der St. Philomena geweiht; später von Pater Damien erweitert und als „Father Damien's Church" bekannt.
1873– am 28. Feb. entdeckt der norwegische Wissenschaftler Gerhard Armauer Hansen den Leprabazillus. Pater Damien trifft am 10. Mai auf Kalaupapa ein.
1875– Schließung des Kalihi Hospitals in Honolulu.
1881– Eröffnung des Kakaako Branch Hospital in Honolulu zur Behandlung von Leprakranken.
1883– sechs Franziskanerinnen treffen am 8. Nov. in Honolulu ein unter Führung von Mutter Marianne Cope, um am Kakaako Hospital zu arbeiten. 9. Nov. Eröffnung des Kapiolani Home in Honolulu zur Aufnahme von Kindern von Leprakranken der Leprastation.
1885– Pater Damien wird offiziell mit Lepra diagnostiziert.
1886– Joseph Dutton trifft am 29. Juli in der Leprastation ein.
1886–1894– Entwicklung des Baldwin Home for Boys in Kalawao. 1886 organisiert Pater Damien ein kleines Haus für Jungen. Im Laufe der Zeit besteht das Heim bis 1894 aus 29 Bauten, benannt nach seinem Spender, Henry P. Baldwin von Maui.
1888– Mutter Marianne trifft mit den Schwestern Leopoldina und Vincent am 14. Nov. ein. Unter ihrer Leitung erfolgt die Gründung des Bishop Home for Girls auf Kalaupapa. Schließung des Kakaako Branch Hospitals.
1889– am 15. Apr. stirbt Pater Damien im Alter von 49 Jahren. Im Mai besucht Robert Louis Stevenson die Leprastation. Eröffnung des Kalihi Hospital in Honolulu zur Behandlung von Leprakranken.
1895– Vier Brüder des Herz-Jesu-Ordens treffen am 30. Nov. ein, um sich um die Baldwin Home Jungen zu kümmern.

MOLOKAI 521
Kaluakoi Resort

1902– Dr William J. Goodhue und John D. McVeigh kommen als Hausarzt und Superintendent auf die Halbinsel und bleiben 23 Jahre bis zu ihrer Pensionierung im Jahre 1925.
1905– Kongress bewilligt Geld für Krankenhaus und Labor in Kalawao.
1907– Jack London besucht die Siedlung mit seiner Frau Charmian; beide schreiben über ihre Erfahrungen.
1909– Eröffnung der U.S. Leprosy Investigation Station in Kalawao.
1913– Schließung der U.S. Leprosy Investigation Station wegen Unrentabilität, nachdem man nur 9 Patienten für kurzen Zeitraum zur Verfügung hatte. Forschung wird am Kalihi Hospital fortgesetzt.
1918– Mutter Marianne stirbt am 9. Aug. im Alter von 80 Jahren nach 30jähriger Tätigkeit auf Kalaupapa.
1920er– Die Ärzte James T. Mc Donald und Arthur Dean entwickeln ein Mittel zur Behandlung von Lepra. Sie verwenden Chaulmoogra-Öl zur äußerlichen Behandlung und erzielen auch durch Einnahme des Öls Heilungserfolge.
1931– Bruder Dutton stirbt am 26. März im Alter von 87 Jahren, nachdem er 1930 Kalawao aus gesundheitlichen Gründen verlassen musste.
1932– Baldwin Home wird von Kalawao nach Kalaupapa verlegt. Dies bedeutet das offizielle Ende der Siedlung in Kalawao.
1936– Pater Damiens Leichnam wird wieder ausgegraben und am 27. Jan. nach Honolulu gebracht; für 1 Woche aufgebahrt und am 3. Feb. nach Belgien verschifft, wo er am 3. Mai ankommt.
1946– Zulassung von Sulfone auf Kalaupapa. Beginn der Behandlung an 6 Patienten, deren Zustand sich „über Nacht" ändert.
1949– Hale Mohalu in Pearl City löst Kalihi Hospital als Leprakrankenhaus ab; Konzentration auf Rehabilitation.
1969– Hawaiis Jahrhundert altes Isolationsgesetz wird verworfen. Lepra wird nunmehr Hansen-Krankheit genannt.
80 Jahre nach Pater Damiens Tod wird am 15. April eine Statue in der Statuary Hall im Capitol in Washington, D.C. enthüllt. Eine identische Statue steht vor Hawaiis State Capitol in Honolulu.
1980– Präsident Carter unterzeichnet Gesetz zur Gründung des Kalaupapa National Historical Park.
1994– am 15. Mai erfolgt in Belgien die Seligsprechung von Pater Damien durch Papst Johannes Paul II.

> Von Zentral Molokai nun nach West-Molokai mit dem Kaluakoi Resort und den fabelhaften weißen Sandstränden.

West-Molokai ◀

Vom Flughafen biegt man links ab auf *Highway 460,* um **Kaluakoi Resort** an der Westküste zu erreichen. Bei **MM 13** passiert man rote Erde und nicht kultiviertes Land. *Highway 460/Maunaloa Highway* klettert, bis man kurz darauf einen schönen Blick auf den Ozean hat. Nun geht es vorbei an weidenden Rindern, Bestandteil der Molokai Ranch, der zweitgrößten Ranch Hawaiis. Bei **MM 15** erreicht man die Kreuzung, wo *Highway 460* links nach **Maunaloa** weiterführt und es rechts über die *Kaluakoi Road* zum Kaluakoi Resort geht.

● **Kaluakoi Resort.** Der gesamte Westrand von Molokai gilt als Kaluakoi Resort. Das Gebiet umfasst das Kaluakoi Hotel & Golf Club sowie mehrere Condominiums, die das Strand- und luxuriöse Hotelleben bestimmen. Zu dem Komplex gehören zahlreiche Wohnhäuser, der weltberühmte Kaluakoi 18-Loch-Golfplatz, Palmen und gepflegte Rasenanlagen sowie **Papohaku,** Hawaiis größter weißer Sandstrand.

Das schöne, in die Landschaft eingepasste Luxushotel **Kaluakoi Hotel** an der **Kepuhi Beach** umfasst in Niedrigbauweise im polynesischen Stil

MOLOKAI
Molokai Ranch Safari

gehaltene zweigeschossige Bungalowbauten, die hauptsächlich aus Holz gearbeitet sind. Wer die Einsamkeit liebt, aber nicht gleichzeitig auf Luxus und lukullische Genüsse verzichten möchte, ist hier gut aufgehoben. Hier starten auch Touren zum **Molokai Ranch Wildlife Park**.

Von der Kreuzung an *Highway 460* sind es etwa 5 mi/8 km bis zum Hotel. Gleich zu Beginn der *Kaluakoi Road* begleiten herrliche Bougainvillas die Straße zum Resort. Es geht bergab, vorbei an Pferdeweiden, und bald hat man einen grandiosen Blick auf den Kaiwi Channel.

● **Papohaku Beach Park**. Etwa 1 mi/1,6 km vom Kaluakoi Hotel gelangt man zu dem herrlichen Strandpark. Unterwegs macht ein Schild auf wilde Truthähne und Wildwechsel aufmerksam „Slow! Wild Turkey Area" oder „Slow! Deer Crossing".

Der Strand **Papohaku Beach** ist ein riesig ausgedehntes Strandgelände mit weißem Sand vor dem Kaluakoi Resort und sich südwärts fortziehend. Es gibt hier so viel Sand, dass man in den 1950er Jahren hier Sand ausbaggerte und nach Oahu brachte. Im Winter wird der meiste Sand weggespült, und riesige Felsbrocken treten zum Vorschein. Doch stets im Frühjahr und Sommer bringt die Flut den Sand zurück und lagert ihn auf der gewaltigen Beach ab.

● **Molokai Ranch Wildlife Park**; nur wenige Minuten vom Kaluakoi Resort entfernt. Zu dem weit offenen Ranchland der 21 200 Hektar umfassenden Molokai Ranch gehört der ca. 810 Hektar große Safaripark.

In dem Freigehege leben vorwiegend afrikanische Tiere in einer ihrem natürlichen Habitat angepassten Umgebung. Der Park wurde mit über 1 000 Giraffen, Antilopen, Straußen, Kudus, Ibex, Kranichen, Zebras und verschiedenen anderen Tieren bestückt. Eine Besonderheit ist das *„giraffe picnic"*, bei dem Besucher Snacks mit einer Giraffenfamilie teilen!

Touren starten beim Kaluakoi Resort, etwa alle 2 Stunden ab 8 Uhr bis 15 Uhr. Weitere Information: 552-2767.

Die **Molokai Ranch** bietet seit neuestem auch Campground-Übernachtung – siehe unter **Unterkunft**. Ferner gehören zum Programm der Molokai Ranch: Ausritte, Rodeo Round-up Aktivitäten, Wandertrips, Angel- und Catamaran-Exkursionen, Mountain Biking, Kayaking sowie Strandaktivitäten. Weitere Info: gebührenfrei 1-800-245-8871 oder Fax (808)552-2330.

Außer der Strandregion umfasst West-Molokai noch die ehemalige Ananasplantagenstadt **Maunaloa**.

● **Maunaloa Town**; etwa 1,6 km von der Kreuzung *Highway 460 & Kaluakoi Road*. Die meisten Besucher, die West-Molokai besuchen, verpassen Maunaloa. Nach dem Aus der Ananasproduktion auf Molokai hat sich hier nun ein Zentrum lokaler Kunst und Handwerk entwickelt.

Maunaloa ist ein herrliches Beispiel einer Plantagenstadt. In der **Big Wind Kite Factory** kann man zusehen, wie bunte Drachen gefertigt werden. Im Maunaloa General Store findet man bestimmt genügend Proviant. JoJo's Café ist das einzige Restaurant; hier wird frischer Fisch serviert; mittwochs Ruhetag.

● **Hale O Lono**. Über Privatstraßen, die das Gelände der Molokai Ranch durchschneiden, gelangt man nach **Halena** an Molokais Südküste, ein Ziel der Einheimischen. Überwiegend unbefestigte, schlechte Straßen! **Hale o Lono** ist der Ausgangspunkt der jährlich stattfindenden Auslegerkanu-Regatta nach Oahu. Es gibt noch eine alte Hafengegend, von der Sand vom Papohaku-Strand nach Oahu verschifft wurde. Vom **Kolo Wharf**, östlich von Halena wurden früher Ananas verschifft.

Molokai weist noch in seinem Nordwestzipfel einige interessante Stellen auf.

● **Moomomi Beach.** Von Hoolehua, wo man auf Molokai im allgemeinen wohnt, gelangt man über Farrington Highway zum **Moomomi Strand**, der vor allen Dingen bei Einheimischen beliebt ist zum Schwimmen, Fischen und Surfen. Nur im Winter findet man hier gute Bedingungen zum Surfen. Schwimmen gut bis Nov.

Etwa 2 mi/3 km westlich von Moomomi gelangt man zur **Keonelele-Wüste**, eine Mini-Wüste aus Sanddünen.

● **Purdy's Natural Macadamia Nut Farm.** In Hoolehua, Lihi Pali Ave., lernt man, wie Macadamia-Nüsse geerntet werden. Tägl. 9–13 Uhr; So. 10–13 Uhr.

Pali oder Windward-Küste ◀

Die Küste vom **Halawa Valley** bis Kalaupapa mit den höchsten Meeresklippen der Welt ist eine völlig fremde Welt. Hoch aufragende Klippen schieben sich in den tobenden Pazifik. Wasserfälle stürzen hunderte Meter herab oder verschwinden im Dunst. Von Höhlen und Lavatunnels durchlöcherte Felsklippen. Dschungel, der nur Tieren und wildwachsenden Pflanzen gehört.

Man kann dies alles nur vom Helikopter oder Boot sehen. Und dies wird dann auch noch von den unberechenbaren Winden und Wellen in Frage gestellt. Die größte Chance hat man vielleicht, einen schnellen Blick auf die Nordküste zu werfen, beim Flug von oder nach Maui.

Manche Täler der Nordküste können erwandert werden, wie beispielsweise das Wailau oder Halawa Valley, aber allerdings nur von gut ausgerüsteten und erfahrenen Wanderern. Trips zu den Tälern Wailau, Pelekunu und Waikolu Valleys sind alle lange, anstrengende Hikes. Komfort findet man dabei nicht.

Abschließend noch ein Wort zu Molokai, das ohne Nightlife und Strandrummel auskommt. Vom tropisch grünen Ostende bis zum rotbraunen, staubigen Ranch- und Cowboyland im Westen herrscht beschauliche Ruhe. Angeblich soll hier die Wiege des Hula-Tanzes liegen. Auf dem tief in hawaiischen Traditionen verwurzelten Molokai regierten einst die mächtigsten Kahuna Hawaiis. Auf der gesamten Insel fühlt man sich in das Hawaii von längst vergangener Zeit versetzt – hier ist sich Hawaii selbst treu geblieben. Auf Molokai kann man in paradiesischer Ursprünglichkeit und Abgeschiedenheit ausspannen.

NIIHAU
„Die verbotene Insel"

Niihau, die verbotene Insel – *„the forbidden Isle"*. Nicht mehr als ungefähr 250 Menschen leben hier. Hierher darf nur, wer eine ausdrückliche Einladung eines Einheimischen hat. Das gilt

NIIHAU
Geschichte

sogar für hohe Regierungsvertreter aus Honolulu, die brauchen eine Extragenehmigung des „Häuptlings".

Die trockene karge Insel liegt etwa 17 mi/27 km vor der Westküste Kauais, von der sie durch den **Kaulakohi Channel** getrennt ist. **Niihau** ist etwa 29 km lang und 10 km breit. Auf Niihau liegt der größte natürliche See Hawaiis – **Lake Halalii**. Höchste Erhebung ist der 390 m hohe **Paniau**. Hauptsiedlung ist **Puuwai**, doch die Robinson-Siedlung liegt etwa 2 mi/3 km davon entfernt in **Kiekie**. Auf der Insel **Niihau** gibt ist keinen Strom, kein Telefon, kein Radio, kein Fernsehen, keine Müllabfuhr, kein Gefängnis oder Doktor. Licht wird von Öllampen erzeugt; Strom wird zur Not über Generatoren von Rasenmäher- und Automotoren produziert. Die Menschen leben davon, was sie säen und fangen – Pflanzen, Getreide, Fisch und von der Rinder- und Schafzucht. Die Bewohner Niihaus sind reinrassige Hawaiianer; wer einen „Ausländer" heiratet, muss die Insel verlassen. Man lebt auf Niihau in einfachen Holzhäusern und benutzt Pferde oder Boote als Fortbewegungsmittel. Niihau ist auch die einzige Insel, auf der noch als tägliche Umgangssprache Hawaiisch gesprochen wird. In der einzigen Schule, die bis zur 8. Klasse führt – Elementary School, wird neben Englisch Hawaiisch gelehrt. Weiterführende Schulen werden auf Kauai oder Oahu besucht.

1864 verkaufte König KamehamehaV. die 252 Quadratkilometer große Insel für $10000 an die schottische Familie Sinclair-Robinson, die ursprünglich ihre Rinder-Ranch von Neuseeland nach Kalifornien verlegen wollte. Fast 150 Jahre danach ist Niihau immer noch im Besitz direkter Nachkommen der ursprünglichen Familie, Kauais wohlhabender Familie Robinson. Förmlich alle Bewohner der Insel arbeiten für die Robinsons auf der Rinder- und Schaffarm, stellen aus dem Holz der Kiawe-Bäume Holzkohle her und produzieren Honig. Außerdem werden die kostbaren Niihau Muscheln gesammelt und zu Ketten aufgereiht. Niihau Muschel Leis sind eine Besonderheit. Bei manchen der aus winzig kleinen Muscheln gefertigten Leis bewegen sich die Preise je nach Seltenheit, Farbe und Qualität der Muscheln sowie der Länge ab einigen hundert Dollar aufwärts. Der langwierige Prozess der Herstellung beginnt mit dem Sammeln der Muscheln am Strand, die dann nach Farbe und Größe sortiert werden. Dann werden die Muscheln sorgfältig gereinigt, Löcher gebohrt und zu Halsketten oder Leis aufgeknüpft oder aufgereiht.

Die Nachfahren der Robinsons haben die Insel Niihau isoliert gehalten. Kontakt zu anderen Inseln erfolgt lediglich über die Robinson Barge, die einmal Pro Woche nach Kauai fährt und alles Notwendige zur Versorgung transportiert. **1987** wurde die Insel erstmals öffentlich zugänglich gemacht, und zwar hat man für medizinische Notfälle einen siebensitzigen Helikopter gekauft, mit dem die Robinsons Flugexkursionen veranstalten. Es erfolgen verschiedene Flugexkursionen von **Burns Field**, südlich von **Hanapepe** auf Kauai, die über die Insel führen, manche mit kurzer Landung auf Niihau, abseits bewohnter Gebiete.

Touristen dürfen den Helipad allerdings nicht unbeaufsichtigt verlassen. Bei anderen Flügen des Robinson-Helikopters wird man beispielsweise zum Schnorcheln am Strand abgesetzt oder man erlebt beim Flightseeing die berühmte Na Pali-Küste. Der Flug von Kauais Südküste nach Niihau dauert etwa 12 Minuten. Schnorchelausrüstung und Badetücher werden zu Verfügung gestellt. Einzelheiten im Hotel auf Kauai erfragen.

Niihau Entstehung und Geschichte ◄

Der Vulkan, der **Niihau** entstehen ließ, war ein Schildvulkan, der keine gewaltigen und heftigen Eruptionen zeigte, sondern ganz allmählich geschmolzenes Gestein sprühte und in die Höhe quellen ließ. **Niihau** und **Kauai** entstanden auf einem Schildvulkan. Anfangs lag **Niihau** dichter an Kauai und soll als erste von beiden an die Oberfläche gekommen sein. Der längst erloschene Vulkan ist schätzungsweise 6–8 Millionen Jahre alt.

Die Existenz Niihaus Seen ist stark von den vorhandenen Niederschlägen abhängig. Einer der Seen, der **Halalu** gilt als einer der größten natürlichen Seen Hawaiis. Der legendäre Halalu war ein menschenfressender Vogel. In der Nähe liegt **Halalii**, der größte diskontinuierliche natürliche See Hawaiis. Halalii war der Name des Besitzers des Sees, der nach dem Trickser-Gott Oahus benannt war. Am tiefen sandigen Seeufer wurde Zuckerrohr angebaut, von dem nur die Blätter zur Oberfläche kamen.

Die Hula-Göttin Laka wählte **Niihau** als erste Insel, ihren Tanzstil zu lehren. Captain Cooks Mannschaft soll am 30. Januar 1778 die erste Nacht auf hawaiischem Boden auf der Insel Niihau verbracht haben. Ein gewisser William Bligh (1754–1817) soll als erster die Insel auf der Suche nach Trinkwasser erkundet haben. Bligh ist derselbe, der später als Kapitän der *Bounty* 1788 die neuseeländische Inselgruppe im südwestlichen Pazifik Bounty-Islands entdeckte, und dessen Besatzung 1789 auf der Rückfahrt von Tahiti meuterte und ihn in der Südsee in einem Boot aussetzte.

Der Name Niihau stammt angeblich von der Bezeichnung einer Yamswurzel, der sogenannten Uhi Yam, deren äußere Schale in Farbe, Struktur und Verwendungszweck der Rinde des Hau-Baums gleicht. Diese Yamswurzel zeichnet sich getrocknet durch ihre besondere Lagerungsfähigkeit aus, die sie für lange Schiffsreisen damaliger Zeit äußerst begehrt machte. Captain Cook taufte einen der Ankerplätze bei der Insel **Niihau** Yam Bay, und zeitweilig wurde die ganze Insel als Yam Insel bezeichnet. Hier noch einige bedeutende Daten zu Niihaus **Geschichte:**

1795–KamehamehaI. erobert alle Inseln Hawaiis außer Niihau und Kauai.
1810–König Kaumualii von Kauai kapituliert und überlässt Niihau und Kauai Kamehameha, um eine blutige Auseinandersetzung zu vermeiden.
1864–Elizabeth Sinclair kauft für $10000 die Insel Niihau von KamehamehaV.
1912–entdeckt man fünf Tempelstätten auf Niihau: **Heiau Kaunuokaha**, in Koa und Fischheiligtum; **Heiau Halekuamano**; **Koa** von **Kaunuopu**; **Heiau** von **Puhiola** und **Heiau Puuhonua**, ein der mächtigen Göttin Kihawahine geweihter Zufluchtstempel.
1941–am 7. Dez. muss ein japanischer Pilot beim Bombenangriff auf Pearl Harbor auf der Insel Niihau notlanden.
1959–Bei der Abstimmung zur Aufnahme Hawaiis als US-Bundesstaat stimmen die Bewohner Niihaus dagegen.
1941–0,8 Hektar Land werden an die US Marine für eine unbemannte Satelliten-Kontrollstation abgegeben, die zur Unterstützung der US Naval Pacific Missile Range Station von Barking Sands auf Kauai dient.
1987–erste Helikopterflüge für Touristen über Niihau und Landung auf Niihau.

OAHU

Allgemeines

Nun zu Hawaiis Insel Oahu mit Honolulu, Waikiki und dem Polynesian Cultural Center.

OAHU

„The Gathering Place – Versammlungsort"

- **Größe:** 1581 Quadratkilometer; drittgrößte Insel hinter Hawaii und Maui; etwa 65 km lang und 42 km breit.
- **Küstenlinie:** 180 Kilometer
- **Bevölkerung:** 840 000
- **Hauptstadt & Regierungshauptstadt Hawaiis:** Honolulu
- **Höchster Punkt:** Kaala Peak 1 225 m ü.M. im Nordwesten
- **Alter:** Etwa 3,4 Millionen Jahre alt.
- **Inselblume:** Ilima (gelbblühender Hibiskus); 1923 von der Territorial Regierung zum Blumenemblem von Hawaii ernannt.
- **Besondere Attribute:** Besitzt den einzigen Königspalast auf amerikanischem Boden. 2 000 km Straßen und ca. 320 Tage Sonne.

Oahu, mit dem Beinamen „the Gathering Place" Versammlungsort, ist die drittgrößte Insel des hawaiischen Archipels – früher Versammlungsort der Häuptlinge, heute von alljährlich ca. 7 Millionen Besuchern aufgesucht. Die Insel mit der Hauptstadt **Honolulu** und dem weltberühmten Strand von **Waikiki** ist erstes Ziel der meisten Hawaii-Besucher. Die Insel nimmt nur etwa 1/10 des hawaiischen Staatsgebiets ein, besitzt aber die größte Bevölkerungsdichte – über 80 % der Gesamtbevölkerung des Bundesstaates Hawaii von etwa 1,1 Millionen Einwohnern lebt auf **Oahu,** wovon etwa 15 % Militär und Angehörige des Militärs

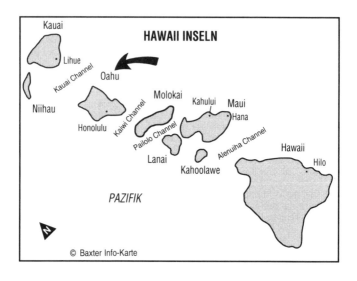

ausmachen. Trotz der großen Bevölkerungsdichte, die sich auf **Honolulu** und **Waikiki** konzentriert, besitzt Oahu weite Gebiete, auf denen Landwirtschaft betrieben wird, sowie unbebaute Landflecken.

Oahu ist wie die übrigen Inseln Hawaiis vulkanischen Ursprungs. Im Osten und Westen ziehen sich zwei Bergrücken über die Insel – die **Koolau Mountain Range** mit bis zu 900 m ü.M. und **Waianae Mountain Range** mit bis zu 1 225 m ü.M. mit dem berühmten **Kolekole Pass**. Dazwischen liegen flaches Land, dessen Zentrum die Binnenstadt **Wahiawa** bildet, und Zuckerrohr- und Ananasfelder sowie US-Militärstützpunkte, die etwa ein Viertel von Oahu einnehmen. Zwischen Bergen und Meer drängen sich kleine Siedlungen und Orte, deren Bewohner täglich zu Tausenden nach Honolulu zur Arbeit pendeln.

Oahu ist förmlich umringt von einer herrlichen Vielfalt sandiger Strände, die alle möglichen Wasserbedingungen aufweisen – von geschützten Buchten bis zu tosenden Surfs. Im Winter, wenn die mächtigen Wellen an der Nord- und Westküste bis zu 8 Meter Höhe erreichen und Ziel der größten Experten des Surfens sind, beschränkt sich das Schwimmen auf die Südküste und Oahus sogenannte Windward Shores an der Ostküste. **Waimea** an Oahus berühmter North Shore ist hauptsächlich für Surfer; war übrigens die erste Stelle auf Oahu, die von Europäern besucht wurde. Captain Charles Clerke segelte bei Haleiwa am 27. Februar **1779** in die Bucht von Waimea, die er als ungewöhnlich schön und reizvoll beschrieb. **Waikiki** dagegen ist mit seinen eher zahmen Wellen mehr für Sonnenhungrige und diejenigen, die das Surfen lernen wollen.

Auf den ersten Blick scheint also **Oahu** schwer überlaufen zu sein, wenn man betrachtet, daß es die zehnfache Bevölkerungsdichte von Maui besitzt, die als zweitdichtbevölkertste Insel Hawaiis gilt. Doch die **Windward Coast** im Osten der Insel mit ihren zackigen und eingeschnittenen Klippen oder *Palis* sowie tropischer Vegetation verfügt über manche der reizvollsten Landschaften Hawaiis. Da sich die meisten Besucher allerdings auf **Waikiki** beschränken, sind viele dieser bezaubernden Plätze erstaunlich unbefleckt.

Man kann **Oahu** schlecht von seiner Metropole Honolulu trennen. **Honolulu** ist das Drehkreuz aller oder zumindest der meisten Hawaii-Besucher, die auf dem Flughafen Honolulu International Airport ankommen, der Ausgangsbasis des Inselhüpfens zum Besuch der übrigen Inseln Hawaiis ist. Zwischen den Inseln ist das Flugzeug das überwiegende Verkehrsmittel. Die *Interisland* Flüge zu allen größeren Inseln dauern durchschnittlich 20 bis 40 Minuten, je nach Entfernung.

Viele der Attraktionen Oahus konzentrieren sich auf Honolulu und Umgebung oder Waikiki. Der Rest verteilt sich rund um die ganze Insel – siehe **Honolulu Exkursion** sowie **Oahu Attraktionen**. Oahu läßt sich neben Honolulu und Waikiki zur Erkundung noch in **Windward Oahu, North Shore, Nordwestküste**, den **Bergkorridor über die Koolau Mountain Range**

OAHU
Klima/Entfernungen

sowie den **Korridor zwischen Koolau und Waianae Mountain Ranges** und **Pearl Harbor** aufteilen. Auf Oahu unterscheidet man Richtungen wie folgt: *Mauka* – Richtung Berge, landeinwärts; *Makai* – zum Meer gewandt; *Ewa* – Richtung Ewa im Westen von Honolulu und Nordwesten; *Diamond Head* – Richtung Diamond Head Krater, östlich von Honolulu und weiter nach Süden.

▶ **Fahrzeiten auf Oahu von Downtown Honolulu**

Wahiawa via *H-2* . . . . 45 Minuten
Haleiwa via *H-2 & Highway 99* . . . . 1 Stunde
Sea Life Park via *H-1 & Highway 72* . . . . 35 Minuten
Waimea Falls Park *via H-1 & Highway 72* . . . . 1 Std. 15 Min.
Polynesian Cultural Center via *Hwy 61 & 83* . . . . . 1 Std. 20 Min.

Rush Hour: 6.30 – 9 Uhr; 15.30 – 18 Uhr.

▶ **Klima**

Oahu hat wie alle Inseln Hawaiis ganzjährig ziemlich gleichbleibendes **Wetter** mit durchschnittlichen Tagestemperaturen um 27°C. Im gebirgigen Binnenland herrschen aufgrund der geringen Höhenunterschiede etwa dieselben Temperaturen wie entlang der Küste. Allerdings sind die *Pali* (die hohen Felsklippen) bekannt für starke, kühle Winde, die von der Küste die Bergseite hochsteigen.

Niederschläge sind allerdings auf **Oahu** sehr unterschiedlich. Im allgemeinen ist die gesamte Süd- und Westküste/**Leeward Coast** von Makaha bis Koko Head trocken. Entlang der **Koolau Mountain Range** und entlang der **Windward Coast** (Ostküste) häufigere und heftigere Niederschläge. Obwohl es zu jeder Zeit des Jahres regnen kann, sind die Niederschläge im Winter größer. In dieser Zeit bearbeiten auch hohe Wellen die Nordküste, was Neulingen manchen Strand versperrt, aber absolut perfekt für Experten Surfer ist. Man kann sich meistens darauf verlassen, dass das Wetter an den Stränden von Waikiki und Waianae sonnig und klar ist.

▶ **Geschichtliches**

Oahu mit der Hauptstadt **Honolulu** ist der Sitz der Regierung des US-Bundesstaates Hawaii. Dies war jedoch nicht immer so. Früher war Big Island, die Insel Hawaii, vorherrschend, als die Inselkette Hawaii aus mehreren kleinen, territorial unbeständigen Königreichen bestand, die in den Jahren **1790 bis 1810** geeinigt wurden. Der siegreiche Häuptling Kamehameha stammte von Big Island, wurde **1795** als Kamehameha I. der erste König des Inselreichs und regierte die geeinten Inseln des Königreichs die meiste Zeit von dort aus. Unter Kamehameha bekam jede Insel einen Vizekönig. 1819 starb Kamehameha in Kailua auf Big Island.

Englands Captain James Cook war **1778** der erste, der von den Inseln, die er nach seinem Vorgesetzten Earl of Sandwich

Geschichte

Sandwich Inseln nannte, berichtete. **1779** traf der englische Seekapitän Charles Clerke als erster europäischer Besucher auf der Insel **Oahu** ein, als er in die Bucht von **Waimea** segelte. Oahu wurde **1795** Teil des Königreichs Hawaii.

Mit Beginn der Arbeit von Missionaren auf den Inseln, die ab **1820** auch auf **Oahu** im Bereich von Honolulu tätig waren, begann die europäische Kultur die einheimische zu verdrängen. Die Missionare errichteten Häuser mit Werkstätten und Schulen, heute noch im **Mission Houses Museum** in Honolulu erhalten.

König Kamehameha I. hatte **1802** seinen Königshof nach Lahaina, Maui verlegt, das erste Hauptstadt des Königreichs Hawaii blieb, bis **1843** sein Sohn Kamehameha III. nach Honolulu umzog. **1840** hatte Kamehameha III. durch eine Verfassung die konstitutionelle Monarchie geschaffen. **1845** wurde der Sitz der Regierung nach **Oahu** verlegt und Honolulu offiziell zur Hauptstadt erklärt. **1850** ließ sich Hawaiis Königshof formell in Honolulu nieder. Zuvor hatte Lord Paulet, Kommandant des Kriegsschiffs *Carysfort* Kamehameha III. gezwungen, einen Vertrag zur Abtretung Hawaiis an England zu unterzeichnen. Innerhalb weniger Monate konnte allerdings Hawaiis Unabhängigkeit von England wiederhergestellt werden, nachdem Königin Viktoria Admiral Thomas als ihren persönlichen Vertreter ausgesandt hatte.

Die Periode **von 1843 bis 1860** war das goldene Zeitalter des Walfangs in der Geschichte Hawaiis; bis zu 600 Schiffe liefen Hawaii an. Als Ende der 1850er und 1860er Jahre Erdgas, Erdöl und Kerosin den Talg der Öllampen zu ersetzen begannen, und der Amerikanische Bürgerkrieg (1861–65) den Fang fast zum Erliegen brachte, kam langsam das Aus der Walfangindustrie. Mittlerweile entdeckte man mit dem Anbau von Zuckerrohr eine neue Einkommensquelle. **1852** trafen die ersten Chinesen als billige Arbeitskräfte für die Zuckerrohrplantagen auf Oahu ein. Ihnen folgten Portugiesen und Japaner.

1853 forderte der Ausbruch einer Pockenepidemie auf Oahu von insgesamt 6 400 Fällen rund 2 500 Tote. **1854** starb Kamehameha III. im Alter von 41 Jahren. Sein Adoptivsohn Prinz Alexander Liholiho trat die Nachfolge als Kamehameha IV. an. Inzwischen boomte die Zuckerindustrie. Hawaii strebte ein Handelsabkommen mit den USA an, das den zollfreien Zuckerabsatz auf dem amerikanischen Markt sichern würde. Doch zum Abschluß dieses Vertrags sollte es noch bis zur Regentschaft **Kalakauas** dauern, der **1874/75** in die USA reiste und dort mit dem Präsidenten Ulysses S. Grant zusammentraf und als erster König eine Rede vor dem amerikanischen Kongress hielt. Als Gegenleistung erhielten die USA **1886** das Recht, im Pearl Harbor eine Marinebasis einzurichten.

Inzwischen war vor der Regentschaft von König David Kalakaua die Kamehameha Dynastie langsam am Aussterben. König Kamehamehas IV. (regierte von 1854 bis 1863) und Queen Emmas einziges Kind starb 1862. Nach dem Tod von

OAHU
Geschichte

Kamehameha IV. trat sein älterer Bruder Prinz Lot als Kamehameha V. die Nachfolge bis **1872** an, blieb aber ehe- und kinderlos. Nach seinem Tod endete die Kamehameha Generation. Der **1873** zum König gewählte William Lunalilo war zwar königlicher Abstammung, aber nicht aus dem Hause Kamehameha. Er starb nach nur einjähriger Amtszeit. Ihm folgte dann David Kalakaua, der weithin als der „Merry Monarch" (fröhliche Monarch) bekannt war. Er machte eine Weltreise und traf mit den Oberhäuptern der Welt zusammen. Er ließ den Iolani Palast in Honolulu erbauen. Kalakaua starb **1891** und wurde von seiner Schwester Liliuokalani, der letzten Monarchin Hawaiis, abgelöst.

Als Liliuokalani den Thron übernahm, kämpfte sie zäh um die schwindende Macht der hawaiischen Monarchie. Sie versuchte, die **1887** erlassene liberale Verfassung durch ein autokratisches Mandat zu ersetzen, was ihr mehr politische und wirtschaftliche Macht über die Inseln geben würde. Nach einem Staatsstreich wurde die Königin gestürzt. Die provisorische Regierung stand unter dem Vorsitz von Sanford B. Dole, der dann Präsident der später ausgerufenen Republik Hawaii wurde. Nachdem der amerikanische Kongress **1898** imperialistischen Forderungen der Annexion der hawaiischen Inseln unter Präsident McKinley nachgegeben hatte, beschloss er **1900** die Errichtung des Territoriums Hawaii.

Am 7. Dezember **1941** begann für die USA mit dem japanischen Bombenangriff auf die im Pearl Harbor stationierte US-Flotte der Zweite Weltkrieg. Zunächst war Hawaii Frontbetrieb, dann eines der führenden Nachschubzentren der Amerikaner im pazifischen Krieg. Während des Zweiten Weltkriegs wurde Hawaii unter Kriegsrecht gestellt, weil man die japanischen Einwohner zunächst als Spione und Kollaborateure verdächtigte. Verhaftete, beispielsweise des japanischen Konsulats, wurden zur Internierung auf das amerikanische Festland gebracht. Die übrigen Japaner Hawaiis waren überwiegend Facharbeiter, die man dringend brauchte und die bald auch ihre Loyalität zu Amerika beweisen konnten. Hawaiis eigenes 100. Bataillon wurde zum berühmten 442 Regimental Combat Team, das im Juni **1944** in Italien und Frankreich kämpfte und die meisten Auszeichnungen erhielt. Als diese GIs zurückkehrten, wurde ihre Loyalität nie wieder in Frage gestellt. Die jungen Japaner nannten sich AJAs (Americans of Japanese Ancestry = Amerikaner japanischer Abstammung) und meldeten sich freiwillig zur US-Armee. Am 12. März **1959** verabschiedete der Kongress das Hawaii State Bill und am 21. August 1959 verkündete Präsident Eisenhower Hawaii als 50. US-Bundesstaat.

 ### Oahu Hotels

Oahus Hotels konzentrieren sich hauptsächlich auf Honolulu und insbesondere auf Waikiki. Andere Städte Oahus sind kaum mit Hotels ausgestattet, was teilweise daran liegt, dass man andere Punkte auf Oahu von Honolulu oder Waikiki in 1 bis 2

Stunden erreicht und zudem der touristische Schwerpunkt auf Waikiki liegt. Hotels in Honolulu siehe **Honolulu** oder **Waikiki**. Hier einige der Hotels rund um Oahu.

- **Kahuku** etwa 45 mi/72 km vom Honolulu International Airport (HNL)
$$$Turtle Bay Hilton 293-8811
gebührenfrei 1-800-HILTONS
Fax 293-9147
- **Kaneohe**
$$Windward Marine Resort 239-5711
Fax 239-6658
- **Ko Olina** (westlich von Pearl Harbor)
$$$Ihilani Resort.. 679-0079
gebührenfrei 1-800-626-4446
- **Laie** (neben Polynesian Cultural Center) .... Fax 679-0295
$$Rodeway Inn Hukilau Resort 293-9282
Fax 293-8115
- **Makaha Valley** 27 mi/43 km nordwestlich vom Flughafen (HNL)
$$$ Hawaiian Princess Condos 696-6400
Fax 696-5817
- **Punaluu**
$$Pau Comeau Condo Rentals at Pat's at Punaluu 293-2624
gebührenfrei 1-800-467-6215
Fax 293-0618

Oahu Attraktionen

Oahu bietet außer dem berühmten Strand von Waikiki eine Reihe von Attraktionen. Attraktionen entlang der Rundfahrt um Oahu sind entweder unter **Honolulu Exkursion** oder nachstehend beschrieben; Honolulu oder Waikiki Attraktionen jeweils unter **Honolulu** oder **Waikiki**. Strände findet man unter **Strände/Beaches rund um Oahus Küste**.

Baxters roter Faden durch Oahus Attraktionen

- Wer mehr über die **Kultur** der Hawaiianer und anderer Pazifik Inselbewohner erfahren will, sollte auf keinen Fall das **Bishop Museum** versäumen.

- Hawaiis **Seefahrergeschichte** lernt man im **Hawaii Maritime Center** kennen.

- Und die Kultur von sieben polynesischen Inseln wird an Hand von verschiedenen polynesischen Dörfern mit deren Kunsthandwerk und Gebräuchen im **Polynesian Cultural Center** vorgestellt; hier erfährt man aus erster Hand, wie man vor über 100 Jahren lebte – siehe Extraabschnitt.

- Ebenso lernt man etwas über Hawaiis Kultur beim Besuch des Waimea Valley, wo sich der **Waimea Falls Park** befindet.

- Jüngere Geschichte und insbesondere mehr über den Einfluss der europäischen und amerikanischen Besiedelung der Inseln erfährt man in **Downtown Honolulu** im Mission Houses Museum, Iolani Palace, Kawaiahao Church, Washington Place, St. Andrew's Cathedral, Queen Emma Summer Palace, Dole Cannery Square und anderen Stellen.

- Hawaiis **Militärgeschichte** wird an vielen Stellen Oahus offenbar. Hawaii spielte eine Schlüsselrolle in der amerikanischen Militärgeschichte, insbeson-

532 OAHU
Attraktionen

dere während des Zweiten Weltkriegs. Arizona Memorial, das benachbarte U-Bootmuseum USS Bowfin, Fort DeRussy Army Museum in Waikiki und Punchbowl National Cemetery sind von besonderem Interesse ebenso wie das Tropic Lightning Museum in den Schofield Barracks und der berühmte Kolekole Pass. Im Naturhafen von Pearl Harbor legten die USA neben Marine auch Air Force Basen an und installierten eine pazifische Militärbastion.

• Oahu verfügt über Dutzende ausgezeichneter **Kunstgalerien** auf der gesamten Insel, insbesondere in Waikiki, Downtown Honolulu und an der North Shore in Haleiwa. Die **Honolulu Academy of Arts an** *S. Beretania Street* in Downtown Honolulu und das **Contemporary Museum** am *Makiki Heights Drive* sind sehenswert.

• Wer die tropische Schönheit Oahus erkunden will, findet viele reizvolle Stellen auf Oahu von der sonnigen Waianae Küste bis zur üppig grünen Windward Coast (Ostküste). Viele der Landschaftspunkte rund um Oahu sind unter **Honolulu Exkursion** aufgezeigt und auf der **Baxter Info-Karte** zu finden.

• Man sollte auf keinen Fall **Hanauma Bay** und die Fahrt entlang der zerklüfteten Küste von **Sandy Beach** bis **Makapuu Point** und **Sea Life Park** versäumen.

• Vom **Pali Lookout** hat man einen atemberaubenden Blick auf die Windward Coast und Kaneohe Bay.

• Die Fahrt entlang der **Windward Coast** ist bilderbuchhaft mit verschiedenen interessanten Stellen unterwegs wie **Hawaii Temple,** den die Mormonenpioniere von Laie erbauten.

• Die Fahrt entlang **North Shore** ist ebenfalls erlebnisreich mit den weltberühmten Surfstellen und dem territorialen Charme der alten Stadt Haleiwa.

• Fährt man in Honolulu den **Mt. Tantalus** (nördlich von Punchbowl) bergauf, bietet sich eine herrliche Aussicht mit einem Panorama, das sich von den Waianae Bergrücken bis nach Waikiki erstreckt.

• Wer schließlich wandern will, findet mehrere **Wandermöglichkeiten** auf der Insel einschließlich Sacred Falls, Aiea Loop Trail, Diamond Head und Makiki Loop Trail, wo man exotische Blumen, Früchte und Pflanzen des Pazifiks erleben kann.

• Die **Waianae Küste** bietet einige der besten **Tauchstellen** Oahus mit gesunkenen Schiffswracks. Hier auch großartige Fischfanggründe.

• **Wasseraktivitäten** aller Art gibt es in Hülle und Fülle vom reinen Zuschauen im Waikiki Aquarium und Lernerlebnis im Sea Life Park Hawaii bis zur eigenen Betätigung beim Schnorcheln, Tauchen, Wasserski, Windsurfen, Segeln, Hochseefischen, Parasailing und mehr. Oahu ist ein Mekka der Sonnen- und Wellenanbeter.

• Mit dem **Glasbodenboot** oder an Bord eines Ausflugs-**U-Boots** kann man die herrliche Meereswelt rund um Waikikis grandiose Korallenriffe erleben.

• **Parasailing** über die Korallenriffe von Waikiki Beach oder **Schnorcheln** in Hanauma Bay. Fast endlos ist die Auswahl der Aktivitäten in Oahus Gewässern.

• Und zum Abschluss des Tages gibt es eine Fülle von **Restaurants,** Abendfahrten mit dem Boot, festliche **Luaus** und erstklassige **Dinner Shows.**

Hier noch verschiedene Attraktionen, die in anderen Abschnitten nur kurz oder noch nicht erfasst sind.

- **Hanauma Bay.** 12 mi/19 km östlich von Waikiki; grüner Sandstrand. Hawaiis erster rauchfreier Strand (Rauchverbot beginnt von dem steilen Pfad, der hinunter zum Strand führt)! Einer der besten Strandparks Hawaiis ist der **Hanauma Bay Beach Park** mit dem gleichnamigen Unterwasserpark, der sich in einem vom Meer ausgewaschenen Krater eines erloschenen Vulkans unterhalb von **Koko Head** befindet. **Koko Head** (*Koko* = Blut) war die letzte Stelle, an der die umherziehende Feuergöttin Pele ein feuriges Nest in Oahu graben wollte. Auch hier kam ihr die eifersüchtige Schwester in die Quere und überflutete Peles Feuergrube. Vom **Koko Head,** auf dessen 196 m hohen Gipfel ein Pfad führt (etwa 15 Minuten Wanderung), hat man einen Blick auf die etwa 32 km über den **Kaiwi Channel** entfernte Insel **Molokai,** den unter einem liegenden Kessel der **Hanauma Bay** und das Panorama von **Diamond Head** mit den dahinter liegenden Bergen der **Koolau Mountains.** Unterhalb vom Koko Head liegen die beiden erloschenen Krater **Nonoula** und **Ihiihilauakea.**

Zum Besuch des Hanauma Bay Beach Park benutzt man vom oben am Berg befindlichen Parkplatz (ca. 300 Plätze) einen Pendelbus (Gebühr) hinunter zum Strand. Wer den größten Andrang vermeiden will, kommt am besten frühmorgens oder nach 16 Uhr, wenn die Ausflugsbusse abfahren. Von Waikiki hierher verkehrt auch der Hanauma Express – ideal, wenn nur ein Ausflug geplant ist. Der Stadtbus #22 mit Aufschrift **Beach Bus** hält auch hier. Dabei braucht man sich keine Sorgen um einen Parkplatz zu machen, wenn Hochbetrieb herrscht.

Lebensrettungsposten, Restauration und Toiletten unten am Strand. Hier wurden übrigens Szenen des Films *Blue Hawaii* mit Elvis Presley gedreht. Hervorragende Tauch- und Schnorchelbedingungen. Eigene Ausrüstung ist mitzubringen; keine Vermietung von Schnorchel- oder Tauchausrüstung am Strand. Der Unterwasserpark bietet eine herrliche Unterwasserwelt um Meeresriffs mit Meeresschildkröten und bunten Südseefischen.

Die Hanauma Bay unterteilt sich übrigens in drei unterschiedliche Gebiete für Anfänger bis zu Experten. Neben dem Strandpavillon informiert eine große Anschlagtafel über die verschiedenen Areas und warnt vor Stellen, die man meiden soll. Beispielsweise ist die **Witches Brew** (Hexensud) eine gefährliche Stelle am Ausgang der Bucht, wo das Wasser sehr turbulent ist und einen eine gefährliche Strömung, den sogenannten **Molokai Express** waschen kann. Folgt man einem Pfad entlang der links verlaufenden Meeresklippe zur **Toilet Bowl** (Toilettenschüssel), ein natürliches Wasserbecken, dessen Wasser mit den Gezeiten steigt und fällt. Bei günstigen Bedingungen kann man darin sitzen und wird auf und ab getrieben, ähnlich wie bei einer Toilettenspülung. Hanauma täglich (Mi. ab 12 Uhr) von 6 bis 18 Uhr geöffnet. Beste Zeit vor 9.30 Uhr oder nach 14.30 Uhr.

- **Kaneohe** ist Oahus drittgrößte Stadt nach Honolulu und Kailua. Viele Bewohner pendeln von und zur Arbeit nach Honolulu, was abends und morgens „*rush hour*" bedeutet.

- **Kolekole Pass.** Am 7. Dez. 1941 flogen die japanischen Jagdbomber bei ihrem Überraschungsangriff auf die US-Flotte im Hafen von Pearl Harbor durch diesen Pass, dem einzigen Durchbruch der Waianae Pali. Dies ist außerdem die legendäre Wohnstatt von Kolekole, der Schutzgöttin der Insel Oahu.

- **Makua;** an der Leeward Coast (Leeseite von Oahu) nördlich von Makaha. Hier wurde für den Film „Hawaii" das Lahaina des 19. Jahrhunderts aufgebaut.

534 OAHU
Sea Life Park

● **Ko Olina,** westlich von Honolulu. Heimat des Ihilani Resorts und 18-Loch-Golfplatz Ko Olina Golf Club. Ferner Paradise Cove Polynesian Show and Luau. In der Nähe eine der beliebtesten Tauchstellen, die Mahi – ein gesunkenes Minensuchboot des Zweiten Weltkriegs.

● **Plantation Village** im Waipahu Cultural Park. Waipahu, ehemals blühende Zuckerstadt, 25 Minuten westlich von Waikiki, abseits vom *Freeway H-1.* Siedlung um Zuckerrohrfabrik, eine *Sugar Mill Town.* Freilichtmuseum auf 1,2 Hektar mit Häusern von acht ethnischen Hauptgruppen von Arbeitern – Hawaiianer, Chinesen, Portugiesen, Puertoricaner, Japaner, Okinawaer, Koreaner und Filipinos. Strohhütten aus den 1840er Jahren, als kommerzielle Zuckerindustrie auf Hawaii begann.

In den 1860er bis 1930er Jahren brachte man Plantagenarbeiter aus Asien und anderen Gebieten hierher. Die heute zu dem Freilichtmuseum gehörende Anlage erstreckt sich direkt unterhalb der früheren Zuckerfabrik, deren Schornstein noch erhalten blieb. Die Sugar Mill stammt aus dem Jahr 1896 und wurde als letzter Zuckerbetrieb Oahus 1996 stillgelegt. Die meisten der 30 Gebäude sind Nachbauten existierender Plantagenhäuser und Gebäude in der Art der verschiedenen Äras bis in die 1940er Jahre. Eines der schönsten Gebäude ist das Chinese Society Building mit interessanter Holzfassade; aus dem Jahr 1909 (eine Nachbildung des Originals von Kula, Maui). Das daneben befindliche Chinese Cookhouse, das aus dem 20. Jahrhundert stammt, ist das einzige Originalgebäude. Aus Moilili (Teil Honolulus) stammt ein Shinto Shrine (Tempel). Ferner gibt es ein japanisches Badehaus, einen Schlafsaal für die Filipinos, einen Gemeindesaal/Social Hall (Nachbildung eines Gebäudes von Big Islands (Hamakua Coast) sowie ein Plantageladen nach dem Vorbild von Koloa, Kauai. Eintritt; stündlich Führungen. Tel. 676-6767.

● **Sacred Falls.** Westlich von Kaluanui Beach an Oahus Windward Coast. 2 mi/3,2 km Wanderung stellenweise grober Weg zu sehr reizvollem Wasserfall und Pool am Ende des Trails. Nur bei sonnigem Wetter ins Tal wandern; bei Regen werden Sturzfluten zur großen Gefahr.

● **Schofield Barracks,** berühmt geworden durch den Film und das Buch „From Here To Eternity" („Verdammt in alle Ewigkeit", Roman über den Zweiten Weltkrieg von James Jones, der als Soldat in Schofield stationiert war). Die berühmte Liebesszene zwischen Burt Lancaster und Deborah Kerr wurde direkt rechts vom Halona Blow Hole an Halona Cove gedreht, etwa 13 km von Waikiki. Die Schofield Barracks beherbergen das **Tropic Lightning Museum** – siehe **Honolulu Exkursion.**

● **Sea Life Park Hawaii.** 259-7933; tägl. 9.30–17.00 Uhr, freitags bis 22 Uhr. Am Makapuu Point, etwa 30 Min. Fahrt von Waikiki, über Diamond Head, Koko Head Krater, Hanauma Bay, Halona Blowhole und Sandy Beach. Auf der 25 Hektar grossen Anlage zu Füssen einer steil aufragenden Felswand erstreckt sich eine der Hauptattraktionen Oahus.

Hawaiian Reef Tank, ein 1,1 Millionen Liter fassendes Becken mit Glaswänden, beherbergt als nachgebautes Riff etwa 4 000 tropische Unterwasserlebewesen, darunter die vom Aussterben bedrohten Hawaiischen Mönchsrobben und Humboldt Pinguine, grüne Riesen-Meeresschildkröten, der Hammerkopf Hai, Stachelrochen, Aale und Mantas.

Ferner kann man hier den einzigen Wholphin der Welt in der **Wholphin Bay** bewundern; *Kekaimalu* (bedeutet „aus dem friedlichen Meer"), zehnjährige weibliche Wholphin ist halb Delphin, halb falscher Killerwal (Mutter Delphin, Vater Wal). *Kekaimalu* wiegt ca. 272 kg – nur etwa ein Drittel des Gewichts von Delphinen ihres Alters, und ist dunkler gefärbt. Der Wholphin besitzt auch eine kürzere Schnauze, hervorstehende Augen und hat weniger Zähne als ein Delphin, doch mehr als ein falscher Killerwal. *Kekaimalu* wurde dressiert und tritt mit andern Delphinen auf, kann auf dem Schwanz laufen, die „Hand geben" und Hula vorführen. *Kekaimalu*

Sea Life Park

hat inzwischen eine Tochter (drei Viertel Flaschennasen-Delphin und ein Viertel falscher Killerwal), was sehr ungewöhnlich ist. Die meisten Arten paaren sich nicht mit anderen Arten. Ist dies doch der Fall, ist die Überlebensrate der Jungen sehr niedrig. Überleben sie tatsächlich, sind sie im allgemeinen steril, was bei *Kekaimalu* nicht der Fall ist. Eine sehr seltene Erscheinung.

Tiervorführungen erfolgen in der **Whaler's Cove**, wo eine Nachbildung (etwa fünf Achtel seiner Originalgröße) des Walfangschiffs *Essex* in der spektakulären Lagune permanent verankert liegt. Delphine und falsche Killerwale zeigen hier ihre Kunststücke. Im kreisförmigen Amphitheater des **Hawaiian Ocean Theater** treten talentierte Delphine auf. Bei der **Kolohe Kai Sea Lion Show** kann man Seelöwen, die behäbigen schweren Meereskolosse, bewundern. Das **Hawaiian Monk Seal Care Center** ist die Pflegestation gestrandeter Seerobben-Babies der bedrohten Mönchsrobben. Nachdem sie kräftig genug sind, werden die Robben wieder ins Meer entlassen.

Im **Pacific Whaling Museum** hängt ein riesiges Walskelett über einer großen Sammlung von Artefakten aus dem Bereich der Wale. Im **Penguian Habitat** kann man eine Brutkolonie bedrohter Humboldt Pinguine in ihrem natürlichen Habitat bewundern. Im **Sea Lion Feeding Pool** geht es beim Füttern laut zu. Der **Touch Pool** ist endlich mal wieder etwas zum Anfassen. Hier leben wirbellose Tiere, die auf den Inselgewässern zu Hause sind. Und im Bereich von **Rocky Shores** lernt man die Lebewesen kennen, die Hawaiis felsige Küstenränder bewohnen. Das **Bird Sanctuary** ist ein großes Vogelgehege mit fantastischen tropischen Vögeln. Freitagabends finden Unterhaltungsprogramme im Sea Lion Cafe oder auf der Wiese Makapuu Meadow statt.

Besucher können auch am Programm teilnehmen, Delphine zu dressieren, wird *Splash University* genannt – ein „Institute of Higher Fun"; etwa 45 Minuten-Programm mit Blick hinter die Kulissen; etwa $50 zusätzlich zum Eintrittspreis; Einzelheiten Tel. 1-800-767-8046.

● **Senator Fong's Plantation and Garden.** 239-6775. Tägl. 10–16 Uhr. Ahuimanu, etwa 1 mi/1,6 km von der Kreuzung *Kamehameha Highway (Highway 83) & Kahekili Highway*. Üppiger tropischer Park mit einheimischen und exotischen Pflanzen und Blumen, eine aktive Plantage mit über 75 verschiedenen Obst- und Nussbäumen. Die Gartenanlage umfasst 5 Täler und Plateaus, jeweils benannt nach den 5 Präsidenten, unter denen Senator Hiram Fong diente. Tropische Wälder, Vogelschutzgebiet, gepflegte Parkanlagen und die Umgebung der Koolau Bergkette mit Blick auf Kaneohe Bay. Lei Unterricht. 45-Minuten-Führung im offenen Minibus. Eintritt.

● **Waikele Center,** etwa 15 Minuten vom Ko Olina Resort/Ihilani Resort entfernt, westlich von Honolulu. Hawaiis erstes Factory Outlet Stores Center. Hier kauft man Markenwaren zu Ab-Fabrik-Preisen. In der Nähe Waikele Golf Course.

Oahu Überblick abseits der Touristenpfade ◄

Hier soll dem Besucher mit einer Reihe von Schwerpunkten ein kleiner **Wegweiser** zum Erleben der Insel Oahu gegeben werden. Hierzu ist allerdings bei den Unternehmungen auf eigene Faust unbedingt ein Mietauto erforderlich.

Beste Aussicht

● Entlang *Highway 83* nördlich von **Waikane** (Windward Coast); vom windigen Rasen im Kualoa Regional Park an der **Hokulea Beach** (Picknick

OAHU
Beste Strände

und Drachensteigen) herrliches Panorama mit den dramatischen Felsklippen am Ozean und Mokolii Insel (oder Chinaman's Hat).

● **Laie Point;** unweit von Hawaiis größter Touristenattraktion, dem Polynesian Cultural Center entfernt. Herrlicher Küstenblick bei starkem Wind mit an die felsige Insel krachender Brandung. Gegenüber vom Shopping Center mit blauem Dach auf *Anemoku Street* Richtung Meer, dann rechts auf *Naupaka* abbiegen und bis zum Ende fahren.

● **Nuuanu Pali Lookout.** Obwohl diese Stelle auf der Haupttouristenroute liegt, ist der Blick von diesem Aussichtspunkt großartig und sollte nicht versäumt werden. Blick auf Windward Coast und exotische Palis. Man benutzt von Honolulu den *Pali Highway (Highway 61)* Richtung **Kailua**. Auf dem Bergkamm der Beschilderung folgen.

Bester Picknickplatz

● In **Downtown Honolulu** an *King & Richards Streets* auf der Wiese unter den Banyan Bäumen des **Iolani Palastgeländes**, wo freitags (jeden 2. Freitag) um 12.30 Uhr die Royal Hawaiian Band im Coronation Pavilion spielt (kostenlos).

● **Mokuleia Beach Park,** am schmalen, von Dünen geschützten Sandstrand – allerdings zum Schwimmen zu felsig! Dahinter ragen die Klippen des Waianae Bergrückens auf. Über einem schweben eventuell Segelflieger vom Dillingham Airfield. Hinter Haleiwa entlang der Nordküste auf *Highway 930/Farrington Highway* entlang, wo man bereits die meisten Touristen hinter sich läßt. Strand direkt gegenüber vom Dillingham Flugplatz.

● **Malaekahana State Recreation Area,** hinter langem sandigen Strand, abseits der Straße. Bei Ebbe kann man mit alten Joggingschuhen oder speziellen *Reef Walkers* zu der vor der Küste liegenden Ziegeninsel/Goat Island wandern. Vom *Highway 83* etwa 1.2 mi/2 km nördlich des blaubedachten Shopping Center von Laie Richtung Meer. Sobald man abbiegt, stößt man auf das braun-gelbe Schild der Zufahrtstrasse.

Beste Strände

● **Lanikai Beach,** ein Juwel aus weißem Sand und türkisblauem Wasser. Die Mokulua Inseln und ein vorgelagertes Riff gewährt ganzjähriges Schwimmen. Der Strand wird von Privathäusern begrenzt, nur an Wochenenden Hochbetrieb. Keinerlei Strandeinrichtungen. Via *Pali Highway (Highway 61)* nach **Kailua**. Dort rechts abbiegen auf *Kalaheo Ave.* und den Bögen und Windungen folgen, bis es nach Lanikai geht, wo es von *Mokulua* Drive Strandzugänge gibt. Eine sehr gute Alternative unterwegs ist **Kailua Beach Park.**

● **Yokohama Beach** im Kaena Point State Park. Mit dem Schwimmen hat man vielleicht ein Problem, aber die Sonnenuntergänge sind fantastisch. Von Honolulu auf *Freeway H-1 West* zum *Highway 93 (Farrington Highway)*, entlang der Westküste (Leeward Coast) bis zum Ende.

● **Bellows Beach Park,** breiter, weißer Sandstrand mit spektakulärem Blick auf die Koolau Bergkette, ausgezeichnet zum Schwimmen und Body Surfing. Dieser Strand ist allerdings nur von Freitagmittag bis zur Morgendämmerung am Montag sowie an Feiertagen der Öffentlichkeit zugänglich. In **Waimanalo** von *Highway 72* dem kleinen grünen Schild „Bellows AFS" folgen. Wochentags die angrenzende **Waimanalo Bay State Recreation Area** benutzen.

Beste Fahrstrecke

● Route 72 bzw. *Highway 72* von **Hanauma Bay** bis **Waimanalo** mit spektakulärem Ozeanblick während man den felsigen Makapuu Point umrundet und an die üppig grüne, dicht bewachsene Windward Coast

OAHU 537
Oahu Strände

gelangt. Unterwegs an einigen der vielen Aussichtsstellen und Strände halten, etwa 11 mi/18 km.

• **Von Kaneohe bis Kahuku** entlang *Highway 83*. Die Palis (Klippen) ziehen sich direkt runter zum Wasser. Unterwegs Obst und Blumengärten, und entlang der Straße überall Freizeitgelände, alles nur etwa eine Stunde von Waikiki, nur 23 mi/37 km.

Beste Kurzwanderung

• Oahu besitzt die besten Strände Hawaiis, viele sind kilometerlang, herrlich für **Strandspaziergänge**. Nur in Waikiki gibts die Hoteltürme. Sehr schöne Laufstrände findet man an den folgenden Stränden: **Kailua, Sunset** und **Malaekahana Beach**.

• **Diamond Head** liegt wohl nicht abseits der Touristenrouten, doch der Pfad innerhalb des erloschenen Kraters ist ungewöhnlich, und man hat einen Superblick auf Waikiki. Im Laufe des Tages herrscht hier Betrieb, daher sich früh dorthin aufmachen; öffnet um 6 Uhr. Weniger als 1 mi/1,6 km von Waikiki. Auf *Kalakaua Ave* und *Diamond Head Road* zur Rückseite des Kraters. Fahren oder zu Fuß durch den Tunnel in den Krater zum Start des Pfads.

Was es in der Stadt zu sehen gibt

• Downtown Honolulu ist klein und wird von den meisten Besuchern übersehen, leider, denn es ist eine der reizvollsten Hauptstädte der USA. Die **Honolulu Academy of Arts** besitzt eine hervorragende Sammlung europäischer, frühamerikanischer, orientalischer und hawaiischer Kunst und ist zudem in einem wunderschönen Gebäude inmitten einer Oase schattiger Innenhöfe untergebracht. Montags geschlossen.

• Das **Bishop Museum** ist ein weiteres bemerkenswertes Gebäude. Die Hauptgalerie ist ein dreistöckiges, mit Arkaden und Koa Holz ausgestattetes viktorianisches Schmuckstück, das ausgezeichnete Geschichte Hawaiis vermittelt. Vom *Freeway H-1 West* der Beschilderung folgen.

• Ferner besitzt Downtown Honolulu architektonisch interessante Bauten aus dem Zeitalter vor Airconditioning, wie **Dillingham Transportation,** *Bishop & Queen Streets;* **C. Brewer**, *Fort & Queen Streets;* **Alexander & Baldwin**, *Bishop & Merchant Streets;* das **YWCA,** *Richards Street* und das alte **Federal Building,** *King Street.*

Einheimischen Atmosphäre

• Honolulus **Chinatown** ist das letzte Viertel im Geschäftszentrum von Downtown mit Niedrigbauten. Hier stößt man auf alte Gebäude und faszinierende orientalische Märkte. Den **Oahu Market** an King Street aufsuchen, ein **Lei** an *Maunakea Street* kaufen, die Nase am *River Street* Ende von *Hotel Street* in eines der Establissements stecken, bei **Ha Bien** an *River & King Streets* scharf gewürztes vietnamesisches Mittagessen probieren.

Wer all das ausprobiert, wird bestimmt bald von **Oahu** ganz begeistert sein.

Strände/Beaches rund um Oahus Küste

Nachfolgend ein kurzer Überblick über die Strandgebiete der Insel Oahu **von Waikiki** aus rund um Oahu. Nicht alle Strände oder Strandparks/Beach Parks sind mit Strandaufsicht/*Lifeguard* ausgestattet.

538 OAHU
Waikiki- bis Makapuu-Strände

Von Honolulu/Waikiki bis Makapuu Beach

- **Ala Moana & Magic Island Lagoon** – auf der Westseite des Ala Wai Yachthafen; kostenloses Parken (Seltenheit für Waikiki!); grober Sandstrand; Board Surfing (Brett Surfen) und Schwimmen.

- **Kahanamoku Beach and Lagoon** – vor Hilton Hawaiian Village ausgezeichnet zum Schwimmen.

- **Fort DeRussy** – ausgezeichnet zum Schwimmen.

- **Gray's Beach** – Schwimmen, Brett Surfen und Windsurfen.

- **Royal Hawaiian** und **Moana Beaches** – vor den beiden Hotels, dem rosafarbenen Hotelkomplex und dem Moana Surfrider; Schwimmen, Brett Surfen und Windsurfen.

- **Waikiki Beach Center** – Area vor Hyatt Regency Hotel; ausgezeichnet für alle Surfer-Anfänger; gut zum Schwimmen.

- **Prince Kuhio Beach,** gegenüber vom Zoo-Eingang; Schwimmen und Brett Surfen.

- **Queen's Surf Beach Park** – Schwimmen und Brett Surfen.

- **Kapiolani** – nur Brett Surfen.

- **War Memorial Natatorium** – kein Strand, nur Meerwasserbecken; Schwimmen.

- **Sans Souci Beach** – (nach einem ehemaligen Hotel benannt, das sich hier befand), beim New Otani Kaimana Beach Hotel; Schwimmen und Brett Surfen.

- **Outrigger** – Strand vor dem exklusiven Privatclub Outrigger Canoe Club; Brett Surfen, Windsurfen, Schwimmen.

- **Diamond Head** mit vier Strandgebieten rund um den Diamond Head Bogen. Zum Schwimmen (außer am Black Point Rand von Kaalawai) ungeeignet; nur Brett Surfen oder Windsurfen.

- **Kahala** und **Wailupe** – nur im Sommer für Brett Surfen.

- **Hanauma Bay** – hervorragend zum Schwimmen und Schnorcheln.

- **Halona Blowhole bis Makapuu Beach.** Mehrere Strandzonen an Oahus östlichstem Zipfel. Ziemlich gefährliche Wasserbedingungen an den sonst schönen Stränden.
- **Halona Beach** – unterhalb von der Blowhole Aussichtsstelle ohne Strandaufsicht/*Lifeguard* ebenso wie **Wawamalu Beach Park** und **Kaloko Beach.**
- **Sandy Beach** – für Body und Brett Surfen.
- **Makapuu Beach** – im Sommer Schwimmen und Body Surfing; beide mit Lifeguard.

Makapuu Beach – Windward Coast/Turtle Bay

- **Waimanalo Bay,** etwa 6 km weißer Sandstrand mit 5 Strandparks.
- **Kaupo Beach Park** – Schwimmen und Brett Surfen.
- **Kaiona Beach Park** – Schwimmen und Schnorcheln.
- **Waimanalo Beach Park** – Schwimmen, Schnorcheln und Windsurfen.
- **Waimanalo State Recreation Area** – Schwimmen, Body und Brett Surfen.
- **Bellows Field Beach Park** – Schwimmen, Body und Brett Surfen; nur an Wochenenden und Feiertagen öffentlicher Zugang.

OAHU 539
Makapuu- bis Turtle Bay-Strände

● **Kailua Bay,** fast eine Fortsetzung der Strände von Waimanalo Bay. Herrlicher weißer Sandstrand.
– **Lanikai Beach** – am südlichsten Rand, zur schönsten Beach der USA erklärt. Windsurfen, Brett Surfen, Schnorcheln und gelegentlich Schwimmen.
– **Kailua Beach Park** – Brett Surfen, Windsurfen und Schwimmen.
– **Kalama Beach** – Brett und Body Surfen, Schwimmen.
– **Oneawa Beach** – Schwimmen.

● **Mokapu Point bis Kaneohe Bay** mit vier Parks, die alle keinen Strand besitzen, aber zum Sonnenbaden oder Picknick geeignet sind: **Kaneohe, Heeia, Leanani** und **Waiahole.**

● **Kualoa Regional Park** auch **Hokulea Beach** genannt – Schnorcheln und Schwimmen. 1972 Abfahrtsstelle der *Hokulea* (polynesisches Doppelrumpfkanu) zu ihrer historischen Reise auf der Route der ersten Polynesier. Hier kam die *Hokulea* auch 1987 nach einer 2½-jährigen Reise auf dem Südpazifik (ohne Einsatz von Navigationsinstrumenten) an.

● **Kualoa Sugar Mill Beach** – Schnorcheln.

● **Kanenelu Beach** – Brett Surfen und Schnorcheln.

● **Kalaeoio Beach Park** – Schnorcheln, Schwimmen.

● **Kaaawa Beach Park** – Schnorcheln.

● **Swanzy** und **Makaua Beach Parks** – Schnorcheln.

● **Kahana Bay Beach Park** – Brett und Body Surfing für Anfänger; Juni–August auch Schwimmen.

● **Punaluu Beach Park** – Schnorcheln, Schwimmen.

● **Kaluanui Beach Park** – Schnorcheln, Schwimmen.

● **Aukai Beach Park** – Schwimmen.

● **Hauula Beach Park** – Schnorcheln, gelegentlich Brett Surfen.

● **Kaipapau** – Schnorcheln.

● **Kokololio Beach** – Schwimmen (nur im Sommer), gelegentlich Body Surfing.

● **Pounders Beach** – einer von Oahus populärsten Body Surfing Stränden, auch Schwimmen.
● **Lanilo** – Schnorcheln.
● **Laie Beach** – Brett- und Body Surfing, Schwimmen.
● **Mokuauia Beach** – im Sommer Schnorcheln und Schwimmen.

● **Malaekahana Beach** – Schnorcheln, Schwimmen.

● **Turtle Bay Hilton** mit **Kuilima Cove** – ganzjährig Schwimmen und Schnorcheln in geschützter Bucht; Strandaufsicht/*Lifeguard;* einer der sichersten Strände.

Von April bis Oktober starke Strömungen bei folgenden Brett Surfen Stränden:
● **Kahuku Golf Course Beach**
● **Hanakailio Beach**
● **Kaihalulu Beach**
● **Turtle Bay**
● **Waialee Beach Park**

North Shore von Sunset Beach bis Haleiwa/Kaena Point

Oahus **North Shore** ist berühmt für die dramatischen und gefährlichen Wellen im Winter. Verschiedene Stellen vor der

540 OAHU
Sunset Beach bis Haleiwa-Strände

Küste sind Ziel von Surfern aus aller Welt – Experten auf diesem Gebiet. Hier beobachtet man die Weltmeister des Surfens.

- **Kaunala Beach** – Brett Surfen.
- **Sunset Beach Park** – Body und Brett Surfing nur für Experten; im Sommer Schwimmen.
- **Ehukai Beach Park** – Body und Brett Surfen nur für Experten; Schwimmen im Frühjahr/Sommer; beste Stelle zum Beobachten der Surfer in den **Pupukea** und **Banzai Pipeline** Surfstellen, die östlich und westlich liegen.
- **Banzai Beach** – Body Surfing nur für Experten; Schwimmen im Sommer (Vorsicht auch dann einige gefährliche Unterströmungen).
- **Pupukea Beach Park** – nur im Sommer Schwimmen und Schnorcheln.
- **Waimea Bay Beach Park** – Body und Brett Surfen nur für Experten; nur im Sommer Schnorcheln und Schwimmen.
- **Kapaeloa Beach** – Brett Surfen.
- **Chun's Reef Beach** – nur im Sommer Brett Surfen und Schnorcheln.
- **Laniakea Beach** – nur im Sommer Brett Surfen und Schnorcheln.
- **Papailoa Beach** – nur im Sommer Schnorcheln.
- **Waialua Beach** – Brett Surfen.
- **Haleiwa Beach Park** – ganzjährig Brett Surfen sowie Schwimmen und Schnorcheln in der geschützten Bucht; ganzjährig Strandaufsicht/*Lifeguard*.
- **Alii Beach Park** – Windsurfen.
- **Kaiaka Bay** – Schwimmen in geschützter Bucht.
- **Mokuleia Beach Park** – im Sommer Schnorcheln.
- **Kealia Beach** – im Sommer Schnorcheln.
- **Kaena Point** – keine Strände in der Nähe von Kaena Point mit den höchsten Wellen von Hawaii.

Oahus Leeward Coast/Westküste

Eine weitere berühmte Surf-Area Oahus erstreckt sich am äußersten Ende an der Westküste der Insel, der sogenannten **Leeward Coast**. Die Wellen erreichen zwar im Winter nicht unbedingt die monumentalen Höhen wie an Oahus North Shore, sind aber durchaus spektakulär und ausreichend für internationale Surfmeisterschaften von Oktober bis April. Die Strände sind im allgemeinen im Winter schmal und werden erst im Sommer breit.

- **Yokohama Bay** – Brett- und Body Surfing, Schnorcheln und im Sommer Schwimmen; erstes Strandgebiet südlich vom Kaena Point. Ende der asphaltierten Zufahrtsstrasse Farrington Highway (Highway 930).
- **Makua Beach** – Brett- und Body Surfing, Schnorcheln und im Sommer Schwimmen.
- **Ohikilolo Beach** – Schwimmen in der Bucht; über einen Pfad von der Kaneana Höhle zugänglich.
- **Keaau Beach Park** – nur im Sommer Brett Surfen und Schnorcheln.
- **Makaha Beach Park** – Brett und Body Surfing, Schnorcheln, nur im Sommer Schwimmen. Seit 1952 Austragungsort der Makaha International Surfing Contest.

OAHU 541
Westküstenstrände

- **Laukinui & Papaoneone Beach** – nur Body Surfing und Schwimmen im Sommer; schlecht zugänglich.
- **Mauna Lahilahi Beach Park** – Brett Surfen und Schwimmen.
- **Pokai Bay Beach Park** – Brett Surfen und Schwimmen.
- **Pokai Bay Beach Park** – ganzjährig Schwimmen und Brett Surfen im Winter; reizend geschützter Strand. An der Endspitze des Strandparks liegen die Ruinen eines *Heiau* (Tempel), dem sogenannten **Kuilioloa**.
- Langer Strandstreifen mit drei fast zusammenhängenden Beach Parks:
  - **Lualualei** – im Winter Brett Surfen, im Sommer Schnorcheln
  - **Maili** – im Winter Schnorcheln und im Sommer Schwimmen
  - **Ulehawa** – im Winter Body Surfing, im Sommer Schwimmen und Möglichkeiten zum Schnorcheln in der Lagune.
- **Nanakuli Beach Park** – nur im Sommer Schnorcheln und Schwimmen.
- **Manner's Beach** – Schnorcheln und Schwimmen.
- **Hawaiian Electric Beach Park** – Schnorcheln, Schwimmen und Brett Surfen, im Winter auch Body Surfing.
- **Kahe Point Beach** – im Winter Brett Surfen, im Sommer Schnorcheln und Schwimmen.
- **Ewa Beach Park** – im Sommer Brett Surfen und Schwimmen (wenn man sich nicht am Seetang stört).
- **Keehi Lagoon** – im Sommer Austragungsort der Outrigger Kanuregatta (Doppelrumpfkanus).
- **Sand Island State Beach Park** – im Sommer Brett Surfen (kleine Wellen zum Wellenreiten vor der Küste). Nette Picknickplätze im Park.

Baxter-Tips zu Oahus Stränden

Außer dem berühmten Strand von **Waikiki** gibt es auf der Insel **Oahu** zahlreiche andere Strände, die allerdings alle recht unterschiedlich sind. Man unterscheidet die Strände je nach ihrer Qualität beispielsweise als Badestrand, Schnorchel- oder Surfstrand und Windsurf-Strand. Manche Strände ändern auch ihre Eigenschaft je nach Saison. So sind beispielsweise die berühmten Surferstrände an **North Beach** im Winter Schauplatz gigantischer Wellen, auf denen sich die besten Surfer der Welt messen, während im Sommer die Wellen an diesen Stränden relativ zahm und harmlos sind. Hier nun eine Aufzählung verschiedenster Strände nach unterschiedlichen Kategorien aufgeteilt.

- **Schwimmstrände**

Oahus Strände sind weltberühmt fürs Schwimmen. Doch hier ist überall Vorsicht geboten. Starke Unterströmung und hohe Wellen können an jedem Strand gefährlich sein, besonders im Winter! Stets nach Strandaufsicht/*lifeguard on duty* Ausschau halten.

- Ala Moana Park
- Bellows Beach Park
- Ehukai Beach Park
- Hanauma Bay Beach
- Kaawa Beach Park
- Kahana Bay Park
- Kailua Beach Park
- Kalauna Beach
- Kaupo Beach Park
- Prince Kuhio Beach Park
- Punaluu Beach Park
- Queen's Surf Beach Park
- Sans Souci Beach
- Waikiki Beach
- Waimanalo Beach Park
- Waimea Bay Beach Park

OAHU
Baxter-Tips zu Oahus Stränden

- Alle Strände sind **öffentlich.**
- Wer **nur am Strand liegen** will: **North Shore.** Zwar eine lange Fahrt dorthin (etwa 45 Min.), doch herrlicher Sightseeing Trip. Im benachbarten **Haleiwa** kann man Frühstück oder Mittagessen zu sich nehmen und durch die Geschäfte schlendern.
  North Shore liegt abseits vom Trubel, nicht wie der Strand von Waikiki, wo man wie in einer Sardinenbüchse dicht an dicht am Strand liegt. **Waimea Bay** ist zusammen mit den kleineren Strandparks eine ausgezeichnete Wahl.
- **Schnorcheln** in den ruhigen Gewässern der **Hanauma Bay.** Wasserfesten Sonnenschutz *(waterproof sunscreen)* verwenden. Keine schweren Sonnenöle benutzen, da ein „Ölteppich" den Fischen und der Umwelt schadet. Parken ist ein Problem; am besten frühmorgens starten und Parkplatz außerhalb der Haunama Bay Area finden oder mit dem Bus hinfahren.
- **Makapuu Beach Park** gilt als eine der besten **Body Surfing Beach.** Wer ein guter Schwimmer ist und wenn die Wellen nicht zu hoch sind, kann ein guter Surfer die Wellen hier 'mal ausprobieren, da der Strand glücklicherweise sandigen Boden besitzt.
- Einer der besten Strände ist **Lanikai Beach** mit dem angrenzenden **Kailua Beach Park;** Sand von bester Qualität, sanft rollende Wellen; bei Wind gute Windsurfing-Möglichkeit. Während der Woche herrscht hier nicht so starker Betrieb, nicht so überlaufen wie Waikiki.
- Beste **Picknick-Möglichkeiten** findet man im **Ala Moana Beach Park.** Sonnenuntergang von **Magic Island** beobachten. Während der Woche ist der Strandpark nicht so überfüllt wie am Wochenende.
- **Body Boarding** (man liegt auf dem Surfbrett und hält sich daran fest) macht zwar nicht soviel Spaß wie Surfen, ist aber leichter zu lernen. Body Boarder müssen auf verirrte Surfbretter achten und beachten, daß Surfer stets „Vorfahrt" haben! Anfänger unter den Body Boardern sollten sich mit Wellen von 1/2 bis 1 Meter begnügen.
- **Body Surfing.** Viele halten diese Art des Wellenreitens irrtümlich für extrem einfach und ungefährlich. Body Surfing kann viel Spaß machen, ist aber sehr gefährlich. **Sandy Beach** gilt als eine der populärsten, aber auch gefährlichsten Body Surfing Stellen der Insel Oahu, da die Wellen am Ufer brechen. Hier passieren täglich Unfälle. **Makapuu Beach** ist ebenfalls populär für Body Surfing, allerdings nicht ganz so gefährlich wie Sandy Beach.
- Für **Surfer-Anfänger** ist **Waikiki** die beste Stelle. Hier gibt es Surflehrer, die man mieten kann. Hier sind die Wellen groß genug, um das Surfen zu lernen, und klein genug, um mit den Wellen zurecht zu kommen. Surflehrer nehmen Anfänger hinaus in etwa brusthohes Gewässer, um das Surfbrett zu halten und dem Surfer am Anfang sicheren Stand zu geben. Anfänger lernen auf einem *Tanker* genannten Brett. Dieses Surfbrett ist groß und gibt dem Surfer bessere Balance.
  Sobald man steht und wellenreitet und genug Selbstvertrauen hat, kann man zu den *„Pops"* paddeln. Da man hier lange paddeln muß, sollte man körperlich in bester Form und zudem auch ein starker Schwimmer sein. Hier immer daran denken, daß man irgendwann vom Brett fällt und das Brett von einer anderen Welle Richtung Küste geschwemmt wird, wo man das Brett wieder einholen muß!
- **Durchschnittliche Surfer** hängen meistens an „Concessions" beim **Ala Moana Beach Park** herum. „Concessions" liegt geradeaus vom Concession Stand.

OAHU
Inselkarte

● **Fortgeschrittene Surfer** erfahren durch von Mund-zu-Mund-Propaganda wo die besten Surfstellen sind. Im **Sommer** ist die Wellenaktion an der **Südküste Oahus**. Berühmte Stelle direkt vor **Magic Island** beim **Ala Moana Beach Park** ist die Ala Moana „Bowls". Bei der Bowls werden im Juni die Surfmeisterschaften T&C/Bud Surf Championships abgehalten. Dies ist auf keinen Fall eine Stelle, wo jemand das Surfen lernen kann, da die Wellen durchschnittlich 1,80 bis 9 Meter hoch werden; daher nur ein Revier für die wirklich **erfahrenen Experten** unter den Surfern. Wellen werden übrigens so gemessen, dass das, was auf einen zukommt, dann hier eine 3,60 bis 18 Meter Welle ist.

Wer nur zuschauen will, wie richtige Experten mit den Wellen umgehen, sollte im **Winter** die **Sunset Beach** oder **Pipeline** an Oahus **North Shore** aufsuchen. An besonders stürmischen Tagen werden allerdings die Straßen zur North Shore gesperrt, da die Wellen sogar direkt auf dem Highway brechen.

● **Boogie Boards.** Dieses „Surfer"-Gerät für Anfänger ist ein einfaches Schaumstoff-Brett, etwa ein Meter lang, auf dem man von der Taille aufwärts liegt und auf den Wellen gleitet. Mit Hilfe von Schwimmflossen lassen sich Boogie Boards sogar noch manövrieren; man ist schneller als beim reinen Body Surfing. Boogie Boards sollten allerdings auch nicht überschätzt und nur an harmlosen Surf- oder Schwimmstellen benutzt werden. Boogie Boards werden oft am Strand vermietet, sind aber auch relativ preiswert zu kaufen.

● **Surfnachrichten.** Über folgende Telefonnummer kann man sich über die aktuellsten Surf-Verhältnisse informieren: 296-1818, nachfolgend 1521 wählen.

© Baxter Info-Karte

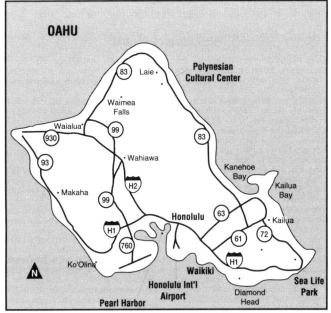

OAHU
Honolulu: Temperaturen

Oahus Attraktionen sind in nachfolgenden Kapiteln in folgender Reihenfolge erfasst: Honolulu mit Honolulu Exkursion als Rundreise über die Insel Oahu, Waikiki, U.S.S. Arizona Memorial und Polynesian Cultural Center.

HONOLULU
„Exotische Inselmetropole im Traumziel Hawaii & Knotenpunkt im Pazifik"

Temperaturen in °C

	Jan	Feb	März	Apr	Mai	Juni	Juli	Aug	Sept	Okt	Nov	Dez
Ømax.	27	27	28	28	29	29	30	31	28	28	27	27
Ømin.	15	16	17	18	20	21	22	23	22	22	20	19

Niederschläge in mm

110	63	80	35	30	7	10	18	16	36	70	90

Honolulu auf einen Blick

Lage: Südostrand von Oahu, der drittgrößten Insel der Inselgruppe Hawaii. – – **Entfernung:** Etwa 20–22 Flugstunden von Deutschland, Schweiz oder Österreich mit ein- oder mehrmaligem Umsteigen auf dem amerikanischen Festland; etwa 4 1/2 Flugstunden von Los Angeles oder 11 Flugstunden von New York. – – **Geschichte:** 1850– Hawaiis Königshaus unter König Kamehamcha III. läßt sich in Honolulu nieder. 1853– fordert eine Pockenepedemie bis zu 2 500 Tote. 1882– Fertigstellung des Iolani Palace unter König David Laamea Kalakaua. 1889– Gründung des Bishop Museums. 1891– Tod des Königs Kalakaua; seine Schwester tritt als Königin Liliuokalani die Nachfolge auf dem Königsthron an. 1893 muß Königin Liliuokalani abdanken, als die Macht der hawaiischen Monarchie schwindet. Eine provisorische Regierung wird eingesetzt, die eine Annexion durch die USA wünscht. Da sich die USA aber weigert, wird eine Republik ausgerufen. 1898 erfolgt dann doch die Annexion durch die USA. 1941 japanischer Bombenangriff am 7. Dez. auf Pearl Harbor; die USA treten in den Zweiten Weltkrieg ein. 1959 wird Hawaii 50. Bundesstaat der USA. 1969 Bau des State Capitol. 1985 Geburt des einzigen Wholphin der Welt im Sea Life Park. 1992 Honolulu entgeht dem Desaster, als am 11. Sept. Hurrikan Inuki von seinem Kurs auf Oahu abkommt und dafür die Insel Kauai verwüstet. 1993 Fertigstellung des Inter-Island Terminals. 1994 Eröffnung des Aloha Tower Marketplace. 1997 Fertigstellung des Hawaii Convention Center. 1998 Eröffnung von Under Water World beim Dole Cannery Komplex. – – **Einwohnerzahl:** Etwa 400 000. – – **Handel & Wirtschaft:** Regierung, Militär, Tourismus, Ananas- & Zuckerrohranbau, Schiffahrt, wichtiger Verkehrsknotenpunkt für Flugverkehr. – – **Höhenlage:** Etwas über Meereshöhe. – – **Vorwahlnummer**/*area code*: (808); bei Telefonaten zu den Nachbarinseln, die ebenfalls (808) als Vorwahlnummer haben, ist eine „1" vorzuwählen (also 1-808 als Vorwahl); Vorwahl **von** Deutschland 001-808.

OAHU 545
Honolulu Überblick

Pazifik-Entfernungen von Honolulu in Meilen/Kilometer
Anchorage 2780/4448	Manila (Philippinen) 5296/8474
Auckland (Neuseeland) 4406/7050	San Francisco 2397/3835
Frankfurt 8082/13004	Seattle 2678/4285
Hongkong 5543/8869	Sydney (Australien) 5078/8125
Los Angeles 2553/4085	Tokio 3832/6131

Honolulu International Airport
Lage: Etwa 4 mi/6 km von Downtown Honolulu und 9 mi/14 km von Waikiki. – – **Unterkunft:** Holiday Inn Tel. 836-0661, Fax 833-1738; Best Western The Plaza Hotel Tel. 836-3636, Fax 834-1406; Pacific Marina Inn, Tel. 836-1131, Fax 833-0851. – – **Verkehrsmittel:** TheBus #19, 20. Airport Motorcoach, Airport Super Shuttle, Airport Express; Taxis, Limousinen. Abholdienst verschiedener Hotels. Mietwagen; Wiki Wiki Bus kostenlose Beförderung zu entfernten Gates; Verbindung zum Inter-Island Terminal für Weiterflug zu Nachbarinseln. – – **Inter-Island Terminal:** Abwicklung von Flügen zu/von Nachbarinseln.

Straßen, Busse, Mietwagen
Straßen: Interstate Highwaysystem wie auf dem Festland der USA, beschränkt auf zwei bzw. drei Freeways H-1, H-2, H-3. Geschwindigkeitsbegrenzung niedriger als in anderen Bundesstaaten auf dem amerikanischen Festland. Viele Einbahnstraßen in Downtown Honolulu. Starker Verkehr während Rushhour 6.30–9 Uhr, 15.30–18 Uhr. Freitag- und Samstagabend starker Verkehr in Waikiki, Parkplatzmangel. – – **Busse:** Hervorragendes Stadtbussystem TheBus, mit dem man fast alle Attraktionen erreicht. Billig! – – **Mietwagen:** Am Flughafen und in Waikiki vorhanden.

Honolulu Überblick ◀

Honolulu ist die Hauptstadt der im nördlichen Pazifik liegenden Inselgruppe Hawaii. Hier befindet sich der Sitz der Regierung des 50. US-Bundesstaates. Honolulu, mit rund 400 000 Einwohnern, liegt auf der Insel **Oahu,** der drittgrößten Insel Hawaiis. Die moderne Metropole mit dem Flughafen **Honolulu International Airport** ist der Knotenpunkt im Pazifik und Ausgangsbasis der Nachbarinseln Oahus.

Honolulu gilt als das Herz Hawaiis. Außer den Regierungsgebäuden verfügt die moderne Metropole über eine Universität, die von Studenten verschiedenster Nationen Polynesiens besucht wird, botanische Gärten, Aquarium, Zoo sowie das sehenswerte Schiffsmuseum Hawaii Maritime Center. Das Stadtzentrum von **Downtown Honolulu** wird von Wolkenkratzern in Glas und Stahl dominiert, die überwiegend Bürogebäude beherbergen.

In **Downtown Honolulu** stößt man im historischen Viertel, dem sogenannten **Historic District** auf Alt Hawaii. Hier gibt es außer dem **Iolani Palace,** dem einzigen von Königen bewohnten Königspalast der USA, zahlreiche historische Gebäude, Museen und Statuen, die die Geschichte Honolulus widerspiegeln. Im Chinesenviertel am Rande von Downtown Honolulu wird Honolulus Eigenschaft als Schmelztiegel verschiedenster Bevölkerungsgruppen wie Chinesen, Vietnamesen, Portugiesen, Puerto Ricaner, Japaner und Thailänder offenbar, die in den Anfangsjahren nach Hawaii einwanderten. Hier in **Chinatown** findet man eine Vielfalt an verschiedensten Läden und Restaurants sowie Gebetstempel dieser ethnischen Volksgruppen.

Im **Hafengebiet** am Rande von Downtown Honolulu erhebt sich der früher die ankommenden Schiffe begrüßende **Aloha**

OAHU
Honolulu Flughafen

Tower in der Nachbarschaft des ausgezeichneten Seefahrtmuseums **Hawaii Maritime Center** mit berühmten Schiffen. Etwas außerhalb befindet sich eine der Hauptattraktionen Honolulus, **Pearl Harbor** mit dem **Arizona Memorial** als Zeugnis des japanischen Bombenangriffs auf die US-Flotte im Jahr 1941, wonach die USA in den Zweiten Weltkrieg eintraten.

Honolulus Attraktionen sind dank eines beispielhaften öffentlichen Nahverkehrsnetzes bequem und zudem äußerst **billig** mit dem **Bus** erreichbar, so daß man eigentlich für Honolulu gar kein Mietauto benötigt. Ausgezeichnete Busverbindungen zwischen Waikiki und Downtown Honolulu, zum Flughafen, zum Arizona Memorial, zu den großen Einkaufszentren und sogar zu den Strandgebieten außerhalb von Waikiki. Honolulus Busse verkehren sogar rund um die ganze Insel Oahu.

Honolulu ist ein einziges Einkaufsparadies mit unzähligen Läden, Arkaden, Märkten und den typischen amerikanischen **Shopping Malls,** die sich über verschiedenste Gegenden Honolulus von Downtown Honolulu bis über Honolulus berühmten „Vorort" **Waikiki** erstrecken. Einkaufen zählt schließlich zu einer der beliebtesten Beschäftigungen der Besucher Hawaiis.

Waikiki selbst mit seinen unzähligen Hotelbauten und den herrlichen Sonnen- und Badestränden bietet mit seinen Attraktionen, die teilweise auch zu Fuß erreichbar sind, und seiner Fülle an Einkaufsmöglichkeiten sowie Restaurants viel Abwechslungen im Urlaubsparadies. Mit den sich sanft am Strand von Waikiki brechenden Wellen, hinter denen abends die Sonne glutrot untergeht, und den Bergen der Koolau Mountains im Hintergrund bietet Honolulu eine bezaubernde Kulisse für Ankommende im Urlaubsparadies Hawaii.

 *Honolulu International Airport*

Der Flughafen **Honolulu International Airport** – City Code (HNL) – liegt etwa 4 mi/6 km nordwestlich von Downtown Honolulu. Er zählt zu den verkehrsreichsten Flughäfen der USA mit täglich Hunderten von Flügen zu und von Städten der ganzen Welt. Hier treffen sich Ost und West, wo Flugzeuge von Asien und Amerika auf ihrem Weg über den Pazifik landen. Jährlich passieren über 20 Millionen Passagiere diesen Flughafen. Die Lagunen-Landebahn ist übrigens ein alternativer Landeplatz für das Space Shuttle.

Das Haupt-Terminal-Gebäude **Main Terminal** oder **Overseas Terminal** wickelt internationale und Festlandflüge ab, mit Ankunft/**Arrivals** und Gepäckausgabe/**Baggage Claim** auf der unteren Ebene/**Ground Level;** Abflug/**Departure** auf der oberen Ebene/**Second Level,** Ankunft und Abflug von Interisland-Flügen (Flüge von und zu anderen Inseln Hawaiis) vom **Interisland Terminal** (Abflugsteige/Gates 49–61) am Westende vom Main Terminal (wenn man aus dem Main Terminal kommt, links; wenn man davor steht, rechts). Commuter Airlines wickeln

Interisland-Flüge vom **Commuter Terminal** neben dem Interisland-Terminal-Gebäude ab (Abflugsteige/Gates 71–80).

Kostenlose **Wiki Wiki** Busse (*wiki wiki* ist hawaiisch für „schnell"; eine recht umständliche und oft gar nicht so schnelle Beförderung, die aber bei größerem Gepäck lohnender ist als die Strecke zu Fuß zurückzulegen!) verkehren etwa alle 15 Minuten zwischen Main Terminal und abseits liegenden Flugsteigen/Gates 6–11 und 26–31. Ein separater Pendelbus verkehrt alle 20 Minuten zwischen Main Terminal und Interisland Terminal.

Gegenüber vom Main Terminal liegt das große öffentliche Parkhaus, über die untere oder obere Ebene der Zufahrtstraßen zum Flughafen erreichbar. Autovermieter befinden sich auf der unteren Ebene/**Ground Level,** östlich vom Main Terminal (links – aus der Sicht, wenn man das Terminal verläßt). Schalter der Mietwagenfirmen ebenfalls beim Interisland Terminal vorhanden.

Der Flughafen liegt etwa 9 mi/14 km von Waikiki und etwa 4 mi/6 km von Downtown Honolulu. Die meisten Hotels bieten Pendelbusse/Shuttle Buses zu und vom Flughafen. Ferner gibt es Taxis, Limousinen, Airport Express oder verschiedene Airport Minibusse wie Airport Motor Coach oder Waikiki Airport Shuttle zu Waikiki oder Honolulu Hotels sowie Linienbus TheBus mit Linien #19 oder 20. Hier nun einige Details über das Main Terminal.

Main Terminal

● **Ankunft**

Passagiere, die vom Festland der USA wie etwa San Francisco oder Los Angeles beispielsweise oder dem Ausland ankommen, gelangen zunächst zur unteren Ebene, dem **Ground Level** des Main Terminals. Hier befinden sich Gepäckausgabe/**Baggage Claim Area,** Schließfächer/**Lockers** und Gepäckaufbewahrung/**Long Term Storage** sowie Schalter der Autovermieter/**Car Rentals** und **Hotel Board** (hier hat man zu vielen Hotels Direktverbindung).

Wer beispielsweise aus dem Ausland ankommt, passiert nach der Ankunft die im **International Arrivals Center** am Ewa-Ende (im linken Flügel des Main Terminal) befindliche Abteilung mit der Einwandererbehörde/**Immigrations** und die Zollkontrolle/**Customs.** Danach erreicht man ebenfalls den **Ground Level** wie vom Festland USA ankommende Passagiere. **Mietwagenfirmen** mit Vermietstelle außerhalb des Flughafens sind entweder über Direkttelefon in Nähe der Baggage Claim Area erreichbar, oder man wartet auf deren kostenlosen Abholdienst auf der unteren Ebene außerhalb des Main Terminals an den betreffend beschilderten Stellen, Courtesy Van/Rental Car.

Auf der oberen Ebene/**Second Level** des Terminals werden die Abflüge abgewickelt. Hier befinden sich die Schalter der Fluglinien mit Ticket- und Check-in Schalter, Geschäfte, Lounges und Zugänge zu den meisten Abflugsteigen/**Gates** sowie Monitore mit Abfluginformation. Von beiden Ebenen – **Ground Level** und **Second Level** – kann man Taxis und den Stadtbus TheBus nach Downtown Honolulu und Waikiki besteigen.

Auf der oberen Ebene befindet sich ein **Informationsschalter** in der Nähe der zentralen Rolltreppe. Hier erhält man außer allgemeiner Information nützliche Orientierungskarten vom Flughafen, der Insel Oahu,

548 OAHU
Honolulu Flughafen

Honolulu und Waikiki. Geldwechselbüro/**Change** befindet sich ebenfalls auf dieser Ebene; doch am besten hat man bereits vor Ankunft Geld in US-Dollar bar oder Reiseschecks gewechselt. In der zentralen Halle des Haupt-Terminals befindet sich auch das high-tech Pacific Aerospace Museum; Eintritt.

Der Begriff **Ground Transportation** umfaßt alles von Taxis, Stadtbus TheBus, Hotel- und Autovermieter-Abholservice – Courtesy Van, Limousine-Service, Grayline, Airport Shuttle Bus, Waikiki Shuttle Bus bis Airport Express u. a. Gebühr für Taxis, Vans, TheBus und Limos sind jeweils außerhalb der **Baggage Claim Area** angegeben. Die meisten Vans und Busse fahren von der zentralen Straße der Insel vor dem Terminal außerhalb der Baggage Claim Area ab; jeweils auf die betreffende Beschilderung achten. Bei großem Gepäck kann der Stadtbus TheBus **nicht** benutzt werden, da das Gepäckstück entweder unter dem Sitz oder auf dem Schoß Platz finden muß; mindestens 1 Stunde Fahrzeit nach Waikiki, je nach Verkehr.

Vom **Second Level** gelangt man zur Rolltreppe, die zur Ebene befördert, auf der die kostenlosen **Wiki Wiki** Busse im Abstand von etwa 15 bis 20 Minuten abfahren, die zu den abgelegenen Flugsteigen/Gates 6–11 oder 26–31 am anderen Ende des Terminals befördern.

● **Abflug**

Abflüge werden vom **Second Level** abgewickelt. Alle Passagiere, die Hawaii in Richtung des amerikanischen Festlandes verlassen, müssen ihr gesamtes Gepäck einer Landwirtschaftskontrolle/Agricultural Inspection unterziehen. Die Ausfuhr von Pflanzen und Früchten, mit einigen Ausnahmen, ist nicht gestattet. Selbst den Apfel für den Rückflug muß man entweder vor der Kontrolle verzehren oder dort bei der Inspektionsstelle zurücklassen! Es wird scharf kontrolliert.

Vom Main Terminal mit den Flugsteigen/Gates 14–23 im **Central Concourse** gehen weitere Concourses aus, und zwar **Diamond Head Concourse** mit Gates 6–11 und **Ewa Concourse** mit Gates 26–31. Für Leute mit einem späten Abflug und die den ganzen Tag am Strand verbracht haben, oder aus anderen Gründen sich rasieren, waschen oder etwas schlafen möchten, gibt es innerhalb des Flughafens **The Shower Tree** und/oder pullman-ähnliche Schlafgelegenheit zu relativ günstigem Preis. In der Main Concourse Area kann man sich außerdem die Zeit in dem interessanten Luftfahrtmuseum **Pacific Aerospace Museum** vertreiben.

Interisland Terminal

Der westlich vom Main Terminal befindliche Komplex des **Interisland Terminals** dient der Abwicklung von Flügen zwischen den Nachbarinseln Hawaiis und Honolulu, hauptsächlich der Fluglinien Hawaiian und Aloha Airlines. Der Terminal ist mit dem Main Terminal über einen Fußweg (etwa 5 Minuten zu Fuß zwischen beiden Terminals) verbunden. Bei umfangreichem Gepäck sollte man zweckmäßigerweise den alle 20 Minuten zwischen den beiden Terminals verkehrenden Pendelbus benutzen.

Beim Interisland Terminal liegen oft auch Info-Broschüren der benachbarten Inseln aus. Hier findet man auch Schalter der Mietwagenfirmen, Snack Bars, Toiletten, Information sowie Verkehrsmittel nach und von Honolulu. Gegenüber der Hauptzufahrt zum Interisland Terminal gibt es ein Postamt.

Verkehrsmittel von/zum Flughafen

Zwischen Waikiki bzw. Honolulu und dem Honolulu International Airport gibt es verschiedenste Verkehrsmittel. Eines der billigsten ist der Stadtbus

OAHU 549
Honolulu Airport-Karte

TheBus Linien #19 und 20 Richtung „Waikiki Beach and Hotels"; Fahrpreis $1, etwa 1 Stunde Fahrzeit (je nach Verkehr). Da aber keine großen Gepäckstücke auf dem Bus erlaubt sind, scheidet diese Beförderung in der Regel aus.

Der **Waikiki Airport Shuttle** verkehrt zwischen Waikiki Hotels und dem Flughafen; tägl. alle halbe Stunde von 6 Uhr bis Mitternacht ohne Aufpreis für Gepäck; Tel. 455-7300. Busse des **Airport Motorcoach** bedienen den Flughafen von 6.30 bis 22.30 Uhr; ebenfalls keine Extragebühr für Gepäck; 926-4747. Ferner verkehrt der **Airport Bus** zwischen Flughafen und Hotels in Waikiki, tägl. 5–24 Uhr; Voranmeldung 942-2177. **Gray Line Airporter** ist ein großer Bus mit roter Hibiskusblüte, 834-1033. Busse der Sinan Trans & Tour verkehren als **Airport Shuttle Bus** 536-2917 oder Hawaiian Tour & Scenery Shuttle Bus Airport, 732-4436; **Airport Express** mit Abfahrt alle 1/2 Stunde von 6 bis 22 Uhr, 949-5249 oder 941-4028. Weitere Auskunft über Zubringer von Waikiki zum Flughafen beim Hotel. Im übrigen Taxis oder Limousine-Service.

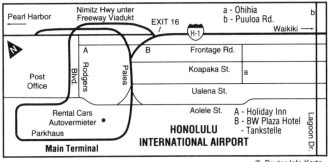

© Baxter Info-Karte

Honolulus Transport- & Verkehrsnetz

Wer in eins der Hotels von Waikiki oder Honolulu eincheckt, wird in der Regel mit einer Fülle an Information über **Verkehrs- und Transportmittel** konfrontiert. Meistens sammelt man eine Handvoll kostenloser Touristenbroschüren entlang der Infokästen am Straßenrand oder beim „Activities Desk" im Hotel. In Zeitungsanzeigen findet man Werbung verschiedenster Shuttle Services zu Attraktionen. Beispielsweise bieten Sea Life Park, Waimea Falls Park und touristenorientierte Shopping Centers wie Aloha Tower Marketplace, Hilo Hattie und Maui Divers Jewelry Design Center eigenen Pendelbusverkehr.

Ob es sich um eine Dinner Cruise/Abendfahrt mit Essen vor der Küste Waikikis, ein Luau an Oahus Westküste oder Windsurfing an der Windward Coast handelt, Transport ist in der Regel im Preis **inbegriffen.** Honolulu bietet derart gute, teilweise kostenlose oder billige Transportmöglichkeien, daß es für Honolulu oder Waikiki **unnötig** ist, ein Auto zu mieten.

Der **Großraum Honolulu** erstreckt sich über etwa 30 Meilen (48 km), eingezwängt zwischen Bergen und Meer, mit einem Freeway als Hauptverkehrsader. **Waikiki** ist 9 Meilen (14 km)

550 OAHU
Honolulu: Baxter-Tips zu Busfahrten

vom **Honolulu International Airport** entfernt, und dazwischen liegt **Downtown Honolulu**. Honolulu verfügt über ein sehr gut ausgebautes Linienbus-System. Von Waikiki zur Downtown Area kann man Oahus inselweites **Busnetz** benutzen – Busse #19 und 20. Oahus Busnetz wird vom Oahu Transit Services (OTS), einem von der Stadt Honolulu bezuschussten Privatunternehmen betrieben und nennt sich **TheBus**.

Honolulus Bussystem TheBus

Der Fahrpreis für **TheBus** ist **nicht** nach Zonen gestaffelt. Der Einheitspreis ($1) umfasst Umsteigen/Transfers in Anschlusslinien. Viele Routen, einschließlich der, die rund um die Insel Oahu führen, beginnen an Hawaiis größtem Shopping Komplex, dem **Ala Moana Shopping Center** Komplex, von Waikiki jenseits des Ala Wai Canal. Man kann mit dem Bus praktisch für $1 rund um die Insel Oahu fahren. Der Trip durch die zentrale Ebene und entlang der Windward Coast dauert etwa 4 Stunden.

Für Besucher gibt es einen Visitor Pass, den **Oahu Discovery Passport** für $10, der an 4 aufeinanderfolgenden Tagen gilt; wird in fast allen ABC Läden Waikikis verkauft! Hier einige Baxter-Tips zur Benutzung des öffentlichen Bussystems.

Baxter-Tips für Busfahrten mit TheBus

● **Fahrpreis $1.** Genau abgezähltes Fahrgeld; Fahrer hat kein Wechselgeld.

● Beim Fahrer stets **kostenlosen Transfer** verlangen; berechtigt zum Umsteigen auf Anschlussrouten.

● **Bei Mitnahme von Gepäck** beachten: Gepäckstück muss entweder unter dem Sitz oder auf dem Schoß gehalten werden.

● **Hintere Bustür** öffnet sich im allgemeinen durch Aufstoßen oder indem man auf die erste Stufe tritt, wenn grünes Licht aufleuchtet. Tür beim Aussteigen aufhalten.

● **The Beach Bus,** Bus #22 von Waikiki Richtung Hawaii Kai/Sea Life Park. Abfahrt in Waikiki mit Haltestellen entlang *Kuhio Ave.,* einem kurzen Abschnitt an *Kapahulu Ave.* sowie Ecke *Monsarrat* und *Kalakaua Ave.* Busse verkehren stündlich zu den außerhalb von Waikiki liegenden Strandgebieten über Diamond Head, Kahala, Hawaii Kai, Hanauma Bay, Blow Hole, Sandy Beach, Makapuu mit Endstation am Sea Life Park. Abfahrt täglich etwa ab 8.15 Uhr (bitte beachten: Hanauma Bay ist Mittwoch vormittags bis 12 Uhr geschlossen). Rückfahrt ab Sea Life Park etwa von 11–17 Uhr.

● **Fahrziel** der Busse vorne oben über der Windschutzscheibe angegeben.

● Beach Bus (TheBus Linie #22) zur **Hanauma Bay,** Oahus populärstem Schnorchelstrand, sehr beliebt. Wegen der Popularität von Hanauma Bay möglichst früh starten. Beachten, daß Hanauma Bay **mittwochs bis 12 Uhr geschlossen** ist!

● Busse verkehren **nicht** auf *Kalakaua Avenue* in Waikiki. Man muß einen Block Richtung Berge *(mauka)* laufen; auf *Kuhio Avenue* Bushaltestellen von und nach Waikiki. *Kuhio Avenue* verläuft hinter International Market Place parallel zur *Kalakaua Avenue* von *Kapahulu Avenue* am Diamond Head-Ende bis *Kalakaua Avenue* beim Fort DeRussy am Ewa-Ende. Bus- und Autoverkehr auf *Kuhio Avenue* in beide Richtungen.

OAHU 551
Waikiki Trolley

- Generelle **Richtungsbezeichnung:** *Makai* = Richtung Ozean; *Mauka* = Richtung Berge; *Ewa* = Diamond Head entgegengesetztes Inselende von Oahu; *Diamond Head* = Richtung Diamond Head.

- **Monsarrat Avenue** (direkt nach dem Honolulu Zoo Richtung Diamond Head) ebenfalls Umsteigestation verschiedener Buslinien. Endstation und Wartezeit einiger Busse vor Rückfahrt durch Waikiki.

- **Ala Moana Shopping Center** ist der Haupt-Busterminal und Hauptumsteigestation.

- Soweit nur noch **Stehplätze** vorhanden, nach **hinten** durchgehen, um Platz für neue Fahrgäste zu lassen.

- **Alle** Busse mit Aufschrift „**Honolulu**" kehren zum Ala Moana Shopping Center zurück.

- **Stark benutzte** Buslinien mit Abfahrten in kurzen Abständen: **Busse #2** und **#8** Ala Moana Center/Waikiki Beach & Hotels; **#19** und **#20** Downtown Honolulu und Airport.

- **Tondbandinformation** über Busverkehr zu 80 speziellen Attraktionen, Stränden, Museen und Landschaftspunkten über Tel. (808)296-1818 App. 8287.

- **Info** über Busrouten: (808)845-5555.

- **Keine nasse** Badekleidung im Bus erlaubt.

- **Bus Information Center** für TheBus auf Straßenebene des Ala Moana Center.

- Busse verkehren im allgemeinen täglich von 4.30 bis 1 Uhr nachts.

Außerdem gibt es die **Waikiki Trolley,** eine nostalgische Sightseeing-Straßenbahn auf Rädern, die auf der Rundfahrt durch Waikiki und Downtown Honolulu mit 20 Stops an den meisten Attraktionen hält.

Waikiki Trolley/Karte S. 621

Waikiki Trolley ist eine Schwestergesellschaft des Ausflugsunternehmens E Noa Tours. Die Waikiki Trolley fährt vom Waikiki Royal Hawaiian Shopping Center (Ecke *Royal Hawaiian Ave. & Kalakaua Ave.*) alle 15 Minuten ab; täglich von 8 bis 16.30 Uhr. Die **Old Town Honolulu Trolley Tour** umfasst eine zweistündige Rundfahrt mit begleitender Erklärung.

Ein **All Day Pass** für $17 berechtigt zur unbegrenzten Benutzung der Trolley mit beliebig oft Ein- und Aussteigen für den ganzen Tag. Haltestellen in **Downtown** Honolulu umfassen Honolulu Academy of Arts, Iolani Palace, Hawaii Maritime Center (neben Aloha Tower Marketplace), Chinatown und Foster Botanical Garden. Zu den Haltestellen westlich von Downtown gehören Hilo Hattie und Dole Cannery Shopping Outlets sowie das Bishop Museum (State Museum of Natural and Cultural History). Ferner kann man die Trolley auch zum Besuch der Shopping Centers Ala Moana Shopping Center, Ward Warehouse und Ward Center benutzen. **Restaurant Row** und **Hard Rock Cafe** liegen ebenfalls an der Trolley Route.

Um einen Überblick zu bekommen, empfiehlt es sich, zunächst eine vollständige Rundfahrt mit der Trolley zu unternehmen und danach bei beliebigen Haltestellen aus- und einzusteigen, um sich die Attraktionen unterwegs anzusehen. Bei der **Waikiki Trolley** sind die Sitzreihen jeweils in Längsrichtung der Trolley, um den Fahrgästen einen guten Ausblick zu geben.

Reservierungen für Trolley Touren mit der Waikiki Trolley können beim Kiosk an der Einsteigestelle beim **Royal Hawaiian Shopping Center** vorgenommen werden. Weitere Information über Waikiki Trolley: (808)593-8073 oder (808)596-2199.

Verschiedene touristische oder kommerzielle Unternehmen bieten von und nach Waikiki meist kostenlosen Pendelbusverkehr zu ihren Einrichtungen an.

Kostenloser Pendelverkehr/Shuttle/Trolley

Zur Beförderung von Kunden und Besuchern bieten verschiedene Shopping Attraktionen oder touristische Unternehmen einen kostenlosen Abholservice von und nach Waikiki. So gibt es beispielsweise alle 20 Minuten einen kostenlosen Pendelverkehr zwischen **Aloha Tower Marketplace** mit über 100 Läden und Restaurants, **Hilo Hattie,** dem Hersteller spezieller Hawaii-Konfektion und **Dole Cannery** mit Markenfirmen Outlets, die Markenware ab Fabrik verkaufen; tägl. 10–17 Uhr.

Sowohl Hilo Hattie als auch Aloha Tower Marketplace bieten Trolley Shuttle von und nach Waikiki. **Hilo Hatties** *kostenloser* Pendelbus verkehrt täglich von 8.30 bis 15.30 Uhr mit halbstündlichem Abholservice von neun Waikiki Hotels. **Aloha Tower Marketplace** hat einen Trolley Shuttle, der alle 20 Minuten an 10 Stellen in Waikiki abholt; hier sind allerdings $2 für die einfache Fahrt zu entrichten! Marketplace Besucher, die beispielsweise nach dem Besuch von Hilo Hattie einen kostenlosen Muschel-Lei tragen (den man dort zur Begrüßung erhält), können dann mit dem Marketplace Trolley ebenfalls *kostenlos* zurück nach Waikiki fahren.

Hilo Hattie betreibt außerdem einen *kostenlosen* Pendelbus vom Hilo Hattie Outlet zum **Maui Divers Jewelry Design Center,** in der Nähe des Ala Moana Center; 10–14 Uhr. Bei Maui Divers können Besucher bei der Fertigung von Korallen- und anderem Schmuck zuschauen und mit Maui Divers Minibussen zurück nach Waikiki fahren.

Außer dem Busservice von Waikiki bietet **Hilo Hattie** kostenlosen Shuttle von Hawaiis am längsten laufenden, kostenlosen Show zu ihrem Outlet. Die **Kodak Hula Show** findet dienstags, mittwochs und donnerstags in der Waikiki Shell im Kapiolani Park statt. Hilo Hattie Busse stehen dort um 11.15 Uhr nach der Show zur Abfahrt zum Hilo Hattie Outlet am Nimitz Highway bereit; 537-2926 (Hilo Hattie Bus).

Andere Shuttle/Pendelbusverkehre

- **Ala Moana Center** betreibt einen eigenen Waikiki-Bus-Pendelverkehr; $2 ein Weg.

OAHU
Honolulu: Touren

- Oahus populärste Attraktion, das etwa 14 mi/22 km von Waikiki entfernte Arizona Memorial, erhält jährlich etwa 1,5 Millionen Besucher. Man kann auf verschiedene Weise dorthin gelangen: Via Sightseeing Tour, mit privatem Pendelbus oder mit Bus #22.

- Der von Waikiki aus verkehrende **Arizona Memoria Shuttle Bus** kostet zwar mehr als der Stadtbus - $3 ein Weg, spart dafür aber Zeit.

- Ferner offeriert **Atlantis Submarine,** das Sightseeing U-Boot-Ausflüge anbietet, ebenfalls Trolley-Abholservice von Waikiki Hotels zu seinem Headquarters beim Hilton Hawaiian Village.

- Waikele Factory Stores in der Nähe von **Waipahu** betreibt *kostenlosen* Shuttle Service von und zu seinen über 50 Outlets; Outlet Shopping gehört inzwischen zur beliebten Beschäftigung von Touristen – Angebot von Markenartikeln zu ab-Fabrik-Preisen.

- **Hanauma Bay Shuttle Service.** Pendelbusverkehr zu und vom Hanauma Bay State Park; Abfahrt vom Ilikai Hotel, 9–13.45 Uhr, hält an den meisten Bushaltestellen. Rückfahrt bis 16.30 Uhr. Relativ günstiger Fahrpreis; 737-6188.

- **Aloha Flea Market Shuttle Bus;** Mi., Sa. und So ab 7.30 Uhr; fährt zum Aloha Stadium Flea Market, wo man sich auf dem Flohmarkt mit Hunderten von Verkaufsständen vergnügen kann; 955-4050.

- **Arizona Memorial Shuttle** befördert von Waikiki zum Arizona Memorial Visitor Center; 926-4747.

- **Flea Market Express** bietet Hin- und Rückfahrt von Waikiki zum Flohmarkt beim Aloha Stadium; 836-2406.

Zubringer zum Flughafen:
- **Airport Express** verkehrt 6–22.30 Uhr von Waikiki zum Honolulu International Airport; 949-5249.

- **Airport Motorcoach,** 6.30–22 Uhr, von Waikiki; 926-4747.

- **Airport Super Shuttle,** alle halbe Stunde 5–23 Uhr von Waikiki; 261-7880 oder 923-5700.

Touren/Ausflüge

Neben Honolulus ausgezeichnetem und gut ausgebauten Linienbus-System, das einem erlaubt, viele Attraktionen in Honolulu, Waikiki und der Umgebung auf eigene Faust zu besuchen, gibt es zahlreiche **Sightseeing-Unternehmen,** die Busrundfahrten, Ausflugsfahrten und Schiffsausflüge sowie Flugexkursionen zu den benachbarten Inseln Hawaiis anbieten. Zu dem Angebot zählen Stadtrundfahrten, die beispielsweise als *City Tour* Downtown Honolulu umfassen und mit einem Besuch des Arizona Memorial im Pearl Harbor kombiniert sind. Ferner werden Fahrten zum etwa 38 mi/61 km von Waikiki an Oahus North Shore befindlichen Polynesian Cultural Center angeboten. Verschiedene Schiffsexkursionen mit romantischen Abendfahrten, die Essen und Unterhaltung umfassen, gehören ebenfalls zum Programm einiger Unternehmen. In Honolulus Chinatown werden zudem auch Stadtrundgänge durchgeführt, bei denen man das Chinesenviertel besser kennenlernt – Einzelheiten siehe **Chinatown.**

Am besten informiert man sich über das Angebot der einzelnen Sightseeing-Unternehmen in den beim Flughafen, in

554 OAHU
Honolulu: Touren

den Hotels oder entlang der Straße vor den Hotels ausliegenden Prospekte und Broschüren. Aus den gelben Seiten des Telefonbuchs im Hotel entnimmt man die aktuellste Telefonnummer (unter Sightseeing bzw. Tours), da sich Telefonnummern häufig ändern können. Nachstehend nun zu einigen Unternehmen, die Touren anbieten. Die meisten Touren und Ausflüge können direkt beim Hotel gebucht werden. In der Regel holen die Unternehmen auch direkt vom jeweiligen Hotel ab; alles sehr bequem.

- **Affordable Tours**...... 922-5522
Ausflüge zu Nachbarinseln; *Circle Island Tour* rund um die Insel Oahu; *Grand Circle Island Tour* mit Waimea Falls Valley/Pearl Harbor; Honolulu *City Tour; Polynesian Cultural Center Tour; Sunset Dinner Cruise* (Abendfahrt mit Essen) u.v.m.

- **Airport Express**...... 949-5249
Arizona Memorial/Downtown Honolulu/Punchbowl Cemetery Tour/Diamond Head Crater/Blow Holes/Sea Life Park & Pali Lookout Tour.

- **Akamai Tours**...... 971-4545
gebührenfrei 1-800-922-6485
Verschiedenste Touren auf Oahu und Ausflüge zu Nachbarinseln sowie Schiffsexkursionen.

- **Ali'i Kai Catamaran**...... 522-7822
Schiffsausflüge z. B. *Sunset Dinner Cruise* (Abendfahrt mit Essen und Unterhaltung) vor Diamond Head.

- **Chinatown Walking Tour** (Mo.–Fr.; siehe unter Chinatown).. 521-3045

- **E Noa Tours**...... 599-2561
Verschiedenste Touren mit Minibussen z. B. Circle Island, City Tour, Polynesian Cultural Center, Pearl Harbor, Arizona Memorial, Waikiki Trolley Tour u. a.

- **Germaine's Luau**...... 949-6626
Polynesische Show mit Luau am Strand (*„all you can eat"*)

- **Grand Circle Island Tour**...... 924-3006
Diamond Head/Pali Lookout/Ananas- & Zuckerrohrfelder

- **Hawaiian Love Boat** Sunset Dinner Cruise...... 923-7779

- **Hawaii Tour & Scenery**...... 732-4436
Tagestour mit Waimea Falls, Pearl Harbor u. a.

- **Island Tours of Hawaii**...... 836-2406

- **Kaneohe Bay Cruises**...... 235-2888
Fahrt mit Glasbodenboot entlang Oahus tropischer Küste mit Korallen und tropischen Fischen

- **Lanui Tours**...... 732-7811
Circle Island Tour mit Diamond Head Crater, Pali Lookout, Rain Forest, Windward Coast, Mormon Temple, Macadamia Nut Factory; *City Tour; Polynesian Cultural Center Tour;* Pearl Harbor u. a.

- **Panorama Air Tour**...... 836-2122
Flightseeing Touren, Ausflüge zu Nachbarinseln

- **Papillon Hawaiian Helicopters**...... 836-1566
Hubschrauberrundflüge

- **Paradise Cruise**...... 536-3641
Schiffsexkursionen, Abendfahrten

- **Polynesian Adventure Tours** 922-0888
Polynesian Cultural Center, Arizona Memorial, Waimea Falls Park

- **Roberts Hawaii** 523-5187
Inselausflüge mit Übernachtung

- **Royal Hawaiian Cruises** 848-6360
Schiffsausflüge

- **Scenic Air Tours** 836-0044
Flightseeing Touren z. B. *One Day Hawaii* mit Flug über 6 Hauptinseln

- **Stadtrundgang** Historic Honolulu 531-0481

- **Waikiki Trolley** 593-8073
Stadtrundfahrt in altmodischer Straßenbahn auf Rädern (ca. 2 Std.)

- **Walking Tour** Downtown Honolulu (Mi.–Sa.) 538-1471

Information – Vorwahlnr./area code (808)

- **Hawaii Visitors Bureau**
Waikiki Business Plaza, 7th floor
2270 Kalakaua Ave.
Honolulu, HI 96815
Mo.–Fr. 8–16.30 Uhr .... Tel. 923-1811

- **Notruf-Nr.** 911

- **Hawaii Medical Clinic** im Ala Moana Hotel, Kona Tower,
Suite 457. 949-0800

24-Stunden-Dienst; kostenloser Shuttle bei Bedarf zu und von Klinik.

- **Konsulate**
Deutsches Honorarkonsulat, 2003 Kalia Rd., Apt. 1, Honolulu,
HI 96813 (Nähe Hilton Hawaiian Village) .... Tel./Fax 946-3819
Österreichisches Konsulat, 1314 S. King St., Suite 1260,
Honolulu, HI 96813 .... Tel. 923-8585
                                                   Fax 597-1233
Schweizerisches Konsulat, 4231 Papu Circle, Honolulu,
HI 96813 (Nähe Hilton Hawaiian Village) .... Tel. 737-5297
                                                   Fax 734-3996

- **Telefonkarten** erhältlich bei
7-Eleven Läden
Worldcall 2000, Hawaii Check Cashing, 159 Kaiulani St.

- **Heiratslizenz**
Zum Heiraten benötigt man nur Reisepass und Lizenz vom *State Department of Health,* Marriage Licence Office, Honolulu, HI 96813

- **Telefonvorwahl für alle Hawaii Inseln (808)**
Von Insel zu Insel wählt man 1-808 plus Rufnummer.
Von Europa 001-808 plus Rufnummer.

Unterkunft

Der größte Teil von Honolulus bzw. ganz Oahus Hotels verteilt sich entlang der Straßen und Boulevards von Waikiki. Die meisten liegen dicht nebeneinander, begrenzt vom Ala Wai Kanal und reichen ostwärts bis Diamond Head. Diese Unter-

OAHU
Honolulu: Hotels/Restaurants

künfte werden daher unter **Waikiki** behandelt. Im übrigen Teil des Großraums Honolulu findet man ein paar Hotels, die aber alle weder am Strand noch in Strandnähe liegen. Bei den meisten handelt es sich um saubere, sehr einfache Unterkünfte, die keinerlei Anspruch auf Komfort oder Luxus stellen und in der Regel sehr billig sind. Weitere Auskunft über Unterkünfte beim Hawaii Visitors Bureau einholen – siehe unter **Information**. Vorwahlnummer/*area code:* (808).

- **Flughafen Area** (gut für Zwischenübernachtungen)
- Best Western The Plaza Hotel Honolulu Int'l Airport 836-3636
  gebührenfrei 1-800-800-HOTEL
  1-800-528-1284
  Fax 834-7406
- Holiday Inn Honolulu International Airport 836-0661
  gebührenfrei 1-800-800-FIRST
  Fax 833-1738
- Pacific Marina Inn, 2628 Wai Wai Loop 836-1131
  gebührenfrei 1-800-548-8040
  Fax 833-0851

- **Im Herzen Honolulus, abseits von Waikiki und Strand**
- Executive Centre Hotel, 1088 Bishop St. 539-3000
  gebührenfrei 1-800-949-EXEC
  Fax 523-1088
- Pagoda Hotel, 1525 Rycroft Street....................... 941-6611
  Fax 955-5067
- Manoa Valley Inn, 2001 Vancouver Dr 947-6019
  Fax 946-6168
- Ala Moana Hotel, 410 Atkinson Drive 955-4811
  gebührenfrei 1-800-367-6025
  Fax 944-2974
- YMCA Central Branch (nur Männer), 401 Atkinson Dr 941-3344
keine Reservierung
- YMCA Nuuanu (nur Männer), 1441 Pali Hwy 536-3556
- Armed Services YMCA (Männer & Frauen), 250 S. Hotel St. 524-5600
keine Reservierung
- YWCA Fernhurst (nur Frauen), 1566 Wilder Ave........... 941-2231
Einzel- und Mehrbettzimmer
- Honolulu International Youth Hostel, 2323A Seaview Ave. .. 946-0591

 Restaurants

Die meisten **Restaurants** von Honolulu konzentrieren sich auf Waikiki. Doch auch in anderen Areas Honolulus ist das Angebot an Restaurants recht abwechslungsreich. **Chinatown** bietet eine Fülle fernöstlicher Lokale und in den verschiedenen **Shopping Centers** gibt es auch große Auswahl. Zudem offeriert die **Restaurant Row** am Rande von Downtown Honolulu eine breite Palette von Gourmet-Tempeln. Hier eine Auswahl verschiedener Restaurants.

- **Ward Centre**
- Andrew's Restaurant, italienische Küche
- Compadre's Mexican Restaurant, Burritos, Tostadas, Enchiladas, Tacos; *„frozen"* Margaritas; preiswert. Abends Unterhaltung.
- Keo's Thai Cuisine, elegantes Interieur, zivile Preise.
- Monterey Bay Canners. Fischspezialitäten; sehr preiswert.

Honolulu: Restaurants

● **Ward Warehouse**
- Chowder House, alles mögliche an Fisch und Meersfrüchten, preiswert.
- Old Spaghetti Factory. Pasta zu vernünftigen Preisen.
- Orson's Restaurant, elegant mit Blick auf Kewalo Hafen; Fischrestaurant mit zivilen Preisen.

● **Aloha Tower Marketplace**
- Gordon Biersch Brewery Restaurant, Hawaiis erste Micro-Brauerei.
- Sloppy Joe's, mit langer Bar im Key West Stil mit Hemingway Memorabilien.
- Fat Tuesdays, New Orleans orientiert; 42 verschiedene „frozen Daiquiris".
- Scott's Seafood Grill & Bar, San Francisco-Typ Lokal.
- Hooters, „hottest" Service.
- Kau Kau Corner Lanai, Fast-food Variationen.

● **Hawaii Maritime Center**
- Coasters Restaurant, einfach, Sandwiches; und abseits vom Trubel.
- Pier Eight Restaurant, chinesische Küche, Straßenverkauf.

● **Restaurant Row**
- Black Orchid, „hottest" Nightclub in Honolulu mit *live Music;* Art Deco. „Magnum"-Star Tom Selleck ist Co-Investor.
- Marie Callender's, Pasta, Salate, Topfkuchen.
- Rose City Diner; originell, 24 Stunden geöffnet.
- Ruth's Chris Steakhouse, saftige Steaks.
- Studebaker's; Neonlicht, Chrom-Bar; tagsüber Restaurant, abends Disko & Bar; preiswert.
- Sunset Grill, beliebter Szenentreff; kalifornische Küche.

● **Chinatown**
- Wo Fat's, eines der ältesten Chinarestaurants in Chinatown. Typisches chinesisches Interieur, preiswerte Gerichte, beliebt bei Einheimischen.
- Won Kee Fine Chinese Cuisine, Cultural Plaza; Hong Kong-Art Gerichte.
- Sea Fortune, 111 N. King St. preiswert.
- A Little Bit of Saigon, 1160 Maunakea St., ausgezeichnete vietnamesische Gerichte.
- Legend Seafood Restaurant, Beretania St.; vor 11 Uhr zum Lunch kommen; auch Straßenverkauf. Dim Sum sind die fernöstlichen Snacks.
- China House, berühmt für *Dim Sum;* großer Speisesaal.
- La Cocina, mexikanische Küche, sehr preiswert.
- Makai Food Court; Thekenbedienung; internationale Küche; preiswerte Gerichte.
- Patti's Chinese Kitchen, Cafeteria-Stil, Fast-food Chinalokal; Schlangestehen; billig; sehr beliebt.
- Ramsey Galleries und Café, 1128 Smith St.; zeitgenössische Kunst.
- Shung Chong Yuein Chinese Cake Shop, 1027 Maunakea St.; kandierte Papaya- und Lotusfrüchte.

● **Ala Moana Shopping Center**

● **Downtown**
- Indigo Restaurant, 1121 Nuuanu Ave; eurasische Küche, super Hors d'oeuvres; Straßencafe.
- Honolulu Academy of Arts Cafe, 900 S. Beretania St.
- Big Island Steak House mit Blick über den Hafen von Honolulu. Aloha Tower Marketplace.
- 3660 On the Rise, 3660 Waialae Ave., Ecke Wilhemina Rise. Euro-Island Küche; etwas außerhalb in der Nachbarschaft von Kaimuki.
- Cafe im Contemporary Museum, 2411 Makiki Heights Dr.

Honolulu: Shopping

Shopping

Einkaufen/Shopping gehört zur Lieblingsbeschäftigung der Hawaii-Besucher. Allein in Honolulu und Waikiki gibt es über ein Dutzend große und kleine Shopping Centers oder Shopping Malls. Herz aller Shopping Centers auf Oahu oder von ganz Hawaii ist das **Ala Moana Shopping Center**, das gleichzeitig Haupt-Busterminal der Linienbusse des öffentlichen Nahverkehrs TheBus ist.

● **Ala Moana Shopping Center**
Mo.–Fr. 9.30–21 Uhr, Sa. 9.30–17.30 Uhr, So. 10–17 Uhr.
Ala Moana Blvd., gegenüber vom Ala Moana Beach Park. Gilt als größtes Shopping Center Hawaiis und rühmt sich als „weltgrößte open-air Mall". Über 200 Geschäfte und 30 Restaurants mit Spezialitätenläden, Freizeit- und Sportboutiquen, Kunstgalerien, Designer-Läden mit berühmten Namen der Modebranche. Hawaiis Antwort auf Beverly Hills' Rodeo Drive findet man am **Palm Boulevard** mit den teuersten und elgeantesten Geschäften. Ferner gibt es die Kaufhäuser Sears, J.C. Penney und Liberty House. Supermarkt und Drugstore sowie Postamt und Reinigung sind ebenfalls vorhanden. Preiswerte Souvenirs erhält man bei Woolworth.
  Centerstage bildet den Mittelpunkt des Unterhaltungsprogramms mit Vorführungen und Auftritten verschiedener Künstler. Sonntags (9.30 Uhr) gibt es hier eine Hula Show. Informationsstand des Hawaiian Visitors Bureau in Nähe der Centerstage. In den Restaurants im **Makai Food Court** wird internationale Küche geboten – von mexikanischer, italienischer, hawaiischer bis zu japanischer, chinesischer und amerikanischer Küche. Sogar Hawaiis berühmte Eisdielenkette ist hier mit Lapperts' Ice Cream vertreten. Von Waikiki mit Bus #8. Waikiki Trolley **Stop #18.**

● **Ward Warehouse**
Mo.–Fr. 10–21 Uhr, Sa. 10–17 Uhr, So. 11–16 Uhr.
Gegenüber von Fisherman's Wharf bzw. Kewalo Boat Harbor, Ecke *Ala Moana Blvd. & Ward Ave.,* unweit vom Ala Moana Shopping Center, etwa 10 Minuten Fahrt von Waikiki. Rustikal aufgemachtes Shopping Center mit Spezialitätenläden. Designer Muumuu, Buchhandlung, Reformhaus, Kunstgalerien, Wäsche, Computer- und Kinderläden.
  Restaurants wie The Old Spaghetti Factory, Chowder House oder elegantere Restaurants sowie Straßencafe bieten für jeden etwas. Hawaiis weitere Eissalonkette, Dave's Ice Cream, ist hier vertreten. Bus #8, Waikiki Trolley **Stop #16.**

● **Ala Moana Farmers Market,** 1020 Auahi.
Gegenüber vom Ward Warehouse; Obst- und Gemüsemarkt, Blumen, Geflügel, Fleisch, Fisch. Hier kann man auch fertige lokale Hawaii-Gerichte kaufen.

● **Ward Centre**
Mo.–Fr. 10–21 Uhr, Sa. 10–17 Uhr, So. 11–16 Uhr.
Westlich vom Ward Warehouse, an *Ala Moana Blvd.* Shopping Plaza für gehobenere Ansprüche mit exklusiven Geschäften. Kunstläden, Weinhandlung. Die Colonnade ist eine Sammlung extravaganter Läden mit Antiquitäten, Kunst und Schuhläden.
  Verschiedenste Restaurants wie Yum Yum Tree mit Kuchen, Backwaren und Pasta oder Compadre's Mexican Bar and Grill mit preiswerten mexikanischen Gerichten. Preiswerte Fischgerichte im Monterey Bay Canners Restaurant. Von Waikiki Bus #8; Waikiki Trolley **Stop #17.**

● **Aloha Tower Marketplace**
Shopping-Komplex neben Aloha Tower mit über 100 Geschäften, Restaurants und Unterhaltung – ein typisches Outlet Center mit Markenartikeln

zu Fabrikpreisen. Kostenloser Pendelverkehr zwischen Aloha Tower Marketplace, Hilo Hattie und Dole Cannery Square. Auch eigener Trolley Shuttle – siehe **Honolulus Transport & Verkehrsnetz**. Auch Abholservice von Waikiki Hotels. Bus #19; Waikiki Trolley **Stop #7**.

- **Dole Cannery Square**

Tägl. 9–17 Uhr. 650 Iwilei Road.
Geschäfte, Restaurants und Unterhaltung. Outlet Stores mit Markenartikeln zu Fabrikpreisen. Multi-media Vorführung über Dole Ananas. Kostenloser Busservice von/nach Waikiki. Von Waikiki Bus #19; Waikiki Trolley **Stop #8**.

Baxter-Tips für Honolulu

- Für Honolulu **kein** Auto mieten, öffentliches Verkehrsmittel **TheBus** benutzen, billig!

- Ala Moana Shopping Center **Hauptumsteigestation** für Stadtbusse.

- **Supermarkt** im Ala Moana Shopping Center.

- Buntbedrucktes **Aloha-Hemd** oder **Muumuu** bei **Hilo Hattie** in großer Auswahl.

- **Waikiki Trolley** Rundfahrt ermöglicht Überblick von Honolulu und Waikiki. Tageskarte erlaubt beliebige Stopps.

- **Kostenloses** Abholen von Hula Show im Kapiolani Park, Waikiki mit Hilo Hattie Bussen.

- **Gottesdienst am Strand:** Hilton Hawaiian Village in Waikiki.

- **Polynesian Cultural Center** sonntags geschlossen.

- **Besichtigung von Iolani Palace** nur mit Führung. Anmeldung erforderlich.

- **Gute Aussicht** auf Downtown und den Hafen von Honolulu vom **Aloha Tower.**

- **Preiswerte Souvenirs** bei Woolworth im Ala Moana Shopping Center.

- Bester Strand von Honolulu (außer Waikiki Strandgebiete) **Ala Moana Beach Park.**

- **Top Attraktionen** von Honolulu: Bishop Museum, Arizona Memorial von Pearl Harbor, Iolani Palace und Downtown Honolulu.

- **Strandhotel in Waikiki** und von dort Honolulu und Umgebung erkunden.

- **Kostenlose Vergnügen:**
  - Kodak Hula Show im Kapiolani Park; kostenloser Transfer zum Hilo Hattie Fashion Centre.
  - Young People's Hula Show; Centerstage So. 9.30 Uhr, im Ala Moana Shopping Center.
  - Royal Hawaiian Band, jeden zweiten Freitag am Iolani Palace *Bandstand*.
  - Hilo Hattie, kostenlose Führung und Abholservice vom Hotel.
  - Bootstrip zum Arizona Memorial.

OAHU
Downtown Honolulu

- **Hilo Hattie Fashion Factory.** Tägl. 8.30 – 18 Uhr. 700 Nimitz Highway. Aloha Hemden, Muumuu, beliebte Inselmode „made in Hawaii" exklusive Designs. Von Waikiki Bus #19; Waikiki Trolly **Stop #7**.
- **Fort Street Mall** – siehe Downtown Honolulu.
- **Asia Mall** – siehe Chinatown.

Downtown Honolulu

In **Downtown Honolulu** schlägt das Herz der Geschäfts- und Bürowelt des Pazifiks. Brandneue, moderne Bürogebäude stehen Seite an Seite neben der alten Welt von Chinatown und Hotel-Street mit dem „Rotlicht-Distrikt" Honolulus. Den Kern der Downtown Area bildet **Historic Honolulu** mit der Gegend um den Iolani Palace und Regierungsgebäuden sowie das angrenzende **Chinatown.**

Von **Waikiki** ausgezeichneter Busservice nach **Downtown Honolulu**, z. B. Bus #2 Richtung School Street, Liliha oder Aala Park. Hinter Beretania & Alapai Haltestelle zum Halten klingeln und an Beretania/Punchbowl Haltestelle aussteigen. Waikiki Trolley hält an drei Stellen in Chinatown sowie am State Capitol, Iolani Palace und am Hawaii Maritime Center. Zur Erkundung von **Downtown Honolulu** braucht man eigentlich kein Auto. Wer trotzdem mit dem Auto kommt, findet im Bereich von Chinatown oder in der Nähe des State Capitol mehrere Parkmöglichkeiten. Hier nun **Historic Honolulu.**

▶ *Historic Honolulu*

Historic Honolulu umfaßt generell das Gebiet zwischen *Richards Street* (auf der Ewa-Seite, entgegengesetzt von Diamond Head) und *South Street* (Richtung Diamond Head) mit **Iolani Palace,** dem einzigen Königspalast in den USA, der von Königen bewohnt wurde, mit der **Statue** des **Königs Kamehameha, dem Großen** (Kamehameha I.), mit der **Kawaiahao Kirche** und dem angrenzenden **Mission Houses Museum.** Man kann **Historic Honolulu** bequem zu Fuß in einem halben Tag oder weniger (je nachdem, wieviel Zeit man für einzelne Attraktionen aufwendet) erkunden. Es ist egal, wo man den Rundgang beginnt. Man kann beispielsweise am **Aloha Tower** im Hafengebiet beginnen. Hier bietet sich vom Aussichtsdeck des 10. Stocks ein Rundum-Blick auf Honolulu Harbor, Waikiki und die Bergkette der Waianae Mountain Range. Wer sich für Schiffe interessiert, besucht gleich danach das interessante **Hawaii Maritime Center** mit dem Viermastsegler *Falls of Clyde.*

Auf der Bergseite des *Ala Moana Blvd.* gelangt man vom Aloha Tower zur **Fort Street Mall,** einer Fußgängerzone mit Geschäften. Von dort folgt man rechts abbiegend *South King Street,* die direkt zum **Iolani Palace** führt. Gegenüber vom Iolani

Historic Honolulu

Palace gelangt man zur berühmten **Statue von König Kamehameha I.**, ein sehr beliebtes Fotoobjekt. Hinter der Statue erhebt sich das **Judiciary Building** (auch **Aliiolani Hale** genannt) aus dem Jahre 1874. Eine Straße weiter stößt man auf die Kirche **Kawaiahao Church**, die auch Westminster Abbey of Hawaii genannt wird und als Kapelle der Könige diente. In der Nachbarschaft befindet sich das aus mehreren Gebäuden bestehende **Mission Houses Museum**.

Auf der gegenüberliegenden Straßenseite von *South King Street* kommt man an der Ecke von *Punchbowl Street* zum Rathaus, der **Honolulu Hale**, der sich dahinter weitere Regierungsgebäude anschließen. Gegenüber von Honolulu Hale erhebt sich die Staatsbibliothek, **State Library**, und gleich dahinter das imposante **State Capitol** auf *South Beretania Street*. Auf *South Beretania Street* passiert man gegenüber vom State Capitol die ewige Flamme zum Gedenken der Gefallenen des Zweiten Weltkriegs und den heutigen Gouverneurspalast **Washington Place**. Gleich daneben die Kirche **St. Andrew's Cathedral**. Wer seinen Erkundungsgang weiter fortsetzen möchte, gelangt dann auf *South Beretania Street* nach **Chinatown**, ein weiteres historisches Viertel von Downtown Honolulu. Die Bezeichnung *Beretania Street* kommt übrigens von der Aussprache der Hawaiianer für Britain. Hier nun zu den Attraktionen von Historic Honolulu, dessen faszinierende Sammlung von Gebäuden die lebhafte Geschichte der Inseln von der Zeit der Alii (Angehörige der Nobelklasse) und Missionare bis zur Territorial-Ära reflektieren.

- **Aliiolani Hale**/Judiciary Building, an *South King Street*, hinter der Kamehameha Statue. Ursprünglich 1874 als königlicher Palast für König Kamehameha V. geplant, der vor Fertigstellung des Palasts starb, doch nie als Residenz der Könige benutzt. Heute beherbergt das Gebäude Amtsstuben der State Judiciary (Gerichtsbarkeit des Bundesstaates Hawaii).

Das in dem Gebäude ebenfalls untergebrachte Judiciary History Center ist öffentlich; Besichtigung auf eigene Faust, kostenlos. Alles über Hawaiis alte Gesetze und Gerichte, über 200 Jahre Rechtsgeschichte anhand von audio-visuellen Beiträgen sowie Exponaten. Di., Mi. & Do. 10–15 Uhr. Waikiki Trolley **Stop #13.**

- **Aloha Tower** – in Downtown Honolulu, im Bereich des Hawaii Maritime Center bei **Pier 10**. Honolulus Wahrzeichen des alten Stadtkerns aus dem Anfang der Zwanziger Jahre, der 58 m hohe, zehnstöckige Turm, war einst Hawaiis höchstes Gebäude. Bis zu Beginn der 50er Jahre hatte der Turm große Bedeutung bei der Begrüßung und Verabschiedung von Besuchern nach Hawaii bringenden Dampfern, ehe man mit dem Flugzeug anreiste.

Der Turm wurde 1926 errichtet. Jede der vier Glocken wiegt ca. 7 Tonnen. Im 9. Stock informiert eine Ausstellung über Geschichtliches und von der Aussichtsterrasse im 10. Stock hat man einen Superblick auf die Stadt, die Berge der Waianae Mountain Range und Waikiki sowie den Hafen Honolulu Harbor. Tägl. 8–21 Uhr; Eintritt frei. **Stop #7** des Waikiki Trolley. Etwa 30 Min. per Bus von Waikiki; Busse #19 (Airport/Hickman), #20 (Airport/Halawa Gate) oder #8 (Aala Park).

- **Aloha Tower Marketplace** – siehe Shopping.

562 OAHU
Downtown Honolulu

Schlüssel zur Baxter Info-Karte Downtown Honolulu
mit vielen Baxter-Tips

Wichtiges & Interessantes:
1-State Capitol
2-Iolani Palace
 einziger Königspalast der USA
 Führungen Mi., Do., Fr. & Sa.
 9–14.15 Uhr
 keine Kinder unter 5 Jahre/Eintritt
3-Iolani Barracks
 Reservierung & Kasse für Iolani
 Palace
 -The Palace Shop
 Bücher/Postkarten/Souvenirs
 Di., Mi., Do., Fr. & Sa.
 8.30–15.30 Uhr
4-Library of Hawaii (1911)
5-State Office Building
 Regierungsgebäude
6-Honolulu Hale
 City Hall/Rathaus
 Schiffsglocke der U.S.S. Honolulu
 am Eingang
 -Denkmal der Hundertjahrfeier japanischer Einwanderung 1868–1968 (gestiftet von der Partnerstadt Hiroshima)
7-Kawaiahao Church (1842)
8-Mission Houses Museum:
 -Frame House (1821)
 -Printing House (1841)
 -Chamberlain House (1831)
9-Cemetery/Friedhof
 -Grab von King William Charles Lunalilo
10-Courthouse/Gericht
11-King Kamehameha I. Statue
 Kamehameha Elima, Ka Moi
12-Ali'iolani Hale (1874)
 Courthouse/Custom House
 ursprünglich für King Kamehameha V gebauter Königspalast (nie von ihm bewohnt)
13-Post Office/Postamt
14-YWCA
15-Bandstand
 Konzertbühne (ehemaliger Krönungspavillon)
16-Mana La
17-Chinese Restaurant
18-Alakea Delikatessen
 Snacks/bei Einheimischen beliebt
19-Cafe Bon Bon
 Frühstück & preiswertes Mittagessen/Tagesessen/
 Mo.–Fr. 6.30–15 Uhr, Sa. 10–14 Uhr
20-Jack in the Box
21-Taco El Paso
 Tagesessen/daily specials
22-Downtown Bistro
 -Heidi's
 Snacks
23-King Okazu-ya
 thail. & kontinent. Küche
 -McDonald's
24-Parkuhren
25-Queen Lili'Uokalani Statue
 Königin von Hawaii 1891–93
 „Queen E Lei Ho'i, E Lili'u Lani E"
26-Hale Auhau
27-Dept. of Transportation
 Verkehrsministerium
28-Suzie's Cafe
29-Yong Sing
 Chinalokal
30-Chamber of Commerce of Hawaii
 seit 1850
 -Bishop Street Cafe
31-Nathan's Restaurant
 -Jake's Downtown Restaurant
32-Woolworth
33-Liberty House
 -Burger King
34-Police/Polizei
35-McDonald's
36-Wendy's
37-Aloha Tower
38-U.S. Court House
39-Ruth's Chris Steakhouse
40-Sun Mari Fashions
 Besichtigung möglich
41-Fort Armstrong & Foreign Trade Zone
42-Zwei gläserne Türme
 Büros und Condos
43-Parkplatz

Chinatown
44-China Cultural Plaza/Asia Mall/
 Won Kee/Regent Seafood
 Klein Saigon
45-Izumo Taisha Shrine
 japanischer Gebetstempel/Hawaiis ältester Shinto Shrine (1923)
46-Kamehameha V Post Office Bldg.
47-Chinese Chamber of Commerce
 United Chinese Society
48-Oahu Market
 -Oahu Fish Market
49-Wo Fat's Restaurant
 seit 1882/Cantonese Küche/ Pagodendach
50-Maunakea Marketplace
 Restaurants & Läden
51-Royal Saloon Building
 -Murphy's Bar & Grill
52-Alakea Bar & Grill
53-Captain James Cook
 Statue vor den Archives
54-Kapok Tree
 -Monkeypod Tree (Rain Tree)
 mit Bänken
55-Bookstore/Buchhandlung
56-Amfac Tower
57-Studebaker Restaurant
 in Restaurant Row/tagsüber Restaurant, abends Disko & Bar/preiswert
58-St. Andrew's Cathedral (1867)
59-Washington Place
 -ehemalige Residenz von Queen Liliuokalani heute Gouverneurspalast
60-Eternal Flame
 State World War II Memorial
 Denkmal der gefallenen Männer und Frauen der US-Streitkräfte des Zweiten Weltkriegs
61-Grace Cathedral
62-Hawaii Theatre
63-Bushaltestelle Bus # 2 von Waikiki
 Punchbowl & Beretania
64-Foster Gardens
 -Kuan Yin Temple
65-riesiger Baum
66-Glocke
 -Father Damien Statue

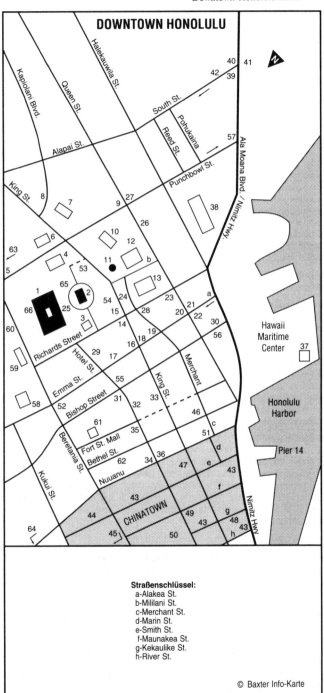

564 OAHU
Downtown Honolulu

- **Blaisdell Concert Hall,** 777 Ward Ave.; gegenüber vom Thomas Square an der Kreuzung *King Street & Ward Avenue,* Teil des Neal Blaisdell Center; am Rand der Downtown Area. Bus #2 von Waikiki, Haltestelle Honolulu Academy of Arts (Ecke *Beretania & Ward*). Trolley **Stop #5.**

- **Chinatown** – siehe Abschnitt Chinatown.

- **City Hall** – siehe Honolulu Hale.

- **Coronation Pavilion** – siehe unter Iolani Palace.

- **Dole Cannery Square,** 650 Iwilei Road, in Downtown Honolulu. Geschäfte, Restaurants sowie **Hawaii Children's Museum** auf dem Gelände der ehemaligen Dole Pineapple Cannery, wo früher Ananas in Dosen eingemacht wurden. Vorführung der kostenlosen Multimedia-Show *The Pineapple Story* (alles über Ananas) alle 20 Minuten. Bevor der Unternehmer Jim Dole entdeckte, dass sich Ananassaft verkaufen ließ, floss alles in den Hafen von Honolulu ab! Jim Dole baute um 1900 außer auf Hawaii eine Ananasart auf den Philippinen, in Honduras und Thailand an. *Halakahiki* ist der hawaiische Begriff für Ananas, die vermutlich aus Brasilien stammt und von Indianern nach Guadalupe gebracht und dort 1493 von Christoph Kolumbus entdeckt wurde. Cannery Square tägl. 9–17 Uhr geöffnet. Von Waikiki mit Bus #19 (Airport/Hickam), vom Fahrer beim Cannery Square an *Iwilei Road* halten lassen. Waikiki Trolley **Stop #8.**

- **Eternal Flame.** Ewige Flamme zum Gedenken der Gefallenen des Zweiten Weltkriegs; gegenüber vom State Capitol.

- **Father Damien Statue.** Auf der Bergseite *(mauka)* des State Capitol an *South Beretania Street.* Pater Damien nahm sich der selbstlosen Pflege der Leprakranken an. Joseph De Veuster, der aus Belgien stammende katholischer Priester des Herz Jesu Ordens (Sacred Hearts Order), zog 1873 nach Molokai, wo er sich in Kalaupapa niederließ, eine bezaubernde, von der Umwelt abgeschnittene Küstengegend, die speziell Leprakranken vorbehalten war. Die Statue ist ein Werk des venezuelanischen Künstlers Marisol Escobar, der vor dem Tod von Pater Damien aufgenommene Fotos als Vorlage benutzte. Pater Damien starb 1889 an der auch Hansens Krankheit genannten Lepra. 1936 brachte man seinen Leichnam von Molokai nach Antwerpen, Belgien.

- **Fort Street Mall.** Ursprünglich unter der Herrschaft Königs Kamehameha III. zum Schutz des Hafens von Honolulu angelegte Festung. Heute eine hübsche Fußgängerzone mit vielen Geschäften und Restaurants, die mit *Merchant Street* kreuzt. Anfang der 1900er Jahre war Fort Street das Hauptviertel, wo die Einheimischen einkauften, ehe Ala Moana Shopping Center gebaut wurde. Westwärts erstreckt sich das nach dem Großbrand von 1900 wieder aufgebaute Stadtviertel von Chinatown. Waikiki Trolley **Stop #12.**

- **Foster Botanic Garden** – siehe Chinatown.

- **Hawaii Maritime Center,** am Pier 7 im Honolulu Harbor. Ausgezeichnetes Seefahrt- und Schiffsmuseum. In dem als Schiffsmuseum genutzten Kalakaua Boathouse findet man herrliche Exponate zur Seefahrergeschichte Hawaiis. Der im Wasser liegende Viermastsegler *Falls of Clyde* verkehrte früher im Linienverkehr zwischen San Francisco und Honolulu. Das 1807 Bruttoregistertonnen-Schiff ist der einzige noch existierende Viermastsegler dieser Art aus dem 19. Jh. Das Schiff lief 1878 in Glasgow, Schottland vom Stapel und ist etwa 81 m lang und 12 m breit.
In der Nachbarschaft der *Falls of Clyde* liegt die *Hokulea,* eine Nachbildung eines polynesischen Doppelrumpfkanus, das früher von den seeerfahrenen Polynesiern benutzt wurde. *Hokulea* bedeutet etwa „Stern der Fröhlichkeit". Die *Hokulea* hatte Schlagzeilen gemacht, als man auf ihr in jüngster Zeit auf den Migrationsrouten der ersten Polynesier im Pazifik unterwegs war

Downtown Honolulu

und drei große Reisen ohne Karten, Kompass, Sextant oder anderen Navigationsgeräten unternommen hatte. Eine 2 1/2jährige Reise brachte sie von Hawaii nach Neuseeland und zurück, wobei unterwegs sämtliche Inseln aufgesucht wurden.
Öffnungszeiten: Tägl. 9–17 Uhr. Eintritt. Kostenlos Parken an Pier 6. Von Waikiki Bus #19 oder #20 Richtung Airport, am Federal Building aussteigen. Waikiki Trolley **Stop #7**.

● **Hawaii State Library**. Ecke *Punchbowl & South King Streets*. 1913 errichtete Bibliothek mit offenem Innenhof; eine der größten Bibliotheken Hawaiis mit umfangreicher Sammlung hawaiischer und pazifischer Bücher. Waikiki Trolley **Stop #6**.

● **Hilo Hattie Fashion Factory**, 700 North Nimitz Highway. Kleiderfabrik, in der die typische Hawaiikleidung, sogenannte *Aloha Wear*, aus luftigen Stoffen mit charakteristischem Hawaii Design gefertigt wird. **Hilo Hattie Fashion Factory** wurde nach der hawaiischen Unterhaltungskünstlerin benannt, die durch ihre Hula Songs berühmt wurde, insbesondere den Song „The Cock-eyed Mayor of Kaunakakai". Hilo Hattie wurde vom amerikanischen Kongress zur „Hawaii's Ambassador of Aloha" (Aloha-Botschafterin Hawaiis) ernannt. Hilo Hattie arrangierte sich mit dem Modeunternehmen Pomare' Fashion Company, das ihren Namen benutzen darf und dafür im Austausch Geld zur Gewährung eines Stipendiums für das hawaiische Musikprogramm an der Universität von Hawaii zahlt. Hilo Hatties echter Name war Clara Haile. Sie ist auf dem Punchbowl Friedhof bestattet.
Heute produziert das Unternehmen etwa 50 000 Aloha Kleidungsstücke (original aus Rayon oder Baumwolle) pro Monat, darunter die traditionellen *Muumuu* (luftiges hawaiisches Wickelkleid), buntbedruckte Hawaiihemden sowie Badekleidung, Freizeit- und Kinderkleidung sowie T-Shirts. Kostenlose Führung, Lei-Begrüßung und Erfrischungsgetränk; Verkauf zu ab Fabrik Preisen; kostenlose Änderungen. Tägl. 8.30 – 18 Uhr. Bus #19 von Waikiki, an 700 N. Nimitz Highway aussteigen. Trolley **Stop #9**.

● **Honolulu Academy of Arts;** 900 South Beretania Street. Das aus dem Jahre 1927 stammende Kunstmuseum wurde von Mrs. Charles M. Cooke gegründet, um ihre umfangreiche Kunstsammlung mit der Öffentlichkeit zu teilen. In den dreißig Galerien des Museums findet man unter der permanenten Ausstellung asiatische, europäische, amerikanische und pazifische Kunst aus dem Altertum bis zur Gegenwart. Zu den Kunstwerken zählen beispielsweise Gemälde von Paul Gaughin und James A. Whistler. In den Innenhöfen findet man eine umfangreiche Figurensammlung mit Stücken aus dem 6. Jh. und einer aus etwa 2 500 v.Chr. stammenden ägyptischen Figur.
Das Gebäude, in dem das Museum untergebracht ist, beherbergte ursprünglich die Linekona Elementary School, eine 1908 errichtete Schule. Das heutige Kunstmuseum umfaßt den **Academy Shop** – Museumsladen, in dem Kunstbände, Reproduktionen, Postkarten und Souvenirs verkauft werden – sowie das **Garden Cafe**. Öffnungszeiten des Museums: Di.–Sa 10–16.30 Uhr, So. 13–17 Uhr. Eintrittsgebühr. Bus #2 von Waikiki, Haltestelle Ecke Beretania & Ward Avenues, gegenüber vom Thomas Square. Waikiki Trolley **Stop #5**.

● **Honolulu Hale**. Eines der interessantesten Gebäude der Gegend von Historic Honolulu ist **Honolulu Hale**, an der Kreuzung *King & Punchbowl Streets* auf der der State Library gegenüberliegenden Seite der *Punchbowl Street*. Hale ist der hawaiische Begriff für Haus, also Honolulu Haus, hier die Bezeichnung für die City Hall/Rathaus. Das Gebäude mit seinen Amtsstuben des Bürgermeisters und der Stadtverwaltung ist ein herrliches Exemplar einer Bauweise, die neben Praktischem gleichzeitig Elemente der Inselkultur aufweist.
Honolulu Hale war vom Zeitpunkt der Eröffnung im Jahre **1929** bereits ein Paradestück. Schon bei Ankündigung des Projekts im Jahre 1925 machte

Honolulu Hale Schlagzeilen, weil das permanente Rathaus außerhalb der Stadt errichtet werden sollte. Das Gebäude reflektiert den kalifornisch-spanischen Baustil, der während der ersten Hälfte des 20. Jahrhunderts auf den Inseln Hawaiis so populär war. Als Baumaterial verwendete man hauptsächlich Inselmaterial, eine Mischung aus Korallen und Sandstein.

Der Innenhof ist eine Nachbildung eines florentinischen Palasts des 13. Jh. mit dekorativen Säulen. Steinfliesen bedecken Böden und Treppenaufgänge. Vier gewaltige Kronleuchter hängen von der Decke herab. In der Eingangshalle findet man die Schiffsglocke der USS Honolulu aus dem Zweiten Weltkrieg. Ein japanischer Garten kam 1951 als Erweiterung der Anlage hinzu, in dem sich eine 610 kg schwere Steinlaterne aus Yokohama und eine steinerne Pagode aus Hiroshima befinden, ein Geschenk anläßlich der Hundertjahrfeier japanischer Einwanderer in Hawaii. Bei den übrigen Anbauten des Rathauses, die im Laufe der Jahre erfolgten, muss man genau hinschauen, um festzustellen, wo der ursprüngliche Bau endet und der Anbau beginnt. Waikiki Trolley **Stop #6.**

● Iolani Palace – siehe Extraabschnitt; Waikiki Trolley **Stop #6.**

Iolani Palace

Der **Iolani Palace** bietet einen Einblick in die Welt, in der die letzten königlichen Herrscher Hawaiis lebten, die offizielle Residenz von **King Kalakaua** und **Queen Liliuokalani**, 1882–1893 – der einzige Königspalast in den USA. *Iolani* bedeutet übrigens in der hawaiischen Sprache „königlicher Falke". Vier Tore führen auf das Palastgelände: Kauikeaouli Gate an *King Street,* Kinau Gate an *Richards Street,* Hakaleleponi Gate vom State Capitol-Gelände und Likelike Gate gegenüber von der Hawaii State Library.

Das Palastgelände umfaßt außer dem Iolani Palace den Coronation Pavilion, die Royal Tomb Site, die State Archives und Iolani Barracks. Auf der Bergseite des Palasts befindet sich eine Statue der letzten Monarchin Hawaiis, Königin Liliuokalani. Waikiki Trolley **Stop #6.**

● **Coronation Pavilion**/Der Krönungspavillon, der sich heute in der *King/Richards Streets* Ecke des Geländes befindet, wurde zunächst zur Krönungsfeier von King Kalakaua und Queen Kapiolani am 12. Feb. 1883 errichtet. Ursprünglich stand der Pavillon direkt vor den King Street Stufen zum Palast und wurde später an seinen heutigen Standort verbracht. Jeden zweiten Freitagnachmittag spielt hier die Royal Hawaiian Band (von dem deutschen Kapellmeister Captain Henry Berger gegründet). Man benutzte den Pavillon auch zur Vereidigung der Gouverneure von Hawaii. Obwohl King Kalakaua 1874 bereits den Thron bestiegen hatte, schob er seine Krönung bis zur Fertigstellung des neuen Palasts hinaus. Am 9. Jahrestag seiner Thronbesteigung erfolgte dann hier 1883 seine Krönung.

● **The Royal Tomb**/Königsgrabstätte. Ein eingezäunter Grashügel in der Ecke *King/Likelike Streets* weist auf den Standort des ehemaligen königlichen Friedhofs hin. Jahrelang befand sich hier ein Gebäude aus Korallenblöcken mit den Särgen der Häuptlinge und Herrscher. Während der britischen Besetzung Honolulus im Jahre 1843 sollen angeblich in diesem Grab Geheimdokumente verborgen gehalten worden sein. 1865 errichtete man im Nuuanu Valley das **Royal Mausoleum** und brachte die Särge in einem Fackelzug zu ihrer neuen Ruhestätte.

Man nimmt aber an, dass doch noch einige sterbliche Überreste unter dem heutigen Hügel liegen. Vermutlich ließ King Kalakaua daher auch seinerzeit den Hügel mit Farnen und Blumen bepflanzen.

Honolulu: Iolani Palast

- **The Iolani Barracks.** Die Iolani Kaserne wurde 1871 fertiggestellt, um die königliche Garde/Royal Guard unterzubringen. Ursprünglich befand sich das Gebäude dort, wo sich heute das State Capitol befindet. 1965 verlegte man es Stein für Stein an seinen heutigen Standort auf dem Palastgelände, um Platz für den Bau des State Capitol zu schaffen. Tickets zur Besichtigung des Iolani Palasts werden hier verkauft. Di.–Sa. 8.30–14.15 Uhr. Palace Shop Di.–Sa. 8.30–15.30 Uhr; Bücher, Souvenirs.

- **State Archives.** Staatsarchiv; Gebäude aus dem Jahre 1954. Beherbergt Papiere, Dokumente, Fotos. Mo.–Fr. 7.45–16.30 Uhr.

Nun zum **Iolani Palace.** Mi.–Sa. 9–14.15 Uhr. Der Palast kann nur mit Führung besichtigt werden; etwa 1 Stunde. Führungen sind so populär, daß man sich oft einen Tag im voraus anmelden muß. Eintrittsgebühr. Ticketverkauf bei Iolani Barracks. Tel. Reservierung: (808)522-0832.

- **Iolani Palace** wurde 1882 für König David Kalakaua und Königin Kapiolani als königliche Residenz erstellt. Nach dem Sturz der Monarchie im Jahr 1893 beherbergte der Palast bis 1969 Regierungsbüros.

Die offizielle Residenz von König Kalakaua und seiner Nachfolgerin Queen Liliuokalani war Zentrum, wo sich führende Männer und Frauen der hawaiischen Inseln versammelten und mit bedeutenden Besuchern von Übersee zusammentrafen. Hier wurden Prinzen und Prälaten, Diplomaten und Seeoffiziere, Schriftsteller und Künstler sowie Abenteurer empfangen und mit typischem hawaiischen „Aloha" unterhalten.

1796 wurde das Vereinigte Königreich aller Hawaii-Inseln unter der Oberhoheit des Häuptlings Paiea, dem späteren Kamehameha I., ausgerufen, nachdem auch der Herrscher der Insel Kauai die Oberherrschaft Kamehamehas I. anerkannt hatte. Die Monarchie dauerte bis **1893**, als es unter der Herrschaft von Königin Liliuokalani zum Umsturz kam, der die Monarchie zunächst durch eine provisorische Regierung ersetzte, der dann die Republik von Hawaii folgte. **1898** erfolgte dann die Annexion der hawaiischen Inseln durch die USA als ein Territorium. **1959** wurde das Territorium von Hawaii der 50. Bundesstaat der Vereinigten Staaten von Amerika.

Nach dem Ende der hawaiischen Monarchie im Jahre **1893** wandelte man den Palast in Amtsstuben der Regierung mit Büros der Legislativen und Exekutiven um. Die Regierungsgeschäfte wurden bis zur Fertigstellung des auf dem angrenzenden Gelände errichteten State Capitol im Jahre **1969** im Iolani Palace abgewickelt. Nach umfangreicher Restaurierung wurde der **Iolani Palace 1978** als ein „historic house museum" der Öffentlichkeit zur Besichtigung freigegeben. Und erneut reflektiert dieser Palast die Pracht jener Tage, als die Monarchie noch existierte.

Noch vor seinem Tod im Jahre 1819 führte Kamehameha I. sein Volk durch eine Periode der Veränderungen, und zwar von einer Regierung mehrerer Häuptlinge zu einem einzigen Herrscher, von der Isolation zu ständigem Kontakt mit Fremden vieler Länder, von einer Existenzwirtschaft zu einer Marktwirtschaft.

Kamehameha I. wurde von seinen Söhnen Kamehameha II., der von 1819 bis 1824 regierte, und von Kamehameha III., der von 1824 bis 1854 regierte, gefolgt. In den ersten Jahrzehnten der Monarchie war die Hauptstadt des hawaiischen Königreichs jeweils dort, wo der König lebte – in Kailua auf der Insel Hawaii, in Waikiki auf Oahu oder in Lahaina auf Maui. Erst **1845** hatte Kamhameha III. **Honolulu** als permanente Hauptstadt ausgewählt. Zu jener Zeit gehörte das schönste Haus Honolulus dem Gouverneur von Oahu, High Chief Mataio Kekuanaoa. Er hatte es dicht

OAHU
Honolulu: Iolani Palast

am Hafen und in der Nähe eines alten *Heiau* errichten lassen, auf einem Grundstück, das heute innerhalb der Mauern des **Iolani Palace** liegt. Als Kamhameha III. nach Honolulu zog, übergab man ihm die Gouverneursvilla, die zum königlichen Palast wurde. Als Kamhameha III. starb, trat sein Neffe, Alexander Liholiho, der Sohn von Kinau und Kekuanaoa, die Nachfolge an und regierte als Kamehameha IV. Dieser alte **Iolani Palace** war von **1845** bis **1876** königliche Residenz und während der achtjährigen Regentschaft Heimat von Kamehameha IV. und Königin Emma.

Kamehameha V. löste **1863** seinen Bruder ab und gab der königlichen Residenz den offiziellen Namen **Iolani Palace.** *Io,* der hoch in der Luft fliegende hawaiische Falke, einer der majestätischsten Vögel Hawaiis, und *lani* Himmel und Königliches ergaben die Kombination **Iolani** – der königliche oder himmlische Falke.

Kamehameha V., der letzte Herrscher der Kamehameha Dynastie hinterließ keinen Erben auf den Thron. 1873 wurde ein Cousin, Charles Lunalilo, der erste gewählte König von Hawaii. Seine Herrschaft dauerte nur 13 Monate. Er hinterließ ebenfalls keine Thronerben. 1874 hielt man erneut eine Wahl ab, aus der nach einem kurzen, aber stürmischen Wahlkampf, High Chief David Laamea Kalakaua als Sieger hervorging. Er gewann gegen seine Rivalin, die Dowager Queen Emma, Witwe von Kamehameha IV.

Kalakaua wurde 1836 geboren und hatte 1863 Kapiolani, die Enkelin von Kaumuali, dem letzten König von Kauai, geheiratet. Das Paar blieb kinderlos, hatte aber enge Beziehung zu den Schwestern des Königs, Likelike und Liliuokalani, sowie den Schwestern der Königin, Poomaikelani und Kinoiki Kekaulike, sowie deren Kindern.

Während des ersten Winters seiner Regentschaft, **1874/75**, reiste Kalakaua in die USA, wo er mit Präsident Ulysses S. Grant zusammentraf und als erster König eine Rede vor dem Congress of the United States hielt. Ergebnis seines kurzen Besuchs in Washington war der Abschluss eines bereits seit 25 Jahren verhandelten Vertrags, der die zollfreie Einfuhr von Zucker auf dem amerikanischen Markt erlaubte – ein bedeutender Schritt in der Entwicklung der Wirtschaft des Königreichs Hawaii.

Während Kalakaua sich in den USA aufhielt, hatte er seinen Schwager damit beauftragt, den alten Palast und das Gelände aufzufrischen. Dabei stellte man fest, daß der alternde Palast von Termiten befallen war, und ließ ihn abreißen. Nach seiner Rückkehr war der König nicht schlecht erstaunt, dass von seinem Palast nur noch das Fundament stand. Es dauerte einige Jahre, ehe man genug Geld hatte, einen neuen Palast zu errichten. Am 31. Dez. **1879** erfolgte die Grundsteinlegung des heutigen **Iolani Palace.**

König Kalakaua und Königin Kapiolani bezogen **1882** den neuen **Iolani Palace,** der bis zum Tod von Kalakaua im Jahre **1891** und während der Herrschaft seiner Schwester Queen Liliuokalani, die die Nachfolge antrat, offizielle Residenz der Könige und Königinnen von Hawaii war. Die zwei Jahre ihrer Regentschaft waren eine schwierige Zeit für das hawaiische Königreich. Die Zuckerindustrie erlebte eine Flaute, Steuereinnahmen waren zurückgegangen. Wenige Monate nach Antritt ihrer Herrschaft war ihr engster Berater, ihr Ehemann, gestorben. Viele der nachfolgenden Berater waren weder erfahren noch klug. Ihre wirtschaftlichen und politischen Probleme besaßen bereits tiefe Wurzeln, über die sie keinerlei Kontrolle hatte. Im Januar **1893** sah Queen Liliuokalani keine andere Alternative, als die Verwaltung ihres Königreichs einer Gruppe von Geschäftsleuten Honolulus zu übergeben, die prompt eine provisorische Regierung bildeten. Die Königin trat unter Protest ab und gab dem U.S. Minister John L. Stevens die Schuld ihres Umsturzes, da er amerikanische Truppen nach Honolulu entsandt und die Unterstützung der provisori-

Honolulu: Iolani Palast

schen Regierung angekündigt habe. Sie beantragte bei der Regierung der USA ihre Wiedereinsetzung als Königin von Hawaii.

Doch nachdem die amerikanische Regierung Vertreter nach Hawaii entsandt hatte, die Situation zu untersuchen, weigerte sie sich, weder die provisorische Regierung zu überwerfen, noch die Königin wieder auf ihrem Thron einzusetzen. Als die provisorische Regierung davon erfuhr, daß die USA weder zur Wiedereinsetzung der Monarchie noch zur Annexion der Inseln von Hawaii bereit waren, wie sie gefordert hatte, rekonstituierte sie sich als Republik von Hawaii, mit der Gewissheit, dass die nächste Regierung in Washington, D.C. die Annexion vornehmen würde (wie sie auch tat).

1893 zog sich Queen Liliuokalani in ihre Residenz in Washington Place, der heutigen Gouverneursvilla Governor's Mansion, zurück. Nach einem Aufstand der Monarchisten gegen die Republik Hawaii im Jahre **1895** wurde die Königin verhaftet und in ihrem ehemaligen Thronsaal vor Gericht gestellt. Als man sie für schuldig befand, vom bevorstehenden Aufstand der Rebellen gewußt zu haben, hielt man sie in einem der Schlafräume des **Iolani** Palace gefangen. Nach ihrer Freilassung im Februar **1896** kehrte sie zum **Washington Place** zurück, wo sie bis zu ihrem Tod im Jahre **1917** wohnte.

Nun zu Details des **Iolani** Palace, der mit Keller und Dachboden vier Stockwerke umfaßt. Im Zentrum der Front- und Rückseite besitzt der Palast einen quadratischen Turm. Kleinere Türme befinden sich jeweils an den vier Gebäudeecken. Offene Verandagänge umgeben das Gebäude außer an kleinen Räumen unter jedem Eckturm. Eine Metalltreppe führt hinauf zum Eingang des Palasts, hinter dem eine große Eingangshalle liegt. Links davon liegt dann als erster Saal der sogenannte **Blue** Room. Hier nun die verschiedenen Säle.

● **Blue Room;** links vom Haupteingang zum Palast mit in blau gehaltenen Polstermöbeln. In diesem Saal versammelte Queen Liliuokalani am 14. Jan. 1893 ihre Kabinettsminister und präsentierte ihnen ihre neue Verfassung, die ihre königlichen Hoheitsrechte wiedereinsetzen sollte. Diese Aktion hatte den Umsturz der Monarchie ausgelöst.

Hier versammelte man oft Besucher vor den Staatsaudienzen im Thronsaal. Außerdem gab es häufig in diesem Raum Konzerte.

● **State Dining Room**/Speisesaal; an den Blue Room angrenzend. An den Wänden Porträts von europäischen Königen Frankreichs, Preußens und Russlands.

● **The Throne Room**/Thronsaal. Nach dem Umsturz der Monarchie wurden die Thronsessel, Kronen und Federumhänge, die man von Generation zu Generation in der Kamehameha Familie weitergegeben hatte, zum Bishop Museum gesandt, wo man sie dann ausstellte. Leuchter, Spiegel, Vorhänge und das Mobiliar wurden restauriert oder reproduziert.

● **The King's Bedroom.** Das Schlafzimmer des Königs lag im rückwärtigen Teil des Palasts, an die Bibliothek/Library angrenzend.

● **The Library.** King Kalakauas Bibliothek wurde eingerichtet, als der König 1883 in den Palast einzog. Ein Bild an der Wand zeigt Queen Victorias Jubiläumszeremonie in der Westminster Abbey im Jahre 1887, der Queen Kapiolani und Prinzessin Liliuokalani beiwohnten.

● **The Gold Room/Music Room**/Goldsaal oder Musiksaal. An der Vorderseite des Palasts. Hier versammelte sich die königliche Familie zu privaten Konzerten. Im Zentrum gab es ein Rundsofa mit Goldsatin-Bezug.

Downtown Honolulu

- **The Upper Hall.** Der breite Gang trennte die Gemächer des Königs von denen der Königin. Man benutzte ihn als Wohnzimmer und Raum, in dem informelle Mahlzeiten eingenommen wurden.

- **Queen Kapiolani's Suite.** Die Gemächer der Queen Kapiolani bestanden aus einer Suite von drei Schlafzimmern jeweils mit Ankleideraum, Badezimmer und attraktiven Wohnräumen. Das gegenüber vom Schlafzimmer des Königs liegende persönliche Schlafzimmer der Königin hatte Verbindung zu den Räumen, die ihre Schwester oder ihre Nichten und Neffen häufig benutzten.
 Queen Kapiolanis Schlafzimmer umfasst mehrere Originalmöbelstücke sowie persönliche Gegenstände.

- **Queen Liliuokalani's Prison Chamber**/Gefängnis der Queen Liliuokalani. Dieser Raum war nur spärlich eingerichtet. Man bereitete ihre Mahlzeiten in ihrer eigenen Küche im Washington Place zu und ließ sie durch den Steward der Königin herbringen. Tagsüber durfte nur eine ihrer Hofdamen bei der Königin bleiben. Außerdem erlaubte man ihr Schreibpapier und Bleistift, was sie dazu benutzte, Musikstücke zu komponieren und Noten niederzuschreiben. Von ihr stammt auch das berühmte Abschiedslied *„Aloha Oe"*.

Nun zu den weiteren Attraktionen von Downtown Honolulu.

- **Judiciary Building** – siehe Aliiolani Hale.

- **Kawaiahao Church,** an Ecke *King & Punchbowl Streets,* neben Mission Houses Museum. Das älteste christliche Gebetshaus Hawaiis. 1842 von protestantischen Missionaren unter der Herrschaft von Kamehameha III. errichtet. Die aus 14 000 Korallenblöcken errichtete Kirche diente zuerst als Kapelle der königlichen Hoheiten und war bis zum Ende der Monarchie Mittelpunkt religiöser und offizieller Staatszeremonien des hawaiischen Königshauses; gerne Westminster Abbey of Hawaii genannt. König Lunalilo wurde auf eigenen Wunsch anstelle im Royal Mausoleum im Nuuanu Valley, der Ruhestätte der übrigen Könige Hawaiis, neben dieser Kirche bestattet. Im Obergeschoss gibt es eine Galerie mit Königsporträts – Royal Portrait Gallery. Waikiki Trolley **Stop #13**.

- **King Kamehameha Statue.** An *South King Street* vor der Aliiolani Hale, direkt gegenüber vom Iolani Palace. Der unter Hawaiianern Kamehameha der Große genannte König Kamehameha I. war der erste König, der die Inseln von Hawaii vereinigte. Zuvor wurde jede Insel der Inselkette Hawaiis von einem anderen König regiert. Um 1810 wurden alle Inseln unter seiner Oberherrschaft regiert.
 Die vergoldete Bronzestatue Kamehamehas ist ein Duplikat des Originals, das 1878 gefertigt worden war. Das Werk des amerikanischen Künstlers Thomas Gould, dessen Studio sich in Florenz befand, wurde in Paris gegossen und in Bremen aufs Schiff verladen, das vor den Falkland Inseln sank. Das Duplikat wurde 1883 anlässlich der Krönungsfeier von König Kalakaua am heutigen Standort enthüllt. Das Original der Statue wurde bei späteren Bergungsarbeiten des gesunkenen Schiffs gefunden und auf die Insel Hawaii gebracht. Dort steht sie heute vor dem alten Gerichtsgebäude Kapaau Courthouse auf der Kohala Peninsula in der Nähe von Kamehamehas Geburtsstätte. Eine weitere Kopie, die aus der Form der Honolulu Statue gefertigt wurde, befindet sich zusammen mit einer Statue des Father Damien in der Statuary Hall des Kapitols in Washington, D.C. Waikiki Trolley **Stop #13**.

- **Merchant Street** zwischen *Nuuanu Avenue* und *Bishop Street,* am Rand von Chinatown. Straße mit einigen der ältesten Gebäude Honolulus; erhielt

OAHU 571
Downtown Honolulu

ihren Namen von den Merchants = Kaufleuten, die in dieser Gegend ihre Büros hatten. Wegen der Nähe zum Hafen von Honolulu konnten die Kaufleute alle möglichen Arrangements zur Verteilung von Schiffsladungen treffen. An der Ecke *Merchant Street & Nuuanu Avenue* befand sich ursprünglich der Old Royal Saloon, heute Murphy's Bar and Grill. An der Ecke *Merchant & Bethel Streets* mehrere historische Gebäude.

Die ursprüngliche Polizeistation an der Makai/Ewa Ecke beherbergt das Finanzamt. An der Mauka/Ewa Ecke steht ein Haus aus dem Jahre 1908, in dem heute die Honolulu Publishing Company untergebracht ist, früher aber Sitz der Yokohama Specie Bank. Die Bank wickelte damals die Gelder der japanischen Vertragsarbeiter ab. An der Mauka/Diamond Head Ecke ist das Postamt, das Kamehameha V. 1870 aufbauen ließ, Hawaiis erstes Postamt. Waikiki Trolly **Stop #12**.

● **Mission Houses Museum.** *South King Street,* schräg gegenüber von Honolulu Hale. Der Museumskomplex umfaßt die drei Häuser Frame House (1821), Printing House (1841) und Chamberlain House (1831), die als älteste Häuser Hawaiis gelten. Die heute restaurierten, mit Originaleinrichtung, Kleidungsstücken und Dokumenten ausgestatteten Gebäude, dienten ursprünglich im 19. Jh. den protestantischen Missionaren Hawaiis als Wohnstätten und Verwaltungszentren. Grund und Boden war den Missionaren von König Kamehameha III. verliehen worden.

Die Bauteile des Frame House wurden in Boston vorgefertigt und 1821 um Kap Horn nach Hawaii verschifft; gilt als ältestes europäisches Bauwerk der Inseln Hawaiis. Im Printing House steht eine Nachbildung einer der ersten Druckpressen auf Hawaii. Printing House und Chamberlain House, das als Büro- und Lagergebäude diente, sind aus Stein, und zwar aus Korallenblöcken, dasselbe Material, das beim Bau der in der Nachbarschaft befindlichen Kawaiahao Kirche verwendet wurde. James Michener verbrachte hier im Museum übrigens viel Zeit, als er Research-Material für seinen Bestseller „Hawaii" sammelte. Museumsführungen; Eintritt; montags geschlossen. Waikiki Trolley **Stop #13**.

● **Nimitz Highway,** benannt nach Admiral Chester Nimitz. Highway führt zum Flughafen und nach Pearl Harbor mit dem Arizona Memorial.

● **Old Federal Building.** Auf der Ewa Seite der Kamehameha Statue an *Richards* und *South King Streets.* Das Gebäude aus dem Jahre 1922 beherbergt heute das Postamt.

● **Punchbowl Street.** In diesem Bereich befinden sich viele Amts- und Regierungsgebäude. Verkehrsministerium und Finanzamt, State District Courts. Ein großes graues Gebäude ist das Prince Jonah Kuhio Kalanianaole Building, benannt nach dem hawaiischen Prinzen, der der zweite Abgeordnete im US-Kongress war und der im März mit einem Feiertag geehrt wird. Waikiki Trolley **Stop #14**.

● **Queen Liliuokalani Statue.** Die Statue steht am zur Bergseite befindlichen Tor des Palastgeländes, hinter dem State Capitol. Die Statue der Königin Liliuokalani hält zwei Dokumente in der linken Hand: Ihre neue Verfassung von 1893, deren geplante Verkündigung den Sturz der Monarchie bewirkte, und ihre berühmte musikalische Komposition, das melancholische Abschiedslied *Aloha Oe.* Die Statue, ein Werk der Bildhauerin Marianna Pineda, wurde 1982 aufgestellt.

● **Restaurant Row.** Komplex von Geschäften und Restaurants, der von *Punchbowl, Pohukaina* und *South Streets* sowie dem *Ala Moana Blvd.* begrenzt wird. Restaurants mit mexikanischer, japanischer, kontinentaler, italienischer, amerikanischer und eurasischer Küche als Fast-Food und elegante Lokale. Häufig Unterhaltung und Veranstaltungen; beliebter Treff. Eine zweistöckige Uhr, die bei der Weltausstellung in Vancouver ausgestellt war, bildet das Zentrum des Komplexes. Östlich von Restaurant Row

OAHU
Downtown Honolulu

(zwischen *South* und *Keawe Streets*) erstreckt sich das Büro- und Wohnviertel von **Kakaao**. Hier ragen die weithin sichtbaren zwei riesigen **Waterfront Plaza** Condominiums mit 45 Stockwerken und 122 m Höhe als zur Zeit höchste Gebäude Oahus empor. Waikiki Trolley **Stop #14**.

- **Royal Hawaiian Mint.** Ecke *King & Kalakaua*, 1421 Kalakaua Ave. Nachprägung von König Kalakaua Münzen zum Verkauf. Die 1883 geprägte *Akahi Dala* Münze mit King Kalakaua I. war der erste offizielle hawaiische Silberdollar; auf der Rückseite das Wappen des hawaiischen Königreichs. Ferner gibt es als weitere Nachprägungen den *Hawaii Dollar* mit König Kamahameha I., den *Maui Dollar* mit der Iao Needle auf der Rückseite, den *Kauai Dollar* mit Prinz Kuhio und den *Hilo Dollar* mit Königin Liliuokalani. Zuschauen beim Prägen von Gold- und Silbermünzen.

- **St. Andrew's Cathedral.** Ecke *South Beretania & Emma Streets*. Kamhameha IV. und Königin Emma gründeten 1861 die Episcopal Church of Hawaii. Die Kathedrale ist nach dem Heiligen benannt, an dessen Namenstag Kamehameha IV. am 30. November 1863 starb. Mit dem Bau der Kirche wurde 1867 begonnen. Das Steinmaterial für Bögen, Säulen und Fenster wurde in England gefertigt und nach Hawaii verschifft. Der erste Gottesdienst wurde zwar 1886 gehalten, doch der Kirchenbau erst 1958 völlig fertiggestellt. Vor der Kirche befindet sich ein Brunnen mit einer Statue des Hl. Andreas mit seinen Fischen. Waikiki Trolley **Stop #6**.

- **State Capitol.** *South Beretania Street.* Zehn Jahre nachdem Hawaii ein Bundesstaat der USA (der 50.) wurde, erfolgte 1969 die Fertigstellung des State Capitol. Die eigenwillige Architektur des Gebäudes repräsentiert die Vulkane der Inseln, Palmen und den Ozean. Wasserbecken verkörpern den Ozean und umgeben das Gebäude. Säulen öffnen sich zur Decke hin wie Palmen und sollen die Hauptinseln der Inselkette Hawaii versinnbilden: Oahu, Maui, Kauai, Molokai, Hawaii (Big Island), Lanai, Niihau und Kahoolawe.

In Anlehnung des vulkanischen Entstehens der hawaiischen Inseln hat man in der kegelförmigen Bauweise des Teils, in dem die Amtsräume untergebracht sind, vulkanisches Design verwirklicht. Die Mitte des Innenhofs bildet ein eindrucksvolles Mosaik aus ca. 600 000 Mosaikstückchen in verschiedensten Blautönen, die in Hawaiis Pazifischen Ozean zu finden sind, ein Werk des Inselkünstlers Tadashi Sato.

Das Staatswappen mit 4,6 Meter Durchmesser und ca. 3 398 kg hängt über den Eingängen zur Berg- und zur Ozeanseite. Auf der Beretania-Seite steht die Statue des Father Damien, der sich 1873 der Leprakranken auf die Insel Molokai angenommen hatte. Auf der Iolani-Seite steht die Statue von Königin Liliuokalani. Vom 15. Stock des Gebäudes hat man übrigens einen grandiosen Blick auf die Stadt Honolulu. Waikiki Trolley **Stop #6**.

- **Thomas Square.** Umgeben von *South Beretania, Victoria & South King Streets* sowie *Ward Avenue*, einer der populärsten Parks von Oahu. Benannt nach dem englischen Admiral Richard Thomas, der instrumental dafür war, daß Hawaii 1843 seine Unabhängigkeit von England wiedererlangte, nachdem England wegen der starken Dominanz amerikanischer Handelsunternehmen in Hawaii versucht hatte, die Herrschaft über die Inseln von Hawaii zu erlangen.

Vier große Banyan Bäume, ursprünglich aus Indien stammende Bäume der Maulbeergattung, beherrschen den Platz. Hier finden viele Veranstaltungen und Märkte statt, wie im Juli Kunsthandwerkermärkte und im Dezember Weihnachtsmarkt. Waikiki Trolley **Stop #5**; TheBus **#2**.

- **Washington Place.** *South Beretania Street,* gegenüber vom State Capitol. Seit 1922 Residenz und Sitz des Gouverneurs, früher Wohnsitz der letzten Monarchin Hawaiis, Königin Liliuokalani. Das Gebäude wurde ursprünglich von Captain John Dominis, dem Schwiegervater der Königin erbaut, der auf See verschollen war. Sein Sohn, ebenfalls John Dominis, heiratete die spätere Königin Liliuokalani und amtierte als Gouverneur von Oahu. Nach seinem Tod erbte die Königin das Haus. Nach ihrer neunmonatigen Gefangenschaft im Iolani Palace, die ihrem Sturz als Königin folgte, bewohnte Liliuokalani Washington Place bis zu ihrem Tod im Jahre 1917. Waikiki Trolley **Stop #6**.

Chinatown ◄

Honolulus Chinatown liegt hinter den Straßen River & Beretania Streets, Nuuanu Avenue und dem Nimitz Highway am Rande von Downtown Honolulu mit einer exotischen Mischung asiatischer Kulturen – chinesische, thailändische, japanische, vietnamesische und philippinische. Chinatown entstand entlang Maunakea Street in der Nähe von Honolulus Hafen, wo viele Dampfer und Seeleute ankamen. Chinesische Einwanderer kamen ursprünglich in den 1850er Jahren hauptsächlich als Vertragsarbeiter nach Hawaii, um auf den Zuckerrohr- und Ananasfeldern zu arbeiten. Sie verdienten durchschnittlich etwa $6 bis $9 pro Monat für die harte Arbeit. Nach Erfüllen ihrer Arbeitsverträge blieben viele von ihnen in Hawaii und machten kleine Läden auf. Den Gewinn, den sie aus ihren Geschäften in Chinatown erzielten, steckten sie in Ausbildung. Heutzutage gilt die chinesische Bevölkerung Hawaiis als die wohlhabendste Schicht der Geschäftswelt.

Heutzutage betreiben auch Japaner, Vietnamesen, Hawaiianer und Philippinen Geschäfte in Chinatown, was Hawaii als Schmelztiegel verschiedenster ethnischer Völkergruppen widerspiegelt. Eine große Katastrophe ereignete sich 1900 in Chinatown, als ein Großbrand sämtliche Gebäude eines 12-Straßen-Blocks bis auf die Grundmauern vernichtete. Die Gesundheitsbehörde wollte ursprünglich nur drei Gebäude, die von mit der Beulenpest befallenen Ratten, die von Walfängerschiffen und Frachtern an Land gekommen waren, geplagt waren, niederbrennen. Da aber starker Wind herrschte, breitete sich das Feuer aus und geriet außer Kontrolle. Der Großbrand dauerte sechs Tage an. Wie durch ein Wunder überlebten alle Bewohner den Brand. Daraufhin begann man mit dem Wiederaufbau von Wohn- und Geschäftshäusern von Chinatown. Heutzutage findet man neben den offenen Märkten, Lei-Stände, Juweliere, Bäckereien, Kunstgalerien, Nudelfabriken und eine Vielfalt an Restaurants. Das Chamber of Commerce und die Chinatown Historical Society bieten interessante Führungen durch Chinatown an. Hier nun zu den Attraktionen von Chinatown. TheBus #2, 19 oder 20; Waikiki Trolley **Stop #11** oder **12**.

- **Alexander and Baldwin Building.** Zwischen Merchant & Queen Streets. 1929 als Verwaltungsgebäude für diese jüngsten von Hawaiis „Big Five" Unternehmen errichtet. Zu den „Big Five" zählten Alexander & Baldwin, Amfac – *Merchant & Bishop St.,* Theo Davies, Castle & Cook, C. Brewer & Co.; diese Firmen bestimmten seit 1910 für etwa fünfzig Jahre die politischen und finanziellen Geschicke Hawaiis.
- **Alii Bishop Building.** Ozeanseite von Hotel Street, wo Bishop Street auf Union Mall stößt. Kein äußerlich auffälliges Gebäude, aber in der Eingangshalle findet man eine Serie interessanter historischer Wandgemälde mit lebensgroßen Figuren dargestellt – zeigt etwa die Zeit um 1876.

574 OAHU
Honolulu: Chinatown

● **Asia Mall.** An Maunakea Street. Einkaufsparadies mit einzigartigen Läden, Restaurants, Friseurläden, Kunsthandwerk, Kräutermedizin, Möbel und Kunst. Gegen geringe Gebühr (Parkschein entwerten) kann man zwei Stunden „shoppen", essen und den Bummel durch Chinatown genießen. Tägl. 10–16 Uhr; Restaurant auch abends geöffnet. Großhandelspreise und Schnäppchen en masse.

● **Bishop Estate Building.** Auf der Ozeanseite von Merchant Street erhebt sich das im Romanesque Revival Blaustein gehaltene Gebäude aus dem Jahre 1896 mit einem Backsteingebäude aus dem Jahr 1878 in italienischer Renaissance mit Stuckverzierung, in dem sich einst die Bishop Bank befand.

● **C. Brewer Building.** Am Anfang von Fort Street Mall. Hazienda-ähnliches Gebäude aus dem Jahre 1930. Hauptsitz des kleinsten Unternehmens der „Big Five" – siehe Alexander und Baldwin Building.

● **Chinatown Historical Society** bietet faszinierende Führung, Chinatown Walking Tour an; Treffpunkt an Maunakea Street in Asia Mall, zweistündiger historischer Stadtrundgang. Mo.–Fr. 10–12 Uhr, 13–15 Uhr, Sa. 10 Uhr. Besichtigung von Tempeln, Besuch exotischer Läden und historischer Gebäude, Zusehen bei Akupunktur. Gebühr. 1250 Maunakea Street; Tel. 521-3045.

● **Chinese Chamber of Commerce,** North King Street zwischen Smith & Nuuanu Avenue.

● **Cultural Plaza.** Zwischen Kukui, Maunakea, North Beretania Streets und Nuuanu Stream. Shopping Center im Gemisch ethnischer Völkergruppen.

● **Dillingham Transportation Building.** Von Queen Street bis Ala Moana Blvd. Großes Gebäude aus dem Jahre 1929 im italienischen Renaissance Stil.

● **Fish Market.** Maunakea Street, Teil des offenen Oahu Market.

● **Fort Street Mall.** Fußgängerzone mit Geschäften und Restaurants. Ursprünglich zum Schutz des Hafens unter König Kamehameha III. angelegt. Anfang der 1900er Jahre befand sich hier das Haupteinkaufszentrum, ehe Ala Moana Shopping Center gebaut wurde.

● **Foster Botanic Garden.** 180 North Vineyard Blvd. Begrenzt von Vineyard Blvd., Nuuanu Avenue, Lunalilo Freeway (H-1) und dem Nuuanu Stream. Dieser Botanische Garten beherbergt die größte Sammlung tropischer Pflanzen. Auf dem etwa 8 Hektar großen Gelände gibt es verschiedenste Palmarten, Heliconia, Ingwer und Orchideen. 1855 als privater Park begonnen. Eintritt.

● **Honolulu Harbor.** Einst der einzige Weg nach Hawaii zu reisen, war per Boot durch diesen Hafen. Die meisten Güter Hawaiis werden heute hier abgefertigt.

● **Hotel Street.** Honolulus „Rotlicht-Distrikt".

● **Izumo Taishakyo Shrine.** 215 North Kukui Street, Ecke Kukui & Nuuanu Streets. Shinto Tempel. Shinto ist die alte Religion Japans, bei der Geister der Natur verehrt werden. Hawaiis ältester Shinto Shrine wurde 1923 von einem Schreinermeister aus Japan gebaut, und zwar nach der traditionellen Bauweise ohne Verwendung von Nägeln. Ursprünglich befand sich der Tempel an Leleo Lane, wurde 1969 an seinen heutigen Standort am Nuuanu Stream verlegt. Beim Besuch des Tempels Schuhe ablegen.

● **Kamehameha V Post Office.** Ecke Merchant & Bethel Streets. Hawaiis erstes Postamt aus dem Jahre 1871, das Kamehameha einrichten ließ.

● **Kaumakapili Church.** 766 North King Street in Kapalama (eigentlich schon weit außerhalb von Chinatown). 1911 von Missionaren erbaute Kirche in romanischer und gotischer Architektur.

- **Kuan Yin Temple.** 170 North Vineyard Blvd. Direkt neben dem Eingang zum Foster Botanic Garden. Herrlich dekorierter Buddhatempel. Dieser typische Chinesentempel ist Kuan Yin, der Göttin der Barmherzigkeit geweiht.

- **Lum Sai Ho Tong Temple.** 1315 River Street, am Nuuanu Stream, über einem Laden am Rande von Chinatown. Außer dem Altar enthält der Tempel ein sehr großes vergoldetes Schnitzbild, auf dem wichtige Episoden der langen Familiengeschichte dargestellt sind.

- **Maunakea Marketplace** – gute Restaurants und Shopping.

- **Merchant Street** – siehe Historic Honolulu.

- **Oahu Market.** 1904 gegründeter offener Markt bildet das Zentrum von Chinatown. Frischer Fisch, Fleisch, Gemüse, Obst und Meeresfrüchte. Alles mögliche an exotischen Gewürzen.

- **Our Lady of Peace Cathedral.** 1184 Bishop Street. Am oberen Ende von Fort Street Mall, das älteste Gebäude von Downtown Honolulu. 1843 ursprünglich als rechteckiger Kirchenbau erbaut, später durch Türme, Deckengewölbe und Balkone erweitert.

- **Sun Yat-sen Statue.** Ecke North Beretania & River Streets. Neben der Brücke erhebt sich die Bronzestatue von Sun Yat-sen, dem Führer der chinesischen Revolution, die 1911 die Manchu Ching Dynastie umstürzte, und Gründer der Republik China. Dr. Sun (1866–1925) besuchte ab 1879 in Honolulu eine Missionsschule; wurde nach seiner Rückkehr nach China (1883) Christ und studierte Medizin. Nach der Revolution von 1911 und dem Sturz des Kaisertums wurde Sun am 1. Jan. 1912 Präsident der neuen Republik China.

Honolulu Attraktionen

Honolulu bietet derart viele Attraktionen, dass man sie, um einigermaßen einen Überblick zu halten, am besten in verschiedene Areas gliedert. So werden beispielsweise die in Downtown Honolulu befindlichen Haupt-Attraktionen unter dem Abschnitt **Downtown Honolulu** erfaßt, während die übrigen Sehenswürdigkeiten entweder unter **Oahu Attraktionen** oder **Waikiki** zu finden sind. Attraktionen entlang der Rundreise um die Insel Oahu sind unter **Honolulu Exkursion** beschrieben. Hier nun die Attraktionen in alphabetischer Reihenfolge.

- **Aina Moana Recreation Area,** der auch Magic Island genannte Teil des Ala Moana Beach Park. *Aina Moana* bedeutet etwa vom Meer gewonnenes Land. Am Ostrand von Ala Moana.

- **Ala Moana Beach Park,** entlang Ala Moana Blvd.; direkt gegenüber vom Ala Moana Shopping Center. Ala Moana bedeutet etwa Pfad zum Meer. Einer der größeren und populäreren Strandparks in Honolulu. Der künstlich angelegte Strand ist besonders für Kinder geeignet; relativ zahme Wellen. Großartiges Gelände zum Trimmen, Spazieren, Rollschuh-/Inline Skate-Laufen und vor allem hervorragend zum Schwimmen, insbesondere in der Nähe von Magic Island, einer Halbinsel, die sich vom Waikiki-Ende des Parks am Ala Wai Yachthafen erstreckt. Strandaufsicht/*Lifeguards* vorhanden. Waikiki Trolley **Stop #17** (Ward Centre).

- **Ala Moana Center** – siehe unter **Shopping**.

576 OAHU
Honolulu–Waikiki Area

Schlüssel zur Baxter Info-Karte Honolulu Downtown–Waikiki
mit vielen Baxter Info-Tips

Interessant & wissenswert:

1. National Memorial Cemetery of the Pacific
   Nationalfriedhof
   - Punchbowl Krater
   Aussicht auf Honolulu
   - Puowaina (Hill of Sacrifice)
   = *Punchbowl (Berg der Opferung)*
2. Royal Mausoleum (im Nuuanu Valley)
   Grabstätte der hawaiischen Könige
3. Queen Emma Summer Palace (1847)
   Sommerhaus der ungekrönten Königin Emma, Witwe von Kamehameha IV.
   - Nuuanu Pali Lookout
   etwa 4.3 mi/7 km von Honolulu/ 1795 trieb Kamehameha I. die Oahu Krieger über die Pali und eroberte die Insel Oahu/ atemberaubende Aussicht auf die Windward Coast (Ostküste) von Oahu
   - Kailua ca. 9 mi/10 km
4. Kyoto Gardens
   Friedhof/Nachbildung von Kyoto Kinkahu Ji Tempel und Nara Sanja Pagode
5. Liliuokalani Gardens
   Park mit Fluß und Wasserfall sowie Schwimmgelegenheit

Downtown Honolulu

6. Washington Place
   - St. Andrew's Cathedral
7. State Capitol
   - Iolani Palace
   - König Kamehameha I. Statue
   - Judiciary Building
8. City Hall/Rathaus
9. Mission Houses Museum
   - Kawaiahao Church (1842)
   Honolulus älteste Kirche
10. Restaurant Row
    Punchbowl St. & Ala Moana Blvd.
    - Aloha Tower
    - Aloha Tower Market Place
    - Hawaii Maritime Center
    Falls of Clyde/Hokulea
    - Honolulu Harbor
    Hafen von Honolulu
11. Thomas Square
12. Honolulu Academy of Arts
13. Neal S. Blaisdell Center
    Concert Hall/Arena
14. Kewalo Basin
    Sporthafen/Dinner Cruise Boote/ Ausflugsboote
    - Star of Honolulu
    Dinner Cruise/Ausflugsfahrten
    - Nautilus
    Semi-U-Boot für Unterwasser-Sightseeing
    - Starlet
    Dinner Cruise
    - Holo Holo Kai
    Glasboden Katamaran
    - Atlantis Reef Divers
    Tauchtrips
    - Kona Sportfishing Charter
    Angel- & Fischfangtrips
15. Ala Moana Beach Park
16. Ward Warehouse
    Shopping Center
17. Ala Moana Farmers Market
18. Ward Centre
    Shopping Plaza
19. Ala Moana Center
    riesige Shopping Mall mit Supermarkt & Designerläden
    - Hauptterminal der Linienbusse
20. Ala Wai Yacht Harbor
21. Hilton Lagoon
    - Atlantis Submarines
    Unterwasser Sightseeing
22. Fort DeRussy
    - Battery Randolph Army Museum (US Army Museum)
    Eintritt frei
23. Royal Hawaiian Shopping Center
    mehrstöckiges Einkaufsparadies mit Geschäften & Restaurants
24. Hawaii IMAX Theatre
    7 Stockwerke hohe, 29 m breite Kinoleinwand/Filme zur Einstimmung auf Hawaii
    - Hawaii Visitors Bureau
    Waikiki Business Plaza/7th floor/ 2270 Kalakaua Ave./923-1811
    - International Market Place
25. Hard Rock Cafe
26. Maui Divers Jewelry Design Center
27. Shingon Mission
28. Honolulu Harbor
    - Honolulu International Airport
    - Pearl Harbor/Aiea
    - Arizona Memorial
    - USS Bowfin U-Boot Museum
29. Foster Botanic Garden
    - Cultural Plaza
    - Chinatown
    - Asia Mall/Oahu Market
30. Tantalus 614 m ü. M.
    - Tantalus-Round Top Drive
    tropischer Regenwald/Aussicht auf Leeward Oahu (Westseite) von Puu Ualakaa State Wayside
31. Contemporary Museum
32. Waikiki Beach
    - Honolulu Zoo
    - Waikiki Aquarium
    - Diamond Head
    - Hanauma Bay
    - Sea Life Park
33. Waikiki Lookout
    Aussichtspunkt
    - Puu Ualakaa State Wayside
34. Robert Louis Stevensons „Grass Shack"
    Strohhütte auf dem Gelände des Waioli Tea Room, stand ursprünglich in Waikiki
    - Paradise Park
    Pfad durch tropischen Dschungel mit tropischen Vögeln/Vogelschau
    - University of Hawaii at Manoa
    - East-West Center
    mit japanischem Garten
35. Magic Island
    - Aina Moana State Park
36. Bishop Museum
    Likelike Highway/Hwy 63

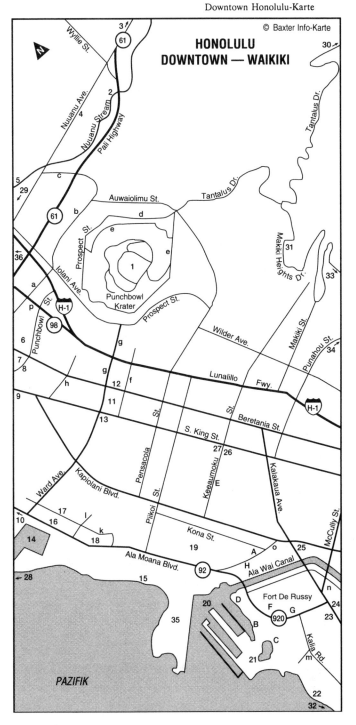

578 OAHU
Arizona Memorial

- **Ala Wai Canal,** entlang *Ala Wai Blvd.* in Waikiki. Beim Bau des Kanals zum Entwässern des Sumpfgebiets brauchte man den Boden nicht zu betonieren, da man ihn vollständig aus festen natürlichen Korallen ausgehoben hatte.

- **Ala Wai Golf Course.** Nahester Golfplatz in Waikiki auf der Bergseite des Ala Wai Kanals. 18-Loch Kurs; flaches, aber anspruchsvolles Golfgelände. Vom Zoo an der Kapahulu Library vorbei entlang *Kapahulu Avenue.* Bus #2, Haltestelle Kapahulu & Leahi. Vermietung von Golfschlägern. Allerdings stets starker Betrieb.

- **Aloha Stadium.** Sportstadion, in dem Anfang Januar beispielsweise die Hula Bowl (Spiel zweier All-Star Teams des College Football) oder im Februar die Pro Bowl (Teams der NFL = National Football League), als Endspiel im American Football stattfindet. Während der regulären Saison spielen hier die Islanders der Pacific Coast League Baseball. Exit 15 von Freeway *H-1;* Bus #20 von Waikiki Richtung Airport/Halawa Gate (2 Stationen hinter Arizona Memorial aussteigen).

- **Aquarium** – siehe **Waikiki.**

- **Arizona Memorial** am Pearl Harbor. Das **USS Arizona Memorial** über dem auf Grund liegenden amerikanischen Kriegsschiff USS *Arizona* ist ein Denkmal an die bei dem japanischen Luftangriff am 7. Dezember 1941 von Pearl Harbor umgekommenen Amerikaner. Von dem am Ufer befindlichen Besucherzentrum wird man kostenlos per Boot zum Memorial befördert. Das 56 m lange, schneeweiße Denkmal hat eine Kapazität von 200 Personen. Auf Marmortafeln sind die Namen der Toten verzeichnet. Ein Teil des Schiffs zeigt noch aus dem Wasser. Der Flaggenmast ist am Schiffsrumpf befestigt
  Die USS *Arizona* wurde zum Mittelpunkt des Memorials, da es dort die größten Verluste gab. Ihre Explosion hob alle in der Nähe festgemachten Schiffe aus dem Wasser. In weniger als neun Minuten sank die *Arizona* mit ihrer gesamten Besatzung. Von den nahezu 1 100 Mann gelang es nur etwa 289, an die Oberfläche zu kommen. Ausführliche Einzelheiten siehe Abschnitt U.S.S. Arizona Memorial. Öffnungszeiten des Visitors Center mit Theater und Museum tägl. außer montags 7.30–17 Uhr. Bootstouren zum Memorial 8–15 Uhr, kostenlos. Eingang entlang *Highway 99 (Kamehameha Highway).* Exit 15A von Freeway *H-1 West.* Busse #19, 20 Waikiki, #8 von Ward Ave. (Ala Moana Blvd. zum Kewalo Basin überqueren). Von Waikiki verkehrt auch ein privates Busunternehmen zum Memorial – Arizona Memorial Shuttle Bus, mit Abholdienst vom Hotel; Reservierung erforderlich. Beste Zeit zum Besuch des Memorials vor 9 Uhr. Bei Ankunft gleich Ticket für kostenlose Bootsfahrt besorgen. Bei Wartezeit Gelegenheit, Museum anzusehen. In der Nachbarschaft des Arizona Memorial befindet sich das U-Boot-Museum USS *Bowfin* – Einzelheiten siehe unter **USS Bowfin.**

- **Asia Mall** – siehe Abschnitt **Chinatown.**

- **Beaches** – siehe unter **Strände/Beaches rund um Oahus Küste.**

Hotels & Straßenschlüssel zur Honolulu-Karte

Hotels:

A-$$$ Ala Moana Hotel 955-4811 Fax 944-2974	E-$$ Pagoda Hotel 941-6611 Fax 955-5067		
B-$$$ Ilikai Hotel 949-3811 Fax 947-4523	1525 Rycroft St. F-$$$ Outrigger Hobron 942-7777	**Straßenschlüssel:** a-Queen Emma St.	h-Alapai St.
C-$$$ Hilton Hawaiian Village 949-4321 Fax 947-7898	Fax 943-7373 G-$$$ Waikiki Parkside 955-1567	b-Lusitana c-Pauoa Rd. d-Hookui St.	k-Auahi St. l-Kamakee St. m-Paoa Pl.
D-$$$ Hawaii Prince Hotel 956-1111 Fax 946-0811	Fax 955-6010 H-$ YMCA 401 Atkinson Dr.	e-Puowaina Dr. f-Victoria St. g-Ward Ave.	n-Ala Wai Blvd. o-Atkinson Dr. p-Vineyard Blvd.

Honolulu: Bishop Museum

- **Bishop Museum** – Bernice Pauahi Bishop Museum & Planetarium. 1525 Bernice Street; Hawaii State Museum of Natural and Cultural History/Natur- & Kulturgeschichtliches Museum. Das Museum wurde 1889 von Charles Reed Bishop zum Gedenken an seine Frau, Prinzessin Bernice Pauahi Bishop, dem letzten Nachkommen der königlichen Linie des King Kamehameha gegründet. Prinzessin Bernice heiratete Charles Reed Bishop, der in den 1840er Jahren ein Bürger der damals unabhängigen Monarchie wurde. Die Cousine der Prinzessin, Prinzessin Ruta Keelikolani, starb 1883 und vermachte ihr alle ihre Ländereien. Zusammen mit ihrem eigenen Besitz besaß Bernice rund 12% von ganz Hawaii. Prinzessin Bernice starb zwei Jahre später und vermachte all ihren Besitz dem Bernice Pauahi Bishop Estate, die die Kamehameha School gründete und finanzierte. Bernice hinterließ ihren persönlichen Besitz mit allen kostbaren Artefakten ihrem Gatten Charles.
Als 1886 Queen Emma, ebenfalls eine Cousine von Bernice, starb, bestimmte sie, daß ihre hawaiischen Kunstschätze zu der bereits vorhandenen Sammlung genommen und ein hawaiisches Museum gegründet werden sollte. Charles Bishop entsprach dem Wunsch der beiden Frauen und ließ 1889 mit dem Bau des Museums beginnen. 1894 zog Bishop nach 50jährigem Aufenthalt in Hawaii nach San Francisco, wo er 1915 starb. Er gilt als einer der großzügigsten Philantropen.
Das Museum umfaßt über 100 000 Stücke aus dem Familienbesitz der Prinzessinnen sowie seltene Artefakte aus Hawaii und dem Pazifik. Ferner gehören ein Planetarium, Sammlungen pazifischer Flora und Fauna mit fast 20 Millionen Insekten, Muscheln, Fischen, Meeresvögeln und Säugetieren zu den Exponaten des Museums. Im Castle Building sind Wanderausstellungen zu sehen. Rechts vom Haupteingang findet man Holzfiguren aus dem 19. Jh., die zur Sammlung hawaiischer Götter zählen wie Kamehamehas Kriegsgott *Ku*. Das Museum ist ein echtes Erlebnis. Eintritt. Öffnungszeiten tägl. 9–17 Uhr. Restaurant; Fr., Mi., Do. Kulturshow „Hawaii from the Heart", Beginn 17.30 Uhr mit Picknick-Mahlzeit. Show ist eine Mischung aus Musik, Tanz, Kultur und Geschichte – Showbeginn 19 Uhr, Gäste können Museum ab 17 Uhr besuchen. Info über Show & Reservierung 847-6353; allgemeine Info 847-3511. Von Waikiki mit Bus #2 (School Street) bis Haltestelle Kam Shopping Center. **Stop #10** des Waikiki Trolley.

- **Blowhole** in der Nähe von Koko Head. Wellenaktion zwingt das Wasser des Ozeans durch ein winziges Loch in einem Lavarand und stößt Mini-Geysire hoch in die Luft. Siehe **Honolulu Exkursion**. Beach Bus (Linienbus #22) von Waikiki verkehrt direkt dorthin.

- **Chinatown**, zwischen *River St., Nuuanu Ave., Beretania St.* und *Nimitz Highway* am Rande von Downtown Honolulu. Im Gegensatz zu anderen Chinatowns amerikanischer Städte ist dieses Chinatown eine exotische Mischung asiatischer Kulturen der ersten Einwanderer Hawaiis mit Läden, Restaurants und Märkten. Einzelheiten siehe **Chinatown**. Von Waikiki mit Bussen #2 (Liliha) oder #2 (School Street) Richtung Downtown Honolulu oder #19 (Airport/Hickam) oder #20 (Airport/Halawa) bis Haltestelle Maunakea Street im Herzen von Chinatown. Waikiki Trolley **Stop #12.**

- **City Hall** – siehe **Downtown Honolulu.**

- **Contemporary Museum,** 2411 Makiki Heights Drive (im historischen Spaulding House). Zeitgenössische Kunst; montags geschlossen. Eintritt.

- **Damien Museum and Archives** – siehe unter **Waikiki.**

- **Diamond Head** – siehe **Honolulu Exkursion.**

- **Dole Cannery Square** – siehe **Downtown Honolulu.**

- **Downtown Honolulu** – siehe Abschnitt **Downtown Honolulu.**

580 OAHU
Honolulu Attraktionen

- **Falls of Clyde** – siehe **Hawaii Maritime Center.**
- **Fish Market** – siehe Oahu's Fish Market unter Abschnitt **Chinatown.**
- **Fort Street Mall,** Fußgängerzone in Downtown Honolulu. Bus #2 hinter *Bishop Street* an *Hotel Street* aussteigen.
- **Foster Botanic Garden,** 180 North Vineyard Blvd., unweit von Downtown Honolulu, am Rand von Chinatown. Botanischer Garten mit tropischen Pflanzen und exotischen Bäumen, die hier seit über 100 Jahren wachsen, darunter verschiedene Palmarten, Heliconia, Ingwer und Orchideen. Ursprünglich 1855 Privatbesitz von Dr. Hillebrand, dem Leibarzt des Königshofs, der viele Jungpflanzen aus Asien brachte. Tägl. 9–16 Uhr; geringe Eintrittsgebühr. Bus #2, 19 oder 20 bei Hotel & River Streets aussteigen. Trolley **Stop #11.**
- **Halona Blowhole** – siehe unter **Honolulu Exkursion** bzw. Blowhole.
- **Hanauma Bay** – siehe **Oahu Attraktionen.**
- **Hawaii IMAX Theatre** – siehe unter **Waikiki.**
- **Hawaii Maritime Center** – siehe **Downtown Honolulu.**
- **Hawaii State Library** – siehe **Downtown Honolulu.**
- **Hilo Hattie Fashion Factory** – siehe **Downtown Honolulu.**
- **Honolulu Academy of Arts** – siehe **Downtown Honolulu.**
- **Honolulu Zoo** – siehe **Waikiki.**
- **International Market Place** – siehe **Shopping** bzw. **Waikiki.**
- **Iolani Palace** – siehe **Downtown Honolulu.**
- **Judiciary Building** – siehe **Downtown Honolulu.**
- **Kalihi Palama Community Center,** im Gebäude des ehemaligen Bahnhofs Old Oahu Railway Station westlich von Chinatown. Bis 1947 umlief eine Schmalspurbahn die Insel Oahu bis **Kahuku.**
- **Kapiolani Bandstand** – siehe **Waikiki.**
- **Kapiolani Park** – siehe **Waikiki.**
- **Kawaiahao Church** – siehe **Downtown Honolulu.**
- **Kewalo Boat Harbor** – siehe **Waikiki.**
- **Kodak Hula Show** – siehe **Waikiki.**
- **Lyon Arboretum,** an University of Hawaii Botanical Gardens angeschlossen. Tausende Exemplare einheimischer und eingeführter Pflanzen und Bäume, einschließlich großer Taro-Sammlung. Über Führungen erkundigen: 988-3177. Eintritt frei. Von Waikiki mit Bus #8 bis Ala Moana Center, bis Kona Street, umsteigen in Bus #5 Manoa Valley/Paradise Park (etwa 30 Minuten Fahrt); Bus hält direkt am Park.
- **Macadamia Nut Chocolate Factory** bei Hilo Hattie. Die Macadamia-Nuss stammt ursprünglich aus Australien und wurde 1881 nach Hawaii gebracht.
- **Manoa Falls,** Wasserfall in Nähe des Paradise Parks. Busse von Waikiki wie zum Lyon Arboretum. 2 mi/3,2 km Wanderung ins Tal; Ausgangspunkt Paradise Park. Trail beginnt am Parkplatz neben University of Hawaii Art Department Annex und Residenz am Kettentor, überquert eine Fußgängerbrücke über Aihualama Stream und einen weiteren Bach, läuft parallel zum Waihi Stream zum felsübersäten Wasserbecken unter dem Wasserfall.
- **Mission Houses Museum** – siehe **Downtown Honolulu.**
- **Movie Museum,** 3566 Harding Ave., 5 Minuten von Waikiki. **Silver Screening Room** ist mit nur 18 Sitzplätzen das luxuriöseste Kino; Mi. – So. ab 20 Uhr Filmvorführung; auch Buch- und Videobibliothek; 735-8771.

OAHU
Punchbowl/Queen Emma Palace

- **National Memorial Cemetery of the Pacific in Punchbowl Crater**/Nationalfriedhof des Pazifiks im erloschenen Punchbowl Krater. Der Friedhof wurde 1949 als Nationalfriedhof der gefallenen Männer und Frauen und deren Familien des amerikanischen Militärdienstes eröffnet. Seit 1991 finden hier keine Bestattungen mehr statt.

  Mittelpunkt des Ehrenmals bildet eine 9 m hohe Statue der „Columbia". Die sogenannten *Ten Courts of the Missing* (Abschnitte der Vermissten), die die Haupttreppe flankieren, tragen die Namen von 28 778 Personen, die während drei Kriegen als vermisst gemeldet oder auf See bestattet wurden. Vom Kraterrand hat man einen herrlichen Blick auf Honolulu und die hinter der Stadt liegenden **Koolau Berge**. Punchbowl wurde von den Hawaiianern mit dem passenden Namen *Puowaina* (Opferhügel) versehen. Von Waikiki mit Bus #2 bis Downtown Honolulu, dort Ecke Beretania & Alapai aussteigen und auf der Ozeanseite von Alapai in Bus #15 Richtung Pacific Heights umsteigen; an Puowaina & Hookui aussteigen.

- **Nuuanu Pali Lookout** am Pali Highway, etwa 4 mi/6 km von Honolulu. Atemberaubender Blick auf Windward Coast von Oahu (Ostseite). Kamehameha I. trieb hier 1795 seine Feinde über die Klippen, um auch noch König über Oahu zu werden. Von Honolulu via *Highway 61* (Pali Hwy).

- **Paradise Park**; Vogelpark mit tropischen Vögeln und Pflanzen. Eintritt. Von Waikiki mit Bus #8 bis Ala Moana Center, umsteigen an Kona Street in Bus #5; Bus hält direkt vorm Park. Eintritt.

- **Pearl Harbor/USS Arizona Memorial** – siehe Abschnitt **USS Arizona Memorial**.

- **Plantation Village** – siehe **Oahu Attraktionen**.

- **Polynesian Cultural Center** – siehe Abschnitt **Polynesian Cultural Center**.

- **Punchbowl National Cemetery** – siehe **National Memorial Cemetery of the Pacific in Punchbowl Crater**.

- **Queen Emma Summer Palace**, 2913 Pali Highway; im saftig grünen Nuuanu Valley. Das 1915 restaurierte und als Museum der Öffentlichkeit zugängliche Haus war der Sommersitz von Königin Emma, deren Gatte Kamehameha IV. und dem Sohn Prinz Albert. Der Palast wurde 1843 erbaut und Hanaiakamalama genannt (wörtlich Pflegekind des Lichts oder des Mondes). Viele Einrichtungsgegenstände konnten in ihren ursprünglichen Zustand restauriert werden.

  Zu den Kostbarkeiten des Hauses zählt ein silberner Taufkrug, den Prinz Alberts Patentante, Königin Viktoria von England, geschickt hatte. Ebenfalls ein Geschenk der Königin Viktoria an den kleinen Prinzen Albert, der im Alter von vier Jahren starb, ist die kleine Holzwiege aus Koa-Holz. Eintritt; Souvenirladen. Von Waikiki Bus #4 Richtung Nuuanu/Dowsett; nächste Station hinter *Laimi Street* aussteigen. Tägl. 9–16 Uhr außer an Feiertagen.

- **Royal Hawaiian Mint,** Münzanstalt im King Kalakaua Building an Ecke *King & Kalakaua*. Kostenlose Führung; Verkauf von Nachprägungen der königlichen Kalakaua Münzen.

- **Royal Hawaiian Shopping Center** – siehe unter **Shopping** bzw. **Waikiki**.

- **Royal Mausoleum State Monument** – 2261 Nuuanu Ave. Mausoleum der ehemaligen Herrscher Hawaiis, das während der Regentschaft von Kamehameha V. angelegt wurde. Sein Vorgänger Kamehameha IV. wurde als erster Herrscher hier bestattet. Von Waikiki mit Bus #4, vor Wyllie Street an Nuuanu Ave. aussteigen. Führung nur bei vorheriger Reservierung: 536-7602. Eintritt frei.

- **Sacred Falls** – siehe **Oahu Attraktionen**.

582 OAHU
Honolulu-/Oahu-Attraktionen

- **Sea Life Park** – siehe **Honolulu Exkursion** bzw. **Oahu Attraktionen**.
- **Senator Fong's Plantation and Gardens** – siehe **Oahu Attraktionen**.
- **State Archives** – siehe **Downtown Honolulu**.
- **State Capitol** – siehe **Downtown Honolulu**.
- **Tropic Lightning Museum** – siehe **Honolulu Exkursion**.
- **Turtle Bay Hilton** – siehe **Honolulu Exkursion**.
- **United States Army Museum** – siehe unter **Waikiki**.
- **U.S.S. Bowfin** – Pearl Harbor neben Arizona Memorial Visitors Center. Eines der letzten U-Boote aus dem Zweiten Weltkrieg; die Bowfin trat 1942 in Dienst und versenkte 44 feindliche Schiffe im Pazifik; *self-guiding*/selbstführendes Museum/über einen „Telefonhörer" erhält man Erklärungen zu den verschiedenen Bereichen des U-Boots, in dem 90–100 Mann untergebracht waren. Es gab nur sehr wenig Frischwasser. Der einzige, der an Bord duschen durfte, war der Koch! Unter den Exponaten Artilleriegeschütze und Torpedos. 20 Min. Film. Eintritt. Von Waikiki Bus #19, 20.
- **Waikiki Shell** – siehe **Waikiki**.
- **Waimea Valley** – siehe **Honolulu Exkursion**.
- **Washington Place** – siehe **Downtown Honolulu**.

Honolulu/Oahu Attraktionen & touristische Unternehmen
Auskunft Tel.- & Fax-Nummer/Vorwahl-Nr. (808)

- Oahu Attractions Association............................. 538-6248
  Fax 545-5441
- Aikane Catamaran Cruises 522-1533
  Fax 522-1569
- Atlantis Submarines..................................... 973-9800
  Fax 973-9840
- Bishop Museum 847-3511
  Fax 841-8968
- Bowfin Submarine Museum 423-1341
  Fax 422-5210
- Dole/Castle & Cooke................................... 548-6688
  Fax 548-6661
- Hawaii Maritime Center 523-6151
  Fax 536-1519
- Hilo Hattie Fashion 524-3966
  Fax 533-6809
- Kualoa Ranch 237-8529
  Fax 237-8925
- Maui Divers Jewelry Design 946-7979
  Fax 946-0406
- Papillon Helicopters.................................... 971-4900
  Fax 971-4919
- Paradise Cove Luau 945-3571
  Fax 944-2868
- Paradise Cove Services.................................. 676-0040
  Fax 671-4350
- Paradise Cruises 536-3641
  Fax 524-0549
- Paradise Park.. 988-0200
  Fax 988-0230
- Polynesian Cultural Center Waikiki...................... 923-2911
  Fax 923-2917
- Polynesian Cultural Center 293-3002
  Fax 293-3022
- Sea Life Park/Waimea Falls............................. 923-1531
  Fax 926-4814
- USS Arizona Memorial 422-2771
  Fax 541-3168

> Hier zur Beschreibung der Rundfahrt um Oahu als Honolulu Exkursion.

HONOLULU EXKURSION

Von Honolulu bzw. Waikiki aus kann man eine **Rundfahrt** über die Insel Oahu unternehmen, die zwar in einem Tag geschafft werden könnte, aber für die man eine Übernachtung unterwegs einplanen sollte, um die Sehenswürdigkeiten und die herrlichen Strände unterwegs zu genießen. Dazu bietet sich beispielsweise an, in dem neben dem Polynesian Cultural Center in Laie befindlichen Hotel oder etwas weiter nördlich davon im Turtle Bay Hilton zu übernachten. Vorherige Reservierung unbedingt vornehmen.

Die Beschreibung der gesamten Rundreise von rund 110 mi/176 km erfolgt in zwei Abschnitten, und zwar **Von Waikiki zum Polynesian Cultural Center** und **Vom Polynesian Cultural Center nach Waikiki**. Hier nun zu einigen Entfernungen, Tips und nützlichen Hinweisen.

Entfernungen von Waikiki in Meilen/Kilometer

Arizona Memorial	11/20	Polynesian Cultural Center	58/93
Downtown Honolulu	4/6	Sea Life Park	15/24
Hanauma Bay	11/20	Sunset Beach (North Shore)	66/106
Honolulu Int. Airport	9/14	Turtle Bay Hilton	65/104
Kailua (Hwy 61 & Hwy 72)	23/37	Waimea (Waimea Falls)	71/114

Unterkunft unterwegs; Vorwahl/Area Code (808)

- Rodeway Inn Hukilau Resort; Laie 293-9282
  gebührenfrei 1-800-424-4777
  Fax 293-8115
- Turtle Bay Hilton; Kahuku 293-8811
  gebührenfrei 1-800-HILTONS
  Fax 293-9147

Nun zur Rundfahrtbeschreibung **Von Waikiki zum Polynesian Cultural Center.**

Von Waikiki zum Polynesian Cultural Center

Vom **Waikiki Beach Center,** worunter man sowohl **Waikiki Beach** als auch **Prince Kuhio Beach** versteht, geht es auf *Kalakaua Avenue* südwärts am **Kapiolani Beach Park** entlang. Dies ist der einzige Strandpark in Waikiki mit Picknick- und Grilleinrichtung – bei Einheimischen und Kennern sehr beliebt. Vorbei am **Aquarium** und **War Memorial Natatorium** – einst Honolulus

584 OAHU
Route: Diamond Head

Schwimmstadion – passiert man einen großen Springbrunnen, hinter dem kurz darauf die Fahrt auf der *Diamond Head Road* weiterführt und angenehme Wohngegend durchquert.

Zum **Diamond Head Beach Park** hat man zwar von *Beach Road* überall Zugang, doch eignet sich der Strand wegen Felsen- und Korallenriffs nicht so sehr zum Schwimmen. Von den Klippen **Kuilei Cliffs** hat man einen schönen Blick aufs Meer. Kurz vor der Aussichtsstelle hoch über dem Ozean informiert eine Tafel über den Leuchtturm **Diamond Head Light**:

● Diamond Head Light

Diamond Head Light is located ... Der Diamond Head Leuchtturm befindet sich auf der Südseite des erloschenen Diamond Head Vulkans auf der Insel Oahu. Ursprünglich **1899** errichtet ist dies der drittälteste Leuchtturm auf Oahu. **Barbers Point Light** wurde 1858 und der **Aloha Tower** in den 1870er Jahren erbaut.

Der Leuchtturm **Diamond Head Light** zählt zu den bekannteren Leuchttürmen Hawaiis. An dieser Stelle erhebt er sich als Wahrzeichen Honolulus und heißt die Seeleute aus aller Welt willkommen. Die heutige Betonkon-

---

Schlüssel zur Baxter Info-Karte Waikiki-Hanauma Bay
mit vielen Baxter-Tips

Orientierung:
- 1-Waikiki Beach
  - Polizei
- 2-Kuhio Beach
- 3-Info Kiosk
- 4-Honolulu Zoo
- 5-Kapiolani Park
  - Waikiki Shell
    Konzertbühne
  - Kodak Hula Show
- 6-Waikiki Aquarium
  - Queens Surf Beach
- 7-Natatorium
  Schwimmstadion
- 8-Diamond Head Trail
- 9-Springbrunnen
- 10-Wohngegend
  reizende Wohnhäuser entlang Diamond Head Road
- 11-Diamond Head Beach Park
- 12-Leuchtturm
  Infotafel „Diamond Head Light"
- 13-Aussichtspunkt Diamond Head Lookout
  mehrere Aussichtsstellen am Fuß von Diamond Head (etwa 2 mi/3 km von Waikiki)
- 14-gepflegte Wohngegend
- 15-Beschilderung zum Highway East 72 folgen
  - Kahala Beach
- 16-Tankstelle
  etwa 5 mi/8 km von Waikiki
  - Kahala Mall
  - Supermarkt/Woolworth
  - McDonald's
- 17-Waialae Beach County Park
  populär für Windsurfing auf Kahala Ave.
  dieser Abschnitt wird Beverly Hills von Honolulu genannt, da hier viele Prominente wohnen wie Tom Selleck u. a.

- 18-zum West H-1 Freeway
- 19-Wailupe Beach Park
- 20-Aina Haina Shopping Center
  - McDonald's
  - Aina Haina Public Library
    Öffentliche Bibliothek
- 21-Kawaikui Beach Park
  flacher Strand/Picknick/Toiletten/ gut zum Sonnenbaden, nicht so sehr zum Schwimmen
- 22-Niu Valley Shopping Center
  an E. Halemaumau St.
  - Kentucky Fried Chicken
  - Niu Valley Shopping Center
  - Swiss Inn Restaurant
  - Supermarkt
- 23-Hawaii Kai Shopping Center
- 24-Maunalua Bay Beach
  populär von Taucher-Trips Vermietung von Jet Skis
- 25-Koko Marina Shopping Center
  - McDonald's/Supermarkt
  - Ansteigen der Straße zum Scenic Point
- 26-Zufahrt zum Hanauma Bay Beach Park mit State Underwater Park
  - Koko Head Regional Park
- 27-Honolulu/Honolulu Int. Airport

Unterkunft/Vorwahl (808):
A-$$$ New Otani Kaimana Beach
Fax 923-1555
2863 Kalakaua Ave.
Honolulu, Oahu, HI 96815
gebührenfrei 1-800-356-8264
B-$$$ Kahala Hilton
5000 Kahala Ave.
Honolulu, Oahu, HI 96816
gebührenfrei 1-800-367-2525

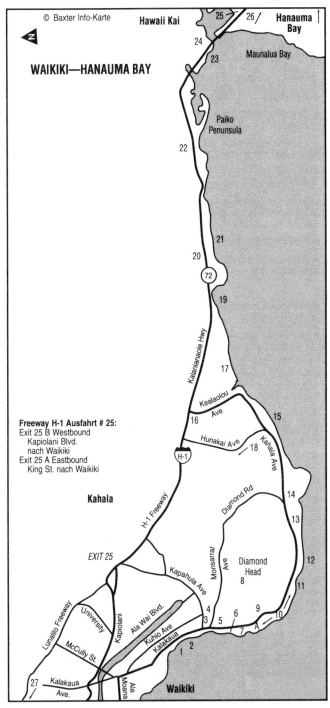

Baxter-Tips für Honolulu Exkursion

- **Unterkunft** rechtzeitig reservieren.
- Exkursion **nicht für sonntags** planen, da Polynesian Cultural Center geschlossen.
- **Entfernung** Waikiki bis Polynesian Cultural Center etwa 58 mi/ 93 km, ca. **2½ Stunden Fahrt.**
- Polynesian Cultural Center **von 12.30 Uhr bis 17.30 Uhr** geöffnet. Abendvorstellung im Pacific Pavilion Amphitheater um 19.30 Uhr.
- **Start** der Exkursion so einrichten, daß man spätestens bei Öffnung des Polynesian Cultural Center dort ankommt. Mehrere Stopps für die Anfahrt einkalkulieren.
- **Unterwegs-Verpflegung im Supermarkt** besorgen.
- **Badezeug** bereithalten oder bereits tragen, um die herrlichen Strände auszuprobieren.
- Große Auswahl an **Souvenirs** im Polynesian Cultural Center.
- **Sonnenschutzmittel** nicht vergessen, spätestens unterwegs im Supermarkt besorgen.
- **Hanauma Bay** bei Rundfahrt **aussparen,** dafür separaten Ausflug mit längerem Aufenthalt einplanen, um die grandiose Unterwasserwelt ausgiebig zu genießen.
- Wer das **Arizona Denkmal** von Pearl Harbour aufsuchen möchte, und bei dieser Rundreise unterwegs übernachtet, kann dies bei frühem Start am zweiten Tag unternehmen. Ansonsten empfiehlt sich separater Ausflug.
- An Oahus **North Shore** erlebt man das Surfparadies an **Sunset Beach,** das von den besten Surfern der Welt aufgesucht wird.
- Bei 2tägiger Rundfahrt Gelegenheit, **am 2. Tag North Shore** zu erkunden, den populären **Waimea Falls Park** zu erleben und die Ananasplantage **Dole Plantation** zu besuchen.
- Surfers **wasserdichte Beutel** besorgen, um Wertsachen mit ins Wasser zu nehmen, wenn unterwegs zum Baden gehalten wird; nie unbewacht am Strand lassen.
- **Autoschlüssel nie** im Auto stecken lassen, wenn das Auto verlassen wird.
- Zum **Schwimmen** am besten ausgeschilderte **Beach Parks** aufsuchen, da man als Besucher nicht mit den gefährlichen Strömungsverhältnissen vertraut ist, die eventuell trotz schönen Strands vorhanden sein können. Mit jahreszeitlichen Veränderungen muß bei den Stränden von Makapuu Point, Sunset Beach und Waimea gerechnet werden.
- Wer sich mit **Strandlaufen** beschäftigt, sollte Tennisschuhe oder sogenannte Beachwalkers/Strandschuhe mit dicken Sohlen anziehen.
- **Sonnenuntergang** an der North Shore in **Haleiwa** vom Jameson's by the Sea Restaurant erleben.

struktion stammt aus dem Jahre 1917. Im Laufe der Zeit wurden Leuchtfeuer und das 17 Meter hohe Bauwerk verbessert und modernisiert. Heutzutage arbeitet das Leuchtfeuer automatisch und sein Licht (das etwa der Stärke von 60 000 Kerzen entspricht) wird durch spezielle Linsen bis auf 29 Kilometer hinaus auf See getragen.

Bis 1930 war **Diamond Head Light** Residenz des Superintendent des 19th Light House District. In jenem Jahr kam es zur Fusion von Coast Guard und Light House Service (Küstenwacht und Leuchtturmdienst). Bis 1945 diente der Leuchtturm auch als Funkstation des Fourteenth Coast Guard District. Gegen Ende des Zweiten Weltkriegs wurde das große Haus, das links auf dem Foto zu sehen ist, renoviert und ist seitdem Residenz des in Honolulu stationierten Commander of the Fourteenth Coast Guard District. Die Funkstation befindet sich heute in Wahuaa.

Nach dem Leuchtturm geht es auf der *Diamond Head Road* weiter entlang der **Diamond Head Lookout Recreational Area** mit mehreren Aussichtsstellen am Fuß des **Diamond Head.** Hinter dem östlichen Rand der **Kuilei Cliffs** erinnert eine Gedenktafel an Amelia Earhart:

● Amelia Earhart

Amelia Earhart war die erste Person, die im Alleinflug die Strecke von Hawaii nach Nordamerika zurücklegte; 11. Jan. 1935.

Vom A. Earhart Aussichtspunkt Aussicht auf andere Inseln Hawaiis. Am **Ft. Ruger Park** führt *Diamond Head Road* links weiter zum **Diamond Head State Monument.** Folgt man *Diamond Head Road,* richtet man sich gegenüber von 18th Avenue nach dem Hinweisschild zum **Diamond Crater.** Dort geht es dann bergauf durch einen Tunnel zum Krater; Tor von 6 bis 18 Uhr geöffnet.

Das **Diamond Head State Monument** befindet sich im Krater mit Parkplatz, Telefon, Fußweg & Toiletten (Taschenlampe erforderlich). Übrigens nannten die alten Hawaiianer Diamond Head **Leahi,** weil dieses Kratermassiv dem Kopf des gelbflossigen gleichnamigen Thunfisch glich. Den Namen **Diamond Head** erhielt Honolulus Wahrzeichen am Rande von Waikiki von Seeleuten, die dort aufgefundene Kalkspatkristalle irrtümlich für Diamanten gehalten hatten. Eine Tafel informiert über das Monument:

● Welcome To Diamond Head State Monument

Leahi, the summit ... Leahi, der Gipfel von Diamond Head, erhebt sich 171 m über den Kraterboden. Der Fußweg hinauf zum **Leahi** (etwa 231 m ü.M.) wurde in den Jahren 1908 bis 1910 angelegt, um Zugang zu einem Komplex von Beobachtungsposten der U.S. Coast Artillery zu ermöglichen.

Der Pfad ist etwa 1,1 km lang, nicht asphaltiert mit unebener Fels- und Sandoberfläche, die stellenweise rutschig ist. Der Pfad führt durch einen dunklen Tunnel und über zwei steile Betontreppen (die erste mit 76, die zweite mit 99 Stufen), letztere eine enge Wendeltreppe innerhalb eines unbeleuchteten Bunkers (daher Taschenlampe wichtig!).

Man benötigt etwa eine Stunde für den Aufstieg; abwärts braucht man nur etwa 30 – 45 Minuten. Belohnt wird der Aufstieg auf den **Leahi** mit

OAHU
Route: Kahala–Hanauma Bay

einem grandiosen Panoramablick auf die Südseite Oahus vom **Koko Head** bis **Barbers Point**.

Unbedingt dem Pfad folgen, keine Abkürzung machen, von steilen Felsrändern fernbleiben. Schuhe mit Greifsohle (Ledersohlen ungeeignet) empfehlenswert; unbedingt Taschenlampe mitbringen. Pfad sauber halten, keine Abfälle zurücklassen.

Wieder auf *Diamond Head Road* zurück zum Ft. Ruger Park. Diamond Head Road geht anschließend in die *Kahala Avenue* über und führt durch das Prominentenviertel **Kahala,** eine der exklusivsten Wohngegenden Honolulus. Hier haben sich unter anderen beispielsweise Tom Selleck (bekannt aus der TV-Serie *Magnum*) oder Carol Burnett niedergelassen. Folgt man *Kahala Avenue* statt über *Kealaolu Avenue* zum *Highway 72* zu steuern, gelangt man zum **Waialae Beach County Park,** einer der ersten Strandparks der **Maunalua Bay.** Waialae bietet weniger gute Schwimmmöglichkeiten, ist dafür aber ausgezeichnetes Windsurfinggebiet; sonntags stark besuchter Strand.

Wieder zurück zur *Kahala Avenue* und dort der Beschilderung zum *Highway 72 East* folgen, die nun über *Kealaolu Avenue* erreicht wird. Unterwegs säumen Palmen und Hibiskusbüsche den Straßenrand. Nach etwa 5 mi/8 km hinter **Waikiki** gelangt man nun auf *Highway 72,* der teilweise als baldachinartige Allee weiterführt. Im **Niu Valley Shopping Center** kann der Picknickproviant für unterwegs im Supermarkt besorgt werden.

Die folgende Strecke, die sich zwischen **Diamond Head** und **Koko Head** entlangzieht, folgt der **Maunalua Bay** (bedeutet „zwei Berge"), wo man fast jede halbe Meile auf einen neuen Strandpark stößt. Die Qualität der Strandparks ist unterschiedlich. So ist beispielsweise der **Kawaiku Beach Park** gut zum Sonnenbaden, bietet aber keine guten Voraussetzungen zum Schwimmen. Die Strände **Niu** und **Paiko Beaches** liegen mitten im Wohngebiet und sind wegen Korallenbänken und Schlammböden ebenfalls zum Schwimmen ungeeignet. Beim **Maunalua Bay Beach Park** ist Surfen, Schnorcheln und insbesondere Angeln und Bootfahren möglich, zum Schwimmen weniger geeignet.

Beim **Koko Marine Shopping Center** erneut Gelegenheit, Proviant für unterwegs einzukaufen. Dahinter steigt die Straße an und klettert hinauf zum Aussichtspunkt **Koko Crater View Point** mit Blick in den Krater des erloschenen Vulkans. Kurz danach gelangt man zur Abzweigung zum Parkplatz des **Hanauma Bay Beach Park** und **State Underwater Park.** Der Unterwasserpark bietet herrliche Schnorchel- und Tauchmöglichkeiten. Der Parkplatz füllt sich bereits morgens ziemlich rasch. Einzelheiten siehe **Oahu Attraktionen.**

Auf der Weiterfahrt entlang *Highway 72* gelangt man kurz hinter der Abzweigung zum Hanauma Bay Beach Park zu einer Aussichtsstelle mit Blick auf **Molokai.** Vom Aussichtspunkt führen Stufen hinunter zum Ufer. Der nächste Aussichtspunkt bietet einen Blick auf **Lanai.** Auf der Weiterfahrt erreicht man **Halona Point** an der Bucht Halona Cove. *Halona* bedeutet etwa

Route: Halona Blowhole/Sea Life Park

„Ausschauplatz". Von dieser Stelle kann man besonders gut Wale beobachten, die im Winter aus den kalten Gewässern Alaskas zur Paarung und Aufzucht ihrer Jungen in die wärmeren Gewässer der Südsee ziehen.

Um die nächste Straßenbiegung gelangt man zum berühmten **Halona Blowhole** mit Parkmöglichkeit (auf Hinweisschild zum Parkplatz achten). Bei der Blowhole handelt es sich um eine Lavaröhre, in die das Wasser hineingetrieben und durch den Druck als Meerwasserfontäne hoch in die Luft schießt. Rund um die Blowhole sehr vorsichtig sein, da jemand, der dort ins Wasser fällt, kaum lebend davon kommt.

Kurz dahinter kommt man zum **Sandy Beach Park**, auch **Koko Head Beach Park** genannt. Dieser herrliche Strand ist etwa 13 mi/21 km von Waikiki entfernt. Der Strand gehört zu den besten Bodysurfing Beaches von Oahu, aber starke Strömungen können schwachen Schwimmern bedrohlich und gefährlich werden; Strandaufsicht/Lifeguard vorhanden. Sich hier unbedingt an die Flaggensignale halten. Rote Fahne bedeutet „aus dem Wasser bleiben".

Bei **Wawamalu Beach** biegt links die *Kealahou Street* ab, die zum Ausgangspunkt des Wanderwegs in den **Koko Krater** führt. Der offizielle Name ist übrigens Kohelepelepe. Die Koko Crater Stables bieten Reitausflüge in den Krater. Der Fußweg führt zur Katersohle, wo sich ein botanischer Garten befindet.

Highway 72 passiert weiter Strecken starker Brandung. Auf der Landseite geht es am Gelände des **Hawaii Kai Championship Golf Course** vorbei; Nichtmitglieder willkommen. Ehe die Straße mehr landeinwärts abbiegt, kommt man am Leuchtturm **Makapuu Point Light** vorbei, ein Wahrzeichen der Insel Oahu; seit 1974 automatisiert und mittlerweile auch Besuchern zugänglich. Freiwillige Helfer der Küstenwache erläutern während der Führung das Leuchtfeuer, das mit einer der stärksten Linsen der Welt ausgestattet ist. Der gut 12 m hohe Turm, der spektakulär auf einer Felsklippe 140 m über der See aufragt, wurde 1909 errichtet.

Sobald der *Highway 72* wieder in Küstennähe verläuft, gelangt man zum **Sea Life Park.** Hier kann man in mehreren Tanks und Wasserbecken die draußen im Meer freilebenden Meerestiere erleben. Dies ist übrigens auch die Heimat des 1985 hier geborenen Wholphin, eine Kreuzung zwischen Wal und Delphin (*whale* = Wal, *dolphin* = Delphin). Verschiedene Vorführungen mit dressierten Tieren. Eine Nachbildung eines Walfangschiffs ist in Whalers Cove zu sehen, wo die Walvorstellungen stattfinden.

Außerhalb des Sea Life Park gibt es Einkaufsmöglichkeiten, ein Restaurant sowie das **Pacific Whaling Museum** (Eintritt frei) und Picknickplatz. Der **Makapuu Beach Park** mit Lavafelsen am Strand liegt unterhalb vom **Makapuu Point,** einer Landzunge, die Oahus östlichsten Punkt markiert. Diese Gegend ist auch bei Drachenfliegern sehr beliebt. Der Strand gilt als berühmtester Bodysurfing Strand Hawaiis. Ausgezeichnete Bedingungen für Bodysurfing und Paipo Surfing (Surfen mit leichtem kurzen

Brett); die oft 1,20 Meter hohen Wellen verursachen allerdings gefährliche Strömungen für Schwimmer. Makapuu Beach ist alljährlich Austragungsort der Makapuu Body Surfing Championships.

Vor der Küste liegt die Insel **Manana Island** (Kanincheninsel), auf der tatsächlich Kaninchen leben, die in den 1880er Jahren hier von einem Farmer freigelassen wurden. In der Nähe liegt die **Kaohikaipu Island** (Schildkröteninsel), die ebenfalls wie Manana Island ein Schutzgebiet für Meeresvögel ist.

Kurz nach dem Sea Life Park passiert man links das **Ocean Institute** und dann rechts die **Makai Research Pier.** Bald darauf erreicht *Highway 72* den **Kaupo Beach Park,** der erste Strand an der Südostküste Oahus, wo man sicher schwimmen kann. Gute Schwimm- und Schnorchelmöglichkeiten. In einer kleinen Bucht auf der Nordseite von Kaupo Point bietet sich auch für Anfänger Gelegenheit zum Surfen mit dem Surfbrett, da die Wellen behutsamer sind.

Dahinter passiert man Wohngebiet mit dem **Kaiona Beach Park;** gute Schwimm- und Schnorchelmöglichkeit. Camping mit County Permit. In dieser Gegend befindet sich auch die **Magnum P.I.** Villa, wo der Privatdetektiv Tom Selleck als Hausverwalter fungiert (allerdings hinter dichtem Laub verborgen). Dahinter gelangt man zum wunderschönen Sandstrand des **Waimanalo Beach Park;** geschützter Strand mit hervorragender Schwimmgelegenheit und guten Schnorchelbedingungen. Der Strandpark liegt inmitten der Stadt **Waimanalo;** Camping mit County Permit. Waimanalo war früher Zentrum einer blühenden Zuckerrohrplantage, die dem hawaiischen Farmer John Cummins gehörte, der auch die Kaninchen auf der Insel Manana eingeführt hatte. Seit Stillegung der Plantage gegen Ende der 1940er Jahre beschäftigt man sich hier in kleinen Farmbetrieben mit dem Anbau und der Produktion von Bananen, Papayas und Anthurien. Dort, wo man bei **Waimanalo Beach** Pine Grove Village mit 7-Eleven Laden und Postamt passiert, erheben sich links dicht bewachsene grüne Felswände.

Highway 72 passiert nun einen Abschnitt rund um Waimanalo Town Center mit allen möglichen kommerziellen Einrichtungen einschließlich Fast-food Lokalen und Supermarkt. Es geht vorbei am Polofeld des **Honolulu Polo Club** und weidenden Pferden. Im **Waimanalo Town Center** führt *Keolu Drive* zum Enchanted Lake Shopping Center. Nachdem man **Kailua High School** passiert hat, stößt der *Highway 72* auf den *Highway 61.* Die Weiterfahrt wird auf *Highway 61 South* fortgesetzt. *Highway 61 North* biegt rechts ab und läuft als *Kailua Road* zum Sumpfgebiet **Kawainui Swamp** und der Stadt **Kailua,** eine der ältesten Siedlungen auf dieser Seite der Insel Oahu. Der **Kawainui Kanal** entwässert hier das Sumpfgebiet, läuft durch Kailua und mündet bei Kapoho Point in den Ozean. **Kailua** ist mit rund 45 000 Einwohnern die größte sogenannte *„windward city"* des gesamten Bundesstaates Hawaii. In Kailua beginnt Oahus eigentliche **Windward Coast.** Hier wehen ganzjährig tropisch warme Passatwinde, die aber auch zeitweilig recht stark werden können. Kailua besitzt einen der besten Windsurfing Strände Oahus.

Über **Kailua** gelangt man auch via *Kailua Road, Kuulei Road, Kalaheo Avenue* und *Mokulua Drive* zur **Lanikai Beach,** die in jüngster Zeit von führenden Strandexperten zur Top Beach der USA ernannt wurde. Der angrenzende und größere Strand **Kailua Beach** wurde zum zweitbesten Strand der Nation erklärt. **Lanikai** hat das schönste Wasser. Zudem geben Wasser und zwei vor der Küste liegende Inseln – die **Mokulua Islands** (beide Vogelschutzgebiete) – dem Strand eine bezaubernde Szenerie. **Lanikai** liegt am Südende der etwa 2 Meilen (3,2 km) langen **Kailua Beach,** die populär für Windsurfing, Kayaking und Schwimmen ist.

An der Kreuzung von *Highway 72* und *Highway 61* biegt man nun links ab und folgt *Highway 61 South,* der als *Kalanianaole Pali Highway* oder kurz nur *Pali Highway* über die Koolaus zurück nach **Honolulu** führt (etwa 12 mi/19 km; etwa 23 mi/37 km von Waikiki via *Highway 72*). Der *Highway 61* passiert Bananenplantagen und klettert durch üppige Vegetation bergauf. Nach etwa 1.7 mi/2,7 km gelangt man zur Kreuzung von *Highway 61* und *Highway 83.* Hier nun auf *Highway 83* Richtung **Kaneohe** abbiegen.

Via Highway 83 entlang Oahus Windward Coast

Von der Kreuzung *Highway 61/Pali Highway* und *Highway 83/Kamehameha Highway* geht es nordwärts entlang *Highway 83,* der sich auf der **Windward Coast** Oahus nordwärts zieht. Hier passiert man zunächst auf der Ostseite des Highway die **Hawaii Pacific University** und auf der Westseite den Pali Golf Course. Kurze Zeit darauf biegt der *Highway H-3* ostwärts ab und läuft weiter bis zur **Mokapu Peninsula,** auf der sich der Luftwaffenstützpunkt der Kaneohe Marine Corps Base Hawaii befindet.

Weiter auf *Highway 83* passiert man den Friedhof Hawaiian Cemetery. Kurz vor der Kreuzung von *Highway 63/Likelike Highway* und *Highway 83* in **Kaneohe** passiert man das Windward City Shopping Center mit Supermarkt und Fast-food Lokalen. Bei Burger King an der Ecke links auf *Highway 83 West* abbiegen. Danach weiterhin auf *Highway 83* bleiben, der kurz darauf als Kahekili Highway rechts abbiegt, während *Highway 63* links als *Likelike Highway* nach Honolulu führt. **Kaneohe** ist übrigens die drittgrößte Stadt auf der Insel Oahu hinter Honolulu und Kailua. Viele Bewohner pendeln von hier zur Arbeit nach Honolulu, was morgens und abends „rush hour" bedeutet! Die Fahrt geht nun über Berg und Tal durch üppige Vegetation mit Wasserfällen, vorbei am Friedhof **Valley of the Temples Cemetery,** gegenüber vom Temple Valley Shopping Center mit Supermarkt. Dahinter Bananenplantagen und Kläranlage.

Prunkstück des **Valley of the Temples** ist der **Byodo-In Temple,** eine Nachbildung eines 900 Jahre alten buddhistischen Tempels von Uji, Japan. Der Tempel stammt aus dem Jahr 1968,

592 OAHU

Honolulu Exkursion Attraktionen

Schlüssel zur Baxter Info-Karte Honolulu Exkursion
mit vielen Baxter-Tips

Praktisches & Wissenswertes:
1. Waikiki Beach
2. Downtown Honolulu
   - State Capitol
   - Iolani Palace
3. Diamond Head
4. Kapiolani Park
   - Waikiki Shell
   - Honolulu Zoo
   - Kodak Hula Show
5. Waikiki Aquarium
6. Diamond Head Lighthouse
   Leuchtturm & Aussichtspunkt
7. Aina Haina Shopping Center
   - McDonald's
   - Supermarkt
8. Niu Valley Shopping
   - Supermarkt/Kentucky Fried Chicken
   - Swiss Inn Restaurant
9. Koko Marina Shopping Center
   - Supermarkt/Drugstore
   - Stromboli Ristorante
   Pasta/italienische Küche
   - Pacific Broiler
   frischer Fisch/Salat
   - McDonald's/Chuck's Steak House
   - Aloha Dive Shop
   am Hafen/Tauch- & Schnorchelausrüstung
10. Hanauma Bay Beach Park
    & State Underwater Park
    traumhafte Unterwasserwelt/ Taucherparadies/schöner Strand/ stark besucht, aber herrlich
11. Koko Head Regional Park
    Wanderweg zum Koko Head
12. Aussichtspunkte
    Blick auf Molokini/Lanai
13. Koko Krater
    Zugang via Kealahou Road oder Koko Head Park Drive
14. Koko Krater Aussichtspunkt
15. Hawaii Kai Golf Course
    Publikum willkommen
16. Halona Blowhole
    Aussichtspunkt/Seewasserfontäne
    - Sandy Beach Park
    herrlicher Strand
17. Sea Life Park
    über tausend verschiedene Meerestiere/Vorführungen
    - Sea Life Cafe
18. Makapuu Beach Park
    ausgezeichnetes Body Surfing
19. Manana Island (Rabbit Island)
    Kanincheninsel
20. Magnum P.I. House
    Villa aus der TV-Serie Magnum mit Tom Selleck
21. Keneke's BBQ
    preiswertes Mittagessen „Island Style"
22. Waimanalo Beach Park
    ausgezeichneter Strand zum Schwimmen & Schnorcheln
23. Honolulu Polo Club
24. McDonald's
25. Waimanalo Town Center
    Supermarkt/7-Eleven Laden
26. Woolworth/Jack in the Box
    - Dave's Hawaiian Ice Cream
    - Maui Divers
    Tauchtrips/Ausrüstung
27. Enchanted Lake Shopping Center
    - McDonald's
28. Hawaii Pacific University
29. Hawaiian Cemetery
    Friedhof
30. Windward City Shopping Center
    Supermarkt/Kentucky Fried Chicken/McDonald's
31. Pizza Hut
    - Burger King
32. Mokapu Peninsula
    - Marine Corps Base Hawaii
33. Valley of the Temples Cemetery
    Friedhof
    - Byodo-In Temple
    Buddhistischer Tempel; Eintritt
34. Tempel Valley Shopping Center
    Supermarkt
35. Olomana Orchids
    Orchideenzucht; Großhandelspreise
36. Kualoa Park
37. Kualoa Sugar Mill
    Ruine der Zuckermühle
38. Chinaman's Hat
    wie Chinesenhut geformter Felsen
39. Crouching Lion Inn
    rustikales Restaurant
    - Bergsilhouette in Form eines majestätischen Löwen
40. Kahana Bay Beach Park
41. Sacred Falls
    Wasserfälle
42. Supermarkt/7-Eleven
    - Postamt/Kentucky Fried Chicken
43. Koholohio State Park
44. Polynesian Cultural Center
    sonntags Ruhetag
    - McDonald's
    - Brigham Young University
    - Laie Shopping Center
    - Supermarkt/Kinos/Restaurant
45. Mormon Temple
    mit Besucherzentrum/Eintritt
46. Hukilau Beach Park
    - Malaekahana State Recreation Area
47. Kahuku Sugar Mill
    - Ahi's Kahuku Restaurant
    - Old Plantation Restaurant
    - Tankstelle
48. Royal Hawaiian Shrimp & Prawns Ponds
    Shrimpzucht
49. Sunset Beach
    berühmter Surfstrand
50. Washington Statue
    - Tankstelle/Lebensmittel
51. Supermarkt
52. Pupukea Beach Park
    gute Schnorchelmöglichkeit
53. Waimea Bay Beach
    gut zum Schwimmen & Schnorcheln
54. Waimea Falls Park
    Wasserfall, Klippenspringer, Hula-Shows
55. Kawailoa Beach
    gut zum Schnorcheln
56. Haleiwa Beach Park
    Schwimmen & Schnorcheln
    - Pizza Hut/McDonald's/Postamt
57. Supermarkt
    - Jameson's by the Sea Restaurant
    romantisch bei Sonnenuntergang
    - Rosie's Cantina
    mexikanische Küche
    - Kentucky Fried Chicken

OAHU 593
Honolulu Exkursion-Karte

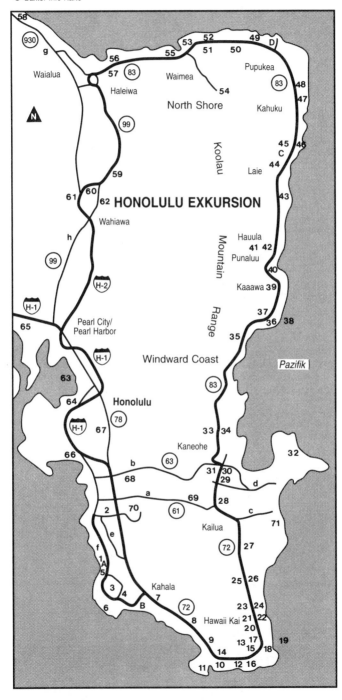

594 OAHU
Route: Crouching Lion

einhundert Jahre nachdem die ersten japanischen Einwanderer nach Hawaii kamen. Der Tempel, der eine ca. 2,70 m große goldene Buddhastatue beherbergt, wird von einer herrlichen Gartenanlage umgeben. Dahinter die mit üppigem Grün bewachsenen Felsklippen. Gegen eine Spende kann man die neben dem Haupttempel befindliche 3 Tonnen schwere Glocke läuten. Die besten Fotos erzielt man vor 12 Uhr, wenn man die Sonne im Rücken hat. Eintritt.

Auf der Weiterfahrt stößt bei Kahaluu der vom Osten kommende *Kamehameha Highway/Highway 836* auf *Highway 83*, der nun dicht am Ozean entlangführt. Unterwegs verschiedene Tourveranstalter. Kokospalmen, Banyan Trees, Bananenstauden werden im Bereich der Ortschaften Waiahole und Waikane ab und zu von Obstständen unterbrochen. Orchideenverkauf zu Großhandelspreisen. Ein Stück weiter passiert man den Strandpark **Kualoa County Regional Park** mit Toiletten und Picknickplatz; gute Schwimmöglichkeiten. Vor der Küste liegt die Insel **Chinaman's Hat,** die wegen ihrer Form (wie der Hut eines chinesischen Reisbauers geformt) den treffenden Namen hat. Bei Ebbe kann man vom Strand hinüberwaten – etwa 500 m. Die **Kualoa Ranch** liegt direkt gegenüber vom Strand. Kurz dahinter passiert man die Ruinen der Zuckermühle Kualoa Sugar Mill, wovon noch der Schornstein sichtbar ist; eine der ältesten Zuckermühlen Oahus.

Vorbei an schmalen Sandstränden entlang des Highway, an denen man überall halten kann, passiert man in der Ortschaft **Kaaawa** die Kaaawa Elementary School und den **Kaaawa Beach Park,** der hauptsächlich von Einheimischen besucht wird. Zwischen **Kaaawa** und **Kahana Bay** erblickt man auf der Landseite den **Crouching Lion,** eine Felsformation, in der man einen

Fortsetzung Schlüssel zur Baxter Info-Karte Honolulu-Exkursion

58-Kaena Point
  -Waialua/Mokulai Beach
   Segel-/Drachenfliegen
59-Dole Pineapple Plantation
  Ananasplantage/Souvenirs
  -Helemano Plantation
60-Pineapple Variety Garden
  Demonstrationsfeld trop. Früchte
  -Kukaniloko Birthplace
   antike Geburtsstätte der Adelsklasse
61-Schoefield Barracks/
  Tropic Lightning Museum
62-Wahiawa Botanical Garden
63-Pearl Harbor
  -U.S.S. Arizona Memorial
  -Ruhehafen des Kriegsschiffs
   Missouri
   Japan ergab sich auf der Missouri/
   Beendigung des Pazifikkriegs
64-Arizona Memorial Visitor Center
  -U.S.S. Bowfin
   U-Boot
65-Makaha/Kaena Point
66-Honolulu Int. Airport
67-Salt Lake
68-Bishop Museum

69-Pali Lookout
70-Punchbowl Krater
  -National Memorial Cemetery of the Pacific
   Nationalfriedhof
71-Lanikai Beach
  gilt als einer der besten Strände der USA

Unterkunft:
A-New Otani Kaimana Beach
B-Rodeway Inn Hukilau Resort
  neben Polynesian Cultural Center
C-Turtle Bay Hilton
D-Holiday Inn
  -Best Western Airport The Plaza Hotel

Straßenschlüssel:
a-Pali Highway
b-Likelike Highway
c-Kaluha Road
d-H-3/Honolulu 3
e-Kapiolani Blvd.
f-Kalakaua
g-Farrington Highway
h-Kamekameha Highway

gewaltigen Löwen erkennen kann. Der **Swanzy Beach Park** bietet zwar keine guten Schwimmöglichkeiten, ist aber zum Schnorcheln geeignet; Camping mit County Permit. Das rustikale Restaurant **Crouching Lion Inn** ist Ziel der Ausflugsbusse und daher gerade zur Mittagszeit sehr überlaufen; Abendunterhaltung.

Nach der Brücke kommt man zum Sandstrand des **Kahana Bay Beach Park** mit guten Schwimmöglichkeiten. Gute Surfbedingungen für Anfänger. Auf der Bergseite erstreckt sich der **Kahana Valley State Park,** idealer Picknickplatz zwischen Kokospalmen und Ironwoods. *Highway 83* zieht sich weiter dicht entlang des Ozeans und passiert Wohngegenden mit üppiger Vegetation. Der **Punaluu Beach Park** bei Meile 24 bietet erneut gute Schwimm- und Schnorchelbedingungen. **Punaluu** bedeutet übrigens „Korallentauchen". Am Nordrand von Punaluu mit der grüngestrichenen Kirche Kamalamalamae Old Hawaiian Church weist der Wegweiser mit dem hawaiischen Krieger auf die Wasserfälle **Sacred Falls.** Man kann nicht bis zu den Fällen fahren; etwa 1 Stunde Fußweg durch eine enge Schlucht. Feste Laufschuhe sind wegen des rauhen Terrains angebracht (keine Badeschuhe). Der Wasserfall ist nur etwa 27 m hoch, doch die dahinterliegenden Felsklippen heben sich fast 500 m in die Höhe.

In der nächsten kleinen Ortschaft **Hauula** gibt es erneut mehrere Strände und den **Hauula Beach Park,** der nicht besonders gute Schwimmbedingungen aufweist. Eine Handvoll kleine Läden, 7-Eleven Laden und Barbeque-Restaurant sowie Supermarkt und Postamt bilden das „Geschäftszentrum" von Hauula. Weiter nördlich passiert man den sehr gepflegten **Kokololio State Park,** ehe man beim **Polynesian Cultural Center** mit seinen originalgetreu nachgebauten polynesischen Dörfern in der Mormonensiedlung **Laie** ankommt.

Vom Polynesian Cultural Center nach Waikiki

Vom **Polynesian Cultural Center** zurück nach Waikiki sind es auf der Rundreise etwa 49 mi/78 km via *Highways 83, 99* und *H-2/H-1*. Vorbei am im polynesischen Hausstil als Langhaus gestalteten Gebäude, das McDonald's beherbergt, geht es durch Laie. Von der Mormonensiedlung **Laie** mit dem Polynesian Cultural Center geht es auf *Highway 83 North* Richtung **North Shore.** Linker Hand wird der Campus der Brigham Young University passiert, ein Zweig der Brigham Young University, den Studenten von ganz Polynesien besuchen, von denen viele im benachbarten Polynesian Cultural Center beschäftigt sind. Das Gelände umfaßt den eindrucksvollen Mormonentempel **Laie Temple;** täglich Führungen. Im nachfolgenden Text wird die Abkürzung **MM** bei Entfernungsangaben verwendet (**MM** = Mileage Marker), womit jeweils der Meilenstand angegeben

596 OAHU

Route: Kailua–North Shore–Honolulu

Schlüssel zur Baxter Info-Karte Kailua – North Shore – Honolulu

mit vielen Baxter Tips

Wichtiges & Interessantes:
1. Waimanalo Town Center
   - Sea Life
   - Ocean Institute
   - Hanauma Bay
   - Diamond Head
   - Waikiki
2. Pali Tunnel
   - Pali Lookout
   - Queen Emma Summerplace
   - nach Zentral Honolulu
3. Wilson Tunnels
   - Bishop Museum
   - nach Zentral Honolulu
4. Hawaii Pacific University
   - Hawaii Loa College
5. Pali Golf Course
6. Hawaii Cemetery
   Friedhof
7. Kaneohe Bay Viewpoint
   Aussichtspunkt
8. Pizza Hut
   - Burger King (Ecke)
9. Windward City Shopping Center
   - Supermarkt/McDonald's
   - Kentucky Fried Chicken
10. Police/Polizei
11. Windward Mall
    - McDonald's
    - Pizza
12. Kaneohe Bay Shopping Center
    - Supermarkt
13. Valley of. the Temples Cemetery
    Friedhof
14. Temple Valley Shopping Center
15. Noriko's Hawaii
    populärer Halt von Tourgruppen
16. Senator Fong's Plantation Tour
    via Pulama Rd.
    Highway 83 verläuft direkt am Wasser
17. Waiahole Beach Park
18. Olomana Orchids
    *Versand von Orchideen
    Großhandelspreise*
19. Kualoa Park
    Picknicktische
20. Kualoa Ranch
    direkt gegenüber vom Strand
21. Schornsteinrest ehemaliger
    Zuckerfabrik/Kualoa Sugar Mill
22. Kualoa Sugar Mill Beach
23. Ka'a'a'wa Elementary School
    Grundschule
24. 7 Eleven Store
    Tante Emma Ladenkette
25. Swanzy Beach Park
26. Crouching Lion (Kauki)
    *Mittag-/Abendessen/Unterhaltung/
    Kunstgalerien*
27. Brücke mit Kahana Bay Beach Park
    *Sandstrand/Highway 83 direkt am
    Wasser*
28. Punaluu Beach Park
    Toiletten/Picknickplatz
29. Punaluu
    Lebensmittelladen
30. Sacred Falls Park
31. Kamalamalamae Old Hawaiian
    Church
    grüngestrichene Kirche
32. Kapaka Beach
33. Hauula
    *Barbeque Restaurant/7-Eleven/
    kleine Läden*
34. Hauula
    mehrere Strände:
    - Makao Beach
    - Kapalaoa Beach
    - Aukai Beach Park
    - Hauula Beach Park mit Toiletten
35. Postamt/Post Office
    - Kentucky Fried Chicken
    - Supermarkt
36. Kokololio State Park
    gepflegte Anlagen
    - Kaipapan Point
37. **Polynesian Cultural Center**
38. McDonald's
    - Brigham Young University
    Hawaii Campus
39. Supermarkt
    - Kino/Theater/Restaurants
    - Hawaii Temple Visitor Center
40. Hukilau Park
    - Malaekahana State Recreation Area
    Freizeit & Erholungsgebiet
41. Rinder- und Pferderanch
42. Kahuku Sugar Mill
    *alte Zuckerrohrplantage/
    Zuckerfabrik*
    - Restaurant
43. Royal Hawaiian Shrimp & Prawns
    Pond
    Shrimpzucht
44. Kuku Ranch
    - Golfplatz
45. Einfahrt zu Turtle Bay Hilton
    Hibiskuszaun entlang Hwy 83
46. Kulima Point
47. Sunset Beach Store
48. Sunset Beach
    - Rocky Point
    Surfer Strand
49. Washington Statue
    - Tankstelle/Lebensmittel
50. Ehukai Beach Park
    gegenüber von Schule
51. Banzai Beach
    - Pupukea Beach Park
    felsig, aber schöner Strand
52. Supermarkt
53. Waimea Valley Falls Park
    Wasserfälle Waimea Falls
    Hula- & Taucher-Shows
    - Restaurant/Läden/Touren
    - Waimea Arboretum
54. Waimea Bay Beach Park
55. Kawailoa Beach
    Sandstrand
56. Meadow Gold Farms
    Rinder/Milchkühe
57. Haleiwa (siehe Detailkarte)
58. Week Circle
    Verkehrskreisel
59. nach Kaena
60. Helamano Plantation
    - Dole Pineapple Plantation
    Ananasplantage
61. Schlucht
62. Del Monte Garden
    beschilderte Obstfelder/-beete
    - Del Monte Tropical Fruit Fields
63. Kukaniloko
    Geburtsstätte von den Aliis
64. Wahiawa Botanical Gardens
65. McDonald's
    - Wahiawa State Freshwater Park
    Wasserpark mit Bootsrampe
66. Mililani Shopping Center
    - McDonald's

OAHU 597
Kailua–North Shore/Halaiwa-Karte

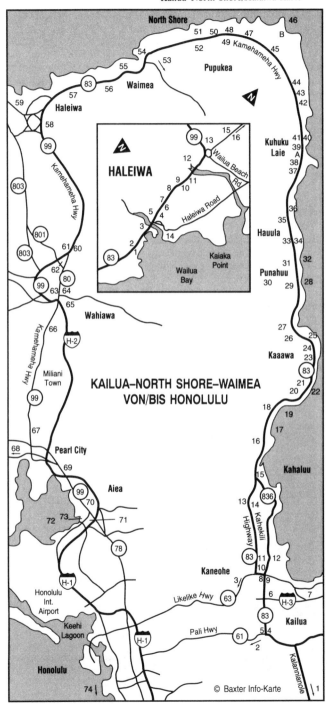

wird, der sich auf die am Straßenrand befindlichen Meilenposten bezieht.

Nachdem man ein kleines Shopping Center mit Supermarkt und Chinalokal sowie Fast-food Lokal hinter sich hat, führt die Straße durch landwirtschaftliche Gegend mit Feldern und Weidevieh. Vorbei am **Hukilau Park** und dem Strand **Laie Beach** passiert man die Abzweigung zur **Malaekahana State Recreation Area** mit einem der besten Campingstränden im nördlichen Teil von Oahus Windward Coast; State Permit erforderlich. Vor der Küste liegt die Ziegeninsel, **Moku'ania** oder **Goat Island**. Bei Ebbe kann man über das Riff hinüber zu der Insel mit weißem Sandstrand laufen. Es gibt zwei Zugänge zur Recreation Area, und zwar im Süden bei Meilenstein **MM 17** direkt zum Campingplatz, erkennbar am braunen Stahltor (von 7 bis 18.45 Uhr geöffnet). Der zweite Eingang zur **Malaekahana State Recreation Area** liegt etwa 1–2 Minuten nördlich mit Zugang für Tagesbesucher.

Bei **MM 16** passiert man die Ortschaft **Kahuku**, wo die Einheimischen der North Shore zu Hause sind. Die kommerziellen Einrichtungen dieses Village beschränken sich im wesentlichen auf Lebensmittelladen, Krankenhaus sowie ein Lokal mit mexikanischer Küche. Nachdem man die Kaluku Sugar Mill hinter sich gelassen hat, kommen Windmühlen in Sicht. Unterwegs geht es an der Shrimp and Prawn Farm vorbei, wo in verschiedenen Wasserbecken Shrimp und Steingarnelen gezüchtet werden, die jeweils in frischem Zustand den Restaurantbetrieben zugeliefert werden.

Wenige Kilometer dahinter biegt dann rechts *Kulima Drive* zur Hotelanlage des **Turtle Bay Hilton** ab. Das an der **Turtle**

Schlüssel zur Karte Kailua–North Shore–Honolulu

67-Waipio Shopping Center
68-nach Ko Olina
 Mahaha/Waianae/Waipahu
69-Pearl City Shopping Center
70-Pearlridge Shopping Center
71-Aloha Stadium
72-USS Arizona Memorial
73-Arizona Memorial Visitors Center
 -U-Boot USS Bowfin
74-Waikiki

Unterkunft/Vorwahl (808):
A-$$ Rodeway Inn
 Hukilau Resort
 Fax 293-8115
 Tel. 293-9282
 gebührenfrei 1-800-526-4562
 oder 1-800-424-4777
B-$$$ Turtle Bay Hilton
 gebührenfrei 1-800-HILTONS
 P.O. Box 187
 Kahuku. Oahu, HI 96731
 Tel. 293-8811   Fax 293-9147

Schlüssel zur Baxter Info-Karte (Detailkarte) Haleiwa

Orientierung:
1-Haleiwa Beach Park
 Toiletten/Grills/Picknick
32-Kayak Hawaii
 Bootsverleih
3-Brücke Baujahr 1962
4-Chart House
 Restaurant: Steaks/Fisch
5-Kirche
6-Rosie's Cantina
 -Haleiwa Supermarkt
 -Haleiwa Shopping Plaza
7-Supermarkt/Shops
8-Sandwich Shop
9-Kentucky Fried Chicken
 -Shops/Mountain Bikes

10-Zuckerrohrfelder
11-Pizza Hut
 -Postamt/Post Office
 -Sandwiches
 -McDonald's
12-Zwei Brücken/Twin Bridges
13-Weed Circle
 Verkehrskreisel
14-Haleiwa Alii Beach Park
15-Kaukonahua Road
16-zum Highway 930
 -Glider Rides
 Segelfliegen
 -Kaena Point

Turtle Bay/Sunset Beach

Bay befindliche **Turtle Bay Hilton** wurde als selbständige Ferienhotelanlage gebaut. Die Anlage an der Bucht ist am **Kuilima Point** vom Meer und Surf umgeben, doch in der Bucht kann man ganzjährig geschützt schwimmen. Auch wer nicht hier übernachtet, kann tagsüber auf dem Hotelparkplatz parken. Wenn man den Parkschein im Restaurant entwertet, braucht man nur relativ wenig fürs Parken zu zahlen. Die Einfahrt zur Hotelanlage wird von hohen Hibiskusbüschen und Rasenflächen und der ausgedehnten Golfanlage umrahmt. An Aktivitäten wird u. a. Windsurfing, Tauchkurse, Reiten angeboten. Ferner gehören Tennisplätze und gepflegte Swimmingpools zur Anlage. Da in der Gegend kaum Einkaufsmöglichkeiten vorhanden sind, sollte man alles an Proviant, Filmmaterial bereits vorher günstig in Supermärkten und Kaufhäusern besorgen, da die Artikel in der Hotel Mini Mall alle etwas teurer als sonst sind. Vom **Kuilima Point** kann man übrigens von Januar bis April Buckelwale beobachten, die im Winter zur Paarung hierherkommen und dann auf ihrer Reise nach Alaska vorbeiziehen.

Rund um **Turtle Bay** erstreckt sich schönes Luxuswohngebiet. Kurz dahinter erneut Windmühlen, Golfplatz, Bananenplantagen und Papaya-Obstgärten. Inzwischen ist die Landstraße wieder eng und verkehrsreich. Über die Ortschaft **Kawela** erreicht der *Highway 83* wieder die Nähe des Ozeans, während Farmen und Weidelandschaft mit Rindern passiert werden. Etwa bei **MM 10** geht es durch die ländliche Gegend von Waialee, wo sich ein Ableger der Universität von Hawaii mit dem landwirtschaftlichen Zweig befindet, der hier mit dem Viehzuchtbetrieb **Waialee Livestock Research Farm** eine Versuchsfarm betreibt.

Da der Highway mittlerweile etwas kurvenreich geworden ist, nun besonders auf Radfahrer achten. Bei **MM 9** passiert der *Highway 83* die sich auf der Nordseite erstreckende Ortschaft **Sunset Beach,** die das berühmte Surferparadies Haiwaiis ankündigt. Kurz darauf verläuft der Highway auch schon dicht entlang des wunderschönen Strands. An der zum Wahrzeichen gewordenen Statue **Mani Poka Loa** vorbei (der riesige Holzkopf wird auch George Washington Head genannt), gelangt man zur **Sunset Beach,** wo stets reger Betrieb herrscht.

Sunset Beach ist mit etwa 3,2 km Länge der längste Sandstrand Oahus. Im Sommer erlebt man im allgemeinen einen breiten Sandstrand, doch im Winter, der Hauptsaison der Surfer, ist die Surf so gewaltig, daß Korallenbänke und Lavaausläufer am Ufer freigelegt werden. Der gesamte Strandabschnitt heißt **Sunset Beach,** doch jede der weltberühmten Surfstellen trägt ihren eigenen Namen und ist schwer zu finden, da sie nicht speziell markiert oder beschildert sind. Die Stellen sind hauptsächlich an den entlang der Straße geparkten Autos mit Surfbrettern erkennbar. Die Strände sind allerdings nicht besonders gepflegt, manchmal sogar etwas verkommen. Zu den berühmten Surfstellen gehört beispielsweise die sogenannte **Banzai Pipeline,** die wohl am bekanntesten ist – bekannt aus einem sehr frühen Surferfilm der 50er Jahre mit dem Titel *Surf Safari*. Die Surfs produzieren hier einen röhrenförmigen Effekt, der von einem flachen Riff vor der Küste ausgelöst wird, das die Wellen zwingt, rasch und gewaltig zu steigen. Die Wellenkrone läßt eine Röhre entstehen, die man als *Pipeline* bezeichnet, daher der Name. Am Südende des Strands (etwa auf der Höhe der Sunset Beach Elementary School) findet man den Turm der Strandaufsicht/*Lifeguard*.

Der Strandpark **Ehukai Beach Park** liegt nördlich (also vor der *Banzai Pipeline*) und ist mit einem Posten der Strandaufsicht/*Lifeguard* und Toiletten ausgestattet. Hier hat man ausgezeichnete Beobachtungsmöglichkeit der Surfaktion auf der *Pipeline*. Beim **Pupukea Beach Park** weiter nördlich findet man die ebenfalls berühmten Surfstellen **Rubber Duckies** (Gummienten) und **Pinballs,** die alle noch vor **Haleiwa** liegen. Im **Sunset Beach Park** werden alljährlich die internationalen Surfmeisterschaften ausgetragen, die man von den am Strand aufgebauten Tribünen verfolgen kann. Im allgemeinen sind die Wellen im Sommer relativ harmlos, doch sonst sind sie eine Herausforderung an die Experten, die diesen Sport beherrschen.

Bei **MM 6.7** wird der Strand um Puula Point felsig, wo der *Highway 83* beim **Pupukea Beach Park** den **Pupukea Marine Life Conservation District** passiert. Beim **Pupukea Beach Park** findet man Toiletten und Picknickeinrichtungen. Man kann hier allerdings nur im Sommer zwischen Korallenbänken und Felsen geeignete Stellen zum Schwimmen finden. An der **Shark's Cove** (Haifischbucht – obwohl es hier nicht mehr Haie als sonst wo geben soll) bieten sich Schnorchel- und Tauchmöglichkeiten. Von diesem Strandpark kann man den herrlichen Sonnenuntergang der North Shore erleben.

Über die hinter dem Supermarkt abbiegende *Pupukea Road* (etwa 2,4 km von Waimea Bay) gelangt man zur alten Tempelanlage der Hawaiianer, **Puu O Mahuka Heiau,** wo einst Menschenopfer dargebracht wurden. Oben von der Anhöhe hat man einen herrlichen Blick auf die Küste. Hinter der Zufahrt zur Tempelanlage biegt etwas später *Alapio Road* links ab. An den teuren Wohnanlagen von **Sunset Hills** vorbei passiert man eine **The Mansion** genannte Villa, die an dem aus sogenannten Boxwood-Sträuchern angelegten englischen Zaun erkennbar ist. Dies soll angeblich Elvis Presleys Insel „Hideaway" gewesen sein. Fast daneben erstreckt sich die Anlage des **Nichiren Buddist Temple.**

Wieder entlang *Highway 83* passiert man **Three Tables** mit felsigem Strand und der Surferstelle *Rubber Duckies.* Kurz darauf geht es am Waimea Point und einem besonders gut zum Schwimmen und Schnorcheln geeigneten Strand vorbei, ehe die auf der Bergseite der Waimea Bay befindliche Abzweigung zu den **Waimea Falls** erreicht wird.

Die Zufahrtsstrasse zum **Waimea Falls Park** führt eng durch ein üppig grünes Tal. Der Park bietet hauptsächlich botanische Gartenanlagen mit herrlichen Blumen und Pflanzen, die alle mit erklärenden Schildern versehen sind. Wer nicht laufen möchte, kann einen Pendelbus besteigen, von dem aus während der Fahrt Erklärungen erfolgen. Zur Attraktion des Parks gehören die Klippenspringer, die aus etwa 17 m Höhe von den Felsklippen über den Wasserfällen in den darunter befindlichen Pool springen. Mehrmals täglich Vorführungen sowie Hula Tanz Shows. Naturlehrpfade laden zu Spaziergängen ein. Eintritt.

Wieder entlang *Highway 83* passiert man den **Waimea Beach Park** mit den angeblich größten reitbaren Wellen der Welt! Dieser Strand gilt als das Herz des Surferparadies auf Oahu. Im Winter sammeln sich viele Zuschauer rund um die Bucht, um die Surfer auf den monumentalen Surfs zu beobachten. Gleich nach der Brücke geht es zum Parkplatz für den Strand. Im Sommer sind die Surfs in der Bucht zahm. Wer allerdings keine Erfahrung mit dem Ozean hat, sollte im Winter nicht am Strand entlangspazieren, da die oft unerwartet nahenden Wellen weiter als erwartet reichen. Eine Gedenktafel am Strand gedenkt Eddie Aikau, der als *Lifeguard* Tausenden das Leben gerettet hat. 1978 kam Eddie etwa 20 mi/32 km vor der Küste um, als das doppelwandige Kanu *Hokulea* der *Polynesian Sailing Society* kenterte.

Durch den Ort **Kapaeloa Beach** mit felsigem Strand passiert man rechts den Felsen **Kipa Rock** und dahinter **Kawailoa Beach** mit schönem Sandstrand der **Laniakea Beach**. Der generelle Name des Strandabschnitts von **Waimea Bay** bis **Haleiwa Beach Park** ist **Kawailoa Beach** und umfasst die entlang des Highways liegenden Strände **Papailoa, Laniakea** und **Chun's Reef.**

Hinter Waimea Bay Beach wird der Autoverkehr zwar stärker, aber immer wieder wechselt die Landschaft von Surfs zu Viehweiden mit Rindern. Gegenüber der Milchfarm passiert man den **Haleiwa Beach Park** mit Toiletten. Der Ort **Haleiwa** (bedeutet Heimat der Fregattvögel) bildet den kommerziellen Mittelpunkt der North Shore Region mit einer Anzahl von Geschäften, Restaurants und touristischen Unternehmen, die sich hauptsächlich mit Wassersport wie Surfen und Schnorcheln beschäftigen. Die Zufahrt zum **Haleiwa Beach Park** mit herrlichen Surfs und Bootshafen auf der Ostseite der Waialua Bay ist gut ausgeschildert. Der Strandpark ist mit Picknickeinrichtungen, Toiletten, Snack Shop sowie Strandaufsicht/*Lifeguard* ausgestattet. Auch Camping möglich; County Permit erforderlich. Dies ist eine der wenigen Stellen entlang der gesamten **North Shore**, wo man als „Normalsterblicher" im Winter sicher schwimmen kann. Ein Denkmal erinnert im Strandpark an die Gefallenen des Koreakriegs **Korean War Memorial.**

Am Westufer der Waialua Bay liegt der **Haleiwa Ali'i Beach Park;** hauptsächlich Surfing, obwohl auch einige Stellen zum Schwimmen geeignet sind; felsig mit Korallenbänken. Wer sich die Zeit nehmen will, kann sich in Haleiwa im Jameson's By the Sea Restaurant zum Sonnenuntergang einfinden; berühmt für seine Sunset Drinks und eben Beobachten des Sonnenuntergangs. Superstop am Nordende von Haleiwa! Bei Tischreservierung Fensterplatz verlangen! Tel. (808)637-4336.

Hinter der Brücke über den Lokola Stream geht es links an einer Tankstelle und rechts am Yachthafen vorbei. Am Westrand von **Haleiwa** reihen sich viele Geschäfte, Galerien und Shopping Plaza mit Supermarkt aneinander. In dieser Gegend findet man auch preiswerte Einkaufsmöglichkeiten im Factory Outlet, wo Markenartikel meistens sehr günstig zu ab Fabrik Preisen angeboten werden. Etwa eineinhalb Kilometer hinter dem Hauptzentrum gelangt man kurz nach Überqueren der Doppelbrücke Twin Bridges zum Verkehrskreisel **Weed Circle,** wo *Highway 83* endet. Vom Kreisel geht es auf *Highway 99* Richtung **Honolulu.**

Setzt man die Fahrt am Verkehrskreisel entweder auf *Waialua Beach Road* oder *Kaukonahua Road/Highway 930* fort, erreicht man den Ort **Waialua** (bedeutet „zwei Wasser"). Über den *Highway 930,* dem *Farrington Highway,* geht es in Richtung Kaena Point, wo die höchsten Wellen die Küste angreifen.

Um die Jahrhundertwende war die „Zuckerstadt" Waialua Endstation einen Sugar Train zum Transport von Zuckerrohr und verfügte über ein modernes Strandgebiet mit Hotelanlagen und Ferienhäusern. Heute wird die Gegend nahezu übersehen. Pferde werden wie Autos entlang der Hauptstraße „geparkt". Die in der Ortsmitte befindliche, noch aktive Sugar Mill ist eine unschöne Erscheinung. Der **Mokuleia Beach Park** liegt westlich der Ortschaft; Picknickeinrichtungen, Toiletten und Strandaufsicht/*lifeguard.* Der gegenüber vom Flugplatz befindliche Strand **Mokuleia Army Beach** ist sehr breit und sehr privat. Vom **Dillingham Airfield** werden Segel- und Rundflüge arrangiert. Kurz dahinter endet die Straße und führt als Fußpfad zum **Kaena Point.**

Kaena Point liegt etwa 2 1/2 mi/4 km vom Ende der Straße; ca. 3 Std. für Hin- und Rückweg einplanen. Unbedingt Wasser mitnehmen. **Kaena Point** ist auch vom Straßenende über Makua auf der Waianae (*leeward* = windabgewandt) Seite Oahus erreichbar. Im Winter können die Wellen oft bis zu 12 m Höhe erreichen. Erfahrene Surfer lassen sich hier gelegentlich vom Helikopter mit Tauchgerät ab. Am **Kaena Point** befinden sich mehrere Heiaus (Tempelanlagen).

Von Mokuleia bzw. Waialua gelangt man über *Haleiwa Road* mitten durch Wohngebiet zurück zum **Weed Circle,** um die Fahrt zurück nach **Honolulu** via *Highway 99* fortzusetzen. Anschliessend nun zur Beschreibung der Fahrt via *Highway 99.*

Auf Hwy 99 von Haleiwa nach Honolulu
Etwa 30 mi/48 km bis Waikiki

Vom Verkehrskreisel Weed Circle hinter **Haleiwa** geht es auf dem *Highway 99* (auch *Kamehameha Highway* genannt) in Richtung Wahiawa und Honolulu. *Highway 99* schneidet sich quer durch die Insel Oahu. Unterwegs überwiegend rote Erde mit Zuckerrohr- und Ananasfeldern. Zu bestimmten Jahreszeiten wird man hier von herrlichem Duft begleitet. *Highway 99* begann am **Weed Circle** bei **MM 0.** Bei etwa **MM 6** passiert man die **Helemano Plantation** direkt neben der **Dole Pineapple Plantation.** Der Komplex umfaßt ein Restaurant, Country Store & Bakery (Gemischtwarenhandlung und Bäckerei) und Souve-

Route: Hwy 99 Haleiwa–Honolulu

nirladen sowie Toiletten und Telefon. Kostenlose Führungen und Hula-Lektionen sowie Fertigung von Leis. Die **Helemano Plantation** ist eine Art Behindertenwerkstätte, in der die Bewohner mit Blumenzucht, Obst- und Gartenbau beschäftigt sind und Cafeteria sowie Bäckerei betreiben. Ferner demonstriert man hier auch traditionelle Handwerkskunst. Bei der **Dole Pineapple Plantation** kann man sich die Ananasfelder von nahem ansehen. Von hier hat man auch einen guten Blick auf den **Kolekole Pass**, wo **1941** japanische Jagdbomber zum Bombenangriff auf die US-Flotte in Richtung **Pearl Harbor** entlangflogen.

Kurz hinter dem **Dole Pineapple Pavilion**, in dem man für die dort angebotenen Waren meist mehr als im Supermarkt bezahlen muß, verläßt man gewöhnlich *Highway 99* und folgt stattdessen dem links bzw. geradeaus verlaufenden *Highway 80,* der als *Kamehameha Highway* Richtung **Wahiawa** weiterführt. Inmitten der Kreuzung, wo *Highway 99* abbiegt, liegt der **Pineapple Variety Garden.** Hier kann man sich etwas über die Ananasproduktion in Hawaii informieren.

Dort wo auf der Nordseite des *Highway 80* links die *Whitmore Avenue* zum **Whitmore Village** abbiegt, gelangt man südwärts über eine unbefestigte Straße zu den **Kukaniloko Birthing Stones,** der sogenannten Geburtsstätte der Nobelklasse Hawaiis. Hier stößt man auf einen Eukalyptushain mit etwa 40 riesigen Felsbrocken inmitten eines Feldes. Früher kamen die königlichen Ehefrauen in Begleitung der Männer und Frauen der Nobelklasse hierher, um ihre Kinder zur Welt zu bringen. Nach der Geburt versteckte man die Nabelschnur des Neugeborenen als geheiligten Talisman jeweils in den Felsritzen. Auf Felsen mit Felszeichnungen (Petroglyphs) achten.

Kurz hinter der Abzweigung zu den **Kukaniloko** Steinen erreicht *Highway 80* die Stadt **Wahiawa.** Ringsum immer noch ein Meer von Ananasfeldern. Hinter der Brücke stößt man auf der Höhe von *Kilani Avenue* auf einen Supermarkt gegenüber von 7-Eleven Laden. Über *California Avenue* erreicht man auf der Nordseite von **Wahiawa** den **Wahiawa Botanic Garden.** Hier findet man exotische Bäume, Blumen, Farne aus aller Welt; Eintritt frei, *self-guiding tour*/selbstführender Rundgang. Im südlichen Teil der Stadt gelangt man im Bereich von *Olive Road* zu Zippy's (der preiswerten Restaurantkette) und McDonald's. Kurz dahinter wird die Wilson Brücke überquert, unter der sich der **Wahiawa State Freshwater Park** erstreckt, und man stößt auf den Freeway *H-2 South,* der bei **MM 0** beginnt und zunächst als 6spurige Autobahn (3 Spuren in jede Richtung) zurück in die „Zivilisation" führt, aber immer noch an der Waiana Range von Ananasfeldern begleitet wird.

Wer von der Dole Pineapple Plantation auf *Highway 99* weiterfährt, gelangt am **Kemo Farms** Restaurantkomplex vorbei zum Komplex des Militärgeländes der **Schofield Barracks Military Reservation.** Die Kaserne stammt aus der Jahrhundertwende, benannt nach General John Schofield, einem frühen Befürworter der strategischen Bedeutung von Pearl Harbor. Ein Schild weist darauf, daß sich hier immer noch die Heimat der

OAHU
North Shore–Pearl Harbor

Infanterie Tropic Lightning befindet. Über den Eingang **McComb Gate** gelangt man zum **Tropic Lightning Museum** mit Exponaten, die bis in die Zeit des Kriegs von 1812 zurückgehen. Unter den Exponaten Flugzeuge aus dem Zweiten Weltkrieg, chinesische Gewehre aus dem Koreakrieg und die tödlichen *Pungi Traps* von Vietnam. Manche Stücke des Mu-seums wurden inzwischen zum Army Museum in Waikiki verbracht, doch es ist trotzdem recht interessant, sich die Anlage ansehen zu können, die als eine der schönsten militärischen Einrichtungen der Welt gilt.

Egal, ob man *Highway 80* oder *Highway 99* zur Fortsetzung der Fahrt gewählt hat und nun auf Freeway *H-2* weiterfährt, *H-2* geht nach kurzer Zeit in Freeway *H-1* über. *Freeway H-1* führt in der einen Richtung als *H-1 West* bei **Exit 1B** weiter nach **Ko Olina** zum *Highway 93,* der als *Farrington Highway* nach **Makaha** und **Makua** Richtung **Kaena Point** entlang der **West Shore** (*leeward* = windabgewandte Seite) von Oahu läuft. In der anderen Richtung geht es auf *H-1* vom **Exit 1A** (von *H-2*) über **Pearl City** und **Aiea**, am Flughafen Honolulu International Airport vorbei, zurück nach **Honolulu** und **Waikiki**. Exit 1A ist die letzte Ausfahrt von *H-2* mit Anschluß an *H-1* Richtung **Honolulu** (**Exit 8** für *H-2,* von *H-1* **von** Honolulu kommend!).

Von *H-1* hat man auf der Weiterfahrt einen guten Blick auf **Pearl Harbor.** Bei **Exit 10** wird der Freeway *H-1* sechsspurig. Über **Exit 13B** erreicht man Haleiwa Heights und das Sportsta-

Schlüssel zur Baxter Info-Karte Oahu Nord-Südachse
Oahu Westseite/North Shore–Pearl Harbor

Orientierung:
1- USS Arizona Memorial
 -Ford Island
2- Downtown Honolulu 5 mi/8 km
 -Waikiki 10 mi/16 km
3- Ewa Sugar Mill
 Zuckerrohrfabrik
4- Waipahu Sugar Mill
 Zuckerrohrfabrik
5- Mililani Golf Course
 Golfplatz
6- Wahiawa Botanical Gardens
7- Schlucht
8- Helemano Plantation
 -Dole Pineapple Plantation
 Ananasplantage/Kostproben/Verkaufsstelle
9- Del Monte Tropical Fruit Fields
 Anbaugebiet tropischer Früchte mit Beschilderung der Pflanzen
10- Weed Circle
 Verkehrskreisel
11- North Shore/Sunset Beach
 Großartige Surfstrände:
 Sunset Beach/Banzai
 Pipeline/Ehukai Beach/Sunset Rip
 -Turtle Hilton
 -Polynesian Cultural Center
 -Waimea Falls
 Wasserfälle
12- Haleiwa Beach Park
13- Mokuleia Beach Park
14- Glider Rides
 Segelflugbetrieb
 -Skydive
 Fallschirmspringen
15- Ukanipo Heiau
16- Yokohama Beach
 Sandstrand
 -Makua Beach
17- Barking Sands
18- Kaneana Cave
 Steinhöhle, leider spray-vandalisiert!
19- Makaha Beach Park
 berühmter Surfstrand
20- Lahilahi Point
21- 7-Eleven Laden
 Tankstelle/Snacks
22- Pokai Bay/Pokai Beach Park
 gepflegter Strandpark
 Surfing/Schnorcheln/Toiletten
23- McDonald's
24- Maili Beach Park
 langer Strand/Schnorchel-möglichkeit
25- Ulehawa Beach Park
 Toiletten/Picknick/Surfstrand
 (Body-Surfing)
26- Lualualei Beach Park
 niedrige Klippen/Korallenriff
27- Paradise Cove Luau
28- Ko Olina Resort
29- Kolekole Pass
30- Ananasfelder
31- Zuckerrohrfelder
32- Dole Cannery Square
 Shopping/Restaurants
33- Sand Island
34- Kaneaki Heiau
 Kirche aus dem 17. Jh./bei Sheraton Makaha Resort erkundigen

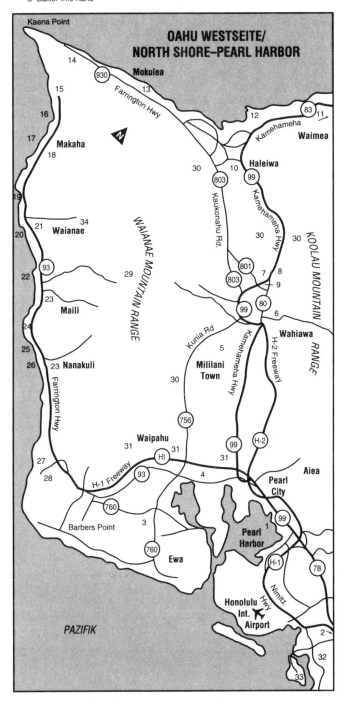

OAHU
Waikiki

dion **Aloha Stadium.** Über **Exit 15A** folgt man *Highway 92 West* nach **Pearl Harbor,** Hickham Air Force Base und **Arizona Memorial.** Über **Exit 15B** gelangt man auf *Highway 92 East,* dem sogenannten *Nimitz Highway.* Sowohl *Highway 92 East* als auch Freeway *H-1* führen weiter nach **Honolulu** und **Waikiki.**
Exit 16 führt von *H-1* zum Flughafen **Honolulu International Airport.** Über **Exit 20** gelangt man auf *Highway 63/Likelike Highway* zum **Bishop Museum.** Nach **Downtown Honolulu** benutzt man am besten **Exit 21.** Für **Waikiki** geht es bei **Exit 23** auf *Punahou Street,* von der über *Phillips Street* auf *Kalakaua Avenue* übergegangen wird. *Kalakaua Avenue* führt dann direkt nach **Waikiki Beach.**

Nun von Honolulu zum berühmten Badeort Waikiki.

WAIKIKI

„Weltberühmter Badestrand – Me Kealoha Pumehana a Mau = stets willkommen"

Waikiki, Honolulus „Strandvorort" mit seinem weltberühmten Badestrand, ist eine einzigartige Mischung von Kultur, Klima und exotischer Schönheit. Waikiki ist das Traumziel von Urlaubern aus aller Welt. Hier treffen Ost und West aufeinander. **Waikiki Beach** ist eine der berühmtesten Strandbuchten der Welt. Der Strand besteht aus vielen natürlichen und künstlich angelegten Strandbereichen und erstreckt sich in östlicher Richtung an Oahus Südküste, vom Ala Wai Yachthafen bis fast zum Diamond Head, dem Wahrzeichen Waikikis.

Bis 1929 gab es nur eine Handvoll Hotels, doch heute reiht sich ein Hotelkomplex an den anderen. Die meisten Hotels

Schlüssel zur Baxter Info-Karte Honolulu Airport nach Waikiki

Orientierung:
1-Postamt/Post Office
2-Flughafen Terminal
3-Pearl Harbor
 -Arizona Memorial
 via Exit 15A von H-1
4-Exit 18A von H-1 nach
 East Waikiki via Hwy 92
5-Bishop Museum
6-Pineapple Cannery
 Shopping/Restaurants
7-Chinese Cultural Plaza
8-Poster Botanic Garden
9-Aloha Tower
 -Hawaii Maritime Museum
 Schiffsmuseum
10-Downtown Honolulu
 -State Capitol
 -Iolani Palace
11-Kamehameha Statue
12-Restaurant Row
13-National Memorial Cemetery of the
 Pacific
 Nationalfriedhof
14-Queen Emma Summer Place
15-Zum Pali Lookout
16-Concert Hall
17-nach Waikiki
 Exit 23 von H-1 Eastbound
 via Punahou St.
18-Ala Moana Shopping Center
 Einkaufen/Restaurants
19-Diamond Head
20-nach Waikiki

Unterkunft/Vorwahl (808):
A-$$ Holiday Inn
 836-0661
 gebührenfrei 1-800-800-FIRST
 Fax 833-1738
B-$$ Best Western The Plaza Hotel
 836-3636
 gebührenfrei 1-800-800-HOTEL
 Fax 834-7406
 -$$ Pacific Marina Inn
 2628 Wai Wai Loop
 836-1131
 gebührenfrei 1-800-548-8040
 Fax 833-0851

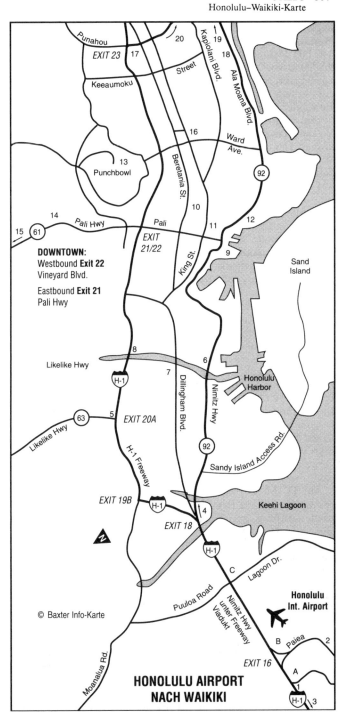

liegen direkt oder nur wenige Gehminuten vom berühmten **Waikiki-Strand** entfernt. An einem Tag tummeln sich etwa 145 000 Menschen am Strand und entlang der Boulevards. Fast 90 000 davon sind Touristen, etwa 35 000 Pendler, die täglich zur Versorgung der Touristen aus verschiedenen Teilen Oahus zur Arbeit kommen, der Rest verteilt sich auf die ständigen Bewohner Waikikis.

Den Begriff **Waikiki** könnte man etwa mit „aufschäumendes Wasser" übersetzen. **Waikiki** war bereits bei der frühen Bevölkerung Hawaiis beliebt und hat sich entwickelt. Die Geschichte **Waikikis**, dem einst sumpfigen Gebiet, begann Ende der 1790er Jahre. Kalanikupule, ein Häuptling Oahus hijacked die *Jackall*, ein kleines Schiff unter dem Kommando von Captain Brown, um damit einen Angriff auf Kamehameha I. durchzuführen. Dem Häuptling gelang es zwar, die *Jackall* einige Zeit zu halten, doch vor Diamond Head konnte die Besatzung ihr Schiff wieder unter Kontrolle bekommen, worauf die Hawaiianer an Land schwimmen mußten. Der Kapitän eilte danach zu Kamehameha, der mit seiner Armada von Doppelrumpfkanus, die vor **Waikiki** lagen, anrückte, und Kalanikupule 1795 in der berühmten Schlacht von **Nuuanu Pali** besiegte. Danach wurde **Waikiki**, vom Diamond Head markiert, ein weithin bekanntes Wahrzeichen.

Waikikis Landesinnere bestand aus flacher Sumpflandschaft, bekannt für Fischteiche, Taro-, Reis- und Bananenanbau, doch zum Wohnen ungeeignet. Der Strand jedoch hatte immer Sonne und perfekte Wellen zum Surfen, ein Sport, den bereits die ersten Hawaiianer liebten. Kamehamehas Nachfolger machten Honolulu zur Hauptstadt und ließen Strandhütten bei **Waikiki** errichten und luden hohe Persönlichkeiten dort zu ihren Privatstränden ein. In den 1880er Jahren war König Kalakaua bekannt dafür, seine Gäste in seinen Strandhäusern zu bewirten. Einer seiner beliebten Gäste war Robert Louis Stevenson, der hier viele Monate mit der Arbeit an einem seiner Romane verweilte. Um die Jahrhundertwende war **Waikiki** zu einem sehr exklusiven Ferienziel geworden.

Am 11. März **1901** wurde das **Moana Hotel** eröffnet (1989 restauriert und als Banyan Wing des Sheraton Moana Surfrider wiedereröffnet), gegen das sich sofort Protest erhob, da es den Blick auf Diamond Head blockierte. Nachdem man **1906** die Moskito verseuchte Gegend von Waikiki für gefährlich und ungesund erklärt hatte, wurde Anfang der 1920er Jahre schließlich als Gegenmaßnahme der **Ala Wai Kanal** gebaut, der das Sumpfgebiet entwässerte und **Waikiki** davon abgrenzte. Gegen Ende der **1920er** Jahre entstand das **Royal Hawaiian Hotel**, an der Stelle, wo sich einst die königlichen Strandhäuser befanden, für sehr reiche Gäste, die mit den Ozeandampfern ankamen und oft eine ganze Saison blieben.

Etwa 40 Jahre lang war **Waikiki** Hollywood Stars und Millionären vorbehalten. Doch während der kurzen Zeit des Zweiten Weltkrieges bekamen die vom Festland auf **Waikiki** stationierten amerikanischen Soldaten Geschmack auf dieses Ferienparadies. Sehr bald entwickelte sich der Drang, dieses wundervolle **Waikiki** zu erleben. In den 60er und Mitte der 70er Jahre schossen Hotels und Condos aus dem Boden. Und mit Ankunft der ersten Jumbo Jets gab es eine wahre Touristenexplosion.

Heutige Hawaiibesucher suchen immer noch **Waikiki** auf, versuchen aber, auch die Nachbarinseln kennenzulernen. Doch **Waikiki** bleibt stets das Hauptziel eines Hawaiiaufenthalts. Das berühmte Strandgebiet Honolulus zwischen dem Meer und dem **Ala Wai Kanal**, begrenzt vom malerischen **Diamond Head,** ist kaum zwei Quadratkilometer groß. Hauptschlagader des Tourismus und Flaniermeile ist die **Kalakaua Avenue** mit ihren Hotels, Restaurants und unzähligen Geschäften.

Die Einkaufsmöglichkeiten – Einkaufen zählt schließlich zu einer der Lieblingsbeschäftigungen der Touristen – sind in **Waikiki** mit Shopping Malls, Ladenstraßen und Einkaufszentren grenzenlos. In der Modewelt gilt Honolulu mit **Waikiki** mittlerweile als Paris des Pazifiks. Hier sind die großen Namen der Modewelt vertreten. Das Angebot an Hotels, Restaurants und Unterhaltung ist so vielseitig, dass man oft die Qual der Wahl hat. Wer nicht nur faul am Strand liegen will, findet gewiss auch bei dem Angebot der Aktivitäten das Passende – mit allen möglichen Wassersportarten, Golf, Tennis, Drachenfliegen, Fallschirmfliegen und anderem.

Außer seinem berühmten Strand bietet **Waikiki** aber auch eine ganze Reihe von Attraktionen, die sich meist zu Fuß erreichen lassen. Hier nun zunächst zu **Waikikis Attraktionen.**

WAIKIKI ATTRAKTIONEN

Waikikis Attraktionen sind fast alle zu Fuß erreichbar. Außerhalb liegende Sehenswürdigkeiten, beispielsweise in Downtown Honolulu oder in der Honolulu Area, können von Waikiki aus bequem und sehr billig mit dem Stadtbus **TheBus** angesteuert werden.

● **Ala Moana Shopping Center** – siehe Shopping.

● **Ala Wai Canal,** entlang *Ala Wai Blvd.* Beim Bau des Kanals brauchte der Boden nicht betoniert zu werden, da der Kanal aus festem Korallenmaterial ausgehoben wurde.

● **Ala Wai Golf Course,** auf der Bergseite des Ala Wai Kanals. 18-Loch-Kurs; flaches aber anspruchsvolles Gelände. Vom Zoo an Kapahulu Library vorbei entlang *Kapahulu Avenue.* Bus #2, Haltestelle Kapahulu & Leahi. Vermietung von Golfschlägern. Sehr populär.

● **Atlantis Submarines.** Hilton Hawaiian Village. Unterwasserabenteuer in einem U-Boot; siehe Aktivitäten.

● **Damien Museum and Archives,** 130 Oahu Avenue. Kleines, aber faszinierendes Museum hinten in der St. Augustin Kirche in Waikiki mit Exponaten über das Leben von Pater Damien, dem „Märtyrer von Molokai". Fotos und Erinnerungsstücke sowie ein Video über die Geschichte der Kalaupapa Siedlung auf Molokai. Mo.–Fr. 9–15 Uhr, Sa. 9–12 Uhr.

● **Diamond Head,** am Ostende von Waikiki. Erloschener Vulkankrater, an dem im 19. Jh. Seeleute Kalkspatkristalle fanden, die sie für Diamanten hielten. Die Hawaiianer gaben dem Berg den Namen Leahi, da er der Schnauze des gelbflossigen Thunfischs ähnelte. Man kann den 230 m hohen Kraterrand besteigen – siehe **Honolulu Exkursion**.

● **Duke Paoa Kahanamoku Statue.** An der *Kalakaua Avenue* (Ecke *Kalakaua Avenue* & *Uluniu Road*) gegenüber von Hyatt Regency Hotel stößt man am Rand von Waikikis Kuhio Beach auf die große Statue eines Surfers mit Surfbrett. Es ist ein Denkmal an Hawaiis Symbolfigur des Surfens, den mehrfachen Olympiasieger und Goldmedaillengewinner Duke Kahanamoku. Die Statue wurde am 24. August 1990 anläßlich des 100. Geburtstages des 1968 verstorbenen Duke, der als Vater des modernen Surfsports gilt, aufgestellt. Eine Tafel am Fuß der Statue informiert über Duke:
Duke Paoa Kahanamoku; 24. Aug. 1890–22. Jan. 1968. Raised in Waikiki ... Der in Waikiki aufgewachsene Duke war Vollblut-Hawaiianer und galt bei Millionen von Menschen als Symbolfigur Hawaiis. Er war mehrfacher Olympiasieger und weltschnellster Schwimmer. In den Jahren 1912 bis 1932 gewann er bei vier Olympiaden drei Gold-, zwei Silber- und eine Bronzemedaille. Man nennt ihn den „Father of International Surfing" (Vater des internationalen Surfens).

Duke führte das Surfen an den östlichen Meeresküsten von Amerika, in Europa und Australien ein. Er wurde als Held gefeiert, als er 1925 fünf Menschen, die bei Corona del Mar, in Kalifornien gekentert waren, mit seinem Surfbrett vor dem Ertrinken rettete. Von 1925 bis 1933 wirkte er als Filmschauspieler und wurde von 1934 bis 1960 für dreizehn hintereinanderfolgende Amtszeiten zum Sheriff von Honolulu gewählt. Seit 1912 galt er als Hawaiis Ambassador of Aloha (Aloha-Botschafter). Er gab seinem Namen, seiner Rasse, seinem Bundesstaat und uns allen Ehre.

● **Fort DeRussy.** Westseite von Waikiki, an *Ala Moana Blvd. & Kalakaua Ave*. Erstmals 1904 erbauter Armeestützpunkt als Erholungszentrum für Militärangehörige benutzt. Auf dem Gelände befindet sich das **Battery Randolph Army Museum**, an *Kalia Road;* Eintritt frei. Di.–So. 10–16.30 Uhr.

● **Hard Rock Cafe,** 1837 Kapiolani Boulevard, am Rande von Waikiki. Weltberühmtes Restaurant (Prominenz unter den Lokalbesitzern – Tom Cruise und Steven Spielberg), bekannt für seine große Rock'n Roll Memorabilien-Sammlung; Gitarren, Fotos, Surfboard, Cadillac „Woody" über der Bar. Seit 1987 in Honolulu. Restaurant, hauptsächlich mit amerikanischer Küche, leckere Hamburger, öffnet ab 11.30 Uhr. Souvenirladen mit T-Shirts. Zivile Preise. Waikiki Trolley **Stop #3**.

● **Hawaii IMAX Theatre.** 325 Seaside Avenue. Gigantische, 5stöckige, 21 m breite Leinwand. Hervorragende Filme über die Inseln Hawaiis und Vulkanismus; gute Einführung und Einstimmung für den Besuch anderer Hawaii Inseln.

● **Hilton Hawaiian Village.** 2005 Kalia Road. Das 1955/56 von Henry J. Kaiser erbaute Hotel beherbergt den 1959 von Buckminster Fuller kontruierten **Hilton Dome**, die erste geodätische Kuppel, die in den USA gebaut worden war. Die Kuppel/Dome ist weltberühmt als einstige Wohnung des hawaiischen Entertainers Don Ho. 1961 kaufte Conrad Hilton das Hotel, das inzwischen mehrfach renoviert wurde. Für die 87 m hohen Wandgemälde aus Keramikfliesen der Rainbow Towers wurden über 16 000 Fliesen verwendet. Der Hotelkomplex ist eine selbständige „Siedlung" mit vielen großartigen Geschäften und fabelhaften Restaurants, einer reizvollen Lagune mit künstlicher Insel – alles öffentlich.

● **Honolulu Zoo.** 151 Kapahulu Ave., gegenüber von Kuhio Beach, am Ewa-Ende des Kapiolani Park. Der 1914 errichtete Zoo beherbergt eine seltene Sammlung tropischer Vögel sowie etwa 2 000 andere Tierarten, darunter Galapagos Schildkröten, Mandschurei-Kraniche, Mungos und Nene

OAHU 611
Waikiki Attraktionen

Gänse, Hawaiis Staatsvogel. Vor dem Eingang zum Zoo eine Statue Mohandas Mahatma K. Gandhi. Zoo-Öffnungszeiten: 8.30–16 Uhr; Eintritt.

- **Ilikai Hotel,** 1777 Ala Moana Blvd. Berühmtes Hotel mit blauen Balkonen, am Ala Wai Yachthafen.

- **International Market Place.** Kalakaua Ave. Über 170 Läden, Restaurants, Läden mit hawaiischem Kunsthandwerk. Einkaufsparadies und International Food Court.

- **Kalakaua Avenue.** Nach König David Kalakaua, dem „Merry Monarch" (der fröhliche Monarch), benannt, der den Iolani Palast bauen ließ. *Kalakaua Avenue* kreuzt mit *Kapiolani Boulevard,* benannt nach Kalakauas Gattin, Königin Kapiolani. Sehenswert sind die prächtigen alten Hotels Sheraton Moana Surfrider und Royal Hawaiian Hotel.

- **Kapiolani Park.** Der nach Königin Kapiolani, der Gattin von König Kalakaua, benannte Park, wird als öffentlicher Freizeitpark zum Picknick, Drachenfliegen, Joggen oder Ballspielen genutzt. Kapiolani Park wurde der Bevölkerung von Hawaii am 11. Juni 1877, am Kamehameha Day, von König David Kalakaua übergeben. Weitere Einzelheiten siehe Abschnitt **Kapiolani Park.**

- **Kewalo Boat Harbor.** Nähe Waikiki an *Ward Avenue & Ala Moana Blvd.* Bootshafen mittlerer Größe mit Zentrum kommerzieller Fischfangboote sowie Ausflugsboote. Abfahrt von Charterbooten, Booten für Tauchtrips sowie Dinner Cruise Ships, Glasbodenbooten und Segeljachten sowie des Ausflug-U-Boots Nautilus. Waikiki Trolley **Stop #15.**

- **Kodak Hula Show.** Kapiolani Park. Di., Mi. & Do. 10 Uhr. Kostenlose Hula Show in der Waikiki Shell. Ensemble von Tänzerinnen und Musikerinnen in typischer Hawaii-Kleidung präsentieren die Geschichte des Hulas. Diese Show gehört bereits seit 1937 zu Waikikis Attraktionen. Rechtzeitig einfinden und Kamera mitbringen.

- **Kuhio Beach Park.** Strand, an dem man wohlgeschützt schwimmen kann. Vermietung von Surfbrettern; man kann Surf-Stunden nehmen, um sich an Waikikis zahmen Wellen zu üben.

- **United States Army Museum.** Kalia Road, im Fort DeRussy Komplex. Befindet sich in der ehemaligen Battery Randolph mit 6 m dicken Mauern. Exponate von allen möglichen Kriegen, sogar vom Amerikanischen Unabhängigkeitskrieg (bevor Hawaii von Europäern entdeckt wurde). Di.–So 10–16.30 Uhr. Eintritt frei.

- **Waikiki Aquarium.** 2777 Kalakaua Avenue, am Ostende von Waikiki. Das 1904 gegründete Waikiki Aquarium ist das drittälteste öffentliche Aquarium der USA. Der Schwerpunkt des Aquariums liegt auf Meereslebewesen Hawaiis und des Südpazifiks; es beherbergt über 250 Arten einschließlich Haien, Mönchsrobben, Riesenmuscheln, lebende Korallen, Tintenfische, grüne Meeresschildkröten und farbenprächtige Korallenfische.
  Hawaiian Monk Seal Habitat, ein Freigehege, das das natürliche Habitat dieser vom Aussterben bedrohten Mönchsrobbenart simuliert. Im **The Reef Machine** hat man ein lebendes Korallenriff in Miniatur geschaffen. **Hunters of the Reef** ist eine Einrichtung mit Haien und anderen Raubfischen der Korallenriffe der hawaiischen Gewässer. Täglich 9–17 Uhr. Eintritt. Waikiki Trolley **Stop #2.**

- **Waikiki Shell.** Monsarrat Avenue. Freilufttheater mit Sitzplätzen sowie Rasenplätzen für Konzerte vom Honolulu Symphonieorchester bis hawaiische Musik.

- **War Memorial Natatorium.** Das 1927 gebaute Schwimmstadion ist ein Meerwasser-Schwimmbad, das den vielen Bewohnern Hawaiis gewidmet wurde, die während des Ersten Weltkriegs umkamen. Hier traten auch

612 OAHU
Waikiki Beach Area

Schlüssel zur Baxter Info-Karte Waikiki Beach Area
mit vielen Baxter-Tips

Nützliches & Interessantes:
1. Surferstatue
   Duke Paoa Kahamoku
   mehrfacher Olympiasieger
2. Honolulu Police
   Polizeistation
   - Banyan Baum
   Schatten/Telefon/Duschen
3. Hertz/Budget
   Autovermietung
4. Captain's Galley Steakhouse
   „Early Bird Special" 17–18.30 Uhr
5. ABC Laden
   große Auswahl an Souvenirs/
   Snacks
6. Hale Aloha AYH Hostel
   Youth Hostel/Jugendherberge
   2417 Prince Edward
   8–10, 17–19 Uhr geöffnet
   926-8313
7. Moped Rental
   Mopedvermietung/Schnorchelausrüstung
   - Pizza (Verkauf über die Straße)
8. Perry's Smorgy Restaurant
   populär, preiswert
9. Waikiki Hotel & Hostel
   2431 Kuhio
   924-2636
10. Avis
    Autovermietung
11. King's Village
    Läden/Restaurants
    - Burger King
    24 Std. geöffnet
12. McDonald's
    - Aloha Express Travel
    - Coffee Shop/Restaurant in Waikiki
    Circle Hotel
13. Denny's
14. Jack in the Box
    - ABC Laden
15. Info Kiosk
16. ABC Laden
17. Ky's Steak
18. Chili's
19. Supermarkt
    24 Std. geöffnet
20. Pharmacy
    Apotheke
21. Pizza Hut
    - ABC Laden
22. E-Z Discount Store
    Lebensmittel/Verschiedenes
24. Waikiki Trade Center
    - Burger King
25. Jack in the Box
26. Cinema/Kino
    - Hawaii IMAX Theatre
27. Duty Free Store
    Zollfrei-Laden
    von Japanern überlaufen
28. Louis Vuitton
    teures Reisegepäck
29. Burger King
30. Japanese Restaurant
    „Early Bird Specials" 17–18.30 Uhr
    Gerichte ausgestellt
31. ABC Laden
32. Kentucky Fried Chicken
33. Mexikanisches Restaurant
34. Post Office/Postamt
35. Alamo
    Autovermietung
36. Fort DeRussy
    - U.S. Army Museum of Hawaii
37. Italienisches Restaurant
    - McDonald's
38. J.R.'s Restaurant
    - Burger King
39. Perry's Smorgy Restaurant
    preiswert
40. International Market Place
    - Kuhio Mall
41. Royal Hawaiian Shopping Center
    über 140 Geschäfte
    - Supermarkt
    - Aloha Showroom
    Legends in Concert/4. Stock/
    Res. 971-1400
    Superstar Impressionisten
    „live on stage"
42. Banyan Tree
43. Jack in the Box
    - ABC Laden
    Lebensmittel/Snacks/Souvenirs/
    Strandmatten/Sonnenschutzmittel
44. Schachspieler Treff
45. Matteo's Italian Restaurant
    Fisch/ital. Küche
46. Kuhio Beach Park at Waikiki
47. Liberty House
48. Subway
    - Jack in the Box
49. zum Freeway H-1
50. Zoo
51. Waikiki Trolley Stop
52. Minimarkt
    - Seagull Restaurant
    preiswertes Frühstück/Ananas-
    pfannkuchen
53. Key Largo
    beliebter Pub
54. Nuumuu Fashion
    hawaiische Muumuus zu ab Fabrik-
    preisen

Unterkunft/Hotels:
A - Sheraton Moana Surfrider
B - Aston Waikiki Beachside
   - Aston Waikiki Circle Hotel
   - Restaurant mit gutem Frühstück/
   preiswerte Dinnerangebote/Dinner
   Specials
C - Waikiki Parc Hotel
D - Pacific Beach
E - Hawaiian Regent
F - Hawaiian Waikiki Beach
G - Waikiki Grand – A Marc Hotel
H - Outrigger Prince Kuhio Hotel
L - Royal Grove
M - Pacific Monarch
   - Alamo Autovermietung
N - Kaulana Kai
O - Outrigger East
P - Waikiki Hana
R - Waikiki Prince
S - Aston Coral Reef
T - Marine Surf Waikiki
U - Outrigger Malia
V - Outrigger Surf
W - Kai Aloha
X - Outrigger Royal Islander
Y - Outrigger Reef
Z - Imperial of Waikiki
AA - Outrigger Waikiki Tower
BB - Outrigger Village
   - Outrigger Coral Seas
CC - Outrigger Reef Towers
DD - Sheraton Waikiki
EE - Halekulani

OAHU 613
Waikiki Beach Area-Karte

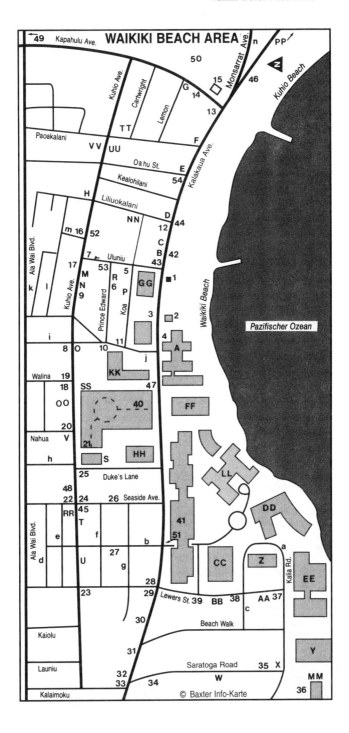

berühmte Olympiaschwimmer einschließlich Hawaiis viermaligem Olympiasiegers Duke Kahanamoku zu Wettkämpfen an. Heute ist das Natatorium leider in einem etwas schlechten Zustand.

● **Waikiki Gateway Park,** wo die Hauptstraßen am Eingang von Waikiki zusammenschmelzen. Hier steht eine Statue von König David Kalakaua, ein Werk des Künstlers Sean K.L. Browne. Eine zweite Statue steht in Hilo auf Hawaii (Big Island) unter einem Banyan Tree, den Kalakaua vor über 100 Jahren pflanzte.

Waikiki Hotels

Waikiki, das als Spielplatz der Reichen des 19. Jh. begann, entwickelte sich Anfang der 1970er Jahre ohne große Planung in ein überlaufenes City Resort. Der Ala Wai Kanal zog **Waikikis** Nord- und Westgrenze mit Waikiki Beach im Süden und Diamond Head im Osten. In diesen Landzipfel eingezwängt drängen sich rund 150 Hotels und Resort Condominiums (Ferienwohnungen mit rund 34 000 von Ohaus insgesamt 37 000 Zimmern), etwa 1 000 Geschäfte und Läden, 400 Restaurants und 350 Bars und Nightclubs. Da es bei der Fülle an Hotels unmöglich ist, sie alle zu erfassen und nach Kategorien gerecht aufzuteilen, sollen hier nur einige wegen ihrer speziellen Eigenschaften und etwas Hotelgeschichte ein wenig vorgestellt werden. Weitere Hotels sind den **Baxter Info-Karten Waikiki Beach** und **Waikiki Beach Area** zu entnehmen.

● **Hilton Hawaiian Village** 949-4321
Fax 947-7898
2545 Zimmer auf 8 Hektar Gelände für diejenigen, die große und aufregende Hotels mit Nightclubs und flimmernder Diskobeleuchtung lieben. Eine Stadt für sich mit Shopping Village, Showbühne, großem eigenen Strand am Westrand von Waikiki.

● **Hyatt Regency Waikiki Resort** 923-1234
Fax 923-7839
Einen ganzen Straßenblock füllende Hotelanlage (1230 Zimmer) mit zwei je 40 Stockwerke hohen Hoteltürmen an jeder Seite. Blick auf Diamond Head und Waikiki Beach direkt vor der Tür. Glitzernd und aufwendig aufgemacht mit Wasserfall im Atrium. Kunst, Musik und blühende Pflanzen, elegante Geschäftspassagen. Hier standen einst die Kokoshaine, die die alten Hawaiianer **Uluniu** nannten, und gegenüber vom Strand befand sich **Pualeilani,** die elegante Strandresidenz von Königin Kapiolani. Dort, wo sich heute Waikikis Polizeistation befindet, plazierte man lange vor Oahus Königen die „Zaubersteine" **Wizard Stones of Kapaemahu** als Tribut für vier „Wizards".

Fortsetzung Hotelschlüssel zur Waikiki Beach Area

FF- Outrigger Waikiki on the Beach	TT-Aston Waikiki Sunset
GG-Hyatt Regency Waikiki	-Ocean Resort Hotel
HH-Waikiki Beachcomber	UU-Hawaiian Regent
KK-Sheraton Princess Kaiulani	VV- Aston at the Waikiki Banyan
LL- Royal Hawaiian	
rosa Hotelkomplex	**Straßenschlüssel:**
MM-Outrigger Reef Lanais	a-Kalia Rd. — h-Nohonani
-Outrigger Royal Islander	b-Royal Hawaiian Ave. — i-Kanekapolei
NN-Waikiki Resort Hotel	c-Helumoa — j-Kaiulani
OO-Outrigger West	d-Aloha Dr. — k-Tusitalia
PP-New Otani Kaimana Beach	e-Manukai — l-Cleghorn
RR-Royal Kuhio	f-Waikolu — m-Kapili
SS-Miramar at Waikiki	g-Lauula — n-Monsarrat Ave.

OAHU 615
Waikiki Hotels

- **Sheraton Moana Surfrider** 922-3111
  Fax 923-0308

Wird gerne die *„First Lady of Waikiki Beach"* genannt. Moana ist Honolulus ältestes Hotel (1901), war das erste Hotel am Strand; eine faszinierende hölzerne, herrlich restaurierte (1989 mit Banyan Wing neueröffnet) Nobelherberge mit Geschichte, aber sündhaft teuer! Eleganz in einer Art um die Jahrhundertwende. Der Banyan Court hat die schönste Strandbar/ The Beach Bar im Freien von Honolulu.

- **Royal Hawaiian Hotel** 923-7311
  Fax 926-3255

Wird wegen seines rosafarbenen Anstrichs *„The Pink Palace of the Pacific"* genannt. 1927 eröffnet; alt, elegant und traditionell mit weiten Gängen, hohen Decken, herrlichen Blumenarrangements, das „Real Thing" mit dem Elan der 20er und 30er Jahre!

- **Halekulani**... 923-2311
  Fax 926-8004

1981 wurde sein Vorgänger abgerissen; 1983 neuerbautes Halekulani eröffnet – es entstand Hawaiis exquisitestes Hotel, elegant und offen. Sogar wenn die 456 Zimmer belegt sind, herrscht hier angenehme Stille und Ruhe. Zwei erstklassige Restaurants (aber teuer) La Mer und Orchids. Restaurant House Without A Key, benannt nach dem Haus des gefeierten Schriftstellers Earl Derr Biggers, der all die „Charlie Chan" Krimi Stories schrieb.

- **Hawaiian Regent**....................................... 922-6611
  Fax 921-5255

Groß (etwa 1 346 Zimmer) und sehr lebhaft. Viel Tourbetrieb besonders von Japanern. 6 verschiedene Restaurants und über 20 Läden und Boutiquen in der Shopping Arkade. Gegenüber Kuhio Beach.

- **Imperial**... 923-1827
  Fax 923-7848

Hier befand sich einst ein Heiau oder religiöse Stätte aus Stein, **Heluma** genannt.

- **The Breakers**....................... gebührenfrei 1-800-426-0494

Ruhige Gartenvilla mit Charme von gestern. Liegt mittendrin und hebt sich wohltuend von den Hotel-Riesen ringsum ab, nur 64 Zimmer, die sich um einen kleinen Swimmingpool mit Palmen reihen. Jedes Zimmer (großflächig geschnitten) mit kleiner Küche; ideal für Familien.

- **Outrigger Reef Lanais**................................. 923-3881
  gebührenfrei 1-800-688-7444

Eines der kleinsten, preiswertesten und familienfreundlichsten der etwa 20 Hotels dieser Kette in Waikiki; angenehme Zimmer, ruhige Lage in Strandnähe.

- **Waikiki Beachcomber** 922-4646
  Fax 923-4889

Turmbau im Herzen Waikikis, zentral zu Shopping und Nachtleben, direkt neben dem weltberühmten International Market Place. Geräumige, helle Zimmer und Balkons mit Blick auf die Stadt.

- **Outrigger Prince Kuhio** 922-0811

Kuhio Avenue, ca. 5 Gehminuten zum Waikiki Strand.

- **Outrigger Reef on the Beach** 923-3111

Kalia Road, direkt am Strand   Fax 924-4957

- **Sheraton Princess Kaiulani**............................ 922-5811
  gebührenfrei 1-800-334-8484
  Fax 923-9912

Kaiulani Avenue, mitten in Waikiki, wenige Gehminuten zum Strand. Abends Polynesische Show. Das Gelände des Queen Emma Estate oder auch **Ainahau** genannt, Besitz der Prinzessin, die nie regierte – Prinzessin Kaiulani. Der schottische Poet Robert Louis Stevenson, der ein großer Freund und Mentor von Prinzessin Kaiulani war, erhielt den samoanischen Namen **Tusitala.**

- **Sheraton Waikiki** 922-4422
  Fax 923-8785
  Kalakaua Avenue (hieß früher Waikiki Road) am Waikiki Strand, sehr zentral gelegen.

- **Aston Island Colony** .... gebührenfrei 1-800-922-7866
  Fax 922-8785
  Seaside Avenue, nahe dem Ala Wai Kanal, 10 Gehminuten zum Waikiki Strand.

- **Aston at the Waikiki Banyan** .... gebührenfrei 1-800-922-7866
  Fax 922-8785
  Oahu Avenue, zentral, wenige Gehminuten zum Waikiki-Strand.

- **Aston Waikiki Sunset** .... gebührenfrei 1-800-922-7866
  Fax 922-8785
  Pookalani Avenue, nahe Kapiolani Park, wenige Gehminuten vom Strand.

- **Outrigger Maile Sky Court**............................ 947-2828
  Kuhio Avenue, am Anfang von Waikiki.   gebührenfrei 1-800-688-7444

- **Outrigger Mailia** 923-7621
  gebührenfrei 1-800-688-7444
  Kuhio Avenue, wenige Gehminuten zum Waikiki-Strand.

- **Outrigger Village**.................................... 923-3881
  gebührenfrei 1-800-688-7444
  Lewers Street, wenige Gehminuten zum Waikiki-Strand   Fax 922-2330

- **Hawaiian Waikiki Beach**............................... 922-2511
  gebührenfrei 1-800-877-7666
  Fax 923-3656
  Durch Kalakaua Avenue vom Waikiki-Strand getrennt.

- **Park Shore** 923-0411
  gebührenfrei 1-800-922-7866
  Fax 922-8785
  Kalakaua Avenue; etwas laut, aber in bester Lage zwischen Strand und Kapiolani Park; gegenüber vom Zoo. Zimmer in oberen Stockwerken mit „Ocean View" buchen.

- **Coconut Plaza** 923-8828
  gebührenfrei 1-800-882-9696
  Fax 923-3473
  Lewers Street; gepflegtes, kleineres Hotel am Ala Wai Kanal. Alle Zimmer mit Küche; freundlich eingerichtet.

- **Royal Grove Hotel** 923-7691
  Fax 922-7508
  Uluniu Avenue; einfaches, kleines Hotel in Nebenstraße nahe dem Waikiki-Strand; mit Swimmingpool.

- **New Otani Kaimana Beach** 923-1555
  gebührenfrei 1-800-367-2303
  Diamond Head, abseits vom Trubel Waikikis, aber mit guter Aussicht auf Waikiki. Das The Hau Tree Lanai ist ein ruhiges Strandrestaurant.

- **Kahala Mandarin Oriental** 734-2211
  Elegantes, altes, aufwendig renoviertes Hotel in exklusiver Wohngegend des Villen-Viertels Kahala. 15 Fahrminuten von Waikiki, abseits vom Trubel für hochprofilierte Filmleute und Hollywood Stars wie Harrison Ford,

Richard Gere und Jack Nicholson, Industriekapitäne und Politiker. Viel Prominenz. Lagune mit Delphinen, Wasserschildkröten und Fischen in gepflegter Gartenanlage. Frühstücksbuffet im Plumeria Beach Cafe. Hotel Shuttle (Gebühr).

Waikikis zwei **Jugendherbergen** liegen nur etwa 5 Gehminuten voneinander. Beide sind freundliche, relativ preiswerte und saubere Unterkünfte.

- **Hale Aloha Youth Hostel,** 2417 Prince Edward St. 946-0591
zwei Straßen hinter dem Hyatt Regency; 8–10 Uhr, 17–21 Uhr.
- **Waikiki Hotel & Hostel,** 2412 Kuhio Ave. 924-2636
- **Waikiki Prince,** 2431 Prince Edward St. (neben Hale Aloha). 922-1544
eine der billigsten Unterkünfte; als *hostel* gelistet.

Für den Ausflug von Waikiki zur Nordküste Oahus:
- **Turtle Bay Hilton** 293-8811
gebührenfrei 1-800-HILTONS
Fax 293-9147

Kein großes Hotel, aber das einzige Hotel an der North Shore, wo die gigantischen Surferwellen brechen und sich Meeresschildkröten tummeln.

Restaurants

Waikiki ist so gut bestückt mit **Restaurants** aller Art, dass es unmöglich ist, auch nur annähernd alle aufzuführen. Aber ganz gewiss ist die Vielfalt der vielen internationalen Restaurants einmalig. Man findet ausser der hawaiischen Küche, die man unbedingt versuchen sollte, viele Restaurants mit chinesischer, japanischer, vietnamesischer, koreanischer, französischer, italienischer sogar einige mit deutscher Küche (aber die kann man zu Hause jederzeit geniessen). Interessante Kreativität der Köche zeigt sich bei der Pacific Rim Cuisine, die als Hawaii Regional Cuisine ein Mix verschiedenster Küchen aller um den Pazifik liegenden Nationen unter Verwendung einheimischer Zutaten ist. Allein in Waikiki gibt es über 400 Restaurants und 350 Bars und Nightclubs.

Die meisten Hotels verfügen über erstklassige Restaurants, und in den verschiedenen Shopping Centers findet man häufig eine Konzentration von Spezialitätenrestaurants. Schnellimbiss-Lokale sogar mit chinesischer oder mexikanischer Küche, japanische Sushi-Bars, italienische Trattorien, amerikanische Coffeeshops, koreanische BBQ-Lokale sowie die bekannten Fast-Food Ketten sind auch reichlich vertreten. Manche Restaurants bieten zudem noch Unterhaltung und Happy Hour.

- **Banyon Veranda;** im Sheraton Moana Surfrider. Stimmungsvolles Terrassenlokal, Tische im Freien, luftig mit Strandaussicht auf Waikiki Beach. Musikalische Unterhaltung. Frühstück, Mittagessen, Nachmittagstee/Afternoon Tea (15 – 17 Uhr) & Sunset Cocktails. Zivile Preise und elegante Atmosphäre. Für alle, die 'mal in die Nobelherberge hineinschnuppern wollen und sich die sündhaft teuren Zimmerpreise nicht leisten können. 922-3111.

- **Beachcomber Restaurant.** 2300 Kalakaua Ave. Täglich wechselndes internationales Buffet. Grandioses Sunday Brunch, preiswert. 922-4646.

- **Benihana of Tokyo.** Hilton Hawaiian Village. Japanische Küche bekannter Restaurantkette. Speisen werden nach alten japanischen Rezepten am Tisch zubereitet. Mittag- & Abendessen; Steaks, Geflügel und Shrimps. 955-5955.

OAHU
Waikiki Baxter-Tips

 Baxter Tips für Waikiki

- **Kostenlose Touristenbroschüren** durchforsten, die im Flughafen, Hotel oder an Straßenständen ausliegen.

- **ABC-Läden** über ganz Waikiki verteilt – fast alles zu **vernünftigen Preisen** zu haben, von Strandmatten (sehr billig) zu Sonnenschutzmittel, Ansichtskarten, Snacks und Souvenirs.

- Eines der verschiedenen **Luaus** (hawaiisches Festessen mit Hula Schow und Gesängen) ausprobieren – echtes Erlebnis.

- Alle **Strände öffentlich**. Viel Sonne in Waikiki; gleich von Anfang an **Sonnenschutzmittel** verwenden; langsam an Sonne gewöhnen (Sonne brennt unbarmherzig).

- **Ruhigere Gegend** entlang des Fußwegs zum **Sheraton Waikiki** und vor dem **Sheraton Royal Hawaiian** Hotel; die Atmosphäre des **pinkfarbenen** Traditionshotels genießen.

- Obwohl die Hotels große Auswahl an Restaurants bieten, nicht das Angebot an **Fisch-, China- und Steak Lokalen** übersehen. Südostasiatischer Einfluss der hawaiischen Küche unverkennbar.

- Beim **Spätabendbummel** auf Hand- und Brieftaschen **aufpassen**.

- **Spaziergang** zum nahen Zoo oder Aquarium unternehmen.

- **International Market Place** erleben. War bereits ein blühendes Einkaufszentrum, bevor Elvis Presley dort in den Fünfziger Jahren sang. Bietet Atmosphäre eines Basars, der um einen riesigen Banyan Baum und den International Food Court angelegt ist.

- **Romantisches** Erlebnis am Strand **Kuhio Beach,** wenn dicht beim Sheraton Moana Surfrider die abendliche Fackelentzündung stattfindet.

- Abfahrt der **Linienbusse** von **Kuhio Avenue.**

- Frühmorgens oder spätnachmittags entlang des 25 Straßenblocks langen **Ala Wai Kanal** wie die Einheimischen **joggen.**

- **Gottesdienst am Strand;** direkt am Strand vor dem Hilton Hawaiian Village.

- Jeden Freitagabend **Feuerwerk** direkt am Strand beim Hilton Hawaiian Village.

- Bei gesundheitlichen Problemen: **Aloha Waikiki Health Clinic,** Waikiki Medical Building, 305 Royal Hawaiian Avenue, gegenüber von Woolworth. 924-9988.

- **Deutsches Brot** und Brötchen in **The Pâtisserie** beim Outrigger Edgewater Hotel, 2168 Kalia Rd. und Outrigger West Hotel, 2330 Kuhio Ave.

- Über **kostenlosen** historischen Spaziergang durch Waikiki beim Hyatt Regency Waikiki erkundigen; Mo., Di., Mi. Anmeldung erforderlich.

- **Buzz's Steak & Lobster.** 225 Saratoga Rd. Herrliche Salatbar, bekannt für gute Steaks und Seafood. Vernünftige Preise. 923-6762.

- **Cafe Regent.** 2552 Kalakaua Ave., im Hawaiian Regent Hotel. Im Freien nach dem Muster europäischer Kaffeehäuser; leichtes Mittagessen oder Frühstück.

OAHU 619
Waikiki Restaurants

- **Captain's Galley.** Sheraton Moana Surfrider. Steaks, Hummer, Fisch. Teuer. 922-3111.

- **Captain's Table.** Hawaiian Waikiki Beach Hotel – teuer. Populär bei Einheimischen; große Auswahl an Speisen; sonntags Brunch mit Ausblick auf das Treiben am Strand. 922-2511.

- **China Garden.** 2299 Kuhio Ave., in Hotelhalle des Coral Reef Hotel. Waikikis „Hauptquartier" für herrliche chinesische Fisch- und Seafood-Gerichte zu vernünftigen Preisen. 923-8383.

- **Chuck's Steak House.** Outrigger Edgewater Hotel. Das Original Chuck's Steak House, seit über 30 Jahren in Betrieb. Steaks sowie Fischgerichte. Zivile Preise. 923-6111.

- **Ciao Mein.** Hyatt Regency Waikiki. Schickes Dinner. Restaurant serviert eine Mischung italienischer und chinesischer Gerichte. Teuer. 923-2426.

- **The Colony.** Hyatt Regency Waikiki; bietet die besten Fleischportionen, frische Muscheln, Hummer, Salatbar und leckeren Nachtisch. Atmosphäre des kolonialen Indiens. Vornehm und elegant; etwas teuer. 923-1234.

- **Dave's Ice Cream.** Im Food Court des International Market Place. Täglich frisch zubereitetes Eis mit hawaiischen tropischen Früchten und Nüssen. Sorten wie Macadamia Nut, Coconut, Pineapple, Ananas, Mango und mehr.

- **Daruma.** Royal Hawaiian Shopping Center, Hibiscus Court, 1. Stock (2nd floor). *Daruma* bedeutet auf japanisch „viel Glück". Authentische japanische Speisen wie Sukiyaki, Shabu Shabu, Sashimi und Nudelgerichte zu vernünftigen Preisen. 926-8878.

- **Duke's Canoe Club.** 2335 Kalakaua Ave., im Outrigger Waikiki. Surfer-Dekor; opulentes Frühstücksbuffet, amerikanische Küche mit Fisch und Steaks. Idealer Standort zum Beobachten des Strandlebens. 922-2268.

- **Fook Yuen Seafood Restaurant.** Im McCully Shopping Center, auf dem jenseitigen Ufer des Ala Wai Kanals, Ecke *McCully St. & Kapiolani Blvd.* Fisch und andere Seafood-Gerichte im Taro Nest sowie vegetarische Speisen.

- **Germaine's Luau.** International Market Place. Di. & Fr. 11.30 & 13 Uhr.

- **Hanatei Bistro,** 6650 Kalanianaole Hwy; außerhalb von Waikiki. Attraktives Restaurant mit asiatisch-französischer Küche.

- **Hanohano Room.** Sheraton Waikiki Hotel. 30 Stockwerke über Waikiki. Weltklasse Küche; ausgezeichneter Sonntagsbrunch, sündhaft teuer; romantische Atmosphäre. 922-4422.

- **Hard Rock Cafe.** 1837 Kapiolani Blvd. Ecke *Kapiolani Blvd. & Kalakaua Ave.,* beliebter Treff. Leckere Hamburger, aber man kommt eigentlich ausschließlich hierher, um dieses „Rock'n Roll Museum" zu erleben. Übrigens haben Tom Cruise und Steven Spielberg in dieses Lokal investiert. Souvenirladen mit T-Shirts usw.

- **Harpo's Pizza.** 477 Kapahulu Ave. 15 Min. vom Zoo Richtung Berge. Preiswerte und berühmte Pizzas. 732-5525.

- **Hofbrau.** International Market Place. Bayrische Bierlokal-Atmosphäre mit deutscher Küche, laute Musik und Tanz.

- **House Without A Key.** 2199 Kalia Rd., im Halekulani Hotel; benannt nach dem Haus des gefeierten Schriftstellers Earl Derr Biggers, der alle die „Charlie Chan" Krimi Stories schrieb. Opulentes Frühstücksbuffet, leichter Mittagstisch; zivile Preise. 923-2311.

- **Island Chinese Cuisine.** Kuhio Mall, 1. Stock (2nd floor). Regionale chinesische Küche, gefüllter Hummer; New York Steak sowie Fisch- und Krebsgerichte; zivile Preise. 926-3611.

OAHU
Waikiki Trolley

Schlüssel zur Baxter Info-Karte Waikiki Trolley Route
Trolley Stops mit Attraktionen in der Umgebung

Orientierung:
Waikiki Trolley Stops
1-Royal Hawaiian Shopping Center
 Ecke Kalakaua/Royal Hawaiian Ave.
 -Waikiki
 -Hawaii IMAX Theatre
 -Royal Hawaiian Hotel
 rosafarbener Hotelbau am Strand
2-Waikiki Aquarium
 an Kalakaua Ave.
 -Waikiki Shell
 Konzertbühne
 -Kodak Hula Show
 -War Memorial Natatorium
 -Honolulu Zoo
 -Kapiolani Park
3-Hard Rock Cafe
 an Kalakaua Ave. vor Kapiolani Blvd.
 -Ala Wai Kanal
 -Kalakaua Ave.
4-Maui Divers
 Jewelry Design Center
 an Liona St. zwischen Kaheka & Keeaumoku Sts./
 Korallenschmuck/Besichtigung/Verkauf
 -Beretania Street
 -Shingon Mission
 -Pagoda Hotel
5-Honolulu Academy of Arts
 an S. Beretania St./Kunstsammlung
 -Thomas Square
 Parkanlage
 -Blaisdell Concert Hall
 -Neal Blaisdell Center
 Elvis Presley trat hier auf
6-State Capitol/Iolani Palace
 an S. Beretania St.
 -Iolani Palace
 -Father Damien Statue
 -Coronation Pavilion
 -Eternal Flame
 -Washington Place
 Gouverneurspalast
 -Hawaii State Library
 -Honolulu Hale
 Rathaus
 -Old Federal Building
 -St. Andrews Episcopal Church
 Queen Liliuokalani Statue
7-Hawaii Maritime Center
 direkt vor dem Hawaii Maritime Center
 -Aloha Tower
 Aussichtsturm und Ausstellung
 -Aloha Tower Marketplace
 Läden, Restaurants, Cafes, Unterhaltung
 -Falls of Clyde
 Viermastsegler
 -Windjammer Cruises
 Ausflugsboote
 -Navatek I
 modernes Ausflugsboot
8-Dole Cannery Square
 an Iwilei Rd. Shopping, Restaurants
9-Hilo Hattie
 an Nimitz Highway/Besichtigung der Kleiderfabrik/Verkauf typischer Hawaii-Kleidungsstücke
10-Bishop Museum
 an Bernice Street/Hawaii State Museum of Natural and Cultural History
11-Foster Botanic Garden/Asia Mall
 an Kukui Street
 -Chinatown/Stadtrundgang
 -Sun Yat-sen Statue
 Gründer der Republik China
 -Kuan Yin Temple
 Buddhatempel
12-Chinatown/Asia Mall
 an Ecke King & Maunakea Sts.
 -Oahu Market
 Freiluftmarkt
 -Our Lady of Peace Cathedral
 Beretania & Fort Street
 -Fort Street Mall
 Fußgänger Einkaufszone
 -Merchant Street
 mit einigen der ältesten Häuser der Stadt
 -Honolulu Harbor
 Hafengebiet
13-King Kamehameha Statue/
 Mission Houses Museum
 an South King Street vor der Statue
 -Aliiolani Hale
 ursprünglich als Königspalast geplant, heute Sitz der Gerichtsbarkeit des Staates
 -Judiciary History Center
 im Aliiolani Hale
 -Kawaiahao Church
 aus Korallenblöcken erbaute Kirche (1842)
14-Restaurant Row
 an Pohukaina Street
 Shopping & Restaurants/ zweistöckige Uhr im Zentrum des Komplexes
15-Kewalo Boat Harbor
 am Ala Moana Blvd.
 Abfahrtstelle der Ausflugsboote
 -Star of Honolulu/Starlet/Holo Holo Kai
 -Stardancer
 -Nautilus Waikiki
 -Sportfishing Charter
 -Atlantis Reef Divers
 Tauchexkursionen
16-Ward Warehouse
 an Auahi Street/Stadtbus-Haltestelle Shopping Center
 -Ala Moana Farmers Market
 Obst- & Gemüsemarkt/ Wochenmarkt/Fisch & Geflügel
17-Ward Centre
 an Auahi Street/City Bus Stop
 Shopping Plaza mit verschiedenen Restaurants
 -Ala Moana Beach Park
 populärer Strand
 -Ala Wai Yacht Harbor
18-Ala Moana Shopping Center
 an Kona Street hinter City Bus Stop für Waikiki
 über 200 Geschäfte und ca. 30 Restaurants/weltgrößte Freiluft Shopping Mall
 -Haupt Busbahnhof
 Endstation & Umsteigestation
 -Ala Wai Yacht Harbor
 populärer Yachthafen
 gefilmt für Gilligan's Island
 -Ala Moana Hotel
 mit Aussichtsrestaurant in der Spitze

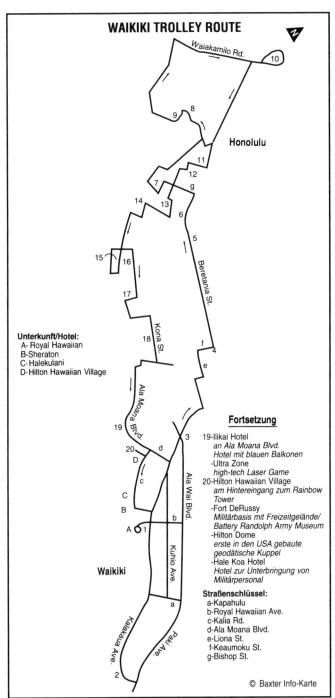

Waikiki Restaurants

- **Islander Coffee House.** 247 Lewers Street, Reef Tower Hotel. Populäres, preiswertes Lokal, Spezial-Frühstück täglich, Mittag- & Abendessen. 923-3233.

- **Jack in the Box,** Fast-food mit mehreren Filialen, auch an *Kalakaua & Uluniu.*

- **Jolly Roger Restaurant.** 2244 Kalakaua Ave. Teriyaki Steaks, BBQ. Hähnchen und Fisch; gute Küche, Superpreise – sehr preiswert! Jeden Abend Happy Hour. 923-1885.

- **J.R. Chinese Buffet Garden.** International Market Place. Chinesische Küche (Mongolisch, Peking-, Shanghai, Szechuan, Cantonese) mit „*all you can eat*" Buffet; zivile Preise.

- **K.C. Drive Inn.** 1029 Kapahulu Ave. Populärer Diner, seit über 50 Jahren beliebt bei Einheimischen und Zugezogenen. Spezialität sind Waffle Hot Dogs und Ono Ono Shakes mit Erdnussbutter.

- **Key Largo,** Ecke *Prince Edward & Uluniu;* ein Pub – „a pub like no other" in Waikiki.

- **Kenneke's BBQ.** Außerhalb von Waikiki in Waimanalo, ein Strassenblock vom Strand, neben Postamt. Lunch-Teller im „Inselstil" mit Reis; sehr preiswert und populär. Der Tip für den Strandausflug!

- **Keo's Thai Cuisine.** 1200 Ala Moana Blvd. Thailändische Küche mit exotischen Gerichten in tropischer Gartenatmosphäre. Einigermaßen zivile Preise. 533-0533.

- **Kona Kai Coffee.** 1982 Kalakaua Ave. Frischer Kaffee direkt von der Big Island (Hawaii). Espresso Bar.

- **La Mer.** Halekulani Hotel. Elegant und teuer; französische Küche und Hawaii Regional Cuisine, eine Erfindung des Küchenchefs George Mavrothalassitis und einer Gruppe von Küchenchefs, die Anleihen an den Küchen aller Länder rund um den Pazifik macht. 923-2311.

- **Lewers Street Fish Co.** 247 Lewers St., Outrigger Reef Towers. Typisches Family-Style Restaurant; Fisch, Seafood, Chowders, Pasta, Calamari; preiswert. 971-1000.

- **The Luau.** 2300 Kalakaua Ave., Waikiki Beachcomber Hotel. Luau Buffet auf der Terrasse am Strand mit Gesangs- & Show-Unterhaltung. So., Di., Do. 18.30 Uhr. Zivile Preise. 395-0677.

- **Lobster & Crab House.** Royal Hawaiian Shopping Center, 1. Stock (2nd floor). Großartige Seafood-Spezialitäten und Pasta zu zivilen Preisen. Attraktion ist das große Haifisch-Aquarium im Restaurant. 922-6868.

- **Lobster Hut.** 2375 Ala Wai Blvd. Preiswerte Hummerspezialitäten und Mahi Mahi. 926-6811.

- **Maika.** Ilikai Hotel. Von Seafood bis Steaks nach japanischer Art vielfältige Auswahl an Speisen; auch Sushi Bar. Seafood Buffet. 946-5151.

- **Matteo's.** Ecke *Kuhio & Seaside Ave.* Populäres Restaurant, serviert klassisch italienische Gerichte. Zivile Preise. 922-5551.

- **McDonald's** – etwa ein halbes Dutzend Mal in Waikiki.

- **Monterey Bay Canners.** Outrigger Waikiki Hotel. Romantische Atmosphäre mit Blick über Waikiki Beach, frische Seafood-Gerichte. Abends Unterhaltung & Cocktails. Zivile Preise. 922-5761.

- **Momoyama.** Sheraton Princess Kaiulani. Japanische Küche, Bedienung im japanischen Kimono; verschiedene Sushis. Zivile Preise. 922-5811.

Waikiki Restaurants

● **Naniwa-Ya.** Royal Hawaiian Shopping Center, Ilima Court, 2. Stock (3rd floor). Größtes japanisches Restaurant von Hawaii; authentische japanische Küche mit frischem Seafood; japanische Spezialitäten wie Sushi, Sashimi, Tempura und Teriyaki. Zivile Preise. 923-7288.

● **Oceanarium Restaurant.** 2490 Kalakaua Ave., Pacific Beach Hotel. Amerikanische & internationale Küche. Schneller und freundlicher Service; dreistöckiges Fischbecken. Preiswert. 921-6111.

● **Odoriko.** King's Village. Opulentes Buffet mit allem möglichen an Seafood, Fisch, Roast Beef, Ribs, Austern und mehr für „king-size" Appetit. Sehr preiswert. 923-7368.

● **Ono Chef.** Kuhio Mall. „*All you can eat*" Spaghetti und Salatbar, preiswertes Frühstück und Tagesessen aus der Regionalküche.

● **Orson's.** Gegenüber vom Kewalo Basin, im 1. Stock (2nd floor) des Ward Warehouse. Spezialität frischgefangener Hawaii-Fisch. Zivile Preise. 521-5681.

● **Pacific Rim Cafe.** 1200 Ala Moana Blvd. Ultramodernes Interieur, interessanter Gourmettempel Honolulus mit Pacific Rim Küche. 593-0035.

● **Parc Cafe.** Waikiki Parc Hotel. Eines der besten Buffet Restaurants von Waikiki. Mittwochs hawaiische Spezialitäten wie Kalua Pig (im Erdofen gegartes Spanferkel). 921-7272.

● **The Pâtisserie,** im Outrigger Edgewater und Outrigger West Hotel; Frühstück, Kaffee und Kuchen mit tägl. frischen Brötchen, deutsches Brot und deutsche Wurstwaren; 922-6424 und 922-9752.

● **Pieces of Eight.** 250 Lewers Street. Waikikis ältestes Steak und Seafood House; frischer Fisch, Steak, große Salatbar, Clams; ringsum nautische Ambiance und Piano-Musik. Happy Hour bis 17 Uhr. Zivile Preise. 923-6646.

● **Ramen Ya.** Japanisches „Suppenlokal". Man sitzt auf langen Holzbänken und löffelt eine der „Ramen" (Suppen).

● **Rigger Restaurant** (The Rigger Restaurant). 2335 Kalakaua Ave., Outrigger Hotel; populäres Lokal für alle drei Mahlzeiten. Spezialitäten, Hawaiis beliebter Fisch Mahi Mahi, Teriyaki Hähnchen, Paniolo Steak, sehr preiswert. Happy Hour und Unterhaltung. Luau und polynesisches Unterhaltungsprogramm direkt am Strand. 922-5544.

● **Royal Steak & Seafood House.** Royal Hawaiian Shopping Center, Orchid Court, 2. Stock (3rd floor). Hier „fängt" man seinen eigenen Fisch oder Hummer – „catch and eat", der für einen zubereitet wird! Preiswert. 922-6688.

● **Saigon Cafe.** 1831 Ala Moana Blvd., zwischen Ilikai Hotel und Hilton Hawaiian Village. Einfache, vietnamesische Küche, Vegetarisches, freundlicher Service. Sehr preiswert. 955-4009.

● **Sandwich Island Coffee House.** Hawaiian Waikiki Beach Hotel; italienische, amerikanische, hawaiische und japanische Küche. Sehr populär und preiswert. 922-2511.

● **Seafood Emporium Restaurant.** Royal Hawaiian Shopping Center. Reiche Auswahl an Fisch und Seafood, ausgezeichneter Service; preiswert. 922-5547.

● **Seaside Cafe.** 342 Seaside Ave., gegenüber vom Waikiki Twin Theatre; preiswerte Fischspezialitäten, Pasta und Steaks; Tische auch im Freien. Zivile Preise. 923-4828.

● **Seagull Restaurant,** *Uluniu & Kuhio;* Ananaspfannkuchen, preiswertes Frühstück.

● **Secret.** Hawaiian Regent Hotel. Exklusives Restaurant. Die Hors d'oeuvres sind zwar gratis, aber sonst ist es teuer! Elegant. 921-5161.

OAHU
Waikiki Restaurants

- **Serendipity.** McCully Shopping Center, 1960 Kapiolani Blvd. Hier speist sogar die Prominenz wie Hawaiis Gouverneure, Tom Selleck und andere. Fisch und Lammspezialitäten; preiswert und gut! 946-0076
- **Shilla.** Royal Hawaiian Shopping Center, 2. Stock (3rd floor). Koreanisches BBQ. 924-7333.
- **Siam Inn.** 407 Seaside Ave., 1. Stock (2nd floor), Siamesische Küche, exotische Gerichte; auch Verkauf über die Strasse. Zivile Preise. 926-8802.
- **Shore Bird Beach Broiler.** 2169 Kalia Rd. Zum Frühstück „All you can eat" Buffet direkt am Strand, opulent und lecker, dazu noch preiswert! Spezialität abends beim „broil-your-own" – man bereitet seine ausgesuchten Speisen selbst zu! Originelles Grillen am Strand. 922-2887.
- **Spaghetti! Spaghetti!** Royal Hawaiian Shopping Center, Hibiscus Court, 2. Stock (3rd floor). „All you can eat" Salatbar & Spaghetti, Happy Hour; preiswert. 922-7724.
- **Studebaker's.** Restaurant Row (nur als Alternative für Downtown Abstecher). 500 Ala Moana Blvd. Originale „all-American" Bar & Diner mit „all you can eat" Buffet. Preiswert und originell, abends Disko. 531-8444.
- **Super Chef Gourmet Cuisine.** 2424 Koa Ave. Superpreiswerte Steaks, Hummerschwänze, Lamm; Mai Tais. Preistip. 926-7199.
- **Tahitian Lanai.** 1811 Ala Moana Blvd., Waikikian Hotel, zwischen Hilton Hawaiian Village und Ilikai Hotel. Exotische Umgebung und polynesische Atmosphäre mit Palmdach, Wasserfall und Strohhütten; seit 1956. Berühmt für herrliches Frühstück und sehr preiswert. 946-6541.
- **Tanaka of Tokyo.** King's Village und Waikiki Shopping Plaza, gegenüber von Royal Hawaiian Shopping Center, Ecke *Kalakaua & Seaside Ave*. Fantastisches japanisches Teppanyaki Steak Ritual kulinarisch, preiswert. 922-4233.
- **Texas Rock'n Roll Sushi Bar** im Hyatt Regency Waikiki. Themenrestaurant kombiniert texanische Spezialitäten wie BBQ-Ribs und Mesquitegeräucherte Prime Rib mit kreativen Sushi Zutaten. Mit Video-Wand, Karaoke, live Entertainment, Bedienung in Kimonos und Western Kleidung; sogar „Line dancing" kann gelernt werden.
- **Tony Roma's.** 1972 Kalakaua Ave. Beste Ribs der Insel sowie BBQ Hähnchen und weltberühmte Zwiebelringe; preiswert. 942-2121.
- **Trattoria.** 2168 Kalia Rd. Norditalienische Küche, gilt als eines der besten italienischen Restaurants. Zivile Preise. 923-8415.
- **Trellises.** Outrigger Prince Kuhio Hotel. Täglich wechselndes Buffet, Sunday Champagne Brunch; preiswert. 922-0811, Ext. 5151.
- **Waikiki Canoes.** Outrigger Waikiki Hotel, grosses Restaurant am Strand; überblickt Canoes, die durch die Waikiki Beachboys berühmt gewordene Surfstelle. Unterhaltung; asiatische, Southwestern und italienische Küche. Happy Hour. Etwas teuer. 922-CANU
- **Waikiki Seafood & Pasta Co.** 2280 Kuhio Ave. Pasta, Steaks und Seafood. Komfortabel, sauber, angenehm und gutes Essen. Sehr preiswert. 923-5949.
- **Wailana Coffee Houses.** 2211 Kuhio Ave., Outrigger Malia Hotel. 24 Stunden geöffnet; sehr preiswert, grosse Portionen. Happy Hour 10.30–18 Uhr. Baxter-Tip. 922-4769.

Shopping

Wenn man nicht mit einem Surfbrett unter dem Arm in Waikiki unterwegs ist, muß es die elegante Chanel-Tüte sein, mit der

Waikiki Shopping

sich die Massen von Waikiki entlang der Einkaufsstrassen und Hotelpassagen bewegen. **Shopping** gehört zum Freizeitsport, besonders bei den Japanern. Gelegenheit gibt es genug, in den feinen Hotelboutiquen, Shopping Malls und Outlet Centers sein Geld loszuwerden. **Waikiki** mausert sich zum Modezentrum. Die großen Namen der Modewelt sind im Ala Moana Shopping Center, Royal Hawaiian Shopping Center sowie in den Ladenstrassen der Nobelhotels wie Sheraton Moana Surfrider vertreten. Hier eine Übersicht der Möglichkeiten.

- **ABC Stores.** Eine Art „Tante Emma Laden", deren Filialen über ganz Waikiki verteilt sind, mit großer Auswahl an Snacks, Kosmetik, Souvenirs und Strandzubehör.

- **Ala Moana Shopping Center** – siehe **Honolulu**; 2 km von Waikiki mit Dior, Cartier, Fendi, Charles Jourdan, Tiffany, Chanel, The Gap, J.C. Penney, Liberty House, Woolworth, Sears, Postamt, Supermarkt, Drugstore.

- **Hard Rock Cafe** – Ecke Kalakaua & Kapiolani, 1837 Kapiolani Blvd. Souvenirs, T-Shirts, Jacken, Kappen, Buttons – stets ein Hit.

- **International Market Place,** 2330 Kalakaua Avenue, direkt gegenüber Royal Hawaiian Shopping Center, siehe **Baxter Info-Karte Waikiki Beach.** Food Court mit Thekenlokalen, internationale Küche. Basar-Atmosphäre rund um riesigen Banyan Baum.

- **King's Village,** 131 Kaiulani Ave.; 9–23 Uhr. Über 40 Geschäfte; Kopfsteinpflaster. Hula Vorführung, Celebrity Circle mit Hand- und Fußabdrücken wie in Hollywood, Sportgeschäfte, Freizeitkleidung, Restaurants. Täglich 18.15 Uhr Wachablösung, *Changing of the Guards,* in authentischen Kostümen aus der Zeit der hawaiischen Könige.

- **Kuhio Mall** – 2301 Kuhio Avenue; siehe **Baxter Info-Karte Waikiki Beach.** Über 90 Geschäfte und Restaurants in „Freilicht Mall", hinter International Market Place. Abends 19 & 20 Uhr kostenlose polynesische Show; elegante Modegeschäfte, bequeme Hawaii Freizeitkleidung, Blumenläden, Spielwaren, Schmuck, Kunsthandwerk.

- **Royal Hawaiian Shopping Center** – tägl. 9–22 Uhr, im Zentrum von Waikiki, entlang Kalakaua Avenue zwischen Lewers Street und Outrigger Hotel, gegenüber von International Market Place. Riesiger Komplex mit über 150 Geschäften, Restaurants und Einrichtungen auf vier Ebenen, Parkhaus; aufgeteilt in Gebäude A/**Hibiscus Court,** B/**Orchid Court** und C/**Ilima Court.** Toiletten in jedem Stockwerk.

Auf Straßenebene findet man etwa in der Hälfte des Komplexes den **Fountain Courtyard** mit Springbrunnen, direkt zwischen den Rolltreppen zum 1. Stock. Designerware, Mode internationaler Modeschöpfer von Gianni Versace, Chanel, Giorgio Armani bis Celine und Namen wie Hermes, Cartier sind hier zu finden. Swimsuit Warehouse im 3. Stock von Hibiscus Court mit Riesenauswahl an Badekleidung. **Harley Davidson** Klamotten und Sammlerartikel im Orchid Court im 1. Stock; interessant Memorabilien, Turbo Holzmodell nach dem Muster des Chopper aus dem Film *Easy Rider*. Denimjacken, T-Shirts, Schmuck, Gürtelschnallen, Lederzeug und Sonnenbrillen.

Baskin & Robbins, die Eisdielenkette, ABC Laden, Reisebüros, Lei Stände, Strandzubehör, Schnorchelausrüstung, verschiedenste Restaurants und mehr. **Unterhaltung** jeder Art im Hibiscus Court; Hawaiische Musik, Mini Show des Polynesian Cultural Center Di. & Do. 10 Uhr, oder Germaine's Luau Fr. 9.30 Uhr. Hier werden auch Kurse im Lei Fertigen oder Hula Tanzen geboten – über genaue Zeiten und Ort erkundigen. Im **Royal Hawaiian Shopping** Center ist immer etwas los. Abfahrt des Waikiki

626 OAHU
Waikiki Beach

Schlüssel zur Baxter Info-Karte Waikiki Beach
mit vielen Baxter-Tips

Wichtiges & Interessantes:
- 1-Banyan Tree
- 2-Jack in the Box
  - ABC Laden
    Snacks/Souvenirs
  - McDonald's
- 3-Surferstatue
  *Duke Paoa Kahanamoku
  mehrfacher Olympiasieger*
- 4-Honolulu Police
  Polizeistation/Waikiki Beach
  - Banyan Tree
    Schatten/Bänke/Telefon
- 5-Surfboard Vermietung
  - Katamaran Boottrip
  - Outrigger Trips (Doppelrumpfkanus)
- 6-Hertz/Budget
  Autovermietung
- 7-Surfrider Golf Shop
  alles für den Golfer
  - Jack in the Box
  - Aktivitätenzentrum
  - Luau
- 8-International Market Place
  - Hofbräu Waikiki
    *Hofbrauhaus/Tanz & Musik
    saubere Toiletten im Obergeschoss*
  - J.R. Chinese Buffet Garden
    „all you can eat/unbegrenzte Mengen"
  - International Food Court
- 9-American Express Travel Service
  - Aloha Airlines
- 10-Waikiki Trolley Stop
- 11-Jolly Roger Restaurant
  *Frühstück/Mittag- & Abendessen/
  preiswert/Tische im Freien*
- 12-Bank
  Geldwechsel/Change
- 13-House of Hong
  Chinalokal, vornehm
- 14-Lewers Street Fish Co.
  preiswertes Restaurant
- 15-Sheraton Parkhaus
- 16-Islander Coffee House
  populär für Snacks/Mahlzeiten
- 17-Treppe zur Sheraton Hotelhalle
- 18-Cafe Princess & Garden
  „Dinner Specials"/Ribs/Steaks/Salat
- 19-Captain's Galley Steakhouse
  „Early Bird Specials" 17–18.30 Uhr
- 20-Tiffany
  Schmuck & Parfum
- 21-Surfrider's The Banyan Veranda
  *Brunch/Afternoon Tea
  Superatmosphäre/Superblick*
- 22-Pharmacy
  Apotheke/Sonnenschutzmittel
  - Jack in the Box
  - Photo Shop
    Film- & Fotomaterial
  - Outrigger Arcade
    Läden & Durchgang zum Strand
  - The Rigger Restaurant
    Tagessen, abends Luau
- 23-Waikiki Business Plaza
  - Top of Waikiki
    *Drehrestaurant/Aufzug bis 18.
    Stock, weiter mit Rolltreppe*
  - Waikiki Lau Yee Chai
    *Chinalokal im 5. Stock/elegant
    authent. „Cantonese Cuisine"*
  - Hawaiian Visitors Center
    im 7. Stock/Mo.–Fr. 8–16.30 Uhr
  - Toiletten im 15. Stock
- 24-Waikiki Shopping Plaza
- 25-Polynesian Cultural Center
  Mo.–Fr. 8–22 Uhr
- 26-Chanel
- 27-Woolworth
- 28-Minute Chef
  Frühstück/Snacks/Hamburger/preiswert
- 29-Sheraton Pool
  - Breakfast Buffet
    Frühstücksbüfett
  - Polynesian Revue
  - Sheraton Travel Service
    *Flugtickets/Autovermietung/Neighbor
    Island Package (Inselhüpfen)/
    Golf- & Wassersport/tägl.
    7.30–18 Uhr geöffnet*
- 30-Surf Room
  *6.30–22 Uhr
  Kleidercode (keine Shorts!)*
- 31-Denny's
- 32-McDonald's
- 33-Chuck's Steak House
  seit 1959
- 34-Waikiki Beach Broiler
  *preiswertes Frühstück/Tagessen
  Happy Hour 18–21 Uhr*
- 35-Burger King
- 36-Springbrunnen
  *Fischerstatue mit Wasserfall/
  brennende Fackel*
- 37-Waikiki Theatre
- 38-Liberty House
- 39-Telefon
- 40-International Food Court
  *von kontinentaler Küche bis
  hawaiische Poi Poi*
- 41-Diamond Head
- 42-Downtown Honolulu
- 43-Royal Hawaiian Shopping Center

Unterkunft/Hotel:
- A-Hyatt Regency Waikiki
- B-Sheraton Moana Surfrider
- C-Outrigger Waikiki
- D-Sheraton Princess Kaiulani
- E-Waikiki Beachcomber
- F-Halekulani
- G-Royal Hawaiian
  rosa Hotelkomplex
- H-Sheraton Waikiki
- K-Outrigger Reef Towers
- L-The Imperial of Waikiki
- M-Outrigger Reef
- N-Aston at the Wakiki Shore
- O-Outrigger Reef Lanais
  - Outrigger Royal Islander
- P-Outrigger Edgewater
- R-Outrigger Waikiki Tower
- S-Outrigger Village
- T-Outrigger Coral Seas
- U-Outrigger Islander Waikiki
- V-Pacific Beach
  - Aston Waikiki Circle
  - Aston Waikiki Beachside
- W-Outrigger East
- X-Outrigger Malia

Straßenschlüssel:
- a-Kalia
- b-Lewers
- c-öffentlicher Zugang zum Strand
- d-Beach Walk
- Royal Hawaiian Shopping Center
- e-Ilima Court
- f-Orchid Court
- g-Hibiscus Court
- h-Springbrunnen/Wasserfall/brennende
  Fackel

OAHU 627
Waikiki Beach-Karte

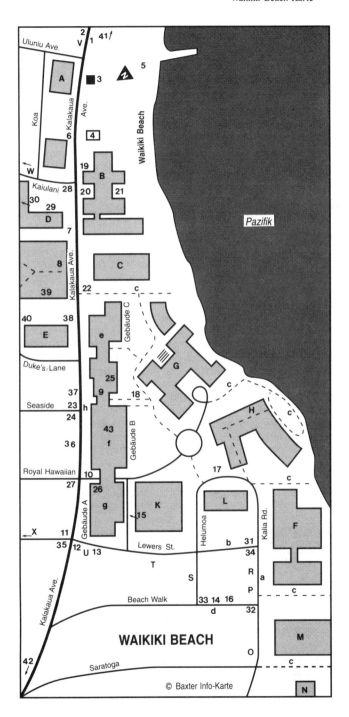

628 OAHU
Waikiki: Luaus/Shows

Trolley an der Ecke Royal Hawaiian Avenue; auf der Meerseite geht es zum Sheraton Waikiki Hotel.

● **Saturday Art Mart** – Samstags Kunstmarkt entlang des Zauns am Honolulu Zoo, Monsarrat Avenue. 10–16 Uhr.

● **Waikiki Trade Center** – 2255 Kuhio Ave; interessante Läden, Nightclubs und populäre Restaurants.

● **Woolworth** – 1 Stunde Filmentwicklung. Preiswerte Souvenirs, Filme, Toilettenartikel.

Ansonsten findet man noch in den Boutiquen der Hotels und entlang **Kalakaua Avenue** zahlreiche Geschäfte und Spezialitätenläden, die von alleine auf sich aufmerksam machen.

Unterhaltung/Entertainment

Viele Hotels halten an verschiedenen Abenden der Woche **Luaus**. Diese hawaiischen „Festmahlzeiten" geben Gelegenheit, verschiedene traditionelle Speisen und Gerichte Hawaiis zu probieren wie kalua pig (im Erdofen gegartes zartes, würziges Spanferkel), lomi lomi Salmon (spezielle Lachszubereitung) und natürlich poi (aus der Tarowurzel hergestellter Brei). Dazu gibt es meist eine hawaiische Unterhaltungsshow mit Musik und Hula-Tänzen – Gäste können dabei den Hula lernen. Möglichst ein Luau im Freien auswählen, denn Palmen, frische Meerbrise und Mondschein gehören dazu.

An weiteren Möglichkeiten des **Entertainments** bieten sich romantische Bootsfahrten, sogenannte Dinner Cruises mit Essen, Tanz und Musik an Bord. Das Angebot an Shows in Waikiki ist außerordentlich groß. Am besten informiert man sich im Hotel oder an Hand der überall kostenlos ausliegenden Touristenbroschüren. Reservierungen können jederzeit über das Hotel erfolgen. Hier eine kleine Auswahl möglicher Entertainments.

Luaus

● **Germaine's Luau** mit „Feuertanz" der Menschen von Samoa sowie polynesisches Showprogramm über Fidschi, Neuseeland, Tahiti und Hawaii; 35 Min. von Waikiki. 949-6626.

● **Alii Luau** im Polynesian Cultural Center in Laie; Mo.–Sa. 293-3333.

● **Paradise Cove Luau Village** im Ko Olina Resort 27 mi/43 km von Waikiki auf West Oahu. Kunsthandwerk, Shows und traditionelles Luau Festmahl. 973-5828.

● **Royal Hawaiian Luau** am Strand des Royal Hawaiian Hotel; nur montags 18 Uhr; 924-5196.

● **The Luau.** Terrasse des Waikiki Beachcomber Hotel. So., Di., Do. 18.30 Uhr. 395-0677.

Shows

● **Sheraton Princess Kaiulani Polynesian Revue**; jeden Abend 2 Shows; Ainahau Showroom, Sheraton Princess Kaiulani Hotel; jeden Abend polynesisches Unterhaltungsprogramm am Pool 971-5300.

Waikiki Nightclubs

- **Magic of Polynesia.** Zaubershow als Dinner oder Cocktail Show im Hilton Hawaiian Village Dome. 973-5828.

- **Sea Life Park.** Jeden Freitagabend 20.30 Uhr im Sea Lion Cafe oder im Freien Auftritt von populären Unterhaltungskünstlern, Programm mit traditioneller und moderner Musik und Tänzen. 259-7933.

- **Flashback.** 2045 Kalakaua Ave., Waikiki Terrace Hotel. Auftritt von Impressionisten populärer Künstler z. B. Madonna, Elvis. 955-8444.

- **Centerstage.** Ala Moana Center. Kostenlose Shows und Entertainment.

- **Polynesian Cultural Center,** Laie. Seven Island Nations Show Mo.–Sa. 19.30–21 Uhr. 293-3333.

- **Legends in Concert.** Aloha Showroom des Royal Hawaiian Shopping Center (4th floor). Live Vorführung von Impersonatoren von Superstars wie Elvis, Michael Jackson, Madonna u. a. 2 Shows pro Abend. 971-1400.

- **Honolulu Comedy Club.** 1777 Ala Moana Blvd., Ilikai Hotel. Di.–So. 922-5998.

Dinner Cruises

- **Alii Kai Catamaran.** Dinner Cruise mit Dinner und authentischer polynesischer Show und Hulas. Musik & Tanz. 522-7822.

- **Royal Sunset Dinner Cruise.** Gourmet Dinner und polynesische Show entlang der Waikiki Küste. Paradise Cruise, 536-3641.

- **Hawaiian Love Boat.** Dinner & Show. 923-7779.

Tanzlokale/Lounges

- **Rumours.** Nightclub im Ala Moana Hotel. Happy Hour 17–20 Uhr. Mittwochs Beach Night. 955-4811.

- **New Orleans Bistro,** 2139 Kuhio Ave. Cajun Restaurant mit live Jazz ab 22 Uhr. Sonntags Designer Fashion Show 14–17 Uhr. 926-444.

- **Waikiki Canoes.** Outrigger Waikiki Hotel. Täglich Happy Hour und Entertainment am Strand; 922-CANU.

- **Wailana Coffee Houses.** 2211 Kuhio Ave. Outrigger Malia Hotel. Do.–Mo. 21 Uhr–1 Uhr morgens spielt die Band Oldies. 922-4769.

- **Tahitian Lanai.** Waikikian Hotel. Papeete Bar mit romantischem Wasserfall und Pool, Entertainment. 946-6541.

- **Captain's Table Lounge.** Hawaiian Waikiki Beach Hotel, 2570 Kalakaua Ave. Tanz in eleganter Umgebung mit Flair der alten Luxusliners. Fr. & Sa. ab 21 Uhr Inselmusik von hawaiischen Musikern dargeboten. 922-2511.

- **High Spirits Nightclub.** Disco-Nightclub an Bord der Luxus-Motorjacht *Stardancer* mit Tanzboden aus italienischem Marmor und Art-Deco Bar. 848-6360.

- **Seafood Emporium.** 1. Stock (2nd floor) des Hibiscus Court im Royal Hawaiian Shopping Center (Nähe *Lewers St.*) Musik; freitags kostenlose Pupus (Snacks). 922-5547.

- **Lewers St. Annex.** 270 Lewers St. Non-Stop Musik Videos auf sechs Leinwänden und riesige Tanzfläche. Beliebtes Tanzlokal der Einheimischen. Mischung aus Rock- und romantischer langsamer Musik. 21 Uhr bis 4 Uhr morgens. Happy Hour 22–24 Uhr. 923-3303.

- **Scruples.** 2310 Kuhio Ave. Spielplatz der Prominenz. Romantisches Tanzlokal; 20 Uhr bis 4 Uhr morgens. 923-9530.

OAHU
Waikiki Baxter-Tips

- **Shore Bird.** Outrigger Reef Hotel, am Strand, populär bei Tag und Nacht für herzhafte Mahlzeit und Cocktails. Sonntags 16 Uhr Bikiniwettbewerb! Bis 2 Uhr morgens geöffnet. 922-2887.
- **Torchlight Ceremony Molehu I;** kostenlos. Jeden Abend am Strand von Kuhio Beach, dicht beim Sheraton Moana Surfrider erfolgt die Fackelentzündung, um die traditionelle Romantik der Area zu unterstreichen. Einheimische Läufer entzünden eine Serie von Fackeln unter aus Riesenseemuscheln erzeugten Blastönen. Am Wochenende werden die Fackelträger von verschiedenen Hula Gruppen begleitet, die eine Stunde vor dem Entzünden der Fackeln alte und neue Tänze vorführen.
- **Polynesian Cultural Center (PCC).** Mo.–Sa. 8–22 Uhr. Tickets für Eintritt bei der PCC Geschäftsstelle im Erdgeschoß, Ilima Court des Royal Hawaiian Shopping Center. Das Polynesian Cultural Center gibt dem Besucher Gelegenheit, sieben polynesische Dörfer zu sehen und aus erster Hand zu erfahren, wie man vor Hunderten von Jahren in Polynesien lebte. Besucher erlebt eine Show auf einer Bühne, die einer üppigen Vulkaninsel gleicht. Tänze, erleuchtete Wasserspringbrunnen, die ausbrechende Vulkane simulieren, hawaiische Gesänge und Hula kahiko (urzeitlicher Hula), dem auana (moderner Hula) folgt. Von den Fidschi Kriegern in farbenprächtigen Kostümen wird der zeremonielle Speertanz dargeboten. Samoa bietet den „hottest" Tanz, bei dem die männlichen Tänzer nur mit T-Blattröckchen bekleidet, beim Tanz durchs Feuer mit der Gefahr spielen. Tonga, Maoris von Neuseeland und Tahiti bieten ebenfalls Tänze.
- **Studebaker's.** 500 Ala Moana Blvd., Restaurant Row in Honolulu. Tanz zur Musik der 50er und 60er in Diner ähnlicher Umgebung. Diskjockeys Mo.–Fr. 16–20 Uhr, So. 18–21 Uhr; Party-Buffet. Mindestalter 23. Sehr preiswert. Tagsüber normaler Restaurantbetrieb.

Baxter Tips für Sightseeing mit Kindern in Waikiki

- **Honolulu Zoo.** Populärer Streichelzoo vorhanden.
- **Hilton Hawaiian Village Hotel.** Parkanlagen des Hotels mit Vogelpark mit Papageien/Makaos, Flamingos und Pinguinen.
- **Keiki Menu.** In vielen Restaurants in Waikiki wird das Wort *keiki* gebaucht, womit spezielle Mahlzeiten für Kinder bezeichnet werden.
- **Shave Ice.** Die lokale Bezeichnung einer sonst in den USA „snow cone" genannten Eisspezialität; mit Fruchtsyrup gefärbtes Wassereis. Auf die Azuki Bohnen verzichten, Kinder mögen dies nicht.
- **Crack Seed.** Eine bei den Inselkindern sehr beliebte Süßigkeit. Eine gute Geschmackssorte für Beginner ist „wet mango".
- **Pacific Beach House.** Etwa Tausend Fische schwimmen in dem 1 059 800 Liter Aquarium in der Hotelhalle dieses Hotels auf Kalakaua Avenue.
- **Diamond Head Hike.** Ein sechsjähriges Kind braucht etwa 40 Minuten bis hinauf zum Gipfel. Für den Tunnel Taschenlampe mitbringen.
- **Sea Life Park.** Hier kann man den einzigen auf der Welt existierenden Wholphin sehen (Kreuzung zwischen Wal und Delphin).
- **King's Guards.** Wachablösung abends am Eingang von King's Village in Kostümen der königlichen Garde des Königs Kalakaua an Koa Street. Sonntags Hula Show für Kinder.

Aktivitäten

Unter **Oahu** mit den Abschnitten **Oahu Überblick abseits der Touristenpfade** und **Oahu Attraktionen** werden bereits Anregungen zu Aktivitäten gegeben. Möglichkeiten bieten sich in reicher Zahl. Hierzu informiert man sich am besten ebenfalls an Hand der kostenlosen Touristenbroschüren. Hauptaktivitäten bilden Wassersportarten vom Schwimmen, Schnorcheln und Tauchen bis zum Surfen und Windsurfen. Über Strände unter Oahu **Strände/Beaches rund um Oahus Küste** nachschlagen. Touren und Ausflüge findet man unter Honolulu, dort **Touren/Ausflüge**.

● **Tauchen/Schnorcheln**
Tauchexperten nennen folgende fantastische Stellen: **The Mahi** – ein gesunkenes Minensuchboot aus dem Zweiten Weltkrieg. **Makahis Caves** – ein Labyrinth von Lavaröhren, **Twin Holes** – zwei Schornsteine führen in einen Überhang **Keeau Point** – Unterwasserbögen und Höhlen. **Lahilahi Point** bietet herrliche Fischwelt. Erfahrene Taucher begleiten bei den Tauchtrips zu den Tauchstellen.
Bestes Schnorchelrevier ist Hanauma Bay. Schnorchelgerät besorgt man sich entweder in Dive Shops oder den ABC Läden. Tauchtrips & Tauchkurse werden von verschiedenen Unternehmen angeboten; in den gelben Seiten des Telefonbuchs unter **Dive Shops** nachschlagen. Unternehmen, die Tauchtrips veranstalten, vermieten meistens gleichzeitig komplette Ausrüstung. South Pacific Scuba, 735-7196. Waikiki Diving Center, 955-5151. Aloha Dive Shop 395-5922.

● **Bootstouren.** Unternehmen von Ausflugsbooten findet man unter dem Stichwort **Cruises** ebenfalls im Telefonbuch oder in den Touristenbroschüren. Dinner Cruises, Glasbodenfahrten, Fahrten mit Sightseeing U-Boot Atlantis Submarine, Katamaran-Fahrten, Outrigger Trips mit Auslegerkanus sind sehr populär. Walbeobachtungsfahrten – Whale Watch Cruises von Januar bis April. Royal Hawaiian Cruises, 848-6360; Nautilus 591-9199; Paradise Cruise 593-2493; Navatek I 848-6360.

● **Segeln.** Im Hotel über Segeltrips erkundigen. Segelkurse werden ebenfalls vielerorts angeboten.

● **Aktive Sportarten** wie Kayaking, Windsurfing oder Parasailing sind sehr beliebte Strandaktivitäten, die von mehreren Unternehmen auch mit Kursen und Geräteverleih angeboten werden. Meist erfolgt kostenloses Abholen vom Hotel zum jeweiligen Einsatz. Naish Windsurfing Hawaii in Kailua, 262-6068. Sea Breeze Watersports, 396-0106.

● **Surfkurse** werden am Strand von Waikiki an verschiedenen Stellen angeboten, wo es auch Surfbretter zu mieten gibt. Auch hier kann man im Telefonbuch (gelbe Seiten) unter **Surf Rentals** nachschlagen. Planet Surf Rentals, 926-2060. Am besten im Hotel erkundigen.

● **Reitmöglichkeiten** bestehen auf Oahu nur bei Kualoa Ranch in **Kaaawa**.

● **Skydiving** – Fallschirmspringen vom Dillingham Airfield an Oahus North Shore. 637-9700.

● **Moped.** Wer in Waikiki kein Auto mieten, aber auch nicht immer zu Fuß unterwegs sein will, kann eventuell ein Moped mieten. Moped Rental 943-0815; Cheap Moped Rentals, 1831 Ala Moana Blvd.; The Moped Connection, 750A Kapahulu Ave.; 732-3366.

632 OAHU
Waikiki: Kapiolani Park

- **Golf.** Der **Ala Wai Golf Course** am Ala Wai Kanal in Waikiki. Großartige Golfanlage (von Arnold Palmer entworfen) beim **Turtle Bay Hilton** an der Nordküste Oahus. Schwieriger **Koolau Golf Course** in Kaneohe.
- **Wandern.** Aufstieg zum Kraterrand des erloschenen Diamond Head Kraters. Oder einfach am Strand entlang spazieren.
- **Hochseefischen.** Charterboote fahren täglich vom Kewalo Basin im Honolulu Harbor zum Fischen in die Gewässer vor der Waianae Coast.

Nun zu Waikikis Kapiolani Park.

KAPIOLANI PARK

Östlich der lebhaften Waikiki Beach erstreckt sich der riesige **Kapiolani Park**. Zu den Attraktionen des Parks gehören der berühmte **Honolulu Zoo** mit nachgebauter Afrikanischer Savanne und die immer populäre **Waikiki Shell**, wo Shows über hawaiische Kultur stattfinden.

An der Ecke Kapahulu Avenue & Kalakaua Avenue informieren verschiedene Infotafeln mit einer Orientierungskarte über den **Kapiolani Park**. Am selben Infokiosk informiert ein Plakat über Attraktionen des **Waikiki Aquariums** (etwa 7 Minuten Fußweg; etwa 200 m vom Kapiolani Park). Hier zur Information über Entwicklung und Geschichte des Parks von der Zeit der Gründung während der Monarchie bis zur Periode nach dem Sturz der Monarchie (von links nach rechts):

Kapiolani Park – The Monarchy Period/*Zur Zeit der Monarchie*

Kapiolani Park is unique ... Der Kapiolani Park gilt als einzigartig unter den Erholungs- und Grünanlagen des Landes. Der Park wurde von einem hawaiischen König geschaffen und besitzt eine unvergleichliche Lage – im Schatten des Diamond Head am Ufer des berühmten Strands von Waikiki Beach. Seit seiner Einweihung im Jahre 1877 bis heute ist der Park ein Mittelpunkt freizeitlichen, gesellschaftlichen und kulturellen Lebens geblieben. Hier gibt es einen großen **Zoo**, ein sehenswertes **Aquarium**, zwei **Freilichtbühnen** und **Tennis- und Sportplätze**.

Lange bevor der Park angelegt wurde, war **Waikiki** (speiendes Wasser) Zentrum hawaiischer Kultur auf der Insel Oahu. Die Hawaiianer entwickelten aus den ursprünglichen Marschlandschaften fruchtbare Tarofarmen, Fischteiche und Kokospalmplantagen. In der Gegend gab es mehrere Opferaltäre und *heiau* (Tempel). Ein Bild zeigt die Waikiki Siedlung im Jahre 1857.

Hier fanden sportliche Wettkämpfe alter hawaiischer Sportarten statt, z. B. knochenbrechendes Ringen (etwa mit heutigem Catchen vergleichbar). Surfbereiche vor der Küste waren dem hawaiischen Königshaus *ali'i* vorbehalten. König Kamehameha's Lieblingsfrau, Königin Kaahumanu, gilt als einer der ersten Surfer Waikikis.

Nach Ankunft von Captain Cook im Jahre **1779** verlegte man das Regierungs- und Siedlungszentrum nach Honolulu, das sich als Schiffahrtshafen besser eignete. Waikiki wurde dann zum Erholungsgebiet der oberen Klasse von Hawaiianern und Ausländern.

1876 wurde die Gesellschaft, Kapiolani Park Association, gegründet, die am Diamond Head Rand von **Waikiki** einen Park anlegen sollte. König Kalakaua (1836–1891) verpachtete der Gesellschaft Land aus dem Besitz des Königshauses. Die Gesellschaft erwarb außerdem weiteres angrenzen-

OAHU 633
Waikiki: Kapiolani Park

des Land. Die ursprünglichen Grenzen des Parks gingen über die heutige Fläche von 170 acres/68 Hektar hinaus. Archibald S. Cleghorn, der Schwager des Königs Kalakaua und Vater der reizenden Prinzessin Kaiulani, leitete die Ausrichtung des Parks.

Am **11. Juni 1877** weihte König Kalakaua, der als lebenslustiger Monarch bekannt war, den Park zu Ehren seiner geliebten Königin Kapiolani ein. Die gebildete Königin, die sich Sorgen um das Wohlergehen der hawaiischen Frauen machte, gründete und finanzierte das Kapiolani Maternity Home (Mütterhaus) und Kapiolani Home for Girls (Mädchenhaus).

Der Park umfaßte bei seiner Eröffnung im Zentrum eine Pferderennbahn, die mit von Bäumen umrahmten Fahrbahnen und Spazierwegen umgeben war. An der Stelle des heutigen Zoos befanden sich Lagunen mit Inseln, auf denen Ziergärten angelegt und die durch hübsche Verbindungsbrücken verbunden waren. Die Royal Hawaiian Band, die älteste städtische Musikkapelle des Landes, spielte auf einer Orchesterbühne auf einer der Inseln.

I am happy that ... Ich bin glücklich, am Kamehameha Day dieses Jahres **1877** den ersten öffentlichen Park des Königreichs einzuweihen.

Ich bin der festen Überzeugung, daß dieses Stück Land mit ständig angenehmer Brise keinem besseren Zweck hätte zugeführt werden können, als zur Erholung aller, die dem Staub der Straßen der Stadt entfliehen wollen, um hier frische Luft zu atmen.

Ich war so beeindruckt, als ich während meiner Winterreise in die USA die großen Flächen innerhalb der Städte und in Stadtnähe sah, die als öffentliche Parks angelegt waren, und konnte mir gut vorstellen, wie schön diese gepflegten Erholungsoasen im Sommer wirken, wenn sich Menschen dort in ihren Sommerkleidern tummeln.

Wenn wir auch finanziell und in der Art der Anlagen mit den Ziergärten Europas und Amerikas nicht konkurrieren können, sehe ich keinen Grund, daß wir nicht etwas schaffen, was im Rahmen unserer Möglichkeiten steht.
König Kalakaua, 11. Juni 1877

*Nun folgt eine Karte, die die gesamte Anlage des **Kapiolani Park** zeigt. Danach folgt Info über den Park nach dem Sturz der Monarchie mit verschiedenen Fotos aus jener Periode mit der Straßenbahn Honolulu Trolley (1900), Camp McKinley (1898), James B. Castle Residence (1902), Lanai (Veranda) der McInemy Cottage am Sans Souci Strand (1901), Elefantendame Daisy mit Zoogästen (1920), Polospiel (1920), Sprungturm im Schwimmstadion Natatorium und Gesamtansicht des Schwimmstadiums War Memorial Natatorium (1928):*

Kapiolani Park – The Post Monarchy Period/*Zeit nach der Monarchie*

During the overthrow ... Während des Umsturzes der Monarchie und Gründung der Republik Hawaii im Jahre **1893** wurde der Kapiolani Park unter der Honolulu Park Commission ein öffentlicher Park. Strandseite und einige Randgrundstücke wurden an einige Einzelpersonen abgegeben, was die Größe des Parks reduzierte.

Innerhalb weniger Stunden nach der Annexion der Republik Hawaii durch die USA am **12. Aug. 1898** marschierten Militärtruppen vom Hafen Honolulu Harbor zum **Kapiolani Park**, wo sie den Grundstein eines militärischen Stützpunktes legten, und zwar **Camp McKinley**. Die Soldaten zogen **1907** ab.

Viele elegante Häuser und Hotels wurden rund um den Park gebaut. Robert Louis Stevenson verbrachte **1893** fünf Wochen im **Sans Souci**, eines der ersten und populärsten Hotels von Waikiki.

1904 begannen die öffentlichen Verkehrsbetriebe Honolulu Rapid Transit mit dem Betrieb einer elektrischen Straßenbahn, die von Downtown Honolulu zum Park verkehrte. Ein Überbleibsel jener Zeit ist die reizvolle viktorianische Haltestelle, die 1975 wiederaufgebaut wurde; befindet sich in der Nähe der Tennisplätze an *Kalakaua Avenue*.

Um die Jahrhundertwende waren Pferderennen verboten. Polo wurde daraufhin zur populären Attraktion. Um 1907 gab es insgesamt 75 Autos

634 OAHU
Waikiki Aquarium

auf der Insel, und die ehemalige Pferderennbahn wurde für Autorennen benutzt. Der Park wurde auch zum ersten Flugplatz von Hawaii.

Kurz nachdem der Park 1913 von der Stadt- und Kreisverwaltung, City and County of Honolulu, übernommen worden war, wurde mit dem Kernstück des ersten öffentlichen **Zoos** von Hawaii begonnen. **1916** traf Daisy, ein afrikanischer Baby-Elefant, in Honolulu ein, der bis zu seinem Tod im Jahre **1933** die Hauptattraktion des Parks war.

1919 kaufte das Territory of Hawaii einige Strandgrundstücke auf, um das **War Memorial Natatorium** (Kriegsgedenk-Schwimmstadion) zu errichten. **1921** offiziell mit den AAU Nationalen Schwimmwettkämpfen eröffnet. Der ehemalige Olympiasieger Duke Kahanamoku trat bei den Schwimmwettkämpfen gegen Johnny Weismuller und Buster Crabbe an, der Weismuller (schwamm 1922 als erster die 100 m Kraul unter 60 Sekunden – 58,6 Sekunden – und stellte insgesamt 22 Weltrekorde auf; wurde 1924 Olympiasieger über 100, 400 m und 4 x 200 m Kraul, 1928 über 100 m und 4 x 200 m Kraul; seit 1932 beim Film und bekannt durch seine Tarzan-Serie) als Hollywoods „Tarzan" ablöste.

Mit dem Bau des in der Nähe befindlichen **Ala Wai Kanals im** Jahre **1928** wurden die Süßwasserbäche, die die Teiche des Parks speisten, abgeschnitten. Die Teiche wurden zu stillen Gewässern und später aufgefüllt und zugeschüttet.

Während des Zweiten Weltkriegs wurden Teile des Parks und seiner Einrichtungen vom Militär übernommen. Wie viele Parks in Honolulu war der **Kapiolani Park** bei Kriegsende verwüstet. Es folgte ein großangelegtes Programm des Wiederaufbaus und Neugestaltung des Parks.

1947 gründete man den **Honolulu Zoo** an seinem heutigen Standort und weihte ihn offiziell ein. **1953** wurde die **Waikiki Shell**, ein Freilichttheater gebaut. **1955** begann man mit dem Bau des **Waikiki Aquariums** neben dem Schwimmstadion **Natatorium,** und **1937** gründete man die **Kodak Hula Show** an der Sans Souci Beach und verlegte sie **1969** auf das Gelände der Waikiki Shell, wo sie noch immer Besucher erhält.

Heutzutage sind nur noch Spuren der ehemaligen Rennbahn sichtbar. Das **Diamond Head Tennis Center** wurde auf dem Gebiet der ehemaligen Pferdeställe errichtet. Auf dem Gelände, auf dem einst Polo das Geschehen beherrschte, wird heute Fußball, Softball (Baseballabart) und Kricket gespielt. Doch die eigentlichen Qualitäten des Parks – offene, freie Landschaft mit schattigen Bäumen – sind geblieben und können von allen, die sich hier erholen wollen, genutzt werden.

Nun zeigt eine Karte die Grünanlagen des Großraums Waikiki – **Greater Waikiki** *vom Diamond Head State Monument bis Ala Mona Park. Ein Plakat informiert über die Attraktionen des Waikiki Aquariums:*

 Waikiki Aquarium

Das **Waikiki Aquarium,** das als Hawaii's Window to the Tropical Sea (Hawaii's Fenster zum tropischen Meer) bezeichnet wird, bietet u. a. folgende Attraktionen:
Hawaiian Monk Seal Exhibit – Mönchsrobben
Hunters on the Reef – Jäger am Riff
Surge Zone Koko Head – Brandungszone Koko Head
Sharks – Was wissen wir eigentlich über Haie?
Mahimahi Hatchery – Mahimahi Brutanstalt
Jellyfish Exhibit – Quallen
Edge of the Reef – Am Rand des Riffs
Nautilus sharks, sea turtles, octopus – Nautilus – Haie, Meeresschildkröten, Tintenfische

Waikiki Aquarium; 2777 Kalakaua Avenue; Tel. 923-9741; tägl. (außer Thanksgiving und Weihnachten/25. 12.) 9–17 Uhr geöffnet.
Kodak Hula Show: Di., Mi., Do. 10–11.15 Uhr.

OAHU 635
U.S.S. Arizona Memorial

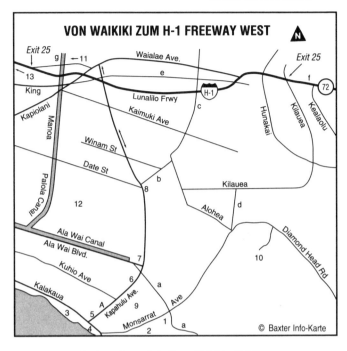

Schlüssel zur Baxter Info-Karte Waikiki – H-1 Freeway

Orientierung:
1-Waikiki Shell
  Konzertbühne
  -Kapiolani Regional Park
2-Kodak Hula Show
3-Waikiki Beach
4-Kuhio Beach Park
5-McDonald's
  -Jack in the Box
6-Schule
7-Waikiki Kapahulu Library
8-Zippy's
  preiswerte Restaurantkette
9-Honolulu Zoo
10-Diamond Head Monument

11-zum Freeway H-1
12-Ala Wai Golf Course
13-Honolulu

Unterkunft/Hotels:
A-Waikiki Grand
  -Queen Kapiolani

Strassenschlüssel:
a-Paki Ave.
b-Mooheau Ave.
c-6th Ave.
d-Makapuu Ave.
e-Harding Ave.
f-Kalanianaole Hwy
g-Waialae Rd.

Hier zum Ausflug zum U.S.S. Arizona Memorial.

U.S.S. ARIZONA MEMORIAL
„Eine der populärsten Attraktionen Hawaiis"

Das **Visitors Center** – Besucherzentrum – und die **USS Arizona** liegen westlich von Waikiki im Flottenstützpunkt von **Pearl Harbor.** Das Visitors Center ist der Anlaufpunkt für jeden, der das USS Arizona Denkmal besuchen will. Der Komplex ist von Honolulu via Highway *H-1* **Exit 15A,** und *State*

636 OAHU
Arizona Memorial Baxter-Tips

Highway 99 (Kamehameha Highway) erreichbar. Beschilderung Arizona Memorial folgen.

Der **USS Arizona Denkmal-Komplex** umfaßt auf dem Inselfestland das Visitors Center mit zwei Theatern, Museum, Buchladen, Schnellimbiß, Toiletten sowie eine Remembrance Exhibit/Erinnerungsausstellung im Park hinter dem Visitors Center sowie Bootlandesteg der Fähre zum Denkmal. Das **USS Arizona Denkmal** selbst liegt im Wasser und spannt sich quer über den Mittelteil des Schlachtschiffes, das am 7. Dez. 1941 bei dem japanischen Luftangriff auf Pearl Harbor mit seiner Besatzung versunken ist.

Besucher erhalten beim Eingang des Visitors Centers kostenlose Eintrittskarten, die zum Besuch des Theaters (20 Min. Dokumentarfilm über Angriff auf Pearl Harbor) und anschließender Fahrt mit der Fähre zum Denkmal berechtigen.

BAXTER TIPS ZUM BESUCH DES USS ARIZONA-DENKMALS

● Am Eingang des Visitors Centers auf **Schild** achten, das über Länge der Wartezeit informiert, z. B. *program wait now exceeds 2 hours* – über 2 Std. Wartezeit bis Programmbeginn (variiert!).

● Als erstes für **kostenloses Ticket** anstehen.

● Während der **Wartezeit** Museum und Buchhandlung aufsuchen oder benachbartes Unterseeboot Bowfin Submarine besichtigen.

● Rauchen, Essen und Trinken **weder** im Theater, **noch** auf dem Boot oder beim Denkmal erlaubt.

● **Schließfächer** und **Telefon** links vom Eingang zum Visitors Center.

● **Erinnerungsausstellung** außerhalb des Visitors Centers und Museums informiert über die Schlacht von Pearl Harbor.

● **Erinnerungsfoto** am Anker, der von der versenkten *USS Arizona* geborgen wurde (rechts vom Eingang zum Visitors Center).

● Gutes Sortiment an **Büchern** und **Souvenirs** im Buchladen neben Museum.

● **Snacks** und Erfrischungen neben Buchladen.

VISITORS CENTER

Gleich vor dem Eingang des Visitors Centers stößt man rechts an der Wand auf den **Anker,** den man von der *USS Arizona* geborgen hat. Der 19 585 Pounds (= 8 872 kg) schwere Anker wurde 1911 in Chester, Pennsylvania, gegossen.

Dann wird der Besucher direkt beim Eingang zum Visitors Center auf den Programmablauf zur Besichtigung des USS Arizona-Denkmals aufmerksam gemacht:

Arizona Mem.: Visitor Center

Program Procedure/*Programmablauf*

1. Kostenlose Eintrittskarte am Infostand abholen
2. Wenn die Ticketnummer aufgerufen wird, begibt man sich zum Theatereingang.
3. Das *Shuttle boat*/Fährboot zum Denkmal fährt sofort nach dem Dokumentarfilm (ca. 20 Minuten) ab.
4. Das gesamte Programm dauert etwa 75 Minuten (Wartezeit bis Ausruf der Ticketnummer nicht inbegriffen!).

Mindestkleidung: Hemd, Shorts und Schuhe.

Hours/*Öffnungs- & Programmzeiten*

Programm: 8–15 Uhr täglich
Visitors Center: 7.30–17 Uhr täglich

Nachfolgende Abschnitte sind wie folgt eingeteilt:
Im Inforaum des Visitors Centers
USS Arizona Memorial Museum
Erinnerungsausstellung im Park
Randbemerkungen

Bei dem Besuch des USS Arizona-Denkmals kann man die Wartezeit bis zur Abfahrt des Boots zur *USS Arizona* nutzen und sich im Inforaum des Visitors Centers mit Info des National Park Service umsehen, das USS Arizona Memorial Museum besuchen und einen kurzen Spaziergang durch den Park an der Wasserseite des Visitors Centers machen, um sich die Erinnerungsausstellung/Remembrance Exhibit anzusehen. Hier nun zunächst zum Inforaum des Visitors Centers:

Im Inforaum des Visitors Centers

Im Inforaum des Visitors Centers befindet sich die Schiffsglocke der *USS Arizona,* die man aus dem gesunkenen Schiff geborgen und restauriert hat. Verschiedene Exponate informieren den Besucher außerdem über andere vom National Park Service verwaltete Attraktionen Hawaiis.

Folgende Nationalparks, Geschichtsparks oder historische Stätten Hawaiis werden vom **National Park Service** verwaltet:

● Kaloko-Honokohau National Historical Park
The Big Island of Hawaii

Kaloko-Honokohau is situated . . . Kaloko-Honokohau liegt an der Kona-Küste der Insel Hawaii in einem kahlen Gebiet zerklüfteter Lava. Der Park wurde 1978 gegründet, um traditionelle hawaiische Aktivitäten und Kultur der Ureinwohner zu erhalten, zu interpretieren und fortzusetzen.

● Haleakala National Park
Maui, Hawaii

Haleakala was . . . Der Haleakala Nationalpark wurde auf der Insel Maui geschaffen, um die einmaligen Landschaften und Erscheinungsformen des

638 OAHU
Pearl Harbor Area

Haleakala Kraters zu erhalten und zu schützen. Spätere Erweiterungen des Parks umfassen nun auch das einzigartige und empfindliche Ökosystem, seltene biologische Arten des Kipahulu Valley und der reizvollen Teiche und Seen sowohl in der Schlucht Ohe'o Gulch als auch an der Küste.

• Kalaupapa National Historical Park
Molokai, Hawaii

Kalaupapa ... ist eine Leprakolonie ... die einzige Leprakolonie der USA. Man nannte daher Molokai früher "The Lonely Isle" (die einsame Insel). Die herrliche Halbinsel gehört zu Molokai, wird aber vom Rest Molokais durch 600 m hohe Felsklippen und den Ozean getrennt. Heutzutage ist die Kalaupapa leprafrei und kann besichtigt werden, doch ohne Auto; Zugang nur zu Fuß oder auf Maultierrücken.

• Pu' uhonua o Honaunau
The Big Island of Hawaii

Pu' uhonua o Honaunau, the place ... Pu' uhonua o Honaunau, der Zufluchtsort von Honaunau, war ein Heiligtum, wo alles vergeben wurde. Es war keine Stadt Krimineller, wie der Name „Zufluchtsort" oder „Schlupfwinkel" vermuten läßt. Hier befand sich ein geweihter Ort, wo im urzeitlichen Hawaii das Leben neu begann.

• Hawaii Volcanoes National Park
The Big Island of Hawaii

"E Pele e! O Goddess of the ... E Pele e! Oh Göttin der heißen Steine ... Hier erstreckt sich Pele's Bereich. Pele, eine Tochter von Haumea, der Erdmutter, und Wakea, dem Himmelsvater, ist die Göttin des Feuers, die Schöpferin der Berge, der Schmelzofen der Felsen, Vertilgerin von Wäldern und Verbrennerin von Inseln."

• Pu' ukohola Heiau National Historic Site
The Big Island of Hawaii

Pu' ukohola Heia ... ein massiver Steintempel, der 1791–1819 benutzt wurde; am Hwy 270. Der Tempel überblickt Kawaihae Bay und Samuel Spencer Beach Park.

Schlüssel zur Baxter Info-Karte Pearl Harbor Area

Orientierung:
1- USS Arizona Memorial
   National Historical Landmark
2- Arizona Memorial Visitors Center
   Museum/Info/Cafe/Bootsabfahrt
   zum USS Arizona Memorial
   -U-Boot USS Bowfin
3- USS Utah
4- Aloha Stadium
   Sportstadion
5- Aiea Sugar Mill
   Zuckerrohrfabrik
6- Pearl Kai Shopping Center
7- Pearlridge Shopping Center
   -Woolworth
   -McDonald's
8- Weimalu Shopping Center
9- Pearl City Shopping Center
10- Police/Polizei
11- McDonald's
12- Waipahu Shopping Center
    -Supermarkt
    -Stuart Anderson's Cattle Co.
    große Steaks
13- nach Ko Olina/Makaha/Waianae
14- Waipo Shopping Center
15- Miliani Shopping Center
    McDonald's
16- Pineapple Variety Garden
    Ananas Schaugarten
    -Kukaniloko
    Birthplace of the Aliis/Geburtsstätte
    der Aliis
    -Dole Pineapple Plantation
    Ananasplantage mit Souvenir- &
    Probierladen
    -Wahiawa Botanical Gardens
    -nach Haleiwa/North Shore
17- Ananasfelder
18- Zuckerrohrfelder
19- nach Downtown Honolulu/Waikiki

OAHU 639
Pearl Harbor Area-Karte

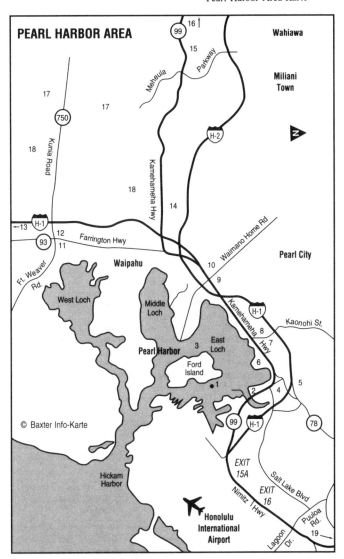

Nun zum Besuch des **USS Arizona Memorial Museums:**

USS Arizona Memorial Museum

Gleich links an der Wand mit der Vitrine und Modell des geplanten neuen Museums:

1–The Future Museum/*Das geplante Museum*

Zentrum dieser Vitrine bildet das Modell des geplanten Museums mit folgenden Abteilungen: **USS Arizona, Peacetime**/Friedenszeiten, **Conflicts**/

640 OAHU
Arizona Memorial Museum

Konflikte, **The Attack**/Der Angriff, **Heroes**/Helden, **War**/Krieg, **Aftermath**/Die Folgen. Dazu links an der Wand Info über das geplante Museum. Diese Ausstellung soll in einem neuen Museum untergebracht werden. Das **USS Arizona Memorial Museum** hat seit seiner Einrichtung im Jahre 1981 viele historisch bedeutende Artefakten von großzügigen Spendern erhalten. Das renovierte neue Museum soll für den Besucher übersichtlicher werden und die Exponate besser schützen. Dieser Ausstellungsabschnitt ist eine Vorausschau auf das geplante Museum.

Ein Museum ist etwa „Lebendiges", es wächst mit neuen Artefakten. Jeder kann dazu beitragen, dem USS Arizona Memorial Museum zu helfen, die Ereignisse des **7. Dezember 1941** zu verdeutlichen. Wer Dokumente oder Fotos besitzt, die etwas mit dem Angriff zu tun haben, und diese dem Museum zur Verfügung stellen oder es finanziell unterstützen möchte, wendet sich am besten an einen National Park Service Ranger oder den Museumskurator.

Unten am äußeren Rand der Vitrine:

Photographs taken ... Fotos, die während und nach dem Angriff aufgenommen wurden, lassen das Drama und die Zerstörung durch den Luftangriff erkennen. Doch die Kameras waren nicht überall, viele bedeutende Ereignisse wurden nicht registriert oder gingen eiligen Schnappschüssen verloren.
 Foto zeigt ein japanisches **Nakajima B5N2 Flugzeug** für Angriffe aus großer Höhe, das am 7. Dezember 1941 vom Flugzeugträger Hiryu (codiert BII-307) aufgestiegen und auf dem Weg nach Pearl Harbor war. Dieses Flugzeug trägt die Spezialbombe des Typs 99 Nr. 80 MK 5, eine 1760 Pound (800 kg) Bombe, eine aus einer 40 cm Granate hergestellte Bombe. Diese Bombenart hat möglicherweise die Zerstörung der *USS Arizona* bewirkt.
 General H. H. Hap Arnold sprach zu den Besatzungen des 38. und 88. Aufklärungsgeschwaders, ehe sie am 6. Dezember 1941 Kalifornien verließen, um die Truppen auf den Philippinen zu verstärken: „Möglicherweise werden sie auf ihrem Flug unterwegs in einen Krieg geraten." Die hier abgebildete B-17C, die Capt. Raymond T. Swenson von der 38. flog, wurde bei der Landung von dem Flughafen Hickam Field beschossen.
 Die massive Rauchsäule, die von der brennenden *USS Arizona* aufsteigt, wird von dem durch das Feuer auf der *USS West Virginia* und der *USS Tennessee* erzeugten Vakuum niedergedrückt. Die beiden Schiffe brennen außer Kontrolle. Eine Barkasse eilt herbei, um bei den Nachwirkungen des Angriffs zu helfen.

Conflicts/Konflikte. Der Architekt der Ausstellung hat hier eine Zeichnung seiner Vorstellung des geplanten Museums gefertigt. Diese Skizze zeigt den Blick des Besuchers, wenn er sich bei Tafel Nr. 2 befände.

Aftermath/Folgen. Aufleuchtendes Lichterband auf der großen Karte des Pazifischen Ozeans verfolgt die Aktionen der Streitkräfte in den Tagen und Stunden bis zum Angriff. In der Ferne, von diesem Standort Tafel Nr. 4, sind Exponate zum amerikanischen Gegenschlag auf den Angriff.

Weitere Fotos daneben:

Sailors at ... Matrosen der Naval Air Station Kaneohe Bay versuchen, ein brennendes Flugzeug PBY-5 aus der Bucht zu bergen. Das Flugzeug wurde später bei einem zweiten Angriff zerstört.

Gunners on board ... Artilleristen an Bord des kleinen Wasserflugzeugs begleiten die *USS Avocet* und bedienen drei-Zoll-Mehrzweckkanonen, während Matrosen oben auf dem Steuermannshaus ein Lewis-Geschütz bereithalten. Im Hintergrund brennt der Zerstörer *USS Shaw*. Die *USS Nevada* ist nach mehreren Bombentreffern auf Sand gelaufen, um nicht zu versinken und die Schiffahrtsrinne zu blockieren.

OAHU 641
Arizona Memorial Museum

Angehörige des Army Air Corps beobachten an einem improvisierten Maschinengewehrnest am Flugplatz Hickam Field. Ihre Position wird durch Betontrümmer von Hickam's Landebahn und einem Flugzeugrumpf einer verwüsteten B-17D geschützt.

Anti-aircraft shells ... Luftabwehrgranaten fielen auf die Erde und lösten überall in Honolulu Brände aus. Diesem ersten Schock der Zivilbevölkerung folgte die Angst erneuter Angriffe und Invasion. In Honolulu wurde sofort das Kriegsrecht verhängt.

Nun rechts zu der Vitrine mit einem **Modell** *des Arizona Denkmals (2); zeigt wie das etwa 56 Meter lange Denkmal quer über der im Wasser liegenden USS Arizona konstruiert wurde. Dann zum ersten Exponatenflügel in der Raummitte:*

3–USS Utah Memorial/Utah Denkmal

The Utah was sunk ... Die *USS Utah* wurde am **7. Dezember 1941** in Pearl Harbor mit 58 Mann der Besatzung versenkt. Das USS Utah Memorial/Utah Denkmal wurde am Memorial Day des Jahres 1972 zur Erinnerung dieser Gefallenen errichtet. Die Reste der *USS Utah* und ihr oberer Teil der Schiffseite befinden sich am Ankerplatz F-11 auf der gegenüberliegenden Seite von **Ford Island**. Obwohl die Insel der Öffentlichkeit nicht zugänglich ist, passieren zahlreiche Ausflugs- und Besichtigungsboote das Utah Denkmal bei ihrer Rundfahrt durch Pearl Harbor.

Auf der Rückseite nun zu Fotos zum Thema **Launching the Strike:**

4–Launching the Strike/Zum Angriff ansetzen

"**The isle of the Empire ...** Die Insel des Kaiserreichs ist auf diese Schlacht angewiesen. Jeder wird sich voll einsetzen."
                    Admiral Isoroku Yamamoto; Botschaft an die Flotte
● Am Morgen des 7. Dezember bemannten 7 Piloten mit Besatzung ihre Flugzeuge. Innerhalb von 15 Minuten schickten die sechs Flugzeugträger die erste Welle des Flugzeugangriffs mit 183 Flugzeugen ohne Unfall los.
● Fotos zeigen Momente des Angriffs.

Jetzt wieder links zur Wandseite zum Thema **Salvaged from Pearl Harbor/** *Bergung aus Pearl Harbor:*

5–Salvaged From Pearl Harbor/Aus Pearl Harbor geborgen

Verschiedene Stücke, die man bei Bergungsarbeiten aus den Schiffen retten konnte, sind hier ausgestellt.

The wartime salvage ... Die Bergungsarbeiten der Pearl Harbor Flotte begannen kurz nach dem Ende des Luftangriffs vom 7. Dezember. Bei dieser Aktion wurden zahlreiche Gegenstände aus den leichter zugänglichen Areas der beschädigten Schiffe geborgen. Im Laufe der Jahre wurden sowohl von der Marine als auch vom National Park Service einige kleine Gegenstände aus den Gewässern von Pearl Harbor geborgen. Die jüngsten Funde umfaßten ein japanisches Torpedo, Schrott vom Wasserflugzeug der *USS Oklahoma* und vier 5-Zoll-Bomben, die vom Deck der *USS Arizona* geborgen werden konnten.

    Unter den Exponaten **Ceramic Mug ...** Keramiktasse von der *USS Arizona*. – – **Ceramic Floor Tile ...** Keramikfliese von der Schiffsküche der *USS Arizona*. – – **Pennies recovered ...** Pennies aus dem Rumpf des

Arizona Memorial Museum

Schlachtschiffs *USS Arizona,* von Tauchern des National Park Service (NPS) geborgen. Münzen und andere Gegenstände, die vom Denkmal ins Wasser geworfen werden, sehen nicht nur häßlich aus, sondern beschleunigen zudem die weitere Zerstörung des Schiffs.

Don Lowery's USMC Hutabzeichen, 1943 aus seinem Spind an Bord der *USS Oklahoma* geborgen. – – **Gyroscope** ... Gyroskope aus einem japanischen Torpedo, das im Mai 1991 geborgen wurde. Das Torpedo, das von 1991 bis 1993 im Park ausgestellt war, befindet sich zur Zeit in einem speziellen Haltbarmachungsprozeß. – – **Clock** ... Uhr, die von der Brücke der *USS Arizona* geborgen wurde.

*Anschließend entlang der Wand interessante **Porträtgalerie (6).** Danach an der Wand:*

7–Pearl Harbor Recalled: New Images Of The Day Of Infamy
Erinnerung an Pearl Harbor: Neue Eindrücke vom Tag der Niedertracht

The images of ... Die Bilder vom Luftangriff des 7. Dezember 1941 sind nun vielen heutigen Besuchern bekannt. Diese Fotos, die während und sofort nach der Schlacht entstanden, illustrieren die Verwüstung der amerikanischen Pazifikflotte von Pearl Harbor.

Fotos hielten jedoch eine Menge wichtigster Ereignisse der Schlacht nicht fest. Der Künstler Tom Freeman verwendete neueste Information aus mündlicher Überlieferung, archäologischen Funden und wissenschaftlichen Untersuchungen, um einige dieser „verlorenen" Bilder genau zu illustrieren.

Tom Freeman ist ein Meereskünstler, dessen Arbeiten im Weißen Haus, in der US Naval Academy und zahlreichen anderen Galerien und Museen ausgestellt wurden.

*Gleich daneben rechts zu **Hawaiian Liberty** mit verschiedenen Zeitungsausschnitten:*

8–Hawaiian Liberty/*Hawaiischer Landgang*

In the 1930s ... In den 1930er Jahren war Hawaii weit entfernt von den Kriegen in Europa und Asien. Während Touristen an Bord des *China Clipper* oder Kreuzfahrtschiffen eintrafen, genossen Matrosen die Vorzüge des dienstfreien Landgangs in einer freundlichen Stadt. Diese Fotos aus Paxton Carter's Fotoalben zeigen bekannte Szenen amerikanischer Matrosen der Pazifikflotte.

Die große Glasvitrine um die Ecke enthält unter anderem eine Matrosenuniform.

9–Purple Heart/*Auszeichnung (Verwundetenabzeichen)*

Paxton Carter's naval ... Paxton Carter's Marinelaufbahn durchlief ein Jahrzehnt von Krisen. Obwohl Krieg in der Luft hing, reflektieren Carter's Notizbücher und Fotoalben eine Navy zu Friedenszeiten. Ein Krieg, der mit Schlachtschiffen ausgetragen werden sollte, war weit von Pearl Harbor entfernt.

Zahlmeister Carter kämpfte im Zweiten Weltkrieg weniger als eine Stunde; er und 1176 seiner Schiffskameraden starben, als die *Arizona* am 7. Dezember 1941 sank und die Besatzung mit in den Tod riß.

Arizona Memorial Museum

Nun zur Ausstellungswand unter dem Thema ***Pearl Harbor Striking Force:***

10–Pearl Harbor Striking Force/*Pearl Harbor's angreifende Streitkräfte*

Twenty warships ... Zwanzig Kriegsschiffe und drei U-Boote der kaiserlichen Marine Japans, begleitet von sieben Tankschiffen stachen am 26. November aus der Tankan Bay der Kurilen in See. Die Spur führte die Streitmacht über den nebelverhangenen Nordpazifik.

Fotos zeigen die Schlachtschiffe *Hiei* und *Kirishima* im Geleit der *Shokaku* und einem weiteren Flugzeugträger während der Pearl Harbor Operation.

Weitere Bilder neben großer Pazifikkarte, die die Bewegung der japanischen Flotteneinheit vor dem Angriff auf Pearl Harbor und auf dem Rückzug zeigen:

Admiral Isoroku Yamamoto, Oberbefehlshaber des Flottenverbands, war ein populärer Offizier und brillianter Stratege, der gegen einen Krieg gegen die USA war. Er hatte in Harvard studiert und wußte, daß Amerikas unerschöpfliche Mittel Japan zum Verhängnis werden würde.

Vice Admiral ... Vizeadmiral Chuichi Nagumo führte die japanische Streitmacht unter seinem Kommando über 3500 Meilen/5600 km Ozean zu einem fast tadellosen Angriff auf Pearl Harbor.

Nun zur nächsten Ausstellungswand mit Info über ***Battleship Row:***

11–Battleship Row/*Schlachtschiff-Reihe*

The Japanese attack force ... Die japanischen Angriffsflugzeuge nahmen sechs wichtige Einrichtungen auf Oahu unter Beschuß. Diese waren die Flugplätze Hickam, Wheeler und Bellows Army Air Fields; Ewa Marine Corps Air Station; Kaneohe Naval Air Station und der Marinestützpunkt Pearl Harbor Naval Basis. Hauptobjekt war die in Pearl Harbor stationierte **Pazifikflotte.** Flugplätze des Heeres, Army air fields, die für die Luftverteidigung Hawaiis verantwortlich waren, wurden ebenfalls angegriffen. Da die amerikanischen Flugzeugträger unterwegs waren, um Flugzeuge nach Midway und Wake Island zu bringen, waren die Schlachtschiffe der Wucht des Angriffs auf Pearl Harbor ausgesetzt.

Das Foto zeigt, wie ein Torpedo zu Beginn des Angriffs gegen die *USS Oklahoma* explodiert. Eine Karte zeigt die Angriffsrouten der ersten und zweiten Attacke der Kampfflugzeuge, Torpedobomber und anderer Flugzeuge beim Angriff auf Pearl Harbor.

Carriers and Aircraft ... Eine Tafel zeigt die verschiedenen Flugzeugträger und Flugzeuge der angreifenden Japaner. Ganz oben das persönliche Flugzeug des Luftwaffenkommandanten Mitsuo Fuchida. Dann folgt eine Auflistung der jeweiligen Flugzeuge, die bei der ersten oder zweiten Welle des Angriffs im Einsatz waren, jeweils nach Flugzeugträgern unterschieden, von denen sie aufgestiegen waren.

Bei dem Luftangriff wurden drei Flugzeugtypen benutzt: Mitsubishi A6M Kampfflugzeuge, Nakajima B5N Bomber/Torpedo Bomber und Aichi D3A Sturzflugbomber.

Flugzeugmarkierungen identifizierten den Flugzeugträger und die Division, der das Flugzeug angehört. Rote Streifen und Buchstabe A an der Heckflosse ordneten das Flugzeug der First Carrier Division (Ersten Flugzeugträger-Division), ein Streifen plus I Akagi-, zwei Streifen und II Kaga-Flugzeugträger zu.

Blaue Streifen und B bedeuteten Second Carrier Division (Zweite Flugzeugträger-Division), Soryu- und Hiryu-Flugzeugträger ein- bzw. zwei Strei-

OAHU
Arizona Memorial Museum

fen. Weiße Streifen und E bedeuteten Fifth Carrier Division (Fünfte Flugzeugträger-Division) mit den Flugzeugträgern Shokaku und Zuikaku. Das Diagramm zeigt die Flugzeuge mit ihren typischen Markierungen. Die Ziffern geben jeweils die Zahl der betreffenden im Einsatz befindlichen Flugzeugtypen an.

Nun auf der Rückseite der Ausstellungswand:

12–The Battleship Navy/*Die Kriegsschiff Marine*

Before World War II ... Vor dem Zweiten Weltkrieg bestritten nur wenige Leute, daß das Kriegsschiff die Königin der Ozeane sei. Viele Länder gaben ein Vermögen aus, um größere und stärkere Kriegsschiffe zu bauen, während Offiziere und Matrosen in Friedenszeiten Maneuver praktizierten, in denen sie Schlachten, die nie ausgetragen wurden, gewannen.

Nun an einem **Modell der USS Arizona (13)** *vor dem Angriff des 7. Dez. 1941 vorbei. An der Trennwand zum Raum mit der Buchhandlung:*

14–Battleship Life/*Kriegsschiff-Leben*

Inspections and formations ... Inspektionen und Formationen wie beim Wechsel des Kommandos der Pazifikflotte an Bord der *USS Pennsylvania,* Arbeit im Maschinenraum und in See stechen schmolz die einzelnen Besatzungsmitglieder zu einem Freundesteam zusammen. Freundschaftsspiele unter den Schiffsmannschaften, ob Football, Rudern oder Band erhöhten den Stolz des Seemanns auf sein Schiff und schärften seine nautischen Fähigkeiten.

Nun entlang der Innenhofwandseite zu einer Reihe von fünf Vitrinen mit Dokumenten und Exponaten; von rechts nach links:

15–USS Charleston

The USS Charleston (C-2) ... Die *USS Charleston* (C-2), ein Panzerkreuzer, wurde am 19. Juli 1888 von Union Iron Works, San Francisco, California vom Stapel gelassen; kam am 26. Dez. 1889 unter das Kommando von Captain G. C. Remey.

Die *USS Charleston* lief am 10. April 1890 aus dem Mare Island Navy Yard aus, um als Flaggschiff zum Pazifik-Geschwader in den Gewässern des östlichen Pazifiks zu stoßen. Am 25. November jenen Jahres verließ König David Kalakau von Hawaii mit einer kleinen Gesellschaft an Bord der *Charleston* als Gast von Admiral George Brown Honolulu, um die USA zu besuchen. Während dieser Schiffsreise starb der König.

Die *USS Charleston* kehrte am 29. Januar 1891 mit dem Leichnam des Königs nach Hawaii zurück.

16–14th Naval District Photo Collection
Fotosammlung des 14. Marinedistrikts

The 14th Naval District Photo Collection ... Die Fotosammlung des 14th Naval District umfaßt über 20 000 Bilder, die die amerikanische Marine in Hawaii und im Pazifik über den Zeitraum von 1880 bis 1945 dokumentieren. Die Sammlung besteht aus Glasplatten und Filmnegativen sowie Original-

Arizona Memorial Museum

abzügen. Viele dieser historischen Fotos wurden von dem lokalen Fotografen Tai Sing Loo aufgenommen. Diese Sammlung wird zur Zeit vom National Park Service, USS Arizona Denkmal erfaßt und katalogisiert, um sie erhalten zu können.

17–The USS Arizona in Panama/*Die USS Arizona in Panama*

In January of 1921 ... Im Januar 1921 machte das Schlachtschiff *USS Arizona* seine erste Fahrt durch den Panamakanal. Der von den Amerikanern gebaute Kanal, dessen Bau während der Amtszeit von Präsident Theodore Roosevelt begann, war nur acht Jahre zuvor fertiggestellt worden.

Der Kanal und ein fünf Meilen (8 km) breiter Streifen beiderseits des Kanals waren im kolonialen Besitz der USA, bekannt als die sogenannte Kanalzone. Heutzutage wird der Kanal gemeinsam von den USA und der Republik Panama verwaltet; 1999 übernimmt Panama die volle Kontrolle über den Kanal.

Obwohl seine Bedeutung in den letzten Jahren etwas zurückgegangen ist, galt der Panamakanal die meiste Zeit des 20. Jh. als wichtiger strategischer, politischer und wirtschaftlicher Posten der USA. Der Kanal sparte eine Menge Seemeilen zwischen der Ost- und Westküste. Der Kanal ermöglichte dem Militär der USA, rasch in Übersee einzuschreiten. Solch rasche militärische Aktionen waren von großer Bedeutung, da Amerika als Weltmacht eine neue Rolle bei seinen eigenen Übersee-Besitzungen spielte.

The young Arizona crewman ... Der junge Matrose der *Arizona*, der Panama zum ersten Mal besuchte, dachte nicht an solch gewichtige Themen wie die geopolitische und militärische Bedeutung des Kanals. Für ihn war Panama ein exotischer, fremder, tropischer Hafen, ein Ort, über den er vermutlich sehr wenig wußte. Was er über Panama wußte, kannte er aus dem Geographieunterricht der Schule oder aus den Seiten des National Geographic Magazin.

Freigang in Panama bot dem Matrosen der *Arizona* eine große Abwechslung vom üblichen Schiffsalltag. Stierkämpfe, Hahnenkämpfe, Prostitution und Alkohol – damals zur Prohibitions-Ära in Amerika verboten – gab es alles hier. Institutionen von Zuhause wie YMCA würden ihn hoffentlich in gesünder Richtung leiten wie Sightseeing, Kino, Sportveranstaltungen, Einkaufsbummel und Gottesdienste.

18–Baseball, Soda Pop, Ice Cream ...

Baseball, Soda Pop, Ice Cream, and Movies: R & R Aboard the USS Arizona. Baseball, Soda Pop, Ice Cream und Kinofilme: R & R an Bord der *USS Arizona*. Das Leben auf der *USS Arizona* war eine geregelte Existenz, die sowohl Disziplin als auch harte Arbeit erforderte. Infolgedessen brauchte man Abwechslung von der täglichen Routine, um die Moral hoch und die Mannschaft in bester Form zu halten. Liberty = Freigang war die bevorzugte Art der Freizeitgestaltung der Mannschaft, doch den Männern an Bord blieben immer noch ein paar Möglichkeiten. Die *Arizona* war ausgestattet mit einer Bücherei, einem Laden, wo man Nützliches und Souvenirs kaufen konnte, einem „gedunk" Stand, wo es Ice Cream und Soda Pop (Erfrischungsgetränke) gab.

Die Besatzung brachte eine Zeitung mit dem Titel *At 'Em Arizona* heraus, die über Navy Nachrichten, Sport, Geschichte berichtete und Gedichte, Witze und Info über Landgänge in den Port of Call enthielt.

Sportbegeisterte Matrosen konnten der Baseball-, Football-, Basketball-, Schützen-, Ruder-, Ringer- oder Boxmannschaft beitreten. Andere Aktivitäten umfaßten Filme und „Smokers": Spezialveranstaltungen wie Tanzen, Bandkonzerte und Leichtathletikwettkämpfe.

646 OAHU
Arizona Memorial Museum

Although ... Obwohl ein paar glückliche Matrosen einen Freipaß erhalten würden, um während der Weihnachtszeit nach Hause zu fahren, bekamen die meisten der Besatzung nicht frei. Infolgedessen wurde Weihnachten, Thanksgiving und fast jeder andere Feiertag an Bord der *Arizona* feierlich begangen. Man bereitete große Festessen vor, richtige Banketts, bei denen es im allgemeinen Putenbraten mit allem Zubehör gab; eine Spezialausgabe der Schiffszeitung wurde gedruckt und es gab Bälle oder andere Veranstaltungen.

Der Dienst an Bord war anstrengend, doch die Offiziere und Besatzung der *USS Arizona* machten alle Anstrengungen, um jede Reise so angenehm wie möglich zu machen.

19–A New Home For The Arizona's Bell
Ein neues Zuhause für die Arizona Schiffsglocke

Located in the Visitors Center lobby ... In der Empfangshalle des Visitors Centers, direkt im Zentrum vor dem großen Fenster, befindet sich die Schiffsglocke der *USS Arizona*. Dieses historische Artefakt, um die 80 Jahre alt, wurde 1916 von der Glockengießerei Williams & Son hergestellt.

Die **Schiffsglocke** der *Arizona* war nicht nur ein Zierstück, sondern hatte eine Reihe wichtiger Funktionen. Die Glocke ertönte, wenn der Anker bei Nebel zu werfen war; sie verkündete die Uhrzeit an Bord; sie läutete zum Gottesdienst; sie läutete bei Feueralarm.

Ursprünglich besaß die *USS Arizona* zwei gleiche Glocken, jeweils auf einem der Schiffsmasten befestigt. Während der Vorkriegsjahre 1940–41 wurde die zweite Glocke in Bremerton, Washington, im Zuge der „strip ship" Prozedur entfernt. Man erleichterte die Schiffe von allem, was nicht fürs Gefecht benötigt wurde. Anscheinend blieb diese Glocke in Bremerton, wo sie täglich während des Krieges geläutet wurde. 1946 wurde die Glocke zur University of Arizona nach Tucson gesandt, wo sie bis zum heutigen Tag verblieben ist.

Die andere Schiffsglocke der *Arizona* wurde nach der Zerstörung des Schiffs etwa um 1942/43 aus dem Schiff geborgen. Diese Glocke lagerte vermutlich bis 1954 in Norfolk, Virginia, und wurde dann zu den Arizona State Fairgrounds nach Phoenix verbracht. Nach mehreren Jahren bei der State Fair kam sie zur First National Bank of Phoenix, wo sie im Arizona History Room der Bank aufgestellt wurde. **1965** kehrte die Glocke nach Hawaii zurück und wurde **1966** am Memorial Day offiziell auf dem **USS Arizona-Denkmal** enthüllt.

Die nächsten 27 Jahre verblieb die Glocke der *Arizona* auf dem Denkmal, wo allmählich die Oberfläche Zeichen von Verwitterung und Rost aufzu-

Schlüssel zur Baxter Info-Karte Pearl Harbor Angriff

Schiffe der amerikanischen Pazifikflotte:
1-Arizona
   Standort des **Arizona Memorial**
2-Vestal
3-Nevada
4-Solace
5-Detroit
6-Curtiss
7-Raleigh
8-Utah
9-Tangier
10-Shaw
11-Downes
12-Cassin
13-Pennsylvania
14-Helena
15-Oglala
16-California
17-Neosho
18-Maryland
19-Oklahoma
20-Tennessee
21-West Virginia
22-Arizona Memorial
   Visitors Center
   *Museum/Bootsabfahrt zur
   USS Arizona*
   -USS Bowfin U-Boot
23-nach Honolulu
24-Barbers Point
25-Cincpac
   Commander **in** chief **Pacific**
   Oberkommandierender der amerikanischen
   Streitkräfte im pazifischen Raum

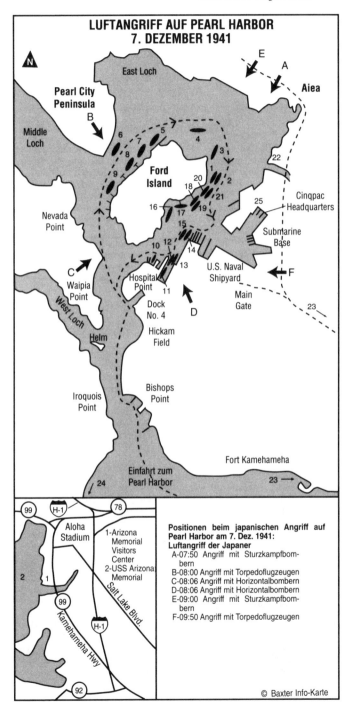

648 OAHU
Arizona Memorial Museum

weisen begann. Daraufhin beschloß man **1993**, die Glocke vom Denkmal zurückzuholen und an einer geeigneteren Stelle im Visitors Center aufzustellen. Museumskonservatoren reinigten die Glocke und behandelten die Oberfläche mit einem schützenden Überzug. Die ursprüngliche Vordermastaufhängung der Glocke wurde rekonstruiert, von der jetzt die 1250 pound (= 566 kg) schwere Bronzeglocke hängt.

Nun zu der Vitrine an der Trennwand zum Hauptausstellungsraum:

20–Fred P. Neff Collection

The Fred P. Neff Collection ... Die Fred P. Neff Sammlung, die 1992 dem Park gestiftet wurde, umfaßt über einhundert Stücke, die dem Besatzungsmitglied der *USS Arizona,* Fred P. Neff, gehörten. Nach seinem Eintritt in die US Navy im Juli **1918** verbrachte Neff die nächsten drei Jahre an Bord der *USS Arizona,* der *USS Gopher* und der *USS Lake Daraga.* Auf diesen Reisen besuchte er England, Irland, Frankreich, Norwegen, Kuba und Peru. 1919 fuhr sein Schiff, die *USS Lake Daraga* nach Archangel, zur Unterstützung der alliierten Militärintervention in Rußland.

Unter den Exponaten der Vitrine befindet sich die Uniform, die Fred P. Neff (USN 1918–1921) getragen hatte. Ein Foto zeigt die *USS Arizona* um 1920. Außerdem sieht man ein Eisernes Kreuz aus dem Zweiten Weltkrieg in Deutschland sowie andere Souvenirs aus Europa und Südamerika.

*Nun links zur Wandseite mit Abbildungen der **USS Arizona** vor ihrer Zerstörung:*

21–USS Arizona

Evolution of A Ship/Entwicklung eines Schiffs. Sobald man die *Arizona* in die Marine übernommen hatte, wurde sie langsam verändert, Bei einer Generalüberholung und Modernisierung in den Jahren 1929 bis 1931 wurde eine neue Superstruktur aufgebaut. Die bisherigen Masten wurden durch Dreibeinmasten ersetzt. Man hob die 5-Zoll-Geschütze ein weiteres Deck an. Acht 5-Zoll Flugabwehrgeschütze verstärkten die Fähigkeit des Schiffs zur Luftverteidigung. Auf den beiden Bildern von 1916 und 1941 kann man die Verbesserungen vergleichen.

USS Arizona. Der Kiel der *Arizona,* das Schiff, das nun in Pearl Harbor als Heiligtum verwahrt wird, wurde am 16. März 1914 in der Brooklyn Navy Yard gefertigt. Miss Esther Ross, die Tochter eines Pioniers aus Arizona, taufte das Schiff etwa ein Jahr später. Am 17. Oktober 1916 wurde die *Arizona* in Dienst gestellt. Die Deckpläne des Schiffs lassen nur die komplizierte Ausstattung eines Schlachtschiffs der Vorkriegsjahre erahnen.

Nun zu der Wand, hinter der sich die Buchhandlung befindet; von rechts nach links:

22–USS Arizona Survivors/*Überlebende der USS Arizona*

In the course of planning ... Im Laufe der Vorbereitungen zur 50-Jahr-Feier der *USS Arizona* erhielt das **USS Arizona Memorial** zahlreiche Beiträge zu den Ereignissen des Angriffs vom 7. Dezember 1941 auf Pearl Harbor. Sie geben Augenblicke der Angst und des Schmerzes, der Frustration, manchmal sogar des Humors wieder. Die Beiträge hier stammen von einigen der Männer, die das katastrophal zerstörte Schiff, die *USS Arizona,* überlebt haben.

Arizona Memorial Museum

John D. Anderson, Roswell, New Mexico. Als das vordere Munitionsdepot explodierte, war ich gerade dabei, einen Schiffskameraden aus einem brennenden Teil in der Nähe der Leiter zum Bootsdeck zu ziehen. Die Kraft der Detonation schleuderte uns beide etwa 9 m nach hinten. Momentan benommen, raffte ich mich auf, trug meinen Schiffskameraden auf die Steuerbordseite, wo ein kleines Schleppboot wartete und kippte ihn ab. Ich blickte nach vorn zur Kampfposition meines Bruders, stellte fest, daß Deibert nicht mehr da war. Das Vorderteil der *Arizona* glich einem höllischen Inferno mit enormer Hitze. Ich unterdrückte meine persönliche Trauer und ging zurück, um den Verwundeten zu helfen. Viele der Kameraden waren in Stücke zerrissen und verstümmelt. Anderen waren die Kleider vom Leib gebrannt und Haare, Augenbrauen und Wimpern versengt.

Donald Stratton, Yuma, Arizona. Als ich aus der Kasematte Nr. 6 herauskam, wo ich schlief und aß, schrien einige Schiffskameraden und deuteten in Richtung Ford Island. Als ich hinüberblickte, erkannte ich einige Flugzeuge, die Bomben abwarfen. Ich raste wie alle anderen zu meiner Kampfstation, da dies der erste Gedanke war. Meine Kampfstation befand sich auf dem Vordermast und wurde *sky control platform* (Luftkontrollplattform) genannt. Ich war der Sightsetter im *port AA director*. Wir begannen, die Flugzeuge zu beschießen, als wir sie als japanische identifizierten. Plötzlich erhielt das Schiff einen gewaltigen Stoß, was schon einen gewaltigen Schubs brauchte, da es 33 600 Tonnen wiegt. Dann erfolgte eine fürchterliche Explosion und ein Feuerball schoß etwa 100 Meter hoch in die Luft. Wir hatten alle unsere Bereitschaftsmunition verbraucht. Wir waren alle verletzt oder verbrannt, da alles brannte. Ein Schiffskamerad an Bord der *USS Vestal* warf uns ein Seil und wir knüpften es an die *Arizona*. Dann begann wir sechs uns hinüber zur *Vestal* zu schwingen. Wir alle hatten ziemlich starke Verbrennungen erlitten. Ich war über 60 % am Körper verbrannt.

Galen O. Ballard. Dunedin Florida. Sonntagmorgen, 7. Dez. 1941. Ich war bei einem Freund in Honolulu zu Besuch und spielte gerade eine Platte der Ink Spots, als ich das Radio einschaltete: „Die Japaner greifen an! Das ist keine Übung. Auf den Flügeln hat man die aufgehende Sonne erkannt. Alles weg von den Straßen. Sucht irgendwo Schutz." Ich griff meinen Hut und eilte zurück zum Stützpunkt. Unterwegs flogen die Flugzeuge immer noch und wurden mit Luftabwehrgeschützen beschossen. Als ich im Stützpunkt eintraf, begab ich mich zur Liberty Landing. Es war ein fürchterlicher Anblick. Mein Zuhause, die *USS Arizona*, stand in Flammen. Die *USS Oklahoma* war gekentert. Die Verwüstung überall war schier unfaßbar. Ich stand unter Schock.

Roland Mommer. Fort Wayne, Indiana. Nur dank Gottes Gnade sitze ich hier in Ft. Wayne, Indiana, und schreibe Ihnen. Im März 1938 wurde ich der 1st Division zugeteilt. Nach dreimonatigem Grunddienst im Great Lakes Naval Training Center diente ich bis zum Schluß in dieser Division.

Ich war glücklicherweise von Bord und es gab nur einen einzigen anderen Überlebenden der Division 1. außer mir, und zwar Tom Duncan. Ich weiß nur noch, daß Pearl einem „Irrenhaus" glich, als ich zurückkam. Ich wußte nicht, wo ich hingehen konnte und landete im Admiral Bloch Center. Es war sehr traurig, junge Männer zu sehen, die man aus dem zivilen Leben herausgesucht, wo sie zahllosen Verpflichtungen nachkommen mußten, und zum Bloch Center schickte, wo sie eingezogen wurden. Manche verübten sogar Selbstmord während dieser Zeit der Verzweiflung.

Russell A. Lott. Fort Dodge, Iowa. Ich hatte an jenem Tag mit der Bootsmannschaft Dienst. Hatte keine Trips zu unternehmen und plante, den Tag herumzulungern. Nach dem Frühstück, als ich an Deck auf das Hissen der Fahne wartete, kam eine Reihe von Flugzeugen über die Berge. Beobachtete, wie sie sich dem Hafen näherten und sah Geysire von Dreck in der Nähe des Flugplatzes von Ford Island hochgehen. Nach längerem Hinsehen

650 OAHU
Arizona Memorial Museum

war zu erkennen, daß es japanische Flugzeuge waren. Sofort rannte ich zur Kampfstation: *port AA director*. Job war, mit den Stationen Verbindung aufzunehmen, konnte aber niemanden erreichen. Etwa um diese Zeit gab es eine Serie von Explosionen. Ich wußte, daß wir getroffen waren. Sah nichts, aber fühlte es. Der Vordermast knickte um, dachte *director* sei losgekommen, dachte eigentlich, daß ich tot sei. Kameraden der *Vestal* warfen uns ein Seil zu. Wir kletterten wie die Affen hinüber.

Herbert Mattlage. Center Harbor, New Hampshire. Barkassen liefen aus und der Befehl lautete, „alle Offiziere zu den Schlachtschiffen." Ich begab mich mit anderen Offizieren in eine Barkasse und steuerte über den Hafen hinüber zur *Arizona,* dem ersten Halt. Als wir über den Hafen fuhren, flogen japanische Flugzeuge ein und warfen Bomben ab. Dann feuerten alle Geschütze im Hafen. In unserer Barkasse hatten wir das Gefühl, daß jedes japanische Flugzeug auf uns zielte. Und auch alle die *„friendly" fires* unserer eigenen Leute bildeten einen Schirm von Geschossen über uns. Als wir uns der *Arizona* näherten, wurde sie vermutlich getroffen und wir konnten nicht an sie herankommen, da das Öl auf dem Wasser in Flammen stand.

James I. Forbis. Horse Cave, Kentucky. Am 7. Dezember 1941 war ich ein Steuermann im Dienst. Ich hatte eine Abteilung Matrosen, mit denen wir das Heck des Schiffs für den Gottesdienst des Kaplan Captain Kirkpatrick herrichten sollten. Die ersten Flugzeuge kamen gerade aus dem Osten herein, als sich alles zum Morgenappell bereitmachte. Erst hielten wir sie für unsere Flugzeuge von den Flugzeugträgern, bis sie anfingen, Bomben auf uns abzuwerfen.

Meine Division, 4 Battle Station, war im Nr. 4 Turm mit 14" Geschützen. Wir bekamen eine Bombe auf das Geschütz, die uns bis zum Raum in Nr. 3 Panzerturm warf. Ich blieb im Nr. 3 Turm, bis ich vom Nr. 3 Turm-Offizier aufgerufen wurde. Das Schiff lag auf dem Grund und die Leute kletterten aus dem Turm und verließen das Schiff. Ich war einer der letzten fünf, die die *Arizona* lebend verlassen haben. Meine Uhr, die nicht wasserdicht war, blieb auf 8.45 Uhr stehen, als ich im Wasser landete.

James Park Foster. Jr. Goldspring, Texas. Ich saß an diesem Morgen im Back, als jeder anfing von oben nach unten zu rennen. Niemand redete etwas. Als ich mich die Leiter hinauf gearbeitet hatte, jagte ich zum Bootsdeck. Dort traf ich Admiral Kidd und den Kapitän, der zur Brücke rannte. Ich denke, Admiral Kidd gab mir seinen letzten Befehl: „Besetz Deine Kampfstation" und ich antwortete: „Yes, Sir". Dann traf ich McCarron und Lightfoot. Wir machten einen Versuch, das Geschütz zu feuern, was jedoch mißlang. Diese vier Männer war alles was ich sah und hörte. Dann der große Knall! Wir alle drei landeten auf einer Lukentür. Ich hatte mir die Nase gebrochen, erlitt Verbrennungen, wußte dies alles aber nicht zu diesem Zeitpunkt. Lightfoot war richtig verbrannt und starb später. McCarron war okay. Wir standen auf und guckten uns gegenseitig an. Dann folgte eine weitere Explosion und wir wurden alle zerstreut. Ich landete im öligen Wasser von Pearl Harbor und Ford Island.

Jim Vlach. Anaheim, California. Am Nachmittag begann ich, Namen der Überlebenden der *Arizona* herauszufinden. Ich fand einige Karteikarten und hatte vor, unsere Überlebenden mit Namen, Rang und Dienstnummer eintragen zu lassen. Als ich darum bat, dies weiterzugeben, entschied ein Kommandant in blauer Uniform, daß Hill, ein Freiwilliger aus dem Log-Raum und ich die Karten auf der Schreibmaschine ausfüllen sollten. Allerdings mußten wir das für das ganze Personal ohne Rücksicht auf deren Schiff oder Station erledigen. Wir füllten bis zum Dunkelwerden die Karteikarten aus. Dann wurden die Fenster verdunkelt und wir sortierten eine weitere Stunde Papiere. Wir hatten keine Liegen oder Bettzeug. Wir waren hundemüde und fanden eine Stelle unter einem Spieltisch, wo wir uns ausstrecken konnten. Die Karteikarten zeigten, daß es nur wenige Namen von Überlebenden der *Arizona* gab.

Arizona Mem. Visitor Center

Nach dem Besuch des Museums sollte man sich draußen im Park am Wasser unbedingt die Erinnerungsausstellung/**Remembrance Exhibit** ansehen, die noch einmal deutlich die Ereignisse des japanischen Luftangriffs auf die amerikanische Pazifikflotte in Pearl Harbor aufzeigt:

Erinnerungsausstellung im Park

Den kleinen Rundgang im zur Hafenseite liegenden Park hinter dem Visitors Center beginnt man rechts bei dem erhöhten Rondell mit den blauen Tafeln der sogenannten **Remembrance Exhibit**/Erinnerungsausstellung. Im Zentrum ein Modell der Insel Oahu mit numerierten Punkten, die am Modell erklärt werden. Gleich links die Tafel, die eine Einleitung zur Erinnerungsausstellung gibt:

- **Island of Oahu**/*Insel Oahu*

At dawn on 7 December 1941 ... Bei Tagesanbruch des 7. Dezember 1941 lag über die Hälfte der amerikanischen Pazifikflotte, 131 Schiffe, vor Anker oder hatte an Piers in Pearl Harbor festgemacht. Außer einem Schlachtschiff lagen alle Schiffe der Flotte an diesem Morgen im Hafen, die meisten waren auf der Südostseite von Ford Island zusammenverankert. Als es Mittag wurde, war von der friedlichen Sonntagsruhe nichts mehr übrig, waren 21 Schiffe gesunken oder beschädigt und die Stärke der Flotte zum Gegenschlag anscheinend gebrochen. Die Luft war voller Rauch brennender Schiffe und in Flammen aufgegangener Flugzeugschuppen. Auslaufendes Öl sinkender Schiffe verstopfte den Hafen. Überall Tote.

Die in Pearl Harbor liegende Flotte, Ziel des Angriffs, erlitt die größten Verluste; fast die Hälfte der Gefallenen starben, als die *USS Arizona* explodierte. Einrichtungen der Army, Navy, Air Corps und Marine Corps in der Länge und Breite von Oahu, von Kaneohe bis Haleiwa und Malakole, hatten ihre Verluste an Menschenleben und Zerstörung zu beklagen. Die Stützpunkte **Hickam, Wheeler** und **Bellows Army Air Corps Bases** verloren 221 Mann und 77 Flugzeuge. Die **Naval Air Stations** auf **Ford Island** und **Kaneohe** verzeichneten einen Verlust von 19 Mann und 92 Flugzeugen. Auf dem **Ewa Marine Corps Air Station** wurden 4 Mann getötet und 32 Flugzeuge vernichtet. Angehörige der Zivilbevölkerung wurden von **Waikiki** bis **Pearl Harbor** durch die Explosion von Flugabwehrmunition getötet.

In dieser Ausstellung sind die Namen aller Personen des Militärs und der Zivilbevölkerung aufgelistet, die bei dem Luftangriff ums Leben kamen. Die Auflistung der Militärpersonen erfolgt nach Abteilung und Stützpunkt. Die Namen der an Bord der *USS Arizona* ums Leben Gekommenen sind draußen in der Schreinkammer des Denkmals in Marmor eingraviert.

Rechts daneben listet die nächste Tafel die ersten Opfer des Angriffs auf:

- **The First Casualties**/*Die ersten Opfer*

In the first hours ... In den ersten Stunden des amerikanischen Pazifikkriegs mußten die USA einen ihrer größten Verluste der Kriegszeit verzeichnen; über 2400 Männer, Frauen und Kinder kamen bei dem Angriff um. Ziel des Angriffs waren die Kriegsschiffe sowie sämtliche Militäreinrichtungen auf Oahu. Die Zahl der Toten jedes Schiffs und jeder Einrichtung ist auf derselben Tafel ersichtlich. So starben beispielsweise 54 Zivilisten an verschiedenen Stellen.

OAHU
Arizona Mem. Visitor Center

Die weiteren Tafeln enthalten die Namen der bei dem Angriff Gefallenen. Am Ende der blauen Tafeln folgt man dem Pfad, der an der Wasserseite entlangführt. Hier werden dem Besucher an Hand von Panoramabildern und Fotos die Ereignisse des 7. Dezember 1941 geschildert. Dabei hat man einen wunderbaren Blick auf Pearl Harbor. Die erste Tafel zeigt eine Karte (mit Lage der Schiffe) des Hafens von Pearl Harbor mit einer Auflistung der beim Angriff auf Pearl Harbor im Hafen liegenden Schiffe der amerikanischen Pazifikflotte:

- **Vessels Under Attack – December 7, 1941**
  Luftangriff auf die Schiffe – 7. Dez. 1941

These were the United States Navy vessels ... Nachstehende Liste (auf Infotafel) umfaßt die Schiffe der amerikanischen Pazifikflotte von Pearl Harbor, als die japanischen Flugzeuge um 7.55 Uhr angriffen. Der Standort der betreffenden Schiffe zu Beginn des Angriffs ist aus der Karte ersichtlich.

Es befanden sich etwa 150 Schiffe einschließlich der Hafenboote hier, als der Angriff begann – etwa die Hälfte der amerikanischen Pazifikflotte. Zehn Schiffe versanken und elf wurden erheblich beschädigt. Es befanden sich keine Flugzeugträger in der Nähe.

Nun links weiter zur nächsten Infotafel:

- **Pearl Harbor Panorama-North**/*Nord-Panorama Pearl Harbors*

From this viewpoint ... Von dieser Stelle entlang des Ostufers von Pearl Harbor sind viele Merkmale, die im Zusammenhang mit dem japanischen Angriff im Jahr 1941 stehen zu sehen! Die Aufnahme entstand 1991, fünfzig Jahre nach dem Luftangriff. Die Ziffern markieren die jeweilige Position.

1–Attack Signal/Angriffssignal. Der Kommandant Mitsuo Fuchida sandte vom Cockpit seines Bombers über der Westküste von Oahu das Signal, das Krieg gegen die USA bedeutete. Um 7.49 Uhr sandte er seinen Piloten „To, to, to", was auf japanisch das Signal zum Angriff bedeutete. Obwohl er noch zwanzig Meilen (32 km) von hier entfernt war, konnte er die Schlachtschiffe, die ihm „würdevoll" erschienen, sehen und zählen.

2–Undamaged Destroyers/Unbeschädigte Zerstörer. Zur Zeit des Angriffs lagen zwanzig Zerstörer der U.S. Navy hier in East Loch vor Anker. Keiner wurde bei dem Luftangriff beschädigt.

Der Zerstörer *USS Ralph Talbot* lag etwa 1¼ Meilen (2 km) von hier vor Anker. Er schoß ein japanisches Kampfflugzeug ab, ehe er aus dem Hafen dampfte, um U-Boote zu verfolgen. Foto wurde im Dezember 1942 aufgenommen.

3–Attack on Wheeler Field/Angriff auf den Flugplatz Wheeler. Um 8.02 Uhr beschossen japanische Sturzkampfflugzeuge und Bomber den etwa 10 mi (16 km) landeinwärts im Tal liegenden Flugplatz **Wheeler Field**. Die meisten Flugzeuge des U.S. Army Air Corps, die hier formiert waren, wurden zerstört. Achtunddreißig Amerikaner wurden getötet und 53 verwundet.

Das Foto zeigt die Sicht der Japaner beim Angriff auf den Flugplatz Wheeler Field. Die Kampfflugzeuge hatte man zur Abwehr von Sabotage dicht nebeneinander geparkt, doch dadurch waren sie noch stärker einem Luftangriff ausgesetzt. Japanische Sturzkampfflugzeuge in der Luft erkennbar.

4–Light Cruiser Phoenix/Leichtkreuzer Phoenix. Die *USS Phoenix* lag an dieser Stelle vor **McGrew Point** vor Anker. Während des Angriffs beschoß sie japanische Flugzeuge mit Flugzeugabwehrgeschützen und konnte unbe-

OAHU 653
Arizona Mem. Visitor Center

schädigt entkommen. 1951 wurde die *Phoenix* nach Argentinien verbracht. Das in *General Belgrano* umbenannte, letzte überlebende Kriegsschiff des 1941er Angriffs wurde **1982** im Falkland-Krieg von einem englischen U-Boot versenkt.

Das Foto zeigt die *USS Phoenix,* die in Flammen stehende *USS Arizona* am 7. Dezember 1941 in der Schlachtschiff-Reihe (Battleship Row).

5–Repair Ship Vestal/Reparaturschiff *Vestal.* Als der Angriff begann, lag die *USS Vestal* neben der *USS Arizona* in der Schlachtschiff-Reihe. Nachdem es von zwei Bomben getroffen wurde, zog man das beschädigte Schiff mit Hilfe von zwei Schleppern an diese Stelle vor McGrew Point.

Auf dieser Aufnahme vom 7. Dezember liegt die *USS Vestal* (unten rechts) am Strand vor **McGrew Point,** etwa 1/4 Meile (0,4 km) von hier. Schwarzer Rauch (in der Mitte des Fotos) steigt aus dem getroffenen Schlachtschiff *Arizona.*

Japanische Kampfflugzeuge des Typs A6M2 Modell 21 Zero beschossen Amerikaner an Bord der Schiffe sowie auf dem Festland.

6–North/Nord. Die japanischen Flugzeuge, die Pearl Harbor angriffen, stiegen von etwa 230 mi/368 km nördlich befindlichen Flugzeugträgern auf.

7–USS Bowfin. Im **USS Bowfin Submarine Museum and Park** rechts kann man ein U-Boot des Zweiten Weltkriegs besichtigen. Die *Bowfin* erreicht man, nachdem man das Visitors Center durchquert und links den Parkplatz überquert hat.

Das Foto zeigt das U-Boot *USS Bowfin* mit Besatzung am 4. Juli 1945 in Pearl Harbor.

Gleich links daneben zur weiteren Tafel (Ziffern erklären den jeweiligen Standort) mit West-Panorama:

● Pearl Harbor Panorama-West

From this viewpoint . . . Von dieser Stelle entlang des Ostufers . . . (derselbe Text wie auf der ersten Tafel).

1–Naval Station Signal Tower/Marinestützpunkt Sendeturm. Von der Spitze dieses Wasserturms leitete die U.S. Navy 1941 ihre Schiffe in und aus dem Hafen. Der Turm ist heute noch in Funktion.

Der Signalturm der amerikanischen Kriegsmarine befindet sich auf diesem Foto, das am 7. Dezember 1941 vom Paradeplatz der Marinekaserne aufgenommen wurde, in der Mitte. Der Qualm stammt von der brennenden *USS Arizona.*

2–Floating Drydock No. 2 (YFD 21)/Schwimmendes Trockendock Nr. 2 (YFD 21). Das Schleppboot *USS Sotoyomo* und der Zerstörer *USS Shaw* befanden sich in diesem Abschnitt der Marinewerft in einem schwimmenden Trockendock zur Reparatur, als sie von japanischen Sturzflugzeugen getroffen wurden. Trockendock und beide Schiffe versanken.

Das Foto zeigt, wie das vordere Munitionsdepot des Zerstörers *USS Shaw* im Trockendock Nr. 2 explodiert.

3–Ford Island Seaplane Base/Ford Island Basis für Wasserflugzeuge. Japanische Bomber und Kampfflugzeuge zerstörten nahezu 40 Flugzeuge der amerikanischen Marine auf dem Boden von **Ford Island,** darunter viele Wasserflugzeuge wie PBY's, die auf Langstrecken-Kontrollflügen und bei Bombenangriffen benutzt wurden. Die PBY-Abflugrampe befand sich hier am Südzipfel der Insel.

Das Foto zeigt, wie Matrosen vor einem Vorhang von Rauch brennender Schiffe Flugzeugtrümmer wegräumen und die Startbahnen der Wasserflugzeug-Rampe kurz nach dem Angriff reparieren. Bei den größeren Flugzeugen handelt es sich um Consolidated PBY's.

654 OAHU
Arizona Mem. Visitor Center

4–Control Tower/Kontrollturm. Der heute sichtbare Kontrollturm der Naval Air Station war im Dezember 1941 fast fertiggestellt und bereits ein prominentes Wahrzeichen. Die Landebahn befand sich unterhalb des Zentrums der Insel.

5–USS Arizona Memorial/USS Arizona Denkmal. Das von aus der Luft abgeworfenen Bomben getroffene Schlachtschiff *USS Arizona* explodierte und versank hier nach dem Angriff. Das **1962** eingeweihte Denkmal wurde zu Ehren der Opfer der Arizona errichtet. Das Denkmal spannt sich wie eine Brücke über das Schiff, ohne es zu berühren.

Luftaufnahme der *USS Arizona,* die die Reste des Schiffs zeigt. Aus den Treibstofftanks des Schiffs sickert immer noch Öl aus.

Foto zeigt wie die *USS Arizona* (im Zentrum) brennt und in der Schlachtschiff-Reihe sinkt, wobei 1177 Offiziere und Matrosen ums Leben kamen – der größte Verlust an Menschenleben auf einem Kriegsschiff der amerikanischen Marine. Das versunkene Schiff wurde zum Grab vieler, die hier umkamen.

6–Historic Mooring Quays/Historische Anlegeplätze. Amerikanische Schlachtschiffe, die an diesen Piers vor Ford Island festgemacht hatten, waren Hauptziele. Heute hat man die Anlegeplätze (*quays* – sprich keihs) weißgestrichen und mit den Nummern der während des Angriffs daran festgemachten Schiffe versehen. Die *USS Nevada* war hier an dieser Stelle festgemacht.

7–Tora! Tora! Tora! Etwa um 7.53 Uhr befand sich der Bomber des den Angriff leitenden Kommandanten Mitsuo Fuchida an dieser Stelle in der Luft, etwa 10 Meilen (16 km) von Pearl Harbor. Als Fuchida sah, wie ruhig und friedlich die Schiffe der amerikanischen Pazifikflotte im Hafen lagen, sandte er den japanischen Flugzeugträgern das berühmte Signal *Tora! Tora! Tora!* (Tiger, Tiger, Tiger), um zu bestätigen, daß ihm maximale strategische Überraschung geglückt war.

Foto zeigt Kommandant Mitsuo Fuchida, der hier die erste Welle japanischer Flugzeuge gegen die amerikanische Flotte leitete. Nach dem Krieg wurde Fuchida Priester.

Nun weiter links zur nächsten Tafel:

• Sunday Morning/*Sonntagmorgen*

December 7, 1941, at . . . Der 7. Dezember 1941 in Pearl Harbor begann routinemäßig. Matrosen und Marinesoldaten traten an zum Gottesdienst, Frühappell und Frühstück. Sie eiferten der dienstfreien Zeit zu, um in ihrer Freizeit etwas zu unternehmen, Briefe zu schreiben oder zu schlafen. Es war Sonntag in der Marine und Friedenszeit.

Die Marine bereitete sich auf einen Seekrieg vor, war aber nicht auf einen massiven Luftangriff gefaßt.

Die Amerikaner hatten keine Ahnung, daß sich über 350 von nördlich befindlichen Flugzeugträgern aufgestiegene japanische Flugzeuge auf dem Weg hierher befanden, während kleine japanische U-Boote auf Tauchstation blieben, um die Hafenabwehr anzugreifen. Um 7.55 Uhr tauchte das erste Geschwader feindlicher Flugzeuge auf, als sich amerikanische Matrosen und Marinesoldaten auf ihren Schiffen versammelten, um das Sternenbanner zu hissen.

Während viele Amerikaner auf Oahu schliefen, starteten die Japaner von etwa 230 mi/368 km im Norden der Insel liegenden Flugzeugträgern Bomber und Kampfflugzeuge.

Auf den in der Vorkriegszeit an Bord der *USS Arizona* aufgenommenen Fotos wurden Matrosen in ihrer Freizeit unter Deck festgehalten. Kabinen

Arizona Mem. Visitor Center

wie diese wurden später zum Grab, als das Schlachtschiff explodierte und hier versank.

Top/Oben: Matrosen beim Schrubben des Decks der *USS Nevada* – Teil der morgendlichen Routine.

Left/links: Sonntagmorgens im Hafen blieb den Matrosen mehr Zeit in ihren Kojen; manche schliefen noch, als die ersten Bomben detonierten. Auf dem Foto sieht man die sieben Patten Brüder an Bord des Schlachtschiffs *USS Nevada* etwa im September 1941. Alle sieben überlebten den Angriff.

● Bombers Over Battleship Row
Bomber über der Schlachtschiff-Reihe

The Japanese raided ... Die Japaner überfielen Pearl Harbor und andere militärische Ziele auf Oahu mit von Flugzeugträgern gestarteten Kampfflugzeugen, horizontalen Bombern, Torpedofliegern und Sturzbombern. Die Flugzeuge griffen hier in zwei Angriffswellen an, die etwa um 7.55 Uhr begannen und mit einer 15minütigen Pause gegen 8.30 Uhr kurz vor 10 Uhr endeten.

Als die Japaner feststellten, daß die amerikanischen Flugzeugträger fehlten, zielten sie auf amerikanische Schlachtschiffe. Sieben der neun Schlachtschiffe waren auf der Südostseite von Ford Island zu einer Schlachtschiff-Reihe zusammenverankert. Hier in der **Battleship Row**/Schlachtschiff-Reihe zerstörten japanische Bomben die *USS Arizona*. Zwanzig andere Schiffe wurden versenkt oder stark beschädigt.

Als die japanischen Flugzeuge zu ihren Flugzeugträgern zurückflogen, verdunkelten die von brennenden Schlachtschiffen aufsteigenden Rauchwolken den Himmel hier. Die amerikanische Pazifikflotte hatte einen schweren Schlag erlitten, wurde aber nicht völlig vernichtet. Die amerikanischen Flugzeugträger, U-Boote, Zerstörer und die meisten Kreuzer konnten unbeschädigt entkommen. Die Marinewerften, Tankanlagen für Treibstoff, U-Bootstützpunkt und Funkstationen – alle strategisch wichtig – blieben schadlos.

Verschiedene Fotos während des Angriffs: Japanischer Aichi D3A1 „Val" Sturzbomber über Pearl Harbor.

Im Vordergrund brennt die *USS Arizona* in der Schlachtschiff-Reihe, nachdem sie von sieben Bomben getroffen wurde. Eine 800-Kilogramm Bombe durchschlug das obere Deck des Schlachtschiffs und entzündete ein Munitionsdepot. Die Detonation zerstörte das Vorderteil des Schiffs. Die Explosion schleuderte die Besatzung vom Deck benachbarter Schiffe. Tragischerweise wurden 1177 Mann der Besatzung der *USS Arizona* getötet.

Foto zeigt die hinter der *Arizona* sichtbaren Schlachtschiffe *USS West Virginia* und *USS Tennessee*.

Das bemerkenswerte Foto, eine Aufnahme von einem japanischen Flugzeug, oben zeigt die Schlachtschiff-Reihe unter Angriff. Erkennbar sind die Öllachen und von Torpedotreffern bewirkten Schockwellen. Sonnenzelte an Heck und Bug tauchen als weiße Flecken auf. Das Vorderteil der *USS Arizona* ist noch nicht explodiert.

Die Skizze zeigt die vor Ford Island verankerten Schiffe der Schlachtschiff-Reihe. Die Schlachtschiffe *California* und *Pennsylvania* sind aus diesem Blickfeld hier nicht erkennbar.

● Fall und Rise of the Fleet/*Fall und Aufstieg der Flotte*

More than two thousand ... Über zweitausend Amerikaner kamen am **7. Dezember 1941** um, fast die Hälfte davon allein an Bord der *USS Arizona*. Militärische Einrichtungen rund um die Insel waren Ziel des Angriffs und einundzwanzig Schiffe wurden versenkt oder beschädigt. Hun-

OAHU
Arizona Mem. Visitor Center

derte von Flugzeuge der Marine und des Heeres wurden vernichtet. Trotz allem erholte sich die amerikanische Pazifikflotte mit erstaunlicher Geschwindigkeit.

Rettungsaktionen, die sofort erfolgten, machten den Weg einer monumentalen Bergungsaktion frei. Innerhalb eines Jahres kehrten die meisten der beschädigten Schiffe wieder in ihren Dienst zurück. Nur die *USS Arizona*, *USS Utah* und *USS Oklahoma* blieben ein Totalverlust.

Am auf den Angriff folgenden Tag erklärte der amerikanische Kongreß Japan den Krieg. Im Laufe dieses Krieges wurden alle außer zwei der 67 japanischen Schiffe der Pearl Harbor Streitmacht versenkt.

Foto zeigt einen Bergungstaucher, der von dem teilweise untergegangenen Schlachtschiff *USS Arizona* auftaucht.

Top/oben: Zerstörer *USS Shaw* liegt gesunken im schwimmenden Trokkendock, wo sein Munitionsdepot explodierte. Das Trockendock, etwa zwei Meilen (3,2 km) links, war ebenfalls untergegangen.

Bottom/unten: Dasselbe Schiff kehrt mit neuem Bug zurück in den Dienst im Pazifik. Die Reparaturarbeiten an der *Shaw* dauerten noch keine neun Monate.

Matrosen bekämpfen Ölbrände an Bord des Schlachtschiffs *USS West Virginia,* das nach mehreren Torpedotreffern in der Schlachtschiff-Reihe gesunken war. Sein beschädigtes Schwesternschiff, die *USS Tennessee* liegt hinter der *West Virginia* vor Anker.

Werftarbeiter setzten die *Tennessee* binnen zwei Wochen instand. Die *West Virginia* wurde gehoben, repariert und **1944** wieder in Dienst gestellt. Sie errang später fünf Schlachtsterne und fuhr **1945** in die Tokyo Bay, um Zeuge der Kapitulation Japans zu werden.

Nun zu der letzten Tafel an der Spitze der Parkanlage:

Pearl Harbor Naval Complex Today
Heutiger Marinekomplex von Pearl Harbor

Hawaiians knew Pearl Harbor ... Hawaiianer nannten **Pearl Harbor** wegen der hier vorkommenden perlentragenden Austern *Wai Momi,* was etwa Perlenwasser *(water of pearl)* bedeutet. Doch Ende der **1800er Jahre** hatte **Pearl Harbor** für die amerikanische Marine größeren militärischen Wert als die Perlen. Anfang der **1900er Jahre** war Pearl Harbor zum strategischen Marinestützpunkt und zur „Auftankstation" der mit Kohle beheizten Schiffe der Pazifikflotte geworden.

Pearl Harbor's Bedeutung während des Zweiten Weltkriegs (1941–45) ist bekannt, aber seine Bedeutung ging nicht mit dem Krieg zu Ende. Im Laufe der Jahre wurden Einrichtungen erweitert und modernisiert. Heutzutage ist der 12 600 acre/5040 Hektar umfassende **Pearl Harbor Naval Complex** der wichtigste Inselstützpunkt der amerikanischen Marine im **Pazifik**.

Hier befindet sich das Hauptquartier des Oberbefehlshabers mit der amerikanischen Pazifikflotte (CINPACFLT), dem größten Marinekommando, das sich über 102 Millionen Quadratmeilen/265 Millionen Quadratkilometer erstreckt. Die **Pazifikflotte** umfaßt über 265 Schiffe, 1900 Flugzeuge und 268 000 Mitglieder der Marine und des Marine Corps.

Zu den Fotos:
- Kräne und Industriebetriebe entlang des Werftufers.
- Ein modernes U-Boot passiert das USS Arizona Denkmal.
- Verladen von Proviant aus dem Kühllager der Marine.

1–Naval Shipyard/Marinewerft. Hier werden Schiffe der amerikanischen Marine aller Art repariert. Mit vier Trockendocks, zwanzig Industriebetrieben und vier Versuchslabors bildet die Marinewerft das größte Industriezentrum Hawaii's. Auf dem Foto aus dem Jahre 1988 ist weniger als die Hälfte der Werftanlagen sichtbar.

Arizona Mem. Visitor Center

2–Naval Station/Marinestützpunkt. Bietet ungefähr zwanzig Schiffen mit Heimathafen logistische Unterstützung und Instandhaltung. Männern und Frauen der Marine sowie deren Familien stehen Gesundheits- und Freizeiteinrichtungen sowie Gottesdienste zur Verfügung.

3–Submarine Base/U-Bootstützpunkt. Dient ungefähr zwanzig Atom-U-Booten sowie einem Rettungs-U-Boot als Heimathafen. Dem Stützpunkt angeschlossen ist ein Ausbildungszentrum für Offiziere und Soldaten, die auf den U-Booten der Pazifikflotte stationiert sind.

4–Naval Supply Center/Marineversorgungszentrum. Bietet Warenhäuser, Treibstoff und technisches Material für Heimschiffe sowie vorübergehend eingelaufene Schiffe und für Küsteneinrichtungen der Region. Über 188 000 verschiedene Warenartikel werden auf Lager gehalten. Das Zentrum versorgt auch im Notfall Marineeinheiten, die sich im Westpazifik befinden.

Randbemerkungen

Zum Abschluß einige Randbemerkungen zu den Hintergründen des japanischen Luftangriffs auf Pearl Harbor:

Am 8. Dezember 1941 gab der damalige US-Präsident Franklin D. Roosevelt eine dramatische Erklärung vor dem Kongreß ab: *„Gestern, am 7. Dezember 1941 – ein Datum das als Tag der Infamie in die Geschichte eingehen wird – wurden die Vereinigten Staaten von Amerika plötzlich von Einheiten der Luftwaffe und Kriegsflotte des japanischen Kaiserreichs angegriffen."*

Der japanische Angriff zwang die USA zur Teilnahme am Zweiten Weltkrieg im asiatischen Raum. Die Vereinigten Staaten waren in einen Krieg eingetreten, und zwar nicht nur in einen Krieg mit Japan, sondern auch mit dessen Alliierten Deutschland und Italien.

Am 23. November 1994 berichtete die Weltpresse, daß sich Japan nach reiflicher Überlegung für Verfahrensfehler bei dem Luftangriff auf Pearl Harbor im Jahr **1941** entschuldigt. Adressat dieser keineswegs übereilten Geste vom **22. Nov. 1994** war das japanische Volk. Dieses bat das Außenministerium anläßlich der Veröffentlichung von einstigen Geheimdokumenten um Nachsicht für „unentschuldbare Versäumnisse" bei der Übermittlung der „De-facto-Kriegserklärung" in Washington am 7. Dezember 1941. Nach der Selbstbezichtigung Tokios war ein fatales Zusammenwirken unentschuldbaren Verhaltens unter den japanischen Diplomaten dafür verantwortlich, daß die Note nicht um dreizehn Uhr, 25 Minuten **vor** dem Beginn des Angriffs, sondern erst um 14.20 Uhr dem amerikanischen Außenminister Hull übergeben wurde.

Die japanischen Zeitungen, die über die späte Reue des Außenministeriums in respektvollem Ton berichteten, vergaßen aber in der Eile, etwas der Richtigkeit halber zu erwähnen, daß nämlich nur der **Abbruch der Gespräche** Gegenstand der Note war; die förmliche Kriegserklärung wurde nach dem Angriff beschlossen und erst acht Stunden später in Tokio übermittelt.

Hinter der Planung des Luftangriffs auf Pearl Harbor stand der am 15. August 1989 im Alter von 84 Jahren in Tokio verstorbene **General Minoru Genda.** Der aus Hiroshima stammende und als Kampfpilot ausgebildete General befand sich während des Angriffs an Bord eines der Flugzeugträger, von denen die japanischen Kampfflugzeuge und Jagdbomber starteten. Ihm wird die Verantwortung für den Angriff der niedrigfliegenden Torpedobomber zugeschrieben, die die verheerende Zerstörung der Schlachtschiffe und Flugzeuge bewirkten.

Admiral Isoroku Yamamoto, der die Ausführung der „Operation Z" – Deckname für den Angriff auf Pearl Harbor – angeordnet hatte, wurde später

OAHU
Polynesian Cultural Center (PCC)

in einem japanischen Bomber abgeschossen. **Vizeadmiral Chuichi Nagumo,** Kommandant der Streitkräfte, die den Angriff auf Pearl Harbor ausübten, verübte später auf der Insel Saipan Harakiri. **Kommandant Mitsuo Fuchida,** der Leiter der angreifenden Kampfflieger, überlebte den Krieg und mehrere Flugzeugabstürze. Er wurde später protestantischer Pfarrer in den USA.

■

> Abschließend zu einer der größten Attraktionen Oahus – Polynesian Cultural Center.

POLYNESIAN CULTURAL CENTER

Das **Polynesian Cultural Center**, eine der beliebtesten Attraktionen in Hawaii, liegt in der Nähe der sogenannten **North Shore** von **Oahu** – nur etwa 1½ bis 2½ Stunden (je nach der Route, die man dorthin wählt) nördlich von **Honolulu/Waikiki.** Die etwa 16,8 Hektar umfassende Freiluft-Attraktion wurde 1963 von der Mormonen-Kirche geschaffen, um die Kultur der Inselbewohner Polynesiens zu erhalten und dem Publikum vorzustellen. Studenten der verschiedenen Südseeinseln wie Samoa, Neuseeland, Fidschi, Marquesas, Tahiti, Tonga sowie Hawaii besuchen die an den Komplex anstoßende Universität Brigham Young University (Hawaii Campus) in der Ortschaft **Laie.** Diese Studenten bringen dem Besucher durch sehr lebhafte Vorführungen traditioneller Tänze der Inselbewohner und Beschreibung die Kunst und Kultur ihrer jeweiligen Heimat sehr nahe, wodurch der Besuch des **Polynesian Cultural Center** zu einem unvergeßlichen Erlebnis wird.

Das **Polynesian Cultural Center** ist täglich außer sonntags geöffnet, von 12.30 Uhr bis 18 Uhr. Hier erlebt der Besucher **sieben polynesische Dörfer,** besucht die **New Canoe Show,** unternimmt eine **Canoe Tour** oder schaut sich eventuell den 45 Minuten dauernden eindrucksvollen Film im **IMAX Theater** an (Vorführung stündlich). Hier gibt es auch viele Einkaufsmöglichkeiten. Abends hat man eine Auswahl von Buffet Restaurants oder kann sogar ein Luau (hawaiisches Fest) erleben, ehe die 90-Minuten-Abendvorstellung **Evening Show** im Pacific Pavilion um 19.30 Uhr beginnt. Eintrittspreise variieren; es gibt sogenannte Packages vom Nur-Eintritt zu den polynesischen Dörfern bis zu Pauschal-Packages, die außer dem Eintritt auch Dinner oder ein Luau, eine Lei-Begrüßung und Abendprogramm umfassen. Info über die verschiedenen Packages bei der Kasse/Ticket Office.

Polynesian Cultural Center: Preise

Planung des PCC Besuchs ◀

● Das **Polynesian Cultural Center** (PCC) läßt sich bequem auf einer von Honolulu/Waikiki veranstalteten Tour besuchen. Außerdem gibt es auch öffentliche Verkehrsmittel (via *The Bus*) dorthin. Wer mit dem Auto selbst hinfahren möchte, findet dort reichlich Parkmöglichkeiten.

● Das Programm im PCC ist so abwechslungsreich und interessant, daß derjenige, der sich stark für die polynesische Kultur interessiert, vom Zeitpunkt der Öffnung des PCC um **12.30 Uhr** bis zum Ende der Polynesian Show (beginnt um 19.30 Uhr) bleiben möchte. Möglichst schon um 12 Uhr (außer sonntags, da PCC Ruhetag) ankommen, um Gelegenheit zu haben, die verschiedenen Programm-Packages zu studieren, Tickets zu kaufen und sich mit dem Veranstaltungsprogramm vertraut zu machen.

● Da es in Hawaii früh dunkel wird (Hawaii stellt nicht auf Sommerzeit – Daylight Saving Time – um) und Abendveranstaltungen oft bis nach 20.30 oder 21.00 Uhr dauern, empfiehlt es sich für die Selbstfahrer, im **Rodeway Inn** zu übernachten – liegt direkt auf der Nordseite des Parkplatzes, gegenüber von McDonald's; Zimmerreservierung (808)293-9282 oder zum Nulltarif von USA & Kanada 1-800-424-4777. Das **Turtle Bay Hilton**, das sich einige Meilen nördlich des PCC befindet, bietet sich auch als Unterkunftsmöglichkeit in der näheren Umgebung an.

Wer in der Gegend des PCC übernachtet, hat den Vorteil, am nächsten Tag die **North Shore** zu erkunden, den populären **Waimea Falls Park** zu erleben und die Ananasplantage **Dole Pineapple Plantation** vor der Rückkehr nach Honolulu zu besuchen.

Eintrittspreise ◀

Besucher haben die Auswahl verschiedener „Packages", je nachdem, ob man Dinner, Show und andere Veranstaltungen mitmachen möchte. Alle Packages umfassen den Besuch der 7 Polynesischen Inseln, Canoe Tour (Kanufahrt), das Islands Museum sowie die Canoe Show. Preisermäßigung für Kinder (bis zu 11 Jahren). Bei der Kasse (Ticket Office) über neueste Preise erkundigen.

● **Admission Only Package:** $26. Besuch der Polynesischen Inseln, Canoe Tour, Islands Museum und Canoe Show. Ideal für den sparsamen Besucher, der auch am späten Nachmittag weiter möchte.

● **Buffet Package:** $59. Admission Only Package plus Gateway Buffet plus Evening Show im Pacific Pavilion Theater. Herrlich für diejenigen, die maximale Zeit zum Entdecken der 7 polynesischen Inseln haben, sich ein gutes Essen gönnen und das polynesische Unterhaltungsprogramm erleben möchten, das um 19.30 Uhr beginnt.

● **Ali'i Luau Package:** $60. Umfaßt Eintritt zu den polynesischen Inseln, Canoe Tour, Islands Museum, Canoe Show, Ali'i Luau Buffet, Evening Show im Pacific Pavilion Theater und die IMAX Filmvorführung im IMAX Theater. Eine Menge zu sehen und zu erleben bis zum späten Abend.

● **Ambassador Package:** $129. Außer all dem vorgenannten umfaßt dieses Package viele Extras, wie gute Plätze, Souvenir Programm und Souvenir Video. Am Eingang über Einzelheiten erkundigen.

SAMOA

Die **Samoa-Inseln,** eine Inselgruppe Polynesiens im zentralen Pazifischen Ozean, liegen östlich der Fidschi-Inseln. Die größten Inseln sind Savaii, Upoln und Tutuila. Hauptort: Pago-Pago. Die im Text genannten Ziffern geben die Reihenfolge der Bauten an, die aus der Übersichtskarte unter **Samoa** ersichtlich sind.

1–SAMOA. The Heart of Polynesia./Samoa. Das Herz Polynesiens. Die einheimische Bevölkerung der Samoaner hält daran fest, daß ihr Volk schon immer auf den Inseln existierte. Offiziell wurden die Samoa-Inseln 1722 von dem holländischen Forscher J. Roggeveen entdeckt. Doch erhielt Samoa seinen ersten Namen „The Navigator Islands" = Navigator-Inseln erst durch die Franzosen. Der Franzose Bougainville, der die Inseln im Jahre 1768 besuchte, war nämlich von den vielen Kanus und dem Navigationstalent der Samoaner ungeheuer beeindruckt.

Politisch ist die Inselgruppe heute in den selbständigen Staat Western Samoa = Samoa-West und in American Samoa = Amerikanisch-Samoa geteilt. Samoa-West umfaßt etwa 2831 km², während Amerikanisch-Samoa, ein vom U.S. Department of the Interior (Innenministerium) verwaltetes, nichtinkorporiertes Territorium der USA, mit etwa 199 km² umfaßt. Samoa-West war von 1899 bis 1914 deutsches Schutzgebiet und wurde bis zu seiner Unabhängigkeit im Jahre 1962 von Neuseeland regiert. Samoa-West hat über 166 000 Einwohner, während Amerikanisch-Samoa etwa 36 260 Einwohner umfaßt, von denen die meisten in oder in der Nähe des Verwaltungszentrums und Hauptorts Pago-Pago auf der Insel Tutuila leben.

Nun zu den einzelnen Dorfbauten; zunächst Info über **Kapok,** *ehe man Fale O'o (Familiengebäude) erreicht:*

Kapok (Ceiba pentandra, L, Gaerta). Kapokbaum. Die langen braunen Fruchtkapseln enthalten an der inneren Fruchtwand eine Pflanzenhaarschicht, sogenanntes Kapok, aus der Fasern gewonnen werden. Kapok wird zur Füllung von Matratzen, Kissen und als Polstermaterial verwendet.

Nun zu der mittelgroßen, länglichen Hütte direkt neben dem Vorführplatz mit den Bänken, zu **Fale O'o:**

2–Fale O'o. Family House/Familienhütte. Tagsüber dient **Fale O'o** oft als Werkstatt, wo Männer schnitzen und Frauen Matten oder andere Artikel knüpfen oder weben. In dieser Hütte werden auch die Mahlzeiten eingenommen. Die älteren Mitglieder der Familie nehmen ihre Mahlzeit zuerst ein; die jüngeren Familienmitglieder essen später. Nachts wird die **Fale** zum Schlafzimmer, indem man Tapa an Sennitschnur als Raumteiler aufhängt und dabei getrennte Schlafräume kreiert. Auf dem Steinboden aufliegende Matten dienen als Schlafstätte.

Nun zu dem großen Langhaus **Maota tofa** *neben dem Fahnenmast:*

3–Maota tofa. Chief's House/Haus des Häuptlings. Diese Hütte bildet im allgemeinen das größte und erhabenste Gebäude, um die Stellung des Häuptlings innerhalb des Dorfs zu demonstrieren. Durch die hohe Dachkonstruktion bleibt das Haus kühl. Wie bei der Fale talimalo *(guest house* = Gästehaus) besteht der Boden aus glatten runden Steinen. Das Gebäude verfügt zwar über keine festen Wände, doch können bei Sturm, Wind oder wenn man ungestört bleiben möchte, Rollos aus Kokosblättern herabgelassen werden. Das Bett wurde von früheren Häuptlingen benutzt. Es besteht aus Matten, die bis zu einer gewünschten Höhe aufgestapelt werden konnten. Je mehr Matten, um so wohlhabender sein Besitzer.

*Nun zu der runden **Fale talimalo** neben dem Museum of the Islands:*

4–Fale talimalo. Guest House/Gästehaus. Die **Fale talimalo** ist eine Spezialhütte, in der Besucher empfangen und unterhalten werden. Hierbei handelt es sich um einen typischen samoanischen Hüttenbau, eine Rundhütte mit Kuppeldach, gleichmäßig verteilten Pfosten um das Gebäude und großen Pfosten, die die Tragbalken im Zentrum halten. Bei der Konstruktion der Hütte benutzt man weder Nägel noch Schrauben. Dafür verwendet man aus Kokosfasern geflochtene Sennitschnüre, um die Hütte zusammenzuhalten. Die Pfosten tragen nicht nur das Gebäude, sondern dienen Teilnehmern von Versammlungen gleichzeitig als Rückenlehne!

> Ehe man den Rundgang zu den weiteren polynesischen Inseln fortsetzt, sollte man unbedingt einen Blick in das Museum of the Islands werfen, das direkt hinter der Samoa-Area liegt

MUSEUM OF THE ISLANDS

Das **Museum of the Islands** gibt einen Überblick über Hand- und Kunsthandwerk, Migration und Navigationstheorien der polynesischen Inselvölker. Im linken Teil des Museums gibt es eine Wandkarte über Polynesien. Ferner Info über Kanus und Navigation. Der rechte Teil des Museums beherbergt ausschließlich Vitrinen mit interessanten Exponaten. Die im Text genannten Ziffern geben die Reihenfolge der aus der Übersichtskarte des **Museums of the Islands** ersichtlichen Exponate wieder.

Von dem vor dem Museum aufgestellten samoanischen Kanu begibt man sich zweckmäßigerweise vom Eingang aus gleich zur linken Wand mit Information über Kanus.

1–Polynesian Canoe Construction/polynesischer Kanubau. Eine Zeichnung zeigt ein beplanktes Kanu im Bau. Um einen großen Baum zu fällen, benutzte man beispielsweise einen breiten Steinaxtkopf am Ende eines Mauerbrechers und ließ ihn von einem Ast herabhängen. Dann wurde diese „Axt" wie ein Pendel geschwungen, um tief in den Baumstamm einschlagen zu können.

Das Holz wurde dann gespalten und sorgfältig zerlegt, zu Planken verarbeitet, die über einem einfachen Rahmen aus Holzrippen zusammengefügt wurden. Mit Hilfe von starken Kordeln aus Sennitschnur „nähte" man sie dann fest zusammen. Die Stoßstellen wurden mit im Saft des Brotfruchtbaums eingeweichten Kokosschalen abgedichtet. Nach diesem Prinzip wurden einige der seetüchtigsten Segelboote der Welt gebaut.

Beim Bau großer Hochsee-Kanus bevorzugte man die Plankenmethode, da dabei das Kanu bei starker See viel flexibler war. Ein aus einem einzigen Stamm ausgehauenes großes Kanu wäre zu steif und ständig der Gefahr ausgesetzt, wegen seiner geringen Flexibilität bei starkem Wellengang auseinanderzubrechen.

662 OAHU
PCC: Museum of the Islands

Nun direkt neben einer Wandkarte der Inseln mehrere Abbildungen von Kanus:

2-Polynesian Voyaging Canoes/polynesische Reisekanus. Erste Polynesier, sogenannte „*children of the sea*" = Kinder des Meeres, befuhren den großen Pazifischen Ozean in einigen der größten und schnellsten Segelschiffe der Welt – Boote mit doppeltem Schiffsrumpf, fälschlicherweise „Kanus" genannt, die mehr Personen als die Wikingerschiffe beförderten und sogar schneller segeln konnten als die größten europäischen Segelschiffe.

Canoe sizes/Kanugrößen. Tuamolu-Inselbewohner besaßen Doppelkanus. Paki, 36,5 m lang mit Plankenrumpf. Die Rumpftiefe eines Kanus maß über 3,65 m. Diese Boote besaßen große bis zu 10 m breite Plattformdecks über den beiden Rümpfen, auf denen sich ein Kajütenaufbau befand. Kanus waren oft mit großen Doppelmastsegeln ausgestattet.

Ein kleinerer Ndrua-Kanutyp von den Fidschis (ähnlich wie die obige Abbildung) maß 36 m mit einem 15 m langen und 7,3 m breiten Deck und besaß einen 20 m hohen Mast mit einem 27 m langen Querbaum, von dem das Segel hing. Die Doppelkanus von Fidschi und Tonga konnten 200 bis 300 Personen fassen. Viele Kanus waren mit Ober- und Unterdecks ausgestattet.

Ein riesiges 'Alia Kanu Samoas besaß nach Angaben des Anthropologen S. Percy Smith eine Länge von 47 m und war aus großen Planken konstruiert. A.C. Haddon berichtet in *Canoes of Oceania* (Kanus Ozeaniens), daß es 500 bis 600 Personen beförderte. Im Vergleich dazu faßte ein großes Wikingerschiff maximal 100 bis 200 Personen.

Canoe speed/Kanugeschwindigkeit. Polynesische Kanus waren mit großen Segeln und zwei schlanken Rümpfen, die auf den Wellenkronen saßen, ausgestattet. Ihre Bauweise war so stark auf Geschwindigkeit und Stabilität ausgerichtet, daß die Kanus kaum Widerstand im Segel zeigten, wenn man

Schlüssel zur Baxter Info-Karte zum Museum of the Islands
Polynesian Cultural Center Rundgang

Orientierung:
1- Polynesian Voyaging Canoes
   polynesische Doppelrumpfkanus
2- Polynesian Canoe Construction
   Kanubau/Doppelrumpfkanus
3- Steering by Stars and Sea
   Orientierung nach Sternen & Meer
   -Setting Off
   Auslaufen
4- Ausstellungsvitrinen
   -Halsketten, Armbänder, Schüsseln, Leis

Ausstellungsvitrinen entlang der Wand:
5- Tortoise Shell
   Schildkrötenpanzer
6- Weaving
   Webarbeiten
7- Tapa
   Tapa Dreschflegel
8- Sennit
9- Tonga Cone Hat
   Tonga-Hut
10- Tonga Waist Mat
    Tonga Hüftrock
11- Carved Images
    Masken
12- Na Lei Hulu Mamo
    Federleis
13- Fijian Pottery
    Fidschi Keramik
14- Kaha Kai'io i ka malie
    (etwa „der Falke, der in der Luft schwebt")
15- Stone Short Club
    Maori Schlagkeule

16- Feather Work in Hawaii
    Federarbeiten
17- Poi-making
    Poi-Herstellung
18- Human Hair Headdress
    Haarschmuck
19- Va'a alo – Samoan Fishing Canoe
    Fischerkanu von Samoa
20- Chiefly Symbols
    Häuptlingssymbole
21- Kava Ceremony
22- Whale's Tooth Necklace
    Halskette aus Walfischzähnen
23- Fijian Garland
    Girlande von den Fidschis
24- Fishing
    Fischfang
25- Tahitian Fishing
    Fischfang in Tahiti
26- Samoan Spear
    Speer von Samoa
27- Polynesian Weaponry
    polynesische Waffen
28- Maori Cloaks
    Maori Umhänge
29- Women's Bodice
    Mieder für Frauen
30- Weapons
    Waffen
31- Clubs
    Schlagkeulen
32- Samoan Canoes
    Kanus von Samoa

OAHU 663
PCC: Museum of the Islands-Karte

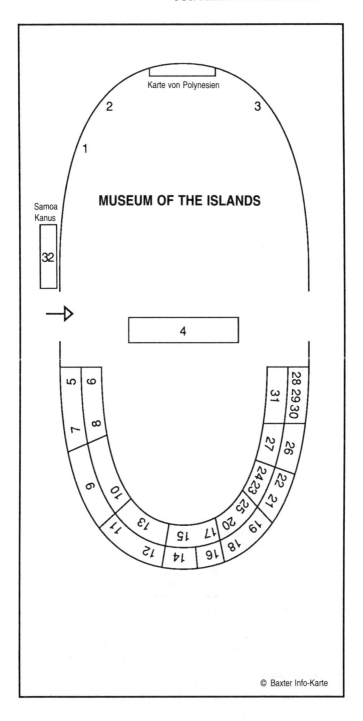

664 OAHU
PCC: Museum of the Islands

sie mit einem europäischen Segelschiff verglich, das mit einem tief im Wasser stehenden Rumpf versehen war. Um sogar noch mehr Widerstand zu verringern, verliehen die Polynesier ihrem Kanu sogar noch mehr Schrägstellung, damit der kleinere Rumpf kaum die Wasseroberfläche berührte und man ungeheuer schnell – fast nur auf einem Rumpf – entlanggleiten konnte. Somit konnten pro Tag ca. 256 km zurückgelegt werden.

Nach der Wandkarte Polynesiens folgt rechts interessante Information über **3–Navigation** *und Navigationstheorien, insbesondere Navigation anhand von Sternen und Meeresströmungen.*

Nun zum rechten Teil des Museums mit den Exponaten. Zunächst zu den im Zentrum des Raums befindlichen Vitrinen mit Schmuck und anderen Gegenständen.

4–Vitrinen mit Armbändern, Steinlampe, Schalen, Schüsseln, Gegenständen aus Kokosnuß, Anhängern, Feder-Leis, Windfächern und Halsketten.

Doch nun zu den Glasvitrinen entlang der ovalen Wand mit oberen und unteren Schaukästen. Von rechts nach links, an der Seite des samoanischen Kanus mit **Turtle Shell** *beginnen:*

5–Tortoise Shell/Schildpatt. Die Schildkröte galt als Speise der Häuptlinge. Fleisch und Schildpatt wurde von ihnen sehr geschätzt. Schildpatt verwendete man vorzugsweise für Schmuck und Dekoration.

Die ausgestellten Exemplare von Armband und Kamm sind typische Beispiele von aus Schildpatt hergestellten Schmuckstücken.

6–Weaving/Weben. Die Polynesier pflanzten die *Pandanus Odoratimus* oder „Screwpine" – eine Flachspflanze – und Kokosnuß hauptsächlich wegen der Blätter, die sich getrocknet, gesäubert und hergerichtet zu Matten, Körben, Windfächern, Kissen, Sandalen, Kanusegeln und anderen Artikeln weben ließen. Weben galt als Sache der Frauen, die derartige Gegenstände mit großem Geschick und Talent herstellten.

7–Tapa beaters or mallets/Tapaschläger oder Hammer. Sämtliche polynesischen Völker, außer den Maori, stellten Tapa-Tuch aus der inneren Rinde des Papier-Maulbeer-Baums her.

Tapa diente unterschiedlichsten Verwendungszwecken: Windeln, Steuertribut, Poliertücher, Tabuzeichen, Bettdecken, alltägliche Kleidung der Untertanen sowie der Häuptlinge, flatternde Kanuwimpel, Häuptlingsabzeichen, Aussteuer, Friedensgeschenke, Häuptlingssterbedecke und Einschlaghülle zu verehrender Gebeine.

8–Sennit. Die meisten polynesischen Seile und Kordeln wurden aus der Bastfaserschicht der Kokosnuß geflochten und gedreht. Ehe sich jedoch daraus Schnüre herstellen ließen, waren mehrere Vorbereitungsarbeiten erforderlich, beispielsweise eine bestimmte Auswahl der Kokosnüsse, Enthüllen der Kokosnuß, Aufschlagen der Hülle, um die Fasern zu trennen (was auf einem hölzernen Amboß mit einem Holzhammer geschah), Faserstrang auswählen und Faserschaft abschütteln, Waschen und Trocknen der Faserstränge, Flechten oder Drehen der Schnur.

9–Tongan Cone Hat/Tonga-Tütenhut. Dieser Hut und Lei (eine Art Halskette) wurde von Männern bei bestimmten Tänzen getragen; hergestellt aus Tapa-Tuch und Fasern des wilden Hibiskus.

10–Tongan Waist Mat (Ta'ovala)/Tonga-Hüftrock. Nach tonganischer Tradition kleidet man sich mit einem Hüftband aus Matten, das über der Kleidung getragen wird. Je bedeutender der Anlaß, um so wichtiger war es, den passenden **ta'ovala** zu tragen. Bei großen Zeremoniells oder tiefer Trauer trugen Männer und Frauen voller Respekt ihre ältesten Hüftmatten.

11–Carved Images/Geschnitzte Menschenbilder. Die Polynesier waren tief religiöse Völker. Jeder Aspekt ihres Lebens war darauf ausgerichtet, ihren Göttern durch individuelle Gemeinschaft im häuslichen Bereich, durch zere-

OAHU 665
PCC: Museum of the Islands

monielle Rituale und Opferungen ihre Ehre zu bezeugen, indem sie die Tabus beibehielten und ihre Häuptlinge verehrten.

Holz- und Steinbilder stellten menschenähnliche Wesen dar. Sie wurden in Tempelanlagen, an in den Bergen zerstreuten geheiligten Stätten, an unter den Bäumen liegenden geheimen Stellen, in den Familienhütten und Dorfanlagen entlang der Küste verehrt.

Nun zu mehreren ausgezeichneten Exemplaren von **Leis:**

12-Na Lei Hula – feather leis/Federleis. Na lei hulu mamo, Set aus drei **Lei moe** – Mittel-Lei aus Norfolk Pine (Kiefer), Palaoa, gelb- und schwarzgefärbten Gänsefedern. **Lei moe** oder **Sleeping Lei**/Schlaf-Lei; Feder-Leis (leihulu) stellten traditionelle alte und kostbare hawaiische Schmuckstücke dar, die von Frauen mit Häuptlingsrang um den Hals oder ums Haar getragen wurden. Gelb ist eine Kapu-Farbe (heilige Farbe), für die man Mamo-Federn (Drapanis Pacifica) verwendete. Diese Vogelart ist allerdings inzwischen ausgestorben.

Neuzeitliche Leis werden aus gefärbten gelben und schwarzen Gänse- und ungefärbten Fasanenfedern hergestellt. **Lei moe** oder **Sleeping Lei** = Schlaf-Lei bezeichnet die Federn im Ruhestand.

Das **Lei Niho Palaoa** (zahnartiger Haken) wurde aus Norfolk Pine Wood (Kiefernholz) hergestellt. Früher wurden derartige Leis aus den Zähnen des Wals oder Walrosses geschnitzt und an verschieden langem, geflochtenen Haar befestigt. Sowohl Männer als auch Frauen von königlichem oder Häuptlingsrang schmückten sich bei speziellen Zeremoniells mit derartigen Leis.

13-Fijian Pottery/Fidschi-Keramik. Die Fidschianer gelten als die Töpfer Polynesiens. Trinkgefäße, Nahrungsbehälter, Pfannen, Schüsseln, Fischtöpfe und Kochtöpfe werden aus rotem und blauem Ton, dem Sand beigemischt wird, hergestellt.

14-Kaha ka'io i ka malie. The hawk that soars in the calm/der Falke, der bei Windstille in der Luft schwebt. Dieser zeitgenössische Federumhang wurde aus schwarzen und roten Nackenfedern des Hahns hergestellt. Bei dem Cape handelt es sich um eine Arbeit der Lucia Torallo Jensen für ihren Mann, Rocky Ka'iouliokahihikolo' Ehu Jensen.

Das schwarze Feld repräsentiert „Io uli", den schwarzen Falken, eines der Aumakua-Symbole (Aumakua = Familiengott) seines Familien-Clans. Das Rot stellt die „Flamme von Iwikauikaua", seiner berühmten Vorfahren dar, die die „Keepers of the Flame"/Flammenträger waren.

15-Stone short club (Maori)/Kurze Steinkeule (Maori). Diese kurzen, tödlichen, leicht zu verbergenden Keulen waren ideal, wenn hinterrücks angegriffen werden sollte. Die kurzen Keulen wurden an den abgerundeten Rändern geschärft und vom Krieger im Gürtel eingesteckt getragen, oder baumelten an einem Riemen aus Hundeleder ums Handgelenk.

16-Feather Work in Hawaii/Federarbeiten aus Hawaii. Die Häuptlingsklasse der Hawaiianer genoß das Beste vom Besten der hawaiischen Gesellschaft. Ihre ovalen Genealogien bezeugten ihr Recht zu führen und zu regieren. Ihre Regalia oder königlichen Symbole wiesen je nach Rang kleine Abweichungen auf.

Die Hawaiianer nahmen in Polynesien in der Auswahl und Qualität ihrer Federarbeiten eine nicht zu vergleichende Position ein. Federn von Waldvögeln wurden an engmaschigen, dauerhaften Netzen befestigt, die aus den Fasern der einheimischen Olona-Pflanze gewebt waren.

Unter den Exponaten befindet sich ein außerordentlich gelungenes Exemplar eines Schulterumhangs. Je grober die Federn, um so geringere Stellung des Häuplings.

Die **Kahili**, ein weiteres Symbol königlicher Würde, besteht aus einem Stock mit Zylinder oder Federbusch an einem Ende. Dieses kleinere Ausstellungsstück, das in der Hand gehalten wurde, diente als Fächer und Fliegenwedel.

666 OAHU
PCC: Museum of the Islands

17–Poi-making/Poi-Herstellung. Während die meisten Polynesier Taro nicht zerstoßen als Hauptnahrungsmittel bevorzugten, hielten sich die Hawaiianer an **Poi**, den sie in mehreren Behältern lagerten, bis er durchgegoren und genießbar war. (Poi ist ein Brei, der nach unserem Geschmack wie Tapetenkleister schmeckt!).

18–Tuiga, Lauao – Human Hair Headdress/Kopfschmuck aus Menschenhaar. Dieses traditionelle Symbol, das von männlichen oder weiblichen Vertretern aufgesetzt wird, ist würdevoll und anmutig zu tragen. Der aufrechte Rahmen ist mit limonengebleichtem Haar, Federn, Muscheln und Hibiskusfasern verziert. Posteuropäische Verwendung von Spiegeln ist akzeptabel.

19–Va'a alo – Samoan Fishing Canoe/Samoa Fischerkanu. Aus zwei polynesischen Hölzern hergestellt, und zwar Koa und Fau, ohne Verwendung von Nägeln oder Leim. Es wurde nur mit Sehnen – Schnüren zusammengeschnürt.

Bei diesem Modell handelt es sich um ein Zwei-Mann Bonito Fischerkanu mit 2 Paddeln, einem Bambusstab sowie zwei Mini Pa atu's (Fischhaken).

Hintergrundinfo über Matten: Feingewobene Matten werden als ganz besonders große Kostbarkeiten verwendet, insbesondere unter den Zentral-Polyesiern. Das sehr feine Webwerk wird an den Rändern mit traditionellen Fransen versehen. Matten werden bei wichtigen Zeremoniells ausgetauscht und bei besonderen Anlässen als Geschenk gereicht. Eine feingewebte Matte steigt bei jeder Weitergabe im Wert.

20–Chiefly symbols/Häuptlingssymbole. Zwei Häuptlingssymbole Samoas sind der tradionelle Fliegenwedel aus den an einem hölzernen Griff gebundenen geflochtenen Sennitsträngen (Schnursträngen aus Kokosfasern) sowie der Holzstab, der die Autorität des Häuptlings symbolisiert.

21–Große Holzschale für Kava Ceremony/Kava-Zeremonie. Die Zubereitung und Darreichung des aus der Wurzel des *Piper Methasticum* gewonnenen Kava-Tranks wird von einer umfangreichen Zeremonie begleitet. Die Wurzel wird zu einem Pulver zerstoßen und dann in einer hölzernen Kava-Schüssel mit Wasser vermischt, bis die gewünschte Stärke erreicht ist. Kava-Schüsseln sind mit mindestens vier Füßen ausgestattet und so schwer, wie es der Künstler jeweils beabsichtigt, aus einem Stück Holz geschnitzt. Kava-Tassen oder -Becher bestehen meist aus hochglänzend geschliffenen Kokosschalen.

22–Whale's Tooth Necklace/Walzahn-Halskette. Die Halskette mit dem Walzahn stellt eine der größten Kostbarkeiten im Besitz der Fidschianer dar. Trägt man die Halskette bei fidschianischen Anlässen und Zeremonien, werden dem Träger besonderer Respekt und gesellschaftliche Umgangsformen abverlangt.

Beim Präparieren eines Walzahns wird abgeschliffen. Beim Abschleifen, Ölen und Räuchern verändert sich der Zahn in der Farbe und wird dunkler. Zum Abschluß befestigt man an beiden Enden eine Schnur. Der Wert eines Walzahns ist von seiner Größe und Farbe abhängig.

23–Fijian Garland (salu salu)/Fidschianischer Blumenkranz oder Girlande. Der fidschianische Blumenkranz kann aus frischen Blättern und Blumen oder aus bleibenden Naturfasern, die oft in leuchtenden Farben eingefärbt werden, hergestellt sein. Wird bei besonderen Anlässen getragen.

24–Fishing/Fischfang. Der Lebensunterhalt der Polynesier besteht im wesentlichen aus dem Fischfang. Das ideale Dorf hat Zugang zu Süßwasserflüssen, Fischgründen und Plantagen-Areas. Obwohl manche Fische mit der Hand oder durch Betäuben (Vergiften) gefangen wurden, erfolgte der Fang der meisten Fische nach konventionellen Methoden mit Netzen, Angel-

OAHU 667
PCC: Museum of the Islands

haken, Speeren, Körben oder Töpfen, Schleppnetzen, Fischhaken und Pfeil und Bogen.

Polynesische Angelhaken waren kunstvoll aus Holz, Knochen, Muscheln und Stein gefertigt. Man verwendet sie für und als Köder. Die meisten waren mit Widerhaken versehen, die als Einheit des Hakens geschnitzt oder entsprechend festgezurrt wurden.

25-Tahitian Fishing/Tahitischer Fischfang. Fast alle Tahitischer, ob Häuptling oder Untertan, waren auf dem Meer zu Hause und galten als Experten beim Herstellen und der Verwendung vieler Fischfanggeräte, einschließlich Netzen und Fallen verschiedenster Größen, Formen und Verwendungsmöglichkeiten.

Tahitischer bauten Reusen und Fischgründe, wo Fische gefangen gehalten und gezüchtet wurden, bis sie entsprechende Größe und Gewicht erreicht hatten, um gegessen zu werden. Diese Zuchtbecken konstruierte man aus Steinen, Korallen, Holz, Blättern, Netzen oder einer Kombination des Vorgenannten.

26-Samoan Spear/Samoanischer Speer. Speere stellte man aus einem festen Stück Pau, Toa oder Kokospalmholz her. Nachdem man ihnen ihre Form verliehen hatte, wurden sie glattgerieben. Man fertigte Speere mit oder ohne Widerhaken.

27-Polynesian Weaponry/Polynesische Waffen. Außer Keulen und Speeren bevorzugten die polynesischen Krieger Schlingen aus der Rinde des Wildhibiskus. Die Waffen wurden sorgfältig und mit viel Geschick geschnitzt, wie an der vierseitigen Samoan Club = samoanischen Keule, der ohrförmigen fidschianischen Keule und dem tahitianischen Speer erkennbar.

28-Weapons/Waffen. Kämpfe wurden unter den Polynesiern auf einer Mann-zu-Mann-Basis ausgetragen, wobei der Kampf fast völlig im Nahkampf erfolgte. Um als Krieger anerkannt zu werden, erwartete man, daß der Mann mutig, stark und flink und im Gebrauch der zwei Grundwaffen Speer und Keule geübt war.

Die Maori-Lanze (taiaha) wurde hauptsächlich als Verteidigungswaffe benutzt, oft nur bei der ersten Herausforderung. Sie wurde zum Schlagen und Werfen benutzt.

29-Women's Bodice/Mieder für Frauen. Für die Randverzierung des Taaniko verwendeten die Maori Grundfarben – Rot, Schwarz und Weiß.

30-Maori Cloaks/Maori Mäntel. Unter den Maori galten Mäntel und Umhänge wegen des strengen Klimas Neuseelands als wichtige Bekleidungsstücke. Sowohl Männer als auch Frauen trugen die rechteckigen Umhänge oder Capes. Längere Capes befestigte man an der Schulter mit einer Knochen-, Holz- oder Grünsteinnadel. Kürzere Umhänge wurden am Hals zusammengebunden. Die meisten Capes waren aus Flachs hergestellt. Einige Capes von geringerer Qualität bestanden aus Blättern. Ganz besonders wertvolle Capes waren mit bunten gewebten Bändern verziert und mit Federn und Hundeleder dekoriert.

31-Clubs/Keulen. Bei den Keulen handelt es sich um aus Holz, Stein und Grünstein hergestellte Waffen. Manche wurden extra schwer angefertigt, während andere zwecks Schnelligkeit stromlinienförmig waren.

Die kleine, einhändige Maori-Keule war besonders für den Nahkampf geeignet. Sie ließ sich leicht tragen oder unter einem Cape verbergen. Unterwegs steckte der Krieger seine Keule in den Gürtel oder band sie an seinem Hüftband oder am Handgelenk fest.

Bei den beiden Exemplaren von Fidschi muß man (zeitweilig) beide Hände benutzen. Die kugelförmigen Enden waren so beschaffen, daß man jemanden mit einem gezielten Schlag töten konnte. Die Polynesier schnitzten und verzierten die meisten ihrer Waffen mit ihren speziellen kulturellen Mustern und Designs.

668 OAHU
PCC: Neuseeland

> Nach dem Besuch des Museums of the Islands setzt man den Rundgang durch das Polynesian Cultural Center am besten fort, indem man dem Wegweiser nach New Zealand = Neuseeland folgt.

NEW ZEALAND

Neuseeland liegt südöstlich von Australien im südwestlichen Pazifischen Ozean und ist ein Staat des britischen Commonwealth. Die Hauptstadt ist Wellington. Die im Text genannten Ziffern geben die Reihenfolge der auf der Übersichtskarte unter **New Zealand** genannten Bauten wieder.

Links, kurz nach dem Eingang:

1–NEW ZEALAND. Home of the Maori/Neuseeland. Heimat der Maori. 1642 von dem holländischen Forscher Abel J. Tasman entdeckt und später, 1769, von Captain James Cook besucht. **Aotearoa** *(Land of the Long White Cloud* = Land der langen, hellen Wolke), Neuseeland genannt, ist die Heimat der Maori. Die Maoris sind Polynesier, die Neuseeland nach seiner Entdeckung des tahitischen Seefahrers Kupe im Jahre 925 besiedelten.

Von den 3,3 Millionen Maoris sind es etwa 270 000, die zur Hälfte oder mehr Maori-Blut in den Adern haben. Neuseeland im

Schlüssel zur Baxter Info-Karte Polynesian Cultural Center
Rundgang

Rundgang:
Samoa
1-Übersichtskarte
  -Kapok
2-Fale O'o/Family House
3-Maota tofa/Chief's House
4-Fale Talimalo/Guest House
New Zealand
1-Übersichtskarte
2-Pataka/Storage House
3-Whare Puni/Dwelling House
4-Whare Runanga/House of Learning
5-Whare Whakairo/Carved House
Fiji/Fidschi-Inseln
1-Übersichtskarte
2-Vale Levu/Chief's House
3-Vale Ni Bose/Meeting House
4-Bure Kalou
5-Entertainment House
6-Bure/House
Hawaii
1-Übersichtskarte
2-Hale Mua/Men's eating House
3-Hale Ulana/Weaving House
4-Hale Ali'i/Chief's House
  -Tiki/Wassergott u'a
5-Hale Papa'a/Chief's storage area
6-Halau House of Learning
  -Tarofeld
7-Hale Pahu/Musikhaus

8-Hula Schule
  -Monkey Pod Baum
9-Hale Noho/Dwelling House
  -Noni/Maulbeerbaum
Marquesas
1-Übersichtskarte
2-Old Men's House/*Altersheim für Männer*
3-Drummer's Platform
  Trommlerplattform
4-Tatooing House
  Tatauierung-Haus
5-Ha'e Tukau/Priest's House
6-Warrior's House
7-Medicine Hut/Medizinhütte
8-Ha'e Manahi'i/Chief's House
9-Ha'e Vehine/Women's House
Tahiti
1-Übersichtskarte
2-Fare Pote'e/Round-ended House
  -Fare Ravera'a Ohipa/Women's workshop
Tonga
1-Übersichtskarte
2-Fale Peito/Cook House
3-Fale Lahi/Family Dwelling
4-Fale Fakatui/Queen's Summer House
5-Fale Fakataha/Meeting House
6-Ladie's Workshop

OAHU 669
Polynesian Cultural Center-Karte

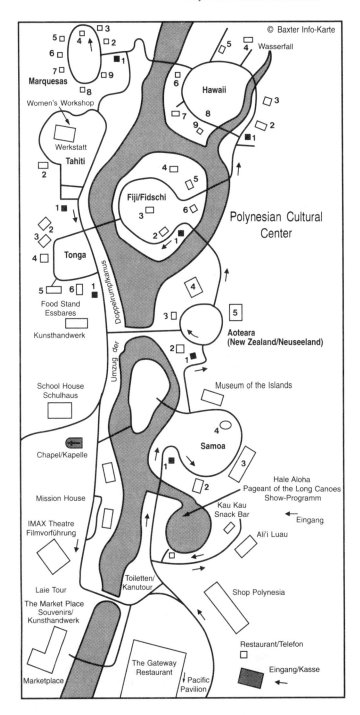

670 OAHU
PCC: Fidschi-Inseln

südwestlichen Pazifischen Ozean umfaßt zwei Hauptinseln – die Nord- und Südinsel Neuseeland – sowie mehrere vorgelagerte Inseln wie die Stewart- und Chatham- sowie kleinere Inseln. Neuseeland besitzt eine Landfläche, die etwa mit der Größe Kaliforniens, den Britischen Inseln oder Japan vergleichbar ist.

Nun zum ersten Gebäude New Zealands:

2–Pataka. Storage House/Vorratsgebäude. Dieses Gebäude, das als Vorratskammer diente, steht auf Pfählen, um Tiere fernzuhalten. Das Gebäude ist mit kunstvollem Schnitzwerk dekoriert. In Salz eingelegte, getrocknete oder geräucherte Nahrungsmittel wurden im Boden gelagert.

Neben diesem Gebäude befindet sich eine Hütte, die als „Activities Hut" = Vorführungshütte dient. Etwas weiter kommt man zu dem nächsten interessanten Gebäude, dem **Whare Puni:**

3–Whare Puni. Dwelling House/Wohnhaus. Das „whare puni" ist im allgemeinen – außer einigen Flachsmatten – frei von Möbelstücken. Zur Zeit dient es als kleines Museum für Maori-Kunstwerke wie freien Plastiken aus Holz, Kleinplastiken aus Nephrit (Hei-tiki), figuraler und ornamentaler Reliefarbeiten.

Nun zum Versammlungshaus, der **„Whare Runanga":**

4–Whare Runanga. House of Learning/Schul- oder Lernhaus. Oben auf der Spitze des Gebäudes befindet sich der „tekoteko", der den Vorfahren des Stammes symbolisiert, dessen „mana" (Macht) über dem „marse" (Hof) herrscht. Das Gebäude selbst stellt einen menschlichen Körper dar, mit dem Kopf direkt unter dem „tekoteko" und dem ersten Dachbalken, ausgestreckte Arme mit den an den Enden ausgespreizten Fingern darstellend. Die inneren Dachbalken bilden den Rippenbau. Die geschnitzten Figuren an den Wänden repräsentieren den Stammbaum des Stammes. Jede Figur stellt einen bestimmten Vorfahren dar. Die Augen dieser Schnitzfiguren bestehen aus „paua" Muscheln. Die „Kowhalwhal oder bemalte Wandbekleidung versinnbildet die Natur und zeigt verschiedene Nahrungsmittel und Pflanzen.

5–Whare Whakairo. Carved House/Geschnitztes Haus. Die Glasfenster, Kunststoffboden, elektrischen Lampen und andere Elemente modernen Hausbaus würde man nicht in einem traditionellen Holzschnitzhaus antreffen. In früheren Zeiten würde der Häuptling hinten im Haus schlafen, und Matten für Frauen und Kinder hätte man im Umkreis des Gebäudes verteilt. Im Zentrum gäbe es eine große Grube, in der tagsüber, wenn der Raum leer ist, Steine aufgeheizt werden. Während der Nacht würden die heißen Steine die Räume warm halten. Ein derartiges Haus benutzte man zur Unterbringung bedeutender Gäste oder zum Besprechen offizieller Angelegenheiten.

Hinter diesem Gebäude befindet sich links der Weggabelung, wo es links zu den Fidschi- und rechts zu den Marquesas-Inseln geht, eine Hütte mit Schnitzereien. Nun zunächst weiter zu den **Fidschi-Inseln**.

FIDSCHI-INSELN

Fiji (engl.), die Republik **Fidschi** ist ein Staat sowie eine Inselgruppe im südwestlichen Pazifik mit der Hauptstadt Suva auf der Insel Viti Levu. Die im Text genannten Ziffern beziehen sich auf die Reihenfolge der unter **Fiji** ersichtlichen Bauten der Orientierungskarte.

PCC: Fidschi-Inseln

1-FIJI. A cross of Polynesia and Melanesia./Fidschi. Eine Mischung aus Polynesien und Melanesien. Viti, das heutige Fidschi, wurde 1789 von Bligh entdeckt, obwohl 1643 A. J. Tasman und 1774 Captain James Cook kleine Inseln sichteten, die zur Inselgruppe der Fidschi-Inseln gehörten.

Viti Levu (Great Fiji = Groß-Fidschi), die größere der beiden Hauptinseln, umfaßt etwa 10 642 km². Vanua Levu (Great Land = Großes Land) umfaßt etwa 5807 km². 1994 betrug die Einwohnerzahl Fidschis etwa 800 000. Zahlenmäßig werden die Fidschianer heute von den Abkömmlingen ostindischer Einwanderer übertroffen. Die „i taukei" oder einheimische Bevölkerung ist eine Mischung polynesischer und melanesischer Abstammung.

Fidschi wurde 1874 bis 1970 britisch regiert. Seit 1970 besitzt es die staatliche Unabhängigkeit innerhalb des Britischen Commonwealth.

Gegenüber von der Fidschi-Infotafel:

2-Vale Levu. Chief's House/Haus des Häuptlings. Das Häuptlingshaus ist das größte und erhabenste Gebäude des Dorfs. Es unterscheidet sich ferner als ein Gebäude, das einem Würdenträger gehört, durch die weißen Kaurimuscheln, die an den Türen und verschiedenen Stellen innerhalb und außerhalb des Hauses angebracht sind.

Die „vale levu" besitzt vier Türen. Die Vordertür ist für Untertanen oder Diener. Die beiden Seitentüren sind den Familienangehörigen des Häuptlings vorbehalten. Die Hintertür neben dem Bett ist für den Häuptling bestimmt. Niemand darf das Haus durch diese Tür betreten, obwohl man nicht mehr wie in alten Zeiten eine Wache zur Einhaltung dieser Vorschrift einsetzt.

3-Vale Ni Bose. Meeting House/Versammlungshaus. Ein großes Gebäude wie dieses diente mehreren, sowohl zeremoniellen und offiziellen als auch privaten Zwecken. Zeremonielle Gelegenheiten umfaßten die Begrüßung eines als Gast ankommenden Häuptlings, Besprechung offizieller Angelegenheiten, und das Abhalten der „Yagona"-Zeremonie. Nach Versammlungen benutzten Frauen und Kinder das Gebäude als kunsthandwerkliches Zentrum. Die Hauptkunstformen, die sich in Fidschi zu einem praktischen Gewerbe entwickelten, sind Weben und Keramik.

*Bei dem erhöhten Gebäude ohne Zugang am Wasserrand handelt es sich um die **Bure Kalou**:*

4-Bure Kalou. Ein religiöses Bauwerk oder Fidschi-Tempel.

5-Entertainment House/Unterhaltungshaus.

Rechts, bevor man die Brücke überquert, die nach Hawaii führt, steht die **Bure:**

6-Bure. House/Haus. Diese „bure" besteht aus geschichteten Schilfwänden, die mit Kokosfaserschnüren (Sennit) zusammengehalten werden. Die Bedachung der Hütte besteht aus Zuckerrohrblättern, die typisch für die Flachlandbauten sind, die man in Fidschi antrifft. Diese Bauweise vermittelt nicht nur eine reizvolle Szenerie, sondern dient in erster Linie als perfekte Behausung im heißen Klima Fidschis. Die Dekoration besteht hauptsächlich aus „masi" oder fidschianischer Tapa. Die Tapa-Stücke können bei bestimmten Anlässen als Raumteiler dienen.

Doch nun weiter, dem Wegweiser folgend, nach **Hawaii**.

PCC: Hawaii/Aina Aloha

HAWAII
Aina Aloha

Hawaii, Bundesstaat der Vereinigten Staaten von Amerika, liegt 12 Stunden westlich von Deutschland im Pazifik. Hawaii besteht im wesentlichen aus den 8 größeren Inseln Hawaii, Oahu, Maui, Kauai, Molokai, Lanai, Niihau und Kahoolawe. Hauptsstadt ist Honolulu auf der Insel Oahu. Nachstehende Ziffern beziehen sich auf die auf der Orientierungskarte unter **Hawaii** genannten Bauten.

1–HAWAII. The Land of Aloha/Hawaii. Das Aloha-Land. Das 1778 von Captain James Cook entdeckte Hawaii wurde bald eine populäre Anlegestelle für Schiffe, die den nördlichen Pazifik überquerten. Hawaii umfaßt rund 16.641 km² auf acht Inseln und ist berühmt für seine legendäre landschaftliche Schönheit und sein angenehmes Klima.

Hawaii kam am 21. August 1959 als 50. Bundesstaat zu den Vereinigten Staaten von Amerika. Zu früheren Zeiten seiner Geschichte war Hawaii ein Königreich, besaß eine konstitutionelle Monarchie, war Republik und Territorium. Einwohnerzahl etwa 1,1 Millionen.

2–Hale Mua. Men's eating House/Speisehaus der Männer. In dieser Hütte versammelten sich die Männer des Dorfes zu den Mahlzeiten und besprachen Angelegenheiten des Dorfs. Mua heißt *first* = erst; in diesem Fall kommen Männer immer an erster Stelle.

Nun zur Weberhütte:

3–Hale Ulana. Weaving House/Weberhütte. Die Hawaiianer taten sich mit ihren feinen Pandanus („lauhala")-Webarbeiten hervor. Fächer, Behälter, Matten und später Hüte und Matratzen wurden aus gewebten Pandanus-Blättern hergestellt. Der Erfolg der Weber lag darin, nur die geeigneten Blätter auszuwählen, und zwar nur die einer bestimmten Struktur und Qualität.

Bei dem Baum auf der Wiese gegenüber vom Weberhaus handelt es sich um einen solchen Pandanus, dessen Blätter zum Weben verwendet werden. Ein Stückchen weiter neben dem Wasserfall kommt man zur Hale Ali'i, in der die hawaianische Flagge hängt:

4–Hale Ali'i. Chief's House/Häuptlingshaus. Diese „hale ali'i" wurde auf der höchsten Erhebung der unmittelbaren Umgebung errichtet. Mittels einer Steinplattform gab man diesem Gebäude eine weitere Erhöhung. Dank dieser Bauweise ließ sich verhindern, daß bei Hochwasser Wasser durch das Haus spülte. Die äußere Bedachung besteht aus „pili"-Grasmatten.

In den hawaiischen Hütten traf man kaum Möbel an. Die „hale ali'i" diente hauptsächlich als Stätte, in der der Häuptling ausruhen oder schlafen, oder sich mit anderen Führern zur Beratung zurückziehen konnte. Die Hütte war Frauen und Kindern nicht zugänglich, es sei denn es handelte sich um Gäste des ali'i.

Daneben steht eine kleine Holzfigur, genannt Tiki, der Wassergott u.a.

5–Hale Papa'a. Chief's storage area/Häuptlings-Vorratshütte. Vor der Hütte befindet sich eine Statue des Ku, der als Wachposten das Haus bewacht und denjenigen zur Warnung dient, die sich dem Haus nähern oder es betreten wollen, da nur wenigen Zutritt gewährt wird. Das Haus galt mit seinen Vorräten als Maßstab für den Reichtum des Häuptlings.

PCC: Marquesas-Inseln

Nun weiter zur „Halau":

6–Halau. House of Learning/Schul- oder Lernhaus. Ein vergleichbares Langhaus diente oft zur Unterrichtung des Hula-Tanzes. Manchmal benutzte man es auch zur Unterbringung von Kanus. In diesem Haus wird die Zubereitung des Grundnahrungsmittels der Hawaiianer „Poi" vorgeführt. Poi wird aus der Taro-Pflanze gewonnen, die in zwei Arten vorkommt – als Wasser-Taro oder „kalo" und als Trocken-Taro.

Nun weiter neben der Halau gelangt man zum Wassergarten, wo Taro (colocasia esculenta) angebaut wird; die Polynesier kultivieren neben Brotfruchtbäumen, Süßkartoffeln und grünen Bohnen verschiedene Arten von Taro als Grundnahrungsmittel.

7–Nun zur **Hale Pahu** mit Musikinstrumenten.

Direkt daneben auf dem runden Platz unter dem Monkey Pod-Baum kann man den Hula-Tanz lernen.

8–Hula lessons/Hula-Tanzstunden unter dem **Monkey Pod-Baum**; sehr beliebter Schattenbaum, da sich seine Krone wie ein Regenschirm ausbreitet.

*Nun zum Familienhaus, der **Hale Noho**:*

9–Hale Noho. Dwelling House/Wohnhaus. Hier würde die gesamte Familie nachts auf dem Boden schlafen, und zwar mit den Füßen zur Außenwand.

Neben der Hale Noho befindet sich ein Noni oder Indian Mulberry (morinda citrifolia) = Maulbeerbaum. Obwohl die Früchte genießbar sind, wird vom Verzehr abgeraten. Die Früchte finden ihre beste Verwendung in der Medizin.

Nun wird der Rundgang über die Brücke in Richtung Marquesas fortgesetzt. Am Ende der Brücke stößt man vor der Marquesas-Area (rechts geht es zu den Canoe-Tours, links zu den Toiletten) auf eine Skulptur des Maui Taoroa (Hauptgott Polynesiens). Dann kurz vor dem Eingangsbogen zu den Marquesas-Inseln rechts etwas Info über Bäume und Pflanzen Polynesiens (verschiedene Pflanzen innerhalb des Polynesian Cultural Centers sind mit Namensschildern versehen):

Bougainvillea. *Bougainvillea spectabilis willdenow.* Bekannt für die leuchtenden Farben ihrer 3röhrigen Blüten an den Zweigspitzen, die von violett, orange bis rot, rosa bis weiß reichen. Die dornigen Klettersträucher der Gattung der Nyktaginazeen wurden nach dem französischen Erdumsegler des 18. Jh., Louis Antoine de Bougainville (1729-1811) benannt.

Breadfruit. *Artocarpus incisus*/Brotfruchtbaum. Ein Grundnahrungsmittel Polynesiens. Der Brotfruchtbaum trägt schwere, zucker- und stärkereiche Früchte mit starkem Gehalt an Kohlenhydraten. Sobald die Frucht reif ist, wird sie gelbgrün; dann überzieht sich die Oberfläche der geschachtelten, weichen Schale mit einem weißen Saft.

Doch nun „ka'oha" (Willkommen) auf den **Marquesas:**

Die **Marquesas-Inseln** sind eine Inselgruppe in Französisch-Polynesien nordöstlich der Gesellschafts-Inseln. Sie bestehen aus der Nordwestgruppe mit Hatutu, Eiao, Motuiti, Motu-Oa, Nukuhiva,

674 OAHU
PCC: Marquesas-Inseln

Ua-Huka, Ua-Pou und der Südostgruppe mit Fatuhuku, Hiva-Oa, Tahuata, Montane und Fatuhiva. Hauptstadt Französisch-Polynesiens ist Papeete auf Tahiti.

Die nachstehenden Ziffern beziehen sich auf die auf der Orientierungskarte unter **Marquesas** genannten Bauten und Anlagen.

Nun zum Einführungsschild der Marquesas:

1–MARQUESAS. The Land of Men/Das Land der Männer. Die Marquesas-Inseln wurden 1595 von dem Spanier Alvarado Mendanay Castro (oder Mendaña de Neyra genannt) entdeckt und 1774 von Captain James Cook besucht. Die Inseln bestehen aus einer Gruppe von 16 vulkanischen Inseln. Von den steilen und bis 1200 m hohen Inseln sind nur sechs bewohnbar.

Die größte Insel, Nuku Hiva, umfaßt etwa 278 km². Die gesamte Landfläche der Marquesas beträgt 1279 km². Die Einwohnerzahl beträgt heute etwa 6600 im Vergleich zu schätzungsweise 100 000 im 19. Jh. Paul Gauguin, der seine letzten Lebensjahre auf den Marquesas verbrachte, machte diese Inseln weltberühmt. Er starb auf der Insel **Hiva Oa,** wo er begraben wurde. Die Marquesas-Inseln stehen seit 1842 unter französischer Herrschaft.

Nun die Stufen hinauf und rechts zum Old Men's House:

2–Old Men's House/Haus der älteren Männer. Dieses Gebäude war den älteren Männern innerhalb des Haushalts eines Häuptlings vorbehalten – Männer, die entweder verwitwet oder zu schwach waren, die reguläre Arbeit der Männer zu verrichten (Ein Altenheim für Männer).

3–Drummer's Platform/Trommlerbühne. Bei Festen oder anderen bedeutenden Ereignissen nahmen Trommler auf dieser Bühne Platz. Manche Trommeln waren 1,8 m hoch. Bei bestimmten Veranstaltungen mußte nach dem Ritual ein bestimmter Rhythmus auf den Trommeln geschlagen werden.

4–Tatooing House/Tatauierung-Haus. Das Tatauierung-Haus wurde oft so gebaut, daß man es nach der weihevollen Handlung der Tatauierung (Tätowierung) abreißen konnte. Derartige Gebäude mußten über dem Boden erhöht liegen, und zwar wegen des Weiheakts der Tatauierung, der nicht in vollem Maße auf ebener Erde vollzogen werden konnte.

Junge Männer wurden im Alter zwischen fünfzehn und zwanzig am gesamten Körper tatauiert. Junge Mädchen im Alter zwischen sieben und zwölf Jahren erhielten ebenfalls Tatauierungen, die allerdings nicht so ausführlich waren wie die der Jungens. Tatauierungen (oder Tätowierungen) sollten angeblich „mana" oder überirdische Kraft verleihen und den Träger beschützen.

Hinter dem Tatauierung-Haus befindet sich ein Wasserfall. Davor wird gelegentlich gezeigt, wie Haarkränze aus Kokospalmblättern geflochten werden. Dann weiter zum Ha'e Tukau.

5–Ha'e Tukau. Priest's House/Haus des Priesters. Dieses Gebäude galt als Haus des Priesters oder geheiligtes Bauwerk. Das hohe Dach symbolisiert seine Wichtigkeit, und die Pfähle mit Tapa-Streifen weisen darauf hin, daß es sich um eine geheiligte Stätte handelt.

6–Warrior's House. Haus des Kriegers. Dieses Haus war der Leibwache des Häuptlings und seiner Krieger während Friedenszeiten vorbehalten. In Kriegszeiten schliefen die Krieger nur nachts hier. Im allgemeinen lagerte man die Kriegswaffen hier ein.

PCC: Marquesas-Inseln

7–Medicine Hut. Medizinhütte. Hier werden verschiedene Kräuter und Pflanzen Polynesiens vorgestellt und deren Verwendungszweck erklärt:

Ti Leaf. Ti-Blatt. Beschreibung. Von allen Polynesiern, insbesondere den Hawaiianern als sehr nützlich angesehen. Dient verschiedenen Verwendungszwecken – Tanzröckchen, medizinische Heilmittel, Nahrungszubereitung, Dekoration an Bekleidungsstücken und religiöse Rituale. – – **Aloe Vera.** Polynesien: Effektiv bei der Behandlung von Verbrennungen, Hautkrankheiten, Hautabschürfungen und Schrammen. – – **Kava.** Piper Methysticum. Beschreibung: Insbesondere bei wichtigen zeremonialen Handlungen benutzt; dient medizinischen Zwecken und wird als traditionelles Getränk bei gesellschaftlichen Zusammenkünften gereicht. Die Wurzel wird getrocknet, dann zu Pulver zerstoßen, das mit Wasser vermischt, gesiebt und getrunken werden kann. Heilt Kopfschmerzen, hilft als Einschlafmittel, lindert Zahnschmerzen und befreit von Spannungen und Streß.

Wild Hibiscus. Hawaii: Aus der geschabten Rinde des Wildhibiskus gewonnene Medizin wird Frauen als Beruhigungsmittel bei Geburtswehen gegeben. Auch als Abführmittel und bei Stechen in der Brust gereicht. – – **Papaya.** Hawaii: Saft wurde zur Behandlung von Hautkrankheiten verwendet. Papayasamen sind wirksam bei der Behandlung von Beschwerden wie Ohrenschmerzen und Spulwürmern. Samoa: Blätter werden zur Behandlung von Insektenstichen verwendet. – – **Noni/Nono** (Indian Mulberry)/Maulbeerbaum. Tahiti: Zur Heilung von Magengeschwüren und Diabetes. Die Blätter verwendet man für heiße Breiumschläge bei Furunkeln und Abszessen. Hawaii: Die Frucht wird zur Behandlung von Blutdruck, Herzbeschwerden und gegen Läuse verwendet.

Noni/Indian Mulberry. Maulbeerbaum. Beschreibung: Frucht ist fleischig, eßbar, eiförmig, hat warzenförmige Haut. Die sonst hellgrünen reifen Maulbeeren werden weiß. Von den ersten Polynesiern nach Hawaii gebracht, die festgestellt hatten, daß die Baumrinde roten Farbstoff, die Wurzeln gelben Farbstoff liefern und die Blätter, Frucht und Rinde sich zu medizinischen Zwecken eigneten. Es gibt eine tongaische Legende, die davon handelt, daß der polynesische Gott Maui wieder zum Leben erweckt wurde, indem man die Blätter des Noni (Maulbeerbaums) ganz über seinen Körper verteilt hatte. – – **Turmeric**/Gelbwurz (Curcume oder Gelbwurzel). Beschreibung. Gattung der Ingwergewächse. Die Wurzelstöcke enthalten einen, bei den Polynesiern begehrten, orangen Farbstoff. Saft aus den zerstoßenen rohen Wurzeln enthielt wertvolle Heilstoffe zur Behandlung von Ohrenschmerzen und nasalen Infektionen (d. h. Schnupfen). Mit Kokosöl gemischt verwendet man den Saft zur Körpermassage und Schönheitsbehandlung der Haut.

Kukui/Candlenut (Indian Walnut.). Nußbaum. Beschreibung. Hawaiis Staatsbaum. Steht bei den Hawaiianern wegen seiner vielseitigen Verwendbarkeit in hohem Kurs: Die stark ölhaltigen Kerne wurden an der Mittelrippe der Kokospalme als Kerzen aufgefädelt; geriebene Kerne mischte man mit Steinsalz und erhielt ein Gewürz; Rinde, Wurzeln und Nußschalen produzierten einen kräftig braunen Farbstoff. Blätter, Rinde, Blüten und Nüsse dienten als medizinischen Zwecken, hauptsächlich zur Behandlung von Hals- und inneren Krankheiten. Ergibt auch ausgezeichnete Firnis für Kanus. Populärster Verwendungszweck heutzutage für Leis. Nachdem man die Nüsse zum Auffädeln durchbohrt hat, werden sie in Erde eingegraben, damit die Ameisen das Fleisch herausfressen können, bevor die Nußschalen geschliffen und poliert werden.

Kukui Nut Tree. Nußbaum. Tonga: Der aus den ausgequetschten Rindenspänen gewonnene Saft wird zur Behandlung von Mundfäule bei Babies und Kindern auf Zunge und Mund aufgetragen. Hawaii: Rohe Nüsse werden als Abführmittel gegessen. Mit dem Saft der Nußstengel werden Schmerzen und Hautgeschwüre behandelt. – – **Morning Glory.** Convolvulus; Gattung der Windengewächse. Hawaii: Wurzeln, Blätter und Blüten werden zur Behandlung von Rückenschmerzen und bei Knochenbrüchen verwendet. – – **Banana**/Banane. Hawaii: Saft von Bananenblüten wird zur Behandlung von Entzündungen im Mund verwendet. – – **Green Coconut.** Grüne Kokosnuß. Beschreibung. Das Fleisch wird, da es weich, geleeartig und mild im Geschmack ist, als Babynahrung verwendet. Auch gut als Heilnahrung für Kranke. Der Saft eignet sich hervorragend als Trinkwasser. Die äußere Schale dient medizinischen Zwecken – durch Auspressen gewinnt man eine Flüssigkeit, mit der man neugeborene Babies säubert. Die Hülle wird wegen ihres Zuckergehalts gekaut. Die Samoaner bereiteten eine Suppe, indem sie Saft, Kokosfleisch und Kokosmilch mischten und mit Tapioka andickten. – – **Ti.** Hawaii: Die frischen grünen Blätter kühlten die Stirn und halfen bei Kopfschmerzen. Weitverbreitete Verwendung wegen der „schützenden" Eigenschaften. Man glaubte, daß Ti die bösen Geister fernhalte und Gift aus dem Körper ausstoße. Zerstoßene Ti-Wurzeln mischte man mit anderen Pflanzen und behandelte Asthma.

Nun weiter zur **Ha'e Manahi'i:**

8–Ha'e Manahi'i. Chief's House/Häuptlingshaus. In diesem Gebäude versammelte der Häuptling seine Berater und empfing seine Priester. Die Steinplatten auf der Plattform waren als Schlafstellen vorgesehen.

9–Ha'e Vehine. Women's House/Haus der Frauen. In diesem Gebäude versammelten sich die Frauen des Haushalts, verrichteten ihre Arbeit und fertigten Hand- und Kunstarbeiten.

Nun weiter nach **Tahiti.**

Tahiti ist die größte der Gesellschafts-Inseln und Mittelpunkt Französisch Polynesiens mit der Hauptstadt Papeete. Die aus zwei Vulkaninseln zusammengewachsene Insel Tahiti, Tahiti-Nui und Tahiti-Iti, ist im erloschenen Vulkan Orohena etwa 2237 m hoch.

Nachstehende Ziffern beziehen sich auf die unter **Tahiti** auf der Orientierungskarte genannten Bauten und Anlagen.

1–TAHITI. The Society Islands/Die Gesellschafts-Inseln. Tahiti wurde vermutlich im 17. Jh. von den Spaniern entdeckt. 1769 von Captain James Cook zu Ehren der Königlich-Geographischen-Gesellschaft in London, die ihn zur Beobachtung der Laufbahn der Venus entsandt hatte, Gesellschafts-Inseln genannt. Tahiti gehört zu Französisch-Polynesien und wird als ein Territorium Frankreichs regiert. Es besteht aus sechs Hauptinseln, die etwa 1042 km² umfassen. Die etwa 116 000 Einwohner sind Polynesier, die stark mit orientalischen und kaukasischen Rassen gemischt sind.

2–Fare Pote'e. Round-ended House/abgerundetes Haus. Die „fare pote'e" ist ein in Rundform konstruiertes Gebäude. Die Größe bezeichnet ein königliches oder Häuptlingshaus. Zu den typischen Möbelstücken derartiger Häuser gehören die „noho ma" oder vierfüßigen Holzsitze für Personen von Rang und die „tura" oder hölzerne Kopflehne. Das Bett besteht aus drei Teilen – aus bis zur gewünschten Höhe aufgehäuften Bananenblättern, darauf gestapelten Matten, als weiche Unterlage und einer Bettdecke oder Decke. Ursprünglich bestanden die Betten aus gewebten „lauhala" Blättern. Doch nachdem die ersten Missionare den Frauen das Herstellen von Steppdecken, sogenannten Quilts, beigebracht hatten, sind diese heutzutage im allgemeinen häufiger in Gebrauch.

Nun zu der hölzernen Arbeitshütte, der **„fare ravera'a ohipa"** *oder Women's Workshop/Arbeitshütte der Frauen. Hier in der Hütte befindet sich eine große Karte der Gesellschafts-Inseln, die die Lage von Tahiti zeigt. Auf der anderen Seite der Hütte gelangt man zu der Area, wo man Tahiti-Tänze lernen kann.*

Im Anschluß arbeitet man sich durch die Plantage „fa'apu ma'a" mit einer Mini-Bananen-Plantage zur nächsten polynesischen „Insel", und zwar nach **Tonga.**

TONGA

Tonga ist ein Königreich im südwestlichen Pazifik. Die Tonga-Inseln wurden früher Freundschaftsinseln genannt. Größte Insel ist

PCC: Tonga

die Insel Tongatapu im Süden. Hauptstadt ist Nukualo-fa.
Die nachstehenden Ziffern beziehen sich auf die auf der Orientierungskarte unter **Tonga** angegebenen Bauten und Anlagen.

Von Tahiti kommend, gelangt man in Tonga zum ersten Gebäude, der Fale Peito. Doch zunächst zum Einführungsschild, das gleich etwas über Tonga informiert:

1–TONGA. The Friendly Islands/Die Freundschaftsinseln. Die Tongaer haben sich seit etwa 1140 v.Chr. auf ihren Inseln niedergelassen. Seit Captain James Cooks dritter und letzter Reise im Jahre 1777 als die Freundschaftsinseln bekannt. Tonga umfaßt etwa 779 km² und besteht aus über 170 kleinen Korallen- und Vulkaninseln (36 bewohnte und 134 unbewohnte Inseln) westlich des bis zu 10 880 m tiefen Tongagrabens.

Tonga besitzt etwa 100 000 Einwohner. 1970 entließ Großbritannien das Königreich Tonga in die Unabhängigkeit; Tonga wurde ein Mitglied des britischen Commonwealth. Es ist die einzige polynesische Insel, die eine konstitutionelle Erbmonarchie besitzt.

*Doch nun zur **Fale Peito**:*

2–Fale Peito. Cook House/Küche. Dieses Haus ist im allgemeinen in zwei Abschnitte aufgeteilt – in Küche und Eßplatz. Kann als Arbeitsplatz oder Werkstätte dienen, wenn nicht gerade Essen zubereitet oder gegessen wird. Das Essen wird auf Bananenblättern zubereitet und serviert. Es wird ausschließlich mit den Fingern gegessen. Beim Essen hockt oder sitzt man mit gekreuzten Beinen (im Schneidersitz) auf Matten.

Es gibt keine Möbel. In der Küche bedient man sich des „umu" oder unterirdischen Ofens. Wie auf anderen polynesischen Inseln besteht der Ofen aus einem Loch im Boden, in dem man Steine in einem großen Holzfeuer erhitzt. Diese **Fale Peito** ist eine Stätte des Lernens.

*Nun zum nächsten Gebäude, das innen an Decke und Wänden reich verziert ist, zur **Fale Lahi**:*

3–Fale Lahi. Family Dwelling/Familienwohnhaus. Die Grundarchitektur dieses typischen Wohnhauses umfaßt vier Pfosten, festverschnürte Balken und besitzt runde Ecken. Hinter der Trennwand befindet sich das Elternschlafzimmer. Die Schlafstätte besteht einfach aus einem Stapel Matten. Kleine Kinder und Jungen schlafen in der Mitte des Hauses auf Matten, die tagsüber zusammengerollt und aufgeräumt werden.

Sobald ein Mädchen 16 Jahre alt ist, wird für sie auf der anderen Seite des Hauses eine Trennwand konstruiert. Erreicht ein Junge das 16. Lebensjahr, errichtet man eine separate Hütte für ihn. Die Wände und der Raumteiler sind mit Tapa verkleidet, was den überwiegenden Teil der Dekoration ausmacht.

*Das nächste Gebäude ist eine Nachbildung des Sommerhauses der Königin, und zwar der **Fale Fakatui**:*

4–Fale Fakatui. Queen's Summer House/Sommerhaus der Königin. Die „königliche" Natur des Gebäudes ist daran erkennbar, daß das Gebäude etwas erhöht auf einer Korallenplattform ruht, und daß überall in der „Fale" Kaurimuscheln an der Verkordelung hängen. Das Gebäude wird von vier großen Eisenholzpfosten getragen, die mit Kokospalmstämmen zusammengebunden sind. Kleine Stücke von Kokospalmstämmen sind als Dachgebälk zusammengeknüpft. Der Boden der „Fale" ist vollständig mit Matten aus getrockneten Pandanus-Blättern ausgelegt. Unter den Matten liegen getrocknete Kokospalmblätter, die den Boden extra weich machen. Die vier Bilder

678 OAHU
PCC: Missionskapelle

im Raum zeigen Tongas Könige. Diese „Fale" wurde nach dem Muster des Hauses von Königin Salote gebaut. Die Wände sind mit geflochtenen Matten verkleidet.

Die Bilder zeigen die königlichen Regenten; wenn man reinkommt **links:** (Königin) Queen Salote Tupou III (1918-1965). – – Über der Tür das Bild des derzeitigen Königs, King Siaosi Taufa'ahau Tupou IV (1965-). – – Nun auf der **rechten** Seite: King Siaosi Taufa'ahau Tupou I (1845-1893), der 1845 die Tongaer nach einer Revolte und Wirren vereinte und ein christliches Königreich errichtete. – – Dann das letzte Bild mit King Siaosi Taufa'ahau Tupou II (1893-1918).

5-Fale Fakataha. Meeting House/Versammlungshaus. In diesem Gebäude diskutierten die Führer bürgerrechtliche Probleme und Gemeindeangelegenheiten mit dem Volk oder mit bedeutenden Regierungsvertretern. Hier werden auch „Kava"-Zeremoniale abgehalten. Das Ende des Gebäudes, wo der Häuptling sitzt, ist erhöht. Die Untertanen sitzen im tieferen Teil der Hütte. Die Größe des Versammlungsraumes hängt von der Größe des Dorfs ab.

Grundriß und Dekor bestehen im allgemeinen aus vier Hartholzpfosten, die ein Dach aus Zuckerrohrblättern halten, Wänden aus geflochtenem/gewebtem Schilfgras, die mit Tapa-Tüchern verkleidet werden, sowie mit Matten ausgelegten Böden.

*Danach geht es zum **Ladies' workshop:***

6-Ladies' Workshop/Werkstatt der Frauen. Hier wird gezeigt, wie Kopf- und Stirnbänder geflochten werden.

Neben dem Ladies' Workshop befindet sich das Einführungsschild zu Tonga mit der Lage der Inseln im Pazifik. Dahinter eine Hütte, in der man sich mit einfachen Gesellschaftsspielen beschäftigt.

Die Tongainseln liegen an der **Datumsgrenze.** Wenn an der Datumsgrenze der Countdown zur Jahrtausendwende läuft, werden die Tongainseln die Nase vorn haben und als erste das Jahr 2000 beginnen.

Am Handicraft Shop vorbei geht es dann weiter zum Schulhaus und der Missionskapelle.

Nun zu der 1850er Missionskapelle mit der über 100 Jahre alten Orgel, die immer noch funktioniert. Das Gebäude repräsentiert eine Kapelle gegen Ende der 1800er Jahre.

MISSIONSKAPELLE

1850 Missionary Chapel. 1850er Missionskapelle. Diese kleine steinerne Kapelle ist ein Beispiel der christlichen Kapellen, wie man sie Mitte der 1800er Jahre überall in Polynesien antraf.

Als die Missionare auf den Inseln Fuß faßten, bauten sie schnell Häuser, Lernzentren und Gebetshäuser für ihre Anhänger. Zunächst errichtete man Kirchen und Häuser aus den vorhandenen Materialien, bis Baumaterialien, Möbel usw. aus anderen Ländern herbeigebracht werden konnten, um im europäischen Stil zu bauen. Dies verlieh den Missionaren eine stärkere Bindung zu den Ländern, die sie hinter sich gelassen hatten, als sie nach Polynesien kamen.

Zwischen Schulhaus und Missionshaus informiert ein großer Schaukasten über die Gemeinde Laie:
Laie. Settled by... Die 1865 von LDS-Missionaren (LDS = Later Day Saints = Mormonen) besiedelte Gemeinde Laie mit ihrem Tempel (Kirche), College und Cultural Center ist ein Spiegelbild der Missionsarbeit in ganz Poly-

nesien. Um ihre Gläubigen an dieser Stelle zu versammeln, brachten die LDS-Missionare allen Eifer auf, um überall auf den Südseeinseln die innerhalb des missionarischen Feldes gesteckten Ziele zu erreichen und ihren Auftrag zu erfüllen. Sie bauten Häuser, eine Kirche, eine Schule, eine Plantage.

Sie brachten den Polyneisern das Lesen, Schreiben bei und lehrten sie, zu nähen und zu pflügen. Sie erklärten das Evangelium der Erlösung, die Heiligkeit der Familie, klärten über Gesundheit und Friedenspolitik auf. Hier in Laie lachten, weinten die Missionare und nahmen an Freud und Leid ihrer Gläubigen teil.

Laie ist wie zahlreiche andere Orte auf den polynesischen Inseln ein Denkmal für die vortrefflichen Missionare, die ihre Kraft, Hingabe und ihr Leben für die Verbreitung des Evangeliums im Südpazifik gaben. Sie kamen als Missionare und hinterließen ihre Spuren als Prediger, Lehrer, Ärzte, Berater und Freunde der polynesischen Bevölkerung.

Erste Missionsarbeit im Südpazifik begann zunächst mit einer schwierigen und manchmal gefährlichen Reise zu den Inseln. Nach Ankunft wurden die Missionare von einem Leben konfrontiert, das ihnen oft fremd war, einsam und spartanisch. Doch den missionarischen Auftrag vor Augen, waren sie eifrig damit beschäftigt, Kirchen zu bauen, Häuser zu konstruieren, Gärten anzulegen, neue Sprachen zu lernen und ihre Gläubigen unter der lokalen Bevölkerung zu suchen.

Die Geschichte der Missionsarbeit in Polynesien steckt voller Höhen und Tiefen. Unterschiedliches Temperament, Geschick, Benehmen, Charakter und Ausbildung unter den Missionaren hatte großen Einfluß auf den Missionsbereich. Trotz vieler Probleme wegen Intoleranz und Engstirnigkeit vollbrachten die Missionare viel Vorteilhaftes und Nützliches auf den Inseln des Südpazifiks.

Gegenüber von der Schautafel über Laie steht ein Hydrant – **Fire Hydrant:**

Fire Hydrant. Dieser Hydrant diente einst dem kleinen Dorf Josepa, Skull Valley, Utah, als Zapfstelle beim Feuerlöschen. Heute dient er als Denkmal der treuen polynesischen Pioniere, die gegen Ende der 1800er Jahre nach Utah zogen, um sich der Kirche Zions anzuschließen und im Tempel „für Zeit und Ewigkeit" vermählt zu werden.

Josepa (eigentlich Joseph unter Bezug auf Joseph A. Smith) wurde am 28. August 1889 gegründet und blieb 28 Jahre lang besiedelt. In seiner Blütezeit bewohnten 228 Polynesier das kleine Wüstendorf.

Als 1918 der Bau des Hawaii Temple verkündet wurde, zogen die Josepa Saints (Josepas Gläubige) zurück nach Hawaii und ließen sich entlang Josepa Street in Laie nieder.

Der Hawaii Temple war die erste Kirche der Mormonen außerhalb der kontinentalen USA. Ein bleibendes Monument des Glaubens und der Hingabe der polynesischen Pioniere.

FRÜCHTE, GEMÜSE & PFLANZEN HAWAIIS

Von Zeit zu Zeit werden im Polynesian Cultural Center verschiedene **Früchte, Gemüse** und **Pflanzen** ausgestellt. Da diese Ausstellungen sich ändern oder zeitweise sogar ersetzt werden, dient nachstehende Auflistung als interessante Hintergrundinformation über Spezialitäten Hawaiis. Eine ausgezeichnete Gelegenheit, sich über hawaiische Lebensweise zu informieren.

Avocado. Beschreibung: Avocados tragen ab 4–8 Jahren Früchte und bleiben etwa 25 Jahre lang ertragreich. Wird die Frucht reif, färbt sich die Schale von grün zu rot, purpurn oder rötlichschwarz. Das gelbe oder hellgrüne

OAHU
Früchte & Pflanzen Hawaiis

Fruchtfleisch, das den einzigen Samen (steinartig und kugelförmig) umgibt, ist glatt und butterweich. (Viele Avocados in Hawaii sind Hybriden/Kreuzungen und sind nicht einfach zu unterscheiden.)

Nährwert: Außer der Olive enthält keine andere Obstart einen höheren Fettgehalt als die Avocado. Der Fettgehalt liegt je nach Art und Wachstumsbereich in Bereichen von 9–25%. Guter Phosphor-, Provitamin A-, Riboflavin- (Vitamin B_2) und Niacin-Lieferant.

Banana. Bananen. Beschreibung: Man bezeichnet die Bananenpalme als „Baum der Wiedergeburt und Lebens" oder „Leben aus dem Tode", da jeder Baum, nachdem er ein Bananenbündel getragen hat, abgeschnitten wird. Aus dem alten Stamm springen dann sogleich neue Pflanzen hervor.

Auf den Pazifischen Inseln werden etwa 34 Sorten in Gärten und Plantagen angebaut. Manche Bananenstauden tragen bis zu 200 einzelne Bananen an einem Stamm.

Nährwert: Bananen sind wirtschaftlich und nährstoffreich. Grüne Bananen sind ein guter Stärkelieferant. Plantains (sogenannte Mehl-, Gemüse- oder Pferde-Bananen; auch Kochbananen genannt) können nur gekocht gegessen werden, weil die Stärke während der Reife nicht in Zucker umgewandelt wird. Reife Bananen sind eine gute Quelle für Kohlenhydrate und liefern auch Vitamin C, Kalium und andere Minerale.

Breadfruit. Brotfrucht. Beschreibung: Der Brotfruchtbaum wird 9–18 m hoch und beginnt nach 6 Jahren Früchte zu tragen. Er produziert etwa 50 Jahre lang Früchte. Es gibt etwa 40 verschiedene Brotfruchtarten, die sich durch die Größe der Frucht, Glätte der Oberfläche und Blattform unterscheiden.

In Hawaii wird die Brotfrucht **ulu** genannt, in Samoa **ulu,** auf Kapingmarangi und Rarotonga **kuru,** in Tahiti und Marquesas **uru.**

Nährwert: Die Brotfrucht ist als Nährstoff sehr zu empfehlen. Der Gehalt an Kohlenhydraten von rohen und gekochten Brotfrüchten reicht von 22 zu 37%. Die Brotfrucht ist reich an Faserstoffen und auch ein guter Vitamin-C-Lieferant.

Breadfruit/Brotfrucht. Tahiti: Bei Knochenbrüchen werden die Knochen erst an Ort und Stelle plaziert und zusammengefügt, das Glied bzw. der die Bruchstelle umgebende Bereich mit klebrigem Brotfruchtsaft bestrichen und entweder mit Stoff oder einer stoffähnlichen Substanz aus Bast oder der Brotfruchtrinde verbunden. Hawaii: Den Saft mischte man häufig mit anderen Pflanzen und wendete ihn bei Hautkrankheiten oder Entzündungen im Mund an.

Carambola/Starfruit. Beschreibung: Eine durchscheinende gelbe oder gelbgrüne Frucht mit 5 erhabenen Rippen, die der Frucht im Querschnitt deutlich eine Sternform geben. Das Fleisch ist herzhaft und saftig mit mehreren weichen braunen Samenkörnern. Stammt wahrscheinlich von der malaiischen Halbinsel. Vermutlich von ersten chinesischen Einwanderern oder von Sandelholzhändlern nach Hawaii gebracht.

Nährwert: Der Saft enthält etwa 10% Zucker. Gute Quelle für Vitamin C und Niacin.

Guava. Beschreibung: Guava ist die am häufigsten vertretene Wildfrucht der Inseln. Sie ist rund oder zitronenförmig, 3,8–9 cm im Durchmesser. Besitzt eine dicke, grobe, eßbare Schale, die von grün zu hellgrün bis gelb wechselt. Das Fruchtfleisch kann weiß, gelb, rosa oder rot sein. Im Innern der Frucht gibt es viele kleine harte Samenkörner. Guava schmeckt entweder süß oder sauer.

Nährwert: Guavas gehören zu den besten Vitamin-C-Lieferanten des Pazifiks. Die dicke Schale enthält mehr Vitamin C als das Fruchtfleisch und die Samen. Man sollte sowohl die Fruchtschale und als auch das Fruchtfleisch der Guava essen.

Macadamia Nut. Macademia-Nuß. Beschreibung: Die Nuß wird von einer glatten, äußerst harten Schale eingeschlossen. Obwohl der rohe, weiße Nußkern ein delikates Aroma besitzt, das mit Haselnüssen oder Mandeln vergleichbar ist, kommt beim Kochen in heißem Öl erst das eigentliche Aroma zum Vorschein. Praktisch sind alle in Hawaii im Handel befindlichen Macademia-Nüsse, gesalzen oder ungesalzen, gekocht.

Nährwert: Wie alle Nüsse bilden Macademia-Nüsse konzentrierte Nahrung, sind arm an Feuchtigkeit, reich an Fett, Protein und Kohlenhydraten. Sie dienen als gute Quelle für Kalzium, Phospor, Eisen, B-Vitamine, Thiamine, Riboflavin und Niacin.

Mango. Beschreibung: In Hawaii wachsen viele bekannte Mangoarten sowie namenlose Hybriden. Bei den meisten Arten färbt sich die grüne Haut beim Heranreifen zu brillanteren Farben wie Gelb, Orange, Rot, Purpurrot. Das Fruchtfleisch wechselt in den Farben von Schwachgelb bis Tiefaprikosenfarben. Bei den beliebtesten Arten ist das Fruchtfleisch saftig, glatt, faserfrei, aromatisch und süß. Obwohl man manchmal Mangos mit guten Pfirsichen vergleicht, besitzen sie doch ihren eigenen delikaten Geschmack und Struktur. Manche Arten weisen im Reifezustand eine grüne Schale auf. Die Mangosaison erstreckt sich über heißen Sommermonate.

Pineapple. Ananas. Beschreibung: Ananas stammen aus Südamerika. Ausgereifte Ananas, wie Tannenzapfen geformt, wächst 15–25 cm hoch und wiegt 2,2–3,6 kg.

Ananas sollten nicht vor der Reife gepflückt werden, da sie nach dem Abernten nicht an Süße zunehmen. Ananas tragen eine Frucht in 20–24 Monaten.

Eine dunkelgelbe Ananas ist nicht unbedingt ein Zeichen von Reife; süße Ananas können grün und braungefleckt sein.

Nährwert: Frische, reife Ananas ist reich an Zucker und bildet eine gute Quelle für Kalzium und Vitamin C. Früchte, die während der Sommersaison geerntet werden, besitzen das beste Aroma.

Sugar Cane. Zuckerrohr. Beschreibung: Ein hohes Gras der Gattung der Bartgräser, auf den Ostindischen Inseln vorkommend; besitzt dicke starke Stengel, die einer der Hauptlieferanten des Zuckers ist. Seit seiner Kultivierung haben sich im Laufe der Jahre über 40 Arten Zuckerrohr entwikkelt. Wird 4,5 bis 6 m hoch.

In flachen Gegenden benötigt Zuckerrohr etwa 12–15 Monate, in höheren Gegenden etwa 18–24 Monate bis zur Reife. Ausgewachseneres Zuckerrohr enthält höheren Zuckergehalt. Zuckerrohr verwendet man auch prophylaktisch gegen Erschöpfung, Schwäche oder zur Behandlung von Schocks oder anderer Symptome von Hypoglykamie nach starker körperlicher Anstrengung. Zuckerrohr wurde früher in Hawaii oft bei Marathonrennen verwendet. Zuckerrohr entwickelte sich zum wesentlichen Bestandteil der polynesischen Medizin.

Nährwert: liegt in dem relativ hohen Gehalt an direkt aufnehmbaren Kohlenhydraten.

Taro. Beschreibung: Taro ist ein Grundnahrungsmittel Polynesiens, das in den Farben Weiß bis Grau, Stahlblau bis Grün, Rosarot bis Violett vorkommt. Es gibt über 300 Sorten von Taro. Die botanische Bezeichnung der Taro-Wurzel ist CORM. Die Wurzel wird entweder ganz gegessen oder zu Poi zerstoßen. Taro ist in der ganzen Welt unter seiner tahitischen Bezeichnung bekannt; doch in Fidschi wird Taro **dalo**, in Samoa und Tonga **talo** und in Hawaii **kalo** genannt.

Nährwert: Sehr reich an Kohlenhydraten, arm an Proteinen und Fett. Taro muß vor dem Genuß gekocht werden. Ungekocht prickeln die Kristalle, von Kalzium-Oxalsäure auf der Zunge, im Mund und im Hals wie kleine Nadeln. Beim Kochen brechen die Kristalle und das Prickeln verschwindet. Taro eignet sich wegen seines milden Geschmacks hervorragend bei allergieempfindlichen Personen. Sehr nährstoffreich und wohlschmeckend als Poi für Babies.

Taro. Hawaii: Mit den zwischen Wurzel und Blatt abgeschnittenen Enden des Stengels rieb man Insektenstiche ein, um Jucken, Schmerz und Schwellung zu lindern.

Mit einem Bambusmesser wurden rohe Taro-Wurzeln zu Zäpfchen geschnitzt und zur Behandlung von Verstopfung eingeführt.

REGISTER

Abkürzungen: Bot. = Botanical oder Botanic; Bldg = Building (Gebäude); Capt. = Captain; Dr = Drive; Hist. = Historical; Int. = International; Mem. = Memorial; Mon. = Monument; Mus. = Museum; Nat. = National; NHP = National Historical Park; NP = Nationalpark; Rd. = Road; NHP = National Historical Park; NP = Nationalpark; Rd. = Road; Soc. = Society; SM = State Memorial; SP = State Park; SRA = State Recreation Area; VC = Visitor Center.

- **Hawaii US-Bundesstaat 6**

Bäume 47
Baxter-Tips 7
Berühmte Persönlichkeiten 40
Bevölkerung 39
Big Five 49
Chronologie 12
Erdbeben 51
Fakten 53
Fische 44
Geschichte 10
Hawaiische Gans 427
Hawaiische Götter 23
Hawaiische Könige 21
Hawaiische Küche 35
Hawaiische Sprache 30
Heiraten in Hawaii 8
Hotelketten 62
Hula 26
Hurrikane 49
Information 7
Kapu 24
Klima 22
Könige 21
Konsulate 61
Kostenlose Erlebnisse 57
Kure Atoll 9
Loihi Seamount 53, 124
Luau 28
Midway Inseln 9
Musik 26
Nene 427
Religion 23
Schnorchelstellen 55
Tsunamis 50
Ukulele 27
Veranstaltungen 59
Vulkane 51
Wale 44
Zuckerwirtschaft 35

- **Big Island, Insel Hawaii 63**

Akaka Falls 236
Akatsuka Orchid Garden 93
Aktivitäten 68
Attraktionen 80
Baxter-Tips 73
Cape Kumukahi 238
Captain Cook 176
Capt. Cook Monument 179
General Lyman Field 79
Geothermal VC 239
Geschichte 64
Golfplätze 70
Green Sand Beach 164
Hamakua-Küste 232
Hapuna Beach SRA 193
Hawaii Tropical Bot. Garden 236
Hawaii Volcanoes NP 95
    Baxter-Tips 95
    Bird Park 155
    Camping 98
    Chain of Craters Rd. 148, 151
    Crater Rim Drive 137, 141
    Earthquake Trail 138
    Eruptionen 135
    Flora & Fauna 115
    Halemaumau Krater 136
    Halemaumau Viewpoint 142
    Holei Pali 153
    Holei Sea Arches 154
    Jaggar Museum 121
    Kau Desert 159
    Kilauea Caldera 134
    Kilauea Viewpoint 119, 139
    Kilauea Visitor Center 100
    Kipuka Puaulu 156
    Laeapuki Village 154
    Lava 112
    Loihi Unterwasservulkan 124
    Mauna Loa 157
    Mauna Ulu 150
    Mongoose 109
    Mountain View 97
    Nene 109, 156
    Orientierung 96
    Puhimau Krater 149
    Puu Loa Petroglyphen 153
    Restaurants 107
    Thurston Lava Tube 146
    Tree Mold 155
    Unterkunft 98, 107
    Volcano House 104, 116
    Vulkane 110
    Wandern 98
Hawi 229
Hiilawe Falls 224
Hikiau Heiau 178
Hilo 77
Hilo Arboretum 85
Hilo Tropical Garden 85
Hochseefischen 68
Hokuloa Church 162
Holualoa 168
Honalo 168
Honokaa 223

Honokohau 191
Honomu 236
Honuapo 163
Hookena 165
Hualalai 192
Hulihee Palast 184
Kailua-Kona 180
Kaimu 240
Kainaliu 177
Ka Lae Point 161, 163
Kalahikiola Church 218
Kaloko-Honokohau NHP 184
Kalapana 240
Kalopa SP 233
Kamehameha Geburtsstelle 220
Kamehameha Statue 217
Kamuela 210
Kapaau 217
Kaumana Caves 229
Kaunaoa Beach 194
Kawaihae 194
Keahole-Kona Airport 187
Kealakekua Bay 178
Keamakakakoi Cave 231
Kehena 239
Keokea Beach 219
Klima 66
Koa Kipuka 229
Kohala Ranch 217
Kona Kaffee 176
Kona Village Resort 192
Kualoa Farms 85
Lake Waiau 231
Lanakila Church 165
Lapakahi SHP 222
Laupahoehoe Point 233
Lava Tree Monument 238
Lyman Mission 83
Mailekini Heiau 209
Mana 211
Manuka Bot. Garden 164
Mauna Kea 230
Mauna Kea Beach 193
Mauna Lani Resort 202
Mauna Loa 157
Milolii 165
Mookini Luakini Heiau 220
Naalehu 163
Nanimau Gardens 86
Natural Energy Labs 191
Naupaka 199
Ninole 162
Nord-Kohala-Küste 222
Onizuka Center 230
Onomea Bay 236
Ookala 233
Pacific Tsunami Mus. 86
Painted Church 170
Papakolea 164
Papaaloa 234
Parker Ranch 213
Puako 204
Punaluu 162
Puuhonua o Honaunau 169
Puu Kahinahina 231
Puukohola Heiau 207
Puu Oo Volcano Trail 229
Puuopelo 216
Rainbow Falls 86
Reiten 69
Restaurants 72
Routen 89, 155, 190, 216, 223 ff.
Royal Kona Coffee Mill 176
Saddle Road 228
Sea Mountain 162
Skilaufen 70, 232
South Point 163
Strände 71
Südl. Punkt der USA 163
Suisan Fish Auction 86
Tauchen 69
Tennis 70
Touren 70
Uchida Farm 178
Umaumau 236
Unterkunft 74, 188
Volcano Village 93
Waikoloa 196
Waikoloa Village 202
Waimea 210
Wainaku 237
Waiohinu 163
Waipio Valley 224
Wakefield Bot. Garden 170
Wandern 69
Wetter 66
World Botanical Gardens 236

● **Kahoolawe** 240

● **Kauai** 242

Aktivitäten 255
Alakai Swamp 348
Alekoko Fish Pond 274
Allerton Garden 324
Anahola 281
Anini Beach 285
Barking Sands 329
Baxter-Tips 259
Camping 251
Coconut Coast 295
Cook Mounument 342
Crater Hill 284, 307
Fern Grotto 293
Filmkulisse 263
Fort Elizabeth 344
Geschichte 245
Golfplätze 257
Grove Farm Homestead 276
Haena 290
Hanakapiai Wasserfälle 317
Hanalei 310
Hanalei Bay 309
Hanalei Overlook 285
Hanapepe 328
Helikopter Touren 257
Hoary Head Ridge 322
Hole in the Mountain 281
Hotels 248, 279
Information 266
Kalalau Lookout 348
Kalalau Trail 316
Kalapaki 277
Kapaa 298
Kawaikini 243
Kealia Beach 281

Kee Beach 290
Kekaha 347
Kiahuna Plantation Gardens 339
Kiele Golf Course 278
Kilauea Lighthouse 300
Kilohana Plantation 321
Kokee State Park 348
Koloa 331
Koloa Sugar Mill 338
Kukui Trail 354
Kukui o Lono Park 325
Lihue 267
Luaus 257
Lumahai Beach 287
Mana 329
Menehune Ditch 344
Mokolea Point 284
Moloaa Bay 282
Mt. Haupu 322
Mt. Makana 290
Na Pali Coast 314
Nat. Tropical Bot. Garden 324
Nawiliwili Harbor 278
Niihau 329
Nounou Mountain 281
Old Koloa Town 338
Olu Pua Bot. Gardens 325
Opaekaa Falls 296
Pihea Trail 255, 353
Poipu 330
Port Allen 326
Princeville 307
Puhi 322
Restaurants 252
Romantik 265
Routen 280
Russian Fort 344
Salt Ponds 328
Shipwreck's Beach 255
Shopping 254
Sightseeing Touren 257
Sleeping Giant 296
Smith's Tropical Paradise 296
Spouting Horn 340
Strände 260
Sugar Monument 332
Temperaturen 248
Tree Tunnel/Koloa 331
Tunnels Beach 290
Waialeale 243
Wailua 292
Wailua Falls 298
Waimea 341
Waimea Canyon 346
Waioli Beach 287
Waioli Mission 313
Waipoo Falls 348
Waita Reservoir 340
Walbeobachtung 256
Wanderungen 258
Wetter 247
Zuckerindustrie 335

● **Lanai 356**

Garden of Gods 362
Hookio Battlefield 357
Hulopoe Bay 362
Information 358
Kahikili's Leap 362
Kaunolu Village 362
Keomuku 362
Lanai City 362
Lanaihale 363
Lodge at Koele 363
Luahiwa Petroglyphen 363
Manele Bay 364
Munro Trail 364
Orientierung 358
Palaiwa Basin 364
Shipwreck Beach 365
Unterkunft 358

● **Maui 366**

Ahini-Kinau Reserve 502
Aktivitäten 387
Alexander & Baldwin Mus 474
Bailey House Mus. 476
Baldwin Park 459
Baxter Tips 384
Camping 377
Cape Kinau 503
Enchanting Floral Garden 498
Entfernungen 371
Geschichte 368
Golfplätze 388
Haiku 459
Haleakala NP 401
   Aktivitäten 416
   Baxter-Tips 407, 455
   Cabins 411
   Camping 410
   Entfernungen 402, 406
   Haleakala Highway 402
   Haleakala Summit 441
   Halemauu Trail 433
   Hosmer Grove 418
   House of the Sun VC 446
   Information 407
   Kalahaku Overlook 436
   Kaupo Gap 437
   Kipahulu Valley 451
   Klima 409
   Koolau Gap 437
   Krater Area 406
   Leleiwi Overlook 435
   Makahiku Falls 453
   Nene 425
   Oheo Gulch 453
   Oheo Pools 453
   Park Headquarters 423
   Silberschwert 431
   Sliding Sands 443
   Unterkunft 409
   Wanderung 412
   Wetter 409, 433
   Windchill 426
Hamoa Bay Beach 465
Hana 463
Hana Highway 456
Hana Ranch 464
Hanawi Falls 462
Honokahua Burial Site 479

REGISTER 685

Honomanu Bay 462
Hookipa Beach 459
Hotels 372
Iao Needle 477
Information 385
John F. Kennedy Profil 477
Kaahumanu Church 477
Kaanapali 469
Kahului 473
Kailua 459
Kamaole Beach 481
Kapalua 478
Kauiki Head 464
Kaulanapueo Church 461
Kaumahina SP 461
Keanae Arboretum 462
Kepaniwai Park 478
Kihei 479
Kipahulu 468
Klima 371
Kula 468
Lahaina 484
  Attraktionen 485
  Baldwin Home 488
  Banyan Baum 488
  Brick Palace 488
  Buddhist Temple 488
  Carthaginian II 489
  Front Street 490
  Geschichte 484
  Hale Paahao 490
  Hale Pai 490
  Hauloa Stone 491
  Hawaii Experience 491
  Hongwanji Mission 491
  Jodo Mission 491
  Lahainaluna High School 492
  Maria Lanakila Church 494
  Masters' Reading Room 494
  Pioneer Inn 494
  Sugar Cane Train 491
  Wainee Church 495
  Whaling Museum 491
  Wo Hing Temple Mus 496
Landschaften 366
La Perouse Bay 503
Lindbergh Grab 466
Maalaea 482
Makawao 497
Makena 501
Maui Trop. Plantation 478
Molokini 503
Naturerlebnisse 386
Nightlife 380
Ocean Center Aquarium 482
Oheo Gulch 465
Oheo Pools 465
O'Opuola Gulch 459
Paia 459
Palapapa Hoomau Church 466
Piilanihale Heiau 462
Puohokamoa 461
Radfahren 389
Reiten 389
Restaurants 378
Romantik 398
Routen 399
Schnorcheln 390
Shopping 381

Silberschwert 431
Strände 392
Tedeschi Vineyards 497
Touren 380
Twin Falls 460
Ulupalakua 468, 497
Upcountry 496
Waianapanapa SP 462
Waikamoi 459
Wailea 498
Wailua Falls 465
Wailua Village 462
Wailuku 476
Walmuseum 472
Wetter 371
Whaler Center of the Pacific 472
Whalers Village 381, 470
Whalers Village Mus 472

● **Molokai** 504

Aktivitäten 509
Baxter Tips 510
Camping 508
East End Road 514
Geschichte 506, 520
Halawa Valley 515
Hoolehua Airport 507
Information 507
Kalaupapa NHP 517
Kalawao 518
Kaluakoi Resort 521
Kauhako Krater 520
Kaunakakai 511
Kepuhi Beach 521
Kualapuu Reservoir 516
Kukuiohapuu 517
Leprainsel 518
Maunaloa 522
Molokai Ranch 506
Molokai Ranch Safari 522
Moomomi Beach 523
Palaau SP 517
Papohaku Beach 522
Pater Damien 518
Phallic Rock 517
Pukuhiwa Battlefield 514
Purdy's Macadamia Farm 523
R.W. Meyer Sugar Mill 516
Restaurants 509
Sandalwood Pit 513
Smith-Bronte Landing 514
Unterkunft 508
Waikolu Aussichtsstelle 513
Wailau Valley 511

● **Niihau** 523

Geschichte 525
Kaulakohi Channel 524
Kiekie 524
Lake Halalii 524
Paniau 524
Puuwai 524

686 REGISTER

- **Oahu 526**
Aiea 647
Attraktionen 531
Banzai Pipeline 599
Baxter-Tips 586
Byodo-In-Temple 591
Crouching Lion 594
Diamond Head 584
Dillingham Airfield 602
Dole Pineapple Plantation 602
Ekukai Beach 600
Geschichte 528
Haleiwa 601
Halona Blowhole 589
Hanauma Bay 533
Honolulu 544
  Airport 546
  Ala Moana Shopping 558
  Aliiolani Hale 561
  Aloha Tower 561
  Arizona Memorial 578, 635
  Asia Mall 574
  Baxter-Tips 550, 559
  Bishop Museum 579
  Blaisdell Concert Hall 564
  Blowhole 579
  Chinatown 573, 579
  Dole Cannery Square 564
  Downtown 560
  Downtown Attraktionen 560
  Entfernungen 545
  Foster Botanic Garden 574, 580
  Hawaii Maritime Center 564
  Hilo Hattie 565
  Historic Honolulu 560
  Honolulu Academy of Arts 565
  Honolulu Hale 565
  Information 555
  Iolani Palast 566
  Kawaiahao Church 570
  King Kamehameha Statue 570
  Kostenloser Shuttle 552
  Manoa Falls 580
  Mission Houses Mus. 571
  Nationalfriedhof 581
  Öffentl. Verkehrsmittel 549
  Punchbowl 581
  Queen Emma Summer Palace 581
  Restaurant Row 571
  Restaurants 556
  Route 583
  Royal Mausoleum SM 581
  St. Andrew's Cathedral 572
  Sehenswürdigkeiten 561
  Shopping 558
  Shopping Shuttle 553
  State Capitol 572
  Temperaturen 544
  TheBus 550
  Thomas Square 572
  Touren 553
  Unterkunft 555
  USS Bowfin 582
  Verkehrsnetz 549
  Waikiki Trolley 551
  Washington Place 572
Hotels 530
Kaena Point 602
Kahana Bay 595
Kailua 590
Kaneohe 591
Kaupo Beach 590
Klima 528
Koko Head 588
Kolekole Pass 533
Ko Olina 534
Kukaniloko Birthing Stone 603
Laie 595
Lanikai Beach 536, 591
Makaha 604
Manana Island 590
North Shore 600
Nuuanu Pali 608
Pearl Harbor 639
Picknick 536
Plantation Village 534
Polynesian Cultural Center 658
Punaluu 595
Pupukea Beach 600
Rubber Duckies 600
Sacred Falls 534, 595
Schofield Barracks 534, 603
Sea Life Park 534, 589
Senator Fong's Plantation 535
Strände 537
Sunset Beach 599
Tips 541
Turtle Bay 598
USS Arizona Memorial 635
Valley of the Temples 591
Wahiawa Bot. Garden 603
Waialua 602
Waikiki 606
  Aktivitäten 631
  Baxter-Tips 618, 630
  Damien Museum 609
  Fort DeRussy 610
  Hawaii IMAX Theater 610
  Hotels 614
  Kalakaua Ave 611
  Kapiolani Park 632
  Kodak Hula Show 611
  Honolulu Zoo 610
  Kuhio Beach 611
  Luaus 628
  Nightlife 628
  Restaurants 617
  Schnorcheln 631
  Shopping 624
  Tauchen 631
  Unterkunft 614
  Waikiki Aquarium 611, 634
  Waikiki Shell 611
  Waikiki Trolley 621, 551
  War Mem. Natatorium 611
Waimanalo Beach 590
Waimea Beach 601
Waimea Falls 600
Weed Circle 602
Windward Coast 591

GO BAXTER!

Baxter Reiseführer – unentbehrlich für Reise und Urlaub!

REGISTER 687

KARTENVERZEICHNIS

Lage der Hawaii-Inseln im Pazifik	6
Inseln des Hawaii-Rückens	9
Lage der acht Hauptinseln Hawaiis	21
Big Island Überblick	67
Hilo Area Info-Karte	79
Downtown Hilo Info-Karte	83
Big Island Attraktionen Info-Karte	91
Anfahrt von Hilo zum Hawaii Volcanoes Nationalpark (NP): Route 1	97
Hawaii Volcanoes Nationalpark-Karte	101
Jaggar Museum Rundgang-Karte	125
Crater Rim Drive Rundfahrt-Karte	141
Chain of Craters Road Rundfahrt-Karte	151
Fahrt zum südl. Punkt der USA (Big Island, Route 2)	161
Südliche Kona-Küste (Big Island, Route 2)	167
Kailua-Kona Info-Karte	183
Kohala-Küste von Kailua-Kona bis Waimea (Big Island, Route 3)	195
Waimea (Kamuela) Info-Karte	213
North-Kohala: Waimea-Nordküste (Big Island, Route 4)	219
Hamakua-Küste (Big Island (Route 5 u. 7)	235
Kauai Orientierungskarte	245
Lihue Info-Karte	269
Lihue Area Info-Karte	275
Kauai Ostküste/Coconut Coast	283
Kauai Nordküste Hanalei-Kee Beach (Kalalau Trail)	289
Kauai Coconut Coast: Wailua-Kapaa	295
Wailua/Kapaa Info-Karte	297
Kauai Ost-/Nordküste Kapaa-Princeville	299
Princeville/Hanalei Info-Karte	309
Hanalei Info-Karte	311
Kalalau Trail Wanderpfad-Orientierung Na Pali-Küste	315
Lihue-Hanapepe Südküstenroute	323
Lihue-Waimea Canyon Orientierung	327
Poipu/Koloa Town Info-Karte	333
Waimea, Tor zum Waimea Canyon/Kokee State Park	343
Lanai Insel-Orientierungskarte	359
Maui Insel-Orientierungskarte	367
Anfahrt zum Haleakala Nationalpark: Hilo-Park	405
Haleakala NP: Hosmer Grove-House of the Sun	419
Haleakala: Krater Area mit Wanderwegen	437
Haleakala: Kipahulu Area/Oheo Pools	453
Hana Highway & Hana Info-Karte	461
Kaanapali an Mauis Sonnenküste	471
Kahului/Wailuku (Ost-Maui) Info-Karte	475
Maalaea-Kihei-Wailea-Makena (Ost-Maui)	481
Lahaina Info-Karte	487
Kaanapali/Lahaina-Kapalua (West-Maui)	493
Molokai	513
Oahu Insel-Orientierungskarte	543
Honolulu International Airport Orientierungskarte	549
Downtown Honolulu Info-Karte	563
Downtown Honolulu-Waikiki Info-Karte	577
Waikiki-Hanauma Bay Orientierungskarte	585
Honolulu Exkursion: Oahu-Rundfahrt	593
Kailua-North Shore-Waimea/Haleiwa-Honolulu	597
West-Oahu: North Shore-Pearl Harbor	605
Honolulu Airport-Waikiki	607
Waikiki Beach Area Info-Karte	613
Waikiki Trolley Route	621
Waikiki Beach Info-Karte	627
Waikiki: Anschluss an H-1 Freeway West	635
Pearl Harbor Area Info-Karte	639
Luftangriff auf Pearl Harbor, 7. Dez. 1941	647
Museum of the Islands: Museumsrundgang	663
Polynesian Cultural Center Orientierungskarte	669

Keine Amerika-Reise ohne die *BAXTER Reiseführer*

Im Handel/In Vorbereitung

KANADA NATIONALPARKS *PRAKTISCH & PREISWERT*
VON BANFF BIS YOHO NATIONALPARK

VOM PAZIFIK ZUM ATLANTIK

Baxter Nationalpark-Reiseführer zeigt und erklärt die Nationalparks wie kein anderer!

TRANS-KANADA HIGHWAY *PRAKTISCH & PREISWERT*
QUER DURCH KANADA
VON VICTORIA ZUM ATLANTIK

Aktuell · Praktisch · Handlich · Ausführlich

ATLANTIK-KANADA *PRAKTISCH & PREISWERT*
NEW BRUNSWICK · NOVA SCOTIA
PRINCE EDWARD ISLAND · QUÉBEC

HALIFAX · LOUISBOURG · CHETICAMP
MONCTON · GASPÉ · ST. JOHN · FORILLON
PERCÉ · CAPE BRETON · GRAND PRÉ
CHARLOTTETOWN · TRURO · YARMOUTH
QUÉBEC CITY · MONTRÉAL · TIPS

PLUS BOSTON · CAPE COD · NEWPORT
KENNEBUNKPORT · ACADIA NP

Aktuell · Praktisch · Handlich · Ausführlich

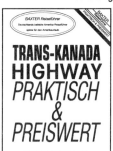

KALIFORNIEN *PRAKTISCH & PREISWERT*
BAND 1: NORDKALIFORNIEN

SAN FRANZISKO · NAPA VALLEY
MONTEREY · LAKE TAHOE · SIERRA
SACRAMENTO · PAZIFIKROUTE · RENO
YOSEMITE · REDWOOD · MENDOCINO
HOTELS · ROUTEN · TOUREN · TIPS

PLUS LOS ANGELES & VIRGINIA CITY

Aktuell · Praktisch · Handlich · Ausführlich

KALIFORNIEN NATIONALPARKS *PRAKTISCH & PREISWERT*
Band 2 der Baxter Nationalpark-Reiseführerreihe

YOSEMITE · SEQUOIA · REDWOOD
CHANNEL ISLANDS · LASSEN VOLCANIC
JOSHUA TREE · KINGS CANYON
EAST MOJAVE · DEATH VALLEY

Baxter Nationalpark-Reiseführer zeigt und erklärt die Nationalparks wie kein anderer!

ARIZONA *PRAKTISCH & PREISWERT*
PHOENIX · FLAGSTAFF · WILLCOX
CANYON DE CHELLY · HOPILAND
TOMBSTONE · KAYENTA · JEROME
TUCSON · GRAND CANYON · BISBEE
REISEROUTEN · NATIONALPARKS

PLUS LOS ANGELES & LAS VEGAS

Aktuell · Praktisch · Handlich · Ausführlich